Peter Bumm · August Graf von Platen · Eine Biographie

PETER BUMM

August Graf von Platen

Eine Biographie

„Und wenn der Lipp' entstürzt in Strömen der Gesang,
Verbindet Welt und Ich sein silberner Kanal."

Ferdinand Schöningh

Paderborn · München · Wien · Zürich

CIP-Titelaufnahme der Deutschen Bibliothek

Bumm, Peter H.:
August Graf von Platen: eine Biographie / Peter Bumm. –
Paderborn; München; Wien; Zürich: Schöningh, 1990
  ISBN 3-506-71813-4

© 1990 Ferdinand Schöningh, Paderborn
(Verlag Ferdinand Schöningh GmbH, Jühenplatz 1, D-4790 Paderborn)

Alle Rechte vorbehalten. Dieses Werk sowie einzelne Teile desselben sind urheberrechtlich geschützt. Jede Verwertung in anderen als den gesetzlich zugelassenen Fällen ist ohne vorherige schriftliche Zustimmung des Verlages nicht zulässig.

Printed in Germany. Herstellung: Ferdinand Schöningh, Paderborn.

ISBN 3-506-71813-4

Gewidmet dem Andenken meiner alten Freundin

Lonja Stehelin-von Holzing,

verstorben 1963,
die mir Platens Tagebücher schenkte.

behandelt sie aber als peinliche Marginalie; deshalb erzählt er auch nicht einfach das Leben des Grafen Platen, in dessen Mittelpunkt diese alles beherrschende Schande nun einmal steht, sondern gibt umständlich-didaktisch ‚Ein Bild seines geistigen Entwicklungsganges und seines dichterischen Schaffens'. Durch solche Aussparung des Eigentlichen wird Schlössers Buch pedantisch, langweilig, schwer zu lesen. Dennoch hat es große Verdienste, und niemand, der sich ernsthaft mit Platens Leben beschäftigt, kann auf die Lektüre verzichten.

Etwa gleichzeitig mit Schlösser erschien der erste Band von Platens Briefwechsel, auf fünf Bände angelegt; der vierte kam 1931 heraus, der letzte nicht mehr. Die Kommentare des Herausgebers Paul Bornstein verdienen großes Lob. Bornstein wäre wohl der Mann gewesen, schon in den 30er Jahren eine Platen-Biographie frei von jener Betulichkeit zu schreiben, die Schlössers Arbeit beeinträchtigt. Im Anschluß an dieses Buch werde ich den bislang fehlenden letzten Band der Platen-Korrespondenz vorlegen in dem Bestreben, Bornstein in Sorgfalt und solidem Urteil zu erreichen.

Neben den schon erwähnten Briefen sind die wichtigsten Primärquellen für Platens Leben seine Tagebücher und seine Werke. Die Tagebücher, von der Jugend bis zum Tode geführt, wurden vollständig noch vor 1900 herausgegeben, leider nicht in Platens Orthographie. Ähnliches gilt für die kritische Ausgabe der sämtlichen Werke in 12 Bänden, die der standardisierten Rechtschreibung ihrer Erscheinungszeit (1910) angeglichen ist. Nur die Briefausgabe folgt der originalen Schreibweise.

Zur Schilderung eines Lebens in der Biedermeierzeit gehört aber, wie ich finde, auch eine alte Rechtschreibung. Die th's und y's, thun, seyn, giebt und kömmt stören keineswegs, sondern helfen vielmehr, die Atmosphäre von damals einzufangen. Wo immer ich aus dem Tagebuch und aus den Werken zitiere, ist die originale Schreibweise anhand der Manuskripte oder des frühesten mir zugänglichen Druckes wiederhergestellt. Bei den Briefen war diese Arbeit nicht nötig.

Dies Buch ist vor allem den Forschungen von Jürgen Link verpflichtet, wie sie in den Kommentaren zu seiner Platen-Ausgabe von 1982 und seinem neuen, noch nicht veröffentlichten Essay ‚Platen – Heines Antipode' niedergelegt sind. Die genaue Kenntnis der geistesgeschichtlichen Grundlagen verdanke ich dem Werk ‚Biedermeierzeit' von Friedrich Sengle; die der Abgrenzung zur Fin de siècle dem Klassiker ‚La carne, la morte e il diavolo nella letterature romantica' von Mario Praz, erschienen 1930, auf deutsch jedoch erst 1963.

Mein Dank gilt Professor Jürgen Link in Bochum, der mir den genannten noch unveröffentlichten Text zur Verfügung stellte und dessen freundlich-kritische Anteilnahme meine Arbeit seit Jahren begleitet hat. Frau Liselotte Renner von der Handschriftenabteilung der bayerischen Staatsbibliothek in München danke ich für die freundliche Hilfe bei meiner Arbeit, Herrn Dr. Wolfram Setz in München danke ich für praktische Ratschläge und das Lektorat dieses Buches.

Die Lebensgeschichte des Grafen Platen läßt sich nach diesen Vorbemerkungen in einem Zuge lesen. Wer an den Quellen, Hintergründen und weiteren Details interessiert ist, sei auf den Apparat verwiesen, der, wie die Rückseite eines Gobelins, die Verknüpfungen der einzelnen farbigen Fäden zeigt.

Nunmehr verabschiede ich mich in der ersten Person Singular von dem hoffentlich gespannten Leser, um im Text nur noch gelegentlich in der dritten oder im demonstrativen Plural aufzutreten.

24. Liebig	284
25. Cardenio	295
26. Es kenne mich die Welt	311
27. Die silberne Nadel	321
28. Bliomberis	333
29. Venedig	338
30. Arrest	355
31. Treue um Treue	367
32. German	377
33. Die verhängnißvolle Gabel	390
Apparat zum zweiten Teil	408
DRITTER TEIL: ITALIEN	435
34. Der Tiroler Traum	437
35. Rom	442
36. Neapel	459
37. Der erste Hymnus	478
38. Wetterleuchten	492
39. Rumohr	498
40. Flucht nach Toscana	509
41. Der romantische Oedipus	520
42. Die päpstlichen Marken	531
43. Heines Rache	539
44. Die Abbassiden	557
45. Des Teufels Großmutter	573
46. Meine Barke muß versanden	585
47. Das neue München	593
48. Leopardi	607
49. Sizilien	621
50. Die letzte Reise	635
Apparat zum dritten Teil	653
Platens geistiger Entwicklungsgang in kurzen Zügen	687
Alphabetisches Quellenverzeichnis	692
Abkürzungen	696
Namenregister	697
Werkregister	705

Inhaltsverzeichnis

Vorwort	9
ERSTER TEIL: MÜNCHEN	13
1. 1799	15
2. Kindheit	19
3. Kadett	25
4. In der Pagerie	33
5. Rosensohn	43
6. Leutnant	58
7. Federigo	66
8. Neckarau	78
9. Frankreich	82
10. Hornstein	93
11. Schweiz	104
12. Ansbach	115
13. Die Prinzessin	124
14. Schliersee	131
15. Der Sieg der Gläubigen	147
Apparat zum ersten Teil	163
ZWEITER TEIL: DEUTSCHLAND	179
16. Würzburg	181
17. Adrast	193
18. Iphofen	206
19. Erlangen	221
20. Dreyleben	233
21. Schelling	246
22. Bülow	261
23. Der Spiegel des Hafis	276

Vorwort

Das Leben Augusts von Platen war auf vielfache Weise tragisch, manchmal auch tragikomisch. Immer wieder verliebte er sich in Menschen, deren Äußeres ihn anzog, mit denen ihn sonst aber nur wenig oder nichts verband. Sie wiesen ihn alle zurück, zwei nutzten ihn aus, einer ergriff die Flucht.

Zwar hatte ihm ein Gott gegeben, zu sagen, was er litt. Doch da seine glühenden Liebesverse nicht an Frauen, sondern ganz offen an Männer gerichtet waren, ließen sie die Leser kalt. Nicht so die Leserinnen: vermutlich ihretwegen wurden Platens Werke bis zur Jahrhundertwende achtzehnmal aufgelegt, verschiedene Gedichtsammlungen weitere siebzehnmal. Der Dichter erfuhr es nicht, denn er starb schon 1835.

Von Schelling ermuntert, hat er sich auch als Dramatiker versucht. Seinen Komödien fehlte aber nicht nur Witz, sondern auch ‚Welt', das heißt der gesellschaftliche Bezug, und deshalb wollte sie niemand sehen. Platen empfand die Zurückweisung von jungen Männern und Publikum als zwei Seiten einer Medaille.

Aus Zorn darüber und als Rache dafür schrieb er nunmehr satirische Lesedramen. Im zweiten legte er sich aus Konkurrenzneid mit Heinrich Heine an. Das war die letzte Tragik in Platens Leben.

Das Wichtigste über August von Platen hat er selbst gesagt, zuerst verblümt, dann immer offener. Jeder bemerkte es, keiner wollte es wissen. Platens Verse seien marmorglatt und marmorkalt, hieß es, und auch der alte Goethe meinte, Platen fehle die Liebe. Dabei gibt es kaum einen Vers Platens, der nicht von Liebe handelt: freilich nicht von der, die fortpflanzt und die allenthalben als Himmelsmacht gepriesen wird, sondern von jenem Greuel, zu dem die Natur aus unbekannten Gründen eine Minderheit von Menschen verdammt hat und dessen Anblick Lots Weib zur Salzsäule erstarren ließ. Heinrich Heine nahm kein Blatt vor den Mund und sagte es den entsetzten Biedermeiern mitten ins Gesicht.

Sie haben es ihm weniger verziehen als seinem Opfer. Heines Emigration nach Paris ist letztlich die Folge seiner höhnisch offenen Worte über Platens Natur. Dessen Kreativität aber lief nunmehr aus wie der Inhalt einer gesprungenen Flasche. Sein physischer Tod ein paar Jahre später war eher zufällig.

Danach herrschte für etwa sechzig Jahre Ruhe. Jeder Leser hatte Platens Botschaft vernommen, keiner wollte sie hören. Anders die Leserinnen, doch die schwiegen über ihre Gründe. Heine galt als unverschämter Denunziant und Verleumder, seine Schriften wurden in Deutschland fünf Tage nach Platens Tod verboten. Dessen Verse aber galten weiter als marmorglatt und marmorkalt.

Gegen Ende des Jahrhunderts begann die bürgerliche Gesellschaft, sich aus der erotischen Verklemmung zu lösen, in der sie seit ihrem Machtantritt in Europa befangen war. Was Schopenhauer ‚Wille' genannt hatte, das wurde jetzt als autonomer Trieb empfunden, als Sexualität ‚an sich', begleitet jedoch von starken Schuldgefühlen, in denen das christliche Sündenbewußtsein nachwirkte. Nietzsches Diktum vom Weib und der Peitsche gehört in diesen Zusammenhang. Die berühmteste Allegorie des dämonischen, schuldbeladenen Triebes aber heißt Salome: jene Verführerin, die anstatt Leben Tod bringt und die dafür selbst getötet wird. Ihr Schöpfer war ein homosexueller Dichter, der in dieser Figur, natürlich unbewußt, seinen eigenen Trieb abgebildet hat.

Oscar Wilde sprach als erster seit Heine wieder vorsichtig von der ‚Liebe, die ihren Namen nicht nennen darf'. Wer es tat, der mußte, dem Zeitgefühl entsprechend, mindestens ebenso ein Satansbraten sein wie Salome und den gleichen Weg nehmen; oder, in Platens klassischen Worten: ‚Wer die Schönheit angeschaut mit Augen, / Ist dem Tode schon anheimgegeben.' Dieser Verse erinnerte man sich zur Jahrhundertwende, und auch jener weltschmerzlichen Sonette aus Venedig, die nun nicht mehr Marmorkälte ausstrahlten, sondern eine Toteninsel im dunklen Meere zeigten. Die Parallelen zwischen August Platen und Gustav Aschenbach sind überdeutlich. Noch Thomas Manns Platen-Rede von 1930, die mehr das anachronistisch-Tragikomische hervorhebt, steht unter diesem Aspekt.

Bis in die Gegenwart ist die Mär vom todessüchtigen Schönheitssänger weitergereicht worden. Ständig scheint der Dichter auf der Flucht zu sein: erst vor den deutschen Biedermeiern nach Italien, dann aber vor dem Leben selbst, unentrinnbar dem sizilischen Grab entgegentaumelnd.

Doch Platens Leben sollte nicht nach seinen berühmtesten Versen interpretiert werden. In Wirklichkeit waren seine Reisen durch Italien keine Flucht, sondern eine dauernde, vergebliche Suche nach ‚wahrem Leben', nach jener leibseelischen Erfüllung, die ihm das deutsche Milieu versagte. Bis zum letzten Atemzug hat er die trügerische Hoffnung, sie zu finden, nicht aufgegeben. Alle die gern zitierten Anrufe des Todes entanden vor dem Herbst 1826, da er die Heimat endgültig verließ. In Italien stellt sich zwar wieder vielfach begründeter ‚Menschenhaß' ein, doch zugleich gewinnt Platen eine ‚begrenzte Positivität', die über drei Jahre anhält. Auf Heines vernichtenden Schlag reagiert er nicht mit Todessehnsucht, sondern mit politischem Geschimpfe und mit Selbstreflexion. Wenn die Reise nach Syrakus endlich doch etwas an Flucht erinnert, so an eine Flucht nicht vor dem Leben, sondern vor der todbringenden Cholera.

Erst 1985 hat Hubert Fichte in seiner letzten Arbeit dem falsch überlieferten Platen-Bild energisch widersprochen – wobei er freilich kühne Selbstprojektion an Stelle sorgfältigen Quellenstudiums setzte. Gleichwohl hat Fichte in der Hauptsache recht.

Platen der kalte Formalist, der todessüchtige Décadent, Platen die frühere Inkarnation: sie sind sämtlich Produkte tradierter Vorurteile oder privater Mythologie. Mehr vom wirklichen Platen erfährt, wer sich ihm mit Zweifeln nähert. Vor dem ersten Weltkrieg veröffentlichte Rudolf Schlösser eine Platen-Biographie von 1300 Seiten quarto, die an Sorgfalt ihresgleichen sucht. Schlösser bekennt zwar die Homosexualität, behandelt sie aber als peinliche Marginalie; deshalb erzählt er auch nicht einfach das Leben des Grafen Platen, in dessen Mittelpunkt diese alles beherrschende Schande nun einmal steht, sondern gibt umständlich-didaktisch ‚Ein Bild seines geistigen Entwicklungsganges und seines dichterischen Schaffens'. Durch solche Aussparung des Eigentlichen wird Schlössers Buch pedantisch, langweilig, schwer zu lesen. Dennoch hat es große Verdienste, und niemand, der sich ernsthaft mit Platens Leben beschäftigt, kann auf die Lektüre verzichten.

Etwa gleichzeitig mit Schlösser erschien der erste Band von Platens Briefwechsel, auf fünf Bände angelegt; der vierte kam 1931 heraus, der letzte nicht mehr. Die Kommentare des Herausgebers Paul Bornstein verdienen großes Lob. Bornstein wäre wohl der Mann gewesen, schon in den 30er Jahren eine Platen-Biographie frei von jener Betulichkeit zu schreiben, die Schlössers Arbeit beeinträchtigt. Im Anschluß an dieses Buch werde ich den bislang fehlenden letzten Band der Platen-Korrespondenz vorlegen in dem Bestreben, Bornstein in Sorgfalt und solidem Urteil zu erreichen.

Neben den schon erwähnten Briefen sind die wichtigsten Primärquellen für Platens Leben seine Tagebücher und seine Werke. Die Tagebücher, von der Jugend bis zum Tode geführt, wurden vollständig noch vor 1900 herausgegeben, leider nicht in Platens Orthographie. Ähnliches gilt für die kritische Ausgabe der sämtlichen Werke in 12 Bänden, die der standardisierten Rechtschreibung ihrer Erscheinungszeit (1910) angeglichen ist. Nur die Briefausgabe folgt der originalen Schreibweise.

Zur Schilderung eines Lebens in der Biedermeierzeit gehört aber, wie ich finde, auch eine alte Rechtschreibung. Die th's und y's, thun, seyn, giebt und kömmt stören keineswegs, sondern helfen vielmehr, die Atmosphäre von damals einzufangen. Wo immer ich aus dem Tagebuch und aus den Werken zitiere, ist die originale Schreibweise anhand der Manuskripte oder des frühesten mir zugänglichen Druckes wiederhergestellt. Bei den Briefen war diese Arbeit nicht nötig.

Dies Buch ist vor allem den Forschungen von Jürgen Link verpflichtet, wie sie in den Kommentaren zu seiner Platen-Ausgabe von 1982 und seinem neuen, noch nicht veröffentlichten Essay ‚Platen – Heines Antipode' niedergelegt sind. Die genaue Kenntnis der geistesgeschichtlichen Grundlagen verdanke ich dem Werk ‚Biedermeierzeit' von Friedrich Sengle; die der Abgrenzung zur Fin de siècle dem Klassiker ‚La carne, la morte e il diavolo nella letterature romantica' von Mario Praz, erschienen 1930, auf deutsch jedoch erst 1963.

Mein Dank gilt Professor Jürgen Link in Bochum, der mir den genannten noch unveröffentlichten Text zur Verfügung stellte und dessen freundlich-kritische Anteilnahme meine Arbeit seit Jahren begleitet hat. Frau Liselotte Renner von der Handschriftenabteilung der bayerischen Staatsbibliothek in München danke ich für die freundliche Hilfe bei meiner Arbeit, Herrn Dr. Wolfram Setz in München danke ich für praktische Ratschläge und das Lektorat dieses Buches.

Die Lebensgeschichte des Grafen Platen läßt sich nach diesen Vorbemerkungen in einem Zuge lesen. Wer an den Quellen, Hintergründen und weiteren Details interessiert ist, sei auf den Apparat verwiesen, der, wie die Rückseite eines Gobelins, die Verknüpfungen der einzelnen farbigen Fäden zeigt.

Nunmehr verabschiede ich mich in der ersten Person Singular von dem hoffentlich gespannten Leser, um im Text nur noch gelegentlich in der dritten oder im demonstrativen Plural aufzutreten.

ERSTER TEIL

MÜNCHEN

1. 1799

Das heraufziehende neunzehnte Jahrhundert findet die Gesellschaft Europas in einem tiefen Wandel begriffen. Zwar ist kürzlich in Paris die Schreckensherrschaft der Jakobiner gestürzt und die Guillotine abgebaut worden; auch hat die Revolution außerhalb Frankreichs keinen Thron ernsthaft gefährden können. Dennoch wird es nie mehr so sein wie früher. Stärker als irgendeine alte oder neue Heilslehre werden Naturwissenschaften und ihre Anwendung, die Technik, das Leben der Menschen im neuen Jahrhundert verändern. Überall zischen und fauchen jetzt moderne Ungeheuer, die kürzlich in England erfundenen Dampfmaschinen: sie pumpen Wasser und bewegen Lasten beim Bergbau. Bald werden sie Schiffe und mechanische Webstühle antreiben. Ballons, mit heißer Luft oder furchtbar stinkendem Wasserstoffgas gefüllt, heben todesmutige Luftschiffer vor staunenden Volksmassen gen Himmel. Der englische Landarzt Jenner hat kürzlich die erste verläßliche Impfmethode gegen Pocken entwickelt. Volta erzeugt in Pavia mit seiner Säule zum erstenmal einen kontinuierlichen elektrischen Strom, wofür er im nächsten Jahr Weltberühmtheit erlangen wird. Lavoisier, der Vater der quantitativen Chemie, war zufällig in Paris guillotiniert worden; doch stehen andere bereit, die neue Wissenschaft weiterzuführen. In Helmstedt promoviert ein genialer junger Mathematiker namens Friedrich Gauß. In München erhält der Theaterschriftsteller Senefelder ein bayerisches Privileg für seine neue Steindruckmethode. Alexander von Humboldt reist nach Südamerika.

Auch ohne Umsturz und Gewalt schickt sich der Dritte Stand, das Bürgertum, überall an, das Zeitalter als sein eigenes zu begreifen und zu prägen. In Weimar residiert neben dem Herzog der europäische Dichterfürst; ‚Wilhelm Meisters Lehrjahre', den bürgerlichen Bildungsroman, hat er beendet, während der kranke Schiller, um dem Freund und dessen Theater nahe zu sein, nach Weimar übersiedelt und dort die Wallenstein-Trilogie abschließt. In Königsberg blickt der alte Kant auf sein Lebenswerk und mit großem Unbehagen auf seinen Nachfolger Fichte, der seine wichtigsten Gedanken schon formuliert hat. Dessen Spuren wieder folgen die Frühromantiker in Jena und Berlin. Die Epoche, für die Gott sich im Guten, Wahren und Schönen offenbarte und die Heine später verächtlich „Kunstperiode"* nennen wird, nähert sich langsam ihrem Ende. Vor drei Jahren war Jean Pauls Roman ‚Siebenkäs' erschienen, wo in der Rede des toten Christus das neue Lebensgefühl, der ‚Weltschmerz', schon

---

* Heine an Varnhagen am 4. Februar 1830: „Der Schiller-Göthische Xenienkampf war doch nur ein Kartoffelkrieg, es war die Kunstperiode, es galt den Schein des Lebens, die Kunst, nicht das Leben selbst – jetzt gilt es die höchsten Interessen des Lebens selbst, die Revoluzion tritt in die Literatur, und der Krieg wird ernster."

deutlich artikuliert ist. Der Leutnant Heinrich von Kleist nimmt seinen Abschied von der preußischen Armee. Friedrich Hölderlin, der den ‚Hyperion' schon veröffentlichte, muß das Haus Gontard in Frankfurt verlassen. In Madrid, auf der Calle del Desengaño, der ‚Straße der Enttäuschung', bietet Goya seine ‚Caprichos' zum Verkauf: auf einem der 80 Blätter feiert er die Vernunft, in deren Namen so furchtbar gemordet wurde, auf sehr zweideutige Weise. In London stellt ein junger Maler namens Turner seine ersten Bilder aus. Überall wird die Kunst von dem neuen, areligiösen, entfremdeten Zeitgeist ergriffen, der in der Literatur wohl, doch in der Philosophie noch nicht zu spüren ist. Beethoven, der Komponist einer seltsam ichbesessenen Musik, hat seine erste Sinfonie geschrieben sowie ein knappes Dutzend Klaviersonaten, darunter ‚Pathétique' opus 13.

> ... Alles ist glatt; nicht Schnitzwerk oder Vergoldung
> will man mehr, und es kostet das fremde Holz nun am meisten.

So klagt ein Alter in ‚Hermann und Dorothea' über die neuen Möbel aus poliertem Mahagoni und Palisander, die jetzt auch in das bürgerliche Interieur eindringen und zu denen der traditionelle Schlafrock nicht mehr paßt.

> ... Man will jetzt freilich, der Mann soll
> immer gehn im Surtout und in der Pekesche sich zeigen,
> immer gestiefelt sein; verbannt sind Pantoffel und Mütze.

Fort ist die gepuderte Perücke, die zuhause der Zipfelmütze wich, nicht mehr gilt als Vorbild das höfische Kleid aus heller Seide, das man, sobald es ging, zur Schonung mit dem Négligé vertauschte; an seine Stelle tritt der bürgerliche Frack aus dunklem Wolltuch oder sogar ein kurzes, vorn geschnürtes Wams, die Vorform der heutigen Jacke. Nicht mehr Kniestrümpfe und Schnallenschuhe trägt, wer auf Mode hält, sondern Hosen und Stiefel wie die Fuhrleute, jetzt auch im Haus. Das Kleid zeigt nicht mehr den Stand des Trägers an, nur seine Mittel – und seinen Geschmack. Am klarsten formuliert die scheinbare Nachlässigkeit und elegante Untertreibung der Herrenmode George Bryan Brummell, ein bürgerlicher Günstling des englischen Thronfolgers.

In Paris empfangen die Damen der neuen Gesellschaft barfuß und nur mit ein paar Gazeschleiern mehr enthüllt als bedeckt, zum hellen Entsetzen der älteren Leute. Das macht zwar nicht viel Schule, aber der höfische Geschmack ist so auch hier gründlich ausgetrieben. Es soll dreißig Jahre dauern, bis Schnürleib und Reifrock in anderer Form wieder auftauchen.

Abwesend ist der Mann, der alles bewegt und um den sich bald alles drehen wird. Der dreißigjährige Napoleon hat unlängst sein militärisches Genie bewiesen im ersten Krieg der französischen Republik gegen die Koalition der alten Mächte Europas. Er gab diesem Krieg die entscheidende Wende, indem er die Österreicher quer durch Oberitalien jagte und zum Frieden von Campo Formio zwang. Doch der hielt nur kurze Zeit. Jetzt führt Bonaparte ein Expeditionskorps in Ägypten (begleitet von einer Gruppe hervorragender Archäologen), denn das mißtrauische Direktorium will ihn von Frankreich fernhalten.

Als im Februar 1799 Karl-Theodor von Pfalz-Sulzbach, Kurfürst von Bayern, im Alter von 73 Jahren starb, fragte man seine Witwe, eine junge Habsburger Prinzessin, die ihn erst kürzlich mit großem Widerwillen geheiratet hatte, ob sie schwanger sei. Sie antwortete mit Nein. Damit war die Erbfolge frei für Max Joseph von Pfalz-Zweibrücken-Birkenfeld und mit ihm für jene Linie des Hauses Wittelsbach, die bis zum Ende des ersten Weltkrieges in München regieren sollte.

Max Joseph war nur durch den außergewöhnlichen Umstand auf den bayerischen Thron gelangt, daß zwei seiner Onkel und der ältere Bruder ohne legitime Erben gestorben waren. Als Kind im Geiste Rousseaus und dann, nach Zweibrücker Tradition, zum französischen Offizier erzogen, hatte er als Kommandant des Regiment Royal d'Alsace vergnügliche Jahre in Straßburg verlebt. Er besaß dort, zusammen mit seinem Bruder, das Hôtel des Deux Ponts und war am Hof von Versailles gern gesehen, ja seine Frau erfreute sich der besonderen Gunst Marie-Antoinettes. Sein ältester Sohn hieß Ludwig nach dem Taufpaten, Ludwig XVI. Seit zehn Jahren allerdings war Max Joseph mitsamt Familie auf der Flucht vor den französischen Truppen; die Fürstin hatte die Strapazen der Zeit nicht überstanden. Jetzt zog er mit der zweiten Gemahlin und sechs Kindern unter dem Jubel der Bevölkerung in München ein, denn seinem Vorgänger weinte niemand eine Träne nach. Einen ersten Staatsminister hatte er auch mitgebracht, den Grafen Montgelas, einen gepuderten altfränkischen Aufklärer von außenpolitischem Genie, der, ebenso wie sein Herr, sich lieber des Französischen als des Deutschen bediente.

Bayern war im ersten Koalitionskrieg mit Österreich verbündet. Als das Direktorium 1796 Frankreichs Armee gegen den Kaiser schickte, hatte Bayern als Durchmarschgebiet schwer zu leiden. Nicht genug damit, versuchte Österreich auch noch beim Frieden von Campo Formio, seine Verluste auf Kosten von Bayern auszugleichen. Die Stimmung im Land war schon seit dem Erbfolgekrieg vor sechzig Jahren entschieden antiösterreichisch und jetzt entsprechend profranzösisch. Es ist also nicht verwunderlich, daß Max Joseph und Montgelas versuchten, Bayern aus dem Bündnis mit Österreich vorsichtig zu lösen und wenigstens in eine wohlwollende Neutralität mit Frankreich zu führen.

Zunächst gelang das nicht, denn es standen über 100 000 Mann österreichische Truppen in Bayern. Im Herbst war Bonaparte aus Ägypten heimgekehrt und hatte am 18. Brumaire des Jahres VIII der Revolution, das ist am 9. November 1799, das Pariser Direktorium gestürzt und sich selbst als Ersten Konsul installiert. Im folgenden Frühjahr gab er dem zweiten Koalitionskrieg mit seinem zweiten Italienfeldzug und dem Sieg bei Marengo am 14. Juni 1800 die entscheidende Wende. Kurz darauf zog eine französische Division unter Moreau in München ein.

Selten wurde ein Krieg mit größerer Unlust geführt als dieser. Wieder verständigte sich Österreich mit Frankreich auf Kosten Bayerns in den Verträgen von Hohenlinden und Lunéville; Folge davon war die längst erwartete und verabredete Wendung der bayerischen Politik, die Annäherung an Frankreich. Sie trug ihre Früchte bei der Pariser

Mediationsakte von 1802 und dem Reichsdeputationshauptschluß von 1803, als Bayern für seine linksrheinischen Verluste besonders gut in Franken und Schwaben entschädigt wurde.

Im Mai 1804 erhob sich Bonaparte zu Napoleon I, Kaiser der Franzosen. Ein Jahr darauf, als er sich in Mailand mit der eisernen Langobardenkrone zum König von Italien krönte, drohte ein dritter Koalitionskrieg. Max Joseph, bis jetzt mit Frankreich in einer unfixierten Entente, schloß heimlich mit Napoleon einen Allianzvertrag. Im September überschritt Schwarzenberg den Inn und marschierte in München ein. Ultimativ forderte er den Kurfürsten auf, die bayerischen Truppen mit den österreichischen zu vereinigen. Mit Scheinverhandlungen gelang es jedoch Montgelas, Wien so lange hinzuhalten, bis Napoleon nach phänomenalen Eilmärschen an der Westgrenze Bayerns eintraf und die Österreicher bei Ulm schlug. Erst jetzt ratifizierte Max Joseph in Würzburg den Vertrag mit dem französischen Kaiser. Der Bündniswechsel Bayerns glich einem Trapezakt ohne Netz.

Napoleon zog am 24. Oktober 1805 unter dem Jubel der Bevölkerung in München ein. Doch er verweilte nicht, sondern verfolgte die Österreicher donauabwärts und schlug sie vernichtend bei Austerlitz östlich von Brünn. Der Friede von Preßburg brachte Bayern reiche Früchte: es brauchte nur wenig aufzugeben und erhielt viel, unter anderem Tirol bis zum Gardasee, Augsburg, Lindau und die Markgrafschaft Ansbach.

Jetzt half Max Joseph Napoleon, die Scheu, die allen Parvenus in den legitimen Kreisen anhaftet, zu überwinden, indem er in eine Verbindung zwischen dessen Stiefsohn Eugen Beauharnais, Vizekönig von Italien, und seiner ältesten Tochter Amalie Auguste einwilligte. Napoleon schickte an Eugen einen Heiratsbefehl sowie eine Nymphenburger Kaffeetasse mit dem Portrait der Prinzessin und der Bemerkung: „Mais elle est mieux que ça" — Aber sie sieht besser aus, als das da.

Zum Neujahrstag 1806 war der Sieger von Austerlitz wieder in München, wo inmitten großer Festlichkeiten Max Joseph zum König von Bayern von Gottes Gnaden ausgerufen wurde, obwohl es besser von Napoleons Gnaden geheißen hätte. Zwei Wochen später fand die Hochzeit zwischen Prinz Beauharnais und der widerstrebenden Prinzessin Amalie Auguste statt, die sich zu Recht als Opfer der Politik und als Preis für die Rangerhöhung ihres Vaters fühlte. Durch diese Ehe verband sich der kleine korsische Offizier mit dem ältesten Herrscherhaus Europas: es war für Napoleon der Anfang einer Heiratspolitik, deren Höhepunkt 1810 seine eigene Hochzeit mit der Erzherzogin Marie Louise von Österreich sein sollte.

Die eben geschilderten Ereignisse markieren den Höhepunkt der Freundschaft zwischen Bayern und Frankreich. Als Napoleon in der Folgezeit seine Armee nicht abzog, sondern im Lande und auf dessen Kosten unterhielt, um sie später gegen Preußen einsetzen zu können, wandte sich die Stimmung langsam gegen ihn. Mit der Gründung des Rheinbundes 1806, einer Art ‚Troisième Allemagne' zwischen Preußen und Österreich, beseitigte er die letzten Reste des alten Reiches. Franz II legte die deutsche Kaiserkrone nieder und nannte sich Franz I, Kaiser von Österreich. Bayern trat dem Rheinbund nur zögernd bei, obwohl es sich durch weitere Mediatisierungen nochmals vergrößern und so seine Gesamtbevölkerung auf über 200 000 Untertanen vermehren konnte. Dafür begab es sich praktisch in die Hände Frankreichs, konnte keine eigene Außenpolitik mehr führen und mußte sich bei allen künftigen Feldzügen Napoleons mit 30 000 Mann beteiligen.

Im soeben bayerisch gewordenen Nürnberg vertrieb ein Buchhändler namens Palm die antiroyalistische und antinapoleonische Flugschrift ‚Deutschland in seiner tiefen Erniedrigung'. Da er den anonymen Autor nicht nennen wollte, wurde er von der französischen Militärbehörde Ende August in Braunau standrechtlich erschossen.

2. Kindheit

So standen die Dinge in Bayern, als im September 1806 Luise Gräfin von Platen mit ihrem knapp 10jährigen Sohn August in München eintraf, um ihn der dortigen königlichen Kadettenanstalt zu übergeben. Ihr Mann war Oberforstmeister in Ansbach und hatte in den vergangenen fünfzehn Jahren als Beamter zweimal den Herrn gewechselt. Der letzte Markgraf von Ansbach-Bayreuth, unter dem Platen sein Amt angetreten hatte, war kinderlos und übergab 1791 seine beiden Länder in der Erbfolge an Preußen. König Friedrich Wilhelm II betraute den Grafen Hardenberg, seinen späteren Staatskanzler, mit der Verwaltung. Zu Beginn des Jahres hatte Marschall Bernadotte mit einem französischen Korps Ansbach besetzt in der Hoffnung, Napoleon werde es ihm zusammen mit Nürnberg als Fürstentum verleihen. Daraus wurde zwar nichts, doch konnte sich Bernadotte später mit der schwedischen Krone trösten. Ansbach aber wurde durch den Frieden von Pressburg im März 1806 bayerisch. Die Ansbachischen Beamten waren zunächst wenig kooperativ, da die abziehenden Preußen ihnen bedeutet hatten, ihr Rückzug sei nur vorübergehend, und man werde das Verhalten eines jeden unter dem bayerischen Regiment Ausharrenden genau registrieren.

Wie weit das den Oberforstmeister Graf Platen betraf, ist nicht festzustellen. Zwar verlor er bei der Mediatisierung seine Reichsunmittelbarkeit, doch das wird ihn wenig angefochten haben. Güter besaß er keine, und seine Familienverhältnisse waren mit sieben Kindern kostspielig genug. Die französische Einquartierung scheint ihm finanziell den Rest gegeben zu haben.

Kurz zuvor hatte ein hoher bayerischer Beamter Ansbach besucht, der königliche Kämmerer und Generalleutnant v. Werneck, ein alter Bekannter des Oberforstmeisters. Werneck war ein paar Jahre lang Nachfolger Rumfords als Direktor des ‚Englischen Gartens' gewesen, der damals in München angelegt wurde. 1804 übernahm Sckell die Garten-Intendanz, und Werneck wurde Direktor der Münchener Kadettenanstalt. Sein Anerbieten, Platens jüngsten Sohn August in dies Institut aufzunehmen, wird gern akzeptiert worden sein, Berliner Ungnade hin oder her, denn Werneck versprach dem Vater eine der hundert Freistellen. Der König war bemüht, den ihm neuerdings untergebenen fränkischen Adel in jeder Weise für sich zu gewinnen.

Es ist hier wohl der Ort, von Platens Vorfahren zu sprechen. Wir tun es nur zögernd, denn wir sind uns des zweifelhaften Wertes von Ahnenforschung bewußt. Sinnvoll wäre sie eigentlich nur da, wo sie sich erübrigt, nämlich bei regierenden Häusern, wo Eheschließungen und Erbfolgen geschichtliche Konsequenzen haben. Eigenschaften oder Fähigkeiten eines Menschen aber anhand von Ahnentafeln vergleichend zurückzuverfolgen, ist fragwürdig: einmal, weil diese Tafeln in der Regel natürliche Vaterschaften verschweigen, und zweitens, weil Eigenschaften nicht einfach Erbanlagen sind, sondern das Produkt aus eben diesen und immer wieder anderen Lebensumständen.

Platens Ahnentafel über neun Generationen erschien 1931, kurz vor der Zeit also, da derlei Dinge in Deutschland zur lästigen Pflichtübung wurde. Von den 256 Vorfahren der 9. Generation treten 36 doppelt auf; das entspräche einem Ahnenschwund von über 1/8 für den Fall, daß keine Vorfahrin einen Seitensprung machte. Wir finden bei der Mutter viele bürgerliche Ahnen, Stadtpatriziat aus Sachsen und Nürnberg, eine Familie aus dem Véneto und eine aus Frankreich. Beim Vater viel nord- und mitteldeutscher Adel, v. Arnim, Cramm, Kerssenbrock, Königsmarck, Meysenbug, Münchhausen, v. d. Schulenburg. Über künstlerische oder homosexuelle Neigungen einzelner Vorfahren, und allein dies wäre letztlich von Interesse, sagt der Stammbaum natürlich nichts.

Der bedeutendste Platen war ohne Zweifel des Dichters Urururgroßvater Franz Ernst, erster Graf, hannoverscher Oberhofmarschall, Premierminister und General-Erbpostmeister. Seine Vorfahren stammten, soweit das der Ahnentafel zu entnehmen ist, aus Vorderpommern, insbesondere von Rügen. Bei des Ministers erstaunlicher Karriere am Hofe zu Hannover war sicher nicht ohne Einfluß, daß seine erste Frau, eine geborene Meysenbug, die langjährige Maitresse des Kurfürsten Ernst-August war. Die Vaterschaft ihrer Kinder ist völlig unsicher. Ernst v. Obernitz, der die Ahnentafel des Dichters zusammenstellte, teilt etwas gewunden mit, des Hofmarschalls Kinder hätten wahrscheinlich den Landesherren zum Vater und fügt noch dessen 16-stellige Ahnentafel hinzu. So träten als Vorfahren an die Stelle der Rügener Platens sowie etlicher Alvenslebens, Cramms, Gagerns und Schulenburgs die regierenden Häuser Braunschweig-Lüneburg, Brandenburg, Hessen-Darmstadt, Mecklenburg, Sachsen-Anhalt, Schleswig-Holstein! Der älteste legitime Sohn des Kurfürsten Ernst-August von Hannover bestieg 1714 als Georg I den britischen Thron; seine Schwester Sophie-Charlotte wurde erste Königin von Preußen. Beide waren Halbgeschwister von Platens Urgroßvater, und der Dichter selbst wäre also ein entfernter Neffe Friedrichs des Großen und ein noch weiter entfernter Vetter Friedrich Wilhelms III von Preußen und Georgs IV von England!

Noch Platens Großvater war hannoverscher Erbpostmeister. Aus dessen zweiter Ehe stammt Philipp August, der Vater des Dichters. Er scheint nichts geerbt zu haben von Besitz und Pfründen der Grafen Platen und wurde hannoverscher Offizier. Während eines Aufenthalts in England lernte er den Markgrafen von Ansbach-Bayreuth kennen, der ihn als Oberforstmeister nach Ansbach berief.

Wie sollen wir uns Platens Eltern vorstellen? Der Vater wird etwas süffisant als „guter und dienstfertiger Mensch" und „erzguter Narr" geschildert, ein Militär und Jäger mit

Hochachtung vor Kultur ganz allgemein und vor Literatur insbesondere. Georg Hardenberg, ein Bruder des Ministers, lobte an ihm weniger die technischen Kenntnisse als die Gewandtheit im schriftlichen Ausdruck. Der Graf Platen kauft Kupferstiche, Bücher und gelehrte Schriften, wobei vielleicht der Enthusiasmus die Kennerschaft übertrifft. Als die befreundete Henriette v. Knebel ihm 1786 eine Wieland-Büste schenkt, hat er solche „kindische Freude", daß er gerne „alle Reichthümer, und ich glaube seine Frau und Kinder, dafür geben möchte", wie die Genannte nach Weimar an ihren Bruder, den Freund Goethes, schreibt. Man hat den Eindruck, als sei dem Oberforstmeister seine Familie nicht mehr recht. August v. Platen erwähnt einmal en passant, die erste Ehe seines Vaters sei unglücklich gewesen: tatsächlich trennt dieser sich nach neunzehnjähriger Ehe von seiner Frau. Wie die Ehe auseinanderging, wissen wir nicht; doch zeigt das spätere Verhalten des Sohnes, daß der Vater ein starrsinniger, finsterer Mann gewesen sein muß. Wer nun freilich diesem Augenschein folgt und einen Pascha am Werk sieht, der die Mutter seiner sechs Kinder gegen eine jüngere Frau eintauscht, der irrt. Im Jahr 1926 wurde der Tagebuchauszug einer Ansbacherin veröffentlicht, nach dem die erwähnte Oberforstmeisterin, geborene v. Reizenstein, bei der Scheidung ihrem Mann eine Abfindung von 36 000 fl. (= Gulden) zahlte, „welche nach dessen Tode den Kindern erster Ehe wieder zurückerstattet werden sollte, was aber nicht geschah." Also war die erste Gräfin Platen vermögender als ihr Mann! Und ganz offenbar war sie es, die genug hatte von der Familie, denn sie ließ ihre Kinder, deren jüngstes neun Jahre alt war, beim Vater zurück.

Dieser heiratete nunmehr Christiane Luise Eichler v. Auritz, Tochter des Oberhofmarschalls beim letzten Markgrafen Alexander, der ja bis 1791 auch Platens Dienstherr gewesen war. Sie, mit 31 Jahren für die damalige Auffassung ein spätes Mädchen, dürfte froh gewesen sein, unter die Haube zu kommen. Vielleicht war sie weniger hübsch als ihre Schwestern. Eine auffällige Gleichgültigkeit gegenüber ihrer äußeren Erscheinung ist überliefert. Wir werden dieser Eigenschaft später bei ihrem Sohn, der alles andere als ein Adonis war, wieder begegnen.

Nur einmal im Leben hatte sie Ansbach verlassen, nämlich als der Vater sie für zwei Jahre ins Pensionat nach Lausanne schickte. Dort war sie glücklich, dort vervollständigte sie ihren Meinungskatalog und ihren literarischen Geschmack. Zur preußisch-protestantischen Basis kam französische Klassik und Aufklärung, vor allem Rousseau.

Die Eheleute bezogen „das in der damals (so) genannten Judengasse, nachher Kirchenstraße, nun Platenstraße stehende Obersdörferische Haus, wo man eine Gedenktafel für den Dichter errichten ließ, welche jetzt noch zu sehen ist". So berichtet die genannte Ansbacher Tagebuchschreiberin.

Mit dem Zusammentragen von Kunstgegenständen und gelehrten Schriften wird es nun vorbei gewesen sein, ganz einfach aus Geldmangel, der für des Dichters Elternhaus vielfach bezeugt ist; und daß die zweite Frau eine Mitgift in die Ehe gebracht hätte, wird nirgendwo erwähnt. Am 24. Oktober 1796 gebar Luise v. Platen ihr erstes Kind, einen Sohn. Die Eltern nannten ihn Karl Georg August Maximilian.

Der Zufall wollte es, daß um die gleiche Zeit Max Joseph, Herzog von Pfalz-Zweibrücken, auf der Flucht vor den Franzosen sich im neutralen preußischen Ansbach

Platens Geburtshaus. Fotografie von 1989. (Fotoatelier im Platenhaus, Ansbach)

aufhielt. Sein Land war schon früher besetzt worden, doch stand zu erwarten, daß ihm demnächst die Kurwürde von Bayern zufallen werde. Der Herzog hatte auch seine Kinder bei sich, darunter seinen zehnjährigen Ältesten, der später als König Ludwig I des Dichters sparsamer Mäzen werden sollte.

Im folgenden Jahr erhielt August einen Bruder, der nicht lange lebte. Die Familie ging auf ein Jahr nach Schwabach, kehrte aber nach Ansbach zurück. Auch danach war der Vater oft verreist. Luise von Platen, die sich, aus welchen Gründen immer, vom Gesellschaftsleben fernhielt, besorgte allein die früheste Erziehung ihres einzigen Sohnes. Und auch dieser starb beinahe an einer langwierigen Krankheit. „Ich kam aber wieder davon," schreibt er 1816 in sein Tagebuch, „indem sich ein altes Sprüchwort bewährte, denn ich war sehr böse". Meint er: Unkraut vergeht nicht? Auf jeden Fall nennt er sich selbst ein schwieriges Kind.

Fünf Stiefschwestern wurden verheiratet, während August aufwuchs, sodaß er sie kaum kannte; selbst der jüngste Stiefbruder Alexander war mehr als zehn Jahre älter. Die Mutter las dem Knaben vor und animierte ihn, selbst zu lesen und zu schreiben. Seine erste selbständige Lektüre war Weiße's ‚Jugendfreund', eine aufklärerisch-unterhaltsame Vierteljahresschrift aus dem vergangenen Jahrhundert; die Bände waren wohl schon von den Stiefgeschwistern her in der Familie. August suchte sich besonders die kleinen Komödien heraus, da er das Theater über alles liebte. So oft er nur durfte, ging er ins Ansbacher Schauspielhaus und spielte selbst mit seinen Kameraden nichts als Theater. Ein damals beliebtes Singspiel ‚Das Donauweibchen' sowie die Schillersche Bearbeitung des ‚Macbeth' (woraus er aber nur die Hexenszenen las), regten den Knaben an, selbst Schauspiele zu schreiben. „Was meine Fantasie noch bereicherte", heißt es im Tagebuch, „war besonders die Mythologie, die ich schon ziemlich inne hatte. Die Liebesabentheuer Jupiters giengen an mir vorüber, ohne Eindruk zurükzulaßen oder Neugierde zu erweken.. Die Liebe hielt ich damals für nichts als einen theatralischen Ressort." Erhalten ist aus dieser Kinderzeit nur ein Personenverzeichnis „Beluzi. (Zweiter Theil der Hexennacht.) Lustspiel in 2 Akten."

Die Kameraden, die August in seinem Tagebuch erwähnt, waren alle Bürgerskinder, so der Sohn eines Französisch-Lehrers namens Asimont und die beiden Söhne eines Gerichtsrates Liebeskind, deren älterer, Adalbert, später ein Freund werden sollte. „Daß ich von Adel, aus einem alten Hause sey u. d. g., sagte man mir niemals." Wohl möglich, denn was nutzt es, vor dem Kinde einen Stand herauszustreichen, dem die wirtschaftliche Grundlage fehlt? Vermutlich suchte die Gräfin an ihrem Sohn Grundsätze von Rousseaus ‚Emile' zu praktizieren. Dennoch mußte es dem Jungen auffallen, daß man ihn aufs Ansbacher Schloß brachte, damit er mit einer kleinen Prinzessin spiele: deren Vater war der Bruder des Königs von Preußen, und ihre Mutter die Schwester der Königin Luise! Da paßt es, wenn die Enkelin der später noch auftretenden Frau v. Schaden berichtet: „Neben großer Gutmüthigkeit war unserem Dichter von frühester Kindheit an ein ausgesprochener Stolz eigen und auch Stolz auf den hohen Adel seiner Familie und seine eigene kleine Person. Als eines Tages der höchstens sechsjährige Graf sich etwas zu hochfahrend gegen die Gouvernante der Kinder Schaden benommen hatte, sagte ihm diese: ‚Seien Sie so hochmüthig, als Sie wollen,

August, Sie werden doch ein alter Schuhmacher'. Dieser kleine Scherz versetzte den Knaben in die höchste Aufregung; er weinte trostlos und konnte mit Mühe von meiner Großmutter, die großen Einfluß auf ihn hatte, wieder beruhigt werden." Bei dieser oder einer ähnlichen Gelegenheit mag dem Kinde schmerzhaft klar geworden sein, was die Eltern ihm gegenüber nicht betonten: die fatale Lage eines verarmten Adels.

Auch ein anderes Zeugnis aus derselben Zeit ist nicht unbedingt freundlich: „Auf der Promenade zu Ansbach sah man häufig einen kleinen Knaben in saubern Kleidern mit andern Jungen kindische Spiele treiben; immer aber konnte man einen absonderlichen Eigensinn in der Anordnung der Spiele, eine gewisse Prätension vor anderen an ihm gewahren, und fragte man nach dem Namen dieser schwächlich aussehenden Caprice, so erhielt man zur Antwort, es sey Platens August." Wahrscheinlich spielte der Junge Theater vor sich selber.

Den ersten Unterricht erhielt das Kind von ‚Hofmeistern', also ins Haus kommenden Privatlehrern; der Erfolg war unbefriedigend. Seit dem März 1802 besuchte August ‚Dr. Reuters Mädgenschule', die trotz des Namens auch Knaben aufnahm; sie mußten freilich von den Mädchen getrennt sitzen. Die Mutter nennt ihren Sohn in einem rückblickenden Brief einen „wilden Schüler, der nicht immer aufmerksam genug war, auch einmal aus seiner Schule lief, um im Hofgarten ganz alleine ein neu gelerntes Lied mit achtjährigem Pathos und Geberden ganz laut herzusagen". Adrett und geziert, reizbar und eigensinnig, flieht der Junge mit pathetischen Reden und Gesten aus dem grauen Alltag in ein selbstschaffenes Reich der Märchen und der Poesie.

1804 nahm ihn die Mutter mit auf eine Reise nach Sachsen. In Leipzig sah er zum ersten Male vorzügliches Theater, wie er berichtet, und später entsinnt er sich noch der Dresdener Bildergalerie. Neben dem Hang zum Schauspiel sind hier zwei biographische Hauptthemen angeschlagen, deren letzteres freilich erst im weiteren Leben hervortreten sollte: Reisen und Aufnahme von bildender Kunst.

Im Februar 1806 besetzten die Franzosen unter Bernadotte Ansbach und Bayreuth. Zur etwa gleichen Zeit überließ Napoleon das bisher preußische Land als Dank für den Bündniswechsel dem neuen Königreich Bayern. Dessen Besitznahme jedoch wurde durch ein geschicktes Zusammenspiel zwischen Bernadotte, der Ansbach für sich selbst wollte, und einem Beamten aus Hardenbergs ‚fränkischer Schule' bis in den Sommer verzögert. Preußens Verwaltung hatte seit 1791 Ansehen im Land erworben und konnte nun mit einer gewissen Aussicht auf Erfolg Druck auf die Ansbachische Beamtenschaft ausüben. Der preußische Gouverneur hatte sie mit allerlei Versprechung zur Auswanderung verlockt „in der Meinung, wenn er also mit allen seinen Feder- und Papiergenossen abzuziehen drohe, so werde vielleicht Baiern in der Unmöglichkeit, die Provinz ohne ihn verwalten zu können, lieber freiwillig wieder auf dieselbe verzichten." Dies schreibt sarkastisch der betroffene Karl v. Lang, der aber, wie der Oberforstmeister v. Platen, in Ansbach blieb und, weder Lockung noch Drohung achtend, in bayerische Dienste überging. Französische Einquartierung gab es freilich so lange, bis bayerische Truppen einrückten. „Da war den ganzen Tag ein Reißen an der Hausglocke, ein Heraufstürmen und Rennen zur Thür mit dargereichten Quartierbilletten und unverzüglich versuchten Besitzergreifungen". Die Franzosen machten es sich im Quartier verständlicherweise bequem; Lang schreibt von großen Bällen, zu denen Bernadotte oft fünfhundert Offiziere aus anderen Garnisonen einlud. Wir fragen uns freilich, woher er die Damen nahm.

Die französische Besatzungszeit schildert auch des Oberforstmeisters v. Platen geschiedene erste Gattin in einigen Briefen: Geldmangel und Teuerung, leere Straßen, aber dennoch reges Gesellschaftsleben. „Aus desperation gehen wir meistens alle Sonntag fleißig ins Cassino (ins Adelscasino), wo wir 8 – 9 Spieltische zusammen bringen, aber meistens Weiber und Alte Herren; das sieht sehr Traurig aus.. Täglich giebt es Kleine und Mittelmäßige Gesellschaften, Große nur selten, und ich habe meist 2, öfters auch 3 Einladungen in einem Tage." Vergeblich versuchte sie im Februar 1806, ihr Haus „an den reichen Jud Hirsch zu verkaufen, der erst von Würzburg hieher zog, um nicht vom dortigen Jan Hagel gesteinigt zu werden." Ganz offenbar besaß sie also mehrere Häuser! Hirsch war übrigens Bankier. „Ich habe einen General, drey Domestiquen, einen Secretär und acht Pferde im Haus – jeder Tag kostet mich ein Carolin; ich bin am Ende ruinirt, denn wer weiß, wie lange es dauert? Mein Haus ist jetzt wie eine Mördergrube zugerichtet, alles drunter und drüber – hier geht es jetzt zu wie in Sodom und Gomora. Daß ich das erleben muß!"

Wir dürfen annehmen, daß Augusts Eltern ähnliches durchmachten: mittelmäßige Inkommodierung des täglichen Lebens für Bürgertum und höhere Stände, geradezu lächerlich, verglichen mit den Kriegslasten in diesem Jahrhundert. Nur waren die Oberforstmeisters schneller ruiniert als die ebenso wohlhabende wie preußisch gesinnte Schreiberin der zitierten Briefe.

3. Kadett

Im Herbst 1806, noch bevor Napoleon die Preußen und Sachsen bei Jena und Auerstädt schlug, trat August von Platen in die königlich bayerische Kadettenanstalt in München ein. Sie befand sich im aufgelassenen Jesuitenkolleg an der Neuhauserstraße, dem sogenannten Wilhelminum nächst St. Michael, einem riesigen Renaissancebau, der die verschiedensten Institutionen und Ämter beherbergte. Der Eintritt muß dem knapp Zehnjährigen bitter schwer gefallen sein. Nur Worte des Abscheus findet er für das spartanische Leben. „Der große Saal, in dem gegessen wurde und wo sich alle in den Freystunden aufhielten, hatte zwar zwey Reihen Fenster; doch waren diejenigen nach der Stadt so klösterlich hoch, daß man nicht hinaussehen konnte, man hätte denn zwey Stühle übereinandergestellt.. Das Essen wurde von den Bedienten auf großen Tragbahren hereingebracht. Es war wenig und äußerst schlecht gekocht.. Die Köchinnen selbst und die Bedienten waren unreinlich. Wir selbst wurden nicht sehr zur Reinlichkeit angehalten und konnten nicht die Wäsche wechseln, wenn wir wollten." Ein älterer Kamerad machte August im Scherze weis, daß nur einmal im Jahr die Füße gewaschen werden dürften. Empört berichtet er es der Mutter.

Prügelstrafen waren zwar abgeschafft, aber die übrigen genügten wohl auch. „Eine gewöhnliche Pönitenz war der Verlust des Abendessens, was sehr leicht zu erwürken war. Für die Erz = Faullenzer hatte man Eselskappen aus grauem Papiere gemacht". Widerspenstige Rebellen aber erhielten Arrest: „Gefängniße gab es zwey im mittleren Stok. Man wurde nicht stundenweise, sondern ganze Tage lang darin eingesperrt, ja sogar wochenlang. (In dem einen konnte man) nicht einmal ausgestrekt liegen. Kein Tageslicht fiel hinein, man durfte nicht lesen. Hiezu kam noch, daß die Hände in eine Art ledernen Muff geschnürt wurden, weil man glaubte, daß die jungen Leute aus langer Weile auf die Selbstbeflekung fallen könnten. Man erhielt oft nur Wasser und Brod, das man vor Ekel kaum genießen konnte, da die Hände den Geruch des Leders annahmen und in Schweiß kamen.. Noch ekelhafter war das andere Gefängniß.. Es war ein Kämmerchen, in dem die Zöglinge gekämmt wurden, wozu eine eigene Frau bestimmt war. Der Eingesperrte aß auf demselben Tische, auf dem den folgenden Morgen andere Geschöpfe die kärglichen Ueberreste seiner Mahlzeit verzehren konnten, wenn sie anders Liebhaber davon sind."

Der streng geregelte Tageslauf war dem Knaben August ein Greuel. Besonders mißfiel ihm, daß die Erziehung nur stumpfen Gehorsam zum Ziele hatte: Einsicht oder eigenes Denken waren nicht erwünscht. Als Fremdsprachen wurden Latein und Französisch gelehrt. Neben den gewöhnlichen Gymnasialfächern gab es Unterricht in den standesgemäßen Leibesübungen: Fechten, Tanzen, Reiten. Das Erlernen eines Musikinstrumentes war freiwillig.

Ein Porträt zeigt den elfjährigen Kadetten „rotwangig und pausbäckig", mit den Worten der Mutter, sehr kindlich in Uniform mit Schärpe und Säbel, deutlich nach außen schielend. In der Hand hält er ein Papier oder Couvert mit der Aufschrift: ‚A Madame Comtesse de Platten 1807'. Zur Uniform gehörte, was man auf dem Bild nicht sieht, ein ‚Kaskett' oder zylindrischer Lederhelm, den der Amerikaner Rumford in der bayerischen Armee eingeführt hatte. Er war mit Ketten und Knöpfen geziert, die leicht verloren gingen, und August mußte sie mehrfach vom Taschengeld ersetzen.

Trotz aller Leiden gewöhnte sich der Junge zunächst gut in die Anstalt ein, sodaß man außerordentlich zufrieden mit ihm war. Die Leistungen in Schule und Leibesübungen blieben freilich mittelmäßig.

‚Vakanz' gab es nur einmal jährlich, und zwar im Herbst, am Ende des Schuljahres. Doch war es den Kadetten sonntags erlaubt, Besuche zu machen. Beim Gerichtsrat v. Schaden, dessen Frau Ansbacherin war, zog sich August zur Enttäuschung der Töchter, die einen Spielkameraden erwartet hatten, sofort in die Bibliothek zurück und verschwand hinter Büchern. Ein paar Sonntage verbrachte August auch im Hause des Philosophen Schelling, der damals noch mit seiner ersten Frau Caroline verheiratet war. Auch hier „saß der Knabe in seinem Winkel und las bis spät des Abends, was ihm jener treffliche Mann in die Hände gab. Im Uebrigen war er wortkarg und schüchtern." Dies schreibt sein Kamerad Fritz Fugger, später sein engster Freund.

Leider war August überdies zu jung, um die Gegenwart von Caroline Schelling würdigen zu können, die eine der interessantesten Frauen ihrer Zeit war: charmant und geistreich eher als schön, eine Frau mit Vergangenheit, war sie unter anderem mit

Platen als elfjähriger Kadett. Gemälde von Marianne Kürzinger. (Privatbesitz)

August Wilhelm Schlegel verheiratet und in Jena Mittelpunkt des frühromantischen Kreises gewesen. Goethe hatte bei der Scheidung von August Wilhelm geholfen; neben anderen Frauen in Friedrich Schlegels ‚Lucinde' ist auch sie skizziert, und ihre Ansichten zur bildenden Kunst waren in August Wilhelms berühmtem Dialog ‚Die Gemählde' festgehalten, sodaß der erwachsene Platen, besonders nachdem er in Venedig gewesen, mit ihr Gesprächsstoff genug gehabt hätte. Im Dezember 1807, gerade als der Knabe manche Sonntagnachmittage bei den Schellings verbrachte, erschien dort Mme. de Staël auf der Durchreise nach Wien, mit August Wilhelm Schlegel im Schlepptau. Es ist hier nicht der Ort, über das Treffen zu berichten. Caroline starb zwei Jahre später; als der erwachsene Platen Schelling in Erlangen wiedersah, war dieser mit Pauline Gotter verheiratet.

Was gab es sonst noch an Zerstreuungen für elfjährige Kadetten? August besuchte im März 1808 „Die Wachsfiguren" und macht eine recht komische Aufzählung der Exponate an seine Mutter. Nach den Herbstferien, die er diesmal bei den Eltern in Ansbach verbrachte, begannen Mutter und Sohn, ihre Briefe zu numerieren; was mehr als der Inhalt auf ein intimes Verhältnis schließen läßt. Die Beziehung zum Vater blieb immer distanziert.

Was August von Anfang an den Aufenthalt im Kadettenhaus wenn nicht versüßte, so doch etwas erleichterte, war der gelegentliche Besuch des Hoftheaters. Es befand sich in dem von Cuvilliés um 1750 erbauten Raum, das sich heute noch in der Münchener Residenz befindet, wenngleich an anderem Ort als ursprünglich. Dort sah der Knabe vermutlich Schiller, Houwald und weinerliche Komödien von Kotzebue. Das Ballett galt als unanständig und wurde nicht besucht.

Auch im Kadettenhaus wurde Theater gespielt. August trat nie auf, da seine Deklamationsweise selbst für den damaligen Geschmack zu pathethisch war. Doch was ins Laientheater nicht paßte, war dem Deutschlehrer gerade recht. Er ließ August Verse vortragen, obwohl es diesem nicht behagte. Fugger schreibt rückblickend dazu, Platen habe sich beim Rezitieren „einen so seltsamen Ton angewöhnt, daß er oft zu Neckereien, oft aber auch zu Nachahmungen Anlass gab, welche natürlich noch unnachgiebiger aufgenommen wurden. Man konnte damals seinen Vortrag der Verse kaum ein Recitiren nennen, und doch war es auch nicht Gesang". Wir dürfen uns den Zwölfjährigen derart vorstellen, wie er als Jungfrau von Orleans im Zwiespalt zwischen himmlischer Sendung und irdischer Liebe zu dem jungen Montgomery die ominösen Worte ausruft:

Warum mußt' ich ihm in die Augen sehn!
Die Züge schaun des edeln Angesichts!

„Nichts machte unseren Zustand erträglicher", berichtet August, „als die Menge von Kameraden, die wir hatten, und unter denen wohl jeder eine gleichgestimmte Seele ausfinden konnte. Die Freundschaft war unsere Göttin." Von den Freunden, die Platen im Tagebuch aufzählt, seien die genannt, mit denen er lange in Verbindung blieb.

Der Ansbacher Friedrich Schnizlein war verschwiegen, treu, zuverlässig, doch „für das Sentimentale in der Freundschaft war er gar nicht"; Platen zitiert Goethes Tasso: wem die Grazien fehlten, an dessen Busen lasse sich nicht ruhen. Ludwig v. Lüder und Max v. Gruber waren gute Schüler; hier waren geistige Interessen das Verbindende. Lüder sollte später bayerischer Kriegsminister werden, Gruber im Irrenhaus enden. Es hat den Anschein, als seien des Dichters Jugendfreunde meist von jenem bebrillten Typ des künftigen Professors gewesen, den er selbst verkörperte, und der in jeder höheren Schulklasse ein paarmal vertreten ist. Gustav Jacobs dagegen war offen, impulsiv und stets guter Laune; ihm lag Satire und Komik, doch auch die pathetische Art des Deklamierens hatte August von ihm gelernt. Adalbert Liebeskind, der Spielkamerad aus Ansbach, war schon früher in die Kadettenanstalt eingetreten; er verließ sie jedoch bald, um Offizier zu werden. Platen mochte ihn damals nicht leiden, weil er „unter die despotischen Unteroffiziere gehörte." Das gleiche galt für den treuesten Freund, den Platen im Kadettenhaus fand, nämlich Fritz Graf Fugger: vorläufig nennt er ihn in einem Brief gelegentlich eine „Misgeburt". Später sollte er sich anders besinnen. Standesdünkel läßt Platen bei der Auswahl seiner Freunde nicht erkennen; ja als sich ein Ansbacher Spielkamerad zu devot an ihn wendet, schreibt er an die Mutter: „Das oft wiederholte Graf in Asimonts Briefe gefällt mir gar nicht. Es sieht just so aus als wenn ich an einen großen Herrn schriebe. Sag es ihm doch."

Gerade Fugger verdanken wir den besten Bericht über den Kadetten Platen. „August galt von den ersten Jahren an", schreibt der Freund rückblickend, „für einen stillen und fleißigen Kameraden. Seine Anhänglichkeit an die Heimath und seine Liebe zur Mutter gaben ihm in den fremden Umgebungen etwas Schwermüthiges und Isolirtes...In diesem auf diese Art beschränkten Kreise zeigte sich dann freilich bald die lebendige Thätigkeit seines Geistes und vorzüglich seine Phantasie. So wußte er die gleichgültigsten Gegenstände umzugestalten, zu beleben, und den anderen Knaben Dinge davon zu erzählen, die sie mit Verwunderung anhörten und nicht verstanden. Ein Brett ward zur Brücke, ein Winkel des Hofes zum Saal, und an den Stellen, wo Gras und Unkraut wuchs, stand ein Wald, in dem er Herren und Damen, zuweilen historische Personen herumgehend zeigte, von denen Niemand etwas sah. Zuweilen dehnte er seine Visionen auf die Genossen selber aus, und er war im Stande, einen derselben mehrere Tage lang für eine Eule auszugeben, indem er ihm bald scheu aus dem Wege ging, bald mit dem Tuche ihn zu verscheuchen suchte. Die Knaben ließen sich das gefallen, und ertrugen solche Launen von ihm, wie sie es wohl von Anderen nicht ertragen haben würden. Dieses eigenthümlich-willkürliche Spiel seiner Phantasie verließ ihn selbst in späteren Jahren nicht gänzlich.. Etwas, das ihn vorzüglich abstieß und oft zu unklugen Aeußerungen veranlaßte, war der Dialekt, an welchen sich sein Ohr nicht gewöhnen konnte, und leider sprach der größte Theil der Zöglinge und mehrere Lehrer das platteste baierische Deutsch.. Man kann denken wie viele Neckereien und Differenzen solche Aeußerungen Platens veranlaßten. Mehr noch und ernsthaftere entsprangen aber den politischen Meinungen. Auch hierüber gerieth er in vielfältigen Widerspruch mit den Gesellen, und so entstand schon früh in ihm der Trieb sich zu isoliren, sich schüchtern den Menschen zu nähern und sie zuvor zu prüfen und auszuforschen, mit solchen, in denen er sich getäuscht glaubte, sogleich oft schroff und starrsinnig den Umgang abzubrechen, welcher ihn sein Leben lang begleitete, und in späteren Jahren noch mächtiger wurde".

Schüchtern bis schroff war August freilich nicht immer. Im Frühling 1810 überkam den Dreizehnjährigen ein neues Gefühl, und es wurde ihm klar, daß die Liebe mehr sei als ein „theatralischer Ressort". Erst frei schwebend, richtet sie, die Platen schlagen sollte wie kaum einen, sich auf den zwei Jahre älteren Kameraden Joseph v. Xylander. „Wir waren mehr als drey Jahre in einem Hause beysammen, eh wir uns näher kennen lernten", heißt es im Tagebuch. „Wir waren einander alles. Wir genoßen einige Monate lang das reinste, höchste Glük, das die Freundschaft zu gewähren im Stand ist.. Wir vergaßen so ziemlich alles über uns selbst, sehnten uns beständig nacheinander und brachten sogar die wenigen Minuten des Stundenwechsels pünktlich beyeinander zu." Xylander muß ein sympathischer Junge gewesen sein; auch andere Kameraden bemühten sich um ihn, allerdings vergeblich, „denn wir bildeten in dieser Hinsicht eine kleine Welt." August war so von Xylander fasziniert, daß er die Qualitäten Fuggers nicht erkennen wollte.

Es ist hier der Ort, über die Schriftstellerei des Kadetten v. Platen zu berichten. Die Tagebücher, aus denen wir zitieren, hat der Dichter vom Herbst 1816 an aus älteren Aufzeichnungen zusammengestellt, sodaß wir es eigentlich mit ‚Erinnerungen eines Zwanzigjährigen' zu tun haben, die, je mehr sie sich der Gegenwart des Redakteurs nähern, fließend in Journale übergehen. Die unmittelbaren Tagebücher, im Lauf der Jahre immer knapper werdend, beginnen erst 1818.

Joseph von Xylander als sechzehnjähriger
Kadett. Gemälde von unbekannter Hand.
(Privatbesitz)

Zur Zeit, als Platen die Kadettenschule besuchte, war das gebildete München in mehrere Lager zerfallen. Napoleon stand im Zenit seiner Laufbahn, und Bayern hatte, seit es mit ihm verbündet war, reiche Entschädigungen erhalten für alle Leiden der vorhergehenden zehn Jahre. Doch nicht alle Untertanen waren profranzösisch wie der König und sein Minister Montgelas. Es hieß, die Königin und vor allem der Kronprinz seien ‚patriotisch' und Napoleon insgeheim feindlich gesinnt. Weiter müssen wir uns vergegenwärtigen, daß der Protestantismus bis vor kurzem in Bayern als so etwas ähnliches wie Teufelsanbeterei gegolten hatte. Königin Karoline war die erste protestantische Landesmutter, und kein Münchener Bürger hatte 1799 ihrem Hofprediger eine Wohnung geben wollen „aus Befürchtung, der Blitz möge in das Haus einschlagen, wo man den ketzerischen Prädicanten beherbergte." So jedenfalls berichtet der Sohn des später in diesem Buch auftretenden Friedrich Thiersch. Mittlerweile hatte man sich an den neuen Umstand gewöhnt; doch als im Lauf der Jahre eine Anzahl hervorragender protestantischer Gelehrter (u.a. Schelling) nach München berufen wurde, setzte ein regelrechter Konfessionskrieg ein. Er war freilich mehr ein Vorwand für Eifersucht und Neid auf Posten und Ämter der Zugereisten. So erhielt der genannte Altphilologe Thiersch, als Erzieher an den Münchener Hof berufen und später ein Förderer Platens, des nachts auf der Straße einen Stich in den Hals.

Alle diese Streitereien drangen natürlich auch ins Kadettenhaus. Daß August ‚politische Meinungen' hatte, hörten wir schon; er war ‚patriotisch' und prostestantisch gesinnt, beides wegen seiner hannoverisch-preußischen Herkunft. Seine beiden ältesten Gedichte sind polemischer Art: ein Ruhm Luthers in holprigen Hexametern und eine vielstrophige Predigt an die Königin Christine von Schweden, „worin sie sehr heruntergemacht wird, daß sie katholisch geworden." Der Kadett versuchte sich damals so ziemlich an allem, Novellen, Komödien, Schauspielen, wie er im Tagebuch notiert. „Ich arbeitete an einer Parodie der Jungfrau von Orleans, die einen Krieg zwischen Schneidern und Schustern darstellte; aber durch diese und andere Satyren wurden mir manche meiner Kameraden feind, weil ich sie lächerlich machte". Mit dem erwähnten Freunde Jacobs, übrigens Sohn eines neumünchener Protestanten, las August voll Begeisterung Schillers Gedichte. „Ich fühlte ein neues Leben in meiner Brust. Es schien, als dehne sich ein neues, unabsehliches Land vor mir aus, das ich bebauen und befruchten sollte." Vier Balladen in der Manier Schillers sind erhalten sowie ein Naturgedicht ‚Der Abend', bei dem schon Rudolf Schlösser, Platens Biograph von 1914, den Einfluß Matthissons feststellte.

Der Junge sollte noch eine ganze Reihe von derlei empfindsamen Stücken schreiben. Jürgen Link bemerkt dazu, daß Platen bei Matthisson, bei Hölty und beim jungen Schiller die Stilisierungsweise vorgefunden habe, häßliche Wirklichkeit im Rosa der Dämmerung oder im Silber des Mondscheines aufzulösen. Eine empfindsame Welt des Zwielichts und der Nacht war, wie wir in den Gedichten sehen, die Zuflucht des Knaben, sie war die Szenerie seines privaten Theaters.

Dort stand freilich fast nur ein Thema auf dem Programm. „Ich weiß nicht, ob es Täuschung oder Wahrheit ist; aber ich finde in jenen ersten, holperichten Produktionen einen ursprünglichen Funken von poetischem Talent, den ich in meinen späteren und gereiften Gedichten vergebens suche." Dies schreibt der Zwanzigjährige im Rückblick. Mit welch hochgestimmtem Eifer stand der ahnungslose Knabe am Quell seiner künftigen Einsamkeit!

Holde Freundschaft, Gottverwandte,
Die so süße, traute Bande
Um die Ird'schen schlingt!
Gieb, du heil'ge Kraft der Seele,
Daß auch ich den Freund erwähle,
Daß auch mir's gelingt,
Ihn, den Einzigen, zu finden,
Der's vermag, mein Herz zu binden,
Den du mir bestimmt,
Schon seit langen, ew'gen Zeiten,
Und der auch an meinen Leiden
Feurig Antheil nimmt.
Sag, wann wird er mir erscheinen?
Und sein Herz mit mir vereinen,
Voll von Seeligkeit?
Sage, wird's noch lange dauern,
Daß ich ohne Freund muß trauern,
Lange, lange Zeit?

Nein, du lächelst, nein, ich fühl' es,
Was noch düster ist, enthüll' es,
Himmelsgöttinn mir!
Mein Herz sagt es, nimmer lange
Traure ohne ihn ich bange,
Dank sey ewig dir!
Meinen Wunsch hast (du) gehöret,
Und die Bitte mir gewähret,
Welche seel'ge Lust!
Ha! Das Glück soll ich genießen,
In den Arm den Freund zu schließen,
Und an meine Brust
Feurig liebend ihn zu drücken,
Dankend werd' ich auf dann blicken,
Daß den Freund ich fand,
Und daß endlich mir's gelungen,
Und du hast um uns geschlungen
Dein heiliges Band!

Das klingt nach Schillers Hymne an die Freude, damals noch nicht von Beethoven vertont. Darüber hinaus mag einem Plato einfallen bei der Stelle vom Einzigen, der bestimmt ist seit ewigen Zeiten, dort, wo im ‚Gastmahl' von der ursprünglich zweifachen Natur des Menschen die Rede ist, von den Doppelmännern, die Zeus zerteilte und die seither ihre andere Hälfte suchen: Dinge, von denen der Kadett bei aller Frühreife wenig gewußt haben kann. August hatte dies Gedicht völlig vergessen – oder verdrängt?, als er es im Herbst 1816 unter alten Papieren in Ansbach wiederfand. „Ich habe seit her Gedichte genug über denselben Gegenstand gemacht," schrieb er betroffen in sein Tagebuch, „aber keines ist so einfach und wahr wie dieses."

Als er sich kurz darauf in Xylander verliebte, dichtete er, in einem Briefe noch scheu das Du vermeidend:

> Ohne Sie ist mir dieß Leben Qual,
> Qual, die nichts auf dieser Welt vermindert!
> Unnennbare Leiden ohne Zahl
> Bringt ein Leben, das nicht Freundschaft lindert ...

Aber der Verehrte bekam außer diesem kein Freundschaftsgedicht zu sehen. Platen gesteht, er habe fast alle derartigen Versuche vernichtet, was ihn später freilich reute.

Mit seiner sonstigen poetischen Produktion jedoch machte er sogar ein wenig Furore. Der erwähnte Freund Jacobs verteilte Platens Gedichte an Freunde und Bekannte, ja sogar an einen Lehrer, den Major Bauer, dem sie so gefielen, daß er den Jungen ermunterte, mehr zu schreiben. Bauer brachte die Versuche der Frau v. Schaden, die eine Abschrift an die Gräfin Platen nach Ansbach schickte. Abbé Vogler, ein berühmter Musiker, den August eines Sonntags im Hause Schaden traf, bot ihm sogar an, eines der Gedichte zu vertonen. Vogler war gefeierter Komponist, Lehrer und Organist; zu seinen Schülern gehörten Weber und Meyerbeer.

Major Bauer gab dem Jungen Homer in der Vossischen Übersetzung zu lesen, die er mit Begeisterung aufnahm. Originellerweise lehrte Bauer Mathematik, ein Fach, das Platen nicht mochte. Dennoch sollte Bauer der einzige Lehrer aus dem Kadettenhause bleiben, mit dem der Dichter später noch freundschaftliche Verbindung hielt.

Nachdem August sich zunächst schlecht und recht im Kadettenhaus eingerichtet hatte, wurde ihm jedoch im Lauf der Zeit klar, daß es nicht der richtige Platz für ihn war. Nur mit äußerstem Widerwillen kehrte er aus den Ferien in die strenge Anstalt zurück und verhehlte nicht, wie wenig das Leben ihm dort behagte. Eines Abends war der König zu einem Deklamations- und Musikabend bei den Kadetten angesagt, und General Werneck hatte für diese Gelegenheit einen Huldigungsprolog gedichtet, den August vortragen sollte. „Ich, der ich den Verfasser noch nicht kannte," schreibt er, „war so arrogant und unüberlegt, diese Antrittsrede ein trokenes Gewäsche zu nennen. Der General, dessen Absicht gut gewesen, indem er mich dem Könige bemerkt machen wollte, gerieth in den heftigsten Zorn und ließ mich sogleich einsperren." Auch sonst gelang es August, sich in Schwierigkeiten zu bringen: so lobte er, der entschiedene Protestant, in der Religionsstunde obstinat den katholischen Glauben, nur um den (evangelischen) Lehrer zu ärgern. Der wieder war albern genug, den Jungen deshalb bei der Direktion als unchristlich anzuschwärzen. Schließlich bewirkte der Vater, vielleicht zusammen mit Werneck, der nicht unglücklich gewesen sein mag, den Widerspenstigen loszuwerden, daß August eine Stelle in der königlichen Pagerie erhielt.

4. In der Pagerie

„Wenn man sonst durch das alte Schwabingerthor nach München kam, so sah man links ein graues, langes Gebäude mit zwei Stockwerken, und von zwei hohen Portiken geziert. Eine Wache davor, Löwen in Bronce, ein Brunnen, ein Muttergottesbild; dieß war das erste Residenzschloß des Königs". August Lewald, ein liberaler Journalist, blickt aus der Ära Ludwigs I zurück in die Zeit des Königs Max Joseph, als die Residenz noch nicht erweitert worden war. Nördlich des erwähnten Renaissancebaues erstreckte sich der Hofgarten, noch nicht durch die Galeriegebäude begrenzt, in den anschließenden Englischen Garten hinein. Dort, wo heute das Casino am Odeonsplatz steht, befand sich das ‚Alte Turnierhaus', hauptsächlich die Reithalle des Hofes, und angebaut daran, etwa an der Stelle des heutigen ‚Annast', das älteste Caféhaus Münchens, Tambosi.

Auf der leeren Fläche vor der Feldherrnhalle, heute feingepflasterte Fußgängerzone, stand damals das Schwabinger Tor. Die Stadtmauer, zu der es ursprünglich gehörte, war nur nach Westen hin erhalten; doch existierten noch die flankierenden Gebäude, die zugleich beide Schwabinger Gassen, heute Theatiner- und Residenzstraße, nach Norden abschlossen. Das östlichste dieser Gebäude, mit einer Kante die Residenz berührend, war ‚das Haus der Edelknaben', wie es in einer Stadtbeschreibung von 1800 heißt und abgebildet ist.

Als August am 28. Oktober 1810 in die Pagerie eingeführt wurde, gefiel es ihm zuerst dort gar nicht. Doch bald zeigten sich die Vorteile der neuen Umgebung: bessere Behandlung, mehr Freiheit, mehr Bequemlichkeit. Die Oberaufsicht über das Institut hatte der Oberstallmeister v. Kessling, ein typischer Diplomat, der viel auf äußerlichen Anstand und das Französische hielt. Schulischer Leiter war Professor Hafner, ein aufgeklärter katholischer Geistlicher; Platen schimpft eine Weile im Tagebuch auf seinen Ehrgeiz, Jähzorn und seine Eitelkeit, doch läßt die große Aufmerksamkeit, die er dem Professor widmet, eher auf Bewunderung oder Haßliebe schließen.

Was den Unterricht anlangte, so war die Pagerie eher eine Mittelschule; die älteren Pagen besuchten das Gymnasium. Da es überhaupt nur 16 – 20 Zöglinge gab, muß der Unterricht für die jüngeren, zu denen August gehörte, recht individuell gewesen sein. Im ‚deutschen Styl' gehörte er zu den besten und wurde prämiiert, was bei seiner Lesefreude nicht verwundert; auch in Geschichte und Geographie erhielt er Preise. Neu für ihn war das Griechische, in dem er anfangs gute Fortschritte machte. Doch warf er sich hauptsächlich auf das Lateinische. Eine Eigenart Platens wird schon hier offenbar:

Am Schwabinger Tor. Die alte Reitschule mit dem Café Tambosi. Gemälde von Domenico Quaglio. (Neue Pinakothek, München)

Talent und Leidenschaft für Sprachen. Er nahm Privatstunden im Italienischen, auch während der Ferien, und später im Englischen.

Als besonders gute Einrichtung der Pagerie schildert er einen Garten vor dem Schwabinger Tor, heute nahe oder auf dem Odeonsplatz. Es gab dort einige Obstbäume, aber auch eine Kegelbahn und eine Schaukel. Die Gartenarbeit wurde zum größten Teil von den Pagen selbst besorgt.

Für drei Musikinstrumente war der Unterricht unentgeltlich. August versuchte zuerst das Klavier, dann die Violine, gab aber beides bald wieder auf. Der Unterricht im Zeichnen, Fechten und Reiten wurde von denselben Lehrern wie im Kadettenhaus gegeben. Dreimal die Woche war Reitstunde, für die meisten Pagen das Lieblingsfach. Der Unterricht fand vermutlich im erwähnten ‚Alten Turnierhaus' statt; gut reiten wird Platen trotzdem nicht gelernt haben, denn noch als beinahe Fünfzehnjähriger klagt er in einem Brief an den Vater, es gehe ihm „dabey sehr schlecht." Im Zeichnen habe er nie das Geringste geleistet, bekennt er selbst, und beim Fechten wird es nicht viel besser gewesen sein. Dafür begann er im Winter mit dem Schlittschuhlaufen, das in Deutschland, neben Spazierengehen und Wandern, seine einzige körperliche Ertüchtigung bleiben sollte.

Tanzmeister war ein achtzigjähriger Franzose, der nur die Hoftänze des Ancien régime kannte, wie Gavotte und ‚Menuet à la reine'. Die besseren Tänzer ließ er gewöhnlich nach einer Viertelstunde wieder abtreten. August kann zu diesen nicht gehört haben, da er noch im Sommer 1813 von drei Tanzstunden pro Woche berichtet.

Die Uniform der Pagen war dunkelblau mit silberner Stickerei. „Ich gestehe es", schreibt August, „daß ich meinen Pagendienst ziemlich schüchtern antrat; ich glaubte immer, eine Ungeschiklichkeit zu begehen; doch sah ich bald, daß es keine Hexerey sey. Sobald ein neuer Page in Dienst kam, stellte ihn der König der Königin vor. Der König nannte uns gewöhnlich du. Unser Haupt = Dienst war die Tafel; sie fieng um drey Uhr an und endigte um fünf oder halb sechs. Sie bestand aus 18 bis 24 Gedecken gewöhnlich und war oft sehr angenehm, wenn Fremde oder sonst gebildete und gesprächige Herren daran theil nahmen. Damen wurden in München an der Mittagstafel keine eingeladen; doch waren die Hofdamen der Königinn und Kronprinzessinn (sobald sie in München war) zugegen. Wir bedienten die königliche Familie; doch trugen wir keine Speisen auf, sondern überreichten nur, was die hinter uns stehenden Bedienten uns gaben. Nach der Tafel mußten wir in den Salon der Königin folgen, wo der Kaffee servirt wurde. Bey jeder Gelegenheit mußten wir die Schleppen der fürstlichen Damen tragen, wenn sie welche anhatten. In den Privatzimmern des Königs hatten wir gar nichts zu thun, denn er liebte das Ceremoniel nicht.. Auf den Hofbällen war es uns erlaubt zu tanzen. Bey all diesen öffentlichen Gelegenheiten mussten wir dem Könige mit langen Fackeln voranleuchten.. Bei den Kirchenceremonien hatten wir viel zu thun". August zeigt sich beeindruckt von den katholischen Festen, obwohl er an Fronleichnam zuweilen „mitten in den Koth" der Straße niederknien mußte. Bei Hof erlebte er die Vermählung von Kronprinz Ludwig mit Prinzessin Therese von Sachsen-Hildburghausen und die Taufe ihres ersten Sohnes, des Prinzen Maximilian.

Die königlichen Appartements lagen nach Norden, dem Hofgarten zu, also nicht weit von dem Haus der Pagen. Die Königin bewohnte die Bel Etage, der König dagegen die niedrigere zweite, eher einen Mezzanin. Erreichbar war sie nur über eine schmale Treppe: eine ungewöhnliche Situation, die allen bisherigen höfischen Formen zuwiderlief. In den kleinen Räumen sollte keine Zeremonie mehr stattfinden, Lever und Coucher waren abgeschafft. Stattdessen stellte der leutselige König „Blumen und Vogelbauer vor die niedrigen Fenster, und blickte hinaus auf die Baumgruppen des Hofgartens, und freuete sich, wenn recht viele heitere Menschen darunter spazierengingen"; so August Lewald.

Wenn auch kein Grand lever mehr stattfand (zu dem sich der Monarch ja nach der Morgentoilette ins Paradebett legen mußte), so war Max Joseph doch ein Frühaufsteher und hielt schon um sechs Uhr morgens „Unterschriftsparade" ab, wie Lang mitteilt, der sich dorthin verfügen mußte. „Im Vorzimmer befand sich, in Ermangelung eines dienstthuenden Kammerherrn, der erst später herbey kam, ein großer Affe, der mich ziemlich geringschätzig anblickte und dann eifrig in seinem Geschäft des Flöhsuchens fortfuhr. Diese Frühstunde war es, wo der bereits angekleidete König sein Frühstück nahm, das er mit einem großen Löwenhund theilte, hierauf.. geringere ceremonielose Audienzen gab, hierauf vom Staatscassirer sein Taschengeld, täglich tausend Gulden, in Empfang nahm, und vom Polizey-Director die Geschichte des Tags und die Abentheuer der Nacht erfuhr. Dann gieng er umher in den Gängen, im Stalle, auf der Schranne (dem Markte), wo die Höflinge Schwänke mit Bauern und Dirnen aufzuführen suchten.

Nach der Wiederkehr ins Schloß erfolgten militärische Rapporte und Aufwartungen und die schamlosesten Anbetteleyen von allen Ständen, schriftlich und mündlich, so daß die tausend Gulden täglich meist schon in den Vormittagsstunden ausgeflogen waren; hierauf Besuch bei der Königinn, die vor zehn nicht vom Bette erstand, dann bey den königlichen Töchtern, sodann diplomatische Vorstellungen und Empfang fremder Herrschaften, und endlich gieng's zur Tafel, welche aus Mangel an Aufsicht sehr schlecht bestellt war.. Da der König nichts las und keine besondere Liebhaberey für irgendeinen Zweig der Künste oder Wissenschaften hegte, so wenig als für Jagd und Reiterey, ..so blieb es eine schwere Aufgabe für die Höflinge, den Tag mit Spazirengehen, Liebeleyen, verkappten Hofnarren, Stadthistorien und Kleinigkeitskrämereien aller Art auszufüllen. Aus solcher Geschäftslosigkeit des Königs giengen dann auch viele üble Launen hervor, besonders wenn irgend etwas sich seinen schnellen Wünschen entgegen zu stemmen schien. War er einmal gegen gewisse Personen, besonders wider Geschäftsleute, durch Einblasungen seiner Umgebung eingenommen, so brach er nicht selten in Drohungen aus, diesen (Sau)kerlen 25 Prügel aufzählen zu lassen, welches zwar nicht stattfand, jedoch zur heftigen Kränkung der armen Beleidigten von den Höflingen überall schadenfroh ausgebreitet wurde."

Diese köstliche, wenngleich boshafte Schilderung des bayerischen Beamten Ritter v. Lang gibt wohl nur das wieder, was man sich bei Hofe erzählte. Platens Tagebücher bestätigen es völlig; sie sind zwar weniger pointiert (weswegen hier Lang zitiert wurde), aber im Kolportieren von Hofklatsch auch nicht eben zimperlich. „Bey dem Lever des

4. IN DER PAGERIE

König Max I Joseph von Bayern. Nach einem
Gemälde von Joseph Stieler. (Bayerische
Staatsbibliothek, München)

Königs ist nur sein erster Kammerdiener zugegen, der ihm die Stadtneuigkeiten mittheilen muß. Dann liest er die Zeitungen. Er hat mehrere Bastarde, die aber im Stillen erzogen werden.. Er spricht lieber französisch als deutsch. Seine Kinder liebt er alle zärtlich." Nur daß der König bayerischen Dialekt gesprochen habe, wollen wir nicht recht glauben. Es wird wohl pfälzisch gewesen sein. Beim Tafeldienst soll Platen sich besonders ungeschickt angestellt haben. Dies amüsierte den König, sodaß er den merkwürdigen Pagen, man möchte fast meinen: als Hofnarren, so viel wie möglich zu Dienst bei Tisch und speziell zu seiner Person befahl. Der Betroffene bemerkt dazu: „Auch ein glimpflicher Scherz wird sehr häßlich durch eines Königs Mund; nicht nur weil man ihm nichts darauf erwiedern kann, sondern auch, weil schon zwanzig Mäuler in Bereitschaft zu lachen stehen, sobald er witzig seyn will."

Über die engere Familie des Königs urteilt Platen meist freundlich; Kronprinz Ludwig und Kronprinzessin Therese kommen ziemlich gut weg. Doch berichtet er auch Details der bayerischen Geschichte, die in den offiziellen Büchern fehlen. „Eine Frau von ganz anderem Schlage ist die verwitwete Gemahlin des vorherigen Kurfürsten von Pfalzbaiern Karl Theodor. (Sie) wurde sehr jung an ihren steinalten Gemahl verheyrathet, der sich vergebens bemühte, ihre Liebeshändel mit jungen Männern zu unterdrüken, da sie ihn und seine Wachen ständig überlistete. Obgleich sie hinkt und sehr braun von Gesicht ist, so mag es ihr doch ehmals nicht an jener Schönheit gefehlt haben, die italiänischen Frauen eigen zu seyn pflegt. ..Ein gewisser Graf von Arco ist so niedrigen Geists, daß er sich mit ihr auf die linke Hand trauen ließ, und den Kindern, die sie von ihren Liebhabern hat, seinen ehrlichen Namen leiht, während es die ganze Welt weiß, daß sie nicht von ihm sind. Die Kurfürstinn selbst spricht sehr frey von dergleichen Dingen. Ich hörte einmal, daß der Kronprinz sie bey Tafel fragte, ob nicht ein gewisser Graf Rechberg, der beyden gegenüber saß und es mit anhörte, zu ihren Liebhabern gehört hätte, worauf sie ihm sehr naiv zur Antwort gab: Monseigneur, il n'a jamais voulu de moi.*..Der König begegnete ihr mit vieler Auszeichnung, man darf sagen, mit einer Art von herzlicher Innigkeit, da er ihr Dank schuldig war. Als ihr fürstlicher Gemahl starb, war sie schwanger, und man wollte sie bereden, das Kind für den Sohn des Kurfürsten auszugeben, wie es nicht der Fall war. Sie aber war zu ehrlich für diesen Betrug und erklärte das Gegentheil, mit Aufopferung ihres damals noch guten Rufes, wodurch sie dem jetzigen König den Kurfürstenhut verschaffte."

Von Anfang an klagt Platen über den Mangel an Freunden in der Pagerie: an keinen Kameraden habe er sich „so innig" angeschlossen, „daß es von Lebenseinfluß gewesen wäre". Leider muß hier vermerkt werden, daß mit seiner Versetzung vom Kadettenhaus in die Pagerie auch die Leidenschaft für Xylander ihr Ende fand. Der ‚Milieuschock' mag dabei eine Rolle gespielt haben, wie August im Tagebuch rückblickend erläutert: „Der Zwang, den wir uns, wenn er mich besuchte, vor meinen neuen Kameraden anthun mußten, artete auf meiner Seite in Kälte aus. Auf zwey sehr überspannte Briefe antwortete ich ihm frostig und fast spöttisch." Es ist traurig, daß Platen die erste Liebe seines Lebens, die zugleich die einzige bleiben sollte, die je erwidert wurde, von sich aus erlöschen ließ. Platen hat die Briefe Xylanders nicht gesammelt, doch zitiert er daraus im Tagebuch eine bezeichnende Stelle. „Ich war zu voll, um Dir von gleichgültigen Dingen zu sprechen, und zu schüchtern, um von dem zu sprechen, was ich in so hohem Grade empfand."

Xylander hat seinerseits sechzehn Briefe Platens aufbewahrt. Aus ihnen geht klar hervor, daß der Jüngere nicht erst in der Pagerie abkühlte, sondern schon in den Ferien, die dem Eintritt vorangingen. Aus spätestens dieser Zeit muß auch ein handschriftliches Blatt stammen, auf dem zwei Gedichte stehen: zunächst ein Lob der Männerfreundschaft vor Ruhm und Weisheit, auf verschämte Art vage und ungeschickt formuliert. Wichtiger ist das zweite Gedicht, ein hingeworfener Anruf des Freundes:

O Xylander!	Schnell verstand er
O Entzüken!	Zu erstiken
Süßes Sehnen,	Jene Thränen,
Theurer Name,	Die dem Grame
Schöner Freuden	Sonst Geweihten
Holder Ton!	Sind entflohn.

Es klingt wie elegische Erinnerung an die Gegenwart des Geliebten, die der Schreiber nun vermißt. Das Gedicht mag Anfang September 1810 in Ansbach entstanden sein; doch schon am Zwanzigsten desselben Monats geht ein recht kühler Brief an den Freund, vielleicht jener, den Platen selbst „frostig und fast spöttisch" nennt.

---

* Monseigneur, er hat sich nie für mich interessiert.

Bis zum April 1814 fehlt jede Korrespondenz, und das Tagebuch erwähnt Xylander erst wieder 1815. Nur ein langes und kompliziertes Gedicht ist erhalten, das Platen im März 1812 dem frischgebackenen Ingeniersleutnant wohl auf den Weg in die Garnison mitgab: von Himmelsflug und Leidenschaft keine Spur mehr, eher gemahnt die steife Geziertheit an jene Poesiealben, in die höhere Töchter einander erbauliche Verse eintrugen.

Wenn August in der Pagerie auch keine Herzensfreunde mehr fand wie in der Kadettenanstalt, wo der äußere Druck derlei gefördert haben mag, so ergaben sich im Laufe der Zeit doch einige unsentimentale Beziehungen: etwa mit Massenbach, von dem August zunächst seiner Mutter berichtet, er sei „ein ächter grober, dummer Bayer", den er aber doch später zum Vertrauten seines Herzens machte; mit Lodron-Laterano, der in ihm das Interesse an der italienischen Sprache und Dichtung erweckte; schließlich mit Ludwig v. Perglas, dem einzigen aus der Pagerie, dem Platen bis zu seinem frühen Tod (1820) durch ein merkwürdig zwiespältiges Verhältnis verbunden blieb. Viel Positives weiß er zunächst über Perglas nicht zu sagen, doch wie bei Fugger wird sich das ändern: wie wir überhaupt feststellen, daß Platens Freundschaften auf den zweiten Blick länger hielten als die auf den ersten.

Perglas' Freund Nepomuk v. Schönbrunn „war ein Mensch ohne alle Kenntnisse und der deutlichste Beweis, daß die Einfältigsten nicht die Guten sind. Verstellung, Thränen, Lügen, Verläumdungen kosteten ihn sehr wenig." Der geradlinige Platen war stets wehrlos gegen Falschheit. „Wenig Gutes kann ich von dem Herrn v. St. sagen. Er war ein ausgezeichneter Kopf, aber ein sittenloser und verdorbener Mensch. So oft mich seine Kenntnisse anzogen, stießen mich seine Arroganz und Spötteleyen wieder von ihm weg...Wer sich an ihn machte, den überhäufte er mit einem beredten Strome von Schimpfreden und derben Beleidigungen. Man sagte ihm nach, daß er bereits Vater wäre. Ein mehr verderbtes Herz hatte sein liebster Freund, ein Freyherr von J. Er war glatt wie eine Schlange, und wenn man noch so verbittert gegen ihn war, konnte er einen durch unaufhörlichen Schmeicheleyen wieder besänftigen. Er hatte einen verdächtigen Umgang mit St. ..Sein Spott trieb Jeden, den er traf, auf's Aeußerste." Es sieht so aus, als sei Platen hier von zweien zurückgewiesen worden, die ihm in jeder Hinsicht gewachsen – und die weniger verklemmt waren als er.

Lodron mag Platen auf einen seiner späteren Lieblingsautoren aufmerksam gemacht haben: Torquato Tasso. Von ihm soll hier noch nicht die Rede sein; vielmehr vom Hause Este, dem Tasso sein Leben lang verbunden war, und von dem Platen bei der Gelegenheit Kenntnis genommen haben dürfte. Wir meinen die ‚Geschichte des unglüklichen Prinzen Hercules von Este, Herzog von Modena, genannt Salvini mit dem großen Maule', einen Komödien-Entwurf des Vierzehn- oder Fünfzehnjährigen. Es handelt sich um die Urzelle der späteren Literatursatiren, und wir erlauben uns, sie witziger zu finden als jene. Platen selbst spürte in seinen frühen holprigen Gedichten einen poetischen Funken, den er später vermißte: uns scheint hier ein komisches Talent aufzuflackern, das durch spätere Verbitterung erlöschen werden sollte. Wir wollen den Entwurf, den der Herausgeber Petzet schamhaft, doch ohne weitere Ursache unter

‚Zweifelhaftes' in Band VII der Werke eingeordnet hat, als wichtigstes Beispiel für den komischen jungen Platen vorstellen.

Der Herzog gründet in Modena eine Akademie der Wissenschaften, „wobey sein Kammerdiener Präsident und Hr. August Wilhelm Schlegel Secretär wurde." Die Herzogin gebiert ein völlig behaartes Kind mit einem Affenschwanz; sie verkauft es an eine Menagerie, während sie ihrem Manne weismacht, es sei wieder in den Leib zurückgekrochen. Die Nürnberger Hebamme jedoch hatte „ein Paar Wägen Lebkuchen" mitgebracht, die den Herzog zu einem unglücklichen Raubzug gegen die fränkische Stadt verführten. Zu Magdeburg gerät er in Gefangenschaft. Durch eine Küchenintrige, bei der das behaarte Kind eine Rolle spielt, gelingt ihm die Flucht; Madame Blanchard, die kürzlich in Philadelphia mit dem Freiballon aufgestiegen war, macht zufällig bei Magdeburg eine Notlandung. Der Herzog fliegt mit ihr nach Wien; er bezeigt „der Madam Blanchard seinen werkthätigen Dank, welche den andern Tag darauf (wieder) aufstieg und den Hals brach." Der Herzog verschuldet sich und schreibt an seine Frau in Modena um Geld. Aus der abschlägigen Antwort seien einige Verse zitiert:

> Unterdessen war hier Doktor Hufeland,
> Er ist dir glaube ich selber bekannt.
> Das Kind, das sich einst hat bei mir verkrochen,
> Hat er durch seine Kunst wieder hervorgezogen.
> Er brachte ein Brüderlein mit heraus,
> Du findest sie beyde, wenn du kömmst, zu Haus.

Wegen seiner Schulden gerät der Herzog ins Wiener Gefängnis. Dort erblickt ihn die Prinzessin Marie Louise und wird sogleich von Liebe ergriffen. Sie besorgt dem Herzog Dietriche, damit er aus dem Kerker entweichen könne, und läßt ihn wissen, sie werde im Prater um Mitternacht mit einem Wagen auf ihn warten, um gemeinsam zu fliehen. Für die Reise wirft Marie Louise „ein Kleid von gemünztem Goldstoff" über. „Sie wartete lange im Prater, eh' ihr Bräutigam mit seinen Dietrichen fertig werden konnte, und ihr leichtes, goldstoffenes Gewand zog ihr eine Verkältung und diese Verkältung einen heftigen Durchfall zu, so daß sie sich genöthigt sah, auf einige Zeit abseits zu gehen. Da man aber bey selbigem Uebel dasjenige braucht, was dem Wiener Golde gleich sieht, so sah sie sich genöthigt, ihr Kleid wie eine trauernde Jüdinn zu zerreißen. Sie riß aber nicht nur einen Schlitz hinein, sondern vielmehr einen ganzen Flek heraus, welcher Unfall sie zwang, wieder in den Palast zurükzukehren, um ein Duzend Doppellouisdore an ihren Schlepp und ihren Schaal zu pappen". Unterdessen erscheint der Herzog im Prater und fährt mit dem Wagen ohne Marie Louise nach Modena.

Dort trifft er spät abends ein und schleicht sich heimlich in das Schlafgemach seiner Gattin, die übel gelaunt auf dem Sofa sitzt.

> Er.   So spät noch auf, Madam? Die Mitternacht bricht ein,
>   Auf Ihrem Zimmer hier, der Eule gleich, allein?...
> Sie. So eben, Herr Gemahl, beschloß die Assemblee.

Er.	Und irr' ich nicht, so steht ein rüstiges Souper
	Gepflanzt auf jenen Tisch, gedeckt für 2 Personen.
	Sind's diese Zimmer nicht, die Sie allein bewohnen?
Sie.	Ich hab' auf dich geharrt, die Ahndung gab mir's ein:
	Eh' Mitternacht vergeht, so wird er bey dir seyn.
Er.	So haben Sie, Madam, von diesem Traum geblendet,
	Für mich zugleich und sich die Mahlzeit halb vollendet,
	So tranken Sie für mich 4 volle Krüge Bier?
	So aßen Sie für mich den Hammelschlegel hier?
	So tranken Sie für mich 5 Flaschen Muskateller,
	Und aßen bald von dem und bald von jenem Teller?...
Sie.	Nach manchem ohne dich, allein verschlafnen Jahr
	Ist dieß der einz'ge Trost, der mir noch übrig war.
	In Trauer sahen mich die größten Feste hier,
	Du warst mein Abgott, du, die Götter zeugen mir!

Statt dem Zeugniß der Götter aber hörte man ein starkes Husten* unter der Bettstatt, welches wie ein unaufhaltsamer Sturmwind hervorbrach.

Er.	Was war das für ein Laut, Ihr Zimmer ist doch leer,
	Ey, sagen Sie, Madam, wo kömmt dieß Husten her?
	Ich denke, hier vom Bett, ich will mich überzeugen!
Sie	(hält ihn zurük)
	Es wird mein Nachttopf seyn, ich bitte dich, zu schweigen.
	Er ist von solchem Bau, daß er oft seltsam tönt,
	Ich mach' mir nichts mehr draus, ich bin schon d'ran gewöhnt.

Dieß mochte der Herr Gemahl nicht seyn; er zeigte daher große Lust, den wundersam hustenden Nachttopf zu besehen, und schlug daher die Bettvorhänge zurück.

> Da kroch an's Licht hervor Herr August Wilhelm Schlegel,
> Die Gabel in der Hand, und biß sich in die Nägel.

Ercole III d'Este regierte als letzter autonomer Herzog von Modena; er wurde von Napoleon vertrieben und starb 1803. Madame Blanchard, die bekannte Luftschifferin, sollte 1819 über Paris tatsächlich abstürzen. Professor Hufeland, Erfinder der Makrobiotik, war einer der berühmtesten Ärzte der Epoche. Marie Louise, Tochter Franz' II, hatte 1810 Napoleon gegen ihren Willen heiraten müssen. Die Verspottung der damaligen österreichischen Finanzpolitik, Inflation mittels Notenpresse, ist etwas eleganter als der Rest des pubertären Schülerscherzes. Zu vermerken bleibt, daß Platens Abneigung gegen die Romantiker (Schlegel), von der noch genug die Rede sein wird, schon so frühe datiert. Das Motiv der Gabel aber sollte er nach weiteren fünfzehn Jahren wieder aufnehmen.

Am 9. Juni 1811 wurde Platen in der protestantischen Hofkapelle der Königin konfirmiert. Am frühen Morgen des Tages schrieb er eine recht konventionelle Selbster-

---
* Euphemismus für Furzen.

mahnung mit anschließendem Gebet. Aus demselben Monat aber stammt auch ein anderes Gedicht in Stanzen, das sicher mit der Konfirmation zusammenhängt und aus dem, der biographischen Bedeutung wegen, hier zitiert sein soll. Er überschreibt es:

Der Gottverlassene.

Wehe dem, von dem sich Gott gewendet,
Ach! ob seinem Scheitel ruht ein Fluch,
Dessen Schrecknniß sich nicht eher endet,
Bis im feuchten, weißen Leichentuch,
Ausgelöscht von dem der Gnade spendet,
Aus der Reinen sündenfreyem Buch,
Wankt er finster durch des Lebens Tage
Bis zum dunkeln Trauersarkophage. ...

Wenn die Gegend Stürme rings verheeren
Und der Donner durch die Wolken dröhnt,
Glaubt er Gottes Rachestimm' zu hören,
Die von oben ihm heruntertönt,
Und es fließen bittre Reuezähren,
Doch noch ist die Gottheit nicht versöhnt,
Bis er, ein entsetzend Beyspiel allen,
Der Verzweiflung Opfer ist gefallen.

Soll der Blitz den armen Sünder treffen? Warum ihn Gott verlassen hat, teilt er nicht mit. Dennoch ist das Furchtbare, das er nicht zu nennen wagt, leicht zu erraten: ‚unkeusche' gleichgeschlechtliche Phantasien, vielleicht damit verbundene ‚Selbstbefleckung', kaum mehr. Solcher Schreckensvision standen jedoch hohe Erwartungen gegenüber. Zu den „besseren Gedichten" der ersten Pagenzeit gehört, nach Platens eigener Einschätzung, eines, das im Inhalt von Schillers ‚Dithyrambus' inspiriert ist. Es existieren zwei ähnliche Fassungen, ‚Die Geschenke der Götter' und ‚Der Wahn der Jugend' überschrieben. In beiden schlummert der Jüngling, in dem unschwer der junge Dichter zu erkennen ist, einsam im Mondlicht. Götter steigen herab und schenken ihm Liebesglück, Schönheit, langes Leben; bis schließlich

  Wonnevoll
Naht im Stralenschein Apoll;
Und die Weste säuseln warm,
Und zu himmlischen Bedarfe
Legt er eine goldne Harfe
In des Jünglings Schwanenarm.

  „Knabe, hier
Weih' ich diese Saiten dir.
Schlägst du sie mit sich'rer Hand,
So geleiten dich die Töne
In das Land der höchsten Schöne!"
Sprach's die Gottheit und verschwand.

  Himmelwärts
Schlug des Jünglings volles Herz,
Nach der Sterne heil'gem Raum.
Er erwacht nach wenig Stunden –
Doch die Harfe war verschwunden.
Ach, es war ein schöner Traum!

Die unfreiwillige Komik der komplizierten und dennoch kindlichen Strophen sei hier nicht beachtet. In einer späteren Fassung des Gedichts wird anstatt Apolls die Mondgöttin Luna (Semele) erscheinen, und der schlafende Jüngling erhält den Namen ihres Geliebten Endymion. Leise klingt ein Thema an, das für des Dichters Leben und Schaffen, bis er nach Italien übersiedelt, von umfassender Bedeutung sein wird.

5. Rosensohn

Trauernder Knabe. (Vignette von Philipp Otto Runge zu den „Minneliedern" von Ludwig Tieck)

Seit Platen nach München gekommen war, hatte sich die Freundschaft zwischen Bayern und Frankreich langsam, aber stetig abgekühlt. Zwar hielten bayerische Truppen unter Wrede und Kronprinz Ludwig im Frühjahr 1807 eine Stellung in Ostpolen gegen vielfache russische Übermacht; sie kämpften auch sonst tapfer mit Napoleon gegen die vierte Koalition, sodaß es im französischen Hauptquartier hieß: Bayern ist jetzt in Mode. Bald jedoch kam es zu Unstimmigkeiten, denn König Max Joseph fühlte sich beim Frieden von Tilsit für seine Dienste nicht genügend belohnt. Napoleon wieder verübelte Bayern, daß es eine Verfassung des Rheinbundes blockierte und den Code Napoléon nicht einführte. Beim Fürstentag zu Erfurt 1808 fuhr der Kaiser dem König von Bayern öffentlich über den Mund. Dann hieß es, Kronprinz Ludwig, damals

Statthalter von Tirol, habe mit dem Wiener Gesandten ein Glas auf den Untergang Napoleons geleert.

Im April 1809 fiel Österreich in Bayern und Tirol ein. München, dessen Bevölkerung damals eher noch profranzösisch gestimmt war, wurde für kurze Zeit besetzt. Doch Napoleon, aus Spanien herbeigeeilt, drängte die Eindringlinge in mehreren Schlachten zurück und verfolgte sie, wie vier Jahre zuvor, donauabwärts durch ihr eigenes Land bis hinter Wien, wo er sie bei Wagram entscheidend schlug.

In Tirol war gleichzeitig die Volkserhebung gegen das bayerische Regime unter der Führung des Gastwirtes Andreas Hofer ausgebrochen. Sie war keineswegs ein Ausdruck von Nationalismus, wie es 130 Jahre lang in deutschen Schulbüchern zu lesen war, sondern eine Reaktion auf die zentralistische, wenig kirchenfreundliche bayerische Verwaltung, vor allem aber auf die Einführung der allgemeinen Wehrpflicht. Andreas Hofer stand nicht für Deutschland, sondern für Wien und Rom. Der Aufstand wurde von Marschall Lefèbvre niedergeschlagen, und nach dem Frieden von Schönbrunn mußte Bayern den größten Teil von Tirol wieder herausgeben. Dem Vizekönig von Italien, Beauharnais, gelang es schließlich, das Land zu befrieden. Andreas Hofer aber wurde gefangengenommen und im Februar 1810 in Mantua standrechtlich erschossen.

Noch im Dezember 1809 hatte sich Napoleon von seiner Frau Josephine scheiden lassen und kündigte die Eheschließung mit Marie Louise an, der schon erwähnten Tochter des Kaisers Franz. Den König Max Joseph mußte dies doppelt kränken, denn die Verstoßene war die Mutter seines unter Widerständen angeheirateten Schwiegersohnes Beauharnais. Überdies konnte die neue familiäre Verbindung Napoleons mit Österreich nichts Gutes für Bayern bedeuten. Die prunkvolle Durchreise der Erzherzogin von Wien nach Paris, auf dem gleichen Weg, den ihrerzeit Marie-Antoinette genommen hatte, war Stadtgespräch in München und mag Anlaß zu dem im letzten Kapitel erwähnten Komödienentwurf gewesen sein.

Zum Vorteil Frankreichs, aber zum Nachteil seiner deutschen Verbündeten setzte Napoleon die Kontinentalsperre durch. Englische Ware mußte künftig überall, wo er herrschte, vernichtet werden. Der Mangel an Zucker und Kaffee sowie die Verteuerung von Baumwollstoffen spielten eine entscheidende Rolle beim Umschwung der öffentlichen Meinung in Bayern gegen Napoleon.

Im Frühjahr 1812 zog der Kaiser schließlich mit einer nie dagewesenen Zahl von fünfhunderttausend Mann gegen Rußland. Bayern beteiligte sich widerwillig mit dem vollen Kontingent von Dreiunddreißigtausend. Weniger als tausend Mann überlebten den katastrophalen Feldzug, davon etwa achthundert in Gefangenschaft.

Im Frühjahr 1813 erhob sich Preußen gegen die Franzosen. Napoleon war zwar noch nicht endgültig geschlagen, doch die Politik in Deutschland bestimmte nun nicht mehr er, sondern Metternich. Er gab sich alle Mühe, die Bindung sämtlicher deutscher Rheinbundfürsten an Frankreich zu lösen. In Bezug auf Bayern erkannte er, daß er auf die alten österreichischen Annexions- und Zerstückelungspläne verzichten mußte. Von Napoleon ins Leben gerufen, um Österreich in Schranken zu halten, wurde das Königreich Bayern nun von Österreich gerettet, um die preußischen Ambitionen in Süddeutschland zu bekämpfen und um Frankreich an seiner Ostgrenze besser überwachen zu können. Montgelas und der Marschall Wrede bereiteten vorsichtig den Austritt Bayerns aus dem französischen Bündnis vor, und am 8. Oktober 1813, eine Woche vor der Schlacht bei Leipzig, kam der Vertrag von Ried zustande, in dem Bayern zum eigenen Nutzen oder völlig perfid, je nach Standpunkt, innerhalb von acht Jahren zum zweiten Male die Allianz wechselte. Napoleon tobte und schwor, München zur Strafe einzuäschern.

Doch dafür war es zu spät. Im April 1814 wurde er von den Franzosen zur Abdankung gezwungen und nach Elba verbannt. Bayern mußte in der Folge die Reste Tirols und andere österreichische Gebiete zurückgeben, erhielt dafür aber die linksrheinische Pfalz, das Stammland des Königs, zurückerstattet. Es ging schließlich mit einem Gebietszuwachs von einem Drittel gegenüber seinen Besitzungen zum Ende des Ancien régime und einem weitaus geschlosseneren Territorium aus den Koalitionskriegen hervor.

Von alledem ist in Platens Tagebüchern wenig zu spüren. Durch ein gnädiges Schicksal war er ein paar Jahre zu jung, um an Napoleons Rußlandfeldzug teilnehmen zu müssen. Doch nicht alle seine Freunde waren so glücklich: Gustav Jacobs, nur ein Jahr älter als er, wurde schon 1812 Offizier und mußte mit dem sächsischen Kontingent hinter Napoleon her bis nach Wilna. Erst Anfang 1814 kehrte er nach Deutschland zurück, nachdem er ein Jahr lang, vielleicht zu seiner Rettung, im belagerten Danzig festgehalten worden war. Von seiner Heimat Gotha führte er nunmehr einen regen Briefwechsel mit Platen. Der Schreiber zeigt sich lebhaft, spontan und meist gut gelaunt, weswegen August die Briefe auch verwahrt haben mag; von seinem Teil der Korrespondenz ist übrigens nichts erhalten.

Eine große Rolle spielen für Jacobs „die jungen Damens", und ein Brief schildert gleich deren fünf, sicher zu Platens gelindem Ärger. Gleichwohl war Jacobs der erste, der für die dichterischen Versuche des Freundes Interesse zeigte, und ein Gutteil der Briefe handelt von Literatur. So erfahren wir, daß August schon als Vierzehnjähriger Tassos ‚Befreites Jerusalem' in deutscher Prosaübersetzung kannte, vermutlich über Lodron, und davon so begeistert war, daß er sich an eine Übertragung in Versen machte.

Platens sonstige Lektüre in der Pagerie war einigermaßen konventionell: Schiller, dessen Dramen er auf der Bühne sah, dessen Balladen er auch hier rezitieren mußte; Lessings ‚Laokoon'; Wielands ‚Oberon'; nach einigem Zögern Goethe, und zwar nicht nur ältere Sachen wie ‚Werther', sondern auch Neuestes wie ‚Wahlverwandtschaften' und den ersten Teil von ‚Dichtung und Wahrheit'. Allgemein läßt sich schon jetzt ein Hang zum Aufklärerisch-Didaktischen erkennen, dem Platen, mit Unterbrechungen, sein ganzes Leben lang treu bleiben sollte. Er ist auf den Einfluß des Elternhauses, besonders aber der Mutter, zurückzuführen.

Wenn schon die deutsche Romantik in Französisch-Bayern nicht eben sehr geschätzt wurde, so lag doch in dem genannten Hang der Hauptgrund, warum Platen kaum von ihr Notiz nahm. Über den ‚Deutschen Dichterwald', eine Anthologie neuester Lyrik von Kerner, Uhland, Eichendorff und anderen, gerade recht zu den Befreiungskriegen erschienen, spottet er: „Der einzige Nutzen, den diese Bäume noch stiften könnten, wäre einen Ofen zu heizen.. (Die Eiche) ist nun der Lieblingsbaum der Dichter, den

Lorbeer findet man nur noch in den Saucen, zu denen freilich die Blätter des Wodanbaumes etwas untauglich sind. Man sollte die für Barbaren erklären, die ihre Schweine mit Eicheln mästen. Man könnte den Landwirthen dafür die Früchte des Dichterwaldes preisgeben". Es muß freilich betont werden, daß ‚Romantik' zur Biedermeierzeit ein sehr vager Begriff war; eigentlich meinte er nichts weiter als alle Literatur seit dem Mittelalter, die nicht an der Antike ausgerichtet war. Platen verstand den Begriff ‚Romantik' lebenslang als Synonym für Formlosigkeit. Der naive Volksliedton von Gedichtsammlungen wie ‚Des Knaben Wunderhorn' war ihm vollkommen fremd, die improvisatorisch-freie Handhabung von Reim und Metrum empfand er als stümperhaft. Das sollte ihn jedoch nicht hindern, später an Schlegels Sonetten oder Tiecks Märchenkomödien Gefallen zu finden und zeitweise selbst in ihrer Art ‚romantisch' zu dichten.

Etwas älter als der eben erwähnte polemische Text ist Platens erster epischer Versuch ‚Arthur von Savoyen'. Es handelt sich um ein Heldengedicht in der Nachfolge von Wielands ‚Oberon', eine Rittergeschichte mit allerhand Abenteuer- und Zaubermotiven, wie sie in späteren Epen Platens wieder auftauchen werden. Hundertdreiundzwanzig Stanzen sind ausgeführt; amüsant ist die genüßliche Schilderung einer monströsen Zaubererstochter, die der Held heiraten soll, um sich aus dem Bann zu befreien.

Unterdessen war der Page Platen sechzehn Jahre alt. „Es wird mir schwer, einer seltenen Thorheit zu gedenken," schreibt er in sein Tagebuch, „die mir so viel fruchtlosen Gram verursachte; aber die Aufrichtigkeit verbeut, sie zu umgehen. Mein Herz fieng an, das Bedürfniß inniger Mitgefühle zu empfinden. Ich wollte Liebe; aber ich hatte bisher nur die Sehnsucht nach Freundschaft gefühlt. Weiber sah ich keine, als jene affektirte Klasse, die nach Hof kam. Sie konnte mich nicht anziehen. So mag es gekommen seyn, daß meine erste schwärmerische Neigung einem Manne galt. Ich darf nicht hinzusetzen, daß ich von unplatonischer Liebe noch keinen Begriff hatte; auch möchte ich es fast mehr die innigste Hochachtung als eigentliche Zuneigung nennen, was ich damals empfand." Mit der dreifachen Verneinung will Platen den einfachen Umstand mitteilen, dass er sexuell aufgeklärt war.

„Auf einem Hofballe am zehnten Februar (1813) sah ich zuerst den jungen Grafen (Mercy d'Argenteau), den Bruder des (französi)schen Gesandten an unserem Hofe. ..Er war nicht schön, auch nicht sehr groß, blond und sehr schmächtig. ..Je öfter ich ihn sah, desto lebhafter wurde meine Sehnsucht. Ich habe ihn nie gesprochen und nie etwas von seinem Charakter erfahren. Fast täglich glaubte ich ihn abgereist.. Es ist zu verrathen, daß ich auch meiner Feder die Gefühle des Herzens mittheilte. ..Ich werde einige Fragmente daraus ausheben", schreibt Platen vier Jahre später in sein redigiertes Tagebuch, „um einen Begriff meiner damaligen Thorheit zu geben". In der Tat liegt die Bedeutung dieser neunundzwanzig Fragmente mehr im Biographischen als im Künstlerischen; doch gerade deshalb sind sie für uns von Interesse.

Der unerwidert Liebende fühlt sich in einem tieferen Sinn von Gott verlassen als zwei Jahre zuvor der Konfirmand. Hier stellt sich die existentielle Frage, während jener damals nur sündigte. „So bin ich denn ausgeschlossen von der Zahl jener Glüklichen, die durch Mitgefühl und Freundschaft ein Leben voll Wonne genießen." – „Mein großes Vorbild (Mercy) wird mich verlassen, und irre werden meine Blike umherschweifen, wie ein verlorener Planet in einer wüsten Schöpfung, die die Sonne verlaßen hat." Der Angebetete wird zum Gott, der die sinnentleerte Welt neu beseelt und aus dem Chaos den Kosmos macht.

In einer Traumvision streift Platen durch eine finstere mondlose Gegend. „Ich hatte eine Fackel in der Hand, und mir war's, als müßte ich der Ceres gleich jeden Winkel der Erde durchsuchen, ihn aufzufinden." Am Ufer eines rauschenden Baches endlich, „da lag mein schlafender M(ercy). Seine äußersten Loken netzten sich in den Wellen, und die Fakel gewährte mir den Anblick seiner holden Züge. Aber ich bemerkte an einer schnellen Bewegung, daß ihn der helle Schein beunruhigte. Ich stekte daher meine Leuchte umgekehrt in den Boden, daß sie auslöschte, und begnügte mich, vor ihm nieder zu knien.. Ich beugte mich über ihn, obgleich ihn die Nacht meinen Bliken verbarg, und so wollte ich die Morgenröthe erwarten. Sie kam endlich. Herrlich entfaltete sich die Landschaft um mich her.. Aber was war mir dieß gegen Endymion? ..Noch war die Gegend nur vom Dämmerscheine erhellt, der keine Stralen von sich warf. Kaum brach der erste derselben durch die erleuchteten Wolken, als M(ercy) erwachte, und ich mit ihm."

In einer anderen Vision schildert der junge Platen, wie er die ganze Nacht durch eine schöne Waldlandschaft wanderte und bei Sonnenaufgang ans Meer gelangte. In einem Kahn, der soeben vom Ufer abtrieb, sah er Mercy sitzen. „Er lächelte, in der Hand das Ruder, und sah in die grünlichen Wellen. Aber die Gondel entfernte sich immer mehr.. Ich warf mich hoffnungslos ans Ufer nieder. Da gewahrte ich eine Muschel, welche die Wellen bespühlten, mit goldenem Ranfte und perlenbesät. Ich hob sie auf und sah in ihre Höhlung und, o Wunder! was sah ich. Die launenhafte Hand der Natur hatte M(ercys) Bild hineingezeichnet, ..treffend wie der getreuste Spiegel."

Wie Ceres-Demeter die verlorene Tochter, so sucht der Dichter den Geliebten, wie eine Mutter beugt er sich über ihn. Die Verse des im Mondschein schlummernden Jünglings fallen uns ein. Mercy, dessen äußere Erscheinung Platen als sich selber ähnlich schildert: nicht schön, blond und schmächtig, erscheint in einem Perlmutterspiegel mit Goldrand, wie er vielleicht auf dem Toilettentisch der Mutter lag.

Es sind die alten Spiegel-Mythen von Endymion und Narziß, die der Jüngling in seinen Traumgesichten reproduziert. Das liebende Ich identifiziert sich mit der keuschen Artemis (Mondgöttin), ja sogar wörtlich mit der großen Mutter! Jürgen Link beschreibt in diesem Zusammenhang eine Platensche ‚Urszene': die Mutter steht mit dem kleinen Sohn auf dem Arm vorm Spiegel und deutet auf den ‚süßen Knaben', der sich mit ihrem Spiegelbild identifiziert und wie sie den Knaben, genauer sein Spiegelbild, lieben lernt. Stets wird Platens Liebesobjekt das gespiegelte Knabenbild sein, „während das Liebessubjekt als Spiegelbild der phallisch phantasierten Mutter hermaphroditische Züge und vor allem einen Busen besitzt."

Wird diese hypothetische Urszene akustisch ergänzt, so erklingt „jenes Echo-Spiel zweier singender Sopranstimmen.., dessen Faszination der Platenschen Prosodieauffassung zugrunde liegen dürfte: Süßer Junge – süßer Junge." Es wird sich zeigen, daß die hier aufgeführten Elemente der ‚Urszene' Platens Lyrik bis zur italienischen Wende hin bestimmen werden. Und mehr noch: allein die liebende Gegenwart des Pendants, des zweiten Ich, und sei es nur gespiegelt, wird ihn in die Lage versetzen, aus dem Chaos, das auf ihn eindringt, den Kosmos des Gedichts zu schaffen.

Ein sommerliches Gewitter geht über München nieder. Der Page Platen sitzt schreibend in einem ‚aparten' Zimmer der Pagerie, das auf den Wassergraben hinausgeht, der damals die Nordseite der Residenz vom Hofgarten trennte.

> Und der Regen stürzt in die plätschernde Flut,
> Er fällt auf das schützende Dach,
> Er schlägt an die Fenster, so feucht und so kalt,
> Er schrekt mich mit lärmender, wilder Gewalt
> Vom Traume, dem lieblichen, wach.
>
> Doch könnt ich Ihn sehen und sprechen, und hielt'
> Zehn Meilen von hier er sich auf,
> Und zukte der Blitz auch noch einmal so stark,
> Und heulte der Donner durch Wiesen und Park,
> So gieng ich, und sucht' ich ihn auf.

Gottes Rachestimme verstummte, und kein Gewitter könnte den Jüngling mehr von dem abhalten, wohin es ihn treibt. „Nicht so fast durch sich selbst, durch ihre Folgen ward diese Neigung bedeutend. Ich gewöhnte mich, meine Hoffnungen und Träume der Liebe an Personen meines eignen Geschlechts zu verschwenden und suchte in ihrer Freundschaft dasjenige Ziel zu erringen, das der Liebende in der Ehe sucht. ..Ich bin schüchtern von Natur, aber am wenigsten bin ich's in ganz ungemischter Gesellschaft von Weibern, am meisten in ungemischter Männergesellschaft. Am meisten gefiel mir die Zartheit der Weiber, aber ich sah sie nicht als etwas Auswärtiges, sondern als etwas auch meinem Wesen Innewohnendes an. ..Ich glaube, daß sich bei einem Gegenstande der Neigung meines eigenen Geschlechtes treue Freundschaft und reine Liebe eng vereinigen ließen, während bei Weibern die Liebe immer mit Begierde vermischt sey. ..Als mir M(ercy) alles war, bemerkte ich noch gar nicht, daß meine Neigung eine von anderen ganz verschiedene Richtung genommen hatte, und ich dachte nicht an den Unterschied der Geschlechter. Ich glaube an gewisse sympathetische Träumereien und eine reciproke Gewalt der Liebe, war daher immer unglüklich und betrogen; denn niemals hatte der geliebte Gegenstand die entfernteste Idee von dem, was in mir vorgieng."

Mehrere entscheidende Dinge teilt Platen hier mit. Was andere in der Ehe finden, das sucht er in der Beziehung zu Männern. Er glaubt, daß sich in ihr „treue Freundschaft und reine Liebe eng vereinigen ließen". Reine Liebe! Das fatale Gefühlsgemisch entkleidet er jeder bewußten Sexualität und ordnet diese der Frauenliebe zu, die ihm fremd ist.

Wer in alten Enzyklopädien die Stichworte ‚Knabenliebe' oder ‚Päderastie' nachschlägt, wird bemerken, daß Platen sich hier ganz im Einklang mit seiner Zeit befand. Es ist zu bedenken, daß in Europa seit der Christianisierung Homosexualität als natürliche Erscheinung vergessen war. Die weibliche wurde ignoriert. Die männliche war bis zur Aufklärung Häresie, die auf den Scheiterhaufen führte, danach galt sie nur noch als Krankheit. Zugleich wurde sie auf ihre gröbste Form, den Analverkehr, reduziert und so als Perversion oder ‚Ausschweifung' des natürlichen Triebes verstanden, als Notbehelf etwa, wenn Frauen nicht verfügbar sind; oder daß, wer zu viele Frauen hatte, aus purer Langeweile bei Knaben den engeren Weg per posteriorem sucht.

So sehr dies alles bisexuelle Verhaltensweisen richtig, wenn auch unvollständig beschreibt, so wenig trifft es auf reine Homosexualität zu. Daß diese nicht eine Verirrung, sondern eine natürliche Triebvariante ist, wurde erst in jüngster Zeit überwiegender Konsens in christlichen Gesellschaften. Seit hundert Jahren wird sie differenzierend beschrieben, etwa derart, daß es zwar rein aktive und passive Homosexualität gibt, jedoch Zwischenstufen häufiger sind; daß sie nicht nur auf Knaben oder Jünglinge, sondern auch auf Männer gerichtet sein kann; daß der Analverkehr nur eine ihrer Techniken ist, und nicht die vorwiegende. Daß Homosexualität weder Krankheit noch Crimen ist, hat sich, wie wir leider wissen, bis heute noch nicht in allen kirchlichen, juristischen und politischen Gremien herumgesprochen.

Platen konnte nicht wissen, daß er homosexuell war, weil seine Epoche dies als natürlichen Zustand nicht kannte. Die zeitgemäße Unterstellung: aus Perversität wünsche oder habe er Analverkehr mit Knaben, durfte er reinen Gewissens, ja mit Entrüstung von sich weisen. Wovon er in seiner Jugend träumte: Liebesschwüre, feuchte Blicke, Umarmungen, keusche Küsse, konnte er unbeschadet dem Reich der Seelenfreundschaft zuschlagen. Die Empfindsamkeit, der Sturm und Drang waren voll davon; bei den Göttingern, bei Schiller und Goethe sinken sich unentwegt Freunde in die Arme:

Seelig, wer sich vor der Welt	Was, von Menschen nicht gewußt
Ohne Haß verschließt,	Oder nicht bedacht,
Einen Freund am Busen hält,	Durch das Labyrinth der Brust
Und mit dem genießt,	Wandelt in der Nacht.

Als Freundschaft verkleidet war Liebe unter Männern akzeptabel, solange sie ‚rein geistig' blieb. Die alten Lexika unterscheiden, mit Hinweis auf Plato's Gastmahl, immer die schändliche körperliche von der löblichen geistigen Knabenliebe. Natürlich gilt diese Trennung von Leib und Seele für jede Art Liebe, und das paulinische Christentum sorgte für weiteste Verbreitung dieser Auffassung. Bis zu Freud wurde (reine) himmlische und (sündige) irdische Liebe ganz allgemein unterschieden. Daß letztere eine Art Naturrecht für jeden Menschen sei, war keineswegs allgemeiner Konsens, und schon gar nicht Meinung der Kirchen. Die katholische Tradition der Klöster, des Zölibats waren viel gegenwärtiger als heute, und auch Luther billigte Sexualität nur in der Ehe.

Noch wichtiger ist, daß der Dritte Stand die Sitten der Zeit bestimmte. Bürgerliche Moral war strenger, weil noch mehr den Kirchen verbunden als die des Ancien régime: man denke nur an Emilia Galotti oder Luise Millerin, wo bürgerliche Tugend adligem Libertinismus entgegengestellt wird. Friedrich Sengle betont die gänzliche Unfreiheit der Biedermeierzeit auf erotischem Gebiet. Gewisse Schriften des jungen Goethe oder Mozarts Briefe wären nach 1815 unvorstellbar.

Bürgerliche Moral ist aber auch ‚paternistischer', und das heißt mehr noch als früher: zweierlei Recht für Männer und Frauen in sexualibus. Gretchen ist die tragische weibliche Gestalt der Epoche; aber auch eine verheiratete Gräfin konnte sich nach 1800 längst nicht mehr so viel herausnehmen wie ihre Mutter, als sie jung war. Eine Frau von Stand, und das schloß jetzt den dritten ein, hatte auf jede Sexualität zu verzichten, wenn sie aus irgendeinem Grunde nicht geheiratet wurde oder ihren Mann verlor. Der Münchener Hoftratsch, den wir hörten, spiegelt noch das Ancien régime! Von 1850 bis 1900 war man ganz allgemein der Ansicht, der weibliche Geschlechtstrieb erwache nicht von selbst, sondern müsse vom Manne ‚erweckt' werden. Die wütendsten Proteste rief Freud hervor, als er sich gegen diese Meinung wandte.

Die alte Jungfer ist das Produkt spezifisch bürgerlicher Moral und zugleich bevorzugtes Ziel für das Gelächter des Jahrhunderts, vom ‚Punch' bis zu Wilhelm Busch. Was war ihr erlaubt außer Hausmusik, Blumenpflege, Aquarellieren, Handarbeit, erbaulicher Lektüre und Gebet? Nicht nur die Kirchen priesen den ‚reinen' Amor Dei, auch die klassische Bildung verwies eben auf Plato, der eine gänzlich geistige, unkörperliche Liebe forderte. Diese Bläßlichkeit blieb als Trost für jene, denen die herrschende Moral eine eigene Sexualität versagte. Zwei glühende ‚platonische' Leidenschaften des bürgerlichen Zeitalters seien nur als Beispiel genannt: die der Droste zu Levin Schücking und die der Baronin Meck zu Tschaikowsky.

Das nie gelöschte Feuer brennt am heißesten – ein Feuer zudem, das gar nicht brennen dürfte. Welch furchtbares Schicksal bereitet sich, wer, um dem Sittenkodex zu genügen, dies Feuer in sich verbergen muß oder es gar auszutreten versucht!

Die Homosexuellen des 19. Jahrhunderts befanden sich in der gleichen Lage wie die häßlichen Mädchen, die keiner nahm, und die deswegen keine Sexualität haben durften. Der junge Platen fühlte sich bezeichnenderweise am wohlsten in rein weiblicher Gesellschaft, ja er spürte das weibliche Wesen in sich selber: nicht allein durch Veranlagung, sondern auch durch den Druck des Milieus. Mit seinen verborgenen, unerwiderten Liebesgluten gehört er zwischen die poetische alte Jungfer und die musikalische Witwe. Wie jene hat er versucht, seine Sexualität zu sublimieren, um sie vor sich und der Welt zu rechtfertigen.

Stand Platens Natur dem sittlichen Empfinden der Epoche auch völlig entgegen, so wollte es doch eine Laune der Geschichte, daß soeben in Bayern als einzigem deutschen Land die Strafen für ‚Sodomie' aufgehoben worden waren. Das neue Recht war die Schöpfung des Ansbacher Juristen Anselm v. Feuerbach; es zeigt den Einfluß des Code Napoléon, der deviant sexuelle Betätigung als Delikt nicht kennt. Wäre es um Gesetze und nicht um Sitten gegangen, der künftige Dichter hätte nie nach Italien auszuwandern brauchen.

Wer freilich glaubt, Platens Herz habe 1813 allein Mercy gehört, der irrt. Eine ähnliche, doch schwächere Anziehungskraft übte auf ihn ein Prinz Anselm von Öttingen-Wallerstein aus, der trotz seiner Jugend schon eine ansehnliche militärische Charge bekleidete. Nach der Abreise des französischen Gesandten und seines Bruders richtete

August seine Hoffnung ganz auf ihn; er fiel jedoch Ende Oktober bei Hanau, wo die bayerischen Truppen sich dem vor Leipzig geschlagenen und zurückweichenden Napoleon vergeblich entgegenwarfen. Platen sah den Prinzen nur dreimal, zuletzt auf dem Durchmarsch in Ansbach, eine Woche, bevor er starb.

Den politischen Umschwung, das Ende von Napoleons Herrschaft über Europa, erlebte er in den Herbstferien im Elternhaus in Ansbach. Zwei Tage nach seinem siebzehnten Geburtstag begann er mit der förmlichen Führung eines Tagebuches, das er freilich, wie die vorhergehenden Hefte und Notizen, später zu dem uns vorliegenden Text zusammenzog und redigierte.

Im selben Herbst sah er einen „Kupferstich, worauf ein Kind in einer Rose lag", wahrscheinlich ein von Philipp Otto Runge inspiriertes Blatt. Der Jüngling war von dem romantischen Vorwurf so angerührt, daß er in einem Zug ein Prosamärchen niederschrieb, das einzige seines Lebens. Bei dem affektierten und kryptischen Titel ‚Der neue Dithyrambus' mögen Goethe und Schiller Pate gestanden haben. Im zweiten Buch von ‚Dichtung und Wahrheit', 1812 erschienen, findet sich als Einlage ein ‚Knabenmärchen' mit der Überschrift ‚Der neue Paris': darin begegnet uns ein etwa vierzehnjähriger Goethe als Titelheld, sehr selbstbewußt, siegessicher – und deutlich am anderen Geschlecht interessiert. Es ist gut möglich, daß Platen von dieser Geschichte den Titel abgewandelt übernahm. Mit Dithyrambus aber ist hier kein dionysisches Chorlied gemeint, sondern das, was Schiller im gleichnamigen Gedicht von 1796 beschreibt: olympische Götter besuchen den Dichter und heben ihn zu sich empor. Von dem Gedicht Platens, das durch Schillers ‚Dithyrambus' angeregt wurde, war schon die Rede.

Der Märchentext folgt dem Vorbild von Perrault und Wieland. Selten hat Schlösser weniger recht als mit dem Hinweis auf „die geringe Rolle des Symbolischen bei Platen" gerade hier: in Wahrheit wimmelt es nur so von Symbolen und verdeckten Bezügen, wie es ja auch nicht verwundert bei einem jungen Mann, der so viel zu verbergen hat und der sich seit zwei Jahren auch gern in Rätseln und Scharaden übt. Da das Märchen nicht nur Einblick in des Dichters seelische Entwicklung erlaubt, sondern auch noch ein Lebensprogramm enthält, sei der Inhalt so kurz wie möglich wiedergegeben.

König Pherias vom Lande Talmyris raubte einst der Fee Pfefferlüsch, „die ihm schon manchen verruchten Streich gespielt hatte", einen Zauberring. Kurz danach vermählt er sich mit der schönen Gyrmantis und hat von ihr einen Sohn. Pfefferlüsch verdingt sich unerkannt als Amme und entführt das Kind in ihr Hexenhaus im Zauberwald. Pherias folgt ihr und fordert sein Kind zurück. Sie verlangt als Gegengabe ihren Zauberring. Der König schiebt ihn durch einen Türspalt hinein; sie aber gibt das Kind dennoch nicht heraus. Da reißt der Vater einen Rosenstock, der vor dem Hause wächst, aus dem Boden und zerschlägt damit das Fenster. Pfefferlüsch droht mit dem Tode des Kindes, wenn er nicht innehalte. Nachdem der König sich beruhigt hat, setzt sie als erstes den Rosenstock, von dem alle Blüten abgeknickt sind bis auf eine, in einen Topf; sodann zaubert sie, mit Hilfe des Ringes, das Kind in die Knospe hinein. Schließlich verwandelt sie den König in einen Zwerg und verbietet ihm, beim Leben seines Kindes, sich je zu entdecken.

Königin Gyrmantis, verzweifelt über den unerklärlichen Verlust von Mann und Kind, zieht sich auf ein Schloß im Wald zurück. Dort besucht sie der König unerkannt in Zwergengestalt und gewinnt ihr Vertrauen. Eines Tages gelingt es ihm, den verzauberten Rosenstock aus dem Hexenhaus an sich zu bringen. Auf der Flucht vor den anderen Zwergen, die in Pfefferlüschs Diensten stehen, bringt er den Topf zusammen mit einem verschlossenen Brief zu Gyrmantis und bittet sie, die Pflanze gut zu pflegen, damit die Knospe bald erblühe; wenn aber die Rose verwelkt sei, solle sie den Brief lesen. Pfefferlüsch bannt den König-Zwerg zur Strafe in einen Turm am Rande des Waldes. Es gelingt ihr jedoch nicht, den Rosenstock zurückzuerhalten.

Gyrmantis tut, wie ihr geheißen. Die Knospe öffnet sich und gibt das Kind frei; die Blätter der Rose fallen ab, und nur der Stengel bleibt. Da erbricht die Königin den Brief. In ihm steht, sie solle den Knaben Rosensohn nennen, großziehen und dann auf Brautschau schicken. Dazu solle sie ihm den abgeblühten Rosenstengel mitgeben: damit er diejenige, die ihm bestimmt sei, auch erkenne, solle er der Verehrten den Stengel überreichen. Wenn es die Richtige sei, werde daraus eine neue Rose erblühen.

Gyrmantis zieht das Kind groß. Nach 18 Jahren geht der Jüngling auf Brautschau und kommt am Rande des Waldes zu dem Turm. Die Stimme des Gefangenen rät ihm, um Prinzessin Lilla vom Lande der Kereolen zu werben. Rosensohn macht sich auf den Weg dorthin. Er schläft unter einem Ölbaum, wo ihm die Prinzessin holdselig im Traum erscheint. Am nächsten Tag kommt er in die Hauptstadt der Kereolen, besiegt alle Freier und gewinnt die Liebe der Prinzessin. Doch sie erklärt, leider könne sie ihn noch nicht heiraten: ihre Mutter habe ihr auf dem Sterbebett eine Zaubernadel gegeben, eine Gabe der guten Fee Pflasterhold, mit der Mahnung, dieselbe ans Brautkleid zu stecken, denn das werde „die beste Ehe bewirken". Die Nadel, halb stählern, halb silbern und mit einem goldenen Kopf, war der Stolz der Prinzessin. Sie barg auch sonst noch allerhand Zauberkräfte, von denen das Kind zunächst nichts wußte. Einer alten Frau, die natürlich niemand anderes ist als die Fee Pfefferlüsch, gelang es, der Prinzessin die Nadel abzulisten. Pflasterhold zürnte Lilla deswegen und verriet ihr die weiteren Zauberkräfte der verlorenen Nadel: sie kann den Träger unsichtbar machen, alle verschlossenen Türen öffnen und jeden auf der Stelle festbannen. Als Lilla heiraten sollte, verkündete die zürnende Pflasterhold in einem Brief: nur dem, der zweimal geboren sei und die Nadel zurückbringe, dürfe Lilla die Hand zur Ehe reichen.

Rosensohn macht sich also auf die Suche nach der Nadel. Einen Hinweis, wo sie zu finden sei, gibt seine Mutter, die er unterwegs besucht. Sofort eilt er zu Pfefferlüsch und bringt mit einer List die Nadel an sich. Doch der gelingt es beinahe, dem Rosensohn die Nadel wieder abzunehmen. Als Krämerin verkleidet, gibt sie ihm eine Nadelbüchse, aus der durch Zauber „bey tausend Nadeln" herausfallen, alle wie die Wundernadel aus dreierlei Metall, sodaß der Jüngling die richtige nicht mehr herausfinden kann. Er gelangt zum Turm, wo der unsichtbare Gefangene ihm rät, den abgeblühten Rosenstengel in die Büchse zu halten: die richtige Nadel werde daran hängenbleiben.

Rosensohn erlangt so die Nadel zurück und öffnet mit ihrer Hilfe den Turm, aus dem der Zwerg heraustritt. Beide folgen eilig der Pfefferlüsch, die inzwischen das Weite suchte. Rosensohn bannt sie mit der Nadel fest. Der Zwerg zieht ihr den Zauberring vom Finger und erscheint als König; von ihm erfährt Rosensohn seine wahre Herkunft. Er begibt sich zu Lilla, überreicht ihr den Rosenstengel, und richtig, aus ihm erblüht eine Rose, sie ist die ihm Bestimmte. Beide heiraten, die Fee Pflasterhold ist versöhnt. „Die Nadel bewirkte Glük im Ehestande, und Lilla gebar ihrem Gemahl einen Sohn, der beyde Königreiche mit Ruhm beherrsche...Aber noch heutigen Tages steht die Fee Pfefferlüsch unbeweglich am Wege, und die Wanderer fürchten sie noch jezt, und weichen ihr aus, wenn sie ihre Straße vorbeyführt."

Die Geschichte ist noch etwas komplizierter, als hier wiedergegeben, und überdies verkehrt herum erzählt wie ein Kriminalroman, um die Spannung zu erhöhen. Für ihrer Entschlüsselung gibt Platen selbst den Hinweis: „Der abgedorrte Rosenstengel, der in der Hand der Lilla wieder blühend wird, soll symbolisch ausdrüken, daß für die verlorenen Freuden der Kindheit die Liebe allein Ersatz zu geben vermöge." Wir wollen uns, so belehrt, an eine Deutung wagen. Doch vorher noch ein Wort zur Methode.

Friedrich Sengle, der ein epochales Werk über Biedermeierliteratur geschrieben hat, nennt Platens Märchen kalt und leer, seinen Inhalt völlig gleichgültig und konventionell. Sengle gehört freilich zu jenen Germanisten, die eine tiefenpsychologische Textdeutung nicht dulden wollen. Uns scheint solche Strenge übertrieben, ja unangebracht. Alle Dichtung, außer der mündlich überlieferten, ist Schöpfung jeweils eines einzelnen Menschen und hat somit auch autobiographische Bezüge. Sie mögen unbewußt und ohne Bedeutung für den Text bleiben, sie mögen hinter seinen Absichten und Aussagen völlig verschwinden; dennoch sind sie stets vorhanden. Beim Kunstmärchen nun, dem auch Sengle einen Trostcharakter zubilligt, treten sie deutlich zutage. Die strenge Germanistik erlaubt nur, allgemein gültige Allegorien aufzuzeigen, nicht aber die näher und tiefer liegenden, die den Autor betreffen, wie sein Gewissen, seine Wünsche und Ängste, die Symbolgestalten der Eltern und seiner selbst. Solche Beschränkung auf ‚werkimmanente' Interpretation eines Textes scheint uns die biographische Arbeit unnötig zu erschweren. Alle Elemente der Freudschen Traumdeutung sind, ebenso wie Nietzsches Begriffspaar apollinisch und dionysisch, längst Gemeingut, die moderne Kulturkritik will auf sie nicht mehr verzichten. Warum also sollte Platens Biograph es tun, wenn der Dichter, wie hier, Wichtiges über sich unbewußt verschlüsselt mitteilt?

Das Kind in der Rose, der zweimal geborene Rosensohn, ist der Dichter selbst. Die Eltern des Märchens sind auch die in Wirklichkeit. Die Rose bedeutet Platens Erinnerung an die unversehrte Kindheit, doch auch seine Phantasie, die Fähigkeit, durch eine selbsterdachte Welt sich von der umgebenden Realität abzuschirmen. Pfefferlüsch und Pflasterhold sind Geister, die sich dem Dichter nähern wie in Schillers Dithyrambus, sie sind die irdische und himmlische Liebe, die nach christlich-bürgerlicher Vorstellung Glück und Unglück im Gefolge haben. Der Zauberring bedeutet Macht ganz allgemein, er verbindet aber in diesem speziellen Fall Vater, Rosensohn und Pfefferlüsch. Ihr Kindesraub zeigt Augusts Pubertät an.

Pfefferlüsch läßt sich zwar überlisten, aber nicht mit Gewalt besiegen. Das muß der König erfahren, als er den Rosenstock, der vor ihrem Hause erblüht, beinahe zerstört. In ihm und seinen Blüten sind Augusts geistige Gaben verkörpert, von denen nur eine

Knospe übrigbleibt. Ist es nicht merkwürdig, daß die Pflanze gerade vor dem Hexenhause wächst? Augusts Talente blühen nahe seiner Sexualität, will das Märchen sagen. Und so grundübel kann die Pfefferlüsch auch nicht sein, denn sobald sie einmal Kind und Ring beisammen hat, rettet sie als erstes den fast demolierten Rosenstock und schützt ihn vor dem Zorn des Vaters, indem sie diesen in einen Zwerg verwandelt. Beim genauen Hinsehen ist Pfefferlüsch nicht nur ein diabolischer Proteus, sondern auch die Retterin und Bewahrerin der Rose, aus der August zum zweitenmal geboren wird.

Der Vater riß den Sohn aus den Rosenblättern, den mütterlichen Armen, und stieß ihn in die Kadettenanstalt. Platen bezichtigt den Vater, seine Talente negiert und ihn seelisch fast zerstört zu haben. Das geht aus der Schlüsselszene vor dem Hexenhause klar hervor. Doch der Trieb rächt sich und läßt den Vater, wenigstens für eine Weile, als Zwerg erscheinen. Der Jüngling fühlt sich ihm nicht nur geistig überlegen. Wollen wir dem Märchen weiter folgen, so war das Zerwürfnis mit dem Vater freilich nur vorübergehend. Er ist es selbst, der den verzauberten Rosenstock der Pfefferlüsch raubt und zur Mutter bringt, damit sie ihn mit Sorgfalt pflege: August darf in die Pagerie eintreten und längere Ferien im Elternhaus verbringen. Kaum aber ist er wiedergeboren, das heißt in der Pubertät, verliert er die Fähigkeit, sich eine Schutzwelt vorzuspielen, wie sie etwa Fugger für die Kadettenzeit bezeugte; die Rosenblätter fallen ab, und es bleibt nur der Stengel übrig, zugleich phallisches Symbol und Erinnerung an die unversehrte Kindheit. Jetzt öffnet die Mutter den Brief, in dem steht, was sie mit Rosensohn weiter tun soll. Daß der Vater ihn geschrieben habe, ist anzunehmen, obwohl es nicht gesagt ist. Wir werden aber den Verdacht nicht los, daß er nicht vom Vater, sondern von der Pfefferlüsch geschrieben wurde: diese zweite geistig-seelische Mutter weiß mehr über Rosensohn als die erste leibliche und gibt jener Ratschläge.

Ist das Reich Talmyris der Lebenskreis des Knaben August, so ist das Land der Kereolen das Reich der Poesie, und Prinzessin Lilla ist die Muse selbst. Eine Muse freilich, die schon immer Teil Augusts war, denn daß der Stengel in ihrer Hand neu erblüht, zeigt die Vorbestimmung an, die Vermählung von Talent und Inspiration. Doch fehlt noch eine Komponente, damit die ‚beste Ehe' bewirkt werde und der Dichter entstehe: Gewandtheit im Umgang mit der Sprache, anders ausgedrückt, das Handwerkliche. Es ist verborgen in der Zaubernadel, einer Gabe der Fee Pflasterhold, jenem fernen Pendant zur allgegenwärtigen Pfefferlüsch. Als sie erscheint, verschlägt es August zunächst die (dichterische) Sprache, und die Muse verstummt. Doch kennt er die Kräfte, die dem zufallen, der sein Handwerk beherrscht, und so gelingt es ihm, die ‚böse' Fee, seine Sexualität, zu überlisten und die Sprache wiederzugewinnen. Aus drei Metallen ist die Nadel, und dreifach will August das Wort meistern: stählern satirisch, silbern dramatisch und golden lyrisch. Die Nadel macht unsichtbar und öffnet alle Schlösser; der goldene Kopf bannt fest, die stählerne Spitze treibt stechend voran. So vollendet wird August die Form beherrschen, daß Pfefferlüsch ihm ungezählte Nadeln vorgaukeln kann, dem Augenschein nach alle gleich gut; doch nur eine Nadel bleibt am Rosenstengel haften, nur das männliche Begehren im Verein mit der Erinnerung an die Arme der Mutter zeigt an, welches Wort das richtige ist. Das Kind von Rosensohn und

Lilla aber wird das Werk des Dichters August von Platen sein, das über beide Reiche, sein privates und sein dichterisches Leben, herrschen soll.

Es war allerdings Platens tragischer Irrtum, daß die Fee Pfefferlüsch ‚böse' und mit Poesie zu bannen sei. Sie ist ja die eigentliche Besitzerin des Ringes, der Macht, sie ist, wenn auch mittels Raub und durch den Rosenzauber, seine zweite Mutter.

Bliebe noch zu sagen, daß im Land der Kereolen Oliven wachsen. Wenn die Prinzessin Lilla dem Rosensohn im Traum unter einem Ölbaum erscheint, so ruft schon den Siebzehnjährigen seine Muse in den Süden.

So weit soll die Deutung von Platens Märchen gehen. Wer weitergräbt, brächte sicher noch mancherlei zutage aus dieser Mine der Symbole und Bezüge. Natürlich war dem Jüngling nichts von alledem bewußt, als er den Text 1813 „an einem, oder an zwey Tagen höchstens fertig gemacht" hatte. Doch blieb er so zufrieden damit, daß er ihn, nur wenig geändert und unter dem besseren Titel ‚Rosensohn', 1827 im ‚Morgenblatt für gebildete Stände' veröffentlichte.

Platen hat selbst mitgeteilt, von wo er seine Muse inspiriert glaubte: vom Paradies seiner Kindheit. Das Märchen verrät uns, daß des Dichters frühe Jugend unversehrt war, einer umhüllenden Rose gleich. Wer Homosexualität für eine seelische Fehlentwicklung hält, wird hier nach ursächlichen Milieuschäden vergeblich suchen. Das Verhältnis zur Mutter ist ungebrochen. Ein vorübergehender Störungsfaktor ist die Pubertät, die den Knaben den Eltern für eine Weile ‚raubt' und entfremdet. Der Ödipus-Konflikt endet nur mit einem halben Sieg, denn der Zwerg tritt aus dem Turm und nimmt der gebannten Pfefferlüsch den Ring (der doch eigentlich ihr gehört!) wieder weg. Nachdem Platen in die Pagerie eintreten durfte, unterwirft er sich dem Vater. Am Ende hat der Rosensohn beide Eltern wiedergefunden, das Handwerk der Sprachkunst erlernt und somit den Segen der Gottheit (der himmlischen Liebe) wie auch den Kuß der Muse erhalten.

Der Siebzehnjährige konnte freilich noch nicht wissen, daß der Schluß seines Märchens ein Trugschluß war, die ‚reine' Liebe ein blasser Schemen, nicht hold, sondern lediglich als Pflaster zu gebrauchen, unter dem nichts heilt; daß vielmehr Pfefferlüsch beißende Herrschaft über sein Leben und Werk ausüben würde.

Im Dezember 1813 notiert Platen in sein Tagebuch: „Das passende Sujet für eine Tragödie wäre gewiß der Tod Conradino's, ob ihn gleich bis jezt noch keiner mit gutem Glük bearbeitet hat. Das Stück begänne mit der Schlacht bey Tagliacozzo und würde bis zum Richtplatz fortgeführt. Die Freundschaft des jungen Friedrich mit Konradin würde manche schöne Szene ausfüllen, und auch die Rosen der Liebe ließen sich leicht in diesen Kranz flechten. Konradin würde dann ein geliebtes Mädchen in Deutschland zurükgelassen haben, das ihm heimlich in männlicher Kleidung nach Italien folgt". Noch wagt es Platen nicht einmal vor sich selber, die Gestalt anzunehmen, die seiner Natur entspricht. Er verbirgt sich nicht etwa hinter Friedrich, sondern hinter dem Mädchen in männlicher Kleidung. Der Stoff sollte den jungen Dichter drei Jahre lang auf verschiedene Weise beschäftigen.

Von den Gedichten verschiedenster Art, die Platen als Page schrieb, sind an die achtzig erhalten. Oft bewegen sie sich in der Zwielicht-Welt der Empfindsamkeit, wie er sie bei Hölty und Matthisson vorgeformt fand. Etwa zwanzig Balladen zeugen von der Lektüre Schillers und Bürgers. Neben Stanzen finden sich zwei Sonette und sogar sechs Oden als Fingerübung für Späteres; das metrische Schema erscheint schon hier einige Male, etwas eitel, über dem Gedicht. Hinzu kommen Übersetzungen aus Vergil, Ovid, Horaz und Racine, die schon erwähnten Rätsel, satirische Versuche, wie vorgestellt, zwei epische und zwei nennenswerte dramatische Fragmente sowie das Märchen in Prosa. Von Anfang an liegt das Hauptgewicht auf der Lyrik, dem goldenen Kopf der Zaubernadel. Die Poesie ist Platens eigentliches Element, und ihr wird er weit länger als dem Tagebuch sein innerstes Wesen anvertrauen. Das Hauptproblem des Dichters ist von Jugend an unerwiderte Liebe, und um dieses Thema wird sich, bis er Deutschland endgültig verläßt, seine Lyrik in der Hauptsache drehen.

> Was mich traurig macht? Es ist ein quälender Dämon,
> Daß ich verschenkte mein Herz, daß sich kein Herz mir geschenkt.
> Was mir Thränen entlockt? Es ist die schmerzliche Wahrheit,
> Daß ich verspottet nur ward, wo ich so innig geliebt.

In ‚Des armen Mädchens Nachruf', sicher nach Mercy's Abreise verfaßt, steht der Dichter, wie der Titel sagt, „am Thorweg dorten, nicht des schönen Ritters werth", und muß gar noch zusehen, wie der sich von seiner Verlobten verabschiedet. In ‚Der Mädchen Friedenslieder' jubelt die Erste über den aus dem Krieg heimgekehrten Geliebten, während die Zweite um ihren Gefallenen klagt. Hier war ohne Zweifel der Tod Öttingens Anlaß. Beide Gedichte illustrieren aufs schönste Platens Bekenntnis, daß ihm weibliches Wesen innewohne.

Wichtiger aber ist das Gedicht ‚Der Hochzeitsgast'. In Sturm und Regen steht der unglückliche Jüngling vor dem Haus, in dem Hochzeit gefeiert wird. Ein Diener bittet ihn im Auftrag des Bräutigams herein. Nach der Fassung von 1813 antwortet der Jüngling:

> Dank euch, daß Ihr die Müh' Euch nehmt,
> Doch laßt mich nur hier außen,
> Mir wohl ist, wo der Regen strömt,
> Und wo die Stürme sausen.
>
> Nie wird die Freude froh und laut
> Aus meinen Augen blitzen;
> Denn ach, die schöne junge Braut,
> Ich kann sie nicht besitzen!
>
> Ich tauge nicht zum Freudenmahl.
> Da würd' ich übel glänzen.
> Und nimmer leer' ich den Pokal
> Bei hochzeitlichen Tänzen.
>
> Es lädt dein Herr wohl Jeden ein,
> Mag nicht zu seinem Feste;
> Hier unten will ich lieber seyn,
> Der Aermste seiner Gäste.

In den späteren Fassungen aber, die seit 1821 mit dem Titel ‚Der letzte Gast' veröffentlicht wurden, antwortet der Jüngling ganz anders:

> Dank, Alter; aber laßt mich hier
> Gelehnt an diese Seule:
> Mehr als Musik dort lob' ich mir
> Dieß rauhe Sturmgeheule.
>
> ... Sagt eurem Herrn, der fröhlich präßt,
> Daß er den Reigen meide;
> Denn unten wartet noch ein Gast,
> Den Degen aus der Scheide!

5. ROSENSOHN

Beide Versionen zeigen, wie Platen sich aus dem festlich erleuchteten Haus, der Gesellschaft der Normalen, ausgeschlossen fühlt. Auch eine freundliche Einladung kann daran nichts ändern: die Braut, er kann sie nicht besitzen. Nennt sich der Halbwüchsige nach dieser Erkenntnis noch selbstmitleidig den ärmsten aller Gäste, so steht der Erwachsene resigniert zu seiner anomalen Männlichkeit: laßt mich hier gelehnt an diese (phallische) Säule. Und der Degen, den er schließlich zieht, enthüllt nicht nur den vergeblichen Liebhaber, sondern ist auch die Zaubernadel mit der stählernen Spitze, die satirische Schreibfeder. Der Vorwurf hat Platen genug beschäftigt, daß er sich 1815/16 eine ganze Geschichte dazu ausdachte. Aber wir greifen vor.

Von Anfang 1814 stammt das ausführliche Zeugnis eines jungen, neu eingetretenen Pagen über den siebzehnjährigen Platen. Der anonyme Autor hat es als alter Mann in der Münchener ‚Süddeutschen Presse' veröffentlicht, und es verdiente, hier in Teilen wörtlich wiedergegeben zu werden.

„Graf August v. Platen-Hallermünde war etwas über mittlere Größe, mager und schlank, blonden Haares, von starken, ich möchte sagen harten Gesichtszügen, mit hervorragenden Backenknochen, gewölbter Stirne, auf welcher ein brennend rother Fleck auffiel, der sich dunkler röthete, wenn Platen in Zorn gerieth, was bei ihm nicht schwer hielt, denn er war reizbaren Temperamentes. Auffallend war immer seine große Gesichtsähnlichkeit mit dem damaligen Kronprinzen, nachherigen König Ludwig I von Bayern, der übrigens nur zehn Jahre älter war; selbst in der etwas stotternden und polterigen Sprechweise glaubte ich zwischen beiden einige Gleichheit zu finden." Der Zeuge erwähnt Platens Fairness gegen jüngere Pagen, jedoch seine Kritik an der schlechten Lektüre der gleichaltrigen Kameraden. Was seine poetischen Produkte anlangt, so habe er sie keinem mitgeteilt, „während ein Anderer sich ohne Zweifel damit gebrüstet haben würde." Platen erscheint als launischer Sonderling, der zuweilen in die unerklärlichsten Kindereien verfiel. „Ich hatte von meinem Arbeitspulte aus freien Hinblick auf das seinige, und da bemerkte ich denn, daß er, wenn der die Aufsicht führende Professor das Zimmer verließ, einen großen Knochen aus seinem Pulte hervorzog und denselben mit einem Messerchen eifrigst reinigte und abschabte; später, als dieses Purifikationsgeschäft vollendet war, sah ich zu meinem noch größeren Erstaunen, daß er bunte Lappen, Bänder und Borden herauszog, den Knochen hineinlegte und mit stets lachender Miene einen Anzug zusammenschneiderte.. Merkwürdig war mir Platen's Abscheu, ich möchte fast sagen, seine Furcht vor Spinnen und Mäusen; nahte sich solch ein kleines Thierchen seinem Pulte, so sprang er mit einem Schrei vom Stuhle weg und ersuchte einen Kameraden, nachzusehen, ob es wirklich fort sei, protestirte aber jedesmal gegen dessen Tödtung. ..Platen war ungemein fleißig; nie sah ich ihn müßig, nie an unseren Spielen theilnehmen. ..Abends von 8 – 9 Uhr hatten wir Rekreationsstunde, wobei durcheinander musizirt, getollt, mitunter auch gerauft wurde. Und während dieses höllischen Lärmes saß Platen an seinem Studirpulte und trug mit eiserner Konsequenz sein Tagebuch ein."

So also gab sich und erschien der junge Mann, der im Februar 1814 einen fatalen Entschluß für seine Zukunft fassen sollte. Pagen hatten die Wahl, nach ihrem Dienst bei Hof mit königlicher Hilfe entweder zu studieren oder Offizier zu werden. Es ist merkwürdig, daß Platen nicht die erste ihm so viel gemäßere Möglichkeit ergriff, sondern die zweite. In einem Brief an die Mutter stellt er es so dar, als ob er dem Vater damit ein Opfer brächte und, bei besserer Vermögenslage der Eltern, die diplomatische Laufbahn vorgezogen hätte. Doch wirkt diese Behauptung angesichts der Introvertiertheit und den schöngeistigen Neigungen des Jünglings nur schlecht begründet. In Wahrheit wurde Platen von der Welle patriotischer Begeisterung, die während der Befreiungskriege ganz Deutschland erfaßt hatte, einfach mitgetragen. Schwerer wog wohl noch der Umstand, daß sein prospektiver Truppenteil, das erste Infanterie-Leibregiment, in München stationiert war. Die Hofgartenkaserne stand an der Stelle des späteren Armeemuseums und war somit nur ein paar Schritte von seinem bisherigem Lebenskreis entfernt. Eine Universität dagegen hatte München damals noch nicht. „Die viele Muße," heißt es im Tagebuch, „die Hoffnung, die Welt zu sehen, der Aufenthalt in der Hauptstadt, die mir außer vielen Vortheilen auch noch den einer großen Bibliothek darbietet, alles dieß sind Dinge, die meine Neigung bestimmten, Officir zu werden. Hiezu kommen noch die schlechten Aussichten bey'm Civilstande, das mir verhaßte Leben auf den Universitäten, ..die Furcht vor Provinzstädten und manches andere." Platen wollte ganz einfach in München bleiben. Daß eine Provinzuniversität vier Jahre später für ihn Erlösung bedeuten sollte, ahnte er nicht. Fast alle Freunde rieten von der Militärlaufbahn ab: doch vergebens. Zusammen mit Perglas und Schönbrunn, den er nicht mochte, schrieb er das Gesuch um Einstellung als Unterleutnant.

6. Leutnant

Noch im letzten Vierteljahr als Page hatte Platen auf einem anderen Gebiet versucht, dem zu genügen, was die Gesellschaft von einem jungen Manne seines Alters erwartet, und was er sich selber schuldig zu sein glaubte. Er drückt es so aus: „In diesem Zeitraum schien sich auch die Weiberliebe in mein Herz zu schleichen." Objekt war die Marquise Euphrasie von Boisséson, eine Enkelin der Dubarry, die es mit der Mutter durch die französische Revolution an den Münchener Hof verschlagen hatte. Wahrscheinlich war die Zwanzigjährige nichts weiter als natürlich, eben das Gegenteil von dem, was Platen ‚affectirt' und ‚geziert' nannte, und was wir bis zur Emanzipation der Frauen als ‚kokett' bezeichnet haben. Unaggressive Jungfräulichkeit, auch damals offenbar keine überall gepflegte Attitüde, mag dem unsicheren Jüngling den ersten Schritt erleichtert haben. Auf einem Hofball wagte er es, die junge Dame um einen Tanz zu bitten – und war erstaunt, als er nicht abgewiesen wurde. Daß die Ecossaise dann ausfiel, weil sich zu wenige Tänzer einfanden, war weniger wichtig. Platen dichtete ein paar Zeilen an

6. LEUTNANT

Euphrasie, ja er griff auf das im vorletzten Kapitel zitierte Gedicht an Xylander zurück, obwohl es drei Jahre alt war, strich energisch die Anrede aus und setzte den Namen der Verehrten dafür ein: Boisséson! O Entzücken...

Beinahe hätte er zusammen mit Perglas ein Quartier „auf dem Schrannenplatze", heute dem Marienplatz, bezogen. Da erfuhr er, daß in dem Haus am Promenadenplatz, in dem Euphrasie mit ihrer Mutter wohnte, zwei Zimmer frei wären, und mietete sie sogleich zusammen mit Schönbrunn. Zimmerwirtin war Madame Schwarz, Witwe eines Hofmusikus, die mit ihrer Mutter zusammenlebte. Beide Frauen nahmen Platen wie einen Sohn auf, und niemals in seinem Leben genoß er größere Fürsorge.

Öfters im Frühling 1814 stieg er hinab in die Bel Etage, um die Damen Boisséson zu besuchen. Stets wurde er freundlich empfangen. Vor Aufregung fällt Platen sei seinen Tagebucheintragungen ins Französische. Am 11. Mai schildert er eine seiner verlegenen Unterhaltungen mit Euphrasie. Wir haben sie ins Deutsche zurückübersetzt.

> „‚Tanzen Sie, Monsieur?'
> ‚Nein, Madame.'
> ‚Aber man lernt doch Tanzen bei den Pagen?'
> ‚Ja, Madame.'
> ‚Zeichnen Sie gern?'
> ‚Nein, Madame.'
> ‚Aber man lernt doch Zeichnen bei den Pagen?'
> ‚Ja, Madame.'
> ‚Spielen Sie ein Musikinstrument?'
> ‚Nein Madame.'
> ‚Aber man lernt doch Musik bei den Pagen?'
> ‚Ja, Madame.'
>
> Ich sagte das, während ich mir die Stirn trocknete. Was wird sie von mir denken."

Wir sehen, ein Diplomat war an Platen nicht verlorengegangen. Sein Interesse an Euphrasie erlosch bald, da andere Hoffnungen sein Herz bewegten. Die junge Dame wird es mit Gleichmut genommen haben. Später wurde sie Oberhofmeisterin bei Königin Therese. Als alte Frau wohnte sie am Odeonsplatz; Max Koch lebte als Kind im selben Haus und berichtet, wie in den Sechzigerjahren der alte König Ludwig I sie gelegentlich besuchte. Selbst damals sprach sie nur wenig Deutsch.

Die Ausstattung eines Offiziers, das heißt Uniformen, Waffen, Pferd, Sattelzeug etc. mußte bis zum ersten Weltkrieg von ihm selbst finanziert werden. Platen trat in ein Infanterieregiment vermutlich auch deshalb ein, weil ihm, trotz königlicher Hilfe, die Mittel für das Pferd fehlten. Seine Ausbildung zum Unterleutnant beschränkte sich so aufs Exerzieren zu Fuß und den Umgang mit der Steinschloß-Flinte, der allerdings kompliziert genug war. Die bayerische Vorschrift von 1800 unterschied 12 Kommandos, die zum Troste heutiger Rekruten hier mitgeteilt seien:

1. Lad't – s'G'wehr!
2. Öffnet – d'Pfann!
3. Ergreift – d'Patron! (Papierpatrone)
4. Öffnet – d'Patron! (mit den Zähnen)
5. Pulver auf – d'Pfann!
6. Schließ't – d'Pfann!

7. Zur Ladung – s'G'wehr!	10. Stoß't die – Ladung!
8. Patron in – Lauf!	11. Ladstock an sein – Ort!
9. Zieh't aus den – Ladstock!	12. Schultert – s'G'wehr!

Diese Kommandos galten nur für die Ausbildung. Im Gefecht hieß es einfach: ‚Lad't – 'Ton! (= Peloton) – Fertig! – Feuer!' – Ein geübter Schütze konnte dreimal in der Minute laden und feuern.

Den jovialen Korporal, der ihnen die Grundlagen des Kriegshandwerkes beibrachte, mußten die adligen Herrchen selbst bezahlen. Nur durch Exerzieren und Wachdienst stiegen sie in sechs Wochen vom Gemeinen über Sergeant und Korporal zum Unterleutnant auf. Als Platen Mitte Mai von der letzten Übungswache am Schrannenplatz in seine Wohnung zurückkehrte, war Schönbrunn ausgezogen. Er vertrug sich nicht mit den Wirtsleuten und litt überdies an einer „galanten Krankheit", was Platen „besonders nicht sehr appetitlich schien."

Überhaupt gefielen dem frischgebackenen Offizier seine Kameraden recht wenig. Im Tagebuch klagt er (mittlerweile wieder auf deutsch) über deren „zügellose Unsittlichkeit" und fühlt sich in ein „zweytes Gomorrha", nicht etwa Sodom! versetzt. Dennoch, „alle Laster der Unzucht werden bey unserem Stande rühmend zur Schau getragen."

Damit er seine Abende nicht in solcher Gesellschaft verbringen mußte oder im Kaffeehause, ließ der Leutnant sich von seinem ehemaligen Französischlehrer in die ‚Harmonie' einführen. So nannte sich ein Kultur- und Gesellschaftsverein für das gebildete Bürgertum, der nicht nur über entsprechende Räume mit ausliegender Presse verfügte, sondern auch über einen Garten. Wegen der Beiträge mußte Platen die Mutter um Geld bitten, denn von den 30 Gulden monatlich, die offenbar seine Anfangsgage ausmachten, konnte er nicht leben. Als einzigen Luxus erlaubte er sich Englisch-Unterricht, den er zusammen mit Perglas nahm. Daneben kaufte er hin und wieder Bücher; die Sorge um Regale spielt eine gewisse Rolle in den Briefen an die Eltern.

Im Februar 1814 reiste der angehende Maler und Kammersekretär des Großherzogs von Hessen, Wilhelm Issel, 29 Jahre alt, zu Studienzwecken und auch als Kurier von Darmstadt nach München. Eine spätere Weiterreise nach Italien war geplant.

In der bayerischen Hauptstadt angekommen, begab sich Issel zunächst zum hessischen Gesandten v. Harnier und übergab ihm Post aus Darmstadt. Sodann suchte er Ludwig v. Perglas auf, den Sohn des hessischen Oberhofmarschalls, für den er ebenfalls Briefe mit sich führte. Perglas erzählte viel von seinem Freund Platen. Er rühmte seine geistigen Gaben und hohe Bildung, beklagte jedoch seine zunehmende Launenhaftigkeit; auch erwähnte er, die dichterischen Versuche des Freundes seien den Nahestehenden zwar bekannt, doch reagiere dieser sehr unfreundlich, wenn immer man darauf zu sprechen komme. Issel wurde neugierig auf Platen.

Perglas vermittelte eine Begegnung des Malers mit dem Spröden anläßlich eines Spazierganges. Issel berichtet, der Dichter sei bei diesem ersten Treffen recht einsilbig geblieben. Platen jedoch schildert die Begegnung in seinem Tagebuch geradezu enthusiastisch: „Ich glaubte nichts Besonderes zu finden, hatte mich aber sehr verrechnet. Welch ein Jüngling entfaltete sich mir in ihm! Welche Vielseitigkeit, welcher reine Geschmack, wie viel Kunstsinn, welche bündige Sprache! ..Wie freundlich, wie zuvorkommend und wie ungezwungen war er gegen mich!" Dann wechselt Platen wieder mal ins Französische (und bleibt dabei für die nächsten fünf Monate): „Es ärgert mich, daß er in acht oder neun Tagen abreisen wird, nachdem er sich schon seit drei Monaten in München aufhält." Issel lud Platen ein, mit ihm nach Italien zu reisen. Der mußte natürlich ablehnen, bemerkt jedoch im Tagebuch geschmeichelt: „Ich begreife kaum, wie ein so geistreicher Mensch sich für mich interessieren kann."

Etwas, wovon beide nicht berichten, muß indes schon bei dieser ersten Begegnung geschehen sein: Issel bat Platen um das Unaussprechliche, um eine Probe seiner Kunst. Und nicht umsonst; als der Maler am nächsten Tage den hell Entflammten besuchte, las dieser ihm zwei Gedichte vor: ‚Des armen Mädchens Nachruf‘, jene durch Mercy's Erscheinung angeregten Verse, die schon im letzten Kapitel erwähnt wurden, und einen frischgedichteten ‚Abschiedsruf an den Geliebten‘.

<blockquote>
So hast du's fest in dir erwogen,   Umgiebt dich auch Campaniens Schöne,
So ziehst du denn auf ewig fort?   Auf milden, blumenreichen Au'n,
Dich lokt ein fremder Himmelsbogen,   Wo findest du die deutschen Töne,
Dich lokt ein unbekannter Ort.   Wo findest du die deutschen Frau'n?

... Doch meine Worte sind verloren,
Und meine Thränen sonder Ziel,
Für jene hast du keine Ohren,
Für diese hast du kein Gefühl.
</blockquote>

Deutlicher konnte Platen nicht werden. Doch Issel, der Diplomat, verstand gar nichts. In fröhlicher Unschuld bedrängte er den Freund am nächsten Tag um weitere Gedichte, und dieser wartete gleich mit deren fünf auf, voll von unerfüllbarer und unglücklicher Liebe, darunter ‚Der Mädchen Friedenslieder‘, den Versen auf Öttingens Tod. Ins Tagebuch aber notiert der Dichter: „Wie konnte ich den Augen des Kenners die tiefsten Gefühle meiner Seele entdecken? ohne daß er selbst vielleicht je diese Neigungen gezeigt hat, die ihnen zugrunde liegen. Er hat das stille Paradies meiner ruhigen Freuden zerstört. Nein, ich werde keine Verse mehr machen! ..Ich werde noch einsamer sein als bisher."

Dazu die distanzierte Version Issels, der, eben durchaus kein ‚Kenner‘, auch jetzt nur wenig von dem begreifen wollte, was Platens Dichtergeheimnis ihm preisgab: „Ich würde vergebens versuchen, die prüfenden Blicke, die diesem Geständnis vorausgingen, die liebenswürdige jungfräuliche Verschämtheit, mit der es sich in Worte zu kleiden gewagt.., zu schildern. ..Der sogleich und mit Nachdruck bestimmte Preis seines Vertrauens war: unverbrüchliches Schweigen."

Issel machte Platen mit dem Jurastudenten Nathan Schlichtegroll bekannt, dem Sohn des Archäologen und Generalsekretärs der bayerischen Akademie der Wissenschaften. Der junge Mann wurde Platens Freund und sollte ihm für einige Jahre sehr nahestehen. Daß der Dichter sich zunächst gegen Schlichtegroll gesperrt habe, wie Issel berichtet (der sich später mit dem Genannten wegen Platens Nachlaß überwarf), ist unwahrscheinlich und sonst nicht belegt.

Schließlich führte Issel den jungen Dichter noch bei Harniers ein, wobei es zu einer kleinen Szene kam. Die Hausfrau, eine ehemalige Opernsängerin, gab nach Tisch einige Proben ihrer Kunst. Natürlich war sie über das ‚Geheimnis' ihres neuen Gastes unterrichtet; indiskreterweise aber bat sie diesen jetzt, nachdem sie zum Pianoforte gesungen, um die Deklamation eines eigenen Gedichtes. „Der Angeredete, und nicht weniger ich selbst", berichtet Issel, „gerieth in peinliche Verlegenheit. Jener starr und stumm warf mir wilde und strafende Blicke zu, während Frau von Harnier, die die letzteren wohl zu deuten verstand, durch die Wiederanstimmung eines Liedes die ihr selbst unheimlich gewordene Szene unterbrach. – Als wir uns, so gut es eben gehen mochte, verabschiedet, folgte mir Platen schweigend in meine Wohnung, wo nun aber plötzlich sein Groll in den Worten sich entlud: ‚Sie haben mein Geheimniß verrathen, und das fordert Rache: so schwöre ich Ihnen denn, daß ich nie mehr dichten und nur etwa noch, um Sie recht zu ärgern, in französischen Alexandrinern mich versuchen werde.'" Derlei hatte Platen tatsächlich getan, und zwar im Januar und März desselben Jahres, als er fünf Szenen aus Corneilles ‚Horace' von französischen in deutsche Alexandriner übertrug.

Doch des Dichters Verstimmung dauerte nicht lange. Am 31. Mai bewies ihm Issel im Englischen Garten „lebhaft seine Freundschaft", indem er „sein Herz öffnete" und geheimnisvoll mitteilte, daß er jährlich 2000 fl. Gehalt beziehe. Platen hielt diese simple Prahlerei für einen Liebesbeweis.

Anfang Juni muß Issel sich entschlossen haben, fürs erste in München zu bleiben. Von einer bevorstehenden Abreise nach Italien ist nicht mehr die Rede. Wir kennen nicht den Grund, der den jungen Maler zur Änderung seiner Reisepläne bewog; vermutlich fehlte ihm trotz der ‚Herzenseröffnung' das Geld. Wir können nur abschätzen, welche Wirkung die Neuigkeit auf den Dichter hatte. Er mußte annehmen, Issel bleibe seinetwegen in München, und vielleicht hatte der, aus wohlfeiler Höflichkeit, auch eine entsprechende Bemerkung gemacht, ohne zu ahnen, was er damit anrichtete. Am 6. Juni unternahmen die Freunde eine Kahnpartie auf dem Kleinhesseloher See, wobei sie einander Verse von Goethe und Schiller rezitierten. Als Platen nach Hause kam, fand er den Befehl vor, einen Transport von Armeezelten nach Rattenberg in Tirol zu begleiten. Natürlich war er bestürzt über diese Nachricht, doch Issel versprach ihm, mitzukommen. Erst jetzt, auffällig spät für den gegenseitigen Enthusiasmus, bot der Ältere dem verliebten Jüngeren das Du an.

Um die Jahreswende 1813/14 hatten Schwarzenberg bei Basel und Blücher bei Kaub den Rhein überschritten. Der bayerische General Wrede setzte gemeinsam mit ihnen hinter dem zurückweichenden Napoleon her. Im Februar und März kam es bei Brienne-, Bar- und Arcis-sur-Aube zu größeren Scharmützeln, gleichwohl den wichtigsten Kämpfen dieses Winterfeldzuges, bei denen die bayerische Armee entscheidenden

Anteil am Sieg der Verbündeten hatte. Nach den Orten am Aube wurden später drei neue Straßen in München benannt.

Als Platen in die bayerische Armee eintrat, stand deren größter Teil noch in Frankreich. Mittlerweile war Napoleon auf Elba verbannt, der Friede geschlossen, die Armee heimgekehrt, und eben jetzt, da er sich mit den leidigen Zelten beschäftigen mußte, fanden in München die Siegesfeiern statt. Überdies war der Besuch des Zaren angesagt, der zum Kongreß nach Wien reiste, und dessen Rückenstärkung Bayern dort benötigte. Der junge Architekt Gärtner hatte für beide Anlässe eine klassizistische Tempeldekoration mit festlicher Beleuchtung entworfe. Doch das Feuerwerk fiel aus wegen Regen, und der Zar kam auch nicht, sodaß Platen nur wenig verpaßte.

Am 9. Juni brach er frühmorgens mit seinem Zelttransport nach Rattenberg auf; Issel saß mit auf dem Wagen. Einen Tag später waren die Freunde in Flintsbach am Inn. „Der Anblick der Berge ist mir angenehm", schreibt Platen in sein Tagebuch. „An Issels Seite genieße ich doppelt all diese Naturschönheiten. Aber jetzt will er mich nur bis Kufstein begleiten, um dort auf mich zu warten. Ich habe gemerkt, daß er durchaus nicht wegen meiner Gesellschaft diese Reise machen wollte. ..Nachmittags haben wir uns gestritten, und es ist noch nicht ausgestanden. Ich habe eine Kassette dabei, und Issel gab mir sein Portefeuille zur Aufbewahrung. Da ich etwas in die Kassette legen wollte, mußte ich das Portefeuille herausnehmen, und aus Unachtsamkeit ließ ich es auf dem Tisch liegen, als ich die Kassette wieder abschloß. Issel kam hinzu, er dachte, ich hätte das Portefeuille durchsucht. Er verlangte eine Erklärung für den Vorfall." Platen schwieg verbittert.

Noch bevor der Transport nach Kufstein weiterging, versuchte Issel, den tief Gekränkten zu versöhnen. „Alle seine Worte taten mir weh," schreibt dieser ins Tagebuch, „denn damals liebte ich ihn noch zärtlich.. Er sprach mit Wärme; mein Herz weinte, aber meine Augen blieben trocken. Ich fühlte zwei Seelen in mir, die sich den Rang streitig machten." Schließlich bat Platen den Freund, ihn bis Rattenberg zu begleiten.

Issel begriff nicht, warum der Jüngere sich so merkwürdig benahm, warum er trotz aller Entschuldigungen in tiefes, anhaltendes, schweigendes Gekränktsein verfiel. Homosexuelle scheinen dem neunundzwanzigjährigen Weltmann bis dahin nicht begegnet zu sein, und schon gar keine, die auf verschämte Weise in ihn verliebt waren.

Platen erledigte in Kufstein Dienstangelegenheiten, während Issel den Kalvarienberg zeichnete. Bei der Weiterfahrt entstand aus nichtigem Anlaß eine neue Spannung zwischen den Freunden, die sie aber gegenseitig erbitterte. In Wörgl tranken sie ein paar Gläser Wein, und dann warf Issel, vielleicht etwas erhitzt, Platen einen schlechten Charakter vor. Der schwieg verstockt. Bald darauf bedauerte Issel seine Heftigkeit: er entschuldigte sich, Platen vergab ihm; doch seine Liebe war erloschen.

Nach Ablieferung der Zelte in Rattenberg besuchte der Dichter das Bauerntheater in Brixlegg. „Man spielte ‚Cyrillus von Kappadocien oder das Blutzeichen Christi'", heißt es im Tagebuch, „und danach eine Komödie ‚Kasperl der lächerliche Medikum, macht die alten Leute jung'. Das erste Stück war fast zuende, als ich den Saal betrat; ich sah nur zwei schluchzende Frauen auf den Knien vor der Leiche eines Kindes, die ein so furchtbares Geschrei erhoben, daß mir schwindlig wurde. Die Komödie war so dumm wie nur möglich."

Am 14. Juni, wieder in Flintsbach, setzte sich Issel mit zwei Offizieren zusammen; „die drei trinken Wein und singen, aber sehr frivole und schmutzige Lieder. Issel nimmt einige Gläser zuviel, er überschreitet die Grenzen des Anstands, obwohl er jetzt nichts mehr davon wissen will. Zum ersten Mal erscheint er mir wie ein gewöhnlicher Mensch." Das Lied von der Frau Wirtin an der Lahn hat eine lange Tradition... Armer Platen, was wird er noch alles in der Armee und auf den Universitäten zu hören bekommen! Förmlich entband er den Freund von der Verpflichtung, ihn weiter zu begleiten. Der schien anfangs einverstanden, versuchte dann aber doch wieder, den Freund zu versöhnen – natürlich vergebens. Es mag diesmal der Umstand mitgespielt haben, daß Issel die Mittel für eine separate Rückreise nach München fehlten. Peinlich genug nach seiner Prahlerei mit den 2000 Gulden pro Jahr; auch die Empfindlichkeit wegen des Portefeuilles könnte hier ihre Ursache haben. Platen zog sich demonstrativ in den Pfarrhof von Flintsbach zurück und ließ Issel allein im Gasthaus.

Zur Zeit, da Oberbayern als Sommerfrische entdeckt wurde, fungierten die Pfarrhäuser als Hotelpensionen für das bessere Reisepublikum. Platen fühlte sich sehr wohl beim Pfarrer von Flintsbach. „Diese Priester leben süß und sorgenfrei dahin", bemerkt er im Tagebuch; „es ist schade, daß ihnen das Glück der Ehe abgeht. Mittlerweile akzeptieren sie den Trost, den eine Köchin zu bieten in der Lage ist." Und jede Ironie, die einen Ludwig Thoma vorwegnehmen könnte, lag dem jungen Dichter fern.

Neuerliche Demarchen Issels, neue oberflächliche Versöhnung. „15. Juni 1814, Aibling. Während ich dies schreibe, reist mein Gefährte allein nach München zurück. Ich höre das Rollen des Wagens und den Hufschlag, ich war's, der ihm einige Gulden für die Postkutsche geliehen hat, ich war es auch, der ihn fortschickte. Unsere Fahrt von Flintsbach hierher verlief harmonisch, auch die Mahlzeit. Aber auf einem kleinen Spaziergang nach dem Essen brach die alte Ranküne wieder auf, und ich begann zu begreifen, daß unsere Beziehung nicht mehr zu reparieren ist. Im Gasthaus zurück, erklärte ich, daß ich in aller Form mit ihm zu brechen wünschte und ihn nicht mehr wiedersehen wollte. Nach vieler Hin- und Widerrede entschloß er sich, abzureisen.. Er hatte mir noch einen Briefwechsel angeboten, den ich aber ablehnte. Seine Briefe hätten mir nützlich und angenehm sein können; keinesfalls war es vernünftig, einen Mann fortzuschicken, der mir wohlwollte. Aber so widersprüchlich ist nun einmal des Menschen Herz. ..Ich wußte das alles im Voraus; warum habe ich es getan? Wenn ich diesen Starrsinn nicht aufgebe, wird er mich unglücklich machen, und er wird mich vielen Menschen entfremden." Noch sechs Wochen später quälte sich der Dichter wegen des Bruches: „O daß diese übereilten, intimen, phantastischen Freundschaften kaum etwas taugen." Aus Issels Reiseplänen wurde übrigens vorerst nichts. Er mußte zurück nach Darmstadt, wo seine Mutter im Sterben lag.

Damit ist die Geschichte der Freundschaft zwischen Platen und Issel zuende. Der Maler berührt in seinen Aufzeichnungen von 1867, sonst von ausufernder Geschwätzigkeit, die gemeinsame Reise nach Tirol mit keinem Wort.

Zu erwähnen bleibt noch ein Gedicht, das beste, das Platen an Issel gerichtet hat. So wie er zu seiner Konfirmation zwei Gedichte schrieb, von denen das ‚inoffizielle' ehrlicher und zugleich besser ist, so schrieb Platen auch zwei Gedichte zur vermeintlichen Abreise Issels nach Italien. Neben dem ‚Abschiedsruf an den Geliebten' steht im 5. Manuskriptheft und auch bei Koch/Petzet jenes bittere Gedicht ‚An ***', das hier, des eleganten Schwunges wegen, völlig zitiert sein soll.

> Du willst ein Lied, und daß ich an dich richte,
>   Was oft in Reimen mir vom Munde flieht?
> So gelt' ich dir denn wen'ger, als Gedichte?
> Du siehst mich selbst vor deinem Angesichte
>   Und willst ein Lied?
>
> Du glaubst, o Freund, es könnte dich ergötzen,
>   Wenn ich dir gebe, was ich lang vermied?
> Du sollst den Menschen, nicht den Dichter schätzen.
> Doch deine Wünsche werd' ich nie verlezen:
>   So nimm dieß Lied.
>
> Was, als zuerst mein Blik auf deinem ruhte,
>   Der unprophet'sche Geist noch nicht erriet,
> Was du mir warst, der Fröliche, der Gute,
> Mit gleichem Sinn, mit immer heiterm Muthe,
>   Sagt dir mein Lied.
>
> Für jeden schönen Augenblick im Leben,
>   Der mir so schnell an deiner Brust verschied,
> Für all dein treues, herzliches Bestreben,
> Nimm hier, was hätt ich anders dir zu geben?
>   Nimm hier mein Lied.
>
> Und klingt, wenn einst, im Weltgewühl verloren,
>   Der eine lang' schon von dem andern schied,
> Dir noch einmal im Wechseltanz der Horen
> mein halbvergeßner Name an die Ohren,
>   So nimm dieß Lied.
>
> Und hörst du, daß der Sterblichkeit Gefilde,
>   Die bunte Welt mein Auge nicht mehr sieht,
> Und daß ich ansprach meines Richters Milde,
> Dann weih' noch einen Seufzer meinem Bilde,
>   Und meinem Lied.

Ob Issel dies Gedicht je zu Gesicht bekam, ist nicht bekannt. Doch beschreibt es Platens resigniert-stolze Haltung dem Maler gegenüber, wie sie sich dauerhaft wieder einstellte, nachdem Frustration und Bruch in Tirol einmal überwunden waren.

7. Federigo

Drei Tage nach Issels Abreise war auch Platen zurück in München. Doch gleich mußte er wieder fort, und diesmal leider zu Fuß. Bei schlechtestem Wetter marschierte er über Mittenwald nach Partenkirchen, Murnau, Weilheim, Starnberg. Während einer Kahnfahrt auf dem See kam die Sonne heraus. „Ich hatte nur einen einzigen Gedanken", heißt es im Tagebuch, „M(ercy) war in München. In jeder Welle sah ich sein Gesicht. ..O köstliche Tage, kehrt zurück! Selbst bei hoffnungsloser Liebe scheint im Begehren ein Paradies zu blühen, ein Paradies, das wir gern bewohnen." Und in schönster Selbstquälerei fügt er auf deutsch hinzu:

> O schenke nur den Schmerz mir wieder,   Den tiefen Sturm der Klagelieder,
> Der so gewaltig mich durchdrang,   Der aus der wunden Brust sich schwang.

An dieser Stelle soll ein eigenartiger Zug Platens zur Sprache kommen. In einer längeren Serie von Reflexionen, anläßlich Öttingens Tod im Herbst 1813, macht er die Bemerkung: „O die kleinste, geringfügigste Hoffnung ist noch wohlthätiger für Herz und Phantasie, als die beste Erinnerung. Die Erinnerung ist einer Hyazinthe vergleichbar, die zwar angenehm duftet, aber ein sehnsüchtiges Gefühl in uns zurückläßt." Zukunft und Vergangenheit: nur aus ihnen lebt der Jüngling, da die Gegenwart so leer und trostlos ist. Immer wieder sieht er seine Hoffnungsblüten geknickt, und so steht über sechzehn seiner dreiunddreißig Tagebücher ein Wort von Jean Paul: Die Erinnerung ist das einzige Paradies, aus dem wir nicht getrieben werden können. Dieser Satz zeigt einmal Resignation, muß zum anderen aber stutzig machen; enthalten diese Hefte doch alles andere als ein erlebtes Paradies, sondern zeugen von kaum mehr als Mangel, Trauer, Verzweiflung. Wo ist denn die schöne Erinnerung, die das Motto so offenbar meint? Nicht in den Tagebüchern, sondern in der Dichtung, im ‚Neuen Dithyrambus' sind die Hinweise auf jene glückliche Kindheit Platens zu finden, die in seiner Erinnerung zum unzerstörbaren Paradies und Fluchtpunkt werden konnte. Das Tagebuch bringt nur ein nüchternes Résumé dieser Zeit auf ein paar Druckseiten. Es ist, als ob das Motto nicht den Inhalt der Tagebücher meine, sondern vielmehr ein Trost sein soll für das, was da aufgezeichnet ist.

Die Aussage des Märchens vom Rosensohn geht einen Schritt weiter: für die verlorene Kindheit kann allein die Liebe Ersatz geben. Doch wenn diese Liebe im christlichen Kulturkreis verpönt und in Deutschland nicht realisierbar ist? Der Poet findet den Ausweg, indem er sich das Ersehnte zurechtphantasiert, nicht nur für die Zukunft, sondern auch in der Vergangenheit. Dort wird erträumte Erfüllung dem erlebten Paradies der Kindheit federleicht zugeschlagen, und zwischen den weißen Hyazinthen blühen plötzlich bunte. „18. März (1814). Wir waren heute nach langer Pause wieder in unserem Garten am Schwabinger Thore. Doch liegt noch alles öd und wüst.. Dennoch wurde ein wunderbares Gefühl in mir wach bey'm Anblick dieser leeren Fläche. Ich dachte der Zeit, wo ich sie zum ersten Mal und im Frühlingsschmucke angethan, betreten hatte. Damals gehörte mein ganzes Sein dem Grafen (Mercy). O ihr harmlosen, unvergeßlichen Tage! Sollte der nicht verzweifeln, dem ihr dahin seyd"? Vergangenes Liebesglück, Platen produziert es nicht aus Erlebtem, sondern aus Erträumten, aus dem projizierten Spiegelbild des ‚süßen Knaben‘, der inzwischen zum ‚schönen Jüngling‘ herangewachsen ist. Verblaßt der Traum Issel, wird ohne viel Mühe der Traum Mercy wieder hervorgeholt. Schon lugt sein Gesicht aus den Wellen – Narziß erblickt sich im Wasser, und schließlich zaubert er das geliebte Ebenbild mit Hilfe der Erinnerung aus winterlicher Öde.

Der Wunsch, das Schmerzlich-Schöne, doch Flüchtig-Vergängliche festzubannen, läßt sich auch im Gedicht ablesen. Um die Mitte 1814 dürften einige Verse entstanden sein, die im gesamten Schaffen Platens einzig dastehen.

> Wandl' ich im stillen Hain der Lust,
> Sitz' ich an klaren Bächen,
> Da fühl' ich was in tiefer Brust,
> Unfähig, es auszusprechen.
>
> Und glänzt mein Bild in der ruhigen Fluth,
> Und säuseln die Wipfel der Buchen,
> Da erneuert sich mir die sehnende Glut
> Und mein vergebliches Suchen. . . .

Hier ist er, der lebendige Volksliedton der späteren Romantik, zu dem Platen angeblich nicht fähig war, hier sind die spontanen ‚Naturlaute‘, die ihm Heine höhnisch absprechen sollte. Doch er hat das Lied noch im selben Jahr umgearbeitet:

> Durchschweif' ich den Laubhain moosigkühl,
> Und schlaf' ich an silbernen Bächen,
> Da wächst mir im Busen ein stilles Gefühl;
> Vermöcht' ich's auszusprechen!
>
> Und seh' ich mein schwebendes Bild in der Flut,
> Und zittern die Wipfel der Buchen,
> Da regt sich dunkel nur sehnende Glut,
> Und immer vergebliches Suchen. . . .

Erstaunt fragen wir uns: wie konnte nur die preziös-schwere neue Anfangszeile an den Platz der eichendorffisch-beschwingten ursprünglichen treten? Die Spondeenhäufung (Laùbhaín moòsígkühl) ist kein Zufall. Sie zeugt nicht von mangelnder Fähigkeit, sondern Platen will den Effekt der Spontaneität und Improvisation des ‚Lebens‘ überhaupt nicht. Stattdessen versucht er, stabile Konstruktionen auszuführen. Gegen das Spiel der schönen Spontaneität setzt er von Anbeginn die gänzlich verschiedene Arbeit am schönen Plan, eine Art Puzzle mit Sprachmaterie, das heißt mit Lautbildern, die gleichzeitig hörbar (klanglich-metrisch) und sichtbar (geschrieben) vorgestellt werden. Auch hier spielt die narzißtische Faszination der Spiegelungsphänomene eine entscheidende Rolle. Mit dem Arrangement von Lautbildern und der Komposition von Schriftlinien lassen sich axial- und zentralsymmetrische Figuren sowie deutlich markierte Strophenprofile und wiederkehrende Blöcke herstellen. Die wichtigsten Merkmale und Strukturen, die Platens gesamtes lyrisches Werk bestimmen werden, treten schon früh zutage.

Im Juli begann der Dichter selbst zu bemerken, daß die Militärlaufbahn nicht das Rechte für ihn sei.

| Mein Beruf wenn unterbliebe, | Warum ist die süße Liebe |
| Würd' ich ungesäumt verdammt – | Denn nicht auch Beruf und Amt? |

so die befremdliche Frage des dichtenden Leutnants. Das meinte Schlichtegroll sicher nicht, als er später bemerkte, Platens „kräftiger Körperbau, sein patriotischer Muth und Feuereifer ..hätten einen zweiten Tyrtäus und Körner aus ihm machen können.. Ein Radetzky hätte ihn seinem Generalstab aggregirt und Kriegslieder dichten lassen". Tyrtaios war Lyriker in Sparta, ein lahmer Schullehrer oder gar verrückt, wie das dtv-Lexikon der Antike bündig mitteilt; kein gutes Omen jedenfalls. Auch Jacobs fragte aus Gotha, was seinen sanften August denn dazu bewogen habe, den Militärstand zu ergreifen?

Unter der Last der ungeliebten Pflichten wird jetzt bei Platen zum erstenmal die monotone, hoffnungslose Klage vernehmbar, sowohl in der Prosa des Tagebuchs wie auch im Gedicht. Sie entspricht dem pessimistischen Zeitgeist, den wir mit Jean Paul ‚Weltschmerz' nennen. Seine Wurzeln liegen im achtzehnten Jahrhundert: er ist, als Folge der Aufklärung, das Zweifeln, das Verzweifeln an einer göttlichen Ordnung, ja an der Existenz Gottes überhaupt. Wenn die Empfindsamkeit ein Versuch war, das entschwindende Christentum mit Hilfe des Gefühls noch festzuhalten, so ist der Weltschmerz die Trauer über das Mißlingen dieses Versuchs. Auf diesem Stimmungsgrund liegen die verschiedenen gesellschaftlichen und individuellen Schmerzen der Biedermeierzeit, wie sie Friedrich Sengle aufzählt: die Enttäuschung über die fortdauernde nationale Zersplitterung Deutschlands, über die Restauration des Adels, das Unbehagen an der allgemeinen Unfreiheit und Armut, an der zunehmenden Nivellierung und Kollektivierung. Was Platens privater ‚Weltschmerz' war, ist bekannt.

Kurz nach einer ersten pessimistischen Tirade (27. Juli, der Text ist unerheblich) bricht das Tagebuch für sechs Wochen ab. Was der Leutnant an Kriegshandwerk gelernt hatte, das mußte er nun Rekruten beibringen. Die Arbeit mit dem Vorderladegewehr wird Platen bitter geschmeckt haben. Die leicht unterkalibrige Bleikugel schlotterte im Lauf, um ein rasches Laden auch bei stark verschmutzter Waffe zu gewährleisten. Die Treffsicherheit war entsprechend schlecht und wurde noch weiter dadurch beeinträchtigt, daß das Pulver sehr stark rauchte und dem Schützen bei längeren Feuergefechten weitgehend die Sicht nahm. Da die Steinschloß-Zündung mit Verzögerung erfolgte, war die Gefahr des Verreißens sehr groß. Versager waren bei anhaltendem Schießen häufig. Die rasche und sichere Durchführung der Ladegriffe war nur einem stehenden Schützen möglich, was die selbstmörderisch anmutende aufrechte Haltung der damaligen Infanterie erklärt.

Im Exerzierreglement von Deroy 1804/5 ist niedergelegt, „Wie die Recrouten treßirt werden sollen". Der Drill wird als Erziehung, ja als moralische Bildung verstanden; körperliche Züchtigung, also etwa das Prügeln mit dem Ladestock, das Heine im ‚Wintermärchen' noch erwähnt, ist verboten. Die Forderung, daß der „Abrichter.. Fleiß, Nachdenken, Geduld, Deutlichkeit und Menschenkenntniß" aufzuweisen habe, daß der Offizier nach jedem Exerzieren sich fragen solle, inwieweit er selbst Ausbildungsfehler verursacht haben könnte, muten wie Ansätze moderner Truppenführung an.

Ob der arme Dichter sich wohl im Sinne Deroy's selbst prüfte? Wie Koch berichtet, waren noch hundert Jahre später in militärischen Kreisen Münchens Anekdoten über Platens soldatische Ungeschicklichkeit lebendig geblieben. Wenn der zerstreute Leutnant einen Schwenk nach links kommandierte und dann selbst nach rechts abbog, wird es unterdrücktes Gelächter in der Kompanie gegeben haben; und Stirnerunzeln bei den Vorgesetzten. Die Offiziersfreunde Xylander und Liebeskind jedenfalls redeten ihm ins Gewissen, weniger an Literatur zu denken und den einmal gewählten Beruf ernster zu nehmen.

Lassen wir Platen für den Augenblick auf dem Münchener Exerzierplatz und wenden uns seiner Lektüre zu, die einen großen Teil seiner Freizeit einnahm. Schon im Frühling dieses patriotischen Jahres hatte er ‚Dämmerungen über Deutschland' von Jean Paul gelesen, eine Sammlung von Maximen, Reflexionen und Aphorismen über Gott, Welt, Vaterland, Krieg, Frieden und vieles mehr. Trotz wuchernder Metaphorik und verzwickter Ausdrucksweise ist mancher Gedanke von großer Luzidität und greift weit über die Epoche hinaus. Der Zug zu Aufklärung und Protestantismus, die Verehrung Preußens und Friedrichs des Großen insbesondere wird Platen angesprochen haben. Ebenso weltbürgerlich wie national, taugt die Schrift als Kompendium weder für noch gegen Napoleon. Einer der ‚Schlußpolymeter' lautet:

> Ist das vaterländische Feuer verloschen und haben die Vestalen nicht genug gewacht: so holet es, wie der Römer seines, von der Sonne wieder, vom himmlischen Musengott.

Theodor Körner könnte Jean Paul beim Wort genommen haben mit seiner Gedichtsammlung ‚Leyer und Schwerdt', die dem Leutnant v. Platen bald darauf in die Hände fiel und die ihn, wie so viele Deutsche bis 1945, sehr begeisterte. Doch steht dahin, was der fränkische Sterne zu vaterländischem Feuer der Art sagte, wie es im ‚Schwerdtlied' lodert. Ältere Leser werden sich des Gedichtes, des letzten Körners vor seinem Tode, noch aus dem Deutschunterricht erinnern. Für die jüngeren seien hier zwei Strophen zitiert:

> Du Schwerdt an meiner Linken,
> Was soll dein heitres Blinken?

> Schaust mich so freundlich an,
> Hab meine Freude dran.
> Hurrah!
> (Bei dem Hurrah! wird mit den Schwerdtern geklirrt)

Es handelt sich um ein Zwiegespräch des Dichters mit seinem Schwert, als ob es seine Geliebte wäre. So antwortet es etwa:

> 'Laß mich nicht lange warten!
> 'O schöner Liebesgarten
> 'Voll Röslein bluthigroth
> 'Und aufgeblühtem Todt.'
> Hurrah!

Nein, das hat nicht Phöbus Apoll inspiriert, auch nicht der Gott der Väter, sondern allein der neue immanente, der Nation heißt und Menschenopfer fordert.

Schon im April hatte Platen Gedichte von A.W. Schlegel gelesen. „Das Gedicht ‚Der Bund der Kirche mit den Künsten' ist etwas für die Herren Katholiken", notiert er auf Französisch in sein Tagebuch. „Niemals kann ich dem katholischen Hochamt das lebhafte, heitere Kolorit zugestehen, das wie ein Blumenteppich über die religiösen Feiern der Griechen gebreitet war. Welches Gemeinsame kann man zwischen dem Tempel Apolls und den düsteren Bögen einer gotischen Kirche finden..? ..Unser protestantischer Gottesdienst ähnelt auch nicht dem der Griechen; er trägt das Siegel des Ernstes, der Würde, einer einfachen Größe, da dies der Geist des Christentums ist. Er paßt nicht zur Dichtung, sondern zur Wahrheit." Stellen wir diese Sätze neben ähnliche Aussprüche, die Platen im Laufe der Zeit machte, so finden wir eine fatale Verkettung von schiefen Ansichten und Vorurteilen, die ihm den Zugang zu der wichtigsten Kulturströmung seiner Epoche: der Romantik, versperrten. Da ist einmal das negative Konglomerat: katholisch – düster – mystisch – romantisch – geschmacklos – verworren – französisch – falsch; auf der anderen Seite das positive: evangelisch – hell – klar – klassisch – würdig – einfach – deutsch – wahr. Neben Winckelmann taucht hier die Mutter mitsamt ihrem preußisch-protestantischen Meinungskatalog auf. Ihren Einfluß auf Platens geistige Entwicklung können wir nur ahnen, aber kaum überschätzen.

Immer wieder kommt er auf seine beiden Lieblingsbücher zurück, Tassos ‚Gerusalemme Liberata' und Guarinis ‚Pastor Fido'. Aus dem letzteren übersetzt er sogar eine Klage der Heldin Amaryllis:

> Schuldlos muß ich immer fallen,   Nutzlos ohne dich, Geliebter,
> Mag geschehen, was da will,   Ach, ich sterbe, mein Myrtill!

– womit er wieder bei seinem Thema angelangt wäre. Platens Vorliebe für Tasso und Guarini muß verwundern, so offenbar er sich auch mit Arminia oder Amaryllis identifiziert und am Pathos der Verse berauscht. Beide Dichter stehen dem klassischen Kanon fern und vertreten stattdessen die Gegenposition des literarischen Manierismus.

7. Federigo

Tasso bringt, laut Gustav René Hocke, die ersten ‚immanenten Concetti', und Guarinis Hirtendrama als erste Tragikomödie der Neuzeit ist dem ‚Kernraum des Manierismus' sehr nahe. Platens Dichtweise, die Spontaneität vermeidet und ‚schöne Pläne' ausführt, ähnelt der des Manierismus. Später, bei den Ghaselen, wird es noch deutlicher werden.

Seit dem 20. Oktober 1814 ist das Tagebuch wieder deutsch geführt, und nicht ohne Grund. Da die Leidenschaft für Mercy doch allmählich verglühte und auch das Bild Öttingens verblaßte, war des Dichters arme Seele bereit für den nächsten Liebestraum. Er sollte nicht auf sich warten lassen. „In dieser nach Liebe heiß verlangenden Stimmung war es," so schreibt er drei Jahre später in sein Tagebuch, „als bey einem Konzert und Deklamatorium in der Harmonie, am 12ten November 1814, ein junger Offizier vom (Gardes du Corps) Regimente Namens Herr v. B(randenstein), meine Blike vorzüglich auf sich zog. Aus diesem Zufalle entspann sich eine lange Liebe, die selbst der Entfernung trotzte, da ich mich jedem Eindruke gierig hingab, und die Oede meines Herzens mit Träumen zu bevölkern strebte. Der Erwähnte ist jener Federigo, der in späteren meiner Blätter oft genannt wird. Sein Aeußeres gab ich damals wie folgt an: ‚Er ist nicht groß, aber hübsch gewachsen; seine Gesichtszüge sind regelmäßig, sehr angenehm und enthalten etwas Stolzes, was mich besonders anzieht. Er ist blond wie der Graf von M(ercy). Seine Sprache gefällt mir, doch scheint er sehr monoton, und ich konnte nur ein paar Worte aus ihm herausbringen. Wie er mit Herrn Kürzinger (der eben deklamiert hatte) zufrieden wäre. ‚Gut' war seine ganze Antwort. Ich äußerte, daß das Gedicht ‚Der Pilgrim' von Schiller nicht ganz zur Deklamation geeignet sey, worauf er nichts erwiderte, als ‚Doch'."

Diese beiden wohlgezählten Silben sollten alles sein, was der Dichter von dem Objekt einer mehrjährigen Leidenschaft je zu hören bekam. Koch bemerkt, keine Neigung habe in der Poesie Platens zahlreichere Spuren hinterlassen als diese. Brandenstein, ein „wie es scheint, ziemlich unbedeutender Kürassierleutnant", hatte nicht die geringste Ahnung, „welche wütenden Schmerzen, Hoffnungen und Enttäuschungen er erregte. Es gehört zu dem Phantastischen dieser ganzen, fast tragikomisch anmutenden Liebesgeschichte, daß Platen sich alle möglichen, für einen Offizier der gleichen Garnison natürlich garnicht vorhandenen Schwierigkeiten einredete, die seiner Bekanntschaft mit Brandenstein im Wege stehen sollten. In Wahrheit hatte er Angst, eine Unterredung mit dem aus der Ferne Geliebten könnte das ganze, eifrig geschmückte Trugbild zerstören." So weit Koch. Platen versichert in diesem Zusammenhang, er habe damals, trotz Lektüre des Plutarch, von ‚Männerliebe' noch nichts gewußt. Wir möchten es kaum glauben angesichts des langen Aufenthaltes in Knabeninternaten, wo gleich zu Beginn von ‚Selbstbefleckung' die Rede war und später vom ‚verdächtigen Umgang' zweier Mitpagen. Auch das Gedicht ‚Der Gottverlassene' von 1811 deutet nicht eigentlich auf Unschuld. Gleichviel: Platen ignoriert jetzt, daß ‚sinnliche Wollust' im Spiele sein könnte. „Nie ..hat Begierde meine Neigung zu Federigo entweiht."

23. November (im Lesezimmer der Harmonie). „Ich war in meine Lektüre vertieft, als plötzlich die edle Gestalt vor mich hintrat. Er nahm eine Zeitung, die mir zur Seite lag." Brandenstein setzte sich neben Platen, der fassungslos im ‚Frauentaschenbuch für

1814' blätterte. Nach einiger Zeit standen beide auf. „Ich gieng rasch zur Thüre hinaus..; er öffnete sie, und ließ sie mir offen. Er sprang die Treppe hinunter, ich ungefähr zehn Schritte hinter ihm. Wir giengen im Gang nebeneinander; im Thore machte er eine kleine Zögerung, so daß ich gezwungen war, vorauszugehen. Er gieng rechtwärts zur Hauptwache, ich linkwärts. Es scheint mir doch ein stummes Verhältniß zwischen uns obzuwalten." Eine Woche später spielte sich fast die gleiche Szene noch einmal ab. „Ich folgte ihm durch die Straßen. In seiner Hausthüre blieb er wartend stehen; als ich aber vorbeigieng, kehrte er schnell um, gegen die Treppe zu."

In der ersten Begeisterung schrieb Platen ein hoffnungsvolles ‚Lied', das so beginnt:

> Oft, wenn wir lang im Dunkel schweifen
> Durch eine tiefverhüllte Nacht,
>
> Dann werden uns die Purpurstreifen
> Aurorens plötzlich angefacht. ...

Der Arme wußte nicht, daß er sich selbst ein Feuer entfachte, daß er den Widerschein der eigenen, unerwiderten Liebesglut für der Hoffnung Morgenröte hielt.

Fast gleichzeitig aber entstehen die ersten ‚Platenschen Klagelieder', die der Weltschmerzlyrik angehören.

> Einsame Nacht umgiebt mich,
> Ich höre nur eigene Klagen;
> Selbst die tröstende Leyer
> Der Musen verstummt.
> Meine Thränen sehen sie fließen,
> Sie trocknen sie nicht:
> Ehmals, kummerumdüstert,
> Stahl ich mich in ihren goldenen Schoos,
>
> Aus ihren feuchten, fühlenden Bliken
> Sog ich Leben und neue Hoffnung.
> ...
> Sie gaben mir süße Lieder,
> Mir lieb, wenn auch Andern nicht.
> Wo seyd ihr nun
> Mit eurer tönenden Stimme?
> ...

Im Frühjahr 1815 hat Platen diese beiden im Gedicht gezeigten Haltungsweisen seiner gequälten Seele in einem Prosadialog dargestellt: ‚Der Pilger und sein Wegweiser'. Das eine weltschmerzlich verzweifelte Ich spricht mit dem anderen hoffnungsvoll-empfindsamen, das sich selber Mut macht, indem es überall die Spur Gottes findet und einen verborgenen höheren Sinn vermutet. Der Wegweiser preist die Schönheit der Schöpfung wie auf einem Öldruck: „Die Herdengloken mischen sich mit dem sanften Rauschen der Blätter, die Wolken eilen nach ihrer Heimath zu.. und die plätschernden Wellen des Bachs, der zu unsern Füßen fließt.., scheinen uns melodisch wie der Sylbenfall eines Gedichts." Der Pilger erklärt, er habe vergebens die Harmonie zweier Seelen gesucht. „Das Haus der Freundschaft zeigte mir Niemand.. Ich zog die Segel meiner Wünsche ein und ward kalt gegen die Welt." Dann aber habe er begonnen, sie in der Art des Wegweisers zu poetisieren. „Das Leben schien mir zwar ein öder Platz, aber ich baute darauf den Feenpallast meiner Fantasien.. und bestreute ihn mit tausend farbigen Blüthen meiner Gesänge." Doch Meister der Dichtkunst erklärten diese für jugendliche Stümperei. „Mein Wahn war zerstört.. Nicht mehr die Freyheit seh' ich in der Natur; nur noch ihr mechanisches Treiben und Wirken, und Maschine, ich selber, treib' ich mich in ihr fort. ..Nun – weltweiser Wegweiser, weise mich auf den rechten Weg!" – Und Jener, der bislang nur empfindsame Erbaulichkeiten von sich gab, ergeht sich nunmehr in Vorwürfen der Art, wie Platen sie von Freunden oder Vorgesetzten zu hören bekam, und wie er sie sich auch selber machte: erfülle deine Pflicht, laß die Poesie, sie ist wandernder Müßiggang, verzage nicht, baue aber keine Luftschlösser, und was dergleichen Gemeinplätze mehr sind. Die letzten zornigen Worte spricht der Pilger: „Geh, verlaß mich, du bist ein schlechter Helfer."

Der Empfindsame und der Weltschmerzler stehen sich hier gegenüber, aber auch Ich und Über-Ich. Weil der Pilger nicht ehrlich fragt – er redet von Freundschaft, wo er von Liebe sprechen müßte, und wäre es Männerliebe: so kann der Wegweiser nur mit Platitüden antworten. In ihnen zeigt sich die Beschränktheit der Epoche. Es hätte eines Geistes von größerer innerer Souveränität bedurft als der Platens, um über deren Grenzen hinaus solche Fragen zu stellen.

Die Welten silbrigen Zwielichts, wie sie in manchen frühen Gedichten aufschimmern, die Feenpaläste sind auf dem Exerzierplatz wie Seifenblasen zerstoben. Des Pilgers Worte sind harte Selbstkritik, denn kein ‚Meister der Kunst' hatte des jungen Dichters Versuche bisher verworfen außer ihm selber. Bis es Platen gelingt, mittels der Form eine Zone des Sinns zu schaffen, wird seine Lyrik von der Klage des Ichs beherrscht, das sich von der Harmonie der Welt ausgeschlossen fühlt. In den Mercy-Fragmenten war sie schon vernehmbar. Jetzt nennt der Pilger die Natur ein „mechanisches Treiben" und sich selbst die Maschine in ihr. Ebenso gleichmäßig wie monoton schlägt der Rhythmus in Platens Klageliedern. Wo das gespiegelte Gegenüber und der Echoklang sich nicht mehr hervorrufen lassen, bleibt nur die Monotonie des Perpendikels, der leere Leiertakt. Link bemerkt diese Gefahr, von der Platens gesamte Jugendlyrik bedroht ist.

Wie das Märchen von 1813 ist auch der Dialog von 1815 voll von Bezügen und Symbolen, auf die einzugehen hier der Raum fehlt. Zeugt das Märchen von einer glücklichen Kindheit, so der Dialog von zunehmender Vereinsamung nach der Pubertät. Aus dem hoffnungsvollen Rosensohn wurde der verzweifelte Pilger. Link spricht in diesem Zusammenhang von enttäuschtem Deismus.

So schleich' ich durch's Leben weiter,
Wie ein verirrter Geist,
Ich habe keinen Begleiter,
Der mir die Heimat weist. ...

Wer kennt die gold'ne Blüthe,
Und sucht sie nicht allein?
Sie keimt aus deiner Güte,
Geliebter B...........

Dies die Eckstrophen einer typischen monotonen Klage vom Januar 1815. Platen, der nicht leben wollte und nicht sterben konnte, nahm Zuflucht zur Zahlenmystik, indem er bestimmte Tage des Monats, an denen ihm Gutes widerfahren war, auch für eine Begegnung mit Brandenstein günstig ansah. Eine Liebe, die nur in der Phantasie besteht, die keine realen Anhaltspunkte hat und sich an eine zufällige Begegnung, an einen Blick klammert, muß auch ihre Hoffnungszeichen selber setzen. Was läge näher, als der simplen Wiederholung einer Beliebigkeit tiefere Bedeutung zu verleihen? So erklärt sich Platens Zahlenaberglaube in Liebesdingen. Auch er ist nichts anderes als ein manieristischer Versuch ästhetischer Sinngebung.

Viel Umgang hatte der Dichter nicht in diesem Winter. Fugger und Xylander tauchten für kurze Zeit auf, wurden aber kaum wahrgenommen zwischen dem elenden ‚Abrichten' von Rekruten und den Träumereien um Federigo. Einziger Lichtblick war die Annäherung an Perglas; er teilte nicht nur den Englisch-Unterricht mit Platen, sondern besuchte ihn jetzt auch allabendlich und nahm schließlich an der Tafel von Madame Schwarz teil.

War Platen allein, so übersetzte er aus dem Englischen: zwei Gedichte des Ossian in deutsche Prosa, und, wie schon früher, französische Alexandriner in deutsche, diesmal von Racine. Dies Jonglieren mit fremden Sprachen in Poesie, Korrespondenz und Tagebuch wird noch zunehmen. Was hat es zu bedeuten? Link verweist auf die Renaissance, der sich Platen durch Tasso und Guarini verbunden fühlte, während welcher das gebildete Europa lateinisch dichtete, argumentierte, korrespondierte. Nun ist die Übung einer gesamteuropäischen Kultursprache, sei es des Griechischen im römischen Imperium, des Latein während der Renaissance, oder des Französischen seit Ludwig XIV, nichts Außergewöhnliches. Platen sprach und schrieb Französisch, weil es seinem Stand und seiner Erziehung entsprach.

Weiter führt der scheinbar paradoxe Gedanke, Gefühle könnten in fremden Sprachen freier als in der eigenen zum Ausdruck gebracht werden. Link bemerkt, daß Platen im Tagebuch die Bildungserlebnisse durchgehend auf Deutsch, die existentiellen Erschütterungen dagegen in fremden Sprachen niederschrieb. Der Dichter versuchte nichts weiter, als durch die Fremdsprache von seinen unglücklichen Leidenschaften Abstand zu gewinnen. Das gleiche gilt für fremdsprachige Liebesgedichte, die der Selbstkritik weniger ausgesetzt waren als deutsche, und die dem Dichter so lange als Ausdrucksmittel dienen mußten, bis er für seine singuläre Erlebnisstruktur die adäquate Form fand.

Es muß bei dieser Gelegenheit einmal gesagt werden, daß Platens Fremdsprachenkenntnisse, auf die er sich nicht wenig zugute hielt, keineswegs überwältigend waren. Mit größter Unbekümmertheit dichtete er in allen möglichen europäischen Sprachen, kaum daß er ein paar Gedichte im Original gelesen hatte. Platens geschriebenes Englisch holperig zu nennen, wäre noch schmeichelhaft. Seine Aussprache muß so fremdartig gewesen sein, daß Engländer es vorzogen, im Gespräch mit ihm ins Französische auszuweichen. Doch auch in dieser wichtigsten Fremdsprache waren Platens praktische Fähigkeiten eher beschränkt, die „verwegenen Germanismen" in Tagebuch und Korrespondenz fielen schon Rudolf Schlösser auf. Platens Italienisch kann 1834 nur so gut gewesen sein, wie es die eigene grobe Übertragung mehrerer seiner Gedichte für Leopardi beweist.*

Zum Karneval 1815 hatte „eine Tanzwuth ohne Exempel" das befreite Europa ergriffen. Nicht nur der Kongreß in Wien, auch Jacobs in Gotha tanzte „auf allen

---

* Es handelt sich um drei Lieder. Erna Friepes, die deren Übertragung Platens ins Italienische auffand und neben anderem 1936 veröffentlichte, bemerkt dazu vielsagend: „Eine eingehende und maßgebende Kritik über die Handhabung des Italienischen in all diesen Schriften steht den Italienern zu."

Bällen flott.. Vor einigen Tagen war eine Redoute wo 654 Masken gegenwärtig waren; dieses ist doch bestimmt viel, besonders da wir dieses Jahr 6 Redouten hier haben, und sonst nur zweye." Der unglückliche Platen schrieb indes an seine Mutter: „Ich habe aber gar keine Lust zu tanzen, und daher habe ich mir die kurzen weissen Beinkleider nicht machen (lassen), sondern lange kasimirne (wollene), und dazu den Frak.. Da ich aber zu Hose und Frak auch eine Weste und ein Paar Stiefel nöthig (habe, so ergibt sich), daß meine Finanzen sehr schlecht stehen. Zu meinem Frak muß ich mir auch einen runden Huth (einen Zylinder) kaufen." So sehen wir den achtzehnjährigen Dichter vor uns. Da er sich nicht die weißseidenen Kniehosen (Escarpins) machen ließ, die bei Hofe de rigueur waren, mußte er, außer den Hofbällen, auch zwei Soireen der Gräfin Montgelas fernbleiben. Stattdessen lief er im neuen Anzug Schlittschuh, was er in Uniform nicht gedurft hätte.

Im März 1815 hatte Platen einen heftigen Disput mit Perglas über die Bestimmung der Frau (das Tagebuch ist inzwischen, wegen Brandenstein, wieder französisch geführt). „Er hielt Mann und Frau in der Ehe für gleichberechtigt, ich gab dem Mann einige Rechte über die Frau.. Er kann allein bestehen, sie ohne ihn kaum. Perglas wiederholte immer, die Frau sei ein freies Wesen, was ich nicht bestritt. Aber ich sagte, daß der Mann Herr im Hause sein müsse.. Sie soll sich damit bescheiden, Frau zu sein, weil es ihr nie gelingt, ein Mann zu werden, sondern höchstens ein Mannweib. ..Die Frau kann ehrbar sein, gut und treu, aber sie hat immer ihre Schwächen, ihre Eitelkeiten, ihre verworrenen Vorstellungen ..und sicher verteidigt sie ihre Ansichten umso entschiedener, je falscher sie sind. ..Perglas antwortete mir, daß diese Auffassung von meiner Erziehung und meinem Charakter herrühre."

Es wäre tatsächlich zu überlegen, woher Platen diesen Katalog von Vorurteilen bezog, der ja eine einzige Provokation für Feministinnen ist: aus eigener Erfahrung, die sich freilich auf wenige Frauen beschränkte, oder aus dem Kameradenkreis. Mit dem letzten Urteil könnte er gut die Mutter gemeint haben. Der Dichter hatte vergessen, daß Weibliches auch ‚etwas auch seinem Wesen Innewohnendes' war, sodaß er mit der gesellschaftlichen Stellung der Frau auch seine eigene in gewisser Weise schmälte. Sicher tadelt Perglas hier zu Unrecht Platens Charakter. Doch auch Issel hatte das getan, als jener sich jäh von ihm abwandte. Unmerklich scheint ebenfalls hier die Freundschaft von des Dichters Seite eine erotische Färbung angenommen zu haben, vielleicht ihm selbst nicht einmal bewußt. Perglas hatte inzwischen entdeckt, was ihm vorzüglich fehlte: nicht ein Freund, sondern eine Freundin! Platen war peinlich berührt, als Perglas das Thema anschnitt. Dieser, ebenso ahnungslos wie damals Issel, verstand den plötzlichen Unmut des Freundes nicht und beklagt dafür dessen unberechenbaren ‚Charakter'. Das Zerwürfnis bahnt sich an.

Mittlerweile war Napoleon von Elba entwichen und in Südfrankreich gelandet. Die Bevölkerung, von den Bourbonen gründlich enttäuscht, lief ihm in Scharen zu, sodaß er mit den Veilchen zusammen in Paris eintraf. Ludwig XVIII floh in die Normandie. Der Kongress in Wien ging weiter, doch die alliierten Armeen schickten sich abermals zu einem Feldzug gegen Frankreich an. Auch in München wurde jeden Tag mit dem Marschbefehl gerechnet.

Für Platen war diese Aussicht eine Erlösung. Schon bei der Lektüre Körners im vergangenen Sommer hatte er, rhythmisch einigermaßen kompliziert, ausgerufen:

> Dürft' ich doch zu deinem Grabe wallen,
> Küssen dort die Leyer und das Schwerdt!
> Gerne wollt' ich durch dieses fallen,
> Wäre mir jene vom Himmel gewährt!

Nun begann er selbst, vaterländische Gedichte zu schreiben. Er zeigt sich hier, wie in der Tagebüchern, als gänzlich Unpolitischer, der in diesem Bereich außerhalb der preußisch-evangelischen Konstanten keinen Gedanken hervorbringt, sondern nur das in Vers und Prosa wiederholt, was er in seiner Umgebung gehört hat. Schlösser bemerkt dazu treffend, zwei Jahre früher würden diese Gedichte beträchtlich mehr Eindruck gemacht haben. Damals, wir erinnern uns, hatte Platen für Nationales wie den ‚Deutschen Dichterwald' nur Spott übrig. Jetzt aber heißt es:

> Jeder Deutsche sey ein Luther,   Aber gleich der Gracchen Mutter
> Nur für Fremdes lau!   Sey die deutsche Frau!

Das dürfte zeitlich nicht weit von dem Disput mit Perglas liegen. Oder zwei Strophen aus dem Gedicht ‚An die Einsamkeit', worin Platen derselben seinen politischen wie künstlerischen Standpunkt bündig mitteilt:

> Dir darf ich's sagen, Hehre!   Dir darf ich's auch gestehen,
> Daß ich ein Deutscher bin,   Daß mich der neue Geist
> Daß ich die Preußen ehre,   Mit mystisch frommen Wehen
> Und ihren Spartersinn....   Nicht mit von hinnen reißt!

Zu Napoleons Einzug in Paris schrieb Platen ein wildes Poem, das Harniers Beifall fand und über den Hofprediger Schmidt (denselben, der Platen vier Jahre zuvor konfirmiert hatte) sogar der Königin überreicht wurde:

> Wolan! Wir trauen unserm Gotte,
> Der selbst den Siegerkranz uns flicht,
> Er führt den Wüthrich zum Schaffotte,
> Von dort aus – in das Weltgericht!

Während der Dichter derart Leier und Schwert verwechselt, sehen wir ihn Anfang April 1815 öfter im Englischen Garten wandeln, Schlüsselblumen pflückend, den ‚Pastor Fido' rezitierend und immer in der Hoffnung, vor dem Abmarsch nach Frankreich noch Brandenstein zu begegnen.

> Anima cruda si, ma però bella!

Doch vergebens. So schreibt Platen jenes wahrhaft tragikomische Gedicht ‚Les adieux de Fédérigo et de moi, comme je souhaite qu'ils eussent lieu', der Abschied von F., wie

Königin Karoline von Bayern. Nach einem Portrait von unbekannter Hand. (Bayerische Staatsbibliothek, München)

ich ihn mir gewünscht hätte: ein jambisch-trochäisches Hin und Her von 177 Versen. August entwickelt dabei den rhetorischen Schwung eines Egmont oder Posa, vor dem der Widerstrebende bei Vers 123 dann endlich kapituliert:

> Federigo. O du mein Freund, o du mein Bruder, halt!
>   Du hast mich überwunden!
>   Mit hartem Stolze hab' ich dich geprüft,
>   Ich habe dich bewährt gefunden!
>   Und wenn du mir verzeihen willst und kannst,
>   So sey'n wir denn auf immerdar verbunden. ...

— sodaß August beglückt schließen kann:

>   Laut rufe nun die Schlacht, der Abschied peinigt
>   Mein Herz nicht mehr, wir sind, wir bleiben stets vereinigt.

Der Abmarsch nach Frankreich stand unmittelbar bevor. Platens Regiment erhielt Verstärkung: der neue Hauptmann seiner Kompanie hieß Weber, der Oberleutnant Tschamarin, beides langgediente Soldaten. Mit ihnen hatte er sich zu arrangieren. Fatalerweise landete Perglas in derselben Kompanie.

Was ihn betraf, so schien sich das Ende der Affäre Issel zu wiederholen. Am 7. April notiert Platen ins Tagebuch, er sei mit Perglas völlig auseinander. Vor dem Abmarsch mußte er mit dem Verfeindeten bei Madame Schwarz noch einmal zu Abend essen.

Perglas bemerkte, er habe die letzten zwei Nächte nicht mehr schlafen können vor Freude, endlich Pulver zu schmecken. „Großer Gott! wie sind wir verschieden", notiert Platen, abgestoßen von Perglas' Großmäuligkeit, in sein Tagebuch. „Was soll ich noch sagen? Vielleicht werde ich nicht mehr heimkehren. Wie glücklich würde ich sein! Ich wäre nicht mehr verkannt unter den Menschen, ich fände das Glück, das ich vergebens gesucht habe. Diese groben Seelen werden mich nicht mehr verletzen können."

8. Neckarau

Wer heute auf dem Weg von München nach Mannheim gelangen will, den Platen 1815 nahm, der muß weit abschweifen von der üblichen Route über Augsburg, Ulm, Stuttgart, Karlsruhe oder Bruchsal. Die Armeen zogen damals nicht auf einer Straße, wenn es sich vermeiden ließ, sondern der Quartiere wegen auf verschiedenen. Das Wetter war im April 1815 gut, und Platens Tagebuch wird zur Schilderung einer romantischen Frühlingswanderung durch eine unzerstörte süddeutsche Landschaft, von der wir heute nur noch träumen können. In Tagesmärschen von etwa 40 km ging es von Dorf zu Dorf oder Städtchen. In zwölf Marsch- und zwei Ruhetagen gelangte Platens Kompanie so nach Neckarau bei Mannheim, dem ersten Halteplatz dieses Feldzuges. Wieviel des Weges der Unterleutnant zu Fuß, wieviel er auf Fuhrwerken zurücklegte, wissen wir nicht; nur daß er kein Pferd hatte, ist sicher.

Schon nach ein paar Tagen gelang es Perglas, sich wegen eines geringen Rangrückstandes zu Platen in eine andere Kompanie versetzen zu lassen. Dieser war gekränkt, denn der verfeindete Freund hatte die Aktion hinter seinem Rücken angezettelt.

In der Nähe von Heilbronn war Platen mit einigen Offizieren in dem Schloß von entfernten Verwandten einquartiert. Nachmittag und Abend verliefen wie ein gelungener Besuch auf dem Lande. Der Dichter lernte bei dieser Gelegenheit seinen Regimentskommandeur v. Theobald gesellschaftlich kennen; im Tagebuch findet er lobende Worte für den Obersten, der Körners Lieder bei sich hatte und auch für die Verse seines Leutnants Interesse zeigte.

Platen beschreibt Neckarau als großes wohlhabendes Dorf. Das Fenster seines Quartiers ging zwar auf den Misthaufen, doch gehörte zu dem Haus auch ein Bauerngärtchen, in dem er sich gern aufhielt.

Die meisten Einheiten der bayerischen Armee lagen jedoch im nahegelegenen Mannheim. Die Stadt, deren Festungen Napoleon hatte schleifen lassen, gefiel dem Dichter gut. Auf der großen Schiffsbrücke überquerte er den Rhein „bis auf jene linke Seite, die nun dem falschen Volke wieder entrissen ist." Und gleich darauf zieht er eine neunstrophige Schimpftirade gegen Napoleon ab, „zur Entschuldigung meines geringen Talentes mit dem Motto: La colère suffit, et vaut un Apollon." Wir gewinnen den Eindruck, daß Platens Zorn, der eines Apollo würdig sein soll, weniger im Politischen wurzelt als im Biographischen, in den Frustrationen des Armeedienstes nämlich: daß Napoleon hier als Sack geprügelt wird, wo ein ganz anderer Esel gemeint ist. Wir werden diesem Phänomen noch öfters begegnen.

Am 1. Mai besuchte Platen mit dem Oberleutnant Tschamarin den Jahrmarkt von Mannheim. Dort kaufte er für 48 Kreuzer zwei alte Bücher; sodann besuchten die zwei Offiziere „das allerdings merkwürdige Naturalienkabinett. Am Eingange stand der ausgestopfte Hund des ‚Baierischen Hiesels' (eines Räuberhauptmannes), umgeben von römischen Denkmälern. Die Steine, Muscheln, Polypen interessirten mich wenig." Desgleichen ein Zuckerrohr, eine Kokosnuß, ausgestopfte Vögel, Schlangen und anderes Getier. „Man zeigte uns auch ein Gefäß aus Rhinoceros Horn gearbeitet, Zeichnungen, die mit den Füßen gemacht waren, und was dergleichen Raritäten mehr sind. Was mich am meisten interessirte, waren sinesische, türkische und lappländische Kleidungsstüke. Wir sahen sinesische Frauenzimmerschuhe, unbegreiflich klein und schmal, ..Hemden ohne Naht, Waffen, Gemälde der Chinesen; auch ein lappländisches Fahrzeug von Rennthiershaut." So sahen die Vorläufer unserer natur- und völkerkundlichen Museen aus!

Über alledem aber schwebte Platen immer in der Hoffnung, irgendwann einmal Brandenstein zu begegnen, dessen Regiment in Mannheim einquartiert sein sollte. Zwischen Neckarau und dem Rhein, der dort damals schon reguliert war, erstreckte sich ein dichter Auwald, in den sich der Dichter während seiner reichlichen Freizeit oft zurückzog. An einem Bach, unter einer großen Eiche ließ er sich nieder und rezitierte aus dem einen Buch, das er in Mannheim gekauft hatte: die Briefe des Abälard und der Heloise, aus dem Lateinischen ins Englische übertragen, Zeugnisse von unerfüllbarer Liebe. „Aber größtentheils beschäftigte mich der Gedanke an Fritz", heißt es im Tagebuch. „Wenn er mein Freund wäre.. Er würde von Mannheim herüber kommen, das kaum eine halbe Stunde entfernt seyn mag, und an diesem grünen Bächlein würde er mich finden.. Wenn ich ihm doch einmal auf meinen einsamen Spaziergängen irgendwo in jenem Wäldchen begegnete!"

Leider holte sich Platen stattdessen eine langwierige Darminfektion mit Krämpfen, die ihn zunächst daran hinderte, in jenem Wäldchen einsam zu wandeln. Er griff zu Goethes ‚Römischen Elegien', die ihn „trotz ihrer verführerischen Immoralität" als Meisterwerke entzückten.

> Welche Seeligkeit ists! wir wechseln sichere Küsse,
> Athem und Leben getrost saugen und flößen wir ein.

Was blieb dem armen, unbefriedigten Jüngling auch anderes übrig, als sich über solche und ähnliche Verse moralisch zu entrüsten: da er es Goethe ja nicht nachtun konnte. Als der Durchfall vorbei war, faßte er seine Gefühle in ein Gedicht. Das trochäische Versmaß erinnert an Späteres.

> Durch die dichtverwachs'nen Sträuche   Eppich seh' ich längs der Eiche,
> Hör' ich Nachtigallen schlagen,   Wassernymphen um die Quellen,
> Und die leichten Echo tragen   Mit den Wellen lispeln Wellen; –
> Ihre Töne durch den Hain.   Aber ach! Ich bin allein.

Dürft' ich die geheime Frische
Dieser Schatten, dürft' ich diesen
Farbenglanz der bunten Wiesen
Doch genießen im Verein!

Dürft' ich jene zauberische
Rose brechen dir zur Seite,
Dem ich meinen Busen weihte –
Aber ach! ich bin allein.

An Knigges ‚Umgang mit Menschen', den er jetzt las, gefiel Platen eine Regel ganz besonders: ‚Laß niemanden von dir, ohne ihm etwas Lehrreiches und Verbindliches gesagt, oder auf den Weg gegeben zu haben.' Leider lehrte Knigge nichts über Platens spezielles Problem: „Ein Jüngling wünschte die Bekanntschaft eines anderen jungen Mannes desselben Alters und Standes zu machen." Die Situation ist halt unter normalen Leuten so spannungslos-einfach, daß Knigge nicht auf den Gedanken kam, sie anzuführen. Etwas Rat hätte der Jüngling im Dialog ‚Lysis' von Plato gefunden, obwohl des Sokrates Beispiel aus der Athener Palästra ihn in der bayerischen Armee von 1815 auch nicht viel weiter gebracht hätte.

Da Brandenstein jedoch nach wie vor unsichtbar blieb, tröstete sich Platen mit ‚Dr. Katzenbergers Badereise' von Jean Paul. Wir fragen uns verwundert, was der Freund von sentimentalem Pathos und klassischer Verskunst an diesem verschachtelten Prosatext fand, der so ziemlich das Gegenteil von all dem ist, was er sonst liebte. Die Figur Katzenbergers, eines Sonderlings wie Platen, war es sicher nicht; er hätte am Mannheimer Naturalienkabinett mehr Freude gehabt als jener, der ihn grob, eitel und zynisch nennt. Nein, Platen bewundert an diesem „zauberischen Dichter" die „herrliche Kühnheit seiner bilderreichen Sprache. Man begreift nicht, wo er alle seine Metaphern hernimmt.. So heißt es zum Beispiel.., als Theudobach im Konzertsaale von Theoda zum ersten Mal gesehen wird: ‚Wie ein stiller Riese, wie eine stille Alpe stand er da; und ihr Herz war seine Alpenrose.' Welche Neuheit, welche unsägliche Schönheit in diesem Bilde! Schade nur, daß es etwas gezwungen ist." Was Platen hier lobt, ist ein lupenreines Concetto, hochkarätiger Manierismus, der gelungene Versuch einer kunstvoll ästhetischen Sinngebung.

Sehenswürdigkeit der Gegend war ohne Zweifel Schwetzingen, die kurpfälzische Sommerresidenz. Schloß und Park waren hundert Jahre alt, doch hatte Karl Theodor, Vorgänger des Königs von Bayern, schon vor 1750 die Gartenanlagen im Zeitgeschmack verändern lassen. Platen war aus München den rein englischen Landschaftsgarten gewohnt und fand den Schwetzinger Park, der im Entwurf zwischen Rokoko und dem neuen Stil die Mitte hält, jedoch voll manieristischer Details ist, „ziemlich geschmaklos". Ob er sich wohl klarmachte, daß beide Gärten, in München und hier, vom selben Fürsten angelegt worden waren? Trotz des negativen Urteils geht die Beschreibung des Parks von Schwetzingen über zweieinhalb Druckseiten.

Während der sechs Wochen, die Platen in Neckarau lag, macht er einige Bemerkungen in seinem Tagebuch über die nächsten Offizierskollegen. Über den Leutnant Schneider, der an die Stelle von Perglas getreten war, sowie den Hauptmann Weber verliert er kein gutes Wort. Besser schneidet der Oberleutnant Tschamarin ab, ein Südtiroler einfacher Herkunft, dem Platen dennoch „manche Art von Bildung" zubilligt. „Weil er von einem sehr gemeinen Stande ist, so hat er mehrere Vorurtheile gegen den Adel, und glaubt, daß die Söhne der Adelichen lauter schwächliche Geschöpfe wären, und daß die Kinder des gemeinen Volkes mehr natürlichen Verstand hätten, weil sie stärker wären in Hinsicht ihrer körperlichen Konstitution. Deswegen sagt er, können die Kinder der Adelichen nur durch Erziehung erhalten, was die gemeinen von der Natur erhalten. Diese Schlüsse sind in der That ganz falsch". Der unschuldige Graf hat offenbar gar nicht mitbekommen, wer hier vor allem gemeint war, so fein und höflich hatte Tschamarin es ihm verpaßt.

Im Ganzen scheint Platen mit seinen Kameraden ausgekommen zu sein. Doch nicht allen gelang dies ebensogut. Schönbrunn hatte sich flüchtig in eine Pfarrerstochter verliebt, und ein anderer Offizier, offenbar eifersüchtig, mischte sich mit einem Spottgedicht ein. Das Resultat war eine Duellforderung. Perglas riet zu Feuerwaffen, Platen zum Degen. Sein Rat wurde schließlich befolgt: der eine Offizier erhielt eine tiefe Verletzung am Arm, der andere eine leichtere am Bein.

Wenn schon das Duell die gereizte Langeweile einer untätigen Armee anzeigte, so mehr noch die zunehmende Pedanterie im täglichen Dienst. Platen wundert sich im Tagebuch, wer seinem Obersten eine unvorteilhafte Meinung von seiner Kompanie eingegeben haben könne. Lange hätte er nicht suchen müssen, um wenigstens einen zu finden. Vier Wochen alt war die Tagebuchnotiz aus Neckarau, daß der Leutnant „hier ungemein zufrieden und den Musen lebe." Beim Abholen der nächsten Gage fragte der Oberst unwillig nach Platens Versen. „Er glaubte, daß ich meinen Dienst versäumte, aus Liebe zu Poesie. Wenn dir einer übel will, so habe Vorzüge oder Fehler, es werden allemal Mängel daraus."

Am 16. Juni war wieder mal eine ‚große Revue' des Regiments, und da der Leutnant dabei gelbe statt blauer Hosen trug, schickte ihn Oberst v. Theobald auf acht Tage in Arrest. Streng kann man ihn nicht gerade nennen, Platen mußte lediglich das Haus eines Mannheimer Glashändlers hüten. Dessen beide Töchter und eine Base taten alles, um ihn zu unterhalten. Leider war er schlechter Laune, da er fortwährend an Brandenstein dachte. Nanette, die ältere Tochter, war bereits verlobt. Später kamen noch zwei Freundinnen zu Besuch, und Platen machte mit ihnen Gesellschaftsspiele. „Die eine war ziemlich häßlich und medisant, die andere noch häßlicher und desto mehr kokett. Wie sehr stach Nanette von ihnen ab; sie war so gut, so sanft, so ganz ohne Ziererey; sie liebt so aufrichtig ihren fernen Liebhaber und hat kein Verlangen, auch auf andere Männer irgend einen Eindruk zu machen. Solche Mädchen sind sehr selten." Dazu las er den Candide von Voltaire, und die alte Jungfer in ihm aigrierte sich ähnlich wie bei den ‚Römischen Elegien'.

Während der junge Leutnant so ‚im Schatten junger Mädchenblüte' einen milden Hausarrest verbüßte, war Napoleon von Wellington und Blücher bei Brüssel entscheidend geschlagen worden. Der Name des Schlachtortes: das Dorf Waterloo, wurde erst später bekannt. Am nächsten Tag überschritt die bayerische Armee mit fünfzigtausend Mann zu Fuß, achthundertundfünfzig zu Pferd und hundertundfünf Geschützen bei Mannheim den Rhein. Nach weiteren drei Tagen dankte Napoleon ab. Doch der begonnene Feldzug war nicht mehr aufzuhalten.

9. Frankreich

Der Weg der bayerischen Armee führte zunächst durch Weinland. Das Wetter schlug um, schwerer Sommerregen rauschte auf den Pfälzer Wald. Hinter Kaiserslautern ging es weiter auf der Route Nationale, die Napoleon von Mainz nach Paris hatte bauen lassen, aber sie war wohl nicht minder „kothig", das heißt aufgeweicht, als die Wege vorher; Pflaster gab es damals nur in Städten, und auch dort keineswegs überall. In Zweibrücken, der Heimat des bayerischen Königs, stand die ausgebrannte Ruine des ebenso neuen wie prunkvollen Schlosses. Die französischen Revolutionstruppen hatten es 1792 abgebrannt, und Platen mußte vor den leeren Fensterhöhlen zwei Stunden Nachtwache halten.

Er war zur ‚Arrièregarde' kommandiert, die ihn fast beständig zwang, zu laufen. Dieser Auftrag, der im Aufsammeln von Traineurs und Maroden, das heißt, von fuß- oder sonstwie kranken Nachzüglern bestand, war für ihn ebenso fatal wie bezeichnend. Sicher hatte ihn der Oberst dafür ausgesucht, damit er ihn so wenig wie möglich zu Gesicht bekäme. Übrigens hätte Platen in Kaiserslautern selbst „wirklich eines Doktors bedurft", denn er war „sehr unpaß" und mußte stark erbrechen. Doch machte er kein Aufhebens davon, sondern marschierte am nächsten Morgen klaglos in nasser Uniform weiter.

In Nancy durfte er drei Tage verweilen. Die Ähnlichkeit mit Mannheim fiel ihm auf. Er bewunderte die ‚Place Royale' (heute Place Stanislas), die als einer der schönsten Plätze der Welt gilt, und gedachte geziemend des guten Herzogs Stanislas Leszczynski, Schwiegervaters Ludwigs XV, dem die Stadt dies Ensemble verdankt.

„Als ich mit der Wache abmarschirte", heißt es im Tagebuch, „gab mir der Oberst noch einige harte und spitzige Reden, daß ich nicht für einen Soldaten gemacht wäre etc., daß er andere Maßregeln ergreifen müßte. Es ist wahr, ich lasse mir manchmal ein Versehen zu Schulden kommen; doch habe ich allen guten Willen und Ehrgefühl genug, um meine Pflicht zu thun. Aber jeder beleidigt mich, und ich habe keinen Vertheidiger. Viele hassen mich, weil ich an ihren Ausschweifungen und lasziven Gesprächen keinen Theil nehme".

Das erste Biwak im Wald bei schönem Wetter hatte für Platen den Reiz der Neuheit. Kein Vergnügen mehr war das zweite auf einem Brachfeld, wo wegen nächtlicher Kälte an Schlaf kaum zu denken war. Morgens um vier Uhr mußten die müden Soldaten weiter auf einen zwölfstündigen Marsch. Der Tag wurde drückend heiß. Viele wurden vom Hitzschlag getroffen, drei in der Brigade starben.

In Bar le Duc mußte Platen zu seinem Verdruß fünf Tage verweilen. Sein Regiment marschierte in Richtung Paris weiter, doch er war wieder zur leidigen Arrièregarde kommandiert. Dort gefiel es ihm dann doch ganz gut, denn er traf Lüder, den alten Freund aus dem Kadettenhaus: unterdessen hatte er sich vom bayerischen Bonapartisten zum Nationalliberalen gewandelt und las eifrig im Körner. Dies Gedichtbuch muß in Deutschland damals fast eine Bibel gewesen sein.

Die altmodische Kleidung der Gegend fiel Platen auf. Die Bauern trugen blaue Leinenkittel mit Stickerei, die Leute von Stand nur selten Stiefel, sondern flache Schuhe mit Escarpins und oft noch lange Zöpfe. Wo es so altfränkisch zuging wie in Bar le Duc, mochte ihm das Ancien régime noch auf andere Weise begegnen. „In der Bibliothek meines (Quartier-)Zimmers", heißt es im Tagebuch, „fand ich auch noch einige französische Schriften, über deren grobe und abscheuliche Unsittlichkeit ich mich nicht genug verwundern konnte...So oft mich meine Hausfrau lesend befindet, pflegt sie zu sagen: ‚Lisez, mon ami, car c'est la lecture qui instruit les jeunes gens.' Ich möchte ihr gerne antworten: ‚En France c'est la lecture qui les corrompt.'* In der That, dieß Volk ist sehr verdorben."

Was war geschehen? Platen hatte eine Ausgabe der ‚Oeuvres badines' von Alexis Piron entdeckt, zwischen 1796 und 1804 dreimal aufgelegt, mit Gedichten und Epigrammen erotischen und vor allem antiklerikalen Inhalts. Piron, der von 1689 bis 1773 lebte, war anerkannter Lustspielautor, der zweite Frankreichs hinter Marivaux, doch wurde ihm wegen einer ‚Ode an Priapus', die er schon 1713 verfaßt und seitdem gerne ungeschehen gemacht hätte, die Aufnahme in die Académie Française verwehrt. Für diese Kränkung rächte er sich mit den erwähnten Epigrammen und Gedichten, die zu seinen Lebzeiten freilich nur verstreut und anonym erschienen. Die ‚Oeuvres badines' bringen sie gesammelt seit 1796 unter dem Namen des Autors, wobei sich allerdings fragt, ob die ‚augmentations' der dritten Auflage noch von Pirons Hand stammen. Kernstück ist immer die erwähnte ‚Ode à Priape', und über sie dürfte die bürgerliche alte Jungfer im Grafen Platen auch hauptsächlich gestolpert sein. Sie wirkt ein wenig altmodisch inmitten des schlüpfrigen Rokoko, wie eben eine Régence-Kommode unter Fauteuils Louis XV. Doch ist hier das Ältere das Bessere! Was mußten Platens entsetzte Augen da lesen:

Foutre des neuf gars du Pinde;	Que tout bande, que tout s'embrase,
Foutre de l'Amant de Daphné,	Accourez, Putains & Ribauds.
Dont le flasque vit ne se guinde	Que vois-je! où suis-je! ô douce extase!
Qu'a force d'être patiné.	Les Cieux n'ont point d'objets si beaux.
C'est toi que j'invoque à mon aide,	Des couilles en blocs arrondies,
Toi, qui dans les cons d'un vit roide	Des cuisses fermes & bondies,
Lance le foutre à gros bouillons.	Des bataillons des vits bandés,
Priape, soutiens mon haleine,	Des culs ronds sans poil & sans crotes
Et pour un moment dans ma veine	Des cons, des tetons & des mottes
Porte le feu de tes couillons.	D'un torrent de foutre inondés.**

Und so geht es noch zehn Strophen lang weiter quer durchs klassische Griechenland, doch nicht vorwiegend homo-, sondern immer hübsch bisexuell, wie es in Wirklichkeit ja auch gewesen. Platen behauptet, erst durch dies, wie zugegeben sei, plump-drastische Gedicht von einer physischen Liebe zwischen Männern erfahren zu haben. Die Art seiner Reaktion läßt freilich den Verdacht aufkommen, daß er hier die Wahrheit ein wenig korrigiert.

---

* Lesen Sie, mein Freund, denn Lektüre bildet junge Leute. – In Frankreich korrumpiert sie sie.
** Übersetzung im Apparat.

Am 14. Juli, der in Frankreich damals nicht gefeiert wurde, hatte Platen Meaux erreicht und so nur noch 45 km bis Paris vor sich. Doch leider mußte er eine Kompanie in südlicher Richtung nach Melun führen. Es kostete ihn unendliche Mühe, sie weiter zu bringen, einige Soldaten waren krank, andere hatten wunde Füße, und noch andere schlechtes Schuhwerk. Als Platen dann endlich bei seinem Regiment angekommen war, empfing ihn der Oberst zu allem Unglück wieder „sehr unfreundlich."

Am 15. Juli 1815 begab sich Napoleon an Bord des Schiffes ‚Bellerophon' und legte sein persönliches Schicksal in die Hände des Regenten von England.

Ein paar Tage darauf war Platen in Nemours bei einem kinderlosen Arzt einquartiert, dessen Frau, Madame Micheleau, eine mütterliche Zuneigung zu ihm faßte, ähnlich der Witwe Schwarz in München. Es verwundert kaum, daß ein so wenig martialischer Leutnant, der immer nur um Bücher bat, solche Gefühle hervorrief. Was den Obersten erzürnt und die Kameraden erheitert, das lieben die Damen! Niemals hat Platen in Frankreich böse Quartierwirte erlebt, sondern meist große Freundlichkeit, wahrscheinlich eben wegen seiner unkriegerischen Art. Die freilich meinte er bei Tisch wettmachen zu müssen mit patriotischen Reden und blieb dabei nicht ohne Widerspruch. Er konnte einfach nicht begreifen, daß derselbe Napoleon, der so viel sinnloses Unglück über Europa gebracht hatte, in Frankreich allgemein geliebt wurde. Nach der jakobinischen Schreckensherrschaft sowie der Korruption davor und danach wurde die kaiserliche Verwaltung als eine Wohltat empfunden. Ja selbst Napoleons Kriege sahen in französischen Augen anders aus. Bei einigem Nachdenken wäre die Lösung der Streitfrage wohl zu finden gewesen: die Gäste hätten einsehen können, daß Napoleon in Frankreich viel Gutes bewirkte, und die Gastgeber umgekehrt, daß derselbe Mann im Namen Frankreichs Europa verwüstet hatte, daß der von ihm errungene Ruhm auf Leichen und Ruinen gründete; eine Einsicht, die bei den besiegten Franzosen sicher vorhanden war und auch zugegeben worden wäre, hätte Platen mit seinem dummen Gerede nicht genau das Gegenteil provoziert. Daß dies seine Art war, anderswo entstandenen Dampf abzulassen, konnten die Gastgeber nicht wissen, und es wäre auch keine Entschuldigung. Bei den Micheleaus in Nemours stand er einmal wütend vom Tisch auf, als man ihm mit gleicher Münze herausgab. Es spricht für die Liebenswürdigkeit von Madame, wenn Platen noch nach diesem Vorfall ins Tagebuch schreiben konnte: „Ich bin hier wie das Kind des Hauses."

Wer in einem fremden Umkreis schlechte Erfahrungen macht, sollte sich bemühen, diese nicht zu generalisieren und vermeiden, sie dem genannten Milieu künftig in Form von Vorurteilen anzulasten. Platen war nicht einmal zum Umgekehrten fähig. Nie kam ihm der Gedanke, seine guten Erfahrungen in französischen Häusern mit den Vorurteilen zu vergleichen, die er gegen das Nachbarland hegte und die er aus dem Feldzug unverändert wieder nach Hause brachte. Für ihn blieben die Franzosen das ‚falsche', das ‚verdorbene' Volk, auch wenn er es ganz anders erlebt und in seinem Tagebuch beschrieben hatte.

Zehn Tage in einem Dorfquartier bei Nemours benutzte er zum Entwurf des epischen Märchens ‚Die Harfe Mahomets'. Das schöne Ritterfräulein Klothilde will von allen Freiern nichts wissen, sondern nur ins Kloster. Als der Vater sie bedrängt, zu heiraten, klagt sie einem Eremiten ihr Leid. Dieser gibt ihr eine Zauberharfe. Sie erklärt daraufhin, nur den Freier zu nehmen, der die Harfe spielen könne. Doch keinem gelingt es, nicht einmal dem schönen Kurt von Brandenstein, sondern nur einem Schäferknaben. Klothilde verliebt sich in ihn, den sie aus Standesgründen nicht heiraten kann. Brandenstein findet Dokumente, die des Schäfers fürstliche Herkunft beweisen, und tritt entsagungsvoll zurück. Die Hochzeit wird vorbereitet. Da verleitet ein anderer eifersüchtiger Freier den Bräutigam, „um jene verbotene Zeit, die Zeit vor der Hochzeitsnacht" auf der Harfe zu spielen; der Schäfer verschwindet durch Zauber, Klothilde geht ins Kloster.

Dies ist, etwas gekürzt, die Fabel, die natürlich nur zu Brandensteins Ehre erfunden wurde Der Geliebte muß jedoch, merkwürdig genug, gegen einen ‚Pastor Fido' zurücktreten. Am besten wäre Platen sicher das entsagende Fräulein Klothilde gelungen, hätte er das Projekt weiter verfolgt. Hinter ihr steht er selbst. Tatsächlich ist die Zauberharfe ein hübsches Symbol der Jungfräulichkeit. Was das Instrument freilich mit Mohammed zu tun hat und wie es seinen Weg in die Klause des Eremiten fand, erfahren wir leider nicht. Der Islam soll vermutlich die irdische, das Christentum die himmlische Liebe vertreten, zwischen denen Klothilde ja schwankt. Zweihundertundfünfzig Verse sind ausgeführt, der Einfluß von Perrault und Wieland ist nicht zu verkennen. Platen sollte das Projekt acht Monate später noch einmal aufnehmen.

Mitte August marschierte er, immer in Arrièregarde, durch die nördliche Bourgogne. Das malerische Tal der Yonne hatte es ihm angetan: „Dort möchte ich wohnen, hätt' ich kein Vaterland", heißt es im Tagebuch. Südöstlich von Auxerre, wo die Gegend weniger reizvoll ist, war er fünf Wochen lang in dem Dorf Nitry einquartiert. Nahebei stand ein Gehölz, in dem der Dichter sich ähnlich wie vorher in Neckarau allein ergehen konnte, den ‚Pastor Fido' in der Hand und Brandenstein im Herzen. Gleich hatte er auch einen ‚poetischen Tag' mit unfreiwillig komischen Ergebnissen. Doch entstanden zur selben Zeit auch „Einzelne Betrachtungen über einige moralische Verhältniße des Lebens. Für Jünglinge.", über die noch zu sprechen sein wir. Der gemeinte Jüngling war übrigens Perglas.

Von Nitry aus besichtigte Platen etwas Hochmodernes, nämlich ein Relais des Zeigertelegrafen zwischen Paris und Mailand. „Die Einrichtung gefiel mir sehr", heißt es im Tagebuch. „Man konnte 4 andere Telegrafen durch die Perspektive (Fernrohre) sehen zu 3 bis 5 Stunden weit.. In zwölf Stunden gelangt eine Nachricht von Mainz nach Paris. ..Die Maschine, die nur aus einer Stange mit zwey Flügeln besteht, wird durch ein Räderwerk mit verschiedenen Drehern bewegt, das leicht zu handhaben ist. Aus jenen 3 Linien sind 100 verschiedene Figuren bildbar". Auf diese Weise sollten alle ‚Depeschen' übertragen werden bis zur Einführung des elektrischen Morse-Telegraphen in der zweiten Jahrhunderthälfte.

Unterdessen war Napoleon Bonaparte, den zu besiegen die bayerische Armee seit vier Monaten im Kreis herumzog, auf der Insel St. Helena im Südatlantik eingetroffen. Das war für die Bayern durchaus kein Grund, heimzukehren: Platens Kompanie zum Beispiel mußte wegen einer immer wieder verschobenen Parade vorm Zaren zwei Wochen lang zwischen Yonne und oberer Marne hin- und hermarschieren. Zurück in

Nitry von jenem „vierzehntägigen Spaziergange", wie Platen die Exkursion bitter bezeichnet, traf er zu seinem Vergnügen den alten Freund Max Gruber, Kamerad aus dem Kadettenhaus und inzwischen Leutnant bei einem anderen Regiment. Mit ihm zusammen besuchte er die drei Stunden entfernten Tropfsteinhöhlen bei Arcy (-sur Cure). Platen war so beeindruckt, daß er eine große Ballade ‚Die Grotten von Arcy' dichtete: sie handelt von bewahrter Jungfräulichkeit und unerwiderter Liebe; auch das Motiv des ‚Hochzeitsgastes' taucht auf. Der junge Dichter hielt sich viel darauf zugute, doch schon Koch und Schlösser waren weniger begeistert.

Zu seinem neunzehnten Geburtstag schrieb Platen ein längeres Gebet in Gedichtform, das folgende Verse enthält:

> Erleuchte mich, daß ich das Recht erkenne
> Im wahren Sinn, daß nicht das Böse mich
> Mit schmeichelnden Sofismen überwält'ge.
> Sey du mein Hüter, Allessehender,
> Wenn ich mich selber nicht mehr hüten kann.
> Stets achten laß mich meine Menschenwürde.
> Die Tugendliebe in der eig'nen Brust,
> Und deine Güte, die unendliche,
> Sey'n Schwerdt und Schild mir im Versuchungskampfe.

Kaum verwunderlich, daß der stets unterdrückte Geschlechtstrieb keine Ruhe gab. Was sind wohl jene ‚schmeichelnden Sophismen', mit denen ‚das Böse' den Jüngling zu überwältigen und seine Menschenwürde zu beleidigen sucht? Sie sind in Pirons gelehrter Ode zu finden, die Platen trotz aller Entrüstung sehr genau gelesen haben dürfte. So heißt es etwa in Strophe 8:

> Socrate, direz-vous, ce sage   N'en pas moins foutu qu'un autre,
> Dont on vante l'esprit divin   Interprétons mieux ses leçons:
> A vomi peste & fait rage   Contre il sexe il persuade;
> Contre le sexe féminin: Mais sans le cul d'Alcibiade
> Et pour cela le bon Apôtre   Il n' eut pas tant médit les cons.

Hier wird deutlich mitgeteilt, daß selbst der Verkünder einer rein geistigen Liebe alles andere als ‚platonisch' war; wie ja das ganze Gedicht gröbste Sinnlichkeit auf unbefangen-fröhliche Weise feiert. Und auch im Kameradenkreis, dessen schlechte Sitten Platen ständig beklagt, herrschte allgemein die Ansicht, Sexualität sei etwas ganz Natürliches.

Wer sich selbst strengsten Triebverzicht auferlegt und dazu noch Gottes Hilfe herabfleht, der wird menschlicherweise bestrebt sein, auch anderen Pilgern diesen Weg zu weisen, zumal dann, wenn unterschwelliger Eros dabei mitschwingt. Wir erleben, wie Platen den gänzlich heterosexuellen Perglas in seiner Entwicklung aufzuhalten und in eine alte Jungfer zu verwandeln sucht, wie er selber nolens volens eine war. Der Freund entweicht dem geistig Überlegenen in Regionen männlicher Bewährung, wohin jener ihm nicht zu folgen vermag: so ist Perglas' Bramarbasieren vor dem Ausmarsch zu verstehen, so sein Betreiben um Versetzung in eine andere Kompanie, später in ein vornehmeres Regiment. Kurz nach dem Rheinübergang notiert Platen ins Tagebuch, er empfinde Perglas mehr und mehr als einen gewöhnlichen Menschen – die gleichen Worte, die er seinerzeit für Issel gebrauchte. „In der That, ich höre ihn tagtäglich theilnehmen an den den allergemeinsten Gesprächen." In Saargemünd heißt es: „Perglas macht sich durch seinen Spartanismus lächerlich. So sagte er heute, er wünschte, daß es morgen wieder regne, nur um zu zeigen, daß er sich nichts aus dem Wetter mache. Das wünscht niemand außer ihm." Dennoch denkt Platen in Frankreich mit Sehnsucht an die „stillen und geliebten Studien zu München mit Perglas", das heißt der Zeit, da er ihn noch ungestört schulmeistern konnte, und macht sich seinetwegen Selbstvorwürfe.

Anfang September schrieb Schlichtegroll aus Melun: „Ich war (in Paris) im Palais Royal, wo alles feil ist und wo die Schaamlosigkeit der Mädchen alle Begriffe übersteigt, die sich allenfalls ein Teutscher davon machen könnte." Seit etwa 1780 war der Innenhof des Palais Royal der Öffentlichkeit zugänglich. Bald beherbergten seine Arkaden, in Ermangelung der noch nicht gebauten Avenue des Champs Elysées, den wichtigsten Strich von Paris. Schlimmeres noch erfuhr Platen von Schönbrunn, nämlich dass „Perglas seine Unschuld einem Mädchen im Palais Royal ließ...Vielleicht, wenn wir Freunde geblieben wären," heißt es im Tagebuch, „wäre dieß nicht geschehen."

Aus dieser Stimmung heraus entstanden die schon erwähnten „Betrachtungen über einige moralische Verhältniße des Lebens. Für Jünglinge." Sie sind eine große Strafpredigt für Perglas, in der alle Register protestantisch-bürgerlicher Moral gezogen werden. Dahinter sind es natürlich Ermahnungen Platens an sich selbst.

„Wenn wir mit Schaudern in die tiefen Abgründe hinunterschauen, wohin die Menschen durch ihre Fehltritte unwiederbringlich verloren gestürzt werden, wenn wir öfters einen Jüngling betrachten, der die Unschuld früherer Tage vergeblich weinend zurükruft, ..die Flüchtigkeit aller sinnlichen Freuden bedenken, und die nagende Reue, die sie als ihren Stachel zurücklassen, dann empfinden wir in unserer tiefsten Seele, das Höchste und Beste auf Erden ist die Tugend! Wir eilen dann in ihren mütterlichen Schoos. ..Sanft wie der Sylbenfall eines Gedichts, fließt das Leben eines schuldlosen Menschen hin.. Er allein ist dauernd glüklich. ..Wie anders der Schuldige! In ewig vergeblichen Kämpfen geht er durchs Leben; denn die Gewohnheit hat ihn zum Sklaven seiner Gebrechen gemacht. Umsonst sucht er sie durch Sophismen zu decken".

Hier der Gottverlassene, dort der Wegweiser, den Platen wörtlich zitiert. Der Dichter traktiert Perglas und sich selbst mit jenen Lehren, die er vor einem halben Jahr schon verworfen hatte.

Kurz vor seinem neunzehnten Geburtstag mußte er von Schönbrunn hören, daß der Freund in Paris seinen Trieben nunmehr freien Lauf ließ. „Perglas ist so weit zur Gemeinheit herabgesunken, daß er in seinen Gesprächen, alle edle Schaam mit Füßen tretend, seine niedrigen Wollüste zergliedert, daß er sich sogar einem alten, häßlichen und höchst ekelhaften Marketenderweibe hingiebt". Der entsetzte Platen beschließt seinen Tagebucheintrag mit dem Satz: „Ich bin durch die Entfernung unserer Denkart.. auf immer und lebenslänglich von ihm geschieden!"

Zwei Tage darauf jedoch erhielt er um Mitternacht schlaftrunken einen Brief von Perglas: „Bester Platen! Ich wage es, Dich mit einigen aufrichtigen Zeilen zu belästigen.. ich habe mein Verhältniß mit Dir zerstört, ohne daß Du mich im Geringsten beleidigt hast. Erlaube mir, Dir.. zu gestehen, daß mir ungemein viel daran liegt, meinen Fehler wieder gut zu machen, daß ich bereit bin, Alles zu thun, was Du von mir foderst, das alte gute Vehältniß wieder zurükzurufen."

Auf diesen rührenden Brief, der sicher durch Schönbrunns gutgemeinte Vermittlung zustande gekommen war, antwortete Platen wie eine säuerliche Gouvernante: „Du (weißt) ja selbst zu gut, daß das Thier dem Instinkte folgt, der Mensch aber den Instinkt durch die Vernunft beherrschen soll, daß die Schaam das zärteste und liebenswürdigste am Menschen ist, und die Selbstbezwingung das höchste." Eine Wiederherstellung der alten Freundschaft wäre unter den gegebenen Bedingungen nicht möglich; falls aber Perglas auf sein Geschlechtsleben verzichte, so deutet Platen an, wäre es etwas anderes. „Es kostet Dich ein Wort, so hast Du meine Hand."

Und immer noch blieb der gutmütige Perglas defensiv. „Er läßt sich sehr weitläufig über seine unkeuschen Neigungen heraus", notiert Platen tadelnd im Tagebuch, „er vergleicht sie sehr unrecht mit dem Bedürfniß des Essens und Trinkens, als wenn die Unkeuschheit so unschuldig wäre, .. als wenn man äße, um sich Vergnügen zu machen, oder Unzucht treibe, um sich am Leben zu erhalten." Perglas beteuert, er habe sich der Hure nur hingegeben, um kein Bürgermädchen verführen zu müssen. Stets aber wünsche er Platens Freundschaft.

Dieser antwortete auf der Stelle mit einer neuen Standpauke. Sie gipfelte in der Forderung, Perglas müsse entweder ganz tugendhaft oder ganz ausschweifend werden. Außerdem schickte er ihm seine neuen moralischen ‚Betrachtungen'.

Ganz tugendhaft oder ganz ausschweifend: diese Extreme bezeichnen Perglas innerhalb oder außerhalb von Platens Einfluß. Auf diesen völlig verblendeten Brief mitsamt Traktat resignierte Perglas endlich mit einer kurzen Antwort. „Er sagt, daß ich das Wort Freund zu hoch nehme, und daß wir daher nicht Freunde werden können. Er wird mir in wenig Jahren einen kraftvollen Mann zeigen. Er.. heißt mich einen unerfahrenen Lehrer. Ich sollte mich an ihn wenden," so notiert Platen empört, „wenn ich seine Bedürfnisse einmal fühlen würde, und er wolle mir rathen!"

Noch einmal antwortet der Dichter im gewohnten Gouvernantenton. Er warnt den seinem Einfluß Entglittenen vor Geschlechtskrankheiten, verweist auf die „Kraft des Gebetes in der Versuchung". Perglas wird die Lust auf weitere Korrespondenz dieser Art vergangen sein, und außerdem war mittlerweile der Rückmarsch der bayerischen Armee in vollem Gange.

Zu allem Ungemach, das Platen auf dem Feldzug widerfuhr, kam noch die trübe Aussicht, am Ende nicht mehr nach München zurückkehren zu können. Es hieß, das Regiment werde nach Augsburg, Salzburg, ja sogar nach Mannheim verlegt, falls die Stadt bayerisch werden sollte. Da kam, kurz vor dem Abmarsch aus Nitry, die freudige Nachricht, die Garnison des Regimentes bleibe doch München. Platen, der soeben noch eine vielstrophige Klage verfaßt hatte, daß er Brandenstein nun nicht mehr sehen werde, brach darüber in ein jubelndes Dankgebet aus.

Die Strapazen des Rückmarsches waren nicht geringer als die des Hinweges, nur, der Jahreszeit entsprechend, anderer Art. Wenn Platen vorher wegen Ungeziefers nicht schlafen konnte, so jetzt wegen Kälte. Bis zu zehn Stunden mußte er täglich marschieren. Die gotische Kathedrale von Troyes erregte sein besonderes Interesse; auch sah er Brienne, den Ort des bayerischen Sieges vor achtzehn Monaten.

Am 9. November 1815, in der Nähe von Toul, schrieb er wieder einmal eine typische ‚monotone Klage' auf französisch. Das allein wäre nicht erwähnenswert, hätte sie nicht einen anderen Adressaten als üblich – keinen Federigo, sondern einen Guilleaume, und hätte der Dichter nicht später eine halbe Seite aus dem redigierten Tagebuch herausgeschnitten, sodaß der Schluß des Gedichtes fehlt. Wir stehen vor dem halbzerstörten Zeugnis einer neuen Phantasie-Leidenschaft, deren Platen sich später offenbar nicht mehr erinnern wollte, oder doch nicht zu genau. Der Betroffene hieß Wilhelm von Hornstein und war Hauptmann bei einer Parallelkompanie. Es ist nur natürlich, daß des Jünglings unerfüllter, andauernd sublimierter Trieb in der reinen Männergesellschaft, die ihn umgab, nach einiger Zeit ein greifbareres Objekt suchte als Federigo.

In Nancy hatte er das Glück, für seinen General einen Auftrag ausführen zu können, der gute Französischkenntnisse erforderte. Dies positive Auffallen, das willkommen abstach vom wiederholt negativen bei seinem Obersten, mag den Dichter in der Armee vor manchem bewahrt haben.

Das letzte Quartier, in dem Französisch gesprochen wurde, war in St. Dieuze bei der Familie eines Kaufmanns und ehemals napoleonischen Offiziers. Noch einmal zankte sich Platen mit den Gastgebern über den Nationalcharakter der Franzosen. „Madame erzählte mir auch", heißt es arglos im Tagebuch, „daß sie vorgestern einen sehr unhöflichen baierischen Officir gehabt hätte, und sezte hinzu, daß man es einem Russen verzeihen könne, wenn er ungeschliffen wäre, einem Baiern aber nicht.. Durch diese Impertinenz glaubte sie mir ein Kompliment zu machen. Großer Gott! Wie weit stehen uns diese Franzosen an Bildung zurück..!" Platens Naivität ist manchmal geradezu rührend. Wie er bei Tschamarin den Adressaten der indirekten Kritik nicht erkannte, so auch hier nicht. Der „sehr unhöfliche baierische Officir" von vorgestern war natürlich er selber! Und weiter schimpft er: „Ueberhaupt.. sind die Lothringer noch viel schlimmer, als die Franzosen, da sie teutsche Beharrlichkeit mit französischer Falschheit vereinigen."

Pâle et maigre, „bleich und mager" kam Platen wieder in Deutschland an, obgleich er in einem Brief an die Mutter findet, sein Stiefbruder Alexander übertreibe mit dieser Beschreibung. „Natürlich wird man auf dem Marsch nicht gerade dick. Wenigstens habe ich meine Gesundheit nicht mißbraucht", schreibt der Dichter weiter; unter den Offizieren seines Regimentes gebe es (außer ihm) nicht einen, der sich Skrupel mache „beim Mißbrauch seiner Gesundheit, um mich Ihrer Worte zu bedienen." Abuser de la bonne santé, wir wissen, was damit gemeint ist. Da sie selbst diese Wendung brauchte, dürfte die Mutter damals noch ahnungslos über die wahre Natur ihres Sohnes gewesen sein.

Etwa um diese Zeit, Mitte November 1815, vollendete Platen eine kleine Erzählung ‚Die Bergkapelle', angeregt durch ein heimatlich anmutendes Landschaftsbild in Burgund. Auch dieser Prosatext verbirgt Nachrichten über sein Fühlen und Denken, selbst wenn, oder gerade weil er betont, Wahrheit läge der Geschichte nicht zugrunde.

Ein Ritterfräulein, dessen Name nicht genannt wird, und der junge Ritter von Cerisiers lieben sich innig und sind verlobt. Der Ritter muß jedoch auf einen Feldzug. Da er ungünstig endet, gelobt Cerisiers, bevor er zu seiner Braut zurückkehrt, eine Wallfahrt zu machen. Unterwegs trifft er einen alten Mönch, der ihn beredet, gänzlich der Welt zu entsagen. Der Ritter verzichtet also auf seine Liebe und tritt in ein Kloster nahe der Burg seiner verlassenen Braut ein. Diese, in Verzweiflung seiner harrend, begibt sich eines Tages mit Geschenken für die Madonna zu einer Bergkapelle, um für die Rückkehr des Geliebten zu beten. Da springt ein wilder Mensch auf sie los, der sich in den Reben versteckt hatte: er stößt ihr ein Messer in die Brust und macht sich mit der Beute davon. Zur gleichen Zeit hatte der Bruder Cerisiers in der Bergkapelle über der Yonne die Messe gelesen. Da sieht er eine Jungfrau sich mühsam und mit Blut bedeckt den Hügel emporschleppen. Er erkennt seine verlassene Braut, die mit seinem Namen auf den Lippen stirbt. Doch er sieht auch ihren Mörder mit blutigen Händen: es ist der Mönch, der ihn zur Weltentsagung überredet hatte. „Plötzlich sah er ihn verschwinden, wie einen Blitzstral, und nun wußte er, wer er war – ein Gesandter der Hölle." Cerisiers Ruhe ist dahin. „Die Reue durchtobte ihn, er verfluchte den Klosterstand.. Er mußte fliehen, barfuß, verlaßen, durch Betteln sein Leben fristend." Cerisiers blieb bis an sein Ende unglücklich, „dieweil er ein früheres Gelübde brach, einer spätern Frömmeley wegen." Die Jungfrau aber wurde in der Kapelle bestattet und als Heilige verehrt.

Eine merkwürdige Geschichte, die wie eine Legende beginnt und in höhnischem Nihilismus endet. Sie erlaubt eine doppelte Deutung, die des Autors Schwanken zwischen christlicher ‚Reinheit' und dem Eingeständnis ‚sündiger Wünsche' entspricht. Einmal steht Platen hinter der verlassenen Braut, und das Schicksal des Ritters ist Strafe für verweigerte (himmlische) Gegenliebe. So gesehen, ist die Geschichte eine schärfere Version des Zauberharfen-Fragments vom vergangenen Sommer.

Zum anderen aber steht der Autor hinter dem Ritter Cerisiers. So betrachtet, ergibt sich eine schärfere Variante des Textes vom Pilger und seinem Wegweiser. Damals wurde jener wegen seiner empfindsam-hilflosen Plattheiten fortgeschickt. Diesmal treibt der alte Mönch, der die Rolle des ‚Wegweisers' übernommen hat, ein diabolisches Spiel, um des Ritters irdische Liebe zu verhindern. Nachdem ihm dies gelang, stellt sich heraus, daß seine Position: die himmlische Liebe, ein Höllentrug war! Hier schlägt Platens Weltschmerz in schwarze Romantik um, wie Mario Praz sie beschrieben hat; oder in Freudscher Terminologie ausgedrückt: der Dichter schickt sein Über-Ich zum Teufel. Die ‚Bergkapelle' muß mit den moralisierenden ‚Betrachtungen', die kurz vorher entstanden, im Zusammenhang gesehen werden. Sie ist die erneute Absage des weltschmerzlichen Pilgers an den empfindsamen Wegweiser.

Handlungsort der Geschichte ist das Yonne-Tal, nach Platens eigenem Hinweis seine ideale Heimat. Die Gegend dürfte ihn an Franken erinnert haben. Das Spiel mit der

Religion illustriert die Auseinandersetzung mit dem christlichen Sittenkodex, der dem Dichter zwar anerzogen, doch mittlerweile unerträglich geworden war. Zum zweitenmal, doch nur für einen Augenblick, befreit er sich von ihm. Erstmalig aber erscheint hier jene Verknüpfung von Liebes- und Todesmotiv, die seit der Fin de siècle als symptomatisch für Platen gilt.

Wir erinnern uns der Traumvision aus den Mercy-Fragmenten, da der Jüngling mit einer Fackel in nächtlicher Gegend den Geliebten sucht. Sie hat einen Nebenaspekt, der bisher nicht beachtet wurde. Der junge Dichter vergleicht sich mit Ceres: sie ist nicht nur die große Mutter, sondern auch Todesgöttin. Um den Geliebten nicht zu wecken, löscht der Jüngling seine Fackel, indem er sie umgekehrt in den Boden steckt – er vollführt die Geste des Todesengels.

Ist die Ähnlichkeit der Namen Ceres und Cerisiers ein Zufall? Wir sollten der Verkettung von Liebe und Tod gleichwohl kein übermäßig großes Gewicht beimessen. In Augenblicken der Verzweiflung werden wir ihr wiederbegegnen, doch auch erkennen, daß Platen in seiner Dichtung keineswegs den Tod feiert, sondern im Gegenteil Fixierung und Verewigung des Spiegelbildes anstrebt.

War der Pfad, den die Kirche wies, zu steinig, so suchte er nach anderen Wegweisern. Nun sollten die vernünftigen Lehren der Aufklärung seinen ewig unterdrückten Trieb austarieren. Für solche Dienste schien Alexander Pope sich anzubieten, der in seinem Lehrgedicht ‚An Essay on Man' die englische Philosophie des 18. Jahrhunderts vorführt. Platen hatte in Nancy das Werk gekauft und plante, selbst ein Moralsystem in Versen niederzulegen. „Wer möchte glüklich seyn, ohne täglich steigende Annäherung zu dem höchsten Wesen, ohne Keuschheit des Körpers und des Gemüths, ohne Liebe zum Studium und ohne Freunde?" Der Dichter begnügte sich damit, die erste Epistel des Gedichts in ungelenke deutsche Verse zu übertragen, teilweise sogar beim Marschieren.

Wie sich verwandte Schicksale doch anziehen. Pope war frühreif, polyglott, Klassizist und umgekehrt wie Platen Katholik in protestantischer Umgebung. Wegen einer tuberkulösen Verkrümmung des Rückgrates erreichte er nur eine Körpergröße von 1,35 m. Wenn der Sittenkodex des Biedermeier einen Homosexuellen schon nicht mehr als Sünder verstand, so war ‚moralischer Wahnsinn' sicher noch das barmherzigste Urteil, das Platen über sich selber sprechen konnte, vorausgesetzt, er wagte einmal den Blick in den Spiegel ohne platonische Brillen. Pope war Zeit seines Lebens unverheiratet (wenngleich nicht homosexuell), lebte in Twickenham außer der Literatur nur der Gärtnerei und den Freunden.*

Als sein Regiment durch das Hohenloher Land marschierte, erhielt der Leutnant einige Tage Heimaturlaub. Er muß gut bei Kasse gewesen sein, denn von Crailsheim nahm er mit seinem Burschen Extrapost. Dennoch brauchte er für die Reise von Dettingen, seinem letzten Quartier, bis Ansbach 19 Stunden. Wir können uns die Wiedersehensfreude der Eltern vorstellen, die den einzigen Sohn seit zwei Jahren nicht

---

* Pope legte seit 1719 in Twickenham den ersten Landschaftsgarten an, der Natur imitieren will.

gesehen und im Sommer während einiger Tage wohl auch für sein Leben gefürchtet hatten.

Beim Kramen in alten Papieren stieß Platen auf seine ersten dichterischen Versuche. Das meiste amüsierte ihn, doch war er von der einfachen Direktheit eines Freundschaftsgedichtes betroffen, das er als Dreizehnjähriger geschrieben und inzwischen wieder vergessen hatte. Wir haben es im ersten Kapitel vollständig zitiert.

In Öttingen traf er wieder auf sein Regiment. Der letzte Teil des Marsches über Donauwörth und Augsburg wurde ihm „noch sauer genug": Abmarsch um fünf Uhr oder früher, also in tiefer Nacht. „Daher und von meinem linken Fuße", heißt es im Tagebuch, „der geschwollen mir sehr weh that, kam es, daß ich sehr oft ausglitschte, ein paarmal meine gewichtige Kopfbedekung und einmal mein ganzes Gleichgewicht verlor, und mich demüthigst in den Morast legte." Wir fragen uns heute, wie damals eine schmutzige Uniform gereinigt wurde. Kein Teil war waschbar, und dennoch wurden die Oberkleider jahrelang getragen.

„Am 6. Dezember 1815. Augsburg. O wie sehr sehne ich mich zurük nach den Stunden der Ruhe, nach den Tagen, die den Studien und der Freundschaft geweiht sind...Nicht an den großen Zirkeln der Hauptstadt werde ich Theil nehmen, nicht an den glänzenden Freuden des Karnevals; still will ich leben und eingezogen. Vor den erleuchteten Fenstern der Palläste will ich mit zufriedener Miene vorübergehen, glüklich, wo ich auch seyn mag, durch die Pflege der Musen." Es klingt, als ob der resignierte Hochzeitsgast spräche und nicht ein junger Offizier, der vielleicht avancieren will.

Kurz vor München verstärkte sich diese sentimentale Stimmung. Platen hielt es für Gottes Fügung, daß er dorthin zurückkehren durfte, und er versuchte auf seine Weise zu danken. Vergessen war die ‚Bergkapelle'; vielmehr verstärkte die Lektüre des frömmelnden Romans ‚Rosaliens Nachlaß', verfaßt vom Vater seines Freundes Jacobs, die erbaulichen Gedanken: „Ich schwur und schwöre Gott Bestrebung nach Heiligung und Tugend, eifriges Bestreben der Annäherung zu ihm, Fleiß und Berufstreue, Wahrheitsliebe und strenge Sitten, möge er, der himmlische Vater, mir reinen Glauben verleihen und seine Gnade."

Mit solchen Vorsätzen versehen, traf er am 11. Dezember 1815, nach einem Feldzug von acht Monaten, der ausging wie das Hornberger Schießen, wieder in München ein. Die letzten Tage brachten noch außergewöhnliche Strapazen. In beißender Kälte mußte das Regiment stundenlang an der Gabelung von Schleißheimer- und Nymphenburger Straße* warten, bis sich alle Truppen zur Parade vor dem König versammelt hatten. Während die Mannschaften draußen zitterten, ließen sich viele Offiziere, darunter Platen, in den umstehenden Landhäusern mit Kaffee und Frühstück traktieren. Doch der Oberst bemerkte es, und der Leutnant mußte hinaus in die Kälte. „Endlich," schreibt er später ins Tagebuch, „hatte ich das Vergnügen, B. wieder zu sehen. Er ritt vorüber und grüßte einige von meinem Regimente, mich aber grüßte er nicht." Platen findet klassische Worte für sein Dilemma: „Meine Sehnsucht nimmt von

---

* heute Stiglmaierplatz.

Stunde zu Stunde zu, meine Hoffnung wird immer geringer. Denn da ich diesen Winter ohnehin nirgend hingehen will, so kann ich ihn nicht kennenlernen; eine allzutraurige Lage!" Hat der Dichter nicht wenigstens bei der Redaktion seiner Tagebücher den tragikomischen Widerspruch bemerkt?

10. Hornstein

Kaum war er im Gasthaus ‚Zur Goldenen Ente' einquartiert, als seine alte Wirtin, Madame Schwarz, ihn schon gefunden und zum Abendessen hatte bitten lassen. „Ich kann nicht beschreiben", meint Platen gerührt im Tagebuch, „wie sehr meine beyden Hausfrauen bis auf die Magd herunter alles thaten, was sie mir von den Augen absehen konnten." Im Kadettenhaus traf er Liebeskind, der ihm berichtete, Schlichtegroll sei nach nur kurzem Aufenthalt nach Erlangen weitergereist, um dort das Studium der Rechte aufzunehmen.

In der Pagerie ließ er sich gehörig als Kriegsheld feiern. Als er nach Hause kam, fand er zu seiner Verwunderung dort Perglas vor. Dieser hatte sich soeben wieder zur Tafel von Madame Schwarz angesagt, wie vor dem Feldzug, und wollte sogar noch seinen Bruder mitbringen; mit Verlaub, und wenn es niemanden störe. Wenig erbaut setzte Platen seine Antrittsvisiten fort. Herr v. Harnier war für einige Zeit auf den Frankfurter Bundestag delegiert, die Familie aber blieb noch in München. Nachmittags ging er zu den Boissésons und wurde „sehr liebreich" empfangen.

Seine Wirtin deutete an, Perglas habe ihm etwas Wichtiges zu sagen. Platens Reaktion war freilich so verkehrt wie möglich: er kündigte sein Quartier auf und zog ins Landschaftsgäßchen (heute Landschaftsstraße nördlich des neuen Rathauses), wo er einsame Weihnachten verbringen mußte. Über die Torheit seines Verhaltens war er sich nur zu sehr im Klaren. Er begann, die Frauen am Promenadenplatz wieder zu besuchen und verbrachte einige Abende bei ihnen, nämlich jene, an denen Perglas abwesend war. Doch gelang es nicht, den verstoßenen Freund völlig zu vermeiden: durch eine Verkettung von Urlaubs- und Krankheitsfällen landete der Dichter mit ihm wieder in derselben Kompanie.

Der Beginn des Jahres 1816 stand unter einem neuen Eindruck: Platen sah eine Aufführung des Schicksalsdramas ‚Die Schuld' von Adolf Müllner. Es ist nicht übertrieben, wenn wir die dramatische Mode von damals, die auf barocke Traditionen zurückgeht und den allgemeinen Weltschmerz um 1810 unscharf ausdrückt, mit dem Gruselfilm von heute vergleichen. Den Anfang machte Zacharias Werner mit seinem Einakter ‚Der Vierundzwanzigste Februar', den Goethe selbst mit seinem Zuspruch gefördert hatte: verschuldete Wirtsleute erschlagen einen Gast um des Geldes willen, das er mit sich führt, und erkennen in dem Toten den eigenen Sohn. Werner ging es weniger um die melodramatischen Effekte, die das Stück auszeichnen, als um die Überwindung des tragischen Prinzips durch das christliche von Schuld und Sühne. Die Schicksalsdramatik mischt auf verschwommene Weise den christlichen Erbsündebegriff mit jener pseudoantiken Tragik, wie sie Schiller in der ‚Braut von Messina' vorgestellt hatte. Werner läßt ein chimärisches Fatum als Fluch zutage treten, der an ein bestimmtes Datum geknüpft ist. Die Peinlichkeit der Schicksalsdramen von Werner bis Grillparzer liegt weniger im Thematischen als in der plumpen Weise, in der das Schicksal mit scheinbar bedeutungsvollen, in Wahrheit aber nur bühnenwirksamen Zufälligkeiten verknüpft ist. Werners Einakter wurde zunächst auf dem Privattheater der Madame de Staël in Coppet aufgeführt, mit A.W. Schlegel in der Rolle des Sohnes. Der Text, teils jambisch, teils trochäisch gereimt, ist voller rhythmischer Fehler und muß eine Plage für die Schauspieler gewesen sein. Es verwundert, daß Goethe an der mangelhaften Form und den groben, unklassischen Effekten keinen Anstoß nahm, sondern das Stück am 24. Februar 1810 in Weimar uraufführen ließ. Es wurde eifrig nachgespielt, mit Vorliebe am genannten Datum.

Müllner, ein Neffe Gottfried August Bürgers, setzte nun auf einen Schelmen anderthalbe. Er hatte in Werners Stück den Vater gespielt und schrieb in offener Anlehnung an das Vorbild seinen ‚Neunundzwanzigsten Februar'. Die rhythmischen Fehler und sprachlichen Ungeschicklichkeiten Werners sind hier vermieden, alles fließt in vierhebigen gereimten Trochäen glatt dahin. Der Theatertrick mit dem ‚fatalen Datum' jedoch erfährt noch eine unfreiwillig komische Steigerung: nur alle vier Jahre, am Schalttag, donnert das Verhängnis auf die Akteure nieder! Während des einaktigen Stückes stellt sich heraus, daß Vater und Mutter Halbgeschwister sind. Es kommt zu herzzerreißenden Szenen, an deren Ende sich der elfjährige Sohn als Frucht der Blutschande zum Sühneopfer anbietet und vom Vater auf offener Bühne erdolcht wird. Das Publikum war zwischen Schauder und Rührung hin- und hergerissen, ganz so, wie es Aristoteles in seiner Poetik fordert. Unzählige Schnupftücher feuchteten sich mit Tränen.

Doch dies Februarstück war nur Fingerübung für Müllners großen Wurf: das vieraktige Drama ‚Die Schuld', uraufgeführt 1813 am Wiener Burgtheater in Gegenwart der Zarin. Hier erscheint das Fatum zwar nicht mit dem Kalender in der Hand, doch hat es wieder verzwickte Familienverhältnisse wie Zündschnüre ausgelegt, die während des Dramas herunterbrennen und jede Art von Greuel im Familienkreis mit Knalleffekt offenbaren. Nach dem analytischen Prinzip enthüllen sich Inzest und Brudermord; Graf Oerindur und seine Gattin Elvire, die früher mit dessen unerkanntem Bruder verheiratet war, erdolchen sich auf offener Bühne. Übrig bleibt wieder ein unglückliches Kind, das beide Eltern verliert. Müllners Text ist auch hier rhythmisch untadelig, meist trochäisch-gereimt, dabei aber merkwürdig flach. Kein Charakter tritt deutlich hervor. Alles Augenmerk ist jedoch auf den Gruseleffekt der fatalen Zufälligkeiten gerichtet – eine Prophezeiung trifft ein, eine Harfensaite zerspringt etc. Der Unterschied zu Hitchcocks Dramaturgie liegt eigentlich nur darin, daß die dort analysierten versteckten Verbrechen nicht fatal, sondern schuldhaft sind und daß auf höhere Bezüge, die Müllner noch stillschweigend impliziert, von vornherein verzichtet wird. Ein Publikum, das sich durch die napoleonischen Kriege als Spielball des Schicksals zu verstehen gelernt hatte, war von solch greller Dramatik, die scheinbar über sich hinauswies, tief ergriffen. So auch Platen, der sich den Text sofort besorgte und nach einer langen, überwiegend positiven Würdigung abschließend bemerkt: „Das Stük läßt einen wahrhaft gräßlichen, schauderhaften Eindruk zurük." Es war als Lob gemeint und entsprach ganz den Intentionen Müllners.

Mitte Januar 1816 notiert Platen, soeben habe er den letzten Teil (den vierten Band) von Jean Pauls ‚Titan' zuende gelesen. „O ihr Musen, welch' ein Buch! ..Gleich einem nektartrunkenen Halbgott führt uns der Dichter wie durch elysäische Wege durch seine Metaphern." Weder Goethe noch Matthisson, so meint er, kämen Jean Paul gleich in der Schilderung Italiens. Ob der Jüngling wohl bedachte, daß der Dichter des ‚Titan' nie in jenem Lande gewesen war, sondern alles aus älteren Reisebüchern hatte? Die idyllische Szenerie wirkte vertraut, die Duodezländer Hohenfließ, Haarhaar mögen ihn an seine fränkische Heimat erinnert haben, und mit Italien erschien ihm die schon dunkel erträumte zweite. Am meisten berührten Platen empfindsame Szenen weiblicher Entsagung, etwa Liane an der Glasharmonika: ‚brauchen nicht schöne weibliche Seelen wie jene Engel vor dem Propheten zwey Flügel zum Erheben, aber vier zum Verhüllen?' (Ende 62. Zykel)

Der Januar 1816 war in München von ungewöhnlicher Milde. Platen kam nicht zum Schlittschuhlaufen, dafür aber regten sich seine Sinne in frühlingshafter Weise.

Armes, armes Leben,
Was kannst du den Wünschen
Des Lechzenden geben?
...
Selbst du, o Wissenschaft,
Hehre, kalte Gefährtinn,
Befriedigest nicht das glühende Herz.
Selbst ihr, zarte Musen,
...
Was könnt ihr mir geben? ...

Was frommt das Idol im Herzen?
Ans Herz möcht ich's drücken,
Geboren, verkörpert,
Mit glühender Neigung.
Freundeshände möcht' ich fassen,
Freundesthränen möcht' ich mischen
Mit den meinen, Freundesliebe
Mit der meinigen vergelten;
Und an seinem Arme möcht' ich
Schwärmerisch die Welt durchstreichen...

Da liegt der Hund begraben. Platen macht sich nicht klar, er verdrängt, daß er mit Brandenstein ganz andere Dinge tun will als ‚die Welt durchstreichen'. Eine gebetartige Klage in Terzinen, wieder ein erdachtes Zwiegespräch von 137 französischen Versen – nichts schafft Erleichterung. Am 27. Januar schreibt der arme Jüngling: „Oft ergreift mich eine kindische Raserey, ich umarme dann meine an der Wand hängenden Kleider, nur um etwas an das Herz zu drüken."

Gewinn dieses quälenden Monats war die Bekanntschaft mit einem neueingetretenen Offizier namens Dall'Armi, der einen Gruß von Schlichtegroll ausrichtete. Auch ergab sich eine Annäherung an den alten Kameraden Fritz Fugger, der bei den Chevauxlegers in Dillingen stand und einen längeren Urlaub in München verbrachte. Mit ihm diskutierte Platen lange über Müllners ‚Schuld', die er inzwischen ein zweites Mal gesehen hatte, ja aus der er den ganzen Tag über Verse aufsagte. Wir können ihn uns gut beim Zitieren jener berühmten Stelle aus dem zweiten Akt vorstellen: ‚Und –

erklärt mir, Oerindur, diesen Zwiespalt der Natur!' Er wird den auf ihn passenden Doppelsinn kaum bemerkt haben, denn Selbstironie war seine Sache nicht.

Ende Januar fror es heftig. Platen setzte sich hin und schrieb in fünf Tagen sein erstes vollständiges Drama, ‚Die Tochter Kadmus'. Es zeigt eine Verquickung mehrerer griechischer Sagenmotive, hauptsächlich Ino und Phädra. Dabei ist es durchaus kein Schicksalsdrama, wie wir nach der intensiven Beschäftigung mit Müllner annehmen könnten; vielmehr sind die Verwickelungen sämtlich Machenschaften einer intriganten Frauensperson, deren Motiv zurückgewiesene Liebe ist. Das Versmaß allerdings hat Platen von Müllner übernommen, ja die vierhebigen Trochäen reimen sich noch eleganter als die des Vorbildes. Das Stück ist dramatisch sehr ungeschickt, und der Dichter hat wohl nie an eine Veröffentlichung gedacht.

Manche ausgeschnittene Seite des Tagebuch-Manuskriptes zeugt von einem doppelten Vulkan in Platens armer Seele. Am 31. Januar nahm er sich vor, Brandenstein und Hornstein nicht mehr schriftlich zu erwähnen. Gerade neun Tage hielt er durch, denn der 10. Februar war einer von den Schicksalstagen: damals vor drei Jahren traf er Mercy, seine erste Phantasieleidenschaft.

Diesmal scheint der Tag nicht günstig gewesen zu sein, das Zeugnis davon fehlt im Tagebuch. Der Eintrag für den folgenden Tag ist ganz in Französisch; die 86 abschließenden Verse versuchen des Dichters komplizierte Gefühle zu beschreiben:

Comment les nommerai-je? Amour? Amitié? Trouble?
D'amour et d'amitié c'est un mélange double:*

womit er der Erkenntnis seines Zustandes um einen winzigen Schritt näher gekommen wäre. Verwirrung übrigens nicht nur in der Art der Gefühle, sondern auch in ihrer Adresse:

Zwey edle Herzen schlagen,	Zwey edle Herzen schlagen;
Wilhelm und Friederich,	Doch welches, muß ich fragen,
Um die mich Sorgen nagen.	Ach, welches schlägt für mich?

Die ernüchternde Antwort wußte er selbst am besten. Doch war mittlerweile bei ihm Hornstein eindeutig in den Vordergrund getreten. „Einsam und klagend" saß der Hochzeitsgast am Schreibtisch, während der Fasching durch die Straßen Münchens tobte. Gestern hätte er Hornstein auf der Hauptwache ansprechen können, allein er getraute sich nicht. „Ich gieng zu Hause und warf mich auf mein Bette in glühender Sehnsucht. O wie klein ist der Mensch!" Dieser Ausruf verrät, wenn nichts weiter, so wenigstens, daß Platen für den Augenblick die wahre Natur seiner Gefühle erkannt hatte. „Gott hat sie mir in seinem Zorn gesandt", schreibt er am nächsten Tag und setzt hinzu, ihm sei dies Verlangen zur Geißel geworden; gleich darauf fehlen 8 Blätter, das sind 16 Seiten im Manuskript.

---

* Wie soll ich sie nennen? Liebe? Freundschaft? Verwirrung? Aus Liebe und Freundschaft ist es eine doppelte Mischung.

10. HORNSTEIN

Am Aschermittwoch begegnete er Hornstein in der Theatinerkirche; „ich grüßte ihn, er dankte mir nicht einmal. Solch ein Bezeigen thut innig weh, wenn man (es) so innig hochschlägt." Daß hier etwas innig genossen wird, ist klar ersichtlich. „O seine Kälte machte mich nur noch glühender."

> Magst du lieben mich, magst du mich hassen,
> Magst mich misverstehen oder fassen;
> Wilhelm, ach, ich kann nicht von dir lassen!

Und so geht es noch zwölf Terzinen lang weiter. „Was er wohl sagen würde, wenn er diese Reime läse?" Besser, er bekommt sie gar nicht erst zu Gesicht:

> Niemand darf ich mich enthüllen,   Nur das Klagen und das Hoffen
> Fürchtend herben Spott;   Schenkte mir der Gott.

Schon im Januar, als Platen dies dichtete, erwog er, sich einem Freunde zu eröffnen, und zwar Schnizlein. Der habe für solche Dinge eigentlich keinen Sinn, doch sei er immerhin damals Zeuge des engen Verhältnisses zu Xylander gewesen. Jetzt, Mitte März, ermannte sich der Dichter und zog Schnizlein ins Vertrauen.

Der ging die Sache mit Vernunft an. Er kannte Hornstein von früher flüchtig; er tadelte Platens Leidenschaftlichkeit und riet zu großer Zurückhaltung. „Beweis' es ihm, sagte er mir, daß du ihm gut bist, sag es ihm nie." Im übrigen machte er Platen nur wenig Hoffnung auf einen Gleichklang der Gemüter. Diese kalte Dusche stachelte jenen aber nur noch mehr an, das verzweifelte Versteckspiel vor der eigenen Natur fortzuführen. Alle Sublimierungskünste werden aufgeboten: „Wie viele Freunde mag es nicht gegeben haben, deren erste Vereinigung durch die Betrachtung ihrer reinen Gesichtszüge entsprang. .. Uebrigens ist aber meine Leidenschaftlichkeit nicht Leidenschaft für Wilhelms Person, sondern nur der heiße Drang des ungestillten Wunsches." Was Drang und Wunsch sind, erforscht der Diarist nicht weiter. „Sey dem, wie ihm wolle; ich fühle, daß diese Neigung etwas Edles ist".

Ein paar Tage darauf trafen der Dichter und Schnizlein im Hoftheater, wo ‚Don Carlos' gegeben wurde, auf Hornstein. Platen saß den ganzen Abend neben dem Angebeteten. Auf dem Heimweg bemerkte Schnizlein, daß er in Hauptmann Hornstein und in seinen Reden nur einen gewöhnlichen Menschen entdeckt habe, daß er ihn der wahren Freundschaft gar nicht für fähig halte. „Dieser Gedanke ist schrecklich, entsetzlich, niederschlagend!"

Aus derselben Zeit stammt eine bittere Klage Platens, deren tiefe Verzweiflung nur zu verständlich ist und unser Mitgefühl erheischt. Wie weit ist doch der Weg vom Rosensohn hierher. Es seien nur wenige Verse daraus zitiert.

> Klagend muß ich an das Grab mich lehnen,
> Meines Glükes Ueberrest geweiht,
> Soll ich denn vertrauern und versehnen
> Meine Jugend, meine Rosenzeit?

> In dem blütenreichen Lenz des Lebens,
> Wo ein andrer Jüngling wirkt und schafft,
> Seh ich, trotz der Wärme meines Strebens,
> Das Verglühen meiner Lebenskraft!

23. März dachte er an Selbstmord. Äußerer Anlaß war ein besonders frustrierender Dienst: jeden Morgen von 7 bis 11 Uhr wurde ihm und anderen Offizieren ein neues Exerzierreglement in die Feder diktiert. Natürlich konnte diese Tätigkeit seine Gedanken nicht festhalten, sondern ließ sie in brütender Verzweiflung bei Hornstein verweilen. Nach ein paar Tagen war die Depression fürs erste überwunden. „O du großer, gewaltiger Amor," heißt es fünf Tage später im Tagebuch, „mit wie viel tausend und tausend Schlingen durchwebst du die ganze Welt! Wen bannst du nicht in deinem Zauberring? Mich nicht. Zwitterhafte Gefühle nährst du in meinem Busen, vor denen mancher schaudern würde; aber Gott weiß es, meine Neigung ist rein und gut."

Platens große Hoffnung war, mit Hornstein einmal allein des nachts auf Wache zu stehen. Es war eine Art Geduldspiel, aber nach einigem quälenden Hin und Her kam die Kombination endlich zustande. Das Ergebnis war niederschmetternd. „Am 9. April 1816. München. ..Ich bin derselbe Mensch nicht mehr, die Welt scheint mir nicht dieselbe.. Hier frommt kein Muth, hier frommt Nichts, nichts Anderes, als ewiges Vergessen. ..Was ich als Gnade erflehte, ward mir zur Strafe zu Theil.. So steh' ich in diesem Augenblicke, einer entblätterten Blume gleich..

Seine Sitten sind äußerst verderbt, seine Gespräche roh und flach; er ist gefühllos, wie ein Stein, und hat keinen Begriff von Liebe und Freundschaft." Hauptmann v. Hornstein war einfach mit sich und der Welt zufrieden. „Ich fragte ihn, ..ob ihm gar nichts zu wünschen übrig wäre? Eine Million, sonst nichts mehr auf Erden, war seine Antwort. Ich bemerkte, wie wenig das Geld glüklich mache. Wir sind keine überirdischen Geister, sagte er, die von Aether leben, wir sind Menschen von Koth und Staub und an das Gemeine gebunden. Wir müssen unsre Begierden befriedigen, unsren Hunger stillen. Dafür hilft das Geld. Wie beneide ich Sie, Herr Hauptmann, rief ich aus, um Ihre Wünsche; glüklicher Mensch, der nichts als eine Million wünscht. Ich habe alles andere, erwiederte er, denn ich bin gesund."

In der Nacht hatte Platen auch von seinen Gedichten gesprochen; es seien freilich Jugendwerke, nur für Freunde bestimmt und für den Druck ungeeignet. Nicht vor dem dreißigsten Jahr denke er an Veröffentlichung. „Wenn Sie," entgegnete Hornstein, „bis in ihr dreyßigstes Jahr warten wollen, so werden Sie nie etwas herausgeben, denn Sie werden keine dreyßig Jahre alt. Es thut mir leid, aber Sie sterben früh." Und siehe da, Platen nahm die Prophezeiung, die sich genau um zehn Jahre verschätzte, mit Gleichmut, ja Genugtuung auf. „Diese seine Grille hat etwas Tröstliches für mich.. O möchte deine Weissagung sich erfüllen, einst mir geliebter Mann! Wie sollte sie mir misfallen? Seh' ich doch, welch ein Leben ich führe, ein Leben, wovon eine strenge Hand die wenigen Blumen noch abstreift, womit die Fantasie sie bekleidete."

Das Lebenskapitel schließt mit fünf längeren Gedichten an den Geliebten, deren drittes in der Form den Inhalt weit übertrifft. Schlösser nennt sie dennoch und mit Recht „völlige Nieten."

Es spricht für Platen, daß er die Hornstein-Tagebücher nicht vernichtete, so sehr wir auch die fehlenden Partien heute vermissen. Es wird sich wohl um jene Stellen gehandelt haben, die ihm beim Wiederlesen den ‚unreinen' Kern seines Begehrens schmerzlich bewußt machten. Wir wissen nicht, wann jene Teile entfernt wurden, ob bald nach der Schlußredaktion von 1817 oder später; daß hier die Hand des Autors am Werk war und nicht eine andere, wollen wir hoffen. Gleichwohl scheinen anderswo ähnliche Stellen dem kritischen Auge entgangen zu sein. Im Heft 4 der Manuscripta Monacensia Plateniana findet sich eine Sammlung von Distichen ‚Gedanken der Liebe', die wahrscheinlich an Hornstein gerichtet ist, ohne den Adressaten zu nennen.

> Könnt' ich dich unsichtbar, und ätherisch umschweben, dann würd' ich
> Mengen mich unter die Luft, die um die Lippen dir spielt.

Das gemahnt an Anakreon, einen Dichter, den Platen damals noch nicht entdeckt hatte. Deutlicher, freilich unbewußt und sicher unbeabsichtigt, wird er in dem Epigramm ‚An einen schönen Jüngling', das im gleichen Manuskriptheft steht:

Der Hyazinthe vergleich' ich des Haupts ambrosische Loke,
    Feuriger Nelke das Aug, Knospen der Rose den Mund,
Einer Granate die Wange des Glühenden, doch die balsam'sche
    Purpurlilie flammt keusch und verborgen allein.

Diese Verse scheinen sich eher an Brandenstein zu richten. Oder spricht der Dichter am Ende gar von einem idealisierten Selbst?

Am Gründonnerstag nahm der innerlich entleerte Platen in der protestantischen Hofkapelle das Abendmahl. Vorher aber schrieb er ein Gedicht, in dem er Gott um Vergebung bat wegen seiner Leidenschaft für Hornstein: er, der alles Menschenmögliche getan hatte, um die Regung, zu der seine Natur ihn trieb, erst zu unterdrücken und dann zu sublimieren. Immer wieder folgte er dem ‚Wegweiser', dem Sittenkodex seiner Kirche und der bürgerlichen Gesellschaft seiner Zeit. Es kann nicht verwundern, daß die arme Seele nach der heiligen Handlung nicht mit Leib und Blut Christi erfüllt war, sondern immer noch mit Brandenstein. Der Dichter verbrachte traurige Ostern, während deren er Schnizlein auch diese zweite Liebe gestand.

Issel war inzwischen von seiner aufgeschobenen Italienreise zurück. Mit einiger Vorsicht hatte er bei Platen anfragen lassen, ob er ein Efeublatt vom Grabe Vergils als Geschenk annähme? Des Dichters Reaktion war gnädig, ja er hatte sogar den Wunsch nach einer Silhouette Issels geäußert. Jetzt kam ein an zwei Seiten offener Brief von Perglas*, der die Reliquie enthalten sollte; sie war aber herausgefallen. In dem Brief stand, Issel wolle den Schattenriss gern geben, doch möge Platen ihn mit einigen Zeilen selbst darum bitten.

---

   * Kürzere Briefe wurden damals meist ohne Umschlag verschickt. Der einseitig beschriebene Bogen wurde zweimal quer gefaltet, auf der einen Seite adressiert, sodann geschnürt und auf der anderen Seite versiegelt. Unsere langen (eigentlich: queren) Couverts erinnern an diese alten Briefe.

Der forderte nunmehr Issels Adresse von Perglas, nicht ohne ihn für seine Unachtsamkeit mit dem Efeublatt abzukanzeln. Perglas teilte sie in einem verständlicherweise „ziemlich groben Brief" mit. Man beachte, daß die beiden alten Freunde sich mittlerweile siezen!

Nun schrieb Platen an Issel unter der Anrede „Mein Herr!" ein gekränkt-hochfahrendes Billet, in dem er über Perglas' Nachlässigkeit klagte und für das nicht erhaltene Efeublatt dankte. „Zugleich ergreife ich diese Gelegenheit, Sie um Ihren Schattenriß zu bitten, den ich zu besizen wünsche, wie ich denn auch meine ferneren Bekannten, gewissermassen um mich zu haben liebe. Ich bitte Sie nicht einmal darum, sondern ich fodere es zum Ersatz für ein anderes Versprechen, das sie nicht erfüllten."

Auch hier also wieder ‚Sie' statt ‚Du'. Das Versprechen, von dem die Rede ist, kennen wir nicht; vermutlich handelte es sich um jenes kleine Bild, das Issel Platen zum Abschied schenken wollte. Ob vielleicht ein Zusammenhang besteht mit dem Gedicht ‚Du willst ein Lied', dessen Umstände ja auch unbekannt sind?

Die neu entfachte Leidenschaft für Brandenstein ließ Platen seine halbvergessene ‚Harfe Mahomets' vom vergangenen Sommer wieder hervorholen. Mit der zweiten, jetzt in Angriff genommenen Fassung hat das Fragment nicht gewonnen. Die Lektüre von Ariosts ‚Orlando Furioso', der Platen sich zur gleichen Zeit widmete, schlug komplizierend auf die Geschichte durch. Vier Personen anstatt zweier umstehen nun den entsagungsvollen Brandenstein. Aus dem Schäferknaben wurde des Ritters Gefährte Hugo, ein Minnesänger, hinter dem sich der Autor nunmehr verbirgt. 88 Stanzen entstanden bis zur Abreise des Dichters in die Schweiz; dann verdrängten die Reiseeindrücke Brandenstein, dessen Andenken ja der Motor des Ganzen war. Ein zweiter Ariost wäre Platen sowieso nicht geworden, gemessen an dem, was vorliegt.

Einstweilen aber beherrschte noch Federigo seine Seele. Der Dichter traf ihn auf einer Veranstaltung bei Hofe und folgte ihm, der früh das Fest verließ, in diskretem Abstand auf der Straße. Brandenstein aber hatte es bemerkt, blieb stehen, ließ den verlegenen Platen vorbei und fixierte ihn mit dem Stielglas. Wäre der lorgnettierte Leutnant ein anderer als Platen gewesen, hätte aus diesem Vorfall ein Duell entstehen können. Wir erfahren bei dieser Gelegenheit aber auch, daß der Angebetete kurzsichtig war; was einen Teil des „hochmüthigen Wesens", über das Platen öfters klagt, erklären könnte.

Die folgende Woche brachte ein freudiges Ereignis: Schlichtegroll hatte sein Studium in Erlangen beendet und war nach München zurückgekehrt. Beim Wiedersehen mit Platen schlug er vor, einen kleinen Freundeszirkel zu bilden, der an bestimmten Abenden zusammenkäme. Dabei war es dem Dichter klar, daß weder Schlichtegroll noch ein anderer ihm ersetzen könne, was er von Brandenstein erwartete.

Ein drittes Mal ging er in Müllners ‚Schuld'. Dort traf er Hornstein, doch setzte er sich nicht neben ihn und sprach ihn auch nicht an.

Schon in Nitry, auf dem Frankreichfeldzug, war Platen der Gedanke gekommen, aus seinem Gedicht ‚Der Hochzeitsgast' von 1813 etwas anderes und mehr zu machen. Damals hatte er begonnen, jenen Vorwurf unerwiderter Liebe in den Roman ‚Hinterlassene Papiere einer Nonne' auszuspinnen, war jedoch nach zwei Seiten steckengeblieben. Jetzt versuchte er, ein Ritterdrama zu dichten: zwei Männer und zwei Frauen lieben einander unglücklich im Kreis. Mehr als ein dramatisches Schema kam auch diesmal nicht zustande, doch sollte das Projekt Platen bis Ende 1818 beschäftigen.

Anfang Mai trieb den armen Jüngling „eine stäte Unruhe umher", die klimatisch leicht erklärlich ist. „Es geschah diese Tage manches Verdrüßliche, und da ich nie so reizbar war, als jezt, so ärgere ich mich ganze Stunden lang.. Sobald mir die Vernunft den Gedanken zuflüstert, daß Federigo nie der Meine werden wird, so möchte ich die ganze Welt zu Grunde richten." Die der Jahreszeit angemessene Lektüre von Boccaccios Dekameron ruft nur die alte Jungfer auf den Plan: sie rügt „die unzähligen lasziven Ausdrüke und Schilderungen, die zuweylen bis zu pöbelhafter Gemeinheit herabsinken." Das Dekameron sei noch schlimmer als Voltaires ‚Pucelle d'Orléans', die er kürzlich gelesen hatte.

Kleinstädtisches Banausentum, das die Wurst dem Buch vorzieht, Klerikalismus in der bayerischen Provinz geißelte Platen in einer galligen Epistel ‚Der Einzug in Ingolstadt' an den Freund Max Gruber, der dorthin versetzt worden war. Goethes ‚Hermann und Dorothea' hat hier offensichtlich Pate gestanden. Für die Restauration redet der Bürgermeister:

> Aber nun wendet das Blatt sich. Gottlob! und was sie den Zeitgeist
> Nennen, es geht wie ein Krebs, ihnen zum Trotze, zurück.
> Papst und Folter und Inquisition und Jesu Gesellschaft*,
> Schöner vierblättriger Klee, schmüke die Felder auf's Neu.
> Ja, sie nah'n, des Ignatius Söhne; ab obscoenitate
> Werden von ihnen auf's Neu heidnische Bücher purgirt.

Im Eifer war Platen ganz entfallen, was er selbst erst kürzlich über Voltaire und Boccaccio geschrieben hatte. Das Gedicht ist kulturhistorisch bemerkenswert, weil die darin vorgebrachte Kritik neunzig Jahre später, etwa im ‚Simplizissimus', Punkt für Punkt noch die gleiche ist: ein Zeugnis für die Zähigkeit des bayerischen Konservatismus. Gruber war amüsiert und antwortete liebenswürdig, er kenne die Epistel auswendig.

In einem Kaffeehause hatte unterdessen Schnizlein Brandenstein angetroffen und sich neben ihn gesetzt, um ihm zuzuhören. Er sei verständig, so berichtete der Freund, doch habe er einzig über das neue Reglement geredet! „Es kömmt nun darauf an", notiert Platen verdutzt ins Tagebuch, „ob jemand mein Freund werden könne, der sich stundenlang über ein Exercirreglement unterhält? Ich kann es kaum glauben." Und aus unbewußter Angst, sein Idol tatsächlich einmal kennenzulernen und dann enttäuscht zu sein, inszenierte er ein läppisches Zerwürfnis mit dem getreuen Schnizlein, das glücklicherweise nicht lange andauerte.

Die allgemeine Frustration und Regenwetterlaune mündete in eine große Selbstkritik. „Wenn ich das schlechte Urtheil betrachte, das ich selbst über mich fälle, so schaudere ich, wenn ich daran denke, was andere von mir halten mögen. ..Das sicherste Mittel, geliebt zu werden, sagt Boccaz, ist zu lieben. Ich liebe; aber niemand hängt an

---

* Der Jesuitenorden, 1773 aufgehoben, war 1814 von Papst Pius VII wieder hergestellt worden.

mir. Viele meiner Bekannten wurden durch meine Bizarrerien von mir abgeschrekt. Ich könnte artig, zuvorkommend, einschmeichelnd gegen die Menschen seyn.. so aber ist im Gegentheil ein Trieb in mir, jedem, der besonderen Antheil an mir zu nehmen scheint, durch eine Unfreundlichkeit wehe zu thun." Und wie zur Bestätigung dieser Selbstquälerei schnitt sich Platen ein paar Tage später mit großen lateinischen Lettern den Namen Brandenstein in den linken Arm, „obgleich nicht ohne Schmerz".

Angeregt durch die Lektüre des Epos ‚Nachtgedanken' von Edward Young, das am Beginn der empfindsamen Epoche steht, schuf Platen als Therapie für das alte Leiden seine umfänglichste Gedankendichtung: 14 ‚Morgen- und Abendbetrachtungen', poetische Gebete für die Tage der Woche mit einem Vorspruch, zusammen 721 Verse. Es sind verzweifelte Ermahnungen an sich selbst. Der ‚Wegweiser' entfaltet eine langatmige Rhetorik, in der sich deistische und theistische Elemente mischen:

> Laß mich dich sehn und finden, Gott, in Allem,
> Was mir begegnet und was mich umgiebt:
> Im kleinen Stern der zarten Winterfloke,
> Wie in dem großen Sirius = Gestirn;
> In jedes ernsten Schiksals Lebenseinfluß,
> Wie in des kind'schen Zufalls Tändeley.
> Dein Bild ist in den Teppich der Natur
> Gewebt ...

Da Platen „kalt gegen ihn war", hatte Schnizlein seine Bekanntschaft mit Brandenstein einschlafen lassen. Die selbstverschuldete Ausweglosigkeit brachte den Dichter auf die abstruse Idee, sich wenigstens den Schattenriß des Angebeteten zu verschaffen. Er begab sich in Zivil zu einem Silhouettenschneider und beauftragte ihn im Namen einer dritten, ungenannten Person, zu Brandenstein zu gehen und von ihm das Profil zu erbitten. Dieser verweigerte die Sitzung, wie vorauszusehen. Also schrieb Platen ein Billet auf Französisch, „theils, daß der naseweise Silhouetteur es nicht lesen konnte und theils, weil ich meine französische Schrift besser verstellen kann". Der Text lautet zurückübersetzt: „Seien Sie aufs Heiligste versichert, daß man von Ihrer Silhouette durchaus keinen schlechten Gebrauch machen wird, mit Ihrer gütigen Erlaubnis. Seien Sie so großzügig, einem Unbekannten zu glauben, der auf Ihre Gefälligkeit vertraut. Wollen Sie das abschlagen?" Brandenstein las die Nachricht lächelnd, blieb aber bei seinem Nein. So mußte Platen sich wieder mal in ein Gedicht verströmen:

> Wie? Auch nicht die kleinste Gunst gestatten
> Willst du dem, dem du geraubt die Ruh'?
> Grausamkeit und süße Milde gatten
> Sich in dir; ich traut' es dir nicht zu.
> Bat ich doch um nichts als deinen Schatten!

Als er am Isartor Wachdienst hatte, sah er Brandenstein öfters, da die Kürassier-Kaserne in der Nähe lag. Als der Angebetete zum viertenmal passierte, wünschte ihm Platen einen guten Morgen, was jener aber ignorierte. „Mein ganzes Traumbild gieng unter, meine Hoffnung erlosch." Endlich konnte er das hinschreiben, und es scheint im großen Ganzen dabei geblieben zu sein. Als Nachwehen entstanden noch einige fünfzig Stanzen der ‚Harfe Mahomets', wobei der Dichter schon früher bemerkt hatte, daß der Sohn der Phantasie, um den sich das Epos drehte, dem wirklichen Brandenstein „zu nicht geringem Vortheile" gereiche.

Ende Mai fragte Platen bei den Eltern an, ob er einen Urlaub in Ansbach verbringen könne. Die Antwort war negativ, da das Haus durch anderen Besuch belegt war. Also entschloß er sich, eine Reise in die Schweiz zu machen. Schnizlein hatte Schaffhausen als Standquartier empfohlen, und Platen wollte von dort aus zu Fuß mindestens nach Zürich, wenn nicht gar an den Vierwaldstätter See.

Gern hätte er Schlichtegroll überredet, ihn zu begleiten, ja er schrieb sogar eine poetische ‚Einladung zu einer Schweizerreise'; doch der Freund hatte andere Geschäfte und sagte ab. Der Dichter war ein wenig gekränkt.

Obwohl ihm der Kopf schon voll war von der geplanten Reise, brachte er es im Juni noch fertig, sich zwei literarische Arbeiten vorzunehmen. Einmal übersetzte er die ersten siebenundzwanzig Oden des Horaz in deutsche Prosa; nur die zweite, an Augustus gerichtete, ist erhalten. Schlösser meint höflich dazu, Platen habe einen Kampf auf Leben und Tod mit dem schwierigen Latein des Römers führen müssen.

Wichtiger ist die freie Bearbeitung der Bérénice von Racine etwa zehn Tage später. Die Handlung ist auf vier Personen beschränkt und des Dichters Hauptthema, die Entsagung in der Liebe, stärker hervorgehoben. Der Stoff ist dazu wohl geeignet: Antiochus liebt Berenike, Berenike liebt Titus, der jedoch aus Staatsraison auf sie verzichtet. Am ausgeführten ersten Akt zeigt sich, daß durch den Wegfall der Nebenrollen wenig gewonnen wurde. Was jene im Gespräch an Exposition liefern, das muß Antiochus nun als Monolog von sich geben, und was Platen wirklich kürzte, füllt er durch breite Ergüsse der Empfindung und Reflexion wieder aus. Das Ergebnis ist nicht dramatische Straffung, sondern Lyrisierung.

Kaum je habe er in zwei Monaten so viel gelesen wie in den beiden letzten, bemerkt der Dichter am Ende seines neunten Tagebuches. Groß erscheint der Mutter Schatten, wieder waren es fast nur Werke aus vergangenen Jahrhunderten: Miltons ‚Paradise Lost' und ‚Paradise Regain'd', die Maximen von La Rochefoucauld, Pascals ‚Pensées', deren Spiel-Konzept: Glaube als Wette auf ganz andere Zweifler als Platen gemünzt ist. Von Pitavals ‚Berühmten Rechtsfällen', jener Stoffsammlung für frühe Kolportage, die schon Schiller schätzte, konsumierte er sechs Bände. Er las zwei Bände aus der ‚Allgemeinen Geschichte' des Schweizers Johannes v. Müller, der vor sieben Jahren gestorben war. Er las Lichtenbergs ‚Vermischte Schriften'. Die Aphorismen, deren minutiöse Selbstanalyse ihm bekannt vorgekommen sein mag, kommentiert er beifällig. Aus Lichtenbergs Abhandlung zur Physiognomik notiert er den Gedanken, „daß man oft ohne es zu wollen, sich Züge und Geberden von Leuten angewöhnt, mit denen man sich viel beschäftigt, ohne ihnen deswegen innerlich ähnlicher zu werden. So überraschte ich mich oft im Spiegel auf einigen Zügen, die unstreitbar Federigo angehören, und die ich unwillkürlich von ihm angenommen habe."

An bedeutenden Lebenden nahm Platen außer Jean Paul eigentlich nur Goethe zur Kenntnis, und von dem auch nicht gerade das Neueste: ‚Iphigenie' und ‚Die Mitschuldigen', deren erotische Freizügigkeit die innere alte Jungfer als „sehr unmoralisch" empfand. Ein Gedicht von Byron wird erwähnt.

Seit er nach Frankreich gezogen war, hatte er über sechzig Gedichte geschrieben, davon etwa zwanzig patriotisch-politischen Inhalts, zwei Balladen. Die etwa vierzig rein lyrischen Gedichte haben fast ausschließlich unerfüllte Liebessehnsucht zum Thema. Die knappe Hälfte richtet sich an Brandenstein, ein Viertel an Hornstein.

Am 20. Juni machte Platen mit Lüder einen großen Spaziergang in den botanischen Garten (heute am Justizpalast) und zu den Fundamenten der Glyptothek, die Kronprinz Ludwig soeben legen ließ. Als das Gebäude dann stand, nannten die Münchener es den ‚närrischen Kronprinzenbau.'

Zwei Tage später erhielt der Leutnant die Bewilligung des Urlaubsgesuches. Sein Reiseplan war insofern geändert, als er jetzt „in ständiger Bewegung" sein wollte, bis hinauf auf den Gotthardt. Die höheren Kosten gedachte er aus einer Sondergratifikation für den Frankreichfeldzug und einem Geldgeschenk der Tante in Hannover zu decken. Die Mutter nannte es gleichwohl eine unnütze dépense. Natürlich reiste Platen in Zivil.

Bei den Freunden suchte er sich über die Schweiz zu unterrichten. Liebeskind gab Ratschläge, ebenso Dall'Armi, der sogar noch mit eigenen Zeichnungen aufwarten konnte. Schlichtegroll war zum Abschied so freundlich und bemüht um Platen, daß dieser ihm die Absage zur Schweizerreise verzieh. Von Gedanken an Brandenstein zeugt eine Lücke im Manuskript.

Am 25. holte er sich seinen Paß bei dem unfreundlichen Obersten. Am nächsten Morgen begleitete Liebeskind den Dichter zur Poststation. Er sah in den Wagen hinein, bevor Platen einstieg, doch sein saures Gesicht verriet, daß sich nicht die beste Gesellschaft darin befand: eine Magd und ein Handwerker mit Gesellen und kleinem Sohn. „Es ist mir aber gar nöthig, mich unter gemeines Volk zu mischen," ermutigt der Dichter sich selbst im Tagebuch, „und es freut mich, daß diese Reise mir hiezu Gelegenheit geben wird."

11. Schweiz

Wenn heute noch die Verbindung zwischen München und Lindau vernachlässigt ist und die Reise, gleich ob mit Bahn oder Auto, länger dauert als die nach Regensburg oder Nürnberg, wie beschwerlich war sie dann zu Platens Zeit, da Lindau erst elf Jahre zu Bayern gehörte. Über 60 Stunden mußte der Dichter im engen Kutschwagen zubringen, drei Tage und zwei Nächte. Kein Wunder, daß die Städte am Weg nur wenig Gnade fanden vor seinen Augen. Der alte, malerische Teil von Landsberg schien ihm häßlich. In Buchloe stieg die ganze Partie in den Postwagen um, der von Augsburg kam und bereits so voll war, daß eine Beichaise angespannt werden mußte. Mitten in der Nacht trafen die Reisenden in Kaufbeuren ein, das Platen „ein abscheuliches Nest" nennt. Beim Kaffeetrinken dort lernte er einen Herrn v. Wallmenich und zwei Brüder aus Augsburg namens Gombart kennen, die ebenfalls in die Schweiz unterwegs waren. Nach kurzer Pause ging die Fahrt sogleich weiter. Wer derart morgens in Kempten eintrifft, mag es leicht „traurig" und den „Sitz der Langeweile" finden. Von hier aus mußte Platen neben dem Postillon im Freien Platz nehmen. Anfangs schien das Wetter schön zu werden, die Reisenden stiegen aus und genossen, den Buchberg übersteigend, die Aussicht auf das tief im Tal liegende Kempten. Dann aber fing es an zu regnen, sodaß Platens Kleider „vom Rade besprützt wurden." Der Schwarze Grat, die schönsten Blicke aufs Allgäu verschwanden in grauen Wolken.

„Wohl zerrüttet und wohl zerschellt, wohl durchnäßt und wohl beschmutzt" traf er gegen Mitternacht des 27. Juni 1816 in Lindau ein und stieg, wie auch seine Reisebekannten, im Gasthof ‚Zur Krone' ab. Von seinem Zimmer aus konnte er am nächsten Tag den unruhigen Bodensee und darüber das grandiose Alpenpanorama mit dem schneebedeckten Säntis in Föhnbeleuchtung bewundern. Er stieg auf den Leuchtturm am Hafen und sah, wie sich auf dem See ein Sturm erhob mit hohen Wellen, die über die Stadtmauer spritzten. Das schlechte Wetter hinderte ihn, mit einem Salzschiff billig nach Konstanz weiterzureisen. Nachdem er einen Tag vergeblich gewartet hatte, nahm er Extrapost und fuhr über zwei Landesgrenzen hinweg durch liebliches Rebland in zehn Stunden nach ‚Mörsburg'. Von dort aus läßt sich der schmalere Untersee leichter überqueren. Wallmenich und die Gombarts waren über Land nach St. Gallen weitergereist.

In Meersburg besuchte Platen das Alte Schloß und nennt es einen Feenpalast, eine Götterhalle. Dreißig Jahre später sollte die mit ihm fast gleich alte Annette von Droste-Hülshoff hier als Gast ihres Schwagers einige Sommer und auch ihre letzten Tage verbringen.

Am Sonntag, den 30. Juni, ließ Platen sich bei Tagesanbruch über den See nach Konstanz rudern. Einen Tag verweilte er in der Konzilsstadt und besuchte am Nachmittag die Mainau, die des Feiertags wegen auch damals schon „ziemlich voll" von Spaziergängern war. Per Schiff gelangte er am nächsten Morgen nach Stein, wo er „zuerst das Land der Freyheit und der fürstenlosen Erde" betrat, und weiter nach Schaffhausen. Den „schneeweißen Staubregen" des Rheinfalls bewunderte der Dichter gebührend. Damals war der Strom noch voller Lachse. Eine „Camera clara, welche dem Wassersturz gegenüber, auf einem Insel = Thurm angebracht wurde, ist sehr merkwürdig." Es handelte sich wohl um eine camera obscura mit Umkehrlinse, deren Bild auf ein Leintuch projiziert und von der Rückseite betrachtet wurde. Die ersten Schritte zur Photographie sollten bald getan werden (Niepce 1822, Daguerre 1839, Talbot 1841).

Schaffhausen war die Vaterstadt des erwähnten verstorbenen Johannes v. Müller, den seine Landsleute den ‚Schweizer Tacitus' nannten. In seiner ‚Allgemeinen Geschichte' hatte Platen erst kürzlich gelesen. Leider scheint ihm Müllers große Schweizer Geschichte, ohne die Schillers ‚Tell' nicht denkbar wäre, unbekannt geblieben zu sein. Ihre Lektüre hätte diese Reise noch ganz anders beflügelt.

Eigentlich wollte er schon am nächsten Morgen zu Fuß weiter nach Zürich, wofür er acht bis neun Stunden rechnete. Die Entfernung beträgt 46 km, was einer Marschgeschwindigkeit von fünfeinhalb Kilometer pro Stunde entspricht; mit Rucksack oder Felleisen ein ganz hübsches Tempo. Allein der Himmel war „nur eine schwangere Wolke", sodaß der Dichter sich entschloß, vorerst im Gasthof ‚Zur Krone' zu bleiben. Er tat gut daran, denn heftiger Regen setzte ein.

An der Table d'hôte traf Platen eine Familie v. Günderrode aus Darmstadt, Verwandte jener armen Karoline, deren Lebensproblematik der seinen ähnelte, und die sich aus unglücklicher Liebe vor zehn Jahren in den Rhein gestürzt hatte; wovon er freilich nichts wußte. Mit zwei preußischen Schulinspektoren, die Geschäfte mit Müllers Bruder hatten, teilte er am folgenden Tag einen Mietwagen nach Zürich. Schon früher hatte er mißmutig bemerkt, daß in der Schweiz die Fuhrwerke mehrfach teurer waren als in Deutschland.

Im Hotel ‚Zum Schwerdt' fand er ein schönes Zimmer mit Blick auf den See. Platen war begeistert von der Stadt Zürich, ihrer Lage, ihren Einrichtungen. Bei Orell und Füssli kaufte er eine gute Karte von der Schweiz. Zusammen mit den beiden Lehrern besuchte er die Sehenswürdigkeiten, auch Lavaters Grab, auf dem sich „zwey Thränenweiden" erhoben. Das Waisenhaus findet Platens besonderes Lob. Die Zöglinge wurden soeben zu gymnastischen Übungen geführt. Turnvater Jahn hatte Vorgänger: Basedow, Lingg, Nachtegall.

An der Table d'hôte im ‚Schwerdt' traf Platen auf seine alten Reisegefährten Gombart und Wallmenich, die soeben aus St. Gallen eingetroffen waren. „Unser Schwerdtwirth," heißt es im Tagebuch, „thut alles, um seine Gäste zu vergnügen. Sowohl Mittags als Abends hatten wir Tafelmusik, nur war die leztere besser und zugleich mit einer Illumination verbunden, welche plötzlich durch eine geöffnete Thüre sichtbar wurde. Die Musik bey'm diner bestand nur aus einem Geiger, einer Geigerinn, und einem anderen Mädchen, das das Clarinett blies und abwechselnd Schweizerlieder sang. Der Wirth zeigte uns auch ein drittehalbjähriges Schaaf, das über 300 Pfund wiegt.. und so wild (ist), daß es nur durch einen Zaum kann gebändigt werden. So hat er auch einen Affen." Nur daß im Hotel keine Presse auslag, hält Platen für tadelnswert: „Es geschieht aus Industrie. Es ist nämlich ein eigenes Kaffeehaus vorhanden, wo man Zeitungen findet, und dafür eine entrée bezahlt. Uebrigens giebt es kein zweites ‚Schwerdt' mehr."

Mit Wallmenich besuchte er die Blindenanstalt, deren Einrichtungen er genau beschreibt: Spinnmaschinen und Papierstanzen in Buchstabenform, Vorläufer der Braille-Schrift. Durch die beiden Schulmeister lernte er schließlich noch Hans Georg Nägeli kennen, den Vater des Schweizer Männergesanges: „ein braver, und in seinem Fache gewiß sehr tieferfahrener Mann."

Platen beschloß, auf eigene Wege vorerst zu verzichten und sich den drei Herren aus Augsburg anzuschließen. Er ließ sein ‚porte-manteau' in Zürich und nahm nur einen ‚Büchsensak' mit auf den Weg. Welche Tagesetappen schon damals möglich waren, zeigt der 6. Juli: etwa 30 km bis Zug über Albis im offenen Wagen, des guten Wetters wegen; sodann im Boot nach Immensee, zu Fuß nach Küsnacht zu Tells Hohler Gasse; zurück nach Immensee; von dort weiter im Boot bis Arth am Südende des Zuger Sees. Hier wurde schnell ein Bergführer gemietet. Er versah die Reisenden mit langen Wanderstäben, unten mit eisernen Spitzen beschlagen; und obgleich es schon acht Uhr abends war, machten sie sich bei einfallender Nacht und dann bei Mondschein auf den Weg zum Rigi-Hospiz, das etwa 1000 m über dem Ausgangspunkt lag. Niemand sage, Platen habe kein Verhältnis zur Natur gehabt, bloß weil sie in seiner reifen Lyrik keine große Rolle spielt. Ihre Schilderung in den Tagebüchern ist zumindest hier begeistert und anschaulich. Nach nur wenigen Stunden Schlaf stieg die Gesellschaft weiter hinauf bis auf den Kulm des Rigi, um von dort, in 1800 m Höhe, die Sonne über Säntis und Churfirsten aufgehen zu sehen.

Drei Stunden blieb der Dichter auf dem Berg und genoß das Naturschauspiel. Dabei versäumte er nicht, im ausliegenden Gästebuch nach prominenten Besuchern sowie „hübschen Versen und impromptus" zu suchen. Das Buch war ziemlich neu, und so fand er nur Walter Scott, dessen Eintrag ihn enttäuschte. Er selbst empfahl sich mit ein paar biedermeierlichen Versen, die beweisen, daß Naturlyrik seine Sache nicht war. Dennoch sind sie von Bedeutung für sein Werk, denn in ihnen erscheint zum erstenmal Tourismus als poetisches Thema. Lyrische Reisebilder sollen später zu Platens berühmtesten Gedichten gehören.

Der Abstieg führte nach Weggis, von wo aus die Gesellschaft Luzern und den ganzen Vierwaldstättersee ausgiebig besuchte, mit Ausnahme von Küsnacht, wo sie ja schon gewesen waren. Am Rütli und an der Tellskapelle hören wir geradezu, wie Platen für seine Gefährten die passenden Schillerverse rezitiert, und wir denken einen Augenblick fünfundsechzig Jahre weiter, wo im Juli 1881 der junge Kainz vor König Ludwig II von Bayern am selben Orten das gleiche tat. Die Tellenplatte war zu Platens Zeit übrigens nur mit dem Boot erreichbar, denn die Axenstraße gab es noch nicht.

Weiter ging es das Reußtal hinauf zum Gotthard. Platen schildert sehr dramatisch den Weg von Göschenen durch die Schöllenenklamm und über die Teufelsbrücke nach Andermatt, wobei er, völlig überflüssig, Goethe und Schiller zu Hilfe ruft. Seine Prosa hat derartige Krücken nicht nötig.

In Andermatt wurde das Wetter schlecht, sodaß die Gesellschaft drei Nächte im Gasthaus ‚Zu den Drey Königen' verweilen mußte. Platen, wie aus einem Rausch erwachend, brachte die eben erwähnte Reisebeschreibung zu Papier. Bei Tisch geriet er mit Ludwig Gombart über tierischen Magnetismus in Streit. „Nichts ist mir verhasster, als die Schwärmerey. Es gibt kein ehrwürdiges Kleid, worein sie sich nicht hüllte, um dem verfolgenden Pfeil der Wahrheit zu entgehen." Dies wird noch rechthaberisch im Tagebuch konstatiert. Doch dann, im Bergnebel, der kein Oben und Unten kennt, in dem selbst die Zeit stillzustehen scheint, kommt nach dem Protestanten und dem Aufklärer der dritte, innerste Platen zum Vorschein.

> Hier selbst denk' ich auf des Gotthards Höhen,
> Wo des Winters Lüfte mich umwehen,
> Noch an Dich, und unser Wiedersehen.

Freudlos einsam am entleg'nen Heerde,
Denk ich dein mit sehnlicher Geberde,
Abgetrennt von der bewohnten Erde.

Ach, es sucht der Wandrer in der Ferne
Der Erinn'rung blasse Nebelsterne:
Selbst verweg'ner Thorheit denkt er gerne.

Leicht, wie Schnee, der hier bedekt den Felsen,
Leicht wie Schaum, den hier die Ströme wälzen,
Seh'n wir Glük und Lust und Freude schmelzen.

Traum ist jede irdische Erscheinung,
Wahn ist jede liebende Vereinung,
Und die einz'ge Wahrheit ist die Meynung.

Unnötig zu sagen, daß auch hier von Brandenstein die Rede ist. Doch merkwürdig: wie Felsblöcke im Nebel liegen die einzelnen Strophen da, fast könnte man sie untereinander vertauschen, ohne das Gedicht zu verändern. Die Bewegungslosigkeit von Zeit und Raum findet in diesen Terzinen ihren angemessenen Ausdruck. Solche ‚statischen' Gedichte sind bei Platen die Fortentwicklung des monotonen Klagelieds. Sie sagen von Anfang bis Ende immer dasselbe; ideal gesprochen, sind alle Teile gleichzeitig da, obwohl sie nacheinander gelesen und aufgenommen werden müssen. Sind dies nicht eigentlich Charakteristika der bildenden Künste? Die visuelle Komponente in Platens Poesie tritt auch hier zutage. Von diesem ersten lyrischen Reisebild führt eine Linie zu den venezianischen Sonetten.

Am Nachmittag des dritten Tages zogen die vier Deutschen mit zwei Trägern trotz ziemlich schlechten Wetters weiter. Als die Gesellschaft jedoch am nächsten Morgen den 2400 m hohen Furkapaß bestieg, war „der Himmel blau wie eine Veilchenwiese, und gleich tausendfarbigen Edelsteinen schimmerte der Thau auf den Alpen". Das blendende Weiß machte die Augen der Reisenden schmerzen. Der viele Schnee war die Folge des verregneten Frühsommers; seinetwegen mußte die Gruppe jene 1000 m, die sie von Andermatt aufgestiegen, im Rhônethal wieder hinunter, um von dort aus über den Grimselpaß ins Berner Oberland zu gelangen. Auf diese Weise bekam Platen noch den Rhônegletscher zu sehen, der ihm „einen seltsamen und greulichen Anblick" gewährte. Mit dieser Verdammung der hochalpinen Landschaft beweist er auch im sichtbar Schönen einen altmodischen Geschmack. Die Romantiker hatten den Reiz der extremen Natur längst entdeckt; Goethe freilich meinte von den ‚unklassischen' Landschaftsbildern Caspar David Friedrichs, man könne sie ebensogut auf den Kopf stellen.

In Obergesteln, dem Tagesziel, trafen die vier Reisenden mit verbrannten Gesichtern ein. Platen konnte des nachts, trotz aller Müdigkeit, für Stunden die Augen nicht schließen wegen des Gletscherbrandes, denn Sonnenbrillen gab es noch nicht. Am nächsten Morgen, bei der Überquerung des Grimselpasses, schützten die Reisenden ihre Gesichter dann mit „schwarzen Flören", die sie bei der Wirtin in Obergesteln „ziemlich theuer" gekauft hatten. Ein Tagesmarsch von elf Stunden, der einen erneuten Aufstieg von 700 m auf den Grimsel einschloß, brachte Platen bis nach Meiringen im Haslital, „eines der Paradiese der Schweiz." Die Strecke mißt heute auf Bundesstraßen 51 km, und selbst wenn der Grimselpaß (2165 m) damals auf steileren und kürzeren Serpentinen überquert wurde als heute mit dem Auto, bleibt die sportliche Leistung der Flachländer, mit nassen Füßen über spitze Steine und Bäche ohne Steg, doch sehr beachtlich.

„An der Handeck (Handegg), einer namhaften Sennhütte, machten wir Halt und aßen zwey Schüsseln des köstlichsten Raams, wie man ihn nirgends in der Ebene findet." Der Hunger muß groß gewesen sein, denn fast nie läßt Platen sich über so niedere Dinge wie Essen und Trinken aus. Seine mangelnde Sinnlichkeit in diesem Punkte sollte später zum Zerwürfnis mit einem wichtigen Freund nicht unwesentlich beitragen.

Weit schöner als der Rheinfall dünkten ihn die Stürze und Katarakte der Aare, deren Lauf er jetzt folgte. Dreimal nennt er sie tiberfarbig, und da er den Tiber nie gesehen hatte, müssen wir uns fragen, welche Farbe er meinte. Vergil, der zur gleichen Zeit im Tagebuch erwähnt ist, spricht einmal von ‚caeruleus Thybris', dem bläulichen Tiber. Noch eine Steigerung brachten die Reichenbachfälle, von denen Platen schreibt, sie seien „wo nicht das schönste, doch der allerschönsten Schauspiele eines," das die Schweiz zu bieten habe. „Man sieht weder Wasser noch Schaum, sondern nichts, als den dichtesten Staub, der sich, in Gestalt eines losgebundenen Büschels Pfeile, in einen von schauerlichen Felsen umgebenen Kessel hinabstürzt, und dann in leichten Nebelwolken wieder bis zum Himmel emporfliegt. Den göttlichsten Anblick gewährt der Regenbogen, der sich über diesem Wasserfalle bildet.. Wie ein ewig wirbelndes, und doch stets bestehendes Rad, beugt er sich siebenfarbig über die Fluth, und blau und golden malt er die grauen Steine." Durch dieses Paradies fließt die Aare, und wenn ihre Farbe der eines mythischen Tibers gleicht, so sehen wir ein anderes Mal, wohin es Platen eigentlich zieht.

Die Reisegesellschaft plante, per Schiff über den Brienzer See nach Interlaken zu fahren. Während einer Rast im Gasthofe zu Brienz erhob sich heftiger Gegenwind. Schiffer und der Reiseführer erklärten, es bestünde keine Gefahr, aber Wallmenich und der ältere Gombart zogen es vor, den Landweg am Nordufer des Sees zu nehmen. Platen und der jüngere Gombart ließen sich vom Wetter nicht beeindrucken, denn der Sturm machte das Schiff zu einer Wiege, wie es im Tagebuch heißt. Verglichen mit dem Bodensee ist der Brienzer freilich nur eine größere Pfütze, höchstens 3 km breit. Als das Schiff schließlich nach vielen Kreuzmanövern bei Interlaken landete, waren die Fußgänger schon eingetroffen, völlig durchnäßt übrigens, denn sie hatten ihre Regenschirme im Boot vergessen.

Interlaken bestand damals aus nur wenigen Häusern, hatte aber wegen der dort verabreichten Molkenkuren schon Fremdenverkehr. Molkenkuren waren im Biedermeier gegen Schwindsucht und vielerlei andere Leiden sehr in Mode. Von Interlaken

Ansicht von Thun. Nach einem Gemälde von G. Lory. (Reproduktion Zürich)

aus besuchten die drei Reisenden Lauterbrunnen am Jungfraumassiv, um den berühmten Staubwasserfall zu besichtigen.

An einem herrlichen Abend durchfuhren sie den Thuner See und blieben über Nacht in Thun. Am nächsten strahlenden Morgen nahmen sie einen offenen Wagen nach Bern. Platens Bericht ist ein einziger Preis der paradiesischen Landschaft und des bürgerlichen Reichtums entlang der Aare bis zur Bundeshauptstadt.

In Bern fand das öffentliche Leben damals wie heute unter den Arkaden statt. „Die Reinigung der Straßen wird von angeketteten Züchtlingen besorgt", heißt es im Tagebuch. „Das gewährt nun freilich keinen ästhetischen Anblik, allein es deutet doch auf Ordnung, auf Zurathehaltung aller Hülfsmittel." Vom „wahrhaft majestätischen Gebäude" des Armenhauses zeigt Platen sich ebenfalls beeindruckt: wer das Bürgerrecht von Bern hat, kann nicht in Not geraten. Umgangsprache der Gebildeten war Französisch. Eine Anekdote über den König Jerôme von Westfalen, der zu Bern im Exil war, fügt der Dichter noch hinzu: „Den zweyten Tag, als er hier war, giengen zwey Berner hinter ihm, die sich zuflüsterten, daß dieß einer von den korsischen Ex = Königen sey. Er wandte sich zornig um und fragte: ‚Est-ce-qu'il y a ici de la canaille?' ‚Oui,' erhielt er zur Antwort, ‚mais seulement de la boue d'hier.'* Weil er nämlich Tags vorher angekommen."

In Bern trennte sich Platen von seinen Reisegefährten, ein wenig steif, wohl weil er sie im Lauf der Zeit etwas liebgewonnen hatte. Das Bedauern über den Abschied war gegenseitig. Allein wanderte er zum Bieler See und ließ sich zur St. Peters-Insel rudern, wo Rousseau, von der Berner Regierung verfolgt, im Jahr 1765 für zwei Monate Asyl gefunden hatte. Ein ‚promeneur solitaire' grüßte den anderen. Die Gegend westlich von Bern ist lieblich, doch dem Oberland nicht zu vergleichen. Nach der euphorischen Aufnahme von Naturschönheit und der Trennung von gleichgestimmten Seelen überkam Platen Ernüchterung. Er bekämpfte sie, so gut er konnte, doch klingen die Verse, die er in Rousseaus Zimmer dichtete, bitter wie jemals.

> Freundlich liegst du vor mir, holde Insel,
> Schönste Abgeschiedenheit der Schweiz;
> Eines Claude Lorrain's Meisterpinsel
> Malt dich nicht in deinem ganzen Reiz.
>
> Was ich soll? Wer löste mir die Frage?
> Was ich kann? Wer gönnt mir den Versuch?
> Was ich muß? Vermag ich's ohne Klage?
> So viel Arbeit um ein Leichentuch!

Diese Strophe taucht in einem anderen berühmten ‚statischen' Gedicht wieder auf, das Platen für die Ausgabe letzter Hand zusammenzog**. Es ist verblüffend, wie des

---
* Gibt es hier Gesindel? – Ja, aber nur bei dem Kehricht von gestern.
** mit ‚Die Last der Lieb' und Ruh', zitiert im vorhergehenden Kapitel. Dazu Jürgen Link: „Mit sicherem Qualitätsgefühl muß Platen hier bereits den großen Weltschmerzton sozusagen Schopenhauerscher Resignation erkannt haben, an dem er dann bis zu den Venedigsonetten von 1824 weitergearbeitet hat."

Dichters sprudelndes Talent für Naturschilderung, von dem wir eben noch Beispiele hatten, jäh versiegt, wenn er sich seinem eigensten Gebiet, der Lyrik, zuwendet. Der Pilger hat dem Wegweiser wieder einmal die Gefolgschaft aufgekündigt. Es wird noch acht Jahre dauern, bis Platen die ihm entsprechende Form des lyrischen Reisebildes gefunden hat. Wir könnten uns vorstellen, daß er, unter einem anderen Stern geboren, vielleicht Lyrik hätte Lyrik sein lassen und ein guter Erzähler geworden wäre. Was Wunder, wenn die äußere Natur, selbst wo er sie liebt, in seiner Poesie keinen Platz findet, da diese Poesie doch künstliche Gegenwelt und Fluchtburg ist vor seiner inneren Natur, die ihn erschauern läßt. Nur da, wo Naturschönheit ihn überwältigt, daß er sich selbst und sein Unglück für Augenblicke vergessen kann, gelingt ihm deren Beschreibung – in Prosa. Um dies zu zeigen, folgten wir des Dichters Wegen durch das Gebirge so ausführlich. Die Abhängigkeit seiner Naturschilderung von Jean Paul ist auffällig: der veilchenblaue Himmel über der Furka könnte von ihm sein, ja der Regenbogen des Reichenbachfalles entspricht dem aus Pauls ‚Rede des todten Christus vom Weltengebäude herab, daß kein Gott sey'*, einem Regenbogen, der, ohne von der Schöpfersonne beschienen zu sein, hinuntertropfend über dem Weltenabgrund schwebt. Freilich wissen wir nicht, ob Platen den ‚Siebenkäs', der diese Vision enthält, je gelesen hat.

In Solothurn traf er unerwartet nochmals auf seine Reisegefährten. Zusammen besuchten sie eine Eremitage, die noch von einem ‚Waldbruder' bewohnt war. Die Freunde reisten sodann nach Baden weiter und boten Platen den vierten Platz im Wagen an. Allein der lehnte ab: „mir gefiel die Eilfertigkeit nicht, mit der sie aus der Schweiz fliehen. Mir behagt es noch so wohl, als je hier." Nach dem erneuten Abschied fühlte er freilich eine Art von Reue, nicht mit den Gombarts gefahren zu sein.

In Aarau suchte Platen den Historiker Heinrich Zschokke auf, in dessen ‚Bayerischer Geschichte' er unlängst, anläßlich der ‚Harfe Mahomets', noch gelesen hatte. Zschokke, ein gebürtiger Schlesier, ehemals ein Freund von Kleist, empfing ihn sehr freundlich. Abends an der Table d'hôte unterhielt der Dichter sich länger mit einem gebildeten Frankfurter Kaufmann; der wollte ihn eher für einen Niedersachsen als für einen Bayern halten. Platen notiert dazu ins Tagebuch: „Ich habe mir meine Aussprache selbst, und immer nach eigenen Ideen gebildet, die ich vom Wohlklange der deutschen Sprache habe." Ob nun mehr preußisch wie die Mutter oder hannoverisch wie der Vater: sicher war seine Aussprache entschieden norddeutsch.

Am nächsten Mittag nahm Zschokke den Dichter in seiner Kutsche nach Bad Schinznach mit, wo er seinen zur Kur weilenden Verleger besuchen wollte. Er gab Platen ein Paket mit Druckbögen seines Geschichtswerks für den Vater Schlichtegroll nach München mit. Während der Fahrt sprach er auch über die Kollegen. „Herrn Lang nannte Zschokke einen Mann von Verstand und Witz; aber einen giftigen Teufel. Auf andere noch lebende Geschichtsschreiber war er nicht gut zu sprechen." Am Anfang dieses Buches ist Lang ausgiebig zitiert.

Nachdem er noch eine Empfehlung nach St. Gallen erhalten hatte, verabschiedete sich Platen von Zschokke und bestieg die weitgehend verfallene Habsburg. Vom Turm

---

* Die betreffende Stelle aus Jean Pauls ‚Siebenkäs' ist im Apparat zitiert.

hatte er einen herrlichen Rundblick auf den Zusammenfluß von Aare, Limmat und Reuß. Sodann besichtigte er das Kloster Königsfelden bei Brugg, damals kantonale Irrenanstalt. Beide Sehenswürdigkeiten animierten ihn zu mäßigen Versen; das Gedicht ‚Kloster Königsfelden', von Schlösser hoch gelobt, ist gereimter Geschichtsunterricht, oder nicht einmal das, denn die Kenntnis der bedichteten Vorgänge, die der Leser heute im Reiseführer nachschlagen muß, wird einfach vorausgesetzt.

Am 25. Juli traf Platen wieder in Zürich ein. Das Hotel ‚Zum Schwerdt' war stark belegt, und er bekam diesmal nur ein Zimmer mit Blick auf die Limmat. „Der joviale Wirth thut stets noch alles zu seiner Gäste Unterhaltung", schreibt er; „gestern bey Tische machte er uns allerley Kunststüke mit der Serviette, die jedermann lachen machten." Welch starke Bindung der Dichter an seine Mutter hatte, zeigt ein Brief, den er am folgenden Tag an sie schrieb: „Ich kam gestern abend hieher zurück und empfieng aber nur 2 Briefe von Dir 358 und 360. In Lindau werde ich wahrscheinlich noch einen erhalten. Den in Schaffhausen, wo ich nicht mehr hinkommen kann, werde ich mir zu verschaffen suchen". Ins Tagebuch jedoch notierte er: „Es ist heute einen Monat, seit ich von München abreiste. Nicht meiner körperlichen Gesundheit allein, auch meiner geistigen war diese Reise gewogen. Der freie Anblick der schönen, großen Natur hat allmählig viele schiefe und übertriebene Ideen verdrängt, und den reinen Geist immer mehr zur einfachen, ruhigen Vernunft aufgeklärt." Platen sollte erfahren, daß die Heilkraft eines Ortswechsels bei seelischem Leid nicht von Dauer ist. Dennoch war die wohltätige Wirkung des Reisens auf seinen Zustand so exemplarisch, daß er, je mehr es ihm im Lauf der Zeit möglich wurde, umso öfter zu dieser Medizin griff. Die letzten zehn Jahre seines Lebens sollte er fast nur noch unterwegs sein.

Mit wenig mehr als acht Dukaten in der Tasche und bei wolkenlosem Himmel machte er sich frühmorgens zu Fuß auf den nördlichen Uferweg entlang des Zürichsees. Für die 3 km von Herrliberg nach Meilen nahm er ein Schiff, um auch auf diesem See gefahren zu sein; und obwohl er sich an einer lieblichen Schattenstelle niederließ, um seine Empfindungen in einige Verse zu gießen, war er schon vor Mittag in Rapperswyl. Seinen Mantelsack, den er in Zürich vorgefunden, hatte er sogleich nach St. Gallen weitergeschickt und trug wieder nur den ‚Büchsensack' auf dem Rücken. Wir fangen an, den Versicherungen Schlichtegrolls über den kräftigen Körperbau des Dichters Glauben zu schenken, wenn wir bedenken, daß er so in fünf Stunden 30 km zurücklegte. Freilich hatte er sich ja schon auf dem Frankreichfeldzug vom vergangenen Jahr als ausdauernder Marschierer erwiesen.

In Rapperswyl entschloß sich Platen, nicht nach dem Kloster Einsiedeln, sondern nach Glarus weiterzuwandern. Über die Seebrücke nach Hurden, durch den Kanton Schwyz nach Niederurnen, wo ihn die Dunkelheit überraschte, sind es weitere 27 km; dort nahm er einen offenen Wagen für die letzten 11 km nach Glarus. „Es war kein Mondschein; aber ein Heer von Sternen tanzte um die drey breiten Gipfel des gigantischen Glärnisch". Wieder ein Naturbild wie von Jean Paul! Platen stieg im ‚Goldenen Adler' ab, den er einen der besten Gasthöfe der Schweiz nennt. Mit Genugtuung bemerkt er, daß die zwanzigtausend Einwohner des Kantons vorwiegend reformiert seien. „Man kennt es gleich an der Emsigkeit und dem zuvorkommenden Wesen der

Leute. In der katholischen Schweiz wimmelt alles von groben und trägen Bettlern." Das geht auf den Kanton Schwyz. Die Begeisterung für das reformierte Glarus wäre vermutlich geringer gewesen, hätte Platen gewußt, daß hier erst vor 34 Jahren der letzte Hexenprozeß (gegen eine Stallmagd, mit Folter und Todesurteil) stattgefunden hatte.

Noch am selben Tag, dem 28. Juli, fuhr er bis nach Niederurnen zurück und wanderte von dort nach Wattwil und Lichtensteig, wo er über Nacht blieb. Am nächsten Tag ging er bei regnerischem Wetter durch das Toggenburger Land nach Herisau; von hier wandte er sich nicht nach St. Gallen, sondern nach Appenzell, um auf dem Weg eine Felsklamm und noch den letzten Wasserfall dieser Reise zu besichtigen. Gegen Abend setzte dann Dauerregen ein, der ihn bis zum folgenden Mittag im Gasthaus zu Appenzell festhielt. Als der Regen nachließ, nahm er einen Wagen nach St. Gallen.

Dort besuchte Platen am anderen Morgen den Mann, an den ihn Zschokke empfohlen hatte: Doktor Stäff, der ihn aufs freundlichste empfing. Im eigenen Wagen zeigte er, trotz des regnerischen Wetters, dem Dichter die Sehenswürdigkeiten der Stadt und der Umgebung. Am 1. August war der Himmel freundlicher, und Platen überlegte, ob er noch zu Fuß ins Rheintal sollte. Doch gab er den Plan wegen des drohenden Hochwassers auf.

Die Ostschweiz scheint damals billiger gewesen zu sein als das übrige Land, denn mit dem Rest der zwanzig Dukaten, die er von Zürich her übrig hatte, konnte er jetzt noch Dr. Stäff zum Essen einladen und einen Wagen nach Rorschach nehmen; vom Gasthaus dort und der Bootspassage nach Lindau gar nicht zu reden. Die Schweizer Leser dieses Buches wird das Résumé erfreuen, das Platen von seiner Reise zog, und die anderen, soweit sie die Schweiz kennen, ebenfalls, denn es regt zum Vergleich mit heute an.

„Die Schweitzer gefielen mir im Ganzen mehr, als sie mir misfielen. Artig, den Kanton Bern ausgenommen, habe ich sie nicht gefunden. Sie sind stolz auf ihre Nation. Ich glaube, daß sie derselben Großthaten noch fähig wären, wie ehmals. Das gemeine Volk scheint mir im Ganzen verständiger als das deutsche, was von ihrer Verfassung herstammt. Religionshaß herrscht noch viel mehr als bey uns. Habsucht scheint ein allgemeiner Fehler; aber dabey auch die Ehrlichkeit eine allgemeine Tugend. Die Einwohner eines Ortes, in dem einem Fremden etwas gestohlen wurde, würden es Jahre lang nicht vergeßen können. Das Wort Gesetz ist bey ihnen viel heiliger, als bei uns. Was das Äußere betrifft, sind die Weiber hübscher als die Männer, und weniger zurükhaltend kann man sie auch nennen. Die Reinlichkeit ist augenscheinlich größer als bey uns.. Die Gasthöfe, die in der Schweiz fast eben so häufig, als bey uns sind, sind theurer, doch viel besser als die deutschen. So fand ich das Land und die Menschen, und nur ungern nehm' ich Abschied von der großen Schweiz."

Volle fünf Stunden brauchte das Schiff von Rorschach nach Lindau. Im selben Zimmer des Gasthauses ‚Zur Krone', das er auf der Hinreise bewohnt hatte, schrieb Platen: „Hier beginne ich denn das elfte Buch dieser Lebensblätter; wird in diesem das Reich der Vernunft beginnen?" Und in geradezu rührender Weise, wie um künftiger Seelenpein tröstend vorzubeugen, interpretiert er sich alle scheinbar widrigen Zufälle der eben vollendeten Reise als Beweis für „die Vorsehung und waltende Güte Gottes, die wir blinden Menschen so oft verkennen." Ein geplanter Ausflug nach Bregenz fiel wegen schlechten Wetters aus. Am 3. August abends bestieg Platen die Diligence nach München.

12. Ansbach

Zwei Nächte und anderthalb glühend heiße Tage dauerte die Fahrt in der engen Kutsche von Lindau nach München; Platen schwor, sich nie wieder einer so langen Tortur auszusetzen. Seufzend legte er die steife Uniform an. Oberst v. Theobald empfing ihn kalt wie gewöhnlich. Am nächsten Morgen stand er auf dem hochsommerlichen Marsfeld und mußte „Rekruten abrichten".

Gern hätte er die freundliche Frau v. Harnier besucht, doch sie war soeben aufs Land gereist. So blieben ihm für die freien Nachmittage nur lange Spaziergänge und Abende im Kaffeehaus mit den Offizierskollegen. An Dall'Armi, der für Geschichte Interesse zeigte, schloß er sich ein wenig an.

Nun erst, da er Zschokkes Druckbögen zu überbringen hatte, wurde Platen dem Vater Schlichtegroll vorgestellt. Am nächsten Tag besuchten August und Nathan ein Panorama von St. Petersburg: diese transportablen Riesengemälde auf Leinwand, als geschlossene Hohlzylinder aufgeschlagen, waren im ganzen neunzehnten Jahrhundert große Mode. Man betrat den von oben erhellten Zylinder durch einen dunklen Gang und eine Wendeltreppe von unten her; der so erzielte Lichtkontrast verstärkte den Effekt des Rundgemäldes. Panoramen werden in Platens später Lyrik eine wichtige Rolle spielen.

Xylander war von Würzburg nach Landau versetzt worden und dazwischen zehn Tage lang in München gewesen. Platen hatte ihn zu seinem großen Leidwesen versäumt. Doch diese traurige Dienstperiode, die dem Schweizer Urlaub folgte, barg auch Trost: die meisten anderen Freunde waren in München versammelt, Liebeskind, Schlichtegroll, Lüder, Dall'Armi, ja sogar Gruber kam auf sechs Wochen von Ingolstadt herüber. Ein wichtiges Gesprächsthema war damals ‚der Staat', ein nicht nur in Bayern aktuelles Thema. Überall im Deutschland der Restauration wurden landständische Verfassungen diskutiert, die den nationalen und liberalen Kreisen kaum genügen konnten. Soeben hatte Platen, meist auf Wache, Fichtes ‚Bestimmung des Menschen' gelesen, dessen Lehre von der Autonomie er etwas eigenmächtig auf ganze Völker übertrug. Es verwundert daher nicht, ihn, der noch vor kurzem persönliche Freiheit in der ‚fürstenlosen' Schweiz genossen hatte, eine konstitutionelle Verfassung befürworten zu sehen. Erstaunlicher ist schon, daß Liebeskind und Schlichtegroll für die unumschränkte Monarchie eintraten. Platens Liberalismus oder gar Republikanismus war freilich so konsequent und proto-jungdeutsch wieder nicht, wie es auf den ersten Blick scheint. Wir werden darauf zurückkommen.

Etwas schlägt die Saure-Gurken-Zeit auch bei Platens Tagebüchern durch. Auf der Parade erschien Prinz Karl, Bruder des Kronprinzen Ludwig, der das Münchener Generalkommando übernommen hatte. „Dieser schöne, aber gekenhafte Prinz, der ganz aus Einbildung und Eitelkeit zusammengesezt ist, machte sich durch seine äußerste Affektion lächerlich."

In der Art des Plutarch wollte Platen die Biographien Heinrichs IV von Frankreich und Wilhelms III von England gegenüberstellen. Was hätte er wohl gesagt, wenn er beim Quellenstudium auf des Oraniers Homosexualität gestoßen wäre? In Schillers ‚Allgemeinen historischen Memoires', die er zu Rate zog, steht freilich nichts davon. Weit ist das Projekt nicht gediehen.

Über Wilhelm kam Platen bald auf Ludwig XIV. Die Memoirenwerke von seinem Hof wurden seine nächste wichtige Lektüre. Leider zieht er de la Fare dem anerkannt besten Chronisten, Saint-Simon, vor. Die ausgezeichneten Briefe der Mme. de Sévigné kennt er nicht; umso mehr preist er die drastischen der Herzogin von Orléans (Liselotte von der Pfalz), deren Humor er jedoch nicht bemerkt. „Wahre Natürlichkeit.., Scharfsinn und Verstand, ein Erbtheil ihrer reformirten Erziehung und Tugendliebe, wenn auch an dem verdorbensten Hofe, wo die unnatürlichsten Laster gang und gäbe waren, sprechen aus allem was sie schrieb." Die alte Jungfer in Platen aigriert sich wieder mal, und zwar über Monsieur, Liselottes Mann, den Bruder des Königs. Unentwegt klagt sie über seine Männeraffären.

Hätte Platen der witzigen, gar nicht zimperlichen Liselotte doch nur etwas von ihrer „wahren Natürlichkeit" abgesehen! Als er etwas später den „zarten" Tasso gegen den „lasciven" Ariost ausspielt, klingt es, als spräche da nicht ein junger Leutnant, sondern die Leiterin eines Mädchenpensionats, und eine bornierte obendrein.

Und noch einmal sollte die alte Jungfer in Platen triumphieren! Am letzten August auf der Parade übergab ihm Schönbrunn einen Brief von Perglas: er schäme sich seiner früheren Fehler und suche dringend Versöhnung mit dem Freund. Nur dessen Ermahnungen verdanke er es, kein Wollüstling geworden zu sein. „Durch Verhältnisse" sei er endlich „zu einem geräuschlosen Leben gebracht worden". Was diese ‚Verhältnisse' waren, wissen wir nicht; Bornstein spricht vage von einer seelischen Krise. Ein religiöser Schub, der oft im Übertritt zum Katholizismus mündete, war ja große romantische Mode: man denke nur an den jüngeren Schlegel, an Werner, Brentano. Auch Platen sollte sich vorübergehend dem Christentum zuwenden und später sogar einen wichtigen Freund durch ‚Bekehrung' verlieren. Wenn jetzt freilich Perglas schrieb, er bete wieder mit Andacht und meide die Gelegenheit zum Bösen, so machte das auf den Dichter wenig Eindruck. Dennoch akzeptierte er geschmeichelt das Angebot.

In den letzten Augusttagen ließ er seine Pläne für die Königs-Biographien fallen und wandte sich seiner eigenen Lebensbeschreibung zu. Er fing an, aus den alten Notizen eine fortlaufende Erzählung zu machen, den Tagebüchern also die Form zu geben, die sie heute haben. Im Herbst 1816 enstand so das ‚Erste Buch', das von der frühen Jugend bis zum Ende der Kadettenzeit reicht.

Etwa zur gleichen Zeit hatte er ein langes Gedicht ‚Schweizergemälde' verfaßt. 21 Stanzen schildern die Reise von Lindau bis an den Bieler See. Wir können den boshaften Gedanken nicht unterdrücken, daß auf Platens Münchener Schreibtisch von der abgebrochenen ‚Harfe Mahomets' her noch eine Menge unbenützter Stanzen-Hülsen herumlagen, die so ökonomische Verwendung fanden. Es berührt sympathisch, wie der junge Mann seine Reise als Abenteuer empfindet und sie in der epischen Form, die er bei den Italienern und Wieland vorgefunden hatte, zu schildern sucht. Doch kann schlichter Tourismus eine fortlaufende Handlung, auf der das Epische nun einmal beruht, nicht ersetzen; auch lassen sich Landschaftserlebnisse in ottave rime nicht so vermitteln wie in der Prosa des Tagebuchs. Lüder, der das Stück zu hören bekam, riet dem Dichter, es beim Tübinger ‚Morgenblatt' einzusenden. Als es dort nicht angenommen wurde, fühlte der sich in seiner Schriftstellereitelkeit „auf geraume Zeit wieder gedemüthigt."

Die Aussöhnung mit Perglas kam leider nicht voran. Der Freund sei ihm entbehrlich, schreibt Platen in sein Tagebuch: „ich fand etwas um sich Greifendes in ihm, etwas das Verbindlichkeiten nehmen und geben wollte."

Längst war die heilsame Wirkung der Schweizerreise verflogen. Am 20. August endlich fällt der Name, um den der Diarist sich lange herumgedrückt hatte: Federigo, und er beklagt Brandensteins Abwesenheit. In den ersten Tagen des September meinte er, mit einer erdachten, völlig unerfüllbaren Herzensleidenschaft sei immer noch besser zu leben als mit gar keiner. „Wäre ich unglüklich, ich würde glüklicher seyn...Etwas Großes und Reizendes muß uns anziehen. Wenn ich verliebt wäre, ich würde geborgen seyn." Wieder ist es die narzißtische Spiegelung, die aus dem Chaos den Kosmos machen soll. Der Wegweiser schweigt, von keinen rätselhaft-weisen Weltplänen eines Schöpfergottes ist mehr die Rede. Dem Pilger aber bleibt nur die Wahl zwischen dem Nichts und erträumten Welten: ‚Feenpaläste' nannte er sie früher. „Die Fantasie muß der Wirklichkeit nachhelfen. Also soll ich mich selbst betrügen? ..Soll ich wissen, daß ich träume, und doch nicht die Augen öffnen wollen?" Zwar zeugt diese Haltung von starkem Ästhetizismus; doch ist die Nähe zu Nietzsches apollinischem Prinzip nur scheinbar. Platens erträumte Welten sind nicht autonom, sondern bleiben stets mit Gott, an dessen Existenz er zwar zweifelte, aber doch letztlich hoffend glaubte, auf unklare Weise verbunden.

Mitte September besuchte er zum vierten Male Müllners ‚Schuld'; er rezensiert sie, offenbar aus Mangel an sonst Mitteilenswertem, eingehend und kritisch im Tagebuch.

Die große Hitze war vorüber. Nun verbrachte der Dichter schöne Herbsttage mit seinen Offiziersfreunden auf weiten Spaziergängen entlang der Isar. Es läßt sich wirklich nicht behaupten, daß der Militärdienst die jungen Herren besonders beansprucht hätte. Schlichtegroll und Dall'Armi waren von einer kurzen Urlaubsreise zurück, die bis an den Schliersee geführt hatte. Im Englischen Garten mußte Gruber, bevor er wieder nach Ingolstadt ging, Goethes gesamten ‚Tasso' durchnehmen. Platen liebte diese Figur, den unverstandenen Dichter, in dem er sich selbst wiedererkannte. Als er kurz darauf die ersten Szenen seines ‚Hochzeitsgastes' nach dem Plan vom Frühjahr ausführte, in Jamben und auf vier Personen reduziert, stand er deutlich unter Goethes Einfluß.

Schon im Sommer hatte ihm die Mutter einen Aufenthalt zuhause für den Herbst angeboten. Es verwundert, daß der Leutnant, der doch eben erst Urlaub hatte, im Oktober schon wieder welchen bekam, und zwar gleich für drei Monate! Doch nach dem Verschwinden Napoleons waren die Armeen Europas einfach zu groß; die bayerische machte da keine Ausnahme. Wenn Platen an die Eltern von rückständigen Gagen schreibt, so können wir uns ausrechnen, daß es sich um unbezahlte oder teilbezahlte Urlaube handelte und daß die Armee sie wegen der angespannten Finanzlage großzügig gewährte. Solche Urlaube nützten freilich nur dem, der von der Gage nicht leben mußte. Aus der Korrespondenz mit den Eltern wissen wir, daß der Leutnant die ganze Zeit über regelmäßig Unterstützung von zuhause erhielt. Anders hätte er seine große Reise gar nicht finanzieren können. Also kündigte er seine Wohnung auf Mitte Oktober und deponierte seine Bücher bei einem Freunde.

Seit seiner Rückkehr von der Schweiz bemerkten wir eine deutliche Abnahme in Platens poetischer Produktion. Wir wollen diese relative Ebbe, die zweieinhalb Jahre dauern sollte, zum Anlaß nehmen für einen Blick zurück auf jene rund zweihundertunddreißig Gedichte, die Erich Petzet in den Bänden V und VI der kritischen Gesamtausgabe bisher zählt. Des Dichters Jugend neigt sich ihrem Ende zu, und diese Gedichte machen sein eigentliches Frühwerk aus.

Die Fee Pfefferlüsch präsentierte dem Rosensohn eine Büchse voller falscher Nadeln, die alle der entwendeten Zaubernadel glichen. Welche darunter war die echte? Platen probierte in seiner Jugend alle nur denkbaren poetischen Formen aus. Es fiel ihm dies zunächst sehr leicht, wurde jedoch schwerer, je mehr er sich literarisch bildete und damit Selbstkritik zu üben begann.

Ebenso unbekümmert, wie der Knabe mit den Formen spielte, springt der junge Dichter mit Fremdsprachen um. Kaum hat er ein wenig französische und englische Poesie gelesen, so fängt er an, den fremden Meistern Konkurrenz zu machen. Daß er von den Sprachen, mit denen er hantiert, keine wirkliche Kenntnis, sondern nur eine blasse Ahnung hat, bemerkt er nicht. Es ist, wie wenn ein altkluges Kind wenige Dominosteine hin und her schiebt.

Ähnliches stellt Jürgen Link für die deutsche Jugendlyrik fest. Wenn es den Vorgängern von Goethe bis zu den Romantikern um den spontanen Ausdruck individueller Seelenstimmungen ging, so will Platen mit seiner Poesie ein unzerstörbares Spiegelbild seines erotischen Ideals herstellen. Keineswegs war er ein kraftloser Epigone, des ‚lebendigen Volksliedtons' unfähig, wie ihm oft vorgeworfen wurde. Wir erinnern uns der Liedstrophen vom Sommer 1814 ‚Durchschweif' ich den Laubhain moosigkühl': für das schöne spontane Erleben, auf das Platen verzichten mußte, setzte er den ‚schönen Plan' seiner Poesie. Damit knüpft er an jene Vorbilder aus Renaissance und Barock an, die er so ausgiebig studiert hat. Es ist gar nicht seine Absicht, der spontanen Erlebnislyrik des jungen Goethe und der Romantiker Konkurrenz zu machen.

Bei aller handwerklichen Solidität haben Platens Jugendgedichte etwas kitschig-Sentimentales, ja unfreiwillig Komisches. Erst 1969 fällt in der Diskussion das Stichwort Friederike Kempner, und wir wundern uns, warum so spät. Das weinerlich-gezierte Pathos, das den jungen Dichter kennzeichnet, wurzelt im mittleren achtzehnten

Jahrhundert, in Rokoko und Empfindsamkeit. Wie bei den Formen und Fremdsprachen war Platen auch hier unbekümmert im Nachahmen der Vorbilder. Freilich stand er damit nicht allein. Der poetische Gestus galt bei den führenden Geistern der Zeit zwar als abgenutzt, ‚abgeschmackt‘, wie man damals sagte; doch beherrschte er noch die gesamte Trivialliteratur des Biedermeier, nicht nur die Lyrik, sondern auch den Roman von Clauren bis Vulpius sowie die Bühne von Werner und Kotzebue bis zu Müllner und Houwald. Die Gerechtigkeit fordert freilich den Hinweis, daß auch der junge Schiller meistens ‚so‘ dichtete – und gelegentlich selbst der alte Goethe. Wenn wir über Friederike Kempner lachen, so gilt unsere Heiterkeit weniger dem neunzehnten als dem achtzehnten Jahrhundert. Auch sie meidet die Spontaneität von Sturm, Drang, Romantik und hält sich stattdessen an ältere Vorbilder. Ihr Genie bestand darin, das abgenutzte Pathos einer längst versunkenen Epoche in tiefster Provinzialität bewahrt zu haben und die plattesten Klischees von damals auf aktuelle Themen anzuwenden.*
Seitenweise klingt ihre Poesie wie die des jungen Platen. Diese Lyrik, zwei Generationen älter als die Kempners, war zu ihrer Zeit freilich nicht gar so lächerlich und aus der Mode, nur eben etwas ‚abgeschmackt‘. Es lohnte eine Untersuchung, inwieweit sich die Dichtweisen des jungen Homosexuellen und der alten Jungfer ähneln. Der Beweggrund: Poesie als Surrogat für unerfülltes und unerfüllbares Erleben, ist dem deutschen, das heißt: vor-italienischen Platen und dem schlesischen Schwan gemeinsam, und hier treffen sich ihre Tragik wie ihre Komik in der Hauptsache. Jürgen Link will in seinem letzten Kommentar zu Platens Jugendlyrik gar nicht glauben, daß all dies Pathos ernst gemeint sei, er hört da „bittere Selbstverspottung mitklingen" und findet eine punktuelle Nähe zu Heine. Doch Selbstironie war dem Dichter Zeit seines Lebens fremd, und die Beispiele von ‚Formironie‘ lassen sich an wenigen Fingern aufzählen. Auf welche Weise sich die unfreiwillige Komik Platens von der Kempners unterscheidet, wird uns noch interessieren.

In Ansbach angekommen, nahm er sich das Griechische vor, um Homer im Original lesen zu können; dann aber auch die Redaktion und Abschrift der ältesten Tagebücher, sowie eine Revision der Gedichte. Leider ereilte ihn sein Schicksal schon am ersten Abend in Gestalt eines jungen Kavallerieoffiziers namens de Ahna, den er auf einer Gesellschaft kennenlernte. Um die innere Ruhe des armen Platen war es wieder einmal geschehen.

An seinem zwanzigsten Geburtstag nennt er im Tagebuch seine „liebsten und kühnsten Wünsche": Dichterruhm, eine diplomatische Laufbahn und Brandensteins Bekanntschaft. Doch macht er sich keine Hoffnung, daß ihm auch nur einer in Erfüllung gehen werde. Es folgt eine Bemerkung, die anzeigt, welche Macht das Elternhaus, das heißt die Mutter, auf ihn ausübt: „Ich kann hier wohl und zufrieden leben. Nur fühle ich, daß das Verhältniß des erwachsenen Sohnes zu den Aeltern nicht

---

* Jede Epoche hat ihr eigenes Pathos, das von den Nachgeborenen als lächerlich empfunden wird. Die unfreiwillige Komik des neunzehnten Jahrhunderts beginnt, wie wir zeigten, bei Körner, und reicht über Eichendorff bis zu Liliencron. Die des zwanzigsten beginnt bei Rilkes ‚Kornett‘, reicht über allerhand Expressionisten, aber auch über Flex, Hausmann, braune oder rote Partei- und westliche Werbelyrik bis ... Der Chronist hält inne. Und das Jahrhundert ist noch nicht zuende.

mehr jenes herzliche des Kindes ist. Ich gebe mich noch viel geringer als ich bin, weil mir gegen die Aeltern jede Art von Erhebung schwer fällt." Schon am Schluß seines Märchens, vor drei Jahren, hatte er, wenn auch verschlüsselt, dasselbe mitgeteilt.

Von Gruber kam Ende Oktober aus Ingolstadt die gute Nachricht, daß sein Regiment nach Würzburg verlegt werde. Zur gleichen Zeit traf ein etwas gelangweilter Plauderbrief von Jacobs aus Gotha ein, den Platen erst drei Wochen später – vermutlich ähnlich gelangweilt – beantwortete. Damit bricht die Korrespondenz ab. Die beiden hatten sich wohl nichts mehr zu sagen. Platen, dem alte Freundschaften über alles gingen, sollte die Entfremdung von Jacobs noch wiederholt beklagen.

Die nun folgenden drei Monate waren ausgefüllt mit einem komplizierten Hin und Her widerstrebender Gefühle. Der Dichter floh die kleinstädtische Gesellschaft, zu der die Eltern gehörten, und machte sich deswegen im Tagebuch schwere Vorwürfe: „nichts ist mir weniger eigen, als dieser flüchtige Wechsel und leichte Uebergang von einem Gegenstande der Unterhaltung zum andern. Was mich anzieht, möchte ich gern lange festhalten und von allen Seiten betrachten, und was mich gleichgültig läßt, möchte ich gar nicht berührt wißen." – „Wo Andere sich unterhalten, verzehrt mich eine lange Weile, von deren hohem Grade ich bisher noch keinen Begriff hatte.. Diese fade Entsetzlichkeit, die man Gesellschaft nennt.. schon der Anblick einer Karte macht mich gähnen." Kein small talk, keine Gesellschaftsspiele: Platen erklärt hier, daß er zum Diplomaten so wenig taugt wie zum Militär.

Zugleich suchte er den Umgang mit de Ahna, den er nur in der verabscheuten Gesellschaft antreffen konnte. Der Vielenttäuschte machte aus purem Selbstschutz den Gesuchten vor sich selber schlecht und trug ihm gegenüber ein betont kühles Wesen zur Schau. Die erzwungene Zurückhaltung war Quelle neuer Selbstvorwürfe. „Die meisten hübschen Männer, die ich kennen lernte, hatten etwas Fades an sich. Doch stammt diese Bemerkung vielleicht nur aus Neid, weil ich selbst nicht günstig von der Natur bedacht wurde."

Wie alle Leidenschaften Platens, von der frühen für Xylander einmal abgesehen, war auch diese völlig einseitig und imaginär; und da sie, wie jene für Mercy und Brandenstein, nie zu einer Aussprache mit dem Geliebten führte, blieb sie eine rein statische Angelegenheit. Das verzweifelte Oszillieren auf der Stelle, wie es hier in dem begrenzten Zeitabschnitt von Ansbach beispielhaft deutlich wird, ist eine Konstante im Leben des Dichters. Sie überträgt sich auf seine Poesie. Link nennt sie sehr anschaulich den ‚Null-Mäander'.

Zu dem speziellen Malheur, das entsteht, wenn Natur und Sitten völlig unvereinbar sind, paßt die Lektüre des Briefromans ‚Delphine' von Mme. de Staël. Die Verfasserin setzte darüber als Motto einen Ausspruch ihrer Mutter, der Mme. Necker: ‚Ein Mann muß die (öffentliche) Meinung besiegen können, eine Frau sich ihr unterwerfen.' Delphine, natürlich ein geschmeicheltes Abbild der Autorin, gerät durch Hilfsbereitschaft und pure Herzensgüte in tausend Kalamitäten: intrigante Freundinnen und Widrigkeiten der französischen Revolution verhindern die Vereinigung mit ihrem Geliebten. Da ihm die öffentliche Meinung wichtiger ist als ihre Liebe, gerät er in eine

Situation, die zum Todesurteil führt. Delphine folgt ihm durch Selbstmord. Dieser Roman, in dem sich die Staël ihren Ärger über Constant und Talleyrand von der Leber schrieb, klagt das Motto an „durch die Beobachtung seines Gegentheils", wie Platen richtig bemerkt: die Konvention duldet keine weibliche Stärke, keine männliche Schwäche. Mit diesem Angriff auf geschlechtsspezifische Verhaltensnormen hat die Staël tatsächlich einen frühen Beitrag zur Frauenemanzipation geleistet. Das Weibliche in Platen fühlte sich denn auch angesprochen. Mehrere Tagebuchseiten füllt er mit der Nacherzählung des Romans, der ihm wegen des antiklerikalen Affekts gefallen haben mag sowie eines seiner Schauplätze wegen, der Nordschweiz, die er kürzlich besucht hatte. Schlüsse für sich selber zieht er jedoch nicht.

„Mit Frauen bin ich nur dann geprächig, wenn ich der einzige Mann unter ihnen bin, vorausgesetzt, daß sie mir nicht ganz fremd sind." Eigentümlich, wie Schlösser meint, ist das keineswegs. Gruppen junger Mädchen akzeptieren gleichaltrige Homosexuelle oft unbewußt als Mitglied, quasi als Freundin; so lange jedenfalls, wie kein ‚normaler' junger Mann auftaucht und durch seine Gegenwart eine Polarisierung der Geschlechter bewirkt. Platen durfte sich öfters derart als reifere, welterfahrene Freundin fühlen, etwa beim Hausarrest in Mannheim 1815; wir erinnern auch an jene Strandszenen in Balbec, wo wir den jungen Proust ‚im Schatten junger Mädchenblüte', ohne daß er es sich eingestünde, in eben dieser Situation finden. Die Idylle hat freilich ihre traurige Kehrseite: „Warum kann ich nicht lieben? Warum macht nicht irgend ein Mädchen auf mich Eindruk? .. Warum muß ich ein Glük so tief empfinden, das mir nicht zu Theil wird?"

Kurz darauf las Platen das dreibändige Werk ‚Ueber die Weiber' des Kanzleirates Brandes aus Hannover, ein gefundenes oder noch zu findendes Fressen für die heutigen Emanzen. Es sind durchweg Weisheiten aus platonischen Dialogen, die hier aufgetischt werden. Bei Brandes zieht das Ewig-Weibliche nicht hinan, sondern hinab: „wie schwer wird es nicht selbst der ..sehr gebildeten Frau, sich von der möglichen Vervollkommnung des Mannes, den sie liebt, ..einen richtigen Begriff zu machen? ..Frauenliebe hat (zwar) auch oft den Liebenden zu den edelsten Gesinnungen und Thaten angefeuert..; aber nur höchst selten konnte der wechselseitige Vereinigungspunkt der Liebe große Gegenstände bezielen." Kinder, deren Erzeugung und Erziehung die zwischengeschlechtliche Liebe zunächst ‚bezielt', scheinen dem Kanzleirat keine großen Gegenstände zu sein. Diese waren bei den Alten vielmehr der gleichgeschlechtlichen Liebe vorbehalten. „Zu welchen Anstrengungen der Seele führten nicht diese Leidenschaften von Männern zu Männern? ..Die Reizbarkeit der Griechen, ihre Empfindlichkeit für schöne Formen, die häufige Gelegenheit, diese unbekleidet zu erblicken, läßt freylich sehr vermuthen, daß auch bey dieser heroischen Liebe die äußerliche Bildung, der Reiz der Sinne, nicht ohne Einwirkung blieb, daß durch diese vielleicht der Anfang der Zuneigung entstand, daß durch den schönen Körper die schöne Seele zuerst wirkte." Und mit einem Schlenker zurück ins bürgerliche Zeitalter: „Daß, bey einem sinnlichen Volke zumal, die leidenschaftlichen Freundschaften bald und oft ausarteten, daß die sinnlichen Empfindungen, die darin verwebt waren, das Uebergewicht bey der größeren Anzahl erhalten.. mußte, darf uns nicht wundern, da die Sinnlichkeit immer den großen Haufen beherrschen wird...Diese Verbindungen, die bey Einzelnen ehrwürdig waren, wurden abscheulich."

Mit Genugtuung nahm der Verblendete solche zeitgerechten Ausführungen hin. „Ich bestärkte mich", schreibt er ins Tagebuch, „noch mehr im Gefühl der Rechtlichkeit meiner Neigungen, die ich immer als edel erkannte und zum Guten führend...Der Widerstreit in meiner Brust zwischen Liebe und Freundschaft ist gestillt..Ich brauche mich dessen nicht zu schämen, was mein eigenes Gewissen gut heißt."

Nicht gutheißen konnte Platen vor sich den Widerwillen gegen gesellschaftlichen Verkehr. Weil es ihm „am nöthigsten" schien, und um sein Gewissen zu beruhigen, las er deshalb zwei Werke in der Nachfolge Knigges: doch ohne praktischen Erfolg, denn wenig später stellte er fest, daß er nun gar keine Gesellschaften mehr besuche. Die so gewonnene Zeit verwendete er zu weiterer Lektüre: Goethes ‚Italiänische Reise', deren erster Teil soeben bei Cotta erschienen war. Für einen Augenblick verspürte er unter diesem Eindruck den Wunsch, Botanik zu studieren.

Nur mit Hilfe einer griechischen Grammatik und der Vossischen Übersetzung hatte er es im Dezember so weit gebracht, die Ilias im Original zu lesen. Die Homer-Lektüre diente freilich auch der Ablenkung; Platen meinte, sich andauernd in lebhafter Beschäftigung erhalten zu müssen, um nicht in Träumereien zu versinken. Spaziergänge waren da mehr schädlich als nützlich. Eine andere Methode, der Vernunft Herrschaft über die Gefühle zu verschaffen, wäre gewesen, mit der ersteren über die letzteren nachzudenken, seinen Trieb zu rationalisieren, würden wir heute sagen. Platen entwarf im November ein Lehrgedicht über die Männerfreundschaft, für das im Januar 1817 einige Strophen entstanden:

Herüberblikend aus Elysium,
Wo du, vereinigt mit dem Gott der Leyer,
Im hohen Lorbeerschatten sinnig ruhst,
Gib deinen Segen meiner Muße Früchten,
In deines Meisters Namen, Hyazinth.

Der sinnige Anruf des klassischen gleichgeschlechtlichen Paares Apoll − Hyazinth läßt wieder für einen Augenblick an Platens Unschuldsmiene zweifeln. Doch gleich säuselt er, wie gewohnt, schicklich-platonisch weiter, bis ihm nach Vers 74 die Luft ausgeht.

Nicht Mangel an Muße, sondern an Inspiration sowie Indolenz bescheinigte der Dichter sich selber, da er in Ansbach nur Fragmente zustande brachte. Ende November hatte er unter Mühen den ersten Akt des ‚Hochzeitsgastes' vollendet. Aber was für eine Vollendung sei das schon, meint er im Tagebuch: nicht an Strenge gegen sich selbst fehle es ihm, doch könne er nun einmal nicht höher fliegen, als seine Kraft reiche. Entsprechend lahm verhalten sich die vier Figuren des Fragments, deren Vorbilder in Goethes ‚Tasso' leicht wiederzuerkennen sind. Die Entwicklung des ‚Hochzeitsgastes' aus der kräftigen Romanze von 1813 zu der hier vorgeführten zögerlichen Redseligkeit war kein Fortschritt; weshalb Platen auch im Januar 1817 das Drama aufgab und später das Gedicht wieder hervorholte.

Irritiert durch die Widersprüchlichkeit seiner Wünsche und das Schweigen der Muse, überlegte er, ob ihm materielle Unabhängigkeit aus seiner mißlichen Lage helfen könnte. Zu Weihnachten überkam ihn die Idee, nach Amerika auszuwandern: „Ich habe nichts mehr in meinem Vaterlande zu erwarten, und mein Stand, den ich nicht abschütteln kann, widersteht mir. Sollte ich in Philadelphia nichts werden können, als Sprachmeister, so ziehe ich es vor." Und er schrieb dazu eine Elegie von 14 Distichen, die wir füglich noch zum unreifen Frühwerk zählen müssen:

> O wer verließe nicht gern das berüchtigte welkende Mädchen,
>   Eilte nicht dir in den Schoos, großes und blühendes Weib!

Mit den beiden Damen sind Europa und Amerika gemeint. Die Freiheitsstatue, die wir vor uns zu sehen vermeinen, wurde freilich erst siebzig Jahre später errichtet.

Ende Dezember las der Dichter ‚La loi naturelle' von Voltaire, ein Friedrich dem Großen gewidmetes Gedicht über ‚die Gesetze der natürlichen Religion'. Obwohl er es nicht lobt und nur die Gedanken Popes darin wiederfindet, sollte eine selbstverfertigte, nicht sehr durchdachte ‚natürliche Religion' Platens neuester Tick werden. An die Stelle des empfindsamen Wegweisers tritt nunmehr der moralisierend-aufgeklärte Eiferer. Für anderthalb Jahre sollte der Dichter so deistisch denken wie die geistige Elite Europas zwei Generationen vor ihm.

Ein weiterer Populärphilosoph, der Berner Staatsrat und preußische Oberst de Weiss, sorgte sich mehr um weltliche Dinge. Er meinte, daß „die Befriedigung der Sinnlichkeit" nur dann erlaubt sein sollte, „wenn sie der Gesellschaft auf keine Weise Schaden bringen kann." Daher rät er den jungen Leuten, die ihren Geschlechtstrieb aus gesundheitlichen Gründen nicht unterdrücken sollten, „sich an häßliche oder alte Gegenstände zu halten!" Wer oder was diese ‚Gegenstände' auch seien, hier widerspricht Platen, im Gedanken an Perglas' Pariser Anfechtung, entschieden; obwohl oder gerade weil er seinen Trieb ja dauernd unterdrückte.

Der Ansbacher Urlaub ging zuende. Auf der Abschiedsvisite stimmte die Tante Lindenfels, eine Schwester der Mutter, auf den Leutnant de Ahna ein Loblied an. Nun quälte sich Platen mit Vorwürfen, daß er die einmalige Gelegenheit, d e n Freund fürs Leben zu gewinnen, habe ungenutzt verstreichen lassen.

So fruchtlos freilich, wie es scheinen mag, war die Phantasie-Leidenschaft für de Ahna nicht. Ganz außerhalb des Kontextes, der in der Ansbacher Zeit nur wenig Trocken-Geziertes hervorbrachte, inspirierte sie Platen zu zwei Sonetten. Nur dreimal hatte er sich bisher in dieser Gedichtform auf recht unreife Weise versucht. Hier aber klingt ein neuer Ton an. Die de-Ahna-Sonette weisen auf spätere Meisterschaft. Deshalb sei das bessere von beiden hier zitiert.

> So lang betäubt von flücht'gem Gaukelspiele,
> Gab ich der Neigung Raum, der nicht bedachten:
> Froh, wenn mir freundlich Deine Blicke lachten,
> Sucht' ich mit meinen Dich nur im Gewühle.

Doch da ich jetzt erwogen, was ich fühle,
Muß ich Dich zweifelnd, sorgenvoll betrachten:
Ich liebe Dich, doch darf ich Dich auch achten?
Bringst Du mich näher langersehntem Ziele?

Wie? Oder will Dein Aeußres mich betrügen?
Und ist's nicht immer eine schöne Seele,
Die sich verklärt in seelenvollen Zügen?

Sag's, wenn Du kalt bist, daß ich mich nicht quäle;
Doch wenn sich liebend unsre Geister fügen,
So sprich: „O komm, denn Du bist's, den ich wähle."

13. Die Prinzessin

Der getreue Schnizlein hatte Platen in München ein angenehmes Quartier am Englischen Garten besorgt; es dürfte nahe dem Dorfe Schwabing gelegen haben, oder darin. Einziger Nachteil der Wohnung war der weite Weg zur Kaserne am Hofgarten und zum Exerzierplatz, dem Marsfeld zwischen Arnulf- und Nymphenburger Straße.

Der Oberst empfing ihn, ganz gegen die Regel, „ziemlich gut", die Offizierskameraden aber „größtentheils kalt, spöttisch, ohne Theilnahme." An Freunden hingegen herrschte in diesem Winter kein Mangel. So blieb Fugger, zu des Dichters Freude, noch drei Monate in München, vermutlich auch auf einem jener Urlaube, mit denen die bayerische Armee ihre Kasse schonte. Platen fragte sich, wieso Fugger seine Gesellschaft suche: ein herzliches Wort sei zwischen ihnen nie gefallen. Doch nach ein paar Tagen hatte sich der Dichter an die zurückhaltende Art Fuggers gewöhnt. „Er erklärte sich mir heute als einen Weiberfeind, indem er sagte, daß die Weiber gar keinen Geist hätten, und nur als Werkzeuge, nicht als Menschen zu betrachten wären." Da widersprach nun selbst Platen: „Es ist doch nur der weibliche Umgang, in dem der Mann wahrhafte Erholung findet. Ohne Mühe, ohne Geistesanstrengung läßt es sich so angenehm plaudern mit den Weibern. ..Sie sind launige, nasenweise, aber doch liebenswürdige Kinder. Das Ideal der Sanftheit und Milde läßt sich nicht unter den Männern finden." Womit deutlich wird, daß die Ahnungslosigkeit der beiden Freunde, was Frauen anlangt, sich nichts nahm.

Frau v. Harnier las Platen einen Brief ihres ältesten Sohnes aus Venedig vor. Der Dichter wurde so von Sehnsucht nach Italien ergriffen, daß ihm die Tränen kamen. Da ihn kein Brandenstein mehr fesselte, wünschte er sich sehnlich fort von München.

Einem gegenüber konnte sich Platen freilich immer noch überlegen fühlen: dem armen Perglas. Auch der war mittlerweile beim Militär sehr unglücklich und wollte seinen Abschied, um in Göttingen zu studieren: ein Wunsch, den ihm der Vater jedoch abschlug. In zunehmender Melancholie scheint der Jüngling sich an Platen geklammert zu haben, als dieser aus Ansbach zurückkehrte. Eines Tages blieb Perglas verschwunden. Er hatte frühmorgens seine Wohnung in Zivilkleidern ohne Wertgegenstände, jedoch mit einem Degen verlassen; auf dem Tisch aber lagen, mit stummem Vorwurf, ‚Werthers Leiden'. Man befürchtete schon das Schlimmste. Da tauchte Perglas wieder auf, halbverhungert zwar und schmutzbedeckt: er hatte versucht, sich in der Isar zu ertränken. Platen fand ihn am folgenden Morgen beschämt im Bette liegend. „Es muß ihm," notiert er, „bey seiner natürlichen Empfindlichkeit sehr schwer ankommen, unter Menschen zu gehen, da nichts so sehr ein seltsames und selbst lächerliches Licht auf uns wirft, als verunglükter Selbstmord." Kurz darauf hatte Perglas sein mürrisches Wesen abgelegt und allein dadurch den Freund wieder für sich eingenommen.

Oberst v. Theobald, Platens direkter Vorgesetzter, der ihn eigentlich immer unfreundlich behandelte, wurde seinerseits vom Feldmarschall Wrede vor allen Offizieren heruntergemacht. Platen hätte hier Gelegenheit zur Schadenfreude gehabt, doch bemerkt er lediglich: „Es ist immer hart, in solchen Jahren und nach solchen geleisteten Diensten sich noch wie einen Schulknaben behandelt zu sehen."

Gleich nach seiner Ankunft in München stieß er auf einen englischen Autor, für den bei ihm manche Tür offen stand: David Hume. Er las dessen sechsbändige ‚History of England', ohne sie zu kommentieren; doch meinte er, die Geschichte von Richard Löwenherz hätte ihm zu einer anderen Zeit Stoff für ein Heldengedicht geboten.

Das einzige, wozu er sich damals aufraffte, war eine Attacke gegen die Romantiker: ‚Bemerkungen über den Verfall der deutschen Literatur'; sie fiel kaum anders aus als die vier Jahre ältere gegen den ‚Deutschen Dichterwald'. Der neue Aufsatz bekräftigt das Bekenntnis zur Tradition von Renaissance, Barock und Aufklärung. Die Romantiker können es Platen nie recht machen: einmal frönen sie der Jagd nach Originalität, andererseits bedienen sie sich schamlos fremder Vorbilder. „Während vormals unsere Dichter in Alexandrinern faselten, liebeln sie jetzt in Sonetten und frömmeln in Assonanzen. Germanisches Volksthum und germanische Ahnenkraft werden in Formen abgehandelt, die sich der Sache um nichts glüklicher anpassen als einer Thusnelda pariser Handschuhe." Die letzte Formulierung stammt wörtlich aus der älteren Streitschrift. Altnordisches Inventar indessen, Eichenwälder etc. stören Platen nicht mehr. Etwas erheiternd wirkt diese Kritik schon von jemandem, der sich bald in Assonanzen üben und später mit Sonetten glänzen sollte.

Ein politisches Ereignis markiert den Februar 1817 in München: die plötzliche Entlassung des Premierministers Graf Montgelas, der seit der Thronbesteigung Max Josephs achtzehn Jahre lang die Geschicke Bayerns gelenkt hatte. Die Aktion, hinter der Kronprinz Ludwig und Marschall Wrede steckten, ging so schnell von statten, daß Montgelas nicht einmal mehr Gelegenheit fand, sich vor dem Könige zu rechtfertigen. Der Hauptgrund des Sturzes war die Machtfülle, die der Minister im Laufe der Zeit in seinen Händen vereinigt hatte. Seit langem war praktisch er es allein, der Bayern regierte. Doch wandte sich auch der neue Nationalismus gegen den Aufklärer, der zunehmend als Relikt aus einer vergangenen Ära empfunden wurde und Bayern nur zögernd in den deutschen Bund einbrachte.

Um einer Genreszene willen, die zwar nicht zustande kam, die aber auch in der Theorie ein tragikomisches Sittenbild der frühbürgerlichen Ära abgibt, sei der geneigte Leser hier um Nachsicht für eine kleine Abschweifung gebeten.

Nur ‚normale' Männer und verheiratete Frauen hatten im christlichen Kulturbereich nach allgemeiner Übereinkunft ein Recht auf Sexualität. Mädchen, jung oder alt, Witwen, verstoßene oder geschiedene Frauen, Homosexuelle beiderlei Geschlechts hatten dies Recht nicht. Bis zur französischen Revolution galten Ausnahmeregeln für höhere Stände, seitdem nicht einmal mehr die. Wer zu dem hier umrissenen Personenkreis zählte und dennoch weder auf Sexualität noch Ansehen verzichten wollte, mußte es sehr heimlich anfangen – oder, wenn die Mittel es erlaubten, auf Reisen gehen, in irgendein Exil, wo man bei Ausländern fünfe gerade sein ließ.

In eben dieser Lage befand sich Caroline von Braunschweig, Prinzessin von Wales, Gattin des Regenten Georg (und wahrscheinlichem Vetter dritten Grades Augusts v. Platen), der für seinen geistig umnachteten Vater den britischen Thron verwaltete. Prinz Georg, der vorher bequem mit Maitressen lebte, hatte 1793 in die Heirat mit der Braunschweigerin eingewilligt, um aus seinen hohen Schulden herauszukommen. Als er ihrer jedoch ansichtig wurde, bat er um ein Glas Cognac und verließ sofort das Zimmer. Während der Trauungszeremonie weinte er und verbrachte, nach ihrer Angabe, die Hochzeitsnacht volltrunken auf dem Teppich. Doch erfüllte er später seine ehelichen Pflichten immerhin soweit, daß nach gehöriger Zeit eine Tochter zur Welt kam. Unterdessen hatte der Prinz alles getan, um seine Frau loszuwerden. Er vertrieb sie vom Hof, er wies ihr ein entferntes Haus als Wohnung an und besuchte sie nie, ja er verkehrte nicht einmal mehr schriftlich mit ihr. Schließlich wurde ihr noch die Tochter weggenommen. Nach einem Martyrium von zwanzig Jahren verließ Caroline im Genuß einer enormen Rente England und reiste mit wachsendem Gefolge – und zum wachsenden Entsetzen oder Gaudium des Publikums, je nachdem – durch Europa.

Sie tat verständlicherweise alles, um ihrem Mann und ganz England die Schmach heimzuzahlen. In Neapel hatte sie ein Verhältnis mit dem König Joachim Murat, der damit vermutlich ebenfalls die Engländer ärgern wollte. Als er sie, wegen Napoleons Flucht von Elba, fortschickte, tröstete sie sich mit einem schnurrbärtigen Exsergeanten der Grande Armee namens Bergami, der Murat ähnlich gesehen haben muß. Sie ernannte ihn zu ihrem ersten Kammerherrn. Jetzt wurde die Prinzessin von Wales, die unterwegs alle Höfe besucht hatte, nirgendwo mehr empfangen. Als Bergami in Rom um eine päpstliche Audienz nachsuchte, ließ Pius VII nur eine Karaffe geeister Limonade herausschicken, die er gesegnet hatte.

1816 bereiste Caroline Sizilien und die Levante, wobei sie ihrem Liebhaber einige windige Adelstitel kaufte. So etwa gründete sie in Jerusalem einen Orden der heiligen Caroline und ernannte Bergami zum Großmeister. Der hatte unterdessen seine weitläufige Familie im Dienst seiner Herrin untergebracht: das Gefolge bestand nun aus mehr als 60 Personen, und die Karawane, zu der auch eine ausgediente Postkutsche mit der Aufschrift ‚London-Dover' gehörte, glich immer mehr einem Wanderzirkus.

Carolines Auf- und Einzug in Residenzstädte war immer ziemlich der gleiche. Vorneweg Bergami zu Pferd in Phantasieuniform à la Murat, dann ein vergoldeter offener Wagen in Form einer Muschel, gelenkt von einem geflügelten Putto in fleischfarbenem Trikot. Die Muschel war mit blauem Samt ausgeschlagen; in ihr ruhte, quasi als Perle, die über 50jährige und keineswegs schlanke Prinzessin, ganz in Weiß und Rosa, stark ausgeschnitten und mit entblößten Waden, gekrönt von rosa Pfauenfedern und eine rosa Schärpe ständig drapierend. Hinter dem Wagen zwei Reitknechte, livriert wie Bergami, sodann der Troß.

Schon 1815 war die Prinzessin von Wales in München gewesen, zu welcher Gelegenheit der geschilderte Aufzug verbürgt ist. Alle Balkons und Fenster waren besetzt, und der britische Botschafter hatte unter einem Vorwand das Weite gesucht. Zwar wurde Caroline nicht bei Hof empfangen, besuchte jedoch einen Ball, auf dem Beauharnais, der mittlerweile unpassende Schwiegersohn des Königs, einen Walzer mit ihr tanzte.

Mitte März 1817 erschien die Prinzessin von Wales abermals in München. Obwohl sie dem König einige Pferde schenkte, bekam sie nun nicht einmal mehr Beauharnais zu Gesicht, der inzwischen, nach Napoleons endgültigem Sturz, zur gesellschaftlichen Unperson geworden war. Platen las in der Zeitung, daß die Prinzessin nach Persien weiterreisen wolle. Schnell studierte er eine wohlgesetzte Rede ein, die in der Bitte gipfelte, sie möge ihn in ihr Gefolge aufnehmen, und begab sich zu ihrem Hotel. Leider ließ der Großmeister des Carolinenordens den Poeten nicht zu der Stifterin vor. Viel hätte sie ja so, wie er war, auch nicht mit ihm anfangen können, und nach Poesie stand ihr so, wie sie war, vermutlich nicht der Sinn. Dennoch ergänzen sich die beiden auf kuriose Weise: die fleischgewordene Indiskretion, die sich aus Vergnügen und Rachsucht gehen läßt, die vulgäre Naive, die verfallene Privilegien und Ehren einzukassieren sucht, wobei sie dem Gelächter Europas anheimfällt, und der arme Poet, im Sittenkodex seiner Zeit verklemmt, der sich mit seinen Wünschen, die den ihren vergleichbar, aber noch unsäglicher sind, hinter dem skandalösen Auftritt verbergen möchte. Auch hier ein früher Akt weiblicher Emanzipation, wenngleich ein komischverunglückter, und eine Aufgabe männlicher Positionen. Platens Instinkt war so schlecht nicht, als er sich entschloß, bei der Prinzessin von Wales vorzusprechen. Nur mit Bergami hatte er nicht gerechnet. Dieser wies, als er den Poeten fortschickte, tröstend darauf hin, die Reise nach Isfahan stünde vorerst sowieso nicht auf dem Programm.* Wir können es nur bedauern, denn diese Orientfahrt, wäre sie zustande

---

* In der Tat sollte Caroline Europa nicht mehr verlassen, sondern blieb meist in der Villa Caprile bei Pesaro, die sie für sich und Bergami gekauft hatte. Im Herbst 1817 starb ihre Tochter Charlotte, verheiratet mit Leopold von Sachsen-Coburg, bei einer Fehlgeburt. Dadurch wurde der jüngere Bruder Georgs, Wilhelm Herzog von Kent, zum zweiten Thronfolger, und nach ihm dessen Tochter Victoria. 1820 starb Georg III; der Prinz von Wales wurde König Georg IV und Caroline Königin von England! Zum allgemeinen Entsetzen kehrte sie dorthin zurück; der König beantragte Scheidung wegen ihres skandalösen Lebenswandels, was jedoch, angesichts seiner eigenen Maitressenwirtschaft, vom Oberhaus abgelehnt wurde. Als Caroline an der Krönung Georgs in Westminster teilnehmen wollte, wurde ihr gewaltsam der Zutritt verwehrt. Diese erneute Demütigung beschleunigte bei ihr Krankheit und Tod im Jahre 1821. – Es wurden in England viele Spottverse auf Caroline gemacht. Der beste stammt aus der Zeit, da die Scheidungsklage gegen sie verhandelt wurde.

Gracious Queen, we thee implore, Or, if the effort be too great:
Go away and sin no more. Go away at any rate!

gekommen, hätte jeder Beschreibung gespottet und den Dichter möglicherweise zu Ghaselen inspiriert, die nicht nur Wunschträume widerspiegeln: er hätte vielleicht den ‚schönen Plan' aufgeben und endlich spontane Erlebnislyrik schreiben können wie seine ‚normalen' Zeitgenossen. So aber ist die ausgefallene Reise nach Persien Prophezeiung und Versprechen für jene, die er vier Jahre später im Geiste dorthin antreten sollte, und der wir Gedichte verdanken, die zu seinen schönsten zählen.

Wenn Platen schon in München bleiben mußte, so konnte wenigstens Perglas nach Darmstadt zu seinem Vater abreisen. Er hoffte, dessen Erlaubnis für ein Studium in Göttingen zu erwirken: vergebens, wie sich zeigen sollte. Dem Dichter tat der Abschied, trotz der verflossenen Differenzen, sehr leid. „Er sagte mir heute, daß er streben werde, sich meiner Freundschaft würdig zu machen". So war Platens notgedrungene Tugend wenigstens noch als Vorbild nütze, wenn auch als mißverstandenes. Bei Fugger hatte er mittlerweile gelernt, ganz jenseits von schwärmerischer Glut „jene allmählige, stille Macht der Freundschaft und des Umgangs mehr und mehr zu verehren"; mit Lüder tauschte er Geschenke aus. Ab und zu flackerte die Phantasieleidenschaft für Brandenstein noch auf, doch ohne viel Nachwirkung.

„Da die Mutter immer über meine Haltung klagte," schreibt Platen nach Ansbach, „so glaube ich etwas zu ihrer Verbesserung beizutragen, indem ich immer stehend arbeite, lese und schreibe. Bei Tische ausgenommen, und wenn ich Besuch habe, komme ich auf keinen Stuhl mehr." Wie der Dichter in diesen unbequemen Brauch verfiel, der einigermaßen verbreitet war und mit den engen Hosen zusammenhing, die an den Knien zum Ausbeuteln neigten, wissen wir nicht. Vermutlich fand er in seinem möblierten Zimmer ein Stehpult vor. Jedenfalls sehen wir ihn Ende März aufrecht die Anfangsgründe der spanischen Sprache durchmessen und auch stehend bei der Lektüre von Herders ‚Cid'. Diese freie Nachdichtung des spanischen Nationalepos machte die Romanzenform in Deutschland heimisch. Platen dürfte ihr hier zum ersten Mal begegnet sein, wenn auch nur in Übersetzung. Dafür las er englische Epik im Original: Campbell, Scott, Byron. Mit dem luziferischen Helden, wie er im ‚Corsair' und im ‚Lara' als Selbstportrait des Autors hervortritt, konnte der verspätete Aufklärer nichts anfangen.

Zu Ostern legte Platen ein deistisches Bekenntnis vor sich selber ab: „Ich kann nicht für einen Gott halten, der ein Mensch war, wie wir", schreibt er ins Tagebuch. „Die Begriffe von Auferstehung und Himmelfahrt scheinen mir widersinnig.. Wir haben unsere Mythologie, wie die Heyden. Die Weisen unter ihnen ließen sie unangetastet, aber sie glaubten sie nicht."

Zur gleichen Zeit las er jenes Werk, dem durch das Wirken des Zeitgeistes seine eigenen Tagebücher schon folgten, ohne daß er es wußte: ‚Les Confessions', die autobiographischen ‚Bekenntnisse' von Jean Jacques Rousseau. In ihrer scheinbar schonungslosen Selbstanalyse waren sie für das auslaufende Ancien régime ohne Beispiel. Eine erste private Lesung in Paris wurde 1771 von der Polizei verboten. Die Genfer Druckausgabe von 1782 aber hatte enormen Erfolg, und zwei deutsche Übersetzungen erschienen bereits im selben Jahr. Platen sollte, so lange er in Deutschland weilte, seine Tagebücher in der Art Rousseaus als Lebensbeichte führen.

Er bemerkte bei dem Franzosen gewisse Parallelen zu sich selber, wie Mangel an Schlagfertigkeit (die passend gesalzene Antwort fällt einem immer zu spät ein), gesellschaftliche Ungewandtheit und ähnliche Zeichen der Introversion. Die ‚Bekenntnisse' sind überaus offen, was etwa die Beschreibung körperlicher Intima betrifft, doch ebenso unehrlich, wenn es darum geht, die unrühmlichen Handlungen des Autors zu rechtfertigen. Hier öffnet sich die Kluft zwischen Verantwortungs- und moderner Gesinnungsethik, hier wird exemplarisch vorgeführt, wie man jedes private Malheur, vor allem aber jedes persönliche Versagen auf gesellschaftliche Mißstände zurückführt.

Mit ganz anderem Recht als Rousseau hätte Platen sich als Opfer der Gesellschaft fühlen und darstellen können. Er hat es nie getan. Auf geradezu rührende Weise war er stattdessen bemüht, seine Natur mit dem Sittenkodex der Epoche zu versöhnen, und da dies unmöglich war, sie also zu verleugnen. Jedes daraus resultierende Unglück warf er niemandem vor als sich selber; die Tagebücher bezeugen es zum Überfluß. Doch merkwürdig: wie viele andere ließ auch Platen sich von Rousseaus Offenheit in eklatanten, aber unwesentlichen Punkten seiner Lebensbeichte täuschen. Rousseaus Fehler, meint er, seien nur solche, die an Tugend grenzen.

Anfang April notierte er in sein Tagebuch, neben einem Freund, den er ausschließlich besitzen könne, fehle ihm auch ein Lehrer, dem er seine Pläne und Arbeiten vorlegen könne „und der mild, klar, väterlich darüber entschiede." Einen solchen älteren Freund hatte Lüder in dem Hauptmann Weishaupt. Dieser gebildete Artillerieoffizier mag von einem ähnlichen pädagogischen Eros beseelt gewesen sein wie Platen gegenüber Perglas vor dessen ‚Sündenfall'. Durch Lüder wurde Weishaupt auf Platen aufmerksam, über Lüder versuchte er, sich ihm zu nähern; allein der Jüngere reagierte spröde, obwohl er zugeben mußte, den Hauptmann „sehr artig und zuvorkommend" gefunden zu haben. Schließlich, als es nicht mehr zu umgehen war, verbrachte Platen einen Nachmittag und Abend bei Weishaupt. Doch selbst wenn dessen Hauptinteresse nicht der Poesie galt, so klingt doch des Dichters wiederholte Beteuerung: er könne dem Älteren nichts geben, jener habe durch Lüder eine zu gute Meinung von ihm, ein wenig verdächtig. Die Wahrheit wird gewesen sein, daß gleiche Pole sich abstoßen; was der Umworbene früher als der Werbende spürte.

Fugger mußte zurück zur Garnison nach Dillingen. Fast täglich hatte er Platen vor der Parade besucht und mit ihm vorzüglich über Poesie diskutiert, oder besser: gestritten, denn er war Anhänger der romantischen Schule, Bewunderer von Schlegel, Tieck, Fouqué. Einmal las er Platen ein Gedicht von Novalis vor, von dem dieser „keine Sylbe verstand".

Es ist kein Wunder, daß nach den napoleonischen Kriegen überall in Europa die Staatskassen leer waren. So auch in Bayern. Die Engpässe bei der Militärbesoldung, die Platen und seinen Offiziersfreunden so viel Urlaub bescherten, sind in diesem Zusammenhang zu sehen. Schwächster Punkt an der zentralistischen Verwaltung von Montgelas war ohne Zweifel das Finanzressort gewesen. Auch der neue Minister Graf Lerchenfeld (übrigens ein Onkel Grubers, dem Platen in Ansbach vorgestellt worden war), konnte gegen die Teuerung der Lebensmittel, die nun schon den zweiten Winter besonders die Stadtbevölkerung von München traf, nichts ausrichten. Unter solchen

Umständen mußte der Neubau des Hof- und Nationaltheaters, der seit 1811 im Gange war*, als Provokation wirken. Mitte April 1817 wurde des nachts ein Holzmagazin im Zeughaushof der Residenz, das den ganzen Dachstuhl des neuen Theaters enthielt, von Unbekannten angezündet. Nur durch günstigen Wind blieb die Residenz verschont. Platen, der zufällig des Weges kam, half die ganze Nacht beim Weiterreichen der Wassereimer. Spritzen und Schläuche waren schon erfunden, doch fehlten sie in München oder konnten nicht eingesetzt werden.

Eben war ein Vierteljahr vergangen, seit Platen aus Ansbach zurück war, und schon wieder dachte er an Urlaub: drei Sommermonate auf dem Lande, die er hauptsächlich dem Studium der Alten widmen wollte. Cicero, Sallust, Vergil und Ovid hatte er kürzlich gelesen, mit Homer war er laufend beschäftigt; doch auch das Spanische wollte er weiterlernen.

Anfang Mai nennt er den Ort für den geplanten Sommerurlaub: Schliersee. Schon Schlichtegroll und Dall'Armi, die im vergangenen Sommer das Dorf besucht hatten, mögen es empfohlen haben. Lüder kannte den dortigen Pfarrer, und so ließ sich Platen bei ihm ein Zimmer für den Sommer reservieren.

Nach einer Schlechtwetterperiode klärte sich im Mai der Himmel auf. Der Dienst ließ dem Leutnant genügend Zeit für viele Spaziergänge, meist mit dem Homer in der Hand. Als ihn eine „kleine Unpäßlichkeit" (eine Furunkulose) für mehrere Tage an sein Zimmer fesselte, konnte er sich im Garten des Hauswirts ergehen, wo Aurikeln, Veilchen und Hyazinthen ihn „wohlgeruchathmend begrüßten." Zu dieser Zeit küßte den jungen Dichter wieder einmal seine Muse, und er schrieb eine Elegie in dreiundzwanzig Distichen. Es ist, als ob hinter dem Gedanken an die Schweiz auch die abgesagte Orientreise noch einmal auftauche.

> Mächtig zieht es mich hin zu beweglichem Wanderleben,
>   Wohl auch zu sinnen geziemt's, doch zu genießen noch mehr.
> Hüllt euch in Nebel und Dünste, ihr Berge und schneeigen Gipfel,
>   Die ihr mir, schimmernd von fern, heißes Verlangen erregt! ...
> Also treibt es mich in die blumige Welt, in die Freyheit,
>   Wo mich die Sorge verläßt, und mit der Sorge der Zwang.
> Aber ein nächtlicher Frost raubt neidisch Farben und Düfte,
>   Welkend sinkst du dahin: Keiner betrauert dein Loos.

Zu solcher Resignation war jetzt freilich kein Anlaß, denn Platens Urlaubsgesuch für drei Monate wurde prompt genehmigt. Zur Mutter bemerkt er über den bevorstehenden Aufenthalt in Schliersee, er verliere zwar an Gage, doch spare er an den Kleidern.

Wenn schon nicht mit Weishaupt, so pflegte er doch mit einem anderen musisch interessierten älteren Offizier Verbindung: dem Major Bauer, der in der Kadettenanstalt sein Mathematiklehrer und schon damals an seinen dichterischen Versuchen

---

* nach den Plänen und unter der Leitung Karl v. Fischers. Eröffnung des unvollständigen Baues 1818; nach Fischers Tod 1820 Bauleitung Leo Klenze. Völlig abgebrannt 1823, sogleich nach den Plänen Fischers wiederaufgebaut, Wiedereröffnung samt Portikus 1825.

interessiert gewesen war. Zweimal im vergangenen Jahr hatte er diese Bekanntschaft erneuert und dabei dem wohlwollenden Offizier sein berufliches Leid geklagt. Dieser hatte deswegen mit Platens Regimentskommandeur Raglovich gesprochen, der dem Dichter, im Gegensatz zu Oberst v. Theobald, freundlich gesinnt war. Raglovich bot ihm an, unter seiner Aufsicht ein Thema aus der bayerischen Kriegsgeschichte zu beschreiben. Eine solche Arbeit, notiert er ins Tagebuch, entspräche zwar nicht ganz seinen Neigungen, würde ihm aber immer noch lieber sein als der Dienst auf dem Kasernenhof.

14. Schliersee

Fußreisen begannen vor Tau und Tag. Als Siebenkäs von Kuhschnappel nach Bayreuth aufbrach, verbrachte er nur wenige Nachtstunden angekleidet im Lehnstuhl. „Vorgestern ziemlich frühe verließ ich München mit frohem Herzen", schreibt Platen ins Tagebuch; „Schnizlein begleitete mich bis Haching, wo wir zusammen frühstükten." Er sollte für einige Monate nach Altdorf bei Nürnberg gehen; die Freunde würden sich erst im nächsten Jahr wiedertreffen. „Wir trennten uns, und sahen uns noch gegenseitig nach, bis sich der Weg krümmte. Hier begann meine Einsamkeit, ich war von den Freunden geschieden und gieng zu fremden Menschen. Aber kein banges Gefühl ergriff mich. Kaum war ich allein, so richtete ich Wort und Geist zu dem Urheber alles Guten dankend empor." Es ist, als hätten jene deistischen Ostergedanken Platen nie berührt. Er, der mit seinem aufklärerischen Weltbild etwa fünfzig Jahre hinter seiner Zeit herhinkte, fand sich in der besten aller möglichen Welten eines oberbayerischen Pfarrhauses wieder, wo die Zeit womöglich ein ganzes Jahrhundert stehengeblieben war.

Von München nach Schliersee sind es etwa sechzig Kilometer. Die ersten fünfunddreißig bis Holzkirchen, wo er über Nacht blieb, schaffte Platen an einem Vormittag. Die Gegend, durch die er wanderte, war meistens öde. Wir erfahren so, daß der Hofoldinger Forst noch nicht gewachsen war; hingegen ist von dem majestätischen Laubwald bei Holzkirchen, der Platen auffiel, nichts mehr zu sehen. Am nächsten Morgen brach er wieder um vier Uhr morgens auf und erreichte Schliersee gegen zehn. Der Pfarrer empfing ihn höflich. Mit Liebe beschreibt Platen das schöne Eckzimmer, das ihm angewiesen wurde, wo er ein Stehpult vorfand und eine doppelte Aussicht genießen konnte.

Auch weiterhin stand der Dichter um vier in der Frühe auf, womit er bäuerlichem Brauche folgte. Die Mittagstafel war um halb zwölf, und ihre lange Dauer war ihm lästig, da er sich einerseits aus Essen wenig machte und andererseits den Pfarrer unterhalten mußte. Abendbrot gab es um sieben: alle diese frühen Mahlzeiten waren diktiert von der Landwirtschaft ringsum, der sich auch die Pfarrersküche anpaßte.

Lange werden die Abende nicht gewesen sein, denn wer mit den Hühnern aufsteht, geht gemeinhin auch mit ihnen schlafen.

Wie das Schlierseer Tagebuch bezeugt, teilte Platen seine Zeit harmonisch zwischen Lektüre und Wanderungen auf.

> Oeffnet der freudige Gott das ambrosische Thor des Pallastes,
>   Sieht er mich wandeln bereits durch das bethaute Gefild.
> Herrlich mag sich sein Weg hinziehn am Gewölbe des Himmels,
>   Den er mit seinem Gespann glänzender Rosse befährt.
> Doch auch hienieden ist's schön,
>   Und aus den Blüthen hervor buhlt um die Wette das Lied(:)
> Soll ich denn schweigen allein? rasch unter die gellenden Stimmen
>   Mische geregelt und ernst sich mein elegisches Maaß.
> Also vermengt dem Geplätscher des Bachs sich der dörflichen Flöte
>   (Stimmt sie am Ufer der Hirt) langgezogener Laut.

Zaghaft regt sich die Muse wieder, unterdessen merklich gereift. Bald nach seiner Ankunft in Schliersee dürfte Platen begonnen haben, an einer anderen Elegie zu arbeiten, die er jedoch nicht vollenden sollte. Wir werden am Ende dieses Kapitels von ihr sprechen.

Sonst aber stand die Lektüre im Vordergrund. Der Dichter zählt im Tagebuch Autoren und Bücher auf, die er sich nach Schliersee hatte kommen lassen: Homer, lateinische Klassiker, Tasso, Guarini, Cervantes, La Rochefoucauld, Hume, Schillers ‚Ästhetische Schriften' – viele alte Bekannte, aber auch Naturkundliches: drei botanische Werke und Humboldts ‚Ansichten der Natur'. Die große Bibliothek des Pfarrhauses, auf einen Korridor verbannt, fand zunächst keine Gnade vor Platens Augen. „Nichts als ein ungeheurer Wust geistlicher Scharteken und polemischer Universitätsschriften." Sieben Wochen später, bei genauerer Durchsicht, entdeckte er unter all den jesuitischen neuen Lateinern dann doch ein paar alte, die ihm zusagten: Vergil, Horaz, Ovid, Curtius. Ausführlich schildert der Dichter im Tagebuch seine Lektüre der Odyssee; von Cervantes las er eine der ‚Novelas Ejemplares' und das erste Buch des ‚Don Quixote', freilich nur mit Mühe, da ihm noch viele unbekannte Vokabeln aufstießen. Es sei noch einmal betont, daß Platen jetzt alle Werke im Original studierte, also in Griechisch, Latein, Spanisch, Italienisch und Englisch! Ganz zu schweigen vom Französischen, worin ihn ein Lehrgedicht über Gartenarchitektur ergötzte: ‚Les Jardins ou l'Art d'embellir les Paysages' von Jacques Delille, das bei allem Lob des englischen Landschaftsparks doch hauptsächlich einer verspielten Maskierung der Natur durch künstliche Felsen, Tempelchen etc. das Wort redet. Delilles ‚gesteigerte' Landschaft gleicht der Poesiewelt des jungen Platen. Ob er sich, wenn er das Buch auf Spaziergänge mitnahm, noch des Parks von Schwetzingen erinnerte, der ihm vielleicht gerade deswegen, wenn auch wider Willen, gefallen hatte?

Der Pfarrer von Schliersee, Lakenpaur mit Namen, war kein Schön- oder Feingeist; mit dem aufgeklärten Professor Hafner ließ er sich nicht vergleichen. Platen nennt seine Konversation mit leichter Mißbilligung ‚körnigt', denn für altväterische Anekdoten und barocke Schnurren hatte der humorlose Dichter keine Verwendung. Was ihn aber hauptsächlich an Lakenpaur störte, war dessen ‚Orthodoxie', das heißt der feste Glaube an Wunder und Offenbarungen, worin sich für ihn, den aufgeklärten Moralisten, die Torheit des Mittelalters mit der allerneuesten romantischen verband. Sicher war der Jesuitismus Lakenpaurs Welten entfernt von dem Loyolas und seiner hochgebildeten Nachfolger. Dennoch gibt Platen sicher ein zu negatives Bild des Landpfarrers.

Schon von der Tiroler Exkursion mit Issel wissen wir, daß zu der Zeit, da Oberbayern als Sommerfrische entdeckt wurde, Pfarrhäuser mitunter bessere Reisende als Pensionsgäste aufnahmen. Die freundliche Erinnerung an das Pfarrhaus von Flintsbach mag Platens Entschluß, für mehrere Monate nach Schliersee zu gehen, mitbestimmt haben. „Wir hatten gestern recht unvermuthet die Frau von Liebeskind* im Haus", notiert er eine Woche nach seiner Ankunft. „Sie ist die beredteste Frau, die ich jemals gesehen habe. Anfangs mochte sie dem Pfarrer wohl nicht behagen. Ihre Urbanität, ihr feiner göttingischer Dialekt stachen zu sehr gegen sein Wesen ab. Doch mögen ihre Gesprächigkeit und die gute Unterhaltung, die sie ihm verschaffte, ihn wieder versöhnt haben." Was des Pfarrers diffuses Unbehagen an dem schnellen Mundwerk der norddeutschen Dame anlangt, so war es 1817 noch nicht definiert; seit Königgrätz aber wird es in Bayern mit dem Ausdruck ‚Saupreißn' drastisch, wenn auch ungenau, bezeichnet.

Wie leicht sich Platen durch äußere Umstände eher zufälliger Art in seinem Denken beeinflussen ließ, soll ein Beispiel aus Schliersee zeigen. Politisch dachte er damals, seiner Situation als Offizier und armem Adligen entsprechend, gemäßigt liberal. Oppositionsblätter** las er in München „zuweilen", wie er der Mutter im April lakonisch mitteilt. Von Revolutionen aber hielt er gar nichts: „das Volk kennt weder Ziel noch Maaß, es würde sich selbst und alles zu Grunde richten. Aber die Bessern, die Aufgeklärteren im Volke, diese sollen sich zu Schutz und Trutz verbinden.. Verschwörung ist das Wort, das uns helfen kann." Dieser Tagebucheintrag, eine Reflexion zur Lektüre der ‚Germania' des Tacitus, datiert vom 30. Juni. Drei Wochen später fand Platen unter den Scharteken der Pfarrbibliothek die jesuitische Kampfschrift ‚Denkwürdigkeiten zur Geschichte des Jakobinismus' von Auguste de Baruel, um 1800 erschienen; der geistliche Autor subsumiert unter dieser Marke alles, was der Kirche seit 1750 nicht paßte, also die Enzyklopädisten und anderen französischen Philosophen, aber auch aufklärerische Geheimbünde wie Freimaurer und Illuminaten. Gründer des letztgenannten Ordens war in Bayern zufällig der Vater jenes Hauptmanns Weishaupt, der sich kürzlich um Platen bemüht hatte. Von Baruel wird er „als ein Ungeheuer ohne Gleichen, als ein Auswurf der Menschheit geschildert. Nicht viel besser der Freyherr von Knigge", dessen ‚Umgang mit Menschen' der Dichter doch hoch schätzte! Es mag sein,

---

* Nach 1803 wurde von deutschen Königen an verdiente Künstler, Gelehrte und Beamte ein nicht vererbbarer ‚persönlicher Adel', meist an einen Orden geknüpft, verliehen; der Ansbacher Gerichtsrat Liebeskind scheint auf diese Weise geadelt worden zu sein, sodaß er und seine Frau den Titel hatten, die Söhne, mit deren einem Platen befreundet war, hingegen nicht. Ebenso verhielt es sich vermutlich mit der Frau von Schaden, Witwe eines anderen Ansbacher Gerichtsrates, deren beide Töchter aus einer früheren Ehe stammten (Apenburg genannt von Schaden); von diesen drei Damen wird bald die Rede sein.

** vielleicht Görres' ‚Rheinischen Merkur', den er auf dem Weg nach Neckarau einmal lobend erwähnt? Das Blatt erschien seit 1814 und war seit 1816 in Preußen verboten, jedoch nicht in Bayern.

daß die Lehren von Helvétius und Holbach, die auch Weishaupt prägten, den Keim für Schreckensherrschaft und linken Totalitarismus in sich tragen. Dennoch erklärt Platen, nachdem er Baruels vier Bände gelesen, zu schnell, er hasse die geheimen Orden; sie glaubten die Vorsehung verbessern zu können, aber umsonst! Und hat völlig vergessen, was er selbst drei Wochen vorher über eine Verschwörung der Aufgeklärten geschrieben hatte. Sehr töricht fügt er hinzu: „Ich läugne nicht, daß mein Abscheu gegen Weishaupt auch einen Schatten auf seinen Sohn warf. Ich wünsche nicht mehr, ihn näher kennen zu lernen."

Als nächste Touristen erschienen im Pfarrhaus zwei junge Herren v. Völderndorf sowie ein Baron Cetto. Dieser mißbrauchte des Pfarrers Gastfreundschaft und überfiel „sehr werkthätig" die junge und hübsche Schwester der Köchin. „Sie rettete sich zwar aus seinen Armen," schreibt Platen, „doch gab es im Hause einen gewaltigen Lärm und Schreyen der Weiber. Der Pfarrer nahm nachher die Sache im Scherz, sagte aber unter dieser Deke dem Versucher desto derber die Meinung." Die Sache hatte möglicherweise ihre Folgen, denn fünf Tage später wurde Platen unweit Fischhausen, wo er, die Ilias lesend, harmlos wandelte, von einem Bauernburschen verprügelt. „Er schlug, pufte, zerraufte mich aus Leibeskräften, bis ich um Hülfe rief und er die Flucht nahm. Dieß alles geschah so schnell, daß ich mich gar nicht vertheidigte, weil ich zu sehr erschroken und erstaunt war. Wenn ich auch nur die leiseste Intrigue mit einem Mädchen aus der Gegend gehabt hätte, so würde ich mir seinen Angriff leicht erklären können; denn es kam mir vor wie Eifersucht oder Raserey. Kein Toller ist aber nicht in der Umgegend. Dieser Vorfall, sobald er bekannt wird, macht mich unfähig, länger Offizier zu seyn." Seltsamerweise kommt Platen nicht der Gedanke, daß er vielleicht für Cetto Prügel bezog. Die Sache kam übrigens nicht auf, da der Bursche vor dem Stadtfrack vermutlich noch mehr Angst hatte als dieser vor ihm; und so blieb des Dichters Offizierssehre intakt.

Von diesem häßlichen Zwischenfall einmal abgesehen, war er am glücklichsten in der Natur. Bald fand er einen jener „gesträuchverwachsenen Orte" in Wassernähe, die ihn stets angezogen hatten – denken wir nur an das Rheinufer bei Neckarau vor zwei Jahren – und die in seiner Dichtung manchmal an entscheidender Stelle auftauchen. Bestimmten Plätzen gab er eigene Namen, meist affektiert italienische oder spanische, aber auch solche wie ‚Federigo's Ruh'. Einen Gedanken aus Ansbach wieder aufnehmend, befaßte er sich nun mit Botanik; Literatur dazu hatte er ja aus München kommen lassen. Als die Mutter vor Verzettelung warnte, wies er sie in einem französischen Brief zurecht: „Belehren Sie mich gütigst, liebe Mama, in welchem Alter es nicht zu spät wäre, Botanik zu studieren. Wahrscheinlich ist sie nicht das letzte Fach, das ich anfange. Die Sprachen kommen dadurch nicht zu kurz". Das Schlierseer Tagebuch ist, nach dem Vorbild von Goethes ‚Italiänischer Reise', von botanischen Betrachtungen durchzogen.

Der Pfarrer hatte als Hilfe einen jungen Kaplan, mit dem Platen sich anfangs leidlich verstand. „Gestern umzirkelte ich den See, und pflükte Blumen", schreibt er am 11. Juli ins Tagebuch, „gleichsam zum Abschied, da dieß zarte Geschlecht dem allgemeinen Verhängniß der Heuärndte unterliegt. Den heutigen Nachmittag fuhren wir, der

Kaplan und ich, nach der Insel hinüber, um uns zu baden. ..Der Platz ringsher um die Insel ist vortrefflich; das Wasser eine große Streke weit, (welche die Farbe genau unterscheidet) nicht tief, und ohne Abgründe. Nur die Insekten plagten uns. Aber ich freute mich herzlich an dem schönen, klaren Element." Für heute kaum vorstellbar: zwei gesunde junge Männer, die nicht schwimmen können.

Daß ein Pfarrhof damals nicht nur als Hotelpension für Herrschaften und alleinreisende Damen diente, sollte ein Logierbesuch aus München zeigen: der englische Chargé d'affaires, Platen schildert ihn als angenehmen jungen Mann, mit seiner Maitresse. Ganz unbefangen erschien das Paar am nächsten Tag zur Mittagstafel. „Sie war in Mannskleidern," schreibt Platen, „hat feine Züge und ist höchstens 17 bis 18 Jahre alt. ..Sie redete in der ersten halben Stunde nicht eine Sylbe und aß nicht einen Bissen. Ich hielt sie für eine Engländerin, und zwar für die schüchternste und bescheidenste, worin mich noch ihre körperliche Zartheit bestärkte. Plözlich fieng sie zu schwätzen und zu essen an, zu essen, wie ein Drescher, zu schwätzen wie drey Mühlen zugleich. Aus dem feinen Mündchen holperte der gröbste baierische Dialekt, der sich in Späßen, Zoten, Zweydeutigkeiten aussprach, die man höchstens unter Soldaten oder allenfalls in Bordellen zu hören bekommt. Ich fiel aus den Wolken. ..Der Gesandte schämte sich wenig. ..ich schämte mich in seinem Namen desto mehr. Mit mir sprach sie kein Wort, weil sie mir vielleicht ansah, daß ich indignirt wäre. Ihre meisten Späße brachte sie an dem Herrn Pfarrer an, der sie ihr mit seiner gewöhnlichen Laune erwiederte. Er nannte mir hinterher die Ausgelassenheit ihres Wesens pure Unschuld. Er hatte in so ferne recht, als sie keineswegs eine ausgelernte Buhldirne, sondern ein kindisches Mädchen ist. Der Kaplan belachte und belächelte ihre Zoten nach Herzenslust, weil sie seiner eigenen Bildung entsprachen. Er glaubte, daß dieß die Art der vornehmen Damen wäre, für deren eine er sie hielt." Wir begreifen bei dieser Gelegenheit, daß die vielen verkleideten Mädchen in klassischer Komödie und Opera buffa, die uns heute unglaublich und darum mehr albern als komisch erscheinen, wirkliche Situationen widerspiegeln. Und wenn wir angesichts der burlesken Szene im Pfarrhaus ähnliche Betretenheit empfinden wie Platen, so nur, weil wir unverschämte Heuchelei heute in anderen Zusammenhängen gewohnt sind als die Leute damals; während ihm, dem Zeitgenossen, einfach Humor und Souveränität abgingen, die Komik wahrzunehmen und sich zu amüsieren.

Als der Engländer – wohlgemerkt ohne Maitresse – den Wendelstein besteigen wollte und Platen anbot, ihn zu begleiten, fand dieser eine schöne Ausrede: er habe dem Pfarrer versprochen, mit zur Wallfahrtskirche Birkenstein bei Fischbachau zu gehen, wo dieser zum alljährlichen Skapulierfest predigen werde. Lakenpaur war, wie wir aus einem Brief Platens an die Mutter wissen, wegen seines salbungsvollen Stils vor den anderen Pfarrern der Umgegend als Prediger geschätzt.

Was neunzig Jahre später noch Zielscheibe des Spottes für Ludwig Thoma war, stand zur Zeit von Platens oberbayerischem Sommer in voller Blüte: ein jeder Aufklärung ferner, wundergläubiger, hochbarocker Katholizismus. Im Dom zu Freising etwa krochen zu bestimmten Gelegenheiten die Gläubigen auf allen Vieren unter dem Sarkophag des hl.Nonnosus hindurch, was gegen zeitliches und ewiges Unheil, religiöse

Anfechtung, Kolik, böse Augen, Schwindel und Unfruchtbarkeit helfen sowie verlorenes Gut wiederbringen sollte. Was das Skapulierfest anlangt, so geht es auf eine Marienerscheinung im dreizehnten Jahrhundert zurück. Die Muttergottes übergab dem englischen Karmelitergeneral, der früher als Eremit in einem Baumstamm gelebt hatte, das heilige Skapulier zum Unterpfand des Heils für alle, die mit ihm bekleidet sterben. Unter Skapulier versteht man den über Brust und Rücken herabfallenden langen Tuchstreifen, der zum Kleide mancher Orden gehört. Neben den braunen und schwarzen Skapulieren der Karmeliter und Benediktiner wurden bis 1900 noch viele andere in allen möglichen Farben von Rom approbiert, ab 1910 aber fast sämtlich durch geweihte Medaillen ersetzt. Das Skapulierfest war mit dem Sabbatinprivilegium verbunden: in einer weiteren Erscheinung gewährte die Muttergottes den Karmelitern und angeschlossenen Bruderschaften reiche Ablässe, so die Befreiung aus dem Fegfeuer schon am ersten Samstag nach dem Tode. Dies Privileg wurde seit 1528 in allgemeiner Form mehrfach von Rom bestätigt, speziell für die Karmeliter noch 1950 von Pius XII. Das Skapulierfest aber ist seit 1960 für die ganze Kirche abgeschafft.

Nachdem Platen sich gegen den englischen Diplomaten derart herausgeredet hatte, mußte er nolens volens mit dem Pfarrer nach Birkenstein, und zwar zu Fuß, da es sich um eine Wallfahrt handelte. Trotz kärglichen Gesangs und einer schwachen Orgel erfüllte ihn der Beginn des Gottesdienstes mit andächtigem Gefühl. „Aber wie schnell", schreibt er, „ward ich aus dieser Stimmung gerissen, als unser Pfarrer, im reichen Ornate, die Kanzel bestieg! In welches Jahrhundert versezte mich diese Predigt! Da war auch nicht ein Wörtchen Moral, das darunter einfloß. Es war von nichts die Rede, als von den Wunderkräften des heiligen Skapuliers, von der Jungfrau Maria, von Papst Pius VII, von den gräßlichen Qualen des Fegfeuers, in welchem, nach dem Zeugniße der gelehrtesten Männer.. eine Viertelstunde bey weitem mehr Leiden verursacht, als dreyßig Jahre des menschlichen Lebens, in den fürchterlichsten körperlichen Schmerzen zugebracht. Doch wurde zum Troste hinzugefügt, daß durch vieles Gebet das Fegefeuer schon auf dieser Erde abverdient werden könnte, so auch durch viele Messen nach dem Absterben. Er gebrauchte nicht einmal den Ausdruk Gebet, sondern er bediente sich der Worte Vater unser, Ave Maria und Glauben Gott, worunter die Katholiken das christliche Glaubensbekenntniß verstehen. Ueberdieß, hieß es, erlöst die allzeit jungfräuliche Gottesmutter Maria alle Samstage eine Unzahl von armen Seelen aus dem Fegfeuer. Die heilige Dreyfaltigkeit spielte auch keine kleine Rolle, und er verwikelte sich über dieß in so gräßlichen Unsinn, daß ich nicht wußte, ob ich lachen oder weinen sollte."

Obwohl das Wetter in den nächsten Tagen veränderlich blieb, stieg Platen mit dem Kaplan und einem Kind als Führer auf den Brecherspitz. Es ist dies ein 1700 m hoher Berg, der den Schliersee von Süden her überragt. Wieder gelingt dem Dichter eine packende, an Jean Paul erinnernde Naturschilderung, von der ein paar Sätze wiedergegeben seien: „über Westenhofen hieng ein rabenschwarzes Gewitter; der See dunkelte wie das unterirdische Wasser einer Grotte. ..Ueber das grüne, liebliche Thal von Fischbachau beugte sich, tief unter uns, im großen Bogen, das schwarze Gewölbe einer schwarzen Wolke. Plözlich erhoben sich, von allen Seiten, aus allen Thälern und

Abgründen, wie Rauchsäulen, die Nebel, und die leicht hinschwebenden Wolken umtanzten uns, wie geschlungene Reigen. Ein Paar nach dem andern umarmte sich rings um uns und umhüllte uns. Endlich sahen wir nichts mehr, als das Flekchen, auf dem wir standen. Alles andere war nur eine Farbe. Wir waren abgeschieden von der Welt".

Von einer weiteren mehrtägigen Wanderung an den Spitzingsee und auf den Wendelstein zurückgekehrt, fand Platen mehrere Briefe vor. Schnizlein, kurz vor seiner Abreise nach Altdorf, riet dem Freund, um eine sechswöchige Urlaubsverlängerung einzukommen. Die bayerische Kriegskasse muß 1817 wirklich leer gewesen sein. Auch der nach München zurückgekehrte Perglas hatte geschrieben: Issel wohne soeben bei ihm und würde noch einen Monat bleiben. Platen ging auf diesen Fühler nicht ein; es wäre ihm ja ein Leichtes gewesen, den Maler auf ein paar Tage nach Schliersee einzuladen.

Interessanter noch als die Post war ein neuer Besuch: die Gerichtsrätin v. Schaden mit ihren beiden Töchtern und einem kleinen Sohn, jene freundliche Dame, die wir schon aus Platens Kinderzeit in Ansbach kennen und in deren Münchener Haus der Kadett manchmal den Sonntagnachmittag verbracht hatte. Der Pfarrer war nicht begeistert von der neuerlichen Damenpartie, nach dem frisierten Mundwerk der Madame Liebeskind und dem unfrisierten der Giesinger Mignon; zugereiste Protestanten obendrein, als ob der neubayerische Graf nicht genügte. Im örtlichen Gasthof war ein Herr v. Völderndorf abgestiegen, jüngster Bruder der beiden kürzlich genannten, Offizier bei den Chevauxlegers und Verehrer einer Tochter Schaden.

Platens Tagebuch berichtet von einem harmonischen Tag mit den Schadens, von einer Kahnpartie auf dem See, bei der die Mädchen und Völderndorf im Terzett sangen, vom anschließenden Besuch auf der Alm und dem Genuß von frischer Milch. Über den Abend aber fiel ein Schatten. Die Köchin hatte fälschlich behauptet, auch Völderndorf wolle im Pfarrhof wohnen. Der Pfarrer sprach darauf Frau v. Schaden unfreundlich auf der Treppe an: dies sei gegen die guten Sitten. Sie nahm die Unterstellung mit Recht übel und bestellte den Wagen für den nächsten Morgen, obwohl sie gerne noch geblieben wäre. Völderndorf war sehr aufgebracht und sagte dem Pfarrer „die derbsten Dinge". Platen war der einzige, der vermitteln konnte: er tat sein Bestes und erreichte, daß der Pfarrer sich entschuldigte und Frau v. Schaden bat, zu bleiben.

Nachdem der Dichter so auf einem Felde Lorbeeren geerntet hatte, das nicht seines war, der Diplomatie nämlich, ergab sich die Gelegenheit, Ehre auch auf dem ureigenen zu erwerben. Die Damen Schaden drangen in ihn, Proben seiner Kunst zu geben, und geschmeichelt entsprach er dem Wunsch mit einigen Gedichten, sehr frühen zum Teil, die uns heute eher lächeln machen. Etwa die Romanze ‚Vergiß mein nicht', wo ein Jüngling, der wieder mal nicht schwimmen kann, bei dem Versuch, die genannten Blumen für seine Geliebte am Seeufer zu pflücken, ins Wasser fällt und vor ihren Augen ertrinkt. Den unfreiwillig komischen ‚Wahn der Jugend' haben wir schon erwähnt; so sei hier eine Strophe aus ‚Dichterschicksal' von 1814 zitiert:

| Muß der Sänger Kummer tragen, | Macht er durch melod'sche Klagen |
| Wenn ihn Glück und Liebe fleucht, | Den belad'nen Busen leicht. |

Zwei Tage später stieg Platen wieder auf den Brecherspitz, diesmal mit den Damen Schaden und Völderndorf. Durch ein Fernrohr konnte man bis München sehen. Auf dem Abstieg, in einer Almhütte, wiederholte sich die Biedermeierszene mit Milchgenuß und anschließendem Gesangsterzett, zur Freude der Sennerinnen. „Ich konnte nicht in jene Töne einstimmen", bemerkt Platen traurig, „und fühlte auch hier den Mangel an allen Talenten."

Noch am selben Nachmittag nahm Frau v. Schaden mit ihren Kindern den Wagen nach Miesbach, wo sie auf dem Heimweg übernachten wollte. Völderndorf machte derweil den Weg mit Platen zu Fuß; und dieser verliebte sich, kaum daß die Damen abgereist waren, ein wenig in den Offizierskollegen. Völderndorf äußerte Interesse an Platens poetischen Arbeiten. Betroffen schrieb der Dichter ein siebenstrophiges Lied, das die gemeinsame Bergbesteigung schildert, und ließ es Völderndorf in München zukommen.

Schon im vergangenen Dezember hatte er sich vorgenommen, Portugiesisch zu lernen, um ‚Os Lusiadas' des Camões im Original lesen zu können. Das war vorläufig aufgeschoben, aber unter den Büchern, die er in Schliersee bei sich hatte, fand sich auch eine italienische Übersetzung des genannten Werkes. Die ‚Lusiadas' sind das Nationalepos der Portugiesen, das deren weltverändernde Entdeckungsfahrten zu Beginn der Neuzeit schildert. Wie in den alten Epen wird die Haupthandlung – Vasco da Gamas Indienexpedition – durch einen Streit der olympischen Götter in ihrem Verlaufe beeinflußt. Zwischen dem historischen Ereignis und seiner dichterischen Gestaltung liegen weniger als hundert Jahre. Es kann nicht verwundern, daß eine solche Vermischung von antiker Mythologie und neuester Geschichte sofort Widerspruch hervorrief. Platen schloß sich dieser Kritik an, die zuletzt noch von Voltaire geäußert worden war, wollte das Werk aber nicht nach einer Übersetzung beurteilen.

Weil er meinte, ihm fehle trotz aller guten Vorsätze eine moralische Norm, an der er sich ausrichten könne, schrieb er wieder einmal eine Serie von ‚Lebensregeln'. Keine zwei Jahre war es her, daß er sich mit den ‚Einzelnen Betrachtungen' im Prägen von praktischen Weisheiten versucht hatte, damals ganz im Hinblick auf Perglas, zu dem er in gespanntem Verhältnis stand. Von den sechs längeren Stücken warnten allein drei vor ‚schmutziger' Sexualität und priesen stattdessen die ‚reine' Freundschaft. Platen schrieb hier aber auch einen veritablen Traktat über das Unglück, in dem er sein eigenes, das durch erzwungene Keuschheit verursachte, als heimlichen Segen darstellte und es über das erfüllte Liebesglück emporhob. Nicht weniger der Selbstrechtfertigung dienten die ein halbes Jahr später entstandenen ‚Abgerißenen Gedanken in Bezug auf gesellschaftliche Verhältniße des Lebens'. Von den 24 Aphorismen sind wieder die Hälfte jener ‚reinen' Freundschaft gewidmet, die damals Platens Obsession war und die später Heines Hohn hervorrufen sollte. Ermahnungen an sich selbst finden sich hier weniger als in den umfangreichen ‚Morgen- und Abendbetrachtungen' vom Mai 1816, die in diesem Zusammenhange noch einmal erwähnt sein sollen, und in denen das Ziel, die Läuterung, weniger als Ergebnis eigener Anstrengung verstanden ist denn als Gnade von oben.

Über derlei Sentimentalität war Platen unterdessen hinaus. Die 88 ‚Lebensregeln' vom August 1817 bieten neben dem, was der Name sagt, einen Katalog seiner Ansichten zu Religion und Politik, daneben aber auch ein ganz gutes Selbstportrait. Was Religion betrifft, so heißt es jetzt: ignoramus ignorabimus, glaube nichts, was dem gesunden Verstande widerspricht, laß aber die herrschenden Religionen unangefochten, ehre am Christentum die Reinheit seiner Moral. Zur Politik: Vaterlandsliebe erschöpft sich nicht im Dienst am Fürsten; biete aber auch nicht Volksaufständen die Hand, Umstürze bringen nur Unglück, die Aufklärung kann sich nur langsam ausbreiten, und so fort, wie weiter oben in diesem Kapitel dargelegt. Manche Regel ist reine Selbstdarstellung. Platen brauchte sich nicht zu ermahnen, „faden Assembleen, Spielgesellschaften" fernzubleiben oder Trinkgelage und Kartenspiel zu meiden. „Alle gleichgültigen und nicht näher bekannten Menschen, die dich abordieren, empfange mit Artigkeit und gutem Willen. Spiele aber nicht den Zuvorkommenden. Bleibe zurückhaltend und trocken, bis du Ursache hast, dich näher an sie anzuschließen." – „Rede niemals, wenn du nicht den Drang fühlst. Erkläre dich an den Orten, die du besuchst, frei, wie du es hältst. Man wird sich an deine Weise gewöhnen." Erscheint hier nicht vor uns der ganze linkisch-trotzige Platen in natura? Man hat sich keineswegs an seine Weise gewöhnt, und er ist sein ganzes Leben ein Einzelgänger geblieben, der sich hier nicht ermahnt, sondern selbst bestätigt.

Was nun die eigentlichen Lebensregeln betrifft, so war es ja von jeher das Kreuz mit ihnen, daß sie Fehlern im Umgang mit sich selbst und anderen durch vernünftige Überlegung begegnen wollen. Doch leider bleibt dies ohne viel Wirkung, denn unser zwischenmenschliches Verhalten ist weniger von Vernunft oder ihrem Mangel bestimmt, als vielmehr von Trieben und Emotionen, deren Eingebungen wir nachträglich rationalisieren. Die Zügelung unseres Temperamentes aber lernen wir, soweit überhaupt, nur durch üble Erfahrung im praktischen Leben, nicht jedoch durch gute Vorsätze und kluge Regeln a priori. Der Chronist gesteht, daß ihn Autoren wie Gracián, Knigge oder Carnegie mit ihren leicht hingeschriebenen, aber kaum übertragbaren Taktiken und Strategien zum Umgang mit Menschen schon immer geärgert haben. So zeigen auch Platens Lebensregeln des Gedankens Blässe, zumal wenn er die bekannte Leier dreht: Fliehe die Wollust, veredle deine Sinnlichkeit. Was nutzen Vorsätze wie: „Hüte dich vor den Thorheiten der Liebe. ..Fliehe allen Selbstbetrug. ..Täusche dich nicht durch.. selbsterschaffene Götzenbilder! ..Wolle nur vergessen, und du kannst." Wir wissen, daß Platen diese ‚selbsterschaffenen Götzenbilder' nicht vergessen konnte, waren sie doch für ihn, den ungeliebten Narziß, eine existentielle Notwendigkeit. Umso mehr verwundert es, wenn er, der doch durch die Lektüre von Dutzenden lebenskluger Bücher sein Verhalten um kein Jota zu ändern vermochte, sich nun mit einem weiteren Katalog selbstverfaßter Lebensregeln „um vieles gefaßter und gesicherter" zu fühlen behauptet.

Am letzten August erwartete das Pfarrhaus von Schliersee allerhöchsten Besuch. Der König, der vor kurzem das Kloster Tegernsee gekauft hatte und als Sommeraufenthalt

König Max Joseph bei Tegernsee von Bauern begrüßt. Gemälde Joseph Petzl, Ausschnitt. (Stadtmuseum, München)

ausbauen ließ, war samt Familie und Hofstaat zum Mittagessen angesagt. Platen machte sich aus dem Staube, zumal der Pfarrer sein Zimmer brauchte. „Alles, was den Hof belangt", vertraut er seinem Tagebuch an, „erregt mir eine widrige Idee, wie das Königthum selber." Vielleicht aber war es gar nicht republikanischer Stolz, der Platen aus Schliersee vertrieb; womöglich mochte sich der König des linkischen Pagen erinnern und allerhand peinliche Überlegungen anstellen, etwa derart: „Ei was seh' ich, der August aus Ansbach! Ist Er nicht Leutnant bei der Linien-Infanterie? Was treibt Er denn hier in Zivil? Urlaub? Und wie lange schon? Zwei Monate? Tiens, tiens!" Nein, solch eine Begegnung war unbedingt zu vermeiden. Platen erstieg also nochmals den Wendelstein, diesmal geführt von einem hübschen Bauernburschen, und besichtigte auf dem Abstieg das sogenannte ‚Schneeloch'. Unterdessen nahm der königliche Besuch in Schliersee seinen Lauf. Das Münchener Stadtmuseum besitzt ein hübsches Bild ‚König Max Joseph bei Tegernsee von Bauern begrüßt' von Joseph Petzl, das zwar ein paar Jahre jünger ist, aber sicher eine ganz ähnliche Szene darstellt wie die von 1817: alle Herrschaften in bürgerlicher Kleidung, der König also in Frack und Zylinder, jedoch mit 3 cm großen Ohrringen. Pfarrer Lakenpaur berichtete Platen später nicht ohne Stolz, er habe die Königin, die doch sonst so ernsthaft sei, achtmal zum Lachen gebracht!

Schon vor einigen Wochen war Platen Schnizleins Rat nachgekommen und hatte bei seinem Regiment Urlaubsverlängerung beantragt. Der Entscheid war längst überfällig. Gerade jetzt wurde die bayerische Armee aus Kostengründen reduziert, und der Dichter konnte von Glück sagen, daß er nicht seinen Abschied bekam. Warum man höheren Orts mit dem unkriegerischen und wenig eifrigen Leutnant so viel Geduld hatte, wissen wir nicht; vielleicht, weil der Regimentskommandeur ihm wohlwollte, oder weil er zu den Teilnehmern des Feldzuges von 1815 gehörte? Gleichviel, am zweiten September hielt er die Bewilligung für sechs weitere Wochen Urlaub in Händen. „So bin ich denn abermals frey und der gefürchteten Schlinge entronnen", notiert er dankbar ins Tagebuch. „Es ist mehr, als ich verdiente."

Zwei größere Wanderungen fallen in diesen Zeitraum. Die erste führte nach Tegernsee, auf den Platen, zuletzt durch des Königs Aufenthalt, neugierig geworden war. Der gleichnamige Ort hatte damals schon so viel Fremdenverkehr, daß er dem Dichter zu lebhaft vorkam. Es gab sogar schon eine Art Seilbahn: „Auf dem Westerhofe haben sie kleine Schlitten, mit denen sie die Fremden den Berg wieder herabziehen." Fast möchte man an den Meyer am Himalaya denken. Eigentliches Ziel der Reise aber waren der Achensee und das Inntal, mittlerweile wieder österreichisch. Einen Paß besorgte sich Platen, indem er beim Herrschaftsgericht in Tegernsee zwei Briefe von Schnizlein und Lüder vorlegte, deren Anschrift ihn genügend legitimierte. Ob die Behörde sich so kooperativ gezeigt hätte, wäre der Applikant nicht zufällig ein Graf gewesen, sei dahingestellt.

Platen wanderte über Kreuth bis zum Achenpaß, wo die Straße damals durch das Zollhaus hindurchführte, und sodann bergab bis Jenbach. Den langen und schmalen Achensee befuhr er im Boot von einem Ende zum anderen. Die Beschreibung im Tagebuch ist anschaulich, aber lange nicht mehr so inspiriert wie im vergangenen Jahr in der Schweiz. Nachdem der Dichter sich ein wenig im Inntal umgesehen hatte, kehrte er auf demselben Weg, den er gekommen war, am vierten Tag wieder nach Schliersee zurück.

Dort hatten sich unterdessen wieder Gäste eingefunden, die mehr nach dem Geschmack des Pfarrers gewesen sein mochten als die vorigen: Madame Seidel, Brauereibesitzersgattin aus München mitsamt Familie, Gouvernante und Hauslehrer. Später kam noch ein Arztehepaar, und endlich erschienen einige Geistliche der Umgegend zur Kirchweih. Obwohl er wieder für einige Tage sein Zimmer räumen mußte, gedenkt der Dichter all dieser Gäste mit freundlichen Worten; zumal eines Abends, als man sich mit einem Reimspiel unterhielt, bei dem er sicher vor allen glänzte.

Lüder schrieb von einer neuen Verordnung, die es bayerischen Offizieren ermöglichte, sich bei voller Gage auf ein Fach des zivilen Staatsdienstes vorzubereiten: Platen solle dem Beipiel anderer folgen und Diplomat werden. In seiner Antwort erläutert der Dichter den naiven Plan, zunächst in Deutschland „Kenntnisse so viel wie möglich auszubreiten und dann nach Amerika überzugehen". Was ihm die dilettantisch ‚ausgebreiteten' Kenntnisse einer Handvoll Sprachen oder der Botanik in Amerika nützen sollten, bleibt sein Geheimnis. Vielleicht, weil er es auch nicht wußte, bat er um Lüders Rat. Hinter dem Überdruß am Militär wird hier der Wunsch deutlich, sich nicht weiter zu verzetteln, sondern auf ein Fach zu konzentrieren wie alle seine Freunde; denn an seine Berufung, die Poesie, glaubte Platen damals nicht.

Weil ihn die vielen Gäste im Pfarrhaus doch mitunter störten, war er viel im Freien mit seinem derzeitigen Lieblingsautor, Horaz. Damals entstand eine Versepistel an Gruber, in welcher, nach dem Lob des lateinischen Meisters, der Eleve von sich selber spricht:

> Wohl auch mancher noch strebt; doch er mangelt der lokenden Krone,
>   Nirgend bewahret ein Baum köstliche Zweige für ihn,
> Sehnend schaut er empor zu den glanzumflossenen Gipfeln,
>   Aber die Fittiche hat Mutter Natur ihm versagt.

Nördlicher Ausläufer des Brecherspitzes ist der Dürnbachwald, dessen Grat etwa 1500 m Höhe erreicht. An seiner westlichen Flanke sammelt sich das Wasser im Dürnbach, der mit Ankelgraben und Hachelbach zusammen die Aurach bildet; dieser kleine Fluß wieder mündet bei dem Orte gleichen Namens in die Leitzach. Schon im August war Platen von Neuhaus her dem Lauf des Dürnbaches bis zu einer Stelle gefolgt, wo er in einem Wasserfall endete: er nannte die Schlucht ‚Obblio del mondo' und den Fall ‚Finisterre'. „Es ist ohne Zweifel die einsamste, wildeste und bemerkenswürdigste Stelle der ganzen Umgegend", notiert er ins Tagebuch. Aus der Schlucht gelang es ihm mit Mühe, bis zur Waldgrenze emporzusteigen. Von dort hinunterblickend gewahrte er hinter ‚Finisterre' eine zweite, noch engere Schlucht mit wieder einem Wasserfall. Er nannte den Ort ‚Le dernier refuge' und nahm sich vor, ihn bei nächster Gelegenheit zu besuchen.

Es sollten fast sechs Wochen vergehen, bis Platen den Vorsatz ausführte. Am 19. September stieg er von dem erwähnten Wald in einem fast trockenen Bachbett hinab ins ‚dernier refuge'. „Ich sah hier einen noch viel wilderen Ort als den obblio del mondo, die Schlucht ist eng, die Felsen (sind) höher und drohender. Ich drang bis an den Wasserfall, den ich Finisterre nannte vor, und sah, über einen Stein gelehnt, in seine jähe Tiefe hinunter." Da er nicht das Bachbett hinaufsteigen wollte, versuchte er einen anderen Weg; doch kurz vor dem Ziel endete dieser an einem unüberwindlichen Felsen. Also kehrte er wieder um. „Ich glaubte mehr zur Linken eine bessere Bahn zu entdeken, und sah einen Tannenstrauch, an dem ich mich halten konnte. Ich trat den Weg wirklich an, bemerkte aber zu spät, daß ich gerade über dem Wasserfall hieng, und eine Streke weit unter meinen Füßen jähe Felsen hatte, an denen ich mich fallend unfehlbar würde zerschmettert haben. ..An den Rükweg war nicht mehr zu denken; ..Ich klimmte aufwärts, indem ich alle meine Kräfte anspannte. ..Fast immer war mein Vertrauen in einige elende Gräser gesetzt, an denen ich mich hielt. In derselben Minute, als sie würden abgerissen seyn, wäre ich auch schon in der untersten Tiefe gelegen. ..Doch ..erreichte ich glüklich den Tannenbaum, und klammerte mich an ihm fest. Seine Richtung von der Erde aus war anfangs etwas wagerecht. Ich brachte es so weit, daß ich mich mit halbem Leibe über ihn hinablehnen konnte. Dieß war wohl die gefährlichste Stellung meines Lebens. Mein Unterleib hieng auf dieser, mein Oberleib auf jener Seite, und ich sah in dieser Lage in die häßliche Tiefe, ohne noch zu wissen, wie ich den noch kommenden Weg, der nicht minder steil, obgleich nicht mehr hoch war, zurüklegen sollte. Die höchste Anspannung meiner Kräfte.. machte nun einer gänzlichen Abspannung Platz. Ich fiel in ein heftiges Zittern.. Endlich ermannte ich mich, und schwang mich mit den Füßen dahin, wo ich mit dem Leibe lag. Nur durch die äußerste Geschwindigkeit, indem ich weder mit Hand noch Fuß die Erde kaum berührte., gelang es mir den Weg zu vollenden. Als ich oben war, sank ich vor Müdigkeit ins Moos hin. ..Nur die Vorsicht erhielt mich."

Am 1. Oktober 1817 schreibt Platen in sein Tagebuch: „Nicht ohne Grund fürchte ich bey meiner Rükkehr nach München wieder zurük in die Thorheiten der Liebe zu fallen. Ich stehe in einem Alter, das Liebe fordert und sich nicht mehr mit der Freundschaft begnügen kann. Warm und innig möchte ich mich an ein anderes Wesen anschließen. ..Aber was mich am meisten zittern machen sollte, ist, daß meine Neigungen bey weitem mehr nach meinem eignen Geschlechte gerichtet sind, als nach dem weiblichen. Kann ich ändern, was nicht mein Werk ist? ..Die vier Monate, die ich nun hier auf dem Lande lebe, hielt ich mich von verliebter Schwachheit rein. Aber diese lezten Tage erwachte lebhaft Federigos Bild in mir. ..Ohne Sinnlichkeit kann keine Liebe seyn. Aber niemals und auf keine Weise hat mir Federigo gemein = sinnliche Triebe erwekt. Aber wenn es bey anderen so weit mit mir kommen sollte! O dann verschlinge mich eher der Abgrund. ..Wie sehr schon eine edlere Liebe an den Rand des Verderbens und der Verzweiflung führen kann, weiß ich; aber wie fürchterlich eine sinnliche Gluth den ganzen Menschen zerstören muß, das erfuhr ich nicht; aber ich habe davon eine grausame Ahnung. Es gibt soviel in der Welt, was mich wünschen macht, daß ich niemals geboren wäre!"

Auf der Schwelle zur Volljährigkeit erkennt Platen seine wahre Natur. Kein optimistischer Wegweiser, keine vernünftige Lebensregel vermag etwas gegen sie. Erst jetzt kann er sich Gedanken machen, wie er unter diesem unabänderlichen Schicksal weiterleben soll.

Daß er die Konsequenz daraus mit Entsetzen von sich weist, kann nicht verwundern. Erinnern wir uns des Gedichtes ‚Der Gottverlassene', das auf der Schwelle zur Pubertät entstand, und in dem er seine Veranlagung, damals noch als Sünde empfunden, ebenso entschieden verneint: da trifft ihn Gottes rächender Blitz, hier wirft er sich selbst in den Abgrund. Auch wenn der Pilger sich nun auf eine Weile vom Gott der Väter beurlaubt, hilft ihm das nicht: bleibt doch der christliche Sittenkodex so tief in ihm verwurzelt wie eh und je. Zwar drückt er sich nicht mehr um die bittere Wahrheit herum, doch fehlt ihm die Souveränität, jenes paulinische Gebot von sich zu weisen, dem zufolge das, wohin seine Natur ihn treibt, widernatürliche Unzucht ist. Kein Rückgriff auf die Kulturgeschichte, dem Gebildeten ein Leichtes, kann ihn jetzt und hier zu rettender Eigengesetzlichkeit bringen. Später wird er sie, von Zweifeln geplagt, halbwegs erringen, obwohl in Deutschland keine Liebe auf ihn wartet. Dann in Italien, da er mit dem Surrogat vorlieb nimmt, wird er trotz bitterer Ernüchterung sein Gesetz zum Evangelium erklären. Mit Hybris wird er neuerliche Zweifel zu überspielen suchen. Der Tagebucheintrag vom 1. Oktober 1817 ist von düsterer Prophetie.

In solch herbstlicher Stimmung mag es gewesen sein, daß Platen jenes Elegiefragment hervorholte, das er wahrscheinlich schon kurz nach seiner Ankunft in Schliersee begonnen hatte und das die Außenwelt, samt Rückblick auf München, mit seiner Innenwelt verbindet.

> Säuselnde Nachtluft rauscht in den zierlichen Blättern des Ahorns,
>   Schwermuth breitet sich aus über die Schatten des Monds.
> Friedlich feyert, bewacht vom Heerde, die Hütte des Landmanns,
>   Welche der früheste Glanz tagender Röthe belebt.
> Auch in der lärmenden Stadt entvölkern gemach sich die Gassen,
>   Seltener rasselt ein Tritt über den hallenden Stein.
> Wach in der Kammer noch sitzt vor dem Roken das dürftige Mädchen,
>   Und mit dem Drange der Noth ringt die Begierde des Schlafs.
> Aber es eilt die verschleierte Nonne, zur Hora gerufen,
>   Ueber den gothischen Gang, matt von der Ampel erhellt.
> Auch der Weise noch wacht,
>   Hält er dem denkenden Geist ernste Betrachtungen vor.
>
> Theuer bezahlst du, o Mensch, die gepriesenen Rechte der Willkühr,
>   Während die Sterne sogar gehn die bezeichnete Bahn.
> Fessellos trittst du
>   Aber wie hast du so bald dich in der Schlinge verstrickt!
>
> Neigung und Haß und Begierde des Golds und des Ruhmes Begierde
>   Knüpfen, im ewigen Streit, bunt aneinander die Welt.
>
> Freundschaft lohnt nicht stets wohlwollende Sorgen der Freundschaft,
>   Blume der Liebe, du welkst, selten gekannt und gepflegt;

14. SCHLIERSEE

Selten zugleich zwei Herzen bedrohn die Geschosse Cupidos,
    Launisch vereinigt er oft, was sich vermeidet und haßt.
Seelig, seelig, seelig ist der, dem liebende Täuschung
    Nie in's erwachte Gemüth Dolche der Reue gebohrt;
Einsam löst sein Busen sich auf in melodische Klagen,
    Und es verhüllt der Gesang stiller Geheimnisse Schmerz:
Also wölbt sich dichtes Gebüsch von jeglichem Ufer
    Ueber den schwellenden Strom, der in der Wildniß erbraust.
Ernst und furchtbar trägt die verheerende Fackel das Schiksal

Thöricht wähnst du, o Mensch, als flechte der Weltenregierer
    In das Gewebe der Zeit deinen phantastischen Wunsch.
Wenn sich Boreas naht, vom nordischen Schlund des Gebürges,
    Schont er der Blüten am Baum? schont er die Blumen im Gras?
Glaube mir, daß es im Leben zulezt der alleinige Trost ist,
    Unseren Lieblingstraum kalter Entsagung zu weihn.
Alle, mit denen verknüpft wir sind durch Bande der Neigung,
    Möchten wir rings um uns sammeln im glüklichen Kreis;
Aber es drängen sich zwischen uns Thäler, der Fluß und Gebürge,
    Ohne des trauten Gesprächs lieblichen Wechselgenuß,
Schwinden die Tage dahin, es verschwinden die rollenden Jahre,
    Schnell, doch unmerkbar schnell stiehlt sich das Leben vorbey.
Wenige Glükliche sind's, die, was sie begannen, vollenden;
    Manchem Werke misgönnt Lachesis frohen Beschluß.
Oft entführt sie die Braut, die geschmükte, dem Reigen der Hochzeit,
    Und von der Hälfte des Lieds reißt sie den Dichter hinweg.
Glaubt ihr mit Kräutern und Trank euch länger zu spinnen die Jahre?
    Selbst der Gewalt'ge betäubt nie des Verhängisses Ruf. ...
Welch ein Gesetz ist das, durch alle Jahrhunderte schreitend?
    Tod, wie entflieh' ich dir selbst? Tod, wie vermeid' ich dein Bild?
Drük' ich die Rechte des zärtlichen Freunds, dann hör' ich dich flüstern:
    Diese... Hand nagen die Würmer dereinst.
Tragt ihr, o Musen, dieß Wort? schrekt euch der betrübte Gedanke,
    O so belehret die Welt, heilt das verkehrte Geschlecht:
Gebt uns die edleren Bräuche zurük, die geheiligten, alten,
    Gebt uns die Flamme zurük, rasch zu vernichten den Leib;
Leuchtend winde sie sich um die ruhig erkalteten Glieder,
    Und mit köstlichem Staub mische die Liebe den Wein.

Schon im Juni erwähnt der frühmorgendliche Wanderer den Ahorn im Aurachtal. Auf drei Gestalten im nächtlichen München, die ihm verwandt sind, fällt sein Blick zurück: das arme spinnende Mädchen, die verschleierte betende Nonne, den wachenden Weisen, der mit ‚dem denkenden Geist', nämlich dem Dichter, ‚ernste Betrachtungen' anstellt: wie öfter schon, spricht Platen durch eine erdachte Figur zu sich selbst.

„Hab' ich den Willen, den freyen, umsonst?" hieß es noch in der Amerika-Elegie. Hier ist jeder Optimismus widerrufen, Freiheit, das gepriesene Recht der Willkür, zerstört des Menschen Ruhe und Gleichgewicht, verstrickt ihn in Liebe und Haß,

Habgier und Ehrgeiz, fängt ihn letztlich in einer Schlinge. Freunde und Liebende finden sich nur selten. Dreimal selig, wer nie erkennen mußte, daß seine innigsten Wünsche unrein, sündig, verflucht sind. O dann verschlinge ihn eher der Abgrund.

Einsam löst der Geschlagene seinen Schmerz in Poesie. Doch soll sie das Leid nicht nur unerwiderter, sondern auch verworfener Liebe verhüllen, so wie das Gebüsch die Wildbäche unter dem Brecherspitz, wo der Dichter beinahe in den Abgrund stürzte. Narziß hat seine Unschuld verloren. Ernst und furchtbar trägt das Schicksal eine verheerende Fackel. Ist sie der Brand des Gewissens?

So heiß wie dies Feuer, so kalt ist die Entsagung, die Platen von sich selber fordert. Torheit zu glauben, Gott habe seinen ‚phantastischen Wunsch' in das ‚Gewebe der Zeit' eingeflochten, seiner Zeit, die wir heute das Biedermeier nennen. Unerfüllbar auch des Dichters bescheidenere Bitte, das traute Gespräch im Kreise der Freunde: durch Berge und Täler ist er von ihnen getrennt.

Sprach er bisher von Vergangenheit und Gegenwart, so blickt er nun in die Zukunft. Ohne Liebe, ja ohne Freunde werden ihm Tage und Jahre dahinschwinden. Ob es ihm vergönnt ist, sein Werk zu vollenden, bleibt fraglich. Auf halbem Wege könnte Krankheit ihn fortraffen, was vermag schon die Medizin. Tod, wie entflieh ich dir? Auch Brandensteins Hand, die Liebe selbst, wird zu Staub zerfallen. Tragt ihr, o Musen, dies Wort? Zwar erscheinen Liebes- und Todesmotiv in Verknüpfung, doch von der Todessehnsucht, die Platen seit hundert Jahren nachgesagt wird, fehlt jede Spur. Im Gegenteil, der Dichter flieht den Tod. Wir werden sehen, daß in den beiden zentralen Fragen des Schlierseer Fragments sein poetisches Lebensprogramm auf den Punkt gebracht ist. In ein paar Jahren wird er Antworten finden, die zwar originell, doch wenig verbindlich sind. Die allgemein gültige Formel gibt ein Halbjahrhundert später der junge Nietzsche, nachdem er Schopenhauer gelesen hat.

Für Platen aber bleibt Gott lebendig. Seine Musen sind nicht autonom, wohl auch noch zu unerfahren, dem Tod ein apollinisches Traumbild entgegenzusetzen; die Frage, ob ihre Macht dem Tode Sinn verleihen könne, bleibt offen. Und so mögen sie zurückfallen in die lehrhafte Attitüde des Wegweisers, der das ‚verkehrte Geschlecht' mit vernünftigen Kalendersprüchen ... heilen soll? Nein, mittlerweile hatte der Jüngling begriffen, daß dies nicht möglich war. So kommt er von dem Gedanken, den er nicht zuende denken, geschweige poetisch umsetzen kann, auf die Feuerbestattung zu sprechen, eine Unmöglichkeit damals, mit deren Lob er dem Pfarrer Lakenpaur, der die Auferstehung im Fleische predigte, eins auswischt. Kein Lebender will hier sterben, sondern ein fast Gestorbener will leben. Wenn sich der ‚köstliche Staub' seiner ‚erkalteten Glieder' mit dem Wein der Liebe mischt, so bedeutet das nicht den Tod, sondern die Wiedergeburt und Verewigung aus der Flamme antiker Poesie.

Die Elegie blieb unvollendet, vermutlich weil der Dichter selbst den Bruch am Ende erkannte. Zehn Jahre später, in Rom, wird er über das gleiche Thema eine Ode schreiben, in der die Musen das Wort tragen. Das Schlierseer Elegiefragment bleibt gleichwohl sein bedeutendstes Jugendwerk.

Inzwischen war Antwort von Lüder eingetroffen. Zunächst teilt der Freund mit, er

habe für Platen ein Zimmer vor dem Karlstor gegenüber dem botanischen Garten*
gemietet habe. Dann aber versucht er, Platen seine Amerikapläne auszureden. Welchen
Schmerz würde er an den Ufern des Ohio, des Orinoko spüren, wenn das deutsche Volk
sich dereinst in Freiheit einte und er nicht mitgekämpft hätte auf dem Schlachtfeld oder
auf dem der Diplomatie? Der Dichter war von Lüders Argumenten sofort umgestimmt
und schrieb, als Widerruf zu dem Amerika-Gedicht zu Beginn des Jahres, drei entsprechende Strophen an den Freund.

Durch den Nebel, der seit Monatsbeginn über dem See lag, verkündete Kuhglocken-
schall den Abtrieb des Viehs von den Almen. Platen blieb jetzt viel auf seinem Zimmer,
las und schrieb an seinem Stehpult. Einige neue Gedichte entstanden; auch mag er an
der endgültigen Fassung der älteren Tagebücher gearbeitet haben, mit der er sich schon
seit einem Jahr beschäftigte, ohne sie wieder zu erwähnen. Jetzt war er am Ende des
vierzehnten; doch sind die Aufzeichnungen schon seit dem neunten, das die Affäre
Hornstein enthält, so spontan, daß wir an viel Redaktion, außer der Abschrift, nicht
mehr glauben mögen. Die originalen, unredigierten Tagebücher beginnen ja, nach des
Dichters eigenem Zeugnis, erst mit dem sechzehnten zu Beginn des Jahres 1818.

Am 9. Oktober verließ er das Pfarrhaus von Schliersee. Da der lange Landaufenthalt
seine Finanzen geschont hatte, leistete er sich jetzt für 12 Gulden eine Extrapost nach
München.

Der Aufenthalt in Schliersee war für Platen eine glückliche Zeit gewesen. Zu ihrem
Abschluß sei ein Satz zitiert, den er schon am 28. Juli an Gruber geschrieben hatte:
„Hier ist es, wo ich zum erstenmal in meinem Leben, für eine längere Zeit, ganz meinen
Neigungen und Studien folgen darf, wo die heitere Natur, die mich umgiebt, so
günstig auf meine äußere und innere Gesundheit einwirkt; wo ich, völlig vom Zwange
ceremonieller und offizieller Verhältniße befreyt, eine Weile vergessen lerne, was das
Schiksal aus mir zu machen für gut fand."

15. Der Sieg der Gläubigen

Das von Lüder besorgte Zimmer gefiel ihm ausnehmend gut. Die Freunde empfingen
ihn so herzlich wie erwartet. Gruber, Fugger und Xylander freilich fehlten, sie standen
in Provinzgarnisonen, und Schnizlein war aus Altdorf noch nicht zurückgekehrt. Seine
Meldungsbesuche machte Platen am 11. Oktober bei Schneewetter; der Oberst war
barsch, der General freundlich, alles wie gewohnt.

Frau v. Harnier war schon Ende April zu ihrem Mann nach Frankfurt gezogen, der
dort Hessen-Darmstadt im Bundestag vertrat. Der Dichter tat recht, sich bei der Rätin
Schaden blicken zu lassen. Obwohl er freundlich aufgenommen wurde, befielen ihn
Selbstzweifel, ob er in diesem musikalischen Hause bestehen könne.

---
* heute ‚alter botanischer Garten' nördlich des Justizpalastes, zwischen Elisen- und Sophienstraße.

Am 31. Oktober jährte sich Luthers Thesenanschlag in Wittenberg zum 300. Male. Platen hatte für diese Gelegenheit in Schliersee ein polemisches Gedicht verfaßt, in dem drei Genien seine deistischen und nationalliberalen Ansichten verkünden. Der historische Anlaß dient eigentlich nur dazu, gegen Pfarrer Lakenpaurs Bigotterie anzuschreiben. So spricht ‚Der Genius der Religion‘:

> Leicht zwar bin ich dem Willen des redlichen Forschers erkennbar,
> Aber ein sklavisches Herz freut sich am Geräusche der Fesseln.
> Wollt ihr den Schöpfer erspähn im Staube vermoderter Bücher?
> Wo offenbarte der Geist der Natur als im Buch der Natur sich?

Dem schließt sich ‚Der Genius des Vaterlandes‘ an:

> Heil dir, o deutsches Land! Dir komm' ich ein lächelnder Seraph.
> Ferne von gallischer Wuth und hispanischem heiligem Frevel
> Pflegst du treu noch allein die beschirmende Palme der Duldung.
> Du auch weihtest die rettende Hand, die zuerst mit der Waffe
> Reiner Vernunft angriff die verpanzerte Veste der Thorheit.

Mit der rettenden Hand ist nicht etwa Kant gemeint, sondern Luther. Als ob, mit seiner Billigung, in Deutschland nicht ebensoviele Hexen gebrannt hätten wie mit dem Segen der römischen Kirche, befördert Platen den alten Tintenfaßwerfer und Judenhasser einfach zum ersten Aufklärer. Freilich entsprach diese irrige Meinung ganz dem Zeitgeist des Biedermeiers.

„Oft, ich gestehe es, fühle ich eine große Kraft in mir, ich werfe dann den Fehdehandschuh keck vor unsere ganze, jetzige Dichterjugend." So schrieb Platen im Oktober 1817 an Gruber; und aus solcher Stimmung heraus entschloß er sich, die ‚Hymne der Genien‘ auf eigene Kosten, doch anonym, drucken zu lassen. Schlichtegroll bestärkte ihn in dieser Absicht. Die 32 Hexameter paßten auf einen Quartbogen: am Vorabend seines 21. Geburtstages hielt der Dichter zum erstenmal eine eigene Arbeit gedruckt in den Händen. Er bestellte 150 Stück und verteilte sie an Eltern, Major Bauer und die Freunde. Schlichtegroll wollte Exemplare an Issel und Jacobs weiterleiten. Mit Fugger, der einen gedämpft-romantischen Katholizismus vertrat, entspann sich ein längerer brieflicher Disput. Bei Frau v. Schaden erwarb er sich „viel Ehre": ja, sie ließ das Gedicht ihrerseits im ‚Correspondenten von und für Deutschland‘* nachdrucken.

Es ist bemerkenswert, daß die erste Veröffentlichung Platens ein historisch-politisches Thema hat. Jürgen Link sieht hier mit Recht die Keimzelle der politisierenden Lyrik nach 1830.

Das Reformationsfest war – zusammen mit dem vierten Jahrestag der Schlacht bei Leipzig – übrigens auch Anlaß für eine größere politische Aktion. Am 17. Oktober hatten sich deutsche Studenten, mittlerweile in ‚Burschenschaften‘ organisiert, auf der Wartburg versammelt und verbrannten nach einer vaterländischen Gedächtnisfeier

---

* nach Cottas Augsburger ‚Allgemeinen Zeitung‘ das zweitgrößte Blatt Bayerns, in Nürnberg verlegt. Besitzerin war Frau von Schaden.

Schriften, die ihnen nicht paßten, darunter Kotzebue's ‚Deutsche Geschichte', aber auch einen preußischen Ulanen-Schnürleib, einen hessischen Patentzopf und einen österreichischen Korporalsstock. Dies erste Aufbegehren gegen die Restauration in Deutschland wurde an den Höfen und in den Ämtern übel vermerkt.

Ende Oktober mußte Platen wieder auf acht Tage in Arrest, weil er sich zum Dienstbeginn verspätet hatte. Kaum war das überstanden, als er sich mit Gelbsucht ins Bett legte. Wie der Arzt ihn behandelte, teilt er nicht mit, und was er der Mutter darüber schreibt, ergibt keinen rechten Sinn. Doch da es bis heute kein anderes Mittel gegen ausgebrochene Hepatitis gibt als fettarme Diät und Ruhe, wird es damals nicht viel anders gewesen sein. Den Alkohol, schlimmstes Gift für Leberkranke, mied der Dichter sowieso.

Während dieser Zeit las er unter anderem Montaignes ‚Essais', die ihm Frau v. Schaden geliehen hatte. Platen, der über zweitklassige Romane seitenlang referieren konnte, notiert es kommentarlos. Einmal abgesehen von dem, was da ausgesagt ist, hätte ihn, der vorwiegend aphoristisch dachte, das Unsystematische der Essays eigentlich ansprechen müssen. Doch paßte wohl die ironische Skepsis Montaignes nicht recht zu dem Pathos des deistischen Eiferers.

Der November brachte schöne Tage, und der Rekonvaleszent unternahm mit Erlaubnis des Arztes kleinere Spaziergänge. Als er einmal hinter dem Haus der Madame Schwarz vorbeiging, kam ihm der junge Völderndorf entgegen. Platen, der sich seines „gelben Moulattengesichtes" schämte, flüchtete in die offene Gartentür. So sah er die freundliche Wirtin wieder, mit der er seit seinem unklugen Auszug vor zwei Jahren „brouillirt" gewesen war. Sie lud ihn zu Tisch und deutete an, daß sie ihn gern wieder als Untermieter hätte. Platen versprach, zu kommen.

Obgleich ihm die ‚Lusiadas' des Camões in der Übersetzung nur mäßig gefallen hatten, nahm er es jetzt um ihretwillen auf sich, Portugiesisch zu lernen. Eine Grammatik sei ihm mittlerweile so unterhaltend wie ein Roman, bemerkt er dazu im Tagebuch.

Neben Schiller und Voltaire las er damals die ‚Dialogues Concerning Natural Religion' von David Hume. In diesem Buch aus der Mitte des achtzehnten Jahrhunderts geschieht nun das, was eigentlich nach Platens Herzen hätte sein müssen: Religion wird diskutiert, nicht soweit sie Offenbarung, sondern soweit sie Gegenstand vernünftigen Nachdenkens ist. Im Mittelpunkt steht das ‚argument from design', jener Gottesbeweis, der aus dem Vorhandensein von Ordnung und Gesetzmäßigkeit in der Natur auf einen intelligenten Schöpfergeist schließt. Platen aber war von den Dialogen enttäuscht; womit er zeigt, daß es ihm gar nicht um eine ‚vernünftige Religion' ging. Alles, was er über dies Thema zu sagen hatte, erschöpfte sich ja in Polemik gegen christliche, meist katholische Dogmen. Es erhebt sich der Verdacht, daß die Rederei über natürliche Religion nichts weiter war als ein Dampfablassen gegen das katholische Münchener Milieu, genauer gesagt: gegen die bayerische Armee, in der er sich gefangen fühlte, und die er zu Unrecht mit diesem Milieu verwechselte. Der Pfarrer von Schliersee war nur Auslöser für die antikatholische Militanz gewesen, die mit der Reforma-

Karl von Kessling. Nach dem Entwurf zu einem Grabmonument. (Bayerische Staatsbibliothek, München)

tions-Hymne einsetzte und die erst ihr Ende finden sollte, nachdem Platen Armeedienst und München hinter sich gelassen hatte.

Vom 7. Dezember an nahm er sein Essen wieder bei Madame Schwarz. Ein paar Tage darauf meldete er sich zurück zum Dienst, wo ihn der Oberst „as usual sehr ungütig empfieng". Nachmittags, auf einem Spaziergang mit Perglas, war die Rede vom neuen Konkordat zwischen Bayern und dem Vatikan, das im Juni etwas vorschnell geschlossen worden war. Einige seiner Bestimmungen widersprachen in der Tat den bayerischen Toleranz- und Paritätsedikten. Der König hatte das Konkordat unter Vorbehalten kürzlich stillschweigend ratifiziert; im Mai 1818 sollte er es, beim Erlaß der neuen Verfassung, auf geschickte Weise wieder einschränken. Davon wußte Platen freilich nichts; die geplante (doch nicht durchgeführte) Neueinrichtung einiger Klöster, ja sogar eines Jesuitenkollegs, erregten hingegen seinen Zorn. Er begriff nicht, daß die Fürsten Europas nach dem Vorbild Napoleons Religion und Kirchen als sozialen Ordnungsfaktor verstanden und für ihre Zwecke benutzten.

Wollte der Dichter sein Schicksal ändern, so halfen ihm rhetorische Ausfälle gegen die katholische Kirche freilich nichts. Gruber war seit einem Jahr in Würzburg stationiert, und Platen hätte aus diesem Grund gern die dortige Universität besucht. Mitte Dezember begab er sich zu Herrn v. Kessling, dem Vorstand der Pagerie, und trug ihm seinen Wunsch vor: Fürsprache beim König wegen des Studiengeldes von jährlich 600 fl., das all den ehemaligen Pagen zustand, die nicht Offiziere wurden. Platen hatte den Anspruch durch seine Entscheidung von 1814 eigentlich verwirkt; doch gab es

Präzedenzfälle, in denen ein solches nachträgliches Überwechseln von Armee zu Universität ohne Verlust des genannten Stipendiums gelungen war. 1814 herrschte Krieg, und daß es mittlerweile zu viele Offiziere in Bayern gab, beweisen die langen Urlaube, von denen wir hörten. Kessling erhob keine Einwände, er beauftragte vielmehr den Supplikanten, eine entsprechende Bittschrift zu entwerfen und ihm diesen sogenannten ‚Brouillon' zur Durchsicht vorzulegen.

Als Platen nach einer Woche guten Mutes mit dem Entwurf zu Kessling kam, weigerte dieser sich unerwartet, die Sache weiterzuführen: der Bittsteller möge einen anderen Fürsprecher suchen. Da er aber keinen anderen kannte, so schien seine Hoffnung, als Student nach Würzburg zu gehen, vorerst begraben.

Freilich reagierte der junge Mann auf diese Hiobsbotschaft anders, als wir annehmen könnten: nicht depressiv, sondern aggressiv. Seit seiner Rückkehr von Schliersee hatte die Muse geschwiegen, trotz der vielen Freizeit durch Arrest, Krankheit und Rekonvaleszenz. Ein episches Projekt um Richard Löwenherz tauchte auf, wurde aber nach einer Woche vom Plan zu einem ‚didaktischen Gedicht über natürliche Religion' verdrängt, dem vor allem Gruber Beifall spendete. Doch das Konzept blieb liegen, weil dem Autor berechtigte Zweifel an seiner Befähigung kamen. Kesslings Absage und der vorgeschobene Zorn auf Kirche und Konkordat bewirkten nun zusammen, daß Platens schöpferische Energie sich in ein dramatisch-polemisches Gedicht ergoß, dessen passender Titel, wie der Autor im Tagebuch bemerkt, eigentlich ‚Das Konkordat' gewesen wäre. Er nannte es jedoch ein ‚geistliches Nachspiel' zu diesem noch nicht endgültigen Vertrag. Den Obertitel ‚Der Sieg der Gläubigen' fand er kurz darauf. In wenigen Tagen hatte der Dichter dies Stück im Stil von Goethes Farcen geschrieben. Es sollte als erstes seiner Werke ein gewisses öffentliches Aufsehen erregen. Da es fast vergessen ist, sei es hier in Kürze vorgestellt.

Die Szene ist innen an der Himmelspforte. Sankt Peter klagt über die neuen Zeiten.

    St. P.   Der Himmel ist öd' wie ein leeres Faß
            Und alles läuft zum Satanas. …
            Aber wie kann's auch anders kommen?
            Die Pfründen haben sie weggenommen,
            Wer will nun die Tonsur empfangen?
            Abteyen und Klöster sind eingegangen;
            Die Kirche, deren Fels ich bin,
            Sinkt auch so übereinander hin.
            Er, den ich zu meinem Verweser erkor,
            Hält seinen Pantoffel vergebens vor,
            Zum Rendezvous sieht man die Messe benützen,
            Den Priester verlassen im Beichtstuhl sitzen.
            Sie enthalten sich fast von dem heiligen Brode –
            Und die Scheiterhaufen sind außer Mode!

Die Mutter Gottes tritt auf und gibt ihrem Abscheu vor der Marienverehrung Ausdruck. Sie sei eine einfache Handwerkersfrau und könne nicht einmal lesen; ihr Kleid sei ‚simpel und oft beschmutzt', auch habe sie eine ‚kurze, doch feste Statur' und sehe keineswegs so aus, wie man sie immer male.

M.G.	Wir haben im Himmel viel Glanz und Ehre,
	Wenn nur nicht die Langeweile wäre; ...
	Um zehn Uhr heb' ich mich vom Bette
	Und geh' vor den Spiegel an meine Toilette,
	Wikle mir aus den Papierchen die Loken
	Und schneye sie ein mit Puderfloken. ...
	Doch um zu meinem Diskurs zu kehren,
	Um elf thu' ich die Messe hören,
	Bete den Rosenkranz dreymal frisch
	Und setze mich an den Kaffetisch.
	Verlieh mir dieser nun geistige Stärke,
	So üb' ich nun einige Wunderwerke;
	Zulezt, mit etwas saurer Miene,
	Beschließ' ich's mit der Diszipline.
	Zu Mittag essen wir etwas spät,
	Wie das bey großen Herren so geht;
	Der Vater, der Sohn, der Geist kommt auch;
	Es sind drey Mägen in Einem Bauch.
St.P.	Ich hab's stets felsenfest geglaubt;
	Doch wenn's zu fragen wär' erlaubt,
	Wie verhält sich's doch mit dem Dreyfacheinen?
	Es will mir nicht ganz geheuer scheinen.
M.G.	Noch gedieh mein Sinn nicht zu solcher Reife,
	Daß ich das, was keiner begreift, begreife:
	Es ist ein Geheimniß, so kühn und verwegen!
	Der Magnetismus ist nichts dagegen; ...
	Doch wo's der Verstand hat abgethan,
	Da setzt der Glaube den Trichter an ...
	Lassen die Sachen wir, wie sie gehen,
	In der Welt, da brauchen sie's nicht zu verstehen,
	Und wenn sie zweifeln, und wenn sie sich sperren,
	So mögen sie auf dem Roste dörren:
	Denn, ist die lange Woche herum,
	Dann geht's ins Purgatorium.
	Wie ich's am Sabbath stets gepflegt,*
	Seitdem der Herr mir's auferlegt,
	Und für den sie mir keine Messe bezahlen,
	Den laß' ich fegen zu Dutzendmalen!

So geht die Konversation eine Weile hin, bis sich an der Pforte ‚Der Ketzer' meldet, hinter dem sich der Autor verbirgt. Sankt Peter schließt auf.

St.P.	Per interim, in Gottes Namen,
	Er tret' herein, und vors Examen.
	Wir woll'n seine Meynung, klar und nett:

---

* hier bezieht sich Platen offensichtlich auf Skapulierfest und Sabbatina, wie er sie durch den Pfarrer von Schliersee kennengelernt hatte.

> Glaubt Er an Fo oder Mahomet,
> An Fitzliputzli oder den Apis,
> An Jupiter, Wischnu, Baal, Serapis?
> Glaubt Er an sonst einen Gott von weiland,
> Oder glaubt Er an den rechten Heiland?

Der Ketzer gibt nun salbungsvoll die gleichen deistischen Sprüche zum Besten wie der Wegweiser vor drei Jahren. Auch Maria mischt sich in den Disput.

> M.G. D'rum frag' ich ihn jezt, im ernstlichen Tone,
> Was er halten thut von meinem Sohne:
> Der ward gezeugt – so will's der Glaube –
> Vom Heiligen Geist in Gestalt der Taube.
> Er ist geboren aus meinem Schooß,
> Er wuchs heran und ward hübsch groß:
> Bey'm Nachtmahl hat er sich selbst verzehrt,
> Ob er gleich mit fünf Broden fünftausend genährt;
> Viel Fuchteln hat er und Leid getragen,
> Die Juden thäten an's Kreuz ihn schlagen. ...
> In's Grab ihn zu legen wurde befohlen,
> D'raus haben ihn gläubige Hände gestohlen;
> Er gieng zur Hölle hinab spazieren;
> Doch that er sich wieder ranzioniren
> Und fuhr empor durch Wolken und Dunst,
> Denn dieß war seine schwerste Kunst.

Der Ketzer erwidert, er kenne Jesus nicht so, wie Marias ‚geschwätziger Mund' ihn schildere, sondern vielmehr als ‚der Juden Sokrates'; nur kurzsichtiger Unverstand habe ihn ‚zum lächerlichen Gott gemacht.' Überhaupt glaube er nicht an Wunder.

> M.G Also läugnet Er etwa das Offizielle?
> Wie oft hab' ich nicht in der frommen Kapelle
> Zu Alten Oettingen früh und spät
> Gewinselt, geräuspert, die Augen verdreht.
> Ke. Was übte nicht, wie die Geschichte weiß,
> Im alten Gräzien Vater Zeus,
> Und thät nicht Mahomet Wunder würken?
> M.G. Nun vergleicht er uns gar mit den Heyden und Türken! ...
> Was gilt's, auch der Geistlichkeit liest er den Text?
> Ke. O wäre sie, wo der Pfeffer wächst! ...
> Ihr Wahnbild werde, jahraus, jahrein,
> In der Messe geopfert bey'm Kerzenschein!
> In Formeln mög' es der Pöbel preisen!
> Doch stets sey die Tugend der Kultus der Weisen!
> Er tret' an die Stelle der geistlichen Rotte;
> Kein Mittler steht zwischen ihm und Gotte. ...
> St.P. Sapienti sat. Klar geht's hervor,
> Er ist ein Ketzer, ein esprit-fort, ...

> Bey den Schäfchen darf sich kein solcher verstecken;
> Sein Platz ist links unter andern Böken.
> Dort unten wird er im Kessel gesotten
> Mit den Quäkern und Hugenotten.

Als der Ketzer sich mit ‚Gott befohlen' verabschieden will, hält ihn Maria zurück und fragt nach Neuigkeiten:

> M.G. Wir wissen nichts, als durch Journale.
>   Wie steht's denn unten im Jammerthale?

Der Ketzer antwortet mit aufklärerischen Phrasen, lobt Bürgertugend und Wissenschaft. Unterdessen hat sich die ‚Arme Seele' an der Himmelspforte eingefunden, eine Karikatur des Pfarrers Lakenpaur, und wird, da mit allen Sterbesakramenten versehen, ohne Zögern eingelassen. Nach dem Grund für das Abscheiden befragt, erklärt sie, den Pfarrer habe aus Freude über eine Neuigkeit der Schlag getroffen. Maria will dieselbe sofort erfahren, kommt aber nicht dazu vor lauter ihr dargebrachten Verehrung.

> A.S. Erlaube mir, diesen Schuh zu küssen,
>   Der –
> M.G. Aber die Neuigkeit möcht' ich wissen!
> A.S. Der durch vierschrötige Breite verräth
>   Das Symbolum der Majestät!
> M.G. Ich hege Verlangen –
> A.S.   Wie lange Zeit
>   Hab' ich mich auf diesen Tag gefreut! ...
>   Für jeden Heller, zu vielerley Stunden
>   Gegeben an Bettler und an Vagabunden,
>   Werd' ich hier manchen Dukaten erzielen,
>   Tokayer zu trinken, Tarok zu spielen!
> M.G. Er bringt mich aus aller Fassung schier –
> A.S. Empfange du meine Geschenke hier –
>   Die ich mir angekauft und gesammelt,
>   Nachdem man die Kirchen und Klöster verrammelt:
>   Drey Seufzer der heiligen Anastase
>   Bewahr' ich in diesem verschlossenen Glase –
> M.G. Dieselbigen Seufzer sind hier in natura.
> A.S. Ein Embryo der Sankt Bonaventura;
>   Die Brandtweinflasche der frommen Brigitte,
>   Doch fehlt ihr der Hals und ein Stük in der Mitte;
>   Ein Beichtzettel von Sankt Wenzeslaus;
>   Ein Knöchelchen –
> M.G.   Meine Geduld geht aus!

Sie gießt den Weihwasserkessel über die Arme Seele, die, während sie sich abtrocknet, über den modernen Zeitgeist klagt und nur mit Mühe dahin zu bringen ist, endlich die Neuigkeit mitzuteilen, für die Maria sich so interessiert.

A.S.   Da klebt' ein Papier an der Kirchenthüre,
       Und als ich hinzu mit der Brille trat,
       Erblickt ich -
Die Übrigen.   Was?
A.S.   Ein Konkordat!!
M.G.   O Wunder, wie sehr wird der Klerus erstaunen!
       Ein Engel soll's gleich durch den Himmel posaunen; ...
       Heut abend ist Masquenball und Schmaus,
       Ich kleide mich selbst als Fledermaus.
       Mit Dreher und Walzer beschließe das Ganze!
       Auf, auf, du seeliger Pfarrer, zum Tanze!

Sankt Peter und die Mutter Gottes bringen die Arme Seele im Triumph hinweg; Der Ketzer bleibt allein zurück.

Ke.   In Asche denn und in Moder zerfällt
      Die lebendige Hoffnung der strebenden Welt!
      Wie lange bleibst du, o Volk, noch Sklave
      Des listigen Heuchlers im schlauen Conclave?
      O Fürsten, ein Wort von euch geboten,
      Und der stolze Drache liegt unter den Todten ...

Nach weiteren zwanzig lehrhaft-erbaulichen Versen verläßt er den Himmel. Der Vorhang fällt.

Dieser ziemlich starke Tobak, samt Prolog und ‚Zueignung für die Freunde' 810 Verse lang, wurde von den letzteren mit Interesse, wenn auch mit einer gewissen Reserve aufgenommen. Platens Stimmung aber fiel in ein tiefes Loch.

Zum Jahreswechsel war er bei Schadens auf eine große Soirée geladen. Nach zwei kleinen Komödien, von den Töchtern Schaden und den Brüdern Völderndorf aufgeführt, schritt man zum Souper. „Mit dem Schlag zwölf erfolgte ein allgemeiner Glükwunsch und Umarmungen von allen Seiten", heißt es im Tagebuch. „Doch begnügten sich Marianne und Luise mir die Hand zu drüken, obgleich Andere glüklicher waren. Zulezt wurde dann auch getanzt. Ich blieb einige Zeit Zuschauer; als mich aber die beyden Mädchen durchaus zum Tanz zwingen wollten, und mich beständig aufforderten, mir es sogar noch lehren wollten, so blieb mir nichts übrig, als auf und davon zu gehen."

Sein sechzehntes (und erstes unredigiertes) Tagebuch beginnt Platen am 1. Januar 1818 mit bitteren Selbstvorwürfen. Als habe er nicht soeben ein Stück gedichtet, in dem der ganze Christenglaube ad acta gelegt und durch einen unverbindlichen Deismus ersetzt wurde, schreibt er zwei Tage darauf ein dreistrophiges Gebet, das an die Stelle der langatmigen Betrachtungen von 1816 treten soll; es beginnt mit den Worten:

       Glaube gieb, o Gott, mir und Vertrauen,
       Und zur Tugendregung Willenskraft ...

und schließt mit sinngemäß ähnlichen:

> Herr, empfange Dank für deine Gaben
> Und behüte morgen mich, wie heut.

Mit Erstaunen erkennen wir, daß Platens Deismus nur Pose ist. Zwar gilt ihm Trinität, Göttlichkeit und Auferstehung Jesu nichts mehr, doch unbeirrt glaubt er weiter an einen persönlichen Gott, an den er Gebete richtet, natürlich in der Hoffnung, Dank und Bitte möchten erhört werden. Das ist zwar meilenweit von der postulierten ‚vernünftigen' Religion entfernt, aber durchaus menschlich.

Bald darauf las er ein pantheistisches Buch, das ihm Gruber geschickt hatte: ‚Esoterika' von Ernst Wünsch, dem Frankfurter Lehrer Heinrichs v. Kleist. Gott ist nach Wünsch nichts anderes als der absolute Raum, ewig, unendlich: Platen findet diesen Gedanken ‚groß und tröstlich', ja er mißversteht das unfaßbare Raum-Zeitkontinuum ganz naiv als gottväterlichen Geist, der ihm Liebes oder Leides schickt, der seine Gebete vernimmt, und also stellt er den letzthin geschriebenen eine weitere Strophe voran:

> Wo mein Geist zu deinem mag sich heben,
> Stets vernimmst du meiner Worte Hall,
> Jeden Raum erfüllst du, jedes Leben,
> Du bist bey mir, du bist überall.

Doch nicht nur Religiöses las Platen im Januar 1818. Auch Fichtes ‚Reden an die deutsche Nation', vor zehn Jahren in Berlin gehalten, fielen ihm in die Hände. Hier tritt uns der Geist, der auch durch Körners vaterländische Lieder wehte, in philosophischem Gewand entgegen. Die Deutschen sind für Fichte das ‚Urvolk' schlechthin; allein ihre Sprache hat sich jenen Zugang zum Übersinnlichen erhalten, der nur den germanischen vorbehalten ist und der durch Vermischung mit dem Lateinischen verloren geht. Eben darum sind allein die Deutschen berufen, die Menschheit in bewußter Abkehr vom Kosmopolitismus der Aufklärung zu ‚befreien'. Fichte fordert zu diesem Zwecke eine Nationalerziehung, die in geschlossenen Anstalten, gänzlich abgeschirmt von äußeren Einflüssen, erfolgen soll: hier wird mit Pestalozzi'schen Methoden Fichtes Philosophie und körperliche Ertüchtigung gelehrt. Ziel ist die Praxis in Selbstüberwindung, damit das Leben dann von ‚Vernunft' bestimmt werde.

Das Ganze ist eine völkisch-nationale Variante des platonischen Sonnenstaates. Nicht nur der Gedanke vom deutschen Wesen, an dem die Welt genesen müsse, stammt aus diesen Reden, nicht nur die albernen Versuche, Fremdwörter einzudeutschen, haben hier ihren Ursprung; auch deutscher Tiefsinn und deutsche Gemütlichkeit, jene Stammtischtugenden, finden da ihre philosophische Rechtfertigung, ja Hitlers nationalpolitische Erziehungsanstalten scheinen auf. Was für Schindluder mit Begriffen wie Freiheit, Vernunft etc. getrieben werden kann, wurde zwischen Marat und Lukács immer wieder gezeigt. Fichtes Reden liefern auch hierfür ein markantes Beispiel. Platen, der eben noch die Götzenverehrung beim Katholizismus geißelte, spendet Fichtes Reden ahnungslosen Beifall. Er bemerkt nicht, daß hier nur neuen Götzen namens Volk und Nation Altäre errichtet werden.

Oder kamen ihm doch Zweifel an Fichtes Forderungen? Erich Petzet ordnet einige undatierte Verse im Januar 1818 ein, die anderes aussagen.

> Was soll der Mensch? Was soll er nicht?
> Was frommt's, Systeme sich zu thürmen,
> Da oft schon bey den ersten Stürmen
>   Das künstliche Gebilde bricht.
>
> Zwar das Gewissen flüstert leise,
>   Doch ist auch diese Stimme wahr?
> Die Völker, welche schaarenweise
>   Die eignen Brüder am Altar
> Geschlachtet ihrer Götter Grimme,
> Auch ihnen sagte diese Stimme:
>   Bring deinem Gott sein Opfer dar.

Ob die Datierung nun stimmt oder nicht, wir haben hier einen der seltenen Fälle, wo der junge Dichter jener ‚Vernunft' aus dem vergangenen Jahrhundert, die er dauernd im Munde führt, seine Stimme lieh.

Am 6. Februar sah Platen im Hoftheater die ‚Ahnfrau' von Grillparzer. Er nennt das damals vielbesprochene Stück im Tagebuch „eines jener mystischen, entsetzlichen Produkte", die ihm sehr mißfielen. Ob er die Verwandtschaft zu Müllners ‚Schuld' bemerkte? Seine Begeisterung für Schicksaltragödien ließ jedenfalls nach.

Lüder hatte den ‚Sieg der Gläubigen', von dem mittlerweile einige Abschriften existierten, an Offizierskameraden weitergegeben: so an den schon früher erwähnten Hauptmann Weishaupt, aber auch an den alten Lehrer Platens, Major Bauer. Über diesen gelangte der Text an den Adjutanten des Feldmarschalls Fürst Wrede, bei dem er „sehr großen Beyfall" fand. Leider enthüllte Bauer durch Unachtsamkeit den Namen des Autors, sodaß dem nun Bedenken wegen des Druckes kamen. Schlichtegroll war mit dem Stück einverstanden, riet aber zur Vorsicht. Ein Nürnberger Buchhändler hatte die Veröffentlichung bereits abgelehnt und auf Sachsen verwiesen, wo derlei Dinge leichter durchgingen. Dall'Armi und Weishaupt, beide aufgeklärte Katholiken, fanden das Stück zu stark. Frau v. Schaden und ihre Töchter hingegen veranstalteten zwei Vorlesungen in ihrem Haus und überhäuften den Autor mit Lob. Perglas bekam den Text vorläufig nicht zu hören, da er „noch einen guten Theil Bigotterie" in sich habe, wie Platen bemerkt; Schnizlein, mittlerweile aus Altdorf zurückgekehrt, wurde dieser Ehre jedoch teilhaftig.

Seit Neckarau erwähnte der Dichter im Tagebuch gelegentlich den Namen des Leutnants Drachenfels. Schon damals fand er den Regimentskameraden verständig, aber oberflächlich; ein Urteil, von dem er zweieinhalb Jahre nicht abgewichen war. Jetzt traf er ihn bei Schadens wieder. Es ergab sich eine Annäherung, und Platen besuchte nun mit Drachenfels zusammen nochmals die ‚Ahnfrau', nicht ohne im Tagebuch zu vermerken, daß er mit dem eben noch Getadelten „jezt viel Umgang habe". Der Grund für diesen jähen Meinungsumschwung ist leicht zu erraten: er hatte dem ‚Sieg der Gläubigen' Beifall gespendet.

Durch ihn war das Stück in die Hände eines Dr. Christian Müller gelangt, der in den Diensten des Prinzen Beauharnais (neuerdings Herzogs von Leuchtenberg) stand und der ein schmeichelhaftes Buch über München unter König Max Joseph geschrieben hatte. Als Platen ihn besuchte, traf er dort Klenze, den Architekten der halbvollendeten Glyptothek; deren Bauherr, Kronprinz Ludwig, war gerade zum zweiten Male in Italien. Müller lobte den ‚Sieg der Gläubigen' und riet zum Druck, wobei er anbot, alles Nötige selbst zu besorgen. Der Dichter zögerte.

Inzwischen jedoch hatte sich bei Hofe das Blatt gewendet. Platen begegnete dem König und der Königin im Hofgarten. Der König fragte ihn, ob er studieren möchte, und sagte eine wohlwollende Prüfung des Falles zu. Als Platen sich nun erneut an Herrn v. Kessling wandte, riet ihm dieser, so bald wie möglich eine Bittschrift vorzulegen.

Diese Schrift ist mitsamt dem Entwurf, dem ‚Brouillon', erhalten. Nach der Adresse

„Allerdurchlauchtigster König!
Großmächtigster König und Herr!"

führt Platen aus, er habe 1813 quasi keine andere Wahl gehabt als die Armee, „umso mehr, da Allerhöchstdieselben für Jeden, welcher Ansprüche auf königliche Staatsdienste machte, den Militair-Dienst in jenem Jahre als hauptsächliche Vorbedingung zu einer künftigen Anstellung und Beförderung erklärten." Im Vertrauen auf diese Zusicherung wage er es nun, „allerhöchst Dero Gnade dahin in Anspruch zu nehmen," das Studienstipendium für ehemalige Pagen zu erbitten; dessen Gewährung werde ihn anspornen, sich zu einem „brauchbaren Staatsdiener" auszubilden. Da er schon beim Militär „immer mit Eifer den Wissenschaften oblag," so könne er sich schmeicheln, „auf eine hinlängliche Weise" zum Studium vorbereitet zu sein. Im Entwurf hatte es noch geheißen: auf eine vorzügliche Weise. Dem Supplikanten mögen Bedenken gekommen sein, ob das Dilettieren in sieben Fremdsprachen und eine weitgefächerte, doch vorwiegend schöngeistige Lektüre beim Studium der Rechte wirklich nutzen könnten; denn zumeist juristische Vorlesungen würde er als künftiger Diplomat ja belegen müssen. Daß er nur ein ‚brauchbarer' Staatsdiener zu werden hofft statt eines vortrefflichen, mag Bescheidenheit vorkehren, macht aber dennoch stutzig.

„Möchten doch Allerhöchstdieselben diese meine allerunterthänigste Bitte huldreichst zu erhören geruhen, und die tiefste Ehrfurcht genehmigen, mit der ich ersterbe
  Eurer königlichen Majestät
    allerunterthänigster
    August Graf von Platen Hallermünde.
      Lieutenant."

Die neuen Aussichten versetzten ihn freilich nicht in rosige Laune. Langweiligem Geschäftsleben sehe er entgegen, so schreibt er in sein Tagebuch; drei Jahre Universität, ein ebenso langes Praktikum, bis er schließlich den diplomatischen Dienst beginnen könne, würden ihn vorzeitig altern lassen. Sein jetziger Stand erlaube ihm wenigstens vier bis fünf Monate Urlaub im Jahr. Kaum wisse er, was schlimmer sei: der Exerzierplatz oder ein Stoß Akten.

15. Der Sieg der Gläubigen

Während all der Zeit las Platen ‚Os Lusiadas' des Camões im Original; wie erwartet, gefielen sie ihm so ungleich besser als in italienischer Übersetzung. Diese „Verse lesend, glaubt man eine rührende Musik zu hören, die sich in vollen Tönen von der Erde zu heben scheint, und langsam allmählig in den Aetherwolken des Firmaments verschwebt." Wieder zeigt sich, daß Poesie für Platen zu einer Art Droge werden konnte. Seiten des Tagebuches füllt er mit Zitaten und meist zustimmender Kritik. Die Vermischung von antiker und christlicher Mythologie stört ihn nicht mehr. Wieder hantiert er mit einer Sprache, die er kaum kennt. Da ihm der Gedanke an Brandenstein letzthin wieder gekommen war, schreibt er an ihn, den Ereignissen vorgreifend, ein Abschiedsgedicht in portugiesischen Trochäen – nach einem Konzept in englischer Prosa!

Am 18. Februar 1818 erhielt Platen dann seine Studiengelder bewilligt. Mit Recht nennt er diesen Tag glücklich und entscheidend. In einem Brief teilte er den Eltern die Neuigkeit mit und kündete seinen Besuch auf dem Wege nach Würzburg an. Formell blieb er Offizier auf Studienurlaub bis zu seinem Eintritt in den zivilen Staatsdienst. Das königliche Stipendium betrug 600 fl. pro Jahr neben der weiterlaufenden reduzierten Leutnantsgage von 144 fl.; dazu kamen noch Zuschüsse vom Vater, sodaß Platen sehr gut in Würzburg leben, ja sogar noch etwas zurücklegen konnte.

Ob er wohl ahnte, wie groß das Glück war, das er gehabt hatte? Nur einen Tag, nachdem er den positiven Bescheid des Königs erhalten, erschien Liebeskind bei ihm und forderte den ‚Sieg der Gläubigen' im Namen des Prinzen Karl ein. Dieser jüngere Sohn des Königs wußte bereits den Namen des Autors. Jetzt stand zu erwarten, daß nicht nur er, sondern auch der König den satirischen Text läse, nachdem Fürst Wrede, der oberste Befehlshaber der bayerischen Armee, ihn offenbar schon kannte. Auch wenn der König insgeheim über den ‚Sieg der Gläubigen' gelacht haben dürfte, ist es doch sehr die Frage, ob des Leutnants Gesuch nach der allerhöchsten Lektüre noch durchgegangen wäre. Der glücklichste Umstand war freilich, daß Kronprinz Ludwig gerade in Italien weilte. Dieser Fürst, von dessen Gnade der Dichter später entscheidend abhängen sollte, war keineswegs mit Humor gesegnet, und in Dingen der Kirche verstand er schon gar keinen Spaß. Fatal und gar nicht auszudenken, wenn er gerade durch diesen Anlaß auf Platen aufmerksam geworden wäre.

Da der ‚Sieg der Gläubigen' nicht gedruckt wurde, blieb die Affäre ein Sturm im Wasserglas und ward bald vergessen. Dennoch zeugt sie von der erstaunlichen Toleranz im Bayern des aufgeklärten Königs Max Joseph. Es ist, als ob die Schutzpatronin des Landes und der Hauptstadt, obwohl Platen ihr so übel mitgespielt, ein Auge zugedrückt habe.

Die jüngere Tochter der Frau v. Schaden verlobte sich nicht mit Völderndorf, sondern mit dem Kapellmeister Stuntz. Platen war doch etwas eifersüchtig und schrieb darauf eine kleine Satire, „worin das Zusammentreffen zweyer musikalischer Gemüther lächerlich gemacht wird." Es klingt auch ein wenig der Neid des Unmusikalischen durch, dem ein anderer tröstender und beglückender Himmel, ebenso groß wie die Poesie, verschlossen bleibt. Der Text ist nicht erhalten.

Noch in den letzten Münchener Wochen dachte er daran, es dem Camões gleichzutun mit einem eigenen Epos über Odoaker, jenen Germanenfürsten, der den letzten weströmischen Kaiser in Ravenna absetzte. „Der Sturz von Rom schien mir ein großer Stoff," heißt es im Tagebuch, „der Kontrast römischer Weichlichkeit mit nordischer Kraft eine reiche Aufgabe, und die nordische Mythologie, die sich in die Geschichte verflechten läßt, gibt sehr poetische Materialien zu einer göttlichen Maschinerie in die Hand, die erst das rechte Leben über ein Heldengedicht ausgießt." Wir sehen, trotz allem aufgeklärten Deismus rumort der Fichte'sche Zeitgeist in Platen. Gibbon, den er zu Rate zog, sah die Geschichte ja noch etwas anders: Rom ging nicht an welscher Weichlichkeit, sondern am Christentum zugrunde! Platen scheint Gibbon nicht recht gelesen zu haben. Er hätte weitere Argumente für seine Kirchenfeindschaft gefunden, seinen nationalistischen Blickpunkt auf Odoaker freilich aufgeben müssen.

Am letzten Februar bat er die Mutter um Geld für neue Kleider. Auch müsse er sich zwei Bücherkisten machen lassen, von denen eine in München bleibe, die andere nach Würzburg gehe, „denn mein Koffer würde allein von den Dictionnaires schon voll werden." Wir haben den Eindruck, als bestünde Platens Reisegepäck lediglich aus Büchern. Der Schneider soll irgendwann mit einer halben Urlaubsgage abgegolten werden. „Wenn sie ihn auch erst in Jahr und Tagen bezahlt macht, so hat dieß nichts zu sagen, da es keiner von denen ist, welche Geld brauchen." Leutnantsallüren auch beim soliden Platen! Wir erfahren schließlich noch aus dem Brief, daß damals leinerne Unterwäsche getragen wurde — aufrauhende Einsicht nach einem Jahrhundert Baumwolltrikot.

Zwei Tage später geht ein Brief an Gruber mit der Bitte, in Würzburg ein Zimmer für nicht mehr als 10 Gulden monatlich anzumieten. Auch möge der Freund so gut sein, „ein Stehpult bey einem Schreiner zu bestellen, ganz einfach, ohne Schieblade pp, von gewöhnlichem Holze. Es soll nicht ganz ablaufend gemacht werden, sondern oben eine schmale Fläche haben, um Dintenfaß und Schreibmaterialien darauf zu placiren."

Am 4. März tat der Leutnant zum letztenmal Dienst. Die folgenden zwei Wochen vor seiner Abreise nach Ansbach und Würzburg wollte er dem ‚Odoaker' und den Freunden widmen. Bei der Abschiedsaudienz war der König „gerade nicht freundlich", und Platen fragte sich, ob dies eine Laune sei oder Folge seiner antikirchlichen Posse. Daß der König den Text kannte, erfuhr er durch den Hauptmann Weishaupt. Dieser erklärte, er selber und die meisten, die das Stück gelesen, hätten besonders an der karikierten Mutter Gottes Anstoß genommen.

Da hatte es Platen nun in nüchternen Worten. Wir dürfen sicher sein, daß des Königs Kühle keine Laune, sondern sehr wohl vom ‚Sieg der Gläubigen' verursacht war. Weitere Folgen hatte die Affäre aber nicht, und der Dichter, fern von allem Deismus, dankte Gott für die Erlösung aus einer hoffnungslosen Lebenslage.

Nachdem er diesen Winter am späten Fichte genippt, ohne dessen mystischen Tendenzen zu bemerken oder gar zu tadeln, nachdem er auch Wünsch gründlich mißverstanden hatte, las er jetzt noch einen Klassiker der Spätaufklärung: ‚Ruines ou Méditations sur les révolutions des empires' von François de Volney. Daß ihm dies Buch gefiel, ist nicht verwunderlich. Der grenzenlose Fortschrittsoptimismus Volneys stand seiner damaligen Denkweise sicher näher als Fichte oder Wünsch. Volney ist freilich Atheist und nimmt in manchem Feuerbach vorweg. Doch auch hier ignorierte Platen, was über sein einziges Anliegen hinausging, und das war: Argumente und prominente Zeugen zu sammeln gegen alles geoffenbarte Christentum, vorzüglich katholischer Konfession.

Aus der Pfalz erschien unerwartet Xylander, auf einem der bekannten längeren Urlaube. Platen konstatiert Entfremdung: „Er spricht fortwährend von den Ingenieursgegenständen." Über den ‚Sieg der Gläubigen' äußerte der Freund sich nicht. Trotz allerhöchster Indignation und herber Kritik von Weishaupt war der Dichter immer noch recht militanter Stimmung und gewann durch das Stück zwei weitere Anhänger für seine Lehre. Einem Offizierskollegen wurde es, zusammen mit etwas Volney, erfolgreich appliziert, und auch Perglas bekam den Text endlich zu lesen: „Er ist so gut als für die Sache gewonnen."

Auf Widerstand hingegen stieß er bei Dall'Armi. Dieser einzige Regimentskamerad, mit dem Platen seit zwei Jahren in näherer Beziehung stand, nannte ihn einen Ultraliberalen und warf ihm Intoleranz vor sowie „die Wuth, Proselyten zu machen". Der Dichter mußte im Tagebuch vor sich selber zugeben, daß der Freund recht hatte. Mittlerweile aber war fast aller Dampf abgelassen, und so heißt es denn weiter: „(ich muß) gestehen, daß ich mich degoutirt von meiner Liberalität fühlte, und mir vornahm, künftig weder politische noch religiöse Meynungen auszusprechen, und mich allem in Gehorsam zu unterwerfen."

Wieder verfiel Platen in Depressionen, teils aus Zweifeln an sich selbst, teils auch durch die Nachricht vom bevorstehenden Tode des Großherzogs von Baden. Die Königin war eine badische Prinzessin, und der Dichter fürchtete, ein Krieg um die Erbfolge werde seine Studienpläne zunichte machen. Wie wenig sein Verhalten von Vernunft, wie sehr es stattdessen von Emotion gesteuert und nachträglich rationalisiert wurde, wie wenig ihm also Gracián und Knigge halfen, hätte er aus seinen folgenden Sätzen lernen können: „Lüder und Schnizlein brachten den Abend bey mir zu, doch nicht auf die beste Weise. Die üble Laune, die mich beherrschte, und noch durch physischen Schmerz, das Ohrenstechen, gesteigert, gaben mir so vielen Geist des Widerspruchs ein, daß ich Dinge behauptete, die meinen Grundsätzen und Ideen ganz entgegen sind. Und diese Inkonsequenzen, denen wir armen Menschen unterworfen sind, machten mich nur noch unzufriedener mit mir selbst."

Auch beim ‚Odoaker' ging es nicht so voran, wie es sollte. Mit Hilfe der ‚Edda' wollte Platen sich in die nordische Mythologie einführen, denn es war seine Absicht, in der Art des Camões beim epischen Schicksalsapparat heidnische und christliche Mythologie zu vermischen. Nur waren die Götter der Edda viel unschärfer gezeichnet als etwa die homerischen und überdies dem damaligen Lesepublikum weitgehend unbekannt. Zur Völkerwanderungszeit herrschte in Italien das Christentum. Wenn nun Odin mit Odoaker (der wahrscheinlich getauft war) über Jesus mit Romulus Augustulus gesiegt hätte, wäre das historischer Unsinn.

Die letzten Münchener Tage brachten noch eine Annäherung an Perglas, vermutlich, weil er den ‚Sieg der Gläubigen' beifällig aufgenommen hatte. Der Freund verehrte

Platen eine kleine Zeichnung und erhielt als Gegengabe vier lehrhafte Distichen ins Stammbuch, deren letztes lautet:

> Bliebst du dir selber getreu und bewahrtest die Seele vor Zwiespalt,
> O dann stirbst du versöhnt, ohne Vermittler am Kreuz!

Solche Wegweiserei rief allein Dall'Armis Widerspruch hervor; die anderen Freunde jedoch, und vor allem der Adressat, stimmten zu.

Das Abschiedsfrühstück nahm Platen bei Perglas ein. „Wir sind nicht einerley Meynung, aber sein Charakter ist unendlich schätzenswert. Ich nahm herzlich von ihm Abschied; war auch ein Paar Augenblike noch bey Madame Schwarz. Bey Lüder erwartete ich den Abgang des Postwagens. Er begleitete mich auf die Post, wo wir schon Schlichtegroll fanden, der mir noch ein Lebewohl sagen wollte. Drachenfels kam gerade noch, daß ich ihm aus der Kutsche die Hand reichen konnte. Ich war gerührt. Die lieben Freunde! Wie sehr beglükt mich ihr Wohlwollen; und sie allein bleiben mir übrig, wenn alles, wenn selbst die Muse mich hintergeht. Wenn ich ganz an meinem Werthe verzweifle, darf ich mich nicht erinnern, daß ich von ihnen geschätzt werde?"

Am Karfreitagmorgen 1818 verließ Platen München, wo er elfeinhalb Jahre, seine ganze spätere Jugend, verbracht hatte. Erst 1824 sollte er für einen kürzeren Besuch dorthin zurückkehren, und dann wieder für zwei Winter nahe seinem Lebensende.

Apparat

Vorwort

‚Gesammelte Werke des Grafen August von Platen' bei Cotta in Stuttgart zwischen 1839 und 1893 dreizehnmal aufgelegt. 5 weitere Gesamtausgaben sowie 17 Ausgaben von Sammlungen Platenscher Gedichte vor 1900, s. Fritz Redenbacher: Platen-Bibliographie, 2. bis 1970 ergänzte Auflage, Hildesheim 1972, Nummern 1 – 18; 26 f.; 36 – 50. Platens Poesie sei marmorglatt und marmorkalt: erstmalig wird den Gedichten ein ‚verkühlender Geist' zugesprochen in einer Rezension, die Eckermann im Auftrag Goethes Ende 1823 für ‚Kunst und Alterthum' schrieb (vgl. Kapitel 27 dieses Buches). Die Rezension mag Jakob Grimms Urteil über Platens Lyrik bestimmt haben, das Karl Gödeke in seinem Kommentar am Schluß von Cottas einbändiger Platen-Ausgabe 1839 mitteilt; Gödekes Aufsatz wurde als biographische Einleitung in alle späteren 5- und 4bändigen Platen-Ausgaben des Verlages Cotta bis 1893 fast unverändert übernommen. Grimms Worte waren für die Platen-Rezeption bis zur Fin de siècle von so großem Einfluß, daß sie hier wiederholt seien: „Es hat mir bei Lesung von Platens Gedichten beständig den angenehmsten Eindruck hinterlassen, zu sehen, wie er auf Reinheit und Frische des deutschen Ausdrucks sorgsam hält. Seine Reime sind fast ohne Tadel und stechen vortheilhaft ab von der Freiheit und Nachlässigkeit, die sich Schiller, zum Theil auch Goethe zu Schulden kommen lassen. ..Rückerts Sprache ist blühender und gezierter als Platens, aber nicht so rein, auch nicht so ergreifend. Dagegen scheint mir Platen hin und wieder an das Kalte und Marmorne zu streifen." Goethes Ausspruch, Platen fehle die Liebe, stammt vom 11/2/1831, nicht vom 25/12/1825, wie meist angegeben; vgl. H. H. Houben, J. P. Eckermann. Sein Leben für Goethe, 2 Bände Leipzig 1925, I 526 Anm. Auch Jürgen Link sieht in einem unveröffentlichten Platen-Essay ‚Heines Antipode', das er mir liebenswürdigerweise zur Verfügung stellte, *(ab hier abgekürzt: Link E.)*, den Hauptgrund für des Dichters ‚Fremdheit' in der psychisch abweichenden Struktur des Homosexuellen begründet „samt den damit korrespondierenden andersartigen diskursiven Strukturen. Groteskerweise bezeichnet die hegemoniale, dem bürgerlichen Familialismus verpflichtete Kultur diese Strukturen, für die sie inoffiziell die Metapher ‚warm' geprägt hat, im Falle Platens durch komische Verschiebung als ‚kalt' – gleichsam als ob es zu vertuschen gälte, daß gerade auch dieser Fremde ein Sohn des bürgerlichen Familialismus war, den seine Mutter trotz ihres aristokratischen Standes mit prägender Konsequenz repräsentierte. Es ist schon paradox, daß die bürgerliche Auffassung von Lyrik als Diskurs des offenbaren Geheimnisses alle Arten von Geheimnissen anzuerkennen und feierlich zu beschwören bereit war – außer diesem. Platen ist ja ..der hegemonialen Kultur bis zum äußersten entgegengekommen, indem er von seinem Geheimnis bloß im poetischen Ton, niemals in Prosa, gegenüber der Öffentlichkeit zu sprechen unternahm. Das umgekehrte Entgegenkommen der Kultur bestand allerdings lediglich darin, daß sie nichts gehört und gesehen zu haben vorgab (deshalb der Aufschrei über die ‚Bäder von Lucca') und Platens Lyrik in die Schublade des ‚kalten Formalismus' sozusagen hinter Sicherheitsschloß vergrub." Am 10/12/1835, fünf Tage nach Platens Tod, wurden per Bundestagsbeschluß alle Schriften des ‚Jungen Deutschland' im Bundesgebiet verboten; Anlaß war zwar ein Roman von Karl Gutzkow, doch hatte bei der Entscheidung sicher der noch ziemlich frische Skandal um Heines ‚Bäder von Lucca' eine wichtige Rolle gespielt (vgl. Apparat des Schlußkapitels). Zur verklemmten Sexualität des bürgerlichen Zeitalters s. Gordon Rattray Taylor, Kulturgeschichte der Sexualität, Frankfurt 1977. Taylor unterscheidet repressive paternistische und liberale maternistische Epochen: die Romantik ist für ihn maternistisch, das ‚bürgerliche' Zeitalter (in England seit ca. 1760) paternistisch; die Prüderie erreichte unter Königin Victoria ihren Höhepunkt, a.a.O. Kapitel 11. Oscar Wilde, Salomé, Tragödie in einem Akt (original französisch), Paris 1893; die Uraufführung 1896, in der Sarah Bernhardt die Titelrolle spielen sollte, war nicht sehr erfolgreich. Berühmt wurde das Werk erst durch die Opernversion von Richard Strauß, Uraufführung Dresden 1905. Thomas Mann: August von Platen. Festvortrag, gehalten 4/10/1930 in Ansbach, Ansbach 1931 u.ö. Der ‚todessüchtige' Platen wird neuerdings noch präsentiert in dem Fernsehfilm ‚Wer die Schönheit angeschaut mit Augen ...' von Karl-Heinz Käfer, Saarländischer Rundfunk, Saarbrücken 1986, sowie in dem Aufsatz ‚August von Platen – ein Melancholiker' von Gert Mattenklott, in A. v. P., Memorandum meines Lebens (Auszüge aus den Tagebüchern), hsg. v. Gert Mattenklott und Hansgeorg Schmidt-Bergmann, Frankfurt 1988, 197; vgl. aber Mattenklotts Interpretation Platens als lebender Leichnam, die in diesem Buch eine große Rolle spielen wird, ebd. 199ff. Hubert Fichte: ‚Deiner Umarmungen süße Sehnsucht' – Die Geschichte der Empfindungen am Beispiel der französischen Schriften des Grafen August von Platen-Hallermünde, Tübingen 1985. Rudolf Schlösser, August Graf von Platen. Ein Bild seines geistigen Entwicklungsganges und dichterischen Schaffens, 2 Bände, München 1910/13. August Graf von Platen, der Briefwechsel 1804-1829, hsg. v. Paul Bornstein, 4 Bände, München 1914/31 (Nachdruck Hildesheim 1973), *ab hier abgekürzt: Bo.* Die Tagebücher des Grafen August von Platen, hsg. v. Georg v. Laubmann u. Ludwig v. Scheffler, Stuttgart 1896, 2 Bände (Nachdruck Hildesheim 1969), *ab hier abgekürzt Tb.* August Graf von Platens sämtliche Werke in zwölf Bänden. Historisch-kritische Ausgabe mit Einschluß des handschriftlichen Nachlasses, hsg. v. Max Koch und Erich Petzet, Leipzig o. J. (1910) (Nachdruck Hildesheim 1969), *ab hier abgekürzt KP.* August von Platen, Lyrik (mit Kommentar und Nachwort), hsg. v. Jürgen Link, München 1982, *ab hier abgekürzt: Link K.* Friedrich Sengle: Biedermeierzeit. Deutsche Literatur im Spannungsfeld zwischen Restauration und Revolution 1815 – 1848, 3 Bände, Stuttgart 1971/80. Mario Praz: La carne, la morte e il diavolo nella letteratura romantica, Firenze 1930 u.ö., deutsch: Liebe, Tod und Teufel. Die schwarze Romantik, München 1963; der reißerische Titel ist irreführend. Der ‚todessüchtige', weil schuldbewußt-homosexuelle Dichter, wie ihn vor allem Thomas Mann dargestellt hat, wäre ein Repräsentant der schwarzen Romantik. Ich bin der Meinung, daß Platen zwar der Romantik im weiten Sinne angehört, kaum aber ihrer schwarzen Variante (vgl. Kap. 18). Romantik ist hier nicht als scharf umrissenes Phänomen der deutschen Literatur (etwa zwischen Wackenroder und Eichendorff) verstanden, sondern als eine für alle Kunstarten gültige Methode zur gefühlshaften Aneignung zeitlich, örtlich oder sozial entfernter (auch utopischer) Kulturszenen. Die romantischen Einfühlungsversuche stehen in deutlichem Gegensatz zu Rationalismus und Aufklärung, verdanken ihnen aber gleichwohl das meiste Wissen über jene Kulturszenen, denen ihr empathisches Bemühen gilt. Immer stehen sie unter dem ausgesprochenen oder unausgesprochenen Leitgedanken, die avisierte Szene sei besser als die Gegenwart, aus der die Einfühlung erfolgt. Der Mythos vom goldenen Zeitalter wird in ihr quasi fortgeschrieben. Romantik, so gesehen, beginnt mit der Empfindsamkeit und dem eingefühlten Klassizismus Winckelmanns, mit den ersten neogotischen Bauten in England um 1750, mit den Naturparks sowie den darin errichteten künstlichen Dörfern und Ruinen. Früher Hauptvertreter einer derart weitgefaßten Romantik ist Jean Jacques Rousseau. MacPhersons fiktive Ossian-Übertragungen, die Dichtungen Scotts, Chateaubriands und Hölderlins gehören ihr ebenso an wie die Malerei Roberts und Turners, doch nicht minder Teile von Goethes ‚Divan' und auch die Werke Platens. Romantik als versuchte Empathie kann überkomme Formen sprengen oder neu beleben. Ihr Anfang läßt sich einigermaßen bestimmen, ihr Ende jedoch nicht absehen: seit mehr als zweihundert Jahren ist sie fest integrierter Schaffensmodus für hohe wie triviale Kunst. Die schwarze Romantik versucht Einfühlung in die heidnische Spätantike, mehr aber noch in deren religionsgeschichtliche Folgen, nämlich Satanismus und Hexenwesen. So bleibt sie dem Christentum eng verbunden, wenn auch mit umgekehrten Vorzeichen. Ihre Zentralfigur ist Luzifer als gefallener Engel in Miltons, das heißt schöner Gestalt; entsprechend erscheinen jede Art von Grausamkeit, Sakrileg, ausschweifende oder deviante Sexualität und andere Häresie nicht nur in Verbindung mit Schönheit, sondern auch mit positiver Bewertung. Man könnte das Werk de Sades, das der schwarzen Romantik vorangeht, ohne ihr anzugehören, als Luzifers Aufbegehren gegen Gott verstehen. Im Verlauf dieser Biographie soll gezeigt werden, daß Platens Preis der Gleichgeschlechtlichkeit nicht in der angedeuteten Weise ‚satanisch', sondern konventionell romantisch ist, und daß der Dichter eine ‚schwarze' Umkehrung der Werte, die aus Lebenswillen Todessehnsucht werden läßt, nur gelegentlich en passant vollzogen hat. Von einem durchgehenden bedeutenden Motiv, wie lange Zeit angenommen wurde, kann keine Rede sein.

1. 1799

Die historischen Angaben nach Michael Doeberl, Entwicklungsgeschichte Bayerns, 3 Bände, München 1928, II 385ff, sowie: Krone und Verfassung. König Max I. Joseph und der neue Staat. Beiträge zur bayerischen Geschichte und Kunst 1799 – 1825 (Katalog III 1 + 2 der Ausstellung ‚Wittelsbach in Bayern'), München/Zürich 1980, *ab hier abgekürzt: KuV*; daraus speziell: Roger Dufraisse, Napoleon und Bayern, KuV 1,221ff. Bürgertum: es ist natürlich nur der Dritte Stand gemeint, nicht Bourgeoisie als Gegenpol zum Proletariat, vgl. Sengle I 13ff. Furchtbar stinkendes Wasserstoffgas: J. A. Charles erzeugte es 1783 für seinen ersten Gasballon ‚Charlière', indem er Schwefelsäure über Eisenspäne schüttete. Es entstand dabei neben Wasserstoff auch Schwefelwasserstoff, der giftig ist und nach faulen Eiern stinkt. Kant schrieb über Fichte: „Gott bewahre uns nur vor unseren Freunden.. Es gibt nämlich – auch bisweilen betrügerische, hinterlistige, auf unser Verderben sinnende und dabei noch die Sprache des Wohlwollens führende, sogenannte Freunde, vor denen und ihren ausgelegten Schlingen man nicht genug auf der Hut sein kann": nach Karl Popper, Die offene Gesellschaft und ihre Feinde, München 5)1977, II 397. Kunstperiode: das Briefzitat Heines an Varnhagen nach Sengle III 526. Die Angaben zur Kleidung um 1800 nach Fischel/v. Boehn, Die Mode. Menschen und Moden im neunzehnten Jahrhundert, Bd. 1790 – 1817, München 1908. Das Zitat zur Ehe des Prinzen Beauharnais KuV 1224.

2. Kindheit

Die Bemerkung über Ansbachische Beamte nach der Übernahme durch Bayern bei Doeberl II 421. Platens Stammbaum in: Ahnentafeln berühmter Deutscher, Leipzig 1929 – 31, Nr. LIV v. Ernst v. Obernitz, 260ff. Platens bekannte Verse aus dem Hohenstaufen-Fragment, in denen er nach Goethes Manier seine Herkunft mitteilt: „Ich bin ein Bayer, gepflanzt an südlicher Berge Zügen;/ Doch seine Wurzeln sproßten im allerletzten Rügen", KP VIII 163, sind mit großer

Wahrscheinlichkeit unzutreffend. Die Bemerkung über Platens Vater (Gewandtheit im schriftlichen Ausdruck) nach H. Schreibmüller: Dr. Gottlieb Reuter und seine Töchterschule, in: 65. Jahresbericht des Historischen Vereins für Mittelfranken, Ansbach 1930, 34f. Die Wielandbüste: wohl ein Gipsabguß nach Klauer. Dies und die anderen Platens Vater betreffenden Angaben nach W. Stammler, August Graf Platens Vater, in: Zeitschrift für deutsche Philologie, Bd. 43, Berlin 1911, 237f. Platens Bemerkung über die unglückliche erste Ehe seines Vaters s. Tb.I 362. Laubmann und Scheffler haben Platens Orthographie nach dem Stand der Erscheinungszeit ihrer Ausgabe korrigiert; die Zitate sind hier nach den Tagebuchmanuskripten wiederhergestellt. Ich selbst benutze bei aus Fremdsprachen übernommenen Bezeichnungen und Begriffen stets das originale, nicht das deutsche Genus, also *der* Ponte Molle, *die* Place Stanislas, *die* Fin de siècle. Zu Platens Eltern auch: Emmy Rosenfeld, Unveröffentlichte Briefe Augusts von Platen und seiner Mutter an Freunde in Italien nebst Anhang, Editoriale Cisalpino, Milano/Varese 1965, *ab hier abgekürzt: Rosenfeld A*, 149ff; zu Platens Vater: „man hat nach den Äußerungen des Sohnes ..nicht den Eindruck, daß ihm ein nachgiebiger, heiterer Charakter eignete; von ihm hat der Sohn sicher den Starrsinn und die Neigung zum finsteren Leben geerbt", ebd. 151; Rosenfeld bringt die späte Heirat von Platens Mutter mit „den vielleicht hübscheren Schwestern Eichler" in Verbindung, ebd. 150; vermutlich hat Platen seine Häßlichkeit von seiner Mutter geerbt. Ihre Gleichgültigkeit gegen ihr Äußeres, auch dies später beim Sohn zu beobachten, ebd. 157. Über Platens Geburtshaus s. Aus dem Tagebuch von Frau Emilie Brügel, in: Heimatblätter für Ansbach und Umgebung, Nr. 2/1926. Alle Zitate aus Platens Tagebüchern in diesem Kapitel s. Tb.I 4 – 8, die Rechtschreibung (*ab hier abgekürzt R*) nach Monumenta Monacensia Plateniana (*ab hier abgekürzt MMPl*) 34. ‚Beluzi' s. KP X 214. Auch Koch und Petzet haben Platens Orthographie nach dem Stand der Erscheinungszeit ihrer Ausgabe korrigiert. Die hier wiedergegebenen Zitate sind örtlich nach KP bezeichnet; die dort erstmals veröffentlichten Jugenddichtungen sind jedoch orthographisch nach den Manuskripten wiederhergestellt, schon früher veröffentlichte Texte (von einigen Ausnahmen abgesehen) nach der fünfbändigen Cotta'schen Ausgabe 1853. Häntzschel stellte 1970 beim Vergleich mit den Manuskripten die Unzuverlässigkeit von Koch/Petzet besonders für die dort erst- und einmalig veröffentlichten Jugendschriften fest; vgl. Günter Häntzschel, August von Platen, in: Zur Literatur der Restaurationsepoche 1815 – 48, hsg. v. Jost Hermand u. Manfred Windfuhr, Stuttgart 1970, 135f; leider gilt ähnliches auch für die Tagebuchedition von Laubmann und Scheffler, wie ich beim Textvergleich mit den Manuskripten feststellen mußte. – Ein briefliches Zeugnis der Gräfin Platen über ihren Sohn nach seinem Tod: „Als Kind war er von der größten Wildheit, daher nennt er mich eine sanfte Mutter, da er nicht zur Ruhe zu bringen war, wenn ich nicht vorlaß, da war er im 5ten Jahr ganz Ohr u. still u. aufmerksamer, durch die Neugierde der Bücher lernte er im 6ten gut lesen u. viel Papier zu verschmieren;" Luise v. Platen an Giovanni Frizzoni, Ansbach 26/5/1836, vgl. Rosenfeld A 168. Die Gräfin Platen praktizierte an ihrem Sohn vermutlich Grundsätze aus Rousseaus ‚Emile', vgl. Link K. 968. Die Anekdote über den 6jährigen Platen, berichtet von der Enkelin der Frau v. Schaden, s. G. Böhm: aus Platens Jugendzeit, in: Beilage zur Allgemeinen Zeitung, München, 27/9/1887. Der auf der Promenade zu Ansbach spielende Platen s. Fr. Mayer: Schatten und Lichter aus dem Leben des Grafen A.v. Pl., in: Athenäum für Wissenschaft, Kunst und Leben, Nürnberg, Januar 1839, 10. Die Gräfin Platen über ihren Sohn s. Ein Brief der Gräfin Platen, der Mutter des Dichters. Mitgeteilt von Fr. Reuter, 49. Jahresbericht des Historischen Vereins für Mittelfranken, Ansbach 1902, 43. Über die bayerische Regierungsübernahme in Ansbach s. R. Endres, Die Eingliederung Frankens in den neuen bayerischen Staat, in KuV 1, 83ff. Über die französischen Besatzung in Ansbach s. Karl H. Ritter v. Lang, Memoiren, München 3)1881, II 54ff. Der Brief der geschiedenen Gräfin Platen geb. Reizenstein über die französische Besatzung in Ansbach s. Sophie v. Saenger: Aus trüber Zeit vor hundert Jahren, in:

Schlesische Zeitung, Breslau 21/3/1906 (Nr.201). Saenger schreibt die angeführten Briefe fälschlich Augusts Mutter geb. Eichler v. Auritz zu, vgl. Bo.I 472 Anm. 6

3. Kadett

Alle Zitate aus Platens Tagebüchern s. Tb.I 9 – 31, R nach MMPl 34. Brief an die Mutter betr. Füßewaschen, München 19/12/1806, Bo.I Nr. 6. Porträt Platens als Kadett in: Platens Antlitz. Schriften der Platen-Gesellschaft, 2. Stück, Berlin-Erlangen 1927, 13, 15; das Porträt auch in Bo.I gegenüber S. 22. Zur Uniform des Kadetten ebd. Briefe Nr. 9+10, 21+22 an die Mutter, München 28/2 – 23/3/1808, mit Rechnungen. Zitat Fugger über Platens Besuche bei Schelling in: Platens Antlitz. Schriften der Platen-Gesellschaft, 2. Stück, Berlin-Erlangen 1927, 17. Besuch der Mme de Staël ebendort nach: Christopher Herold, M.d.St., deutsch München 1961, 350f. Besuch im Wachsfigurenkabinett s. Brief an die Mutter, München 23/3/1808, Bo.I Nr. 21. Zu Platens Theaterbesuchen s. Schlösser I 9. Platens monotones Rezitieren s. Fugger in: Platens Antlitz, 17f. Zitat Schiller, Jungfrau von Orleans, 4. Akt 1. Szene. Platen nennt Fugger „Misgeburt" im Brief an Xylander, Ansbach 5/9/1810, Bo.I. Nr. 55. Bemerkung über Asimont in Brief Platens a.d. Mutter, München 8/8/1807, Bo.I Nr. 13. Fuggers Zitat über Platen als Schüler in Platens Antlitz 15ff. Zu Xylander: Bo.I bringt gegenüber von S. 318 die Reproduktion eines Miniaturporträts des Genannten im Alter von 16 Jahren, das ihn, ebenso wie das erwähnte Knabenporträt Platens, als schielend ausweist. Angaben über München um 1810 nach: H. W. J. Thiersch, Friedrich Thiersch's Leben, 2 Bände, Leipzig 1866, Bd.I; Zitat über Hofprediger Schmidt ebd. 65. Gedichte Platens aus der Kadettenzeit: ‚Luther' KP VIII 44; ‚An Christine, Königin von Schweden' KP V 29ff; vier Balladen KP VI 59ff; ‚Der Abend' KP V 33; dazu auch Schlösser I 10. Silberwelt des Zwielichts s. Jürgen Link, Artistische Form und ästhetischer Sinn in Platens Lyrik, München 1971, *ab hier abgekürzt: Link D.*, 26. ‚Holde Freundschaft..': Gedicht ‚An die Freundschaft' KP V 32f, vollständig zitiert, R nach MMPl 3,2. Platens Reflexion darüber s. Tb.I 364. Link (E.) bemerkt, daß der Knabe August in seinen ersten Gedichten auf die „geheimen und offenen Wünsche" der Mutter echohaft antwortete: „man wird sich Mutter und Sohn auch als eine poetische Dyade vorzustellen haben." Doppelmänner: Rede des Aristophanes, Plato, Symposion 189 – 93; Hans Kelsen findet in der Vorstellung von den Kugelmenschen komisch-groteske Züge, Tragikomik, vielleicht platonische Ironie. H. K.: Die platonische Liebe, in: Aufsätze zur Ideologiekritik (soziologische Texte Bd. 16) Neuwied 1964, 179ff, (Erstveröffentlichung 1933). ‚Ohne Sie...': Gedicht ‚An Joseph von Xylander' KP V 33.

4. In der Pagerie

Alle Tagebuchzitate Tb. I 35 – 56, R nach MMPl 34. Bemerkung über Münchener Residenz um 1810 in: A. Lewald, Panorama von München, 2 Bde., Stuttgart 1836, I 202. Lage der alten Pagerie am Schwabinger Tor nach Johann Paul Stimmelmayr, München um 1800, Die Häuser und Gassen der Stadt, hsg. v. G. Dischinger u. R. Bauer, München, 1980, Beschreibungen und Zeichnungen Nr. 35, 123, 124, 125. Erster Brief Platens aus der Pagerie an die Mutter, München 28/10/1810, Bo.I Nr. 61. Klage über Reiten, Brief an den Vater, München 20/9/1811, Bo.I Nr. 88. Über die kgl. Appartements s. Lewald 203, KuV 2 375 (H.O. Meyer). Tageslauf des Königs: Lang a.a.O.II 116ff. 16 Briefe Platens an Xylander in Bo.I. Gedicht

‚Freundschaft' KP V 35; ‚O Xylander!..' KP V 36, Manuskript verloren, R interpoliert. Zitat aus einem Brief an Xylander ebd. 26. Gedicht an Xylander vom März 1812 KP V 45f. Bemerkung über Massenbach in Brief Platens an die Mutter, München 12/11/1810, Bo.I Nr. 64, recte 65. Tasso: inwieweit die Mutter dem Sohn außer französischer auch andere romanische Literatur nahebrachte, läßt sich schwer bestimmen. Sie kündigt dem Pagen eine Buchsendung an, die dieser brieflich bestätigt: „Je me réjouie extrémement auf den Tasso et je vous y remercie de tout mon coeur" (München 7/1/1813, Bo.I Nr. 116). Ob die Mutter das Buch nun aus eigenem Antrieb oder auf Wunsch des Sohnes schickte, ist nicht bekannt. ‚Geschichte des unglüklichen Prinzen..' KP VII 182ff, Zitate R nach MMPl 25,6. Angaben zu Modena nach Guida d'Italia del Touring Club Italiano in 23 Bänden, *ab hier abgekürzt: Guida TCI,* vol.10, Emilia-Romagna, Milano 1971, 224f. Gedicht ‚Vor meiner Konfirmation' KP V 39f, ‚Der Gottverlassene' ebd. 40f, 5 Strophen, davon zitiert 1, 5, R nach MMPl 2. ‚Die Geschenke der Götter' und ‚Wahn der Jugend' KP VI 72ff; letzteres 8 Strophen, davon zitiert 6, 7, 8, R nach MMPl 4. Hinweis auf Schillers ‚Dithyrambus' s. Link D. 28; die endgültige, herbere Fassung von 1820 ‚Endymion' KP VI 151f.

5. Rosensohn

Tb.I 57 – 102, R nach MMPl 34. Die Reise der Erzherzogin Marie Louise durch München nach Paris s. Egon C. Corti, Ludwig I, München 1937, 138f. Zu den Freiheitskriegen Dufraisse in KuV 2 228. Jacobs' Briefe an Platen: fünf Mädchen, Pasewalk 20/9/1812, Bo.I Nr. 102; über Tasso, Gotha 12/4 + 8/6/1811, ebd. Nr. 79 + 84. Platens Tasso-Übertragungen verloren; spätere Übersetzungsfragmente in KP VII 113f. ‚Deutscher Dichterwald' KP XI 117f, R interpoliert, da kein Manuskript vorhanden. Romantik-Verständnis in der Biedermeierzeit s. Sengle I 243; Platen emfindet modern-romantische Dichtung als Stümperei s. Link K. 856. ‚Arthur von Savoyen' KP VIII 46ff; die erwähnte Beschreibung im 1. Gesang, Stanzen 74f. Petzet bezeichnet wenig überzeugend das erwähnte Gedicht ‚Luther' als den Ausgangspunkt von Platens Epik. Mercy-Fragmente KP V 53ff; zitierte Fragmente Nr. XIII: „...So bin ich denn ausgeschlossen.."; V: „Mein großes Vorbild.."; XXV: Ceres-Endymion-Vision; XII: Spiegel-Vision mit Meer und Muschel; dazu Link E. Fragment Nr. XXI: „...Und der Regen stürzt.." („Da draußen.."), 3 Strophen, davon zitiert 2, 3. Wassergraben um die Münchener Residenz nach Stimmelmayr a.a.O., Zeichnung und Beschreibung Nr. 74. Beschreibung der Homosexualität im 19. Jh. z.B. Richard v. Krafft-Ebing: Psychopathia sexualis, Wien 1896; Magnus Hirschfeld: Jahrbücher für sexuelle Zwischenstufen 1899 – 1923, Sexualpathologie 1917 – 20. Noch 1896 verteidigt Scheffler Platen gegen Heines Vorwurf, er sei ein Päderast, indem er fein zwischen §§ 175 und 175a StGB. unterscheidet: „Der Pamphletist übersieht.. geflissentlich, daß nicht Knaben, sondern junge Männer es waren, welche den Dichter für seine Poesie begeisterten; er verschweigt ebenso absichtlich, daß dieser besondere Schönheitskultus in edlen Seelen nichts Ungewöhnliches.. gewesen ist" usw, Tb.I Xf. Die letzte Stellungnahme der katholischen Kirche zur Homosexualität zeigt ein Schreiben des Kardinals Ratzinger an die Bischöfe vom Oktober 1986: gleichgeschlechtliche Neigung ist eine objektive Störung, die Handlung Sünde (s. ‚Spiegel' Nr. 10/1987, 60); durchaus konsequent, denn für die Kirche ist jeder sexuelle Gedanke und jede Handlung Sünde außer zwischen nach katholischem Ritus getrauten Eheleuten. Schlimmer die katholische Provinz: der bayerische Kultusminister Hans Zehetmair (CSU) am 19/2/1987 im bayerischen Fernsehen, anläßlich einer Diskussion über Aids: „Diese Randgruppe (der Homosexuellen) muß ausgedünnt werden, da sie naturwidrig ist", ebd. 30. Gedichtzitat Goethe, An den Mond,

Strophen 8f, letzte Fassung. Zur erotischen Verklemmtheit der Biedermeierzeit Sengle I 57: „Man ist ganz unfrei auf diesem Gebiet." ‚Paternistische' Moral: der Ausdruck von Gordon Rattray Taylor ist im Apparat zum Vorwort erklärt. Taylor (a.a.O. 153) läßt die alte Jungfer bereits im 18. Jahrhundert, das in England weitgehend bürgerlich bestimmt war, erscheinen; schon bei Defoe ist sie Gegenstand des Spottes. Taylor zitiert ein englisches medizinisches Werk von 1857, nachdem „es eine ‚gemeine Beschimpfung' sei, wenn man behaupte, die Frauen wären sexueller Gefühle fähig", ebd. 166f. Zu bürgerlicher Moral und Stellung der Frau im 19. Jahrhundert auch Stefan Zweig, Die Welt von Gestern, Stockholm 1942 u. ö., 3. Kapitel. Als Frau v. Meck erfuhr, daß Tschaikowsky homosexuell sei, ließ sie ihn fallen. Zur Aufhebung der Sodomiegesetze in Bayern 1813 durch Feuerbachs neues Strafrecht s. Gisela Bleibtreu-Ehrenberg: Tabu Homosexualität. Die Geschichte eines Vorurteils, Frankfurt 1978, 319ff. Feuerbach selbst rückte 1822 unter dem Druck der öffentlichen Meinung von seinem aufgeklärt-liberalen Standpunkt der Nicht-Pönalisierung devianter sexueller Betätigung wieder ab, das bayerische Strafgesetz aber wurde erst 1871 vom preußischen durch den bekannten § 175 ersetzt. ‚Der neue Dithyrambus' KP XI 19ff, R nach MMPl 1, Schlössers Kommentar dazu a.a.O.I 33f. Es gelang mir nicht, den erwähnten Kupferstich zu finden. In Runges ‚Großem Morgen' liegt ein nackter Säugling auf einer Moorlandschaft, zwei Putten (Genien) strecken ihm je eine Rose entgegen. Die Erstausgabe der ‚Minnelieder' von Tieck 1805 zeigt fünf Kupfer nach Zeichnungen von Runge, die sogenannten Tieck-Vignetten. Hier wachsen mehrmals Kinder aus Rosenblüten, doch stets paarweise. Zu dem zerstörten Rosenstock mit abgeknickten Blüten: frappierend ist hier die Ähnlichkeit mit einer Tieck-Vignette ‚Trauernder Knabe'. Ein Putto sitzt mit übergeschlagenen Beinen zwischen abgeknickten Blumen, die ihn überragen, links ein Rosenstock. Nach Jörg Träger, Philipp Otto Runge und sein Werk, Monographie und kritischer Katalog, München 1975. Die erwähnte Tieck-Vignette 260 A. Vielleicht fiel dem Kadetten Platen die genannte Erstausgabe der Tieck'schen ‚Minnelieder' in die Hände, als er in Schellings Bibliothek herumkramte? ‚Rosensohn' KP XI 38ff. Sengles ablehnendes Urteil zu Platens Märchen a.a.O.II 975 u. III 426. Hubert Fichte (a.a.O. 40) geht völlig fehl mit seiner Annahme, daß in Platens Märchen der Vater als Geliebter erscheine; Fichte behauptet hier das ernsthaft, was seinerzeit Heine in den ‚Bädern von Lucca' für den ‚Romantischen Oedipus' höhnisch vorschlug. Zur weiteren Deutung von Platens Märchen sei etwa auf den phallischen Charakter des Turmes hingewiesen, in dem der vom Trieb des Sohnes (Pfefferlüsch) entmannte Vater eine Zeitlang gefangen ist. Interessant wäre auch der eingehende Vergleich mit einem anderen Text: Ein Jahr in Arkadien, Kyllenion, (anonym) Jena 1805, verfaßt von August Herzog von Sachsen-Gotha, neu herausgegeben von Paul Derks, Berlin 1985, 57f: dort erzählt eine weibliche Figur (der Herzog war effeminiert) einen narzißtisch-homoerotischen Traum. Die Parallelen zu topoi beim jungen Platen (Rosenblüte als Welt, Quelle des Narziß, der/die Träumende als geflügelter Jüngling, Hyazinth, Adrast) sind frappierend. ‚Konradin' KP X 225ff. Platens Lob für seine frühen Gedichte Tb.I 28, Tadel für seine späteren ebd. 90. Zwielicht-Welt s. Link D. 26ff. Richard Dove, The ‚Individualität' of August von Platen. Subjectivity and Solipsism at the Close of the Kunstperiode, Frankfurt 1983, 50ff, bemerkt schon in diesen Gedichten unheimliche Aspekte, die beim Vorbild Matthisson nicht zu finden sind. Die erwähnten Jugendgedichte in KP V+VI, die beiden Sonette in III 211f, die Oden in IV 236ff, z.T. mit metrischem Schema. Die Übersetzungen in VII nach Sprachen geordnet, Rätsel in VI 328ff, dramatische Fragmente ‚Charlotte Corday' und ‚Konradino' in KP X 217ff u. 225ff. ‚Was mich traurig macht..': Distichen ‚Anteros' KP VI 180, R nach MMPl 24,2. Platen irrt, wenn er in Anteros eine dem Eros feindliche Gottheit vermutet. Griechisch antí heißt nicht nur ‚gegen' sondern auch ‚gegenüber'; Anteros ist gerade die erwiderte, die Gegenliebe. ‚Des armen Mädchens Nachruf' KP VI 99f, R nach MMPl 5; Platens Anmerkung dazu: „Dieß Lied.. drükt die zarte und schüchterne Liebe eines weiblichen Wesens aus", spätere Fassung KP II 58f. ‚Der Mädchen Friedenslieder' KP VI 100f. ‚Der letzte Gast' KP II 56f; Frühfassung von 1813 ‚Der Hochzeitsgast' ebd. in petit, zitiert ab Vers 17, R nach MMPl 24,2; die Strophen 5 und 8 aus der endgültigen Fassung (ab 1821) zitiert mit R nach *Platen, Gesammelte Werke in 5 Bänden, Stuttgart/Tübingen 1853 ab hier abgekürzt: Cotta*, 1,5. Anonymes Zeugnis über Platen als Page in ‚Bayerische Literatur-Blätter' Nr. 27/1882, Beilage zur ‚Süddeutschen Presse', München. Platens Entschluß, Offizier zu werden s. Brief an die Mutter, München 2/3/1814, Bo.I Nr. 137.

6. Leutnant

Tb.I 105–123, R nach MMPl 35. Über die Herkunft der Euphrasie v. Boisséson Bo.I Anm. 143. Platen zur Untermiete bei Wwe. Schwarz: Brief an die Mutter, München 11/4/1814, Bo.I Nr. 141; Kochs Bemerkung über Boisséson im Alter KP I 63 Anm. Bayerisches Exerzierreglement von 1800 s. KuV 2,184. Andere militärische Angaben nach Koch KP I 36f. Angaben über Platens Ausgaben, Bücher, Bücherregal in Briefen an die Mutter, München zwischen März und Juni 1814, Bo.I Nr. 137, 138, 139, 140, 141, 142, 144, 146, 149. Tagebucheintragung über Issel „O que ces amitiés hâtives.." Tb.I 127. Die Zitate Issels s. Wilhelm I.s Begegnung mit A. Graf von Platen, nach I.s eigenhändigen Aufzeichnungen mitgeteilt v. Fritz Hohmeyer, in: Von Büchern und Menschen, Festschrift f. Fedor v. Zobeltitz, Weimar 1927, 132ff. ‚Abschiedsruf an den Geliebten' KP V 75f, 7 Strophen, davon zitiert Nr. 1, 3, 6, R nach MMPl 5. Über den alliierten Winterfeldzug 1813/14 s. Doeberl II 546; Siegesfeiern und geplanter Besuch des Zaren im Juni 1814 s. KuV 2,186. Gedicht ‚An ***' KP V 74f, 6 Strophen, vollständig zitiert, R nach MMPl 5.

7. Federigo

Tb.I 123–178, R nach MMPl 35, 36. Zitat „O die kleinste, geringfügigste Hoffnung.." ebd. 75; das Motto von Jean Paul: Die Erinnerung ist das einzige Paradies.. am Beginn der Tagebücher 1–3, 6–18, aus: Impromptus, welche ich künftig in Stammbücher schreiben werde. J.P., Sämmtliche Werke, Berlin 1840–42, Bd. 33,80, zuerst in: Taschenbuch für Damen 1812, woher Platen es haben dürfte. Die Kindheit Platens in Tb.I 3–9; Notiz vom 18/3/1814 „Wir waren heute.." ebd. 97f. ‚Wandl' ich im stillen..' (Sehnsucht) KP V 71, 4 Strophen, davon zitiert die ersten beiden, R nach MMPl 4; ‚Durchschweif' ich den Laubhain..' KP V 71f, 4 Strophen, davon zitiert die ersten beiden, R nach Cotta 1,25f; dazu Link E. ‚Mein Beruf wenn unterbliebe..': Gedicht ‚Nur des Zufalls eiteln Grillen..' KP V 83, 7 Strophen, davon zitiert die vierte, R nach MMPl 52. Vergleich Platens mit Tyrtaios und Körner bei Nathanael v. Schlichtegroll, Erinnerung an August Graf v. Platen in seiner Jugend.. München 1852, 8. Frage von Jacobs in Brief an Platen, Gotha 10/8/1814, Bo.I Nr.150. Erste weltschmerzliche Tirade „Comme les impulsions.." Tb.I 126; ‚Weltschmerz' definiert nach Sengle I 26ff. Über Infanteriegewehre KuV 2 240; bayer. Exerzierreglement v. Deroy ebd. 181. Über Platens militärische Ungeschicklichkeit berichtet Koch in KP I 59. Vorwürfe der Offiziersfreunde wegen mangelndem Interesse am Militär: der entsprechende Brief Xylanders ist nicht erhalten, jedoch Platens hochfahrende Antwort, aus der sich sein Inhalt rekonstruieren läßt: Brief an Xylander, München 9/10/1814, Bo.I Nr.154+Anm. Im Januar 1815 macht Liebeskind ähnliche Vorhaltungen; diesmal ist Platens Reaktion zerknirscht: „ich will nur geduldet werden", Tb.I 152. Platen liest im April 1814 Jean Pauls ‚Dämmerungen für Deutschland' (Tübingen 1809), ebd. 105; zitiert daraus dritter ‚Schlußpolymeter' nach J. P.s Werken in zwölf Bänden, hsg. v. Norbert Müller,

München 1975, 10,1034. Zitat „Du Schwerdt an meiner Linken" nach Theodor Körner: Leyer und Schwerdt, Berlin 1814. Immanenter Nationalgott: Er geht auf Klopstock und Herder zurück, vgl. Sengle I 48 u. II 537. Platens Bemerkung über Schlegels Gedicht ‚Der Bund der Kirche mit den Künsten' Tb.I 107f. Übersetzung aus Guarini KP VII 113, R nach MMPl 52 e; Link (E.) findet im ‚Pastor fido' einen weiteren Beleg für seine Narzißmus-These: „Als ein anderer Narziß ruft der Hirt Silvio dort seine Ablehnung der Venus und sein Lob der keuschen Diana den Bergen zu und enthält jeweils ein komisches Echo zur Antwort. Dabei wird der Echo-Mythos (ihre unglückliche Liebe zu Narziß) erinnert." Manierismus: Gustav René Hocke, Manierismus in der Literatur, Hamburg 1959; über Tasso ebd. 158, über Guarini Kap. 21 + 22. Bemerkung Kochs über Platen und Brandenstein KP I 141f. ‚Oft, wenn wir...': Tb.I 167f. *Alle Gedichtzitate, die dem Tagebuchabschitt entstammen, der für das betreffende Kapitel als Quelle angegeben ist, werden ab hier im Apparat nicht mehr gesondert notiert.* ‚Der Pilger und sein Wegweiser' KP XI 59f, R nach MMPl 1. Monotones Klagelied bei Platen s. Link D. 31; Platens enttäuschter Deismus ebd. 22f; Bedrohtheit von Platens Jugendlyrik durch Leere und Monotonie s. Link E. Zu Platens Zahlenaberglauben Link D. 148f. Ossian-Übersetzungen KP VII 82ff, 85ff, Racine-Übertragungen ebd. 40ff, 57ff. Platens Versuche in fremden Sprachen s. Link D. 37f. Über Platens geschriebenes Englisch traue ich mir ein eigenes Urteil zu, z.B. die Epistel an Wiebeking, München 2/2/1815, Bo.I Nr. 162, und Brief an Perglas, München 7/2/1815, ebd. Nr. 165; Aussprache des Englischen: im Tagebuch schildert Platen, wie er auf einem Empfang bei Harniers mit Engländern in ihrer Sprache zu reden versucht und Antwort auf französisch erhält, a.a.O.I 133; Schlössers Bemerkung über Platens schwaches Französisch a.a.O.I 37. Platens schwaches Italienisch: Erna Friepes, Ein Platenfund in Neapel, in: Platen-Gedächtnisschrift der Universitäts-Bibliothek Erlangen zum 100. Jahrestags des Todes Augusts von Platen, Erlangen 1936, 68. Karneval 1815: Brief von Jacobs an Platen, Gotha 9/1/1815, Bo.I Nr. 160; Platens Kleidersorgen und Unlust, zu tanzen s. Brief an die Mutter, München 10/1/1815, ebd. Nr. 161, und München 4/2/1815, ebd. Nr. 163. ‚Dürft' ich doch..': Gedicht ‚Körner' KP VI 23f, 4 Strophen, die letzte halb zitiert, R nach MMPl 5. ‚Jeder Deutsche sey ein Luther..': Gedicht ‚Laßt auch meines Landes Erde..' KP VI 24, 2 Strophen, davon zitiert die zweite. ‚An die Einsamkeit' ebd. 24f, 8 Strophen, davon zitiert Nr. 5, 8, R nach MMPl 24,2.

8. Neckarau

Tb.I 181-230, R nach MMPl 36. Gedicht ‚An Buonaparte' KP VI 37ff. ‚Durch die dichtverwachs-'nen...': Gedicht ‚Glück ohne Theilnahme' KP V 107f, 4 Strophen, davon zitiert Nr. 2, 3, R nach MMPl 4. Platen schrieb drei Wochen nach der Schlacht von Waterloo ein Chorlied im Stile Schillers Ode ‚An die Freude' auf den Sieg der Alliierten, KP VI 42ff.

9. Frankreich

Tb.I 230 – 374, R nach MMPl 37, 38. Angaben über Alexis Piron nach La Grande Encyclopédie, Bd. 26, Paris o.J. (um 1900). A.P., Oeuvres Badines, Paris 1) 1796, 2) 1797, 3) augmentée 1804. Daraus: Ode à Priape. Meine Übersetzung der beiden ersten Strophen lautet: Saft von den neun Jungen des Pindar;/ Saft vom Liebhaber der Daphne (Apoll),/ dessen schlaffer Schwanz sich nur erhebt,/ wenn er patiniert (gebräunt) wird./ Du bist's, den ich um Hilfe anrufe,/ dich, der von steifem Schwanz in die Fotzen / den Saft in großen Flocken schleudert./ Priapus, stütze meinen Atem,/ und für einen Augenblick in meine Adern / sende das Feuer deiner Hoden.// Alles sei geil, alles umarme sich, / kommt herbei, Huren und Böcke. / Was sehe ich! Wo bin ich! O süßes Entzücken! / Im Himmel gibt es nie so schöne Dinge. / Hoden in Formation, / Schenkel geschlossen und geöffnet, / Bataillone erhobener Schwänze, / runde Hintern ohne Haar und Dreck, / Fotzen, Titten, Venushügel, / überschwemmt mit einer Flut von Samen. – Platens Angabe, erst durch diese Lektüre von physischer Liebe zwischen Männern erfahren zu haben s. Tb.I 141. Bei den Micheleau's in Nemours: schon Schlösser bemerkt die Diskrepanz zwischen Platens Vorurteil über und Erfahrung mit Franzosen, a.a.O.I 60f. ‚Die Harfe Mahomets' KP VIII 81ff. Ballade ‚Die Grotten von Arcy' KP VI 116ff; dazu Koch in KP I 73, Schlösser I 77. Strophe 8 der Ode von Piron lautet übersetzt: Sokrates, werdet ihr sagen, dieser Weise, / dem man göttlichen Geist nachrühmt, / hat Pest und Schwefel gespien / gegen das weibliche Geschlecht. / Und dennoch hat der brave (Moral-)Apostel / nicht weniger gefickt als jeder andere. / Verstehen wir seine Lehren besser: / gegen die Geschlechtlichkeit predigt er; / aber ohne den Hintern des Alkibiades / hätte der die Fotzen nicht so verdammt. „Ich war im Palais Royal..": Brief von Schlichtegroll an Platen, Melun 2/9/1815, Bo.I Nr. 190. ‚Einzelne Betrachtungen über einige moralische Verhältniße des Lebens. Für Jünglinge.' KP XII 204ff. „Bester Platen!..": Brief von Perglas an Platen, Ancy-le-Franc ohne Datum, empfangen Nitry 24/10/1815, Bo.I Nr. 197. „..je suis pâle et maigre.. Du moins je n'ai pas abusé de ma bonne santé!": Brief an die Mutter, Joinville 6/11/1815, Bo.I Nr. 200. Erzählung ‚Die Bergkapelle' KP XI 63ff. Cerisiers, der seiner Braut entsagt und dann als Asket unerkannt in ihrer unmittelbaren Nähe lebt, entspricht der Alexius-Legende. Schwarze Romantik: nochmals sei hier auf das wichtige Buch von Mario Praz (a.a.O.) verwiesen. Es wurde von der Germanistik kaum beachtet, da es sich hauptsächlich mit französischer und englischer Literatur beschäftigt. Das erwähnte Mercy-Fragment von 1813 (Nr. XXV, Endymion-Traum) ist in Kapitel 5 besprochen. Zum Verständnis der Homosexualität während der Restaurationsepoche: die aufgeklärt-liberale Haltung etwa Napoleons oder Feuerbachs wurde zunehmend von zwei neuen Theorien überlagert, in denen das vormals religiös begründete Vorurteil weiter wirkte: Homosexualität als staatsgefährdendes Delikt und als ‚moralischer Wahnsinn', vgl. Bleibtreu-Ehrenberg 322ff.

10. Hornstein

Tb.I 374-552, R nach MMPl 38, 39, 40. Schicksalsdramatik nach 1800 s. Sengle II 356f sowie Georg Hensel, ‚Es stirbt sich gut im Februar', in: Frankfurter Allgemeine Zeitung 9/6/1979, Beilage. Zacharias Werner, ‚Der vierundzwanzigste Februar', Leipzig 1815, vgl. Kindlers Literatur-Lexikon, München 1974, *ab hier abgekürzt Kindler* 9950; Adolf Müllner, ‚Der neunundzwanzigste Februar', Leipzig 1815, vgl. Kindler 6697; A.M., ‚Die Schuld', Leipzig 1816, vgl. Kindler 8531. Anäherung an Fugger s. Bo.I Anm. 210 u. Schlösser I 81. ‚Die Tochter Kadmus' KP X 245ff; Max Koch in KP I 432 und mit ihm Richard Dove 250 irren: Das Stück ist keine Schicksalstragödie, vgl. Schlösser I 113f. ‚Klagend muß ich..': Gedicht ‚Die Last der Lieb' und Ruh' KP V 143ff, 6 Strophen, Zitat aus 2 und 3, R nach MMPl 4. Caeiro (s. Apparat Kap. 17) macht zu Platens Nachtwache mit Hornstein den etwas schiefen Vergleich von Quixote und Pansa. Fünf Hornstein-Gedichte Tb.I 487ff, dazu Kommentar Schlösser I 108. ‚Könnt ich dich unsichtbar..': Distichen-Sammlung ‚Gedanken der Liebe' KP VI 183ff + Anm., das zitierte Distichon Nr. 34; ‚Der Hyazinthe..': Epigramm ‚An einen schönen Jüngling' ebd. 304, R beide nach MMPl 4. Gedicht ‚Vor einer heiligen Handlung', Gebet um Verzeihung wegen der Liebe zu Hornstein KP V 158f. Billet Platens an Issel, München 21/4/1816, Bo.I Nr. 214. ‚Die Harfe

Mahomets', zweite Fassung KP VIII 90ff; dem positiven Urteil Schlössers (I 125f) kann ich mich nicht anschließen. Romanfragment ‚Hinterlassene Papiere einer Nonne' KP XI 61ff. Dramatisches Fragment ‚Der Hochzeitsgast' KP X 294ff, Versepistel an Gruber ‚Der Einzug in Ingolstadt', München o. D., Bo.I Nr. 216 u. KP VI 234ff; spätere kürzere Fassung ‚Der Einzug in Golpolis' ebd. 238ff. Edward Young, The Complaint, or Night Thoughts on Life, Death and Immortality, London 1747 u. ö. 4 ‚Morgen- und Abendbetrachtungen' KP VI 268ff, 721 Verse, davon zitiert 664ff, R nach MMPl 8. Brief an die Eltern wegen Urlaubs in Ansbach, München 27/5/1816, Bo.I Nr. 218; Schweizer Reisepläne s. Brief Platens an Gruber, München 6/6/1816, ebd. Nr. 219. Gedicht an Schlichtegroll ‚Einladung zu einer Schweizerreise' KP V 163. Zweite Ode des Horaz ins Deutsche übersetzt KP VII 32f; dazu Schlösser I 99. Bérénice-Bearbeitung nach Racine KP VII 59ff; Schlösser (I 118ff) meint, die Wurzeln des späteren Platenschen Klassizismus lägen hier, in der französischen Tragödie, wozu dann noch die Vorliebe für Goethes Dramen im klassischen Stil käme; gleichwohl ist das Bérénice-Fragment Platens letzte eingehende Beschäftigung mit einem französischen Drama. Platen referiert ausführlich die Lektüre von Miltons ‚Paradise Lost' (Tb.II 545f). Wäre er der ‚Todesritter' gewesen, zu dem ihn Thomas Mann machte, hätte ihm auffallen müssen, wie verschieden von Tasso, den er gut kannte, Milton seinen Satan gezeichnet hat: nicht als scheußlichen Drachen, sondern als gefallenen Engel in schwermütig-getrübter Schönheit, vgl. Praz a.a.O. Kap. II, 1. Platen bemerkt von alledem nichts.

11. Schweiz

Tb.I 555 – 637, R nach MMPl 40, 41. Porte-manteau und Büchsensack s. Brief an die Eltern, Schaffhausen 2/7/1816, Bo.I Nr. 223. Erste ‚touristische' Verse ‚In das Fremdenbuch auf dem Rigi' KP V 165; ‚Hier selbst denk' ich..': Tb.I 592, 7 Strophen, davon zitiert 1, 2, 4 – 6, später mit Titel ‚An der Matt' in KP V 166. Definition des statischen Gedichtes nach Heinrich Henel, ‚Epigonenlyrik: Rückert und Platen', in: Euphorion Bd. 55, Heidelberg 1961, 274; zum selben Thema Link D. 31ff. Goethes Bemerkung zu den Bildern Caspar David Friedrichs notiert von Sulpiz Boisserée am 11/9/1815, s. Gedenkausgabe Zürich 1949, Bd. 22,832. Sonnenbrand, schwarze Flöre s. Brief an die Eltern, Nidau 21/7/1816, Bo.I Nr. 226. Tiberfarbige Aare: die beiden Stellen der Aeneis, die Platen in Tb.I 596, 598 zitiert, haben keine Beziehung zu diesem Ausdruck; Aeneis VIII 64 hingegen nennt den Tiber bläulich: Caeruleus Thybris, caelo gratissimus amnis, himmelsfarben, dem Himmel der liebste der Ströme. ‚Freundlich liegst du..': Gedicht ‚Auf der Petersinsel in Rousseaus Zimmer', ursprüngliche Version KP V 167f., 7 Strophen, davon zitiert 2, 6. Platen zog später aus dem genannten Gedicht und ‚Die Last der Lieb' und Ruh' von 1816, ebd., für die Ausgabe letzter Hand das kürzere ‚Noch im wollustvollen Mai des Lebens', ebd. II 61ff, zusammen. Platens Schilderung des Reichenbachfalls Tb.I 598; Jean Paul, ‚Rede des todten Christus vom Weltgebäude herab, daß kein Gott sey' in ‚Siebenkäs', Erstes Blumenstück: „Ich stieg herab, so weit das Sein seine Schatten wirft, und schauete in den Abgrund und rief: ‚Vater, wo bist du?' aber ich hörte nur den ewigen Sturm, den Niemand regiert, und der schimmernde Regenbogen aus Westen stand ohne eine Sonne, die ihn schuf, über dem Abgrunde und tropfte hinunter." Dazu Link D. 69 u. 76. Wäre es möglich, daß Platen den ‚Siebenkäs' wegen des ‚ordinären' unpoetischen Titels einfach nicht gelesen hatte? Jede Jean-Paul-Lektüre wird ja sonst im Tagebuch ausführlich registriert. Gedichte ‚Auf der Habsburg' und ‚Kloster Königsfelden' KP V 169ff. Schlössers Urteil (I 109) zu dem letzteren: „weitaus das Beste, was unmittelbar der Schweizerreise angehört." – „Ich kam gestern abend..": Brief Platens an die Mutter (Bornstein schreibt: an die Eltern), Zürich 26/7/1816, Bo.I

Nr. 227. Hexenprozess gegen Anna Göldi in Glarus 1782 s. Soldan/Heppe, Geschichte der Hexenprozesse, neu bearb. v. Max Bauer, 3. Aufl. Hanau o.J., 2 Bände, II 327ff. Platen kam mit 1 Carolin (ca. 10 fl.) in Lindau an, wo er einen Kreditbrief über 77 fl. von den Eltern vorfand, s. Brief an die Eltern, Lindau 2/8/1816, Bo.I Nr. 229.

12. Ansbach

Tb.I 637–729, R nach MMPl 41, 42. Plan zu einer Biographie Wilhelms III von England: das Interesse an diesem König sowie der Schritt von ihm zu Ludwig XIV dürfte aus der Lektüre von Herders ‚Adrastea‘, erstes und zweites Stück, herrühren. Platen erwähnt Herders sechsbändige Werk zwar erst neun Monate später (Tb.I 749), bemerkt jedoch dazu, daß er es „schon mehrmals in Händen hatte." Unterwürfiger Brief von Perglas Bo.I Nr. 250b + Anm. Gedicht ‚Schweizergemälde‘ (endgültiger Titel) KP V 175ff; Schlösser (I 107) zählt es zu den „ausgezeichnetsten Leistungen von Platens Frühzeit". Zitat „Wäre ich unglüklich.." Tb.I 651, dazu Link: „Platens Tagebuchstelle verrät.. eine eminent ästhetizistische Lebenshaltung: als Traum betrachtet, mag das Leben angehen", Link D. 25, Anm. 8. Erste Szenen des ‚Hochzeitsgastes‘ in Jamben KP X 303ff. Einladung der Mutter nach Ansbach erwähnt in Platens Brief an die Eltern, Lindau 2/8/1816, Bo.I Nr. 229; über Gagen in Briefen Nr. 235+247; Platen kündigt Quartier und deponiert seine Bücher ebd. Nr. 233+235. Zu Platens Jugendlyrik Link E.; ihr Vergleich mit Friederike Kempner bei Kurt Wölfel: August von Platen. Fränkische Lebensbilder, 3. Bd. Würzburg 1969, 258. Die hier gegebene Analyse der Kempnerschen Komik behandelt natürlich nur einen Teilaspekt; Wichtiges sagt schon 1905 Sigm. Freud in ‚Der Witz und seine Beziehung zum Unbewußten‘. Link zu einer Jugendromanze Platens: „Wäre so etwas ernst gemeint, so ließe sich nicht einmal von Kitsch sprechen. Wenn also auch bittere Selbstverspottung mitklingen mag, so zielt das Ganze doch in erster Linie parodistisch gegen die romantische Art ‚musikalischer‘ Lyrik – und geht nicht auch die Heinesche Ironie mit ambivalenter Selbstverspottung Hand in Hand?" K. 718. ‚Formironie‘ bei Platen: nur wenige Gedichte scheinen mir dies Rubrum zu verdienen; etwa das Ghasel ‚Entsprungen ist..‘, KP III 92f (zwei Versionen), sowie einige parodistische Bühnengedichte im ‚Schatz des Rhampsinit‘, vgl. Kapitel 28 dieses Buches. Letzter Brief von Jacobs, Gotha 21/10/1816, Bo.I Nr. 237 + Anm. Zur Lektüre ‚Delphine‘ von de Staël Kindler 2479. Zitat „Mit Frauen bin ich.." Tb.I 677; dazu Proust, Recherche ed. Pléiade (Gallimard), Paris 1954, I 787ff, 890ff (la petite bande). ‚Betrachtungen über das weibliche Geschlecht und dessen Ausbildung im geselligen Leben‘ von E. Brandes, Geheimer Canzley-Rath zu Hannover, 3 Bde. Hannover 1802, Zitate I 250–57. ‚Skizze zu dem Plane eines didaktischen Gedichts über die Freundschaft‘ KP VI 290ff, daraus ‚Erster Gesang‘, Zitiert die Anfangsverse, R nach MMPl 25,1. Fragment ‚Der Hochzeitsgast‘ in Jamben KP X 303ff, dazu Schlösser I 121ff. ‚O wer verließe nicht..‘: Elegie ‚Amerika‘ KP VI 191f, 28 Verse, davon zitiert 21f, R nach MMPl 24,2. ‚So lang betäubt..‘: Sonett ‚Ungewißheit‘ KP III 213, vollständig zitiert, keine Handschrift, R interpoliert.

13. Die Prinzessin

Tb.I 729–770, R nach MMPl 42. ‚Bemerkungen über den Verfall der deutschen Litteratur‘ KP XI 121ff, Zitat ebd. 118, 124 (kein Manuskript, R interpoliert) vgl. Sengle III 415. Zum Sturz von Montgelas KuV 2,301. Die Prinzessin von Wales: „Sie hat dem König ein Geschenk von einigen Pferden gemacht.", s. Platens Brief an die Eltern, München 17/4/1817, Bo.I Nr. 249; alle Angaben über Caroline v. Braunschweig nach Joanna Richardson, The Disastrous Marriage. A study of George IV and Caroline of Brunswick, London 1960. Platen arbeitet im Stehen, s. Brief a.d. Eltern, München 23/3/1817, Bo.I Nr. 247. Lektüre von Herders deutscher Nachdichtung ‚Der Cid' nach franz. Prosafassung des Romancero von Escobar und den Romanzen von Sepulveda s. Kindler 770f u. 2007. Lektüre von Rousseaus ‚Confessions' vgl. Kindler 2134f. ‚Mächtig zieht..': Erste Elegie, erste Fassung, KP VI 193f, 46 Verse, davon zitiert 23f, 41f, R nach MMPl 33. Bemerkung über bevorstehenden Sommeraufenthalt in Brief Platens an die Mutter, München 21/5/1817, Bo.I Nr. 251.

14. Schliersee

Tb.I 773 – 842, R nach MMPl 42. ‚Öffnet der freudige Gott..': Zweite Elegie (Fragment), KP VI 196, völlig zitiert, R nach MMPl 33; für Schlösser gehört das Fragment „noch nach München" (a.a.O.I 150); doch der Spaziergänger vor Sonnenaufgang, dörfliche Flöte, Hirt am Ufer deuten eher nach Schliersee als auf den Englischen Garten. Dies Fragment ging ein in die Elegie ‚Im Frühling 1817' KP VI 194f, die in der Tat im Mai und in München begonnen wurde, vgl. Tb.I 815. ‚Les Jardins' von Jacques Delille s. Kindler 4962. „Die Oppositionsblätter lese ich zuweilen": Brief Platens a.d. Eltern, (München) 3/4/1817, Bo.I Nr. 248. Frau v. Liebeskind war von Göttingen her mit der verstorbenen Caroline Schlegel-Schelling befreundet gewesen und wurde später eine Freundin der Gräfin Platen in Ansbach. Ihr verdankte der Dichter als Kind seine Einführung in das Münchener Haus Schellings; vgl. Bo.I Anm. 7. Zu Adam Weishaupt s. KuV. 2, 52. Platen von einem Bauernburschen verprügelt: Schlösser (I 148) nennt den ihn „anscheinend geistesgestört"; erst Caeiro (s. Apparat zu Kap. 17) 336 Anm. äußert den naheliegenden Gedanken einer Verwechselung. Botanische Studien s. Platens Brief an die Mutter Bo.I Nr. 254. Hl. Nonnosus s. KuV.1 341. Skapulier, Skapulierfest, Sabbatina s. Lexikon für Theologie und Kirche, Freiburg 1965. Romanze ‚Vergiß mein nicht', KP VI 85ff, Gedicht ‚Dichterschiksal' KP V 69f, 9 Strophen, davon zitiert 7, R nach MMPl 4. Das für Völderndorf bestimmte, einem Brief an Lüder beigelegte Gedicht ‚Wann des Gottes letzter, milder..' KP II 63f. Alle Angaben zu Camões, ‚Os Lusiadas' nach Kindler 5855; es existierte eine deutsche Übersetzung von 1806, die Platen offenbar nicht kannte. ‚Lebensregeln', 88 Aphorismen, KP XI 81ff. ‚Abgerißene Gedanken..', 24 Aphorismen, ebd. 74ff; von einer gewissen unfreiwilligen Komik ist Nr. 18: „Ich weiß nicht, ob leidenschaftliche Freundschaft gut sey, aber ich weiß, daß sie schön steht." Aus den ‚Lebensregeln': Fade Assembleen Nr. 78; „Alle gleichgültigen.." Nr. 62, „Rede niemals.." Nr. 82; fliehe die Wollust Nr. 32; „Hüte dich.." Nr. 51 (kein Manuskript, R interpoliert). Urlaubsverlängerung: aus dem Brief an die Eltern Bo.I Nr. 256 geht hervor, daß Schnizlein während Platens Urlaub dessen reduzierte Gagen in Empfang nahm und nach Schliersee weiterschickte. Versepistel an Gruber KP VI 241ff, 56 Verse, davon zitiert 47ff, R nach MMPl 33. Zweiter Besuch von „obblio del mondo" im September 1817, Lebensgefahr Tb.I 835f; Platens Ziel beim ersten Ausflug war der „Kuhzagel", ebd. 811 (heute Kühzagl-Alm), woraus sich ergibt, daß der von ihm so genannte „Angelbach" der Dürnbach ist. Die beschriebenen Wasserfälle existieren nicht mehr, die Gegend dient heute der Trinkwassergewinnung für München. ‚Säuselnde Nachtluft rauscht..': Elegiefragment 16a, KP VI 198ff, 59 Verse, davon zitiert 1 – 47, 50 – 59, R nach MMPl 6, dazu Link D. 35; als mögliche reale Bezüge seien aus dem Schlierseer Tagebuch erwähnt: Ahorn im Aurachtal Tb.I 780; gesträuchverwachsener Ort mit Wasser ebd. 783; „tiefe, felsige Thalschlucht, durch welche der (Dürn)Bach braust" ebd. 798. Widerruf der Amerika-Pläne im Gedicht ‚Palinodie' KP II 62f. Zur Redaktion der Tagebücher s. Einleitung v. Scheffler Tb.I VI. Rückreise, Preis der Extrapost s. Brief an die Eltern, München 14/10/1817, Bo.I Nr. 262. „Hier ist es..": Brief Platens an Gruber, Schliersee 28/7/1817, Bo.I Nr. 258.

15. Der Sieg der Gläubigen

Tb.I 845 – Tb.II 33, R nach MMPl 42, 43. ‚Hymne der Genien, am Säkularfeste der Reformation' KP V 182ff, 32 Verse, davon zitiert 5 – 8, 11 – 14, R nach MMPl 24,2. Der erste Genius ist der des (19.) Jahrhunderts: Link (K. 971f) bemerkt treffend, in der Hymne stelle er sich „in die ungebrochene Tradition des 18. Säkulums." Tintenfaßwerfer: ich weiß, ich weiß, die Szene ist historisch nicht belegt. Ma se non è vera... Luther als Aufklärer vgl. Sengle I 169f. Verbindung mit den politisierenden Hymnen nach 1830: Link (K. 951) sieht „den fundamental politischen und antikisierend-hymnischen Charakter" als den „eigentlichen Stilwillen" Platens. Ich sehe eher den im Grund unpolitischen Künstler, der seine privaten Wünsche, Ängste, Frustrationen ebenso naiv wie subjektiv auf ihm ‚passend' scheinende Vorgänge und Personen in Politik und Geschichte projiziert. „Oft, ich gestehe es..": Brief Platens an Gruber, München 30/10/1817, Bo.I Nr. 265. Brieflicher Disput mit Fugger über Katholizismus, München-Dillingen 25/10 – 11/11/1817, Bo.I Nr. 263, 264, 267, 268. Nachdruck der Hymne in ‚Der Correspondent von und für Deutschland', Nürnberg 28/10/1817, unter ‚Nichtpolitische Nachrichten', vgl. Bo.I Anm. 269. Zum Wartburgfest: Friedrich Reuter, Die Erlanger Burschenschaft 1816 – 1833, Erlangen 1896, *ab hier abgekürzt: Reuter, Burschenschaft*, 42. Gelbsucht, Brief Platens an die Eltern (Mutter), München 25/11/1817, Bo.I Nr. 270: „Was meine Krankheit betrifft, so bin ich so viel als hergestellt.. Dazu trug aber das meiste die Bewegung in freyer Luft bey, die Du für schädlich hältst. Auf die Augen hat die Gelbsucht nicht den leisesten Einfluß.. Es würde ebenfalls nicht gut seyn, das Saure, wie Du sagst, zu meiden, denn gerade dem Mangel an Sauerstoff in meiner Constitution schreibt der Arzt diese Krankheit zu. Obgleich es unpassend wäre, Salat zu essen, so sind doch alle Mittel dahin abzwekend, mir einen Vorrath an Säure zu verschaffen." Zum Konkordat 1817: Sigrid v. Moisy, Von der Aufklärung zur Romantik. Geistige Strömungen in München, Ausstellung in der Bayerischen Staatsbibliothek, Katalog Regensburg 1984, 101f, Absätze 102 u. 104. Erst Ludwig I sollte Klostererneuerungen in Angriff nehmen, vgl. auch Doeberl III 16. Projekt eines Epos über Richard Löwenherz: ob Platen über Richards Homosexualität unterrichtet war? Von dem grausigen Ende der Tempelritter unter Philipp dem Schönen, das bei dieser Gelegenheit in seinen Gesichtskreis trat, wird er das Entsprechende ja gewußt haben. Entwurf ‚Ueber die natürliche Religion' KP VI 295ff. ‚Der Sieg der Gläubigen. Ein geistliches Nachspiel.' KP IX 53ff, Zitate R nach MMPl 27. ‚Starker Tobak': Schlösser (I 165) jammert fast hundert Jahre post festum: „Die Lektüre des ‚Siegs der Gläubigen' hat für jeden, der sich ein feineres Gefühl bewahrt hat und nicht aller Pietät bar ist, etwas höchst Peinliches." Lektüre ‚Esoterika oder Ansichten der Verhältniße des Menschen zu Gott' von Chr. Ernst Wünsch sowie J. G. Fichte, ‚Reden an die deutsche Nation'; Schlösser (I 171) konstatiert, Platen habe „Fichtes Weltansicht kaum recht erfaßt"; vgl. Kindler 8058f. ‚Was soll der Mensch?..': Gedicht ‚An -', KP V 185f, 14 Verse, davon zitiert 4ff, R nach MMPl 24,2. Brouillon und Bittschrift an den König, München zwischen 4 u. 8/2/1818, Bo.I Nr. 274 + Anm. Portugiesisches Gedicht an Brandenstein ‚A despedida' KP V 187f. Edward Gibbon, ‚The History of the Decline and Fall of the Roman Empire', 6 Bände London 1776 – 88 u. ö., vgl. Kindler 4562. Platen bittet um Geld für Kleider und Bücherkisten im Brief an die Mutter, München 28/2/1818, Bo.I Nr. 276. Bittet um Anmietung eines Zimmers in Würzburg und Anfertigung eines Stehpults in Brief an Gruber, München 2/3/1818, ebd. Nr. 277. F. de Volney, ‚Les Ruines' vgl. Kindler 10802ff.

ZWEITER TEIL
DEUTSCHLAND

16. Würzburg

Der erste Reisetag führte nur bis Augsburg. Platen stieg im ‚Grünen Hof' ab und besuchte am folgenden Morgen die Gombarts, seine Freunde von der Schweizerreise. Auch sah er Xylander, der schon zwei Tage vor ihm hier in seiner Heimat eingetroffen war.

In Ansbach folgten während der Feiertage die unumgänglichen Visiten. General Werneck, sein ehemaliger Vorstand vom Kadettenhaus, der sich mittlerweile in Ansbach etabliert hatte, empfing ihn freundlich und versprach sogar einige Empfehlungen für Würzburg. Die Tante aus Hannover hatte zehn Louisd'or geschickt; und die Mutter schenkte dem Sohn ‚das Conversationslexicon', soeben bei Brockhaus in Neuauflage von zehn Bänden erschienen, ein wahrhaft fürstliches Ostergeschenk.

Ansonsten Spaziergänge und kirchenfeindliche Lektüre. Sie animierte den Dichter zu dem Aufsatz ‚Einige Worte über Christenthum und Mysticismus': hier sind die deistischen Überzeugungen rekapituliert, die wir seit Schliersee kennen, ja sie sind womöglich noch verschärft. Galt früher der Hauptangriff einem unaufgeklärten Katholizismus, so will Platen nunmehr auch vom Protestantismus nichts mehr wissen. Er nennt die Kirchen allesamt Sekten, er hält das Christentum für überlebt und will sogar den Namen tilgen. Seine Argumente sind die der Aufklärung, sein Menschenbild ist positiv wie das von Rousseau und aller späteren Linken. Das Dogma der Erbsünde nennt Platen verderblich. Zur Taufe als Voraussetzung für die Gnade meint er: wenn allein sie zur Seligkeit führe, was sei dann von einem Gott zu halten, der sie über Jahrtausende der Menschheit vorenthalten habe? Und zum Gebet: „auch dieser Vater hat seine Leidenschaften ..und hat seine Freude daran, gelobt und gepriesen zu werden, wie ein gemeiner, seine Schmeichler gewöhnter Tyrann." Der Dichter hatte allerdings vergessen, daß er noch vor drei Monaten, allen derartigen Gedanken zum Trotz, vier Strophen an einen persönlichen, wenn auch abstrakten Gott gerichtet hatte. Deutlich wird hier, daß Religion kein Opium ist, sondern ein elementares Bedürfnis der Menschenseele. Die Vernunft ist keine Trösterin.

Anstatt das alte Gebäude des Christentums fortwährend zu reparieren, schlägt Platen vor, ein neues zu errichten, wobei die brauchbaren Steine des alten durchaus nicht verschmäht werden müßten. Wieder bleibt offen, wie die neue ‚natürliche' Religion aussehen soll: denn wenn sie auf deistischen Grundsätzen, das heißt auf der Vorstellung eines unpersönlichen, am Einzelschicksal nicht interessierten Schöpfergeistes beruht, so erübrigt sie sich doch eigentlich. Was sollen noch Gebete, Lobpreisungen, Rituale gegenüber einer unfaßlichen Instanz, die der Natur vergleichbar, ja vielleicht sogar identisch mit ihr ist? Des Autors größte Sorge bleibt, die katholische Kirche könne durch den ‚Mysticismus', wie er die romantische Bewegung nennt, jene Machtstellung zurückgewinnen, die sie durch die Säkularisation verloren hatte. Gebannt starrt er auf das neue Konkordat, das in Wahrheit die Rechte des Staates gegenüber der Kurie eher stärkte, und achtet nicht der Gefahren, die an anderem Ort zusammen mit der Romantik schon erwuchsen: der Vergottung von Vaterland und Nation. Der Ansbacher Aufsatz bezeichnet den Höhepunkt von Platens rationalistischer Lebensphase.

Von Gruber kam die Nachricht aus Würzburg, er habe ein Quartier angemietet. Ungern verließ der Dichter Ansbach. Während zweier Wochen dort war ihm de Ahna nicht begegnet.

Wieder hatte er Glück mit der Wohnung. Sie bestand aus zwei Zimmern und lag über der Hirschapotheke in der Domgasse (heute Domstraße), in zentraler und schöner Lage Würzburgs. Leider hatte der Bettkasten nur eine Unterlage aus Federn, keine Matratze. Das Wasser in der Stadt schmeckte „wie Arzney", was beweist, daß es schon damals Versuche gab, Trinkwasser zu desinfizieren. Platen klagt über die hohen Kosten für das Stehpult, das Porto der Bücherkiste. Regenschirm und Teegeschirr mußten neu angeschafft werden. Auch war das Essen (auf Abonnement in den Gasthäusern) teurer als in München.

Gruber zeigte ihm die Sehenswürdigkeiten. Im Tagebuch finden sich einige freundliche Worte für Balthasar Neumanns berühmtes Residenzgebäude. Die fränkische Bischofsstadt war durch die Säkularisation bayerisch geworden. 1806, mit dem Frieden von Preßburg, kam sie an Österreich; beim Wiener Kongreß fiel sie jedoch wieder an Bayern zurück. Würzburg hatte seine erste Blüte in der Stauferzeit, die zweite unter den Fürstbischöfen Schönborn, denen es das erwähnte Barockschloß mit den Fresken des Tiépolo verdankt. Dazwischen war Tilmann Riemenschneider Bürgermeister von Würzburg und wurde gefoltert, weil er im Bauernkrieg die falsche Partei ergriffen hatte. Hundert Jahre später versuchten drei Fürstbischöfe, Teufel und Protestantismus gleichzeitig auszutreiben mit grauenhaften Hexenbränden, die nur von denen in Bamberg übertroffen wurden. Daß die Stadt ein Zentrum des Weinhandels war, dürfte Platen weniger interessiert haben.

Eine Stimmung trauriger Leere und Verlassenheit, wie sie sich in ungewohnter Umgebung einstellt, bekämpfte er mit Antrittsbesuchen beim Stadtkommandanten (er blieb ja weiterhin Offizier) und den Universitätsbehörden. Der Prorektor Döllinger, Anatom und Physiologe, bedeutete ihm höflich, ohne abschließende Gymnasialzeugnisse sei eine Immatrikulation nicht möglich. Da Platen aus der Pagenzeit über nichts derartiges verfügte, konnte er sich vorläufig nur bei den einzelnen Professoren „privatim subskribiren" und mußte sich gleichzeitig um die nachträgliche Reifeprüfung an einem örtlichen Gymnasium bemühen. Er belegte Philosophie, Zoologie, Botanik und deutsche Geschichte.

Über den General v. Werneck war er an den Regierungsdirektor v. Mieg empfohlen. In diesem Diplomaten und hohen Beamten fand Platen einen zuvorkommenden und gebildeten Mann, der sogar seinen Besuch erwiderte und die sechsfenstrige Wohnung gebührend bewunderte. Der Dichter hoffte im Hause Mieg auf eine ähnlich freundliche Aufnahme wie in München bei den Harniers und später bei den Schadens.

16. WÜRZBURG

Johann Jakob Wagner. Nach dem Titelkupfer zu den ‚Kleinen Schriften'.

Die Julius-Maximilians-Universität in Würzburg, ursprünglich ein Jesuitenkolleg, hatte sich im letzten Drittel des achtzehnten Jahrhunderts der Aufklärung geöffnet*. 1803 übernahm Schelling, aus Jena kommend, an ihr einen ordentlichen Lehrstuhl; doch entsprach seine romantische Philosophie weder den aufklärerischen Intentionen der Regierung Montgelas, noch war sie nach dem Geschmack des örtlichen Klerus, der den Gläubigen das Hören der Vorlesung schlicht untersagte. Als Würzburg vorübergehend österreichisch wurde, ging Schelling ohne Lehrauftrag nach München, wo wir dem Kadetten Platen in seinem Haus als Sonntagsgast begegneten.

Seit nunmehr drei Jahren lehrte in Würzburg an seiner Stelle der Philosoph Johann Jakob Wagner. Er war Anhänger von Schellings Identitätssystem, aber Gegner von dessen späteren gnostischen Gedankengängen. Wagners Vorlesung über Ideal- und Naturphilosophie war bei weitem die interessanteste, die Platen belegte; er tat es zusammen mit Gruber, der als Leutnant ebenfalls Dispens zum Besuch der Universität erhalten hatte.

Wagner war alles andere als ein schöner Mann. Über dem unförmigen Leib erhob sich ein riesiger kahler Schädel wie der aufgehende Vollmond; dazu sprach der Professor Schwäbisch durch die Nase. Wagner erklärte den Unterschied zwischen Religion und

---

* Noch um 1750, hundert Jahre nach Loudun, war das Nonnenkloster von Unterzell vom Teufel besessen; der folgende Hexenprozeß, der mit der Verbrennung einer 80jährigen Nonne endete, erregte wenigstens den Zorn Maria Theresias.

Wissenschaft: entweder müsse man kindlich bei der Religion verharren, oder durch Philosophie wieder zu ihr zurückfinden. Platen rühmt im Tagebuch die Vorlesung, obwohl er Grubern das Gegenteil versicherte.

Des Dichters kompliziertes und eigensinniges Verhalten dem Freunde gegenüber ist schwer zu erklären. Wir wissen, daß der kirchenfeindliche Deismus, den er zur Schau trug, seinem Seelenzustand nicht entsprach, sondern weitgehend Allüre war. Wagner wies nun einen Weg zurück zum Glauben, der Platen gangbar erschien. Er mochte jedoch sein inneres Schwanken dem Freunde, dem er weiter den Agnostiker vorspielte, nicht offenbaren. Also vergingen kaum zwei Wochen, bis er sich wieder „ein Paar sehr dumme Streiche" eingestehen mußte: Zerwürfnis und Abbruch der Beziehungen mit Gruber, nur weil dieser Wagner offen bewunderte, während er selbst es nur heimlich tat. Der Freund konnte die ganze Angelegenheit nicht ernst nehmen, bis er den Besuch eines Sekundanten mit der Duellforderung Platens empfing. Dann freilich reagierte er gekränkt mit einem Schreiben, in das die Rückgabe aller ausgetauschten Briefe fordert und über die „unbegreiflich sonderbare Gemüthsart" des ehemaligen Freundes klagt. Platen gibt im Tagebuch zu, die Hauptschuld an dem Zerwürfnis treffe ihn selbst. Er besuchte die Vorlesung Wagners nicht weiter. Zu dem Duell kam es nicht; aber den einzigen gleichaltrigen Freund, den er in Würzburg hatte, war er los.

Der Frühling zieht vorüber	Wann ist der Mensch zufrieden?
Genußlos mir und düster,	Schon wünsch' ich, kaum gestillet
Wie keiner seiner Brüder,	Sind meine Wünsche, wieder.
Die ehmals mich entzükten.	Euch wünsch' ich zu durchziehen,
...	Ausonische Gefilde ...

Ein ungewohntes Versmaß, ein neuartig tändelnder Ton fällt an diesem sonst eher mißgelaunten Gedicht auf. Platen hatte, obwohl er es sich eigentlich nicht leisten konnte, Ausgaben von drei antiken Dichtern gekauft, darunter Anakreon; und hatte diesen für sich entdeckt.

Weniger auf Anakreon selbst war er gestoßen, denn von diesem frühgriechischen Dichter ist nur wenig überliefert; vielmehr auf die Anakreonteen, eine byzantinische Sammlung, die neben dem Genannten Nachbildungen des Anakreon aus hellenistischer und späterer Zeit enthält. Beide, Anakreon und Anakreonteen, singen von Wein und Liebe, von der Kürze des Lebens und der Unwiderruflichkeit des Todes, sie vertreten eine epikureische, ja hedonistische Haltung. Seit der Renaissance waren sie unter den gelehrten Poeten Europas hochgeschätzt. Während des Rokoko fanden sie überall Nachahmer in den modernen Kultursprachen.

Analog zur Thematik des leichtgenommenen Lebens läßt sich in vielen anakreontischen Oden von der Antike bis zum Rokoko ein bestimmtes Formprinzip erkennen. An ein konstantes Leitmotiv fügen sich wechselnde Bilder derart, daß im Zeilensprung jeweils ein Vers, der das Motiv wiederholt, abgelöst wird von einem, der es illustriert. Die so entstehende Bildreihe ist jedoch nicht fest gefügt, sondern die Assoziation zum Leitmotiv erfolgt stets locker und spielerisch und entspricht so ganz der poetischen Aussage. Das Ergebnis ist eine oszillierende Bildreihe: sie trägt keinen tieferen Sinn, ist aber doch mehr als bloße Tändelei. Ihr eigentliches Wesen ist ein ‚Tanzen-Machen von Welt durch Sprache', wie Link es nennt.

Die Liebeslyrik Anakreons und der Anakreonteen – nicht der neuzeitlichen Nachahmungen! – ist vorwiegend gleichgeschlechtlich, und zwar an Knaben gerichtet; etwa an Smerdies oder Bathyllos, zwei berühmt schöne Jungen am Hofe des Polykrates von Samos. Wir dürfen als sicher voraussetzen, daß Platen schon durch seine Mutter deutsche Anakreontik von Gleim und dem Ansbacher Uz kennengelernt hatte. Hier aber, bei den antiken Vorbildern, fand er sein Lebensthema weder schockierend und drastisch abgehandelt wie bei Piron, noch auf jene pathetisch-klagende Weise, die er sich selbst angewöhnt hatte, sondern leicht und tändelnd, was den Inhalt, sowie lässig-elegant, was die Form betrifft. Diese Einsicht sollte nicht ohne Folgen bleiben.

Zunächst bezeugt Platen in anakreontischem Versmaß jedoch nur seine Unlust am kahlen Würzburger Frühling und wünscht statt dessen, sich für seinen ‚Odoaker' an der Landschaft Italiens zu inspirieren; und dies auch noch mit Assonanzen, dem Anklingen von Vokalen in Versen, die sich sonst nicht reimen. Assonanzen sind eine spanische Spezialität, deren Verwendung der Dichter bei den Romantikern noch vor Jahresfrist verspottet hatte. Daß ein Verleger 500 Gulden für eine Herbstreise nach Rom vorschösse, schien ihm freilich eine „chimärische Hoffnung". Uns dünkt eher, daß er mit dem Reiseplan unbewußt ein Hindernis zwischen sich und seinem Epos aufbaute, dem er sich nicht gewachsen fühlte.

Der Mai lockte das langvermißte Grün auf den Weinbergen hervor. Beständig warmes Wetter rief in Platen den vergangenen Frühsommer wach und mit ihm jenes Elegiefragment, das den ganzen Aufenthalt in Schliersee umspannte, ja dessen herbstliche Frucht es gewesen war. Jetzt versuchte er, zu raffen und zu verbinden: doch es zeigt sich, daß die Würzburger Fassung ‚Horch, wie die Nachtluft spielt' der längeren, älteren aus Schliersee nachsteht. Der wichtigste Satz: ‚Tragt ihr, o Musen, dieß Wort?' fehlt, und der Schluß, der die Wiedereinführung der antiken Feuerbestattung fordert, wirkt hier noch aufgesetzter als dort. Weder war der Frühling dem herbstlichen Ende des Gedichtes geneigt, noch Platens innere Disposition der elegischen Form. Bald sollte er anders dichten. So mußte dies reifste Jugendwerk auch in der zweiten Fassung Fragment bleiben.

Über Pfingsten machte er eine Fußwanderung nach Aschaffenburg, der Heimat seines Freundes Fritz Fugger. Fünf Druckseiten des Tagebuches füllt der Bericht dieser romantischen Reise, die meist, bei wechselndem Wetter, die mäandrischen Ufer des Mains entlangführte. Wir lesen von unzerstörten Landschaften und herrlichen Wäldern, denen wir nur noch nachtrauern können. In Aschaffenburg traf Platen den Freund nicht, doch zeigte dessen jüngerer Bruder ihm Stadt und Umgebung. Seinen besonderen Beifall fand der ‚Schöne Busch', eine Parkanlage in englischem Stil, auf die Aschaffenburg zu Recht noch heute stolz ist. Wie schon in Schwetzingen, zeigt Platen sich auch hier begeistert von einer künstlichen Landschaft, die derjenigen seiner Poesien ähnelt. Im „kleinen, aber niedlichen" Stadttheater sah er nun zum fünftenmal Müllners ‚Schuld'. Sie gefiel ihm inzwischen gar nicht mehr: „Es ist keine Naturwahrheit in diesem Stükke, die stäte Erwähnung von Teufel und Hölle lächerlich".

Am 20. Mai 1818 veranstaltete Professor Rau, bei dem Platen belegt hatte, einen botanischen Spaziergang für seine Studenten. Hier traf er Doktor Keck, einen Bekannten Grubers und Anhänger der Philosophie Wagners, früher Hauslehrer bei einer englischen Familie. Keck sprach den Dichter auf englisch an, eine Ehre, deren ihn kein Engländer jemals gewürdigt hatte. Geschmeichelt nahm er den Umgang mit Keck auf.

Bei Herrn v. Mieg hingegen schien es, als werde er dort nicht mehr so gut empfangen wie anfangs. Er gab die Schuld daran seinem verschlossenen Wesen, das besonders der Hausfrau und deren bester Freundin mißfallen mochte, „da sie mir's auch merken lassen." Und erneut überfielen Platen Unmut und Selbstzweifel, so daß er spazierenging, anstatt für die Kollegien zu arbeiten. Abends im Bett las er Tasso, und es schwand ihm die Hoffnung, seinen ‚Odoaker' je vollenden zu können.

Anfang Juni lernte er bei Keck einen der Söhne des Prorektors Döllinger kennen: Ignaz, einen knochigen Jüngling von 19 Jahren und ebenso vielsprachigen Bücherwurm wie er selbst. Nachdem Döllinger mehrere Semester breitgestreut Fächer der Natur- und Geisteswissenschaften belegt hatte, konzentrierte er sich nun allmählich auf die Theologie. Doch schien sein Katholizismus so aufgeklärt, daß Platen sich mit ihm anfreundete.*

Von Dr. Keck vernahm er, daß Gruber schon vor einiger Zeit nach Landshut abgereist sei, wohl aus Gesundheitsgründen, denn er litt an Epilepsie. Platen war betroffen. Er wußte zwar von Grubers Krankheit, hatte sie aber seit langem für erloschen gehalten. Es ist nicht auszuschließen, daß die Schübe nach dem Zerwürfnis zugenommen hatten, so daß den Dichter am Zustand des Freundes eine gewisse Mitschuld traf. Dieser Gedanke, der wohl zu ihm gepaßt hätte, kam ihm freilich nicht. Es sollte ein gutes Jahr vergehen, bis er Gruber wiedersah.

Zum Geburtstag des Königs war die vieldiskutierte und langerwartete Verfassung verkündet worden. Sie hätte, den Zeitumständen entsprechend, schlechter sein können, wenngleich die bayerischen Monarchen künftig immer noch viel ungebundener regierten als die englischen seit Cromwell. Gleichviel, im ganzen Lande herrschte große Freude. Die Würzburger Universität gab zur feierlichen Gelegenheit ein großes Diner im ‚Gasthof zum Kaiser' über der Mainbrücke, zu dem jeder Professor einen oder zwei Studenten einlud. Prorektor Döllinger wählte Platen, weil er sich mit seinem Sohn Ignaz befreundet hatte. Am folgenden Tag gaben die Studenten den Professoren ein Essen; Platen mußte sieben Gulden beisteuern, wie er der Mutter etwas grämlich mitteilt. Wieder setzte er sich zu den Döllingers: „Wenn ich neben fremden Gesellen hätte sitzen müssen," schreibt er in sein Tagebuch, „so würde ich verzweifelt seyn."

Dennoch zog ihn einer wegen seines Gesichtes an. „Ich glaube nicht, daß jener Jüngling, den ich einstweilen Adrast nennen will, obgleich ich seinen Namen kenne, ich glaube nicht, daß er mir etwas seyn könnte. Ich vermeide sogar, seine Bekanntschaft zu machen, um mir die schöne Täuschung nicht zu rauben. ..Vielleicht aber wird

---

* Die Spezialisierung auf die Kirchengeschichte, das Fach, in dem Döllinger berühmt werden sollte, erfolgte erst später. Mit der aufgeklärten Toleranz war es dann allerdings bald vorbei, wie wir im weiteren Verlauf dieses Buches sehen werden.

Adrast selbst mir zuvorkommen und mich anreden". Immer wieder glaubte der Arme an gegenseitige Anziehung.

Wie Platen auf den Namen ‚Adrast' kam, können wir nur vermuten. Jenen König von Argos, der die Sieben gegen Theben führte, wird er nicht gemeint haben. Adrasteia, die Unentrinnbare, später mit der Rachegöttin Nemesis identifiziert, wäre als Patin freilich von höhnischer Prophetie. Wahrscheinlich kam der Dichter auf den Namen durch Herders ‚Adrastea', ein sechsbändiges Periodikum von 1801 bis 1804 mit Aufsätzen, Betrachtungen, Gedichten, das zu seiner Münchener Bibliothek gehört haben dürfte. Herder eröffnet das Ganze, quasi als Programm, mit einer Allegorie auf das neunzehnte Jahrhundert. „Zeitgläubige Freunde" erblicken am Morgenhimmel einen Wagen „von zwey Greifen gezogen..; auf ihm zwey hohe Gestalten, jede mit einer Thurmkrone geziert, die rechte Hand meßend und schweigend erhoben. Ein Jüngling flog ihnen voran; die Lüfte spielten in seinem Haar; die Lüfte sauseten unter dem Fuß der Thiere. So stand er, der ätherische Wagen; der Jüngling floß wie ein Stral der Sonne nieder und sprach: ‚Die güldene Zeit wünschet ihr vom Himmel hernieder. Sie erscheinet euch in diesen zwey ernsten Gestalten...Die Krone des Wohlbestands und der Sicherheit auf ihren unsterblichen Häubtern, heißen sie Wahrheit und Recht Aber sie schweben zu Euch nicht nieder. Eurer Gedanken und Begierde Maas, die Zügel Eurer Leydenschaften, der Befehlstab der Vernunft ist in Euch. ..Die beyden droben, die Adrasteen der Welt, lenken die wilden Mächte mit vester Hand. ..Thut das Eure und trauet der ewigen Welt-Ordnung.' So sprach der Jüngling, entschwebend ins himmlische Blau; langsam zog der Wagen hinab zum Rande des westlichen Horizontes."

Aufgeklärte, vernünftige Worte nach des Wegweisers Herzen. Was Herder aus der ‚troisch-phrygischen Berggöttin jungfräulichen Charakters' (Pauly-Wissowa) macht, steht freilich in keiner Mythologie. Platen war es wohl weniger um die doppelte Adrasteia zu tun als um den Götterboten, in dessen Haar der Wind spielte und der wie ein Sonnenstrahl vom Himmel niederfloß.

Wir erinnern uns, daß der Dichter sich 1816 mit Wilhelm von Oranien und Ludwig XIV beschäftigt hatte; Aufsätze über eben diese Könige stehen im ersten Band der ‚Adrastea'. Wir erinnern uns weiter, daß er im März 1817 Herders Bearbeitung des ‚Cid' las als Vorbereitung für spanische Lektüre im Original; diese Dichtung findet sich im fünften Band des genannten Sammelwerkes. Wenn Platen jetzt an den unbekannten Adrast als erstes spanische Strophen richtet, sogenannte Redondilien, so kann uns das nicht wundern. Redondilien sind vierhebig trochäische Verse, meist verschränkt gereimt (abba); dem Rhythmus entsprechend sind sie von leichtem, tändelndem Charakter, in dieser Hinsicht dem jambischen Versmaß der anakreontischen Ode vergleichbar. Deutsche Redondilien hatte Platen in Herders ‚Cid' gefunden, spanische lernte er soeben in Cervantes' Verstragödie ‚El Cerco de Numancia' kennen. Die ersten eigenen Redondilien waren übrigens schon im vergangenen Februar entstanden, und zwar portugiesische für das Abschiedsgedicht an Brandenstein ‚A despedida'. Zwei furchtbare Phantasieleidenschaften sind so miteinander durch ein Versmaß verknüpft, dessen Leichtigkeit von den vergangenen und kommenden Stürmen nichts ahnen läßt.

Kaum waren jene hoffnungsvollen spanischen Verse mit dem Titel ‚Amor secreto' auf dem Papier, als Platens Über-Ich sich auch schon wieder durchsetzte. „Ich kann nicht mehr lieben wie ehemals", notiert er in sein Tagebuch. „Zuerst bin ich zu kalt, zu überlegt (ge)worden, dann weiß ich, daß ein sträfliches Verhältniß zwischen Männern existiren kann, und dieß erregt mir einen unbeschreiblichen Widerwillen." Zur Ablenkung stürzte er sich in die Lektüre von Voltaire, unter anderem des ‚Candide'. „Aber die Liebe vergißt sich nicht über Nacht. Den geringsten Raum, den ihr die Fantasie läßt, benutzt sie, hartnäckig sich einzubürgern. ..Ihr erster Zauber ist so verlokend.. O wie ist dieser Widerspruch in mein Wesen gekomen? Wenn die Natur diese Liebe verbeut, warum hat sie mich also gebildet?" Der Eintrag widerspricht völlig dem von vor drei Tagen und beweist einmal mehr die Macht des Triebes über die Vernunft. Platen zitiert aus der zweiten Ekloge des Vergil eine Stelle, die übersetzt so lautet:

> Grimmig verfolgt die Löwin den Wolf, der Wolf aber jagt die
> Ziege, und lüstern verfolgt die Ziege das blühende Kleefeld,
> Corydon dich, o Alexis. So reißt seine Lust einen jeden.

Der Schafhirt Corydon ist als junger Mann in Platens Alter zu denken, Alexis hingegen als vierzehn- bis fünfzehnjähriger Junge. Corydon entspricht dem Dichter im poetischen Vergleich zur Not, obwohl er ja kaum Bukolisches an sich hat. Alexis aber kann Adrast durchaus nicht vertreten. Immer, wenn Platen antike Dichter als Zeugen für seine Neigung bemüht, wird der peinliche Unterschied offenbar zwischen allgemeiner Bisexualität damals und moderner Homosexualität, die sich schamhaft verbergen muß und ihren Namen nicht nennen darf. Platens ‚Knaben' sind sämtlich Männer, worüber die Alten sich nur mokiert hätten.

Mit dem ‚Odoaker' wollte es nicht weitergehen. In holperigen englischen Versen klagt Platen Schlichtegroll sein Leid: nun, da die Kindheit mit ihren Illusionen verblaßte, höre er anstatt der Musen nur noch Sirenen. Zu hoch habe er gezielt, als er es Milton oder Tasso gleichtun wollte. Wäre sein Talent doch größer oder geringer! Wer aber einmal vom kastalischen Quell gekostet habe, der könne nicht mehr davon lassen. Das Studium der Natur, der Geschichte und Philosophie sollten jene Neigung zur Poesie zerstreuen. Vermessen sei es, dem Schicksal durch Arbeit das entringen zu wollen, was es versage. Noch einmal taucht das ‚Land des Vergessens' auf, jene Silberwelt der frühen Gedichte, die seine Jugend spiegelt und in der Platens unschuldige Muse wohnte. Doch all dies ist vorbei, ein anderer Planet herrscht über den sandigen Ebenen, die zwar Reben tragen, in denen aber weder Gestade noch schattige Bäume zum poetischen Verweilen einladen. So möge Apoll denn anderen Ruhm verleihen, die den blondgelockten Helden und die Ruinen Roms besingen; Platen werde als erster Beifall spenden. – Dr. Keck, dem er die Epistel zur Korrektur vorgelegt hatte, änderte nichts, sondern sagte nur höflich: „You write like Pope." War das nun Ignoranz oder verwegene Schmeichelei? Platen hatte indessen den ‚Odoaker' noch nicht aufgegeben, sondern sollte sich noch ein halbes Jahr damit herumquälen.

Besser gelang ihm der Umgang mit den Anakreonteen. Fünf Übersetzungen entstanden im Juni 1818, deren eine wir hier neben die Version von Mörike stellen.

Jungfräulich blikkender Jüngling,	Knabe du mit dem Mädchenblick,
Ich suche dich, aber du weißt nicht,	Nach dir such' ich, doch hörst du nicht,
Erfährst nie, wie du, Gewalt'ger,	Weißt nicht, wie du am Band allwärts
Die Seele so sehr mir zügelst!	Meine Seele mir nachziehst.

Nicht schwer zu erraten, wo hier Platen, wo Mörike übersetzt hat; auch nicht, wer dem Original näher ist. Auffällig der Unterschied von ‚Seele zügeln' und ‚Seele am Band nachziehen', wobei die erste (falsche) Version höchstens einen modern-platonischen Sinn gibt und der zweiten (richtigen) diametral widerspricht. Aber Mörike war eben heterosexuell und deshalb unbefangen.

Zur gleichen Zeit stieß Platen auf die Briefe Johannes' v. Müller an seinen Freund Bonstetten. Hier offenbarte sich eine homoerotische Beziehung, die, da sie sich ‚platonisch' gab, das Licht der Öffentlichkeit nicht zu scheuen brauchte. Müller war jener ‚Schweizer Tacitus', in dessen Werken Platen vor zwei Jahren gelesen und dessen Spuren er in Schaffhausen noch gefunden hatte. Begeistert zitiert er aus einem Brief: „Komm, mein Vertrauter, in den Schoos Deines Freundes! Was ist uns Bern und die Welt." In einem späteren Brief Müllers heißt es etwas zweideutig: „Nie wird unsere Freundschaft durch die kleinste Handlung befleckt, die uns gereuen könnte." Platen bemerkt nicht den versteckten Doppelsinn, wenn er kommentiert: „Gewiß ist eine warme innige Liebe noch kein Schritt gegen das Laster. Sie bewahrt eher." Zwei Wochen später kommt er selbstquälerisch auf Müller und Bonstetten zurück, die er mit Achill und Patroklos, mit Konradin und Friedrich von Baden vergleicht. „Schon dieß ist ein Beweis meines Mangels an Genie. Hätte ich eines, so würde ich einen Bonstetten gefunden haben."

Das Treiben der Würzburger Studenten war Platen von Anfang an zuwider. Im Juni schreibt er: „Uebrigens zeichnete ich vor ein Paar Tagen ein Gedicht auf, ‚Die Erscheinung Colombos', worein ich den Gedanken legte, daß bald die ganze Kultur Europas nach Amerika wandern wird, daß unsere Geschichte sich ihrem Ende naht; die jetzigen Rükschritte, die Frivolität der Jugend zeigen es.. Ich lasse Buonaparten, als er nach St. Helena schifft, den weissagenden Geist des Columbus erscheinen." Mit den ‚Rückschritten' meinte Platen vermutlich das Konkordat vom letzten Herbst, das der König soeben mit Hilfe der neuen Verfassung wieder etwas eingeschränkt hatte. Bemerkenswert ist, drei Jahre nach Waterloo, die Hinwendung zu Napoleon, der zwar noch ‚Verderber' heißt, aber doch als Held der Ballade erscheint. Sie gefiel dem Dichter später noch so gut, daß er mit ihr den Abschnitt ‚Balladen' seiner Ausgabe letzter Hand eröffnete.

Schon seit Monaten bemühte er sich um einen Dispens aus Ansbach, der ihm erlaubte, die Abiturprüfung in Würzburg abzulegen. An der Genehmigung war nicht zu zweifeln, nur zog sich die Angelegenheit in die Länge. Mittlerweile begann er, sich auf die Prüfungen vorzubereiten. Döllinger exzellierte in Griechisch und Latein, und so kam es zu dem seltenen Fall, daß Platen im Gebiet der Fremdsprachen seinen Meister fand, einen überdies, der jünger war als er selbst. Die Freunde lasen gemeinsam die Annalen des Tacitus und die ‚Hékabe' des Euripides, eine besonders schaurige Tragödie aus dem trojanischen Sagenkreis. Für die Prüfungen durften bestimmte Autoren gewählt werden, und der Dichter hatte sich für die genannten entschieden. Außer dem Abitur rückten übrigens auch die regulären Universitätsexamen näher, die trotz aller Studienfreiheit schon damals an jedem Semesterende abgehalten wurden.

Zweimal täglich traf er sich nun mit Döllinger zu vereinter fremdsprachiger Lektüre. Schon vor den erwähnten Alten hatten die Freunde den ‚Esprit des Loix', den ‚Geist der Gesetze' von Montesquieu studiert, jenes grundlegende Werk für den modernen Rechtsstaat, in dem die Gewaltenteilung formuliert ist und das die Gegenposition zu Rousseaus Lehre vom kollektiven ‚Gemeinwillen', behauptet. Nur eine obenhin lobende Bemerkung fällt Platen ein zu dieser Lektüre, die ihn tief hätte erregen müssen, wäre ihm ein Kopf für Geschichte, Politik, Jurisprudenz und Demokratie gegeben gewesen.

Indessen fand Döllinger einiges an seinem gelehrten Freund auszusetzen. „Ich wäre nehmlich unfriedlich, rechthaberisch und ein wenig Misanthrop, oder vielmehr, was die Italiäner ritroso nennen", notiert Platen ins Tagebuch. „Er nannte auch Unkeuschheit, doch, wie er selbst sagte, nur aus Conjektur. Wahrscheinlich glaubt er, daß ein junger Offizier von 21 Jahren kein Musterbild an Keuschheit seyn könne." Noch wahrscheinlicher ist, daß Döllinger auf den neuen Anakreon eigene uneingestandene Wünsche projizierte. Bei aller kritischen Annäherung blieb so eine beträchtliche Reserve. Die Freunde tauschten Bücher aus; Platen schrieb Döllinger lateinische Verse hinein, wobei er ihn nur ‚socius' nennt, und nicht etwa ‚amicus', Freund.

Intensiver als mit seinem Studium beschäftigte er sich, seit er in Würzburg etabliert war, mit Lektüre. Das Tagebuch wird 1818, mehr noch als vorher, zu einer Leseliste mit kritischen Anmerkungen. Nirgendwo allerdings gehen diese Notizen über das emotional gefärbte Aperçu hinaus; der Dichter zeigt sich auch hier keineswegs als klarer Denker und kritisches Talent. Schon längst war seine Lektüre in Lesewut ausgeartet. Ihr Hauptzweck ist Beruhigung der Seele, die Ablenkung von quälenden Gedanken unerfüllter Liebe und daraus resultierendem Selbsthaß.

Was die Auswahl der Bücher anlangt, so ist sie, wie stets, weitgefächert zwischen Antike und einigen wenigen Zeitgenossen, die nicht als ‚Mystiker', das heißt Romantiker, abgetan werden. Platen las im Sommer 1818, außer dem bereits Erwähnten, auf lateinisch die Elegien des Tibull und allerhand von Ovid, so die ‚Ars Amatoria', die er wie erwartet negativ beurteilt, hat sie doch „nicht den geringsten Funken von Platonismus." Er las auf italienisch mehrere Schriften von Macchiavell, nicht nur den ‚Principe', sondern auch ‚Mandrágola', seine beste Komödie, von der gleichen kühlen Amoralität wie das vorher genannte Werk. Er las auf italienisch massenhaft Operntexte des Metastasio, er las auf spanisch Cervantes, auf englisch Young und Goldsmith; auf französisch immer wieder Voltaire; die ‚Métromanie', Pirons erfolgreichste Komödie, zu der er lobend bemerkt: „Wie wenig erkennt man in diesem Stüke den lasziven Verfaßer der gemeinsten und schändlichsten Zoten wieder"*; er las Jean Pauls ‚Vor-

---

* Vielleicht, bei genauem Hinsehen, doch? Der junge Poet Damis unterhält durch Vermittlung des ‚Mercure', der literarischen Zeitschrift, eine Korrespondenz mit einer empfindsamen Dichterin, der er Treue gelobt. Schließlich stellt sich heraus, daß das Fräulein ein fünfzigjähriger Herr ist, den spät im Leben die Leidenschaft für das Verseschreiben ergriffen hat.

schule der Ästhetik', wo ihn der Spott über die „Mystiker und ihre ganze Schule" erfreute, während ihm entging, daß Pauls Auffassung von Poesie im wesentlichen mit der Schlegels übereinstimmt.

Im Juli las Platen mit Vergnügen drei Bände Zauberfabeln von Carlo Gozzi, dem Gegenspieler Goldonis in der venezianischen Komödie. Ob er wohl wußte, daß diese kunstvollen Stücke, die zum Teil ‚Tragicommedia' überschrieben sind, den besonderen Beifall der Romantiker fanden? Hier knüpft sich ein Faden zur Kindheit, zum ‚Rosensohn' und zum ‚Pastor Fido', jener alten Tragikomödie, die er kürzlich erst wieder gelesen hatte.

Mitte Juli bemerkt Platen in seinem Tagebuch, durch die Liebe zu Adrast sei er zum düsteren Menschenfeind geworden. Einen Monat später schreibt er an Schnizlein, er gelte auf der Universität für einen Sonderling, da er sich keiner Studentenverbindung anschließe. „Aber hieltest Du mich auch nur einigermaßen für fähig, halbe Tage und Nächte in den dampfenden Kommersstuben Bier zu saufen und lüderliche Lieder zu singen? Dieß wird aber gefodert."

Der Sommer 1818 war außergewöhnlich heiß, so daß Platen sich in den Wellen des Mains abkühlte. Durch die botanischen Spaziergänge des Professors Rau waren ihm die Reize Mainfrankens aufgegangen, das jetzt von Früchten überfloß. Mittlerweile hatte er auch etwas Wald in der Umgebung entdeckt, wohin er sich frühmorgens mit einem Buch zurückzog, um in der Einsamkeit von den Schlierseer Tagen zu träumen.

Neben den Vorlesungen, der Vorbereitung auf die Prüfungen, der ausgedehnten vielsprachigen Lektüre mit oder ohne Döllinger, neben botanischen und einsamen Spaziergängen fand der Dichter noch Zeit, eine weitere Sprache anzufangen: das Holländische! Er nennt es „nicht schwer und sehr sanft und naiv." Die Niederländer werden sich freuen, wenn sie das hören. Über die Aussprache wußte er noch weniger bescheid als beim Englischen.

Schließlich traf der langersehnte Dispens aus Ansbach ein, und Platen durfte Ende August seine Reifeprüfung an einem Würzburger Gymnasium ablegen. Über die Themen ‚Quisque fortunae suae faber' (Jeder ist seines Glückes Schmied) und ‚Die Wissenschaften sind besser als Schätze' waren ein lateinischer und ein deutscher Aufsatz zu schreiben. In der mündlichen Lateinpüfung gab es Tacitus, Cicero und Horaz, in der griechischen die ‚Hekabe' des Euripides und ein Stück aus der Ilias. Der Rest war vergleichsweise einfach: „Ich ward in der Geschichte über die Kreuzzüge, in der Mathematik über die 4 Species der Buchstabenrechnung, worauf ich mich vorbereitet hatte, gefragt", heißt es im Tagebuch. „Uebrigens thaten sie noch viele mythologische und grammatikalische Fragen, und so war das Ganze in weniger als einem Stündchen geendigt, das mich übrigens eine Karolin Honorar (= 11 fl.) kostet." Nirgendwo erwähnt Platen seine Gesamtnote, die ‚vorzüglich würdig' lautete; was von den hohen Anforderungen zeugt, die er an sich selbst stellte.

Ein paar Tage darauf bestand er auch ein Zwischenexamen in Geschichte und wurde regelrecht immatrikuliert. Das Semester war zuende, Adrast verschwunden; jetzt fühlte er sich völlig befreit und dehnte die Spaziergänge aus, die neben der Lektüre seine Lieblingsbeschäftigung waren. Einmal ging er in vierzehn Stunden bis nach Werneck und zurück. An der Table d'hôte traf er einen jungen Mann mit norddeutschem Akzent, der sich in so ziemlich allem als sein Pendant herausstellte: Leutnant Freiherr v. Meyern aus Braunschweig; seine Mutter eine geborene v. Knigge! „Meyern galt im Posthause von Werneck für nichts besseres als ein Abentheurer," heißt es im Tagebuch, „und ich muß gestehen, daß es mir einigermaßen unheimlich wurde, weil er mir sofort seine Geldverlegenheit klagte, und ich ihm eine Kleinigkeit vorstrekte. Auch er wollte nach Würzburg, und wir giengen zusammen. Seine Gesellschaft war mir angenehm. Ohne das gerade, was man Kenntnisse nennt, hat er die Gabe, gut zu sprechen, und erzählte mir viel von seiner Jugendgeschichte, wo er Page am braunschweigischen Hofe war. Wir wechselten unsere Pagenreminiszenzen." Der naive Platen merkte nichts, ja er ließ den Mann sogar auf seinem Sofa schlafen. „Diesen Nachmittag hat er sich eine Wohnung gemiethet, da er einige Wochen hier zu bleiben denkt, hat aber noch immer kein Geld erhalten, und ich mußte ihm ein Sümmchen vorstrecken. Obwohl ich die deutlichsten Beweise habe, wer er ist, so könnte ich doch in große Verlegenheit gebracht werden, wenn er ein schlechter Zahler wäre und vielleicht auch sein Quartier und Kostgeld auf meine Rechnung kämen." Die große Verlegenheit ließ nicht lange auf sich warten. Zwei Wochen später wurde der Hochstapler, der natürlich weder Baron noch Page oder Leutnant war und vermutlich Meyer hieß, festgenommen und nach Nürnberg überführt. Platen war um etliche Gulden ärmer und um eine Erfahrung reicher.

Im August bemerkte er nach der Lektüre einer Sammlung alter Romanzen, es sei vielleicht nur den Spaniern gelungen, den Katholizismus zu poetisieren. Quasi zur Übung hatte er einen Teil des alten Dramenfragmentes vom Hochzeitsgast in Redondilien ausgeführt. Eine reichlich über die Bruchstücke ausgegossene südliche Bilderpracht kann freilich nicht über mangelhafte Handhabung der spanischen Gedichtform hinwegtäuschen. Bis er für sie das gemäße Thema gefunden hatte, sollten noch ein paar Wochen vergehen.

Ende September lernte Platen durch Döllinger ein weiteres Sprachgenie kennen: Nees van Esenbeck, damals Professor für Botanik in Erlangen. Der Dichter war von dem Gelehrten so begeistert, daß er für kurze Zeit erwog, seinetwegen die Universität zu wechseln. Nees erhielt aber noch im selben Jahr einen Ruf nach Bonn, das Platen als bayerischem Stipendiaten nicht zugänglich war. Die ersten beiden Begegnungen waren nur flüchtig, doch ergab sich eine zweitägige Wanderung mit Döllinger und Nees nach Kitzingen und Mainstockheim, wo der letztere zuhause war. Während des Ausfluges hatte der Dichter genug Gelegenheit, sich mit dem Gelehrten zu unterhalten. Bald darauf sandte Nees an Platen drei Bände Calderón'scher Dramen, die er zusammen mit Döllinger las, und denen er wichtige Anregungen verdanken sollte.

Durch Döllinger lernte er auch den Assessor Merck kennen, einen literarisch gebildeten Juristen und Freund des Dichters Friedrich Rückert. Dennoch blieb Döllinger fast der einzige Umgang Platens im Herbst 1818. Zweimal äußert er im Tagebuch die Befürchtung, er werde völlig vereinsamen, wenn der Freund demnächst aufs Priesterseminar gehe. Eine unnötige Sorge, denn Döllinger sollte erst Ende 1820 ins Seminar eintreten, als Platen Würzburg längst verlassen hatte.

War es die Vorlesung Wagners, war es die Lektüre Calderóns oder die Freundschaft mit dem jungen Theologen, die ihm allmählich Christliches wieder näher brachte? Ende Oktober notiert Platen im Tagebuch, er habe abends im Bett alles, was er von religiöser Tendenz geschrieben, wieder durchgelesen. Einen weiteren Kommentar gibt er nicht, doch scheint der Höhepunkt der aufklärerisch-deistischen Phase überschritten.

17. Adrast

Im November begann das Wintersemester. Platen hatte zwar eine juristische Vorlesung belegt, sonst aber wieder disparate Gegenstände nach Lust und Laune, von der Physik bis zur Mineralogie. So hörte er auch zwei Kollegien bei Wagner. „Die fatale Gestalt dieses Mannes," heißt es im Tagebuch, „sein schwäbischer Dialekt sind unfähig, seine Genialität weniger hinreißend zu machen."

Der Naturphilosoph Wagner glaubte, in der Vierzahl (Tetras) eine integrale Formel für die Entwicklung alles physischen und geistigen Lebens gefunden zu haben. Die Mathematik war für ihn das Gesetzbuch der Welt: die begriffenen mathematischen Sätze sind zugleich die Kategorien des Denkens und die Formen der Sprache. Philosophie soll zur Mathematik werden.

Der Gedanke ist weniger romantisch als manieristisch. Wagner wendete seine Tetras, die sich ihm in der Form des Kreuzes und seiner vier Pole darstellte, mit großer Einfachheit auf alles und jedes an. Ob er sein Kreuzschema dazu benutzte, um Gott durch den Gegensatz Intelligenz und Substanz hindurch zur Welt, oder um Kant durch Fichte hindurch zu Schelling und Wagner werden zu lassen, blieb sich gleich: kein Ding im Himmel und auf Erden war so groß oder so klein, daß es nicht durch solche Tetradenkonstruktion erklärt worden wäre. In einem umfänglichen Buche hatte er nach dieser Methode den ganzen Staat konstruiert, und er soll es freudig begrüßt haben, als jemand sein Verfahren auf die Geräte der Schnapsbrennerei anwandte.

Platen suchte mit geformter Sprache sein Schicksal zu meistern. Es kann nicht verwundern, daß ihn eine Philosophie anzog, die Gott und Welt mit einer einfachen Formel erklärte und zudem seinen Hang zur Zahlenmystik bestätigte. Max Koch schätzt des Dichters philosophische Begabung nur gering ein: zur Beschäftigung mit Kant sei er kaum gelangt. Doch hat Platen auch niemals etwas von Plato gelesen, was bei seiner Neigung zur griechischen Antike schon eher verblüfft.

Die Jurisprudenz stieß ihm übel auf, so daß er mit dem Gedanken spielte, anstatt Diplomat Förster zu werden wie sein Vater. Er schrieb deswegen an Schlichtegroll, aber der meinte, dieser Beruf gliche dem des Schäfers, der von den Dichtern als der glücklichste gepriesen werde; doch hüte sich jeder, ihn zu ergreifen.

Nun, zu Beginn der Vorlesungen, meinte Platen, mit der ausgedehnten Lektüre müsse es ein Ende haben. Gleichwohl fuhr er munter damit fort und las neben Byron, Swift, Cervantes weitere Dramen von Calderón. Wieder führte ihn diese Sympathie in die Nähe der verabscheuten Romantiker. Was der Dichter über den barocken Spanier schreibt, zeigt freilich einmal mehr, daß er, wie er selbst eingesteht, „überhaupt kein kritisches Talent" hatte. Obwohl er hauptsächlich Charakterzeichnung und Handlungsführung Calderóns kommentiert, waren es wohl eher die gefällig flüssigen Redondilien, die ihm gefielen, und die ihn binnen kurzem zu eigener Dichtung inspirieren sollten.

Im vergangenen Halbjahr war er wenig produktiv gewesen. Neben einer Handvoll Gedichte entstand nur die Aphorismensammlung ‚Mengelstoffe'; mit dem ‚Odoaker' ging es auch nicht voran. Platen war so frustriert, daß er sich noch am letzten Oktobertag vornahm, für einige Monate keinen Vers mehr zu machen.

Zwei Wochen später klagt er über die Abwesenheit von Adrast und äußert die Vermutung, dieser habe die Universität gewechselt. Doch eines Morgens war aller Kummer vergessen: der Unbekannte war nach Würzburg zurückgekehrt! Platen, durch diese Nachricht und durch warmes Wetter in einen schwebenden Zustand versetzt, fing an, im Tagebuch deutsche Redondilien an Adrast zu dichten.

> Deiner Blike mildes Licht,
> Deiner Wangen weiche Blüthe,
> Und die seelenvolle Güte,
> Die aus allen Zügen spricht;
> Und dein Haar, das dunkel wallt,
> Gleich dem samischen Bathylle,
>
> Und die wollustreiche Fülle
> Deiner göttlichen Gestalt:
> Wer, wer hat sie je gesehen,
> Und wer sollte nicht, getrieben
> Von magnet'scher Kraft, dich lieben
> Und um Gegenliebe flehen? ...

Die Verwandtschaft mit Anakreon liegt auf der Hand. Etwas Unfertiges, ja Schwatzhaftes haben diese Redondilien wohl an sich, weshalb der Dichter sie auch später teilweise neu und kürzer faßte. Wir dürfen in ihnen die Vorläufer der Ghaselen erkennen, die Platen zwei Jahre später schreiben wird. Ein solcherart ‚gereimtes Tagebuch' hat indes den Vorteil, psychologische Entwicklungen deutlicher aufzuzeigen als etwa ein gefeilter Gedichtzyklus. Auch hier ist, wie stets beim liebenden Platen, ein Zug von eitler Hoffnung über Enttäuschung zur lamentierenden Klage erkennbar, als Gesamtbewegung der bekannte Null-Mäander. Am 22. November heißt es männlich, wenngleich für den Zeugen aus nach-Freudischer Zeit etwas erheiternd:

> Sieh, ich hab' 'nen guten Degen,
> Jung zwar, doch bewahrt mit Ehre,
> Daß dich keiner je versehre,
> Soll ich ihn für dich bewegen?
> Auch ein Saitenspiel gegeben
> Hat mir einst der Gott der Töne;
>
> Willst du, daß ich dich bekröne?
> Möchtest du unsterblich leben?
> Willst du, daß ich, wenn ich singe,
> Meinen Ruhm auf dich vererbe?
> Willst du, daß ich für dich sterbe,
> In der Hand die scharfe Klinge? ...

Eine derart forcierte Pose des Selbstvertrauens kann freilich schnell in Depression umschlagen. So heißt es noch am selben Tage in einem anderen Gedicht:

17. ADRAST

Werden sich je feinde Töne
Fügen im verbund'nen Klange?
Ich mit meinem düstern Drange,
Du in deiner Jugendschöne?
An ersehnter Mädchen Busen
Ruhst du, die dir hold vertrauen;
Doch gewann ich andre Frauen
Je, wo nicht die keuschen Musen?...

Freund, es war ein eitles Wähnen,
Daß sich uns're Geister fänden,
Uns're Blikke sich verständen,
Sich vermischten uns're Thränen.
Laß mich denn allein – versäume
Nicht um mich die gold'nen Tage:
Kehre du zum Festgelage,
Und ich suche meine Träume.

Es ist der ‚Hochzeitsgast' von 1813, der hier spricht. Platen sandte die Verse, die er zwar geheimnisvoll ‚An Guido' überschrieb, die aber doch verräterisch genug sind, an Schlichtegroll zur Begutachtung. Dieser, gänzlich ahnungslos, obwohl er zu den intimsten Freunden Platens zählte, versteht sie völlig falsch: „Ich kann, offenherzig gesagt, ..die darinn ausgedrückten Gefühle nicht ganz billigen, und möchte Dir immer rathen von dem armen Guido, wenn er sonst ein guter Mensch ist, Deine Hand nicht ganz abzuziehen". Ein schöner Ratschlag!

Wenn auch der Freund nichts begriff, so mochten indessen Platen keine Zweifel mehr über seine Natur anfechten:

Mehr als Medizis Cythere
gilt, wer mich auch immer höhne,
Mir Antinous, der schöne,
Und der Gott von Belvedere;

Doch er stellt sich treu und wahr,
Lebend und belebt mir dar,
Und ich sehe, wo er wandelt,
In Adrasts Gestalt verwandelt
Seine Züge wunderbar. ...

Ende November mußte Platen sich eingestehen, daß er die juristische Vorlesung aus Mangel an Interesse schon vernachlässigte. Fortwährend hatte er mit seiner liebenden Unruhe zu kämpfen, die ihm Fleiß und Konzentrationsfähigkeit raubte. Um ihr zu entrinnen, griff er wieder einmal zur Zahlenmagie, diesmal Wagnerscher Provenienz:

Wehe, weh mir! Weggekehrt
War dein Aug, dein holdes, reines,
Und du hieltest mich nicht eines,
Auch nicht eines Blikes werth! ...

So nur end' ich meine Qual;
Schicksal! Daß ich nicht verliere,
Widm' ich dir der Tage viere,
Vier ist ja die heil'ge Zahl.

Natürlich geschah überhaupt nichts während dieser selbstgesetzten Frist; und ebenso natürlich war Platen unfähig, seinen Gedanken an Adrast zu entfliehen, auch wenn er sich vornahm, den Namen im Tagebuch nicht mehr zu erwähnen. Obendrein urteilte Wagner im Hörsaal sehr verächtlich über Schiller, ja er nannte ihn geradezu einen Pfuscher. Platen sah sich seines letzten Trostes beraubt. Was sollte er von seinen eigenen dichterischen Versuchen halten, wenn selbst Schiller nichts mehr galt?

Ein paar Tage darauf gab er der Hoffnung Ausdruck, jene Fülle von Redondilien seien ein letzter Ausbruch der unfruchtbaren Leidenschaft gewesen. „Ein reiner Feuer hat mein Wesen geläutert. Mit ihren Segnungen stieg Religion zu mir nieder und lehrte mich die Freuden der Ergebung und die Riesenkraft eines festen Willens." Ein großer Irrtum. „O gute Vorsicht! in welche Rückfälle stürzt mich ein einziger Blik, eine einzige

Begegnung. Warum muß ich dich sehen.. Warum darf ich nicht vor dir niederfallen, deine schönen Kniee umfassen?" Und so geht es seitenlang fort im Tagebuch. „Mit eigenen Händen wühl' ich mir mühsam, langsam mein Grab auf. Aber so sey's geschworen: findet mich die Neujahrsnacht.. noch in diesem trostlosen Zustande, so sey sie meine lezte Nacht. Dann öffne ich mir die eigenen Adern, daß der Hahnenruf mich nicht mehr weke; daß sie mich finden im Blut." Einen Tag nach dieser pompös leeren Drohung heißt es treffender: „Ich bin verschlossen in mich, wie ein Leichnam. Ich habe mich tief und einsam versponnen in die Puppe meiner Melancholie, und eh der Schmetterling noch emporflattert, zertrittst du sie mit stolzen Füßen, du – du – pulcherrime rerum!"

Hier ist die Situation genau umgekehrt geschildert wie am Vortag. Keineswegs sucht der unglückliche Dichter sein Grab, sondern er liegt bereits darin. Als Leichnam ist er gleichwohl quicklebendig und will das Gefängnis verlassen wie der Schmetterling die Puppe; doch scheitert er am Unverständnis der Mitmenschen. Die Erkenntnis ist biographisch wichtig, weil Platen seit hundert Jahren regelmäßig, doch fälschlich als dekadent und todestrunken verstanden worden ist.

In seiner Verzweiflung dachte er daran, einen biblischen Stoff poetisch zu behandeln, und wenn nur aus therapeutischen Gründen: so werde das neugewonnene religiöse Gefühl sich festigen. Als der vergnügte Drachenfels durch Würzburg reiste und mit dem Freunde zu Mittag aß, wird es ein trauriges Treffen gewesen sein.

In die entgegengesetzte Richtung zog ihn die Lektüre der Anthologia Graeca. Diese Sammlung von rund 4000 griechischen Epigrammen aus siebzehn Jahrhunderten enthält in ihren vorchristlichen Teilen viel Päderastisches von und nach Anakreon. Bedeutungsschwer zitiert Platen ein Epigramm des Meléagros aus dem fünften Buch der Anthologie, das übersetzt so lautet:

,Furchtbar, furchtbar ist Eros.' Doch ob ich auch nochmal es sage,
  ob ich auch stöhne dabei: ,Furchtbar ist Eros!', was hilfts?
Lachend hört er's, der Junge, und schelt' ich, dann macht er sich lustig,
  und beschimpf' ich ihn, wird er noch frecher davon.
Rätselhaft bleibt es mir, Kypris, wie du, eine Tochter des blauen
  wogenden Meers, aus Naß Glut zu gebären vermocht.

Am 22. Dezember war ein seelischer Tiefpunkt erreicht, nicht der letzte, nicht der tiefste. Ein neuer Schwall von Redondilien entrang sich dem Dichter.

Aber du in deiner Kälte
Siehst mich, ohne mich zu sehen;
Bebst du nicht, daß dein Verschmähen
Eine Nemesis vergelte? ...
Sonder Anspruch, ohne Rechte,
Fodr' ich ja nicht Freundesmienen,
Lass mich dir gehorsam dienen
Als der lezte deiner Knechte.

Schelte mich dann ohne Schonung,
Glaub mir, daß ich's nicht bereue,
Und es sey für alle Treue
Mir ein Blik, ein Wort Belohnung. ...
Droh'n dir Pfeile der Gefahr,
Gern, ihr hört den Schwur, ihr Musen!
Biet' als Bollwerk ich den Busen,
Mein Gesicht als Scheibe dar. ...

Es ist schon erstaunlich, zu welchem Maß an Selbsterniedrigung und Masochismus die unerwidert liebende Seele fähig ist; das leichte tändelnde Versmaß spricht der Verzweiflung Hohn, die sich in ihm ausdrückt.

Gretchens Worte am Spinnrad wählte Platen, um seinen Seelenzustand am Anfang des Jahres 1819 zu schildern. Beklommenen Herzens begab er sich zu Massenbach, einem alten Kameraden aus der Pagerie, der auch in Würzburg studierte. Dieser verkehrte mit Adrast, und also bat ihn der Dichter, die Bekanntschaft zu vermitteln. Als Massenbach ihn fragte, warum er denn Adrast kennenlernen wolle, wußte der Ärmste nichts zu erwidern. „Es ist ein recht guter Mensch," gab der sich also selbst die Antwort, und setzte nachdenklich hinzu: „Es ist ein großer, schöner Kerl." Platen wand sich vor Verlegenheit.

Adrasts Identität soll nunmehr enthüllt werden: Eduard Schmidtlein, Jurastudent, zwanzig Jahre alt, Sohn eines Rechtsgelehrten aus Würzburg, der vor zwei Jahren nach München berufen worden war. Platen hatte die Mutter Schmidtleins im November 1817 zufällig auf einem Spaziergang in Nymphenburg kennengelernt. Ihr Lob von Würzburg habe ihn „einigermaßen für diese Stadt bestimmt", behauptet er etwas später im Tagebuch.

Massenbach wohnte mit Verger zusammen, einem anderen Bekannten aus der Pagerie. Beide luden Platen zu einer „Theepartie" ein, die er nur zögernd besuchte, da er sie als „unangenehmen Possen" empfand. Verger erzählte viel von einem Studentenleben, dessen Grobheit Platen abstieß. Unerträglich der Gedanke, einen Adrast kennenzulernen, „dem vielleicht Bordell und Bierschänke die einzigen Freuden = Lichtpunkte des Lebens sind!" Er befürchtete ernsthaft, in Adrast nur einen zweiten Hornstein zu finden.

Wenigstens die Sorge, Massenbach könnte über Platens wahre Natur nachdenken, war unnötig gewesen. Indessen kein Zeichen von Adrast.

Während ich mich härm' und quäle,	Ach, erwarten kanst du leicht,
Und mich tausend Wünsche spornen,	Was du nie verlangt, gewollt;
Bohrt dir Sehnsucht keine Dornen	Bruder! deine Stunde rollt,
In die ruhigkalte Seele?	Aber meine Stunde schleicht.

Seine schleichenden Stunden füllte der Dichter mit der Ordnung einer kleinen Mineraliensammlung, die er seinem Geologieprofessor für 40 Gulden abgekauft hatte. Das Geld stammte aus einem Geschenk der Tante in Hannover. Platens flüchtiges Interesse an Geologie war, wie auch das an Botanik, vornehmlich von Goethe inspiriert. Da er die Ungewißheit nicht länger ertragen konnte, ging er schließlich wieder zu Massenbach. Der hatte tatsächlich des Dichters Wunsch Adrast übermittelt: ‚Es wird mir viel Vergnügen sein', hatte der leichthin geantwortet. Daß aber Schmidtlein ihn aufsuche, setzte Massenbach hinzu, dürfe Platen nicht erwarten, denn er sei kein Hofmann.

Solche Auskunft war durchaus nicht angetan, den Dichter zu beruhigen. Trotz Kopfschmerz mußte er seine Unrast lyrisch verströmen:

> Weil ich eitlem Werth vertraute,
> Flog ich ohne Scheu dir zu,
> Du verschmähtest Herz und Laute,
> Und verächtlich lächelst du.
>
> Sey's, daß vor der Charitinnen
> Richterthron ich nicht besteh,
> Aber meine Verse rinnen
> Wie Gewog' im Silbersee.

Es ist nicht zu übersehen, daß Platens Poesie in solchen Augenblicken sich der Friederike Kempners wieder nähert. „Ich bin immer um vieles leichter, wenn ich mich auf diese Art expektorirt habe", bekennt er freimütig im Tagebuch.

Am 24. Januar brach ein wenig Außenwelt in des Dichters innere Hölle. Dr. Keck, der eifrige Anhänger Wagners und Freund der englischen Sprache, hatte einen schizophrenen Schub erlitten. „Heute Nachmittag besuchte ich ihn mit Döllinger", heißt es in Platens Tagebuch. „Wir fanden ihn zwar rasend nicht, aber völlig wahnwitzig. Ueber Prof. Wagner brach er in fürchterliche Flüche aus und ergoß sich in beständige Wortspiele über diesen Namen und seinen eigenen Ernst Kek. Durch einen Schlüssel, den er abwechselnd in der Hand hielt, glaubte er, göttliche Kraft zu gewinnen. Was ihn in diesen Zustand versetzte, sey es allzu große geistige Anstrengung mit Mangel an Bewegung, oder die Wagnersche Filosofie, oder die Ideen des Magnetismus, oder gewaltsam unterdrükter Geschlechtstrieb, oder vielleicht dieß alles zusammen, kann ich nicht entscheiden. Genug, daß er tausend hierauf zielende Gedanken mit widersinniger Mannigfaltigkeit untereinander warf. Er hielt sich für einen zweiten Jesus Kristus und hofft, gekreuzigt zu werden. ..Er hätte ein Weib, sie wäre ihm aber noch nicht angetraut. Gelacht würde künftig nicht mehr werden. Zulezt wurde er völlig bewußtlos und sah unverwandt mit stieren Augen an die Deke. Ich gestehe, daß dieser schrekliche Zustand eine tiefe Melancholie in mir zurückließ. Was ist der Mensch, und welches ist sein Loos?"

In diese Zeit der inneren Spannung und verborgenen Liebesqual fallen die letzten Versuche an dem epischen Projekt ‚Odoaker'. Seit er in Würzburg wohnte – mehr noch: seit er Adrast erblickt hatte, war Platen damit nicht mehr vorangekommen. Einige Bruchstücke sind erhalten, zusammen 112 Stanzen, die Erich Petzet so gut wie möglich zusammengestellt hat. Platens Absicht war es gewesen, mit Odoaker das zu tun, was Camões mit Vasco da Gama getan hatte. Doch zeigt es sich, daß dem jungen Dichter der lange Atem des Epikers fehlt. Auch gewinnt die innere Gouvernante bald Oberhand, und so dienen viele Stanzen nur dazu, die sattsam bekannte ‚natürliche Religion' zu propagieren. Odoaker, vermutlich arianischer Christ, wird von Platen zum Heiden zurückgestuft, damit er gegen den heiligen Severin einen voltairischen Weltgeist namens Alfadur ins Feld führen kann. Zum Schluß sollte dann noch eine nordische Götterdämmerung eintreten. Camões durfte Gegenwärtiges in sein Epos einflechten, weil sein Thema, die Indienexpedition da Gamas, eben noch gegenwärtig war. Wenn dagegen Platen Joseph II und Napoleon unbefangen neben private Reisebilder vom Bodensee stellt, so wirkt das peinlich. Bragar, der Stammvater des Hauses Bragança, hält Zwiesprache mit dem alten Germanen! Allenthalben spreizt sich zierliche Gelehrsamkeit. Tadellose Rhythmen und saubere, zum Teil sehr gesuchte Reime trösten über die Mängel nicht hinweg.

Episch fruchtbar konnte dieser Winter nicht werden, die Phase der ‚natürlichen Religion' war vorüber. Platens Liebesqualen suchten nunmehr nach lyrischem Ausdruck. Der zaghafte Versuch, wenigstens Schlichtegroll einige der vielen schmerzerfüllten Redondilien mitzuteilen, war freilich gescheitert: mit einer Notlüge vertuschte der Dichter, daß er Guido/Adrast überhaupt nicht kannte.

Irgendein Ventil aber braucht die gequälte Seele. „Ich war heute an einem Orte bey Zell", schreibt Platen Ende Januar ins Tagebuch, „wo Buschwerk von Efeu wächst, daraus ich mir eine Girlande um den Hut flocht. Es sahen mir freylich alle Leute auf der Straße nach; sie werden sich aber daran gewöhnen, denn diesen Efeu will ich nicht ablegen. Ich trag' ihn nicht etwa als Vorbild poetischen Ruhms, sondern als einen Talisman, mich zu stärken, sobald mir das Selbstvertrauen fehlt".

Wir sehen hier einen unbeholfenen Versuch, sich optisch mitzuteilen, die äußere Erscheinung zu stilisieren. Hatte Platen Anlage zum Dandy?

Um diese Frage beantworten zu können, muß zunächst der Begriff des Dandy geklärt werden. Das kann hier natürlich nur in kurzen Zügen geschehen. Bis zur französischen Revolution bestimmten die Höfe Kostüm, Auftritt und Szenerie des vollendeten Kavaliers oder Gentleman. 1794 jedoch übernahm zum erstenmal ein Bürgerlicher die Rolle des Geschmacksrichters: der Prinz von Wales kopierte sechzehn Jahre lang Mr. Brummell, nicht Mr. Brummell und alle anderen den Prinzen! Hiermit hatte der Dandy die kulturgeschichtliche Bühne betreten. Er ist Narziß im Frack und zugleich arbiter elegantiarum des neuen Zeitalters. Seine Szene ist nicht mehr der Hof, sondern jener Ort, an dem Adel und Bürgertum sich mischen. Hier, zwischen Rennplatz, Club, Teepartie und großem Empfang muß der Dandy exzellieren, sonst wird er zum Außenseiter, und nichts in der Welt läge ihm ferner. Sein untertreibender Geschmack in Kleidung und Accessoire ist Legende. Zu seiner Präsentation bedarf er körperlicher Vorzüge ebenso wie unerschöpflich scheinender Mittel; geht ihm das Geld aus, muß er abtreten. Mr. Brummell, vor den Gläubigern nach Frankreich geflohen, nahm dort seine einsamen Mahlzeiten vor einem Spiegel ein. Angeblich tat er das, um seine Tischmanieren zu kontrollieren; doch ist diese Behauptung eine schlechte Rationalisierung des wahren Grundes.

Einziger Beruf des Dandys ist die Selbstdarstellung. Nicht zufällig ähnelt sein Auftritt dem auf einer Bühne. Das Publikum dient ihm als Spiegel. Seine Pose ist der Stoizismus, seine Ansichten haben nur ästhetische Bedeutung und keinerlei moralischen Bezug. Pose und Text dienen freilich nur dazu, seelische Armut, ja innere Leere zu verbergen. Instinktiver Feind des Dandy ist der Berufsschauspieler, der einen dilettantischen, gleichwohl unverdient erfolgreichen Konkurrenten in ihm wittert.

Der hier umrissene ‚reine' Dandy hat nur einmal Berühmtheit erlangt, nämlich in dem erwähnten Brummell. Dessen anonyme Nachahmer waren und sind freilich nicht zu zählen. Zwei Generationen später jedoch definiert Baudelaire den Dandy als ‚Aristokraten des Geistes', der sich gegen die bürgerliche Umwelt auflehnt. Nicht der schöne Nichtstuer Brummell eröffnet nun die Reihe, sondern der Dichter Byron.

Es ist wohl kein Zufall, daß Platen, als er sich bekränzte, auch mit einigen Werken des Engländers befaßte. Byron war erster Hauptvertreter jener Kunstrichtung, die

Platen als Student. Zeichnung von unbekannter Hand. (zuletzt Historischer Verein für Mittelfranken, Ansbach)

heute schwarze Romantik heißt. Sie treibt den Weltschmerz zum Exzess, indem sie wie Luzifer, der gefallene Engel, eine Provokation Gottes versucht. Zu diesem Ziele verkehrt sie alle christlichen Werte in ihr Gegenteil.

Wenn Byron den Satanismus auch nie so weit trieb wie der unromantische de Sade vor ihm und der romantische Lautréamont nach ihm, ist dennoch allen seinen Helden ein luziferischer Zug gemeinsam. Er geht auf Milton zurück, in dessen ‚Paradise Lost' der Teufel nicht mehr als panisches Scheusal erscheint wie regelmäßig seit dem Frühmittelalter, sondern als schwermütiger Engel, der auch im Fall seine Schönheit bewahrt.

Byron, dessen blendendes Aussehen durch einen Klumpfuß beeinträchtigt war, übernahm die Rolle auch für sich selbst. Sein Auftritt verlieh der leeren Eleganz des Dandy, wie Brummell sie formuliert hatte, den tieferen Sinn. Der Dichter-Dandy will es Luzifer nachtun, sein Handeln wird diabolisch: in engelshaft schöner Gestalt lanciert er seinen Angriff auf die christlichen Werte, mit anderen Worten auf die bürgerliche Moral.

Solche Absicht verändert freilich auch den Auftritt. So wechselt die Kleidung vom Untertriebenen zum Auffälligen, der vorgetäuschte Stoizismus weicht dem Temperament, die Rede gewinnt neue Qualitäten über der Blasiertheit: Originalität und Geist, alles Dinge, über die der Dandy alten Typs nicht verfügt. Aus eleganter Anpassung wird Extravaganz. Zu ihrer Darstellung ist körperliches Ebenmaß zwar immer noch wünschenswert, aber nicht mehr Bedingung: denn da die stoische Maske fiel, können Schönheit durch Charme und Geist ersetzt werden. Im Kern aber sind Schauspieler, alter und neuer Dandy gleich: alle agieren sie vor ihrem Publikum wie vor einem Spiegel. Der Vorgang hat etwas zutiefst Narzißtisches.

Um 1820 war das Lebensgefühl überall in Europa von Ennui und Weltschmerz bestimmt. Noch kein führender Geist ließ sich von orakelnder Philosophie in der Art von Hegel oder Marx trösten. Die modernsten unter jenen Dichtern, denen Politik und Geschichte gleichgültig waren, zogen sich in private Welten zurück, die christlichen Geboten und bürgerlichen Gesetzen Hohn sprachen. Einzige Richtschnur war dort die gespiegelte Schönheit des Narziß, die nun mit der Schönheit des gefallenen Engels zusammenfiel. Exotisches Rauschgift konnte das Spezifikum dieser künstlichen Paradiese sein (Byron, de Quincey, Baudelaire) ebenso wie Homosexualität (Verlaine, Wilde), Flagellantismus (Swinburne) und jede andere Perversion. Immer steht der Künstler im Gegensatz zur banausischen Welt des Handels und Wandels, die ihn umgibt, und leidet unter der Beschränkung ihrer Sitten. Baudelaire nennt den Dandysmus mit diabolisch verkehrten Vorzeichen ‚das letzte Aufleuchten des Heroismus in Zeiten des Verfalls'.

Er meinte es wohl andersherum. Die schwarzen Romantiker empfanden sich selbst als gefallene Engel, als ‚dekadent'. Unter der stolz verkündeten biologisch-sozialen Zwecklosigkeit aber schlug das schlechte Gewissen, alle ihre Blasphemien und Laster waren letztlich Beschwörungen des abwesenden Gottes. Irrtümlich glaubten sie, Opium, Haschisch und Jünglinge seien teuflischer als Wein und Weib. Doch haben diese vermeintlichen Blumen des Bösen die Menschheit seit ihrem Anbeginn begleitet, sie markieren keineswegs den Untergang, sondern eher den Aufgang des Abendlandes.

Baudelaires verkehrte Definition und die falsche Selbsteinschätzung der Décadents hatten zur Folge, daß der Dandy heute noch irrtümlich als ‚Spättyp' verstanden wird. Sicherlich war Brummell, der in der Anpassung exzellierte, ein Konservativer. Der Typ des Dichter-Dandy jedoch ist weder spät noch konservativ, sondern verkappt revolutionär. Seine scheinbare Anpassung ist Camouflage, das provokant ‚Diabolische' schimmert ihm vielmehr aus jedem Knopfloch, sein Weg ist der Grat zwischen Extravaganz und Außenseitertum. Niemand hat diesen Typ treffender und tragischer verkörpert als Oscar Wilde.

Platen kannte von Byron die Versepen ‚Lara', ‚The Corsair', ‚The Giaour' sowie die erste Hälfte von ‚Childe Harold's Pilgrimage'. Er wußte, daß Byrons Helden immer Selbstportraits des Dichters waren, und sie gefielen ihm nicht. Daß er hinter ihnen den Satan aus Miltons ‚Paradise Lost' ausgemacht hätte, ist kaum anzunehmen. Nie aber wäre er auf den Gedanke gekommen, seine Person mit der Byrons zu vergleichen.

H. J. Teuchert bemerkt in einer neuen Arbeit, Platen sei für einen richtigen Dandy zu häßlich, zu arm und zu unbeherrscht gewesen. Das trifft wohl zu, wenn auch die Zeit der großen Wutausbrüche 1819 noch bevorstand. Sicher hatte der dichtende Graf weder Anlage noch Ehrgeiz zum Dandy à la Brummell. Mit dem Dichter-Dandy jedoch könnten sich Parallelen ergeben – nicht mit George Gordon Byron, aber mit Oscar Wilde.

Platen und Wilde standen unter dem gleichen Schicksal, beider Leben und Werk war von der Homosexualität bestimmt. Da diese Liebe in der bürgerlichen Gesellschaft ihren Namen nicht nennen durfte, blieb beiden Dichtern nur ihre mehr oder minder versteckte Propagierung in Werk und persönlichem Auftreten. Das letztere fiel dem erfolgsverwöhnten Wilde natürlich leichter als dem introvertierten jungen Platen. Dazu kommt noch, daß Wilde die praktische Seite seiner Veranlagung akzeptiert hatte, was Platen erst in Italien und dort nur mit Mühe fertigbrachte. Hier liegt der Grund, warum ihm, ungeachtet seiner körperlichen Mängel, eine Selbststilisierung nie geglückt wäre, auch wenn er sich weniger ungeschickt dabei angestellt hätte. Auch Oscar Wilde und Stefan George waren keineswegs schön, und dennoch gelang es ihnen glänzend, ihre Extravaganz, die das wahre Anliegen verbarg, unter die Leute zu bringen. Wildes grüne Kamelie zum Beispiel symbolisiert vortrefflich das provokant Verworfene der schwarzen Romantik. Platen aber fühlte sich nicht als gefallener Engel. Seine Efeuranke, über die Würzburg lachte, ist nur der unbescheiden vorweggenommene Schmuck des Poeta laureatus.

Indessen spendete der Dichter sich seinen Kranz auch als Belohnung für die vielen Redondilien, die er seit November an Adrast gerichtet hatte. Der aber hüllte sich weiter in Schweigen. „Daß ich mich nicht auflösen kann in Thränen, ist mein ganzer Jammer. Ich liege täglich auf den Knien und bete und weine. Alles umsonst." Ein wenig an Morgensterns ‚Mondendinge' erinnert dieser Tagebucheintrag schon. Döllingers Langmut verdient Bewunderung, denn er ging mit dem bekränzten Freund auf dem Stadtwall spazieren, trotz der allgemeinen Heiterkeit, die dieser dort erregte. Nach einer Woche endlich bemerkt Platen etwas kleinlaut am Rand seines Tagebuches: „Meinen Efeu hab' ich heute abgelegt, denn er verdorrte."

Immer, wenn er besonders unglücklich war, nahm er Zuflucht zur Zahlenmystik; auch die Adrast-Tagebücher sind voll davon. Es ist verblüffend, wie der spätere Feind des Schicksalsdramas mit fatalen Monats- und Wochentagen geradezu jongliert. Was dem Werner der vierundzwanzigste, dem Müllner der neunundzwanzigste, das war Platen der zehnte Februar, und wenn der gar noch auf den Mittwoch fiel! Mal ist es die Sieben, mal die Zehn, mal die Sechs, und natürlich immer wieder die Vier, Wagners heilige Zahl, die ihm, sonst Gegner aller Mystik, geheimnisvolle Bedeutung zu bergen scheint. Am 10. Februar vor sechs Jahren erblickte er den Grafen Mercy, Ziel der ersten seiner sechs bisherigen Phantasieleidenschaften. Und dies Jahr fällt das verhängnisvolle Datum wieder, wie damals, auf den Mittwoch! Wenn er heute nur Adrast kennenlernen könnte! Natürlich geschah gar nichts am 10. Februar, und Platen mußte sich des abends im Tagebuch mit sehr gesuchten Kombinationen trösten: „Ein wenig freut es mich doch, daß wir uns heute nicht sahen. Zuerst, weil es den ganzen Tag trüb war und regnete (ein böses Omen), zweitens, weil die Zahl 10 aus 1 und 0 besteht und also die Liebe bedeutet, der keine Gegenliebe zur Seite steht. Oder wird sie als Buchstabe gelesen, so erhält man das italienische ‚io', ein Ich also, aber ohne ‚Du'."

Zwar nicht der zehnte, doch der vierzehnte Februar brachte einen Stimmungsumschwung. Platen bittet den unbekannten Geliebten in eine poetische Parklandschaft:

Schenktest du mir, Kind, Vertrauen,	Bunt am Bach ein Bad zu weben,
Möcht' ich wol durch goldne Thüren	Bauen Büsche Baldachine,
Dich in einen Garten führen,	Balsam bildend buhlt die Biene,
Gern besucht und lieb den Frauen. ...	Beet und Blatt und Blüte beben.

Ohne äußeren Anlaß erhebt sich des Dichters Seele vom winterlichen Jammertal auf einen sommerlichen Parnaß. Der Garten dort, voll preziöser Bilder, deren Erotik sich bis in die Alliterationen erstreckt, ist ‚lieb den Frauen'; der verzweifelt Begehrte aber, dem er sich öffnen will, wird zum Kind. Messen wir den Weg von jenen Redondilien, da Platen noch männlich ‚Degen' auf ‚bewegen' reimte, bis zu diesen, so sehen wir, neben seiner persönlichen Schwäche, wieder die Reduktion auf das Keusch-Weibliche, zu dem der bürgerliche Sittenkodex die Homosexuellen verdammte. Jene Frau, die Kindern geistige Schätze erschließt, ist die Gouvernante. Gouvernanten waren meist alte Jungfern. Dahinter aber waltet bitterste Ironie. Der Rückzug auf den jüngferlichen Parnaß wird von Platen, nach allem, was er in den vergangenen Monaten durchmachte, als ein ‚Sich Aufraffen', als eine Art Selbsterlösung empfunden. Pflasterhold, die keusche Biedermeier-Fee aus dem Jugendmärchen, hat wieder einmal über die böse Pfefferlüsch den Sieg davon getragen; einen Pyrrhussieg natürlich.

Wie gerufen kamen dazu noch zwei erfreuliche Ereignisse. Einmal war Dr. Keck von seinem Wahnsinnsanfall genesen. Dann aber hatte sich Platen von dem Geldgeschenk der Hannoveraner Tante eine Calderón-Ausgabe bestellen können. Seine und Döllingers Freude war groß, als sich in dem Paket nicht nur elf Bände Komödien, sondern noch sechs weitere der viel selteneren ‚Autos Sacramentales' fanden. Nicht einmal Schlegel in Bonn besaß sie! Für einen Augenblick trat der ‚spröde Adrast' etwas zurück.

Von neuer Hoffnung beflügelt, begann Platen sein zwanzigstes Tagebuch auf Portugiesisch. Er beherrsche diese Sprache nicht korrekt, gesteht er, sondern werde immer nur sein eigenes Idiom schreiben. Gleichviel, es ist für ihn die Sprache der Hoffnung auf Adrast.

Das erste, was Platen auf Portugiesisch mitteilt, ist freilich eher komisch. Herr v. Mieg war zur Ständeversammlung nach München gereist. Der Dichter machte indessen Frau v. Mieg weiter seine Aufwartung, „und jetzt verbreitet sich in der Stadt das Gerücht, ich hätte (Miegs) Platz eingenommen bei seiner Gattin, einer guten Hausfrau und sehr zurückgezogenen Dame von untadeligem Ruf. ..Ihr eifersüchtiger Gatte wird es erfahren." Wenn nicht einmal die engsten Freunde merkten, was mit Platen los war, wie dann erst die vielen Studenten, die ihn nur vom Ansehen kannten! Bei Wünschen schließen wir gern von uns auf andere, während unsere Phantasie versagt bei Dingen und Umständen, die uns fremd sind und nicht interessieren.

Am 4. März konnte Platen endlich schreiben: „Heute, heute, genau zwei Monate, nachdem ich am 4. Januar erstmals mit Massenbach darüber gesprochen hatte, traf ich am Morgen Adrast und grüßte ihn, und er, seinerseits, wünschte mir einen guten Morgen. Der erste Schritt ist damit getan." Sogleich gelangen dem Dichter zwei Sonette, deren eines er sogar noch in seine Lyriksammlung letzter Hand aufnehmen sollte. Wir wollen daraus wenigstens die beiden Terzette zitieren, um den Qualitätsunterschied zu den Redondilien aufzuzeigen:

O gieb Gewißheit, wo nur Zweifel waltet,
Laß länger mich nicht hin und wieder schwanken,
Weil oft im Zweifel das Gemüt erkaltet!

Nicht schwer zu helfen ist gewissen Kranken:
Ein einz'ger Wink, ein Händedruck entfaltet
Uns Millionen liebender Gedanken.

Mittlerweile war Herr v. Mieg aus München zurück, offenbar nicht um die Ehre seiner Frau besorgt. Wir erfahren weiter, daß Platen und Döllinger, trotz der bevorstehenden Semesterprüfungen, mit dem Studium des Dänischen beginnen wollten. Ähnliche Freude wie kürzlich bei Calderón empfand der Dichter, als er sich die Griechische Anthologie anschaffen konnte, die er bisher nur ausgeliehen hatte.

Am 8. März notiert Platen auf Portugiesisch ins Tagebuch: „Was soll ich sagen? o Himmel! was soll ich sagen! Ich habe mit Adrast gesprochen. Ich wußte ja, daß mich die Vier nicht täuscht. ..Wir grüßten uns (im Vorübergehen), doch nachher kehrte jeder um, wie um sich zu korrigieren. Er fragte mich, was das Kolleg mache, und in demselben schwachen und kühlen Ton ging unser Gespräch weiter, über das Theater, über das Wetter, über das Studium." Platen war enttäuscht, daß Adrast ihm nicht quasi um den Hals fiel, sondern ihn wie einen Fremden behandelte, dessen Namen er eben kannte. So war es Schmidtlein völlig neu, daß der Dichter schon im vergangenen Sommer in Würzburg studiert hatte. Der machte sich im Tagebuch hinterher Gedanken, ob solche Ahnungslosigkeit nun ein Zeichen völligen Desinteresses sei oder etwa einer heimlicher Neigung, die jener nur noch nicht aufdecken wolle? Daß nur ersteres der Fall sein konnte, wollte dem verliebten Platen nicht in den Kopf.

Und so ging es mit Adrast leider nicht voran, wie er es sich erträumt hatte. Nur ein paar gewechselte Worte hier, ein paar getauschte Grüße dort. „Ich liebe und hasse diesen Menschen gleichzeitig", notiert Platen am 15. März ins Tagebuch, mitten in der Vorbereitung auf die Semesterprüfungen und überdies mit dänischer Grammatik beschäftigt. Tags darauf verhaltener Jubel: Adrast gab dem Dichter erstmals die Hand, was wieder zu Zahlenspielereien um die heilige Vier und ihre Vielfachen Anlaß gab. Am 17. feierte Platen die ‚Gunst des Zufalls', denn er traf Adrast bei einer Besorgung und konnte ihn danach zu einem Besuch in seiner Wohnung bewegen. Der Geliebte hielt die neuerworbene ‚Anthologie' in Händen!

Anstandslos passierte Platen sechs Examen, ja er schrieb drei Aufsätze dafür, einen sogar über römisches Recht. „Herzlich froh bin ich, daß ich diese Dinge los habe", bemerkt er ausnahmsweise auf deutsch im Tagebuch.

Da Lektüre für ihn stets mehr Ablenkung als Anstrengung war, kann es nicht verwundern, daß die Tagebücher des vergangenen Winters wieder angefüllt sind mit Zeugnissen über gelesene Bücher. Am besten zur Gesamtstimmung paßte wohl Dantes ‚Inferno'. Neben einigen Epen Byrons ist auch Klopstocks ‚Messias' erwähnt. Fast alles andere, was Platen damals las, war Dramatik: mehrere Tragödien von Alfieri, sehr viel Calderón, Corneille, immer noch Metastasio; zwei Dramen von Oehlenschläger auf deutsch, die sein Interesse am Dänischen erweckt hatten; eine Komödie Shakespeares und schließlich wieder diverse Tragödien von Voltaire.

Die Semesterferien wollte der Dichter in Ansbach verbringen. Seit der kapriziöskühlen Begegnung hatte er Adrast nicht mehr getroffen und fürchtete nun, abreisen zu müssen, ohne ihn nochmals zu sehen. Da er einige dienstliche Besuche in Uniform absolvieren mußte, hatte er sich die „dichten und langen Haare" schneiden lassen, ein weiterer Hinweis auf bescheidene Versuche der Selbststilisierung: altdeutsche Tracht mit langem Haar war große Mode unter den Studenten. Endlich traf Platen den Heißbegehrten auf der Straße, und dieser versprach, ihn vor der Abreise noch einmal zu besuchen.

Die Tagebucheinträge vom 25. März gehen über zweieinhalb Druckseiten. Adrast ließ sich nicht blicken. „Kann er mich tiefer verletzen? Mein Herz krampft sich zusammen! ..Wie viele Male schaute ich aus dem Fenster!" Um seine Unruhe zu zähmen, las der Unglückliche „noch einmal mit voller Liebe" zwei Komödien von Calderón. Keine Spur von Adrast. „Meine Lage ist fürchterlich. Ich vergieße die bittersten Thränen." Der letzte Eintrag ist wieder deutsch; danach hielt es den Armen nicht mehr in seinem Zimmer. Er mußte hinaus.

Später, wieder im Idiom der Hoffnung: „Ich traf ihn, und er versprach, mich am Nachmittag zu besuchen. Tut er es nicht, so ist das eine offensichtliche und tödliche Beleidigung."

Genug des Portugiesischen! „Er wollte um 4 Uhr kommen. Es ist fünf Uhr. Er kömmt also wieder nicht. Wer ist jemals so sehr beleidigt worden, als ich.. Diese Täuschung ist fürchterlich. Nur die Religion, nur der Gedanke an Gott und seine Vorsicht kann mich aufrecht halten. Die Welt ist leer ohne ihn." Wie gewöhnlich war Platen gezwungen, den Schmerz, der ihn folterte, in ein Gedicht zu gießen. Eine der drei Strophen lautet:

> Hat eine deiner heißen Klagen
> Den harten Stolz auch je gebeugt?
> Du bist geboren zu entsagen,
> Zum Glükke bist du nicht gezeugt.

„Es ist sechs Uhr! Was ich empfinde, ist unaussprechlich." In dieser Stimmung mußte der Dichter am nächsten Morgen früh nach Ansbach abreisen.

Ein paar Tage zuvor, am 23. März 1819, war in Mannheim der Schriftsteller und russische Staatsrat August v. Kotzebue von dem radikalen Studenten Karl Sand erstochen worden. Kotzebues Lustspiele füllten die Theater des deutschen Biedermeier; auch Platen kannte sie seit seiner Kindheit. Kotzebues Ermordung war nach dem Wartburgfest mit seiner Bücherverbrennung ein weiteres Zeichen, das nationalradikale und republikanische Studenten gegen die Restauration in Deutschland setzten.

Sand, Theologiestudent aus Wunsiedel im Fichtelgebirge, hatte seinerzeit für das Wartburgfest ein Programm entworfen, in dem sich die Burschenschaft unter Berufung auf den ersten Petrusbrief* als das ‚auserwählte Geschlecht' bezeichnet. Ganz klar ist

---
* 1. Petrus 2,9: Ihr aber seid das auserwählte Geschlecht, das königliche Priestertum, das heilige Volk, das Volk des Eigentums, daß ihr verkündigen sollt die Tugenden des, der euch berufen hat von der Finsternis zu seinem wunderbaren Licht.

hier die Wirkung von Fichtes ‚Reden an die deutsche Nation' zu erkennen, der biblische Bezug nur Camouflage. Kotzebue, dessen ‚Deutsche Geschichte' zu den verbrannten Büchern gehörte, revanchierte sich, indem er seinen Spott über die burschenschaftlichen Bestrebungen, die Romantiker und Mystiker, die Frommen und Nibelungensüchtigen ausgoß. Sands Erbitterung stieg, als Anfang 1818 Auszüge aus Bulletins für den Petersburger Hof veröffentlicht wurden, in denen Kotzebue „die merkwürdigsten Erscheinungen der deutschen Litteratur", will heißen die rabiat nationalistischen Schriften im Gefolge von Fichte und Körner, kritisch zusammengestellt hatte. Schließlich wagte es der Komödiendichter, „auch das Turnen in den Kot" zu ziehen, wie Friedrich Reuter es ausdrückt, indem er gegen die „edel gehaltenene" Schrift ‚Das Turnziel' des Profesors Passow einen „Schmähartikel" schrieb.

Nichts vertragen Fanatiker weniger, als wenn ihre Sache lächerlich gemacht wird. In Sand staute sich paranoischer Haß gegen Kotzebue. Er reiste von Jena, wo er studierte, nach Mannheim und erstach den Publizisten.

Zwei Monate später meinte Metternich in einem Brief an den Orientalisten Joseph v. Hammer, es sei erwiesen, „daß das reine, jugendliche, zur Schwärmerey geneigte Gemüth keines anderen Impulses bedarf, um aus eigenem Antriebe die größten und selbst die niedersten Verbrechen zu begehen, als Irrlehren irgend einer Art.. Das lebendigste Uebel liegt heute in Europa in der Verwechslung aller Praxis mit leidigen und lediglichen Theorien; das Positive jeder Art unterliegt dem Phantastischen; jeder spricht von dem Gesetze und denkt sich hiebey seine eigene Abstraktion. So behauptete Sand, das Heiligste in der Gesellschaft, das Richteramt gehandhabt zu haben, und seine frevelhaften Vertheidiger folgten seinem Wege."

18. Iphofen

Das Wetter auf der Fahrt nach Ansbach war düster wie die Stimmung des Dichters. Schon in der Kutsche entwarf er in Gedanken einen Brief an Adrast, den er, kaum zuhause angekommen, niederschrieb und abschickte. „Wenn unter Ihren Bekannten derjenige, den sie von allen am wenigsten schätzen, wenn er Sie gebeten hätte, den Tag vor seiner Abreise ihn noch zu besuchen, und Sie hätten zugesagt, würden Sie ihm Ihr Wort gehalten haben? Mir haben Sie's nicht gehalten. Womit verdiente ich ..diese Geringschätzung? Im Fall ich Ihnen misfiel.. warum gaben Sie mir's zu verstehen auf eine kränkende Weise?"

Die Antwort kam prompt. „Wenn Sie geglaubt haben, ich würde Ihren von Empfindlichkeiten strotzenden Brief unbeantwortet lassen, so haben Sie sich sehr geirrt", schreibt Schmidtlein. Nicht aus Geringschätzung habe er den Abschiedsbesuch unterlassen; Gründe für sein Fernbleiben gebe es genug, doch halte er es für überflüssig, sie jemandem zu vorzulegen, der urteile, ohne sie zu kennen. Warum Platen meine, ihm zu mißfallen, wisse er nicht. „Wenn Sie in mir einen komplimentösen Menschen suchten, so thut es mir leid, daß Sie sich an einen Unrechten gewendet haben. Sie sind Graf — das weiß ich —; aber Sie sind Mensch, das bin ich auch; Sie sind Student, das bin auch ich, u. hier fallen alle bürgerl: Verhältnisse und Ceremonien. Diesen großen Grad von Empfindlichkeit ..hätte ich von **Ihnen** nicht erwartet. — Leben Sie wol und bringen Sie Ihre Ferien recht vergnügt zu. S."

Platen nennt diesen Brief zwar steinern, ist aber doch erleichtert, daß er überhaupt kam. Wohl überlegt antwortet er: „Haben Sie vielleicht eine Waage bey der Hand, mein lieber S:, auf der die Empfindlichkeiten können gegenseitig gewogen werden? ..Ich hätte, fahren Sie fort, vorerst das Warum (Ihres Fernbleibens) fragen sollen. Ist denn aber mein ganzer Brief nicht eine fortlaufende Frage? ..und konnten Sie wirklich glauben, daß ich Ihren Besuch als Zeremonie forderte..? Sie erinnern mich, daß ich Graf bin, — eine Kränkung, die ebenso bitter ist, als vollkommen unverschuldet. ..Sind Sie mir jedoch nicht mehr böse, meinen Sie, daß Ihnen mein Umgang erfreulich seyn könne, wollen Sie mir endlich versprechen, künftighin etwas sparsamer mit harten Worten zu seyn, so schüttle ich Ihnen in Gedanken die Hände, und hoffe, daß wir uns lieben u. achten lernen."

Dieser Brief, mit Platens Herzblut geschrieben, erregte keinen Unwillen des Empfängers und blieb deshalb unbeantwortet; was den Schreiber für die nächsten zwei Wochen zittern ließ, er sei verlorengegangen. Des Dichters leibliches und seelisches Wohlbefinden hingen stark voneinander ab, wie er selbst bemerkt. Aufregung und Kummer schlugen auf seinen Verdauungstrakt, und überdies litt er an heftigem Zahnweh. Alles zusammen versuchte er mit Versen zu bekämpfen, den letzten Redondilien an Adrast:

Durch des Leibs Organe wühlen,
Durch die Nerven zuken Schmerzen,
Doch die Kraft in meinem Herzen
Wird nicht müde, dich zu fühlen.
Schwermuth überläuft die Seele,
Schauer überläuft die Glieder;
Aber Töne find' ich wieder,
Daß ich dir mein Leid erzähle. ...

Ach in jenem Brief! Du findest
In ihm, wenn er dich erreichte,
Theurer, meine ganze Beichte,
Wenn du willst und mitempfindest.
Schmilzt er dich zur Sympathie,
Welch ein gränzlos Entzüken!
Aber kehrst du mir den Rüken,
Wie ertrag' ich's, wie? ach wie?

Eine Woche später war der Gang zum Dentisten getan. Etwas erleichtert wandte sich Platen ablenkender Lektüre zu. Die ‚Griechische Anthologie' war freilich kaum geeignet, seine Liebesgluten für Adrast zu dämpfen. Bei Dantes ‚Vita Nuova' stellte er fest, daß auch der Florentiner seine magischen Zahlen hatte. Voll Stolz beschreibt er den Fund spanischer Klassiker bei einem Ansbacher Antiquar zur Bereicherung seiner ‚kastilianischen Bibliothek'; nebenbei kaufte er noch den ‚Adone' von Marino, das Hauptwerk des italienischen Manierismus.

Wenn seine Hoffnung auch sank, von Adrast jetzt noch zu hören, so stieg sie andererseits, ihn in Würzburg bald zu sehen. Am 22. April abends reiste er von Ansbach ab. Die Mutter hatte ihm eine Roßhaarmatratze mitgegeben, damit er endlich von dem Federbett herunterkäme, auch Geschirr und Toilettenartikel. Obwohl der

Dichter die Nacht in der Kutsche schlaflos verbrachte, findet sich im Tagebuch kein Wort der Klage.

Döllinger und Merck, der Jurist, waren bald gefunden, Adrast freilich erst am fatalen vierten Tag: doch versprach er, den versäumten Besuch nunmehr nachzuholen. Platen war sich der traurigen Wahrheit wohl bewußt, daß jener nur „äußerst langsam und gezwungen" mit ihm bekannt geworden war, und daß er in der Folge „lange buhlen musste um seine Freundschaft." Dennoch fieberte er dem angekündigten Besuch ebenso entgegen wie beim erstenmal. Wieder geschah nichts, und der Verliebte schwankte zwischen Wut und Weinerlichkeit. Zur Beruhigung schrieb er ein zorniges Gedicht mit den Anfangsversen: ‚Fahre wohl! Kein Dämon räche, / Was ich still ertrug an dir'. Am nächsten Tag ließ sich Schmidtlein wieder nicht blicken. Nur um seinem gepreßten Herzen Luft zu machen, trug Platen das neue Gedicht dem befremdeten Döllinger vor.

Da er mit dem Portugiesischen schlecht gefahren war, versuchte er es im Tagebuch wieder mit dem Französischen; und für den Rest des Jahres sollte er bei dieser Sprache bleiben. Als ihn der Begehrte zur Abwechselung einmal freundlich gegrüßt hatte, nahm er sich ein Herz und besuchte ihn. Enttäuscht mußte er feststellen, daß unter Schmidtleins Büchern schöngeistige Werke fehlten. „Er versteht keine Fremdsprachen. Doch da ließe sich etwas tun."

Neben Wagners mathematischer Philosophie hatte Platen eine landwirtschaftliche Vorlesung belegt, als ob er, trotz Schlichtegrolls Warnung, den Gedanken an die Försterei doch nicht aufgegeben hätte. Der Grund war aber, daß auch Schmidtlein diese Vorlesung besuchte und der Dichter so Gelegenheit fand, stundenlang neben ihm zu sitzen. Erst jetzt, beim Eintrag in die Anwesenheitsliste, erfuhr er des Freundes Vornamen Eduard.

Einige Tage später hatte er den Begehrten immerhin schon so weit, sich von ihm Französisch- und Italienischunterricht geben zu lassen. Doch auch bestrickendste Liebenswürdigkeit besiegte nicht die Reserve des Schülers. Der Lehrer tröstete sich mit der Lektüre der Gedichtsammlung ‚Klaagende maagden' des Niederländers Jacob Cats.

Weil Schmidtlein durch den Besuch eines Bruders belegt war, schrieb Platen jetzt endlich seine Gedichte für die Münchener Freunde in ein vorbereitetes Album aus Ziegenleder. Ansonsten Lektüre. Zu Calderóns wichtigem Drama ‚La Vida es Sueño', wo es hauptsächlich um Macht und Selbstbeherrschung geht, fällt ihm nichts ein; um so mehr zur ‚Sappho' von Grillparzer. Diese Tragödie, gerade vor einem Jahr in Wien uraufgeführt, behandelt den Konflikt zwischen Künstlertum und Bürgerwelt nach modernstem Zeitempfinden: als Phaon seine Liebe von Sappho ab- und einer jungen Sklavin zuwendet, macht sich die Dichterin ihr Leid selbst zum Vorwurf, obwohl es doch nur Folge einer veränderten Gefühlskonstellation ist. Sie verkennt Lebensumstände als persönliche Schuld. Kunst und Leben stehen einander unversöhnlich gegenüber, Sappho stürzt sich ins Meer. Kein Wunder, daß Platen in der Dichterin sich und in Phaon Schmidtlein wiedererkannte.

Am 18. Mai 1819 überreichte er dem peinlich Berührten auf der Straße einen Strauß Maiglöckchen. Er hatte ihn überredet, bei Wagners Vorlesung zu hospitieren und auch gleich die Genehmigung des Professors erwirkt. Wer jedoch nicht zum Kolleg erschien, war Schmidtlein. Platen, doppelt gekränkt in seinem Bemühen und wegen des schlechten Eindrucks, den er bei Wagner hinterlassen mußte, mahnte den Säumigen mit den Worten: „Ich bitte Sie, die Übungen für Ihre Geistesbildung nicht so kühl zu behandeln wie mich!" Nun war es an Schmidtlein, pikiert zu sein, und als er abends im Hofgarten Platen und Döllinger traf, grüßte er demonstrativ nur den letzteren.

Dies wiederum ließ den Dichter eine schlechte Nacht verbringen. Früh am nächsten Morgen begab er sich zu Schmidtlein, um ihm erneut – zum wievielten Male schon? – ein Zeichen der Neigung zu entringen. Dreiviertel Stunden redete er auf den Verdutzten ein, der widerstrebend erklärte, er wisse Platen wohl Dank für Neigung und gute Dienste; da aber sein Studiengang ein anderer sei, so bliebe ihm keine Zeit für Besuche. Sicher schätze er es, sich gelegentlich mit einem jungen Mann von Geist zu unterhalten, doch werde er deshalb nie seine alten Freunde vernachlässigen und ihn, Platen, auch nie so behandeln wie jene. „Ich fühle wohl," sagte er, „wie peinlich es ist, Freundschaft nicht erwidern zu können, aber was soll ich tun?" Als der Dichter bemerkte, die Freundschaft sei ungleich, weil Schmidtlein kein Interesse für ihn habe, antwortete dieser mit großer Heftigkeit: „Dann machen Sie sie gleich!" Platen war in tiefster Seele getroffen. „Ich verbarg ihm nicht meine Schwäche und meinen Schmerz," heißt es im Tagebuch, „obwohl er immer seine kühle Haltung bewahrte. Ich war so bewegt, daß mir andauernd die Stimme versagte und ich befürchten mußte, in Tränen auszubrechen. Schließlich zog ich mich zurück, indem ich ihm einen guten Tag wünschte."

Doch zwei neutral-freundliche Begegnungen auf der Straße trieben den Dichter wieder zu Adrast. Er schlug einen Spaziergang vor. Im Hofgarten verfiel er dann unbewußt auf das einfachste und sicherste Mittel, Sympathie zu gewinnen, nämlich auf Komplimente. Als er Schmidtlein eröffnete, er fühle sich zu ihm hingezogen, wurde dieser merklich freundlicher; als Platen dann noch nachschob, des Begehrten Züge hätten sein Interesse erweckt und darum hätte er seine Bekanntschaft gesucht, war die Reserve schnell geschwunden. Wir dürfen annehmen, daß Schmidtlein um sein gutes Aussehen wußte und daß die daraus folgende Eitelkeit ihn für Schmeicheleien empfänglich machte.

Der Juni brachte ein Höchstmaß an Harmonie zwischen Liebhaber und Geliebtem. Die Magenschmerzen, Mitte Mai noch erwähnt, waren mittlerweile verschwunden. Auch hatte der Dichter einen geeigneten Text ausgewählt, den Freund zu umgarnen: Conradin, ein umfangreiches Lesedrama des heute vergessenen Friedrich v. Heyden. Hier stand zwar eine (erfundene) Frau zwischen dem letzten Staufer und seinem Freunde Friedrich von Baden, doch blieben noch genügend Verse, Platens Herzenswünsche sinnig zu übermitteln:

> Conradin (lächelnd Friedrichs Hand ergreifend).
>   Gehörst **du** mir nicht an, so wie **ich** dir?
>   War unsre Freundschaft nicht das edle Feuer,
>   Das schon in früher Kindheit unsre Seelen
>   Zum heiligsten Entschluß entfacht, verklärt? ...

Friedrich.	O Freundschaft! – Schöner Abglanz von dem Strahle,
	Der vor dem Herrn die reinsten Geister bindet,
	Wie führst du wonnevoll durchs dunkle Leben!
	Du warst der einz'ge Strahl, der mich nicht trog.
(zu Conradin)	Was ich Dir schwur, mein Bruder, mein Geliebter,
	Ich will es halten, glaub, so lang ich kann.

Derlei Reden, auf einer Parkbank mit verteilten Rollen gelesen, taten ihre Wirkung. Der Dichter erschien dem ahnungslosen Schmidtlein zwar nicht gleich als Conradin, aber doch wenigstens als bemühter Mentor. Geschickte Komplimente des Verliebten an den geistig wie gesellschaftlich Unterlegenen blieben nicht ohne Echo. Platen berichtet, wie er zum erstenmal mit Schmidtlein Arm in Arm spazierenging: „er hatte den seinen um meinen Rücken gelegt, ich meinen um die Mitte seines Leibes, dessen zärtlich geliebte Schwere zugleich auf meinen Schultern lastete. Man könnte einwenden, dies sei ein sinnlicher Gedanke. Aber warum darf ich mich nicht dieser wohltuenden Seite seiner Schönheit erfreuen, auf daß meine Seele rein sei."

Am folgenden Morgen begaben sich die Freunde um sieben Uhr früh in den Hofgarten und lasen bis Mittag in Heydens ‚Conradin'. „Wir saßen auf einer einsamen Bank mit angenehmer Aussicht", berichtet Platen im Tagebuch. „Wir hielten uns umarmt. Sein Kopf ruhte an meiner Brust, und unsere Brauen berührten sich häufig. Um dies Glück voll zu machen, bot uns die Tragödie, die von Liebe und Freundschaft widerhallt, ungemein schöne, wahre, bedeutungsvolle Verse, die unserer Situation bis in alle Nuancen entsprachen." Der Dichter bekam Angst vor sich selber. „Eine feindliche Göttin will uns trennen, indem sie uns vereinigt. Es ist die Leidenschaft. Wir sind jung und lieben uns glühend. Aber ich hoffe, daß Gott uns helfen wird, glücklich über diesen Abgrund zu springen. Ich glaube, es wird das beste sein, wenn wir uns ehrlich unsere Gedanken zu diesem Thema mitteilen und den gemeinsamen Feind mit vereinten Kräften bekämpfen." Daß Platen sich hier gründlich irrte, daß er in Verblendung von sich auf den anderen schloß, sollte er später erfahren.

Auch in der Wahl der Lektüre täuschte er sich. Wer Heydens ‚Conradin' nicht mit seinen Augen liest, wird außer den zitierten Versen wenig finden, was als Plädoyer für Männerfreundschaft gelten könnte. Vielmehr steht die Frauenliebe in Gestalt des Mädchens Fiammabella zwischen Conradin und Friedrich, und diesem Umstand mag es zu verdanken sein, daß der naive Schmidtlein immer noch nicht merkte, wohin die Reise ging. Der verliebte Dichter jedoch übersah die Frau und erblickte nur das seinen Wünschen entsprechende Spiegelmotiv. Ähnliches gilt auch für die nächste gemeinsame Lektüre: ‚Adelaide du Guesclin', ein Drama in Alexandrinern von Voltaire. Es gibt, entgegen Platens Meinung, zum Thema nichts her*; was uns, ausgerechnet bei Voltaire, auch gewundert hätte.

Sogar jetzt, am Zenit der Freundschaft, waren die Beziehungen durchaus nicht ungetrübt. Platen klagte über Schmidtleins Eitelkeit und Kühle, ja er schrieb sogar ein

---

* Adelaide zwischen zwei Vettern, Herzögen zur Zeit Karls VII von Frankreich.

Gedicht darüber. Mitte des Monats zog er sich zweimal mit Lektüre allein in den Park von Veitshöchheim zurück, dessen hohe verbergende Hecken sehr nach seinem Geschmack gewesen sein müssen. Nach heftigen gegenseitigen Vorwürfen herrschte auf einem Spaziergang nach Heidingsfeld, bei der Lektüre Voltaires, noch einmal schönste Harmonie: „Hier gab sich Eduard schließlich ohne Rückhalt einer Zärtlichkeit, die der meinen gleichkam", heißt es im Tagebuch. „Wir waren nur mehr eine Seele, und unsere Körper glichen zwei Bäumen, deren Äste sich auf immer verflochten hatten...Es ist ein Glück, ich gestehe es, innig zu lieben; aber mit einer solchen Glut wiedergeliebt zu werden, das ist der Gipfel der Seligkeit: es ist, als wenn die Last des Lebens von unseren geflügelten Schultern fiele und die Seele sich in Himmelslüften bade."
Während dieser Tage schönster Illusion versöhnte sich Platen mit Gruber, von dem er durch eigene Torheit mehr als ein Jahr getrennt gewesen war; Döllinger hatte zwischen den beiden alten Freunden vermittelt. Ende Juni schließlich bot der Dichter als letzten Trumpf Schmidtlein das Du an. „Er akzeptierte begeistert, wobei er mich mit einem Ausdruck verliebter Süße anblickte, die mir seine Augen bisher noch nie gezeigt hatten." Erstaunlich, wie man eng umschlungen im Grase liegen und gleichzeitig ‚Sie' zueinander sagen konnte; doch paßt solcher Gestus ganz gut in die deutsche Kulturlandschaft zwischen Empfindsamkeit und Biedermeier.
Von nun an aber wurde Eintracht selten und Streitereien gewannen die Oberhand. Platen fand an Schmidtleins Freunden auszusetzen, er begann wieder zu fordern, was jener ihm nicht geben wollte und konnte, er entzog ihm das Du. Zornige Trennung, ein Strom von Tränen, tags darauf ebenso heftige Versöhnung: „Ich setzte mich auf seine Knie und beschwor ihn mit tausend ergreifenden Worten und tausend Küssen, nicht zu trennen, was das Schicksal selbst vereinigt hatte."
Nach mehrmaligem Hin und Her wurde Schmidtlein in einem Briefe deutlich: „Du suchtest mich kennen zu lernen, u. schon vom Schiksale dazu bestimmt, mir Freund zu werden, kamst Du in meine Arme. Nicht also ich...Du wardst mir zärtlich, Freund, u: ich habe Dir Deine Zärtlichkeit erwiedert, ich gestehe es, weniger aus innerlichem Antriebe, als in der Hoffnung, daß ich gewiß gegen Dich, den ich als einen edlen, wakern Menschen erkannt hatte, auch in kürzester Zeit das fühlen würde, was Du gegen mich fühltest. Ach leider hat es der Erfolg anders gezeigt, u. mich über mich selbst vielfältig nachdenken gemacht. Du wurdest immer zärtlicher gegen mich.. und abermals gab ich Dir nach, wiewol mit einem innern Gefühl der Unmöglichkeit.. Viel hat es mich seither geängstiget, ..daß ich immer nicht das heilige Feuer der Freundschaft in meinem Busen fühlte. ..Ich konnte nichts über mich gewinnen. Ich konnte mich nicht anders machen, als mich die Natur schuf."
Dieser eindrucksvolle Brief Schmidtleins ist erhalten, da Platen ihn in seinem Tagebuch vollständig zitiert. Er macht dem Schreiber alle Ehre, zeigt aber auch seine völlige Ahnungslosigkeit gegenüber dem Phänomen der gleichgeschlechtlichen Liebe. Eine Ahnungslosigkeit freilich, die nicht dem Studiosus Schmidtlein, sondern dem ganzen Jahrhundert eigentümlich ist: jenem Jahrhundert, dem Vertrautheit mit griechisch-römischer Kultur Grundlage jeder geistigen Bildung war! Eine Blindheit, die heute kaum glaublich ist.

Der Dichter fühlte sich durch die briefliche Eröffnung vernichtet. In heller Verzweiflung lief er zu Schmidtlein, der gerade einen Freund zu Besuch hatte. Als der gegangen war, zerfloß Platen in Tränen und mußte sich dafür von dem degoutierten Schmidtlein „herzzerreißende Dinge" sagen lassen. Schließlich gewann bei jenem das Mitleid die Oberhand, und um die peinliche Szene zu beenden, verließ er das Haus. „Ich begleitete ihn," schreibt Platens in sein Tagebuch, „gestürzt aus meinem Paradies, zutiefst verwundet, verliebter denn je, erstarrt in einem Gefühl, das Worte nicht zu schildern vermögen."

Aus solchem Gefühl heraus entstand am 23. Juli ein Gedicht, das den Titel ‚Gesang der Toten' trägt.

> Dich Wandersmann dort oben
> Beneiden wir so sehr,
> Du wandelst luftumwoben,
> Du hauchst im Aethermeer.
>
> Dir flimmert gleich Gestirnen
> Der Blumen bunter Glanz,
> Auf unsern nackten Stirnen
> Klebt ein verstäubter Kranz. ...
>
> Wir sind zu Staub verwandelt
> In dumpfer Grüfte Schoos:
> O selig, wer noch wandelt,
> Wie preisen wir sein Loos! ...
>
> Vom Hügel aus die Lande
> Vergnügt beschaust du dir,
> Doch unter seinem Sande,
> Du Guter, schlafen wir.

Hier ist es wieder, das Gefühl, vor dem Angesicht des Geliebten hilflos im Grabe zu liegen. Wir erinnern uns der fiebrigen Tagebucheinträge vom vergangenen Dezember, da Platen sich mit einem Leichnam verglich. Wir gedenken auch der Schlierseer Elegie, da er ‚das verkehrte Geschlecht' mit Feuer in ‚köstlichen Staub' verwandeln wollte. Im Augenblick sieht es so aus, als sei der ‚verstäubte Kranz' des Nachruhms nichts mehr wert. Doch alle Klagen führen in die Irre: der Leichnam lebt, er ist begierig nach Liebe und Ruhm.

Sicher war es Schmidtleins Fehler, daß er jetzt den Verkehr mit dem heiß Entflammten nicht abbrach, sondern die gemeinsamen Lesestunden fortsetzte. Mitleid und Gutmütigkeit mögen ihn dazu verleitet haben, aber auch Eitelkeit darüber, daß ein leibhaftiger Graf ihm zu Füßen lag, und was für ein gebildeter. Daß er damit einem unerwünschten Feuer immer neue Nahrung lieferte, bedachte er nicht.

Der Dichter las indessen Calderóns Drama ‚Eco y Narciso', worin, dem griechischen Mythos folgend, seine Lebenskonstellation abgebildet ist. Es kann nicht verwundern, wenn er das Stück „die Krone aller mythologischen Komödien" und „wahrhaft ein Meisterwerk" nennt.

Doch auch zu anderen Bränden kam es damals in der Domgasse. Im Keller der Apotheke entzündete sich durch unachtsames Hantieren Phosphor: die Apothekerin und der Gehilfe stürzten nackt und brennend aus dem Haus. Das Feuer im Keller war bald mit Mist gelöscht, da Wasser offenbar fehlte; doch die Verletzten starben unter fürchterlichsten Qualen, die Apothekerin auf Platens Roßhaarmatratze.

Kaum war das vorüber, entbrannte „ein Aufstand des Pöbels gegen die Juden", wie der Dichter an die Eltern schreibt, „dessen Haupttummelplatz die Domgasse (war). Es fieng an am 2ten (August) des nachts, wo es aber nur blos im Rufen (Hepp! Hepp! welches das Losungswort ist) bestand, in der Nacht des 3ten war der Tumult sehr groß, man warf den meisten Juden die Fenster ein, und mishandelte sie auf der Straße. Ein hiesiger Bürger wurde von einem Polizeysoldaten im Gedränge erschossen, und dieß brachte die Bürger in Allarm. Gestern Mittags war die Wuth des Pöbels am höchsten. Unter fluchendem Zuruf verließen die reichen Juden die Stadt. Einem, mit Namen Vorchheimer, wurde die Hausthür mit Gewalt gesprengt, das Haus geplündert, die Meubles zum Fenster herabgeworfen. Heute Nacht rükte die Garnison aus, und verhinderte Thätlichkeiten. Das Geschrey u. Gewimmel in der Domgasse dauerte bis 1/2 10 Uhr. Sodann sprengte sie die Cavallerie mit Gewalt aus einander u. die Infanterie verfolgte die Einzelnen mit dem Gewehrkolben." Alle 28 Judenwohnungen in der Stadt erhielten Schutzwachen. Platen nennt auch den allgemein vermuteten Hintergrund des Pogroms: die Würzburger Kaufmannschaft, von der jüdischen Konkurrenz unterboten und so um ihre Gewinnspannen besorgt, habe den Aufstand bestellt und finanziert.

Inzwischen hatte sich der unbedachte Schmidtlein schon wieder ein Stück weiter mit dem Dichter eingelassen. Er lauschte dessen Vortrag aus eigenen Werken, dem ‚Sieg der Gläubigen', dem er stark applaudierte, und auch von sinnig und beziehungsreich ausgewählten Gedichten, etwa ‚Der Mädchen Friedenslieder' oder dem neuen ‚Gesang der Toten'. Ahnungslos, doch betört von solchen Sirenenklängen, schüttete nun Schmidtlein Platen sein Herz aus. Er sprach von seiner traurigen Kindheit, einer vernachlässigten, ja grausamen Erziehung, von Tränen, die er erst kürzlich vergossen habe; daß er für die Jurisprudenz wenig Eifer aufbringe und statt dessen die diplomatische Karriere vorzöge, wenn er nur adlig wäre, Fremdsprachen spräche und über Geschichtskenntnisse verfügte. Platen fiel es leicht, hier Trost zu spenden, und wir erkennen zugleich, aus welchen Komponenten sich die Faszination zusammensetzte, die er auf Schmidtlein ausübte.

Doch dessen Herzenseröffnungen wechselten abrupt mit kühlster Reserve, so daß der arme Platen immer zwischen Hoffnung und Verzweiflung hin- und hergerissen wurde. „Warum muß ich diese unseligen Neigungen nähren, die nie erlaubt, die nie erwidert sein werden? Welch furchtbare Unmöglichkeit, und welches Los erwartet mich!"

Für die Ferienmonate September und Oktober wollte er auf den Schwanberg bei Kitzingen, wo der Bankier Hirsch, von dem am Anfang dieses Buches schon einmal die Rede war, ein Schloß besaß. Hirsch war wegen eines früheren Pogroms von Würzburg vorübergehend nach Ansbach geflüchtet, und die erste Frau von Platens Vater hatte 1806 vergeblich versucht, eins ihrer Häuser an ihn zu verkaufen. Jetzt war Hirsch wieder in Ansbach. Als Platen ihn durch seinen Vater bitten ließ, ob er bei dem Gutsverwalter auf dem Schwanberg wohnen dürfe, lehnte Hirsch jedoch ab. So begab sich der Dichter zu Fuß in die dortige Gegend, um nach einem anderen Ferienquartier zu suchen. Schmidtlein begleitete ihn ein Stück des Weges. Zufällig in mitteilsamer Laune, sprach er über seine seelischen Probleme. Schon früher hatte er angedeutet, die Leiden seiner Kindheit gingen auf das Konto der Mutter; jetzt eröffnete er dem freudig aufhorchenden Platen, daß er nicht fähig sei, Frauen zu lieben. In Rottendorf, bei Butterbrot und Warmbier, lasen die Freunde eine Elegie des Tibull:

> Ach, wie wünscht' ich mit dir die langen Nächte zu ruhen,
> Wünschte, den langen Tag auch zu durchwachen mit dir.

Schmidtlein kehrte um, Platen aber wanderte weiter bis zu dem Weinbau-Städtchen Iphofen am Fuße des Schwanberges. Hier fand er bei einem Bauern ein großes und helles Zimmer, das er für den kommenden Monat anmietete. Dann kehrte auch er nach Würzburg zurück.

Ebenso prompt wie falsch hatte er aus Schmidtleins Eröffnung den Schluß gezogen, dieser empfinde gleich ihm. Frühmorgens am übernächsten Tag bedrängte er den Widerstrebenden in seiner Wohnung: „Sein Geheimnis ist kein anderes, als die Unmöglichkeit, Frauen zu lieben, und eine unbezwingbare Neigung zum eigenen Geschlecht", heißt es im Tagebuch. „Diese Worte wurden zwar nicht ausgesprochen, aber es besteht kein Zweifel. Eduard ist der erste Mensch, der mir so ähnelt, daß es nichts mehr gibt, was ich ihm verheimlichen könnte." Narziß scheint sein perfektes Spiegelbild endlich gefunden zu haben.

Fortwährende Triebsublimation, ob nun freiwillig oder notgedrungen, führt zu Realitätsverlust. Da Platen überdies in seinen dreiundzwanzig Lebensjahren niemanden getroffen hatte, mit dem er über seinen Zustand rückhaltlos hätte sprechen können, blieb ihm gar nichts übrig, als sich selbst dorthin zu projizieren, wo er eine gleichgeartete Seele vermutete. Schmidtlein war nun diese Seele durchaus nicht. Er hatte es Platen wieder und wieder, schriftlich und mündlich, wissen lassen. Eine gestörte Mutterbeziehung mag bei Männern zu vorübergehenden oder dauernden Schwierigkeiten im Umgang mit dem anderen Geschlecht führen; sie mag sogar Homosexualität zur Folge haben, doch keineswegs zwangsläufig. Der Dichter war derart verblendet, daß er am nächsten Morgen wieder zu Schmidtlein ging. „Er war noch im Bett," heißt es im Tagebuch, „weil er sich indisponiert fühlte. Ich zeigte ihm meine Liebe, er aber war kälter denn je. Er konnte nicht abstreiten, daß er die Frauen durchaus nicht liebte, aber er versicherte mir, daß er nie irgendeine Neigung zu seinem eigenen Geschlecht gespürt habe. Er antwortete kaum auf meine Fragen und bat mich immerzu, fortzugehen. Doch bevor wir uns trennten, umarmten wir uns noch einmal mit aller früheren Zärtlichkeit."

Diese versöhnlichen Abschiedsgesten, so sehr sie dem konzilianten Wesen Schmidtleins entsprachen, waren aber geradezu Gift für des Dichters liebessüchtige Seele. Sie schienen jeder freundlichen, vernünftigen oder strengen Absage zu widersprechen. Während wegen des Kummers die Magenschmerzen wieder einsetzten, schrieb Platen ein ebenso kunstvolles wie schwülstiges Sonett, das seinen inneren Zustand genau wiedergibt, und das er Schmidtlein deshalb auch nicht zeigen wollte.

> Glaub mir, noch denk' ich jener Stunden stündlich,
> Wo ich zum erstenmale dir das zarte
> Geheimniß deines Sieges offenbarte,
> Im Liede kühn, allein verlegen mündlich.

Dein jetz'ger Wille scheint mir unergründlich:
Weil jene Schüchternheit sie nicht bewarte,
Hör' ich dich klagen, unsre Lieb' entarte,
Und ihr Verlangen nennst du keck und sündlich.

O daß die Blume nicht umsonst verdüfte,
Laß Wang' an Wange hier uns ruhn im Düstern,
Und Brust an Brust gedrängt, und Hüft' an Hüfte.

Horch! Wie es säuselt in den alten Rüstern:
Durchschwärmt vielleicht ein Elfenchor die Lüfte,
Wollüstig weichen Brautgesang zu flüstern?

Es ist tragisch, daß Platen, von seiner Anlage gezwungen, durch das Milieu gehemmt, sein Spiegelbild stets dort suchen mußte, wo er es durchaus nicht finden konnte. Dabei war ihm vor einem Jahr jemand begegnet, der sich aufs eifrigste bemühte, sein Pendant zu sein: jenem Hochstapler Meyer, den er finanzierte, ja der schon auf seinem Sofa schlief, der vermutlich längst gemerkt hatte, woher der Wind wehte, und der wohl zu allem bereit gewesen wäre. Im Lichte des Sommers 1819 erscheint er als Bote der traurigen Wirklichkeit. Platen hatte sie durch sein angestrengtes Sublimieren aus den Augen verloren. Doch sollte sie ihn bald einholen.

Das Semesterende rückte näher und mit ihm die Zeit des Abschieds. Schmidtlein hatte den Wunsch geäußert, im nächsten Winter nach Erlangen zu gehen, wenn es der Vater erlaube, und Platen war nur zu begierig, ihm dorthin zu folgen. Am 1. September besuchte er den Freund zum letztenmal, während dieser seinen Koffer für die Heimreise nach München packte. Wieder konnte Schmidtlein den Besuch nur beenden, indem er selbst das Haus verließ. Vorher umarmte er Platen nochmals zärtlich, und beider Lippen berührten sich in einem langen Kuß. Erfüllt von vermeintlich reinem Eros und den schönsten Hoffnungen auf ein baldiges Wiedersehen, begleitete der Dichter den Geliebten durch die spätsommerlichen Straßen Würzburgs.

Am nächsten Morgen wanderte er bei schlechtem Wetter nach Iphofen, wo er schon vor Mittag eintraf. Im Gepäck, das er sich nachkommen ließ, befanden sich griechische, spanische und englische Bücher, eine dänische Grammatik und zwei botanische Werke, aber auch Vorlagen zum Zeichnen von Landschaften.

Die hohe Spannung des vergangenen Sommers ließ uns keinen Augenblick des Atemholens, so daß wir erst jetzt Gelegenheit finden, über die Dinge zu berichten, die neben dem Auf und Ab mit Schmidtlein noch Platz in Platens Tagebüchern und in seinem Briefwechsel fanden. Am 9. Juni 1819 war er der Kronprinzessin Therese vorgestellt worden, ein wichtiger Kontakt zur künftigen Landesherrin und Frau seines späteren Gönners König Ludwigs I von Bayern. Die Aussöhnung mit Gruber war eine Wohltat für die beiden vereinsamten Freunde gewesen, der eine epileptisch, der andere homosexuell. Leider überwarf sich Platen dafür mit Döllinger – wenn auch nicht endgültig, so doch für den Rest seines Würzburger Aufenthaltes. Ende Juli sah er den berühmten Schauspieler Esslair als Hugo in Müllners ‚Schuld', welche Tragödie er, wenngleich mit Widerwillen, nunmehr zum sechsten Male auf der Bühne erlebte. Semesterprüfungen sind nirgends erwähnt, woraus wir schließen, daß er sie mit der linken Hand erledigte. Platens Roßhaarmatratze, auf der die arme Apothekerin starb, war natürlich nicht mehr zu gebrauchen. Der Dichter forderte vom Hirschapotheker 50 Gulden Ersatz, doch ein Tapezierer öffnete die Matratze und fand heraus, „daß kaum 3 Pfund Rosshaare darinn waren, das übrige schlechte Wolle u. Hundshaare. Ich machte mich daher sehr lächerlich mit meinen 50 fl", schreibt Platen am 20. August an die Eltern.

Die lange vorbereitete Sammlung eigener Gedichte hatte er noch im Mai nach München geschickt. Schlichtegroll war voll des Lobes und gab das Heft weiter an Perglas; von dort ging es an Schnizlein und dann an Herrn v. Harnier, der inzwischen mit seiner Familie wieder nach München zurückgekehrt war.

Quartier und Wirtsleute in Iphofen gefielen Platen gut; weniger das Städtchen selbst, das er „maussade", unfreundlich, nennt; noch heute ist es von einer Mauer umgeben. Er lernte einen interessanten Mann kennen, Dr. Mayer, wahrscheinlich Mediziner. Mayer versorgte Platen mit Ratschlägen beim Tuschzeichnen und gab sich als Panentheist zu erkennen: „Die Welt und Gott sind eins und werden nur in der Abstraktion geschieden, so wie auch Körper und Geist in Wirklichkeit nicht getrennt werden können." Sorgfältig notiert Platen diese Weisheit in sein Tagebuch. Sie paßte zwar nicht zu Wagners Tetradenlehre, doch das war ihm gleich. Von Schmidtlein kam ein lakonischer Brief aus München, der, da er Erlangen nicht erwähnte, die Liebesglut nur noch mehr entfache.

> Selbst in der Einsamkeit Asyl verfolgt
> Mich unversöhnt der scharfe, böse Pfeil!
> Beglückt, beruhigt saß ich, wandelt' ich,
> Den Griffel und die Bücher in der Hand;
> Da kam dein Brief – ein harter, kurzer Brief,
> Doch rief er mir dein Bild zurück ...

Das Gedicht muß noch länger gewesen sein, aber die drei folgenden Blätter sind aus dem Tagebuchmanuskript herausgeschnitten. Der nächste Eintrag vom 22. September bezieht sich auf das Fehlende: „Hier meine Gefühle, und bis wohin sie gelangt sind! Aber dennoch sind diese Verse nicht aus Wollust, sondern aus Liebe entstanden. Es ist nicht die Seele allein, die liebt, es ist unser ganzes Sein, zusammengesetzt aus Leib und Seele, und man kann sie nicht trennen. Hat nicht der Leib seine Rechte, wie die Seele ihre hat? Und die einen wären schimpflicher als die anderen? Ich kann diese Verse nicht verdammen; sie scheinen mir so schön und wollüstig. Eines Tages wird Eduard sie lesen.. Er schreibt nicht; wir werden also nicht nach Erlangen gehen. In Würzburg gibt es nichts zu hoffen. (auf deutsch:) Man kann nur erlangen in Erlangen. (wieder französisch:) Warum mache ich jetzt keine Verse? Es ist alles, was mir bleibt. Ist meine Liebe nicht poetischer geworden, seit sie so entbrannt ist?"

Dies seelische Stenogramm bezeugt den Kampf zwischen Platens Natur und der bürgerlichen Sitte, zwischen jenen beiden Mächten, denen er unterworfen war: Pfefferlüsch und Pflasterhold, wie er sie in seinem Märchen nannte. Obwohl die Natur jetzt Schützenhilfe erhielt durch Dr. Mayers monistische Weisheiten, überwindet sie die Sitte doch immer nur für Augenblicke, so wie bei schwächeren Vulkanausbrüchen die Lava nur für Augenblicke die Asche durchbricht: Liebe ließ diese Verse entstehen, nicht etwa Wollust, ist meine Liebe nicht poetischer geworden, seit sie so entbrannt ist? Dies die jämmerlichen Rationalisierungen, dies der Selbstbetrug als Folge übertriebener Triebsublimation, dies die Heuchelei, die den Pfeffer weder hold noch unhold zu überpflastern vermag. Platens Verhalten ist mitleiderregend und etwas lächerlich, in einem Worte tragikomisch. Das folgende Gedicht, vom Autor nicht eliminiert, entspricht dieser Haltung denn auch wieder vollkommen:

> Gesellig wandern werd' ich nicht mit dir
> Durch Feld und Au'n und ländlich Buschrevier,
> Das seine lezten Schatten, halbentlaubt,
> Uns schenkt' und Blätter schüttelt auf dein Haupt: ...
> Wie müßten lieblich Rosen und Jasmin
> Sich schlingen, Freund, um deine Schläfe hin!
> Doch blüh'n Kamillen nur noch um und um,
> Kartäusernelken, blasses Colchikum,
> Die kleine Bellis birgt sich sittsam hier,
> Sie ist des Lenzes wie des Herbstes Zier,
> Die Achillea steht noch weißlichgrau,
> Und neben ihr der Skabiose Blau. ...
>
> Komm laß uns ruhen im Maßholderstrauch,
> Hier quillt ein Bach, hier schwillt der Rasen auch,
> Und breitet seidenweich sein grünes Vließ,
> Hier schmeken Küsse noch einmal so süß.
> Und wir bedürfen ja nur uns allein,
> Um ganz vergnügt, ja – ganz beglückt zu seyn.

Nachdem er den Geliebten so nicht ohne Geschick auf einen botanischen Spaziergang gelockt hat, kommt er unversehns doch zur Sache: der Spritzer Lava durchbricht die Asche. Mit der dringlichen Frage, wie es denn um Erlangen stünde, schickte Platen diese Verse unter anderen, die kürzlich entstanden waren, und zusammen mit einem gereizten Brief an Schmidtlein.

Ende September kam Gruber auf ein paar Tage von Würzburg herüber. Platen schreibt, mit keinem Menschen noch habe er so gelacht wie mit ihm. Mehrere Spaziergänge wurden gemeinsam unternommen, einer auf den Schwanberg, wo sich im Schloß des Herrn v. Hirsch ein Teleskop befand. Als Gruber nach Würzburg zurückkehrte, fühlte Platen seine Einsamkeit wie einen stechenden Schmerz. Das beständige schöne Herbstwetter, zum Wandern wie geschaffen, konnte ihn nicht aufheitern, denn von Schmidtlein kam keine Nachricht.

Endlich, am vierten Oktober, traf der ersehnte Brief ein: etwas mürrisch, da Platen seinen letzten, wie üblich, mit Vorwürfen der Lieblosigkeit angefüllt hatte, bevor er die widersprüchlichen Zeichen seiner Neigung darbot: eine schaurige Ballade, in der irdische Liebe mit dem Tode bezahlt wird, und jenes botanische Herbstgedicht, das jäh in einer Liebeslaube endet. Schmidtlein fand die Ballade trivial, und zu den anderen Versen meinte er mit verständlicher Zurückhaltung: „Was Du mir übrigens noch schikst, ist mir ein Beweis, daß Du an mich denkst, u. als solcher recht werth." Der Dichter war wütend. Zwar zweifelte er immer wieder an seinem Talent und kritisierte seine Schöpfungen mit großer Strenge, aber wehe, das tat ein anderer!

Reden ist Silber und Schweigen ist Gold. Platen, sonst rundum erwachsen, war ohne Lebenserfahrung in eroticis. Er setzte sich hin und schrieb an Schmidtlein einen Brief über Dinge, die er nicht beizeiten getan oder wenigstens zu tun versucht hatte und über die er am besten geschwiegen hätte. Geredet worden war schon zuviel: ‚Weil jene Schüchternheit sie nicht bewahrte, / Hör ich dich klagen, unsre Lieb' entarte, / Und ihr Verlangen nennst du keck und sündlich.' Jeder platonische Vorwand muß zwischen den Freunden gefallen sein, bevor dieses Sonett entstand; Schmidtleins Klage läßt ja an Klarheit nichts zu wünschen übrig. Wir kennen den Brief nicht, den Platen zwischen dem 5. und dem 10. Oktober in Iphofen schrieb, denn jene drei Seiten des Tagebuchmanuskriptes, die darüber Auskunft gaben, fehlen. Wir kennen jedoch den verwirrten Zustand des Dichters, seinen völligen Realitätsverlust, und können uns so ungefähr vorstellen, wie der Brief aussah. Zunächst wird er sich in bittern Vorwürfen ergangen sein über mangelnde Liebe und böswillige Kritik der poetischen Blüten. Nachdem er so Schmidtleins Laune gründlich verdorben, wird er Dr. Mayers Weisheit aufgetischt haben, Leib und Seele seien eins; um schließlich in der Frage zu münden, ob er, Schmidtlein, nicht mit ihm, Platen solch psychosomatisches Glück in Erlangen kosten wolle? Zur Illustration hatte er, Gipfel der Verblendung, noch einige Verse neuester Produktion beigelegt. Ach, zu spät war der Vulkan für einmal richtig ausgebrochen, die heiße Lava ergoß sich in Brief, Gedichte und Tagebuch. Keins der Zeugnisse ist erhalten.

Danach fühlte er sich erleichtert. Am 15. Oktober hatte er ein Heft mit 45 Gedichten „von überfließender Phantasie" gefüllt, darunter vermutlich die an Schmidtlein gesandten; wir können nur bedauern, daß sie verloren sind. Unter den Büchern, die Platen nach Iphofen mitgenommen hatte, war auch ein Band der Griechischen Anthologie, vielleicht jener mit dem 12. Buch, das 227 Paidika, von Knaben handelnde Epigramme, enthält.

Mittlerweile kamen ihm doch Bedenken. Am Siebzehnten hatte er weitere 28 Gedichte verfaßt, ruhiger diesmal und „plutôt l'ouvrage de l'art", viel mehr Kunstwerk als die Beiträge des ersten Heftes.

Die Post von Iphofen war nicht sehr zuverlässig, einiges war schon verlorengegangen; nicht so Platens fataler Brief mit den „unglücklichen Versen". Am nächsten Morgen traf Schmidtleins Antwort aus München ein. „Ich habe heute von Eduard einen schrecklichen Brief erhalten, wie ich es verdiente", notiert Platen in sein Tagebuch. „Und er hat mich nicht getötet? Erbleichend schreibe ich ihn hier ab:

‚Herr Graf! Heute habe ich Ihr schimpfliches Schreiben erhalten, und heute schike ich es Ihnen sammt Allem, was ich hier noch von Ihnen in Händen habe, zurük. Was ich noch von dergleichen in Würzburg habe, erhalten Sie in den ersten Stunden nach meiner Ankunft daselbst; eben so bitte ich mir all das Meinige zurük, denn weder will ich etwas von einem Menschen besitzen, den ich wegen seiner abscheulichen Gelüste verachten muß, noch soll er etwas von mir haben.

Niemand hat Ihren schändlichen Brief gelesen, aber es sey Ihnen genug zu wissen, daß ich Sie vollkommen verabscheue, wie es jeder thun müßte, der diesen Ausfluß gräßlicher Verdorbenheit lesen würde.

Erkennen Sie, Herr Graf, an diesen Zeilen die Spuren meines höchsten Unwillens und meiner tiefsten Verachtung. Ich will absehen von der gräßlichen Beleidigung, die Sie mir durch jenen Brief angethan haben. Aber das sage ich Ihnen, ich werde es mir zur Ehre schätzen, wenn Sie mich ganz vergessen, und Niemandem sagen, daß Sie mich je gekannt haben; und das sage ich Ihnen auch noch: Wagen Sie es niemehr, mir auch nur Eine Zeile zu schreiben, oder wenn ich in Ihre Nähe komme, nur Ein Wort mit mir zu sprechen; was mich angehet, so werde ich Sie von nun an als ein pestartiges Uebel meiden, u. Sie könnten sich sonst wirklich der Gefahr aussetzen, behandelt zu werden, wie es derjenige verdient, welcher der menschlichen Würde gänzlich entsagt hat.'

„Ich werde ihn nicht wiedersehen: ich werde seine Heimat (Würzburg) verlassen. Ich habe die beiden Hefte mit (den neuen) Gedichten versiegelt, auf daß man sie einen Tag nach meinem Tode öffne. Ich betrachte mich als einen Ruchlosen, der sich selber fürchten muß. Die Schwere seines Fluchs und seiner tiefen Verachtung lasten auf mir. Jede Beschäftigung wird mir zur Qual. Man muß immer gegen das Leben kämpfen."

Mit diesen erschütternden Worten schließt Platen sein zweiundzwanzigstes Tagebuch, das er, wie die beiden Gedichthefte, versiegelte. Er verließ Iphofen am nächsten Morgen. In Würzburg blieb er vier Tage, um seinen Haushalt aufzulösen. Auf Rückseite und Ränder von Schmidtleins furchtbarem Brief schrieb er eine demütige Bitte um Verzeihung und darum, doch die geschenkten Bücher zu behalten. Dann schickte er, trotz Schmidtleins Warnung, den Brief an dessen Adresse, damit jener ihn fände, wenn er aus München zurückkehrte. Als Gruber kam, erzählte er, was geschehen war, und mit den Worten: „Großes Unglück fordert großes Vertrauen" überließ er ihm seine Tagebücher, auch das zweiundzwanzigste, zur Lektüre. Dann ging er aus dem Haus, denn seine Scham war so groß, daß er Gruber nicht mehr unter die Augen treten wollte, nachdem dieser seine Aufzeichnungen gelesen hatte.

Als der Freund fort war, kam er wieder in seine Wohnung und fand ein Papier, auf dem mit Bleistift geschrieben stand: ‚Großes Unglük fordert großes Vertrauen.' Das eigentlich große Unglük u. die große Schuld liegen nur im Versiegelten. Ich habe das Versiegelte gelesen.. Die Leidenschaft hat Dich verführt. Preise u. segne Dein Geschik, wenn S's Worte Dich so schauderhaft aufgewekt haben. Sey ruhig. Auch S. – es ist nicht unmöglich – kann Dich noch achten u. Alles vergeben, wenn auch vielleicht nicht mehr lieben. Auf mich hat Deine Leidenschaft nicht wie auf S. leidenschaftlich eingewürkt.

Ich kenne Dich nun so ziemlich, und − bey Gott u. Allem, was mir heilig − so sehr ich das Laster verachte u. verabscheue.., ich verachte Dich im Geringsten nicht, ich verabscheue Dich im Geringsten nicht. Es ist eine Verirrung, an der ich innige Theilnahme mitfühle.

Wenn Dich S. so aus dem rechten Standpunkt sehen könnte wie ich, er würde nie und nimmer so von Dir fühlen, wie er geschrieben, denn Du bist noch blos versucht von diesen unnatürlichen Gelüsten, aber noch kannst Du mit einem Mahle die Kette reißen, die Dich daran fesselt.

Dieß von ganzem Herzen, u. ich misbrauche nie Dein Vertrauen, denke im Ganzen von Deinem inneren Seyn nicht schlechter u. danke für Dein Vertrauen − "

Ein wenig getröstet reiste Platen nach Erlangen ab, wo er an seinem dreiundzwanzigsten Geburtstag eintraf.

Irgendwann nach dem Eintreffen des schrecklichen Briefes muß er jenes Lied gedichtet haben, das über sein Verhältnis zu Schmidtlein offen Rechenschaft gibt.

> Wie Einer, der im Traume liegt,
> Versank ich still und laß,
> Mir war's, als hätt' ich obgesiegt,
> Bezwungen Lieb' und Haß.
>
> Doch fühl' ich, daß zu jeder Frist
> Das Herz sich quält und bangt,
> Und daß es nur gebrochen ist,
> Anstatt zur Ruh' gelangt.
>
> Du hast zerstückt mit Unbedacht
> Den Spiegel dir, o Thor!
> Nun blickt der Schmerz verhundertfacht,
> Vertausendfacht hervor.

Deutlich zeigt sich hier, daß direkt hinter dem Spiegelbild des Narziß die Angst vor seiner Zerstörung lauert. Sie ist Platens spezifischer Anteil am Weltschmerz, an der ‚Zerrissenheit' des Biedermeiers. Seine gesamte Poesie läßt sich als ein Versuch begreifen, den Zerstörungsängsten immer dichtere, stabilere ‚spiegelnde' Strukturen entgegenzustellen.

Die Ermordung Kotzebues war nicht ohne Folgen geblieben. Im August 1819 hatten sich die wichtigsten deutschen Staaten unter Metternichs Leitung in Karlsbad auf Maßnahmen gegen ‚demagogische Umtriebe' geeinigt: Verbot der allgemeinen Burschenschaften, strengste Überwachung der Universitäten durch Kuratoren, verschärfte Zensur für Zeitschriften und Bücher unter 20 Druckbogen, Einsetzung einer zentralen Untersuchungskommission. In Österreich und Preußen wurden die Beschlüsse streng durchgeführt, in Bayern weniger; Kronprinz Ludwig trug das altdeutsche Wams, und selbst der eher weltbürgerliche König Max Joseph ließ seine jüngeren Kinder von

Maßmann, einem der Teilnehmer des Wartburgfestes, im Turnen unterrichten. So blieben auch die Burschenschaften erlaubt, wengleich unter scharfer Beobachtung. Strengstens verboten aber waren Geheimbünde, geheime Treffen und Absprachen mit Verbindungen außerbayerischer Universitäten.

19. Erlangen

Gegen Würzburg wirkte Erlangen armselig und nüchtern. Seit etwa 1400 unter hohenzollernscher Herrschaft, war es schon vor 1530 protestantisch geworden. Ein späterer Markgraf rief, dem Vorbild des Großen Kurfürsten folgend, Hugenotten ins Land und ließ für sie eine Neustadt mit schachbrettartigem Grundriß anlegen. Die Altstadt wurde nach einem Brande, möglicherweise von den Hugenotten gelegt, im Stil der Neustadt um das bescheidene Schloß herum wieder aufgebaut. Die Gründung der Universität geht auf die Markgräfin Wilhelmine, eine Schwester Friedrichs des Großen, zurück. 1791 wurde Erlangen durch Erbfolge preußisch, 1810 durch den Frieden von Schönbrunn bayerisch. Die Gegend ist sandig, Platen beschreibt sie als „sehr betrübt durch Nadelwälder". Er nahm Logis am Marktplatz bei einem Kaufmann, der sein ganzes Haus an Studenten vermietete. Der Blick von seinem Zimmer ging auf die leeren Mauern des vor einigen Jahren ausgebrannten Schlosses – eine Aussicht, die seinem Seelenzustand entsprach.

Die anderen Studenten waren noch in den Ferien. Erlangen ist keine 60 km von Ansbach entfernt, und so begab sich Platen schon am vierten Tag auf einem kurzen Besuch zu den Eltern, da er die Einsamkeit nicht ertrug. Um zehn Uhr morgens brach er trotz des schlechten Wetters zu Fuß auf und traf, ziemlich beschmutzt, zwölf Stunden später zu Hause ein. Er machte in Ansbach kaum Besuche und vertiefte sich statt dessen in Goethes neuestes Werk, den ‚West-östlichen Divan'.

> Gottes ist der Orient!
> Gottes ist der Okzident!
> Nord- und südliches Gelände
> Ruht im Frieden seiner Hände.

Unter Tränen wird er diese tröstlichen Verse gelesen haben. Doch dann wird er mit Verwunderung auf ‚Saki Name', das Schenkenbuch gestoßen sein, und weiter hinten, bei den Noten und Abhandlungen, auf Goethes Kommentar dazu: „Weder die unmäßige Neigung zu dem halbverbotenen Weine, noch das Zartgefühl für die Schönheit eines heranwachsenden Knaben durfte im ‚Divan' vermißt werden; Letzteres wollte jedoch unseren Sitten gemäß in aller Reinheit behandelt seyn." Dann kommt der Alte auf die „leidenschaftliche Neigung des Kindes zum Greise" zu sprechen, wobei er nicht unbedingt einen Jungen im Sinn gehabt haben muß. „Höchst rührend aber bleibt das heranstrebende Gefühl des Knaben, der, von dem hohen Geiste des Alters erregt, in sich selbst ein Staunen fühlt, das ihm weissagt, auch dergleichen könne sich in ihm entwickeln. Wir versuchten so schöne Verhältnisse im ‚Schenkenbuche' anzudeuten und gegenwärtig weiter auszulegen." Dann bringt Goethe noch zwei hübsche homoerotische Geschichten von Sa'di, die jedoch in Trennung und Tod enden.

Nachdem Platen soeben schmerzlich von der Griechischen Anthologie Abschied genommen, fand er eine ähnliche Botschaft wieder, hier, wo er sie wohl kaum vermutet hatte. Verheißungsvoll schienen ihn die fremden Lettern auf dem Titelblatt des ‚Divan' anzublicken.

Am dritten Tag wanderte er nach Erlangen zurück, denn das Semester begann in Kürze. Um Buchhandlungen aufzusuchen, wählte er den Weg über Nürnberg. Wir wissen nicht, nach was er dort fragte; es würde uns aber nicht wundern, wenn es ‚Der Diwan von Mohammed Schemsed-din Hafis. Aus dem Persischen zum ersten Mal ganz übersetzt von Joseph v. Hammer' gewesen wäre, 1812/13 erschienen und in den Noten zum west-östlichen Divan lobend erwähnt. Ja, Hammers Hafis-Übertragung hatte Goethen zu diesem Werke überhaupt erst angeregt.

Platens Selbstgefühl speiste sich auch aus dem Besitz von Büchern. Es kann daher nicht verwundern, daß er viel Geld für sie ausgab. Seine Einkünfte überstiegen damals 1000 Gulden im Jahr: 600 waren königliches Stipendium, 300 schoß der Vater zu, vom Regiment kam noch die halbe Unterleutnantsgage von 144, so daß er 87 Gulden monatlich zur Verfügung hatte. Überdies machte die Tante in Hannover noch gelegentlich ein Geldgeschenk.

Erlangen war eine der billigsten Universitätsstädte Deutschlands. Mit 400 Gulden jährlichem Wechsel konnte man dort, nach dem Zeugnis Friedrich Reuters, „den großen Herrn spielen". Das lag Platen sicher fern. Der einzige Luxus, den er sich erlaubte, war eben die Anschaffung von Büchern bei Heyder, seinem späteren ersten Verleger. Doch als er vom Besuch der Eltern zurück war, ließ er sich einen Schlafrock aus geblümter Baumwolle schneidern, und wir können leicht erraten, woher die Anregung kam. Als Morgenländer sehen wir ihn an seinem Stehpult, es fehlt nur noch der Turban.

> Hin zur Blume trete, In krystall'ne Quellen
> Doch zerknick' sie nie, Schleudre keinen Stein,
> Schau sie an und bete: Bete zu den Wellen:
> Wär' ich schön, wie sie! Wär' auch ich so rein!

Dies die neue Tonart in einem ‚Parsenlied'. Mehr als Reinheit suchte Platen zunächst nicht im Orient. Seine große Bibliothek arrangierte er mit Stolz gegenüber der Fensterwand. Die Abende verbrachte er im Haus. Unterdessen war der Bewohner des Nebenzimmers eingetroffen und hatte sich ihm vorgestellt: Hermann v. Rotenhan aus der Gegend von Bamberg, Student der Rechte. Irritiert schreibt Platen in sein Tagebuch: „Er ist ein schöner junger Mann." Und sogleich ergeht er sich in langen Reflexionen über seinen Nachbarn: daß er ihm nicht ausweichen und wie gefährlich ihm dieser werden könne. „Aber ich darf versichern, daß ich die Liebe und ihre schrecklichen Zärtlichkeiten hasse."

Tief berührt von dem Lebenskontrast zwischen Würzburg und Erlangen schrieb der Dichter eine seiner berühmtesten Balladen: ‚Der Pilgrim vor St. Just'.

> Nacht ist's und Stürme sausen für und für,
> Hispanische Mönche, schließt mir auf die Thür!
>
> Laßt hier mich ruh'n, bis Glockenton mich weckt,
> Der zum Gebet euch in die Kirche schreckt!
>
> Bereitet mir, was euer Haus vermag,
> Ein Ordenskleid und einen Sarkophag!
>
> Gönnt mir die kleine Zelle, weiht mich ein,
> Mehr als die Hälfte dieser Welt war mein.
>
> Das Haubt, das nun der Scheere sich bequemt,
> Mit mancher Krone ward bediademt.
>
> Die Schulter, die der Kutte nun sich bückt,
> Hat kaiserlicher Hermelin geschmückt.
>
> Nun bin ich vor dem Tod den Toten gleich,
> Und fall' in Trümmer, wie das alte Reich.

Nicht schwer zu erraten, wer und was hier mit Kaiser Karl V, spanischem Kloster und altem Reich gemeint ist. Der Dichter will seine Würzburger Liebe in den Armen der Kirche begraben. Natürlich hat das Gedicht, im Jahr der Karlsbader Beschlüsse entstanden, auch eine aktuell-politische Bedeutung.

In einem der wenigen adligen Häuser am Ort besuchte er Anna, seine alte Kinderfrau, die dort seit achtzehn Jahren lebte. Er hatte sie seit jener Zeit nicht mehr gesehen. „Ach, ich war fast (immer) unglücklich seit dem Augenblick, da sie mich nicht mehr in ihren Armen trug." In der folgenden Zeit kam ihn Anna verschiedentlich besuchen, da er dort, wo sie wohnte, nicht ungestört mit ihr reden konnte.

Perglas hatte endlich vom Vater die Erlaubnis erhalten, den Kasernenhof mit der Universität zu vertauschen. Nun war er in Würzburg eingetroffen und enttäuscht, Platen dort nicht mehr zu finden. Dieser hatte freilich, bevor er nach Erlangen abreiste, Gruber gebeten, sich um Perglas zu kümmern. Gruber tat das wohl auch ein wenig, doch meinte er in einem Brief, es sollte ihn wundern, wenn er und Perglas zusammen taugten. Bei der Gelegenheit machte er eine treffende Bemerkung über Philosophen in Würzburg: „Dann meynen Viele auch, bey Wagner höre man halt Wagner's Ansichten, und die sind wohl recht schön, und recht scharfsinnig und Alles; aber es seye halter doch Nichts Rechtes".

Mit seiner Auswahl der Kollegien zeigt Platen, wie ernst es ihm jetzt war, das schöngeistige Würzburger Treiben zu beenden. Er hörte in Erlangen fünf Vorlesungen: Mathematik (wohl Wagner zu Ehren), eine allgemein juristische, Finanz-, Staatswirtschaft, Statistik und europäische Geschichte. Die Universität war so ärmlich, daß die

Professoren in ihren Privathäusern Vorlesung hielten. Platens Leben war sehr uniform: von 7 bis 10 Uhr besuchte er drei Kollegien, und nach einem Spaziergang um 12 Uhr ein viertes. Das Mittagessen nahm er auf Abonnement im Gasthaus ‚Zum Wallfisch'. Die Speisen waren sicher bescheiden: „Ambrosia aus Brodsupp', zähes Schöpsenfleisch und Braunkohl" nennt sie Reuter. Platen saß mit neun Herren zu Tisch, jedoch am Kopfende, und unterhielt sich deshalb nur selten. Die Mathematik-Vorlesung von 1 bis 2 Uhr schwänzte er gern. Den Nachmittag verbrachte er mit Spaziergängen, Zeitungslesen in der ‚Harmonie' und sonstiger Lektüre. Gegen 11 Uhr abends ging er zu Bett. Nicht unzufrieden äußert er sich über dies Leben. In München oder Würzburg hatte es nicht mehr Abwechslung geboten; doch „war es immer versüßt durch das Gespräch mit einigen Freunden", wie es im Tagebuch heißt.

Mehr noch als in Würzburg spielte in Erlangen das organisierte Studentenleben eine Rolle. Auch wenn Platen weder hier noch dort daran teilnahm, so waren doch viele seiner Freunde Mitglieder einer Landsmann- oder Burschenschaft, zumindest aber alle, die ihn erotisch anzogen. Die Landsmannschaften oder Korporationen (Corps) waren älter und vornehmer, teurer, in der Regel auch konservativer. Die Burschenschaften entstanden erst im Gefolge der Freiheitskriege, sie waren weniger exklusiv und zugleich ‚fortschrittlich'. Das bedeutete damals national und liberal, jedoch nicht unbedingt republikanisch. Die hier gegebenen Unterscheidungen sind übrigens nur ganz grober Art. So etwa nahmen auch die Korporationen seit 1814 nationalistische Züge an, und wir werden adligen Burschenschaftlern sowie kleinbürgerlichen Korporierten begegnen.

Über das Studentenleben zu Platens Zeit unterrichtet das Buch: ‚Die Erlanger Burschenschaft 1816 – 1833' von Friedrich Reuter. Der Autor gedenkt all der „fröhlichen, lang- und kurzhärigen, gekämmten und struppigen, schnurrbärtigen und glattkinnigen Burschen mit ihren schwarzen Baretten und goldverbrämten Melonen- und Uhlanenmützen, mit den alt- und neudeutschen Röcken, schlichten und abenteuerlichen Schnittes und groben und feinen Fadens und mit den sackleinenen Turnerhosen und den schwarzen rotstreifigen Kosakeninexpressibeln". Die Studenten zeigten ihre Verbindungen durch längsgestreifte Bänder an, den Ordensbändern des Militärs abgesehen und wohl an 1814 erinnernd, die sie quer über die Brust oder um die Mütze trugen. Wem die ‚Kneipe', das heißt das Verbindungslokal, und der Fechtboden über das Studium ging, hieß ‚Rennommist': wer sein Studium fleißig betrieb und keine Bänder, das heißt ‚Farben' trug, war ein ‚Obskurantist'. Zwischen beiden standen anfänglich die ‚Renoncen', laut Reuter „eine Menschenart von halbem Wesen", in Wirklichkeit wohl jene, die, aus welchen Gründen immer, nicht landsmannschaftlich organisiert waren. Ihnen öffneten sich die Burschenschaften, denen jeder studierende ‚teutsche Jüngling' mit passender Gesinnung beitreten konnte, selbst wenn er mosaischen Glaubens war, wie in Göttingen der Düsseldorfer Harry Heine.

Der Anpassungsdruck muß ziemlich stark gewesen sein. Wie es einem typischen ‚Obskurantisten' wie Platen überhaupt gelang, ohne Beitritt zu irgendeiner Verbindung friedlich durch die Semester in Würzburg und jetzt Erlangen zu kommen, ist nicht klar. Das Gemeinschaftsleben der Corps erschöpfte sich so ziemlich in Fechtübun-

19. Erlangen

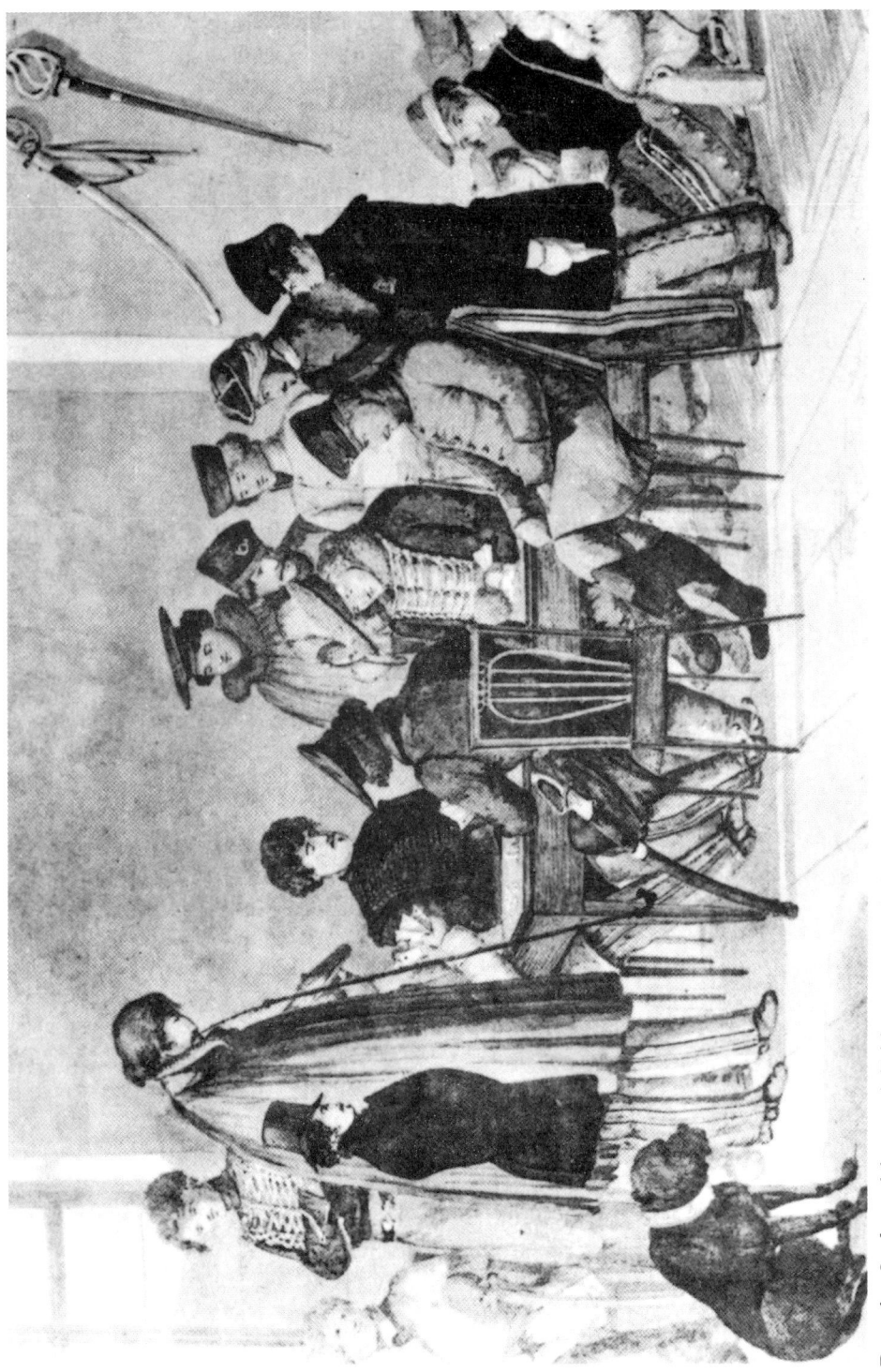

Deutsches Studentenleben 1814. Zeichnung von Karl Philipp Fohr. (Hessisches Landesmuseum, Darmstadt)

gen, Sauferei und dem Gesang ‚lüderlicher Lieder', wie von Platen schon in Würzburg tadelnd erwähnt. Sie sind leider nicht schriftlich überliefert, aber die heute noch bekannten Wirtinnenverse, ursprünglich in Marburg gesungen, zeugen davon. Zu den Trinksitten gehörte der ‚Seehund', das sind fünf Gläser, der ‚Doktor', das sind zehn, der ‚Beelzebub' fünfzig, der ‚Herrgott' hundert Gläser Bier, die hintereinander geleert werden mußten. Auch wenn die Gläser kleiner gewesen sein sollten als heute, so dürfte der Unglückliche, dem ein ‚Beelzebub' auferlegt war, spitalsreif, und nach einem ‚Herrgott' wird er moribund gewesen sein. Wer sich weigerte, mitzumachen, erhielt einen ‚Katzennebel', das heißt ein Glas Bier ins Gesicht geschüttet. Einzig ehrenhafte Reaktion hierauf war eine Duellforderung.

Die Burschenschaften unterschieden sich, was die Trinksitten anlangt, von den Corps nur insofern, als ihre Mitglieder gemeinhin weniger Geld für Sauferei zur Verfügung hatten. Beim Gesang freilich trat an die Stelle der traditionellen ‚Lüderlichkeit' Nationales:

Horcht auf, ihr Fürsten! Du Volk, horch auf!
Freiheit und Rach' im vollem Lauf,
Gottes Wetter ziehen bluthig herauf!
    Auf, daß in Weltbrands Stunden
    Ihr nicht schlafend werdet gefunden!
...
Der du am Brandaltar
Elias' Ruf erhörtest,
Baal's Thron und Fron zerstörtest,
Zu dir fleht unsre Schaar
Am Vaterlandsaltar mit Herz und Munde,
Dein Opfer harrt, fach an zum Flammenbunde
    Die teutschen Hochgebürge,
Dann, Volk, die Molochspriester würge, würge!

Mit den Molochspriestern sind Männer wie Metternich, Montgelas, Kotzebue, auch Goethe gemeint, mit einem Wort jene, deren Denken und Handeln nicht ‚national' von Fichte und Arndt, sondern ‚weltbürgerlich' oder von ‚welscher' Aufklärung bestimmt war. Daß der Gott, der hier angerufen wird, trotz biblischem Bezug nicht mehr der Gott der Väter ist, sondern ein Moloch des Vaterlandes, daß seine wahren Priester der Dichter dieser Verse und sein Publikum sind, dieser naheliegende Gedanke kam offenbar niemandem. Das Zitierte bildet Anfang und Ende des ‚Großen Liedes' von Karl Follen, dem schlimmsten Rigoristen der Burschenschaften, und es zeigt, welche Wirkung Fichtes ‚Reden an die deutsche Nation' auf kleinere Geister hatten. Wer dächte heute bei dem Worte ‚Weltbrand' nicht mit Schauder ein Jahrhundert weiter. Hauptsächlich Follen motivierte den provinziellen Theologiestudenten Sand, der als ebenso beschränkt wie fanatisch geschildert wird, zu seinem Attentat auf Kotzebue.

Zugegebenermaßen war Follen ein Extremfall*. Doch kennen wir Körners ‚Schwerdtlied', und auch Arndt läßt seinen Gott Eisen und was sonst noch wachsen.

---

* er floh 1824 vor gerichtlicher Verfolgung nach den Vereinigten Staaten und wurde Professor für

Die Abkehr von der alten ‚Lüderlichkeit' zeigt sich indessen auch in den Zielen und Regeln der neuen Verbindungen. So heißt es im ‚Erlanger Burschenbrauch' von 1817 zunächst tadelnd, dem deutschen Studentenleben sei die rechte Art abhanden gekommen, „die Kraft verwandelte sich in Zierlichkeit, aus einem lustigen, freudigen, ward ein ängstlich fleißiges Leben; aus dem kräftigen Umtrieb mit waidlichen Jünglingen und ernsten Männern ein verweichlichendes Umherschwänzeln bey Weibern." Daher gilt nun: „Tugendsam und tüchtig, rein und ringfertig, keusch und kühn, wahrhaft und wehrhaft sey des Burschen Wandel"; und „das allgemeine Sittengesetz ist auch seine Richtschnur und Regel," mit anderen Worten, jene bürgerliche Konvention, die zum Beispiel Platen das Leben verdarb. Wieder zeigt sich der Unterschied vom achtzehnten zum neunzehnten Jahrhundert. Gerne wüßten wir, welche Lieder Goethe in Leipzig und Straßburg gesungen hat! Die Fortschrittlichkeit der jungen Biedermeier wirkt auf uns muffig und provinziell. Der Spießerstammtisch tagt schon im Kommerslokal.

„Der teutsche Bursch ist ein Turner", heißt es weiter in der zitierten Ordnung, „und somit ein wackerer, waidlicher Jüngling, der frisch und kein Weichling ist, der seinen Leib und darum auch seine Seele stählt". Das Turnen, von Jahn popularisiert, hatte damals weltanschauliche Bedeutung, wie heute der Genuß von Körnerbrei. Sonst dienten auch Fechtübungen der körperlichen Ertüchtigung, denn Duelle, obwohl offiziell streng verboten, gehörten einfach zum guten Ton. Sie fanden jedoch nicht innerhalb einer Verbindung statt.

Die Karlsbader Beschlüsse wurden, wie schon erwähnt, in Bayern nur lasch durchgeführt. So blieben alle nicht geheimen Studentenverbindungen erlaubt, jedoch mit der Maßgabe, daß keine sich mit solchen anderer – speziell außerbayerischer – Universitäten zusammenschlösse. Ebendies aber geschah in heimlichen Tagungen und Kongressen, denn das Bestreben von Burschenschaften und den meisten Corps galt dem deutschen Nationalstaat. Ungeachtet dieser konspirativen Vorgänge bewegten sich auch nach den Karlsbader Beschlüssen die Erlanger Studenten farbentragend frei durch die Stadt.

Der mitfühlende Gruber hatte sich unterdessen in Würzburg bemüht, Schmidtlein zu einer versöhnlichen Geste gegenüber Platen zu bewegen. Ende November traf bei diesem ein Päckchen ein, das er zitternd öffnete: es enthielt die Briefe und Gedichte mit der Notiz: „Ich vergesse u verzeihe Alles, behalte die Bücher, als ein Zeichen der früheren reinen Liebe und nicht der späteren Unlauterkeit, und trage Leid wegen der Verirrung eines sonst guten Menschen. E. J. Schmidtlein."

Platen vergoß neuerlich Tränen. „Es ist mehr, als ich verdient habe," schreibt er ins Tagebuch, „aber mußte er die Worte hinzusetzen ‚und nicht der späteren Unlauterkeit'? ..Ich habe mich vor ihm auf die jämmerlichste Weise gedemütigt. ..Mein Herz

---

Deutsch an der Harvard-Universität. Dort setzte er sich für die Sklavenbefreiung ein und lebte „im Andenken eines edlen Mannes von segensreicher, friedvoller Wirksamkeit" fort. Reuter nennt dies ein „psychologisches Rätsel". Wenn wir jedoch bedenken, wie sehr das jeweilige Milieu den Menschen prägt, löst es sich leicht.

sagt mir jedoch, daß ein Mensch von wahrem Seelenadel seinen verirrten Freund in sanfterer Form auf den rechten Weg zurückgeführt, und daß er nicht hinter einer unmenschlich tugendhaften Erklärung jene Vorwürfe versteckt hätte, die er seinem eigenen Herzen, oder vielmehr seinem Vorgehen hätte machen müssen. Eduard tut so, als ob er mich nie geliebt hätte, und das ist nicht fein. Ich darf aus tiefster Seele versichern, daß mir niemals verbotene Wünsche gekommen wären, wenn nicht er selbst meine reizbaren Sinne mit allzu wirksamen Mitteln erregt hätte."

Wieder übernimmt Platen kaum ohne Widerspruch die sittliche Argumentation seiner Freunde und seiner Epoche. Schmidtlein sprach von Verirrung, Gruber von „diesen unnatürlichen Gelüsten, aber noch kannst Du mit einem Mahle die Kette reißen, die Dich daran fesselt." Einsicht und gute Vorsätze vermögen scheinbar alles über die menschliche Natur, sie bannen die Triebe endgültig mit dem Zauberspruch der Vernunft. „Noch heutigen Tags steht die Fee Pfefferlüsch unbeweglich am Wege, und die Wanderer fürchten sich noch jetzt und weichen ihr aus, wenn sie ihre Straße vorbey führt." So hatte der Dichter vor sechs Jahren in seinem Märchen geschrieben, so lautete die allgemeine Überzeugung der Aufklärung, die dem Biedermeier vorausging. Schopenhauers neues Buch aber: ‚Die Welt als Wille und Vorstellung', worin, jenseits von Religion und Vernunft, den menschlichen Trieben auch in der Philosophie der gebührende Platz eingeräumt wird, war eben in Leipzig erschienen. Platen wußte so wenig davon wie die meisten seiner Zeitgenossen.

Perglas hatte die Liedersammlung für die Freunde aus München nach Würzburg mitgebracht, wo sie nun Gruber las. Dem Dichter kam der Einfall, das Heft auch Fugger vorzulegen. Der schriftliche Kontakt mit diesem Freund war nach dem Disput über die ‚natürliche Religion', zu der er den Katholiken vergeblich hatte bekehren wollen, abgebrochen. Jetzt schickte er einen freundlichen Brief nach Dillingen mit dem Angebot der Gedichtsammlung und einer Probe aus dem Odoaker-Fragment. Außerdem wies er auf seine reichhaltige spanische Bibliothek hin, aus der er dem Freund, wenn er es wünschte, einzelne Bände zu leihen versprach. Fugger antwortete prompt und zeigte vor allem Interesse an den spanischen Büchern. In den folgenden Briefen verkündet Platen nun Fugger die Wagnersche Tetradenlehre mit gleichem Eifer wie zwei Jahre zuvor die ‚natürliche Religion', und mit besserem Erfolg. Das Band war wieder geknüpft; es sollte bis zum Tode des Dichters nicht mehr abreißen.

Über Weihnachten reiste Rotenhan zu seinen Eltern. Platen, der in Erlangen blieb, wurde von einer stillen Traurigkeit ergriffen. Da Rotenhan zu Ostern die Universität wechseln würde, nahm er sich erneut kühle Distanz vor, um beim Abschied nicht so sehr zu leiden. Dennoch versichert er im Tagebuch: „Ich könnte ihn niemals so lieben, wie ich diesen Eduard geliebt habe, den ich nie vergessen werde, denn die wenigen Tage, die ich ohne Tränen und Schmerz mit ihm verbrachte, waren die schönsten meiner Jugend, und, ich weiß es, meines Lebens."

Unverdrossen predigte er seinen Freunden weiter Wagners Tetradenlehre. Lüder, mittlerweile nach Ulm versetzt, fand sie unverdaulich, trotz der zwölf großen Quartseiten, auf denen Platen sie darlegte. Doch auch Gruber wurde mit poetischen Tetraden bedient: in zwei von ihnen erscheint Friedrich v. Heyden, der Autor des ‚Conradin', an der Spitze aller europäischen und deutschen Literatur! Mit Verwunderung bemerken wir, daß Platens Urteilskraft nach der Iphofener Krise auch in seinem eigensten Gebiet völlig getrübt war. Goethe heißt jetzt „dieser mehr heydnische als kristliche Dichter", wohl wegen der erotischen Freizügigkeiten im ‚Faust' und anderswo, ja er rangiert unter Heyden mit seiner „wässerigen Gefühls- und Erlösungsseligkeit", wie Bornstein sie treffend nennt. Pflasterhold, die keusche Biedermeier-Fee aus dem Märchen, hat Platens Trieb wieder mal für eine Weile überkleistert.

Es ist nicht schwer zu erraten, beide: Heyden und Wagner, sollten beruhigend und tröstend auf des Dichters gequälte Seele wirken und ihm über die Enttäuschung mit Schmidtlein hinweghelfen. Als ein Bekannter Wagners Philosophie kritisierte, geriet Platen in große Wut, und nur der Souveränität des Reiferen war es zu verdanken, daß er sich wieder beruhigte.

Die Beziehung zu Rotenhan entwickelte sich in ähnlichem Auf und Ab wie vordem die zu Schmidtlein. Nur war es diesmal Platen, der mit seinem Wankelmut und seinen Launen dem Jüngeren, Ahnungslosen das Leben schwer machte. Wieder saß der Dichter auf des Freundes Knien, wieder gab es Umarmungen, Küsse, und einmal heißt es im Tagebuch gar, mittlerweile wieder auf deutsch: „Wir saßen oder vielmehr lagen Arm in Arm auf dem Sopha". Doch in einem Gedicht, das er dem Adressaten nicht zeigte, schreibt Platen:

Erforsche mein Geheimniß nie,
Du darfst es nicht ergründen,
Es sagte dir's die Sympathie,
Wenn wir uns ganz verstünden.

Mittlerweile hatte er gelernt, daß er bei dem Typus junger Männer, der ihn anzog, auf Gegenliebe nicht hoffen durfte. Rotenhan zählte erst neunzehn Jahre, sah aber älter und männlicher aus, wie Platen in seinem Tagebuch bemerkt, er sang und begleitete sich auf dem Klavier. Früher, als Gymnasiast in Berlin, hatte „ihn Jahn mit turnerischen und vaterländischen Ideen erfüllt". Jetzt war er, wahrscheinlich deswegen, Burschenschaftler, obwohl sein Stand ihn eher in die Landsmannschaften hätte führen müssen. „Da er sich als ausgezeichneter Fechter bewies, fand er bei den damals nicht seltenen Händeln mit den Corps bald Gelegenheit, sich auch als ‚Bellonas Liebling' zu betätigen": so Friedrich Reuter. Rotenhan war Erbe ausgedehnter Güter im Fränkischen; nach Platens Meinung fehlte ihm keine glückhafte Voraussetzung, frivol und leichtsinnig zu werden. Dennoch zeigte er festen Charakter und hatte „eine herrliche Empfänglichkeit für alles, was wahr, gut und schön ist", das heißt für des Dichters augenblickliche Seelentröster Wagner und Heyden.

Vom letzteren hatte Platen mittlerweile das Schauspiel ‚Renata' gelesen und hielt es allen Ernstes „für das höchste Dichtwerk aller Länder und Zeiten." Er war so begeistert, daß er eine Lobeshymne von zwölf Stanzen an den Verfasser richtete. Eine davon rechnet, wenngleich etwas verschämt in Klammern, mit Goethe ab:

(Schon konnte deutscher Dichtung viel gelingen,
Doch mancher Ton entadelte das Herz:
Der eitlen Vorzeit sieh sie nach sich schwingen
Im sinnlichsüßen, aber nicht'gen Scherz,
Laß sie die Götter Griechenlands besingen,
Begeistert laß sie werden von Properz,
Die ew'gen Gegensäze blind vermengen,
In kalten und erkünstelten Gesängen.)

Ebenso leicht, wie Platen Griechen, Römern und Goethe Lebewohl sagte, wendet er sich nun der Erlösung durch das Weibliche zu; was ja seiner Veranlagung und seinem Wesen einigermaßen Hohn spricht. Kaum trauen wir unseren Augen. In ahnungsloser Ironie verwirft er Goethes normal-sinnliche Lyrik als ‚kalt' und ‚erkünstelt', er belegt sie mit eben den Eigenschaften, die seiner eigenen Poesie ein Menschenleben lang anhängen sollten! Es fehlt nur noch der Marmor.

Heydens ‚romantisches Drama' spielt in einem märchenhaften Mittelalter: König Floribert und der landlose Fürst Clodion leben jeder mit seiner Schwester zusammen. Jedem der beiden ist die Schwester des anderen als gnadenspendende Unbekannte, aus Verlegenheit ‚Renata' genannt, erschienen, und hat dabei Liebe entfacht. Clodion erhebt sich vergeblich gegen Floribert und soll getötet werden. Beide Männer erkennen in der anwesenden Schwester des anderen ihre Geliebten. Durch eine Enthüllungsszene wird offenbar, daß Clodion und seine Schwester die Kinder des rechtmäßigen Königs waren, dem Floriberts Vater das Land genommen hatte. Floribert setzt Clodion in dies Land wieder ein, jeder Fürst heiratet des anderen Schwester.

Fünf Akte in tadellosen Blankversen, die Handlung ist gegen das Ende hin nicht ohne Geschick dramatisch geschürzt. Das Ganze erinnert etwas an eine Shakespearische Komödie, der freilich Witz und Ironie abgehen. Die Figuren sind typenhaft flach, Floribert und Clodion ganz strahlende Männlichkeit, die beiden Renaten ganz himmlische Liebe; ohne weiteres wären sie jeweils austauschbar. Zwei Jünglinge stehen sich spiegelbildlich gegenüber, jeder in einem weiblichen Pendant ‚wiedergeboren', das des anderen Leidenschaft erregt. Es kann nicht verwundern, wenn Platen, ob nun Schmidtleins oder Rotenhans gedenkend, von solcher Konstellation tief betroffen war. Doch dürfte ihn auch die formale Glätte des Stückes angezogen haben, und er stellte sich vielleicht seine Fragmente von der ‚Harfe Mahomets' und dem ‚Hochzeitsgast' in der Vollendung ähnlich vor. Die Hinwendung zum erlösenden ewig-Weiblichen aber ist Platens Version der romantischen Bekehrung zu Katholizismus und Marienkult, die der jüngere Schlegel, Werner, Brentano und andere beispielhaft vorgeführt hatten.

Durch einen Zufall war er mit dem Professor Gotthilf Heinrich Schubert bekannt geworden. Schon Gruber hatte lobend auf ihn verwiesen: in ihm trat Platen der zweite Naturphilosoph Schellingscher Richtung entgegen, zugleich aber, was er wohl nicht wußte, ein geistiger Vater der deutschen Romantik. Über Schuberts Philosophie wird später zu berichten sein; zunächst verkehrte Platen nur privat im Haus des Professors, wo er sich im Familienkreise besonders wohl fühlte.

Schneefreies und sonniges Wetter gaben ihm Ende Januar 1820 den plötzlichen

Entschluß ein, nach Bayreuth zu wandern, um Jean Paul zu besuchen. Der Weg durch die winterliche fränkische Schweiz inspirierte ihn zu einigen Paul'schen Sätzen im Tagebuch. Leider schlug das Wetter am zweiten Tag um, so daß Platen mit schmutzigen Kleidern in Bayreuth eintraf. Er säuberte sich, so gut es ging, und begab sich am nächsten Morgen zum Legationsrat Richter. „Ich fand in seinem Hause blos sein Studierzimmer offen," heißt es im Tagebuch, „wo er mich ziemlich freundlich empfieng. Er ist ein Mann von etwas mehr als mittlerem Wuchse, seine Stirn ist herrlich, etwas Unstätes in seinen Blikken misfiel mir. ..Ich unterhielt mich ziemlich lange mit Jean Paul; ich weiß nicht, warum er mich im Anfange für einen Mystiker halten wollte. Es war zunächst von Herder, sodann über einige filosofische Gegenstände die Rede.. Er befragte mich sodann über meine Lektüren, und ich brachte nun die schöne Literatur aufs Tapet, um von Friedrich v. Heyden zu sprechen." Dies tat Platen so ausgiebig, daß Jean Paul, vermutlich um es abzukürzen, versprach, sich den ‚Conradin' und die ‚Renata' zu besorgen. „Sehr gerne hätte ich noch meiner zweiten großen Lebensangelegenheit, der Wagner'schen Philosophie, erwähnt, allein ich fand nicht mehr Zeit und ich bemerkte, daß er nothwendig auszugehen hatte." Wir können uns denken, warum.

Da das schlechte Wetter anhielt, hatte Platen nicht viel in Bayreuth zu besichtigen. Statt dessen schrieb er das lange Huldigungsgedicht an Heyden, aus dem wir zitierten, nochmals ab und schickte es an Cotta's ‚Morgenblatt'. Dann fuhr er nach Erlangen zurück. Dort las er mit Rotenhan in größter Harmonie den ‚Conradin', wie schon zuvor mit Schmidtlein; und obwohl es gegen seine augenblickliche geistige Tendenz lief, zitiert er nochmals im Tagebuch aus der Griechischen Anthologie:

Nektar waren die Küsse, denn Nektar hauchten die Lippen.
Nun bin vom Kuß ich berauscht: ich habe viel Liebe getrunken.

Im Februar 1820 entschloß sich Platen, auf Jurisprudenz nebst diplomatische Karriere zu verzichten und den Rest seines „halbverschwendeten Universitätslebens" weiterhin historischen und naturwissenschaftlichen Studien zu widmen. Seinem Trieb zur Poesie wollte aber er weiter folgen, „um lieber ein ganzer Mensch zu werden," wie es im Tagebuch heißt, „sollte mir's auch in Zukunft schlecht gehen, als ein halber zu seyn, und wär's auch ein Gesandter."

Leider hielt die Harmonie mit Rotenhan nicht an. Die schreckliche Erfahrung mit Schmidtlein vor Augen, versuchte der Dichter immer wieder, sich durch abweisendes Benehmen vor neuer Verliebtheit zu schützen; insbesondere, da der Freund in drei Wochen Erlangen endgültig verlassen würde, um nach Berlin zu gehen. Tagelang sprach er nicht mit ihm. Dann aber wurde der Drang nach Liebe zu groß: „Ich gieng zu ihm hinüber mit großer Bangigkeit", heißt es im Tagebuch, „ich fiel ihm um den Hals und sagte ihm, daß ich nicht ohne ihn seyn könnte und daß er mir verzeihen möchte. Er stand aber auf und antwortete, daß es ihm Leid thäte, daß er sich aber einer solchen Behandlung nicht noch einmal aussezen könnte. Ich sagte ihm: Du hast Recht, und ich habe auch nichts Besseres erwartet." Und voller Verzweiflung schrieb der Arme ein Gedicht über die Bestattung des Westgotenkönigs Alarich in einem süditalienischen

Fluß. Aus unmöglicher Liebe zu Rotenhan stieg er wieder als lebender Leichnam ins selbstgemachte Grab; wir erinnern an den ‚Gesang der Toten' vom vergangenen Sommer und auch an den jüngeren ‚Pilgrim von Sankt Just'. Die endgültige Fassung der Ballade ‚Das Grab im Busento' sollte durch ein Mißverständnis Platens berühmtestes Gedicht werden. Eine historisch verkleidete Liebesklage erschien dem Publikum als dichterischer Beitrag zum deutschen Nationalismus, entsprechend den Romanen von Gustav Freytag und Felix Dahn.

An Gruber hatte er Heydens ‚Renata' geschickt, damit dieser sie an Wagner zur Lektüre weitergebe. Da der Professor einen Begleitbrief vermißte, wurde er nachgeliefert. In ihm feiert die Fee Pflasterhold, des Dichters altjüngferliche Schutzpatronin, wieder mal Triumphe über den ‚Immoralisten' Goethe: nie habe dieser vermocht, einen einzigen tugendgroßen und kräftigen Charakter darzustellen, und Wilhelm Meister war Platen immer so ekelhaft, weil hier ein ganzes Heer von Schwächlingen durcheinanderstiebe. Goethe habe die Liebe „antik oder noch frivoler als antik" dargestellt. Dagegen Friedrich v. Heyden! Wagner reagierte spöttisch, was vorauszusehen war, hätte der Briefschreiber nur einen Augenblick lang nachgedacht: dem Philosophen ging es um Gotteserkenntnis durch Mathematik, dem Dichter um tränenselige Glaubensgewißheit und Erlösung. So war er tief gekränkt, „und schon mein Gefühl reicht hin, um die ‚Renata' für ein Gedicht aller Gedichte zu halten. Ich habe nur viel zu viel gelesen, als daß mich etwas Mittelmäßiges oder Schlechtes auf diese Art hinreißen könnte." Eben doch. Zu allem Unglück hatte das ‚Morgenblatt', dessen Kulturredakteur übrigens Müllner war, die Lobeshymne auf Heyden zurückgeschickt, so daß Platen Mitte März wieder in tiefste Depression verfiel.

Rotenhans Abreise stand unmittelbar bevor. Des Dichters Herz blutete, seine Augen flossen beständig über. Er las dem Freund viele seiner Gedichte vor, darunter ‚Das Grab im Busento', das er ja seinetwegen geschrieben hatte. Beide beschlossen, in ihre Spazierstöcke die Initialen der Vornamen einzuritzen und sie zu tauschen.

Die letzte Nacht in Erlangen schliefen Platen und Rotenhan in einem Bett. Um 5 Uhr morgens standen sie auf, und mit einigen Freunden brachen sie zu Fuß nach Bamberg auf. Das Wetter war trüb und windig. Hinter Baiersdorf kehrten die anderen um; nur Platen begleitete Rotenhan noch bis Bamberg, wo ihn ein Fuhrwerk vom väterlichen Gut erwartete. Im Gasthaus ‚Zum weißen Lamm' aßen die Freunde kalten Braten und leerten eine Flasche Wein. „Kaum bezwang ich meinen Schmerz", schreibt Platen später in sein Tagebuch. „Ich weinte. Rotenhan ließ endlich einspannen...Wir tauschten unsere Stöke mit ihren eingeritzten Namen, wie wir beschlossen hatten; wir umarmten uns noch einmal in der Stube, noch einmal vor dem Wagen, er stieg ein, da er noch einen vollen innigen Blik der Liebe und Wehmuth auf mich geworfen hatte. Er fuhr dahin und winkte mir noch einmal mit der Hand. Es war vorüber. Er flog nach dem Schlosse seines Vaters, in den Kreis seiner liebenswürdigen Familie. Ich blieb allein." Und obwohl er Bamberg nicht kannte, nahm Platen sofort eine Chaise und ließ sich, vermutlich aufgelöst in Tränen, nach Erlangen zurückfahren. „Im ersten Augenblike heilte mich das dumpfe Bewußtseyn der Nothwendigkeit, aber was empfand ich beym Wiedereintritt in unser (ach, nicht mehr unser) Haus! Seine Thüre bleibt verschlossen."

20. Dreyleben

Es hielt ihn nicht lange in Erlangen. Um sich abzulenken, ging er auf ein paar Tage nach Ansbach zu den Eltern. Dort besuchte er niemanden, ausgenommen ein Buchantiquariat, und fuhr über Nürnberg zurück. Auf der Festung ließ er sich die Gemäldegalerie aufschließen und sah einige der berühmtesten Werke Dürers: die Vier Apostel und das Selbstbildnis von 1500. Sie hängen heute in der Alten Pinakothek von München.

Wieder in Erlangen, fand er seine Gedichtsammlung vor, die Fugger aus Dillingen zurückgeschickt hatte. Der beifällige und einfühlsame Begleitbrief war angetan, seine Stimmung zu verbessern. „Mir geht es wie den Gespenstern bey den Geisterbeschwörungen", schreibt der Freund; „wenn in verschiedenen Sprüchen oder Räucherungen verschiedene Kräfte liegen, die die Unterirdischen bald anlocken, bald verscheuchen, so liegt für mich eine gerade so geheimnißvolle Gewalt in den Werken der Kunst, die mir nur ein Gefühl beschäftigen oder abstoßen, ohne daß ich oft auszusprechen weiß, unter welchen Vehältnißen ich eine oder die andere Würkung verspürte." So wurde vor Schopenhauer und Freud der Eindruck von Kunst auf das Unbewußte beschrieben.

Trotz aller Reue wegen Iphofen und trotz der wieder errungenen Reinheit hatte Platen seiner Gedichtsammlung, als er sie an Fugger schickte, noch eine Reihe von erotischen Distichen beigefügt. Sie gehen in ihrer ursprünglichen Form auf das Jahr 1816 zurück und waren damals wohl an Hornstein, vielleicht auch an Brandenstein gerichtet; wir haben davon im betreffenden Kapitel zitiert. Dem Thema nach: geheime, unerwiderte Liebe, könnte sich die gestraffte Neufassung natürlich ebenso gut auf Schmidtlein oder Rotenhan beziehen.

> Wenn dein Auge das meinige trifft, verschiedene Blikke!
> Deiner so ruhig und kalt, meiner so glühend und scheu.

Fugger meinte dazu: „Einige Liebesgesänge zeigen wohl auch, wie wenig der Dichter verschweigen kann, und wie ihm im Reime oft das so sehr verwahrte Geheimniß entflieht." Viel bleibt da nicht zu erraten. Die Redondilien ‚Schenkest du mir, Kind, Vertrauen' aber, die von unterdrückter Erotik geradezu platzen, nennt Fugger nur heiter, lieblich und romantisch. Wir meinen deshalb, daß der Freund damals noch kaum etwas von Platens Botschaft begriffen hatte, obwohl er ausdrücklich erklärt, bei der Lektüre des Autors zu gedenken. Sein Brief zeigt nur, daß er sich wie jeder Leser aus einem Gedicht, dessen Geschichte und reale Bezüge er nicht kennt, just das heraussucht, was ihn persönlich anspricht.

Ohne Schwierigkeiten passierte Platen ein Examen in Staatswirtschaft und Finanzwesen. Dann begab er sich zu Ostern, ganz anders als gewohnt, im Kreise von Kommilitonen nach Streitberg im Wiesenttal. Dort wohnte er in einem hochgelegenen Gasthaus, das ihm den Blick auf eine Burgruine selbst vom Bett aus gewährte. Solche Aussichten ließen ihn das „arme Erlangen" vergessen.

Ein junger Geschichtsstudent namens Gründler schloß sich dem Dichter an. Zusammen besuchten beide des abends öfters „eine arme Handelsfrau, oder vielmehr ihre

Tochter Gretchen, die sehr viel bey den Studenten gilt, nicht so fast ihres Aeußeren wegen, als wegen ihrer Leutseligkeit und Munterkeit und Einfalt." Hätten wir uns so oder ähnlich die Frau Wirtin an der Lahn vorzustellen? Wohl kaum, wenn der Studiosus Platen einkehrt. „Wir sind in der That so sittsam," heißt es im Tagebuch, „daß uns weder Mädchen noch Mütter fürchten."

Wichtiger sollte die Bekanntschaft mit dem Juristen Georg Friedrich Puchta werden, der, obwohl etwas jünger als Platen, sich schon 1820 in Erlangen habilitierte und dort als außerordentlicher Professor verblieb. Der Dichter nennt ihn zunächst phlegmatisch, kalt, eitel und spitzfindig, sollte jedoch später diese Meinung ändern. Puchta hatte 1817 zu den Gründern der Erlanger Burschenschaft gehört.

Auch nach dem Aufenthalt in Streitberg behielt Platen sein ungewohnt extravertiertes Wesen bei. Es ist bemerkenswert, doch nicht unerklärlich, daß die Trennung vom geliebten Freund in ihm, den Schicksal und Neigung zum Einzelgänger bestimmt hatten, gerade solch unerwartete Kräfte freisetzte.

Frey und fröhlich	Aber selbstisch	Doch befreyend
Nach der Erde	Eingeklostert	Sieget Wärme:
Kroch das Räupchen,	Spinnt die Puppe:	Schwebe rastlos
Freute kindisch,	Der Entfaltung	Aetherkostend,
Wenn auch kriechend,	Qualenkämpfe	Farbe funkelnd,
Sich umhüllter,	Wühlen grausam	Du erlöster
Junger Knospen.	Durch das Inn're.	Sommervogel!

Im April 1820 entstand dies Gedicht, den Titel ‚Dreyleben' trug es beim Erstdruck zwei Jahre später. Zur Raupe (dem glücklichen Rosensohn) und zur Puppe (dem insgeheim unglücklich Liebenden) trat jetzt der Schmetterling als Metapher für ein Lebensgefühl der Weltzuwendung und des Selbstvertrauens. Die Überwindung seiner Leidenschaft zu Schmidtlein hatte ihn innerlich gestärkt, Rotenhans liebevolle Wertschätzung emporgehoben. Der lebende Leichnam entstieg seinem Sarg, keine ‚stolzen Füße' vermochten mehr den ausgeschlüpften Schmetterling zu zertreten.

Freilich, in so glatter Sequenz, in so schöner Abfolge mochte nicht einmal er selbst an seine Verwandlung glauben. Wir alle fühlen uns, je nach Situation und Stimmung, manchmal vorangetragen, manchmal zurückgeworfen. Der Zustand als Raupe, von Rosenblättern umschlossen, war zwar nur Erinnerung, erst kürzlich durch die alte Kinderfrau wiederbelebt. Doch datiert Koch die Neufassung des Jugendgedichtes ‚Der letzte Gast', das wir im fünften Kapitel schon brachten, in die gleiche Zeit wie das Gedicht ‚Dreyleben'. Wir wollen die beiden Strophen, in denen der vom ‚normalen' Glück Ausgeschlossene die Einladung ablehnt, noch einmal zitieren:

Dank, Alter; aber laßt mich hier	Sagt eurem Herrn, der fröhlich praßt,
Gelehnt an diese Seule:	Daß er den Reigen meide;
Mehr als Musik dort lob' ich mir	Denn unten warte noch ein Gast,
Dieß rauhe Sturmgeheule ...	Den Degen aus der Scheide!

Gotthilf Heinrich Schubert. Nach einem Stich von unbekannter Hand. (Privatbesitz)

Neben dem erlösten ‚Sommervogel' lebt der zornige ‚Hochzeitsgast' natürlich weiter. Sollten wir uns den Dichter als Schmetterling vorstellen, so doch mit einem Stachel versehen; und mit einem Parapluie, denn ‚rauhes Sturmgeheule' bleibt, trotz des Erlanger Frühlings, das vorherrschende Wetter.

Im nun beginnenden Sommersemester widmete sich Platen ausschließlich einem Professor: Gotthilf Heinrich Schubert. Er belegte bei ihm Mineralogie, Botanik und passenderweise Insektenkunde. Der weite Radius dieser Vorlesungen beweist die Vielseitigkeit des Lehrers. Schubert, aus dem Erzgebirge stammend, hatte schon als Knabe die Aufmerksamkeit Herders erregt. In Leipzig begann er ein Studium der Theologie; dann hörte er in Jena Medizin und zugleich bei Schelling Philosophie, wodurch er mit dem Romantikerkreis um Tieck und die Schlegels in Berührung kam. Bevor er seine Erlanger Professur antrat, war er Arzt, Schuldirektor und Prinzenerzieher gewesen. Durch die Begegnung mit dem Theosophen Franz v. Baader hatte er sich der zeitüblichen mystischen Frömmigkeit zugewandt.

Schubert bot eine Art volkstümliche Version von Schellings Naturphilosophie. Nach seiner Lehre durchwaltet ein einheitliches Lebensgesetz die gesamte Natur, das nicht durch Gewinnung von Einzelwissen, sondern nur durch Gesamtschau ergründet werden kann. Dies Gesetz nach und nach zu erkennen, ist das Ziel seiner Lehre, für die er den Beifall Goethes und die Zustimmung Jean Pauls erhalten hatte. Den Sitz der Seele fand Schubert im vegetativen Nervensystem. Wie Schelling vertrat er die Auffassung, Gott verwirkliche sich durchgehend in der Natur. Der menschliche Geist wird in

Träumen, magnetischen Erscheinungen oder beim Hellsehen unmittelbar von ihr berührt und gewinnt so den Blick ins Ferne, Zukünftige. Vor allem Schuberts Buch ‚Ansichten von der Nachtseite der Naturwissenschaft', das diese Gedanken abhandelt, beeinflußte die Brüder Schlegel, Kleist und E. Th. A. Hoffmann aufs tiefste. Es ist schon verblüffend, Platen jetzt im Kreise eines Mannes zu finden, der all das vertrat, was er bis in die Würzburger Tage hinein als Mystizismus und verschwommene Romantik energisch abgelehnt und verspottet hatte.

Mit Schubert begab er sich auf botanische Spaziergänge wie vor zwei Jahren mit Professor Rau in Würzburg. Mit den zahlreichen neuen Bekannten jedoch besuchte er ein Volksfest in der Umgebung: dreimal bemerkt Platen im Tagebuch, er sei zum Schreiben nicht aufgelegt, weil er sich „glücklich" und „ganz behaglich" fühle. Ein Mitstudent schenkte ihm eine Porträt-Zeichnung Rotenhans; er ließ sie rahmen und hängte sie über das Sofa. Das Bild brachte ihn auf traurig-resignierende Gedanken:

Lieb' nicht ein einz'ges Wesen mehr allein,
Und sehne dich nicht mehr geliebt zu seyn.
Nur liebe du; dieß gnügt und stellt hienieden
Den schwärmerischen Busen dir zufrieden.

Vierzehn Monate nach dem Tode Kotzebues wurde jetzt sein Mörder, der Burschenschaftler Sand, in Mannheim hingerichtet. Das Ereignis scheint, wenigstens in Studentenkreisen, erheblich mehr Interesse erweckt zu haben als seinerzeit die traurige Ursache. Schmidtlein, Rotenhan waren Burschenschaftler, wenngleich nicht von der radikalen Richtung Follens, und Platens neue Bekannte waren es ebenfalls; nur er selbst gehörte keiner Verbindung an. Über Sand brach er mit seinem Adlatus Gründler. Für dessen Gesinnungsgenossen findet er im Tagebuch strenge Worte: „Diese republikanischen Gelbschnäbel, die auf eigene Faust Geschichte corrigiren möchten, und wähnen, Etwas machen zu können, was nicht geworden ist". Wir sehen, auch im Politischen hatte Platen seine Meinung gründlich geändert. Die Betonung des Wachsenden, Organischen zeugt von Schuberts Einfluß auf sein Denken.

Als ob er nicht genug unterwegs gewesen wäre in diesem Frühling, wanderte er über Pfingsten nach Würzburg. Im Ranzen trug er Heydens ‚Renata', seine derzeitige Bibel, sowie eine zweite Sammlung eigener Gedichte, die er in den vergangenen Monaten zusammengestellt hatte. Sieben Meilen, also etwa 50 km, legte Platen an einem trüben Maitag zurück, wobei er zwei Wandergefährten davonlief und noch abends als Logiergast in einem gräflichen Haus nahe Iphofen seine Honneurs machte. Am folgenden Nachmittag erreichte er Würzburg und nahm Quartier bei Gruber. Er traf Dall'Armi, der mittlerweile gleich ihm den Kasernenhof mit dem Hörsaal vertauscht hatte, er sah Perglas, den er unverändert vorfand: liebenswürdig, unselbständig, übermäßig angepaßt. Am Pfingstsonntag besuchte er die wichtigsten Gotteshäuser der Stadt; und auch an den übrigen Tagen, die er in Würzburg verbrachte, schlich er zuweilen in eine leere Kirche, um zu beten. Was hätte er vor zwei Jahren dazu gesagt?

Im Hofgarten, wo er am Sonntag mit Gruber spazierte, erblickte er endlich den, um dessentwillen er, uneingestanden, die ganze Reise unternommen hatte. Von diesem

Augenblick an war es um seine Ruhe geschehen. Traurig strich Platen umher und deklamierte ständig in dem halb singenden Ton, den die Freunde so lächerlich fanden. Am folgenden Tag besuchte er Verger und Massenbach, denen er seine neue Gedichtsammlung überreichte, damit sie die Runde bei den Freunden am Ort mache. Abends sah er eine Oper von Méhul; die Musik beruhigte ihn ein wenig. Schließlich fiel Platen kein anderes Mittel gegen die steigende Sehnsucht mehr ein, als einen Brief an Schmidtlein zu schreiben.

„Ich bin hier, Eduard, darf ich Dich wiedersehen? Darf ich zwey Augenblike mit Dir sprechen? Ich wage es nicht, Dich anzureden. Du hast alles vergessen, schriebst Du? Aber kannst Du Dich auch mit mir versöhnen? versöhnen mit einem Schuldigen, der bereut und gebüßt hat? ..Da jene traurige Krisis vorüber, was hätten wir noch zu fürchten? Sind wir nicht zwey andere Menschen geworden? Darfst Du jezt Dich noch scheuen, wenn ich Dir sage, daß meine Liebe für Dich unwandelbar ist? Nach diesen Tagen werden wir uns vielleicht nie mehr sehen. O laß uns freundlich scheiden, laß unser leztes Wort ein friedliches Wort seyn. Nie werde ich mich beruhigen können ohne diesen Trost. Kannst Du ihn mir nicht gewähren, so lebe denn auf immer wol und sey glüklich!"

Diesen Brief versiegelte Platen in der Hoffnung, ihn dem Adressaten bei irgendeiner Gelegenheit überreichen zu können, denn er kannte seine augenblickliche Wohnung nicht. Im Hofgarten stieß er auf Döllinger, mit dem er, trotz des Zerwürfnisses im vergangenen Jahr, sofort wieder ins Gespräch kam: natürlich über Heyden's ‚Renata', deren Lektüre er dem Freund auch sogleich verordnete. Nachdem er sich von ihm getrennt hatte, traf er endlich Schmidtlein. Er grüßte ihn, und jener erwiderte, indem er die Anrede ‚Sie' benutzte. Platen begleitete ihn gleichwohl bis zu seiner Wohnung und gab ihm den Brief. Ein Treffen für den Abend wurde verabredet.

Der Dichter war im siebenten Himmel. Da die Verbindung mit Schmidtlein wieder hergestellt war, verlief der weitere Aufenthalt in Würzburg harmonisch. Er hospitierte bei Wagner, den Schmidtlein übrigens nun auch hörte, er traf den Professor außerhalb der Vorlesung. Es war viel von Sand die Rede, dessen Hinrichtung gerade ausführlich in den Zeitungen besprochen wurde. Nachdem Döllinger die ‚Renata' gelesen hatte, wurde auch Schmidtlein damit beglückt. Perglas wagte nicht, sich mit Platen auf der Straße zu zeigen, da dieser, obgleich Offizier, die unter Studenten übliche ‚altteutsche Tracht' bevorzugte: offenes Hemd, ein gegürtetes Röckchen bis an die Mitte der Schenkel, auf dem langhaarigen Kopf ein Barrett.

Der Abschied von Schmidtlein hätte nicht harmonischer sein können, mit keuschem Kuß, Frieden und Versöhnung im Herzen. Am nächsten Morgen verließ Platen Würzburg schweren Mutes; Perglas begleitete ihn noch ein Stück. Es war das letztemal, daß er diesen Freund sah.

Zurück in Erlangen, verbrannte er die beiden Hefte mit erotischen Gedichten aus Iphofen: das hatte er sich in Würzburg selbst gelobt. Und siehe da, wie als Antwort auf dies Reinigungsopfer erschien Schmidtlein unerwartet zu einem Gegenbesuch. Der glückliche Platen führte ihn bei Schubert ein, zeigte ihm die Sehenswürdigkeiten der Umgebung, ja er ging dem Freunde zuliebe abends mit ins Burschenhaus und abonnierte dort sogar das Mittagessen. Als Schmidtlein wieder fort war, drückte der Dichter in seinem Tagebuch die Hoffnung aus, die geläuterte Freundschaft möge ein Leben lang halten.

Nur ein paar Tage später kam ein Brief von Gruber mit der Nachricht, daß Perglas plötzlich an Scharlach verstorben war. Diese Kinderkrankheit ist besonders tückisch, wenn sie Erwachsene trifft. Perglas befand sich schon in der Inkubationsperiode, als er kürzlich in Würzburg mit Platen umging, und nur dem vermutbaren Umstand, daß dieser die Krankheit schon als Kind durchgemacht hatte, mag es zu verdanken sein, wenn sie jetzt nicht auch ihn befiel. Platen schrieb ein Gedicht auf den Tod des Freundes, das in die Frage mündet, ob die Erde nicht auch bald seine eigenen Gebeine bergen werde.

Nach außen hin ging das wenig arbeitsame ‚schmetterlingshafte' Sommerleben im Kreis der Freunde weiter, doch in spürbarer Distanz zu den Verbindungen, den sie angehörten. Schlösser betont, nur für die „innere sittliche Reform des Studententums" habe der „ernst gerichtete Dichter der Burschenschaft Dank" gewußt: so sollte auch die Teilnahme an einer ‚Turnfahrt' in die Umgebung nur als erneute Wanderung im Freundeskreis zu verstehen sein. Mitgeturnt hat Platen sicher nicht.

Wir hören weiter von botanischen Ausflügen mit Schubert, doch nichts mehr vom Besuch seiner Vorlesungen. Der Galvanismus, den Professor Osann soeben vorführte, interessierte ihn mehr. In Dechsendorf gab es einen großen Weiher, wo Platen im Juli mit einem neuen Freund zum Baden ging: Philipp Stahl, einem Theologiestudenten, den er vermutlich bei Osann kennengelernt hatte. Stahl sah Rotenhan ähnlich, und bald duzte der Dichter sich mit ihm. Doch blieb das Verhältnis maßvoll und ruhig.

Da er alle Fakultätswissenschaft an den Nagel gehängt hatte, war ihm klar, daß eine größere schriftstellerische Arbeit an ihre Stelle treten müsse, wollte er vor sich und der Welt bestehen, jetzt und später, wenn er die Universität verließ. Einen Schritt in diese Richtung tat er, ohne es zu wissen, durch die Bekanntschaft mit dem Orientalisten Arnold Kanne. Dieser Mann war durch die Gunst seiner Freunde, zu denen Wagner, Jacobi und Jean Paul gehörten, erst kürzlich nach Erlangen berufen worden. Er galt als ‚trüber Mystiker', doch fiel Platen nichts davon auf.

Die zweite Liedersammlung für die Freunde hatte mittlerweile in Würzburg ihre Runde gemacht, „fürwahr mit einstimmigem Beyfall", wie Gruber bemerkte, als er sie dem Autor nach Erlangen zurückschickte. Fugger erwartete das Heft sehnsüchtig, und auch bei den neuen Erlanger Bekannten erregten die Gedichte Wohlgefallen. Unter ihnen war Dr. Engelhardt, ein junger Theologe, der kurz vor der Habilitation stand, und der bald zu den nächsten Freunden Platens zählen sollte.

Der Erfolg seiner Poesie im Freundeskreis mag ihn veranlaßt haben, nunmehr ein ganz altes Lied wieder hervorzuholen, aus dem wir schon zitierten: ‚Der Wahn der Jugend', verfaßt in der frühen Pagenzeit. Die Ära des unschuldigen Rosensohns, wie die Raupe von Rosenblättern umgeben, schien ihm mit seiner letzten Metamorphose verwandt, der des Schmetterlings, die er durch Zerknirschung und Triebsublimation nunmehr endgültig erreicht zu haben glaubte. Damals senkten sich freundliche Geister zu dem schlafenden Knaben hernieder, zuletzt Apollo selbst, um ihn zu beschenken;

‚Doch die Harfe war verschwunden, Ach, es war ein schöner Traum!' Jetzt ist der schlafende Jüngling Endymion, und die herabsteigende Gottheit entsprechend Luna. Der Vorgang versteht sich ganz wirklich, und die Klage des Halbwachen lautet:

> Durfte Sehnsucht irdisch täuschen
> Das Gemüt der schönen Keuschen?

Was nichts anderes bedeutet als: Luna liebt Endymion, wenngleich insgeheim und vielleicht wider göttliches Gesetz, die Muse liebt Platen auf eben solche Weise. Freilich nur nach seiner Meinung, denn uns heute erscheint das Gedicht auch nach seiner Umformung von 1820 ebenso komisch wie vorher. Von der Bedeutung, die das Endymionmotiv für Platen hat, war schon die Rede.

Menschen leben länger als Schmetterlinge, und ihre Triebe lassen sich nicht fortwährend ungestraft unterdrücken. So kam es, daß Trauer und Verzweiflung wieder um sich griffen in jenen „kleinen Gedichten, lyrischen Lauten", die im Sommer 1820 entstanden. Zunächst noch mit einer gewissen Genugtuung über die eigene Fähigkeit der poetischen Umsetzung –

> Ich bebe nicht mehr bange,   Wird Mancher nicht verstolen
> Was immer auch mir droht,   Im stillen Traum versenkt,
> Wird nicht zum schönen Klange   Die Verse wiederholen,
> Mir augenbliklich jede Noth?   Die mir die Qual der Liebe schenkt?

doch bald ohne Umstand in altgewohnter Weise:

> Dieß Auf = und Niederwogen   Nur kurze Zeit belogen
> Von Wollust und von Trauer,   Vom schön gesell'gen Glücke,
> Von Schmerz und Wonneschauer,   Wie find' ich mich zurücke
> Welch Herz ertrüge sie?   Zu dir, die mich erzogen,
>   Befreundete Melancholie?

Es ist, als zögen die gewichtigen Strophenenden, die an Matthias Claudius erinnern, den Schmetterling wieder zu Boden.

Am ersten August hatte er bei Professor Kanne mit dem Studium des Persischen begonnen; Goethes ‚Divan' war nicht vergessen. Zu größeren poetischen Arbeiten fehle ihm die Muße, bemerkt Platen, und in der Tat ging das aushäusige Sommerleben im Freundeskreis weiter: tägliche Badeausflüge, eine Wanderung nach Pommersfelden zum Schönborn'schen Barockschloß. Die Gemäldegalerie ist im Tagebuch ausführlich beschrieben.

Zwei kleinere literarische Arbeiten fallen in diese Zeit. Das einaktige Schauspiel ‚Marats Tod', dessen Stoffwahl mit den Diskussionen um Sands Hinrichtung zusammenhängen mag, entstand in vierundzwanzig Stunden. Platen knüpfte an ein Fragment ‚Charlotte Corday' aus dem Jahr 1812 an. Dienten damals die Blankverse Schillers als Vorbild, so herrscht nun ein knapper Konversationston wie in Goethes ‚Clavigo'. Früher wie jetzt steht der Autor auf Seiten der Attentäterin, doch wäre es ein Irrtum, wollte man an Stelle Marats Kotzebue und an die Stelle der Corday Sand setzen.

Gleichzeitig schrieb er den ‚Sieg der Gläubigen' seinen neugewonnenen Ansichten entsprechend um. Die Mutter Gottes wurde völlig eliminiert; zudem folgte er mit der Persiflage des Ketzers einem Rat Döllingers, den er seinerzeit entrüstet von sich gewiesen hatte: der Ketzer, wir erinnern uns, meinte ihn selber. In der neuen, sehr viel kürzeren Fassung ‚Die neuen Propheten' erscheint der Autor als ‚rationaler Mensch', leider falsch kostümiert: ‚im englischen Frak und mit Tituskopf'*. Sankt Peter belauscht heimlich, wie die Arme Seele, der Pfarrer von Schliersee, und der Rationalist, Platen von vor drei Jahren, aneinander vorbeireden. Endlich schickt er sie beide zum Teufel:

> Hier ruhen die Engel an Friedensbäumen,
> Und lassen von euch sich wenig träumen,
> Ihr Antlitz schimmert, ihr Aug' ist klar,
> Und Stralen spielen im goldnen Haar.
> Bleibt uns vom Leib sammt eurem Gewäsche,
> Daß euch mein Schlüssel nicht derb zerdresche.
> Der Eine meint da von uns Allen,
> Wir seien, wie er, auf den Kopf gefallen,
> Der Andere steht hier aufgeblasen,
> Und sieht das W o r t nicht vor lauter Phrasen ...

Wir sehen vor allem Herders Adrasteen mit ihrem Botenjüngling. Schlösser bemerkt treffend, die Borniertheit der Armen Seele sei viel zu harmlos, um Eindruck zu machen, auch habe der Aufklärer seine wirksamsten Argumente behalten, so daß von Persiflage keine Rede sein könne. Leider habe das Stück mit der Schärfe seiner Satire auch allen Reiz eingebüßt.

Mitte August kam Gruber zu Besuch. Platen führte ihn bei seinen Studentenfreunden sowie den Professoren Schubert und Pfaff ein. Der letztgenannte war in den heterogensten Fächern zuhause, in der Mathematik (die er lehrte), der Astronomie, aber auch in Sanskrit und Hieroglyphik. Platen hatte Pfaffs Vorlesung längst aufgegeben, blieb ihm aber persönlich freundschaftlich verbunden. Nach vier geselligen Tagen ging der Dichter mit Gruber nach Bamberg, das sich nunmehr, in schönstem Sommer, ganz anders darbot als im vergangenen März, da er von Rotenhan tränenreichen Abschied nehmen mußte.

Am nächsten Tag wanderten die Freunde weiter in nördlicher Richtung. Gruber hatte, vermutlich durch Assessor Merck, eine Empfehlung an Friedrich Rückert, der mit seinen Eltern in Ebern wohnte. Auf dem Wege dorthin lag Rentweinsdorf, das Rotenhan'sche Schloß und Gut. Platen legte sich im Park auf eine Wiese und schlief ein. Der alte Rotenhan fand ihn dort, und so war eine rechte Einführung in die Familie seines Freundes verpatzt: also verzichtete der Dichter auf eine Visite im Schloß.

Irritiert durch dies Erlebnis, weigerte er sich nun auch, an dem Besuch bei Rückert teilzunehmen. Er begleitete Gruber noch die halbe Stunde bis Ebern und verabschiedete sich dort von ihm, denn der Freund hatte vor, auf anderem Wege nach Würzburg

---

* Ein Aufklärer trug gepudertes Haar und helle Seide; Platen schildert einen verspäteten Aufklärer – sich selbst.

Friedrich Rückert. Nach einer Zeichnung von Franz Horny. (Nationalgalerie, Berlin-Ost)

zurückzukehren. Doch vor dem Tor von Ebern reute Platen sein Entschluß; er kehrte um und eilte zu Rückert, der ihn freundlich empfing. Rückert war damals 32 Jahre alt. Wir kennen ihn nach einer Zeichnung Schnorrs von 1818: altdeutsches Wams, Bart, Locken bis auf die Schultern; Platen beschreibt ihn als mild und offen. Die Unterhaltung drehte sich natürlich um Literatur. Rückert war in Wien mit Hammer zusammengetroffen und hatte sich von ihm für die Orientalistik, besonders das Persische, begeistern lassen: im Studium dieser Sprache war er wesentlich weiter als Platen. Da dieser mittlerweile nicht mehr jeden mit Heydens ‚Renata' missionieren wollte, sondern den geliebten Text nur mehr zur gefälligen Erbauung anbot, behielten ihn die Rückerts über Nacht im Haus. Hochbefriedigt von diesem persönlichen Erfolg kehrte der Dichter nach Erlangen zurück.

Schon seit sechs Wochen plante er mit Stahl eine Herbstreise nach Wien und hatte deswegen schon an sein Regiment nach München geschrieben. Von einer Verlängerung dieser Reise bis nach Triest und Venedig träumte er wohl, glaubte aber selbst kaum an Erfüllung dieses Wunsches. Jetzt wartete er auf das Laissez-passer für Österreich.

Wir wollen in der Zwischenzeit einen Blick auf Platens Lektüre während der vergangenen zehn Monate werfen. Immerzu notiert er in den Tagebüchern, was er gelesen hat, und mitunter führt er ganze Listen auf. Als er sich nach Rotenhans Abschied der Außenwelt mehr öffnete, verschwanden die Kommentare zur jeweiligen Lektüre, die noch in Würzburg eine so große Rolle spielten. Bücherlisten werden gleichwohl weitergeführt.

Es würde zur Biographie nicht beitragen und den Leser nur langweilen, wollten wir die vielfältige und erratische Lektüre des erwachsenen Dichters weiterhin ähnlich genau verfolgen, wie bisher die des heranwachsenden. So sei künftig nur noch das erwähnt, was sich auf Platens Leben und Produktion ganz offenbar auswirkt oder sonstwie auffällig ist: zum Beispiel sein eklatantes Fehlurteil über Werners Drama ‚Der vierundzwanzigste Februar', das er trotz der fatalen Spezies, die ihm bei Müllner längst nicht mehr gefiel, und ungeachtet der groben Sprache zum Meisterwerk erklärte. Ende Mai las er Schellings ‚Vorlesungen über die Methode des akademischen Studiums', gedruckt 1803; wir werden später davon hören. Nach der Iphofener Krise schien ihm, neben den antiken Dichtern, auch Goethe nur mehr als frivoler Verführer; was ihn freilich nicht davon abhielt, sogleich in Ansbach den ‚West-östlichen Divan' sehr gründlich zu studieren. Nach achtmonatiger Goethe-Abstinenz hatte sich dann Platens biedermeierliches Über-Ich so weit beruhigt, daß er von dem Genannten wieder las, was er nur kriegen konnte, Altes und Neues, zum ersten und zum -wievielten Male.

Auffällig ist, daß er mittlerweile nicht nur mehr das las, was den Romantikern gefiel, etwa Calderón, sondern endlich auch einige Romantiker selbst. Das hispanisierende Trauerspiel ‚Alarkos' des jüngeren Schlegel fand er zu Recht erbärmlich*. Um so besser gefielen ihm die Dramen aus dem zweiten Band von Tiecks ‚Phantasus' sowie der ‚Prinz Zerbino': hier überschlägt sich romantische Ironie, hier durchdringen sich Wunderbares und Komisches, Kindliches und Schreckliches. Gozzi, den Platen in Würzburg mit so viel Vergnügen gelesen hatte, wird von Tieck ausdrücklich als Vorbild genannt.

Bleibt noch nachzutragen, daß ihm während seines Pfingstaufenthaltes in Würzburg Massenbach „mehrere italiänische Liedchen zur Guitarre" vorgesungen und so den lebhaften Wunsch geweckt hatte, es ihm nachzutun. Wieder in Erlangen, ließ er tatsächlich einen Musiklehrer ins Haus kommen; doch sicher nicht lange, denn das Tagebuch schweigt über den Erfolg des Unterrichts.

Das Semester war vorüber. Die Bekannten reisten einer nach dem anderen ab. Platen sorgte sich um Rotenhan, von dem es hieß, er habe in Berlin ein Duell zu bestehen – unnötige Sorge, wie sich herausstellte. Mit Engelhardt, der sich auf seine Habilitierung vorbereitete, war er viel zusammen. Von ihm hörte er eine fränkische Sage, die er unter dem Titel ‚Der grundlose Brunnen' episch zu bearbeiten begann: eine Undinengeschichte, die auf nur 24 etwas gequälte Stanzen kam. Weiter vertrieb er sich die Zeit mit allerhand Epigrammen im Stil der Schiller-Goethischen Xenien, die er vor drei Monaten gerade wieder gelesen hatte; eine Übung, mit der er für die nächste Zeit fortfahren sollte.

Am 7. September erhielt er seinen Paß für Österreich, und zwei Tage später machte er sich mit Stahl auf die Reise. Teils zu Fuß, teils per Post gelangten die beiden nach Regensburg, wo sie ein Donauschiff nahmen. Dies fuhr so langsam, daß es den Reisenden Abstecher erlaubte. Platen wanderte von Deggendorf nach dem Dorfe

---

* Ludwig Uhlig schreibt: „Goethe, der das Werk, von dessen kunstreichem Versbau bestochen, trotz Schillers Bedenken in Weimar spielen ließ, konnte bei der Uraufführung am 29. Mai 1802 das tobende Gelächter, das sich gegen Schluß des Stücks im Publikum erhob, nur mit energischen Zwischenrufen zum Schweigen bringen."

Seebach, wo Hafner, sein alter Lehrer aus der Pagerie, eine Pfarrstelle hatte. Er blieb über Nacht bei dem Mann, den er jetzt brav und beschränkt nannte, offenbar ohne sich des Pfarrers von Schliersee zu erinnern, gegen den Hafner ein Weltmann gewesen sein muß.

Von Vilshofen nach Passau gingen die Freunde wieder zu Fuß. In Engelhardtszell wurde das Schiff gewechselt: von nun an fuhr man auf einem „Kaiserlich-königlichen Commercial-Zollamts-Magazins-Schiff", was nicht nur (nach des Dichters Meinung) einen Hexameter hergibt, sondern daneben auch zeigt, daß die ‚Donau-Dampfschifffahrts-Gesellschaft' sprachliche Vorläufer hat. Die groben Zollvisitationen machten ihm klar, was Metternichs Österreich war: ein Polizeistaat. In Linz kamen vier Berliner Studenten aufs Schiff, an die Platen sich ähnlich anschloß wie an die Gombarts auf seiner Schweizerreise.

Die Fahrt durch den Strudengau, dessen Name sich von den Katarakten der damals noch unregulierten Donau ableitet, muß ein besonderer Genuß gewesen sein. Mit Übernachtungen in Sarmingstein und Tulln gelangten die Reisenden so in drei Tagen nach Wien, das heißt bis nach Nußdorf, wo allen Ausländern die Pässe abgenommen wurden. An der Stadtgrenze, der sogenannten ‚Linie', gab es noch eine weitere Visitation.

Es war drei Uhr nachmittags geworden, als die Studentengesellschaft im Gasthof angekommen war, zur „Stunde, wo in Wien die Schauspiele anfangen." Man ging ins Leopoldstädter Theater und sah ‚Die Reise in den Mond' mit dem berühmten Lokalkomiker Ignaz Schuster. Platen lernte die glänzend inszenierten Wiener Zauberkomödien kennen, die zwar aus den barocken Haupt- und Staatsaktionen hervorgegangen waren, jedoch die Tradition ironisch unterliefen und mit Bemühung vielfältiger Geister- und Feenreiche scheinbar verkündeten, die kaiserlich-königliche sei die beste aller möglichen Welten. Eine Bastille war in Wien nie gestürmt worden und Nestroy noch weit. Ob Platen wohl an Tiecks gebrochene Komödien dachte, die er vor einem halben Jahr gelesen hatte, an den ‚Blaubart' und den ‚Gestiefelten Kater'? Allerhand fein versteckte Kritik kannte auch das Wiener Theater, und dennoch war es, als habe die behäbige Metropole mit ihrem weit ins Bürgertum gestreuten Reichtum die letzten hundert Jahre verschlafen; freilich nicht ganz ohne polizeiliche Hilfe. Platen war tief beeindruckt. „Mit einem Worte," schrieb er später an Fugger, „die Menschen sind froh und Alles um sie her ist prachtvoll und kaiserhaft. München ist ein rauchiges Dorf dagegen."

Zwei Wochen verbrachte er als vorbildlicher Tourist mit dem Besuch der Sehenswürdigkeiten. Stephansdom, Peterskirche, die Kaffeehäuser, „wovon das eine das türkische. Viele fremde orientalische Trachten in Wien." Nicht nur fing der Balkan im dritten Bezirk an, wie Metternich sagte, sondern es muß auch bedacht werden, daß der Balkan damals großenteils zum osmanischen Reich gehörte und es keine hundertfünfzig Jahre her war, da die Türken vor Wien standen. Protestanten oder Deutschgläubige nach der Art von Fichte, Arndt, Follen und Sand sah man kaum, doch Juden genug und sogar einige Moslems: was wiederum erklärt, warum im Burgtheater Lessings ‚Nathan' gegeben wurde, jenes Musterstück deutscher Aufklärung. Platen sah Costenoble, der fast so berühmt war wie der verstorbene Iffland, als Mönch, in einer seiner berühmtesten Rollen.

Kapuzinergruft, „die Carlskirche mit ihren herrlichen trajanischen Seulen." Sind sie nicht auch Minare, ein Blick nach Südosten? Die beiden Belvederes mit ihren Sammlungen, der Barockgarten dazwischen, „herrliche Buchshecken." Leider viel niedriger als die in Veitshöchheim. Schottenstift, Schönbrunn, Blick auf die Stadt von der Gloriette. Platen trieb sich im Prater herum, besuchte fast alle Buchhandlungen und kaufte dort sämtliche Werke des Camões, auch Shakespeares epische und lyrische Dichtungen. Die Bücher sollten bei der Weiterreise beschwerlich genug sein, aber für schlechtes Wetter hatte er wenigstens ausgiebige Lektüre.

Am 1. Oktober ging er in die Ursulinenkirche, um Zacharias Werner predigen zu hören. Der berühmte Konvertit sprach „über die 15 Geheimnisse des Rosenkranzes, und nebenbey von der Demuth, von der er sagte, daß er sie zwar nicht aus Erfahrung kenne, aber doch mit Gottes Hülfe den Weg dazu weisen wolle." Eine Judentaufe, die Werner vornahm, gab Platen Gelegenheit, ihn ganz von der Nähe zu betrachten. Umwerfend kann der Eindruck nicht gewesen sein, denn in einem gleichzeitigen Epigramm heißt es:

> Heiliger Mann! es ist schade, du trägst ein zerrissenes Chorhemd,
> Und zum Loche heraus gukt dir der alte Phantast.

Nachdem er noch die spanische Reitschule besichtigt hatte, verließ der Dichter am 3. Oktober die Hauptstadt in Richtung Prag. Von den fünfzehn Abenden, die er in Wien verbrachte, ging er an neun ins Theater. Er sah Rossini's ‚Barbiere', Schillers ‚Jungfrau', Lessings ‚Nathan' und sechs volkstümliche Zauberstücke, darunter keins von Raimund*. Der Begleiter Stahl ist seit der Ankunft in Wien im Tagebuch nicht mehr erwähnt; wir müssen annehmen, daß Platen sich von ihm trennte, sei es, weil es vorher so ausgemacht, sei es, weil Streit entstanden war.

Mit fünf Übernachtungen (vor Hollabrunn, in Znaim, Iglau, Goltsch-Jenikau und bei Kolin) gelangte der Dichter auf demselben Wege nach Prag, den vor dreiunddreißig Jahren Mozart genommen hatte. Die vielen mährischen, dann böhmischen Dörfer erweckten sein Interesse am Tschechischen; in Tschaslau kaufte er ein Phrasenbuch.

Prag sei nicht so prächtig wie Wien, bemerkt Platen in seinem Tagebuch. Er besuchte die Theinkirche, auf deren Türmen Tycho Brahe und der junge Kepler observiert hatten, er wanderte über die Karlsbrücke, trat auf der Kleinseite „mit heiligem Schauer" in die Nikolaikirche und stieg dann auf den Hradschin. Das Ghetto, nördlich der Altstadt im Moldaubogen, war damals noch keine Touristenattraktion. Dennoch hat Platen es wahrscheinlich gesehen, denn er schreibt: „Merkwürdig ist noch in Prag die beyspiellose Zudringlichkeit der Juden, vor der man sich kaum retten kann".

Am vierten Tag fuhr er mit der Post nach Karlsbad; für die 120 km brauchte er zweieinhalb Tage. In Karlsbad weilte Goethe gern, hier waren vor vierzehn Monaten die

---

* Dessen erstes, ‚Der Barometermacher', wurde 1823 uraufgeführt.

Jean Paul. Zeichnung von Carl Vogel von Vogelstein. (Bayerische Staatsbibliothek, München)

Beschlüsse gegen Demagogen und Burschenschaften gefaßt worden. Die Gasthöfe fand Platen nur wenig elegant und bequem; das sollte sich im Verlaufe des Jahrhunderts ändern.

Von Karlsbad nach Eger versuchte er, zu Fuß zu gehen; doch wegen der vielen Bücher nahm er bald einen Wagen. In Eger besichtigte er, Schiller im Herzen, alle Wallenstein betreffenden Örtlichkeiten; dann besuchte er den Scharfrichter, der eine Raritätensammlung unterhielt. Mitten unter den alten Waffen hing das Richtschwert, „jezt aber nicht mehr gebraucht," wie es im Tagebuch heißt, „weil der Kaiser Joseph die poetische Strafe des Hängens einführte." Wir lesen es zweimal und hoffen, daß dieser Satz ironisch gemeint war.

Am nächsten Morgen machte Platen einen Abstecher nach Franzensbrunn. Dann nahm er einen Träger für seine Bücher und begab sich zu Fuß den Egerfluß entlang über die Grenze nach Bayern. In Alexandersbad blieb er über Nacht: „Was besonders reinliche Betten betrifft, so möchten sie in der ganzen österreichischen Monarchie etwas sehr Seltenes seyn." Von Wunsiedel fuhr er mit der Post gemächlich nach Bayreuth, wo er im Gasthof ‚Zum Anker' abstieg.

Jean Paul, bei dem er am nächsten Morgen vorsprach, beschied ihn auf nachmittags vier Uhr. Als Platen kam, war nur Richters Frau mit zwei Töchtern zugegen, der Hausherr selbst von einem Mittagessen noch noch nicht zurück. Schließlich kam er, etwas echauffiert. Wir haben den Eindruck, daß Platen sich mit Madame Richter besser verstand als mit ihrem Mann: während er sich sogleich zurückzog, vermutlich aufs Sofa, behielt sie den Dichter lange im Haus, ja sie bat ihn, bald wiederzukommen. Weniger begeistert war Jean Paul selbst, der sich notierte: „Zudringlichkeit eines Grafen Platen, der den ganzen Abend über blieb." Von Frau Richter aber erfuhr der Besucher eine große Neuigkeit: Schelling sollte nach Erlangen kommen.

Am folgenden Tag fuhr Platen bis nach Streitberg in der fränkischen Schweiz, jenem Ort, der bei den Erlanger Studenten so beliebt war. Sogleich fand er auch einen Bekannten: mit ihm teilte er sich am übernächsten Morgen eine Chaise nach Erlangen. Es war der Tag vor seinem vierundzwanzigsten Geburtstag und somit ein Jahr her, daß er, von Iphofen und Würzburg fliehend, hier eingetroffen war.

21. Schelling

In Erlangen fühlte er sich „die ersten Tage sehr behaglich" im Kreise der Freunde vom vergangenen Winter: er nennt den habilitierten Theologen Engelhardt, die Doktoranden Bensen und Pfeiffer sowie die Professoren Schubert und Rau. Bei letzterem hatte er Nationalökonomie gehört, ja sogar eine Zwischenprüfung abgelegt. Das Fach interessierte Platen jetzt, da er den Gedanken an eine Diplomatenlaufbahn aufgegeben hatte, nicht mehr, doch setzte er den privaten Verkehr mit dem Lehrer fort. Rau (ein Namensvetter des Würzburger Botanikers) war keine Dreißig und mit dem etwa gleich alten Ludwig Döderlein befreundet, einem Altsprachler an der Universität und Rektor des Erlanger Gymnasiums.

Nur noch von wenigen Kollegien ist die Rede: Naturgeschichte bei Schubert, Chemie bei Osann. Weder Physik noch Chemie wurden damals in Deutschland als exakte Naturwissenschaften begriffen, sondern beide befanden sich erst auf dem Weg dorthin. In der Physik war nicht einmal Newton unumstritten, wir erinnern an Goethes Farbenlehre, und Chemie wurde nur an einem Orte rein quantitativ-analytisch betrieben: in Paris, wo Gay-Lussac auf dem Erbe Lavoisiers aufbaute. Anderswo, auch in Erlangen, waren Physik und Chemie völlig vermengt mit romantischer Spekulation und metaphysischem Gedankengut, ganz wie die deutsche Philosophie der Zeit, von der wir ja einiges hörten. Schuberts Naturgeschichte und Osanns Chemie bewegten sich in ähnlichen, nämlich vorwiegend poetischen Sphären. Dies erklärt die merkwürdige Tatsache, daß wir Platen immer wieder in ‚naturwissenschaftlichen' Vorlesungen antreffen.

Mit größerem Nutzen hörte er bei Professor Kanne, der ihn im August ins Persische eingeführt hatte, auf einmal Arabisch. Vermutlich folgte der Dichter dem Rat des Lehrers, vielleicht auch dem Rückerts, denn die neupersische Sprache und Literatur sind so stark von arabischen Elementen durchsetzt, daß ihr gründliches Studium ohne einige Kenntnis des Arabischen kaum denkbar ist.

Die Zeit des Schmetterlings war einstweilen vorüber. Platens Sieg über seinen Trieb, die Katharsis von Iphofen hatte langsam, aber stetig an Wirkung verloren; wir sahen es schon an den Gedichten des Sommers, die zu dem nach außen gekehrten Leben in merkwürdigem Widerspruch stehen. ‚Vergebt, daß alle meine Lieder klagen' beginnt eines, das Max Koch auf den Dezember 1820 datiert. Das Fehlen jeglicher Liebesbeziehung machte sich wieder quälend bemerkbar. Gegen Weihnachten richtete Platen vier schmerzliche Sonette an Rotenhan, deren letztes, eine Art Testament, ihn geradezu zum Verkünder des poetischen Erbes bestimmt.

Mittlerweile verlief das Außenleben weiter freundlich. Der früh einsetzende Winter lud zum Schlittschuhlauf ein, und bei den Döderleins verbrachte der Dichter im Freundeskreis den vergnügtesten Abend, seit er nach Erlangen gekommen war. Auch zog er am Marktplatz vom zweiten in den ersten Stock, da sein Nachbar, wie es im Tagebuch heißt, „auf dem Posthorn blies und überhaupt einen unausstehlichen Lärm machte". Unausstehlichen Lärm machte Platen selbst, und zwar um Mitternacht, wenn er seine neuesten Schöpfungen mit laut singender Stimme skandierte; was die Töne des Posthorns als lärmende Repressalien erklärt. Voll Stolz zeichnet er den Grundriß seiner neuen Wohnung, einer Flucht von drei Zimmern, ins Tagebuch. Nur die beiden hinteren waren durch einen dazwischenliegenden Ofen heizbar. Auch die Möblierung ist angegeben: Bett und Waschtisch sind in die fernste Ecke des Schlafzimmers verbannt, im Studierzimmer findet sich das Stehpult zwar in Ofennähe, doch in völliger Dunkelheit. Seinen Mittagstisch im Burschenhaus gab Platen auf wegen der radikalen politischen Ansichten, die dort vertreten wurden. Künftig aß er im Gasthaus ‚Zu den drey Husaren' im Kreise etwas reiferer Freunde und Bekannter, deren Namen wir soeben hörten, und zu denen noch Leo und Hermann kommen, die später eine Rolle spielen werden.

An der Universität aber war von nichts anderem mehr die Rede als von der bevorstehenden Ankunft Schellings. Es mag verwundern, daß der berühmte Zusammendenker, den Goethe schon als Dreiundzwanzigjährigen nach Jena berufen ließ, jetzt aus München in das ärmliche Erlangen kam. Damit hatte es freilich seine besondere Bewandtnis. Das katholische Bayern hinkte ein wenig hinter dem Zeitgeist her, wir haben es schon den Meinungen und Urteilen des jungen Platen anmerken können. Offiziell herrschte dort ein aufgeklärter Klerikalismus, so duldsam, daß selbst des jungen Dichters grober Angriff im ‚Sieg der Gläubigen' ohne nachteilige Folgen geblieben war. Von der Romantik, einer anfangs vorwiegend protestantischen Angelegenheit, wußte man in Französisch-Bayern wenig, und wer etwas wußte, der hielt nichts davon. Als Schelling 1803 nach Würzburg ging, landete er mit seiner Philosophie zwischen allen Stühlen. Drei Jahre später fiel die Stadt auf ein paar Jahre an Österreich, und Schelling, der von den Habsburger Behörden noch weniger Verständnis erwarten konnte als von den bayerischen, zog sich nach München zurück. Gern hätte er eine Professur in Landshut angenommen, doch wurde ihm der Aufklärer Jacob Salat vorgezogen. Zeitgemäß mystische Gedankengänge wurden in Landshut, wenn sie im Schoß der katholischen Kirche aufkamen, wohl oder übel hingenommen: es gab sogar einen romantischen Kreis um den Theologen Johann Michael Sailer. Doch auf dem

Philosophenstuhl, von einem Protestanten vorgetragen, waren solche Lehren noch unerwünschter als in Würzburg. 1815 zirkulierte das Gerücht, Schelling habe konvertiert. Vielleicht war es auch ein Versuchsballon: Goethe, von der mystischen Wende des früher Hochgeschätzten mehr und mehr befremdet, ventiliert diese Frage geradezu in einem Brief an den Staatsminister Voigt. Das Gerücht war falsch. Doch noch fast fünf Jahre blieb Schelling abwartend in München, bis er sich zu der wenig ehrenvollen Honorarprofessur an der bescheidenen, doch protestantischen Universität Erlangen entschloß. Erst als mit Ludwig I die Romantik quasi den bayerischen Thron bestieg, sollte Schelling triumphal in die neue Universität von München einziehen.

So weit war es indes noch nicht. Vorerst kam er nach Erlangen, das für den berühmten Mann gewiß nicht der Olymp war; doch er war Zeus für Erlangen. Eine Studentendelegation empfing ihn feierlich. Sicher nicht unbeeindruckt von diesem Ereignis, schrieb Platen Mitte Dezember vier berühmte Strophen:

> Wie rafft' ich mich auf in der Nacht, in der Nacht,
> Und fühlte mich fürder gezogen,
> Die Gassen verließ ich, vom Wächter bewacht,
> Durchwandelte sacht
> In der Nacht, in der Nacht,
> Das Thor mit dem gothischen Bogen.
>
> Der Mühlbach rauschte durch felsigen Schacht,
> Ich lehnte mich über die Brücke,
> Tief unter mir nahm ich der Wogen in Acht,
> Die wallten so sacht
> In der Nacht, in der Nacht,
> Doch wallte nicht eine zurücke.
>
> Es drehte sich oben, unzählig entfacht,
> Melodischer Wandel der Sterne,
> Mit ihnen der Mond in beruhigter Pracht,
> Sie funkelten sacht
> In der Nacht, in der Nacht,
> Durch täuschend entlegene Ferne.
>
> Ich blickte hinauf in der Nacht, in der Nacht,
> Ich blickte hinunter aufs Neue:
> O wehe, wie hast du die Tage verbracht,
> Nun stille du sacht
> In der Nacht, in der Nacht
> Im pochenden Herzen die Reue!

Wie in der Schlierseer Elegie sind wir geneigt, den Bach als Metapher für Platens Trieb zu verstehen, vor deren mittlerweilen sacht davonrauschenden Wellen er sich gleichwohl ‚in Acht' nimmt. Ihnen entspricht ein beruhigter Nachthimmel, Metapher für das Schicksal, das damals noch eine ‚verheerende Fackel' in der Hand trug. Pochende Reue empfand der Dichter diesmal wahrscheinlich weniger wegen seiner sexuellen Wünsche als wegen der vertanen Studienzeit, angesichts des großen Gestirnes, das über seinem und Erlangens Horizont aufgehen sollte. Wieder haben wir ein ‚monotones Klagelied' vor uns: Link nennt das Starren in nächtliche Fluten typisch für eine Lyrik der sinnentleerten Realität. Das monotone Bergab der Wellen entferne mit jedem Augenblick weiter von der Harmonie.

Am 21. Dezember 1820 erfahren wir, daß der Dichter sich nicht mehr mit dem Arabischen, sondern „die letzte Zeit fast ununterbrochen mit dem Persischen beschäftigt" habe. Er tat dies autodidaktisch anhand von Büchern, nachdem ihm Professor Kanne im August nur die Anfangsgründe dieser Sprache beigebracht hatte. Für die Arbeit holte er sein Stehpult aus der dunklen Ofenecke hervor und stellte es im Schlafzimmer nahe dem Fenster auf. Über Herrn v. Kessling richtete er eine Bittschrift an den König um Verlängerung seines Studienstipendiums für ein weiteres, viertes Jahr: dessen zweite Hälfte wollte er in Paris, das als Mekka der Orientalistik galt, dem Studium des Persischen, des Arabischen und schließlich auch des Sanskrit widmen. Postwendend kam die höfliche Ablehnung.

Das Jahr endete in einem Mißklang. Platen geriet in Streit mit einem Tischgenossen, dem Gymnasiallehrer Rödiger. Der ehemalige Burschenschaftler und Redner beim Wartburgfest wollte, wie es im Tagebuch heißt, „aus dem Tacitus die Unkeuschheit der alten Germanen beweisen". Doch weniger deren Sitten scheint Rödiger im Visier gehabt zu haben, als vielmehr gewisse Wünsche, die er seinem Tischnachbarn von der Stirn ablas. Wahrscheinlich kam er auf das 12. Kapitel der ‚Germania' zu sprechen, wo Strafarten der alten Deutschen angeführt sind: „Verräter und Überläufer hängt man auf Bäumen auf; Feiglinge und Kriegsscheue und Unzüchtige versenkt man in Kot und Sumpf, wobei noch Flechtwerk über sie gelegt wird."* Platen, außer sich vor Wut, sprang vom Tisch auf und entfernte sich unter Verwünschungen Rödigers. Der Beschimpfte konnte in seiner Stellung den Beleidiger nicht zum Duell fordern, wie es der Sitte entsprochen hätte, sondern er ließ es mit einem Brief bewenden, in dem er jenen aufforderte, sich ‚zu erklären', das heißt: zu entschuldigen, ihn zugleich aber auch ‚ein verunglücktes Geschöpf' nannte. Das saß, weil es stimmte. Platen, vermutlich bleich vor Wut, verweigerte die schriftliche Satisfaktion und dichtete statt ihrer in der Neujahrsnacht ein abscheuliches ‚Sylvesterlied' auf Rödiger, das den Ton persönlicher Verunglimpfung schon anschlägt, der die späteren Polemiken gegen Immermann und Heine kennzeichnen wird.

,Wer ist der junge Wicht
Mit finnigem Gesicht
Und insolenten Mienen?'
Ich bin, Ihnen zu dienen,
Ein schlichter Demagog,
Den Eitelkeit erzeuget,
Den Eitelkeit gesäuget
Den Eitelkeit erzog. ...

Bey Commercirerey'n
Und Wartburgskinderey'n
Stopft' ich mich voll mit Phrasen,
Die haben mich aufgeblasen;
Nun schau' ich tapfer drein,
Und glaube, weil ich Götze
War junger, dummer Klötze,
So müßt' ich's jedem seyn!

---

* proditores et transfugas arboribus suspendunt, ignavos et imbelles et corpore infames caeno ac palude, iniecta insuper crate, mergunt.

Nachdem er seinen Groll, aber nicht seine Geringschätzung ausgeschlafen hatte, begab sich Platen nach Streitberg; freilich nicht, ohne das Gedicht vorher noch Pfeiffer und Engelhardt mitgeteilt zu haben. Rechtzeitig zu Schellings Antrittsvorlesung war er wieder zurück.

Wir sollten hier innehalten und einen Blick auf die Philosophie werfen, die der Gelehrte seit siebzehn Jahren nicht mehr öffentlich vorgetragen hatte, sowie auf ihre Weiterentwicklung bis zu diesem Zeitpunkt.

Schelling war zeitlebens von der Frage bewegt, wie das Absolute, Gott, vom Menschen zu ergreifen, und wie der Übergang von ihm zur endlichen Welt zu denken sei. Natur stellt für Schelling eine Entwicklung des Absoluten dar, die sich als eine Umwandlung des Unbewußt-Dunklen ins Bewußt-Helle vollzieht. Diesen Weg aufzuzeigen, ist Aufgabe seiner **Naturphilosophie.**

Gott entfaltet sich in der Natur und im menschlichen Geist, im Materiellen wie im Ideellen. Auf die unbewußte, dumpfe Identität von Natur und Geist folgt die bewußte und vollkommene Trennung, und erst auf der dritten Stufe gelingt ihre Wiedervereinigung. Sie wird erst am Weltende völlig erreicht sein.

Zunächst folgte Schelling noch ganz dem Credo der Kunstperiode. 1802 galt ihm das Universum als ‚absolutes Kunstwerk in ewiger Schönheit'. Hier zeigt sich die ‚Indifferenz von Natur und Geist': mit Hilfe der **Identitätsphilosophie** wird es möglich, die Natur als den sichtbaren Geist, den Geist als die unsichtbare Natur zu begreifen. Den Gegensatz zwischen beiden aber suchte Schelling zu mildern mit der Erklärung, die absolute Einheit differenziere sich selbst zur Ideenwelt. Vorbild dieser Differenzierung ist der Begriff des Organischen, in dem das Ganze im Teil und Teil im Ganzen ist. 1804, ein paar Jahre vor Darwins Geburt, erklärte Schelling die Weltentstehung als einen freien Abfall von Gott. In der folgenden Zeit, nach dem Tode der ersten Frau und im näheren Kontakt mit Franz v. Baader in München, brach der Weltschmerz auch in Schellings Philosophieren ein. Nun ließ er Gott sich entzweien in Grund und Existenz, in dunklen Willen und hellen Verstand; auch der Mensch sei von diesen beiden Prinzipien bestimmt. Aber eben, weil er wie Gott beides in sich trägt, könne er nun, im Gegensatz zu Gott, deren Rangordnung verkehren, das heißt den dunklen Grund über das Verständige setzen und so die Welt in Unordnung bringen. Diese Tat jedoch biete die Möglichkeit, daß Gott sich als versöhnende Liebe offenbare: indem er gegen die Unordnung ausdrücklich die ursprüngliche Ordnung wiederherstellt, verwirklicht er sich selbst. Auch Gott ist, wie Schelling lehrt, Leben, und als solches hat er ein Schicksal.

Die Geschichte Gottes als dessen Selbstverwirklichung ist das Thema der ‚Weltalter', die Schelling zwischen 1811 und 1815 beschäftigten. Seit dieser Zeit versuchte er, die Mythen im Sinne seiner Welterklärung auszulegen. Hier ungefähr stand seine Lehre, als er in Erlangen nach langem Schweigen seine Erkenntnisse wieder vorzutragen begann. Doch scheint er auch, wie wir im nächsten Kapitel sehen werden, an einer Gotteserkenntnis durch Vernunft gezweifelt, ja die fatale Grenze zwischen der ‚negativen' rationalen Philosophie und der ‚positiven' Offenbarungsphilosophie damals wenigstens im Gespräch schon gezogen zu haben.

Friedrich Wilhelm Schelling.
Gemälde von Joseph Stieler (1835).
(Hanfstaengl-Druck, München)

Platen hatte Schelling noch im alten Jahr seine Aufwartung gemacht und war freundlich empfangen worden. Der Meister erinnerte sich des Münchener Kadetten; es mag auch sein, daß Schubert lobende Worte für den strebsamen jungen Mann gefunden hatte.
Er kam nicht unvorbereitet in Schellings Kolleg. Vergangenen Sommer, während seines Besuchs in Würzburg und danach, hatte er die ‚Vorlesungen über die Methode des akademischen Studiums' gelesen. Es handelt sich um die Niederschrift der Jenaer Vorlesung vom Sommersemester 1802. Was Platen las, widersprach dem nicht, was er bei Wagner gehört hatte; obwohl er hier wie dort nur Teile verstanden haben dürfte. In seinen damals konservativen Ansichten fand er sich bestätigt. Schellings Schrift ist überdies voll von witzigen Ausfällen gegen die Anmaßung einer seichten Aufklärung. „Das mußte Musik sein für die Ohren des jungen Dichters, der sich schon seit Beginn seiner Erlanger Zeit eifrig daran gemacht hatte, alles zu verbrennen, was er in seinen rationalistischen Tagen angebetet": so Rudolf Schlösser. Sicherlich fand es Platens Beifall, wenn Schelling der Phantasie ebensoviel Wert beimaß wie der Vernunft. Beide seien Ausfluß des Absoluten, jene im Idealen, diese im Realen: „Mögen diejenigen, denen nichts als ein dürrer und unfruchtbarer Verstand zu Theil geworden ist, sich durch ihre Verwunderung schadlos halten, daß man zur Philosophie Einbildungskraft fordere"! Hier, wo von „Poesie in der Philosophie" die Rede war, mußte Platen sich angesprochen fühlen. Schelling verstand die Kunst als Enthüllerin von ungeborener Schönheit, sie stellte das Unendliche im Endlichen dar. Seine Philosophie des Schönen und der Kunst stand seit 1807 fest und änderte sich nicht mehr.

Am 4. Januar 1821 begann der berühmte Mann seine erste Vorlesung mit dem verheißungsvollen Titel ‚Initia universae philosophiae'. In ihr trug er nichts Neues vor, sondern resümierte lediglich seine ‚Weltalter' aus dem vergangenen Jahrzehnt. „Lange vor fünf Uhr waren die Bänke voll Sitzender und alle Tische voll Stehender", notiert Platen im Tagebuch. „Das Gedränge an der Thüre war so groß, daß sie ausgehoben wurde. Viele, die nicht mehr herein konnten, hielten die Gangfenster offen, um von außen her zuzuhören. Fast alle Professoren waren gegenwärtig." Es kamen dennoch nur etwa zweihundert Menschen zusammen.

Anstatt Platens panegyrischer Schilderung zu folgen, wollen wir lieber einen erklärten Gegner Schellings zu Wort kommen lassen, Jacob Salat, der ihm 1806 in Landshut vorgezogen worden war. Sein widerwilliges Lob wiegt schwerer als das begeisterte des jungen Dichters. Salat spricht freilich von Schellings Würzburger Auftritten achtzehn Jahre früher; doch dürfen wir getrost annehmen, daß er sich in Erlangen ähnlich präsentierte. „Der Vortrag war an sich gut, ja im Ganzen vorzüglich," schreibt Salat, „der Sprache in hohem Grade mächtig, verband er mit demselben viel Poetisches, Aesthetisches, was der Vorbildung und Stimmung der Zuhörer natürlich, auf ihrer Altersstufe und so, wie sie vom Gymnasium herangekommen waren, ganz besonders zusagte. Und hiezu kam noch eine ganz eigene Vorrichtung, wozu ohne Zweyfel eine kluge Gattin den Rath gegeben oder mitgewürkt hatte: der Professor las im Wintersemester, des Abends bey'm Lichte, während auf jeder Seite zwey oder drey (wie man sagt) Wachskerzen aufgestellt waren, und folglich die neue Lehre so recht erglänzte*."

Schelling bot in seinen Erlanger ‚Initia' eine raffinierte Kombination von zyklischem und linearem Weltverständnis. Gott, den Schelling hier ‚ewige Freiheit', ‚Weisheit' und ‚Magie' nennt, erschafft die materielle und die ideelle Welt, indem er durch beide hindurchgeht, ohne jedoch in ihnen zu verweilen. Die Schöpfung der Natur ist abgeschlossen (Darwin war eben zwölf Jahre alt), in ihr herrscht die ewige Wiederkehr des Gleichen; da der Geist endgültig aus ihr entwich, liegt Schwermut über der ganzen Natur. Die Welt der Ideen, des menschlichen Wissens jedoch erweitert sich noch fortwährend. Zwar ist auch aus diesem Wissen die ursprüngliche ‚Magie' entschwunden, doch zeugt eben seine andauernde Zunahme und Differenzierung quasi als Echo von ihrem durchgehenden Wirken. Nur beim schöpferischen Gedanken in Wissenschaft und Kunst ist, mit anderen Worten, der Weltgeist noch spürbar. Am Weltende aber werden ‚Wissen' und ‚Weisheit' identisch sein, ist die dritte Stufe der Trias erreicht. Mit dieser eleganten Formel entsprach Schelling genau dem Zeitgeist des Biedermeier, der zwischen Weltschmerz und Empirismus zerrissen war.

Rudolf Schlösser hat sich der verdienstvollen Mühe unterzogen, Platens Nachschrift mehrerer Vorlesungen mit Schellings späterer, endgültigen Formulierung der Erlanger ‚Initia' zu vergleichen. Er kommt zu dem Ergebnis, daß der Dichter den Philosophen nicht begriffen habe, oder doch nur mangelhaft: erst bei genauerem Hinsehen zeige

---

* Die kluge Gattin war damals noch Caroline, verstorben 1809. Eher waren es in Erlangen mehr Kerzen als in Würzburg, denn sechs Jahre später hielt Schelling in München ein pompöses Kolleg mit Theaterbeleuchtung. Seine Schilderung bleibt einem späteren Kapitel vorbehalten.

sich „eine beträchtliche Anzahl von Spuren verstandener oder unverstandener Schellingscher Lehren." Weniger von des Meisters Ziel, der Erfassung des Absoluten, sei Platen gefesselt gewesen als vielmehr vom Anblick des kühnen Wanderers selbst. Der Dichter habe die Gedankenkette „auch nicht im Allerentferntesten gefaßt": wichtigste Glieder würden übersprungen, „während kleine Blümchen sorgsam aufgelesen werden." Ein Beispiel dafür, wie Platen Schellings Vortrag mißverstand, sei angeführt. „Er sprach von dem Subjekte der Philosophie", heißt es im Tagebuch, „und von der Auffindung des ersten Prinzips, die nur erreicht werden könne durch eine Zurükführung seiner selbst zum vollkommenen Nichtwissen.. Nicht etwa, sezte er hinzu, muß man Weib und Kind verlassen, wie man zu sagen pflegt, um zur Wissenschaft zu gelangen, man muß schlechthin alles Seyende, ja – ich scheue mich nicht, es auszusprechen, *man muß Gott selbst verlassen.* Als er dieß gesagt hatte, erfolgte eine solche Todtenstille, als hätte die ganze Versammlung den Athem an sich gehalten, bis Schelling sein Wort wieder aufnahm.. Mir selbst fielen plötzlich bey dieser ganzen Darstellung die Worte Hamlet's to be or not to be, that is the question, mit ihrer ganzen Centnerlast auf's Herz, und es war mir, als wäre mir zum ersten Male das wahre Verständniß derselben durch die Seele gegangen."

In Wirklichkeit hatte Schelling gemeint, zum Philosophieren müsse gedanklich vor alles Seiende, und so betrachtet gelte auch Gott als Seiendes, zurückgegangen werden. Schelling sprach von einer Methode des Denkens, Platen hingegen meinte das wirkliche ‚Sein oder Nichtsein' Gottes. Übrigens stand er mit seinem mangelhaften Verständnis für Schellings Philosophie keineswegs allein: die Stille, die eintrat, als der Gelehrte den Satz vom Verlassen Gottes sprach, beweist es.

Während er so mit großem Eifer und geringerer Erleuchtung der Vorlesung folgte, wurde er im Hause des Gelehrten zum gern gesehenen Gast. Eines hatte Platen dem Vortrage doch entnehmen können, nämlich daß die Künste für Schelling neben Religion und Philosophie noch immer den gleichen Rang einnahmen, da sie, ebenso wie jene, das Ewige im Diesseitigen durchscheinen ließen. So war der Dichter dem Denker willkommen. Engelhardt schildert ihn, wie er sich damals in den Häusern Schellings und Schuberts präsentierte: „Eine schmächtige Gestalt unter Mittelgröße erschien noch kleiner durch den kurzen, grünen Sommerüberrock, der sich ihm enge anschloß. Der obere Theil seines Kopfes war bedeutend. Stirn und Nase erinnerten etwas an Goethe's Gesicht, doch lag in dem reinen hellblauen Auge eine leichte Neigung zu einem schiefen Blick." So freundlich wird Platens Schielen umschrieben. „Er ging leicht und meist schnell; ..mit Freunden war er vertraut, herzlich. Seine Anhänglichkeit war unbeschreiblich, sein Gespräch immer bedeutend, im Streit oft von überwallender Heftigkeit." Auch Christoph Elsperger, zugleich mit Platen Student in Erlangen und später Rektor des Ansbacher Gymnasiums, beschreibt die Erscheinung des Dichters: „Es fehlte ihm in seinem Aeußern jene energische Leichtigkeit der Bewegung, die auch im bürgerlichen Kleide den Militär erkennen läßt; sein Gang, zwar gefällig und rasch, hatte doch fast etwas Weichliches, sein Wuchs überstieg die Mittelgröße nicht und ein anfangendes Gehörleiden veranlaßte ihn, im Gespräche meistens eine seitwärts gewandte Stellung einzunehmen."

Schließlich haben wir noch das Zeugnis Gotthilf Heinrich Schuberts, der auf einer Indienreise in den Fünfzigerjahren des jungen Platen gedenkt: „Daß er von einem vornehmeren Stande der leiblichen Geburt sei, als die Nachbarn im Hörsaale, bei denen er seinen Platz gefunden, das ließ sein äußeres Ansehen nicht errathen. Sein ..langes, etwas blondes, gegen jede zierliche Anordnung um Stirn und Schläfe sich sträubendes Haar, und manches Andere erinnerten eher an das Aussehen eines nicht sehr bemittelten Fußwanderers, der beim frühen Aufbruche zu seiner Weiterreise am Morgen sich nicht die Zeit gelassen zur Sorge für seine Toilette.. Frei von aller Befangenheit und Schüchternheit, aber in bescheidener, stiller Haltung nahte er sich den älteren Männern, zu denen eine gewisse Achtung ihn hinzog."

Immer, wenn Platen liebte, überkam ihn poetische Fruchtbarkeit: so war es bei Mercy, Brandenstein, Hornstein, Schmidtlein, Rotenhan gewesen, und so war es auch jetzt. Das Märchen vom Rosensohn spielte unter Frauen und weiblichen Geistern, einziger Mann neben dem Helden war der zum Zwerg gewordene Vater. Nun überholt die Wirklichkeit das Märchen: anstelle der fernen Fee Pflasterhold, der ‚himmlischen' Liebe, betritt mit Schelling ein zweiter, ein geistiger Vater den Schauplatz, alles andere als ein Zwerg, und mit seinem Segen erringt Rosensohn endgültig die Gunst der Muse. Am 16. Januar 1821 notiert Platen in sein Tagebuch: „Da ich immer mehr in die persische Poesie einschreite, so versucht' ich mich auch diese Tage in persischen Versmaßen, und habe mehrere Ghaselen gemacht, wovon ich zwei für Engelhardt abschrieb, der sie lobte." Dann schweigt der Diarist für gute drei Wochen.

Seit vergangenem Dezember hatte Platen sich mit dem Persischen beschäftigt und, nach Überwindung der Anfangsschwierigkeiten, sogar mit persischer Lektüre begonnen. Er las im ‚Pand name' (Buch des Rats) des Farid o'd-Din Attar, eines sufischen (mystischen) Dichters um 1200, das kürzlich zweisprachig, mit einer vorzüglichen französischen Übertragung von Sylvestre de Sacy*, erschienen war. Die Gedichtform der Perser ist das Ghazal, eine Strophe aus Verspaaren, sogenannte Beits, dem elegischen Distichon vergleichbar; das Reimschema ist aa, ba, ca usw. Weitere Eigenart des Ghazals ist der Radif, der Refrain oder Überreim, der jeweils nach dem Reimwort a unverändert folgt und so den Reim zum Binnenreim macht. Der Radif kann aus einem oder mehreren Wörtern bestehen; doch ist er nicht obligatorisch.

Hammers Hafis-Übertragung, die Goethe zu seinem ‚Divan' anregte und die Platen bei Rückert gesehen hatte, versucht keine deutsche Nachbildung des Ghazals, sondern ist in reimlosen Versen gehalten, oft geradezu in klassischen Distichen. Friedrich Rückert hatte als erster die persische Form im Deutschen, bei Nachdichtungen des Rumi, verwendet: das deutsche Ghazal nannte er Ghásel, Plural Ghasélen, analog zu Juwelen**. Diese ersten deutschen Ghaselen waren bereits 1819 geschrieben und noch

---

* de Sacy in Paris war der erste Orientalist seiner Zeit. Goethe macht ihm am Schluß des Divans seine Huldigung: ‚Unserm Meister, geh! verpfände / dich o Büchlein, traulich froh; / Hier am Anfang, hier am Ende, / Östlich, westlich, A und O.'

** Platen hingegen bevorzugt das Femininum ‚die Ghaséle'. Das Wort ghazal stammt aus dem Arabischen, wo es den maskulinen Infinitiv eines Verbs darstellt, das ungefähr ‚Süßholz raspeln' bedeutet; ghazal also = ‚Süßholzgeraspel'.

im Herbst 1820 in Cottas ‚Taschenbuch für Damen auf das Jahr 1821' erschienen. Sicher war davon die Rede, als Platen bei Rückert zu Besuch war, und es ist unwahrscheinlich, daß er sich das genannte ‚Damentaschenbuch' entgehen ließ.

Als Antwort auf Schellings väterliche Zuwendung, von Liebe und Dankbarkeit beflügelt, schrieb Platen seine ersten Ghaselen. Es waren keine Nachdichtungen wie die von Rückert, sondern Eigenschöpfungen in orientalischem Gewand.

> Sieh die Wolke, die mit Blitz und Knall spielt,
> Sieh den Mond, der mit dem Himmel Ball spielt,
> Sieh den Fels, der bis ans Firmament reicht,
> Wie er liebend mit dem Wiederhall spielt,
> Sieh den Strom, der rauschend sich am Fels bricht,
> Wenn er mit der vollen Woge Prall spielt,
> Sieh den Schmetterling, der längs des Stroms fleucht
> Und mit Hyacinthen überall spielt:
> Spiele du nur mit, und sei ein Kind nur,
> Schöne Spiele sind es, die das All spielt!

Im Schmetterling erkennen wir Platen, im Strom seinen gebändigten Trieb, im ‚Fels, der bis ans Firmament reicht' Schelling. Endlich scheint der Dichter glücklich geborgen in einem liebenden Kosmos. Doch nur für einen Augenblick; wir werden auf dies Ghasel noch einmal zurückkommen.

Weder die Gunst Schellings noch der Stolz auf solche gelungenen Verse konnten Platen daran hindern, häßlichen Regungen seines Charakters nachzugeben. Die Freunde von der Mittagstafel in den ‚Drey Husaren' waren in ihn gedrungen, Rödiger wenigstens die verlangte schriftliche Entschuldigung zu geben. Der Dichter setzte sich hin und entwarf folgenden Brief:

> „Da Ihr Wunsch einer Erklärung von meiner Seite mit meiner eigenen Absicht so sehr übereinstimmt, auch nicht durch das entfernteste Verhältniß an Sie geknüpft zu seyn, so erkläre ich hiemit, daß ich es mir **moralisch** vorwerfe, Sie den 30. Dez. 1820 angeschnauzt zu haben, besonders bey einer Unterhaltung, in der Sie gewiß das Beste zum Besten gaben, was Sie ..im Stande waren zu geben...
>
> Mein Betragen war umso unbesonnener u. unverzeihlicher, als Sie keine Waffe in Händen hatten, um sie gegen mich zu gebrauchen. Ueber Lezteres erkläre ich mich veranlaßt durch (den Umstand), daß Sie mit dem Ihnen eignen Selbstvertrauen überzeugt waren, ich würde Sie für meines Gleichen anerkennen.. Zu dieser indulgenten Erklärung.. füge ich noch in Bezug auf meine **zweyte Bemerkung, daß Sie mir nämlich bis zum Ekel zuwider seyen,** folgendes hinzu: Da Sie nach Ihrem eigenen großmüthigen Geständnisse jene freymüthige Bemerkung als keine Verletzung betrachten, u. sich im Gegentheil vollkommen indifferent dagegen verhalten, so wiederhole ich sie hier von ganzem Herzen."

Wir hoffen, daß dies Dokument junkerlichen Hochmuts nicht abgeschickt wurde. Jedenfalls aß der Dichter seit Jahresbeginn 1821 nicht mehr in den ‚Drey Husaren', sondern wie früher im ‚Wallfisch'.

Als Platen am 8. Februar 1821 sein Tagebuch wieder aufnahm, waren sechzehn Ghaselen entstanden. Engelhardt und Döderlein spendeten erneuten Beifall. Da es ihm an persischen Vorbildern mangelte, hatte er sich aus dem wenigen an Literatur, was er in Erlangen vorfand, einen ‚Codex Persicus' zusammengestellt, der unter anderem Gedichte des Hafis enthielt: von diesem größten persischen Dichter waren ihm einige Beispiele in Sacy's Anmerkungen zum ‚Pand name' begegnet. Die Mitschrift der Schelling'schen Kollegien gab er auf, da der „dunkle und gedrängte Vortrag" des Philosophen ihn verwirrte. Die Vorlesung war mittlerweile derart überfüllt, daß sie im „großen auditorio" abgehalten werden mußte.

Immerhin fühlte sich der Dichter durch den Denker so gehoben, daß er einen Schritt weiter ging. Nicht nur mehr Schmetterling in Schellings poetisch-gartenhaftem Kosmos wollte er sein, sondern, nach dem Verständnis der Kunstperiode, ein Künder göttlicher Schönheit.

> Ja deine Liebe flammt in meinem Busen,
> Du hast sie nicht verdammt in meinem Busen,
> Und weichlich ruhn, zum Lobe dir, Gesänge,
> Wie Kronen auf dem Sammt, in meinem Busen;
> Der Dichtung Lanzen fass' ich mit einander,
> Und berge sie gesammt in meinem Busen;
> Ich trage gläubig eine Priesterbinde,
> Verwalte Priesters Amt in meinem Busen;
> Ja, wie ein Flämmchen, flackert eine Rose,
> Die noch aus Eden stammt, in meinem Busen.

Rosensohn ward von der Muse geküßt und hat, trotz vieler Anfeindung, Herrschaft über sein Reich angetreten. Das priesterliche Gefühl währt nur ein Gedicht lang, doch wird es in Italien dauerhaft wiederkehren, ja sich endlich zu närrischer Selbstüberhebung steigern. Doch wir greifen vor.

Mitte Februar hatte Platen fünfunddreißig Ghaselen beisammen, von denen viele auf langen Spaziergängen in frühlingshaftem Wetter „unter reinstem Himmel" entstanden waren. Da seine Finanzen es erlaubten, beschloß er, dreißig auf eigene Kosten drucken zu lassen.

Wir erinnern uns an die Würzburger Lektüre der Anakreonteen und der Griechischen Anthologie: dort liegen die Wurzeln der neuen Poesie. Trotz der scheinbaren Exotik ist die deutsche Ghaselendichtung nichts als ein Stück Barocktradition. Eine hochstilisierte Welt tut sich in Platens Ghaselen auf. Manches verbindet sie mit der poetischen Parklandschaft der Jugendgedichte: einer Landschaft freilich, aus der Zwielicht und Pastelltöne gänzlich verschwunden sind. Sonne und Mond stehen im Zenit über den Gärten von Schiras. Alle Teile der Ghaselen-Welt sind, entsprechend der Jugendlyrik, Zeichen für das Schöne: damals durch die Tradition von Rokoko und Empfindsamkeit sanktioniert, nun durch die der persischen Poesie. Nur Meinungen und Gefühle sind ausgedrückt, kein Stück Wirklichkeit wird geschildert. ‚Das Schöne' meint bei Platen in der Hauptsache gleichgeschlechtliche Liebe, zunächst noch die

‚reine', unsinnlich-platonische, auf die er sich durch den herrschenden Sittenkodex und Schmidtleins Brief zurückgeworfen fand. Manche Ghaselen bezeugen religiös-spekulative Neigungen. Angeregt von der persischen Lektüre, verbindet Platen für seinen Bedarf orientalische Mystik mit biblischen und Schelling'schen Motiven. Ein Ghasel richtet sich an Schubert, ein anderes feiert die philosophische Trias von Schelling, der das poetische Kompliment dann auch besonders schätzte.

Reflexion des Dichters über sich selbst und die Dichtkunst nimmt beträchtlichen Raum ein. Etwa ein Drittel der Ghaselen feiert seinen Eros.

> Komm und brich des jungen Jahres Hyacinthen;
> Laß mich locken deines Haares Hyacinthen!
> Auf ein süß Geheimniß deuten, auf ein stilles
> Und allein uns beiden klares, Hyacinthen.
> Nicht allein im Morgenlande, allenthalben
> Blühn des frohen Liebespaares Hyacinthen;
> Brach doch auch der Muselmann im Abendlande
> Am Xenil und Manzanares Hyacinthen.

Was die Frühlingsblume und das ‚süße Geheimnis' bedeuten, ist uns bekannt. Im letzten Beit bezieht sich der Dichter auf die maurische Herrschaft in Spanien, wo die Knabenliebe gepflegt wurde.

Die Mittel der bewußt gesetzten Unregelmäßigkeit als Zeichen für die Spontaneität des Lebens sind solcher Lyrik, die sich im Gedanken erschöpfen muß, nicht angemessen. Platen stellt statt dessen bewußte Experimente mit der Sprache an, erforscht die Eigenlogik der zeichentragenden Wörter (Signifikanten), versetzt die Steinchen so lange, bis Lautgestalt, Metrum und Bild derartig verfugt erscheinen, daß jede weitere Veränderung einer Zerstückelung gleichkäme. Das Resultat wäre die ‚prägnante Formulierung': und so bezeichnet Jürgen Link Platens poetische Sprache. Aufschlußreich ist ein Vergleich mit dem ‚West-östlichen Divan'. Goethe lenkte die Aufmerksamkeit eher von den Reimen ab: sie sollten möglichst spontan und natürlich wirken. Deshalb mußte er das persische Prinzip der Reimserie verwerfen. Platen verfuhr umgekehrt: daß im Deutschen gerade diese fünf oder zehn Wörter sich reimen, ist ein skandalöser Zufall. Ließ er sich mittels eines Gedichtes überwinden, in dem die Reimwörter schön und sinnvoll arrangiert erscheinen, so war etwas Definitives entstanden, eine Figur von dauerndem Glanz. Im eben zitierten Ghasel lauten die Reimworte: Jahres – Haares – klares – Liebespaares – Manzanares, stets gefolgt vom Überreim Hyacinthen. Gern stellt Platen das gesuchteste Reimwort (in diesem Falle Manzanares, ein Fluß in Zentralspanien) ans Ende des Gedichtes, sozusagen als ‚Glanzlicht'.

Zur gleichen Zeit hatte er im Hause Schellings eine interessante Bekanntschaft gemacht: die des Österreichers Franz v. Bruchmann, der eigens aus Wien nach Erlangen gekommen war, um Schelling zu hören. Bruchmann, etwas jünger als Platen, war einziger Sohn eines aus Köln stammenden Kaufmanns, der es in Wien zu Reichtum und kürzlich sogar zu erblichem Adel gebracht hatte. Franz war in großer Freiheit aufgewachsen; weder wollte er im väterlichen Kontor arbeiten, noch ernsthaft Jura

Franz von Bruchmann. Zeichnung von Leopold Kuppelwieser. (Privatbesitz)

studieren, sondern er dilettierte, ähnlich wie Platen, in romantischer Philosophie und ‚Naturwissenschaft'. Seinen anerzogenen katholischen Glauben hatte er dabei verloren. 1819 schloß er sich einem ‚freigeistigen' Studentenkreis um den Tiroler Johann Chrysostomus Senn an, in dem auch der junge Komponist Franz Schubert verkehrte. Der Kreis wurde von der Polizei wegen Verdachts auf staatsfeindliche Umtriebe gesprengt: Senn verbrachte ein Jahr in Untersuchungshaft, Bruchmann wurde nur verwarnt und, vielleicht auf höheren Wink, in das Hütteldorfer Landhaus der Familie verbannt. Dort versuchte er, Spinoza zu übersetzen, beschäftigte sich auch mit Johann Jakob Wagner und Lorenz Oken. Im Januar 1821 las er in der Zeitung, daß Schelling nach langer Pause wieder Vorlesungen halten werde. Obgleich Österreichern der Besuch ausländischer Universitäten streng verboten war, reiste er sofort nach Erlangen und wurde dort noch für das laufende Semester immatrikuliert. Platen hatte den gut aussehenden jungen Mann, dessen Porträt wir haben, schon beim Essen im ‚Wallfisch' bemerkt, bevor er ihn kennenlernte.

Während der folgenden sechs Wochen waren Verlag und Druck der ‚Ghaselen' Platens Hauptsorge. Nachdem er mit Kunz in Bamberg, dem Freund und Verleger E. Th. A. Hoffmanns, nicht einig geworden war, übernahm der Erlanger Buchhändler Heyder, der an Platen einen guten Kunden hatte, Verlag und Versand der Sammlung. Die Kosten trug der Autor selbst. Ob Heyder sie vorstreckte, wie das Tagebuch ankündigt, bleibt offen; zwei Briefe bezeugen für Mitte März eine gewisse Geldknappheit. Engelhardt, der dem Dichter zur Hand ging, beschreibt seine Aufregung: „Es war, als ob sein Leben hier erst angehe, als ob er vom Bergesgipfel die weite, ruhmbesonnte Ebene seiner Zukunft übersehe. „Wie viele Papierproben wurden besichtigt, bis man sich endlich für das schöne Velin entschied; wie ernsthafte Betrachtungen wurden angestellt, ob Quart oder Octav gewählt werden sollte". Die Entscheidung fiel für Oktav.

„Unverbürgt" war Platen zu Ohren gekommen, daß der geliebte Rotenhan, den er soeben in wenigstens acht Ghaselen besungen hatte, wieder nach Erlangen zurückkehren wollte. Sofort schrieb er einen hoffnungsfrohen Brief, der nach dem, was er in Iphofen erfahren mußte, sicher die Grenzen der Schicklichkeit nicht überschritt. Doch Rotenhan war in Berlin ein anderer geworden, er wollte von warmer Männerfreundschaft, wie sublim auch immer, nichts mehr wissen, und antwortete Platen dementsprechend. Der verfiel für ein paar Tage in Mißmut.

Immerhin halfen ihm Schellings Gunst, die Vorfreude auf seinen ersten Gedichtband und die Gesellschaft des neuen Freundes über den Kummer hinweg. Bruchmanns Umgang sei ihm unschätzbar, notiert er ins Tagebuch. Doch gab es gleich Streitereien, da jener die Romantiker über Goethe stellte.

Mittlerweile waren fast alle 600 aufgelegten Exemplare der ‚Ghaselen' vom Buchbinder ausgeliefert. Platen überreichte das erste Schelling mit einem beigelegten Widmungssonett. Auch Bruchmann wurde mit einem Sonett beehrt. Sechs Exemplare gingen nach Ansbach an die Mutter zur Verteilung, weitere an Schubert, Pfaff, Wagner (obwohl für den die Dichtung ja mit Goethe abgeschlossen war), Rückert, Gruber, Fugger, Schlichtegroll, Engelhardt, Döderlein, Nees, Harnier, Jean Paul, schließlich an Herrn v. Kessling, die Königin von Bayern und an Goethe. Der Begleitbrief an den letzteren lautete: „Ew. Excellenz bin ich so kühn, anliegende kleine Schrift zu übersenden. Ich würde ganz über dieselbe befriedigt seyn, wenn ihr Gehalt einige Theilnahme erregen, und eine Beziehung begründen könnte, welche der Wunsch meines Lebens ist. Ew. Excellenz gehorsamster A. Graf von Platen Hallermünde."

Unterdessen konnte Bruchmann berichten: Schelling, den er auf einem Spaziergang getroffen, habe sich sehr lobend über die Ghaselen geäußert. Sie seien wahre orientalische Perlen, und lange schon habe er nichts so Schönes gelesen. Es verwundert kaum, daß der junge Dichter, von solchem Lobe beflügelt, schon Mitte April wieder viele neue Stücke beisammen hatte.

Am 30. März hatte Schelling seine Vorlesung abgeschlossen, fast gezwungen, da die meisten seiner Hörer am folgenden Tage, einem Samstag, schon abreisten. Bruchmann, der gerne noch den Sommer über in Schellings Nähe geblieben wäre, hätte unter den ersten Aufbrechenden sein sollen, um die Gegenwart am verbotenen Orte möglichst abzukürzen. Doch blieb er noch volle zwei Wochen, um Platen bei dem ‚Buchhändlergeschäft' beizustehen, bis alle Bände verteilt und verschickt waren. An ein weiteres Semester in Erlangen konnte er nicht denken; dafür war ausgemacht, daß Platen ihn auf seiner Rückreise nach Wien bis Salzburg begleitete.

Anfang April zog der Dichter, wohl immer bei demselben Hauswirt am Marktplatz, in eine freundliche Sommerwohnung. Dann kam der Reisetag. Vor der Abfahrt gab es noch ein Souper bei Schelling, zu dem außer Platen und Bruchmann auch die Schuberts und andere Freunde geladen waren. „Frau v. Schelling brachte meine Gesundheit unter dem Namen des persischen Dichters aus," heißt es im Tagebuch, „und Schelling sagte mir: Mögen Sie uns noch recht viele so schöne Lieder schenken!"

Selbst wenn der Reisewagen vor Schellings Haus wartete, muß das Souper eher ein Lunch gewesen sein, denn um zehn Uhr abends umkreisten Platen und Bruchmann bereits den mondbeschienenen Regensburger Dom, gute 120 km von Erlangen. Um zwei Uhr früh erreichten sie nach weitern 65 km Landshut und blieben dort für den Rest der Nacht. Von den Pferden und wie oft sie gewechselt wurden, ist nicht die Rede; Napoleon war 1812 auf seinem Weg von der Beresina nach Paris gewiß nicht schneller.

Bruchmann hätte gerne Sailer besucht, traf ihn aber in Landshut nicht an. So wanderte er nach München weiter, um dort wenigstens Franz v. Baader zu sehen. Platen war für so viel romantischen Katholizismus nicht zu haben und machte sich allein auf den direkten Weg nach Salzburg.

Über die Stadt, die ja auch schon vor dem heutigen Festspielrummel einen Besuch lohnte, verliert er kaum ein Wort: vielleicht wegen des schlechten Wetters. Grenzprobleme scheinen nicht bestanden zu haben, obwohl Salzburg seit 1816 wieder österreichisch war; möglicherweise gab es den ‚kleinen Grenzverkehr' der ersten Republik schon damals. Am vierten Tag fuhren die Freunde wieder ins Bayerische, nach Berchtesgaden. Am Königssee schied Platen abrupt von Bruchmann in einem Streit über Goethe.

Nachdem er in Reichenhall noch die Gradierwerke besichtigt hatte, in denen die Salzsole durch Verdampfen konzentriert wird, ging er bis nach Laufen an der Salzach. Von dort nahm er ein Holzschiff bis Burghausen; er blieb einen Tag, weil ihm das Posthaus gut gefiel. Nach Landshut nahm er einen Wagen, ließ ihn jedoch in Altötting halten, um die stark besuchte Wallfahrtskirche zu besichtigen. In Nürnberg, wo er übernachtete, schrieb er an Bruchmann, halb hochfahrend, halb sein schroffes Benehmen entschuldigend. Hauptthema des Briefes war eine philosophisch-poetische Zeitschrift, deren gemeinsame Gründung er dem Freunde vorschlug.

Dann ging er auf eine Woche nach Ansbach zu den Eltern. Beide drangen in ihn, sich für einen Beruf zu entscheiden, der ihn ernähren könne – sicher nicht der eines freischaffenden Dichters! „Meine Mutter predigte mir auch viel, mein Aeußeres und meinen Anzug nicht zu vernachlässigen, und ich müßte meine Haare schneiden lassen." Merck, der Freund Rückerts und ihm aus Würzburg bekannt, war mittlerweile Regierungsassessor in Ansbach. Mit ihm machte Platen einige größere Spaziergänge, er las ihm seine neuesten, auf der Reise entstandenen Ghaselen vor. Durch die grünende Frühlingslandschaft, an blühenden Obstbäumen vorbei, wanderte er über Cadolzburg nach Erlangen zurück.

Einen Tag, bevor er dort eintraf, starb auf St. Helena Napoleon Bonaparte, jener Mann, der mehr als zehn Jahre lang Europa beherrscht und dessen Wirken auch Platens Jugend überschattet hatte.

22. Bülow

In seiner neuen Sommerwohnung empfing er die Post auf seine ‚Ghaselen'. Am ehrenvollsten war wohl ein kurzes Handschreiben der Königin: die Landesmutter erinnerte sich sogar jenes patriotischen Gedichtes, das er ihr vor sechs Jahren, beim Ausmarsch der bayerischen Armee zum letzten Feldzug gegen Napoleon, hatte überreichen lassen. Nees äußerte sich aus Bonn sehr beifällig. Rückert sandte gar einige Huldigungsverse, wenngleich fraglicher Güte:

> Ein neuer Dichter kommt den Berg hinaufgeklommen,
> Wie tönt die Saite, die Du spannst!
> Hier sitzen wir und sprechen: Bruder, sey willkommen,
> Und nimm den Platz ein, den Du kannst.

Auch er lobte die Ghaselen, jedoch mit mildem Vorwurf. „Über eines sollt ich Ihnen zürnen: daß Sie sich in der Vorrede für den ersten deutschen Bändiger dieser morgenländischen Form geben, da ich doch, Ihnen nicht unbeachtet, darin vorangeschritten." Platen hatte freilich nichts dergleichen getan, sondern im Vorwort nur von seinen „ersten Mittheilungen" geschrieben, für die er eine fremde Form gewählt habe. Weniger begeistert von den Ghaselen war Nathan Schlichtegroll: sie hätten ihn zwar „zum Theil angesprochen", doch wünsche er nun „bald etwas occidentalisches" von Platen zu lesen.

Bei Vater Schlichtegroll, der als Generalsekretär der Akademie auch in der Münchener Hofbibliothek bestimmte, hatte Platen um persische Manuskripte nachgesucht. Jetzt kam die freundliche Antwort, solche könnten leider nicht verliehen werden; doch möge der junge Dichter nach München kommen und dort die Bekanntschaft des Orientalisten Scherer machen. Scherer war eigentlicher Vorstand der Bibliothek und hatte eine lobende Anzeige der ‚Ghaselen' in das Münchener Kulturblatt ‚Eos' einrücken lassen.

Fugger berichtete von wenig verständnisvoller Aufnahme der ‚Ghaselen' bei den Münchener Freunden. Ihm selbst fehlten freilich die Worte: „tief ergriffen von der Erhabenheit dieses Hymnus, der Innigkeit mehrerer Lieder, die selber in der Form rein musikalisch bleiben, wage ich kaum mehr irgend ein Urtheil darüber zu fällen." Jean Paul, der sich Platen letzthin noch entzogen hatte, schrieb nun: „Ihre Ghaselen las ich an dem Empfangstage sogleich zweimal; und ich kann sie noch oft mit Vergnügen lesen. ..Sie brauchen nun nichts weiter zu thun, g(eehrter) Gr(af), als fortzufahren."

Platen hatte Bruchmann gebeten, ein Exemplar der Ghaselen Hammer-Purgstall zu überreichen mit der Frage nach persischen Manuskripten in Wien sowie nach deren Ausleih- oder Kopiermöglichkeiten am Ort. Nun kamen von Bruchmann zwei Briefe kurz hintereinander. Im ersten war der Freund noch gekränkt über den „aecht prosaischen Abschied" Platens jüngst bei Salzburg, dann aber doch interessiert an dem Zeitschriftprojekt: für den philosophischen Teil müsse er sich völlige Freiheit ausbitten, „und von Censur-Gesezzen, wie (Sie) sie in Ihrem Brief andeuten (ueber Goethe usw.) dürfte durchaus keine Rede seyn." Dann wäre er bereit, einen längeren Aufsatz über Pantheismus (er meint: Monismus) und Dualismus beizusteuern, an dem er noch sechs Monate zu arbeiten habe. Bruchmanns Brief ist voller Spitzen gegen Platens Aphoristik, seine Rechthaberei und seine Unfähigkeit zum abstrakten Denken; doch läßt sein eigener geschraubter Stil für philosophische Darlegungen auch nicht viel Besseres erwarten. Im zweiten, sofort nachfolgenden Brief berichtet Bruchmann, wie er die ‚Ghaselen' Hammer überbrachte: der war besonders erfreut, da er sie schon bei dem jungen Fachkollegen Rosenzweig* gelesen und begonnen hatte, sie für sich abzuschreiben. An orientalischen Texten gebe es in Wien genug, desgleichen gute Kopisten; deren bester sei freilich Professor Rosenzweig selber. Er, Hammer, werde ihm Platens Wünsche vortragen. Am besten wäre es freilich, Platen käme, gleich Rückert, selbst nach Wien.

Mitte Mai berichtete Gruber aus Würzburg, außer dem Vater Döllinger (der Sohn war nun im Priesterseminar) habe auch Rotenhan die ‚Ghaselen' gelesen! Nicht nach Erlangen, sondern nach Würzburg war er gegangen und hatte dort Gruber kennengelernt. Wir dürfen annehmen, daß zwischen ihm, der die Affäre Schmidtlein genau kannte, und Rotenhan, der sich ähnlich wie jener, doch zurückhaltender geliebt fand, die ganze Wahrheit über Platens Natur zur Sprache kam. Rotenhan mochte bemerkt haben, daß mehrere Ghaselen an ihn gerichtet waren, darunter gleich die erste; doch offenbar schwieg er dazu, denn Gruber gibt keinen Kommentar. Hingegen: „Das Urtheil Wagner's kannst Du Dir einbilden." Also, wie befürchtet, negativ. Gruber vergleicht auf hübsche Weise die Naturphilosophen mit dem englischen und französischen Gartenstil:

(Je ne décide point entre Kent et le Nôtre)
Je ne dédide point entre Schelling et Wagner.

Wie recht er doch damit hat! Denn geistige Gartenbaumeister sind die Herren ja beide. Sie tun so, als ob Gott und die Welt sich mathematisch oder poetisch-symbolisch fassen ließen. Für Wagner freilich war die Dichtkunst mit Goethe abgeschlossen; Platen hätte sich eigentlich ausrechnen können, daß er die Ghaselen nicht loben würde. Nun schrieb der junge Poet enttäuscht gegen den ehemals verehrten Lehrer ein polemisches Sonett:

‚Die Kunst ist tot, wir haben sie begriffen!'
Dieß rufend, seh' ich dich die Nase rümpfen,
Als ob wir Alle stäken nur in Sümpfen,
Statt über's Meer der Poesie zu schiffen.

---

* Der Genannte war später Autor der noch heute gültigen deutschen Hafis-Ausgabe: Der Diwan des großen lyrischen Dichters Hafis im persischen Original herausgegeben, ins Deutsche metrisch übersetzt und mit Anmerkungen versehen von Vincenz v. Rosenzweig-Schwannau, Wien 1858/64.

Das Ew'ge wähnst du auf einmal vergriffen,
Als ob die Rede sei von alten Strümpfen;
Das ist der kräftigste von deinen Trümpfen
Das ist der pfiffigste von deinen Pfiffen!

Ein Exemplar der ‚Ghaselen' hatte die Gräfin Platen an ihren Schweizer Freund, M. Crousaz, geschickt. Der hatte es gewagt, sie zu tadeln, und wir dürfen annehmen, daß sich hinter seiner Kritik auch die der Mutter versteckte. Crousaz' Einwände waren Anlaß genug für Platen, ein ‚polemisches Promemoria an die Feinde der Ghaselen' zu verfassen. In dem kleinen Aufsatz legt er dar, daß die orientalische Form sich mit gleichem Recht ins Deutsche übertragen lasse wie etwa die klassisch griechische; ja was das Technische und die Reimformen betreffe, so stehe sie dem Deutschen näher als jene. Zur Dunkelheit der mystischen Metaphorik meint Platen, jedes Gedicht sei etwas Unbegreifliches, und allgemein gültige Maßstäbe für seine Erklärung gebe es nicht. „Der einzige Trost, welcher bey dem Vorwurfe der Unverständlichkeit einem Dichter bleiben kann, ist eben dieser, daß er selbst sich seiner Ansicht bewußt gewesen, wenn er sie auch nicht für jeden zu Tage fördern konnte." Es klingt wie ein Kommentar zu den neuen Ghaselen, die er seit dem Druck der ersten Sammlung gedichtet hatte.

Jener Brief aber, den er mehr erwartete als jeden anderen, kam nicht: der Goethes.

Zum letzten Mal hören wir von Kollegien, die Platen belegte: Zoologie bei Schubert, Geschichte der griechischen Literatur bei Döderlein und ‚Enzyklopädie der Naturwissenschaften' bei dem Chemiker Kastner, worunter sich wieder eine poetische Universalphilosophie in der Art Schuberts und Schellings verbarg. Der große Meister selbst kam erst Mitte Juni aus dem Bade zurück, war aber keineswegs so hergestellt, daß er gleich mit seiner Vorlesung begonnen hätte. Als er Platen traf, umarmte er ihn. Auf Schellings Rat schickte der Dichter ein Exemplar der ‚Ghaselen' an den Kronprinzen Ludwig.

Mittlerweile hatte er weitere Fortschritte im Persischen gemacht. Einige Ghaselen des Hafis lernte er auswendig, gewöhnlich auf Spaziergängen. Vom Erfolg seiner ersten Veröffentlichung beflügelt, hatte er eine weitere Sammlung von Gedichten für einen Privatdruck zusammengestellt: neben 12 Sonetten, 35 Liedern und 3 Übertragungen 35 neue Ghaselen. Platen versichert im Vorwort, wahre Poesie könne erst dann beginnen, wenn sie Hand in Hand mit dem Glauben im Eden ewiger Wahrheit lustwandle und die Vergötterung der Natur hinter sich lasse. Drei große Prüfungen seien dem Christentum zu seiner Läuterung vorbehalten gewesen: die Verfolgung durch die Römer, der Mißbrauch für politische Zwecke durch die katholische Kirche und der moderne Rationalismus. Dieser letzte Kampf sei noch nicht völlig bestanden, doch „bis dahin werden diese Gedichte leben."

Eine klare Absage an den alten ‚Wegweiser' also. Schlösser bemerkt hier, Platen habe sich aus halbverstandenen Sätzen Schellings Schutzwaffen für seinen schwankenden Glauben geschmiedet. Doch letztlich konnte auch kein Philosoph des Dichters Christentum mehr retten. Jürgen Link zeigt, wie der Pessimismus aus den Ghaselen der zweiten Sammlung schon wieder hervorlugt und insistiert, Platens tiefwurzelnde metaphysische Verzweiflung sei während der Würzburger und Erlanger Zeit nie *ganz* verschwunden. Hier wäre zu bedenken, daß jeder Mensch wechselnden Stimmungen unterworfen ist. Anfälle von Weltschmerz hatte Platen seit 1813, zwar intermittierend, doch obstinat. Von 1817 an folgte er als Pilger dem ‚Wegweiser' eines aufgeklärten Deismus, der, als Opposition zum Münchener und Schlierseer Milieu entstanden, weitgehend Pose blieb: schloß er doch innige Zwiesprache mit dem persönlichen Gott nicht aus. In Würzburg, vom Druck des Milieus befreit, näherte Platen sich wieder dem Christentum, und zwar auf ästhetischen Wegen: einmal durch Calderóns katholische Dramen, deren lyrische Qualitäten ihn ansprachen, und dann durch Wagners ‚kreuzförmige' Philosophie, zu der Link bemerkt, sie habe weniger durch ihren Inhalt als mit ihrer quasi-geometrischen Schönheit auf ihn gewirkt. Aus ästhetischer Neigung wurde in der Iphofener Krise existentielle Betroffenheit. Durch die Lektüre eines mittelmäßigen Dramas, in dem zwar das Spiegelmotiv eine wichtige Rolle spielt, letztlich aber doch das Ewig-Weibliche hinanzieht, fiel Platen in eine weinerliche, erlösungsselige Glaubensphase. Als diese abkühlte, übernahm schließlich ein halbverstandener Schelling die Rolle des rettenden Demiurgen.

Zusammenfassend dürfen wir sagen, daß der Dichter in den oberen Schichten seiner Seele die intellektuellen Moden der letzten hundert Jahre nacheinander durchmachte, vom englisch-französischen Rationalismus bis zur deutsch-romantischen ‚Bekehrung'. In den tieferen Seelenschichten jedoch kämpfte der Lutheraner, als der er erzogen, mit dem Weltschmerzler, zu dem er durch Lebenserfahrung mehr und mehr geworden war. Dabei sind alle widersprüchlichen Glaubensäußerungen, auch die oberflächlichen, völlig ernst gemeint. Platen ist erst ein ebenso eifriger Prediger seiner ‚natürlichen Religion' wie dann Verfechter von Wagners Tetradenlehre oder Heydens ‚Renata'. Stimmungen kommen und gehen: wir erleben noch im Juni 1821, wie der Lutheraner, durch einsamen Naturgenuß angeregt, ein paar geistliche Lieder schreibt, und wie Mitte des Monats der Erlösung Suchende die ‚Imitatio Dei' des Thomas a Kempis nicht nur liest, sondern sogar kauft. Doch dazwischen öffnen sich in Platens Dichtung auf deutschem Boden, je später, je öfter und größer, die Löcher in den Weltschmerz.

Die Ghaselen der zweiten Sammlung unterschieden sich von denen der ersten durch ihre Verschlüsselung. Wenn Schelling schwer verständlich philosophiert, so scheint es nun, als wolle der Dichter es ihm auf seinem Gebiete nachtun. Schon in den ‚polemischen Promemoria' hatte er ja erklärt, es genüge, wenn nur er wisse, was mit dem Gedicht gemeint sei, Schlüssel zum breiteren Verständnis könne er nicht liefern.

> Sieh, du schwebst im Reigentanze, doch den Sinn erkennst du nicht;
> Dich beglückt des Dichters Stanze, doch den Sinn erkennst du nicht ...

Einige der Ghaselen wenden sich an Schubert und Schelling oder deuten auf ihre Philosophie. Zwölf Ghaselen sind an den Freund gerichtet, mit dem wohl noch Rotenhan gemeint ist; doch da er mittlerweile aus Berlin jenen abweisenden Brief geschrieben hatte, sind sie nur mehr schmerzlicher Nachhall. Ein Ghasel allerdings entblößt des Dichters Person derart peinlich, daß es später Heine als willkommene Waffe dienen sollte:

> Ich bin wie Leib dem Geist, wie Geist dem Leibe dir!
> Ich bin wie Weib dem Mann, wie Mann dem Weibe dir!

Vermutlich ist das Unverschlüsselte zwischen so viel Verschlüsseltem verborgen, damit der Leser es mit jenem verwechsle. Andere Ghaselen präsentieren christliche Mythen auf recht merkwürdige Art, vermutlich so, wie Platen sie bei Schelling oder Schubert aufgeschnappt und aus dem Zusammenhang heraus für eigene Zwecke zurechtgeschnitten hatte.

> Bebend in der Mutter Busen, die gesäugt den ew'gen Sohn,
> Siehest du des Schmerzes Lanze; doch den Sinn erkennst du nicht.

Der Schluß eines anderen, an den Freund, gerichteten Ghasels lautet:

> Es klagt das All: ein Messer hat durchstochen
> Des Lebens ew'ge Jungfrau = Mutter = Brüste.

Bei solchen Versen drängt sich eine Frage auf, die schon seit den ersten Ghaselen im Raume stand: hat Platen manieristische Züge?

Der literarische Manierismus ist ein erster Versuch, persönliche Aussagen in überpersönlich gebundene Dichtungsformen und Motivwelten einzubringen. Platen kannte die Methode aus der italienischen Lektüre seiner Jugend: Tasso, Guarini und auch Marino, dessen ‚Adone' er noch im Iphofener Jahr gekauft hatte. Es kann nicht verwundern, wenn die frühen Schriften des Traditionalisten und Formalisten, der er stets gewesen ist, auch Spuren solcher Lektüre aufweisen.

Wenn wir ‚Manierismus' so weit fassen, daß er sich schon aus ungewohnten Metaphern und ‚kühnen' Bildern definiert, so wäre der Ghaselen dichtende Platen sicher ein Manierist. Doch wollen wir den Begriff mit Gustav René Hocke enger nehmen, nämlich als Literaturstil, der einem Text durch überlegte Kunstmittel, auch die genannten, einen versteckten zweiten Sinn verleiht. Dann ist Platen dort manieriert, wo er mit Hilfe von Zahlenspielereien dem Schicksal ein vermeintlich verborgenes Orakel zu entreißen sucht, oder wo er chiffrierte Namen erfindet wie Adrast, Der neue Dithyrambus. Doch schon das Märchen selbst ist kein Produkt bewußter Verschlüsselung, sondern gleicht viel mehr einem niedergeschriebenen Traum.

Kühne Metaphorik, die nur der Verblüffung dient, ist allein noch nicht manieristisch. Persische Metaphern sind überdies nur für den Westen ‚kühn', der östlichen Poesie sind sie geläufig. Erst wenn ein Dichter Metaphern bewußt mit verborgener Bedeutung füllt und sie zu Concetto, Emblem, Allegorie fügt, kann von Manierismus die Rede sein.

Wir werden erleben, daß Platen sich im Laufe der Zeit in den Ghaselen immer offener zu seinem Eros bekennen wird. Bei den ersten Versuchen verbirgt er seine Botschaft freilich noch mit manieristischen Techniken. So enthält das weiter vorn zitierte Hyazinthen-Ghasel ein schönes Concetto: Hyazinthen weisen auf das ‚süße Geheimnis' der Gleichgeschlechtlichkeit (der Mythos von Apoll und Hyazinth ist jedem gebildeten Leser geläufig): nicht nur im Orient der Ghaselen wurde sie gepflegt,

sondern auch im Okzident, nämlich im maurischen Spanien (Xenil und Manzanares)
– will sagen, ‚allenthalben/ Blühn des frohen Liebespaares Hyacinthen'.

Ein weiteres frühes Ghasel möge als Beispiel für gelungenen Manierismus dienen:

> Schatten wirft die laubige Platane mir,
> Süßern Schatten wirft des Siegers Fahne mir;
> Minder froh betret ich glatten Weg, als den,
> Den ich durch die Waldgebüsche bahne mir.
> Nicht die Fahrt im Schiff, ich wünsche jene Fahrt,
> Auf dem Halbmond stehend, wie im Kahne, mir.
> Leicht zu tragen scheint des Winters Flockenschnee,
> Weil ich Blütenschnee des Lenzes ahne, mir.
> Nicht im Garten, rief ich, als du badetest,
> Nur im Wasser blüht die Tulipane mir!

Die Zahlen- und Buchstabenspiele des jungen Dichters haben hier eine Weiterentwicklung erfahren. Platane und Tulipane sind fast perfekte Anagramme des Wortes Platen: besonders die bunte, doch geruchlos und etwas künstlich-steril wirkende Frühlingsblume wird so zum doppelten Symbol der keuschen Gleichgeschlechtlichkeit und ihres Sängers. ‚Mir vor allen schön erschien die Tulpe' beginnt ein Ghasel der ersten Sammlung, das nicht nur ganz ihrem Ruhme gewidmet ist, sondern auch noch den Blumennamen samt Artikel als Überreim bringt. Beim Platanen-Ghasel nun fließt das im Wasser gespiegelte Bild des badenden Freundes mit dem des Dichters (Tulipane) zusammen: wieder ein schönes Concetto. Bald wird Platen andere, modernere Mittel finden, die liebende Vereinigung von Ich und Freund im Gedicht zu bewirken.

Weniger gelungen erscheinen uns dagegen die Manierismen der zweiten Ghaselensammlung, aus der wir zwei Beispiele brachten. Hier mischt Platen auf ungute Weise sein privates Anliegen mit christlichen Bildern: der hermaphroditische Mutter-Busen-Sohn-Komplex erscheint in allegorischer Gestalt als Mater dolorosa und zudem noch mit dem Sebastian-Mythos verknüpft, dessen homoerotische Bedeutung allgemein bekannt ist. Der Dichter hätte diesmal besser getan, nur der eigenen Stimme zu lauschen anstatt der seiner philosophischen Lehrer.

Von der Beschäftigung mit Hafis zeugt ein Ghasel, das zu den besten der Sammlung gehört und, weil es prophetisch ist, völlig zitiert sei.

> Wenn ich hoch den Becher schwenke süßberauscht,
> Fühl' ich erst, wie tief ich denke süßberauscht;
> Mir wie Perlen runden lieblich Verse sich,
> Die ich schnüreweis verschenke, süßberauscht;
> Voll des Weines knüpf' ich kühn des Zornes Dolch
> An der Liebe Wehrgehenke, süßberauscht;
> Hoffen darf ich, überhoben meiner selbst,
> Daß ein fremder Schritt mich lenke süßberauscht;
> Staunend hören mich die Freunde, weil ich tief
> In Mysterien mich senke süßberauscht;
> Weil mein Ich sich ganz entfaltet, wenn ich frei

> Keiner Vorsicht mehr gedenke, süßberauscht;
> Wehe, wer sich hinzugeben nie vermocht,
> Wer dich nie geküßt, o Schenke! süßberauscht.

Hier werden ‚der Dichtung Lanzen' geschüttelt, die Platen, wie er einem früheren Ghasel anvertraute, in seinem Busen birgt. Sieben Jahre später soll er den Dolch des Zornes zücken, keiner Vorsicht mehr gedenkend und nicht süßberauscht: kein fremder Schritt, nur eigene blinde Mißgunst wird ihn ins Verderben lenken.

Brockhaus in Leipzig bot an, die zweite Sammlung sofort drucken zu lassen, zwar ohne Honorar, doch mit Gewinnbeteiligung. Auch hier hatten die ersten ‚Ghaselen' ihre Wirkung getan. Der Dichter war „sehr froh über diesen Ausgang."

Doch sein Zorn mochte keine sieben Jahre warten. Befremdlich wirkt schon jetzt ein polemischer Ton, der – scheinbar ohne Grund – in einigen Sonetten hörbar wird. Als ob er gegen eine Welt von Feinden ziehen müsse, ruft der Dichter sich selbst zu:

> Entled'ge dich von jenen Ketten allen,
> Die gutgemutet du bisher getragen,
> Und wolle nicht, mit kindischem Verzagen,
> Der schnöden Mittelmäßigkeit gefallen!

Von ‚geschwätz'gen Krittlern' und fäusteballender Bosheit ist noch die Rede, während in einem anderen Sonett sich der Verachtung gar ein närrischer Hochmut zugesellt:

> In alle Räume braust die stolze Welle,
> Die ich im dichterischen Uebermute
> Entspringen ließ aus meinem eignen Blute,
> Daß sie zum Strome mir, zum Meere schwelle.
>
> Den Afterwitz verschlinge sie, die schnelle,
> Daß er sein Liedchen nicht mehr länger dute,
> Doch weichmelodisch und gelind umflute
> Der blum'ge Strom des Glaubens heil'ge Schwelle.

Das Rätsel löst sich, wenn wir bemerken, daß die beiden zitierten Sonette in der Originalfolge ein drittes einrahmen, das wir schon kennen: jenes gegen Johann Jakob Wagner, der alle Poesie nach Goethe verwarf und somit auch Platens Ghaselen. Er ist scheinbarer Adressat aller drei Gedichte. Doch war Wagner nur der Sack, den Platen schlug, während er in Wahrheit den Esel, nämlich seine Mutter, meinte. An den polemischen Sonetten der zweiten Gedichtsammlung sollten sich alsbald die Rezensenten stoßen, da sie die ‚geschwätzigen Krittler' auf sich bezogen. So hat der Dichter die Widersacher erst geschaffen, gegen die er, wie es aussieht, schon vorbeugend polemisiert.

Die Vorlesungen von Schubert, Döderlein und Kastner waren vergessen. Tagsüber trieb der Dichter nun Persisch und widmete sich abends ausgebreiteter Lektüre. So lernte er die Sonette Shakespeares kennen. Manches darin wird ihn an die persische Poesie, mit der er sich gleichzeitig beschäftigte, und an seine eigene neueste erinnert haben: die gesuchte Metaphorik, das Kryptische, die Homoerotik, obwohl das Verhältnis zwischen Hafis und dem Schenken anders ist als das zwischen Shakespeare und dem ungenannten Freund.

Ende Juni kam Rückert von Nürnberg aus auf ein paar Tage nach Erlangen. Platen führte ihn bei Schelling ein, der, erfreut über die neue Bekanntschaft, sofort ein Souper arrangierte; Platen erhielt den Ehrenplatz neben der Hausfrau. Am übernächsten Tag wanderten die beiden Dichter nach Nürnberg, wo sich ein angeblich persisches Manuskript befand. Erst nach längerem Rätseln entdeckten sie, daß es türkisch war. Der Orientalist Veit gewinnt hier den Eindruck, weder bei Rückert noch bei Platen sei es damals damals mit dem Persischen glänzend bestellt gewesen.

Auf dem Weg hatten die Freunde den Garten des Pegnesischen Blumenordens besichtigt. „Es ist ein sogenannter Irrwald," heißt es im Tagebuch; „das Labyrinthische ist aber blos durch Zäune bewerkstelligt." Der Besuch bei den Manieristen paßt ganz gut in Platens damalige Schaffensperiode.

Zurück in Erlangen, fand er eine erste brauchbare Hafis-Auswahl vor; die Absage des Vaters Schlichtegroll, aus den Beständen der Hofbibliothek etwas zu verschicken, hatte sich nur auf Manuskripte, nicht auf Gedrucktes bezogen. Rewicky's ‚Specimen poeseos Persicae sive.. Haphyzi Ghazelae', Wien 1771, war als Druckwerk immerhin gut genug, um Platen ein systematisches Studium des Hafis zu ermöglichen. Sofort begann er mit einer dritten Reihe von Ghaselen, die ganz im Geiste des Hafis gehalten sein sollten.

Zur gleichen Zeit machte er bei der Mittagstafel im ‚Wallfisch' die Bekanntschaft zweier junger Männer. Der eine, Georg Christoph Selling, studierter Altphilologe, stammte aus armem jüdischen Haus. Der andere, Otto v. Bülow, war hannoverscher Dragoneroffizier und auf Studienurlaub in Erlangen. Platen beschreibt ihn als harmlos und lustig, und Schlösser zählt ihn „zu jenen glücklichen und heiteren Naturen, an die niemand ernstere Ansprüche zu heben vermag, da sie bei aller Begrenztheit vollkommen in sich geschlossen erscheinen und durch angeborene Liebenswürdigkeit jeden Widerstand besiegen." Platens Tagebuch, nach eigenem Zeugnis „immer mehr zum bloßen Skelett" geworden, gewinnt durch Bülows Auftreten wieder Fleisch und Farbe.

Von Brockhaus kamen mittlerweile die Druckbögen der zweiten Gedichtsammlung zur Korrektur. Auf Wunsch des Verlegers lautete ihr Titel ‚Lyrische Blätter'. Falls Rückert noch wegen seiner nicht erwähnten Priorität bei den Ghaselen verstimmt gewesen sein sollte, so nicht länger, denn die neue Sammlung war ihm gewidmet. In einem übertriebenen Huldigungssonett stellt Platen ihn sogar neben Petrarca und Camões:

> Auf diese folg' ich, die sich groß erwiesen,
> Nur wie ein Aehrenleser folgt dem Schnitter,
> Denn nicht als Vierter wag' ich mich zu diesen.

Bülow wohnte im selben Zimmer, das Platen als erstes in Erlangen gemietet hatte. Zugleich traf Fugger für einen zweiwöchigen Besuch ein. Mit ihm und Bülow machte der Dichter eine glückliche Reise nach Pommersfelden und Bamberg. Bülow war ein Wunder an Extraversion und Einfühlung: kein Scherz Platens, keine Anspielung ging bei ihm verloren, sondern wurde „erwiedert mit liebender Divinationsgabe". Wie stumpf war dagegen Schmidtlein, ja selbst Rotenhan gewesen! „Jeden Funken von Liebe mußte man ihm durch zuvorkommende Freundlichkeit abstehlen", heißt es im Tagebuch. Wieder betont Platen die Reinheit der Beziehung.

Auch Fugger verstand sie so, ja er schien sich ihrer zu erfreuen und sie zu fördern. Platen bemerkt, der Freund sei ihm durch dies Verhalten viel näher gekomme. Fugger war es auch, der bei einer Mahlzeit den Einfall hatte, orientalische Rollen zu verteilen: er selbst nahm „mit der humoristischen des Vorschneiders vorlieb", Bülow wurde zu Saki oder dem Schenken und Platen zu Hafis. Gutgelaunt warfen Fugger und Platen im Wagen einander poetische Zitate zu. „Wenn Bülow schlief oder wenigstens dämmerte," so schreibt der Dichter ins Tagebuch, „mußte ich mein Haupt an seinen Busen legen; er schlang dann seinen Arm um mich und lehnte seine schöne Wange an meine Stirn. Gleichwol haben wir uns nie geküßt. Doch genug hievon."

Zu der harmonischen Dreiergruppe stieß in Erlangen auf kurze Zeit noch Gruber. Er war auf dem Wege nach Jena zu Professor Kieser, der auf Grund Schelling'scher Lehren den Magnetismus in die Medizin eingeführt hatte; von ihm erhoffte er sich Heilung von seiner Epilepsie. Beim Abendessen deklamierte Platen zu Bülow hin ein paar Goethische Verse:

Doch bin ich, wie ich bin,
Und nimm mich nur hin!
Willst du Bessre besitzen,
So laß sie dir schnitzen.

Die Antwort war ebenso liebenswürdig wie ausweichend: „Wer würde mir einen so zierlichen Platen schnitzen!" Die Zweideutigkeit bemerkte der Verliebte nicht. Um so mehr geriet er außer Fassung, als Bülow am nächsten Abend Fugger einen Abschiedskuß gab. „Die Furien der Eifersucht erwachten", heißt es im Tagebuch. „Mich selbst hat er nie geküßt. Ich brachte die Nacht in einem fürchterlichen Zustande hin, und mußte mich, aus dem Bette eilend, auf den Boden hinwerfen, um zu beten."

Ein zweiter mehrtägiger Ausflug, diesmal in die fränkische Schweiz, verlief ebenso glücklich wie der erste. Auf dem Rückweg trank Platen in Wiesentau mit Bülow Brüderschaft, und sein „liebes Du" war ihm die „Musik dieses Tages". In Kunreuth nahmen alle unter einer schattigen Linde Platz, und in Effeltrich stiegen sie sogar in eine andere hinein und setzten sich auf die Äste. Immer wieder sind es die bedeckten Orte, die Platen anziehen, wo er seine Liebe, die ihren Namen nicht nennen darf, verbergen kann. Als er mit Bülow allein nach Hause ging, bemerkte jener, man müsse, um glücklich zu sein, viele Bekanntschaften machen und unter diesen ein paar Vertrauteste auswählen. Platen antwortete, daß er, Bülow, ihm unter allen der Liebste sei. Bülow umarmte ihn und sagte: „Ich glaube auch gar nicht, daß du dich in mir geirrt hast, aber ich bin nun einmal wie ich bin." Das Ausweichende, quasi Entschuldigende dieser Antwort merkte der Verliebte wieder nicht.

Oder vielleicht doch? Schon in Streitberg war er einen Abend lang verstimmt gewesen, ohne zu wissen, warum. Nachdem Fugger abgereist war, entwickelte sich

Platens Verhältnis zu Bülow „auf eine traurige Weise", und er fiel wieder in seine alte Melancholie. Zeugnis davon gibt eines seiner bittersten und zugleich besten Gedichte.

> Wenn Leben Leiden ist, und Leiden Leben,
> Der mag nach mir, was ich empfand, empfinden;
> Wer augenblicks sah jedes Glück verschwinden,
> Sobald er nur begann, darnach zu streben;
>
> Wer je sich in ein Labyrinth begeben,
> Aus dem der Ausgang nimmermehr zu finden,
> Wen Liebe darum nur gesucht zu binden,
> Um der Verzweiflung dann ihn hinzugeben;
>
> Wer jeden Blitz beschwor, ihn zu zerstören,
> Und jeden Strom, daß er hinweg ihn spühle
> Mit allen Qualen, die sein Herz empören,
>
> Und wer den Toten ihre harten Pfühle
> Mißgönnt, wo Liebe nicht mehr kann bethören,
> Der kennt mich ganz, und fühlet was ich fühle.

Bülows Einfühlung ging indessen etwas tiefer, als Platen vermutete. „Er nahm wahren Antheil an mir," heißt es Mitte August im Tagebuch, „er sagte mir, wie sehr es ihm durch die Seele ginge, mich leiden zu sehen. Er malte mir meinen ganzen Zustand, er kennt ihn so genau und durchschaut mich, wie kaum irgend ein Mensch. Aber er bat mich dringend, mich aufzuraffen, mir Gewalt anzuthun und mehr die Gesellschaft der Menschen zu suchen.. Solche und ähnliche Vorstellungen beruhigten mich wirklich um vieles und können wenigstens beytragen, mich des Ungeheuer = Unabänderlichen meines Zustands und meines Naturells vergessen zu machen." Ganz gleich, wie trivial und verlegen der Trost, wenn er nur aus geliebtem Munde kommt. Platen bedankte sich mit dem Vortrag einiger Stanzen, die er auf Bülow gedichtet hatte, und der wehrte ab, es sei ihm darin zuviel des Lobs geschehen.

Während dieser Zeit schrieb Platen deutsche Ghaselen im Geiste des Hafis und las so viel vom persischen Vorbild, wie er bekommen konnte; denn auch Rewicky brachte eben nur Beispiele. Weil es damals noch keine vollständige europäische Ausgabe des Hafis gab, faßte er den vermessenen Plan, sie selbst zu besorgen. Für diesen Zweck suchte er die (gedruckte) ‚Editio Calcuttensis' von 1791, die er mit verschiedenen Handschriften vergleichen wollte.

Gleichzeitig führte er eine rege Korrespondenz mit Bruchmann. Die Briefe des Wiener Freundes sind erhalten und zeigen eine merkwürdige Mischung aus Aggressivität und Hilfsbereitschaft, die erste beim Diskutieren der geplanten Zeitschrift, die zweite, was die Besorgung persischer Texte für Platen betrifft. Am 2. Juni entwickelte Bruchmann zum unserem nicht geringen Staunen etwas, das der Spätlehre Schellings ähnelt mit ihrer Einteilung in positive und negative Philosophie. Der Denker war damals mit dieser Lehre noch nicht an die Öffentlichkeit getreten; doch hatte Bruchmann, der wie Platen privat im Hause Schellings verkehrte, dort vielleicht schon von ihr läuten hören. Nur eine aufs Diesseits gerichtete Philosophie könne Thema der geplanten Zeitschrift sein, meint Bruchmann: wo sie in tiefer Verhüllung die Welt vor sich vorüberziehen lasse wie einen nächtlichen Meteor und in heiliger Passivität darstelle, was da ist, wie es geworden ist und werden wird; „wo sie den ruhigen Fluß der Geschichte durch ihren Feuerstrahl zum schäumenden Silberstrom belebt: da gäbe es Blumen in Fülle zur blühenden Krone für ihr heiliges Haupt. Und wie würde diese Krone im Farbenschein der Poesie, die das Ewige wäre im zeitlichen Meere, schimmern!"

Solche Sätze mußten Platens Herz erfreuen, zumal er sich nun auch von Bruchmann in seiner Rolle als Künder vom Jenseitigen im Diesseitigen bestätigt fand. Leider macht der Freund das schöne Kompliment nur in Parenthese. In Wahrheit erzeuge die Philosophie Sehnsucht nach dem Jenseitigen, und ein unwürdiges Opfer brächte, wer von der Anschauung des unendlichen Seins sich hinwendet zur Betrachtung irdischer Erscheinung! Bruchmann wünscht auf dies Dilemma eine Antwort, nicht von Platen, „denn was kümmert den Dichter, der in Früchten taumelt, die ihm taub scheinende Blüthe der Philos(ophie)"? So lange er die Antwort nicht habe, halte er, Bruchmann, jede ernsthafte philosophische Unternehmung für unausführbar, „mag auch der arbeitsscheue Dichter zürnen, und es vielleicht bereuen, sich mit der Philos(ophie) eingelassen zu haben". Platen war von nächtlichem Silberstrom, leuchtendem Feuerstrahl und farbiger Blütenkrone wohl so begeistert, daß er die folgenden Sottisen gar nicht wahrnahm.

Alle Polemik hinderte den Wiener freilich nicht, in seinem nächsten Brief vom 2. Juli den wichtigsten Streitpunkt aus dem Weg zu räumen und ohne Rückhalt zu bekennen, daß er Goethe nunmehr für den größten deutschen Dichter halte. Am 2. August schrieb er gar: „Ich verdanke meine Anerkennung Goethe's.. theils meinem heißen Kampf.. besonders mit Ihnen.., theils meiner eigenen Freyheit, in der es mir vergönnt ist, meinen Irrthum offen zu bekennen, trotz der Scham u ihrem Wander Gefolge." Von der philosophisch-poetischen Zeitschrift ist nicht mehr die Rede. Stattdessen bemühte sich Bruchmann jetzt nach Platens Wunsch um persische Texte. Hammer war leider verreist, und Rosenzweig vielleicht doch nicht der rechte Kopist, da seine gutbezahlte Stellung in der Staatskanzlei ihn zwar nicht ungefällig, aber sehr teuer mache. Statt dessen hatte Bruchmann einen Armenier gefunden, der Teile des ‚Schah name' von Ferdousi nach einer Wiener Vorlage für Platen zu annehmbarem Preis abschrieb. Der Dichter kannte das persische Nationalepos seit vergangenem Februar, als Rückert ihm eine eigene Abschrift der ersten 9000 Beits geschickt und er davon einige zu dessen Zufriedenheit übersetzt hatte. Das gesamte Werk ist über 50000 Beits lang. Bruchmann ließ ein anderes Stück abschreiben als jenes von Rückert geliehene. Sogar um den Einband im orientalischen Stil sorgte sich der Wiener Freund. „Schreiben Sie mir noch.. ob Sie in Erlangen einen mittelmäßg. oder vielleicht auch guten Sänger und Clavierspieler haben, ich würde Ihnen einige Goethische Gedichte schicken von (Franz) Schubert herrlich gesetzt, die gewiß alle Ihre Freunde entzücken würden." Schubert, nur wenige Monate jünger als Platen, gehörte wie der Korrespondent zu dem ‚aufrührerischen', das heißt pantheistischen Kreis um den Innsbrucker Senn. Platen bemerkt im Tagebuch, Bruchmanns Briefe seien ihm ein wahrer Schatz.

Bülow wollte seinen Bruder in Bayreuth besuchen, und der Dichter begleitete ihn nochmals bis Streitberg. Vorher aber gingen die Freunde zusammen baden: „Wiewol ich seine Schönheit auch nackt bewundern musste, so stieg doch, Gott sey Dank, nicht das mindeste Verlangen in mir auf", beteuert Platen vor sich selbst. „Während der Streitberger Reise aber vertrugen wir uns nicht gut, Zank und kleine Kränkungen wiederholten sich, so daß wir den anderen Morgen, als er nach Baireuth ging, nicht so herzlich, wenigstens äußerlich, Abschied nahmen, als es sonst wol würde geschehen seyn."

Eigentlich wollte er die beiden Bülows in Streitberg erwarten, um mit ihnen nach Erlangen zurückzuwandern. Da berichtete ein Student, daß Schelling mit seiner Vorlesung beginnen werde. Also machte sich Platen nach drei Tagen, die er verstimmt und sich nach Bülow sehnend verbracht hatte, allein auf den Rückweg. Beim Wandern dichtete er sieben verzweifelte und rührende Strophen, die eine baldige Trennung von dem Freund ahnen lassen.

> Ich sehe Hügel blüh'n mit schatt'gen Bäumen
> Und rings um Rosenbeete Quellen schäumen;
> Doch all dieß zeigt sich meinem trüben Sinne
> Nur als ein Kerker, dem ich nicht entrinne.
> Wo soll ich hin, und was soll aus mir werden?
> Wo Bülow nicht ist, ist kein Raum auf Erden.

Der Trieb schäumt als Quelle vergeblich um die Rosenbeete der Poesie. Die Natur verbindet nicht mehr mit dem Geliebten; selbst sie, die Platen so oft tröstete, ist zum unentrinnbaren Kerker geworden. Die weltschmerzlichen Verse erinnern an die Mercy-Fragmente von 1813.

Am letzten August begann Schelling schließlich mit seiner Vorlesung ‚Philosophie der Mythologie' – allerdings, um am 7. September schon wieder damit aufzuhören. Sie war der Auftakt zu einer Arbeit, die ihn von nun an zeitlebens beschäftigen sollte.

Kurz darauf kam Bülow mit einer Hiobsbotschaft aus Bayreuth zurück: er habe Ordre, sich bei seinem Regiment in Hannover einzufinden, da der König von England auf Staatsbesuch käme. Vermutlich war es eine Ausrede, um vor Platen höflich die Flucht zu ergreifen.

Doch der ließ sich so leicht nicht abschütteln. Er hatte sich einen Paß nach Sachsen besorgt, um die Bibliotheken in Gotha, Weimar und Jena zu besuchen. Es gelang ihm, in Bülows Postkutsche Platz zu bekommen, und gerne nahm er diesmal die Strapaze auf sich, zwei Nächte hintereinander aufrecht zu sitzen. Am ersten Tag traf er in Bayreuth de Ahna, der ihm nun, verglichen mit Bülow, unbedeutend, plump und geistlos vorkam. Am zweiten Tag sah er für kurze Zeit Rückert, der sich in der Nähe von Coburg bei seiner Braut aufhielt. Durch das südwestliche Thüringen gelangten die Freunde auf Umwegen nach Gotha, wo sie über Nacht blieben.

Im Tagebuch bemerkt Platen die zunehmend „schlechte hölzerne Bauart der norddeutschen Städte". Gemeint sind jene Fachwerkhäuser, die heute den restaurierten Stolz jeder Gemeinde ausmachen, falls noch welche übrig sind. Gegen drei Uhr früh traf die Kutsche in Göttingen ein. Die Freunde mieteten ein Zimmer und legten sich zu Bett. Die bevorstehende Trennung von Bülow und Übermüdung raubten Platen den Schlaf; doch er bezwang sich und stand heiter auf. Nach einem gemeinsamen Frühstück kam der herausgeschobene schmerzliche Moment. „Hätte ich gewußt, daß wir uns nicht wiedersehen sollten, ich weiß nicht, wie ich den Abschied würde ertragen haben", heißt es im Tagebuch. „Der gute Junge, sonst so männlich und fest, hatte nasse Augen.. Ich war noch weit bewegter. Er drückte noch einen langen Kuß auf meine Lippen und ging die Treppe hinunter. Ich sah ihm nach bis er verschwand."

Noch am selben Tag zog Platen in die Weender Straße Nr. 55, eine angenehme Wohnung, wie er schreibt, und blieb dort einen ganzen Monat. Über seinen Kummer mit Bülow kam er schneller hinweg als erwartet. Der Göttinger Bibliotheksdirektor Benecke empfing ihn freundlich; zwar hatte er nicht die ‚Editio Calcuttensis' des Hafis, jedoch ein Manuskript des Divans „mit mehreren anderen darauf bezüglichen Sachen", die er dem Dichter bereitwillig überließ. Auch fand Platen Dall'Armi, den Offizierskameraden aus München und − Schmidtlein, der ihn schon einen Tag nach seiner Ankunft besuchte. „Es war mir erfreulich, ihn öfters zu sehen," heißt es süffisant im Tagebuch, „aber wie sehr verlor er, wenn ich ihn im Geiste mit Bülow zusammenstellte!" Auch ein Sohn Harnier studierte in Göttingen und berichtete, die Aufnahme der ‚Ghaselen' sei in seiner Familie nicht die günstigste gewesen, sondern habe schon durch den fremdartigen Titel eine gewisse Perplexität erzeugt.*

Viel neue Bekannte machte Platen nicht in Göttingen. Doch erging er sich, wie es seine Art war, viel allein in der Natur. Mittags aß er zu Hause und abends in einer Konditorei, wo er dann, von Melancholie und Sehnsucht nach Bülow ergriffen, etwas Punsch trank. Ein trostreicher Brief Fuggers beweist in seinem gefühlvollen Eingehen auf das Verhältnis mit Bülow, daß auch dieser Freund sich über die Natur Platens mittlerweile im Klaren war, ja, sie völlig akzeptierte.

Das Hafis-Manuskript war nicht besonders gut, sondern „sehr gekritzelt" und nicht vollständig, so daß der Dichter es trotz lexikalischer Hilfe nur schwer entziffern konnte; und so kopierte er nur wenig daraus. Mit Hilfe einer Sanskrit-Grammatik übte er die indische Schrift, indem er Bülows Namen und seinen eigenen wiederholt niederschrieb. Wichtiger war der Erwerb von Shakespeares Sonetten in deutscher Übersetzung; die Wirkung dieser Gedichtsammlung auf Platens eigenes Schaffen sollte später spürbar werden.

Einstweilen jedoch wurde seine Muse durch den fernen Geliebten und Hafis beflügelt. „In Göttingen sind mehrere und vielleicht die besten jener Ghaselen entstanden, die den ‚Spiegel des Hafis' ausmachen", heißt es im Tagebuch. Hiermit ist der Titel der dritten Ghaselensammlung genannt, von der im nächsten Kapitel die Rede sein soll.

---

* Veit Engelhardt schreibt: „Das Publikum wußte nicht recht, was es mit diesen Ghaselen machen sollte, bei denen es immer an Gazellen dachte."

Es ist erstaunlich, daß Platen, einmal in Göttingen, nicht nach Hannover reiste, der stets gepriesenen Heimat seines Vaters. Von Bülow abgesehen, hätte er dort die großzügige Tante treffen können, die ihn immer wieder mit Geldgeschenken versah. Doch neben kleineren Ausflügen in die Umgebung machte er nur eine größere Exkursion nach Kassel. Dort besuchte er, vermutlich mit einer Empfehlung Beneckes, den ‚Vater der Germanistik' Jacob Grimm; Bruder Wilhelm war abwesend. Der berühmte Mann schloß soeben den dritten Band seiner Kinder- und Hausmärchen ab: Platen dürfte diese Art von Literatur äußerst fremd gewesen sein. Das Gespräch ging natürlich um Dichter, und nicht nur deutsche; Grimm hielt Calderón für überschätzt, desgleichen Scott und Byron. Am folgenden Morgen traf Platen den Gelehrten in der kurfürstlichen Bibliothek, deren nur zweiter Sekretär er war, da er sich seinerzeit zu sehr mit den Bonapartes eingelassen hatte.

Nachmittags besuchte der Dichter die Wilhelmshöhe. Klenzes elegante Schloßanlage für den König Jérôme gefiel ihm gut; vom barocken ‚Herkules' und der großen Kaskade kein Wort. Noch am selben Abend verließ er Kassel. „Gerade, als ich.. an den Gränzstein mit der hannöverschen Krone kam," heißt es im Tagebuch, „gieng der Jupiter mit dem Saturn gegenüber der Säule auf, die ich wie ein Vaterlandsdenkmal umfaßte und an mein Herz drückte." Platen war Hannoveraner, und mehr, als er wußte. Eine hübsche Symbolhandlung ist es so oder so.

Am 10. Oktober verließ er Göttingen, acht Monate nach dem Studenten der Rechte und Burschenschaftler Harry Heine, der wegen einer läppischen Duellaffäre das ‚consilium abeundi' bekommen hatte.

Mit Dall'Armi und einem anderen Bekannten zusammen reiste Platen teils zu Fuß, teils im Wagen nach Eisenach, von wo aus er die Wartburg bestieg, und weiter östlich in die sächsische Ebene. „Gotha liegt kahl, das Schloß von ferne nimmt sich gut aus, in der Nähe ist es äußerst schofel. Große Lumperey in diesen Herzogthümern." Platen besuchte Schellings Schwiegermutter, die Rätin Gotter, und war im übrigen gekränkt, weil er keinen Zugang zu den orientalischen Manuskripten des Herzogs erhielt. Vielleicht wäre es anders gekommen, hätte der homosexuell veranlagte Fürst* die neuerschienenen Ghaselen des jungen Dichters gekannt. Aber das war offenbar nicht der Fall.

Innerlich bewegt traf er mit der Post in Weimar ein. Goethes Haus konnte er wenigstens von außen besichtigen. Am selben Nachmittag wanderte er durch Obsthaine auf der etwas langweiligen Straße nach Jena. Zehn Tage blieb Platen in der berühmten Universitätsstadt; Gruber, der dort seine Epilepsie magnetisch behandeln ließ, führte ihn herum. Bei Major v. Knebel, dem alten Freund seines Vaters, wurde er freundlich aufgenommen. Knebel war fünf Jahre älter als Goethe und seit fast vierzig Jahren einer seiner engsten Freunde. Die Herzogin Anna Amalia hatte ihn als Erzieher für ihren zweiten Sohn Konstantin berufen, und Knebel war es, der 1774 in Frankfurt das erste Zusammentreffen Goethes mit dem Prinzen Karl August, späterem Herzog von Sachsen-Weimar, vermittelte. Seit 1781 lebte Knebel als Privatmann abwechselnd

---

* Näheres im Apparat.

in Ansbach, wo er vermutlich mit Platens Vater bekannt geworden war, und in Goethes Nähe, seit 1805 ständig in Jena. Der Siebenundsiebzigjährige hatte soeben eine Übersetzung von ‚De rerum natura' des Lukrez veröffentlicht, wovon er Platen ein Exemplar schenkte.

Goethe wohnte, vom Bad zurückgekehrt, seit einem Monat in Jena am botanischen Garten. Knebel sah ihn täglich und berichtete, Platens Ghaselen hätten ihm gefallen. Ja mehr noch: er versprach, einen Empfang bei Goethe zu arrangieren.

Am selben Abend besuchte Platen den jungen Orientalisten Kosegarten, Sohn des damals berühmten empfindsamen Dichters. Er hatte sehr schöne persische Abschriften in Paris gemacht, von denen Platen seinerseits einiges kopierte. Am nächsten Mittag aß er mit Gruber bei Wesselhöft, dem Drucker Goethes. Ein Diener brachte die Nachricht, der Geheimrat sei um drei Uhr zu sprechen. Etwas beklommen fuhren die Freunde zum botanischen Garten.

„Von Goethe's Person wage ich kaum etwas zu sagen", heißt es in Platens Tagebuch. „Er ist sehr groß, von starkem, aber gar nicht ins Plumpe fallenden Köperbau. Bey seiner Verbeugung konnte man ein leichtes Zittern bemerken…Die Haare grau und dünn, die Stirn ganz außerordentlich hoch und schön, die Nase groß, die Augen schwarz, etwas nahe beysammen, und wenn er freundlich seyn will, blitzend von Liebe und Gutmüthigkeit…Er ließ uns auf das Sopha sizen und nahm bey Gruber Platz. Bey der Feyerlichkeit, die er verbreitet, konnte das Gespräch nicht erheblich werden, und nach einiger Zeit entließ er uns wieder." Goethe liebte es nicht sonderlich, mit Fremden über Kunst und Literatur zu reden. Eben dies aber wollten natürlich alle, die selbst Literaten waren, und auch jene, die es nicht waren, hielten es für ihre Pflicht. So kam es oft zu kühler Mißverständlichkeit.

Abends war Platen bei dem Magnetiseur Kieser eingeladen, dessen Kur sich Gruber unterworfen hatte. Kieser führte ein Experiment mit Pendeln vor, an dem der Dichter sehen konnte, „daß der Wille einige Gewalt über das Unbelebte ausübt."

Ein paar Tage später kaufte er im Buchladen ein Exemplar seiner ‚Lyrischen Blätter', das erste, das er sah, und brachte es Knebeln, der soeben in den Wagen stieg, um zu Goethe zu fahren. Nachmittags rezitierte der Major vor Platen und Gruber eine Romanze von Zacharias Werner. „Zuweilen stampfte er mit dem Fuße, zog das Gesicht in die fürchterlichsten Falten," heißt es im Tagebuch, „sodaß wir vor Lachen hätten ersticken mögen, wiewol er es ernsthaft meinte. Goethe sagt in seinem Leben, Knebel hätte seine Art zu lesen von Ramler angenommen.* Ich weiß nicht, ob dieß die Ramler'sche Manier war."

Von Bülow traf ein Brief mit der Nachricht ein, er werde nicht mehr nach Erlangen zurückkehren. Das einzige, was uns an diesem Briefe wundert, ist, daß er überhaupt geschrieben wurde. Platen aber hatte die Ausrede mit der Königsparade in Hannover für bare Münze genommen; er gelobte, keinen Wein mehr zu trinken und keine Verse mehr zu schreiben, bis er Bülow wiedersehe.

---

* in ‚Dichtung und Wahrheit' III, 15. Buch. Karl Wilhelm Ramler war ein preußischer Dichter, schrieb Oden auf Friedrich den Großen, starb 1798. Goethe meint, er sei eigentlich mehr Kritiker als Poet gewesen. (ebd. II, 7. Buch.)

Knebel berichtete, die Weimarer jungen Damen, darunter auch Goethes Schwiegertochter Ottilie, hätten die neue Ghaselensammlung durchgeblättert und den Wunsch geäußert, den Autor kennenzulernen. Vergebens. Einen Tag nach seinem fünfundzwanzigsten Geburtstag brach Platen zu Fuß nach Saalfeld auf. Da er sich im Thüringer Wald verirrte, nahm er eine Chaise nach Coburg – den ersten Ort, den er mit Bülow zusammen betreten hatte. Abends traf er dort ein, nahm sogleich Extrapost, und den folgenden Morgen um acht Uhr war er in Erlangen.

23. Der Spiegel des Hafis

Schon am Tag darauf besprach er mit Engelhardt seinen Plan, den ‚Spiegel des Hafis' herauszugeben: vierundzwanzig neue Ghaselen, acht Rubajats (Vierzeiler) und eine Zueignung an Bülow in Stanzen. Irgendwo in jedem Ghasel, meist im Schlußbeit, erscheint der Name Hafis. An diesen Gedichten hänge sein Herz, schreibt Platen ins Tagebuch, er glühe vor Verlangen, seine Liebe zu Bülow öffentlich an den Tag zu legen.

Von Bruchmann erwartete ihn ein langer, sechs Wochen alter Brief. Nun, da der Wiener sich zu Goethe bekannte, hatte es Platen aus purer Streitsucht für gut befunden, die Griechen und Shakespeare höher zu stellen als den Deutschen; ganz so, wie er sich in Würzburg wegen Wagner mit dem armen Gruber überwarf. Im ersten Teil seines Briefes geht Bruchmann auf Platens alberne Polemik ein, durchschaut sie jedoch als Theater. Die Abschrift aus dem ‚Schah name' war so schlecht geraten, daß er sie trotz Korrekturen von Rosenzweig nicht allein nach Erlangen schicken mochte. Doch war ihm ein reichgeschmücktes Manuskript von Sa'dis ‚Golestan' (Rosengarten) angeboten worden, das er für Platen billig gekauft hatte, und dies kündigte er nun zusammen mit der schlechten Abschrift an. Bruchmann bedauert, fern von Schelling weilen zu müssen: „Wenn wir hier so leicht fliegen könnten, wie Sie drauß, so wäre kein schöneres Leben als in Oestreich. ..Ich lasse Ihnen den Sultan selbst in Constantinopel copiren, wenn Sie mir einen ordentl(ichen) Abschreiber der Mythol(ogischen) Vorles(ung) und der Weltalter verschaffen können. ..Sie müssen sich meiner annehmen! u. wenn Sie nicht Sadi in bunten Farben u(nd) Golde prangend erweicht, so müssen es noch künftige Perser thun." Gerade dieser Wunsch Bruchmanns aber war unerfüllbar. Schelling hatte krankhafte Angst vor geistigem Diebstahl. Er ließ bis 1834 nichts publizieren (obwohl die ‚Weltalter' schon 1811 gedruckt vorlagen) und verbat sich auch energisch jede Mitschrift seines Vortrags.

Die Einsamkeit suchte Platen sich mit der Lektüre von Goethes ‚Natürlicher Tochter' zu vertreiben. Wie sie fühlte er sich gestürzt, verbannt, obwohl er von Schelling und den anderen liebevoll wie je aufgenommen wurde. An alle Freunde und Gönner hatte er die ‚Lyrischen Blätter' verteilt, darunter auch an den König und die Königin. Frau v. Schelling rühmte sie besonders und sagte, daß ihr Mann häufig darin lese.

Über Schelling ließ Platen auch beim Verleger Heyder wegen seiner dritten Ghaselensammlung sondieren, und mit Erfolg. Er überlegte, daß die meisten Kunden ein dünnes Bändchen, das nur die neuen Ghaselen enthielt, schon im Laden durchlesen würden, anstatt es zu kaufen. Also beschloß er, ähnlich der zweiten Sammlung noch allerhand älteres beizufügen: 63 Gedichte, 22 Distichen sowie die dramatischen Versuche ‚Marats Tod' und ‚Die neuen Propheten', den verwässerten ‚Sieg der Gläubigen'. Platen verlangte nur die Hälfte des Gewinns, für etwaigen Schaden verpflichtete er sich, aufzukommen. Das Buch erhielt den Titel ‚Vermischte Schriften'.

Im November 1821 las er Shakespeares Epos ‚Venus und Adonis', dessen starke Erotik, die verkleidete Homoerotik ist, ihn tief berühren mußte. Fast nur Adonis und sein Pferd sind Objekte der Beschreibung. Die kaum umrissene Göttin wirkt in ihren heftigen und erfolglosen Versuchen, den Knaben zu verführen, ähnlich tragikomisch wie Platen vor Schmidtlein. „Ganz eigenthümlich ist dem Shakespeare," heißt es im Tagebuch, „daß er häufig seine Gleichnisse aus den entferntesten Regionen entlehnen darf, ohne der Harmonie des Ganzen zu schaden.. Diese ächt orientalische Behandlungsweise nähert sich dem Bildercyklus des Orients zuweilen so sehr, daß sie ganz mit ihm zusammenfällt". Und er nennt als Beispiel die 41. Strophe, deren deutsche Übersetzung so lautet:

> Doch spöttisch lacht hierzu der schöne Knabe,
> Daß ihm ein Grübchen beide Wangen ziert,
> Das ganz gewiss die Liebe selbst zum Grabe
> Sich wählt, wenn sie das Leben einst verliert.
>   Sie wüßte wohl, sich diese Gruft erwerben,
>   Drin Liebe lebt, das hieße niemals sterben.

Das englische Original meint mit ‚Love' nicht ‚die Liebe', wie es in der deutschen Übersetzung heißt, sondern Amor, den männlichen Liebesgott; was die Metaphernreihe dimple-hollow-tomb mitsamt Concetto erst verständlich macht. Platen irrt freilich, wenn er die Metaphorik Shakespeares mit der des Hafis gleichsetzt. Die erste ist manieristisch, die zweite nicht: orientalische Bilder erscheinen nur dem Westen kühn, dem Osten sind sie geläufig.

Rückert übte in einem Brief vorsichtige Kritik an den ‚Lyrischen Blättern', doch lobte er auch Platens „edle und kühne Aufführung des schönen Freundes": weder Goethes Schenke noch sein eigener könnten hier wetteifern. Platen anwortet erfreut, alle Ghaselen aus dem ‚Spiegel des Hafis' seien an den Freund gerichtet. Frauenliebe wandele sich wie die Jahreszeiten, jedoch „die Liebe zu einem schönen Freunde, nie gestört durch Begierde, nie zerstört durch Befriedigung, erscheint mehr als ein beständiger Frühling. ..Indem nun der Dichter.. diese Verehrung der Gestalt bis zur Vergötterung anwachsen läßt, setzt er sich scheinbar über das sonst als göttlich Erachtete hinaus, und indem er sich auf das Demüthigste beugt vor dem Gegenstande seiner Neigung, sieht er stolz und verwegen über die Häubter der Menschen und ihrer Satzungen weg." Es ist sein eigenes fixiertes Bild, das Narziß im Spiegel erblickt. Siebzig Jahre später wird Oscar Wilde aus einem ähnlichen Gedanken heraus seinen ‚Dorian Gray' entwickeln.

An dieser Stelle wollen wir einhalten und unsere Aufmerksamkeit auf Schams (= die Sonne) ad-din Muhammad richten, der mit seinem Ehrennamen al Hafes (= der den Koran auswendig weiß) genannt und berühmt wurde. Reiche Auskunft liefert der Tübinger Orientalist Friedrich Veit, der sich schon 1907 ein Vergnügen daraus machte, über Hafis und seinen kulturgeschichtlichen Hintergrund auf die unbefangene Art zu berichten, die der Stoff verlangt, die aber erst zwei Generationen später gebräuchlich wurde. Allerdings schreibt Veit in einem entlegenen Fachperiodikum.

Hafis lebte im vierzehnten Jahrhundert, war also ungefährer Zeitgenosse von Dante, Petrarca, Boccaccio, Chaucer. Während in Europa die Neuzeit anbrach, stand die persisch-arabische Mischkultur in höchster Blüte, neigte sich aber ihrem Ende zu. Das Reich der mongolischen Khane, die Persien nach den Türken erobert hatten, war in mehrere Despotien zerfallen. Veit bemerkt, daß politische Schwäche, Kleinstaaterei und materielle Armut im Leben der Völker nicht selten mit hoher Geisteskultur einhergehen: so sei Schiras für einige Jahrhunderte das persische Weimar gewesen. Ihr Ende fand diese Kultur, als sich im sechzehnten Jahrhundert drei straff zentralisierte islamische Großreiche bildeten: das türkische, das persische der Safawiden und das indische der Großmoguln. Noch wichtiger scheint Veit die Feststellung, daß seit der Renaissance das Abendland den Orient geistig zu überflügeln begann.

Nach 1250 setzte mit Sa'di in Schiras ein, was mit dem Anfang der Weimarer Glanzperiode vergleichbar ist. Veit nennt Sa'di den Typus des weltklugen Konsistorialrats, der es verstanden habe, Herdersche Frömmigkeit mit „Wielandscher Lüsternheit und Schillerscher Moral" zu vereinigen.

Etwa ein Jahrzehnt nach Sa'dis Tod, bald nach 1300, muß Hafis in Schiras geboren worden sein. In seiner Jugend studierte er Theologie: der Ehrentitel Hafes, ungefähr unseren Dr. theol. und Dr. jur. zugleich entsprechend, beweist es ebenso wie viele Stellen im Text des Divan. Eine virtuose Beherrschung des Arabischen ist Voraussetzung für den Titel, sie wird aber auch aus dem Divan ersichtlich. Darüber hinaus scheint es, als habe Hafis eine Zeitlang das blaue Gewand der Sufi getragen.

Der Sufismus, die islamische Mystik, hat weniger indisch-buddhistische als griechisch-neuplatonische Wurzeln. Seine Ausgangspunkte waren vermutlich Ägypten und Syrien, die ja lange genug unter griechisch-römischer Herrschaft gestanden hatten. Er ist eigentlich eine Reaktion des religiösen Empfindens gegen den als Staatsreligion auftretenden Islam, ein Protest des Individuums gegen das Idschma, den muslimischen consensus omnium. Wesen jeder Religion ist das Sehnen der Seele nach einem außerhalb der Welt gelegenen Halt, wo sie Zuflucht suchen kann gegen die Unbill ihrer Umgebung. Wenn nun aber diese außerweltliche Instanz sich mit dem Staat identifiziert, so fällt jeder Trost dahin. Wie das protestantische Staatskirchentum den Pietismus hervorrief, so erwuchs auf islamischem Boden der Sufismus.

Nach asketischen Anfängen trat bald ein pantheistisches Streben nach Vereinigung mit Gott in den Vordergrund. Die stufenweise Annäherung an dies Ziel wurde gern mit dem Bild einer Pilgerschaft dargestellt: eine Allegorie, die dem christlichen Mystizismus nicht fremd ist und die auch beim jungen Platen eine wichtige Rolle spielte. Der Sufismus schildert das Sehnen nach der himmlischen Heimat mit glühenden Bildern irdisch-sinnlicher Liebe, wie sich ähnliches in der mittelalterlichen Marien-Lyrik und im Verlangen nach dem Seelenbräutigam beobachten läßt.

Mystiker aller Zeiten und Länder waren stets in Gefahr, von dem Pfade inniger Gottesliebe auf irdische Abwege zu geraten. So auch in Persien. Die Sufis (nach ihrem Gewand etwa ‚die Wollenen') hausten als Derwische, das heißt als Bettelmönche, in Klöstern. Doch war das Leben dort nicht weniger vergnügt als in manchen christlichen beim Ausgang des Mittelalters. Zur Annäherung an Gott genossen die Sufis neben dem verbotenen Wein auch Haschisch; und mehr noch: die irdische Liebe wurde ihnen zur Vorstufe und zum Surrogat der himmlischen, sie liebten den Schöpfer im Geschöpf. Sogar die Vorstellung war geläufig, daß sie, derart mit Gott vereint, jenseits von Gut und Böse ständen.

Die reich ausgebildete sufische Allegorik erlaubte, auch gröbste Sinnlichkeit so auszudrücken, daß sie gleichzeitig als Ausfluß ekstatischer Frömmigkeit erscheint. Jedem gebildeten Perser war diese Zweideutigkeit geläufig. Die neupersische Sprache kommt dem Spiel zu Hilfe: mehr noch als das Englische hat sie das grammatikalische Geschlecht aufgegeben und unerscheidet beim Pronomen niemals zwischen er und sie. Der Sufi hätte leicht unentschieden lassen können, ob er von Allah oder einer irdischen Geliebten rede. Diese Bequemlichkeit war für ihn jedoch meist überflüssig, denn das Liebesleben der Sufi war vorwiegend homosexuell. Eingedenk des Goethewortes, das wir zitierten, bemerkt Veit: „Hiermit kommen wir auf einen Punkt, an dem wir uns nicht, nach bisheriger Sitte, mit Stillschweigen oder einigen verlegenen Redensarten vorbeidrücken dürfen, wenn uns an einem wirklichen Verständnis Hafisischer Poesie gelegen ist."

Soll sie anakreontisch oder mystisch aufgefaßt werden? Hammer war eindeutig fürs erste, Sacy fürs zweite. Indes hat sich auch das Hohe Lied Salomonis als Rest altjüdischer Liebespoesie erwiesen. Überhaupt, bemerkt Friedrich Veit, sei man oft in der allegorischen Ausdeutung von Dichtung zu weit gegangen; so hätten sich des Hafis Zeitgenossen Dante und Petrarca gefallen lassen müssen, dass Beatrice und Laura verschiedentlich zu Allegorien erklärt wurden. Zwar gebe es viele Ghaselen des Hafis, die mystisch ausgelegt werden könnten, doch kein einziges Gedicht, das nicht auch eine anakreontische Deutung zulasse.

Ein Mann, der solche Gedichte schreibt, sei schwerlich als überzeugter Sufi vorstellbar, meint Veit, sondern nur als ein mit dem Glauben seiner Jugend längst zerfallener Theologe, der das geistliche Gewand aus purer Bequemlichkeit weiter trage und weil ihm die Professur an der Mádrasa (geistlichen Akademie) ein kleines, aber regelmäßiges Einkommen garantiere. Schon seit dem neunten Jahrhundert habe es im Islam Freidenker, Atheisten und Spötter gegeben; Hafis dagegen sei kühler Agnostiker gewesen, er äußerte keine derben Blasphemien wie Abu Nuwas oder grimmigen Hohn wie Omar Hayyam, sondern nur feinen Spott. Als Schutz vor den Abgründen des Lebens habe Hafis gleichwohl keine andere Zuflucht gewußt als die künstlichen Paradiese der Sufis oder Byrons und Baudelaires mit ihren Hauptmitteln Wollust und Rausch.

Nachdem er so das Band vom Sufismus über den europäischen Weltschmerz bis zur Fin de siècle geknüpft hat, richtet Veit seinen Blick auf ein freundliches Schiras im vierzehnten Jahrhundert, da Moslems noch den verbotenen Wein in öffentlichen Schenken genießen konnten. Sie wurden von Anhängern der alten zoroastrischen Religion geführt. Die jungen Kellner in diesen Schankhäusern, meist Verwandte des Wirtes, doch immer seiner Religion angehörig, hießen Sakiyan (Plural von Saki, Schenke). Diese ‚Magierbuben' bildeten, bei der allgemein üblichen Bisexualität, eine zusätzliche Attraktion der Etablissements. Hafis wendet seine Gunst Knaben von dreierlei Herkunft zu: einmal den erwähnten ‚Magierbuben'; sodann jungen Zigeunern und drittens blonden Türkenjungen, die als wertvolle Sklaven in Persien eingeführt wurden. Bei ihnen dürfte es sich eher um türkisierte Griechen gehandelt haben, denn Anatolien war bis etwa 1100 byzantinisch.

Veit vergleicht Hafis weniger mit Petrarca als mit Boccaccio. In einer langen Fußnote legt er dar, welche Nebenbedeutung manche persische Vokabeln hätten, und wenn man in Vullers etymologischem Lexikon unter ‚sermo Sodomitarum' nachschlage, „so werden einem wohl plötzlich Hafisstellen klar, die man bis dahin nie recht verstanden hat." Nach Preisgabe von zwei saftigen Beispielen meint der Tübinger Professor: „Ich bin überzeugt, daß der Divan (des Hafis) an derartigen Zweideutigkeiten noch viel mehr enthält, als wir nur ahnen."

Platen wußte von all dem, was Veit genüßlich ausbreitet, natürlich nichts. Er wußte nur, was Goethe verkündete. Nie war er Atheist und nur in der Jugend Agnostiker; später sollte er sich als recht eigenartiger Interpret Gottes verstehen. Goethe behandelte das Schenkenmotiv peripher und völlig platonisch, da es seiner Natur nicht entsprach. Für Hafis aber war es das zentrale Thema. Nur zu gern folgte Platen hier dem Perser, nachdem er seinen Schenken in Bülow für eine Zeitlang gefunden hatte. Doch schildert er die Beziehung, seiner augenblicklichen Lebenshaltung gemäß, so rein, wie Goethe es nur wünschen konnte.

Freilich nicht allein das Schenkenmotiv verbindet den Perser mit dem Deutschen. Wir erinnern uns, wie wichtig für Platen die Entdeckung Anakreons und der Anakreonteen gewesen war. Ihre Verwandtschaft mit Hafis wurde schon von Hammer festgestellt. Das gemeinsame Strukturelement von Anakreonteen und hafisischem Ghasel aber ist die oszillierende Bildreihe: Verse, die ein konstantes Leitmotiv wiederholen, wechseln ab mit solchen, die es in immer neuen Bildern illustrieren. Die derart entstehende Oszillation von Bildern um das Leitmotiv ist nicht fest gefügt, sondern frei schwebend, leicht und spielerisch. Das Ghasel mit seinem Prinzip der Reimserie und der echohaften Wiederholung des Leitmotivs bietet Platen die geradezu schicksalhafte Gelegenheit, seinen gespiegelten, unmöglichen Eros angemessen auszudrücken und gleichzeitig die Tradition fortzuführen. Eben das anakreontische Genre erlaubt es ihm, die Chiffren seiner Generalthemen: Mutteridentifikation, narzißtische Spiegelung, Homoerotik unter die geläufigen Topoi Wein, Schenke, Gesang, Edelsteine, Blumen, Himmelskörper zu mischen. Von Tulpe und Hyazinthe war schon die Rede. Doch auch die Komplexe Echo und Spiegel können integriert werden:

> Sieh die Wolke, die mit Blitz und Knall spielt,
> Sieh den Mond, der mit dem Himmel Ball spielt ...

23. DER SPIEGEL DES HAFIS

Die monotone Echoreihe der Jugendlyrik, der alte Nullmäander, kann durch die Ghaselentechnik ins tänzerisch-Positive gekehrt werden. Das Prinzip der oszillierenden Bildreihe löst peinliche Konkretisierungen auf, ja es widerstrebt geradezu der logischen Entwicklung. Zufällig sich reimenden Wörtern folgend, springt die Bewegung um das Leitmotiv herum. Gleichzeitig mit dem Echospiel der Reime läßt sich ein heiteres, distanziertes Spiel mit den Elementen der Platenschen ‚Urszene' inszenieren.

Schon Goethe bringt Hafis mit Jean Paul in Verbindung. Auch bei ihm finden sich frei assoziierte, oszillierende Bildreihen: wie die des Hafis sind es Visionen eines labilen Kosmos, die einen von Zweifeln erschütterten Deismus, mit einem Wort: den Weltschmerz ausdrücken. In der Vision ‚Rede des todten Christus', von der schon früher die Rede war*, haben die Verben des Tanzens nur noch die negative Bedeutung des sinnlosen Umherirrens. Jean Paul hat den metaphysischen Nihilismus Schopenhauers in seinen wesentlichen Teilen bereits vorgedacht und in Bilder gefaßt.

So weit wird Platen nie im Leben kommen. Doch auch in seinen oszillierenden Bildreihen fallen Motive auf, die als ‚tanzender Kosmos' zu verstehen sind: da spielt die Wolke mit Blitz und Donner, der Mond mit dem Himmel Ball, da fährt der Halbmond als Kahn durch die Nacht oder tanzt ein Stern. Im ‚Spiegel des Hafis' wieder flattern Rosenblätter, die zu Sternen werden, durch den Äther, und die Mondkugel wird zum Spielball. Diese kosmischen Motive haben, anders als die der Schubert- und Schelling-Ghaselen, keine mystische Bedeutung; wohl drücken sie Platens Zweifel an Gott, seinen Weltschmerz, aus, wollen aber hauptsächlich die Poesie selbst verbildlichen. Das Ghasel ist mit dem tanzenden Kosmos, den es schildert, identisch: seine Harmonie ist nur eine spielerische Schein-Harmonie mit sich selbst.

Nun hat Platen das äußerst kunstvolle Gebilde des Ghasels nicht als Selbstzweck konstruiert. Es ging ihm bei der ‚Erlösung' des Nullmäanders in erster Linie um eine ‚Erlösung' seiner eigenen peinlichen Existenz. Das läßt sich exemplarisch an einem meisterhaften Ghasel aus dem ‚Spiegel des Hafis' zeigen.

> Du fingst im lieblichen Trugnetz der Haare die ganze Welt!
> Als spiegelhaltende Sklavin gewahre die ganze Welt!
> Ich such' um deine Gestalt her den Schatten des ew'gen Seins,
> Der Segler, suchend, was nicht ist, umfahre die ganze Welt!
> Was täuschen Jene so tief sich? Enthüllte nur mir allein
> Dein rätselbannendes Antlitz die wahre, die ganze Welt?
> Ich hielt mit gieriger Hand stets die nichtige Sorge fest,
> Du kamst, ich opfre dem Frohsinns-Altare die ganze Welt;
> Ich sehe, lächelt dein Mund mir, die Könige vor dir knien,
> Beherrsche, schlägst du das Aug' auf, das klare, die ganze Welt;
> Der Sofi geisele wund sich, mich ritze die Rose blos,
> Er scheid' und trenne was eins ist, ich paare die ganze Welt;
> Und was ich thue, verdank' ich dem Meister im Ost allein:
> Daß ich dir huldige, Hafis, erfahre die ganze Welt!

---

* s. die Kapitel ‚1799' sowie ‚Schweiz': die entscheidenden Sätze sind dort im Apparat zitiert.

Wer ist das geheimnisvolle Du, das der Text anredet? Im Schlußvers ist es eindeutig Hafis; dem widerspricht allerdings die weibliche Figur zu Beginn. Der Oszillationsstruktur entsprechend werden eine Reihe disparater Figuren in assoziativen Sprüngen mit dem kosmologischen Leitmotiv ‚die ganze Welt' (Überreim) verbunden. Dazu gehören außer der geheimnisvollen Sklavin und Hafis der Segler, die gierige Hand und der Sofi. Segler und Sofi sind Gestalten, deren Versuch, ‚die ganze Welt' zu erfassen, kein Erfolg beschieden ist. Der Segler möchte sie umfahren, das heißt empirisch erforschen, der Sofi mystisch aufnehmen, indem er Geist und Materie, ‚was eins ist', trennt. Auch der Versuch des Dichter-Ichs, ‚mit gieriger Hand' das Glück zu packen, muß scheitern.

Zweifellos geht es wieder um den narzißtischen Spiegelkomplex, wenn in den einzelnen Formulierungen auch rätselhafte Widersprüche stecken: wieso fing die geheimnisvolle Frau in ihren Haaren die ganze Welt, wieso verschafft sie dem sprechenden Ich mit ihrem Augenaufschlag die Herrschaft über das Universum, wenn sie umgekehrt bloß ‚spiegelhaltende Sklavin' ist (wohl im Sinne der Orientmode, schöne Odaliske)? Platens Grundsituation (Mutter mit Knabe vor dem Spiegel) erlaubt, den Widerspruch aufzulösen: danach würde die schöne Frau sich selbst und dem sprechenden Ich den Spiegel vorhalten und darin ‚die ganze Welt' erblicken. Die Schöne ist also die Mutter, die Muse, die Poesie, das Eidos (die Idee) des Ghasels: hält sie den Spiegel, öffnet sie den Mund, schlägt sie das Auge auf, dann erkennt und beherrscht das sprechende Ich die Welt mehr und besser, als Empiriker und Mystiker es vermöchten. Ich (Poet) und Du (Eidos) funktionieren in vollendeter Harmonie: gemeinsam produzieren und genießen sie das Bild der totalen, schönen Welt im Spiegel. Die einfachste und wörtliche Lösung lautet: Hafis, als Personifizierung des Eidos der Ghaselen, ist identisch mit der geheimnisvollen Frauengestalt. Auf diese Weise erklärt das Gedicht auch den Titel des Zyklus: Spiegel des Hafis. Der Wechsel von Ich und Du gewinnt eine wahrhaft oszillierende Ambivalenz: das schauende Ich ist männlich und zugleich weiblich, insofern es sich mit der Muse identifiziert; das geschaute Du ist weiblich (spiegelhaltende Sklavin) und als Freundesbild zugleich männlich. Das Oszillationsprinzip erscheint der hermaphroditischen Ambivalenz des Platenschen Eros völlig angemessen. Aber gerade dies Gedicht zeigt, wie fern das Produkt schließlich dem Impuls steht, der den Schaffensprozess auslöste: mit der poetischen Arbeit ist ein neuer, ganz anderer Spiegel entstanden. In den gelungensten Ghaselen wird der Freund zum Schöpfer:

> Erschiene selbst Suleucha, vom Grab' erstanden, hier,
> Sie liebte dich, o Schenke, was wäre Jussuf ihr?
> Aegypten, sieben Jahre verödet, fiel ihm zu,
> Doch dir mein Herz, ein ewig befruchtetes Revier;
> Wer darf ihn dir vergleichen? Gieb Wein und thu dein Amt,
> In goldne Becher fasse Rubine, Juwelier!
> Du rufst Musik, berührst du das Glas, aus ihm hervor,
> Du färbst, auf dem du wandelst, den Kiesel zum Sapphir;
> Dein Kinn ist gleich der Tulpe, das Grübchen ist ihr Kelch,
> O wär' ich Thau, hinunter zu fallen voll Begier! ...

Wir erinnern uns der 41. Strophe von Shakespeare's ‚Venus und Adonis', deren Metaphernreihe Platen so gefallen hatte, daß er sie hier in leichter Abwandlung wiederholt. Nicht immer freilich gelingt die Harmonisierung von Dichter und Freundesbild. Ohne die Form zu verändern, atmet das Ghasel dann milde Resignation.

> So war ich ein Ball des Geschicks nur? Die Liebe, sie schied und sie kam,
> Sie brachte mir liebliche Hoffnung, sie brachte mir tötlichen Gram;
> Doch ward sie auf immer verbannt nun, und all ihr Gefolge mit ihr:
> Die Trauer, die Sorge, die Sehnsucht, die Furcht, die Begierde, die Scham;
> Und nun, da der Schenke mir Wein beut, und Rosen in rosiger Hand,
> Entrinnet dem Herzen das Blut leicht, das sonst mir den Odem benahm;
> Nicht mehr in unendlicher Schwermut verlangt und erbangt das Gemüt,
> Ich huldige ruhiger Neigung, so treu, so gelinde, so zahm;
> Wohl rühm' ich die Tulpe der Schönheit, doch ohne bestochen zu sein,
> Zum Spiele nun hebt sich der Geist frei, der jedem Verlangen entkam;
> Erwähle die Tulpe, wie Hafis, die Rose der Liebe verlaß,
> Betäubend erfüllt ihr Geruch dich, es machen die Stachel dich lahm.

Neben der sanften Tulpe erscheint die duftende, doch dornige Rose als Symbol für die nicht mehr keusche Liebe. Wir erinnern uns der alten Fee Pfefferlüsch, der Allegorie des Triebes, die vor acht Jahren den jungen Dichter in eine Rosenknospe bannte, damals das Sinnbild kindlicher Unschuld. Inzwischen ist die Rose erblüht, doch Rosensohn, von den Dornen verletzt, wendet sich ab. Als Letztes bleibt eine ‚Indifferenzgebärde':

> Die Sterne scheinen, und alles ist gut,
> Sie tadeln Keinen, und alles ist gut;
> Drum keck, o Schenke, kredenze mir Wein,
> Den süßen, reinen, und alles ist gut;
> Die Sonnenaugen entflammen den Stern,
> Und mich die deinen, und alles ist gut;
> Dein Schmeicheln, Zürnen und Trotzen und Flehn
> Dein Lachen, Weinen und alles ist gut;
> Die Welt im Großen, und du mir in ihr,
> Die Welt im Kleinen und alles ist gut;
> Des Hafis Lieder, ich rühme sie laut,
> Du rühmst die meinen, und alles ist gut.

In solchen ‚schwebenden' Formulierungen kann die Sentimentalität des Liebessubjekts durch narzißtischen Spiegeltausch dem Freund zugeschrieben werden. Zugleich wird der Gestus des ‚alles ist gut' ins Kosmologische generalisiert. Solche Töne gehören zu den Höhepunkten der Ghaselen.

Mit dem ‚Spiegel des Hafis' kulminiert Platens Reise in den Orient, die er zunächst im Gefolge der Prinzessin von Wales hatte antreten wollen, dann aber, Hammer und Goethe folgend, nur im Geiste unternahm. Und obwohl Herz und Kopf ihn anderswohin zogen, sollten die seligen Gefilde von Schiras noch für ein Jahr des Dichters innerer Fluchtpunkt und Ort des Trostes bleiben.

24. Liebig

Einen Lichtschimmer wenigstens brachte dieser traurige Herbst 1821: Fugger hatte die Absicht geäußert, einen längeren Urlaub in Erlangen zu verbringen. Schon seit September führte Platen mit ihm darüber Korrespondenz. „Ven, ven, ven!" hatte er unter einen seiner Briefe gesetzt, und der Freund hatte aus Dillingen geantwortet: „Wie sehne ich mich zu dir, um dir doch wenigstens deine Einsamkeit ertragen und erleichtern zu helfen, ohne Theilnahme sollst du mich nicht finden." Am 24. November traf Fugger in Erlangen ein und bezog sogleich eine Wohnung in Platens Nähe.

Dem vergingen die Tage nun angenehmer. Davon, daß er Vorlesungen hörte, ist nicht die Rede; nur die von Schelling wolle er besuchen, schreibt Platen an die Eltern, freilich beginne sie erst im neuen Jahr. Offenbar fiel sie dann aus, denn nirgendwo ist sie mehr erwähnt.

Wieder einmal versuchte er es mit dem Arabischen, wieder ohne Ausdauer. Die Mahlzeiten nahm er gemeinsam mit Fugger im ‚Wallfisch', nun auch ihm zuliebe das Abendessen, das er bislang hatte ausfallen lassen. Es kostete 15 Kreuzer im Abonnement, und er bat die Eltern deswegen um Geld. Danach wurde Tasso gelesen oder Fugger musizierte. Der Freund hatte mehrere von Platens Gedichten vertont und sang sie nun, indem er sich selbst auf dem Klavier begleitete. Der Dichter bemerkt im Tagebuch, auch er habe ein wenig „auf dem Clavier klimpern gelernt, was freylich Fuggern keinen Spaß macht." Aus Wien hatte Bruchmann mitgeteilt, daß der schon erwähnte Komponist Franz Schubert soeben drei von Platens Gedichten in Musik setze.*

Weihnachten verbrachte er in Ansbach. Durch die orientalischen Bücher und die Reise nach Sachsen waren seine Finanzen übermäßig beansprucht. Im Frühjahr hatte er sich ein arabisch-persisch-englisches Lexikon buchstäblich vom Munde abgespart. Nun mußte er die Eltern bitten, ihm die Extrapost nach Hause zu vergüten. Fugger begleitete ihn bis Nürnberg. Fast vier Wochen blieb er „behaglich, doch ohne Aufregung" in Ansbach, las Goethe, Shakespeare, Jean Paul – und im Bett die Bibel. An eigener Produktion hinderte ihn sein Gelübde. Bruchmanns ‚Golestan' sowie die „äußerst schlechte Abschrift" aus dem ‚Schah name' erreichten ihn in Ansbach „für theures Geld". Seine Gedanken jedoch weilten bei Bülow, dessen Regiment im Oldenburgischen lag. „Wenn ich nicht vergehen soll," schreibt er an Fugger, „so muß ich künftige Osterferien nach Ostfriesland laufen, u(nd) wenn ich mich hinbetteln müsste." Über Wetzlar und Münster wolle er in zwei Wochen die Nordsee erreichen bei nur einer Mahlzeit täglich, und nach kurzem Aufenthalt bei Bülow ebenso wieder zurückwandern; derart hoffe er, mit 60 Gulden auszukommen. In seiner Antwort rät Fugger vorsichtig ab.

Zurück in Erlangen, fand Platen einen Brief Grubers aus Jena vor, der berichtete, Goethe habe in der neuesten Ausgabe von ‚Kunst und Alterthum' die Ghaselen

---

* Die Nachricht war unzutreffend. Schubert komponierte 1821 nur ein Gedicht Platens aus der Iphofener Zeit: ‚Die Liebe hat gelogen', Deutsch-Verzeichnis Nr. 751.

freundlich erwähnt. Tatsächlich findet sich dort in Nr. III, 3 nach einer Aufforderung an die Musiker, sie möchten Rückerts‚ ‚Östliche Rosen' vertonen, der etwas süffisante Satz: „Obgleich die Ghaselen des Grafen Platen nicht für den Gesang bestimmt sind, so erwähnen wir doch derselben gern als wolgefühlter, geistreicher, dem Orient vollkommen gemäßer, sinniger Gedichte." Wie sparsam auch das Lob, es kam vom Olymp.

Anstatt das Arabische zu studieren, das ihm beim Persischen nützlich hätte sein können, spielte Platen ein paar Tage mit dem Türkischen herum. Hauptsächlich aber las er den neulich eingetroffenen ‚Golestan‘ des Sa'di mit Hilfe einer deutschen Übersetzung. Mitte Januar 1822 erhielt er über Schelling das Münchener Hafis-Manuskript, das er selbst nicht hätte ausleihen können. Die Schriftqualität war besser als alles, was er bisher gesehen hatte. Wochenlang war er nun mit der Abschrift beschäftigt; Fugger half, indem er die kopierten Bögen „nach orientalischer Weise mit einem rothen Ranft" aus Tinte versah.

Wenn Platen auch keine Vorlesung hörte, so hospitierte er doch zuweilen bei dem Chemiker Kastner. Der Professor war sein Wohnungsnachbar, und eines Sonntags ging er hinüber, um ihn zu besuchen. „Ich traf einen Studenten bey ihm," heißt es im Tagebuch, „auf den er, seines Eifers für die Naturstudien wegen, viel hält, und der ein sehr schöner Junge ist. Er entfernte sich jedoch sogleich, als ich kam, was mich verdrüßlich machte."

Während der Dichter in seine Hafis-Abschrift vertieft war, veranstaltete die Erlanger Burschenschaft einen Fastnachtszug mit dem Thema ‚Reichstag des Kaisers Barbarossa'. Die dreiundzwanzig Allegorien oder Figuren gaben ein Bild des von Romantik und Fichtescher Philosophie bestimmten Zeitgeistes. Noch war der erwachende Nationalismus eher scherzhaft dargeboten, doch fuhr immerhin schon „Ein vierspänniger Ochsenwagen mit der Bauerschaft: der Reichsbauer Kunz, Gertrud sein Weib, Hänsel das Bauernkind und Gretchen das Reichsbauernmädel." Mit leichtem Schauder denken wir 111 Jahre weiter. Andererseits gab es auch einige Selbstironie, wie sie später undenkbar wurde: „Auf einer vierspännigen Kutsche Wurst Eisenfresser der Reichsrenommist, ingrimmig anzusehen. Seine Stiefel nebst Pfeifenkopf samt den daran befindlichen Strohbändlein wogen netto 30 Pfund hamburgisch." Oder: „Im altteutschen Rock, mit nackter Brust, fliegenden Haaren, etwas schmutzigen Turnhosen, Dolch und Pistolen im Gürtel, der Reichsdemagog Zeitgeist. Er war nicht der beste Reiter, auch soll ihm einer von seinen Fledermausflügeln heimwärts ausgefallen seyn." Den Abschluß bildeten „die Reichsschlafmützen im tiefen Schlafe, sollen jedoch bisweylen Augen und Mäuler offen gehabt haben: Wamst von Wamstenhausen, Herr von Kuhwackel, Herr von Langsalm und Tobias Schneck." Dieser Maskenzug begab sich von Erlangen nach Bubenreuth, „und ohne Zweifel würden ihm die Jungfrauen des Ortes Blumen gestreut haben und alle Glocken geläutet worden seyn, wenn irgend etwas von Selbigen vorhanden gewesen": so berichtet Karl Hase, Theologiestudent und Organisator des Zuges. Aus Kaiser Rotbarts Rede in Bubenreuth sei noch ein hübscher Satz zitiert, der sich wohltuend unterscheidet von den Tönen Fichtes, Arndts und dem, was später kam: „So ist auch dieses Fastnachtsspiel nicht ein kalter Spott auf etwas, das untergehen mußte, weil es sich selbst verlassen hatte, sondern eine Todtenfeyer, eine milde Erinnerung zur Kraft im Glauben und Hoffen, ein harmloser Scherz, nach der Art des teutschen Volkes, das nach seiner gemüthvollen Weise keinen Scherz kennt ohne Ernst, keine Thräne ohne ein Lächeln."

Dieser Zug war samt der vielen Kostüme, Requisiten, Pferde und Wagen sicher nicht billig. Das Nürnberger Theater hatte seinen Fundus geöffnet, ein Fürther Jude seine Waffensammlung hergegeben und das Erlanger Museum Rüstungen und Schwerter geliehen.

Die aufwendige und erfolgreiche Selbstdarstellung der Studenten erregte den Neid der örtlichen Handwerkerjugend, vorwiegend Strumpfwirker und Handschuhmacher. Sie hatten sich in studentische Sitten nachahmende Verbindungen organisiert, wurden von jenen aber nur verächtlich als ‚Knoten' (von ‚ignotus', unbekannt) bezeichnet. Die Handwerker veranstalteten eine Art Konkurrenzzug, in dessen Folge es zu Prügeleien mit den Studenten kam. Die Behörde nahm Partei für die Handwerker, vermutlich, weil sie in der Minderzahl waren, und ließ Kavallerie aus Nürnberg und Forchheim anrücken. Die Studenten forderten Amnestie, und als sie nicht gewährt wurde, zogen sie allesamt in Kutschen von Erlangen durch Nürnberg nach Altdorf, das bis 1803 Universitätsstadt gewesen war und es natürlich gern wieder werden wollte. 5000 Gulden wurden von interessierter Seite zur Finanzierung der Exkursion zur Verfügung gestellt. Nach neun Tagen kam ein Kompromiß zwischen den Studenten und der Erlanger Behörde zustande. „Majestätisch bewegte sich ein Zug von 95 zweyspännigen Chaisen von Nürnberg nach Erlangen, in jeder saßen 4 Pers(onen), wir hatten 12 reitende Postillons und 24 reitende Studenten. Die Menschenmasse, die sich in Nürnberg drängte, um uns zu sehen, und das Gewühl war unbeschreiblich. Zwischen Erlangen und Nünberg in dem Ort Tennelohe kam uns eine Deputation des Senats, bestehend aus 2 Professoren, Kastner und Prof. Henke, entgegen und nahmen uns hier in Empfang. In Erlangen waren die Straßen mit Blumen und grünen Zweigen bestreut und Kränze warf man uns zu."

Das letzte Zitat stammt aus einem Brief des von Platen erwähnten „sehr schönen Jungen" an seine Eltern. Der Vater war Drogist in Darmstadt und hieß Liebig, der Sohn trug den Vornamen Justus. Er war erst neunzehn Jahre alt, doch sein Talent für Chemie war so offenkundig, daß ihn Kastner in Bonn ohne Abitur als Assistenten eingestellt hatte. Zum Sommersemester 1821 erhielt der Professor einen Ruf nach Erlangen. Er nahm seinen Assistenten mit. Wie Liebig in Erlangen immatrikuliert wurde, bleibt sein und Kastners Geheimnis.

Liebigs mangelhafte Bildung in den humanistischen Fächern war weniger die Folge einseitig-genialer Begabung als widerspenstiger Vitalität. Schon als Fünfzehnjähriger hatte er das Gymnasium in Darmstadt verlassen müssen. Der Vater gab ihn in eine Apothekerlehre. Jetzt, in Erlangen, nahm Liebig als Chargierter der Landsmannschaft Rhenania eifrig am studentischen Leben teil. In der letzten Sylvesternacht hatte er vor dem Gasthaus ‚Zum Lämmle' Standespersonen beleidigt und einem Justizrat den Zylinder vom Kopf geschlagen, was ihm drei Tage Karzer einbrachte. An den soeben stattgehabten Prügeleien zwischen Studenten und ‚Knoten' war er vermutlich auch beteiligt.

Justus Liebig als Student, Zeichnung von
Ernst Fries. (Bayerische Staatsbibliothek,
München)

Mitte März fand Platen Gelegenheit, sich Liebig bei der Mittagstafel im ‚Wallfisch'
zu nähern. Ein gemeinsamer Spaziergang endete in dessen Zimmer. Dort gab Liebig
Platen „Beweise einer so plözlichen und entschiedenen Zuneigung", daß jener nur
noch staunte. Doch Liebigs Intensität machte den Dichter auch mißtrauisch, und
nachdenklich bemerkt er im Tagebuch, je mehr zwei Menschen ihr innerstes Wesen
voreinander zu entfalten suchten, umso rätselhafter würden sie sich.

Die Beobachtung war durchaus zutreffend. Liebig, dem Sprachtalent und Sinn für
Literatur durchaus nicht abgingen, hatte in dem Älteren einen begeisterten Mentor für
eben das erspäht, was er um der Chemie willen bisher vernachlässigt hatte, was ihm aber
für seine Karriere sowie zur Bereicherung seiner Persönlichkeit nützlich und erstrebenswert schien. Eine Genugtuung darüber, daß ein leibhaftiger Graf sich um ihn, den
Kleinbürgersohn, bemühte, mochte noch hinzukommen, und so entwickelte er in
unschuldiger Berechnung Platen gegenüber all jenen Charme, der ihm zu Gebote
stand, wenn es ihm gefiel, und den alle Zeitgenossen bestätigen.

Seit Jahresbeginn war die Behörde auf Liebig aufmerksam geworden. Während des
Altdorfer Auszuges wurde sein Zimmer polizeilich durchsucht, sein Schreibpult aufgebrochen: man fand 50 Ellen Couleurband und, was schwerer wog, Papiere, aus denen
hervorging, daß die ‚Rhenania' mit ausländischen, das heißt außerbayerischen Universitäten insgeheim ein Kartell gebildet hatte. Offiziell waren die Burschenschaften
natürlich auch in Erlangen verboten. Wenngleich die königliche Regierung, wie wir

hörten, die Karlsbader Beschlüsse nicht sonderlich streng anwendete, so war das entschieden zu viel. Liebig wurde auf den 22. März vorgeladen.

Dies kam nun äußerst ungelegen, denn Kastner war im Augenblick bemüht, seinem Assistenten bei dessen Landesherrn, dem Großherzog von Hessen, ein Stipendium für Paris zu erwirken. Daraus würde sicher nichts, falls es in Erlangen Schwierigkeiten geben sollte. Das Semester war zuende, und Liebig wäre sowieso dieser Tage nach Darmstadt zurückgekehrt. Nun zog er es vor, schon vor der Polizeivernehmung Erlangen heimlich zu verlassen.

Kaum zehn Tage kannte Platen Liebig, da hieß es schon wieder Abschied nehmen. Wie im letzten Herbst von Bülow, so konnte er sich jetzt nicht von dem neuen Freunde trennen. Er begleitete ihn nach Nürnberg. Besser noch als Bülow verstand sich Liebig auf die Kunst der Einfühlung, Platen brauchte ihm nicht erst förmlich das Du antragen. Schon von Heidelberg wollte Liebig schreiben, bis Pfingsten würden sich die Freunde wiedersehen, den nächsten Winter gemeinsam in Paris verbringen. Nach einer Nacht im Gasthof ‚Zum wilden Mann', vermutlich angefüllt von Liebesschwüren und keuschen Küssen, reiste Liebig endgültig von dannen; Platen aber spürte „Vorahnungen künftiger Werke, die über das Lyrische hinausschreiten." Von der neuen Liebe inspiriert, sein Gelübde vergessend, beschritt er dann doch lyrische Pfade mit zwei Sonetten an Liebig, von denen eines hier mitgeteilt sein soll.

> Den Freund ersehnend, welcher, treu dem Bunde,
> Mich reich ergänzen kann durch Sein und Wissen,
> Fühlt' ich mein Herz durch manchen Wahn zerrissen,
> Und eitle Täuschung schlug mir manche Wunde:
>
> Da bringt dein Auge mir die schöne Kunde,
> Da find' ich dich, um weiter nichts zu missen,
> Wir fühlen beide schnell uns hingerissen,
> Zu Freunden macht uns eine kurze Stunde.
>
> Und kaum genießen wir des neuen Dranges,
> Als schon die Trennung unser Glück vermindert,
> Beschieden uns vom prüfenden Geschicke.
>
> Doch ihres innigen Zusammenhanges
> Erfreu'n die Geister sich noch ungehindert;
> Es ruh'n auf goldner, künft'ger Zeit die Blicke.

Noch während der Tage mit Liebig, nach nur zwei Monaten konzentrierter Arbeit, hatte Platen seine Hafis-Abschrift vollendet. Fünf Hefte ließ er mit Goldschnitt versehen und als einen Quartband in Ziegenleder binden. Aus diesem Buch begann er nun, wiederum eine Auswahl von über 200 Ghaselen in einen Oktavband abzuschreiben als ständige Reiselektüre.

Zu den Freunden des Dichters gehörten seit dem vergangenem Jahr auch die jungen Gymnasiallehrer Heinrich Leo und Friedrich Hermann. Mit ihnen sowie mit Selling und Pfeiffer fand er sich 1822 in einem ‚Kränzchen' vereinigt, was nach damaligem Sprachgebrauch nicht nur Kaffeeklatsch für Damen bedeutete. Dies akademische Herrenkränzchen, dessen Mitglieder alle gelehrter waren als Platen, mag sich in der Übereinkunft gemäßigt nationaler Ansichten gefunden haben und somit vom Fichtisch-Arndtischen Zeitgeist nur wenig befallen gewesen sein. Hermann und Leo waren prominente Burschenschaftler, der letztere zu Platens Ärger Deutschtümler. Später jedoch wurde er konservativer Historiker, Hermann ein bedeutender Nationalökonom.

Während der Dichter sich mit Fugger der Baumblüte erfreute, erschienen die ‚Vermischten Schriften' mit den Bülow-Ghaselen. Sie waren bei Heyder am Ort verlegt, aber in Bayreuth gedruckt worden. Der Dichter verteilte Exemplare unter den anwesenden Freunden und schickte andere an Goethe, Rückert, Bruchmann, Jean Paul. Der letztere, des Orients wohl etwas überdrüssig, notierte für sich: „mit Dichten ists wie mit Zeugen; man liefert durch das Fortsitzen nichts Stärkeres; und nicht Üben, sondern Rasten stärkt hier."

Am 10. April war ein Brief von Liebig aus Darmstadt eingetroffen: „Theuerster Freund! Vor allem andern erbitte ich mir Deine Verzeihung, weil ich nicht meinem Versprechen gemäß Dir von Heidelberg aus geschrieben habe, allein der Strudel von Zerstreuungen, in welche ich dort gerissen wurde, ließ es nicht zu.. Lieber Platen! Ich bin jezt in Darmstadt, allein so einsam wie auf einer menschenleeren Insel, alles was ich liebe außer meine(n) Eltern ließ ich in Erlangen zurück.. Schreibe mir bald, denn ich finde sonst keine Ruhe. Wie sehr freue ich mich auf die Pfingsten wo ich Dich wiedersehen werde."

Platen antwortete auf der Stelle: zuerst mit Vorwürfen, daß der Freund ihn so lange habe warten lassen und nun mit einer Nachricht abspeise, die „kürzer als ein Geschäftsbrief" sei. Es folgt die verlegene Liebeserklärung: „Deine freundschaftlichen Gesinnungen erwiedre ich ..von Herzen, indem ich, wie sehr ich Dich vermisse, eingestehe." Sodann kündigt Platen eine Reise ins Rheinland an und fordert den Freund auf, ihn dabei zu begleiten. „Auch wolltest Du mir in Deinem nächsten Briefe Manches mittheilen, worüber Du mir mündlichen Aufschluß zu geben nicht geneigt warst. Dieß erwarte ich nun.. Ich brauche nicht erst zu sagen, was Du schon weißt, nämlich, daß ich Dich unendlich lieb habe – Dein Freund Platen."

Liebigs Erwiderung war ebenso prompt wie pikiert. „Du nennst meinen Brief einen Geschäftsbrief, ich habe mehr Ursache den Deinigen einen solchen zu nennen, ich ließ vielleicht in meinem ersten Brief mein Gefühl sprechen und Du antwortend schreibst mir ‚'Deine freundschaftlichen Gesinnungen erwiedere ich daher" p.p. ist das nicht wie wenn ein Kaufmann einem andern schreibt ‚'Ihre Anfrage auf das und jenes zu erwiedern dient, daß ich dergleichen noch vorräthig habe''." Mit einer literarischen Bemerkung beweist Liebig, daß ihm die Chemie noch genug Zeit zur Lektüre von Jean Paul gelassen hatte, und nicht ohne einen gewissen Sadismus bemerkt er, es scheine ihm, als habe anstatt des Herzensfreundes nur der Graf Platen geschrieben; wo er doch den Grund für dessen Steifheit nur zu gut kennt. Dann markiert er ahnungslose Unschuld: „Du willst von mir schriftliche Aufschlüsse über manches haben was zwischen uns in Erl. vorgefallen, ich weiß nichts über was ich Dir solche geben soll, ..doch führe mir nur die Punkte an und ich werde Dir nachher darüber schreiben.." Weiter kühl und ausweichend: „Mit Dir eine Reise in die herrlichen Rheingegenden zu machen ist gewiß für mich so belehrend als erfreulich, ich erwarte darüber von Dir noch sichere Nachricht." Schließlich fast höhnisch: „Ich brauche nicht mehr Dir zu sagen daß ich immer mit treuer Liebe bin Dein Freund Just. Liebig."

Auf diesen alles mögliche, nur nicht geradlinigen Brief antwortete Platen mit einer Tirade von Vorwürfen aus gekränkter Liebe. Des Freundes Reaktion auf seinen Reisevorschlag war allerdings auch wenig ermutigend. „Was Du mir schon bey unsrer ersten Zusammenkunft versprachst mir schreiben zu wollen, u(nd) nicht sagen wolltest, wiewol keins von beiden geschah, mußt Du selbst am besten wissen." Ein Exemplar der ‚Vermischten Schriften' legte er bei.

Nun endlich gab Liebig einen langen Bericht über das, was Platen so insistent von ihm hören wollte: die Affäre mit der Frau eines Mitstudenten, die Erlanger Stadtgespräch gewesen war. Das zögerliche hinter-dem-Berg-Halten zeigt deutlich, wie gut Liebig des Dichters Gefühle kannte. Seine Version, in der er als keuscher Joseph, die Frau jedoch als Potiphars Weib erscheint, und die Platen im Tagebuch erleichtert wiedergibt, ist völlig unglaubwürdig. Vielmehr haben wir den Eindruck, daß der junge Chemiker auch wegen des erbosten Ehemanns gut daran tat, aus Erlangen schleunigst zu verschwinden.

In seiner Erwiderung schlug der Dichter vor, Liebig möge ihm bis Aschaffenburg entgegenreisen. Doch der hüllte sich in Schweigen. So schrieb Platen noch ein zweites Mal sehr ärgerlich nach Darmstadt und gab dem Freund an, wann und wo er in Aschaffenburg zu treffen sei. Dann war er unvorsichtig genug, aufzubrechen, obwohl seine Finanzen es eigentlich nicht erlaubt hätten. Mit der Post fuhr er nach Würzburg und wanderte von dort, wie vor vier Jahren, nach Aschaffenburg. Einen ganzen Tag verbrachte er dort lesend im Schönbusch; denn von Liebig fehlte, wie wir schon ahnen, jede Spur.

In seinem letzten Brief hatte Platen dem Freunde angedroht, wenn er ihn nicht in Aschaffenburg antreffe, werde er nicht nach Darmstadt kommen. Ebendies aber tat er als nächstes, zur vermutlich geringen Freude Liebigs. Dieser behauptete nun, wegen der Rhenanen-Affäre Stadtarrest zu haben. Ob das Wahrheit oder Ausrede war: Platen fühlte sich düpiert, denn mit dieser Nachricht versehen, hätte er natürlich die Reise niemals angetreten. So gab er dem Freunde „spitzige Reden", die dieser „in vollem Maß erwiederte". Nur durch Vertiefung in die Hafis-Anthologie konnte Platen sein inneres Gleichgewicht wiedererlangen.

Zu Liebigs Gunsten sei angeführt, daß er, der geniale Chemiker, damals wirklich andere Sorgen hatte als Platens warme Freundschaft. Sein Pariser Stipendium hing an einem Faden, und er war deshalb beim Kabinettssekretär seines Landesherrn vorstellig geworden. Offenbar hatte der Minister ein quid pro quo zwischen dem Studiosus Liebig und dem Großherzog von Hessen vermittelt: Informationen über landsmannschaftliche Umtriebe gegen Generalpardon und Stipendium. Kein Wunder, daß Liebig reizbar und nervös war.

Drei Tage blieb Platen in Darmstadt. Am letzten Abend besuchten die Freunde noch die Oper, wo in Gegenwart der allerhöchsten Herrschaften ‚Rotkäppchen' von Boieldieu gegeben wurde. Liebig begleitete Platen zu seinem Gasthof und spielte, da dessen Abreise unabänderlich bevorstand, den Untröstlichen. Er versprach, Platen bei seiner Rückkehr aus dem Rheinland bis Mainz entgegenzureisen, vorausgesetzt, sein Stadtarrest sei inzwischen aufgehoben. Mit Mißtrauen nahm der Dichter Liebigs Beteuerungen zur Kenntnis: es war nur zu berechtigt, denn er sollte Liebig nie wiedersehen. Der aber wußte nicht, dass sein Schicksal schon entschieden war: am Tage, bevor Platen in Darmstadt eintraf, hatte der Großherzog sein Stipendium genehmigt.

Von außen sei Frankfurt sehr schön, notiert Platen in sein Tagebuch, von innen aber eng, finster, voll Fachwerkhäuser, und jedes Haus ein Kaufladen. Es war das Frankfurt Goethes, wie es im ersten Teil des ‚Faust' geschildert ist; die Mietskasernen am Mainufer, in denen später Schopenhauer wohnen sollte, waren noch nicht gebaut. Platen besuchte die Harniers, die ihn sehr freundlich begrüßten und, da es Dienstag nach Pfingsten war, sogleich auf den beliebten ‚Wäldchestag' mitnahmen. Nur mit dem Versprechen, sie auf dem Rückweg wieder zu besuchen und auch bei ihnen zu wohnen, konnte er sich losmachen. Platen notiert in sein Tagebuch, auf dieser Reise beschränke ihn nun nichts mehr als das Verlangen, den schönen Freund bald wiederzusehen. Bevor er weiterreiste, kaufte er noch eine englische Ausgabe von Shakespeares Sonetten.

Zu Schiff, mit Übernachtungen in Mainz und Koblenz, gelangte er in drei Tagen nach Köln. Er nennt die Stadt groß und verworren, nur locker bebaut; viele der alten Kirchen waren demoliert. Ein Geruch von verbrannter Steinkohle lag immer in der Luft, auch die Basaltpflasterung der Straßen fiel dem Dichter auf. Schließlich sah er den halbvollendeten Dom: „Noch ragt der Krahnen auf der Höhe des begonnenen Thurmes.. Rosenbüsche blühen auf den Ruinen, sonst möchte man glauben, erst gestern hätte die Maurergilde ihr frisches Werk verlassen, so sehr trotzend aller Zeit stehen diese Steinkolosse vor unseren Augen. Die ungeheuren Hallen sind nicht gewölbt, nur das Chor ist vollendet."*

Die Hoffnung, Liebig wiederzusehen, beflügelte Platens Schritte. Sogleich, nachdem er in Bonn angekommen war, begab er sich zu August Wilhelm v. Schlegel, der allein in einem sehr schön eingerichteten Haus wohnte. Seit 1818 war der vielseitige Schriftsteller Professor für Indologie in Bonn, seit vergangenem Jahr von seiner zweiten Frau geschieden. Schlegel wohnte und gab sich weltläufig elegant. „Ich fand einen Mann von mittlerer Größe," notiert Platen ins Tagebuch, „mit edler Stirn und braunen, großen, wiewol etwas matten Augen. Er scheint überhaupt sehr mild und umsichtig geworden zu seyn. Er war so ganz mit seinen Sanskrit-Typen, die er mir in natura und in Abdruck zeigte, beschäftigt, daß er nicht leicht auf ein andres Gespräch zu bringen war(..). Er bedauert sehr, kein Persisch zu verstehen, da dieß eine bedeutende Lücke in seinen Studien ist."

Im Poppelsdorfer Schloß, bei den naturhistorischen Sammlungen, wohnte Professor Nees. Platen traf ihn nicht, aber seine Frau und die Kinder, denen er aus seinem Hafis

---

* Der Kölner Dom wurde zwischen 1842 und 1880 nach dem wiedergefundenen alten Plan fertiggestellt.

Ghaselen auf Persisch vortrug. Nur gut, daß kein Perser zuhörte. Am folgenden Tag empfing Nees den Dichter freundlich und bat ihn, zu bleiben.

Den aber zog es zu Ernst Moritz Arndt. Der politische Schriftsteller hatte wie kein anderer dazu geholfen, Fichtes ungute Lehren und überhaupt den neuen völkisch-nationalen Geist in Deutschland zu verbreiten. Dem Professor war vor zwei Jahren die Lehrtätigkeit an der Bonner Universität verboten worden. Doch das focht ihn wenig an; er verdiente mit seinen Propagandaschriften genug, um sich ein Haus am Rheinufer (‚Der Rhein, Teutschlands Strom, aber nicht Teutschlands Gränze‘!) bauen zu können. Auch Arndt empfing Platen freundlich.

Von ihm begab sich der Dichter in die Bibliothek der Bonner Universität. Hier fand er mehr und bessere Orientalia als in Göttingen, nämlich eine ganze Menge persischer Drucke aus Indien und England. Sicher wäre er unter anderen Umständen geblieben, doch die Sehnsucht nach Liebig trieb ihn weiter. Schon in Köln hatte er an ihn geschrieben: „Meine Seele ist bey Dir.. meine Gedanken sind nur Gedanken in Bezug auf Dich. Vergebens versuche ich, das Unaussprechliche Dir zu bezeichnen. Fühle es selbst in Deinem Herzen, liebe mich, Freund, liebe mich nur mit dem tausendsten Theil meiner Liebe, u(nd) Niemand, so weit die Sonne scheint, kann glüklicher seyn als ich."

Über Ems, Nassau und Wiesbaden gelangte Platen wieder nach Mainz. Hier wohnte er ein paar Tage bei seinem alten Freund Lüder, den er auf dem Hinweg nicht angetroffen hatte. Von Liebig natürlich keine Spur. Schließlich kam ein Brief, aus Pfungstadt: „Liebster Platen, Verschiedener Umstände halber, die ich diesem Papier nicht anvertrauen kann, bin ich gezwungen, D(armstadt) zu verlassen, die Wendung die die Geschichte in E(rlangen nahm,) ist schlecht, weiter nichts. Triffst Du mich bey Deiner Ankunft in Wiesbaden nicht, so bin ich entweder in M(ain)z im Karpfen, oder in Heidelberg in dem Gasth(aus) zum Prinzen Karl, od(er) daselbst auch bey Schneider Gallmann am Markte, dem Commerswirth der Rh(einländer,) wo Du mich erfragen kannst mündlich dorten mehr. Ewig Dein J. L. N. S. Frage selbst in M(ain)z nach mir und in H(eidelber)g, nur durch keinen Fremden es darf nicht laut werden. bey Stunknoebel kannst Du Dich näher unterrichten Du kannst ihn bey Gallmann erfragen."

Zutreffend an diesem Brief war immerhin, daß die ‚Erlanger Geschichte‘ wirklich eine schlechte Wendung genommen hatte; freilich nicht für Liebig, sondern für die Rhenanen, und besonders für deren Senior Louis, der mit ihm zusammen aus Erlangen geflüchtet, inzwischen aber relegiert worden war. Inwieweit Liebigs Informationen an den Großherzog in Darmstadt jene ‚schlechte Wendung‘ eingeleitet oder beeinflußt hatten, ließ sich vermutlich schon damals nicht abschätzen oder gar beweisen. Doch waren die Verdachtsmomente sicher so stark, daß der junge Chemiker allen Grund hatte, den Zorn der Rhenanen zu fürchten. Wieder einmal mußte er verschwinden. Die Adressen, die Platen wie auf einer Schnitzeljagd etappenweise um Darmstadt herumlocken, lassen vermuten, daß er sich eben dort, im Elternhaus, vor den Rhenanen versteckte. Das Bestreben Liebigs, den Verliebten loszuwerden, hat unser Verständnis, die raffinierte Falschheit, mit der er dabei ans Werk ging, nicht.

Da er ihn weder in Wiesbaden noch Mainz gefunden hatte, brach Platen nunmehr schleunigst nach Heidelberg auf. Lüder begleitete ihn noch bis Nierstein. Als die Freunde Abschied nahmen, ahnten sie nicht, daß es für immer war. Lüder machte später eine glänzende Karriere als bayerischer Kriegsminister, doch in Platens Aufzeichnungen ist er nach 1822 nicht mehr erwähnt.

Die Postkutsche brachte den Dichter nach Worms und weiter nach Oggersheim. Von dort ging er zu Fuß nach Mannheim über jene Schiffsbrücke, die er schon 1815 in Uniform mehrmals überquert hatte. Bis Heidelberg nahm er wieder einen Wagen. Spät abends kam er an, doch ging er gleich ins Korpshaus der Rhenanen. Dort wollte niemand etwas von Liebigs Verbleib wissen. Platen war verzweifelt. „Von dieser Reise," heißt es im Tagebuch, „deren Hauptmotiv Liebig's Umgang war, kann ich sagen: Sie hätte nicht unternommen werden sollen."

Die Ahnungslosigkeit der Heidelberger Rhenanen war kaum gespielt, wie Platen halbwegs unterstellt. Ihre Kneipe war wohl der allerletzte Ort, an dem Liebig sich jetzt hätte blicken lassen. Doch auch bei ‚Stunk-Knoebel', einem Theologiestudenten, dessen Biername nicht eben christliche Milde signalisiert, hatte Platen kein Glück: der Mann hielt ihn hin und ließ sich mehrmals verleugnen. Sicher war ihm von Liebig eingeschärft worden, er dürfe um Himmels Willen niemandem seinen Aufenthalt verraten.

Was in erster Linie aus Furcht vor den Rhenanen geschah, mußte Platen als allein gegen ihn gerichtete Intrige verstehen. In die steigende Frustration passen drei ‚weltschmerzliche' Sonette an Liebig, die er vielleicht in einer prophetischen Laune schon vor zwei Wochen in Köln geschrieben hatte, und die von Shakespeares Vorbild zeugen. Eines davon sei hier zitiert:

> Was gleißt der Strom in schönbeschäumten Wogen,
> Da nur Entsetzen lauscht im tiefen Grunde?
> Was haucht die Rose süßen Duft vom Munde,
> Da manches Blatt ihr schon im Wind entflogen?
>
> Was ist mit Gold der Wolke Saum bezogen,
> Da schon Gewitter bringt die nächste Stunde?
> So hat, mit allem Schrecklichen im Bunde,
> Natur uns stets durch falschen Reiz belogen.
>
> Doch wer enträtselt erst der Seele Tücken!
> Dein Blick erglüht, der nur Verderben sendet,
> Und ach! Ich wähnte reines Licht zu saugen.
>
> Nun fühl' ich wohl, erwachend vom Entzücken,
> Das meine Sinne nur zu sehr verblendet:
> Dein Herz ist schwarz, wie deine schwarzen Augen!

Sonst aber fühlte Platen sich wohl in Heidelberg, denn seine Ghaselen hatten ihm einige Verehrer gewonnen. Der Hebraist Umbreit und sein Freund, der Theologe

Ullmann, zeigten ihm Stadt und Umgebung. Gerne durchstrich er allein die Schloßruine, deren deckenlose Räume von einer nicht trügerischen Natur „malerisch bewachsen" waren, und las in seinem Hafis. Bei Umbreits zum Abendessen geladen, rezitierte er, wie schon bei Madame Nees in Bonn, einige Ghaselen auf persisch. Er hatte die alberne Gewohnheit, unkundiges Publikum mit dem pathetischem Vortrag fremdsprachiger Gedichte, nicht gerade englischer oder französischer, zu verblüffen.

Ein Sohn Harnier stellte sich mit zwei Studienfreunden ein, die Platens Gedichte gelesen hatten und ihn, den Älteren, nun gehörig bewunderten. Besonders einer von ihnen, Wilhelm Genth, erwies sich „so recht unmittelbar für Poesie interessirt." Während einer Teestunde wurde auf dem Pianoforte einiges aus der neuen beliebten Oper ‚Der Freyschütz' zum besten gegeben. Sicherlich war dabei auch das Lied ‚Wir winden dir den Jungfernkranz', seit der Berliner Uraufführung im vergangenen Jahr* ein regelrechter Gassenhauer.

Platen suchte den alten Voss auf. Der berühmte Übersetzer Homers hielt einen langen Monolog, wobei er jedes s zischend und stimmlos aussprach. Anfangs redete er nur von der Schlechtigkeit der Zeit, doch dann über Sprachen, was Platen schon mehr interessierte. Von Voss hieß es, daß er nur noch in Hexametern denke. Als er einmal des Nachts durch Feuerlärm geweckt wurde und jemanden sah, der im Nachtgewand über die Straße lief, soll er gerufen haben: ‚Mann im Rocke des Schlafs, in Bezug auf das Feuer, wo brennt es?'

Auch Vossens Gegner, dem ‚Symbolisten' Creuzer, wurde Platen vorgestellt: „Sein Gesicht wird etwas entstellt durch eine rothe Perücke, die die Stirne zu sehr bedekt." Um Creuzers willen hatte sich vor sechzehn Jahren die Günderrode in den Rhein gestürzt.

Beim Kaufmann Fries, einem Schwager Kastners, fand Platen ein Porträt von Liebig, das Fries' Sohn in Erlangen genommen hatte. Die hübsche Bleistiftzeichnung, die den Studenten im Halbprofil mit dem Couleurband der Rhenanen zeigt, ist erhalten.

Platen genoß die verehrungsvolle und aufmerksame Gesellschaft der drei Studenten dermaßen, dass er seine Abreise von Heidelberg immer wieder verschob. Schließlich, nach zehntägigem Aufenthalt, wanderte er den Neckar hinauf; Harnier und seine beiden Freunde begleiteten ihn nach Hirschhorn.

Bis Neckargerach folgte er dem Fluß, dann ging er über den Berg nach Mosbach und Schefflenz, wo er übernachtete; weiter über Osterburken nach Mergentheim, das er am 25. Juni verließ. Rothenburg fand er zwar hübsch gelegen, doch innen verkümmert; die Stadt enthalte einige reiche Gebäude, doch sei das Pflaster unausstehlich, das Ganze ein Art mittelalterliches Herkulaneum. Umbrische und toskanische Städte aus der gleichen Zeit wie Rothenburg sollten Platen später auch nicht besser gefallen.

Am nächsten Tag traf er mit der Post in Ansbach ein. Zwei ruhige Sommerwochen verbrachte er im Elternhaus. Mit Merck, den er aus Würzburg kannte und der inzwi-

---

* mit Webers ‚Freischütz' wurde 1821 Schinkels Schauspielhaus eröffnet.

schen in Ansbach Regierungsassessor geworden war, ging er viel spazieren. Auf dem Friedhof, wo ihn Kindheitserinnerungen überkamen, fand er die Grabinschrift: Fui, non sum, estis, non eritis, nemo immortalis.*

25. Cardenio

Als Platen am 9. Juli 1822 wieder in Erlangen eintraf, sah er sich von Schwierigkeiten umringt. Einmal standen alte Schulden bei Heyder offen, denn die ‚Vermischten Schriften' waren kein geschäftlicher Erfolg gewesen. Der Dichter hatte sich aber verpflichtet, dem Buchändler etwaige Verluste zu ersetzen. Neue Schulden wegen der Rheinlandreise kamen hinzu. Schließlich traf die schlimme Nachricht ein, daß für den Studienurlaub, der im nächsten Frühjahr auslief, kaum mehr mit Verlängerung zu rechnen war. Vier bezahlte Jahre hatte der Leutnant nunmehr auf bayerischen Universitäten verbracht; das letzte war ihm „ganz wider die angenommenen Grundsätze" gewährt worden, wie Herr v. Kessling meinte. Irgendeinen akademischen Grad konnte Platen nicht vorweisen, und Max Koch vermutet, daß der König „seine ehemalige Vorliebe für den eigenartigen Pagen nicht ganz vergessen" hatte.

Beim Schuldenproblem zeichnete sich eine Lösung ab. Durch Rückerts Vermittlung konnte Platen zwei Beiträge in Schrags ‚Frauentaschenbuch für 1824' unterbringen; für sie erhielt er sein erstes Honorar von 76 Gulden. Zugleich sandte er an Brockhaus, der ihn schon öfters um Beiträge gebeten hatte, zwölf Sonette für dessen Konkurrenz-Almanach ‚Urania'; das Honorar hierfür, 29 Gulden, sollte freilich erst Anfang nächsten Jahres eintreffen.

Dem von München heraufziehenden Unheil aber wollte Schelling entgegentreten. Schon bei der Rückgabe des Hafis-Manuskriptes an die Hofbibliothek hatte er dem Vater Schlichtegroll Platens Lob gesungen, und nun versprach er, beim Kronprinzen vorstellig zu werden, damit dieser dem Dichter ein Gehalt aussetze oder sonstwie erwirke; sei das einmal erreicht, so könne er seinen Abschied von der Armee nehmen und nach Paris gehen. Zusätzlichen ‚Effekt' machte ein Bändchen mit neuesten persischen Übersetzungen, die Josef v. Hammer aus Wien über Schlichtegroll und Schelling Platen überreichen ließ.

Hammers Büchergruß war indes nicht das einzige freundliche Signal aus Wien gewesen. Kurz vor seiner Abreise ins Rheinland hatte Platen einen Brief von Bruchmann erhalten, in dem dieser für die ‚Vermischten Schriften' dankte und zugleich Kritik an den deutschen Ghaselen anmeldete: „ich kann nicht glauben, daß diese das höchste Versinken in sich selbst anzeigende, nur mehr spielende Form des Orients wahre, nothwendige Offenbarung deutscher Dichtkunst seyn kann..: aber man wird

---
* Ich bin gewesen, ich bin nicht mehr, ihr seid, ihr werdet nicht sein, niemand ist unsterblich.

erfreut und ueberrascht, sich wahrhaft in den Orient **uebersetzt** zu sehen". Mit Staunen finden wir Bruchmanns Aphoristik ganz in der Nähe von Links Deutung 150 Jahre später. Bruchmann allerdings meint, Platen habe keine deutsche Poesie, sondern quasi-orientalische auf deutsch geschaffen. Er rät deshalb zur direkten Hafis-Übertragung, „da wir darin noch gar nichts besitzen, ja Sie mit ihrem Freunde Rükkert eine neuen Bahn betretten würden". Hammer ist vermutlich nur deshalb nicht erwähnt, weil er den Hafis ‚europäisiert', das heißt in tradierte westliche Formen übertragen hat; während ihn Bruchmann in deutsche Ghaselen umgegossen sehen will.

Der Hauptinhalt des Briefes aber war eine Einladung nach Wien. „Bleiben Sie mein Gast, so lange Sie wollen; Sie können sogar wie ich mit dem herrlichsten Landleben oder Stadtleben wechseln, und ueberhaupt thun, was Sie wollen." Erst jetzt, von seiner Rheinlandfahrt zurück, sagte Platen ohne festes Datum zu, wohl nicht zuletzt im Hinblick auf die Bekanntschaft mit Hammer.

Vorerst freilich war seine Aufmerksamkeit durch anderes gefesselt. Schon im Mai, kurz vor seiner Abreise nach Darmstadt, hatte er in Erlangen auf der Straße einen jungen Mann gesehen, der ihm mitten im deutschen Text seines Tagebuches ein persisches Hafis-Zitat entlockte. Nun begegnete er dem Unbekannten ein zweites Mal, und wiederum erscheint ein Beit des Hafis in arabischer Schrift in Platens Aufzeichnungen. Es lautet in Rosenzweigs Übertragung:

Schön bewegst du dich, mein holder Türke,
Sterben will vor deinem Wuchs ich hier.

In der folgenden Zeit arbeitete er wenig und ging viel spazieren, „von mancher Unruhe getrieben". Ablenkung brachte nur das ‚Herrenkränzchen' mit Selling, Leo und Hermann, das sich mittlerweile wieder zusammengefunden hatte. Doch immer neue Hafis-Zitate mischen sich unter den Text des Tagebuches. Platen tadelt das mangelnde Interesse der jüngeren Studenten, denen der nationale Gedanke mehr wert sei als seine Poesie: ihm bleibe nichts, als entweder aufs Neue in seine „melancholische Einsamkeit zurükzukehren, oder in ein anderes Asyl zu flüchten, wo allein Heilung so vieler Kränkungen ist,

Wenn sie das Auge nach sich reißt, die wandelnde Cypresse!"

Durch einen Rhenanen erfuhr Platen, was uns schon bekannt ist: nämlich daß Liebig seine „Cameraden compromitirte", das heißt wohl: verraten hatte, und „so sind nun auch diese ganz erbittert gegen ihn." Kein Wunder. Um sie abzulenken, hatte der Chemiker verbreiten lassen, er stehe unter Arrest und habe sein Stipendium verloren: alles Lüge, wie wir wissen. Vermutlich versteckte er sich mit Hilfe des Landesvaters bei Eltern oder Verwandten und wartete ab, bis der Zorn der Rhenanen verrauchte; das Stipendium war ihm ja sicher. Wo Liebig sich im Sommer 1822 aufhielt und was er damals tat, berichtet kein Biograph. Erst seine Ankunft in Paris Anfang November ist wieder belegt.

Von alledem wußte Platen nichts. Tag und Nacht dachte er an seine neueste Liebe, einen Jurastudenten namens Hoffmann, den er jedoch im Tagebuch ‚Cardenio' nennt. Der Name entstammt einer Novelle des spanischen Barockdichters Pérez de Montalbán, den Platen damals noch nicht kannte. Vermutlich hatte er ‚Cardenio und Celinde oder Unglücklich Verliebte' des Andreas Gryphius im Sinn, das erste deutsche bürgerliche Trauerspiel, dessen Fabel auf Montalbán zurückgeht und das kürzlich von den Romantikern wieder entdeckt worden war. Immer steht Cardenio für bestrafte Leidenschaft und nachfolgende Entsagung. Ähnlich wie Platen auf Hornstein verfiel, als Brandenstein seinen Augen, doch nicht seinem Sinn und Herzen entschwunden war, so trat jetzt Cardenio an die Stelle von Liebig.

Hoffmann war in Frankreich erzogen, vermutlich Elsässer. Platen verliert kein Wort darüber, übrigens auch nicht über das tadellose Französisch, das er gesprochen haben muß: sein eigenes fiel wohl zu stark dagegen ab. Daß es sich auf dem Frankreichfeldzug gebessert hätte, läßt sich nicht eben behaupten. Die Tagebücher und Briefe an die Eltern sind nachher im gleichen Küchenfranzösisch gehalten wie vorher.

Platen gab sich große Mühe um Hoffmann, der übrigens im selben Hause lebte wie er, ja in demselben Zimmer, das er und Bülow nacheinander bewohnt hatten. Für ihn und drei seiner Freunde organisierte er eine mehrtägige Wanderung in das Wiesenttal, genau zu jener Zeit, da er voriges Jahr mit Bülow und Fugger so glücklich gewesen war. Doch kam er dem Spröden dabei nicht näher; eher geschah das Gegenteil, er mußte Trost aus Shakespeares Sonetten schöpfen und sich im übrigen mit Hoffmanns Anblick begnügen. Der Dichter gibt einen ganzen „Steckbrief der Lieblichkeiten": zypressenhafter Wuchs, geringeltes braunes Haar, edle Stirn, milde dunkelblaue Augen, schöner Mund, gebräunter Teint (was dem damaligen Schönheitsideal durchaus nicht entsprach), sanfte Stimme. Diese Schilderung wird mit drei Hafis-Zitaten abgerundet. Beim Abschied nach der Wanderung, berichtet Platen, „hielt Cardenio seine Hand lange in der meinigen, und ich fühlte zum erstenmale deutlich, daß ich ihm werth geworden."

Es war ein tragischer Irrtum. Der Jüngling würdigte ihn weiterhin kaum eines Blickes und wich ihm aus, wo er nur konnte. Die andauernde Triebsublimation und Projektion der eigenen Gefühle auf Hoffmann machten Platen blind dafür, daß er jenem gleichgültig war. Die nicht abreißende Kette der Enttäuschungen hatte des Dichters arme Seele zurückentwickelt, er befand sich wieder im Stadium der Phantasieleidenschaften und des ‚lebenden Leichnams'. In diesen hoffnungslosen Augusttagen des Jahres 1822 mag es gewesen sein, daß er sein berühmtestes Ghasel schrieb – zugleich das negativste aller seiner Gedichte:

> Es liegt an eines Menschen Schmerz, an eines Menschen Wunde nichts,
> Es kehrt an das, was Kranke quält, sich ewig der Gesunde nichts!
> Und wäre nicht das Leben kurz, das stets der Mensch vom Menschen erbt,
> So gäb's Beklagenswerteres auf diesem weitem Runde nichts!
> Einförmig stellt Natur sich her, doch tausendförmig ist ihr Tod,
> Es fragt die Welt nach meinem Ziel, nach deiner letzten Stunde nichts;
> Und wer sich willig nicht ergibt dem ehrnen Loose, das ihm dräut,

Der zürnt in's Grab sich rettungslos und fühlt in dessen Schlunde nichts;
Dieß wissen Alle, doch vergißt es Jeder gerne jeden Tag.
So komme denn, in diesem Sinn, hinfort aus meinem Munde nichts!
Vergeßt, daß euch die Welt betrügt, und daß ihr Wunsch nur Wünsche zeugt,
Laßt eurer Liebe nichts entgehn, entschlüpfen eurer Kunde nichts!
Es hoffe Jeder, daß die Zeit ihm gebe, was sie Keinem gab,
Denn Jeder sucht ein All zu sein, und Jeder ist im Grunde nichts.

Mit dem letzten Vers widerruft Platen seinen ‚Spiegel des Hafis'. Die Erschütterung durch Liebig, für den Hoffmann nur ein Ersatz war, läßt die poetische Feenwelt des Orient wie ein Kartenhaus zusammenfallen. Es gelingt dem Dichter nicht mehr, mittels der Ghaselentechnik seine persönliche Frustration und den allgemeinen Weltschmerz ‚zum Tanzen zu bringen', also ins Positive zu kehren. Solche Stellen zeigen deutlich, daß auch die künstlichen Paradiese der Ghaselen mit der realen Situation mehr oder weniger eng verbunden bleiben, daß sie die Wirklichkeit, so gut es eben geht, nur überspielen.

Bruchmann hatte inzwischen geantwortet und seine Einladung erneuert. Sein Brief war mit berühmter Musikbegleitung geschrieben. „Soeben höre ich von Schubert Ihre Ghasele: Zerrissen, Du liebst mich nicht, die mich ganz bezaubert; wenn noch eine sich anreiht.., erhalten Sie beyde." Franz Schubert sollte jedoch nur dies eine Ghasel komponieren. Wiewohl seinerzeit auf Rotenhan gedichtet, paßte es ebensogut auf Cardenio.

Obgleich oder eben weil er Hoffmann auf der Wanderung ins Wiesenthal nicht näher gekommen war, besuchte er jetzt allein noch einmal die Plätze, wo er ihn wenigstens hatte anschauen dürfen. Bei dem verzweifelten Versuch, eine Freundschaft zurückzurufen, die nur in seiner Einbildung existierte, verfiel er auf eine andere Jugendgewohnheit: das Dichten von gereimten Episteln. Zwei an Cardenio entstanden diesen Sommer, die letzte auf der eben erwähnten Wanderung. Sie erinnern an jene französischen, die er 1816 an Brandenstein gerichtet hatte, und mehr noch an die Adrast-Redondilien von 1819/20. Nicht damit es den Adressaten erreiche, wurde das alles geschrieben, sondern nur, um sich selbst Erleichterung zu schaffen. Es ist ein verzweifeltes Oszillieren um den Abwesenden, aber zugleich auch Zeugnis einer naturbedingten Weichlichkeit und etwas lächerlich.

O dürft' ich werfen mich vor deine Thür
Und sie bethau'n mit Zähren für und für!
Räum' einen Platz mir dorten gütig ein,
Geh ab und zu, ich will die Schwelle seyn.
Verfahre strenger mit mir jeden Tag,
Von schöner Hand erduld' ich Schimpf und Schlag.
Dieß Einzige, nur dieß ertrag' ich nicht,
Mich nie zu nahen deinem Angesicht.
...

Du weichst mir aus? Zu deutlich sah ich's nur,
Du weichst mir aus! O Himmel, o Natur!
Nun schützt, wenn Grabgedanken mich umgrau'n,
Mich vor des Wahnsinns scharfen Geyerklau'n!
Sie packen mich, ich fühle mich entmannt –
Wer hat den Pfeil in dieß Gemüth gesandt?
Wer hat ein Schwerd mir auf die Brust gesetzt?
Wo ist der Wille zum Entsagen jetzt?

Das war sicher Millionen alten Jungfern aus der Seele gesprochen, hätten sie es je zu lesen bekommen. So intensiv ist die Spiegelung Platens in dem schönen Bild Cardenios, daß er ihm, wie seinerzeit Adrast, die eigene Homosexualität unterstellt:

Antworte, sprich, und thu nur, was du mußt!
Wer dürfte ruh'n an jener lieben Brust?
Kaum hab ich je mich dessen wert geglaubt,
Es ruh' am Busen dir ein schöner Haubt!
In diesen Zeilen nimm noch, was ich bin,
Und gieb es dereinst dem Geliebten hin ...

Konnte es ihn trösten, seinen Blick nach unten zu richten? Aus Jena kam ein Brief von Gruber: „Ich bin nun einige Tage über ein Jahr hier. Mein nächster Zweck wurde nicht erreicht." Gemeint ist die Heilung von der Epilepsie durch Kiesers magnetische Kur. Der Arme hatte Abschied von der Armee nehmen müssen und sollte nun, zu seiner geringen Begeisterung, bei einem Förster in die Lehre. „Ich freue mich, daß Du so vollauf angenehme, ja herrliche Aussichten hast. Es wird Wenigen das Glük, daß sie in ihrem Lieblingsfach zugleich ihren Beruf finden; im vollsten Maaße und mit den freundlichsten Äußern Verhältnißen wird dieß nun Dir zu Theil. Könnt' ich Dich doch einst in Wien oder in Paris sehen!" Wir wissen nicht, ob dem Dichter der Gedanke kam, wie gut es ihm im Vergleich zu Gruber noch ging.

Die Tante Lindenfels hatte einen alten Wunsch erfüllt und ihm einen goldenen Siegelring anfertigen lassen. Ende August fuhr er nach Nürnberg, um ihn abzuholen. Zugleich besuchte er seine alte Freundin Frau v. Schaden, die mittlerweile von München hierhin übergesiedelt war. Eine ihrer musikalischen Töchter, Madame Kleinschrodt, war zur Geburt eines Kindes bei der Mutter: sie sang und spielte Platen Fuggers Lieder auf seine Gedichte vor, was ihn erfreute. Doch muß er auch jene Weinerlichkeit an den Tag gelegt haben, von der die Episteln an Cardenio zeugen – vielleicht war es auch ein Rückfall in die Renata-Stimmung von 1820: Frau v. Schaden, die engagierte Protestantin, die vor fünf Jahren noch Platens aufklärerischen Ansichten Publizität verschafft hatte, forderte nun sein Versprechen in ihre Hand, daß er in Wien nicht katholisch werde.

Der zweite September geriet ihm unverhofft zum Glückstag. Um neun Uhr begegnete er Cardenio und ließ sich für die nächsten drei Stunden nicht mehr abschütteln. Freilich konnte er dem Spröden auch diesmal keine freundliche Miene ablocken. Ein Ghasel, das vielleicht dieser Tage entstand, wagt den Sprung aus den seligen Gefilden von Samos oder Schiras, wo die Knabenliebe geachtet oder geduldet, ins deutsche Biedermeier, wo sie verpönt war:

> Das Schöne will ich verehren, verlachen die ganze Zeit,
> Mich weih'n, zum Trotze den Thoren, der äußersten Weichlichkeit!
> Ein Sittenrichter entdecke Gebrechen genug an mir;
> Doch weiß ich dem zu vergeben, der mich des Verbotnen zeiht!
> Ein Staub von der Locke des Haubtes der Lieblichen gilt mir mehr,
> Als eure schillernde Tugend, von der ich mich längst befreit!

Wie verträgt sich das mit den fortwährenden Reinheitsbeteuerungen? Verzweiflung, gemischt mit verwegener Hoffnung treibt den Deutschen hinter der Maske des Persers hervor. Was er hier verkündet, ist pure Aufschneiderei. Platen war nicht der Mann, die bürgerliche Tugend im Alleingang hinter sich zu lassen. Wir werden erleben, daß es nicht ums Vergeben geht, wenn Heine ihn öffentlich ‚des Verbotnen zeiht‘, sondern daß seine gesamte dichterische Existenz vor die Hunde geht. ‚Der Lieblichen‘ ist im Genetiv Singular zwar weiblich, im Plural aber bedeutet es das, was der Dichter wirklich meint.

> Der weiß nicht, wie mir's kocht im Busen,
> Der mir mein fröhlich Lied beneidet.
> Es hat mein Loos in früh'ster Jugend
> Mich für den Dienst der Qual vereidet;
> Doch leg' ich mich auf Prahlereyen,
> Weil Prahlen oft den Dichter kleidet.
> Doch wißt, daß wer in Liedern trotzet,
> Im Leben sich gar wohl bescheidet.

Und so war es denn auch. Wie damals auf Schmidtlein, so wartete Platen nun vergeblich auf Hoffmann. Als er schließlich, mit einem Band der ‚Vermischten Schriften‘ in der Hand, an seine Tür klopfte, erfuhr er, daß der Geliebte abgereist sei. „O Gott!" schreibt der Dichter in sein Tagebuch, „Nimm ein Leben von mir, das du mir unter fürchterlichen Bedingungen gegeben hast."

Drei Tage später begab er sich auf die Reise nach Wien. In Amberg blieb er zwei Tage, um seinen Bruder Alexander zu besuchen. Er beschreibt den achtunddreißigjährigen, aus unbekannten Gründen schon pensionierten Offizier als „kränklich und gealtert" – in mancher Hinsicht dem Bilde ähnlich, das er selbst zwölf Jahre später, dem Tode nahe, seinen Zeitgenossen bieten sollte. Man könnte Überlegungen anstellen, ob diese weniger körperliche als seelische Disposition vom Vater stammte, denn Alexander war des Dichters Halbbruder.

Von Regensburg an fuhr er zu Schiff. Wie vor zwei Jahren besuchte er von Deggendorf aus seinen alten Lehrer Hafner, der in Seebach Pfarrer war; er blieb über Nacht und schenkte ihm ein Exemplar der ‚Vermischten Schriften‘.

Am 11. September 1822 traf Platen in Linz ein. Bei einem Freunde Bruchmanns, einem Herrn v. Streinsberg, wollte er dessen Ankunft erwarten. Doch packte ihn trotz angenehmer Gesellschaft und herrlicher Umgebung in neun Tagen die finsterste Frustration. Das Tagebuch füllt sich mit Selbstvorwürfen und Klagen: „O daß ich einen Freund hätte, o daß es Cardenio wäre, der mir das Schwerdt vorhielte wie dem König von Israel sein Schildknappe."

Etwa zur gleichen Zeit dürfte ein Ghasel entstanden sein, das eine neue Entwicklung in Platens Sicht- und Dichtweise ankündigt.

> Die Fülle dieses Lebens erfüllt mich oft mit Schrecken,
> Als fielen tausend Sterne vom Himmel, mich zu decken:
> Es reizt die Welt mein Auge durch tausend prächt'ge Formen,
> Wo soll vor diesem Drange, wie Saul, ich mich verstecken?
> Des Forschens Labyrinthe! Der Kunst Gestaltenzauber!
> Der Völker That und Sage! Der Länder schöne Strecken!
> Auf meinem Busen lastet unendliche Begierde
> Nach jenen Schätzen allen, die Lieb' und Lust erwecken!
> So wär' ich längst erlegen; doch meine Blicke sollten
> In einem Punkt verdichtet des Schönen All entdecken:
> Seitdem du mir erschienen, entsag' ich diesem Schweifen
> Nach allen Himmelswinkeln, nach allen Erdenecken.
> Es dampft der Quell der Jugend vom Fels im Wirbelstaube,
> Bis friedlich ihn und silbern umfängt der Liebe Becken.

Die Parallele zu dem letzten Tagebuchzitat ist deutlich genug. War Platens Phantasie, seit er in der Jugend Ariost und Tasso kennenlernte, durch deren Bilderfülle beflügelt worden, hatte er sich, seit er persische Studien trieb, eines ‚kühnen' Stils, ja manchmal manieristischer Techniken bedient, so wird jetzt ein Zug zur Sammlung und Nüchternheit offenbar. Am 28. September heißt es im Tagebuch: „Ich habe einen bedeutenden Schritt gethan, der vielleicht thöricht ist, zu dem ich aber unwillkührlich gebracht wurde. Ich werde nicht nach Wien gehen, vielmehr nach Franken zurückkehren, wiewol nicht nach Erlangen. Bruchmann kam bereits am 24ten hier an. Er ist überaus geistreich, aber schon früherhin haben wir uns auf eine Art aneinander gestoßen, die keine augenblickliche Ausgleichung zuließ. Und so ging es auch jetzt wieder. Es ist möglich, daß wir gar nicht zusammen taugen, es ist gewiß, daß wir in einem beständigen Streite leben würden. Ich fühlte es noch zu rechter Zeit und glaubte mich losreißen zu müssen." Es schließen sich Rationalisierungen des gar nicht so verborgenen Wunsches an, Cardenio wiederzusehen. Platen meint, er brauche nicht Zerstreuung, sondern Einsamkeit, um sich auf weniges zu konzentrieren.

Richard Dove weist dem Saul-Ghasel mit Recht einen wichtigen Platz zu auf des Dichters Weg von Persien nach Italien, vom Traum zur Wirklichkeit, vom ‚kühnen' Stil der Bülow-Ghaselen zum Klassizismus der späten Jahre. Das Gedicht ist im Zusammenhang mit dem Nichts-Ghasel zu sehen, in dessen zeitlicher Nähe es entstand.

Keine Vorstellung half. Nach zweiwöchigem Aufenthalt verließ er Linz und begab sich nach Altdorf bei Nürnberg, jenem Landstädtchen, wohin die Erlanger Studenten im vergangenen Frühjahr ausgezogen waren, unter ihnen übrigens Hoffmann. Der Dichter war sich seines großen Fehlers nur zu sehr bewußt. „Ich fühle nun selbst," heißt es im Tagebuch, „daß ich einen großen Rückschritt in meinem Leben und meiner Bildung gethan habe. .. Wenn Cardenio an dieser Rückreise einigen Antheil hatte, so bin ich um so mehr zu beklagen". In Altdorf eingetroffen, konnte er nicht einmal die Kutsche ohne Hilfe der unwilligen Zimmerwirtin bezahlen. Das Bett war miserabel, wieder nur ein Strohsack. Mit Streinsberg führte er etwas Korrespondenz. Der freundliche und kultivierte Österreicher beklagt natürlich Platens falschen Entschluß und bemerkt an dessen Art zu schreiben, „daß Sie durch Ihr Zurückziehen keineswegs ruhig und gesammelt wurden, sondern unruhiger und um mich etwas scharf auszudrücken, zappelnder als je. So sehr Sie bemüht sind, dieses zu verbergen, es geht doch aus jedem Wort aus jeder Aeußerung nur zu klar hervor." Platen hatte sich um heitere Wochen in einem der reichsten und anregendsten Bürgerhäuser Wiens gebracht, um die Bekanntschaft nicht nur mit Hammer, sondern auch mit Grillparzer, Friedrich Schlegel, Franz Schubert, den Malern Schnorr und Schwind. Nachträglicher Jammer hilft da nicht: „Der Einfluß, den Wien auf mein ganzes Leben würde gehabt haben, ist unberechenbar, und ich habe mich willkürlich darum gebracht." In der Tat.

Erstes Anzeichen der Ernüchterung ist ein Rückzug in sich selbst. Schon von Linz aus hatte Platen die Mutter gebeten, eine griechische Grammatik nach Altdorf zu schicken. Sie war tatsächlich eingetroffen, doch beachtete er sie nicht und begann stattdessen nach einigen Tagen, Hafis in deutsche Verse zu übertragen. Es ist, als wollte er die an Liebig zerstobene Kunstwelt seiner früheren Ghaselen mit des Persers Hilfe wieder zurückholen. Als Textvorlage diente ihm nicht die Reise-Anthologie, die er stets mit sich führte, sondern die vollständige Kopie des Münchener Hafis-Kodex, die er im Reisegepäck für Wien gehabt haben dürfte, vermutlich, um sie Hammer zu zeigen. Bald hatte er ein halbes Hundert Gedichte beisammen, denen er einen ‚Prolog an Goethe' voranstellte, fünfzehn Stanzen lang und mit der Anrede: ‚Erhabner Greis', was damals keine Beleidigung war. Platens Nachdichtungen oder ‚Nachbildungen aus Hafis' Diwan' fanden das Lob des Orientalisten Friedrich Veit, der ihnen eine größere Arbeit widmete: wir haben aus ihr in einem früheren Kapitel schon zitiert.

Bereits im Februar 1821, als er seine ersten Ghaselen schrieb, hatte Platen mit Rückert die Frage erläutert, ob außer der Ghaselenform mit Beit und Überreim auch andere persische Versmaße ins Deutsche übernommen werden könnten. Das Ergebnis war negativ. Außer einem holperigen Vierzeiler nach Sa'di im epischen Versmaß Mutakárib zeugt nichts von Versuchen in persischer Metrik. Nun, in Altdorf, ließ der Dichter die Ghaselenform fallen und bediente sich vierhebiger Trochäen. Sie waren ihm von den Anakreonteen sowie den eigenen Adrast-Redondilien her geläufig, und auch Goethe verwendete sie oft in seinem Divan. Es sieht so aus, als habe Platen in aller Bescheidenheit, aber doch mit deutlichem Bezug auf Goethe das Schenkenmotiv, das jener nur peripher behandelt und platonisch auffaßt, in den Mittelpunkt rücken wollen, den es bei Hafis und bei ihm selber einnimmt. Die Anregung von Bruchmann, persische Poesie mitsamt der originalen Versform ins Deutsche zu übertragen, griff er indes nur mit einer ‚Ghasele nach Hafis' auf. Eine ‚Fabel an die Rezensenten' nennt diese prophylaktisch alle Esel.

In dem Bemühen, persische Metaphorik einzudeutschen, entgeht Platen nicht jener gelehrten Ziererei, die ihn, wie überhaupt die Poesie des Biedermeier, zuweilen auszeichnet. Dennoch gelingt ihm mancher Vers, der in seiner Leichtigkeit nichts von der überlegten, konstruierenden Arbeitsweise des Autors merken läßt.

> Ja, ich bin es, der die Schänke
> Sich zum Kloster auserwählet
> Und als Morgensegen betet,
> Was der alte Wirt erzählet.
>
> Tönt des Morgens keine Laute,
> Sey's, ich trag' es mit Ergebung;
> Denn mein Laut an jedem Morgen
> Ist mein Flehen um Vergebung.

> Herr, was soll mir Schah und Bettler?
> Dich nur will zum Schah ich krönen,
> Bettler um den Staub der Thüre,
> Jener Thüre meines Schönen.
>
> Wenn ich in der Schänke sitze,
> Wenn ich mich im Tempel beuge,
> Schwebt mir dein Genuß vor Augen.
> Dessen sey mir Gott ein Zeuge!

Veits ausführlich kommentierte wörtliche Übersetzung des persischen Originals, nach Beits numeriert, lautet: ‚1. Ich bin's, dessen Kloster der Winkel des Weinhauses ist: das Gebet des Magiergreises ist meine Morgen-Lektion (aus dem Koran). 2. Wenn mir die Musik der Morgen-Leier fehlt – was tuts? Mein Gesang zur Morgenzeit muß mich entschuldigen. 3. Über Schah und Bettler bin ich hinaus, gottlob! Der Bettler um den Staub an der Tür des Freundes ist mein Schah. 4. Der Zweck bei Moschee und Weinhaus ist mir die Vereinigung mit euch (Jungen): außerdem hab' ich keinen Gedanken – Gott ist mein Zeuge!' – Die Moschee diente, ähnlich unserer Kirche, nicht selten zum Anspinnen von Liebesverhältnissen; freilich beten in der Moschee nur Männer! In dieser Hinsicht nennt Abu Nuwas einmal die Moschee geradezu ‚des Teufels Rattenfalle'.

Wenn wir fünfzig Hafisische Ghaselen in Veits Prosaübersetzung lesen, so fällt uns auf, daß deren Metaphorik weniger kühn ist, als wir annahmen; eher ist sie stereotyp und gehört ganz offenbar zur persischen poetischen Tradition. Wenn Platen nicht alle Beits eines Ghasels übertrug, so läßt sich das mit der losen Reihung in sich geschlossener Bilder entschuldigen; der Dichter weist in seiner Vorrede zu den ‚Nachbildungen' selbst darauf hin.

Obwohl Veit an der Auswahl der Stücke und mancher Übersetzung Kritik übt, so zollt er doch insgesamt großes Lob, nicht nur der Nachdichtung, sondern auch der wissenschaftlichen Leistung.

Leider waren Platens Gedanken, als er die Übertragungen vollendet hatte, gar nicht Hafisischer Art. Er sei in seinen alten verzweifelten Zustand zurückgefallen, vertraut er dem Tagebuch an: „Ich habe, so lange ich in Erlangen war, so viele dumme Streiche gemacht, mich in so Manches verwickelt, daß ich mich scheue, wieder dahin zu gehen. Auch hat man meiner Neigung zu Rotenhan, zu Bülow, zu Liebig, zu Cardenio selbst, gewiß eine Deutung gegeben, die, so ungerecht sie ist, mich doch in die größte Bedrängniß setzen muß. ...Alles kann ich nicht vor der Vorsicht ausfechten, die mir diese Neigung eingepflanzt hat seit meiner frühesten Jugend, von den Andern verdiente ich statt der Scheltworte eher Mitleiden."

Ende Oktober fand er „an einem wilden verlassenen Orte" ein noch blühendes Geißblatt, das er als ein gutes Omen annahm, und das ihn zu einem seiner berühmtesten Gedichte inspirierte.

> Zwischen Fichtenbäumen in der Oede
> Find ich, theure Blüte, dich so spat?
> Rauhe Lüfte hauchen schnöde,
> Da sich eilig schon der Winter naht.
>
> Dicht auf Bergen lagen Nebelstreifen,
> Hinter denen längst die Sonne schlief,
> Als noch über's Feld zu streifen
> Mich ein inniges Verlangen rief.
>
> Da verriet dich dein Geruch dem Wandrer,
> Deine Weiße, die dich blendend schmückt:
> Wohl mir, daß vor mir kein Andrer
> Dich gesehn und dich mir weggepflückt!
>
> Wolltest du mit deinem Dufte warten,
> Bis ich käm' an diesen stillen Ort?
> Blühtest ohne Beet und Garten
> Hier im Wald bis in den Winter fort?
>
> Wert ist wohl die spat gefundne Blume,
> Daß ein Jüngling in sein Lied sie mischt,
> Sie vergleichend einem Ruhme,
> Der noch wächst, da schon so viel erlischt.

Mit der nachblühenden Geißblattranke sieht Platen sich als Spätgeborener in fremdgewordenen Zeit. Er versteht die Sommerblume als Versprechen künftigen Ruhmes, doch irrt er, wenn er seine Zeit, in die er nicht zu passen vermeint, als Herbst empfindet. Es ist, als wolle er uns Heutigen recht geben, die ihn zwar nicht als Epigonen, doch als Einzelgänger sehen, der im Widerspruch zu seiner Epoche alte dichterische Formen neu belebt. Durch das tröstliche Erlebnis wohl ein wenig aufgemuntert, entschloß er sich nun, nach Erlangen zurückzukehren. Schriftlich bat er Hermann, ihm dort, wo er schon immer gewohnt hatte, ein Zimmer zu mieten.

Am 6. November 1822 war er wieder in der gewohnten Umgebung. Die nächsten Tagebucheintragungen sind von jener mitleiderregend fiebrigen Art, die wir von den Phantasieleidenschaften seiner Jugend, von Hornstein und Adrast her kennen. Schließlich folgen auch wieder die ominösen Stellen, da Seiten aus dem Manuskript herausgeschnitten sind. Die Enttäuschung durch Liebig hatte Platens arme Seele zu sehr strapaziert: nach der vergeblichen Rheinlandreise war er aus seinem ‚dritten Leben', dem Stadium des Schmetterlings, in das zweite der eingesponnenen Puppe oder des lebendig Begrabenen zurückgefallen. Als er von Bruchmann bei Linz ernüchtert Abschied nahm, hatte er dies nur zu genau gespürt. Jetzt war es vergessen.

Ein paar Tage später traf auch Cardenio in Erlangen ein, ja er zog ins Nebenzimmer. Platen klopfte an seine Tür und fand ihn allein. Er berichtete von seiner mißglückten Wiener Reise. Nur um den Lästigen loszuwerden, versprach Hoffmann, ihn zu besuchen.

Eifrig stürzte sich Platen in die schon für Altdorf vorgenommenen griechischen Studien. Natürlich diente die regelmäßige, trockene Arbeit nur dazu, ins Nebenzimmer hüpfende Gedanken zu bändigen. Cardenio wich aus wie immer. Platen bot gemeinsame Goethe-Lektüre an und las dem Gelangweilten Rückerts' Gedicht ‚Griechische Tageszeiten' vor, wo in 82 Strophen die bekanntesten Sagen um Eos, Helios und Selene vorgeführt werden; einige davon kamen ihm ja wirklich zupaß, etwa Hyakinthos und Endymion. Cardenio war wenig beeindruckt und meinte, für poetische Lektüre fehle ihm die Zeit, vielmehr müsse er die Pandekten mit dem Code Napoléon vergleichen. „Gleichwol bringt er Zeit genug in seinem Commercehause und ähnlichen Orten hin", vermerkt Platen empört im Tagebuch. „Auch persönlich kann man sich nicht wol kälter und unfreundschaftlicher betragen, als er es thut."

Eine Briefstelle Fuggers machte ihn betroffen: „da Du Dich denn doch in Manchem, was die Menschen erfreut und bewegt, zu den Entsagenden rechnest, so ziemt Dir ja eine rastlose Wanderschaft." Dies sei in der Tat seine wahre Bestimmung, meint der Dichter. „An bedeutenden Orten längere Zeit zu bleiben und dort zu studiren, sodann aber den Stab weiter zu setzen; dieß wäre eigentlich, was mich allein glüklich machen könnte. Denn ein ruhiger, bleibender Zustand ohne Häuslichkeit muß über kurz oder lang immer unerträglich werden." Seine spätere Lebensform in Italien, hier ist sie prophetisch genannt und umrissen. Freilich, glücklich sollte sie ihn auch nicht machen.

Er fuhr fort, Cardenio zu bedrängen, obwohl dieser ihm die größte Gleichgültigkeit bewies. Platen brachte es wenigstens fertig, dem Widerstrebenden drei Balladen von Goethe vorzutragen, diesmal ohne holde Bezüglichkeit. Die Reaktion war einsilbig. Eines Abends begleitete er Hoffmann in ein Studentenlokal außerhalb der Stadt, wo er sich wie erwartet langweilte; doch saß er wenigstens mit dem Geliebten an einem Einzeltisch. Dieser brach irritiert den Aufenthalt ab. Da es dunkel geworden war, zündete er ein Holzscheit an, und Platen hatte wenigstens das Vergnügen „an der Seite des schönsten Fackelträgers" durch die Nacht zu wandern. Poetischer Ertrag des Abends war ein formal gelungenes, aber sonst nicht aufregendes Sonett. Doch wie um zu beweisen, daß er immer an der Grenze des Tragikomischen sich bewegte, schrieb Platen noch ein zweites, das in der Form zwar weniger gut, doch viel aussagekräftiger ist als das erste.

> Da kaum ich je an deine Locken streife,
> So däucht die stolze Mütze, die dich schmücket
> Und deine krausen Haare niederdrücket,
> Beneidenswerter mir, als goldne Reife.
>
> Und so beneid' ich deine leid'ge Pfeife,
> Die deiner Lippen ew'ger Kuß beglücket:
> Doch ihrem Rauch, der stets sich uns entrücket,
> Gleicht deine Gunst, nach der umsonst ich greife.

> Des Stolzes schäme dich, des allzu schroffen,
> Und nie misgönne mir die lock'gen Ringe,
> Die du vergönnest jenen toten Stoffen.
>
> Und laß mich, schein' ich nicht dir zu geringe,
> An dieses Rohres Platz zu treten hoffen:
> Dein Sklave bin ich unter **dem** Bedinge.

Seit 1821 hatte Platen seine Gefühle hauptsächlich Ghaselen anvertraut. Im Herbst desselben Jahres jedoch las er Shakespeares Liebessonette in deutscher Übersetzung, einige Monate später das englische Original: nur dürftig mit etwas Frauenliebe verbrämt, feiern sie die Liebe zu einem jungen Mann. Es kann nicht verwundern, wenn der Dichter, dem schon als Zwanzigjährigen achtbare Liebessonette gelungen waren, unter dem Eindruck von Shakespeare die klassische Form wieder aufnahm. Neben vielen Ghaselen richten sich an Liebig auch etliche Sonette, und bei Cardenio gewinnen sie schon die Oberhand. Stücke wie das zitierte Pfeifen-Sonett sind dem Flirt-Ton der Ghaselen noch nahe. Hier dürfte Shakespeares Nr. 128 Pate gestanden haben: der Dichter beneidet die Tasten des Virginals, auf dem der Freund spielt, weil sie das Innere seiner Hände küssen dürfen. Ein manieristisches Concetto, das, auf Mütze und Pfeife eines Biedermeier-Studenten übertragen, deplaciert und lächerlich wirkt.

Zu seiner Enttäuschung hatten zwei Verlage die ‚Nachbildungen' nach Hafis zurückgewiesen. Obwohl Schelling sich weiter um einen Verleger bemühte, sollte ein Druck, solange Platen lebte, nicht mehr zustande kommen.

Selling hatte eine Stelle am Gymnasium von Hof angenommen; als Platen nach Erlangen kam, war er schon fort. Des Dichters Hauptumgang war nun Hermann, ein Goetheverehrer wie er selbst. Mit ihm zusammen versuchte er die ersten Eisläufe auf dem Alterlanger See. Kurz vor Weihnachten, am Thomastag, war er in Nürnberg auf dem Christkindelmarkt, wo er für die Kinder Pfaffs und Schellings einige Kleinigkeiten kaufte; im Hause des Letztgenannten sollte er sogar beim Schmücken des Christbaumes* helfen. Nach den Einkäufen nahm er noch an einem Abendessen im ‚Roten Roß' teil, wo er dem berühmten dänischen Physiker Oersted, dem Entdecker des Elektromagnetismus, vorgestellt wurde.

Für sechs Wochen schweigt das Tagebuch, da Platen, vermutlich wegen leidenschaftlicher Einträge über Cardenio, ein Blatt entfernte. Die Briefe aus diesem Zeitraum zeigen ihn so zappelnd, wie Streinsberg ihn sah. Obgleich die Tante aus Hannover ein Geschenk gemacht zu haben scheint, forderte er von der Mutter Geld und ließ sich nur unwillig herbei, der Wohltäterin ein Geburtstagsgedicht zu schreiben. Einer der wenigen erhaltenen Briefe der Gräfin Platen zeigt uns die Eltern als zwar wohlinformierte, doch nicht eben verständnisvolle Leser zeitgenössischer Literatur. Die Mutter redet dem Sohn in das Gedicht für die Tante hinein!

Gegenüber Streinsberg hatte er brieflich das behauptet, was er Wagner so verübelte: nämlich daß es mit der deutschen Dichtung zuende sei. „Wer hat Ihnen doch die

---

* Der Christbaum war damals neue romantische Mode, keine zwanzig Jahre alt, und durchaus noch nicht allgemeiner Brauch.

kranke Idee beygebracht," erwidert jener, „die deutsche Litteratur sey erstorben, und wo spucken solche Hirngespinnste?" Des Dichters Nervosität wurde sicher dadurch verstärkt, daß er seinen Studienurlaub bis zum kommenden März endgültig ablaufen sah.

Vom Februar oder März 1823 dürfte ein schmerzliches Sonett an Cardenio datieren, das hier zitiert sein soll:

> Was kümmerst du dich auch um meine Zähren,
> Die mich der Tag, die Nacht mich sieht vergießen,
> Es könnte Blut aus meinen Augen fließen,
> Du würdest nie dein Mitleid mir gewähren!
>
> Hätt' ich genährt ein sträfliches Begehren,
> Als wir uns fanden oder uns verließen,
> Dann war's gerecht, dein Herz mir zu verschließen,
> Des Hasses Köcher über mir zu leeren.
>
> Doch hatt' ich dir die schönste Treu' geschworen,
> Bis du mich triebst mit bitterm Groll von hinnen
> Als sollten schon die Blicke mich durchbohren.
>
> Was soll ich thun? was soll ich denn beginnen?
> Noch tönt dein hartes Wort mir in den Ohren,
> Es folgt mir stets, es bringt mich noch von Sinnen.

Das Sonett ist ernster als das Ghasel, es steht der Wirklichkeit des Lebens näher; die tiefen seelischen Erschütterungen des reifen Dichters finden in ihm angemesseneren Ausdruck als in der radikalen Stilisierung des Ghasels. Da Platen jedoch nach wie vor einseitig, unerwidert liebte, bleibt der Grundgestus auch in den Liebessonetten der altbekannte Nullmäander: Illusion, Tagtraum, Desillusionierung, Verzweiflung in stetem Auf und Ab. Er steht freilich im Gegensatz zum klassisch-romanischen Sonett, dem eine zweigliedrige Gedankenbewegung zugrundeliegt: sie soll vor allem an der Grenze zwischen Quartetten und Terzetten, quasi als Schritt zur Synthese, den Ton deutlich umregistrieren. Platen hat denn auch in seinen lamentierenden Sonetten diese von A. W. Schlegel in Deutschland kanonisierte Form weitgehend gemieden und sich meist der elisabethanischen verschrieben, die nach einer durchgehenden Bewegung über zwölf Verse in ein pointierendes Schlusscouplet mündet. Dabei schneidet in den gelungensten Fällen die ‚harte Realität', als ‚Platen-Pointe' formuliert, den Nullmäander plötzlich ab: während die Stimme des Wunsches das geliebte Spiegelbild sucht, zertrümmert die der Realität den Spiegel. In dem zitierten Sonett fluktuiert die Klage mit ‚Hätt', ‚Dann', ‚Doch hatt' über zwölf Verse bis zur Umregistirierung ‚Was soll ich thun?' – Die Pointe ist ‚dein hartes Wort', die Weigerung des Angebeteten, dem Dichter als Spiegelbild zu dienen. Oberflächlich semantisch klirren wie in der Realität die Scherben zu Boden. Nicht aber tiefensemantisch: im Sonett ist das Eidos eines unzerbrechlichen Spiegels mitsamt seinen Symmetrien, Korrespondenzen und Echos in das Sprachmaterial eingeprägt. Das Arrangement der Reime ‚rettet' das Echospiel aus seiner Endlosigkeit in eine symmetrisch gerundete Spiegelform, während der Rhythmus die fluktuierende Gedankenbewegung Hoffnung – Klage – Verzweiflung auf die klanglich ausbalancierten Verse überträgt, deren ruhiges, ununterbrochenes Legato Platen bei Camões und Calderón gelernt hatte. Ein schönes Beispiel bietet das erste Terzett des oben zitierten Gedichts.

Wir wollen die Lücke im Tagebuch zu Beginn des Jahres 1823 auch benutzen, um einen Blick auf die Kritiken zu werfen, die Platens drei Gedichtbände seit ihrem Erscheinen gefunden hatten. Von Scherers Ankündigung in der ‚Eos' und Goethes knappen Worten in ‚Kunst und Alterthum' hörten wir schon. Der Dichter selbst gibt sich den Anschein, als interessierten ihn Rezensionen überhaupt nicht: „Sprechen Sie mir bitte nicht mehr von diesem Literaturschlamm, den Kritiken", schreibt er aus Altdorf an die Mutter. „Ob sie bewundern oder tadeln, sie sind gleich verächtlich. Sie leben damit, Sie lesen alle Zeitungen, ich lese nie eine, weil ich mich nicht beschmutzen will", und er zitiert Goethe: „Schlagt ihn todt den Hund! Es ist ein Recensent." Bei dieser Einstellung sollte Platen sein Leben lang bleiben. Anders als Heine begriff er nicht, daß die Presse im Begriff war, eine Großmacht zu werden und daß sie über seinen Erfolg oder Mißerfolg als Dichter entscheiden konnte.*

Dabei ist die Handvoll Kritiken durchaus abgewogen. So zitieren die Wiener ‚Jahrbücher der Literatur' das Eingangsghasel der ersten Sammlung, in dem Gott und die Locke des Schenken im gleichen Atemzug gepriesen werden. „Wem diese Symbolik zu dunkel ist," heißt es weiter, „oder ihrer Ungewohntheit wegen zu unerfreulich, wie dieß bey vielen Lesern der Fall seyn dürfte," der finde bei Platen auch ansprechendere Ghaselen. Zwei Besprechungen der ‚Lyrischen Blätter' erschienen im ‚Literarischen Conversations-Blatt' von Brockhaus, der ja die Autoren und Produkte des eigenen Verlages nicht gerade verreißen lassen wollte. Dennoch hätte Platen sich selber sagen können, daß er mit seinem Generalthema, dem Lob der Männerliebe (hier noch religiös verkleidet) nicht eben Beifallsstürme ernten würde. Begabung wird ihm zugestanden; doch stößt auch in Leipzig die Form der Ghaselen auf Widerspruch, und es ist damit, unausgesprochen, ihr Thema gemeint. Das Fremdartige könne „uns nie mit der Gewalt der Wahrheit in den innersten Tiefen der Seele ergreifen," schreibt der Rezensent Wilhelm Müller. „Am unpassendsten aber ist es wohl, die Mysterien des Christenthums in den Pomp des Orients einzuhüllen". Es sind ganz andere Mysterien, die da eingehüllt oder entblößt werden. ‚Ich bin wie Weib dem Mann, wie Mann dem Weibe dir': „Erbaue sich daran, wer kann."

Allerhand Sympathie verscherzte sich Platen durch die unnötig scharfen Sonette gegen Wagner, die jeder Rezensent auf sich bezog. Ein anonymer von der ‚Leipziger Literatur-Zeitung' wünscht den ‚Lyrischen Blättern' Kritiker, „welche die vielen Herausforderungen und Ausfälle des Dichters gegen uns so kaltblüthig ertragen, wie wir."

---

* 1811 erhielt der Deutsche Friedrich Koenig in London ein Patent auf seine Schnellpresse. Die erste Zeitung der Welt, die auf einer Maschine Koenigs gedruckt wurde, die ‚Times' vom 29. November 1814.

Ominöserweise folgt der (uninteressanten) Besprechung Platens eine zweite über Gedichte eines gewissen H. Heine, in denen, wie der Kritiker meint, „eine öfters derbe Kräftigkeit, ein jugendlicher Ungestüm" vorwalte.

Um den 8. Februar 1823 setzt das Tagebuch wieder ein. Wir erfahren, daß Platen mittlerweile mit Döllinger korrespondierte, der in Scheinfeld, einer hübschen Gegend westlich von Erlangen, eine Stelle als Kaplan versah und ihn zum Frühling dorthin eingeladen hatte. Der arme Gruber praktizierte jetzt in Würzburg „auf dem Salz-Speditionsamte". Bei Wagner verkehrte Gruber auch, wie er dem Freund schreibt: „Er kennt Dein Sonett. ‚Platen hat mir ja ein Paar alte Strümpfe an den Hals geworfen' sagt' er mir einmal."

Anfang März kam dann der langgefürchtete Brief vom Regiment. Aller weiterer Urlaub wurde rundweg abgeschlagen und dem Dichter eine Frist von drei Tagen gesetzt, sich in München zu melden. Mit Hilfe eines Arztes, der ein Krankheitszeugnis ausstellte, erreichte Platen einen Aufschub, während dem es Schelling gelang, beim Kronprinzen zu intervenieren.

Cardenio aber war für immer aus Erlangen abgereist, ohne Platen auch nur Adieu zu sagen. Der wunderte sich im Tagebuch, wie schnell jener Traum vergangen sei, der ihn von so weit hergeleitet habe. Nur noch ein leiser Schauder ergreife ihn, wenn er an Hoffmanns verschlossener Tür vorübergehe.

Das klanglose Ende einer Leidenschaft, die völlig einseitig ist, hat keine kathartische Wirkung. Nahtlos schließt sich an das eben Notierte eine längere freundliche Betrachtung über Liebig an, den Platen genau vor einem Jahr kennengelernt und dessen verletzende Unaufrichtigkeit er, wenigstens für den Augenblick, verdrängt hatte. Als er einen „scheinbar fremden jungen Mann, ungefähr in Liebigs Größe" vorübergehen sah, meinte er, es sei dieser, und eilte sofort auf die Straße.

Gleich darauf schrieb er ein Ghasel.

> Ein Frühlingsathem kommt aus deinen Landen her,
> Es weht ein Duft vom Ort, wo wir uns fanden, her;
> Betäubend treibt der Wind des Lenzes Wohlgeruch
> Von dir zu mir aus Haar und aus Gewanden her;
> Es mahnt die warme Luft an schön're Zonen uns,
> Als schläng' ein Myrtenbusch um uns Guirlanden her;
> Mir wird dein Angesicht zur Lenzverkündigung,
> Du schickst mir einen Blick, den ich verstanden, her.
> Könnt' ich dem Frühlingshauch nicht öffnen meine Brust,
> Wo nähm' ich solchen Muth in solchen Banden her?
> Laß träumen uns dahin, wo bald die Rebe blüht,
> Und, Knaben, bringt den Wein, der noch vorhanden, her!
> Es kreist die ganze Welt: ein Wirbel reißt auch mich,
> Vom Meer des Weins gewiegt, bei dir zu stranden, her;
> Bist du es? Ist's der Lenz? Er zaubert oder du
> Die Reize wiederum, die mir verschwanden, her.
> Der Winter ist ein Greis, der Frühling schickt den Duft
> Der Kränze, die wir einst als Kinder wanden, her.

Für einen Augenblick scheint die Zauberwelt schönerer Zonen – vielleicht des Orients? – wiedererstanden. Was in Tagebucheintragungen und Briefen immer ‚zappelnd' war, wie Streinsberg es nannte, in diesem Ghasel ist es nur noch eine Vibration poetischer Bilder. Die Berührung durch den Eros ist frei von allen subjektiven Gefühlen und Wünschen, das Ich ist hier nur mehr eine Saite, die unter dem Hauch der Schönheit erzittert: so schreibt Jürgen Link. „Aus den Fugen zwischen den Bildern hat sich die Zeit zurückgezogen."

Sie sollte ihn nur zu bald wieder einholen. Das Äußere eines Studenten namens Krieger machte „einen bedeutenden Eindruck" auf Platen. Ob er wieder an Liebig erinnert wurde? Nach ein paar Tagen verließ der Jüngling Erlangen für immer. Poetische Frucht der kurzen Begegnung ist das klagende Ghasel ‚Der Hoffnung Schaumgebäude bricht zusammen', das sechs Jahre später in den Händen Heinrich Heines zu einer scharfen Waffe werden sollte.

Aus München kam gute Nachricht. Kronprinz Ludwig hatte sich bei Marschall Wrede dafür verwendet, daß Platen weiterer Studienurlaub gewährt werde. Er brauchte nur ein neues Gesuch bei seinem Regiment einzureichen. Schelling wies freilich darauf hin, der Dichter sei nach einem weiteren Studienjahr aufgerufen, sich wieder einem größeren Publikum zu präsentieren; wobei er gerne raten wolle.

Wie früher mit den Burschenschaften durch Rotenhan, so hatte Platen nunmehr mit den Rhenanen Umgang, denen er durch Liebig, Hoffmann und Krieger näher gekommen war. Ein Theologiestudent namens Knoebel gefiel ihm besonders, ein ehemaliger Freund Liebigs, wir erinnern uns, der in Heidelberg Nachricht über den Verschwundenen hatte geben sollen, und der sich selbst auf kränkende Weise einer Begegnung entzogen hatte. „Nun aber wollte doch das Schicksal, daß wir zusammenkämen," schreibt Platen ins Tagebuch. „Auf den Wanderungen dieser Tage kam ich wenig in seine Nähe, denn er machte sich immer mit einem jungen Herrn von Altenstein zu thun, was mir nicht gefallen konnte. Doch gestern, spät Abends auf dem Heimwege ..nahm ich ihn bey'm Arm; wir gingen allein, und ich machte ihn darauf aufmerksam, daß wir eigentlich Feinde seyen, machte jedoch zugleich das Argument geltend, daß man seine Feinde lieben müsse. Ob er dieß misverstanden, weiß ich nicht, doch schieden wir sehr friedlich. Heute Nachmittag aber, als ich ihn mit Altenstein vor unserer Hausthüre stehen sah und ihn bat, zu mir heraufzukommen, schlug er mir's unter einer frostigen Ausrede ab. Dieß, muß ich gestehen, kränkte mich sehr, ja bis zu Thränen."

Ein paar Tage später war Platen indes mit Knoebel auf den Ratsberg. „Was er sagte, wiewol ich nicht immer Amen dazu sagen konnte, verrieth doch immer eine unverkennbare Tüchtigkeit der Gesinnung, und dieß in Verbindung mit seinen bedeutsamen und äußerst einnehmenden Gesichtszügen, bestimmte mich ganz für ihn, und ich verließ ihn im Bewußtseyn, daß mir der Himmel, nach manchen Irrgängen, wieder einen Schatz künftiger schöner Stunden zubereitet habe, den er mir bewahren möge!"

„5. April 1823. Erlangen. Ich habe heute das Fürchterlichste meines Lebens erfahren. Der Abgrund, an dem ich seit Jahren schwindle, hat sich noch einmal mit gräßlicher Tiefe vor mir aufgethan. Knoebel, gegen den ich, ich darf wol sagen, die reinste, die innigste Liebe empfand, sagte mir heute mit wenigen dürren Worten, daß ich ihm lästig sey, daß ich ihm meine Freundschaft habe aufdringen wollen, daß ich jedoch meine Rechnung ohne den Wirth gemacht habe, daß er nicht die mindeste Neigung für mich empfinde, und daß ich ihn so bald als möglich verlassen solle. Ja, dieß waren vielleicht noch seine mildesten Ausdrücke. Ich sage nichts über das Nähere; denn was wäre hier noch zu sagen, nachdem dieses gesagt ist? Genug, daß ich den Tod in der Seele trage. Morgen werde ich abreisen, um Döllinger zu besuchen.. Ich werde einige Tage auf dem Lande zubringen; aber in welcher Stimmung gehe ich dahin! Es ist nicht Knoebels Verlust allein, es ist die ungeheure Gewißheit, daß mich die Natur bestimmt hat, ewig unglückselig zu seyn."

26. Es kenne mich die Welt

Neun Tage bei Döllinger in Scheinfeld, Spaziergängen bei kühler Witterung und gemeinsamer Lektüre gewidmet, brachten ihn wieder einigermaßen ins Gleichgewicht. Zurück in Erlangen, fand er einen umfangreichen Brief von Liebig aus Paris vor, als ob seine Gedanken vom vergangenen Monat ihn herbeigerufen hätten. Zweimal schon habe er geschrieben, versichert der Ungetreue, doch offenbar seien seine Briefe verlorengegangen. Geschickt benutzt Liebig Platens kühle und abweisende Art, die ja nur er selbst hervorgerufen hatte, als Begründung für seine Zweifel an dessen Liebe: „Ein nur geringes unbedeutendes Zurückhalten macht in mir die wiedersprechendsten Gefühle erwachen, und ich glaube mich verachtet und gebe mich ganz diesen Gedanken hin, wenn keine Offenheit von der andern Seite dieses aufhebt". Liebig nennt sich selbst „von der Natur nicht mit Offenheit begabt": sein Brief ist in der Tat ein raffiniertes Gemisch aus halben, selten ganzen Wahrheiten und handfesten Lügen. Kühl gibt er zu, daß er durch sein Schweigen Platen von seiner Reise nach Darmstadt habe abhalten wollen. Den naheliegenden Gedanken, stattdessen einen Absagebrief zu schreiben, ventiliert er nicht. Sein gezieltes Verwirrspiel aber, um Platen wenigstens ein zweites Mal von Darmstadt fernzuhalten, begründet er mit einem angeblich verlorenen Brief (er kam an) und mit einer angeblich falsch gelesenen Adresse (Platens Handschrift „Lüder bey Weinwirth Keßler" ist unmißverständlich). „So siehst Du mich, mein Unrecht offen und ehrlich eingestehend zum drittemale wieder Dir schreibend. Ich bitte Dich, berücksichtige wieviel es mich kostet, schreibe mir nur eine Zeile, und wenn es die härteste seyn sollte, es würde mich beruhigen, ich habe Dir hartes Unrecht zugefügt, biete Dir redlich meine Hand und meinen jezt nicht mehr befangenen Sinn.. Willst Du mir aber nicht mehr schreiben, sende mir wenigstens diesen Brief wieder zurück, nie wird Dich aber deswegen aufhören zu lieben und zu achten Dein Justus Liebig Rue de Harley N. 29. pres du pont neuf."

Selbst wenn wir nicht glauben mögen, daß dieser Brief der dritte einer Serie war, von der zwei verlorengingen, und wenn wir auch bald bemerken werden, daß er nicht ohne Absicht geschrieben wurde, so bleibt uns keine andere Erklärung für Liebigs Verhalten, als daß er für Platen irgendeine vertrackte Sympathie gefühlt haben muß – und sei es aus der Ferne, nur als Briefpartner. Dem jungen Genie fehlte nicht die Bestätigung an der Sorbonne, er war das Staunen der Fakultät und längst Lieblingsschüler von Gay-Lussac. Liebig wußte dem Dichter Dank dafür, daß er ihm Sprachen und Literatur erschlossen hatte, Kulturbereiche, für die er begabt und an denen er interessiert war.

Platen antwortete noch am selben Tag. „Daß ich Deine früheren, erwähnten Briefe keineswegs erhalten, daß ich glauben mußte, von Dir, werthester Freund, gänzlich vergessen zu seyn, wiewol ich Dich nicht vergaß, magst Du versichert seyn. Ich setze keinen Zweifel in die Ehrlichkeit Deiner Gesinnung, jedoch ist es mir auffallend, daß Du mir zweimal geschrieben haben willst, da doch von Unsicherheiten der Posten sonst nichts verlautet; noch auffallender ist es mir, daß Du meinen Brief von Cölln nicht erhalten hast, für den ich mir überdieß einen Postschein ausstellen ließ." Die Ausrede mit der falsch gelesenen Adresse läßt Platen passieren, gibt aber seiner Empörung darüber Ausdruck, daß Liebig ihn in Aschaffenburg einfach habe sitzen lassen, ihn, der diese Reise doch nur um seinetwillen „und bey zweideutigen Geldumständen" unternommen habe! Gleichwohl bittet er um sofortige Antwort und um ein Bild des Ungetreuen. „In Allem von Dir übertroffen zu seyn, nur nicht in der Liebe zu Dir, wünscht Dein Platen."

Schon im März hatte ihm Bruchmann aus Wien die Übersendung von Hammers Hafis-Manuskript angekündigt. Der Gelehrte war um den Transport der kostbaren Schrift sehr besorgt, er wollte sie nicht der Post anvertrauen, sondern nur einem Kurier. Da sich aber keiner fand, schickte sie Bruchmann dann heimlich doch „mit Diligence". Platen fand das Paket in Erlangen vor, begleitet von einem schmeichelhaften Schreiben Hammers. Sogleich begann er, den Wiener Kodex mit seiner eigenen Abschrift zu vergleichen, und stellte eine weitere Anthologie von 133 Ghaselen zusammen.

Bruchmann berichtete, daß die zwölf Sonette, die Platen an das Jahrbuch ‚Urania' gegeben hatte, in Wien mit Beifall aufgenommen worden seien. Sechs richten sich an sämtliche Geliebten zwischen de Ahna und Bülow, wobei das Geschlecht des Angesprochenen jeweils im Dunkel bleibt. Bei weiteren fünf an Liebig ist der Einfluß Shakespeares unverkennbar.

Wieder einmal beklagt Platen seine Einsamkeit, obwohl er bei Engelhardt und Schelling verkehrte. Das ‚Herrenkränzchen' vom vergangenen Jahr war zerstreut, Leo, Selling und Hermann lebten nicht mehr in Erlangen, mit Pfeiffer hatte er sich überworfen. Drei andere Gymnasiallehrer, mit denen er jetzt sein Mittagessen einnahm, seien ihm gar kein Ersatz, vertraut der Dichter dem Tagebuch an. Einer von ihnen, Elsperger, mag diese Notiz später gelesen haben. Seine Gedenkrede von 1858 ist nicht besonders freundlich.

Die neue Korrespondenz mit Liebig brachte einen Umschwung in Platens traurige Stimmung. Mitte Mai traf der nächste Brief aus Paris ein, voller Komplimente, Küsse und Umarmungen. Liebig nennt als fast einzigen privaten Umgang den Gießener

Orientalisten Schulz, der sich zu Sprachstudien in Paris aufhielt. Schulz wußte von den Ghaselen und hätte gern den Dichter kennengelernt. Vermutlich liegt hier der Grund für Liebigs plötzlich wiedererwachtes Interesse an dem Erlanger Freund.

Die Zeit sei reich an Gedichten, heißt es im Tagebuch, und wir glauben zu wissen, warum. Ende Mai hatte Platen über dreißig neue Ghaselen beisammen, die er kühner und „entblößt von orientalischen Anspielungen" nennt: in der Tat ist die Wiederholung des gleichen Wortes, wichtigste Voraussetzung für die ‚Künstlichkeit' der Ghaselen, nunmehr öfters durch traditionelle Reimformen ersetzt. Aus Paris war ein weiterer Brief Liebigs eingetroffen, eine einzige Liebeserklärung anhand der Naturwissenschaften. So mit dem ersten Gesetz von Gay-Lussac*: „(ich wünschte) ein Gas zu seyn das sich ins unendliche ausdehnen könnte, ich würde mich im Augenblicke mit dem Endlichen begnügen, und ich würde mich nur bis Erlangen expandiren und Dich dorten als Atmosphäre umgeben, und giebt es Gase die beym Athmen tödlich, andere die liebliche Bilder erscheinen machen, so würde ich vielleicht ein Gas seyn das Dir Lust zum Briefeschreiben, und Freude und Lust am Leben erwecken könnte." Es klingt wie eine geistreiche Antwort auf das Frühlingsatem-Ghasel, das der junge Chemiker nicht kannte. „Dein Dich herzlich küssender Liebig" (der Name in arabischer Schrift). Platen war so hingerissen, daß er prompt in Ghaselenform antwortete:

Wie, du fragst, warum dein Wohlgefallen
Mich erwählt, umschlossen hält vor Allen? ...
Nur Verwunderung kann der Niegeliebte,
Seltentreue dir entgegenlallen

an welchen letzten beiden Substantiven Liebig schon wieder Anstoß nehmen sollte. In einem weiteren Brief rechnet er mit der deutschen Art ab, Naturwissenschaft und Philosophie zu vermengen, also mit seinem alten Lehrer Kastner: „Der jezige deutsche Chemiker der genug zu thun hat, wenn er nur seine unerschöpfliche Wissenschaft umfassen will, maßt sich den Philosophen zu spielen an und darüber geht sein Wirken verloren.. Es existiren kaum die nöthigen Geseze, um den ungeheuren Bau dieser Wissenschaft einwendig zusammenzuleimen, allein demongeachtet wird darauf los systematisirt, und Hypothesenkrämerey getrieben daß einem der Kopf schwindelt". In Frankreich und England sei es ganz anders, „die quasi mathematische Art, wie man hier die Wissenschaft behandelt, läßt gar kein Räsonnement zu, doch.. hat (sie) in der neueren Zeit die herrlichsten Entdeckungen herbeygeführt, und ist besonders für das Leben von ausserordentlichem Nutzen."

Ende Mai hatte Platen vierzig neue Ghaselen beisammen, ins Reine geschrieben und geheftet. Er brachte sie zu Schelling, der des Lobes voll war. Doch fand sich kein Verleger, so daß Platen die Sammlung zunächst beiseite legte.

Auf einer Kirchweih lernte er den Jurastudenten Heinz kennen, „der ein hübscher Kerl" war, und dessen Erscheinung ihn für etwa einen Monat fesselte. Doch dann

---

* Das erste Gay-Lussac'sche Gesetz beschreibt die Abhängigkeit des Druckes oder Volumens eines idealen Gases von seiner Temperatur.

Peter Ulrich Kernell, Jugendportrait. Nach einem Gemälde von unbekannter Hand. (Zeitungsausschnitt)

erkannte er die Trockenheit des Jünglings und machte sich an einen neuen Studienplan. Wichtigster Punkt waren diesmal die Komödien Shakespeares. Die Lektüre sollte nicht ohne Folgen bleiben.

Ende Juli wurde Platen zu einer Reserveübung nach Ingolstadt kommandiert. Man hatte ihm die Alternative gelassen, entweder einzurücken oder in den Zivildienst überzutreten und irgendein Praktikum zu beginnen; so könne er sich seine Leutnantsgage noch eine Zeitlang erhalten. Mit Schellings Hilfe fand sich ein Posten an der Erlanger Universitätsbibliothek, wohl mehr pro forma, aber doch ausreichend, um den Forderungen der Behörde zu genügen.

Im Hause Schellings hatte er den jungen Schweden Kernell kennengelernt, Freund und Verwandten des Dichters Atterbom. Kernell litt an offener Tuberkulose. Die Ärzte hatten zu einer Mittelmeerreise geraten; nach einem Blutsturz blieb er zwei Monate in Gibraltar und kam dann über Südfrankreich und Italien nach Deutschland. Der Grund für Kernells Erlanger Aufenthalt war Schellings Vorlesung über Mythologie, die am 18. August 1823 begann; Atterbom hatte ihn an den Philosophen empfohlen. Engelhardt schreibt über Kernell: „Man kennt aus dem Conversationslexikon den schwedischen Dichter Bellman, und weiß, daß (dessen) Lieder mit Gesang und mimischer Darstellung zugleich mehr aufgeführt als gesungen werden...Kernell war, da er in Upsala studirte, als der vorzüglichste Belmansänger in Schweden bekannt." Platen hatte Kernell bei seinen Freunden eingeführt, denen er vermutlich auf die eben beschriebene Art schwedische Poesie nahebrachte. „Man konnte nicht anders," fährt Engelhardt fort, „als Schwedisch lernen, um den Mittheilungen des begeisterten Jünglings folgen zu können. Für Platen war die Schwierigkeit dabei sehr gering. Er hatte, um Oehlenschlägers Werke in der Ursprache lesen zu können, dänisch gelernt, und eignete sich die nahverwandte Sprache in kurzer Zeit vollständig an. Wie er pflegte, trug er sich ganze Tage mit der singenden Recitative schwedischer Verse, die ihm besonders zugesagt hatten."

Gruber war an das Salzamt von Regensburg versetzt worden und besuchte auf dem Wege dorthin Platen für ein paar Tage. Die Freunde lasen zusammen Goethe und Aristophanes. Gruber konnte jedoch nicht ausgehen, da er kürzlich einen „Fall gethan" und sich dabei im Gesicht verletzt hatte.

Von Liebig waren unterdessen zwei Bücher als Geschenk eingetroffen, ja der Freund bemühte sich sogar, für Engelhardt und Rückert in Paris bestimmte seltene Schriften zu beschaffen. Es verwundert, daß er für solche Gefälligkeiten überhaupt noch Zeit fand, denn Gay-Lussac trug vor der Académie Royale Liebigs Mémoire ‚De l'argent fulminant', über das Knallsilber, vor, während der Autor experimentierte*. Der Knall fand Eingang in die ‚Annales de chimie' der genannten Akademie, eine enorme Ehre für den damals 20-jährigen Ausländer. Unter den Zuhörern befand sich auch Alexander v. Humboldt, der auf Liebigs weitere Karriere großen Einfluß nehmen sollte. Die Entdeckung der knallenden Metallverbindungen war Voraussetzung für die Erfindung des Zündnadelgewehrs. Wieviel der junge Chemiker inzwischen auch in Deutschland galt, geht daraus hervor, daß ihm die Universität Erlangen allein aufgrund einer Abhandlung in absentia die Doktorwürde verliehen hatte.

Zur großen Freude Platens war Bruchmann zu Schellings Vorlesung von Wien angereist. Er pries die neuen Ghaselen und drang auf ihre Veröffentlichung. Was er verschwieg, war, daß er sich unterdessen verlobt hatte.

Auch Jean Paul hielt sich für zwei Tage in der Stadt auf. Platen besuchte ihn im Gasthaus. Paul fand freundliche Worte für die ‚Vermischten Schriften', empfahl aber zugleich, der Dichter solle wieder die Uniform anziehen: seiner Muse werde das nicht schaden. Ein Poet müsse stets durch den Gegensatz aufgezogen werden, und nichts wäre schlimmer, als wenn aus ihm ein Professor der Ästhethik würde. Diese Kritik, die Platen arglos dem Tagebuch anvertraut, war wohl der scharfsinnigsten eine, die er je bekommen sollte.

Am 6. September schloß Schelling seine stark besuchte Vorlesung über Mythologie. Wie weit Platen ihr zu folgen fähig war, steht dahin. Ein Sonett wenigstens hatte er unter ihrem Eindruck gedichtet, das dem Philosophen schmeicheln mußte:

Wie sah man uns an deinem Munde hangen,
Und lauschen Jeglichen auf seinem Sitze,
Da deines Geistes ungeheure Blitze
Wie Schlag auf Schlag in unsre Seele drangen!

---

* Knallsilber AgONC wird aus Silber, Salpetersäure und Alkohol dargestellt.

> Wenn wir zerstückelt nur die Welt empfangen,
> Siehst du sie ganz, wie von der Berge Spitze;
> Was wir zerpflückt mit unserm armen Witze,
> Das ist als Blume vor dir aufgegangen.

Kurz danach reisten Kernell, Engelhardt und leider auch Bruchmann ab, so daß Platens gute Stimmung rasch wieder verging. Vor drei Wochen hatte sich ein Bekannter, der junge Graf Bothmer, erschossen. Inzwischen kam man in Erlangen „durch seine hinterlassenen und vermittels einer beyspiellosen Indiskretion der Polizey bekannt gewordenen Briefe auf Vermuthungen, die zu schauderhaft sind, um noch auf dem Papiere wiederholt zu werden", wie es im Tagebuch heißt. Wahrscheinlich ging es um Homosexualität. Unter dem Eindruck der Affäre Bothmer schrieb Platen ein zweiteiliges Gedicht.

> Ich möchte gern mich frey bewahren,　　Und nichts genießen, als die Helle
> Verbergen vor der ganzen Welt,　　　　Des Lichts, das ewig lauter bleibt,
> Auf stillen Flüssen möcht' ich fahren,　Und einen Trunk der frischen Quelle,
> Bedeckt vom schatt'gen Wolkenzelt. ...　Der nie das Blut geschwinder treibt.

Doch in der selbstgegebenen ‚Antwort' heißt es:

> Was soll dieß kindische Verzagen?　　Unwiderruflich dorrt die Blüte,
> Dieß eitle Wünschen ohne Halt?　　　Unwiderruflich wächst das Kind,
> Da du der Welt nicht kannst entsagen,　Abgründe liegen im Gemüte,
> Erobre sie dir mit Gewalt! ...　　　　Die tiefer als die Hölle sind.

Über die Abgründe seiner sexuellen Wünsche wußte Platen schon lange Bescheid. Meist war er ihnen ausgewichen, ja er hatte sie in seiner Lyrik gewöhnlich mit Reinheitsbeteuerungen zugepflastert. Lediglich die erotischen Gedichte an Schmidtlein aus dem Iphofener Herbst machten da eine Ausnahme: doch sie waren fast alle vernichtet. Nun, vier Jahre später, ist die Unschuldsblüte verdorrt und Rosensohn endgültig erwachsen.

Mittlerweile hatten sich die Gedichte mit Streichungen und Neuzugängen bis auf fünfzig Stück vermehrt. Platen ließ sie unter dem Titel ‚Neue Ghaselen' auf eigene Kosten drucken und bot sie den Freunden zur Subskription an. Gruber setzte in Regensburg elf Exemplare ab, Rückert und Engelhardt übernahmen je zwanzig, Döllinger sieben, Schnizlein besorgte in München neun. Bruchmann hatte bei seiner Abreise versprochen, fünfzig in Wien zu verkaufen. Selbst Fugger in Dillingen, der durch einen Selbstmord im Familienkreis belastet war, beteiligte sich mit einigen Bändchen.

Wie sieht die neue Sammlung aus? Der Prolog, nicht in Ghaselform, schlägt neckische Töne an, die wir dem jungfräulichen Platen nicht abnehmen. Aber so war es ja schon bei den deutschen Anakreontikern des achtzehnten Jahrhunderts gewesen: Behauptung und Wirklichkeit klaffen weit auseinander.

> Was Vernünft'ge hoch verehren,　　　… Sie, die von der Tugend zehren,
> Taugte Jedem, der's verstünde,　　　Ließen übrig uns die Sünde.

Am Schlusse steht ein Lobgesang auf Napoleon in 16 Beits mit Überreim, genannt ‚Kasside'. Seit der Ballade ‚Colombos Geist' vor fünf Jahren erscheint hier zum ersten Mal wieder der berühmte Korse, und zwar in einem Zusammenhang, der uns noch interessieren wird.

Die fünfzig ‚Neuen Ghaselen' zeichnen sich durch große Unterschiede in Qualität und Charakter aus. So sind einige der besten Stücke darunter, die Platen schrieb, wie das Nichts- und das Frühlingsatem-Ghasel, und einige andere, die vorzustellen uns hier der Platz fehlt. Andererseits auch mancherlei Gespreiztes und Geziertes, das sich immer dort einstellt, wo der Mitteilungsdrang die Barrieren der Form überflutet.

Das erste Ghasel nach der Trennung von Bülow schrieb Platen im Sommer 1822 in Heidelberg, vermutlich aus Enttäuschung über Liebigs Falschheit.

> Haben deiner Treue Rosen sich als Dorn den Stolz erlesen?
> Sind der Liebesgöttin Tauben wie der Juno Pfau geworden?
> Wenn dich Weiber mir gestohlen, werden sie so lang dich fesseln,
> Bis der Tempel deiner Glieder ein zerstörter Bau geworden.

Hier fällt die Hafis-Maske und zugleich jeder Vorwand zweideutiger Präpositionen, hier wirbt ein Mann um einen Mann: was uns zwar nicht neu ist, aber vielleicht doch der wachsenden Leserinnenschar Platens, die bisher noch keine unverhüllt gleichgeschlechtliche Poesie zu Gesicht bekommen hatte. Dies Ghasel wurde erst 1828 gedruckt, wobei der genannte Umstand eine Rolle gespielt haben mag. Seit Heidelberg sind die persischen Motive fast völlig verschwunden. Doch auch westliche Metaphorik weicht zusehends der Wirklichkeit:

> Der Orient ist abgethan, / Nun seht die Form als unser an

steht als Motto über den ‚Neuen Ghaselen'. Indes, je mehr Realität ins Gedicht eindringt, um so prekärer wird die Harmonie zwischen Ich und Welt, die sie stiften soll. Wenn solche ‚wirklichkeitshaltigen' Ghaselen auch an künstlerischem Wert verlieren, so doch nicht an biographischem Interesse: eine Weiterentwicklung der Persönlichkeit Platens läßt sich an ihnen ablesen. Auffällig ist ein neuer Bekenntnis-Gestus, der schon in einem frühen Ghasel angekündigt war:

> Und weichlich ruhn, zum Lobe dir, Gesänge,
> Wie Kronen auf dem Sammt, in meinem Busen;
> Der Dichtung Lanzen fass' ich mit einander,
> Und berge sie gesammt in meinem Busen;

Nunmehr entnimmt der Dichter die weichlichen Lobgesänge auf den Freund der Samtschatulle, er stößt ‚Der Dichtung Lanzen' hervor, die poetisch geformten, aber gleichwohl unverhüllten Bekenntnisse, die bisher in seinem Busen ruhten:

> Ich fühlte, daß die Schuld, die uns aus Eden bannte,
> Uns brünst'ge Fittige zu höhern Himmeln leihe.
> Noch bin ich nicht so bleich, daß ich der Schminke brauchte,
> Es kenne mich die Welt, auf daß sie mir verzeihe!

Was Platen in seinem Jugendmärchen träumte, hier sieht er es klar: seine dichterische Kreativität hängt mit der physischen zusammen. Die ‚höhern Himmel', zu denen er sich aufschwingt, sind nicht mehr die der ‚reinen' Liebe, von der es in seiner Jugend noch geheißen hatte, sie sei mit Gott identisch. Auf unehrliche Reinheitsbeteuerungen verzichtet er nun, die ‚Schuld von Eden' benennt er vielmehr ganz konkret:

> Aus allen Fesseln wand mein Geist behende sich,
> Denn liebend schlingt mein Arm um deine Lende sich!

Hieß es im ‚Spiegel des Hafis' noch metaphorisch

> Blühen möcht' ich dir um's Haubt, wie Rosen,
> Schlingen mich um deine Knie, wie Reben,

so heißt es jetzt:

> Es windet sich der Liebe Geist um deiner Glieder Ebenmaß,
> Wie um die Worte des Gesangs die weiche Melodie herum!
> Wann liegt mein Haubt in deinem Schooß, indes sich mein verweg'ner Arm
> Um deine schlanke Hüfte schlingt, und um dein schönes Knie herum?

Erstaunlich, was sich da auf einmal alles schlingt und windet: erst nur der Geist, dann aber auch Arm und Kopf! Sollte es noch irgendeinem Leser (einer Leserin!) verborgen geblieben sein, daß es hier um männliche Lenden, Schöße, Knie und Hüften ging? Ähnlich mag Platen schon in Iphofen gedichtet haben – nur daß er die Ergebnisse später vernichtete.

Kämpfte er früher mit ‚vernünftigen' Argumenten gegen seinen Trieb, so heißt es jetzt:

> Denn lange gab ich schon die Satzungen der Zeit,
> Die stets in Gründen, stets in Worten kramen, auf.

Dem klassischen Volk der Männerliebe dagegen fühlt Platen sich verbunden:

> Herein, ergreift das Kelchglas! Was sollen wir weiter thun?
> Was dürft, ihr Freunde, sonst noch, ihr Wegbegleiter, thun?
> Ihr rückt mir nur mit Unrecht ein wüstes Treiben vor,
> Denn, da das Schiff zu Grund ging, was können Scheiter thun?
> Ich weiß ein Volk, das ehmals die Freude war der Welt:
> Was wollt' ich, wär's ein Volk noch, als braver Streiter thun!

Das ‚wüste Treiben' fand freilich nicht einmal auf dem Papier statt, und niemand würde im Ernst erwarten, daß Platen an Byrons Seite in den griechischen Freiheitskampf zöge. Ganz im Gegenteil, Resignation und herbstliche Gefühle kündigen sich an:

> Nur, daß ich altre, fühl' ich nun, da mich ein kalter Blick verscheucht

oder:

> Ich staune, daß ich, da mein Lenz entwichen
> Vom Blütenstaub noch überflogen werde

und

> Mir bleibt das Schöne ferne, der ich es stets besang ...

Daß ihm der Busen kocht vor Qual und jeder Übermut nur Prahlerei ist, hörten wir schon früher. So bleibt dem Armen kaum ein anderer Trost als das Eigenlob:

> Etwas ist in meinen Liedern, was den Menschen wohlgefällt

und

> Meine Gesänge, das macht mir Mut,
> Fließen melodischer als ein Bach.

Im letzten Ghasel der Sammlung teilt der Dichter mit, daß er sich's nicht ausgesucht habe. Doch gibt er auch zu verstehen, all die pathetischen Sündenbekenntnisse seien nichts als Absichtserklärungen und in Wirklichkeit bleibe ihm nur ehrenvolle Entsagung. Immermann und Heine haben später nicht versäumt, dies Dilemma, über das Platen besser geschwiegen hätte, höhnisch vorzuführen.

> Andre Gaben würd' ich pflegen, wenn sie mir das Loos ertheilt,
> Doch nur Schönes setzt in Flammen meines Lebens schwanken Docht;
> Denn mir ward ein Sinn gegeben, den ich selbst mir nicht verlieh;
> Stolz und trotzig gegen Alles, doch vom Schönen unterjocht: ...
> Das nur ist's, wofür ich athme, das nur, was mich treu bewahrt,
> Wenn ich liebender Entsagung ehrenvolle Kämpfe focht.

Für was die Chiffre ‚Schönes' steht, ist bekannt. Einmal jedoch gelingt es Platen, jenseits dieser Ebene sein existentielles Problem mitsamt dem poetischen Lösungsversuch ebenso klar wie erschütternd mitzuteilen.

> Im Leben fühl' ich stets, ich weiß nicht, welche Qual?
> Gefahren ohne Maß! Gedanken ohne Zahl!
> An Harmonie gebricht's den Formen um mich her,
> Mich schauert's im Gemach, mir wird's zu eng im Saal!

> Und tret' ich auch hinaus, erholt sich kaum der Blick:
> Was thürmt sich im Gebürg? was schlingt sich im Gethal?
> Die Sterne sind so fern! die Blumen sind so tot!
> Die Wolken sind so grau! die Berge sind so kahl!
> Wie sollte die Natur befried'gen ein Gemüt,
> Die heute frisch und grün, die morgen welk und fahl?
> Wohl ist, sobald das Ich sich schrankenlos ergeht,
> Die Erde viel zu klein, der Himmel viel zu schmal!
> Und auch gesell'ges Glück erfüllt noch nicht das Herz,
> Es wechsle das Gespräch! Es kreise der Pokal!
> Und ach! Die Liebe selbst, erwart' ich noch vielleicht
> Befriedigung von ihr, die mir den Frieden stahl?
> Du aber, wer du seist, o send' in meine Brust,
> Wie einen glüh'nden Pfeil, den schöpferischen Stral!
> Dann ist die Seele voll und eingelullt der Schmerz,
> Das Ich, es fühlt sich frei, wiewohl ihm fehlt die Wahl!
> Und wenn der Lipp' entstürzt in Strömen der Gesang,
> Verbindet Welt und Ich sein silberner Kanal.

Poetischer Exhibitionismus als Kompensation für unerfüllten Eros. Nach Liebig, Hoffmann, Knoebel bleibt dem geschundenen Ich nur noch die Flucht nach vorn, es verkündet seine Botschaft ohne Rücksicht darauf, ob die Welt sie hören will oder nicht. Der dichterische Schöpfungsakt wird zur existentiellen Notwendigkeit, aus purer Verzweiflung präsentiert sich Platen als erster bekennender Homosexueller der modernen Weltliteratur. Später, als er endlich das tun wird, worüber er bisher nur redet, hat er sich jener Deutlichkeit nicht geschämt. Auch die riskantesten ‚Neuen Ghaselen' erscheinen, kaum geglättet, in den Gedichtausgaben von 1828 und 1834, ebenso wie die unverschleiert gleichgeschlechtlichen Liebessonette, die wir zum Teil schon kennen.

Platen hat im Genre des Ghasels ein Instrument gefunden (Jürgen Link spricht geradezu von einer „Maschine im positiven Sinn"), das ihm erlaubt, seine privaten Frustrationen und seinen Weltschmerz ‚zum Tanzen zu bringen'. Dieser Effekt kann jedoch nicht erreicht werden, wenn zuviel der unverblümten Wirklichkeit in das Ghasel gerät, wie etwa im zuletzt zitierten oder dem Nichts-Ghasel. Solche Gedichte sind „Anakreonteen höherer Potenz":

> Doch greif' ich zum Pokal nun, und sing' ein Lied und will,
> Was hart und unabweisbar, gelind und heiter thun!

Anfang Oktober, nach einem kurzen Besuch bei Döllinger in Scheinfeld, hatte er über 100 Subskribenten beisammen. An Goethe, Tieck, Jean Paul und Jakob Grimm gingen Geschenkexemplare der ‚Neuen Ghaselen'. Goethe, der für die früheren nur geringes Interesse gezeigt hatte, nahm sie überraschend freundlich auf. Am 23. Oktober bezog sich eine Unterhaltung mit Soret auf Platens Gedichte. Goethe las dem Genfer einige der ‚Neuen Ghaselen' vor, wobei er die „dunklen Stellen" erklärte. „Sie sind", schreibt Soret, „erfüllt von Geist und einer Liebenswürdigkeit, die vergessen läßt, daß ihre

Moral ein wenig leicht ist." Schlösser verwahrt sich gegen dies Urteil, zu Unrecht, wie wir meinen; Goethe hatte ganz gut verstanden. Wie er die ‚dunklen Stellen' erläuterte, hätte uns gleichwohl interessiert, denn seit den ersten beiden Sammlungen wurde das Dunkel in Platens Ghaselen ja zusehends lichter, und hier ist es völliger Klarheit gewichen. Einer Klarheit freilich, die kaum nach Goethes Geschmack gewesen sein kann, denn Männerliebe war seine Sache nicht.

27. Die silberne Nadel

Endlich kam Nachricht aus München, daß die Bibiliothekarsstelle von der Armee als Zivildienst anerkannt worden war. Beruhigt entschloß sich Platen, für ein paar Wochen nach Ansbach zu gehen. Vorher aber machte er bei seinem Mentor einen Abschiedsbesuch, dessen Folgen für ihn „sehr merkwürdig" werden sollten.

Schelling klagte, daß es in Deutschland so wenige gute Dramatiker gebe: die Kritik habe sich zu früh bei ihnen eingemischt und so ihre Schaffenskraft geschmälert. Sophokles, Lope, Calderón, Shakespeare hingegen hätten, unbekümmert von Kritik, eine große Menge Stücke hinterlassen, während in Deutschland eigentlich nur Kotzebue, wiewohl im schlechten Sinne, ein Beispiel ungehinderter dramatischer Fruchtbarkeit gegeben habe.

In Ansbach angekommen, setzte sich Platen hin und schrieb in fünf Tagen den ‚Gläsernen Pantoffel', eine Komödie in fünf Akten. Als er fertig war, vermeinte er, ein Meisterwerk geschaffen zu haben. Kernell, der in Bad Ems vergebens Heilung für sein Leiden gesucht hatte, reiste auf dem Rückweg nach Erlangen über Ansbach. Platen präsentierte ihm als ersten das neue Werk, und der Schwede fiel ihm begeistert um den Hals.

Am 10. November las der Dichter das Stück im Hause Schellings vor einem Publikum von zwanzig Personen, darunter Schubert, Engelhardt, Kastner, Pfaff mit ihren Damen. Der Beifall war groß, Schelling ließ das Stück hochleben, kritisierte aber Platens Vortrag. Engelhardt erklärt, warum: „Weil er den Wohllaut, den er hervorgezaubert hatte, nicht wollte verloren gehen lassen, so wurde sein Lesen, in dem Bestreben, dies zu bewirken, ein fortwährendes Singen."

Die Handlung des ‚Gläsernen Pantoffels' ist eine Kombination zweier bekannter Märchen. Der König von Apulien will abdanken und sucht für seine beiden Söhne, den extravertierten Astolf und den introvertierten Diodat, geeignete Frauen. In Frage kommen zwei Töchter eines Edelmannes, in dessen Haus auch die zurückgesetzte Halbschwester Aschenbrödel aufwächst. Sie ist das Patenkind der Fee Chrysolide.

Ein Ball für die Prinzen wird arrangiert. Diodat nimmt nicht daran teil, denn Chrysolide hat ihm das Bildnis des Mädchens Claribelle zugespielt, das vor hundert Jahren gestorben sein soll, in das er sich dennoch sofort verliebte. Von anderen Frauen will er nichts wissen.

Die Schwestern schmücken sich zum Fest, weigern sich jedoch, Aschenbrödel mitzunehmen. Als sie fort sind, erscheint die Fee, staffiert die Zurückgebliebene aus und verschwindet wieder. Diodat tritt auf, ermüdet von der vergeblichen Suche nach Claribelle. Aschenbrödel singt ihn in Schlaf mit einem Lied, das den Anfang der Dornröschensage erzählt; dann eilt auch sie auf den Ball. Dort kommt es zu dem bekannten großen Auftritt. Astolf verliebt sich in sie, die um Mitternacht verschwinden muß, da der Zauber nicht länger hält. Nur ein gläserner Pantoffel bleibt zurück.

Am nächsten Tage wird Aschenbrödel mit Hilfe des Pantoffels gefunden. Mittlerweile führt die Fee, als Mütterchen verkleidet, den Prinzen Diodat zum Zauberschloß, wo er Claribelle seit hundert Jahren schlafend findet und ohne Kuß (!) erweckt. Zur Schlußszene führt die Fee beide Paare vereint auf die Bühne, verschwindet dann jedoch für immer von dieser Welt.

Das komische Element verkörpert Pernullo, ein ‚lustiger Rath des Königs‘, nichts wert im doppelten Sinn, denn er hat keine Funktion im Drama und gibt außer ein paar Stichworten nur fade Witze von sich. Ähnliches gilt für den Schauspieler Hegesippus, der einer Schwester Aschenbrödels mimischen Unterricht erteilt und eine Ballade Platens rezitieren muß. Man könnte an Kernell und seine Bellman-Lieder denken.

Keine Charaktere bewegen sich auf der Bühne, nur Typen. Jeder der beiden Prinzen muß ein Platensches Sonett vortragen. Die lyrisch-dramatischen Partien des Stückes sind in Blankversen, die ‚komischen‘ in Prosa. Ein Beispiel für den Humor das ‚Gläsernen Pantoffels‘:

Hegesippus.	Sie sollten Ihre Hofcharge niederlegen, und ein kritisches Journal ediren.
Pernullo.	Mir fehlt dazu nur ein passendes Motto.
Hegesippus.	Nichts leichter als das. Sie malen einen Frosch auf das Titelblatt, der unter dem Schild des Herkules zerplatzt, mit der philosophischen Umschrift: Coaxo, ergo sum. (1521ff)

Das Stück ist eine blutarme Nachahmung Tieck'scher Märchenkomödien. Geeignet wäre es bestenfalls fürs Volkstheater, wenn die vielen literarischen Gespreiztheiten fortgeblieben wären. Auch schlägt sich die Lektüre von Gozzi nieder, mit der Platen 1818 in Würzburg intensiv beschäftigt war. Der Wechsel zwischen Vers und Prosa hat Shakespeare zum Vorbild, das gleiche gilt für die Wortspiele; Schlösser meint sogar, einen poetischen Hauch von Calderón zu spüren. Die Fabel jedoch erinnert an Heydens ‚Renata‘: von dort dürfte Platen das Bild der verborgenen Unbekannten und das doppelte Liebespaar übernommen haben. Die vielen Beiseite's, die ledernen Wortspiele sind höchst untheatralisch. Daß ältere Leute sich so sehr an den Anachronismen und Illusionsbrüchen (durch Sprechen ins Publikum) stoßen sollten, erscheint heute schwer verständlich. Tiecks Theatersatiren stammten meist noch aus dem vergangenen Jahrhundert; im übrigen war die Technik durchaus nicht neu, ja bis zur Vertreibung des Hanswursts von der deutschen Bühne zwei Generationen vor den Romantikern* noch gang und gäbe.

---

* durch Gottsched mit Hilfe der Schauspieltruppe der Karoline Neuberin (‚Harlequins Autodafé‘).

Tiecks Märchenkomödien sind durchdachte literarische Satiren, die es in Komplikation und Schachtelei mit Jean Paul aufnehmen. Sie richten sich gegen platte Aufklärung und den schlechten Geschmack des Theaterpublikums mit seiner Vorliebe für pompöse Rührstücke und weinerliche Komödien: alles Dinge, gegen die auch der erwachsene Platen zu Felde zog. Hier, in seinem Drama, ahmt er nur etwas unbeholfen Tiecks Form nach und läßt, ähnlich wie in das Märchen vom Rosensohn, Botschaften über sich selbst einfließen. Wir erinnern uns: ständig bedrängt von seinem Trieb, der Fee Pfefferlüsch, zog der Jüngling aus, um seine Muse, das Patenkind der ‚reinen Liebe‘ Pflasterhold, zu gewinnen. Auch der ‚Gläserne Pantoffel‘ ist ein Stück unbewußter Selbstbeschreibung. Zweimal erscheint Platen als Dichter (Diodat) auf der Suche nach seiner Muse (Claribelle) **und** als Homosexueller (Aschenbrödel) auf der Suche nach gesellschaftlicher Anerkennung (Hochzeit mit Astolf). Zwar ist der Trieb hier nicht mehr, wie im Märchen, als ‚böse Fee‘ externalisiert; doch dafür braucht der Dichter nun zwei Figuren zu seiner Verkörperung. Doppelte Harmonie stiftet schließlich die Fee Chrysolide, indem sie die Pendants zusammenführt. Sie ist der Geist des rechten Augenblicks, Kairos, Fortuna. Alle vier Komponenten zur Harmonie sind präsent und greifbar, nur ungeordnet: Chrysolide koordiniert sie, um nach getaner Arbeit auf immer zu verschwinden. Daß Platens Muse die letzten hundert Jahre verschlafen hat, ist dabei von besonderer Pikanterie: eigentlich waren es ja zwei- bis dreihundert. Nur für einen Augenblick wächst Aschenbrödel (Allegorie für Ausgestoßensein und heimliche Schande) über sich selbst hinaus und wird zur gefeierten Prinzessin. Um sie für die Gesellschaft wiederzugewinnen, bleibt nur der gläserne Schuh (ein zerbrechliches Gedicht?) zurück.

Diodat und Astolf ergänzen sich komplementär, desgleichen Aschenbrödel und Claribelle. Das gewünschte Ganze ist der Dichter Platen, von der Muse geküßt, vom Publikum gefeiert. Im Jugendmärchen standen die entsprechenden Allegorien völlig separat in weitester Entfernung; hier sind sie durch die doppelte Patenschaft der Glücksfee, des rechten Augenblicks, miteinander verbunden. Ist er gekommen und die Gelegenheit ergriffen, sind die Pendants vereint, mag sogar noch der Feenname prophetisch werden als solides Gold oder Geld. Doch das wird Platens Wunschtraum bleiben. Diodat fand zwar Claribelle; Aschenbrödel aber sollte einen miserablen Auftritt bekommen, ganz aus eigenem Verschulden. Über ihn wird später zu berichten sein.

Die anderen Figuren der Komödie haben keine tiefere Bedeutung; und gerade hier zeigt sich Platen als flüchtiger Autor. Hätte er an Aschenbrödels Schwestern sowie das Paar Pernullo – Hegesippus mehr Mühe verwendet und in ihnen, statt sie läppische Literaturkritik und alberne Wortspiele äußern zu lassen, etwa die Kritiker abgebildet, von der Mutter bis zu den Rezensenten: das Stück wäre besser ausgefallen.

Der Kulminationspunkt ist die Begegnung Diodats und Aschenbrödels, des Poeten mit seiner Schande. Diodat hindert zunächst Aschenbrödel auf ihrem Weg zum Ball, zur gesellschaftlichen Anerkennung; sie hingegen beruhigt Diodat, indem sie seine unerweckte Muse beschwört und künftiges Glück verheißt, wenn er nur den rechten Augenblick abwarte. Aschenbrödel handelt im Auftrag ihrer feenhaften Patin. Der

Dichter soll den Trieb nicht aufhalten, sagt das Drama, sondern sich von ihm den Weg weisen lassen! Dann wird er seine Muse treffen. Platen selbst hat in Briefen an Goethe und Jean Paul die Abhängigkeit von Diodat und Aschenbrödel betont.

Die soeben besprochene Szene verläuft übrigens völlig undramatisch. Aschenbrödel ‚handelt‘ nicht, sondern bezaubert Diodat mit einem Lied. Hier zeigt sich, daß die silberne Nadel*, das Dramatische, Platens Sache nicht ist. Sein ist der goldene Nadelkopf, das bannend Lyrische. Die stählernen Spitze, das forttreibend Satirische, wird ihm später zum Verhängnis werden.

Engelhardt und Kernell wollten den ‚Gläsernen Pantoffel‘ sofort gedruckt sehen, allein Schelling riet, ihn zunächst auf die Bühne zu bringen. Also besorgte Platen drei Kopien, deren eine Fugger in München (wo er sich seit kurzem aufhielt), die andere Bruchmann in Wien, die dritte ein Bekannter in Berlin jeweils dem Hoftheater anbieten sollte. Auch dichtete Platen noch, quasi als Dank für die beifällige Aufnahme der Lesung, eine ‚Zueignung an Schelling‘, deren Stanzen Engelhardt für die schönsten in deutscher Sprache hielt. Sie sind es nicht. Platen hingegen sah sich schon als deutschen Shakespeare. Die Zeit der „lyrischen flüchtigen Ergießungen" sei vorüber, beschied er hochfahrend den Heidelberger Freund Umbreit, als er ihm 14 Exemplare der ‚Neuen Ghaselen‘ schickte, und er werde sich jetzt, wahrscheinlich bis ans Ende seiner poetischen Laufbahn, nur noch im dramatischen Element bewegen. Seine neue Komödie sei „ganz für die Bühne bestimmt, da die Zeit überhaupt vorüber ist, wo man Dramen schrieb, um hinter dem Ofen gelesen zu werden." Im Dezember sandte er eine weitere Kopie des ‚Gläsernen Pantoffels‘ an Knebel nach Jena in der stillen Hoffnung, dieser möge das Stück Goethe auf irgendeine Weise nahebringen.

Doch der Rückschlag blieb nicht aus. Rückert war wenig erbaut, er nannte den Pernullo frostig und die übrigen Figuren ohne Fleisch und Blut. Auch den Eltern gefiel das Drama nicht: lieber solle er Gedichte in klassischem Stil dichten und mal wieder etwas übersetzen, hatte ihm die Mutter geschrieben. Platens Antwort überschreitet jedes Maß. „Nur mit äußerstem Schmerz antworte ich auf so einen Brief; und ich muß Ihnen sagen, daß er mir den tiefsten Kummer meines Lebens bereitet hat und ich für meine Gesundheit fürchte. Ich glaube nicht, daß es auf der Welt einen so verdorbenen Geschmack gäbe, und nun finde ich ihn bei meinen eigenen Eltern! ..Ich will nicht besonders von meinem Drama reden, das den Leuten noch genug zu reden geben wird. Ich werde durchaus nicht mehr übersetzen, es ist wahr, aber man wird **mich** übersetzen. ..Ich werde Stücke schreiben, die Geschichte machen". Ein paar Tage darauf entschuldigt er sich für seine Heftigkeit. Was den Eltern am ‚Gläsernen Pantoffel‘ mißfallen hatte, war die Vermischung von ernsten und komischen Elementen: zu Unrecht, will uns scheinen, denn das Stück ist märchenhaft-lyrisch und an keiner Stelle wirklich ‚ernst‘.

Die erste Absage einer Bühne mußte Fugger aus München melden, wo der Intendant des Hoftheaters dem Manuskript nur einen Zettel beigelegt hatte. Er ist nicht erhalten, doch würden wir seinen Inhalt gerne kennen. Platen war tief gekränkt.

---

* Rosensohn muß die verlorene Zaubernadel suchen: sie hat einen silbernen Schaft, eine stählerne Spitze und einen goldenen Kopf.

Ablehnend reagierte auch Knebel in einem fatalen Brief, den er mit dem Manuskript aus Jena zurückschickte: eine Kritik, die er noch zu einem Frontalangriff auf die Ghaselen benutzte. Goethe habe seinen ‚Divan' nicht als Modell aufgestellt, „da er wohl wissen konnte zu welchen Abwegen unser nachahmendes Geschlecht dadurch könnte verleitet werden.. Wir sind keine Perser, und ein Volk, das noch halb in der Barbarey lebt und durchaus keine bildende Kunst hat, kann wohl einem Europäer nicht zum Muster der Kunst dienen. ..Uebrigens passen diese blos sinnlichen Begriffe nur wenig auf unsre Sitten und Lebensart, und sie als Muster ächter Poesie aufzustellen möchte beynahe ungereimt erscheinen. Selbst die Formen dieser Poesie (sind) für uns nicht gefällig und die öftere Wiederholung desselben Reimes und Verses ..dem Ohre unerträglich. Sollte die göttliche Muse, die uns zum Himmel erhebt, zu nichts bessern einzuladen wissen als zu einer sinnlichen Wollust?

Von der beygefügten sogenannten Comödie mag ich nicht reden. Sie scheint mir eine unglückliche Geburt zu seyn. Welcher Zusammenhang, welcher Ton! Wortspiele machen die Dichtung fast ganz allein aus und der König spricht wie der Narr. Soll etwa Kasperle Apoll werden? oder Dienstmädchen die Musen? –

Lassen Sie sich nicht vom Dünkel der Neuheit und Originalität verführen. Das wirklich Schöne bleibt schön, und das Widrige ist unter allen Formen und Grimassen nicht zu verschönern. Uebrigens muß doch wahre Sittlichkeit und Moralität für den Dichter auch einen Werth haben."

Platen war außer sich, und zwar mit Recht. Wer seinen gelehrten textkritischen Briefwechsel mit Rückert über persische Poesie betrachtet, der versteht, wie ihn Knebels ignorantes Urteil über die persische Kultur erzürnen mußte. Hier spricht ein kleiner Geist, dem nicht einmal die persische Architektur und Miniaturenmalerei bekannt war, von Teppichen ganz zu schweigen. Man vergleiche nur Goethes vorsichtige Distanz zum Schenkenmotiv mit Knebels spießiger Entrüstung über ‚das Widrige'. Platen machte sich Luft mit einem Gedicht, das er ‚Klagen eines Ramlerianers' überschrieb. Ramler, wir erinnern uns, war jener zähe Berliner Dichter aus der Ära des alten Fritzen, in dessen Manier Knebel Texte vorzutragen pflegte. Mit dem Ramlerianer war natürlich er selbst gemeint.

> Chloris, Doris, magre Schäferinnen,
> Die ihr schäckertet im öden Thal!
> Hinkende Hexameter beginnen
> Euern Sang vom Nutzen der Moral.

Platen wußte nicht, daß im Streit mit Knebel Goethe auf seiner Seite war. Am 21. November hatte er, da selbst erkrankt, Eckermann beauftragt, eine freundliche Besprechung der ‚Neuen Ghaselen' für das nächste Heft von ‚Kunst und Alterthum' zu schreiben. Sicher waren die Anweisungen genauer, als Eckermanns Aufzeichnungen des Gesprächs belegen; die Rezension selbst, Anfang 1824 veröffentlicht, ist ein redlicher, wenngleich hilfloser Versuch, Goethes Gedanken wiederzugeben. Immerhin lassen sie sich aus den unsicheren, lauwarmen Formulierungen Eckermanns ablesen.

Einmal werden die Beits aneinandergereihte Gedankenperlen genannt: doch sei ihre Verbindung oft so geheim und versteckt, daß der Vorwurf entstehen könne, „als schwärme der Geist willkührlich hin und her und als würde nicht alles auf der Oberfläche erscheinende Einzelne von einer tiefen geistigen Wurzel zusammengehalten": zu Unrecht, denn jeder Gedanke habe „einen Bezug zu der sich durch das Ganze ziehenden Seele". Schon Goethe, wie wir sehen, erkannte Leitmotiv und oszillierende Bildreihe.

„Innigen Antheil heischen (diese Gedichte) nie; auch das leidenschaftlichste Gefühl berührt uns nur leicht, denn der Alles verkühlende und im Gleichen haltende Geist und gute Laune sind immer zu handen." Jene merkwürdig ‚alles verkühlende' Wirkung, die Platens unverblümtes Bekenntnis zur Gleichgeschlechtlichkeit bei Goethe zeitigt, ist vielleicht als ausgleichende Haltung zu verstehen zwischen dem, was die Sitte verurteilt, was ihn selbst auch nicht berührt, was aber doch zu den Alten und zum Orient unauflöslich gehört und somit kulturell gerechtfertigt ist. Der zählebige Irrtum, Platens Verse seien ‚marmorkalt', dürfte letztlich auf Goethe zurückgehen*! Die dümmliche Bemerkung von der guten Laune zeugt von flüchtiger Lektüre; sie geht hoffentlich auf Eckermanns Konto. Ein Satz noch fällt auf: Platen erinnert „uns an Horaz wie an Hafis, singt was wir alle gern hören und bringt nie etwas, das uns lästig oder gar zuwider seyn könnte." Das ist eine deutliche Antwort an Knebel, der seine Moralpredigt natürlich zunächst Goethe vorgetragen hatte, bevor er sie an Platen schickte. Glaubt man Eckermanns Aufzeichnungen, so war der Meister mit dieser Rezension, der ersten selbständigen Arbeit übrigens, die er dem neugewonnenen Adlatus überließ, sehr zufrieden.

Leider sollte Platen all das nicht zur Kenntnis nehmen. Durch die Wolken der herbstlichen Frustration schimmerte nur wenig Sonnenlicht. Im November empfing er den Brief eines Malers namens Sigismund Ruhl aus Kassel, offenbar ähnlich veranlagt wie er selbst, der sich von den Gedichten besonders angesprochen fühlte und ohne Kommata eine gottgewollte Sympathie beschwor. „Von dem ersten Augenblicke.. da ich Ihre Lyrischen Blätter laß fühlte ich diese Stimme in mir die nur wenige für Wenige fühlen. Ihre Verße und Ihr Geist jemehr ich davon verstand zog mich mächtig Ihnen zu.. Ja es ist mein aufrichtigster Wunsch daß mich mein Lebensweg recht bald Ihnen zuführen möge. Es würde Ihnen dan so hoff ich, ein längeres Beisammensein beweisen wie ich mich durch manche Erfahrung Ihnen verwandt fühle." Vermutlich war es das erste Mal, daß sich ein Schicksals- und Leidensgenosse an Platen wandte. Als Dank übersandte er Ruhl ein Exemplar der ‚Neuen Ghaselen' mit dem freundlichen Hinweis, nicht das Gedicht mit dem Dichter zu verwechseln, bat aber seinerseits um ein Portrait.

Anfang Dezember entbrannte er für einen Herrn v. Egloffstein, den er in der Erlanger ‚Harmonie' öfters beim Billardspiel traf. Es ging so wie immer: der junge Mann zeigte geringes Interesse an Platen, während dieser sich zu seinen eigenen

---

   * Jakob Grimm, vermutlich in Kenntnis von Goethes Kritik, äußerte die Meinung, der Dichter scheine „hin und wieder an das Kalte und Marmorne zu streifen." Dies Urteil zitierte Karl Gödeke in der Vorrede zu den fünfbändigen Platen-Ausgaben bei Cotta; im Apparat des Vorworts sind Gödekes fatale Sätze wiedergegeben.

Sigismund Ruhl (1818). Zeichnung von Carl
Vogel von Vogelstein. (Kupferstichkabinett,
Dresden)

Gefühlen deren Erwiderung hinzuphantasierte. Egloffstein ließ sich wegen Blutandranges schröpfen und erzählte von furchtbaren Wutausbrüchen, die ihn zuweilen überkämen. Platen, vermutlich vor Wonne schauernd, rezitierte dazu passende schwedische Verse über die „Bersärkerwuth der alten nordischen Kämpfer". Das gefiel Egloffstein. „Als wir aufstanden und nach Hause gingen," heißt es im Tagebuch, „schlang er seinen Arm um mich und sagte, daß er zwar den Tag über beständig mit seinen Collegien und juridischen Arbeiten geplagt sey, den Abend aber, von fünf bis sieben, wünsche er mit mir zuzubringen, und ich solle ihm besonders etwas von der schwedischen Sprache mittheilen. Wenn er Wort hält, so werden wir nach unserer Zurückhaltung schöne Stunden erleben." Zunächst ging Egloffstein freilich über Weihnachten nach Plankenstein, und Platen, dem es augenblicklich weder in Erlangen noch in Ansbach gefiel, beschloß seinerseits, nach Bayreuth zu reisen, wohin der Weg über Plankenstein führt.

In Bayreuth füllte er, während der Feiertage allein im Hotelzimmer, etliche Seiten seines Tagebuches mit Gedanken an Egloffstein. Madame Richter wollte den jungen Poeten in die Bayreuther Gesellschaft einführen, wozu er aber wenig Lust verspürte: sein unorthodoxer Aufzug mit Mütze und bunten Halstüchern gelte in Bayreuth sicher als unanständig. Doch las er den ‚Gläsernen Pantoffel' im Hause Richter vor, wobei Jean Paul selbst für kurze Zeit auftauchte und sich den Text ausbat.

Seine Frau ließ nicht locker, und alsbald fand Platen sich im Kreise von Stiftfräulein, „denn hier ist eine unglaubliche litterarische Wuth unter den Frauenzimmern.. Fräulein von Stein, welche schielt, hatte ein Paar von meinen Ghaselen gelesen und machte mir das Compliment, daß der Orient gut darin aufgegriffen sey." Ob der Dichter ahnte, daß er hier seinem kongenialen Publikum, so lange das Jahrhundert noch dauerte, gegenübertrat? Viel Erfolg hatte er bei den Damen auch mit einem neuen Gedicht, das aus seinem sonstigen lyrischen Werk völlig herausfällt: ‚Wäinämöinens Harfe. Finnisches Volkslied, aus dem Schwedischen übersetzt'. Hier ist ein einziges Mal jener ironische Volksliedton angeschlagen, mit dem Heine bald reüssieren sollte. Platen hat diesen Weg nicht weiter beschritten, weil er, wie wir annehmen, seiner pathetisch-ungebrochenen und also letztlich humorlosen Grundhaltung nicht entsprach.*

Jean Paul hatte unterdessen den ‚Gläsernen Pantoffel' mit viel Aufmerksamkeit gelesen, die er, wie er sagte, auch verdiente. Durch die anschließende wohlwollende Kritik wieder etwas aufgerichtet, schickte Platen das Stück mit einem bescheidenen Brief an Ludwig Tieck nach Dresden. Kein Wunder, daß er ohne Antwort blieb, denn Tieck war ja nicht einmal in der Lage, dort, wo er Beziehungen zum Theater hatte, seine eigenen viel besseren Märchensatiren auf die Bretter zu bringen. Daß der ‚Gläserne Pantoffel' eher fürs Volkstheater geeignet war, hatte der Dichter inzwischen selbst erkannt. Doch eine entsprechende Demarche Fuggers in München blieb ohne Erfolg.

Das Bayreuther Tagebuch schließt mit einem Lob Jean Pauls und seiner Gattin, die beide seit dem Tod des eigenen Sohnes an jungen Leuten liebevollen Anteil nahmen. „Sie kennen unser Schicksal," sagte Madame Richter, als Platen ihr für ihre Güte dankte.

Ein Treffen mit Egloffstein auf dem Rückweg von Bayreuth kam nicht zustande – und eben das war doch der Hauptgrund für die Reise gewesen! Auch später in Erlangen wich der junge Berserker dem weichlichen Grafen geflissentlich aus.

Nur zwei schöne Tage notiert Platen im Februar 1824: einmal, als er Egloffstein den ‚Gläsernen Pantoffel' vorlas und sich eine Wiederannäherung mit ihm anzubahnen schien, sowie dann, als er auf einem Ball einen Herrn v. Stachelhausen kennenlernte, der ihm als Herzensfreund auch recht gewesen wäre. Immerhin inspirierte ihn Stachelhausen zu einigen Ghaselen, was Egloffstein nicht vermocht hatte.

Dem armen Kernell ging es sehr schlecht. Seit zwei Wochen war er bettlägerig, und der Arzt gab ihm nur noch einen Monat. Mit einem älteren Studenten namens Wippert, den er durch Pfeiffer und Liebig kannte, schlief Platen jetzt im ‚Wallfisch' neben Kernells Zimmer, um im Notfall gleich bei der Hand zu sein.

Nach dem Mißerfolg mit Knebel hatte er ein Exemplar des ‚Gläsernen Pantoffels' direkt an Goethe geschickt. Im Begleitbrief beschwert er sich ausführlich über Knebel, erwähnt auch „einige komische Gedichte", mit denen er sich „nothgedrungen Luft machen mußte": es sind deren zwei, vom ersten hörten wir schon. Platen unterließ es jedoch wohlweislich, diese Gedichte beizulegen, und Goethe, weit entfernt davon, die Klage über den ‚Urfreund' zu verübeln, nahm die Komödie wohlwollend auf, überflog

---

* Es existiert noch eine ironische ‚Legende von den elftausend Jungfrauen' in Platens Handschrift, die Petzet unter ‚Zweifelhaftes und Unechtes' eingeordnet hat. Wahrscheinlich ist dies Gedicht ein Pendant zu ‚Wäinämöinens Harfe', zumal Platen in einer Tagebuchnotiz vom 27. Dezember 1823 die Bayreuther Stiftfräulein mit der hl. Ursula von Köln und ihren Jungfrauen vergleicht.

sogar den Anfang. Am 21. März bemerkte er zu Kanzler Müller, Herder und Knebel hätten ihm durch ihre literarische Mißgunst in ähnlichen Fällen schon manchen Tag verbittert. Eine Woche darauf schrieb er an Platen: „Ew Hochwohlgeboren stehen bey mir und meinen Umgebungen immer im guten und freundlichen Andenken.. Die neue und alte Zeit hat immer in einigem Widerstreit gelebt, und es ist mir sehr viel werth, daß das Geschick mich begünstigt, den heranstrebenden Jüngeren eher entgegen als aus dem Wege rücken zu können." Da er mit anderen Arbeiten beschäftigt sei, finde er jetzt keine Zeit, das Manuskript zu lesen und sende es deshalb zurück; Platen möge den Text wieder schicken, wenn er gedruckt sei.

Kurz darauf äußerte sich Goethe über den ‚Gläsernen Pantoffel' zu Eckermann. Dessen Buchführung ist nun leider nicht so genau, wie gemeinhin angenommen, denn er läßt Goethe von „Platens Schauspielen" reden, ein Plural, der für den März 1824 noch nicht zutrifft. Erst im Juni sollte aus Erlangen jener Band mit zwei gedruckten Dramen eintreffen, den Eckermann hier offensichtlich meint. In Wirklichkeit sprach Goethe nur von der handschriftlichen Kopie des ‚Gläsernen Pantoffels', die Platen ihm Mitte März geschickt hatte. Das Stück sei zwar geistreich, meinte Goethe, doch berühre es den Leser kaum, vielmehr gleiche es „dem Kork, der, auf dem Wasser schwimmend, keinen Eindruck macht, sondern von der Oberfläche sehr leicht getragen wird." Damit aber sei es gerade bei den Deutschen, die einen gewissen Ernst verlangten, nicht getan.

Mit Egloffstein grüßte sich Platen mittlerweile nicht einmal mehr. Einer von dessen Freunden hatte ihm im Rausch verraten, „daß er diesen und anderen Dinge mittheilte, die ein zartes Gefühl keinem Dritten mitzutheilen pflegt."

Am 30. März 1824 starb Kernell, während der Dichter für kurze Zeit das Zimmer verlassen hatte. Der Zufall verursachte ihm heftige Gewissensbisse. Seine Beschreibung des toten Kernells ist so präzis, daß sie einen Arzt zufriedenstellen würde. Noch vor der Beerdigung schrieb er ein Gedicht auf den Toten, ließ es sogleich drucken und am Sarg an alle Anwesenden verteilen. Die Reaktion war beifällig, er wurde von allen Seiten um Exemplare dieses Nachrufs gebeten. Kernell war nicht einmal siebenundzwanzig Jahre alt geworden. „Aber auch ich fühle heute zum Erstenmale lebhaft, daß ich bald das Opfer eines gleichen Uebels seyn werde", notiert Platen in sein Tagebuch. „Ein Brustübel in meiner frühesten Jugend, Congestionen nach der Brust, die ich seit einiger Zeit empfinde, Magerkeit, Auswurf, und besonders ein Andrang des Bluts nach dem Kopf lassen auch dieß befürchten." Sicher hat dieser Eintrag psychosomatische Bedeutung. Der Dichter nahm Ziegenmilch mit und ohne Selterwasser gegen die eingebildete Schwindsucht, womit er sich gründlich den Magen verdarb. Sein Tod in elfeinhalb Jahren sollte nichts mit der Brust, aber sehr viel mit dem Darm zu tun haben, jenem Organ, das bei ihm auf seelische Wetterlagen wie ein Barometer reagierte.

Anfang April vollendete er die kleine Komödie ‚Berengar', die er schon vor Kernells Tod angefangen hatte. Den Stoff dazu entnahm er Le Grands ‚Fabliaux et Contes'. Max Koch hat die burleske Fabel vom Ritter Bérenger dem Text von Platen genüßlich beigegeben, freilich im Original, und wir wiederholen sie hier ebenso genüßlich auf deutsch. Eim lombardischer Ritter war bei einem Wucherer verschuldet. Da er ihn nicht bezahlen konnte, gab er seine einzige Tochter dem Sohn dieses Mannes zur Frau und rüstete ihn als Ritter aus. Dieser schnitt nun gewaltig auf und berichtete von unerhörten Heldentaten, die er gegen Wegelagerer vollbracht hätte: in Wirklichkeit begab er sich in einen nahen Wald, hing seinen Schild an einen Baum und hieb mit den eigenen Waffen darauf ein. Derart mit vermeintlichen Kampfesspuren versehen, kam er nach Hause; seine Frau jedoch bemerkte den Betrug. Sie ließ sich eine Rüstung anfertigen, und als ihr Gatte wieder gegen angebliche Wegelagerer auszog, folgte sie ihm heimlich. Er hing wie vorher seinen Schild an einen Baum und schlug darauf ein; sie erschien, in ihrer Rüstung unkenntlich, und forderte ihn zum Kampf auf. Da er auswich, gab sie ihm mit dem Schwert einen starken Hieb über den Helm. Der Mann zitterte vor Angst und erklärte, er habe ein Gelübde getan, niemals zu kämpfen; ob es denn keine andere Möglichkeit gebe, den Zorn des Gegners zu besänftigen?

„Hier sehe ich mich gezwungen," schreibt Le Grand, „meine Erzählung zu unterbrechen, um die Nachsicht meiner Leser zu erbitten. Sie werden mir verzeihen, wenn ich mitteile, daß die schöne Kriegerin dem Ritter vorschlägt, er möge sich nähern und ihr das küssen, was man gewöhnlich nicht küßt, und daß der Feigling einwilligt; daß die eine vom Pferd steigt und ohne Schleier das Objekt des Kusses darbietet, während der andere, seinen Helm abnehmend, mit gebeugtem Knie sich zu der respektablen Zeremonie bequemt".

Hinterher fragt der Gedemütigte nach dem Namen seines Gegners. ‚Was geht dich der Name an?' erwidert dieser, „doch ich will ihn nicht verheimlichen: ich heiße Bérenger, und ich bin es, der die Feiglinge beschämt.' Nach diesen Worten stieg die Dame aufs Pferd und ritt davon. Unterwegs hielt sie jedoch bei einem Ritter an, der sie schon lange begehrte, den sie aber nicht erhört hatte. Diesen nahm sie jetzt mit nach Hause. Kurz darauf traf auch ihr Mann dort ein und war sehr erstaunt, seine Frau mit einem anderen im Bett zu finden. Als er protestieren wollte, sagte sie: ‚Schweig Schlappschwanz, oder ich rufe Bérenger, und du weißt, wie der mit Feiglingen umspringt.' "

Dieser deftige Schwank aus dem italienischen Mittelalter, der die Ressentiments der verarmenden Feudalen gegen die neuen Machtzentren des Handels und Bankwesens illustriert, mag Platen sympathisch berührt haben, ihn, den verarmten Grafen und zugleich das verkleidete Mädchen inmitten einer aufstrebenden bürgerlichen Gesellschaft. Er paßte die Geschichte dem Biedermeiergeschmack an, indem er sie vor die geplante Heirat verlegte: das geharnischte Fräulein darf, nachdem es den feigen Bankierssohn in die Flucht schlug, einen Prinzen heiraten, der unerkannt als Page bereitstand. Alles Rabelaisische fällt natürlich weg. Übrig bleibt ein bescheidener Einakter, der sich für Schüleraufführungen der Mittelstufe gut eignet.* Zweimal las Platen den ‚Berengar' öffentlich, einmal vor jungen Professoren und den befreundeten Gymnasiallehrern, das zweitemal im Hause Schelling vor den Familien Pfaff und Schubert, jedoch in Abwesenheit des Hausherrn.

War den beiden Komödien vor Zuhörern nur ein zweifelhafter Erfolg beschieden, so doch ein besserer, als der Dichter sie zum Druck anbot. Die Subskription des ‚Neuen

---

* 1967 wurde der ‚Berengar' am Platen-Gymnasium in Ansbach tatsächlich von Schülern aufgeführt.

Ghaselen' hatte nicht nur ihre Unkosten erbracht, sondern sogar einen Überschuß. Dieser Umstand mag Heyder bewogen haben, beide Stücke in einem Band gegen ein Voraushonorar von 140 fl. zu verlegen. Die Erfahrung, daß er mit offenen Bekenntnissen mehr Leser (Leserinnen!) ansprach als mit persisch verkleideten, sollte nicht ohne Einfluß auf Platens weiteres Dichten bleiben.

Mit dem unverhofft eingenommene Geld aber wollte er im Herbst eine Reise nach Südtirol, wenn nicht nach Venedig machen. Ende April bot er Liebig, der soeben aus Paris nach Darmstadt zurückgekehrt war, an, ihn zu begleiten. Doch der wartete auf seine Ernennung zum Professor in Gießen und hatte andere Sorgen als poetische Reisen nach Italien.

Eine Woche später, in einem Brief an Fugger, führt die geplante Route über die Tauern nach Venedig und zurück durch Südtirol, so, wie sie im Herbst dann wirklich verlaufen sollte. Auch Fugger trug der Dichter die gemeinsame Reise vergeblich an. Der Freund war mittlerweile nach Augsburg versetzt worden, wo es ihm ganz gut zu gefallen schien. Familiäre Umstände zwangen ihn jedoch, vor dem dreißigsten Geburtstag zu heiraten, falls er nicht eines Erbes verlustig gehen wollte. Der Zeitpunkt nahte heran. Platen hatte Fugger nach der Auserwählten gefragt, und dessen Antwort ist eine köstliche Variation des Themas ‚Graf Bobby soll heiraten': „Du beklagst Dich über meine Zurückhaltung, lieber Freund", schreibt Fugger. „Wenn ich es recht bedenke, so verfahre ich mit mir selber nicht so offen, als ich sollte, da ich mir selbst kaum meine Leidenschaft gestehe, und die Sache nicht ohne Mistrauen und Furcht betrachte.. überall zeigen sich widerstrebende Meinungen, und so bin ich in einer wechselnden Stimmung bald hoffend, bald verdrüßlich, und das einzige, was mich noch tröstet, sind die freundlichen und aufmunternden Briefe der Fr. v. Venningen, der Mutter meiner Geliebten, welche diese Verbindung sehr zu wünschen scheint, obwohl sie anfangs glaubte, sie sey viel glänzender und reicher, als sich nach und nach zeigt". Offensichtlich war mit der Heirat auf keiner Seite viel zu gewinnen. Sie unterblieb, und Fugger sollte 1839 als Junggeselle sterben.

Fünf Theater hatten den ‚Gläsernen Pantoffel' abgelehnt. Bruchmann las ihn dreimal in Wien vor verschiedenen Gesellschaften mit großem Beifall, wie er schrieb, doch die Bühnen wollten auch dort nichts von ihm wissen. Seelenfreund Ruhl bemühte sich in Berlin um eine Entscheidung über das Stück, die immer noch ausstand. Eine treffende Bemerkung machte Rückert: nicht das Poetische stehe der Aufführung des ‚Gläsernen Pantoffels' entgegen, sondern sein Mangel an dramatischer Kraft. „Die Theaterdirectoren ..kümmern sich natürlich nichts um die Poesie, doch werden sie diese schon passiren lassen, wenn das, was sie brauchen, nur da ist."

Liebigs Verhalten im Frühjahr 1822 hatte bei Platen die lange Depressionsphase eingeleitet, in deren Tiefe Cardenio stand. Keine Ghaselendichtung hatte mehr vermocht, den armen Dichter aus dem tiefen Brunnen zu holen, in den er gefallen war. Erst wieder Liebigs Briefe im Frühjahr 1823 waren der Strick, an dem er sich in die veränderte Wirklichkeit der ‚Neuen Ghaselen' emporziehen konnte. Weiter half Schellings väterlicher Rat, es mit dem Drama zu versuchen. Mögen die Resultate auch verunglückt sein, ihre biographische Bedeutung ist ebenso groß wie die heilsame Wirkung der Arbeit auf des Dichters gequälte Seele.

Aus dem kleineren Loch, in das er wegen Egloffstein gefallen war, hatte ihm Madame Richter, Jean Pauls Gattin, herausgeholfen. Nun, seit Kernells Tod, füllt sich das Tagebuch erneut mit Namen teils hübscher, teils sonst irgendwie interessanter junger Männer, die jedoch bald wieder verschwinden. Da Wippert einmal Schelling angriff, geriet Platen in eine Wut, die er vorher in diesem Grade nie an sich bemerkt hatte. Doch als Wippert Erlangen verließ, vermißte er ihn doch: außer Engelhardt sehe er nur noch die Gymnasiallehrer, bemerkt er schlechtgelaunt.

Mit einem von ihnen hatte er ein Gartenhaus am Altstädter Berg gemietet für monatlich abwechselnde Benutzung; im Juni war die Reihe an ihm, und er verbrachte dort manchen Tag allein mit seinem neuesten Drama ‚Der Schatz des Rhampsinit'. Mittags mußte er freilich auf eine Stunde zum Bibliotheksdienst. „Wenn ein Fremder (im Sommer 1824) die Hauptstraße der Stadt Erlangen vom Nürnberger Thor abwärts ging," schreibt Friedrich Mayer, etwa zehn Jahre jünger als Platen, „so begegnete er gewiß jeden Tag, nachdem ein Uhr geschlagen, auf dem Holzmarkte einer an das Kindische gränzenden schwachen Gestalt mit einem knapp anschließenden, grünen, altdeutschen Rocke, gelben Nanquinbeinkleidern* und dito Kamaschen. Die Gestalt schien mehr zu schweben als zu gehen, und man konnte bei ihrem Anblick auf Alles eher kommen, als auf den Begriff der Consistenz, und wenn jemand (behauptet hätte), daß es Geschöpfe gäbe, die sich vom Mondscheine nähren, man wäre wahrhaftig geneigt gewesen, dieß auf dem Holzmarkte zu Erlangen zu glauben. Bei näherer Betrachtung der Gestalt ergaben sich noch einige (andere) Merkmale..: feine, mehr blond- als braunfarbige Haare, die sich wie Flaumen vom leisesten Windzuge aufwärts bewegten, ein bleiches Gesicht mit weichen Zügen, die wie leichte Furchen in dem zarten Fleische lagen, schmale Lippen ohne frisches Roth, und lichtblaue, in feuchtem Dufte schimmernde Augen, deren Pupillen verschiedene Richtungen verfolgten, was man im gemeinen Leben schielen nennt." Mayer war Gymnasiast unter Döderlein und hatte den Dichter schon früher in einem Wirtshaus bei einem literarischen Disput beobachten können: „Die Art, wie Platen seine Behauptungen aussprach, zeugte von sprudelnder, innerer Lebendigkeit, von einem Enthusiasmus, dem seine Zunge nicht schnell genug mit Worten, seine Arme nicht behende genug mit Bewegungen zu Hülfe waren, daher befand sich sein ganzer Körper in steter Unruhe, und seine Sprache litt zuweilen mitten im Flusse an einem kleinen Stottern."

Mitte Juni waren die ersten Exemplare der ‚Schauspiele' gedruckt. Platen hatte dem ‚Gläsernen Pantoffel' die erwähnte ‚Zueignung an Schelling' vorangestellt, das Buch jedoch auch mit einem ‚historischen Anhang' versehen, den er besser fortgelassen hätte. Es handelt sich um zwei Knebel-Gedichte, deren eines wir schon kennen. Wohl war ihm klar, daß Goethe in dem Brief vom 21. März vorsichtig seine Partei gegen Knebel ergriff. Doch ist nicht bekannt, daß er Eckermanns Lob der ‚Neuen Ghaselen' in ‚Kunst und Alterthum' vom Januar zur Kenntnis genommen hätte: Ruhl machte

---
* gewebter Stoff aus naturfarbener chinesischer Baumwolle, rötlichgelb.

Platen noch im Januar darauf aufmerksam, aber der geht in seiner Antwort auf den Hinweis nicht ein. Hätte er die Besprechung gelesen, auch wenn sie nur vom ‚Schüler' Eckermann stammte, er hätte vielleicht Goethes Antwort an Knebel darin entdeckt und dann, vom Olymp herab hinlänglich gerechtfertigt, auf seine kleine Privatrache verzichtet. So, wie die Dinge standen, fühlte er sich freilich durch Goethes leicht angedeutete Parteinahme zur öffentlichen Polemik geradezu herausgefordert. Er ließ nicht nur die Klage des Ramlerianers mit den mageren Schäferinnen drucken, über die der Meister vielleicht geschmunzelt hätte, sondern leider auch noch jene fatale ‚Antwort an den Ramlerianer', die ihn seine Gunst kosten sollte.

> Spornten Sie doch selbst mit Eifer
> Einen Pegasus zuvor:
> War es etwa nur ein steifer,
> Lieber alter Herr Major?

> Aber nun, als Kritikaster
> In bejahrter Musen Chor
> Rügen Sie poet'sche Laster,
> Lieber alter Herr Major!

Von dieser Sorte sind es acht Strophen, immer mit dem gleichen letzten Vers, damit es auch keinem Eingeweihten verborgen bleibe, wer gemeint ist. Schelling war unter den ersten, die den neuen Band zu Gesicht bekamen. Ihm schien Platens Angriff auf Knebel, den ‚Urfreund' Goethes, unangebracht; daß noch hinter Knebel als letzter, eigentlicher Adressat Platens Vater stand, ahnte der Philosoph natürlich nicht. Auf einem Spaziergang nahm er den jungen Dichter freundlich ins Gebet: auch wenn er in der Sache recht habe, so sei es falsch gewesen, die polemischen Gedichte mit abzudrucken.

Diese rechtzeitige Warnung schlug Platen in den Wind, als er zwei Tage später den kompletten Band an Goethe schickte. „Den historischen Anhang meines Büchleins bitte ich, entweder ganz zu überschlagen, oder ihn, nach dem Wunsche des Dichters, in einer ganz allgemeinen Beziehung zu betrachten." Mit dieser Bemerkung, die den langen Begleitbrief abschließt und die eventuelle Ungunst abwehren sollte (soweit hatten Schellings Worte doch gewirkt), erreichte er nur das Gegenteil. Der Meister schlug vermutlich als erstes eben den Anhang auf, las ihn und legte das Buch ärgerlich beiseite. Keinesfalls war ihm der dichtende Graf wichtig genug, um seinetwillen ein Zerwürfnis mit Knebel zu riskieren. Noch am selben Tag sprach er mit dem Kanzler Müller über die „Erlanger Unart", und Platen sollte nie mehr eine Zeile von Goethes Hand erhalten. Die stählerne Spitze seiner Zaubernadel hatte zugestochen, doch hauptsächlich ihn selbst verletzt. Es sollte nur der Anfang sein.

28. Bliomberis

Anfang Juli beendete er den ‚Schatz des Rhampsinit', jenes neue Drama, das er zumeist im Gartenhaus geschrieben hatte. Der Stoff stammt aus dem ‚Forschungsbericht' des Herodot und wurde von Platen für seine Zwecke leicht verändert. Pharao Rhampsinit läßt ein Schatzhaus errichten. Der Baumeister legt einen geheimen Zugang an, um es bei Gelegenheit berauben zu können; diesen Zugang verrät er seinen beiden Söhnen Sethon und Siuf auf dem Totenbett. Beim ersten nächtlichen Einbruch sieht Siuf des Königs Tochter Diora im Garten und verliebt sich in die Unbekannte. Diora ihrerseits wird offiziell vom Prinzen Bliomberis aus Nubien umworben, zeigt ihm aber keine Neigung. Beim zweiten Einbruch ins Schatzhaus stiehlt Siuf einen kostbaren Gürtel und überreicht ihn als Unbekannter Diora. Rhampsinit entdeckt den gestohlenen Gürtel im Besitz seiner Tochter; befragt, woher sie ihn habe, nennt sie aus Verlegenheit Bliomberis, welcher daraufhin ins Gefängnis geworfen wird. Rhampsinit, der sich die dauernden Diebstähle nicht erklären kann, läßt im Schatzhaus Fallstricke legen. Beim dritten Einbruch fängt sich Sethon darin; er bittet seinen Bruder, ihn schnell zu töten und den Kopf abzuschneiden, damit er nicht erkannt werde und so die Ehre des Vaters gerettet werde. Siuf tut es und verschwindet mit Sethons Kopf aus dem Schatzhaus. Rhampsinit läßt den kopflosen Leichnam öffentlich ausstellen, um ihn identifizieren zu können. Siuf macht die Wachen betrunken, entwendet die Leiche und übergibt sie der Mutter. Als Hohn schneidet er den schlafenden Wachen die Bärte zur Hälfte ab.

Nunmehr läßt Rhampsinit eine hohe Prämie für die Entdeckung des Leichenräubers aussetzen. Siuf erscheint vermummt vor dem Pharao, seiner Tochter und dem wieder befreiten Bliomberis. Er gibt seine Untaten offen zu, verschweigt jedoch seinen Namen. Als er in Diora seine Geliebte erkennt, fordert er ihre Hand als Prämie. Rhampsinit verweigert sie, und Siuf entflieht, wobei er die abgeschnittene Hand seines Bruders zur Täuschung der Verfolger zurückläßt. Der Pharao ist von der Schläue des Unbekannten so beeindruckt, daß er verkündet, für die Totenhand gebe er die seiner Tochter, sofern sie einverstanden sei. Die Schlußszene führt zur Enthüllung Siufs und zur Vereinigung des Paares, während Bliomberis mit Spott fortgeschickt wird.

Weder die Vorlage noch Platens Variante sind in sich schlüssig. Selbst wenn die moralische Seite völlig außer Acht bleibt, ist es unglaubwürdig, daß der König einen Räuber, dessen Vater ihn schon betrog und der kühl den Bruder tötet, wenn's pressiert, einfach zum Schwiegersohn macht: es wäre nicht nur zynisch, es wäre vor allem töricht. Das Fabelhafte der Geschichte entschuldigt nicht solche Schlamperei im Faktischen. Die Umstände des Schatzraubes sind einfach dümmlich, ebenso wie dessen spätere Verhinderung durch Fallstricke, aus denen sich die ach so gerissenen Räuber nicht befreien können. Da hätten schon die Höhlenmenschen gegrinst: schnell einen Hals durchschneiden kann Siuf, doch einen Strick nicht. Verstümmelte Leichen sind gerade in Ägypten unverzeihlich, und was wäre obendrein von einem Charakter zu halten, der erst den Bruder ungerührt umbringt, dann aus Pietät den kopflosen Leichnam entwendet, als nächstes diesen Akt mit einem Scherz, den halb rasierten Bärten kommentiert, und schließlich noch die abgetrennte Hand zu einem Taschenspielertrick benutzt? Nur gut, daß Platen nicht auch noch die Königstochter ins Bordell schickt, wo sie den Leichenräuber unter der Kundschaft herausfinden muß: solches wird ihr nämlich bei Herodot vom Vater liebevoll auferlegt.

Zwar erzählt der griechische Klassiker diese miserable Geschichte mit spürbarer Zurückhaltung; doch wird sie dadurch nicht besser, und sie läßt sich auch nicht leichter dramatisieren. Von der Entdeckung Sethons, daß er in Fallstricken gefangen sei, bis zur Ergebung in den Tod mit präziser Tötungsanweisung an den Bruder vergehen zwanzig Verse (973 – 93); Rhampsinit faßt seinen Entschluß, den unverschämten Räuber als Schwiegersohn zu umarmen, in knapp dreißig (1586 – 1615). Platen müht sich vergeblich, den Siuf sympathisch und des Pharao plötzliche Begeisterung für ihn plausibel zu machen. An dieser Fabel wäre selbst ein Shakespeare gescheitert; nur hätte der sich nicht erst an ihr versucht.

Träger des komischen Elementes sind neben Bliomberis sein Adlatus Kaspar und eine freche Zofe der Diora. Bliomberis redet gespreizten Unsinn (in Versen), Kaspar schlichten Schwachsinn (in Prosa). Mehr noch als im ‚Gläsernen Pantoffel' ist hier das Vorbild von Tiecks ‚Prinz Zerbino' mit Händen zu greifen: eben wie der Romantiker sich im Zerbino abbildet, so Platen im Bliomberis. Während dieser aber, trotz aller Mißverständnisse und Frustrationen, Herr der Szene bleibt, ja die ganze Geschichte zurückdreht, da sie ihm nicht mehr paßt, so kommt jener ‚aus der Fremde', hat in der Szene eigentlich nichts verloren und wird gleich nach einer verunglückten Begrüßungsrede von der Prinzessin wieder heimgeschickt. Bliomberis ist kein Romantiker wie Zerbino, auch kein Rationalist, wie Schlösser meint, sondern ein älterer Vetter von Büchners Leonce. Wenn diesem seine Lena sicher und sein Hauptproblem nur der moderne Ennui ist, so fehlt es dem Bliomberis an viel mehr: an erwiderter Liebe nämlich. Platen beschreibt in dieser tragikomischen Figur den Poeta doctus auf dem Wege zum Dichter-Dandy. Zwar ist er moderner Ästhet und Tourist aus Liebesgründen, doch fehlt ihm jede weitere Qualität des gefallenen Engels. Keine Blume des Bösen trägt er als Attribut im Knopfloch, allenfalls die trockene Immortelle des Biedermeier oder den Lorbeer am Hut. Seine erdichteten künstlichen Paradiese wollen nicht Gott auf diabolische Weise provozieren, sie dienen vielmehr ganz konventionell der tröstlichen Zuflucht vor Enttäuschung. Bliomberis nimmt seine Umwelt kaum wahr:

> Rhampsinit. Du bist durch weite Länder hergereist,
> Und wirst uns Manches zu verkünden wissen.
> Bliomberis. Die Länder hab' ich nur von Zeit zu Zeit
> Des Blicks gewürdiget, da selten ich
> Von meinem Tagebuch mich abgemüßigt.
> Rhampsinit. Doch manchmal sahst du wohl auch drüber hin?
> Bliomberis. Ich habe genialische Notizen
> Von Zeit zu Zeit mir angefertiget,
> Um einst in Nubien sie herauszugeben ...

Bliomberis lebt ganz nach innen; deutlich wird das im vierten Akt, da er ein parodistisches Sonett an die Mauer seines Kerkers schreibt. Als er schließlich freigelassen wird, spricht er ein zweites Sonett gegen die Mauern, die bisher ‚für Schelme nur bestimmt und Bauern' gewesen waren:

> Doch seit ich euch mit meinen Meisterpinseln
> Bekritzelt habe, seid ihr umgeschaffen
> Zu Paradiesen, zu glücksel'gen Inseln.

Euch wird entzückt die künft'ge Welt begaffen;
Denn jeder Ort, so meine Musen winseln,
Liegt ohnedieß im Lande der Schlaraffen.

Ist das nun einer der raren Belege für Selbstironie beim Grafen Platen? Den Meisterpinsel kennen wir aus einem verunglückten Gedicht an Rousseau von 1816. Ob es dem Dichter in den Sinn kam, daß er mit dem Bliomberis ein nur wenig karikiertes Selbstporträt liefert? Auf jeden Fall hat er mit dem nubischen Prinzen den ersten Dandy der deutschen Literatur geschaffen, und er hat ihn, den ewigen Außenseiter, zugleich auf Reisen geschickt. Hier wird das Schauspiel für seinen Autor prophetisch.

Hinter Rhampsinit steht der Musengott, sein Schatz ist die Literatur. Die Tochter Diora wäre einmal die Muse der Dichtung, andererseits aber auch das deutsche Publikum und dahinter die Dichtermutter. Die Räuber Sethon und Siuf verkörpern alle ‚schlechten' modernen Literaten von Müllner bis zu den Romantikern: mit Täuschung (Trivialität) und (geistigem) Diebstahl gewinnt Siuf die Gunst Rhampsinits und seiner Tochter, während Bliomberis' Talente unbeachtet bleiben. Bezeichnend ist seine verunglückte Werbung.

Diora.	Es ist kein Zeitungsblatt hieher gedrungen,
	daß dich es uns und deinen Ruf beschriebe:
	Ich hörte nicht, was nirgend ist erklungen,
	Was nicht ich hörte, weckte keine Triebe …
Bliomberis.	Wie soll mit kargen Sylben ich bestreiten
	Die Kosten deß, was ich für dich empfinde?
	Wann wird das Meer mir Thränen zubereiten?
	Wann werden Athem mir verleihn die Winde?
	Den Himmel fleh' ich um Erhabenheiten,
	Die Erde hier um blumige Gewinde;
	Doch scheint, Hohn sprechend meinem tiefen Innern,
	Der Himmel ehern und die Erde zinnern.
Diora.	Wie soll ich Worte nur zusammentragen
	Für das, was ich dir nicht zu sagen habe?
	Nur stets zu sprechen, ohne was zu sagen,
	Das war von je der Redner größte Gabe:
	Daß sie mir mangelt, laß' es mich beklagen,
	Und greife wieder nach dem Wanderstabe,
	Bis Himmel einst und Erde sich verschönern,
	Wenn jener luftig wird und diese thönern.
Bliomberis.	Die Liebe sammelt auf dem Haubt mir Kohlen,
	Vom Blasebalg der Sehnsucht angeblasen;
	Doch gerne scheid' ich, da du es befohlen,
	Verschließ' in mich die glühenden Ekstasen:
	Einst, hoff' ich, wird die Seele sich erholen
	Von sand'ger Wüst' auf lachenden Oasen:
	Dann hoff' ich noch mein dürres Herz zu laben.
	(Zu den Uebrigen.)
	Lebt wohl!
Kaspar.	Ich wünsche, wohl gespeist zu haben!

‚Der Schatz des Rhampsinit' enthält als Kern die Klage Platens über das Unverständnis der Mutter für seine Dichtung. Er hat ganz offenbar nicht bemerkt, daß Bliomberis' lächerliche und vergebliche Werbung um Diora seine eigene um ihren Beifall ist. Hätte er in dem ‚Fremden' sich selbst erkannt und in Siuf Müllner, er hätte ohne Zweifel jenen karikiert und nicht diesen.

Wir finden keine Spur von Selbstironie bei Platen. Sie wäre dem Narzißten auch völlig unangemessen. ‚Der Schatz des Rhampsinit' ist vielmehr eine unfreiwillige Tragigroteske. Der Dichter benutzt zwar das bewußt komische Mittel der Parodie (wir finden ein Ghasel, fünf Stanzen und zwei Sonette), doch merkt er nicht, wen er da verspottet. Platens unbewußte Selbstparodie schlägt Kempners unfreiwillige Komik.

Bisher hatten sich seine Schaupiele mit der Außenwelt beschäftigt. Aschenbrödel, Diodat und das verkleidete Ritterfräulein sind nichts als Versuche, des Dichters fragwürdige Stellung in der Gesellschaft zu bestimmen. Das neue Theaterstück aber zeugt von Resignation und Rückzug nach innen: als Prinz Bliomberis nimmt Platen auf tragikomische Weise Abschied vom Publikum – und von der Mutter. Langsam beginnt ihr Bild im Spiegel des Narziß zu verblassen.

Anfang Juli hatte er seinen ‚Rhampsinit' glücklich beendet. Ein paar Tage darauf las Fabri, mit dem er das Sommerhaus teilte, den ‚Gläsernen Pantoffel' in einem Wirtsgarten vor. Der Chemiker Kastner kam mit einigen Professoren dazu, besah sich das Buch und meinte, er kenne es wohl, das Stück tauge nichts, der Pernullo könne gänzlich gestrichen werden, und die eigentlich witzigen Stellen seien von Clauren oder Kotzebue entlehnt. Platen hatte davon gehört und alles getreulich dem Tagebuch anvertraut, doch beim Wiederlesen sich offenbar so darüber geärgert, daß er die Seite herausschnitt. Wir kennen den Zwischenfall dennoch, da er ihn auch Liebig in einem (erhaltenen) Brief mitteilte, und darin Kastners Urteil „recht eigentlich dumm und hundsgemein" nennt.

Zur ersten Lesung des ‚Rhampsinit' im Harmoniesaal wurde der Chemiker natürlich nicht gebeten. Leider erschienen Schellings, Schuberts und die Gymnasiallehrer trotz Einladung ebenfalls nicht. Doch immerhin kamen dreißig Personen zusammen, und Platen war mit dem Erfolg des Abends zufrieden. Wir können uns vorstellen, daß er den Bliomberis besonders gut vortrug.

Wenn Schelling auch den ‚Rhampsinit' nicht zur Kenntnis nahm, so verlor er doch nicht das Interesse an Platens dramatischer Arbeit. Auf einem gemeinsamen Spaziergang beklagte er, mit deutlichem Seitenblick, die Zahmheit der deutschen Schauspiele; ein Dichter, der das Volk hinreißen wolle, müsse auf Vorlesungen im Salon verzichten, er müsse Partei ergreifen. Der Konflikt zwischen Katholizismus und Protestantismus wäre zum Beispiel ein guter Vorwurf. Der Philosoph zog so seinen vorschnellen Beifall zum ‚Gläsernen Pantoffel' zurück. Doch mit der indirekten Aufforderung, eher Schiller als Tieck nachzueifern, war Platen wenig gedient. Wir erfahren übrigens bei der Gelegenheit, daß er, zur Verwunderung Schellings, Heinrich v. Kleist überhaupt nicht kannte.

Wie für die Schweizerreise suchte er nun dringlich Begleitung nach Venedig, und wie damals fand er keine. Liebig, Fugger waren vergeblich aufgefordert; Hermann, der Gymnasiallehrer in Nürnberg, hatte ihn zuerst begleiten wollen, doch nun ließ er absagend ausrichten, Platen sei ihm zu obstinat, und es könne ihm ja unterwegs einfallen, ein Lustspiel zu schreiben. Stachelhausen wäre gerne mitgekommen, doch erlaubte es der Vater nicht. Schubert hatte versprochen, unter seinen Studenten einen Begleiter zu suchen, und es meldeten sich sogar deren zwei: doch Platen fand Ausreden, auch vor sich selbst, vermutlich entsprach das Äußere der jungen Leute nicht seiner Erwartung. Gern wäre er mit Bruchmann gereist, doch auch der war verhindert.

Die letzte Woche vor der Abreise, als er schon seinen Paß hatte, brachte noch ein Wiedersehen mit Rotenhan. Der Freund hatte sich, wie das Tagebuch mitteilt, den vergangenen Winter „in großen Gesellschaften und Cirkeln aller Art herumgetrieben", vermutlich auf Brautschau. Ein geplantes Treffen auf dem Rückweg von Italien in München kam nicht zustande. Der Name Rotenhan ist in Platens Aufzeichnungen nicht mehr erwähnt. Der ehemalige Freund war später für längere Zeit Präsident des bayerischen Landtages und spielte im Frankfurter Parlament von 1848 eine gewisse Rolle.

Aus Berlin war das Manuskript des ‚Gläsernen Pantoffels' zurückgeschickt worden mit einem Vordruck des Intendanten, in dem ausführlich dargelegt ist, warum er die Ablehnungsgründe der zurückgewiesenen Stücke nicht angeben wolle. Wir können uns Platens Laune vorstellen. Zur guter Letzt wurde auch noch in das Sommerhaus eingebrochen, jedoch außer Kleinigkeiten nur ein ‚Narrenbuch' entwendet, das leider der Bibliothek gehörte.

Nachdem er nochmals seinen ‚Rhampsinit' in kleinem Kreise vorgelesen, sich auch von Schelling, Schubert und Engelhardt verabschiedet hatte, brach der Reisetag an. 461 Gulden hatte Platen in bar und als Kreditbrief bei sich: sechs Louis d'or aus Hannover waren dabei. Wiederum reiste er mit ‚Ränzchen' und dem Mantelsack, den er von Salzburg aus nach Triest voranschicken würde, da er die Alpen zu Fuß überqueren wollte. Unter den wenigen Büchern, die er mit auf die Reise nahm, war das Neue Testament. „Wenn es gut geht," heißt es im Tagebuch, „so hoffe ich nun, in vier Wochen auf dem Marcusplatze zu stehen."

29. Venedig

Am 22. August 1824 fuhr er von Nürnberg mit ordinärer Post nach Salzburg ab. Diesmal ging es nicht so schnell wie in jener Frühlingsnacht vor drei Jahren mit Bruchmann, sondern Platen hatte ausgiebig Zeit, das sandige Pegnitztal mit den „elenden Föhren" beiderseits der Straße zu überschauen. Angeregt von Schubert und Goethe ergeht sich das Tagebuch in ‚geognostischen' und auch botanischen Betrachtungen; von Jean-Paulscher Bilderflut dagegen ist nichts mehr zu spüren. Während eines Pferdewechsels in Amberg besuchte er seinen Stiefbruder Alexander. In Regensburg sah er den armen Gruber: wieder war er im Gesicht verletzt, und Platen kannte den traurigen Grund.

In Landshut, wo er zwei Nächte bleiben wollte, traf er, als er im ‚Kronprinzen von Bayern' abstieg, Schmidtlein beim Billardspiel. „Er ist hier Professor juris und holt diesen Herbst seine Braut von Göttingen ab", heißt es lakonisch im Tagebuch. Den folgenden Abend las er bei Schmidtlein seinen ‚Rhampsinit' vor. Damit war dies Kapitel seines Lebens abgeschlossen. Platen kam nie wieder nach Landshut, erwähnt auch den ehemals so verzweifelt Geliebten nicht mehr.

Ende August traf er in Salzburg ein. Anders als im Frühjahr 1821 fand er diesmal mehr Zeit für die Sehenswürdigkeiten. Der etwas finstere Domplatz konnte ihn nur wenig begeistern; nicht nur den Barockbrunnen fand er „ziemlich geschmacklos", sondern auch den Dom selbst: „Es steht zu hoffen, daß mich bald Palladio und Scamozzi eines Bessern über eine moderne antike Kunst belehren werden.. Recht eigentlich geschmacklos ist die Collegienkirche. Welche Fülle von Leerheit spricht aus einer solchen Architektur!" Platen war auch im Kunsturteil ein Kind seiner Zeit: ihre Hauptströmung war der Klassizismus, dem sich neuerdings eine romantische Wiederaneignung vergangener Kunststile zugesellte. In England begann die Neugotik bereits um 1750, und soeben wurden in München Architektur und Malerei der Frührenaissance neu entdeckt. Gegen die Hochrenaissance herrschte (noch) Reserve, Palladio wurde als Klassizist verstanden, nicht zuletzt, weil Goethe ihn so hoch schätzte. Gipfel der Abscheulichkeit für die Welt von 1824 aber war alles Barocke, grob gesagt alle bildende Kunst zwischen 1600 und 1770.* Die geschmähte Kollegienkirche ist ein Werk Fischer v. Erlachs, und die getadelte Domfassade ein Entwurf eben jenes Scamozzi, von dem Platen bessere Belehrung erhoffte.

Bei Hallein besichtigte er die Salzkammern. Über die Radstädter Tauern, die er im Wagen bei Nacht überquerte, gelangte er nach Villach; von dort stieg er zu Fuß bis Tarvis, wo damals keine Grenze verlief. Dann aber, nach dem Mittagessen, nahm er der großen Hitze wegen eine ‚Carretta', ein Privatgefährt, nach Görz. Die Straße über den Predelpass liegt heute großenteils in Jugoslawien. Der alte Kutscher sprach deutsch, slowenisch und italienisch gleich gut. „Leicht rollte der leichte Wagen auf der herrlichen Straße fort, die in unendlichen Krümmungen sich durch wolkenhohe, kahle, furchtbare Kalkfelsen schlingt, auf welchen zum Theil noch Schnee liegt. Der Weg führt zuerst bergan, und man sieht unten im engen, schroffumgebenen Thal einen kleinen ruhigen See mit einer Fischerinsel (Lago di Predil); dann aber geht es fast ununterbrochen bis Görz bergunter. Uns entgegen kamen Schaaren von Wallfahrern, die nach dem Heiligenberge (Monte Santo di Lussari) zogen. Jäh senkt sich die Straße, durch Geländer und aufgepflanzte Kalksteine von den Abgründen getrennt, nach den Dörfchen Ober- und Unterbruth (Log pod Mangartom) hinab, wo einsame Wenden, fern von der Welt, um ihre kleinen, mit Schindeln gedeckten Kapellen wohnen. Nun

---

* Mit Ausnahme der Landschaftsmalerei: Claude Lorrain (wieder das Urteil Goethes!) und die Niederländer.

fließen alle Gießbäche nach Süden zu, und bald gelangt man an die furchtbare Klause von Flitsch (Bovec), wo die Satscha (der Isonzo) sich in Schächten verliert, die sie dem Auge verbergen, und von wannen herauf das Geräusche des Wassers nicht mehr gehört wird. ..Noch ehe wir Flitsch ..erreichten, sah der Mond in die Abgründe. Die Wirthin sprach etwas deutsch, und die Wohnung, mit ihren Strohkanapees und Strohmatratzen, war erträglich, nur das Abendessen erschien einigermaßen unpassend, da ich etwas Leichtverdauliches verlangt hatte, und ein Gericht von Hühner- und Taubenmägen, sodann einen zähen Schweinebraten mit Saubohnen als Salat erhielt." Es ist das erstemal, daß Platen sich im Tagebuch detailliert über Speisen äußert.

Am nächsten Morgen fuhr er hinab an den Isonzo. „Noch fühlt man den Süden bloß an der großen Hitze. Aber in schnellen Uebergängen verändert sich die Umgebung. Zwischen Doblar und Roncina (Rocinj) hielten wir an einem Wirthshause, wo wir Früchte fanden und einen blassen Wein, der in der Nähe wächst. Nun sahen wir allmählich Rebenfestons von Baum zu Baum geschlungen." Der Wein wurde damals in Italien an Stricken gezogen, die man zwischen fruchttragende und andere Bäume spannte; auch Goethe war dies aufgefallen, als er die Poebene erreichte. „Wilder Wein hingegen mit Brombeergestäuden und Epheu wucherte von jedem Fels herunter. Wilde Feigengebüsche grünten an der Straße. Die Höhe der Berge hatte abgenommen, das Nadelholz war verschwunden, Buchenwälder bedeckten das Gebürg, das Thal war ein Garten geworden. Zuerst zeigten sich ganze Reihen von Maulbeerbäumen mit ihrem freundlichen Grün. Die Reben greifen immer mehr um sich, sie kleben sich allenthalben an, sie bekränzen in langen Guirlanden alle Felder, bekleiden den Baum, der sie trägt, mit ihrem fremden Laube, und gegen die Erde lastet die Fülle der Frucht. Kein Raum ist leer gelassen, wo keine Rebe hängt, klebt ein Epheu. Der Feigenbaum lockt mit süßen Früchten aus herrlichen Blättern. Mandeln und Pfirsiche, Castanien und Nußbäume erscheinen vielfältig, seltener der Oelbaum. Reis und türkisch Korn (Mais) sind zwischen den Obstwäldern ausgesät. Melone und Kürbis kriechen an der Erde. Plötzlich verengt sich das Thal wieder. Kahles Gerölle bedeckt das linke Ufer des Isonzo, und von der anderen Seite senken sich die dunkelsten Buchenhaine jäh in den Fluß. Erst bey Salcano (Solkan, Nova Gorica) entfaltet sich die Gegend. Ich sah die ersten Cypressen, doch schon im Mondenschein. Sie umgeben ein Landhaus. Görz und die Nacht war eins."

Görz war die erste Stadt mit italienischem Charakter, die Platen zu sehen bekam, und er verweilte zwei Tage, um sie ausgiebig zu besichtigen. Am dritten Tag nahm er die Post nach Triest. Noch vor Monfalcone erblickte er in der Ferne das Mittelmeer.

„Triest überfällt und betäubt zu sehr, um ein vollständiges Bild davon zu geben und die Anschauungen des ersten Abends einigermaßen zu ordnen und zu vergegenwärtigen. Ich stieg in der Locanda grande ab.. Wenn ich meine Stubenthür öffne, so sehe ich über einen Balcon weg nach der piazza. Ich fühlte zuerst ein großes Bedürfniß, mich zu baden, und ließ mich auf den soglio di Nettuno führen, ein sehr schön eingerichtetes Badeschiff, durch eine Schiffbrücke mit dem festen Lande verbunden. Die Bäder gehen vermittelst eines geländerten Bretterbodens ins Meer hinunter, und man kann höher und tiefer schrauben, sich erheben und versenken. Das Wasser dringt beständig durch die Oeffnungen des Geländers ein, und man kann sich in eine schwankende Bewegung setzen. Hier lernte ich nun die Natur des Meerwassers kennen. Es ist durchsichtig wie Glas, und der Körper unter dem Wasser erscheint wie der weißeste Marmor." Man stelle sich das heute einmal vor: glasklares Wasser in einem Mittelmeerhafen! „Nach dem Bade verbreitet sich eine gewisse Hitze über den Körper...Aus dem Bade steigend, ging ich auf's Verdek, das mit Sitzen versehen ist, um Erfrischungen zu nehmen. Der Mond stand bereits über dem Pallast des Hieronymus Buonaparte (vormals König Jérôme von Westfalen), und von Süden her kam ein abwechselndes Wetterleuchten. Der späte Anfang des Theaters erlaubt noch vorher den Abend zu genießen.

Welch eine Regsamkeit des Lebens entfaltet ein solcher Abend in Triest! Die elegante Bauart der Stadt, die Börse, das Theater und hundert andere schöne Gebäude, die vielen großen Plätze, die prächtig erleuchteten Kaffeehäuser und das schöne Pflaster von Quadersteinen, auf welchem man so angenehm als in der Stube geht, das Thor nach dem Haven zu, des darin befindlichen Mutter Gottesbildes wegen tausendfach illuminirt und von Betern besucht, der Haven selbst mit all seinen Schiffen, auf denen einsame Lichter brennen, der Canal grande, dessen Masten sich mitten unter den Häusern von Triest erheben, die mannigfaltigen Trachten verschiedener Nationen, zumal der Griechen und Armenier, der Obstmarkt mit seinen Melonenkörben und Orangenpyramiden, neben denen überall Lichter und Lampen brennen, die Volksmenge endlich, die sich durch alle Gassen wälzt, imponiren dem fremden Ankömmling überaus. Um halb neun Uhr ging ich ins Theater. Man findet zuerst herrliche Vorsäle, welche theils zu Büffets bestimmt sind, zum Theil zum Versammlungsort dienen, die Hereinpassirenden vorübergehen zu sehen. Das Theater selbst ist groß und geschmackvoll gebaut mit einem Kostenaufwand, wie man in Deutschland selten finden wird. Der Vorhang stellt den Tempel des Herkules vor, und er selbst steht als Hercules Musagetes in der Mitte.* Man gab Le gelosie di Zelinda e Lindoro (Die Eifersucht von Zelinda und Lindoro). Das Stück war eine Comedia di Carrattere (eine Charakterkomödie) und unter aller Kritik langweilig und abgedroschen. Doch da ich dabey noch Nebeninteressen hatte und doch einige italiänische Phrasen lernte, so unterhielt ich mich ziemlich...Ueber der Bühne ist eine Uhr in Transparent angebracht, welche Stunden und Minuten anzeigt". Nebeninteressen konnte Platen verfolgen, da die Theater vor Richard Wagner bei offener Bühne nie völlig abgedunkelt waren. Limonade und Gebäck wurde während der Vorstellung verkauft, es herrschte ein ständiges Kommen und Gehen sowie andauernde Unterhaltung des Publikums; Schauspieler und Sänger mußten sich durch ihre Kunst oder Lautstärke Aufmerksamkeit verschaffen. In den Logen wurden ganze Soupers serviert und während des Ancien régime noch ganz andere Dinge getrieben, weswegen die Logenschließerinnen ein wichtiges Amt versahen. Goethe bemerkt bei einer Komödienaufführung in Venedig, die Zuschauer verschmölzen mit dem Theater zu einem Ganzen.

Wir haben den Diaristen Platen so ausführlich zu Wort kommen lassen, weil ihm

---

* Sollte es sich nicht eher um Apollo gehandelt haben? Herakles erschlug seinen Musiklehrer mit der Leier ...

hier, zwischen Tarvis und Triest, eine so anschauliche Prosa gelingt, wie seit der Schweizerreise vor acht Jahren nicht mehr. Es ist, in gewisser Weise, die Sprache der Unschuld. Nur die baedekerhafte Beschreibung und Beurteilung von Sehenswürdigkeiten wurde fortgelassen. Wir werden zu unserem Erstaunen bemerken, daß der Bericht über Venedig sich großenteils in derartigen Betrachtungen erschöpft. Die möglichen Gründe dafür sollen uns später interessieren.

Am dritten Abend um neun Uhr verließ Platen die Stadt, in der vor 56 Jahren Winckelmann ermordet worden war, an Deck eines Raddampfers. Die Nacht wölbte sich sternenklar. An Schlaf dachte er nicht, sondern leerte, ganz gegen seine Art, eine ganze Flasche Wein und sah etwas angetrunken die Sonne über der Lagune von Venedig aufgehen. Das Schiff legte an der Piazzetta an; mit leichtem Schwindel überquerte er den Markusplatz und stieg in einem Gasthof links des Domes ab, etwa dort, wo heute die Glasfabrik Venini ihre Ausstellungsräume hat.

Eine ganze Woche schweigt das Tagebuch. Dann setzt es wieder ein mit einer Schilderung des Markusplatzes, die blaß ist im Vergleich zu der des Isonzotals oder von Triest. Aufführlich beshreibt Platen die beiden wichtigsten Cafés, Sutil und Florian, wo die feine Gesellschaft der Stadt verkehrte und die rund um die Uhr geöffnet blieben. „Die Fülle der Gegenstände ist zu groß, um in der bisher beliebten Art fortfahren zu können", heißt es entschuldigend im Tagebuch. „Manches Herrliche sieht man nur so flüchtig, daß man kaum wagt, davon zu sprechen, und lange Zeit ging ich hier wie im Traum herum, aus dem ich mich langsam erhohle. ..Den Tag über bringt man mit tausenderlei Sehenswürdigkeiten zu, und die Hälfte der Nacht auf dem Markusplatze." Ohne weiter darauf einzugehen, was denn die nächtlichen Attraktionen seien, beklagt er angelegentlich, daß ausgerechnet jetzt an keinem der sieben Theatern Venedigs gespielt werde. Nur in S. Benedetto hörte er ein Konzert, „das der berühmte Violinspieler Paganini gab." Die Musik ist ihm kein Wort wert, wohl aber das Innere des Theaters. Anders als auf der Reise nach Triest scheint uns hier, als schreibe Platen nicht eigentlich das, was ihn wirklich bewegte, sondern ausweichend darum herum.

Etwas mag geschehen sein, das ihn in den erwähnten traumhaften Zustand versetzte: fremde schöne Städte sah er ja schon viele, ohne daß er „die bisher beliebte Art" zu berichten aufgegeben hätte. Was öffnete seine Augen hier weiter als in Wien, Prag, Köln, Triest, läßt aber zugleich seine Schilderung blasser und pedantischer werden als dort?

Wir dürfen annehmen, daß Platen in Venedig, unter den Arkaden des Markusplatzes, auf etwas stieß, das ihm neu war: auf männliche Prostitution. Es muß ein schmerzhafter Schock für ihn gewesen sein. Zwar hatte er das Streben nach ‚Reinheit' seit einiger Zeit aufgegeben und sich in den ‚Neuen Ghaselen' ganz offen zu seiner Veranlagung bekannt. Doch war ihm bisher nolens volens nichts als ‚liebende Entsagung' übrig geblieben. Nun ergab sich die erste Gelegenheit im Leben des Achtundzwanzigjährigen, den ‚ehrenvollen Kampf' zu unterbrechen. Wir wissen nicht, ob er sie ergriff: wir nehmen es aber an. Beweise für die Hypothese können wir nicht liefern, schließen aber von gewissen Veränderungen in den schriftlichen Zeugnissen auf ihre Wahrscheinlichkeit. So sei alles, was hier über Platens sexuelle Erfahrungen in Venedig gesagt ist, in Parenthese gesetzt und als Potentialis verstanden, auch wenn es, um den Fluß der Erzählung nicht fortwährend mit Kautelen zu unterbrechen, manchmal im Indikativ dasteht.

Das, was sich dem Dichter auf dem Markusplatz anbot und dann im Finstern der nächtlichen Arkaden weiter ergeben haben mag, wird ihm weltenweit entfernt erschienen sein von dem, was er bei den Griechen und bei Hafis gelesen hatte. Liebe für Geld! Kein Wort davon im Tagebuch. Eine sachliche Betrachtung der Fakten, wie wir sie von Veit über das mittelalterliche Persien hörten, und wie Platen sie schon bei Aristophanes über das klassische Griechenland hätte finden können: nämlich daß es hier wie da für den, der junge und hübsche Partner suchte, nicht ohne Geld oder andere Gaben abging, eine solche Sichtweise war dem hochgespannten Poeten fremd. Ob ihm wohl die ‚Ode an Priap' wieder in den Sinn kam, die den Achtzehnjährigen so erschreckt hatte? Vermutlich wird er endlich das getan haben, wozu ihn Leib und Seele seit der Pubertät drängten, ernüchtert, voll Selbstverachtung, anonym auf schnellste und gröbste Weise in finsteren, stinkenden Ecken. Es war ihm noch nicht gegeben, das hohe poetische Ideal, dem er so lange angehangen hatte, mit der prosaischen Wirklichkeit zu vermählen. Ganz Kind seiner Zeit, hielt er himmlische und irdische Liebe getrennt und schwieg über die letztere. Auch später werden wir ihn über dies Thema nur wenig mitteilsamer finden.

Die plötzliche Erleichterung von dem andauernden leib-seelischen Druck, der ihm das Leben verdarb, schärfte jedoch seine Aufnahmebereitschaft für andere Impressionen. Merkwürdig bleibt, daß sie sich nicht „in der bisher beliebten Art" niederschlugen, nämlich im Tagebuch: dieser Weg scheint durch das Neue, Unaussprechliche versperrt. Doch öffnete sich ein anderer Weg. In der kurzen Zeitspanne, da sein Trieb halbwegs befriedigt war, gelang ihm die reine Anschauung von Venedigs Schönheit und ihre Umsetzung in Poesie. Später in diesem Kapitel wird davon die Rede sein.

Das Tagebuch erschöpft sich mittlerweile in der Aufzählung von Sehenswürdigkeiten und Theaterstücken sowie in der Schilderung von Streitereien mit einem Franzosen, den er in S. Lorenzo kennengelernt hatte. Wir wollen hier die unkonventionelle Ansicht vertreten, daß Platens ‚Italienerlebnis' nicht Venedig war, sondern sein Eintritt in die mittelmeerische Landschaft des Isonzotals und sein Weg bis Triest, den er zusammen mit der Stadt in glühenden Farben schildert. Es erging ihm hier nicht anders als jedem sensiblen Nordländer, der zum erstenmale die Südseite der Alpen erblickt.

Venedig aber war für ihn der Ort der Wahrheit. Platen nahm sie im Dunkeln schweigend zur Kenntnis und widmete sich tagsüber, wie stets in einer neuen Stadt, den Sehenswürdigkeiten. Daß er zwei Monate anstatt zweier Wochen bleiben sollte, hat seinen Grund mehr in der ersten als in den zweiten.

Ausmaß und Intensität der Besichtigungen sind gleichwohl erstaunlich. Völlig neu ist das Verhältnis zur Malerei, die ihm noch nie in solchem Reichtum begegnet war. Die venezianischen Meister öffneten ihm die Augen auf andere Weise, freilich Augen seiner Epoche, der das Frühe näher war als das Späte. Platens Begeisterung gilt zunächst den Bellinis, dann Tizian, und an Veronese muß er sich erst gewöhnen. Vor allem eine Madonna in der Palladio-Kirche ‚Il Redentore' hat es ihm angetan: noch Burckhardt nahm sie als Werk Giovanni Bellinis, heute wird sie Vivarini zugeschrieben. Alle Adjektive, die Platen zur Charakterisierung dieses Bildes und Bellinis überhaupt verwendet: anmutig, lieblich, unschuldig, sanft, sind die gleichen, mit denen Overbeck, Pforr, Cornelius die Malerei des Quattrocento rühmen.

Auch sonst ist er meist das Kind seiner Zeit. Die Markuskirche bleibt ihm fremd, er nennt sie ein kolossales Monstrum, „aus dem man niemals klug wird." Kaum fallen anerkennende Worte zur Arkadenarchitektur des Markusplatzes, die ihm nun wirklich geläufig wurde*; Tiépolo übersieht er völlig, wie schon früher in Würzburg.

Fast achtzig Seiten seiner Biographie widmet Rudolf Schlösser den Besichtigungsgängen Platens durch Venedig. Dessen Ansichten von den bildenden Künsten sind nun freilich weder so originell noch tiefschürfend, daß sie eine derart pedantische Würdigung verdienten. Es ist nichts gewonnen, wenn Schlösser das beliebige Kunsturteil des Dichters am approbierten von 1910 mißt. Bemerkenswert wäre allenfalls, was Platen, entgegen dem Geschmack seiner Zeit, an barocker Kunst gelten läßt: so eine marmorne Reliefgruppe ‚Schlafender Christus mit zwei Engeln' des Giròlamo Campagna in der Kirche S. Giuliano, dessen Märtyrerpose ihn persönlich angesprochen haben dürfte; oder die prächtige Salute-Kirche von Longhena, die er zwar dauernd vor Augen hatte, aber nur wegen der Gemälde in ihrem Inneren besuchte; oder wenn er von Tintorettos Bildern meint, sie ließen nichts in ihm zurück, und dann doch siebenmal auf sie zu sprechen kommt, davon sechsmal beifällig.

Schon längst bevor Napoleon den letzten Dogen vertrieb, war Venedig nicht mehr die Herrscherin der Levante gewesen. Von den Königreichen Cypern, Kandia und Morea waren nur noch die Flaggen am Markusplatz übriggeblieben**: als Platen sie erblickte, noch obendrein mit den österreichischen Farben geschmückt.

Nach dem Wiener Kongress war aus dem französischen Königreich Italien, zu dem Venedig gehörte, das lombardisch-venezianische mit einem Habsburger Vizekönig in Mailand hervorgegangen. Die Hauptstadt blühte rasch auf, und das verfallene Venedig wurde mit ungeheuren Kosten wiederhergestellt. Die Österreicher bauten das oberitalienische Straßennetz vorbildlich aus und legten Verbindungen an; so wird Platen in zehn Jahren eine neue Straße über den Paß Tre Croci in den Dolomiten benutzen.

Zu allen Dienstposten, außer dem des Vizekönigs und des Armeekommandeurs, hatten Italiener Zugang, die Dienstsprache war ausschließlich Italienisch. Während in den österreichischen Stammlanden Inflation herrschte, erfreute sich Oberitalien einer harten Währung in Gold- und Silbermünzen. Die Italiener hören es bis heute nicht gern, doch wird es jeder neutrale Historiker bestätigen: die Verwaltung im Lombardo-Venezianischen Königreich war vorzüglich und beruhte auf fast völliger Selbständigkeit.

---

* Nordseite Procuratie Vecchie, alte Prokurazien von Mauro Codussi um 1500, Südseite Procuratie Nuove, neue Prokurazien, von Vincenzo Scamozzi um 1585, als Fortsetzung der Libreria di S. Marco (Markusbibliothek) gegenüber dem Dogenpalast von Iacopo Sansovino seit 1536.

** Cypern, Candia (= Kreta), Morea (= der Peloponnes): ehemalige Protektorate der Republik Venedig, 1578, 1670 und 1718 an die Türken verloren.

Solche vernünftigen Einwände sind freilich wie weggeblasen, wenn der Nationalismus erwacht. Venedig wird den Österreichern für die Investitionen kaum dankbar gewesen sein. Trotz des neuen Freihafens verkam die Stadt allmählich zur Attraktion für Touristen. Das tat freilich dem farbigen Treiben auf Plätzen und Kanälen keinen Abbruch: nicht erst Goethe wußte es lebhaft zu schildern.

Da Platen uns hier mit einer faden Aufzählung von Sehenswürdigkeiten enttäuscht, wir ihn aber dennoch inmitten des Gewühles sehen wollen, das er uns vorenthält, rufen wir einen älteren Leidensgenosen zu Hilfe: den Engländer William Beckford, Autor des ‚Vathek'. Intelligent, kultiviert, polyglott, gutaussehend, aus bestem Haus, Erbe eines ungeheuren Vermögens und homosexuell, durchquerte der Zwanzigjährige 1780 Deutschland und Italien. Seine Reisenotizen veröffentlichte er als alter Mann in Briefform. Beckford war extravertierter als Platen und scheint, wie Oscar Wilde, mehr unter der gesellschaftlichen Ächtung seiner Veranlagung gelitten zu haben als am Mangel an erwiderter Neigung. Vermutlich war das so, weil sein Hauptinteresse halbwüchsigen Knaben seines eigenen Standes galt. Sie fühlten sich durch das Werben des brillanten, nur wenig Älteren geschmeichelt, ganz anders als die spießigen jungen Männer, die Platen ebenso beharrlich wie erfolglos umwarb. Durch die Affäre mit dem jungen William Courtenay (später Earl of Devon), deren Aufdeckung als Vorwand diente, ihn politisch zu vernichten, verlor Beckford 1784 seine gesellschaftliche Stellung in England für immer.

Es gibt eine kuriose Verbindung zwischen Beckford und Platen. Maitresse und spätere Gattin des letzten Markgrafen von Ansbach-Bayreuth war eine gewisse Lady Craven, energische Dame aus bürgerlichem Haus mit literarischem Ehrgeiz, doch von unpassend freien Sitten. Die genannten Eigenschaften teilte sie mit William Beckford. Beide zusammen organisierten 1782 in London, um ihr ramponiertes Ansehen wieder herzustellen, erfolgreich ein Singspiel (Text Craven, Musik Beckford) für die Kinder des englischen Adels. Aus dieser Zeit rührte eine Freundschaft, die auch den Courtenay-Skandal überdauern sollte. 1786 etablierte sich die Craven als ‚adoptierte Schwester' des Markgrafen Alexander in Ansbach, nachdem sie dessen vorherige Maitresse, eine französische Schauspielerin, vertrieben hatte. Sie gründete einen literarischen Zirkel und übernahm die Leitung des Hoftheaters, das sie mit eigenen Stücken belieferte. Beliebt machte sie sich damit weder in Franken noch sonstwo in Deutschland: Schiller dürfte seine Lady Milford nach ihr gezeichnet haben. Nachdem sie den (inzwischen verwitweten) Markgrafen geheiratet hatte, bestimmte sie ihn, von Deutschland enttäuscht, zur Abdankung und ging mit ihm 1791 nach England, wo ihre gesellschaftliche Stellung als ‚Markgravine of Anspach' gesichert war. Natürlich kannten Platens Eltern diese Frau aus nächster Nähe, und um ein Haar hätte Beckford sie 1789, als Revolutionsbummler von Paris kommend, in Ansbach besucht.

Zwar liegen 44 Jahre zwischen Beckfords und Platens Erscheinen auf dem Markusplatz, doch waren die wirtschaftlichen und gesellschaftlichen Zustände Venedigs so weit die gleichen geblieben, daß die Stadt den beiden ein ziemlich ähnliches Bild geboten haben dürfte. Sitten ändern sich zudem langsamer als Gesetze, wie wir im mittelalterlichen Persien sahen, wo Weingenuß und bildliche Darstellung der Islamisierung noch

Jahrhunderte lang trotzte. Was die Sitten Italiens anlangt, so haben sie sich erst durch die Verstädterung breiter Volksschichten nach dem zweiten Weltkrieg, unterstützt durch Fernsehen und billige Kontrazeptiva, gründlich gewandelt. Bis dahin herrschte dort jene antikisch-bäuerliche Bisexualität, die heute noch am Südufer des Mittelmeeres und überhaupt im islamischen Raum die Regel ist. Im Venedig der Renaissance muß Homosexualität so verbreitet gewesen sein, daß die Kurtisanen sich in Männerkleidern anboten. Heinrich III von Frankreich jedenfalls, Halbitaliener und völlig homosexuell, machte 1573 auf seinem Weg von Paris nach Warschau in Venedig halt und amüsierte sich dort wahrhaft königlich.*

Weder von Beckford noch von Platen läßt sich das behaupten. Dennoch teilt uns der erste viel mehr von Venedig mit als der zweite: etwa den täglichen Gemüsemarkt auf dem Canal Grande, bis zur Erfindung des Vaporettos eine Hauptattraktion, finden wir bei Beckford beschrieben, bei Platen nicht. Auch im Urteil über Kunstwerke ist der Engländer viel origineller als der Deutsche. Während Platen erklärt, Palladios Baukunst entspräche seinem Empfinden nicht, ohne daß er wisse, warum, und in süßlicher Sentimentalität vor der Vivarini-Madonna verharrt, schildert Beckford ‚Il Redentore' männlicher und gleichwohl seine geheimen Wünsche einbeziehend: „Ein Gebäude, so einfach und elegant, daß ich einen antiken Tempel zu betreten meinte und nach der Statue des delphischen oder eines anderen geneigten Gottes Ausschau hielt. Ein riesiger Crucifix aus Bronze brachte mich bald in die Gegenwart zurück."

Beckford endlich verdanken wir jene Beschreibung des Markusplatzes, die wir bei Platen vermissen, obwohl er doch stets die halbe Nacht dort verbracht haben dürfte. Eines Sommerabends im Jahr 1780 betrat der Engländer, vom Dogenpalast kommend, den Platz, „der einen schwachen Schimmer aus den Casinos und Palazzi ringsum, wo gerade Licht gemacht wurde, erhielt, und so zum Ort der Freude und Zerstreuung wurde. Eine große Menschenmenge spazierte in Gruppen über das Pflaster; einige suchten die willkommene Dunkelheit der Arkaden mit ihren Lieblingen (Beckford schreibt ‚favourites', was zwar beide Geschlechter meinen kann, aber vorwiegend männlich gebraucht wird); andere waren in ernsthaftem Gespräch und füllten die freundlich erleuchteten Räume (der Casinos und Cafés), in die sie sich begaben, um unter Scherz und Lachen Kaffee und Sorbet zu nehmen. Überall herrschte ein gedankenloses schwindelndes Treiben; denn um diese Stunde gibt es so etwas wie Zurückhaltung nicht mehr. Viele adlige Venezianer haben ein kleines Appartement in irgendeinem entlegenen Winkel, nahe der großen Piazza, von dem ihre Familien keine Ahnung haben. Dorthin schleichen sie in der Dämmerung mit den Gefährten ihrer Lust (companions, wieder ist das Geschlecht unklar). Unter allen Städten der Welt ist sicher Venedig der beste Studienort für einen Teufel auf Stelzen. Was für eine Vielfalt von Schlupfwinkeln könnte ein Schlag seiner Krücke aufdecken!

Während die oberen Stände sich in ihren Casinos trösteten, scharte sich der Pöbel in

---

* Heinrich, dritter Sohn König Heinrichs II von Frankreich und der Katharina de' Medici, wurde 1573 zum König von Polen gewählt, 1574 in Warschau gekrönt; noch im selben Jahr verließ er heimlich das Land und bestieg als Nachfolger seines Bruders Karls IX den französischen Thron. Heinrich Mann hat ihn ohne Sympathie, vermutlich mit einem Seitenblick auf Thomas, in der ‚Jugend des Königs Henri IV' geschildert.

Haufen um die Schauspieler und Marktschreier, die singend und gestikulierend die Mitte des Platzes beherrschten. Ich bemerkte eine große Anzahl von Orientalen in der Menge und hörte türkisches und arabisches Gemurmel in allen Ecken. Hier herrschte das Slowenische vor; dort irgendein griechischer Jargon, fast unverständlich. Wäre der Campanile von San Marco der wunderbare Turm gewesen und die Piazza der Hauptplatz von Babylon, die Sprachverwirrung hätte nicht größer sein können."

In der Folge schildert Beckford, wie er in einen venezianischen Adelsclub eingeführt wird, der, von den anwesenden Damen einmal abgesehen, ungefähr so aufregend gewesen sein muß wie ein k.u.k. Offizierskasino nach 1866. „Die Venezianer sind nicht gerade ein Ausbund an Lebhaftigkeit", fährt er fort. „Ihre Nerven, durch frühe Ausschweifung erschlafft, erlauben keinen natürlichen Fluß der Lebensgeister, sondern höchstens ein paar Augenblicke falscher und fiebriger Aktivität. Die Anfälle von Schlafsucht, zurückgehalten durch einen unmäßigen Genuß von Kaffee, machen sie schwach und träge.. Kurz, ich kann ihre östlichen Nachbarn kaum fauler finden, die, dank ihrem Opium und ihren Harems, das Leben in einem fortdauernden Dämmerschlaf verbringen." Da waren die Vorfahren noch temperamentvoller gewesen: Marcantonio Bragadin verteidigte 1571 Famagusta heldenhaft, doch vergeblich, und die erbosten Türken zogen ihm dafür lebendig die Haut ab.

Platen hingegen hatte es mit den Söhnen und Enkeln der eben beschriebenen Venezianer zu tun. Sie verkehrten mittlerweile in öffentlichen Lokalen, dies wohl der größte Unterschied seit dem Ende der Republik. Das Tagebuch lobt die blendenen Manieren der jungen Patrizier, die sich des Abends auf dem Markusplatz bei Sutil einfanden und mit ihrem schwachen Französisch seinem noch schwächeren Italienisch auf die Sprünge halfen. „Es ist nicht schwer, Bekanntschaft mit ihnen anzuknüpfen.. Diese vornehmen Venetianer widersprechen sich niemals, sie sind voll Rücksicht für die Meinungen der Anderen und sprechen ihre eigenen wenig oder niemals aus. Dabei sind sie herzlich gegeneinander und mehr oder weniger fröhliche Müßiggänger."

Die Indolenz, von der Beckford berichtet, hatte unterdessen auch Platen ergriffen. In Venedig, so schreibt er, habe er sein ganzes früheres Leben und Treiben vergessen und befinde sich in einer Gegenwart ohne Vergangenheit. Zwei Wochen später meint er: „Ich habe mich so gewöhnt, jeden Morgen mit der Anschauung schöner Kunstwerke zuzubringen, daß ich nicht weiß, wie ich diesen Genuß werde entbehren können. Ferne von allem Staub der Schule, unter einem Volke, das voll Unbefangenheit dem Augenblick zu leben weiß, fange ich selbst erst an, das Leben zu erkennen und zu genießen."

Seit Mitte September wurde das schon vorher erwähnte Teatro S. Benedetto von einer guten Truppe bespielt, und Platen besuchte es fast täglich, da sich ein Teil der Nacht, wie er schreibt, nicht anders als im Theater zubringen lasse. Es begann um elf Uhr abends und dauerte sicher zwei Stunden. Die Stücke, meist weinerliche Komödien, gefielen ihm nicht, ebensowenig wie Houwalds ‚Bild' auf italienisch. Wenn er dennoch regelmäßig die Theater besuchte, so beweist dies nur, daß er nicht gleich darauf zu Bett ging: „Nach dem Theater," heißt es im Tagebuch, „bin ich bey Sutil, wo ich meine Sorbette nehme und der Conversation zuhöre, und was sonst, etwa eine Guitarrespielerin oder ein Improvisator, zu hören ist. An solchem Volke ist der Markusplatz reich, sowie an allen Arten von Verkäufern, so daß man Venedig einen ambulanten Markt nennen könnte."

Wenn er bisher ein österreichisches Restaurant frequentiert hatte, so gewöhnte er sich nun an die italienische Küche im ‚Cavaletto' hinter den alten Prokurazien (das Haus existiert als Hotel noch heute). Seine vornehmen Bekannten aßen dort, übrigens nicht vor vier Uhr nachmittags! Mit dem Schlafrhythmus scheint Platen weniger Schwierigkeiten gehabt zu haben, als mit dem Magen, denn die Verlagerung des Lebens auf den Abend kann ihm, dem Frühaufsteher, zunächst nicht angenehm gewesen sein. Schon wieder zog ihn das Herz zu zwei jungen Patriziern, die er mit Merkur und Apoll vergleicht: „Man hat noch wenig daran gedacht, welchen Einfluß der Adel auf die Schönheit der Gestalt gehabt hat." Andererseits lohnte es sich gerade in Venedig, die Blicke von den ersten Kreisen wegzulenken, wie etwa Byron es tat, der auch Aristokrat war und notorisch bisexuell. Die Stadt sei durchaus nicht die sittsamste der Welt, schreibt er im Mai 1818 nach London, „Jung und Alt, Hübsch & Häßlich, Hoch und Niedrig sind mit der löblichen Tätigkeit des Liebemachens beschäftigt – und obwohl sich die meiste Schönheit in den mittleren & niederen Klassen findet – trägt dies natürlich nur zur Verbreitung von deren Liebesbräuchen bei."

Des Nachts sind alle Katzen grau. Frustriert von dem, was er vermutlich im Finstern trieb, verliebte sich Platen Ende Oktober in einen jungen Patrizier namens Priuli (ein Dogenname), den er naiv und heiter schildert, und mit dem er zweimal in den engen ‚Giardini Pubblici' nächst der Piazzetta spazierenging. Ein entsagungsvolles Ghasel kündet von der kurzen Leidenschaft – und zwei Gedichte, von denen noch die Rede sein wird, bezeugen sie.

Ende September heißt es im Tagebuch: „Auch die poetische Ader scheint gänzlich versiegt zu seyn, nur eine kleine Reihe zum Theil unvollendeter Sonette ist entstanden, die ganz auf Venedig beruhen." Drei Wochen später waren elf vollendet, und bis zum 9. November siebzehn. Sie sind der poetische Ertrag dieser Reise.

Hatte Platen in den Liebessonetten an Liebig und Hoffmann versucht, die Fluktuation seiner unerwiderten Gefühle abzubilden und zu fixieren, so fand er sich nunmehr in einer veränderten Lage. Vermutlich weil er die notgedrungene ‚Entsagung' zum erstenmal im Leben unterbrach, ließ sein triebbedingtes ‚Zappeln' in einem Maße nach, daß er noch anderer Schönheit als der männlichen ernsthaft gewahr wurde: nämlich der von Malerei, Plastik und Architektur. Die bildenden Künste überwältigten ihn in Venedig, da sie ihm ‚absolut' entgegentraten, umgeben nur von Himmel und Wasser, jedoch ohne jenen Rahmen landschaftlicher Schönheit, die er in Prosa zu fassen vermochte und die ihn hier nur abgelenkt hätte. Eine ruhig betrachtende und reflektierende Haltung stellt sich ein, die der Sonettform ganz natürlich entspricht, viel besser als die Bewegung des ‚Nullmäanders'. Kein Wunder, daß die jetzt entstehenden Sonette besser sind als die vorherigen. Nach einer Spanne lähmender Faszination machte sich der Dichter daran, die neuen visuellen Eindrücke poetisch umzusetzen.

Während seines Aufenthaltes in Venedig schrieb Platen seinen berühmtesten Gedichtzyklus. Die siebzehn Sonette ordnen sich chronologisch: Ankunft und Verwirrung, Klärung und Reflexion, Evokation der Schönheit, trauernder Abschied.

> Mein Auge ließ das hohe Meer zurücke,
> Als aus der Flut Palladio's Tempel stiegen,
> An deren Staffeln sich die Wellen schmiegen,
> Die uns getragen ohne Falsch und Tücke.
>
> Wir landen an, wir danken es dem Glücke,
> Und die Lagune scheint zurück zu fliegen,
> Der Dogen alte Säulengänge liegen
> Vor uns gigantisch mit der Seufzerbrücke.
>
> Venedigs Löwen, sonst Venedigs Wonne,
> Mit ehrnen Flügeln sehen wir ihn ragen
> Auf seiner kolossalischen Colonne.
>
> Ich steig' an's Land, nicht ohne Furcht und Zagen,
> Da glänzt der Markusplatz im Licht der Sonne:
> Soll ich ihn wirklich zu betreten wagen?

Im zweiten Sonett besteigt der Dichter den Campanile und richtet seinen Blick ‚von außen' auf die unbekannte Stadt.

> Dieß Labyrinth von Brücken und von Gassen,
> Die tausendfach sich ineinander schlingen,
> Wie wird hindurchzugehn mir je gelingen?
> Wie werd' ich je dieß große Rätsel fassen?
>
> Ersteigend erst des Markusthurms Terrassen,
> Vermag ich vorwärts mit dem Blick zu dringen,
> Und aus den Wundern, welche mich umringen,
> Entsteht ein Bild, es theilen sich die Massen.
>
> Ich grüße dort den Ocean, den blauen,
> Und hier die Alpen, die im weiten Bogen
> Auf die Laguneninseln niederschauen.
>
> Und sieh! da kam ein mut'ges Volk gezogen,
> Palläste sich und Tempel sich zu bauen
> Auf Eichenpfähle mitten in die Wogen.

Von oben gesehen verwandelt sich Venedig, die labyrinthische Kunstwelt zwischen Alpen und Meer, in ein sinnvolles Gebilde. Das Angst-Phantasma chaotisch zerstückelter Massen weicht dem Lustphantasma des ‚schönen Bildes' der Natur und der Geschichte.

Das dritte Sonett zeigt den Reisenden zur blauen Stunde auf der Piazzetta. Erst fällt sein Blick auf die Lagune, dann stadteinwärts.

> Wie lieblich ist's, wenn sich der Tag verkühlet,
> Hinaus zu sehn, wo Schiff und Gondel schweben,
> Wenn die Lagune, ruhig, spiegeleben,
> In sich verfließt, Venedig sanft umspühlet!
>
> In's Innre wieder dann gezogen fühlet
> Das Auge sich, wo nach den Wolken streben
> Pallast und Kirche, wo ein lautes Leben
> Auf allen Stufen des Rialto wühlet.
>
> Ein frohes Völkchen lieber Müssiggänger,
> Es schwärmt umher, es läßt durch nichts sich stören,
> Und stört auch niemals einen Grillenfänger.
>
> Des Abends sammelt sich's zu ganzen Chören,
> Denn auf dem Markusplatze will's den Sänger
> Und den Erzähler auf der Riva hören.

Das Bild setzt sich aus drei Elementen zusammen: Lagune, Stadt und Menschen. Zur toten Schönheit von Natur und Kunst tritt die lebendige Schönheit der Venezianer als Synthese. Der betrachtende Dichter aber bleibt, wie im vorhergehenden Sonett, außerhalb des Bildes, er nennt sich nur in der dritten Person ‚einen Grillenfänger'.

> Nun hab' ich diesen Taumel überwunden,
> Und irre nicht mehr hier und dort in's Weite,
> Mein Geist gewann ein sicheres Geleite,
> Seitdem er endlich einen Freund gefunden.
>
> Dir nun, o Freund, gehören meine Stunden,
> Du gabst ein Ziel mir nun, wonach ich schreite,
> Nach dieser eil' ich oder jener Seite,
> Wo ich, dich anzutreffen, kann erkunden.
>
> Du winkst mir zu von manchem Weihaltare,
> Dein Geist ist ein harmonisches Bestreben,
> Und deine sanfte Seele liebt das Wahre.
>
> O welch ein Glück, sich ganz dir hinzugeben,
> Und, wenn es möglich wäre, Jahr' um Jahre
> Mit deinen Engeln, Gian Bellin, zu leben!

Im vierten Sonett endlich scheint Platen in das Leben Venedigs eingetaucht zu sein. Doch zu unserer Verblüffung stellt sich der Freund, den – nicht etwa er, sondern nur sein Geist! – gefunden hat, als ein längstverstorbener Maler heraus. Vielleicht ist das eine Antwort auf Knebels moralisierende Ghaselenkritik*, wie Busch meint. Es sieht aber auch so aus, als verschweige der Dichter irritiert das andere, das ihn tiefer bewegen muß als alle Kunstbetrachtung. Nazarenisch blasse Gedanken schieben sich vor das vermutlich erstmals in praxi erlebte Dionysische. Bellinis Geist ‚ist ein harmonisches Bestreben' - was wohl heißen soll: er wirkt beruhigend, und der Dichter wünscht sich in die Gesellschaft seiner kindlich unschuldigen Engel. Die Enttäuschung muß groß gewesen sein. Wie gerufen erscheint im fünften Sonett das Todesmotiv, das zunehmend den ganzen Zyklus beherrschen wird.

> Venedig liegt nur noch im Land der Träume,
> Und wirft nur Schatten her aus alten Tagen,
> Es liegt der Leu der Republik erschlagen,
> Und öde feiern seines Kerkers Räume.

Wenn Platen sich der Kunst zuwendet, so scheint er diesem Gedanken entfliehen und das Nichts, das hinter dem Dionysischen verborgen ist, mit Bildern bannen zu wollen.

> Wie seid ihr groß, ihr hohen Tiziane,
> Wie zart Bellin, dal Piombo wie gediegen,
> Und o wie lernt sich ird'scher Schmerz besiegen
> Vor Paolo's heiligem Sebastiane!

Platens Eros erscheine in den Gedichten gleichzeitig resigniert und erlöst, bemerkt Jürgen Link: in den Renaissance-Bildern habe er einen Ersatz für das bisher vergeblich gesuchte irdische Spiegelbild gefunden. Es fragt sich freilich, warum gerade hier und jetzt; große Malerei sah Platen ja nicht erst in Venedig. Wir sind der Meinung, daß jenes Gesamterlebnis, auf dem die venezianischen Sonette nach Übereinkunft beruhen, sich nicht einfach durch den Besuch von Kirchen und Bildergalerien eingestellt habe, sondern daß es durch erste sexuelle Erfahrungen initiiert, das heißt ermöglicht wurde. So rein ästhetisch, wie der Dichter uns weismachen will, war es wohl nicht. Die passiv-homosexuelle Symbolik des pfeildurchbohrten Märtyrers ist bekannt; Veroneses heiliger Sebastian ist das erlöste und zugleich resignierte Spiegelbild Platens – in der Tat! Wir könnten aus den zitierten Versen ein Szenarium der angenommenen ersten sexuellen Begegnung ableiten, was wir natürlich nicht tun. Auffällig ist jedoch eine neue Lebenshaltung, die das folgende Sonett verkündet. Wir verstehen sie als Frucht einer schmerzhaften, doch vital notwendig neuen Erfahrung.

> Um Gottes eigne Glorie zu schweben
> Vermag die Kunst allein und darf es wagen,
> Und wessen Herz Vollendetem geschlagen,
> Dem hat der Himmel weiter nichts zu geben!

---

* „Das wirklich Schöne bleibt schön, und das Widrige ist unter allen Formen und Grimassen nicht zu verschönern. Übrigens muß doch wahre Sittlichkeit und Moralität für den Dichter auch einen Werth haben." Vgl. Kapitel 27.

> Wer wollte nicht den Glauben aller Zeiten,
> Durch alle Länder, alle Kirchensprengel
> Des Schönen Evangelium verbreiten:

Die geistlichen Vorwürfe der gepriesenen Bildwerke, Jesus, Maria, alle Heiligen, hier sind sie vergessen. Platen verkündet eine neue Kunstreligion, die als göttliche Einwirkung auf Erden nur ‚das Schöne' und ‚die Kunst' gelten läßt. Das Neue Testament, als Reiselektüre von Erlangen mitgenommen, er hat es in Venedig wohl nicht aufgeschlagen.

Allfällige Parallelen zu Schopenhauer und Nietzsche sind indessen Täuschung. Platen mag an den Erscheinungsformen Gottes gezweifelt haben, doch war Gott für ihn niemals tot. Was das Nichts sei, sagte ihm später vielleicht Leopardi; er wird den Italiener ebensowenig verstanden haben wie früher Schelling, als dieser, um der Erkenntnis willen, einen gedanklichen ‚Abfall von Gott' forderte. Nein: ‚das Schöne' als Evangelium, zu dessen Verkünder der Dichter sich hier ernennt, ist Emanation Gottes, ein Teil seiner Schöpfung, und es sieht so aus, als ruhe es, trotz allem, was vorher war, ‚im Frieden seiner Hände'.

Doch nur für einen Augenblick. Ende Oktober konstatiert Platen im Tagebuch „eine gewisse Sehnsucht nach der Natur" und gleichzeitige Unlust, weitere Gemälde zu besichtigen. Einige Tage zuvor hatte er den jungen Priuli kennengelernt:

> Weil da, wo Schönheit waltet, Liebe waltet,
> So dürfte Keiner sich verwundert zeigen,
> Wenn ich nicht ganz vermöchte zu verschweigen,
> Wie deine Liebe meine Seele spaltet.
>
> Ich weiß, daß nie mir dieß Gefühl veraltet,
> Denn mit Venedig wird sich's eng verzweigen:
> Stets wird ein Seufzer meiner Brust entsteigen
> Nach einem Lenz, der sich nur halb entfaltet.
>
> Wie soll der Fremdling eine Gunst dir danken,
> Selbst wenn dein Herz ihn zu beglücken dächte,
> Begegnend ihm in zärtlichen Gedanken?
>
> Kein Mittel giebt's, das mich dir näher brächte,
> Und einsam siehst du meine Tritte wanken
> Den Markus auf und nieder alle Nächte.

Die ausgleichende Wirkung des bezahlten nächtlichen Vergnügens mag vorüber gewesen sein, es konnte Liebe nicht ersetzen. Langsam fällt Platen aus seiner ruhigen Schau in jenes altgewohnte Fluktuieren zurück, das sogar in den letzten Vers des eben zitierten Gedichts eindringt. In einem anderen Sonett an Priuli (wir wissen nicht, welches zuerst entstand) identifiziert der Enttäuschte den Geliebten mit einem venezianischen Kunstwerk:

> Ich liebe dich, wie jener Formen eine,
> Die hier in Bildern uns Venedig zeiget:
> Wie sehr das Herz sich auch nach ihnen neiget,
> Wir ziehn davon und wir besitzen keine.

Platens Sonette aus Venedig wurden meist als Einheit verstanden. Sie sind es nicht. Nur die beiden an Priuli richten sich an einen lebendigen Menschen und versuchen auf die gewohnte Art, Ich und Welt im Gedicht zu vereinen oder wenigstens mit Hilfe des Gedichts zu harmonisieren. Sie bilden innerhalb des Zyklus den Sonderfall.

Sonst aber herrscht ein anderes Prinzip. Nicht mehr soll das Gedicht silberner Kanal sein, der Ich und Welt auf labile Weise verbindet, sondern ein Außenstehender formt subjektive Eindrücke zu poetischen Bildern, die seinen Stempel tragen. Dies tut er nun keineswegs so, daß er in oder aus dem Bild verschwände: nein, deutlich sichtbar bleibt er daneben stehen. Platens gründlich veränderte Haltung läßt eine neue Art von Welt-Integration vermuten, die den geistigen Drahtseilakt erübrigt, der sie bislang ersetzen mußte.

Der ‚Spiegel des Hafis‘ beschwor das künstliche Paradies eines imaginären Orients, nur dem Gedanken erreichbar. Auch die ‚Sonette aus Venedig‘ zeigen eine von Wasser und Himmel begrenzte Sonderwelt, naturarm, kunstreich, scheinbar völlig versteinert. In der prägnanten, repräsentativen Beschreibung scheinen die Gegenstände ‚stehengeblieben‘ zu sein, wie Jürgen Link bemerkt. Platen schuf in Venedig poetische Reisebilder, die Daguerreotypien oder Projektionen aus der Laterna Magica seltsam ähneln. Sie zeigen eine Kunstwelt, die im Gegensatz zum Persien der Ghaselen real erfahrbar und dem Touristen zugänglich ist. Venedig birgt wohl auch einen lebendigen Kern: der aber ist so bitter, daß der Dichter über ihn schweigt.

Von alledem, von Platens Lebensproblem, von der ominösen Entsprechung: gleichgeschlechtlicher Eros – steinerne Kunstwelt – Tod, brauchte die Biedermeierzeit freilich noch nichts zu wissen. Zum erstenmal, seit er in der Schweiz unbeholfen versucht hatte, Reiseeindrücke in Gedichte umzusetzen, nimmt der Dichter hier den touristisch erfahrenen Ort und das besichtigte Kunstwerk als Vorwurf für poetische Tableaux. Henels Diktum vom ‚versifizierten Baedeker‘ ist so falsch nicht und sollte ohne Unwillen akzeptiert werden: Reiseführer gehören zum Biedermeier wie der Weltschmerz und das Parapluie. Freilich sind die Sonette aus Venedig mehr. Wie A. W. Schlegel seinen visuellen Eindruck von bestimmten Gemälden in Gedichte umsetzte, so verfährt Platen hier mit Reiseimpressionen. Jedes seiner venezianischen Sonette ist ein in sich geschlossenes Bild, ‚a frame‘, wie die Engländer das einzelne Foto auf dem Film oder der Platte bezeichnen; Jürgen Link nennt es ‚Einheit von spiegelförmig abgeschlossenen Echoklängen (Reimen)‘. Unnötig zu sagen, daß derart ‚gerahmte Belichtungen‘, aus repräsentativen, ‚prägnanten‘ Einzelteilen zusammengesetzt, über die reihende Beschreibung des Reiseführers weit hinausgehen.

Das letzte Sonett des Zyklus, das letzte Bild der Serie ist eines der schönsten, die Platen gedichtet hat. Es kündet im Vordergrund von Trauer, Einsamkeit, Resignation, und im Hintergrund, den erst die Fin de siècle bemerkte, von Verfall zum Tod.

> Wenn tiefe Schwermut meine Seele wieget,
> Mag's um die Buden am Rialto flittern:
> Um nicht den Geist im Tande zu zersplittern,
> Such' ich die Stille, die den Tag besieget.
>
> Dann blick' ich oft, an Brücken angeschmieget,
> In öde Wellen, die nur leise zittern,
> Wo über Mauern, welche halb verwittern,
> Ein wilder Lorbeerbusch die Zweige bieget.
>
> Und wann ich, stehend auf versteinten Pfählen,
> Den Blick hinaus in's dunkle Meer verliere,
> Dem fürder keine Dogen sich vermählen:
>
> Dann stört mich kaum im schweigenden Reviere,
> Herschallend aus entlegenen Kanälen,
> Von Zeit zu Zeit ein Ruf des Gondoliere.

Der Spiegel des Narziß ist erloschen, das Knabenbild verging in tiefer Schwermut. Wenn sie die ‚Seele wieget', so ist das die Bewegung der Gondel, dahinter aber auch ein fernes Erinnern an die Arme der Mutter: Barcarole und Berceuse in einem. Um nicht den Geist im Tande, das heißt an den erotischen Versuchungen des Markusplatzes, ‚zu zersplittern', wendet der Dichter seinen Blick vom Leben, das nur noch dort und am Rialto ‚flittert', aufs dunkle Meer, das den Tod bedeutet. Auf den ‚versteinten' Pfählen der schon gestorbenen Peripherie, an der Grenze von Leben und Tod, lauscht er ohne Anteilnahme dem Ruf aus jenen Kanälen, die beides, Stadtkern und Meer, miteinander verbinden. Noch sind sie ‚entlegen', sind nicht seine Wege. Der Gondoliere aber, der sie fährt, ist Träger doppelter Bedeutung: einmal der Liebesstimmung, wie wir sie aus Liedern und Musikstücken nicht erst seit Chopin kennen. Der traurige Dichter ist durch sie kaum irritiert, er hat sie fürs erste abgetan. Als Zeichen der Überwindung erscheint über den öden Wellen als neues Emblem die verwitternde Mauer mit dem wilden Lorbeer. Busch verweist hier auf den Daphne-Mythos*: sein Sinn ist die Sublimation, die Umsetzung von kurzwährender Sexualität in dauernde, ruhmbringende Kunst. Also mag es Platen kaum ‚stören', daß der Gondolier noch tiefere Bedeutung trägt: nicht nur ist er Sänger von Liebesliedern, sondern auch Charon, der Fährmann zwischen Diesseits und Jenseits. Von Zeit zu Zeit klingt in seinen Rufen das Echo der Stadt über das dunkle Meer, das ihre Schönheit nicht mehr reflektieren wird. Doch kündet der immergrüne Lorbeer von der Dauerhaftigkeit des optisch-akustischen Spiegels: er zeigt den getroffenen, erlösten und resignierten Poeta laureatus, der in voller Jugend das Alter nahen fühlt. Das letzte venezianische Sonett ist kein Reisebild mehr, sondern ein seelisches Selbstportrait.

---

* Die Bergnymphe Daphne, Tochter der Erde und des Flusses Peneios, wurde von Apoll begehrlich verfolgt. Auf ihren Hilferuf zauberte ihre Mutter sie fort und ließ an ihrer Stelle einen Lorbeerbaum zurück, aus dessen Blättern Apoll sich zum Trost einen Kranz wand. (Robert Graves, Griechische Mythologie, 21.k)

Schon als er die Landstraße in Fusina erblickte, ergriff ihn Heimweh nach der Stadt im Meer. Der Scirocco hatte den Himmel überzogen, es fröstelte. Padua gefiel ihm gar nicht; abends sah er dort die ‚Gazza ladra', die ‚Diebische Elster' von Rossini. Das Sujet sei abgeschmackt wie nur von Müllner oder Houwald, bemerkt er im Tagebuch. Die spritzige Musik, die sich bis heute gehalten hat, fiel ihm nicht auf.

Am nächsten Morgen war das Wetter warm und sommerlich. In Vicenza wäre er gern acht Tage und nicht nur drei Stunden geblieben; immerhin sah er Palladios berühmte Basilica und sein ‚Teatro Olimpico', das am Anfang des modernen Theaterbaus steht. Verona gefiel ihm noch besser, doch blieb er nur einen Tag.

Das Etschtal prangte in üppigen Farben. Bis Bozen reiste er bei schönstem Herbstwetter; bei Sterzing jedoch waren die Berge weiß, und den Brenner passierte er in Schneegestöber. Nach siebzehn Jahren sah er Innsbruck wieder; der Himmel war blau, die Luft kalt, Schnee lag auf den Bergen, und die Sonne spielte auf dem ‚Goldenen Dach'. Platen besorgte sich Winterkleidung und schrieb seine neuen Sonette für Frau v. Schelling ab.

Über den Zirler Berg, Mittenwald, Walchen- und Kochelsee fuhr er nach Benediktbeuren. Von der schönen Landschaft sah er wegen Schneeregens fast nichts. Am 19. November gegen Abend traf er in München ein.

30. Arrest

Für die ersten Nächte stieg Platen in der Vorstadt ab, da er ‚incognito' reiste. Als Offizier auf Urlaub hatte er in der Kapitale nichts zu suchen und wollte vermeiden, daß den Behörden seine Anwesenheit bekannt werde.

Er fand München, das er fünfeinhalb Jahre nicht gesehen hatte, sehr verändert. Der Odeonsplatz, wie wir ihn heute kennen, war im Entstehen begriffen, desgleichen die Achse Briennerstraße – Karolinenplatz – Königsplatz, als klassisch französische Avenue geplant, auf der viereckige und runde Plätze einander abwechseln. Hier sowie auf der späteren Ludwigstraße erhoben sich die ersten Adelspalais, fast alle von Klenze entworfen, der nach dem Tode Fischers die Architektur der Residenzstadt bestimmte.

Das neue München, weitgehend eine Schöpfung des Kronprinzen Ludwig, spiegelt 1824 noch reinen Klassizismus und findet auch Platens Beifall. All das Neue könne freilich nicht die „geschmacklose Bauart" des eigentlichen Stadtkerns verstecken, meint er im Tagebuch und verdammt alles zwischen Isartor und der Theatinerkirche, auch den rotgoldenen Raum von Cuvilliés, in dem er als Kadett und Page die Dramen Schillers und Kotzebues weinerlichen Komödien gesehen hatte. Mehr noch als in Italien war ihm hier alles Barocke, aber offenbar auch die Renaissance von St. Michael und der Maxburg ein Greuel. Besser gefiel ihm das neue Hoftheater (heute Nationaltheater), bei dessen Bau er 1817 mitgeholfen hatte, einen Magazinbrand zu löschen;

das dann nach wenigen Jahren völlig abbrannte und nun erneut der Vollendung entgegenging.

Unter den ersten, die Platen besuchte, waren seine beiden ehemaligen Zimmerwirtinnen, Madame Schwarz und ihre alte Mutter. Sie erinnerten ihn an unbefangen glückliche Jahre, wie er nun meinte, da er sich selbst und anderen unbekannt ein zufriedenes und emsiges Leben geführt hatte. Wie gnädig ist doch die Willkür des Erinnerungsvermögens, die uns viel von vergangenem Leid vergessen läßt. In seinen eigenen Tagebüchern hätte Platen nachlesen können, wie er sich damals wirklich fühlte.

Unbekannt war er freilich nicht mehr. Zwei einfühlsame junge Frauen, die musikalischen Töchter seiner alten Freundin Frau v. Schaden, zogen ihn sogleich in das Münchener Gesellschaftsleben: die eine war mit dem Geologen v. Kleinschrodt, die andere mit dem Kapellmeister Stuntz verheiratet, nach dem heute in München eine Straße benannt ist. Es gab Einladungen zum Tee, zu Soireen, ins Theater, ins Konzert. Die vielen Musikfreunde bedrängten Platen, er möge einen Operntext schreiben – kein schlechter Gedanke, wenn wir seine bisherigen Dramen betrachten. Er wollte nichts davon wissen.

Nun, da er die venezianische Malerei für sich entdeckt hatte, suchte er allenthalben nach Bellinis, Tizians, Giorgiones. Einige fand er im Palais Leuchtenberg, einem schönen Klenze-Bau nahe dem neuen Odeonsplatz, dessen Eigentümer Eugen Beauharnais, ehemals Vizekönig von Italien, kürzlich gestorben war. Auch besuchte Platen die neue Glyptothek, wo ihn weniger die antiken Skulpturen beeindruckten, um derentwillen sie errichtet worden war, als die halbvollendeten Fresken von Cornelius.

Er, den es in Venedig nach deutscher Küche verlangte, traf nun in einer Münchener ‚Trattoria' den Gräzisten Anselm Feuerbach. Platen kannte dessen Erlanger Bruder Karl, der sich als Burschenschaftler exponiert hatte und nun, allgemein bedauert, wegen Hochverrats im Gefängnis saß. Ein dritter Bruder Ludwig, eben zwanzigjährig, sollte der berühmte materialistische Philosoph werden. Die Feuerbachs waren Söhne des bekannten aufgeklärten Strafrechtlers aus Ansbach. Mit Anselm, dem späteren Vater des gleichnamigen Malers, hatte Platen jetzt, außer mit den Ehepaaren Stuntz und Kleinschrodt, den meisten Umgang. Natürlich traf er auch die Jugendfreunde, soweit sie sich in München aufhielten: Schnizlein, Liebeskind, Xylander. Der Letztgenannte war mit der Tochter des Obersten Tausch, ehemals gehaßtem Chef des Kadettenhauses, verheiratet. Schlichtegroll saß den ganzen Tag in einem Polizeibüro. Mit keinem der alten Freunde kam Platen wieder in das frühere intime Verhältnis; man hatte sich auseinandergelebt.

Wer diesen Umstand sehr bedauerte, war Leutnant Schnizlein. Er hatte dem Dichter 40 Gulden geliehen, die ihm die Mutter im Januar 1825 erstattete. Schnizleins ausführlicher Dankbrief an die Gräfin Platen fällt nicht nur durch unerwartet eleganten Stil auf, sondern führt auch Klage über die etwas herablassende Art des Freundes. „Seine geistige Ausbildung hat, seitdem wir uns nicht gesehen, einen hohen Flug genommen, in dem ich Ihm schon aus dem Grunde nicht folgen konnte, weil mir die Studien meines Berufes eine andere Richtung vorzeichnen; dessen ungeachtet ließ ich mir die

Friedrich Thiersch. Nach einer Zeichnung
von Ludwig Thiersch. (Buchillustration)

schönen Wissenschaften nie ganz fremd bleiben. August mochte das Letztere wohl nicht erkennen, denn soviel wir auch beysammen waren, schien er nie in eine Unterhaltung in Beziehung auf seine litterärischen Arbeiten eingehen zu wollen". Bemerkenswert ist, wie Schnizlein das Wiedersehen mit Platen nach fast siebenjähriger Trennung schildert: „Der Zufall führte uns zusammen, August begegnete mir abends im Kaffeehaus und sprach mich an, ich erkannte ihn nicht, der Schnurbart und die Brillen, so wie Seine etwas gebeugte Haltung des Körpers machten Ihn mir unkenntlich. Einer meiner Gesellschafter, der mit uns gemeinsam im Kadetten Korps gewesen erkannte seine Stimme. Ich war nachmals viel mit August zusammen, und wunderte mich immer mehr darüber, wie wenig er sich ohne Gläser, in Gang und Manieren verändert hatte."

Einmal erblickte Platen auf der Straße Brandenstein, wahrscheinlich zu Pferd, und schrieb daraufhin zwei Sonette. Das erste bedeutet einen seelischen (nicht formalen) Rückschritt, denn es zeigt wieder, wie ein Masochist seine Qualen genießt. Das zweite endet mit dem Vers ‚Doch meine schönste Jugend ist verflossen'. Wieder täuscht die Erinnerung den Dichter: seine Jugend beim Militär war alles andere als schön gewesen.

In zwei wichtige Münchener Bürgerhäuser wurde er eingeführt: die des Professor Thiersch und des Doktor Ringseis. Thiersch, Altphilologe aus Göttingen, war als Erzieher der jüngeren Königstöchter nach München gekommen und erster Verfechter des romantischen ‚Neuhumanismus'. Der Mediziner Ringseis, dem Kreis der ‚Landshuter Romantik' angehörend, war Leibarzt des Kronprinzen Ludwig, den er wiederholt nach Italien begleitete, und auf den er großen Einfluß hatte. Nach beiden Männern sind heute in München Straßen benannt.

Natürlich las Platen in den Salons seine neueren Arbeiten vor. Bei der Lektüre des ‚Rhampsinit' im Hause Stuntz war der Intendant des Hoftheaters, Poissl, anwesend, wurde jedoch während des vierten Aktes fortgerufen. Da er Interesse am Ende des Stückes zeigte, verschob Platen seine Abreise nach Ansbach, wo er eigentlich Weihnachten hatte verbringen wollen. Am nächsten Tag beendete er die Lektüre vor Poissl, der voll des Lobes war und die Absicht äußerte, das Stück in das neue Theater zu bringen: doch möge Platen noch einen erklärenden Prolog beifügen, der die Zuschauer auf das Ungewohnte, die Anachronismen, die Mischung aus Ernst und Komik sowie die fehlende Moral vorbereite. Der Dichter entsprach diesem Wunsch sofort mit 64 Knittelversen, die bei den Freunden viel Beifall fanden. Er schrieb den ‚Rhampsinit' noch einmal ab und schickte das Stück mitsamt Prolog an Poissl.

Mit Erfolg las Platen auch mehrmals seine venezianischen Sonette. Feuerbach berichtete ihm, daß man bei Thiersch davon entzückt sei und sie für die besten in deutscher Sprache halte. So war der Dichter nicht unzufrieden mit sich selbst: er bringe die Münchener Tage in einer angenehmen Zerstreuung hin, schreibt er Mitte Dezember im Tagebuch, „doch freilich nicht so sinnig als in Venedig."

Der gesellschaftlichen ‚Ueberhäufung' wegen war er ins ‚Goldene Kreuz' in der Kaufingerstraße umgezogen. Er hätte es nicht tun sollen, denn nun erschien sein Name in den Fremdenlisten der Tagespresse. Anfang Dezember nahm er Quartier bei Madame Schwarz; doch da war das Malheur bereits geschehen.

Bald zog sich das Unheil über ihm zusammen. Schon längst befinde er sich „in großer Schwulität"*, heißt es kurz vor Weihnachten im Tagebuch: das Nürnberger Regimentskommando hatte von seiner langen Abwesenheit erfahren und sich beim Erlanger und Ansbacher Magistrat nach seinem Verbleib geforscht. Platen konnte sich den Ärger vorstellen, der ihn bei seiner Rückkunft in Erlangen erwartete, und es verwundert nicht, daß er nun keine Eile mehr hatte, dorthin zu kommen. Im ‚Englischen Kaffehaus' traf er einen alten Schweizer Bildhauer namens Christen, der noch Goethe in Rom getroffen und 1805 in Mailand Napoleons Büste modelliert hatte. Von Christen ließ sich Platen auf einem Alabaster-Medaillon im Profil abbilden. Leider ist es verschollen.

Den Weihnachtsabend verbrachte er im Hause Ringseis, wo ihm, wie den anderen Gästen, eine kleine Bescherung bereitet wurde. Es waren die venezianischen Sonette, die ihm die Sympathie der Arztfamilie eingetragen hatten. An den letzten Münchener Abenden ging er öfters ins ‚Café Museum', wo er den Rittmeister Brandenstein, den er jetzt einen „halb und halb Bekannten" nannte, wenigstens betrachten durfte. Ob er es wagte, ihn anzusprechen, bleibt zweifelhaft.

Gegen Jahresende begab sich Platen schweren Herzens nach Erlangen. Die Reise im (natürlich ungeheizten) Postwagen war sehr unangenehm, zumal er in Augsburg aus Versehen seinen Mantel hatte liegen lassen. Während seines kurzen Aufenthaltes dort

---

* Der Ausdruck bedeutete damals einfach ‚Schwierigkeiten'.

überreichte er Fugger ein Manuskript des ‚Rhampsinit' sowie zwei Gipsabgüsse seines Porträt-Medaillons, eines davon für den armen Gruber in Regensburg.

Nach Venedig und München mußte Platen sich an die Provinz erst wieder gewöhnen. Er fühle große Einsamkeit, Erlangen beginne, ihn zu langweilen, bemerkt er am 1. Januar 1825 in seinem Tagebuch; und dann mit Bezug auf die Post, die er vorgefunden hatte: „Die Deutschen wissen einem Dichter keinen anderen Dank zu bieten, als Recensionen."

Er gibt nicht an, welche ihm vorlagen. Seit 1822 waren drei erschienen, wenn wir Eckermanns Anzeige der ‚Neuen Ghaselen', die schon erwähnt wurde, mitzählen. Vielleicht war es eben diese, von der Platen jetzt mit Verspätung Kenntnis nahm? Die Mutter jedenfalls besaß das betreffende Heft von ‚Kunst und Alterthum' und hatte den Artikel in Ansbach mehrfach kopieren lassen. Eine Besprechung der Schauspiele kam aus Weimar, Platen erwähnt sie in einem Brief an die Mutter. Zitierenswert ist eigentlich nur eine Stimme aus Zürich über den ‚Gläsernen Pantoffel': „Wie? unter dieser kupfernen erbärmlichen Scheidemünze ..wie sie auf den großen Wechslertischen der Leipziger Messe zirkulieren, auch wieder einmal ein Goldstück?" Der anonyme Rezensent bemängelt dennoch die Zusammendrängung des Aschenbrödel-Märchens, die manche hübsche Szene koste. Auch kritisiert er die Wortspiele. Platens komische Figuren werfen sich immer nur den gleichen Ball des Witzes zu: „bei Shakespeare zirkulieren so viel Bälle, als Personen den witzigen Kampf führen.. während Hegesippus und Pernullo zusammen nur der eine und einseitige Witz des Dichters sind." Platen mag sich geärgert haben; nur gut, daß ihm verborgen blieb, was ein paar Wochen später ein gewisser Harry Heine an seinen Freund Immermann über die ‚Schauspiele' schrieb: „Diese sind in Form und Gestaltung den Ihrigen sehr verwandt. Nur daß der Witz dem armen Platen trotz seines Danachhaschens durchaus abgeht, und daß die Poesie in ihm zwar echt, aber nicht reichlich fließt."

Die Sorge, sich in Erlangen langweilen zu müssen, war unnötig. Schon am 2. Januar 1825 wurde er wegen Urlaubsüberschreitung verhaftet und nach Nürnberg zum Kasernenarrest überstellt. Gleichzeitig kam ein Militärgerichtsverfahren gegen ihn in Gang. Nach zehn Tagen durfte er zum ‚Hausarrest' in die Wohnung seines Freundes, des Gymnasiallehrers Hermann, übersiedeln; dort blieb er sechs Wochen. Schließlich endete das Verfahren mit der Verurteilung zu weiteren vier Wochen Kasernenarrest. Am 23. März war Platen wieder frei.

Da ihm gestattet wurde, Bücher und Wäsche nach Nürnberg kommen zu lassen, konnte ihm selbst die Kaserne nicht viel anhaben. Im Hause Hermann blieb er in weiblicher Obhut, die Mutter und drei Schwestern des Freundes umsorgten ihn. Hermann selbst war unglücklich verliebt und deshalb vorwiegend schlechter Laune, doch Platen saß meist in seinem Zimmer, lesend und schreibend. Wichtigste Lektüre während des Arrestes war das Nibelungenlied.

Als erste eigene Arbeit entstand bei Hermann ‚Der Thurm mit sieben Pforten', Lustspiel in einem Akt, wieder nach einem Stoff von Le Grand. Der eifersüchtige Dei von Tunis hat seine christliche Braut in den genannten Turm siebenfach eingeschlossen. Ein Ritter aus Neapel befreit sie mit Hilfe eines geheimen Zugangs, wobei er dem verwirrten Fürsten die Braut als ihre eigene Doppelgängerin vorführt. Das leichte Spiel ist der praktikabelste dramatische Versuch Platens, graziös, ausgewogen, glaubwürdig motiviert, auch überschreiten die Unwahrscheinlichkeiten der Handlung nicht das bei diesem Genre übliche Maß. Ein leichter autobiographischer Bezug ist erkennbar: das eingeschlossene Fräulein gleicht dem Autor, der seine Gefangenschaft nicht allzu tragisch nimmt.

Die Münchener Anregung, einen Opterntext zu schreiben, ging ihm doch durch den Kopf. Er dachte an einen alttestamentarischen Stoff (Rehabeam) mit Chören nach dem Vorbild von Racines biblischen Dramen, doch blieb es beim Plan.

In hymnisch hohem Ton wollte Platen auch die Tristan-Sage bearbeiten. Das Projekt selbst schob er vorläufig auf, schrieb aber einen ‚Gesang' Tristans, der zu seinen berühmtesten Gedichten gehört.

> Wer die Schönheit angeschaut mit Augen,
> Ist dem Tode schon anheimgegeben,
> Wird für keinen Dienst auf Erden taugen,
> Und doch wird er vor dem Tode beben,
> Wer die Schönheit angeschaut mit Augen.
>
> Ewig währt für ihn der Schmerz der Liebe,
> Denn ein Thor nur kann auf Erden hoffen,
> Zu genügen einem solchen Triebe:
> Wen der Pfeil des Schönen je getroffen,
> Ewig währt für ihn der Schmerz der Liebe. ...
>
> Ach, er möchte wie ein Quell versiechen,
> Jedem Hauch der Luft ein Gift entsaugen,
> Und den Tod aus jeder Blume riechen:
> Wer die Schönheit angeschaut mit Augen,
> Ach, er möchte wie ein Quell versiechen!

Dieses ‚statische' Gedicht bestand ursprünglich aus vier Strophen; eine fiel aus formalen Gründen weg. Jede der drei verbliebenen ist zentral- und spiegelsymmetrisch von zwei identischen Versen wie Eckpfeilern eingefaßt. Gleichzeitig ist das ganze auch als Triptychon zentralsymmetrisch aufgebaut: der dominierende ‚Augen'-Reim der ersten Strophe kehrt in der dritten wieder. Es handelt sich um ein kunstvoll verzweigtes und gesteigertes Echospiel, das zugleich eine Spiegelfigur bildet. Jürgen Link meint sogar, Platen habe den banalen Reim Liebe-Triebe nicht aus Verlegenheit in der Mittelstrophe verwendet, sondern daß ihm mit der Wortkonstruktion darum herum ein bewußtes Sprachexperiment gelungen sei. Wie in den venezianischen Sonetten ist hier aus mühevoller Werkstattarbeit „jener unverkennbare, melancholisch-verhaltene wie gleichzeitig unbeirrbar-fortschreitende, mit seiner Sonorität gleichsam im Dunkeln leuchtende neurenaissancistische Ton hervorgegangen, ohne dessen Klang im Ohr weder George noch Hofmannsthal, ja nicht einmal Trakl die Anregungen des französischen Symbolismus ästhetisch gültig hätten ‚übersetzen' und weiterentwickeln können."

Kein Gedicht Platens wurde so oft zitiert wie der Gesang Tristans. Den wichtigsten Kommentar dazu gab Thomas Mann in seiner Ansbacher Rede von 1930: „Tod, Schönheit, Liebe, Ewigkeit sind die Sprachsymbole dieses zugleich platonischen und rauschvoll musikalischen Seelenwunders voll Faszination und Verführung, von welchem unser Gedicht, ein Zauberritornell, raunend zu künden versucht; und die auf Erden das Zeichen seiner Ritterschaft tragen, die Ritter der Schönheit, sind Todesritter." Mit dieser Deutung der Tristan-Strophen beschwört Mann den dekadenten Dichter, wie er ihn schon 1911 in seiner Venedig-Novelle beschrieben hatte. An der Gestalt Gustav Aschenbachs, der in Venedig stirbt, orientierte sich das Platen-Bild bis in die jüngste Vergangenheit.

Der Autor dieses Buches, 1928 geboren, muß gestehen, daß er in den Tristan-Strophen kein Raunen vernimmt. Vielmehr vertritt er die Meinung, daß alles Raunen nur Widerhall der eigenen Stimme ist. Also findet er im Platen-Bild von 1930 jene dunklen Töne aus der Fin de siècle wieder, die Thomas Mann und seine Zeitgenossen im Gefühl wonnevoller Sündhaftigkeit in sich selber ‚raunen‘ hörten.

Das Bild vom traurigen Todesritter bedarf der Aufhellung. Für Platen treffen sich ‚Schönheit‘ (gleich Männerliebe) und Tod nicht etwa, weil sie, nach dekadentem Verständnis, unauflöslich zusammengehörten, sondern weil der Dichter, da seine ‚Schönheit‘ im deutschen Biedermeier nicht zu haben war, gelegentlich in pompöser Verzweiflung nach dem Tode ruft. Weit eher gleicht er dem lebendig Begrabenen, der seiner Gruft entsteigen will. Er ist ein Sohn der Aufklärung, die den Scheintoten als literarischen Topos entdeckte, nicht aber gefallener Engel und Vorläufer der Fin de siècle. Das schwermütig schuldbewußte Lebensgefühl eines Dorian Gray oder Gustav Aschenbach war ihm fremd. Gleichgeschlechtlichkeit galt ihm vielmehr als natürlicher Zustand, der zu seinem Unglück dort, wo er sein Leben führen mußte, Schande und Einsamkeit im Gefolge hat. Die Tristan-Strophen scheinen uns von dem Venedig-Erlebnis zu zeugen, das wir vermuten und von dem der Dichter schweigt. Gift und Tod sind aufgerufen, um die Qual eines Begehrens zu schildern, das in Deutschland stets zurückgewiesen wurde und für das Italien nur ein Surrogat bereithält. Auch jene Peinlichkeit schwingt mit, die zwischen dem pathetischen Anspruch steht und der erbärmlichen, bar zu begleichenden Praxis.

Hinter dieser ‚biographischen‘ Bedeutung jedoch liegt eine zweite, tiefere. Keine Isolde ist das Liebesobjekt des Gedichts, sondern Platens bekannte ‚Schönheit‘, die in Gestalt des pfeilbewehrten Erosknaben mit der des Narziß zusammenfließt. Im Reim Augen – entsaugen erscheint noch einmal das Mutterbild mitsamt dem Busenkomplex, das seit dem letzten Sommer zu verblassen begann.

Wenn Tristan-Narziß ‚wie ein Quell versiechen‘ möchte, so sind in dem letzten Wort Versiegen und Dahinsiechen vereinigt. Die wenig plausible Behauptung des Dichters, allein der Anblick des Schönen bedeute den Tod, ja rufe den heftigen Wunsch nach ihm hervor, erklärt sich aus dem Begehren, das eigene Antlitz im Spiegel des Quells zu erblicken, sowie der gleichzeitigen Angst vor dem Versiegen dieses Quells, dem Erlöschen des Spiegels. Platen will in und mit ihm verschwinden.

Das Gedicht löst nichts davon ein. Weder kann der seltsam-untaugliche Tristan sterben, denn ‚Ewig währt für ihn der Schmerz der Liebe', noch will er es wirklich: ‚Und doch wird er vor dem Tode beben.' Töricht die Hoffnung, ‚zu genügen einem solchen Triebe', nämlich das schöne Bild festzuhalten: ‚auf Erden' kann es nicht gelingen, wir denken an das spätere Bildnis des Dorian Gray. Hier aber wird das Gedicht selbst zum Firmament über der gedachten Erde. Zwar trägt es nicht die geliebten Züge, doch ist der Schmerz des Narziß über das verschwundene Spiegelbild in ihm fixiert und verewigt.

Spiegelbilder und Echoklänge verbinden sich bei Platen zu einer derart engen Einheit, daß sie wechselweise ersetzbar werden. Narziß-Tristan, über den Quell gebeugt, möchte in seinem Spiegelbild verschwinden, während das Echo weiterklingt. In der Niederschrift wird es zum Versblock, ist nun Echobild und Spiegelgesang zugleich. Hier liegt wohl der tiefste Ursprung von Platens Lyrik und zugleich der Grund für die Faszination, die sie ausübt.

Mitte Januar fragte der Dichter Fugger, ob der Gesang Tristans in Musik gesetzt werden könne. Der Freund bejahte, führte die Komposition aber nicht aus.

Zwei Aufsätze entstanden während des Arrestes: ‚Das Theater als ein Nationalinstitut betrachtet' und ‚Aphorismen, besonders über dramatische Kunst'. Die Titel sind völlig irreführend. Der erste Aufsatz enthält eine Kritik verschiedener Nationalliteraturen und Gedanken zu einem deutschen Nationaldrama, nichts zum Theater. Acht der vierzehn Aphorismen beschäftigen sich mit dem deutschen Theater (nicht dem Drama), während Platen in den restlichen sechs wichtige Mitteilungen über sein Denken und Dichten macht, die mit dem Drama nur am Rande zu tun haben.

Der Theater-Aufsatz fordert indirekt ein deutsches Nationaldrama aus dem Stoff des Nibelungenliedes; natürlich ist es auch eine Forderung des Dichters an sich selbst. Vom Thema abschweifend meint er, mit der Kenntnis der alten Epen in Deutschland sei auch die Fähigkeit in Vergessenheit geraten, sie vorzutragen. „Dieß ist die Kunst der italiänischen Tagediebe und Improvisatoren, welche uns Stellen aus dem Tasso zu recitiren pflegen. ..Wiewol das gemeine Volk in Italien meistens sehr falsch deklamirt, so scheint mir doch der Tasso.. nie so vortrefflich erschienen als aus dem Mund dieses Gesindels." Verwundert nehmen wir die emotionalen, im Zusammenhang völlig deplacierten Ausdrücke ‚Tagediebe' und ‚Gesindel' zur Kenntnis und fragen uns, ob hier vielleicht ein Zipfel vom Geheimnis des Markusplatzes sich lüfte? Sodann tadelt Platen zu unserer Verblüffung die moderne deutsche Metrik als „das einförmige Ticktack der Jamben und Trochäen", ohne zu bemerken, wie sehr er seine eigene Lyrik diesem „beständigen Lang = kurz oder Kurz = lang" unterworfen hat. Stattdessen lobt er am Versmaß des Nibelungenliedes eben das Unregelmäßig-Spontane, das er seit seiner Jugend meidet: zwischen sechs betonte können „willkürlich eine beliebige Anzahl unbetonter Sylben eingereiht werden, insoweit es nämlich Sprache und Harmonie des Versbaus erlauben."

Die acht Aphorismen zum Theater sind interessant, weil hier, unseres Wissens zum erstenmal in Deutschland, eine nationale Sprechbühne hohen Stils gefordert wird. Ein priesterlicher Kunstrat bestimmt den Spielplan, Trivialität und Prosa sind verpönt. Es genügt, wenn nur ein Nationaltheater eingerichtet wird, das dann freilich über die anderen Bühnen „ein strenges Regiment" ausübt (1 – 5). „Das Theater ist heilig und allein der Kunst geweiht. Politische und Hof = Rücksichten dürfen nie Einfluß auf die Bühne haben. Freiheit ist das Element der Kunst." (6)

Tatsächlich fordert Platen hier mehr einen Tempel der Kunst als einen der Nation. Dennoch ist sein Katalog späteren, denen die Kunst nur als Mittel zum Nationalkult dient, sehr ähnlich: Verbot prosaischer Unterhaltung, dafür Erhebung durch strenge Form, priesterliche Allüre, und all dies noch mit dem Siegel ‚Freiheit' versehen, das ihm hohnvoll widerspricht. Betrachten wir diese Forderungen zum Theater im Zusammenhang mit der unscharfen Anregung, das Nibelungenepos dramatisch zu erneuern; nehmen wir dazu die gleichzeitigen Versuche des Dichters, sich der Oper anzunähern mit lyrischer und chorischer Dramatik, so sind unsere nächsten Gedanken auf dem Hügel in Bayreuth. Wie in kommunizierenden Röhren strömt der Zeitgeist, wir haben sogar ein Tristan-Fragment von Platen! Auf dem Musiktheater (an das er sicher nicht dachte) sollte die ideale Durchdringung von Kunst und Nationalkult gelingen. Der deutschen Sprechbühne jedoch erstand kein Richard Wagner vergleichbares Genie; Hebbels Nibelungen-Dramen sind heute fast vergessen. Dennoch wurde die Idee der deutschen dramatischen Vaterlands-Liturgie bis in den zweiten Weltkrieg hinein immer wieder aufgegriffen. Von privaten Versuchen abgesehen, fand er freilich nur einmal mit staatlicher Hilfe kurze Verwirklichung: als Thingspiel zu Beginn des Dritten Reiches.*

Platens Gefangenschaft zu Beginn des Jahres 1825 ist vielleicht die wichtigste Zäsur in seinem Leben. Wie damals am Gotthard, als er im Sommer 1816, vom Nebel eingeschlossen, zu sich selber fand, so formuliert er jetzt einige Sätze, die für die Kulturgeschichte prophetisch wurden und die zum Teil auch für sein eigenes Dichten und Denken bedeutsam sind. Von den restlichen Aphorismen seien des großen Interesses wegen, das sie für Platens weitere Entwicklung haben, vier weitere angeführt.

„Die höchste Aufgabe der Kunst ist nicht, das Genie zu zeigen, sondern vielmehr hinter der Kunst selbst zu verbergen. Dieß ist die große Kunst der Griechen, denen es gelang, durch die Vollendung der Form gelang, das Allergenialste und Individuellste als das Allgemeinste erscheinen zu lassen". (12) – „Alles Stümperhafte ist individuell, und bei jeder Stümperhaftigkeit im Einzelnen eines Kunstwerks tritt das Individuum hervor. Die Vollendung der Form hingegen ist die höchste Selbstverläugnung des Künstlers." (13) – Hafis und Shakespeare scheinen vergessen, in den griechischen Klassikern sieht Platen nun das große Vorbild.

Wichtiger noch sind zwei andere Aphorismen. „Religion, Kunst und Wissenschaft gehen ineinander über, und sind ihrem Inhalte nach dasselbe, denn Gott und die Welt ist der Inhalt von allen dreien. Aber in ihrer Weltansicht, in der Art ihrer Offenbarung sind sie durchaus verschieden, und in ihrer höchsten Potenz betrachtet, schließen sie

---

* Das Resultat war niederschmetternd. Goebbels brach das Projekt 1937 ab.

sich aus. „Auch die Kunst sucht das Göttliche unmittelbar darzustellen und wird nie die Dienerin der Religion und der Wissenschaft seyn.. Denn jedes wahre Kunstwerk hebt die religiöse und philosophische Weltansicht (im Augenblicke des Kunstgenusses) auf.. Der Vernünftige, der wohl weiß, daß Religion, Kunst und Wissenschaft, jedes auf seine Weise, nach dem Einen Höchsten streben, wird sie ruhig neben einander bestehen lassen." (9)

Das klingt ganz nach ‚Kunstperiode' und scheint die Position des jungen Schelling zu wiederholen, nach der die drei Bereiche sich im Höchsten, das heißt: in Gott, begegnen. Der zweite Satz bringt freilich schon die Abweichung. Zwar streben Religion, Wissenschaft und Kunst zu Gott, aber sie bleiben getrennt, sie korrespondieren nicht mehr. In seinem ersten Gedicht an Schelling nannte Platen die Reiche des Wahren und des Schönen zwar gleiche, doch verlorene Töne. Das Schöne hat sich seit der Romantik vom Wahren wieder getrennt und zur eigenen Größe emanzipiert. Friedrich Sengle bemerkt, wie der postromantische Dichter als Schmetterling einzelnen Schönheiten nachjagt, obwohl er sich damit vom Ganzen, das nur mystisch zu erkennen und zu dichten ist, auf bedenkliche Weise entfernt.

Platen verkündet das Evangelium einer ganz besonderen Schönheit, und weder Wissenschaft noch Religion haben ihm da hineinzureden. Was das zehnte venezianische Sonett mitteilte, hier ist es in Prosa wiederholt. Die Talente sind ein Geschenk Gottes an den Künstler: „Das Genie ist angeboren und geht dem Leben voraus, die Kunst muß gelernt werden und ist die höchste Aufgabe des Lebens für den, der Genie besitzt." (11) Wenn Platen Gott für tot erklärte, wäre er Nietzsches ‚Übermensch'. Doch nichts lag ihm ferner: sein Geniebegriff entspricht ganz dem des achtzehnten Jahrhunderts.

Viele Dichter des bürgerlichen Zeitalters überwanden den Weltschmerz, indem sie die Frage nach Gott zurückstellten und sich ganz der Wirklichkeit widmeten: Kunst und Leben sollten keine Gegensätze mehr sein. Andere zogen sich in private Paradiese zurück, über die kein Gott mehr herrschte außer dem eigenen Ich. An diesem Punkte angelangt, verschmäht Platen beide Wege und erweist sich so auf seltsame Weise als konservativ. Er nimmt die deistischen Vorstellungen seiner Jugend wieder auf. Zweieinhalb Jahre nach dem Nichts-Ghasel, wahrscheinlich nur durch ein wenig käufliche Liebe in seiner peinlichen Existenz bestätigt, schreitet er den geistigen Weg des Jahrhunderts zurück bis zum Beginn, als er in den mütterlicher Armen wie in Rosenblättern ruhte und der junge Schelling ungebrochen lehrte, Gott manifestiere sich im Schönen. An dies Credo einer versunkenen Epoche knüpft der unglückliche Dichter an, da er erkannt hat, daß Wissenschaft und Religion seine Eigenart verwerfen, anstatt ihn zu rechtfertigen und zu trösten. Dafür hebt er beide auf durch die Kunst, in der allein, wenigstens für ihn, das Göttliche noch anschaubar wird. Auf einzigartige Weise sind hier Gedanken der deutschen Aufklärung (,Kunstperiode') und der anbrechenden areligiösen Epoche miteinander verknüpft.

Jürgen Link hat den Platen gezeigt, der seinen ‚unpassenden' Eros im Gedicht mit der Welt zu harmonisieren versucht. An seine Stelle tritt nunmehr der Prophet einer speziellen ‚Schönheit', die diesen Eros in sich birgt, ja deren wichtigster Bestandteil er ist. Meine Verse sind schön, sagt der Dichter. Mein Genie, das sie schuf, ist ein Geschenk Gottes; also ist auch die Kunst, die es hervorbringt, samt ihrem Generalthema schön und Gott gefällig. In einem Ghasel vom Februar 1821 hieß es ankündigend: ‚Der Dichtung Lanzen fass' ich miteinander, / Und berge sie gesammt in meinem Busen; / Ich trage gläubig eine Priesterbinde, / Verwalte Priesters Amt in meinem Busen'. Nachdem Platen in seiner Qual um Liebig begonnen hatte, ‚der Dichtung Lanzen' hervorzustoßen, trägt er nun auch die Binde des Schönheitspriesters in aller Öffentlichkeit.

Das Genie wird allgemein als Erschließer neuer Schaffensbereiche definiert, in denen es sofort Hochleistungen vollbringt. Absolute Originalität ist mit Endgültigkeit verbunden. Platen, der sich als Genie im Sinne der Kunstperiode fühlte, hielt sein Thema für spontane Eingebung. Die ‚Endgültigkeit' seiner Dichtung ist freilich nicht deren Frucht, sondern die mühsam-fleißige Ausführung ‚schöner Pläne', die Konstruktion unzerbrechlicher Spiegel.

Dies Handwerk lernt sich nicht auf einmal. Die poetischen Genres erschienen dem Dichter folglich als qualitative Stufenleiter: je ‚kunstvoller' ein Gedicht, desto besser ist es auch. Der Aufstieg beginnt mit dem einfachen Lied, dann folgen Ghasel und Sonett, bis endlich mit Meisterung der schwierigsten antiken Metren das höchste Ziel erreicht ist.

Eine solche Sichtweise, die auf Renaissance und Antike zurückgeht, widerspricht natürlich ganz und gar dem Geniebegriff des achtzehnten Jahrhunderts. Doch dieser Gedanke scherte den Dichter wenig. Das Venedig-Erlebnis gab ihm vielmehr die Weihe für eine höhere poetische Formstufe, die dem neuen Genie-Gestus angemessen sein sollte. Beschwingt vom Umgang mit Thiersch, Feuerbach und Christen, schrieb er ein Gedicht in klassischen Distichen mit dem Titel ‚Die Bildhauer'. Noch vor der Reise hatte Puchta im Scherz bemerkt, wenn Platen einmal Werke des Palladio gesehen habe, werde das „gothische Element" aus seiner Poesie verschwinden. Nunmehr war die Voraussage eingetroffen. Erstmalig seit der Schlierseer Elegie von 1817/18 erscheinen hier wieder antike Metren, von einigen Epigrammen des Herbstes 1820 abgesehen.

> Wenn ich ein Künstler wäre, so möcht' ich am liebsten ein Bildner
>   Seyn, und des Meißels Griff führen in fertiger Hand. ...
> Zwar auch die Dichtkunst ist an Bedarf und Bedingungen einfach,
>   Ohne mechanische Kraft bringt sie die Seele hervor.
> Doch nun gilt es zu fesseln die schwebenden, leichten Gedanken,
>   Festzubannen des Lieds glatten, entschlüpfenden Vers.
> Ja – nun gilt es, zu schreiben! O sagt mir, gibt es noch eine
>   Lästigere Auskunft, eine prosaischere?
> Schreiben gehört fürwahr in die Staatskanzleyen, die Dichtkunst
>   Was hat sie mit Papier, Feder und Dinte zu thun?
> Hätt' ich den Meißel zu führen gelernt, so wär' ich der Thor nicht,
>   Der mit dem Schulhandwerk pfuscht in die schöne Gestalt.

Wie der Bildhauer die Skulptur aus dem Stein meißelt, will Platen die Wortkörper aus der Sprache in seiner Materialität ‚herausarbeiten' und zu einer horizontal-vertikalen

Georg Friedrich Puchta. Nach einer Lithographie von Roman Leiter. (Stadtarchiv Erlangen)

Lautbild-Komposition fügen. Jürgen Link vergleicht sie mit den verschieden gegliederten Stockwerken einer Renaissance-Fassade. Zugleich sollen die ‚schwebenden leichten Gedanken', die das Gedicht evoziert, mit gehäuften Spondeen ‚festgebannt' werden. Wir werden sehen, daß dem Versuch in Distichen programmatische Bedeutung zukommt.

In Platens Arrestzeit fällt der Beginn seiner eigentlichen Freundschaft mit Puchta. Friedrich Mayer meint, schon als Student hätte er auf Platen anziehend wirken müssen und rühmt seinen damaligen Aufzug: „das schwarze Samtbarret mit der vergoldeten Agraffe, die Eichellaub vorstellte, die langen auf die breiten Schultern herabfallenden Haare, der kurze schwarze Teutonenrock, der über den Hüften durch einen lackirten Ledergürtel mit vergoldeter Schnalle zusammengehalten wurde, die großen Stulphandschuhe und die weiten Tuchhosen". Dem steht Platens eigenes Zeugnis entgegen, der fünf Jahre zuvor Puchta einen kalten Verstandesmenschen und „ein vollkommenes juridisches Phlegma" nannte. Gleichviel: mittlerweile war der Jurist, zwei Jahre jünger als Platen, verheiratet und außerordentlicher Professor in Erlangen. Der arretierte Dichter bat ihn um allerhand Dienste und Gefälligkeiten. Es entspinnt sich ein intensiver Briefwechsel, während dem Puchta Bücher besorgt, den ‚Rhampsinit' vergeblich zum Druck anbietet, hauptsächlich aber eine Subskription für die ‚Sonette aus Venedig' veranstaltet und deren Druck überwacht, so daß schon Anfang Februar das Bändchen fertig vorliegt. Freilich wagt es der witzige Jurist, an einem Sonett Platens herumzumäkeln, woraus ein sechsfaches briefliches Ping-Pong entsteht. Da Puchta seine Kritik jedoch in viele Komplimente einwickelt, nimmt Platen sie mit unüblicher Grazie hin, bemerkt allerdings in seiner zweiten Erwiderung mit Recht, es gebe „eine

Art von grillenhafter Kritik, wobei, wenn man über ein Sonett 14 Richter bestellen wollte, geradezu alle 14 Zeilen ausgestrichen werden müßten." Worauf Puchta mit einem schönen, wenn auch nicht völlig zutreffenden Lob der Gedichte antwortet: „Ich halte diese Sonettreihe in sofern für ein Meisterstück, als sie etwas Ganzes, ein Organisches bilden, das man als etwas Lebendiges, Fertiges, Vollendetes anerkennen muß, von dem man hin und hergeschaukelt, aber endlich doch ans Ziel gebracht wird".

Als Platen sich für die vielen Mühen entschuldigt, die er Puchta bereite, antwortet dieser: „Aber hören Sie doch einmal auf, wegen der Aufträge um Verzeihung zu bitten und Umstände zu machen. Unser eins ist froh, Aufträge besorgen zu können, statt zu geben und Sie hätten, glaub' ich, auch nichts dagegen, wenn Sie in Erlangen wären, und ich Ihnen aus der Caserne heraus Aufträge gäbe." Sein erstes Kind nannte Puchta nach Goethe und Platen Wolfgang August, ja er bat den letzteren zum Taufpaten. Kein Wunder, daß der Dichter sich geschmeichelt fühlte.

Noch aus dem Arrest heraus schickte Platen seine venezianischen Sonette an alle alten und neuen Freunde – sowie an Goethe. Der las sie zweimal und schrieb am 27. Februar 1825 in sein Tagebuch: „Lobenswürdig gefunden." Doch dachte er nicht daran, dies Lob dem Autor mitzuteilen, den er damit glücklich gemacht hätte.

31. Treue um Treue

Als der Dichter am 22. März vom Arrest entlassen wurde, verweilte er nur wenige Tage in Erlangen. Zwei Gedichte erreichten ihn von einer unbekannten Dame aus Würzburg, die sich ‚Sione' nannte. Seine Poesien hätten sie heftig bewegt, schreibt Sione, besonders aber das Gedicht auf Kernells Tod und die Widmung des ‚Gläsernen Pantoffels' an Schelling. Wir bringen daraus die vierte Strophe:

> Doch hat das Herz sich nie zurecht gefunden
> In dieses Lebens ird'schen Paradiesen:
> Die freie Liebe, die es ungebunden
> Den Menschen bot, sie ward verlacht von diesen,
> Und frühe fühlt' ich in verlass'nen Stunden
> Mich auf mein eignes, dunkles Selbst verwiesen,
> Und früh begann ein unaussprechlich Sehnen
> Die Brust durch Seufzer mächtig auszudehnen.

Solche Verse sind freilich geeignet, einsame weibliche Seelen anzurühren. Sione wünschte lediglich, daß Platen ein Lied auf ihrem Grabe singe und ließ ihn wissen, wenn er auch von den Menschen verkannt sei, so gebe es wenigstens ein Herz, dem er die schönsten Stunden und wahren Frieden geschenkt habe.

Während des ganzen Arrestes war der Dichter mit einem neuen Schauspiel beschäftigt gewesen, das er schon letzten Sommer im Gartenhaus, nach Abschluß des ‚Rhampsinit', zu schreiben begonnen hatte. Nun nahm er das Fragment mit nach Ansbach, wo er zwei Wochen daran arbeitete und ihm den Titel ‚Treue um Treue' gab. Wieder in Erlangen, schloß er das Stück mit einiger Mühe ab; mißgelaunt bemerkt er im Tagebuch, die Bühnen und das Publikum würden es nicht akzeptieren, und die Kritiker würden nur Sottisen sagen.

Die erste Voraussage war dies eine Mal falsch. Anfang Mai veranstaltete er eine Lesung von ‚Treue um Treue', zu der er nur zwei Studenten persönlich eingeladen hatte; dennoch fand sich, durch pure Mundpropaganda, eine bedeutende Gesellschaft ein, darunter Frau v. Schelling, Puchta, Engelhardt, Döderlein, Pfaff und eine ganze Reihe von Studenten. Einer von ihnen war der neunzehnjährige Karl Pfeuffer, der bald zu den engsten Vertrauten des Dichters gehören sollte. Das Stück wurde beifällig aufgenommen.

Der Zufall wollte, daß seit Anfang Mai eine Schauspieltruppe aus Bamberg auf der Erlanger Bühne spielte. Der Erfolg des Repertoires war dürftig, das Theater hatte kaum Besucher. In dieser Situation regten Schelling und Engelhardt an, das neue Stück aufführen zu lassen. Der Dichter überreichte das Manuskript dem Schauspieldirektor Weinmüller, „der es sehr devot annahm".

Wie sieht das einzige Drama Platens aus, das je auf die Bretter kam? Aucassin, Sohn des Grafen Garin von Beaucaire, entzieht sich seinen kriegerischen Pflichten gegen den anrückenden jungen Florestan von Valence aus Liebe zu Nicolette, die seine Liebe erwidert. Nicolette ist Ziehtochter von Philibert, einem Vasallen des Garin, der sie in früher Jugend wandernden Sarazenen abgekauft hatte. Garin ist wegen ihrer zweifelhaften Herkunft gegen eine Verbindung mit seinem Sohn und befiehlt dem Philibert, Nicolette aus Beaucaire zu entfernen. Der aber versteckt sie lediglich in seinem Schloß.

Aucassin läßt sich nur durch Garins Versprechen, er dürfe Nicolette heiraten, so weit bringen, die Waffen zu ergreifen und Beaucaire im letzten Augenblick vor Florestan zu retten. Als er siegreich vor seinen Vater tritt und die Einlösung seines Versprechens fordert, weist dieser ihn zurück. Aucassin gibt aus Zorn dem gefangenen Florestan die Freiheit, wofür der sich mit einem Freundschaftsschwur revanchiert. Garin läßt Aucassin in den Turm werfen.

Nicolette erfährt, daß Aucassin ihretwegen in Ungnade gefallen sei und entflieht aus Angst vor Garins Zorn von ihrem Versteck. Unterwegs kommt sie am Turm vorbei und kann einige Worte mit dem gefangenen Aucassin wechseln. Dieser wird kurz darauf freigelassen und eilt sofort hinter Nicolette her. Im Wald trifft er zwei Hirten, die ihm berichten, sie sei soeben von Sarazenen entführt worden. Im selben Augenblick erfährt er vom bevorstehenden Tod seines Vaters. Florestan kommt hinzu und verspricht, Nicolette für Aucassin aus Afrika zurückzuholen.

Der vierte Akt spielt in Karthago. Florestan, in sarazenischer Tracht, vernimmt, daß Nicolette als geraubte Tochter des jüngstverstorbenen Königs erkannt und nun mit dessen Nachfolger Nureddin verlobt sei. Im Palast weist Nicolette den Bräutigam höflich zurück. Kurz darauf trifft Florestan auf Nureddin, ohne ihn zu erkennen, und erzählt arglos von Nicolettes Liebe zu Aucassin sowie von seiner Mission, sie erneut zu entführen. Nureddin, in einem Anfall von Edelmut, gibt Nicolette frei.

Der fünfte Akt spielt wieder in Beaucaire und zeigt ein künstlich herausgezögertes Wiedersehen von Aucassin und Nicolette, die dem Geliebten zunächst als Troubadour verkleidet entgegentritt und sich erst ganz zum Schluß zu erkennen gibt.

Der Stoff stammt wiederum von Le Grand. Platen hat ihn diesmal freilich etwas abgewandelt: ursprünglich flieht das Liebespaar gemeinsam übers Meer und wird erst nach Jahren durch einen sarazenischen Raubüberfall getrennt. Aucassin kehrt allein nach Beaucaire zurück, während Nicolette nach Karthago verschleppt wird. Von dort gelingt ihr die Flucht nach Frankreich. Als Troubadour verkleidet tritt sie vor Aucassin und enthüllt erst nach einigen Tagen der Prüfung ihre wahre Identität.

In dieser Form hätte der Stoff sich gut dramatisieren lassen. Platen jedoch hält aus Gründen biedermeierlicher Schicklichkeit das Liebespaar bis zum Ende getrennt und macht dafür aus dem Grafen von Valence, der bei Le Grand keine große Rolle spielt, den zweiten männlichen Helden Florestan. So aber geraten Motivation und Folgerichtigkeit der Fabel aus den Fugen: weder ist Florestans plötzliche Neigung zu Aucassin erklärlich noch Nureddins plötzlicher Großmut gegen Florestan, der schließlich kam, um ihm die Braut zu entführen. Außerdem ist Platens Version des Dramas nach dem vierten Akt zuende, denn das herausgezögerte Wiedersehen wäre nur dann sinnvoll, wenn Nicolette von Aucassin getrennt geflohen und so in die Not geraten wäre, sein seitheriges Verhalten unter der Verkleidung zu prüfen. Aus dem Hohelied der Liebestreue wurde eins der Männerfreundschaft. Aucassin erhält auf Kosten von Florestan einen schwankenden Charakter, „und der gleichmäßige Hochsinn und Edelmut so gut wie sämtlicher Hauptfiguren stellt der vornehmen Gesinnung Platens ein besseres Zeugnis aus als seiner psychologischen Kunst", wie Schlösser treffend bemerkt. Faktische Unmöglichkeiten schließen sich an: da das Liebespaar nicht vereint übers Meer fliehen darf, muß ein sarazenisches Korsarenschiff, den Gesetzen der Gravitation spottend, fünfzig Kilometer das Rhônedelta ‚hinauftreiben', um Nicolette zu entführen; obendrein muß es noch ‚Flagge zeigen', was bei Seeräubern kaum üblich ist. Auch scheint die Art, wie Florestan in Nureddins Palast gelangt und dem Fürsten mir nichts dir nichts entgegentritt, ebenso naiv wie jene, mit der er sich dem Unbekannten anvertraut. Nureddins Großmut gegenüber dem Bräuträuber schließlich ist unmotiviert und widerspricht jeder menschlichen Erfahrung.

Sieht man von all diesen Mängeln ab, so bleibt dennoch eine Reihe von wohlkomponierten dramatischen Auftritten, deren Hauptreiz im Stimmungsmäßigen, im Poetischen liegt. Erstaunlich auch die Formenvielfalt: vereinzelte Prosa, vorwiegend Blankverse, und an dramatischen Höhepunkten, einem Rate Thierschs folgend, achtfüßige gereimte Trochäen; eingestreute Lieder, darunter ein Ghasel. Die Nähe zum Opernlibretto ist auffällig. Als die fliehende Nicolette am Turm vorbeikommt, macht ein wohlwollender Wachtsoldat sie auf den gefangenen Aucassin mit einem Lied aufmerksam, und der Höhepunkt des Dramas, als Aucassin zugleich hören muß, daß Nicolette entführt sei und sein Vater im Sterben liege, hat die Qualitäten eines Terzetts. Schön ist auch die Parallelität der beiden Gartenszenen zu Beginn, bevor die Liebenden getrennt werden, und am Schluß, wo sie sich wiederfinden. ‚Treue um Treue' ähnelt im Stimmungsgehalt und der starken Betonung des Freundschaftsmotivs wieder den Dramen Heydens, für die Platen vor ein paar Jahren so geschwärmt hatte. Sonst ist nicht viel von ihm selbst darin zu entdecken: ein Haushofmeister spricht wie die Rezensenten, während einem Troubadour, der in Aucassins Gunst steht, die neugewonnenen Erkenntnisse über den begnadeten Künstler in den Mund gelegt werden.

Mit der Aufführung von ‚Treue um Treue' habe es gute Weile, bemerkt der Dichter am 21. Mai im Tagebuch, da die Rollen noch nicht einmal memoriert seien. Unterdessen war er natürlich weiter bemüht, den ‚Rhampsinit' dort, wo er eine gewisse Protektion erhoffte, auf die Bühne zu bringen. Doch Ruhl schickte das Manuskript mit Bedauern aus Berlin zurück: es sei ihm nicht gelungen, „in Anderen jene warme Theilnahme dafür zu erwecken wie ich sie erwartete." Aus München kam die Nachricht, der Intendant Poissl habe die Aufführung des ‚Rhampsinit' auf später verschoben, denn das Publikum bedürfe der Vorbereitung; doch bot er als Trost für die verschleierte Absage ein Honorar von 20 Dukaten, das sind über 400 Gulden. Platen war durchaus bereit, auf dies Anerbieten einzugehen und schickte dazu ein Manuskript von ‚Treue um Treue' an Frau v. Kleinschrodt nach München: dies Stück sei nicht nur besser als der ‚Rhampsinit', sondern auch zahmer, und also wohl geeignet, das schwierige Münchener Publikum auf den letzteren vorzubreiten. Ob Poissl ihm, Platen, nicht auch gleich dafür ein Honorar zahlen möchte? Er plane eine Herbstreise, die er mit den 20 Dukaten für den ‚Rhampsinit' allein nicht antreten könne. Die Naivität von Künstlern in finanziellen Dingen ist oft ohne Grenzen.

Daß die Gräfin Platen sich in die dichterische Produktion ihres Sohnes einmischte und sie heftig kritisierte, ist bekannt. Es mag dies einer der Gründe gewesen sein, warum sie versuchte, nach seinem Tode ihre sämtlichen Briefe an ihn zu vernichten; was ihr jedoch nicht ganz gelang, denn sechs sind erhalten geblieben. Nachdem Platens Tagebücher aufgefunden worden waren, befürchtete die Mutter, sie brächten, besonders was die Jugend anlangt, viel Negatives über sie: eine unnötige Sorge, wie sich herausstellte. Noch der Siebzehnjährige hatte in seinem Märchen vom Rosensohn die Mutter zwar blaß, doch durchweg freundlich gezeichnet. Differenzen kamen erst auf, als der Dichter Auslandsreisen unternahm und als er in Lyrik und Drama die Konvention verließ. Luise v. Platen, deren „Geist überhaupt mehr empfangend als gebend" und deren „eignes geistiges Auge geschlossen" war, wie die kürzlich erwähnte Sione es ausdrückt, stand zu ihrem Sohn in einem unglücklichen Konkurrenzverhältnis. Weniger als Mutter scheint sie sich gefühlt zu haben denn als Dichter-Mutter: sie, deren literarischer Ehrgeiz größer war als ihr Talent, konnte sich schwer mit dem beginnenden Ruhm des Sohnes abfinden. Sie kannte alle gängigen Zeitschriften, auch dürfte der Vater hauptsächlich dort gepriesene Neuerscheinungen angeschafft haben. Oft wird ihre Stimme die von Cotta's ‚Morgenblatt für die gebildeten Stände' oder von Brockhaus' ‚Literarischem Conversations-Blatt' gewesen sein, und wenn Platen der Mutter ärgerlich mitteilt, er läse keine Rezensionen, so heißt das nicht zuletzt, er wolle ihre Kritik nicht hören. Was die Ghaselen anlangt, so hatte sie schon im Frühjahr 1821 ihre Einwände über den Schweizer Freund Crousaz mitgeteilt. Leider waren die Zweifel an den Dramen ihres Sohnes nur allzu berechtigt. Über den mißglückten ‚Rhampsinit', der gerade in Berlin und auch in München zurückgewiesen worden war, wird sie brieflich wiederholt Bemerkungen gemacht haben, die in diesem Augenblick bei Platen zur Explosion führten. Seine Antwort verdient ein ausführliches Zitat.

„Den 29 Mai 1825. Ich habe Ihren Brief erhalten und bewundere die Galle Ihrer Phantasie sowie die Perversität Ihres Urteils. Über meine schönsten Arbeiten sagen Sie mir die größten Gemeinheiten. Ich behaupte nicht, daß der ‚Schatz des Rhampsinit' ein Meisterwerk sei, er hat seine Fehler; aber sie liegen nicht da, wo Sie meinen. Ich kann Ihnen versichern, daß Sie von allem, was ich geschrieben habe, nicht eine Zeile verstehen, und Sie wollen darüber urteilen! Seit Jahren haben Sie mir keinen Brief mehr geschrieben, der mich nicht bis auf den Grund der Seele verletzt hätte. Ich verzichte also auf die Korrespondenz mit Ihnen, die die Geißel meines Lebens ist. Die Ruhe muß mir so teuer sein wie die Gesundheit, weil ich mein Leben der Nation schulde, ich fühle mich bestimmt, unsterbliche Werke zu schaffen und nicht dazu, auf derlei Albernheiten zu antworten, die ich schon hundertmal zurückgewiesen habe und die mit weiblicher Insistenz hundertmal wiederholt werden" (et que l'embêtement d'une femme répète cent fois). Nicht nur den Rhampsinit, auch den Gläsernen Pantoffel habe die Mutter unmoralisch gefunden. „Daß ich Goethe gefalle, der ein Dichter Ihrer Generation sein dürfte (wollen Sie nicht begreifen). Gehen Sie zur Predigt, wenn Sie Moral und Gemeinplätze hören möchten.. Welch verächtliche und verdorbene Art von Menschen, die, wie Sie es wollen, das Theater als Besserungsanstalt ansieht!" (Kein halbes Jahr war vergangen, seit Platen selbst ein quasi religiöses Nationaltheater gefordert hatte.) „Aber gibt es noch Falsches und Absurdes, das Ihre schwarze und vergiftete Phantasie nicht erfände, um mich zu beleidigen? Mein wahrer Ruhm beginnt mit meiner ersten Komödie, und Sie wollen, daß ich mich vom Theater abwende! Daß ich stattdessen Übersetzungen mache oder kleine lyrische Sachen, die bis jetzt niemand gekauft oder gelesen hat. Nehmen Sie zur Kenntnis, Sie, die Sie an nichts Erhabeneres denken können als ans Geld, nehmen Sie zur Kenntnis, daß selbst bis jetzt meine Komödien mir hundertmal mehr eingebracht haben als alle anderen Werke." (Platen denkt offenbar an Poissls angebotene Dukaten.) „Ich habe es seit Jahren ertragen, vergeben Sie, wenn meine Nerven und mein Geist es nicht länger vermögen. ..Ich verzichte also künftig auf Ihre Briefe, Ihre Wohltaten, Ihr Geld. Denn ich möchte lieber vor Hunger sterben als vor Zorn".

Etwa zur gleichen Zeit muß Platen einen Brief von Dr. Wippert erhalten haben, mit dem zusammen er den sterbenden Kernell gepflegt sich über Philosophie gestritten hatte. Noch aus dem Arrest war ein Schreiben an ihn gegangen, offenbar in schuldbewußtem Ton wegen der ehemaligen Wutausbrüche. „Ihr Dank für meine viele mit Ihnen gehabte Geduld," antwortete Wippert nun, „macht mich verlegen – ich bin nicht gewohnt, von einzelnen Gemüthsäusserungen und Handlungen sofort auf die Gesinnungen des Herzens und den Willen zu schliessen. ..Aber nicht wahr, guter Platen, Sie kämpfen mit aller Gewalt wider die allzugroße Reizbarkeit.., Sie begeben sich mit diesem Proteus in einen rüstigen Kampf und suchen den Kerl unter die Bank zu bringen? Daß dieses Ungeheuer Ihnen den nähern Umgang so mancher Wackern und

Trefflichen nothwendig verscherzt, ein Verlust, den Ihr für alle Ideale geistiger Schönheit so empfängliches Gemüth schmerzlicher fühlen muß als jedes andere, dieser Gedanke, glauben Sie mir, hat mich während unserer Trennung oft bewegt".

Seit einem Jahr war Liebig aus Paris zurück, mittlerweile längst in Gießen als Professor der Chemie installiert. Mit Platen stand er nun seit mehr als zwei Jahren wieder in schriftlichem Kontakt. Die Korrespondenz war unregelmäßig gewesen, unehrlich und launenhaft auf Liebigs Seite, schwankend zwischen Hoffnung und Resignation auf der Platens; „Ich hasse Dich und küsse Dich tausendmal", heißt es sehr bezeichnend in einem seiner Briefe. Liebig hat wohl nie begriffen, was er dem armen Poeten jahrelang antat. Anders als Schmidtlein, Rotenhan oder Bülow hatte er von Anfang an dessen Natur sehr genau erkannt und ein frivoles Spiel mit den Gefühlen des Verliebten getrieben. Im Juni 1825 kam wieder mal ein Brief von Liebig: „Ich hasse mich selbst und möchte mir Ohrfeigen geben, weil ich Deinen Brief vom 10t. März solange liegen ließ.. Denke Dir, Du köstlicher Sänger der Liebe, Dein armer Liebig ist Bräutigam und über die Ohren verliebt. Wem könnte ich es lieber sagen, als Dir, mein liebster Freund.. mein gutes Jettchen liebt mich mit einer Innigkeit und Herzlichkeit, von welcher ich keine Ahnung hatte; mein ausgetrocknetes Herz weiß sich selbst über dieses Gefühl keine Rechenschaft zu geben, und daraus schließe ich, daß ich sie mit gleicher Innigkeit wieder liebe. ...

Du glücklicher Mensch, der Du das Vergnügen besizest, die Herzen anderer, nach der Melodie tanzen zu lassen, die Du vorspielst, schreibe mir bald wieder.. Wir wollen uns jezt regelmäßig alle 14 Tage schreiben, damit dem einen nichts fremd bleibt, was der andere genießt oder empfindet; man lebt ja dann doppelt. Ich umarme und küsse Dich und liebe Dich herzlich Just. L."

Platen hat diesen Brief nicht mehr beantwortet.

Bis Mitte Juni war nur eine schlechte Leseprobe von ‚Treue um Treue' zustande gekommen; und obwohl die Aufführung auf den 18. Juni festgesetzt war, begannen die Proben erst einen Tag vorher. Platen verbrachte alle Abende, an denen gespielt wurde, im Erlanger Theater. Es ist erstaunlich zu hören, was diese Bamberger Truppe, zu der ganz offensichtlich auch ein Orchester gehörte, auf der kleinen Rokokobühne alles produzierte: Schillers ‚Jungfrau von Orleans', „unter aller Vorstellung schlecht gegeben", wie Platen im Tagebuch bemerkt, doch auch Mozarts ‚Entführung aus dem Serail', ja sogar die ‚Zauberflöte'; wie die sich ansah und anhörte, wagen wir uns allerdings nicht vorzustellen. Der Einfall, Platens ‚Treue um Treue' einzustudieren, erinnert schon ein wenig an den ‚Raub der Sabinerinnen' und den Schauspieldirektor Striese: auch hier geht es um das Werk einer Lokalgröße, eines Gymnasialprofessors, und Striese verspricht sich von der Einstudierung des unmöglichen Römerdramas ein volles Haus.

Natürlich war Platens Drama nicht so unmöglich, und die interessierte Öffentlichkeit, die das Haus füllen sollte, bestand immerhin aus der gesamten Universität von Erlangen, allen voran der weltberühmte Professor Schelling. Dennoch: ‚Treue um Treue' wurde von der Truppe erheblich weniger ernst genommen als vom Autor. Der späte Beginn der Proben, ganzer dreier nur, beweist es. An viele Aufführungen dachten die Schauspieler sicher nicht.

Platen betätigte sich auf den Proben als Regisseur. „Ich kann im Ganzen sagen, daß ich zufrieden war," heißt es unerwartet im Tagebuch. „Viele Stellen, viele Scenen mußten freilich oft repetirt (werden); aber nun läßt sich nichts anders erwarten, als daß das Stück Effekt macht. Ich verbesserte die Schauspieler oft, wenn sie fehlten, doch ließ ich nie ein Wort des Beifalls merken und ging immer still, wie der Geist des Stücks, zwischen den Spielenden herum; denn ich war zu bewegt, um zu sitzen. Da ich sie aber sonst immer mit der größten Höflichkeit behandelte, so konnte ich ihre Gunst nicht verlieren und reizte ihren Ehrgeiz. ..Erst heute bei der Hauptprobe gab ich am Schlusse des fünften Akts durch Klatschen meinen Beifall zu erkennen, der umso mehr auf sie wirkte, und bei dem sie mir alle recht frohe Gesichter machten. Die letzte Scene wurde sehr gut gespielt, und bei der Wiedererkennung der Liebenden nahmen auch die Nebenpersonen und Figuranten nicht blos den geheuchelten theatralischen Antheil, sondern man sah, daß sie mit wahrer Freude der Handlung folgten."

Der Abend nahte. „Ich verfügte mich bald in's Theater", fährt Platen im Tagebuch fort, „fand zunächst fast noch Niemand, und trieb mich dann in den Garderoben herum, wo mir einige ihr Costüm zeigten.. Mit meinem Aucassin, Herrn Mühldorfer, war ich lange allein, während er einige Federn auf seinen Huth nähte. Ich sprach wenig, wie er, und befand mich in einer eignen Stimmung. Nur über einige Stellen, die ich mit besonderem Feuer gespielt wünschte, ließ ich noch ein Paar Worte fallen, die er freundlich aufnahm. ...

Die Logen waren frühzeitig voll, wie ich, am äußersten Ende des Vorhangs stehend, bemerken konnte, das Parterre hingegen blieb leer bis kurz vor Anfang der Symphonie (des Orchestervorspiels). Die Pein, die ich dabei empfand, läßt sich denken. Ich hörte einen Lampenputzer sagen, daß Herr Weinmüller heute nicht einmal seine Unkosten herausschlagen würde."

Das Parkett füllte sich dann aber doch ziemlich mit Studenten; Platen versteckte sich derweil in einer Loge. „Der erste Akt ging glücklich vorüber und wurde am Ende sehr beklatscht.. Ich fühlte nun immer mehr, wie gut sich das Stück auf dem Theater ausnähme, und schöpfte Muth. Nach jedem Akt gieng ich gewöhnlich in die Loge, wo Schellings waren und wo ich immer Aufmunterung fand. ..Der zweite Akt machte bedeutenden Effekt und wurde mit einem vielstimmigen Bravo geschlossen. Noch mehr der dritte." In der Pause wurde eine Art Premièrefeier bei Schelling verabredet, freilich ohne die Schauspieler. „Der vierte Akt brachte eine unerwartete Wirkung hervor und schloß mit einem rauschenden Beifall. ..Ueberhaupt wurde im Ganzen recht gut gespielt, und der rasche Gang der Handlung riß die Schauspieler von Akt zu Akt mit fort."

Der letzte Akt ging ebenfalls gut vorüber, wie Platen mitteilt, doch einen besonderen Schlußapplaus, einziges Anzeichen für den Erfolg eines Stückes, erwähnt er nicht. „Engelhardt und Pfaff hatten mir gerathen, gleich nach gefallenem Vorhang Loge und Theater zu verlassen, was ich auch im Begriff war zu thun. Aber kaum befand ich mich im Corridor, als ich meinen Namen so gellend im Theater widerhallen hörte, daß es mich stutzen machte. ..Der Lärm dauerte fort. Die Schauspieler wollten mir helfen, man zog die Gardine auf und kündigte die Zauberflöte für den folgenden Tag an. Aber kaum war der Vorhang wieder gefallen, so verdoppelte sich das Geschrei, Gestampf, Geklatsch, und es war ein Aufruhr, als ob das Haus einfallen sollte." Den Schauspielern war die Ironie des Applauses nicht entgangen, und die Freunde hatten die Stimmung im Publikum richtig eingeschätzt, als sie Platen rieten, schnell zu verschwinden. „Auch aus den Logen schallte es nun häufig: ‚Der Dichter, der Dichter!'", heißt es weiter im Tagebuch. „Ich fühlte, daß mir keine Wahl gelassen war und eilte auf die Bühne." August Lewald, der damals das Nürnberger Stadttheater leitete, war unter dem Erlanger Publikum und schreibt: „Mir schlug das Herz zum Zerspringen, als ich die schmächtige Gestalt des todtenbleichen Dichters unbeweglich seine Stellung behaupten sah, während der tollste Lärm ihm entgegenscholl. Endlich macht er einige Schritte und tritt hart an die Lampen heran." Wieder Platen selbst: „Eine tiefe Stille erfolgte, als ich stehen blieb, und ich hatte nun Fassung genug, um folgende Verse zu sprechen:

> Ihr, deren Gunst der Dichter heut besaß
> Vielleicht in keinem ganz gemeinen Maß,
> Ermuntert ferner ihn mit Lieb' und Gunst,
> Damit er steigre seine schwache Kunst.

Verse, auf welche ein hundertstimmiges Bravo erfolgte.. In der That würde die ganze Vorstellung äußerst unbefriedigend geendigt haben, wenn ich nicht auf den Brettern erschienen wäre." Im Hause Schellings wurde der erschöpfte Dichter nachher gebührend gefeiert.

Dennoch, eine Spur von Striese bleibt. Beifall am Aktende gilt eher den Darstellern, ein unerheblicher Schlußapplaus ist fatal für ein Stück, und Platen samt seinen gelehrten Freunden kam es offenbar nicht in den Sinn, daß die Rufe nach dem Dichter wohl weniger dem Werk als einer stadtbekannten komischen Figur galten, über deren Natur die Studenten bestens Bescheid wußten und entsprechende Witze machten. Direktor Weinmüller jedenfalls setzte keine weitere Aufführung von ‚Treue um Treue' an.

Platens Selbstgefühl aber war stark geschwollen. Daß er seinen ‚Rhampsinit' an das Münchener Hoftheater verkaufte, damit er in einer Schublade verstaube, dies Ansinnen wies er nun höhnisch zurück. „Den Triumph, den ich vorigen Sonnabend erlebte, geb' ich nicht um alle Dukaten der Welt", schreibt er an seine Freundin Frau v. Kleinschrodt. „Ich lasse daher dem Herrn von Poissl seine Dukaten, die Piècen des Herrn Clauren und der Madame Weißenthurn ..und verfluche alle Hoftheater, mich in die Arme der Nation werfend, die mich nicht mehr lange verkennen wird, und deren öffentliche Meinung einst noch die Hoftheaterintendanten zwingen wird, meine Stücke aufs Theater zu bringen."

Die folgenden Wochen seien „ziemlich unnütz verstrichen", heißt es im Tagebuch; nicht gänzlich so, will uns scheinen, denn sie münden wenigstens in die ‚Ode an

Napoleon'*, das erste große Gedicht in antiken Metren seit der Schlierseer Elegie. Äußerer Anlaß war vermutlich ein sehr schmeichelhafter Brief von Thiersch aus München, der leider nicht erhalten ist. Achtundzwanzig Strophen lang wird der Korse in höchsten Tönen, ja quasi als Schöpfergott gepriesen, werden seine Kriege gerechtfertigt: die Deutschen ‚flehen zurücke den Tag von Tilsit', auf England und Rußland fallen Tadel und Fluch (‚Inselhochmut', ‚das sarmatische Teufelsbollwerk'), für Habsburg merkwürdiges Lob ab, Preußen dagegen heißt ‚Der Staaten Abfaum', ‚Die Pest Europas', und aus Friedrich dem Großen wird gar ein ‚gekrönter Witz'.

> Ihr kennt das alte, große Naturgesetz,
> Das stets den Dichter neben den Helden stellt?
>   O wohl dem Dichter, wenn die Zeit ihm
>   Einen unsterblichen Helden vorführt!

Wenn er neben Napoleon tritt, so ist das ein Zug der Zeit, und Platen befindet sich hier wenigstens in der Gesellschaft Grabbes. Nicht mehr der Poet, der seine unpassende Natur mit der Welt im Gedicht zu harmonisieren sucht, erhebt hier seine Stimme, sondern der mißverstandene, scheiternde Künstler, der sich dem historischen Helden verwandt fühlt und in dessen Aufstieg und Fall auch sein eigenes Schicksal beklagt. Link nennt solche Poesie ‚Lyrik der exemplarischen menschlichen Existenz'; die Ode an Napoleon ist ihr frühestes Beispiel. Platen wird in seinen Hymnen die menschliche Geschichte und mit ihr sein eigenes Leben als immer wieder vergebliches Aufbäumen und Zurückfallen beschreiben, dem Mythos des Sisyphos vergleichbar. Damit sagt er dem Christentum Lebewohl, das eine linear-finale Weltentwicklung lehrt. An seine Stelle tritt ein antikisch-tragisches Schicksalsverständnis. Von Nietzsches zyklischer Wiederkehr des Gleichen bleibt solches Neuheidentum dennoch verschieden, denn für Platen ist Gott keineswegs tot; vielmehr er glaubt an die Existenz eines Schelling'schen Weltgeistes, von dessen schöpferischem ‚Durchgang' er sich angerührt fühlt. Oft genug wird er diesen ‚Gott' anrufen, ja im letzten Hymnenfragment noch seinen Namen nennen.

Das Biedermeier war dem hohen klassischen Stil wenig geneigt; Friedrich Sengle bemerkt, Platens antikisierende Dichtung entspringe einer Trotzhaltung gegen seine Epoche. Diese Einsicht paßt gut zu der anderen, daß die ‚Schönheit', wie der Dichter sie preist, auf noch weniger Verständnis der Zeitgenossen stieß als die klassische Form. Mit der Napoleon-Ode befriedigt Platen sein Oppositionsbedürfnis also auf doppelte Weise. Freilich widerspricht schon hier ein schrill-aggressiver Ton, der an Späteres gemahnt, den gemessen antiken Strophen.

Engelhardt nannte das Gedicht die schönste deutsche Ode, Puchta hatte historische Einwände, Schelling aber fand sie schlecht und weder des Dichters noch Deutschlands

---

* Die Ode vermittelt zwischen der in sich selbst ruhenden Erlebnislyrik, zu der Platen kaum fähig war, und der Hymnik, die aus der Ergriffenheit durch Höheres erwächst. Die Ode bezieht sich auf einen Gegenstand, der dem Dichter verwandt und der dem menschlichen Bereich zugehörig ist, sie verklärt und vertieft die innerweltlichen oder innermenschlichen Bezüge.

würdig. Platen war betroffen und ließ das Gedicht zu Lebzeiten nicht veröffentlichen. Doch nahm er sich die Mahnung nicht zu Herzen.

Verständlich ist Schellings Verdikt auf jeden Fall. Die moderne Staatsverwaltung, von Napoleon überall in Europa eingeführt, hätte sich auch ohne die Kriegsgreuel und Ströme von Blut durchgesetzt, nur etwas langsamer. Was bleibt, ist die private Machtgier des Usurpators, der nach ältestem Brauch seine Brüder und Freunde als Satrapen über das zusammengeraubte schwankende Imperium einsetzt. Stabilität und Frieden in Europa schuf nicht er, sondern nach ihm Metternich. Schlösser bemerkt, daß einige Schuld an Platens monströsen Ansichten Schelling selbst treffe und verweist auf dessen Jenaer Vorlesung von 1802, die der Dichter kannte. Dem freilich war der historische Gedanke noch ferner als seinem Mentor, wir erinnern nur an die genau umgekehrten antinapoleonischen Haßausbrüche von 1815. Beide Male diente Platen das Politische als Vorwand, Wut abzureagieren – damals über die Armee und ihren Drill, jetzt über die fortwährende Zurückweisung seiner Schauspiele bei den deutschen Bühnen. In der Napoleon-Ode hat die Geschichte nichts überzeugend Beispielhaftes. Platens Tragik, jenseits aller Triebstruktur, lag auch darin, daß ausgerechnet er, ein politischer Wirrkopf par excellence, Geschichte zunehmend als Analogie für seine durchweg privaten Probleme und Meinungen mißverstand und benutzte.

Schon seit mehr als einem Jahr war die Gräfin Platen bemüht, ihren Sohn zu verheiraten, vermutlich ahnungslos über seine Natur und das Phänomen der Gleichgeschlechtlichkeit überhaupt. In Thierachern westlich von Thun lebte eine Jugendfreundin, Frau v. Weiß, mit zwei Töchtern. Die ältere, Sophie, war geschieden und offenbar vom Rat der Mütter als Braut für den Dichter ausersehen. Anfang Juli 1824 schrieb die Gräfin an ihren Sohn, Sophie verfüge über 60.000 Berner Franken Mitgift, das entspräche 40.000 Gulden bayerisch. Nun, ein Jahr später, kam es, vermutlich wieder durch Vermittlung der Mutter, zu einer Einladung des Dichters nach Thierachern sowie nach Montchoisi bei Lausanne, wo eine andere Pensionatsfreundin, Madame de Cerjat, wohnte. Platen, der eben erst großartig auf das Geld der Eltern und dann auf Poissls Dukaten verzichtet hatte, war wenigstens vernünftig genug, sich mit der Mutter wieder zu arrangieren: „Geben Sie mir keine literarischen Ratschläge mehr, meine liebe Mama", schreibt er Ende Juli nach Ansbach. „Ich habe Ihnen auch nie welche für Ihre Strickarbeit gegeben oder zur Hemdenschneiderei."

Im August 1825 besuchte eine romantische schwedische Reisepartie Erlangen. Der Postkutsche entstiegen der Musiker Lindblad, Verwandter des armen Kernell, der Historiker Geijer aus Uppsala und Frau Silfverstolpe, eine mütterliche Freundin des Verstorbenen. Geijer wollte eigentlich Schelling treffen, doch der war mittlerweile in Karlsbad; also wurde beschlossen, ihn auf der Weiterreise nach Dresden dort aufzusuchen. Frau Silfverstolpe aber wünschte wenigstens Kernells Grab zu sehen. Sie hat ein empfindsames Reisejournal hinterlassen, in dem der Erlanger Besuch beschrieben ist. Die Gesellschaft stieg im ‚Wallfisch' ab, und ach! sie wohnte gerade in Kernells Sterbezimmer. „Graf August von Platen ..kam gestern abend zu uns", schreibt Frau Silfverstolpe, „ein kleiner junger Mann, der nicht so genialisch aussieht, als er ist. Er war sehr still und sprach nur von unserem verblichenen Freund, den er innig liebt und betrauert, und zeigte uns mehrere Dinge, die an ihn erinnerten, so den Kachelofen, an dem er abends seine Äpfel briet". Platen brachte die Schweden mit Schubert und Engelhardt zusammen, er geleitete sie zum Friedhof. „Die Oberstin Silferstolpe, eine ältliche Dame (sie war 43 Jahre alt) und treue Freundin Kernell's, mit dem sie immer in Briefwechsel stand, benetzte hier seinen Grabstein mit ihren wärmsten Thränen", heißt es im Tagebuch, das sich weitläufig über den Besuch und schwedische Literatur ergeht. Beim gemeinsamen Spaziergang auf den Ratsberg zog der Dichter Frau Silfverstolpe beiseite, obgleich sie gern weiter der gelehrten Unterhaltung der anderen gelauscht hätte. „Aber Platen wollte durchaus, daß ich mich ausschließlich damit befaßte, ihm zu helfen, (Tegnérs) Frithjof zu lesen und zu verstehen, das war für mich etwas ermüdend!" Derart, daß sie sich von ihm ins Gasthaus zurückführen lassen mußte. „Ich wandelte wie im Traume und wurde immer müder und matter, so daß Platen mich fast in meine Wohnung schleppte, jenes Zimmer, wo Kernell gestorben ist! Nun nahm ich Abschied von dem freundlichen Platen, den ich wohl nie wiedersehen werde (sie wiederholt diesen Satz in ihrem Reisejournal dreimal), und ging sogleich zur Ruhe, um meine wunderlichen Träume fortzusetzen." Es läßt sich der Gedanke nicht verscheuchen, daß die Gefühle der Frau Silvferstolpe zu Kernell nicht ganz so mütterlich waren; die von Platen können wir uns vorstellen, wenn wir Kernells Jugendporträt betrachten. Es zeigt einen auffällig hübschen blonden Jungen.

Ende August unterrichtete Platen die Eltern von seiner bevorstehenden Abreise in die Schweiz: doch werde er vermutlich nicht vor Oktober in Thierachern sein, da er den Weg über Graubünden, das Tessin, den Simplonpaß und Genf nehmen wolle.

Nachzutragen bleibt, dass im vergangenen Mai der schon öfters erwähnte Harry Heine in Göttingen sein juristisches Examen bestand und sich acht Wochen später evangelisch taufen ließ. Seither nannte er sich Dr. Heinrich Heine.

32. German

Am letzten August nahm Platen die Nachtkutsche nach Augsburg, wo er zwei Tage bei Fugger blieb. Dann mußte er wiederum eine Nacht und einen Tag in der vollgestopften Diligence nach Lindau zubringen, diesmal auf der ebeneren Strecke über Memmingen und Leutkirch, die der heutigen Bundesstraße 18 entspricht. Er schickte seinen Mantelsack nach Lausanne voraus und wanderte mit einem Ranzen auf dem Rücken über Bregenz nach Feldkirch. Am nächsten Morgen durchquerte er das Fürstentum Liechtenstein in nordsüdlicher Richtung. Der Weg über den kleinen Paß Luziensteig hinab in das freundliche Rheintal ist auch heute noch ein herzerhebendes Vergnügen.

Von Ragaz aus unternahm er, auf Döderleins Rat, einen beschwerlichen Abstecher nach Bad Pfäfers. Bei Reichenau, wo die beiden Rheine sich treffen, blieb er über Nacht und folgte nun dem Hinterrhein durch die Via Mala bis Andeers. Dort fand er einen Vetturin, der eine Partie Engländer von Bellinzona hergebracht hatte, und mietete ihn für den Rückweg. Also fuhr Platen die Roflaschlucht hinauf und über den Bernardinopaß, wovon, mitsamt der Via Mala, heute kaum mehr etwas zu sehen ist, denn die Autostraße führt durch Tunnels. Leider war das Wetter auf der Alpensüdseite regnerisch, Wolken bedeckten die großartige Abfahrt in das Mesolcina-Tal. Mesocco, wo er übernachtete, erschien dem Dichter keine Spur italienisch, abgesehen von der Sprache „und der Einrichtung der Häuser, besonders der Betten, die man nur mit Hülfe eines Stuhles erklettern kann, und die alle für den Grafen Gleichen gemacht scheinen": will sagen, für mindestens drei Personen ausreichend.

Platens Schilderung der Val Mesolcina ähnelt der des Isonzotals vor einem Jahr: üppig aufbrechende südliche Vegetation, Rebenfestons längs der Straße oder über sie hinweg. Am unteren Ende des Tals betrat er das Tessin, das erst 1803 selbständiger Kanton geworden war. In Bellinzona fand er sofort einen Wagen nach Locarno.

Mit zwei Berner Offizieren fuhr Platen am nächsten Morgen das Westufer des Sees entlang, bei Brissago über die lombardische Grenze und weiter durch Intra, Pallanza bis Baveno. Er nennt den Weg reizend, aber einförmig, doch erwähnt er die schönen Landhäuser, die ihn säumen. Heute ist das Westufer des Lago Maggiore einer der gesuchtesten Plätze Europas und, besonders im Tessiner Teil, entsprechend dicht besiedelt. Von Baveno aus besuchte die Reisegesellschaft die Borromäischen Inseln, deren reiche Vegetation im Tagebuch ausführlich beschrieben ist, nicht ohne Seitenhiebe auf „viel Geschmackloses" an dem nur teilweise ausgeführten Barockschloß auf der Isola Bella.

Nach einer Nacht in Baveno trennte Platen sich von den Schweizern und wanderte nach Norden, dem Simplonpaß entgegen. Er muß früh aufgestanden sein, denn schon zu Mittag war er in Domodóssola, wo er den Rest des Tages und die folgende Nacht verbrachte. Bei Tisch lernte er eine englische Reisegesellschaft kennen, mit der er, teils wandernd, teils im Wagen mitgenommen, während zweier Tage den Simplonpaß überquerte. Noch vor der Höhe betrat er wieder Schweizer Gebiet, was er nicht erwähnt. Der Paß ist ebener, doch landschaftlich weniger reizvoll als der Bernardino, und schon damals gab es eine „große Galerie, wo die Straße eine sehr bedeutende Strecke unter den Felsen weggeht, indes man von Zeit zu Zeit große Luftlöcher von oben eingesprengt hat, um den Tag hereinzulassen." Auch heute ist die Autostraße zum Teil überdeckt. Das Rhônetal mit dem reißenden Fluß erschien dem Dichter anheimelnd nach dem kahlen Simplon; in Turtmann, fünfzehn Kilometer vor Sierre, blieb die Partie über Nacht.

Am nächsten Morgen wanderte Platen alleine rhôneabwärts. In Sion traf er jedoch wieder auf die freundlichen Engländer, die ihn in ihrem Wagen bis Martigny mitnahmen. Alle wollten weiter nach Chamonix in Savoyen, das seit 1814 wieder zum Königreich Sardinien gehörte. Doch da der Col de Forclaz weder befahrbar war noch Maultiere so schnell beschafft werden konnten, mußte der Dichter sich von den Engländern trennen: sie machten den Umweg über Genf, während er den Paß zu Fuß überquerte. Es waren Menschen von großer Herzensgüte, wie er im Tagebuch bemerkt, und er konnte nicht ohne Tränen von ihnen scheiden.

Im Tal von Chamonix fand er nichts Schönes „als die Berggipfel, die nicht darin sind", allen voran der Mont Blanc. Nachdem er noch die ‚Mer de Glace', einen Gletscher, besucht hatte, machte er sich in Gesellschaft eines Engländers und eines Franzosen auf nach Genf.

Dort war alles von reisenden Engländern überfüllt. Die Partie fuhr bei fünf Gasthäusern vergebens vor, und erst im sechsten wies man ihm ein schlechtes Zimmer an, unreinlich, das Bett voller Wanzen und Flöhe. Dies und ein Disput mit der Grenzpolizei bewirkten, daß Platen Genf schon in der ersten Stunde satt hatte, obwohl ihm die Stadt unter anderen Umständen nicht schlecht gefallen hätte.

Nach zwei Nächten in Genf nahm er das Dampfboot ‚Winkelried' bis Lausanne. Im Vorüberfahren erblickte er Coppet, das Landschloß der verstorbenen Madame de Stael; Fernet, Voltaires Gut, ist vom See aus nicht zu sehen. Montchoisi, wo Madame de Cerjat ihren Besitz hatte, ist heute ein Stadtteil von Lausanne. Die Dame empfing ihren Gast aufs freundlichste und besuchte mit ihm Morges, Vevey und Montreux. Nach dieser Exkursion schreibt Platen ins Tagebuch: „In Italien lernte ich, daß es etwas Höheres giebt als die Anschauung der Natur, und die Schweiz befriedigt mich eigentlich nicht mehr. Wie wäre es auch möglich, daß die göttliche Seele und das Höchste, was sie hervorbringt, nicht göttlicher wären als Pflanzen und Steine, Berge und Thäler?"

Wir werden uns dieser Worte noch erinnern. Naturschönheit konnte ihm nach dem venezianischen Erlebnis immer weniger als Sedativum dienen: an ihrer Stelle wird nun Kunstgenuß zum Symbol der ‚reinen' himmlischen Liebe, deren ‚unreine' irdische Kehrseite, die gleichwohl untrennbar dazugehört, er in Venedig vermutlich kennengelernt hatte.

Nach acht Tagen in Montchoisi, an deren Ende ihm die Gastgeberin eine silberne Uhr und hundert Gulden schenkte, reiste Platen mit der ‚Messagerie', das ist die Paketpost, über Moudon, Payerne, Murten bis zur Kapitale und kam so seit Lindau zum erstenmal wieder in bekannte Gegenden. Von Bern begab er sich auf das Landgut Müllimatt im Dorf Thierachern westlich von Thun, wo er eine der schönsten Wochen seines Lebens verbringen sollte. Stellen wir uns ein behäbiges Bauernhaus unter weit auskragendem Dach vor, das einem Thuner Ratsherrn und seiner weiteren Familie als Sommeraufenthalt diente. Dort wurde er von Herrn Stürler und dessen drei Söhnen sowie von Madame de Weiß, der Pensionatsfreundin seiner Mutter, und deren beiden Töchtern aufs herzlichste empfangen. Die harmonische Atmosphäre in dieser „wahrhaft vorzüglichen und glücklichen Familie" war für Platen eine ungewohnte Wohltat. Die ihm zugedachte Sophie Cordey nennt er eine Schönheit, einfach, anmutig und naiv im Umgang, ohne jede Affektation. Umgangssprache der Familie Stürler war Französisch, nur bei den Männern hörte Platen zuweilen das Bernische Idiom.

Natürlich gab man sich viel Mühe mit dem Schriftdeutsch näselnden Grafen, da er ja eigentlich Sophie Cordey heiraten sollte. Doch fühlte sich dieser, seiner Natur entsprechend, mehr zu den Söhnen Stürler hingezogen, speziell dem mittleren Moritz, über den er im Tagebuch einige Sätze verliert. Die jungen Stürlers verbrachten ihre Tage auf

Gutshaus Müllimatt bei Thun. Fotografie des Autors, 1988.

der Gems- oder doch wenigstens Hasenjagd an den Hängen des Simmentals: nur Abends, wenn Platens Zeit mit Vorlesen und Rezitieren gekommen war, fand er Gelegenheit, mit einem kunstvollen Gedicht ‚An die Diana des Niesen' seinen geheimen Gefühlen indirekten Ausdruck zu verleihen. Traurig schied er von Thierachern. In Brienz, als er zu spät am Nachmittag den Gießbach besichtigen wollte, überfielen ihn mit der Nacht Melancholie und Heimweh nach der Müllimatt. Dabei hätte er dort doch nur die älteste Tochter zu heiraten brauchen... Sein Dankbrief an Mme. de Weiß und ihre rührend-freundliche Antwort sind erhalten.

Am zehnten Oktober wanderte er in Gesellschaft eines Landsmannes über den Brünigpaß, entlang dem Lungern- und Sarnersee bis nach Alpnach unter dem Pilatus. Den nächsten Morgen um vier Uhr früh nahm er, immer mit dem Deutschen, das Postschiff nach Winkel. Über Luzern lag, wie gewöhnlich, schlechtes Wetter, und Platen bemerkt, daß die Stadt ihn ‚anfinstere'. Nur Thorvaldsens Löwe, zu Ehren der 1792 in Paris gefallenen Schweizergarde kürzlich aufgestellt, machte ihm großen Eindruck.

Nach einer Übernachtung in Knonau erreichten die beiden Wanderer Zürich. Die Stadt gefalle ihm besser als Luzern, bemerkt Platen im Tagebuch, wenngleich sie ihn nicht mehr so bezaubere wie vor neun Jahren. Alleine ging er über Winterthur nach Schaffhausen und von dort in drei Tagen bis Stuttgart. Uneingestandener Grund für diesen Abstecher mag der Wunsch gewesen sein, mit dem Verleger Cotta in Verbindung zu treten. Unterwegs erfuhr der Dichter, daß König Max Joseph von Bayern gestorben war. Sein Nachfolger hieß Ludwig der Erste und stand in seinem vierzigsten Lebensjahr.

Während vierer Tage in Stuttgart besuchte Platen zweimal die Sammlung altdeutscher und flämischer Malerei, die von den Brüdern Boisserée vor zwanzig Jahren in Köln zusammengetragen und mit den Besitzern mittlerweile hierher gekommen war. Daß ihm die Memlings und van der Weydens noch größeres Vergnügen bereitet hätten, wenn sie ihm vor Venedig begegnet wären, wie er im Tagebuch bemerkt, beweist seinen konventionellen, für 1825 eher altmodischen Kunstgeschmack.

Er besuchte den Bildhauer Dannecker, er traf sein altes poetisches Vorbild Matthisson. Wichtiger war die Bekanntschaft mit Ludwig Uhland und Gustav Schwab, die er durch einen Freund Engelhardts kennenlernte: sie hatten zu Cotta ständigen Kontakt. In Gegenwart von Sulpiz Boisserée und Uhland las Platen sein letztes Drama ‚Treue um Treue'. Hätte er sich nicht vorgenommen, seinen neunundzwanzigsten Geburtstag im Elternhaus zu verbringen, er wäre noch ein paar Tage in Stuttgart geblieben.

Am zehnten November war er wieder in Erlangen. Dort erfuhr er, daß es Rückert trotz Engelhardts Bemühung nicht gelungen war, an der Universität eine Professur für Orientalistik zu erhalten. Außerdem, und das erfüllte Platen mit wirklicher Trauer, war unlängst Jean Paul gestorben.

Gerne hätte er dem Toten noch sein neuestes Gedicht gezeigt, eine Ode an König Ludwig, die er auf Schellings Rat geschrieben und gleich danach hatte drucken lassen.

> Vom Sarg des Vaters richtet das Volk sich auf,
> Zu dir sich auf, mit Trauer und Stolz zugleich:
>   Vertrau'n im Blick, im Munde Wahrheit,
>   Schwört es dem Sohne der Wittelsbacher.

So geht es einundzwanzig Strophen lang fort, leichter und eleganter als die Napoleon-Ode. Mit der gleichen Begeisterung wie unlängst der Korse wird nun dessen Todfeind Ludwig gepriesen; der deutsche Aufstand von 1813 erscheint glorifiziert wie in den Schmähgedichten gegen Napoleon vor elf Jahren. Die vorletzte Strophe bringt den Höhepunkt der Schmeichelei.

> Und zürnst du noch, wenn trunken ein Dichter dir
> Ausgießt des Lobes Weihungen? Zwar es sind
>   nur Tropfen Thau's, doch deine Sonne
>   Macht sie zu farbigen Regenbögen.

Das Gedicht endet gleichwohl mit einem Rückverweis auf den Autor und seinen ungeklärten Status in der bayerischen Armee:

> Vergieb, o Herr! dem Dichter, der ohne dich
> Verlassen stünde, fremd in der Zeit und stumm:
>   Dein fürstlich Daseyn löst den Knoten
>   Seiner verworrenen Lebensräthsel.

Anders als in der Napoleon-Ode fehlt hier fast völlig die Polemik, und der beruhigte Ton fügt sich auch besser der strengen Form. Beide Male aber sind die Strophen mit ihren stufenhaft eingerückten Versen ‚architektonisch' gehandhabt wie eine Renaissance-Fassade. Alles am Lautbild soll ‚Körper' sein. Um ihn noch mehr zu festigen, setzt Platen vor den Text das metrische Schema: es wird von nun an vor den meisten Gedichten in klassischem Versmaß erscheinen.

Die Ode war ein guter Wurf und kam im richtigen Augenblick. Ringseis überreichte sie dem König, dem sie besser gefiel als alle anderen Huldigungsverse, die er empfangen hatte. Sein günstiges Urteil wurde bekannt, das Gedicht erschien am 12. Dezember im ‚Morgenblatt', Platen konnte am 3. Januar 1826 stolz in sein Tagebuch schreiben: „Ich habe das neue Jahr mit glücklichen Auspizien angefangen, und meine Ode an den König scheint allerdings Wunder gewirkt und die Stimmung in Deutschland zu meinen Gunsten gelenkt zu haben."

Bei einem, dessen Beifall ihm besonders am Herzen lag, hatte er freilich kein Glück: bei Goethe. Kaum war Platen zu Ohren gekommen, daß der König seine Ode freundlich aufgenommen habe, als er schon ein Druckexemplar mit einem triumphierenden Brief nach Weimar sandte. In diesem Brief zieht er gegen Berlin und den dort wohnenden einfältigen Goethe-Verehrer Schubarth zu Felde. Daß Platen hier wieder die Stadt im Sinne hatte, die seine Dramen nicht aufführen wollte, und deren Kritiker, die seine Gedichte nicht genügend priesen, glauben wir zu wissen. Wer dies jedoch sicher nicht wußte, sondern vielmehr Schubarth in sein Herz geschlossen hatte, war Goethe. Er dachte nicht daran, zu antworten.

Sonst jedoch allenthalben Anerkennung. Sione schickte ein Huldigungsgedicht, das Platen beifällig im Tagebuch zitiert. Es weist die Autorin als ‚exemplarische Leserin' aus:

> Was Du vernahmst – mit des Entzückten Leben
> Du durftest kühn der Dichtung es verweben,
> Denn was Du fühlst – weißt Du im Lied zu sagen.
> Wohl glüht in mancher Brust geheimem Beben
> Ein – Dir verwandtes, höhres Sehnsuchtsstreben
> Doch kann sie's nicht in Klängen zaubrisch klagen!

Noch im Januar enthüllte Sione auf einer Soirée ihre Identität: Freifräulein Sidonie v. Seefried, dem Dichter schon bekannt von einer Lesung des ‚Rhampsinit' vor anderthalb Jahren. Nach seinem Tod sollte sie nach Ansbach ziehen, um wenigstens der Mutter nahe zu sein. Später schrieb sie eine medisante Kurzbiographie der Gräfin Platen für Schlichtegrolls Erinnerungsbuch.

Wichtiger als Sidonies Verse war ein Sonett, das Gustav Schwab ein paar Tage vorher aus Stuttgart geschickt hatte, als Antwort auf ein Exemplar von Platens Königs-Ode.

> Nimm hin den Dank, wie Du mein Herz erfrischet!
> Das war kein Mahl aus Orients fremder Küche;
> Das mundet anders als die kalten Sprüche,
> Die der Hyperbeln Würze heiß gemischet.

Ludwig Uhland und Gustav Schwab.
Nach einer Buchillustration.

> Wein, lautern Wein hast du mir aufgetischet,
> Erzogen auf durchsonntem Steingebrüche
> Glüht er im Kelch, dampft auf in Wohlgerüche,
> Und schäumt, daß ihn kein Tadel überzischet.
>
> Im Innersten hab' ich's bekennen müssen.
> Du bist, du bist der heil'gen Sänger einer,
> Vor deren Geist der meinige sich beuget.
>
> Ja, selig ist die Lust, die schafft und zeuget;
> Doch eine – heut empfind' ich's – ist nicht kleiner:
> Die Lust, begabte Geister zu begrüßen.

Wir sehen hier Schwab als einen Gegner der Ghaselen, sowohl was die Form, wie auch was den Inhalt betrifft: den mehr oder minder verhüllten Preis der Männerliebe. Wer Platen nicht nachfühlen kann, dem sind das alles ‚kalte Sprüche', bei noch so leidenschaftlichen Bildern, deren Sinn man nicht verstehen will. Platens Liebeslyrik redet, wie die Welt nun mal eingerichtet ist, mehr zu den Fräulein als zu den Herren.

Seinen Tadel der Ghaselen verbindet Schwab jedoch mit einem klingenden Lob der klassischen Ode. Wenn Platen sich in Zukunft überwiegend griechischer Formen bediente, so mag das neben Gründen der inneren Entwicklung auch ganz praktische gehabt haben: die Erkenntnis nämlich, daß in einem Land, dessen König selbst klassische Verse schrieb, mit solcher Poesie größerer Erfolg zu erringen und ein breiteres Publikum zu erreichen sei.

Die tiefe Verbeugung aber, die Schwab in den beiden Terzetten vor dem größeren Talent Platen macht, hat eine komplizierte Vorgeschichte. Am 7. Dezember 1822 erschien in Cottas ‚Literatur-Blatt' (Beilage zum Morgenblatt) eine Besprechung des Taschenbuchs ‚Urania' auf das Jahr 1823 vom Redakteur Müllner, dem bekannten Schicksalsdramatiker. Für das Produkt des Konkurrenzverlages Brockhaus brauchte er kein Blatt vor den Mund zu nehmen. Am Ende der ‚Urania' stehen zwölf Sonette Platens, von denen eins ziellos-anakreontisch, eins an de Ahna, eins an Rotenhan gerichtet ist, während sich zwei an Bülow, zwei an Schmidtlein und fünf an Liebig wenden, alle hübsch undeutlich, was das Geschlecht der Adressaten betrifft, aber eben nicht undeutlich genug. An anderer Stelle der ‚Urania' stehen vier Sonette Schwabs, in denen dieser einem ungenannten jungen Dichter Mangel an Verstand, Geist und Ernsthaftigkeit vorwirft: gemeint war Wilhelm Waiblinger, von dem noch die Rede sein wird. Müllner schreibt in seiner Rezension nun folgendermaßen: „Schwabs Sonette an einen jungen Dichter S. 268 mag der Herr Graf von Platen lesen, von welchem die Dutzendsonette am Schlusse des Taschenbuches herrühren. Ihren Inhalt wissen wir nicht besser zu bezeichnen, als mit dem eigenen Ausdrucke des Herrn Grafen im 9ten Sonette: ‚liebende Gedanken'. Und darauf eben paßt Schwab's Gleichniß S. 269 von der auf Blech gemalten Sonne –

,Dann einmal über's andre rufst du: Wonne!
‚Legst d'runter dich, als ob sie leucht' und wärme,
‚Ja pflegst ein Blumenbeet mit ihren Strahlen.' "

Ohne das Feuer von Petrarca's Leidenschaft gediehen Sonette nun einmal nicht, fährt Müllner fort, und dies eben fehle Platen.

Natürlich ist es niederträchtig, dem armen Dichter, der aus bekannten Gründen seine Liebe nur in Gedanken zu erfüllen vermag, ebendies hämisch vorzuhalten. Darüber hinaus werden in der gewohnten Manier Gefühle, die man nicht nachvollziehen kann und will, einfach als kalt und künstlich abgetan. Doch nicht genug damit. Als Platen ein Jahr später so unvorsichtig war, den polemischen ‚Prolog an Goethe' zu den unveröffentlichten Hafis-Übertragungen in der ‚Urania' für 1824 drucken zu lassen, brauchte ihn Müllner in seiner Rezension des Bandes nur zu zitieren:

Was hast du nicht ertragen und erfahren!
Wie theuer mußtest du den Ruhm erkaufen!
Verkannt von ferne hausenden Barbaren,
Von Narren und von Gecken überlaufen,
Den Uebelwollenden zu ganzen Schaaren,
Den Mißverstehenden zu ganzen Haufen,
Und, um auch nicht das Kleinste zu verhehlen,
Der Krittler schmutzige C a s t r a t e n seelen.

Wie üblich projiziert hier Platen sich und seinen Ärger auf den Größeren. Wozu Müllner anzüglich bemerkt: „Man hört, daß es keine Castratenkehle ist, die hier singt."

Bei der kürzlichen Bekanntschaft von Platen und Schwab mag all dies zur Sprache gekommen sein: daß Schwab mit seinem ‚jungen Dichter' keineswegs Platen im Sinn gehabt habe, daß der Redakteur der ‚Urania', Rückert, von Müllner ebenfalls verrissen, nicht eben polemische Verse gegen den eigenen Freund würde haben einrücken lassen; daß überhaupt zwischen den etwa gleichalten Schwab und Platen Sympathie herrsche und man sich über Müllners Infamie einig sei.

Neulich in Stuttgart hatte Platen Uhland gebeten, Cotta seine letzten drei Dramen anzubieten. Nun schickte Schwab, einige Tage nach seinem Sonett, einen ebenso höflichen wie verheißungsvollen Brief nach Erlangen, in dem er sich an Stelle Uhlands als Vermittler beim Verleger Cotta empfahl und dessen Geneigtheit signalisierte, den ‚Rhampsinit', den ‚Thurm mit sieben Pforten' und ‚Treue um Treue' in einem Band herauszubringen. Cotta lasse Platen bitten, sich wegen der Einzelheiten an ihn selbst zu wenden: „Damit verbindet er die Bitte um poetische Beiträge zum Morgenblatt, indem ihm hier kleinere, lyrische Sachen immer willkommen seyn werden."

Cotta war nicht nur der ‚Fürst der deutschen Buchhändler', der Freund und Verleger Goethes und Schillers, er war auch der einflußreiche Herr über der Welt erstes Presseimperium. Es war keine geringe Ehre, die Platen durch Schwab angetragen wurde.

All dies Positive, sollte man meinen, hätte seine Stimmung nachhaltig bessern müssen. Doch war dem nicht so; schon der aggressiv-törichte Brief an Goethe zeigt es an. Der Dichter konnte offenbar nicht verwinden, daß keine Bühne seine Dramen aufführen wollte.

Seit vergangenem August stand er wieder mit Bruchmann in reizbarer Korrespondenz. Eine unglückliche Bemerkung des Dichters (der Brief ist nicht erhalten) ließ den Wiener Freund antworten, Platen möge sich auf den Erlanger Eintagserfolg mit ‚Treue um Treue' nur nicht zu viel einbilden: „Ihre Tragischen Gestalten müssen entweder keine Wehmuth und Sehnsucht empfinden, oder sie müssen niedergelatschte Kreaturen seyn, die jede Thräne zum nassen, armseligen Pudel macht."

Solche und ähnliche Gedanken mögen den Dichter bewegt haben, als er sich entschloß, der zweiten Einstudierung von ‚Treue um Treue' in Nürnberg fernzubleiben. Regie führte diesmal August Lewald, der die Erlanger Aufführung geschildert hatte. Wiederum kam es nur zu einer Vorstellung. Das Nürnberger Unternehmen scheint auf das Betreiben der Frau v. Schaden zustande gekommen zu sein, wahrscheinlich auch mit ihrer finanziellen Hilfe. Lewald war Redakteur beim ‚Korrespondenten von und für Deutschland', der ihr gehörte, und gleichzeitig Spielleiter am Nürnberger Theater. Platens Interesse an der Einstudierung war immerhin groß genug, daß er im Dezember einigen Proben beiwohnte und Wünsche zur Besetzung anmeldete.

Außer einem Theaterzettel und Platens Tagebucheintrag, „daß ‚Treue um Treue' in Nürnberg am 15. Januar (1826) mit Beyfall gegeben worden" sei, gibt es kein gleichzeitiges Zeugnis der Nürnberger Aufführung, nicht einmal im erwähnten ‚Korespondenten'. Das ist recht merkwürdig. Zehn Jahre später, nach Platens Tod, bringt Lewald im

Theaterzettel (Bayerische Staatsbibliothek, München)

‚Morgenblatt' eine sentimentale Erinnerung an den Erlanger Abend, aus der wir schon zitierten, doch kein Wort zur folgenden eigenen Bemühung um das Stück. Erst nach weiteren dreißig Jahren erläutert er seine Nürnberger Einstudierung; daneben gilt einige Aufmerksamkeit Studenten, die in Morgenmänteln (sic!), Pelzen und mit riesigen Tabakspfeifen im Schlitten aus Erlangen herübergekommen waren. Gab es etwa wieder iocum et gaudium? Höhepunkt des Erlanger Abends war das Herausrufen des Dichters gewesen. Platen, der laut Lewald damals „bis zur Ohnmacht ergriffen..der Obsorge der Familie Schelling übergeben" wurde, mochte einen zweiten Auftritt vor johlenden, ironisch applaudierenden Studenten gescheut haben und deshalb der Nürnberger Aufführung ferngeblieben sein. Anders ist sein Verhalten, schon der Gönnerin Frau v. Schaden gegenüber, nicht zu erklären. Überall, so scheint es, sollten seine Dramen gespielt werden, nur nicht wieder vor Erlanger Studenten!

Friedrich Sengle nennt den tiefsten Grund, warum Platens Lustspielen der Erfolg auf dem Theater versagt blieb: es mangelt ihnen an gesellschaftlichem Bezug. Doch kann ein Künstler mit wenig ‚Welt' eben nicht mehr leisten.

Nur gut, daß Platen von diesem harten, aber treffenden Urteil aus einem späteren Jahrhundert nichts erfuhr. Mittlerweile schlug sich sein Zorn auf die deutschen Bühnen in mehreren Gedichten nieder. Als in Dresden Calderóns ‚Dame Kobold' ausgepfiffen wurde, rief er dem Regisseur Tieck (und damit sich selber) zu:

Laß die Barbaren üben ihre Pfeifen
An unsern Dichtern, welche das Gemeine
Tagtäglich sehn an sich vorüberstreifen.

Doch nimmer laß sie sich am Heil'genscheine
Des fremden Meisters freventlich vergreifen,
Und wirf nicht länger Perlen vor die Schweine!

Dringender regte sich nun in ihm der Wunsch, die Heimat zu verlassen und für immer nach Italien zu gehen. Mit einem hübschen Tessiner Studenten, der im selben Hause wohnte, übte er sich im Italienischen. „Wenn ich nur irgend etwas ausfündig machen kann, um mir Unterhalt in Italien zu verschaffen, so bettl' ich mich nach Rom," schreibt er im Dezember 1825 an Frau v. Kleinschrodt. „Das Gift der deutschen Recension und des Modegeschmacks ist keine Nahrung für einen Dichter, ich hoffe eine bessere in Rom zu finden." Wie Platen die Zeit empfand, in der er lebte und für die er dichtete, teilt er in einem verspäteten Ghasel mit.

Kalt und ahnungslos und schweigend, ja mit Hohn empfing sie mich,
Während sie um niedre Stirnen ihre schnöden Zweige schlang!
Mir indessen, dem's im Busen thatenschwanger wühlte, gohr,
Diente selbst der Scherz als Maske, wenn ich tiefe Schmerzen sang;
Doch getrost! Vielleicht nach Jahren, wenn den Körper Erde deckt,
Wird mein Schatte glänzend wandeln dieses deutsche Volk entlang.

Karl Theodor German. Nach einem Gemälde von unbekannter Hand. (Privatbesitz)

Hoffnung schien ihm von anderer Seite zu schimmern. Auf dem Ball Ende Januar, wo er die poetische Sidonie kennenlernte (um sie gleich wieder zu vergessen), wechselte er auch die ersten Worte mit einem jungen Mann, den er schon länger beobachtet hatte und der seine letzte ‚platonische' Liebe in Deutschland sein sollte: Karl-Theodor German, Pfälzer, Student der Theologie. Am nächsten Morgen schickte er dem Jüngling seine gedruckten Gedichte, vor allem die ‚Neuen Ghaselen'. Dazu legte er ein jüngst entstandenes Sonett über den Tod Pindars, natürlich an den neuen Freund gerichtet, obwohl er „ihn dieß nicht errathen" ließ*. Es war bereits das zwanzigste Sonett an German. Platen bedauert in einem langen Tagebucheintrag die Absicht des Geliebten, eine Ferienreise anzutreten.

Was die Attraktion Germans ausmachte, weiß wirklich Gott allein. Das überkommende Porträt zeigt einen ziemlich alltäglichen jungen Mann mit ausdrucksvollen Zügen und sich lichtender Stirn. Platen nennt ihn voll freudiger Hoffnung auch Jonathan nach dem Patron des Tages, an dem er ihn zuerst besuchte. Die traurige Prophetie des Namens beachtete er nicht. Im Bogenlied klagt David über den gefallenen Freund: ‚Es ist mir leid um dich, mein Bruder Jonathan: ich habe große Freude und Wonne an dir gehabt; deine Liebe ist mir sonderlicher gewesen, als Frauenliebe ist.' (2. Samuel 1, 26)

---

* Pindar starb, antiker Überlieferung nach, im Theater, an die Knie seines Lieblings Theoxenos gelehnt. Platen erklärt in seinem Sonett, in dem er German direkt anspricht, daß er so wie Pindar sterben möchte. Zu erraten bleibt da wirklich nichts mehr.

Die German-Sonette vermehrten sich bis in den Sommer noch um einige Stücke. Es sind Platens letzte Liebesgedichte in dieser strengen Form. Hier ist das Geschlecht des Adressaten fast durchgehend ersichtlich; und also von dem Moment an, da der Dichter sie 1828 unter seinem Namen veröffentlichte, auch der letzte Zweifel an seiner Natur, den die ‚Neuen Ghaselen' noch gelassen haben könnten, geschwunden. Zwei Sonette nennen sogar Autor **und** Adressaten als Männer, so daß sie sich von selbst als homoerotisch enthüllen. Die Mischung von verzweifeltem Mut und Exhibitionismus ist erstaunlich, wenn wir die Epoche bedenken, in der dies alles geschieht.

Ein Vergleich des relativ hoffnungsvollen Tagebucheintrags vom 9. März mit den darin erwähnten Sonetten zeigt jedoch, daß die Leidenschaft Platens zu German so unglücklich verlief wie alle vorigen. Da seine Gefühle nicht erwidert wurden, phantasierte der Dichter sich wie stets aus einer Bewegung, einem Blick des Verehrten das Fehlende hinzu. Wäre eine Entwicklung der Affäre German aus den Sonetten nachzuzeichnen, so führte sie, wie stets früher, von zager Hoffnung über Anbiederung, gepaart mit Eigenlob, zu unmännlichem Gejammer. Es ist die alte Figur des Null-Mäanders.

> Qualvolle Stunden hast du mir bereitet,
> Die aber nie an dir der Himmel räche,
> Sonst müßten fließen deine Thränenbäche,
> Wenn von der Lippe dir mein Name gleitet.
>
> Doch bis Gewißheit jeden Wahn bestreitet,
> Will gern ich dich, und thät' ich es aus Schwäche,
> Vertheid'gen, Freund! von auf der Oberfläche
> Geschöpften Zufallsgründen nie verleitet.
>
> Zwar würd' ich kaum dir zum Vertheid'ger taugen,
> Doch stets bedienst du dich als deiner beiden
> Fürsprecher listig meiner beiden Augen:
>
> So lang sie sich an deinem Blicke weiden,
> So müssen Liebe sie aus ihm sich saugen,
> Du aber lies in ihrem Blick mein Leiden!

Neben gewissen ‚neuen Ghaselen' sind es gerade solche Gedichte, die aller formalen Eleganz zum Trotz in ihrer kläglichen, etwas lächerlichen Haltung an die Produkte der Ära Schmidtlein und der Ära Hoffmann erinnern. Sie dienten nach ihrer Veröffentlichung als willkommene Munition für die Feinde Platens. Link bemerkt, gerade in den German-Sonetten seien die traumatischen Komplexe oft genug nicht durch meisterhafte Lautbild-Komposition transformiert worden, sondern einfach ‚kitschig' stehengeblieben.

Eine letzte Gruppe von Sonetten zeigt tiefsten Pessimismus, der sich vom Geliebten, Deutschland, ja vom Leben selbst abgewendet hat. Diese Gedichte entstanden aber vermutlich erst nach dem März 1826, so daß von ihnen später die Rede sein wird.

Zu Beginn des genannten Monats las Platen mit Genuß Winckelmanns ‚Geschichte der Kunst des Alterthums'. Das Buch hatte vor zwei Generationen den Klassizismus eingeleitet, und viel von dem, was zum Meinungskatalog des Nürnberger Arrestes gehört, ist hier vorformuliert. Wir wundern uns kaum, daß die Lektüre in ein Sonett ‚An Winckelmann' mündet:

> Wenn ich der Frömmler Gaukelei'n entkommen,
> So sei der Dank dafür an dich gewendet:
> Wohl fand dein Geist, was nie beginnt noch endet,
> Doch fand er's nicht im Predigtbuch der Frommen.
>
> Dir ist das Licht des Göttlichen entglommen
> Im Werk der Heiden, die es reich gespendet;
> Denn himmlisch ist, was immer ist vollendet,
> Und Christus selbst gebietet: Seid vollkommen!
>
> Zwar möchten gern gewisse schwarze Röcke
> Den Geist verwickeln, der sich will befreien,
> Wo nicht, uns stellen in die Zahl der Böcke.
>
> Doch laßt nur ab, die Heiden zu beschreien!
> Wer Seelen hauchen kann in Marmorblöcke,
> Der ist erhaben über Litaneien.

Hier ist der Abfall vom Christentum noch einmal bekräftigt. Die Vollkommenheit der heidnisch-klassischen Skulpturen, wie Winckelmann sie aufzeigte, entspricht der Vollkommenheit, um die sich der neue Heide im Gedicht bemüht. Auch er will ‚ein Bildner seyn' und ‚Seelen hauchen in Marmorblöcke'. Vielleicht geht die Bemerkung Grimms und Gödekes über das Marmorne in Platens Versen auf dies Sonett zurück.

Jenseits von allem Programmatischen aber hat Winckelmanns Buch auf des Dichters praktisches Kunsturteil eingewirkt. Nicht nur fand „der angehende Rompilger seinen Platz der Antike gegenüber mit aller Bestimmtheit angewiesen", wie Schlösser bemerkt, sondern auch sein Urteil über die neuere italienische Kunst festgelegt. Folgt man dem Dresdener Klassizisten, so bleibt freilich nach Raffael nicht viel übrig. Es sollte geschehen, daß Platen „Italien mit einer ziemlichen Anzahl von Vorurteilen betrat, deren er sich erst nach und nach entledigte."

33. Die verhängnißvolle Gabel

Germans Ferienreise versetzte Platen in genügend hoffnungsvolle Ruhe, um seine Kreativität einem anderen Thema zuzuwenden. Soeben habe er vier Akte einer aristophanischen Komödie geschrieben, heißt es Mitte April im Tagebuch, die all sein

Bisheriges hinter sich lasse; Teile daraus habe er schon bei Schelling, Puchta, Pfeiffer mit großem Beifall vorgelesen. „Niemals ist eine solche Comödie in irgend einer andern Sprache gedichtet worden.. Die ersten 3 Akte habe ich schon nach Stuttgart geschickt, wo sie gedruckt werden sollen." Kurz darauf war das Stück vollendet. Sein Name: ‚Die verhängnißvolle Gabel'.

Polemische Gedichte und Epigramme kennen wir von Platen genug. Hier versucht er sich zum erstenmal seit dem ‚Sieg der Gläubigen' wieder an einem polemisch-satirischen Drama. Der Grund des Ärgers, den er damit abreagieren wollte: die fortwährende Mißachtung seiner Werke an den deutschen Bühnen. Erst kürzlich war im neuerstandenen Münchener Nationaltheater, unter demselben Poissl, der ihn so lange hingehalten hatte, das Historiendrama ‚Belisarius' des Ministerialsekretärs v. Schenk mit ebenso großem Aufwand wie Applaus gegeben worden. Das Stück taugte zwar nichts, doch Schenk war ein Freund und Günstling des Königs.

Immer noch erfreuten sich Schicksalsdramen und weinerliche Komödien der größten Beliebtheit beim Publikum. Müllners ‚Schuld', von Platen erst geschätzt, dann immer mehr verabscheut, wurde weiterhin landauf landab gespielt, während kein Theater den ‚Rhampsinit' einstudieren wollte. Daß Müllner Platens Poesien im ‚Morgenblatt' wiederholt verhöhnt hatte, wird dessen Zorn nicht eben verringert haben. Kürzlich hatte er zwei Bücher über das griechische Theater, insbesondere das komische, gelesen; ihre Lektüre war für die Form des neuen Werkes wohl maßgebend, ja wirkte vermutlich auslösend.

Aristophanisch sind in der ‚Verhängnißvollen Gabel' nur die sogenannten Parabasen: so heißen jene Partien der antiken Komödie, wo der Chor die Maske abnimmt und aktuelle Kritik ins Publikum spricht. Die Illusionsbrüche bei den früheren Stücken Platens waren kaum etwas anderes. Freilich erscheint hier nicht ein Chor wie in Schillers ‚Braut von Messina', wo er peinlich genug wirkt: nein, Platen zieht den Chor in eine Person zusammen, und zwar in den Juden Schmuhl.

Wer nun erwartet, hier beginne die Feindschaft gegen die Juden oder gar gegen Heine, der irrt. Schmuhl ist dem gesamten lächerlichen Personal des Lustspiels überlegen, durch ihn spricht der Autor in den Parabasen direkt zum Publikum: Schmuhl ist er selbst.

Wie stand es mit den Juden zur Restaurationsepoche? Antisemitismus im modernen Sinne war unbekannt, der Jude definierte sich religiös: ließ er sich taufen, war er kein Jude mehr, sondern ein Bürger wie jeder andere. Rechtlich war er in den laizistisch-aufgeklärten Staaten Westeuropas auch ohne solchen Religionswechsel gleichgestellt.

Juristische Toleranz aber ist noch nicht soziale Integration. Das antijüdische Ressentiment speiste sich aus Neid über die tüchtigeren, weil ärmeren Zuwanderer aus Osteuropa, die natürlich in der ersten Generation, auch wenn sie getauft und gar geadelt waren, an ihrem Akzent sofort erkennbar blieben. Mokant wurde zwischen Steh- und Liegechristen unterschieden. Spott über die Juden entzündete sich an ihrem Geschäftssinn, Neureichtum, Geiz, Mangel an Stolz, Selbsthaß, an ihrer Frechheit oder ungeschickten Versuchen der Anpassung. Die Witze über jüdische Bankiersgattinnen mögen denen geglichen haben, die hundert Jahre später über die Frau des Reichspräsidenten Ebert gemacht wurden. Das fatale rassische Argument kam erst nach 1850 durch Gobineau und Chamberlain in die Diskussion.

Die Rolle des Juden auf dem Theater war bis zu Lessing durch den Shylock in Shakespeares ‚Kaufmann von Venedig' bestimmt. Mit Nathan dem Weisen betrat der erste ‚positive' Jude die deutschen Bretter. Auf der Lustspielbühne aber wurde seit Beginn der Restaurationsepoche heftig gejüdelt und die erwähnte Komik gründlich ausgespielt: bahnbrechend wirkte hier der Einakter ‚Unser Verkehr' von C. B. A. Sessa, der neben allen möglichen jüdischen Typen mit dem schmierigen, aber vital-gutmütigen Jakob Hirsch (der die Bühne nicht verläßt und also ausgiebig Gelegenheit zum Extemporieren hat) die Bombenrolle eines, wenn auch karikierten, ‚jüdischen Helden' bietet. Das Stück wurde von 1815 bis etwa 1880 immer wieder aufgelegt, auch in Raubdrucken, muß also ebenso lange in Deutschland und Österreich gespielt worden sein.

Fiel Jakob Hirsch in Glück und Unglück dem Gelächter des Publikums anheim, so gab die passende Antwort darauf Ludwig Robert, Bruder der Rahel Levin, verheirateter Varnhagen. In seiner romantischen Komödie ‚Kassius und Phantasus oder der Paradiesvogel' steht die gewohnte bürgerliche Gesellschaft kopf: Bankier Kurswandel und Finanzmakler Filzschu sind Christen, spiritus rector des Stücks aber ist „ein räthselhaftes Wesen in Gestalt eines Juden". Auf Tiecks Manier diskutieren der Theaterdirektor Kassius (von Kasse) und der Autor Phantasus in den Zwischenakten über das laufende Stück. Schon für den zweiten Aufzug fordert Kassius aus Handlungsgründen ein Tier; Pferd, Bär, Wolf, Hirsch, Esel, Affe, Blutegel werden verworfen, der Paradiesvogel für später vorgemerkt. Phantasus protestiert.

> Ka. Seyn Sie ruhig! Es ist von keinem wirklichen Wolf oder Hirsch die Rede, Ich meine blos einen Juden.
> Ph. Ein Jude! Hahahahahaha! Ein Jude!
> Ka. Ja, ja! Hahahahahaha! Seh'n Sie nur, was das Wort Jude hahahahahaha! schon für eine hahahahahaha! komische Wirkung macht. Hahahaha!
> Ph. Hahahahaha! Ein Jude! Man mögte sich zu Tode lachen. Hahahahaha!
> Ka. (zugleich) Hahahahahaha!
> Ph. Aber was soll ich dem Juden für einen Charakter geben?
> Ka. Wollen Sie die große Masse befriedigen, so stellen Sie ihn recht verworfen dar. Lassen Sie ihn prügeln! Das macht den besten Knalleffekt. Wollen Sie aber das kleinere Publikum überraschen, so sei er großmüthig, weise, liebreich, kurz, ganz so, wie selten ein Mensch ist.
> Ph. Nein, nein! Das Beste ist, ich gebe dem Juden gar keinen Charakter.

Natürlich erhält der Jude dann doch einen Charakter, und zwar einen guten; er ist die galizische Version des Alpenkönigs, der in Kaftan und Schläfenlocken jüdelnd alles richtet, bis er zum Schluß die Verkleidung abwirft und sich als ‚Schutzgeist' auf hochdeutsch zu erkennen gibt:

> Ich bin eine phantastische Mißgeburt, die lange Jahre unschuldig verdammt war, unter allerlei Verkleidungen den Schutzgeist zu machen. Meine schwerste und letzte Züchtigung aber war, heut Abend ein verwünschter Jude zu seyn.

33. Die verhängnissvolle Gabel

Roberts Schutzgeist und Sessas Jakob Hirsch sind die Vorbilder für Schmuhl. Platen kannte Sessa's Posse seit seiner Münchener Zeit; Roberts Stück hatte er während des Arrestes gelesen, die Mutter machte ihn darauf aufmerksam und besorgte ihm das Buch. Er fand es amüsant, aber wertlos. Entscheidend bleibt, daß der homosexuelle Platen sich dem Juden verwandt fühlte, nämlich ‚verwünscht', Euphemismus für ‚verflucht': Schmuhl ist, in dieser Hinsicht, eben er selber.

Die ‚Verhängnißvolle Gabel' beginnt damit, daß Schmuhl aus dem Hause des Mopsus, eines Schäfers in Arkadien, das umfängliche Eßgeschirr stiehlt: die Familie besteht aus den Eltern und zwölf Kindern. Nur eine Gabel ist übriggeblieben. Phyllis, des Mopsus Gattin, schöpft Verdacht und zeigt Schmuhl bei Damon, dem Schultheiß, an. Als Schmuhl mit einem Sack auftritt, in dem sich das gestohlene Geschirr befindet, will der Amtsdiener Sirmio ihn zwingen, denselben zu öffnen.

> Schmuhl.   Laß er los mich! Ich gehöre nicht zum Schacherjudenpack.
> Sirmio.   Auch die besten Juden schachern: nur herab den Bettelsack!
> Schmuhl.   Laß er mich, ich bin ein großer Astronom und Nekromant;
>   Der Natur geheime Kräfte sind mir alle wohlbekannt. (…)
> Sirmio.   Moses sagt: Du sollst nicht stehlen, oder du empfängst den Lohn!
> Schmuhl.   War es Moses aus Ägypten oder Moses Mendelssohn? (83 – 90)

Damon kommt hinzu und erkennt in Schmuhl einen alten Studienkollegen aus Leipzig; der Sack bleibt daraufhin ungeöffnet. Schmuhl erzählt, wie ihm in einer Ruine bei Göttingen ein Gespenst erschienen sei: Salome, Ahnfrau aus Arkadien, die ihm verriet, unter der Hundehütte des Mopsus sei eine Kiste mit Geld vergraben. Auf der Kiste aber ruhe der gleiche Fluch wie auf ihr selber: als ihr beim Abendessen einmal eine Spinne in den Mund gelaufen sei, habe sie so geschrien, daß ihr Mann sich vor Schreck mit der Gabel im Schlund erstochen habe. Seither liege der erwähnte Fluch auf der Gabel, und sie müsse nachts umgehen, bis ihr letzter Nachkomme gestorben sei: dieser, Mopsus, habe jedoch zwölf Kinder!

> Du hebe den Schatz! so befahl sie zuletzt, mir helfe der leidige Satan!
> Sie verschwand, und es wich der Nachtflor schon, tief sanken zu Thale die Nebel,
> Aber ich ließ nach Arkadien mich einschreiben im Göttinger Posthaus. (177f)

Schmuhl bittet den Damon, ihm beim Raub der Kiste behilflich zu sein. Der Amtsdiener Sirmio jedoch hat das Gespräch belauscht. Er schleicht zu Phyllis und verrät ihr das Geheimnis.

Sirmio gräbt mit ihrem Einverständnis die Kiste aus, um gemeinsam den Schatz fortzubringen. Mopsus ertappt beide und verjagt den Sirmio. Er selbst träumt von einem Gut am Kap der Guten Hoffnung. Schmuhl tritt unter dem Namen des Robinson Crusoe auf und verlockt den Mopsus mit einer paradiesischen Schilderung des Kaps, so daß dieser nun seinerseits beschließt, mit Schmuhl und der Kiste dem Rest der Familie zu entfliehen. Nachts versucht Phyllis, ihren Mann mit der Gabel zu erstechen. Im rechten Augenblick jedoch erscheint die Ahnfrau dem Mopsus und stiftet ihn an, Frau und Kinder umzubringen. Da Mopsus also dreizehn Leichen zurückläßt und die

Folgen fürchtet, flieht er als englische Lady verkleidet mit Schmuhl außer Landes. Damon findet die erstochene Familie und läuft mit der blutigen Gabel aus dem Haus. Sirmio kommt hinzu und bezichtigt ihn des Massenmordes, worauf Damon keinen anderen Ausweg sieht, als gleichfalls zu entfliehen.

Der letzte Akt spielt im Gasthof zur goldenen Gabel, außerhalb Arkadiens. Schmuhl und Mopsus sind abgestiegen, die Kiste steht mitten auf der Bühne. Auch der flüchtige Damon findet sich ein. Des Nachts erscheint der weiblich verschleierte Mospsus und versetzt den Damon in höchsten Schrecken. Dieser droht, die Erscheinung mit der verhängnisvollen Gabel zu erstechen.

> Damon. Jetzt siehst du den Tod mit der Gabel vor dir, gib drein dich, oder du stirbst doch!
> Mopsus. Wie wird mir, o Gott! Ist's Damon nicht? Ist's nicht mein Richter und Schultheiß? ...
> Damon. Was lispelt sie da?
> Mopsus. Stich zu! Stich zu! Gern ruf' ich dem Leben Ade zu!
> Damon. Wie entschlossen! Das ist kein weibisches Weib, die ist, wie Johanne, die Päpstin.
> Mopsus. Stich zu! Stich zu!
> Damon. Ich getraue mich nicht, stich selbst, hier hast du die Gabel!
> Mopsus. Ja, ich sterbe, ja, mich Arme drückt die Schuld und kneipt die Sünde,
> Meine Kinder stach ich selbst ab, wie die Gräfin Orlamünde:
> Diese läßt als weiße Frau nun ihre Schlüsselbündel kollern,
> Wenn ein Fleck sich soll verdunkeln an der Sonne Hohenzollern!
> Damon. Sagt' ich's nicht? Man wird poetisch auf des Lebens letzte Stadien.
> Mopsus. Sieh mich sterben; aber wisse, daß ich Mopsus aus Arkadien!
> (er ersticht sich.) (1229 – 1240)

Der nun entbrennende Streit zwischen Schmuhl und Damon um die Kiste findet sein Ende, als diese aufspringt und anstatt des Schatzes den Geist der Ahnfrau freigibt, der durch den Tod des Mopsus endlich erlöst ist.

Diese abstruse Geschichte soll die moderne Schicksalstragödie parodieren, vornehmlich Müllners ‚Schuld' und Grillparzers ‚Ahnfrau'; doch auch Houwalds ‚Bild', das Platen in Venedig sogar auf italienisch sah, bekommt einen Seitenhieb. Darüber hinaus wimmelt das Stück von literarischen und satirischen Exkursen. Hier nur als Beispiel das Thema Eduard v. Schenk und Hoftheaterintendant v. Poissl.

> Phyllis. Jetzo treibt, zumal in München, mancher neue Stern sein Wesen,
> Hast du nichts von Belisarius in den Zeitungen gelesen?
> Mopsus. Einen Monolog sogar.
> Phyllis. Wars nicht ein Werk von vieler Feile?
> Mopsus. Ja, ein hübschadirt Votivbild am Altar der langen Weile.
> Phyllis. Stille! Stille! lerne lieber nach des Pöbels Pfeife tanzen
> Und verehre tief im Staube den Geschmack der Intendanzen!
> Mopsus. Freilich! Intendanten machen sich das Schlechteste zu Nutze,
> Denn das Gute hilft sich selber, das entzieht sich ihrem Schutze!
> (KP X 571 – 578)

33. Die verhängnissvolle Gabel 395

Diese Stelle strich der Dichter auf Thiersch's Anraten aus der Erstausgabe; zum Glück, dürfen wir sagen, denn in Kürze sollte Schenk über Platens Italienpläne entscheiden und in zwei Jahren sogar Innenminister werden. Eine Anspielung auf den Advokaten Müllner, der seine Erfolgsdramen quasi nebenher schrieb, blieb dagegen stehen:

> Schmuhl. Keiner gehe, wenn er einen Lorbeer tragen will, davon
> Morgens zur Kanzlei mit Akten, abends auf den Helikon:
> Dem ergibt die Kunst sich völlig, der sich völlig ihr ergibt,
> Der den Hunger wen'ger fürchtet, als er seine Freiheit liebt. (223ff)

Und nicht genug damit. Obwohl der Leser schon sattsam unterrichtet ist, hämmert ihm Platen seine immer gleichen Meinungen und Belehrungen noch mit fünf Monologen Schmuhls ein, den schon erwähnten Parabasen. Doch von ihnen später.

Zwei Fabeln, als Erzählung in die Handlung eingeschoben, werden den Schicksalsdichtern höhnisch zur Dramatisierung angeboten; die zweite endet in einer unflätigen Anrempelung Müllners, womit Platen dessen gemeine, aber feine Abfuhr seiner ‚Schönheits'-Poesie grob genug erwidert*.

Einmal freilich, zur Mitte des Stücks hin, senkt der Parodist die Stimme und schildert ernsthaft das Kap der guten Hoffnung, seine persönliche Utopie. Eine üppige Parklandschaft tut sich auf, eigentlich ein botanischer Garten, Schlösser denkt an die borromäischen Inseln, die Platen kürzlich besuchte. Mignon's Land, auch Orplid ist nicht fern, doch näher noch Hans Castorps Traum, freilich, dem Zeitgeschmack entsprechend, frei von allem Anstößigen, ganz zu schweigen von grauenvollen Kehrseiten.

> Nicht Fliegen erblickst du noch Raupengezücht noch Unkraut, denn es vertritt hier
> Kirschlorber den Platz des bedornten Gesträuchs, Stechpalme die Stelle der Distel. (469f)

Der Boden wie Samt, der Himmel wie Glas, purpurne Wolken, stets strahlende Sonne und schattige Wölbung, Springbrunnen in alabasternen Becken, da kühlt sich im Bade der Jungfrau'n Leib (das muß wohl eine Täuschung sein) in der Jünglinge nackter Gemeinschaft, kurz, es geht so keusch her wie vor dem Sündenfall und auf den Bildern der Nazarener. Mit einem kleinen Unterschied.

> Dort lehnt sich der Freund an die Schulter des Freunds, nie bange vor einstiger Trennung,
> Und der Efeu mischt sein ewiges Blatt in die wallenden Locken der Dichter;
> Als Lüge nur gilt dort Alter und Tod, das Unmögliche nennen sie wirklich. (479ff)

So wenigstens erzählt ohne Spott der mit allen Wassern gewaschene Schmuhl. In den Parabasen hingegen erhebt er die Stimme umso höhnischer. Den Anfang macht eine Publikumsbeschimpfung, die beweist, daß Platen an eine Aufführung der ‚Verhängnißvollen Gabel' nicht mehr ernsthaft dachte.

---

* siehe Apparat.

> Mittelmäß'gem klatscht ihr Beifall, duldet das Erhabne blos
> Und verbannet fast schon alles, was nicht ganz gedankenlos. (209f) ...
> Dieses mark- und knochenlose Publikum beklatschet nur,
> Was verwandt ist seiner eignen Froschmolluskenbreinatur. (KP X 212f)

In diesem Ton geht es auch gegen die Dramatiker, die Kritiker, und stets ist das Ende ein gedrechseltes Eigenlob des Autors. In der vierten Parabase gibt er sein Programm und verkündet jene Kunstreligion, die wir schon aus dem Theateraufsatz kennen. Nach dem obligaten Selbstlob blickt er in die Zukunft.

> Gönne das Geschick dem Dichter nur den Wunsch, für den er glüht,
> Bald sich in ein Land zu flüchten, wo die Kunst so reich geblüht,
> Bis zuletzt die deutsche Sprache seinen Ohren fremder tönt,
> Eine Sprache, die sich ehmals unter seiner Hand verschönt:
> Ja, dann mag er sterben, wie es schildert euch ein früh'res Lied,
> Lanzenstiche viel im Herzen, als der Dichtkunst Winkelried!* (1066ff)

Die letzte Parabase des Schmuhl bringt eine kokette Bitte um Nachsicht, weist vorsorglich künftige Kritik zurück. Durch Schmuhls Mund versichert der Autor seine beste Absicht, lobt sein Stück und verharmlost einigermaßen dreist seine maßlosen Angriffe.

> Glaubt nicht, daß unser Poet, der gern, was krank ist, sähe geheilet,
> Mißgünstigen Sinns Eingebungen folgt, wenn er auch Ohrfeigen vertheilet:
> Wer Haß im Gemüth, wer Bosheit trägt und wer unlautere Regung,
> Dem weigert die Kunst jedweden Gehalt und die Grazie jede Bewegung. ...
> Euch aber, zur Gunst und zur Liebe geneigt, weissage der Dichter vertraulich,
> Des Gedichts Vorzug, wie er selbst es versteht, denn er hält es für hübsch und erbaulich: ...
> Ihr findet darin manch witziges Wort und manche gefällige Wendung,
> Und erfindende Kraft und Leichtigkeit und eine gewisse Vollendung; ...
> Drum hat der Poet euch Deutschland selbst, euch deutsche Gebrechen geschildert,
> Doch hat er den Spott durch freundlichen Scherz, durch hüpfende Verse gemildert.
> (1301–1318)

Der Autor meint, zwar nicht ‚Aesthetiker‘, aber doch ‚Liebhaber‘ wollten ‚des Columbus Ei‘, sein Stück nämlich, gern auf den Brettern sehen. ‚Laut heischten sie dann, mit Heroldsruf‘: ‚Es erscheine der Chor, es erscheine der Chor des geliebten Aristophaniden!‘ Der Aristophanide ist niemand anders als er selbst:

> Wie bedarf er des Ruhms und der Liebe so sehr, im Bewußtseyn gährender Triebe,
> Ihm werde zum Ruhm der Befreundeten Gunst; denn Ruhm ist werdende Liebe. (1327f)

Schmuhl schließt mit den Worten:

---

* Der Schweizer Arnold Winkelried soll in der Schlacht bei Sempach (1386) mehrere feindliche Spieße auf sich gezogen und seinen Mitkämpfern dadurch eine Bresche gebahnt haben, die den Sieg entschied. (Denkler)

Die Zeit ist um, nun schlendert nach Haus, doch ja nicht rümpfet die Nasen,
Und begnügt euch hübsch mit dem Lustspiel selbst und den zierlichen Schlußparabasen!
(1331f)

Es ist diese Mischung aus eitlem Geziere, gespielter Bescheidenheit, Impertinenz und Schulmeisterei, die den heutigen Leser gegen Platens ‚Verhängnißvolle Gabel' einnimmt. Das fortwährende Eigenlob ist nur eine neue Variante der narzißtischen Selbstbespiegelung. Sehen wir genauer hin, so erblicken wir den Dichter wie gewöhnlich im Konflikt mit seiner Mutter. Sie ist in der Phyllis verkörpert, und ihre Kinder sind die schlechten, doch geschätzten Schicksalsdramatiker. Er selbst steht hinter Mopsus und Schmuhl, seinem ‚jüdischen Schutzgeist'. Schon Rudolf Schlösser sah in Salome die Allegorie der alten, guten Tragödie: von ihr angestiftet, tötet Mopsus Phyllis und ihre Brut, das heißt Platen zerstört das Bild der Mutter mitsamt ihren literarischen Günstlingen Müllner und Konsorten. Dann folgt er Schmuhl, der das Land der Männerliebe (Kap der Hoffnung = Italien) preist, in Frauenkleidern. Wenn freilich Mopsus Selbstmord begehen muß, um den gebannten Geist der guten Tragödie zu befreien, so erklärt der Dichter sich außerstande, sie zu meistern. Das Ende der ‚Verhängnißvollen Gabel' wird für ihn prophetisch.

Es gibt noch eine andere Deutung für die eingesperrte Ahnfrau. Salome ist die Verführerin, deren sündige Wünsche den Tod bringen und die dafür selber mit dem Tode bestraft wird. Zur Fin de siècle wird Oscar Wilde in der syrischen Prinzessin seinen eigenen Trieb abbilden. Doch schon hier, in der Salome von 1826, finden wir Analogien. Mehrere Male gab Platen dem Gefühl Ausdruck, lebendig begraben zu sein. Nunmehr steckt ein Geist ‚im Sarg', nach des Dichters eigener Definition ein verborgener Schatz. Die ominöse Kiste befindet sich unter der Hundehütte, also an verächtlichem Ort, doch zugleich ‚dort, wo der Hund begraben liegt'. Die gefangene und schließlich entweichende Ahnfrau ist eine Allegorie von Platens Trieb, der Fee Pfefferlüsch aus dem Jugendmärchen vergleichbar. Was Mopsus auf Salomes Geheiß tut, gewinnt so nicht nur weitere, sondern auch tiefere Bedeutung. Noch einmal teilt der Dichter mit, was ihm spätestens mit den ‚Neuen Ghaselen' gelungen ist: die geistige Entfesselung aus der Konvention, die Selbstbefreiung durch Poesie.

In einem Brief an Thiersch, der wiederum vor Eigenlob trieft, betont Platen, wie sehr die ‚Verhängnißvolle Gabel' „aus der Zeit genommen" sei. Das trifft weniger zu, als er meint. Seine Kritik an schlechten Theaterstücken ist zwar berechtigt und aktuell, füllt jedoch kaum das Drama, wenn sie nur mäßig überzeugend vorgespielt, dafür aber unmäßig schimpfend vordeklamiert wird. Roberts Literaturkomödie ‚Kassius und Phantasus' gibt kulturhistorisch besseren Aufschluß, da sie ihre Kritik mehr differenziert, sowohl was deren Fächerung wie auch was die Methode betrifft. Da ist im Hintergrund das jüdische Anliegen: nicht nur Duldung in der, sondern volle Integration in die bürgerliche Gesellschaft. Davor eine Kritik am romantischen Frauentyp: entweder gespielt naiv oder gelehrt überspannt; und schließlich allgemeine Verspottung der modernen Rühr- und Schauerstücke. Auf dieser Ebene trifft sich Robert mit Platen, der in seiner Utopie-Erzählung noch ein bescheidenes Wort für das persönliche Anliegen einflicht.

Robert benutzt keine Invektiven, er spielt seine gefächerte Kritik dramatisch aus; die beiden ‚schiefen' Frauen werden korrigiert, indem zwei männliche Pendants aus dem Leib eines Paradiesvogels – mit Hilfe des jüdischen Schutzgeistes – befreit werden, und in der Parodie von Kotzebue bis Müllner entwickelt er mehr Phantasie als Platen. Auch in den Zwischenakten à la Zerbino wird diskutiert anstatt gepredigt. Es mochte Platen zum Trost gereichen, daß Roberts konfuses Drama so wenig aufgeführt wurde wie seine ‚Gabel'. Wieviel mehr ‚Kassius und Phantasus' dennoch „aus der Zeit genommen" ist, mag der Schluß des ersten Aktes zeigen. Der (arme) Leutnant v. Grundheim hilft dem (reichen) Filzschu aus einer mißlichen Lage mit den ominösen Worten:

> Die Alten sind besiegt! Besiegt von den Modernen!
> Die Vorzeit muß von uns, von uns erst Tugend lernen!
> Denn was Aeneas einst nur für den Vater that,
> Das thut der Lieut'nant heut für den Kommerzienrath!

Kaum hatte Platen den ersten Akt der ‚Verhängnißvollen Gabel' beendet, so schickte er ihn auch schon nach Stuttgart. „Sie erhalten hier den (Anfang) einer Comödie," schreibt er an Schwab, „in welcher ich, nach langen Pfuschereien, endlich hoffe, mein Meisterstück abgelegt zu haben und in die Zunft der Unsterblichen einzugehen." Unverzüglich müsse das neue Werk veröffentlicht werden. Seine Ausfälle, meint Platen, möchten die Attackierten hier und da verzeihen „durch die Anmuth der Form bestochen". Schließlich gebe es auch Komplimente „Und überhaupt nichts als die reine Wahrheit. Mein Herz ist frei von aller Bosheit, wie könnt' ich sonst schreiben, wie ich schreibe? Die Parabasen sind alle auf das Erhabenste ausgestattet und sprühen Begeisterung."

Was nun verwundert, ist, daß Cotta sich tatsächlich bereit erklärte, die ‚Verhängnißvolle Gabel' quasi blind als Erstes von Platen drucken zu lassen; so groß waren die Wirkung der erfolgreichen Königs-Ode und der Einfluß Schwabs. Dieser hatte sogleich dem Verleger die „herrliche Parabase" vorgelesen: „Ich finde das Mitgetheilte wirklich vortrefflich!" schrieb er postwendend an den „Inig verehrten Dichter" und fügte nachdenklich hinzu: „Aber das Publicum? Hoffen Sie von diesem nicht zu viel."

Platen indes dachte kaum daran. Er hatte den vernünftigen Wunsch geäußert, der Druck solle unter seinen Augen in Erlangen erfolgen. Cotta insistierte jedoch auf Stuttgart, wobei Schwab anbot, die Revision und Korrektur zu übernehmen. Im April gab dann Cotta den Druck plötzlich nach Augsburg, so daß Platen nun seinen Freund Fugger bitten mußte, das weiter zu führen, was Schwab angefangen hatte. Mit vielem Hin und Her über zu streichende oder einzuschiebende Verse zog sich der Druck bis Ende Juni hin.

Vier Wochen war German verreist gewesen, längst war er zurück, und nichts hatte er von sich hören lassen; kein Wort des Dankes für die Ghaselen, deren einziges Thema ihm nicht verborgen geblieben sein konnte. Da hielt es Platen, der gerade seine ‚Gabel' vollendet hatte, nicht länger, und am 17. April teilte er German sein Befremden über das fortwährende Schweigen mit. Dank erwarte er nicht, aber „Da ich Ihnen etwas zu sagen habe, was Ihnen vielleicht Vergnügen machen wird, so lade ich Sie ein, diesen Abend zu mir zu kommen, wo Sie mich zwischen 5 und 6 zu Hause treffen werden. ..Kommen Sie wieder nicht, so wissen Sie, wie ich es deuten werde; denn mit meinen guten Auslegungen bin ich allmählig auf die Neige gekommen. Ihr Platen."

Die Antwort kam prompt. „Herr Graf! Es sollte mir leid thun in Ihren Augen als solcher zu erscheinen, der nicht einmal so viel Lebensart hätte seinen Dank für ein unverdientes Geschenk dem gütigen Geber abzustatten." Es folgt eine Ausrede à la Liebig, nämlich daß er, German, sehr wohl einen Brief geschrieben habe, daß dieser aber nicht angekommen sei; also wiederhole er seinen Dank hiermit nochmals. „Ich sprach ferner darin von der Unmöglichkeit einer näheren Bekanntschaft oder Freundschaft zwischen uns, und bat Sie daher mir einen persönlichen Besuch bei Ihnen zu schenken, wie auch ich von meiner Seite es recht sehr wünschte und noch wünsche wenn auch Sie sich die Mühe ersparen möchten, mich persönlich sprechen zu wollen. ...

Es thut mir leid daß ein mir selbst unbekanntes gewißes Etwas Sie gerade an mich anziehen läßt und daß ich sowenig in mir verspüre, was mir ein besonderes Wohlwollen gegen Sie einflößte. Ich kann Sie blos achten in so fern ich Sie kenne, als einen Mann, der dem Vaterlande gedient und in den Zeiten des Friedens den Musen lebt.

Ich erwarte, daß Sie die Güte haben werden meine Wünsche zu erfüllen. Leben Sie recht wohl und zufrieden. Ihr German."

Wer diese glasklare Absage völlig mißverstand, war Platen. In seinem projektiven Wahn hatte er Germans Bitte, ihm einen Besuch zu schenken, wörtlich genommen; gemeint war natürlich: ihm einen Besuch zu ersparen. Als German bis sechs Uhr nicht erschienen war, schrieb Platen ihm zum zweitenmal. „Es ist mir unbegreiflich, daß Sie in Ihrem Briefchen eine persönliche Unterhaltung mit mir wünschen, da ich Sie ja in dem meinigen ausdrücklich dazu eingeladen.

Ich erwarte Sie daher bestimmt diesen Abend um 5 Uhr. Auch wollte ich Ihnen etwas mittheilen, was nicht Bezug auf unsere Freundschaft hat. Daß Sie nicht mein Freund sollten seyn können, bezweifle ich noch einigermaßen; auch sprachen Sie ganz anders, als ich einmal bei Ihnen war. In jedem Falle müssten Sie mich erst kennenlernen, ehe Sie mir solche Dinge sagen. Daß Ihr Brief mich sehr geschmerzt hat, können Sie denken. Seyn Sie aufrichtig über das, was sich zwischen uns stellen könnte und bedenken Sie, ob nicht eine Zeit kommen könnte, in der Sie es bereuen, eine Freundschaft abgelehnt zu haben, die nicht von der gewöhnlichen Art ist.

Gehn Sie, wohin Sie wollen, mein Namen wird Sie verfolgen, und wenn er Ihnen aus Andrer Mund entgegenkommt, wird er Ihnen ein Vorwurf seyn. Aber dieß sage ich nicht, als ob ich noch Ansprüche auf Ihre Freundschaft machen wollte. Sie haben die traurigsten Erfahrungen meines Lebens vermehrt, und so muß ich Ihnen wenigstens dankbar seyn. Ich erwarte Sie. Ihr Platen."

German machte kürzeren Prozeß als seinerzeit Schmidtlein. „Herr Graf! Höchst unerwartet kam mir Ihr Brief, weit unerwarteter dessen Inhalt, der mir sagt, daß ich selbst eine Unterredung mit Ihnen wünsche.

Sollte ich vielleicht, was ich mir kaum denken kann, zweideutig oder unverständlich für Sie mich ausgedrückt haben, so sage ich Ihnen hier mit kurzen und klaren Worten, daß ich weder in Ihrem Haus, noch dem Meinigen, noch sonst wo eine Unterredung mit Ihnen wünsche, weil ich gar keinen Stoff und keinen Zwek mir zu denken vermag.

Bezweifeln Sie es ferner nicht mehr, daß ich Ihr Freund nicht sein; oder werden könne. Und bei Gott ich sehe nicht ein, daß es Sie schmerzen oder beleidigen kann, wenn ein landfremder Mann, der mit Ihnen in gar keiner Beziehung steht, Ihre Freundschaft ausschlägt, mag diese auch noch so gewichtig und so erfolgreich seyn, wie sie immerhin mag.

Getrost will ich es auf mich nehmen, wenn Vorwurf mir es seyn soll, Ihren Namen aus fremdem Munde hören zu müssen. Was Sie überhaupt damit sagen wollen, begreife ich nicht, bin auch nicht begierig, es zu erfahren. Ihren Namen, so gefeiert er immerhin in der literarischen Welt seyn mag, habe ich in meinem Vaterland noch nie gehört, bin gewiß auch ausser Sorge durch das häufige Hören desselben gar zu sehr von Vorwürfen, die ich mir selbst zu machen hätte verfolgt zu werden.

Eben so wenig kann ich begreifen, wie ich die traurigen Erfahrungen Ihres Lebens vemehrt haben sollte. Denn kaum denkbar ist es mir, daß ein Mann dem es an Gesellschaft und an Umgang mit wahrhaft gebildeten Männern nicht fehlt, den Umgang mit einem ihm ganz fremden und unbekannten Studenten so sehr entbehren sollte. Ich wenigstens kann es nicht glauben. ...

Leben Sie wohl und vergessen Sie ganz – – – einen Fremdling. German."

Wer meint, daß Platen nun endlich genug hatte, der kennt ihn schlecht. Seine weinerliche, geschwätzige Antwort beginnt mit einem Sonett, das wieder einmal die (sinnenfreie) Freundschaft über die (sinnliche) Liebe erhebt, des Freundes Kälte beklagt und in das Terzett mündet:

> Nie wird er meine Hand in seine pressen,
> Stets aber werd' ich neues Lob ihm zollen,
> Und was man lobt, hat man im Geist besessen.

Keineswegs, versichert Platen, habe er Germans Freundschaft erzwingen wollen. Mittlerweile waren ihm aber doch Bedenken gekommen, ob das, was die Gedichte sagen, vielleicht nicht nach des Geliebten Geschmack gewesen sei. Also bestreitet er entschieden, anstatt ideeller gemein-wirkliche Wünsche geäußert zu haben. „Hier heißt es, wie in Wallenstein: Kühn war das Wort, weil es die That nicht war. Ich hasse die Pedanten und Heuchler und bin kein Tugendschwätzer; aber ich **bin** tugendhaft, und habe nie einen andern als den sittlichen Lebenswandel geführt. Wer das Gegentheil behaupten kann, soll vortreten!"

Natürlich wird niemand vortreten und mit dem Finger auf den Markusplatz zeigen. Auch sind Rückzug und Verwahrung durchaus verständlich, denn kein Mensch, dessen zarteste Gefühle abgewiesen wurden, wird zugeben, daß er weitergehende Hoffnungen an sie knüpfte. Dennoch bleibt ein gerüttelt Maß an Heuchelei. Sie ist freilich nicht nur Platen zur Last zu legen, sondern auch der Epoche, die das Trugbild einer sinnenfreien Liebe behauptete und predigte als Trost und Ersatz für die vielen, denen sie die sinnliche versagte. Auf diese verlogene ‚platonische' Liebe zieht Platen sich zurück, von ihrer Position der Wohlanständigkeit wirft er German mit einer gewissen Konsequenz

vor: „Da ich Ihnen nie etwas Anderes als Wohlwollen zeigte, so konnten Sie mir Ihre Freundschaft zwar ausschlagen; aber Sie mußten es auf eine liebreichere Weise thun, als es geschehen ist. Die wenige Empfindlichkeit, die ich blicken ließ, konnten Sie mir nicht anders als zu Gute halten. Mochte mein Brief aller Welt lächerlich erscheinen, Sie waren der Einzige, der ihn, wenigstens mir gegenüber, nicht bespötteln durfte." Mit dem Eigenlob in seinem letzten Brief habe er nicht an die Gegenwart, sondern an die Zukunft gedacht; „ich glaube, daß Sie in 20 Jahren über die Behandlung, die Sie mir angedeihen ließen, im Stillen erröthen werden, wenn mein Name Ihnen erscheinen sollte. Sie werden mich überleben und dann denken Sie wieder an mich! ...
Niemals werde ich Ihnen auch nur durch einen Blick beschwerlich fallen; aber ewig werd' ich Sie lieben, und wie wollen Sie mir das verwehren, German?"

Ähnliche Worte hatten Platen schon einmal benutzt, als er Brandenstein (vergeblich) um seinen Schattenriß bat. Er schickte diesen Brief nicht ab, sondern trug ihn vier Wochen mit sich herum, bis er den geselligen German einmal allein traf und ihn dann überreichte. Zu einer Vorlesung der ‚Verhängnißvollen Gabel', wohin er den Spröden einlud, kam dieser natürlich nicht.

Cotta hatte für Rom Zahlungen in unbestimmter Höhe angeboten, falls Platen von dort nur Beiträge für das ‚Morgenblatt' liefere. Doch die Hoffnung, den nächsten Winter bereits im Süden zu verbringen, erheiterte ihn keineswegs mehr. Alles sei ihm gleichgültig geworden, bemerkt der Dichter Ende Mai, er fliehe die menschliche Gesellschaft. In solcher Stimmung mag er ein berühmtes Sonett geschrieben haben.

> Es sei gesegnet, wer die Welt verachtet,
> Denn falscher ist sie, als es Worte malen:
> Sie sammelt grausam unsern Schmerz in Schalen,
> Und reicht zum Trunk sie, wenn wir halb verschmachtet.
>
> Mir, den als Werkzeug immer sie betrachtet,
> Mir preßt Gesang sie aus mit tausend Qualen,
> Läßt ihn vielleicht durch ferne Zeiten stralen,
> Ich aber werd' als Opferthier geschlachtet.
>
> O ihr, die ihr beneidet mein Leben,
> Und meinen glücklichen Beruf erhobet,
> Wie könnt in Irrthum ihr so lange schweben?
>
> Hätt' ich nicht jedes Gift der Welt erprobet,
> Nie hätt' ich ganz dem Himmel mich ergeben,
> Und nie vollendet was ihr liebt und lobet.

Hinter aller Pein und Verbitterung regt sich ein tröstlicher Stolz über das gelungene Gedicht. Zwar kann es den frustrierten Eros nicht befriedigen; doch hat sich dessen Wunsch während der Arbeit gewandelt, ‚verzweigt', wie Link es nennt, und das Gedicht erfüllt nun nicht mehr den ursprünglichen, sondern einen neuen, abgeleiteten Wunsch. Der Stolz des Gelingens verweist auch auf die Lust am Arbeiten, Produzieren, Machen, „die sehr reale Lust des Artisten."

Wenn Platen in seinem letzten Brief an German versicherte, jener werde ihn überleben, so wurde er jetzt deutlicher. Als Fugger ihm für den geplanten Aufenthalt in Rom Glück wünschte und scherzend hinzufügte, die Musen möchten ihm dort Absolution erteilen, antwortete er: „Aus Deiner poetischen Seligsprechung in Rom könnte wohl eine prosaische werden; da mir immer ist, als käme ich aus Italien nicht wieder zurück, und hätte überhaupt kein langes Leben."

Weder der Applaus bei den Vorlesungen noch der Druck der ‚Gabel' konnte seine Stimmung bessern. Es sei die traurigste Rosenzeit seines Lebens, heißt es Mitte Juni im Tagebuch. „Am letzten des vorigen Monats hatte ich zufällig des Abends auf der Straße noch ein Gespräch mit (German), wo er mich härter und liebloser als je behandelte. Ich habe die Nacht in einem fürchterlichen Zustande hingebracht und einen Schmerz empfunden wie nie vorher im Leben. Ich ging den anderen Tag nach Fürth, von da nach Ansbach, wo ich ein Paar Tage bei meinen lieben Aeltern zubrachte.. Diese kurze Zerstreuung bewahrte mich vor dem Aergsten". Vielleicht entstand eben damals ein berühmtes Sonett:

> O süßer Tod, der alle Menschen schrecket,
> Von mir empfängst du lauter Huldigungen:
> Wie hab' ich brünstig oft nach dir gerungen,
> Nach deinem Schlummer, welchen nichts erwecket!
>
> Ihr Schläfer ihr, von Erde zugedecket,
> Von ew'gen Wiegenliedern eingesungen,
> Habt ihr den Kelch des Lebens froh geschwungen,
> Der mir allein vielleicht wie Galle schmecket?
>
> Auch euch, befürcht' ich, hat die Welt bethöret,
> Vereitelt wurden eure besten Thaten,
> Und eure liebsten Hoffnungen zerstöret.
>
> Drum selig Alle, die den Tod erbaten,
> Ihr Sehnen ward gestillt, ihr Flehn erhöret,
> Denn jedes Herz zerhackt zuletzt ein Spaten.

Das ziellose Fluten der Imagination kennt weder Anfang noch Ende, ihr bleibt nur eine Grenze, die Realität selbst. Link bemerkt, daß Platens Liebessonette überall dort, wo sie konsequent Lebenswirklichkeit integrieren, von dieser Grenze bestimmt seien: entweder bricht sich die Imagination an ihr, flutet in einem ‚idealischen Gestus' zurück, oder sie vermag, diese Grenze zu überspringen und also in der Wirklichkeit zu enden. Hier ist die grausige Erkenntnis, ewig ungeliebt zu sein, mit einmaliger Härte ausgesprochen. Wie Platens Poesie nach solchen Versen noch marmorglatt und marmorkalt genannt werden konnte, ist uns ein Rätsel.

Einstweilen lag die Wirklichkeit vom Spaten noch in mittelferner Zukunft. Was die nähere betraf, so stellte der Dichter bei der Nürnberger Kommandantur Antrag auf zwei Jahre Urlaub; für ihn erhoffte er mit Hilfe seiner einflußreicher Freunde Genehmigung auf allerhöchsten Wink. Deshalb, und um sich die bescheidene Leutnantsgage von 360 fl. jährlich zu erhalten, korrespondierte er mit Thiersch. Dieser erbot sich, ausgerechnet Eduard v. Schenk für den Fall zu interessieren. Voll Bitterkeit erinnert Platen in seiner Antwort nochmals daran, wie seine Dramen in München liegenblieben, während der jämmerliche ‚Belisarius' des Ministerialrats am Hoftheater aufgeführt wurde: „Wer den Musen so wenig aufgeopfert wie er, kann keine so großen Forderungen an sie machen, am wenigsten das einzige Schäfchen des armen Mannes zu seiner Heerde herüberziehen wollen."

Der Wunsch nach Weiterzahlung der Offiziersgage war weniger bescheiden, als der Dichter glaubte. Da er entschlossen war, nie wieder Militärdienst zu leisten, hätte er eigentlich seinen Abschied nehmen müssen. Wenn König Ludwig ihn trotzdem als ‚dauernd beurlaubt' weiter besolden ließ, so konnte das nur geschehen, weil er bei der Vergabe der durch den Landtag genehmigten Gelder kaum kontrolliert wurde.

Von Cotta forderte Platen für den geplanten Italienaufenthalt 2000 fl. in ‚Wechseln', was nichts weiter als Auslandsüberweisungen bedeutet. Dieser Betrag war als Honorar für die ‚Gabel' gedacht sowie für die drei älteren, noch zu druckenden Dramen. Daneben sollte er jedoch auch Vorauszahlung sein für alles, was der Dichter schicken werde, etwa Gedichte und Notizen für das ‚Morgenblatt'; „auch läßt sich kaum denken," schreibt er an den Verleger, „daß ich Ihnen, während meines Aufenthaltes in Italien, nicht ein oder mehre größere Werke zuschicken sollte. Auch könnte ich Ihnen, wenn Sie es für das Morgenblatt brauchen können, aus früheren (Reise)tagebüchern Einiges zusammenstellen, was als kleines Ganzes betrachtet werden könnte. So (z.B.) meine Reise von Salzburg nach Triest durch Kärnthen und Illyrien." Es fällt auf, daß Platen gerade diesen Teil seiner Tagebücher anbietet, nicht etwa die Schilderung Venedigs, die enttäuscht durch das, was sie verschweigt und langweilt mit dem, was sie aufzählt. Er mochte es wissen und nährt damit unsere früher geäußerte Vermutung.

Ende Juni waren die letzten Druckbogen der ‚Verhängnißvollen Gabel' aus Augsburg eingetroffen: Platen ließ einige Vorausexemplare binden und sandte sie an Tieck, Grimm, Nees und andere, vorzüglich aber an Goethe. Leider ist der Begleitbrief voll versteckter Aggression, die sich leicht aus dem Umstand erklärt, daß der Olympier die letzten drei Sendungen ohne Antwort gelassen hatte. Platen hätte sich die Erfolglosigkeit eines solchen Briefes freilich selber ausrechnen können. Goethe wird die schimpfende Epistel gelesen, das schimpfende Opus durchgeblättert und beide ärgerlich beiseite gelegt haben. Kein Wort zu Eckermann, keine Notiz; es war freilich auch der letzte Brief Platens an ihn.

Zwei Wochen später traf ein Brief von Cotta ein, der den Druck der drei älteren Dramen „sobald als möglich" versprach und auch Platens finanzielle Forderungen akzeptierte: 250 Gulden vierteljährlich auf eine italienische Bank. In seinem traurigen, von Gedanken an German beherrschten Leben fühlte sich der Dichter kurz und freudig „elektrisirt". Einen anderen Schlag hätte es ihm versetzt, wäre ihm bekannt geworden, daß über die Weiterzahlung seiner Gage neuerdings die Zivilbehörde befand, also doch wieder Eduard v. Schenk. Gleichviel, der Entscheid war positiv.

Ende Juli besuchte Platen seine Freundin Luise v. Kleinschrodt, die wieder einmal im Hause der Mutter in Nürnberg eine Niederkunft erwartete. Ob es irgendwelche Spannungen gegeben hatte wegen seines Fernbleibens von der zweiten Aufführung von ‚Treue um Treue', die vermutlich auf Betreiben der Frau v. Schaden zustandegekommen war, ist nicht festzustellen; falls ja, so waren sie mittlerweile ausgeräumt. Jeden Tag werde ihm der Aufenthalt in Erlangen unerträglicher, notiert der Dichter im Tagebuch. „Seit beinahe zwei Monaten besuchte ich keinen öffentlichen Ort mehr, das Theater ausgenommen, wo German nicht ist.. (Nie hat mir) ein Mensch ein so himmelschreiendes Unrecht hinzugefügt wie dieser, der mir die gemeinsten Saufbrüder unter den Studenten vorzieht. Ich kann ihn als ein personifizirtes deutsches Publicum betrachten. Einer behandelt mich wie der andere. Und so wurde mein Leben in den innersten Wurzeln angegriffen, und Ruhm und Freundschaft, wovon Eines wenigstens für das Andere trösten könnte, mir auf gleiche Weise verweigert."

Bevor er nach Nürnberg ging, gab er noch in Germans Haus ein Exemplar der ‚Verhängnißvollen Gabel' ab, in das er folgende sinnige, zum Text gar nicht passende Verse geschrieben hatte:

Noch diese letzte Gabe nimm	Indeß ich willig jeden Schmerz
Des Menschen, den du schwer verletzt,	Und jede Qual ertrug um dich,
Der aber deinem Hass und Grimm	Ersparte denn dein liebes Herz
Nur Freundlichkeit entgegensetzt.	Nicht einen kleinen Raum für mich?

Am 7. August erhielt Platen seinen Paß mit dem päpstlichen Siegel. Doch hatte er es mit der Abreise diesmal nicht eilig und begann nur zögernd, seine Bücher und Habseligkeiten in Kisten zu verpacken: immer noch hoffte er auf eine Begegnung mit German.

Dazu kam es vorerst nicht, doch ergab sich „ein sehr merkwürdiges Gespräch" mit Schelling auf dem Ratsberg. Der Philosoph lobte den Komödiendichter, forderte jedoch nunmehr ein deutsches Trauerspiel, das auf höhere wie auf niedere Stände gleichermaßen wirke; eine Aufgabe, die freilich nur ein Genie werde lösen können. Die letzte Bemerkung mit einem Seitenblick auf Platen, der sich dadurch „um Vieles ermuthigt" fühlte; „denn wenn ich auch auf die Tragödie keineswegs zu verzichten dachte," bemerkt er im Tagebuch, „so hatte ich doch das Theater so viel als aufgegeben."

Wir finden uns an die beiden Aufsätze aus der Arrestzeit von 1825 erinnert, die manche Anregung Schellings enthalten dürften. Dort wie hier ist das Ziel jenes ‚vereinende' theatralische Ereignis, das auf der Sprechbühne nie, auf der Musikbühne durch Richard Wagner wenigstens zum Teil verwirklicht wurde. Schelling meinte, seine prophetische Forderung mit Stoffen aus der Bibel oder der griechischen Mythologie und Geschichte erfüllen zu können.

So viel Gutes Schelling für Platen getan, so viel seelischen Halt er ihm auch gegeben hatte, in einem Punkt war sein Einfluß fatal. Der Philosoph erkannte nicht, daß dem Dichter nur die lyrische Ausdrucksform zu Gebote stand. In bester Absicht schickte er den Jüngeren immer wieder auf den Weg des Dramas, der für ihn ein Holzweg war.

33. Die verhängnissvolle Gabel

Schon vor Venedig hätte es eigentlich jedem Freunde Platens, nicht nur Schelling, klar sein müssen, daß die mittlerweile entstandenen Komödien nur lyrische, aber keine dramatischen Qualitäten hatten. Ganz deutlich wurde dies, als auch das letzte Lustspiel ‚Treue um Treue' trotz zweifacher Einstudierung, die jeweils nur mit Protektion zustande gekommen war, nie wiederholt wurde. Platen resignierte schließlich, und das Ergebnis war die ‚Verhängnißvolle Gabel'. Hier versuchte er, den gesellschaftlichen Bezug, der seinen früheren Dramen abging, mit Lehrhaftigkeit und Satire zu ersetzen. Anstatt nun zu bremsen und den Schlußstrich, den Platen unter seine Hoffnungen gezogen hatte, zu bekräftigen, applaudierte Schelling wieder am lautesten. Doch freilich nicht er allein, in einem heute unbegreiflichen Unisono erklang das Freundeslob von Stuttgart bis Augsburg. Nur einer hatte Kritik anzumelden: Thiersch, dessen Brief leider verloren ist und gegen den sich Platen in der erhaltenen Antwort ausführlich rechtfertigt.

Die ‚Gabel' war in diesem Sinn für ihren Autor wahrhaft verhängnisvoll. Platen im Satirenschreiben zu bestärken, hieß, ihn nicht nur auf den Holzweg, sondern ins Verderben zu schicken. Die Schläge, die er sich mit seiner nächsten und letzten Satire einhandelte, sollten seine Kreativität vernichten.

Dem Ruf der Freunde nach einem Trauerspiel kam Platen nicht nach. Er fühlte wohl, daß seine Kräfte hier nicht ausreichten. Erneute Versuche am Tristanprojekt waren schon im letzten Januar steckengeblieben. Selbst von einer weiteren geplanten Satire wissen wir nur so viel, wie der Dichter im Juli an Cotta schrieb: „Sie enthält den Wettstreit des Pan und Apollo; König Midas, der entscheidet, ist das liebe Publicum, und die Musen bilden den Chor der Comödie."

Am 20. August klopfte es an Platens Zimmertür und German trat herein. Er bedankte sich für das vor einem Monat übersandte Exemplar der ‚Verhängnißvollen Gabel'; sonst sprach er nur über gleichgültige Dinge. Der Dichter insistierte auf einem Gegenbesuch, den der Gast schlecht verweigern konnte. Als der Verliebte dann mit Herzklopfen bei German erschien, ließ der sich mehrere Male verleugnen. Platen bemerkt in seinem Tagebuch, diese neue, nicht unerwartete Kränkung habe seinen Gemütszustand aufs Äußerste verschlechtert: „eine so schneidende Kälte, wie ich in diesem Augenblicke gegen die Menschen überhaupt empfinde, war mir neu bis jetzt. Es ist höchste Zeit, daß ich Deutschland verlasse". In dieser tiefsten Erbitterung mag er das letzte Gedicht auf deutschem Boden geschrieben haben, seinen poetischen Abschiedsgruß.

> Die letzte Hefe sollt' ich noch genießen,
> Im Schmerzensbecher, den du mir gereicht!
> O wär' ein Kind ich, schnell und leicht erweichet,
> Daß ich in Thränen könnte ganz zerfließen!
>
> Da mich so hart von ihrer Seite stießen,
> Die unermeßlich ich geliebt, erbleichet
> der letzte Glaube, bittre Kälte schleichet
> In mein Gemüt, das Lieb' und Mut verließen.

> O wohl mir, daß in ferne Regionen
> Ich flüchten darf, an einem fremden Strande
> Darf athmen unter gütigeren Zonen!
>
> Wo mir zerrissen sind die letzten Bande,
> Wo Haß und Undank edle Liebe lohnen,
> Wie bin ich satt von meinem Vaterlande!

Schlösser zweifelt nicht daran, „daß Platens Freundschaftsbedürfnisse damals in Erlangen beredet und in üblem Sinne gedeutet wurden": das, was jeder in den ‚Neuen Ghaselen' seit drei Jahren nachlesen konnte, war ja auch deutlich genug. German, fährt Schlösser fort, habe es offenbar an innerer Vornehmheit gefehlt, „und mancher andere würde sich ..der Verlegenheit sicher mit mehr Geschick und Feingefühl entzogen haben." Immerhin hat German, doch nicht ganz taub für Platens Beschwörungen künftigen Ruhmes, dessen Briefe aufbewahrt, so daß wir sie heute kennen. German war übrigens Freund und späterer Schwager jenes Knoebel, der drei Jahre zuvor Platen mit fürchterlicher Brutalität von sich gestoßen hatte. Hier liegen auch die Gründe für den Widerstand, den er von Anbeginn zeigte.

Am 3. September 1826 nahm der Dichter eine Mitfahrgelegenheit nach Augsburg wahr, wo er seinen Freund Fugger noch aufsuchen wollte, bevor er Deutschland endgültig Lebewohl sagte. Nur noch zweimal sollte er auf Besuch zurückkehren.

Während der arme Poet an dem Schmerzensbecher würgte, den ihm nicht German, sondern den er sich selbst gereicht hatte, während er an Stelle der Wirklichkeit vom Spaten, der sein Herz zerhackt, die seiner Abreise nach Italien setzte, widerfuhr Bruchmann in Wien jenes zeitgemäße religiöse Erlebnis, das auch Zacharias Werner, Friedrich Schlegel sowie ungezählten anderen zugestoßen war. „Und ich fiel nieder auf meine Knie und auf mein Antlitz, und ich rief das erstemahl nach 13 in Irrthümern, Lastern und Sünden verlebten Jahren aus dem tiefsten Abgrunde meines Elends bloß die allerheiligsten Worte: Jesus Christus! – Und – ich ward erhört." Wir hätten Wetten darauf abgeschlossen.

Schon seit drei Jahren liebte Bruchmann ein frommes Fräulein aus Prag. Im vergangenen Frühjahr suchte er „ein schmerzhaftes Unterleibsübel", vermutlich Hämorrhoiden, mit Magnetismus zu behandeln. Der Mißerfolg dieser Kur im Verein mit dem andauerndem Einfluß seiner Verlobten dürften den religiösen Schub ausgelöst haben. Noch im April hatte Bruchmann sich nach Schellings ‚Mythologie' erkundigt, noch im Mai den Dichter nach Wien eingeladen; Anfang Juli bestätigte er kurz den Empfang der ‚Verhängnißvollen Gabel' und kündigte eine Stellungnahme an. Doch dazu kam es nicht mehr. Bruchmanns Bekehrung beendete seine Freundschaft mit Platen.

Im Sommer 1827 heiratete er schließlich. Seine Frau sähe aus wie die Askese in Person, berichtet ein Bekannter aus dem ehemaligen Senn-Kreis. Als er bei Bruchmanns einmal zu Mittag speiste, entdeckte er auf dem Tisch im Empfangszimmer zwei fromme Bücher; dagegen diente eine Goethe-Büste als Haubenstock.*

---

* Männer und Frauen trugen, wie bei Wilhelm Busch noch zu sehen ist, Nachthauben, die tagsüber auf ‚Haubenstöcken' abgelegt wurden.

Es bleibt noch zu erwähnen, daß Friedrich Rückert für das Wintersemester 1826/27 mit einem Jahresgehalt von elfhundert Gulden sowie einem Deputat von zwei Scheffeln Weizen und sieben Scheffeln Roggen zum Professor der orientalischen Sprachen an die Universität Erlangen berufen wurde.

Apparat

16. Würzburg

Tb.II 33–122, R nach MMPl 43. ‚Einige Worte über Christentum und Mystizismus' KP XI 101ff, keine Handschrift, beim Zitat R interpoliert. J. F. Albert: ‚Platens Wohnung in Würzburg', in: Blätter der Platen-Gesellschaft 4/1926, mit einem Holzschnitt des im zweiten Weltkrieg zerstörten Hauses Domstr. 36 (auch damals keine Gedenktafel), heute ein Allerweltsgebäude aus den 1950er Jahren. Hexen in Würzburg: Soldan/Heppe, Hexenprozesse, s. Apparat Kap. 11, II 16ff; Teufel in Unterzell ebd. 284ff. Schelling in Würzburg nach Hans-Jörg Sandkühler, Friedrich Wilhelm Joseph Schelling, Stuttgart 1970, 71f. Johann Jakob Wagner: Philosophen-Lexikon. Handwörterbuch der Philosophie nach Personen, hsg.v. Ziegenfuss/Jung, Bd. 2, Berlin 1950. Platens „unbegreiflich sonderbare Gemüthsart": Brief Grubers an Platen, Würzburg 24/4/1818, Bo.II Nr. 5. Gedicht ‚Der Frühling zieht vorüber..' KP V 190f; zur Form der anakreontischen Ode Link D. 42ff. Platen zu Assonanzen im Februar 1817: „Während vormals unsre Dichter in Alexandrinern faselten, liebeln sie jetzt in Sonetten und frömmeln in Assonanzen", KP XI 124. Neufassung des Schlierseer Elegiefragmentes KP VI 200f; ‚Gemäuer und Schutt, ..des moosigen Thors Schwibbogen, wo Ginster und Perlgras/ Wuchern, der Tanne gesellt' bezieht sich wahrscheinlich auf die Ruine Hohenwaldeck über dem Schliersee, nicht auf die Ruine Schenkturm über dem Main, die Platen am 18/4/1818 besuchte. Link (D. 36) nennt die Elegie mit Recht Platens reifstes Jugendwerk. Adrasteia nach Pauly/Wissowa, Real-Encyclopädie der klassischen Altertumswissenschaft, Stuttgart 1894. Adrastea: Herders Sämmtliche Werke, Berlin 1885, Bd. 23 19ff. Platen hat Herders ‚Cid' vermutlich nicht in der Ausgabe von 1785–96 gelesen, wie Scheffler in Tb.I 749 annimmt, sondern im fünften Band der ‚Adrastea' 1801–04. Spanische Redondilien ‚Amor secreto' an Adrast KP V 191f (Mitte Juni 1818), erste Erwähnung von Cervantes, Cerco de Numancia, im Tb-Eintrag vom 25/6/1818; portugiesische Redondilien an Brandenstein ‚A despedida' (12/2/1818) KP V 187ff. ‚Grimmig verfolgt..' (Torva leaena lupum sequitur), Vergil, 2. Ekloge Vers 63ff nach Vergil, sämtliche Werke lateinisch/deutsch, übersetzt von J. u. M. Götte, München 1972, 11. Englische Epistel ‚To Nathanael Schlichtegroll', Würzburg 31/8/1818, Bo.II Nr. 21, KP VI 244f. Anakreon-Übertragungen KP VII 36ff, Zitat ‚Jungfräulich blikkender Jüngling..' ebd. 38; ‚Knabe du mit dem Mädchenblick..' s. Anakreon, übertragen von Eduard Mörike, Leipzig 1913, 9. Ballade ‚Colombos Geist', Fassungen von 1818 und 1829, KP II 23ff. Alexis Piron, ‚La Métromanie', Inhalt nach Grand Larousse Encyclopédique, Paris 1960. Platen bemüht sich um einen Dispens aus Ansbach für Maturaprüfung in Würzburg s. Briefe an die Mutter Wurzbourg 20/6 + 13/7/1818, Bo.II Nr. 11+15. Abschlußprüfung an einem Würzburger Gymnasium: die Gesamtnote ‚vorzüglich würdig' s. KP I 105; Platens hohe Anforderungen an sich selbst vgl. Bo.II Anm. 19. Dramenfragment ‚Der Hochzeitsgast' (Alearda) Oktober 1818 KP X 330ff, dazu Schlösser I 224f.

17. Adrast

Tb.II 125 – 234, R nach MMPl 44. Zur Philosophie J. J. Wagners s. Schlösser I 246; zwei Sätze sind ziemlich wörtlich zitiert. Max Kochs Bemerkung über Platens geringe philosophische Begabung, seine mangelhafte philosophische Bildung KP I 112. Platens Plan, Förster zu werden: Schlichtegrolls Antwort in Brief an Platen, Dachau 22/12/1818, Bo.II Nr. 30. Aphorismensammlung ‚Mengelstoffe' KP XI 111ff. Adrast-Redondilien: Link (D. 73) weist auf die enge Beziehung zwischen Anakreon, Adrast und Redondilien hin, die wiederum ein ferner Ausläufer der Ghaselen-Familie sind; ‚gereimtes Tagebuch' s. Schlösser I 226. Nur wenige der Adrast-Redondilien veröffentlichte Platen selbst, die meisten erschienen gedruckt erst 1900 in den Tagebüchern, der Rest 1910 in KP V. Sieben der vorn angeführten Redondilien-Gedichte finden sich in den Tagebucheinträgen vom 19/11/1818 bis zum 10/4/1819, die Rechtschreibung folgt MMPl 44 u. 45. ‚Werden je sich feinde Töne..' (nicht im Tagebuch) KP V 198f, 4 Strophen, davon zitiert 1, 4, R nach MMPl 9; Schlichtegrolls Reaktion darauf in seinem Brief an Platen, Dachau 25/1/1919, Bo.II Nr. 33. ‚Furchtbar, furchtbar ist Eros.' (Deinòs Eros, deinós) s. Anthologia Graeca, 4 Bände griechisch/deutsch, übersetzt von Hermann Beckby, München 1957, I 348f. Angaben zu Eduard Schmidtlein Tb.II 1016, zu Vater Schmidtlein ebd. 268 Anm. 1. Geldgeschenk der Tante aus Hannover, 8 Louis d'or, Mineraliensammlung s. Brief Platens an die Eltern, (Würzbourg) 10/1/1819, Bo.II Nr. 31 + Anm. ‚Weil ich eitlem Werth..': Gedicht ‚Träume, die behende fliegen' KP V 215, 4 Strophen, daraus zitiert 3, 4, R nach MMPl 9. ‚Odoaker' KP VIII 117ff; Götterdämmerung erwähnt im Brief Platens an Fugger, Würzburg 1/12/1819, bei Koenig-Warthausen, Platen-Miszellen. Archiv für das Studium der neueren Sprachen und Literaturen Bd. 167, o.O. 1935, 10. Sengle (I 352f) stellt fest, daß die Biedermeierzeit für die nordische Mythologie noch nicht reif war. Efeuranke am Hut: Otto Mann, Der moderne Dandy. Ein Kulturproblem des 19. Jahrhunderts, Berlin 1925; das Buch behandelt den Dandy unter Spenglerschem Aspekt als ‚Spättyp'. Den Künstler mit dandystischen Zügen definiert Charles Baudelaire in seinem Essay ‚Constantin Guys, un peintre de la vie moderne' (1859/60, posthum veröffentlicht seit 1868 in der Aufsatzsammlung ‚Curiosités esthéthiques)', daraus Kapitel 9 ‚Le dandy'. Klärung liefert Mario Praz a.a.O., vor allem Kapitel 2, Absatz 9: Byrons Persönlichkeit, 66f der deutschen Ausgabe, vgl. auch das Referat ‚Schwarze Romantik' im Apparat zum Vorwort dieses Buches. Platen liest im Januar 1819 von Byron ‚Childe Harold's Pilgrimage' (Cantos I und II), ‚The Bride of Abydos', ‚The Giaour', ‚Lara', ‚The Corsair' (beide letztgenannten Epen schon zum zweitenmal). Die darin enthaltenen Selbstportraits des Autors mißfallen ihm: „Uebrigens ist dieser ‚Giaur' abermals derselbe, in allen Byron'schen Compositionen paradirende Charakter des edeln Lords" (Tb.II 187). Platen als Dandy zu häßlich usw. s. Hans-Joachim Teuchert: August Graf von Platen in Deutschland. Zur Rezeption eines umstrittenen Autors, Bonn 1980, 6. ‚Schenktest du mir, Kind, Vertrauen..' KP V 217f, 4 Strophen, davon zitiert 1, 3, R nach Cotta 1,56. Das portugiesische Tagebuch Platens (a.a.O. II 217ff) war Anlaß einer umfangreichen germanistischen Dissertation auf Portugiesisch von O. J. Caeiro: O Diário de Platen-Hallermünde, Expressão duma crise espiritual, Lisboa 1968, leider völlig unergiebig. Caeiro korrigiert das fehlerhafte Portugiesisch Platens im Anhang a.a.O. 449ff. Zwei Sonette vom März 1819: ‚Wie schwillt das Herz..', KP III 166, zitiert die Terzette ‚O gieb Gewißheit..', R nach Cotta 2,97; das nicht zitierte KP III 215 (15). ‚Hat eine deiner..': Gedicht ‚Die alte Gluth..' KP V 218, 3 Strophen, davon zitiert 2, R nach MMPl 9. Zu Sand und der Ermordung Koetzbues s. Reuter, Burschenschaft 57f; Metternichs Brief an Hammer ebd. 61.

18. Iphofen

Tb.II 237 – 326, R nach MMPl 45. „Wenn unter Ihren Bekannten..": Brief Platens an Schmidtlein, Ansbach 31/3/1819, Bo.II Nr. 41; „Wenn Sie geglaubt haben..": Antwort Schmidtleins, empfangen Ansbach 2/4/1819, ebd. Nr. 43; „Haben Sie vielleicht..": zweiter Brief Platens an Schmidtlein, Ansbach 3/4/1819, ebd. Nr. 44. ‚Durch des Leibs..': letzte Adrast-Redondilien, Tb-Eintrag vom 10/4/1819. „Du suchtest mich..": Brief Schmidtleins an Platen, Würzburg 14/7/1819, Bo.II Nr. 54. Gedicht ‚Fahre wohl..' KP V 224, 3 Strophen, Zitat aus 1, R nach MMPl 12. Friedrich von Heyden: Conradin. Tragödie, Berlin 1818, das Zitat dort 89. Gedicht ‚Gesang der Toten' KP II 79f, 6 Strophen, davon zitiert 1, 2, 4, 6, R nach Cotta 1,53f. Brand in der Hirschapotheke s. Brief an die Eltern, Würzburg 1/8/1819, Bo.II Nr. 55. Judenpogrom Anfang August s. Brief an die Eltern, Würzburg 5/8, Bo.II Nr. 56 (zitiert), Hintergründe im Brief an die Eltern, Würzburg 15/8/1819, ebd. Nr. 57, Angaben über Schutzwachen nach: Platens Wohnung in Würzburg, in ‚Mainfranken', illustrierte Monatsschrift, Aschaffenburg 11/1937. Zu Bankier Hirsch s. hier Kapitel 2, Briefe der Gräfin Platen geb. Reizenstein; Platen bittet den Vater, mit Hirsch zu sprechen s. Brief an die Eltern, Würzburg 16/8/1819, Bo.II Nr. 57. ‚Ach, wie wünscht' ich..': Tibulli Elegiarum Liber Tertius, VI 53ff, übersetzt v. Wilhelm Willige, nach: Tibull, lateinisch und deutsch, München 1966, 112; die Worte richtet der unglücklich liebende Lygdamus an Neaera. Beschreibung und Abbildung von Platens Iphofener Wohnung in: Blätter der Platen-Gesellschaft, Heft 5/1926, 124ff. Sonett ‚Glaub mir.' KP III 215f, vollständig zitiert, R nach Cotta 2,144, dazu Schlösser (I 232): Dies Sonett „wirkt sehr eigentümlich dadurch, daß es ..von jedem Petrarchischen Platonismus frei, in.. höchst bedenklicher Weise auf den Bahnen antiker Erotik wandelt, wodurch es bei recht geringem Kunstwert zu einem biographischen Dokument ersten Ranges wird." „..daß kaum 3 Pfund Rosshaare..": Brief Platens an die Eltern, Würzburg 20/8/1819, Bo.II Nr. 60. Schlichtegrolls Lob der Platenschen Gedichtsammlung s. sein Brief an Platen, Freysing 3/6/1819, Bo.II Nr. 50. ‚Selbst in der Einsamkeit..': nur 9 Verse dieses Gedichtes (Tb-Eintrag vom 26/9/1819) sind erhalten, zitiert ist der Anfang. ‚Gesellig wandern..': Gedicht von 26 Versen im Tb-Eintrag vom 22/9/1819, davon zitiert 1 – 16, 21 – 26; Schlösser (I 237) bemerkt „eine Schlußwendung, die hart an der Grenze des Zulässigen stand, ohne daß dies jedoch dem Freunde aufgefallen wäre". Schauerballade ‚König Odo', erste Fassung 14/9/1819, KP II 68ff. „Was Du mir übrigens..": Brief Schmidtleins an Platen (empfangen Iphofen 4/10/1819) Bo.II Nr. 65b. Platens fataler Brief an Schmidtlein muß bald danach geschrieben worden sein, denn der letzte Eintrag, vor dem drei Blätter im Manuskript des 22. Tagebuches fehlen, trägt das Datum 4/10/11819; der nächste erhaltene Eintrag ist vom 15/10/1819. „Herr Graf!..": Brief Schmidtleins an Platen, (München) 11/10 (1819), Bo.II Nr. 67. „Großes Unglük fordert..": Grubers Papier an Platen, ebd. Nr. 70. Lied ‚Wie Einer, der im Traume liegt..' KP II 84, völlig zitiert, R nach Cotta 1,47. Zu den Karlsbader Beschlüssen Reuter, Burschenschaft 106.

19. Erlangen

Tb.II 329 – 81, R nach MMPl 46. Über Platens Wohnung am Erlanger Marktplatz ‚Ein Beitrag zur Geschichte des Platenschen Stadtwohnhauses' von E. Deuerlein, in: Erlanger Heimatblätter' 28/8/1925. Heute erhebt sich auf dem Grundstück ein etwa hundert Jahre altes Gebäude mit Gedenktafel. Gedichtzitat ‚Gottes ist der Orient!' Goethe, Der west-östliche Divan, Buch des Sängers, Talismane; „Weder die unmäßige Neigung..": Noten und Abhandlungen, Künftiger

Divan, Das Schenkenbuch. Goethe über Hammer: „Wieviel ich diesem würdigen Mann schuldig geworden, beweist mein Büchlein in allen seinen Theilen." (Noten, Lehrer, von Hammer). Erlangen wohl billigste Universität Deutschlands nach Reuter, Burschenschaft 220. Platens Schlafrock: „...c'est du coton très subtile", Brief an die Mutter, Erlangen 13/11/1819, Bo.II Nr. 73; Friedrich Mayer berichtet von Platens geblümtem, orientalisch gefalteten Schlafrock, a.a.O. 35. Gedicht ,Parsenlied' KP V 233, 4 Strophen, davon zitiert 2, 3, R nach Cotta 1,42; es ist ein Reflex auf das Goethische Gedicht ,Vermächtnis altpersischen Glaubens' (Buch des Parsen) und der Abhandlung ,Ältere Perser', vgl. Schlösser I 276. Ballade ,Der Pilgrim vor St. Just' KP II 26f, R nach Cotta 1,131f; Link (K. 700) bemerkt den politischen, Dove (217) den privaten Bezug: „The melancholic poet is ..behind Emperor Charles V who ,bends', then finally falls in ruins". Die Kinderfrau Anna spielt eine gewisse Rolle in Platens ersten Erlanger Briefen an die Eltern, Erlangen 13/9/1819 – 5/3/1820, Bo.II Nr. 73, 76, 83, 87, 89, 96. Briefe Grubers an Platen über Perglas, Würzburg 14/11, und Wagner „Dann meynen viele auch..": Würzburg 27/11/1819, Bo.II Nr. 74, 78. Bescheidenes Essen der Erlanger Studenten nach Reuter, Burschenschaft 108. Zum Studentenleben in Erlangen überhaupt dieses Buch. Leider ist es cum ira et studio gegen die Corps für die Burschenschaften geschrieben, und es wird manchmal schwierig, ihm schlichte Tatsachen oder Vorgänge zu entnehmen. So z.B. sind die Begriffe ,Obskurantist' und ,Renonce', 13f, nirgendwo klar definiert; ich kann nur hoffen, daß mein Referat stimmt. Äußere Erscheinung der Studenten ebd. 107. Erlanger Trinksitten ebd. 25f, ,Das große Lied' von Karl Follen, seine Charakterisierung, weiteres Schicksal ebd. 51ff; Zitate aus dem ,Erlanger Burschenbrauch' ebd. 75, 77f. „Ich vergesse u. verzeihe..": Brief Schmidtleins mit rückgesandten Gedichten, empfangen Erlangen 26/11/1819, Bo.II Nr. 75. Arthur Schopenhauer, Die Welt als Wille und Vorstellung, Leipzig 1819. Wiederanknüpfung der Korrespondenz mit Fugger s. Koenig-Warthausen a.a.O. der eröffnende Brief Platens an Fugger, Erlangen 1/12/1819, dort 9f, die folgenden mit Darlegung der Wagnerschen Tetradenlehre Erlangen 12 + 30/12/1819, Bo.II Nr. 81, 85, Antworten Fuggers, Dillingen 9 + 28/12/1819, ebd. Nr. 79, 84. Lüder nach Ulm versetzt Tb.II 218. Bornsteins Bemerkung über Heyden a.a.O.II, Anm. zu 82b. Schlösser (I 258) über Platens Verhältnis zu Wagners Philosophie: „bei allem Preis, der ihr gespendet wurde, war ihre Rolle doch nur eine dienende; mit Hilfe der hochgepriesenen Konstruktion sollte Platens neue Weltansicht gefestigt werden". Gedicht ,Erforsche mein Geheimniß nie' KP V 243, 8 Strophen im Tb., davon die erste zitiert. Zu Rotenhan auch Reuter, Burschenschaft 108f. Zu Platens Abwendung von Goethe, ja sogar Shakespeare s. Brief an Gruber, Erlangen 16/1/1820, Bo.II Nr. 87b: beiden fehle das religiöse Prinzip. Bei Shakespeare gehe dies so weit, „daß er auch die Geschlechtsliebe niemals kristlich erhaben darstellt. Ein Liebespaar zu schaffen, wie nur Max und Thekla sind, lag nicht in seiner Sphäre. In seinen Lustspielen wird die Liebe als Galanterie behandelt.. Göthe läßt sich sogar zu den Alten herunter.. Wenn er also (in Hermann und Dorothea) fragt: ,Also **das** wäre Verbrechen, daß einst Properz mich begeistert?' So läßt sich mit gutem Fuge antworten: ,Ja, das ist Verbrechen!' " – ,Schon konnte..': Gedicht ,An Friedrich von Heyden' KP V 234ff, 12 Strophen, zitiert 7, R nach MMPl 24,2. Friedrich v. Heyden: Renata. Romantisches Drama, Berlin 1816. Heyden legt seine Definition von Liebe einer der beiden Renaten in den Mund: ,Weh dem, der sagen kann, er kennt sie nicht./ Gibt sie nicht Reitz und Einklang der Natur,/ Ist denn das Wort des Ewigen nicht Liebe?/ Und vollends nun wenn sie den edeln Seelen/ Rein und geläutert aufgeht wie die Andacht,/ Da tilgt sie jedes Dunkel, zieht den Himmel/ Hinunter auf den Sterblichen und heiligt/ Ihn wie er irdisch wandelt schon zum Engel', ebd. 38. Wie im ,Conradin' stellt Heyden hier eigentlich die Liebe zweier Männer zueinander dar, wobei das Weibliche nur als verbindendes Element wirksam wird. Es lohnte eine Untersuchung, in wie weit dies merkwürdige, doch keineswegs neue Motiv (Gilgamesch, Ilias, Chanson de Roland, um nur drei Beispiele zu nennen) Heydens gesamtes Opus durchzieht, ob also schon dieser Dichter ein unbewußter oder versteckter Propagator der Gleichgeschlechtlichkeit war. Die im Zusammenhang mit Heydens ‚Renata' erwähnten Fragmente Platens sind das epische ‚Die Harfe Mahomets' 1815 – 16, KP VIII 81ff, und die dramatischen ‚Der Hochzeitsgast' (Alearda) 1816 – 18, KP X 294ff. Gruber verweist zweimal brieflich auf G. H. Schubert in Bo.II Nr. 74 + 78: „Ich halte ihn für einen gar herrlichen Mann, allseitig in Wissen und in Kunde der Natur, voll schöner, interessanter, geistreicher Ideen, tief gemüthlich". Zitat Anthologia Graeca ‚Nektar waren die Küsse..' a.a.O. V Nr. 305, Übersetzung Beckby: das anonyme Epigramm bezieht sich diesmal auf ein Mädchen. Ballade ‚Das Grab im Busento' KP II 27ff (zwei Fassungen); Jürgen Link hat das Gedicht neuerdings ausgezeichnet interpretiert im Reclam-Band ‚Deutsche Balladen', hsg. v. Gunter E. Grimm, Stuttgart 1988, 165ff (Lispelte etwa Platens Mutter?). Nationalistische Romane zur deutschen Frühgeschichte: ‚Die Ahnen' von Gustav Freytag (2 Bände Leipzig 1872); ‚Ein Kampf um Rom' von Felix Dahn (4 Bände Leipzig 1876 – 78), sowie ‚Kleine Romane aus der Völkerwanderung' (13 Bände, Leipzig 1882 – 1901). Platen schickt Heydens ‚Renata' an Wagner, Begleitbrief, Erlangen undatiert (7/3/1820), Bo.II Nr. 97 u. Anm. 98.

20. Dreyleben

Tb.II 381 – 428, R nach MMPl 46. „Mir geht es wie..": Brief Fuggers an Platen, Dillingen Ende März 1820, Bo.II Nr. 99 u. Anm. ‚Wenn dein Auge..': Erotische Distichen, älteste Reinschrift ‚Gedanken der Liebe' (38 Stück) KP VI 183ff, spätere Fassung ‚Distichen' (12 Stück) ebd. 188ff, zitiert Nr. 8, R nach MMPl 9. Zu Puchta Tb.II 384 Anm. u. Reuter, Burschenschaft 79. ‚Frey und fröhlich..' KP II 81f, Datierung von Koch, vollständig zitiert, R nach MMPl 11, der Titel ‚Dreyleben' nach der Erstveröffentlichung in ‚Vermischte Schriften' 1821. Gedicht ‚Der letzte Gast' KP II 56f., R nach Cotta 1,5; zum ‚rauhen Sturmgeheule' als Seelenstimmung auch im Sommer 1820 beispielsweise ‚Ich schleich' umher' KP II 74, ‚Ich bebe nicht mehr bange' KP V 253f, ‚Vertheile dich, du schwarz Gewitter' ebd. 254, ‚Wie werden wir umhergetrieben' ebd. 255, ev. auch ‚Muth und Unmuth', ebd. 264. Zu G. H. Schubert Schlösser I 260f, Sengle I 7f. Gottfried Heinrich Schubert, Ansichten von der Nachtseite der Naturwissenschaft, Dresden 1808 u. ö., Symbolik des Traumes, Bamberg 1814 u. ö. ‚Lieb' nicht ein einz'ges..': Gedicht ‚Antwort' KP V 245, 4 Strophen, davon die letzte zitiert, R nach MMPl 11; spätere Version dieses Gedichtes ‚Warnung' KP II 73. Zu den zwei handschriftlichen Gedichtsammlungen Platens Bo.II Anm. 111; sie sind beide nicht erhalten. „Ich bin hier, Eduard..": Brief Platens an Schmidtlein, Würzburg 22/5/20, Bo.II Nr. 109. Platens ‚altteutsche' Studentenkleidung von ihm selbst beschrieben im Brief an Fugger, (Erlangen) 18/7/1820, Bo.II Nr. 117: „ein Hemd, ein Paar Hosen, ein Rökchen bis an die Mitte der Schenkel und ein leichtes Barrett auf dem Haubt, (das ist im Sommer) der ganze Aufputz." Zum Tod von Perglas das Gedicht ‚Die Nebel, ach! verdüstern' KP V 253, evt. auch ‚Ich schleich' umher', s. o. Bemerkung Schlössers über Platens Stellung zu den Burschenschaften a.a.O.I 265. Gruber schickt Liedersammlung zurück nach Erlangen, s. sein Brief an Platen, Würzburg 27/6/1820, Bo.II Nr. 115. Brief Fuggers an Platen in Erwartung der genannten Sammlung, (Dillingen undatiert) Anfang Juni 1820, ebd. Nr. 116, Brief desselben an Platen nach deren Erhalt, (Dillingen undatiert) Ende Juli 1820, ebd. Nr. 120. ‚Durfte Sehnsucht..': Gedicht ‚Endymion' KP VI 151f, zitiert die beiden Schlussverse, R nach Cotta 1 84; es ist dies Platens letzter Rückgriff auf die empfindsame Zwielicht-Welt seiner Jugendlyrik, vgl. auch Link D. 28. Gedicht ‚Ich bebe nicht mehr bange' s.o., drei Strophen, davon die ersten beiden zitiert, R nach MMPl 24,2; ‚Dieß Auf- und Niederwogen.'

KP V 262, vollständig zitiert, R nach Cotta 1,80. Dramatische Skizze ‚Marats Tod' KP IX 87ff, dazu Fragment ‚Charlotte Corday' von 1812, KP X 217ff; vgl. Schlösser I 291ff. ‚Die neuen Propheten', 229 Verse, KP IX 79ff, dazu Schlösser I 291; zitiert sind die Verse 211ff, R nach Cotta 3,14. Biographische Angaben zu Pfaff Tb.II 336 Anm. Zur neuerlich reichhaltigen Goethe-Lektüre Platens s. Schlösser I 273f, der an „die stille Einwirkung Schuberts" glaubt; Zu ‚Alarkos' von Fr. Schlegel Zitat Ludwig Uhlig aus Kindler 881. Zum Duell Rotenhans mit einem Bayreuther Offizier s. Brief Platens an die Eltern, Karlsbad 13/10/1820, Bo.II Nr. 126: „Ils ont changé l'un et l'autre quatorze boules de pistolet, sans être blessés." Episches Fragment ‚Der grundlose Brunnen' KP VIII 145ff. Zum Wiener Volkstheater Sengle I 329; Platens Urteil über Wien „München ist ein rauchiges Dorf dagegen" s. Brief an Fugger, Erlangen 4/2/1821, Bo.II Nr. 139; Epigramm auf Werner KP VI 316, R nach MMPl 10. Mozart reiste 1787 zweimal von Wien nach Prag. Jean Pauls Bemerkung über Platens zweiten Besuch s. Bo.II Anm. 127.

21. Schelling

Tb.II 421–56, R nach MMPl 46. Biographische Angaben zu Engelhardt Tb.II 404 Anm. 2, Bensen ebd. 388 Anm. 2, Pfeiffer Bo.II Anm. 131. Platen hört bei Kanne Arabisch vgl. Schlösser I 297. Bemerkung über deutsche Chemie um 1820 s. Richard Blunck, Justus von Liebig, Berlin 1938, Beginn drittes Kapitel. Bemerkung über die Durchsetzung des Neupersischen mit dem Arabischen s. Friedrich Veit, Graf Platens Nachbildungen aus dem Diwan des Hafis und ihr persisches Original, in: Koch's Studien zur vergleichenden Literatur-Geschichte Bd. 7, Berlin 1907, 257ff u. Bd. 8, ebd. 1908, 145ff, *ab hier abgekürzt Veit in KS*, KS 7,271. Gedicht ‚Vergebt, daß alle meine Lieder klagen' KP V 265. Vier Sonette an Rotenhan KP III 169f, 216, 218; im letztgenannten Todesmotiv und poetisches Vermächtnis: ‚Denn bis du nahest dem, der dieß geschrieben,/ Hat er, der Sehnsucht Raub, bereits genossen/ Den Bodensatz im Lebenskelch voll Wermut.// Doch komm, und singe denen, die dich lieben,/ Die Lieder nur, in denen sich ergossen/ Durch lange, bange Nächte seine Schwermut.' (R nach Cotta 2,144). Unausstehlicher Lärm im Nachbarzimmer vgl. Ernst Deuerlein, Ein Beitrag zur Geschichte des Platenschen Stadtwohnhauses, in: ‚Erlanger Heimatblätter' 28/8/1926; erst lärmte Platen, dann blies der Zimmernachbar das Posthorn. Platen kündigt das Essensabonnement im Burschenhaus über „ein gar zu abgeschmacktes Gespräch, das sie dort führten", nimmt stattdessen den Mittagstisch in den ‚Drey Husaren': neben den Juristen Barth und Weißgerber sowie dem Theologen Pfeiffer, die Platen in Tb.II 433 selbst anführt, noch Elsperger, Hermann, Leo, Rödiger und Schäfer, die meisten davon später Gymnasiallehrer; nach Deuerlein, Erlanger Hauserneuerungen, in: Erlanger Tagblatt 19/4/1927. Zu Schellings Biographie Hans-Jörg Sandkühler: F. W. J. Schelling, Stuttgart 1970, 75ff. Brief Goethes an Voigt vom 27/2/1816: „Weiß man denn, ob er (Schelling) katholisch ist?.." Goethe, Gedenkausgabe Zürich 1949 Bd. 21, 142f. Gedicht ‚Wie rafft' ich mich auf..' KP II 89, vollständig zitiert, R nach Cotta 1,91; von Longfellow unter dem Titel ‚Remorse' ins Englische übertragen. Neues Beispiel für eine Fehlinterpretation der Reue in diesem Gedicht bei Shirley McGaugh Zielinsky: ‚A biographical and critical sketch of Karl August von Platen-Hallermünde and a study of the settings of his poems by Schubert, Schumann and Brahms, Diss. Saint Louis, Missouri 1981, 125f; zum gleichen Gedicht Link D. 30f. Zu Platens Studien im Persischen s. Veit in KS 7,274. Gesuch um Studienverlängerung an Kessling, Erlangen 21/12/1820 (Brouillon) Bo.II Nr. 129. Tacitus, Germania: zu den Strafarten der alten Germanen s. Bleibtreu-Ehrenberg a.a.O. 17,47, die Übersetzung aus dem Lateinischen ebd. Zur Affäre Rödiger existieren zwei Briefe an Pfeiffer, (Erlangen) 30(/12/1820) abends: „Ich schicke Ihnen hier einen Brief von D. Rödiger, der mir mehr komisch vorkam, als mich geärgert hat. ..Sagen Sie ihm als sein Freund.. (oder zeigen Sie ihm dieß) daß ich ihn nicht für würdig hielte, meinen Speichel von der Erde zu lekken.. Bey jeder neuen Ungeschliffenheit werde ich mich an seine Behörde wenden, damit er eingesperrt wird und sonst eine angemessene Züchtigung erhält", Bo.II Nr. 131, (Erlangen) 31/12(/1820) frühmorgens: „..Ich gehe, um meinen Groll in der Neujahrsnacht auszuschlafen, aber nicht meine Geringschätzung", ebd. Nr. 132; als Einlage dieses zweiten Briefes das Sylvesterlied, 6 Strophen, in Tb II, davon zitiert 1, 4, R nach MMPl 46. Zur Philosophie Schellings: Die Religion in Geschichte und Gegenwart, Tübingen 1957/65, Bd. 5,1396ff. Platen und Schelling s. Schlösser I 310ff, Link D. 141ff, Dove 102f; keine grundsätzlich neuen Gedanken Schellings zur Ästhethik nach 1807 s. F. J. W. Schelling, Texte zur Philosophie der Kunst, ausgewählt und eingeleitet von Werner Beierwaltes, Stuttgart 1982, Einleitung. Über 200 Personen zu Schellings Antrittsvorlesung: s. Platens Brief an die Eltern, Erlangen 14/1/1821, Bo.II Nr. 134. Jacob Salat: Schelling in München. In 2 Heften, Heidelberg 2)1845, II 56f. Platens zusammenfassende Mitschrift der ersten fünf Vorlesungen Schellings in Tb.II 441 – 45; Schlössers Vergleich von Schellings 4. und 5. Vorlesung Januar 1821 mit dieser Zusammenfassung Platens a.a.O. I, 320 – 26. Platens Satz „Die ursprüngliche Freyheit ist entartet, eine Schwermut ist über Alles, über die ganze Natur verbreitet" findet sich bei Schelling nicht; möglicherweise hat der Philosoph hier extemporiert; doch ist ihm der Gedanke geläufig, vgl. Dove 25 Anm. 1. Zitat „eine beträchtliche Anzahl.." Schlösser I 328. Schilderungen Platens in Erlangen: Veit Engelhardt (ungez.) in ‚Morgenblatt' a.a.O. 1/9/1836; Christoph Elsperger: Zur Erinnerung an A. Graf v. Platen. Vortrag, gehalten.. Ansbach 7. August 1858, Ansbach 1858; Gotthilf Heinrich v. Schubert: Der Erwerb aus einem vergangenen und die Erwartung von einem zukünftigen Leben, Erlangen 1856, III 526f. Angaben zur Ghaselenform nach Veit in KS 7,264. Die ersten deutschen Ghaselen schrieb Rückert, vgl. Schlösser I 384. Ghasel ‚Sieh die Wolke..' KP III 38, vollständig zitiert, R nach Cotta 2,8f. Briefentwurf Platens an Rödiger, (Erlangen) 24/1(/1821), Bo.II Nr. 135 sowie Anmerkung. Zu Platens ‚Codex Persicus' Veit in KS 7, 274, 285. Platen als Schönheitspriester, Ghasel ‚Ja deine Liebe flammt..' KP III 43, vollständig zitiert, R nach Cotta 2,16f; das vierte Beit fehlt bei Cotta. Link (D. 89f, K. 801) begreift das dritte Beit als Winkelried-Metapher, wie Platen sie 1826 in der ‚Verhängnißvollen Gabel' verwendet hat: ‚Ja, dann mag er (der Dichter) sterben, wie es schildert euch ein früh'res Lied, / Lanzenstiche viel im Herzen, als der Dichtkunst Winkelried!', vgl. hier Kap. 33. Platens selbst weist in einem Brief an die Eltern, Rom 9/2/1828, Bo.IV Nr. 259, auf die Anspielung hin: mit dem ‚früh'ren Lied' ist das erwähnte Ghasel gemeint. Nachdem er dessen drittes Beit ‚Der Dichtung Lanzen fass' ich miteinander/ Und berge sie gesammt in meinem Busen' zitiert hat, fährt er fort: „Un Winkelried poetique. Cependant ces vers ne peuvent pas servir à expliquer le passage cité, dont le sens est assez simple. Winkelried s'est sacrifié pour la Suisse et moi pour la poésie. Seulement, m'ayant servi de la même métaphore deux fois, quoique dans un sens différent et nuancé, j'en ai fait mention, pour n'être pas accusé de voler mes propres pensées." Ich bin der Meinung, daß Platen beim Beit ‚Der Dichtung Lanzen..' von 1821 keineswegs an Winkelried dachte, wie er fünf Jahre später glaubt. Der Sinn in den Verspaaren von 1821 und 1826 ist nicht nur verschieden oder anders nuanciert, sondern geradezu entgegengesetzt. Welcher ‚Dichtung Lanzen' sollten sich denn 1821 auf Platen gerichtet haben, daß er ihnen, gleich Winkelried, die Brust hätte darbieten können? Als Homosexueller war er sicher stets Angriffen ausgesetzt; spräche er von ‚Lanzen' allein, so hätte er recht. Platen schreibt aber 1821 ausdrücklich ‚der Dichtung Lanzen'. Als Autor war er damals völlig unbekannt, nicht eine einzige Rezension (und allenfalls sie könnten vor Immermann und Heine ja als ‚der Dichtung Lanzen' verstanden werden) hätte ihn treffen können. Das Busen-Ghasel steht in seiner ersten Veröffentlichung. Nein, mit ‚Der Dichtung Lanzen' meint Platen die eigenen Gedichte, geschriebene wie ungeschriebene; nur so gibt das Ghasel einen Sinn. Deutsche Ghaselendichtung ein Stück Barocktradition s. Sengle III 443. Ghasel an Schubert KP III 34 (VI), ev. auch 38 (XVIII), an Schelling ebd. 31 (II); Schelling schätzt einige Ghaselen besonders, vgl. Schlösser I 335 und Brief Platens an Fugger, Erlangen 9/5/1821, Bo.II Nr. 163. Ghasel ‚Komm und brich..' KP III 36f, vollständig zitiert, R nach Cotta 2,7, dazu Link E., K. 974. Angaben zu Franz v. Bruchmann: F.v. B. Eine Selbstbiographie aus dem Wiener Schubertkreis nebst Briefen, eingeleitet und herausgegeben von Moriz Enzinger. Veröffentlichungen des Museums Ferdinandeum in Innsbruck Heft 10 (Jg. 1930) 117ff. Zum Verlag der ‚Ghaselen' Bo.II Anm. 145a; Geldmangel erwähnt in Briefen Platens an die Mutter, Erlangen 4 u. 13/3/1821, ebd. Nr. 143, 144. „Es war, als ob..": Engelhardt (ungez.) zum Druck der ‚Ghaselen' im Tübinger ‚Morgenblatt' vom 2/9/1836. Widmungssonett an Schelling KP III 163, Sonett an Bruchmann ebd. 162f + Anm. „Ew. Excellenz..": Brief an Goethe, Erlangen 9/4/1821, Bo.II Nr. 151. Platen schreibt von Nürnberg an Bruchmann wegen einer philosophisch-poetischen Zeitschrift; der Brief ist nicht erhalten, doch läßt sich der Inhalt aus Bruchmanns Antwort an Platen rekonstruieren, (Wien) undatiert (10/5/1821), Bo.II Nr. 165. Napoleon starb am 5/5/1821 auf St. Helena.

22. Bülow

Tb.II 459 – 96, R nach MMPl 46. Post an Platen mit Echo auf die ‚Ghaselen': Brief der Königin, München 22/4/1821, s. Koenig-Warthausen a.a.O. 13f, Brief von Nees, Bonn 21/4/1821, Bo.II Nr. 156. „Über eines sollt..": Brief von Rückert an Platen mit Huldigungsversen, Koburg 21/4/1821, Bo.II Nr. 155; Platens Vorwort zu den ‚Ghaselen' beginnt so: „Der Verfasser dieser wenigen Blätter giebt seine ersten Mittheilungen in einer Form, die zugleich schwierig und fremdartig erscheinen mag", KP III 29, R nach MMPl 14. Kritischer Brief Schlichtegrolls an Platen, Freising 28/4/1821, Bo.II Nr. 158. Brief von Vater Schlichtegroll an Platen ebd. Nr. 159 + Anm.; Scherers Anzeige in ‚Eos', München 18/1821, Kunstbeilage, vgl. Bo.II Anm. Nr. 173. „...tief ergriffen..": Brief Fuggers an Platen, Dillingen 5/5/1821, Bo.II Nr. 161. „Ihre Ghaselen..": Brief Jean Pauls an Platen (Brouillon), (Bayreuth) 7/5/1821, ebd. Nr. 162. Zwei Briefe Bruchmanns an Platen, Wien undatiert (10/5/1821) u. Wien 11/5/1821, ebd. Nr. 165, 166. Brief Grubers an Platen mit Bericht über Rotenhan und Wagner, Würzburg 15/5/1821, ebd. Nr. 167; ‚Die Kunst ist tot..': Sonett ‚An J. J. W.' KP III 219, zitiert die Quartette, R nach Cotta 2,89. Briefentwurf Platens an die Mutter wegen der Kritik ihres Schweizer Freundes (Crousaz) an den ‚Ghaselen', (Erlangen) Anfang Mai 1821 (nicht abgeschickt), Bo.II Nr. 160; ‚Polemisches Promemoria an die Feinde der Ghaselen' KP XI 144ff, beim Zitat R interpoliert. Angaben zu den Gedichten zweiter Sammlung ‚Lyrische Blätter' nach KP II 9, Vorwort ebd. III 51, dazu Schlösser I 337. Zu Platens Religiosität Link D. 92ff; Bornstein (II Anm. Nr. 163) über Platens Schelling-Rezeption: „Immer freilich herrscht die gefühlsmäßige Aneignung des Adäquaten vor über eine exakt geistige Durchdringung." Ghasel ‚Sieh, du schwebst im Reigentanze.' KP III 53 (I), 7 Beits, davon zitiert 1 + 7, R nach Cotta 2,17. ‚Philosophische' Ghaselen außerdem KP III 57 (X), ebd. 57f (XII), ebd. 58 (XIII), ‚Jungfrau-Mutter-Brüste' ebd. 60 (XVII), ebd. 61 (XX), ebd. 64 (XXVI, XXVII). Ghasel ‚Ich bin wie Leib dem Geist..' ebd. 56, 4 Beits, davon zitiert das erste, R nach Cotta 2 20. Zum literarischen Manierismus s. Gustav René Hocke a.a.O. Manieristische Züge bei Platen: Im April 1819 kauft er den ‚Adone' von Marino, Tb.II 253, kommentiert die Lektüre aber nicht. Góngora scheint Platen nicht gekannt zu haben, seine ‚Soledades' wären damals eine Offenbarung für ihn gewesen. Ghasel ‚Schatten wirft die laubige Platane..' KP III 40f, vollständig zitiert, R nach Cotta 2,11; Ghasel ‚Mir vor allen schön..' KP III 37; die beiden hier angeführten Beispiele für Manierismus in Platens Lyrik können das Thema natürlich nur anreißen, es ist vielversprechend für weitere Forschung. Ghasel ‚Wenn ich hoch den Becher schwenke..' KP III 57, vollständig zitiert, R nach Cotta 2,22. Polemische Sonette ‚Entled'ge dich von jenen Ketten ailen' KP III 159, zitiert das erste Quartett, R nach Cotta 2,87, und ‚In alle Räume braust die stolze Welle' ebd. 219f, zitiert beide Quartette, R nach Cotta 2,102. Biographische Angaben zu Selling Tb.II 467 Anm., Charakterisierung Bülows s. Schlösser I 300. Titel der zweiten Gedichtsammlung auf Brockhaus' Wunsch ‚Lyrische Blätter'. Ursprünglich hatte Platen den Titel ‚Fliegende Blätter' gewählt, was den Verleger jedoch zu sehr an politische Flugschriften erinnerte; die satirische Zeitschrift gleichen Namens erschien erst 1844. Huldigungssonett an Rückert KP III 159f, zitiert das Schlußterzett, R nach Cotta 2,88. Gruber geht nach Jena zu Prof. Kieser s. sein Brief an Platen, Würzburg 15/5/1821, Bo.II Nr. 167. Goethe-Verse ‚Doch bin ich wie ich bin..' aus ‚Liebhaber in allen Gestalten', letzte Strophe. Sonett ‚Wem Leben Leiden ist..' KP III 220f, vollständig zitiert, R nach Cotta 2,120. Vier Stanzen an Otto v. Bülow KP III 72f. Briefe Bruchmanns an Platen, Hütteldorf 2/6/1821, Bo.II Nr. 172; Wien 2/7, ebd. Nr. 175; Wien 2/8/1821, mit Erwähnung Franz Schuberts, ebd. Nr. 183 u. Anm. Zu Ferdousi's ‚Schah name' s. Brief Rückerts an Platen, Coburg 12/2/(1821), Bo.II Nr. 141 + Anm. Schelling liest ‚Philosophie der Mythologie': zu Platens Verständnis davon Schlösser I 342. Platens Göttinger Wohnung Weender Str. 55 erwähnt in seinen Briefen an Gruber, Göttingen 13/9 1821, Bo.II Nr. 192, und an Fugger, Göttingen 3/10/1821, ebd. Nr. 194. Ghaselen – Gazellen, Zitat Engelhardt im ‚Morgenblatt', Tübingen 2/9/1836. Tröstender Brief Fuggers an Platen, Dillingen 20/9/1821, Bo.II Nr. 193: „Deine Beschäftigung in Göttingen zerstreut vielleicht deinen Kummer in etwas, oder du findest wenigstens die Anklänge deiner Liebe in Hafis Liedern wieder." Zu Platens Schreibübungen in Devanágari-Schrift s. Veit in KS 7,277f. Angaben zu Heine nach Heine-Chronik v. Fritz Mende, München 1975. Herzog August von Sachsen-Gotha, der Platen den Zugang zu seinen Orientalia verweigerte, war Autor des antikisierenden homoerotischen Romans ‚Ein Jahr in Arkadien', Jena bei Wesselhöft 1805 (anonym); dieser verschollene Text wurde kürzlich von Paul Derks neu herausgegeben und kommentiert, vgl. Apparat zu Kapitel 5. Knebel schenkt ein Exemplar seiner Lukrez-Übersetzung s. Brief Platens an die Eltern, Erlangen 2/11/1821, Bo.II Nr. 198. Goethes Unwillen, mit Fremden über Kunst und Literatur zu reden vgl. Richard Friedenthal, Goethe, München 1963, 624. Biographische Notiz zu Kieser Tb.II 494. Knebel rezitiert Werner auf lächerliche Weise im Stile Ramlers: das Pathos verändert sich von Generation zu Generation. Platens eigene Dicht- und Vortragsweise wurde von Zeitgenossen nicht weniger lächerlich empfunden, ja Heine sollte sogar ihn selbst mit Ramler vergleichen! Dazu auch Dove 34, Busch 107.

23. Der Spiegel des Hafis

Tb.II 499 – 503, R nach MMPl 47. Angaben zu Platens dritter Gedichtsammlung nach KP III 69 Anm. „Wenn wir hier so leicht..": Brief Bruchmanns an Platen, Wien 5/9/1821, Bo.II Nr. 190. Schellings Weigerung, zu publizieren s. Sandkühler a.a.O. 75f; immerhin scheint ein Bekannter (Huschberg) etwas für Bruchmann kopiert zu haben, s. dessen Brief an Platen, Wien 8/11/1821, Bo.II Nr. 199. Shakespeare, ‚Venus and Adonis', deutsche Übersetzung von Wilhelm Jordan in: Shakespeare, Sonette, Epen und die kleineren Dichtungen (zweisprachig), München o.J. Kulturgeschichtliches Panorama Persiens um 1300 nach Veit in KS 7,406ff; Hans Mayer (Außenseiter 174) hat Unrecht, wenn er die Ghaselen des Hafis aristokratische Dichtung nennt. Zum Sufismus Veit in KS 7,394ff; wie des Hafis Poesie aufzufassen sei ebd. 412ff; über die Schiraser Trink- und Liebessitten ebd. 416ff; Doppeldeutigkeit von Hafis' Sprache ebd. 420 u. Anm. 2: „Daß..

dur-dana suftan (wörtlich: ‚Perlenkorn bohren') auch zur Bezeichnung des höchsten Liebesgenusses gebraucht werde, hat schon Rosenzweig bemerkt. Ferner, wenn es.. heißt: ayyam kan yamin schud o darya-yasar ham, so kann man ganz wörtlich übersetzen: ‚Die Tage wurden Gruben-Glück und Meeres-Überfluß auch'; bedenkt man aber, daß kan ‚Grube, Mine' auch ‚Podex' bedeutet, und daß darya nicht bloß ‚Meer, Strom', sondern auch ‚Vulva' heißt, so wird die Zweideutigkeit sofort klar." Ich erinnere in diesem Zusammenhang an des Adonis Grübchen ins Shakespeares Epos! Zum Platenschen Ghasel Link K. 975 sowie E., daraus einige Passagen wörtlich zitiert. Zu Hafis und Jean Paul s. Goethe in den Noten zum Divan, Kapitel ‚Vergleichung': „Ein Mann, der des Orients Breite, Höhen und Tiefen durchdrungen, findet, daß kein deutscher Schriftsteller sich den östlichen Poeten.. mehr als Jean Paul genähert habe", sowie Link D. 69f. Zum ‚tanzenden Kosmos' das All-Ghasel KP III 38 (Wolke, Blitz, Knall, Mond, Ball), das Platanen-Ghasel ebd. 40f (Halbmond als Kahn), das Freund-Ghasel ebd. 54 (Stern im Tanze), Ghasel ‚Es trillert Bülbül..' ebd. 84 (Rosenblätter zu Sternen), Ghasel ‚Jede Tulpe muß zur Leier..' ebd. 88 (Mondkugel als Ball); Ghasel ‚Du fingst im lieblichen Trugnetz …' ebd 87, ganz zitiert, R nach Cotta 2,41, Beits 4,5 interpoliert; Ghasel ‚Erschiene selbst Suleucha..' ebd. 88, 8 Beits, davon zitiert die ersten 5, R nach Cotta 2,41; Ghasel ‚So war ich ein Ball..' ebd. 89f, vollständig zitiert, R nach Cotta 2,42f; Ghasel ‚Die Sterne scheinen..' KP III 83, vollständig zitiert, R nach Cotta 2,37f.

24. Liebig

Tb.II 504,38, R nach MMPl 47. Korrespondenz zwischen Platen und Fugger über dessen Urlaub in Erlangen: Bo.II Nr. 193, 195, „Ven, ven ven..": Platen an Fugger, Erlangen 27/10/1821, ebd. Nr. 196, „Wie sehne ich mich..": Fugger an Platen, Dillingen 12/9/1821, ebd. Nr. 201; Briefe Platens an die Eltern über Schellings Kolleg, Erlangen 2,8/12/1821, Bo.II Nr. 203, 204, 206, dazu Schlösser I 342. Bitte an die Eltern um Geld für Abendessen, Erlangen 2/11/1821, Bo.II Nr. 198. Brief Bruchmanns an Platen mit Nachricht, daß Schubert drei seiner Gedichte komponiere, Wien 8/11/1821, ebd. Nr.199 u. Anm. Platen hat sich ein teures Lexikon vom Munde abgespart nach KP I 185, bittet deshalb die Eltern um Geld für Extrapost Bo.II Nr. 206. „Wenn ich nicht vergehen soll..": Brief Platens an Fugger, Ansbach 19/12/1821, Bo.II Nr. 208, Fuggers Antwort darauf, Erlangen 28/12/1821, ebd. 210. Brief Grubers an Platen mit der Nachricht von Goethes freundlichen Worten, Jena 27/12/1821, ebd. Nr. 209. Platen erhält über Schelling das Hafis-Manuskript aus der Münchener kgl. Bibliothek: Veit (KS 7,279 Anm. 3) vermutet, dies Manuskript sei mit einem Kodex aus dem Kloster Seeon identisch, der den ebenso falschen wie komischen Titel ‚Execrandi Machometis detestabilis Alcoranus' trägt. Fastnachtszug der Erlanger Burschenschaft nach Bubenreuth s. Karl Hase: Ideale und Irrthümer, Leipzig 1872, 129ff; auch abgedruckt bei Reuter, Burschenschaft 114ff. Über den ‚Altdorfer Auszug' der Erlanger Studenten im März 1822 berichten K. Hase a.a.O. 145ff und Heinrich Leo bei Reuter, Burschenschaft 126ff. „Majestätisch bewegte sich..": Brief Liebigs an die Eltern, Erlangen 10/3/1822, in: Briefe von Justus von Liebig nach neuen Funden hsg. v. Ernst Berl, Gießen 1928, Nr. 26. Biographische Angaben über Liebig nach Richard Blunck, Justus v. L., Berlin 1938, Kapitel 1 u. 2. Burschenschaften in Erlangen verboten s. Ernst Deuerlein, Aus Justus Liebigs Erlanger Studentenzeit, in: Erlanger Heimatblätter 26/6/1929. ‚Den Freund ersehnend..': Sonett ‚An Justus Liebig', vollständig zitiert, KP III 222, R nach Cotta 2,117f; das zweite Sonett an Liebig vom März 1822 ‚Was kann die Welt für unser Glück empfinden' KP III 166f. Biographische Angaben über Friedrich Wilhelm Benedikt Hermann und Heinrich Leo Bo.II Anm. 210. Jean Pauls Bemerkung zu den ‚Vermischten Schriften' nach Bo.II Anm. 225. „Theuerster Freund..": erster Brief Liebigs an Platen, Darmstadt 7/4/1822, bei Koenig-Warthausen a.a.O. 14ff; „Deine freundschaftlichen..": Platens Antwort, (Erlangen) 10/4/1822, Bo.II Nr. 220; „Du nennst meinen Brief..": Brief Liebigs an Platen, Darmstad(t) 15/4/1822, ebd. Nr. 221; „Was Du mir..": Brief Platens an Liebig, Erlangen 21/4/1822, ebd. Nr. 224; die folgende Antwort Liebigs an Platen mit Schilderung einer Liebesaffäre in Erlangen ist nicht erhalten, jedoch referiert im Tagebuch. Der hierauf folgende Brief Platens an Liebig (ca. 1/5/1822) bleibt ohne Antwort, ist ebenfalls nicht erhalten, jedoch vermerkt im Tagebuch; Platen schreibt einen zweiten Brief an Liebig, Erlangen 17/5/1822, Bo.II Nr. 229, mit Angabe eines Treffpunktes in Aschaffenburg. Quid pro quo zwischen Liebig und dem Großherzog von Hessen vgl. Blunck a.a.O. 41ff, die Fakten stark geschönt. „Meine Seele..": Brief Platens an Liebig, Köln 1/6/1822, Bo.II Nr. 232. „Liebster Platen..": Brief Liebigs, Pfungstadt 4/6/1822, ebd. Nr. 233. Biographische Angaben über Lüder Bo.I Anm. 259d. Sonett ‚Was gleißt der Strom in schönbeschäumten Wogen..' KP III 216f, vollständig zitiert, R nach Cotta 2,100; Platen schrieb lt. Tb.II 537 „ein Paar Sonette in Cölln und eine Ghasele in Heidelberg". Schlösser (I 411f) zählt dies Sonett zu der Kölner Gruppe; weitere dürften sein ‚Wer hätte nie von deiner Macht erfahren?..', ebd. 165f, vielleicht auch ‚Wer in der Brust ein wachselndes Verlangen..', ebd. 167f. Das von Platen erwähnte Heidelberger Ghasel ist wahrscheinlich ‚Da, wie fast ich muß vermuten..', ebd. 145. Die genannten Gedichte sind sämtlich ‚weltschmerzlich' und beklagen des Adressaten Falschheit. Die Anekdote über Voss hörte ich im Deutschunterricht in Obertertia.

25. Cardenio

Tb.II 538 – 77, R nach MMPl 47, 48. Finanzieller Mißerfolg der ‚Vermischten Schriften' s. KP II 10f. Max Koch zu Platens ergebnislosen Universitätsstudien KP I 100. Brief Platens an Brockhaus mit Angebot von 12 Sonetten für ‚Urania', Ansbach 3/7/1822, Bo.II Nr. 238, Korrespondenz mit Rückert und Schrag wegen ‚Frauentaschenbuch für 1824' Erlangen 8/8, Neuses 12/8, Erlangen 13/8/1822, ebd. Nr. 246, 247, 248. Platen bietet im letzgenannten Brief dem Verleger Schrag u. a. „Rosensohn ein Mährchen" an, vielleicht schon jene Fassung, die dann 1827 veröffentlicht werden sollte, KP XI 38ff. „..ich kann nicht glauben..": Brief Bruchmanns an Platen, Hütteldorf 22/5/1822, Bo.II Nr. 231. Zum Namen Cardenio: er stammt aus einer Novelle des Pérez de Montalbán. Daß Platen den spanischen Barockdichter schon 1822 kannte, ist bei der genauen Notierung jeder Lektüre unwahrscheinlich; erst 1830 wird er in Neapel Komödien des Genannten lesen, vgl. Tb.II 920. Eher hat Platen den Namen Cardenio von Andreas Gryphius, ‚Cardenio und Celinde oder Unglücklich Verliebte', Breslau 1675, oder Achim v. Arnim, ‚Halle und Jerusalem', Studentenspiel und Pilgerabenteuer, Heidelberg 1811. Zu Platens schlechtem Französisch sein Brief an die Eltern, (Erlangen) 7/8/1822, Bo.II Nr. 245, worin er die Anregung, Französisch-Stunden zu nehmen, mit dem Hinweis auf Geldmangel ablehnt: das Französisch der Mutter war freilich noch schlechter als seines, vgl. ebd. Nr. 1 sowie Bo.III Nr. 30. Nichts-Ghasel KP III 127, vollständig zitiert, R nach Cotta 2,51; Petzets Datierung „vielleicht" um den 7. August 1822, s. KP XII 255; dazu Link E. „Soeben höre ich..": Brief Bruchmanns an Platen, (Wien, undatiert), Bo.II Nr. 242 u. Anm. Das von Schubert vertonte Ghasel ‚Mein Herz ist zerrissen..' KP III 35, Deutsch-Verzeichnis Nr. 756. „Ob (Platen) es gebührend zu schätzen wußte, daß auch Franz Schubert.. einige seiner Lieder vertonte, steht dahin" (Schlösser I 378). Zwei Episteln an Cardenio KP VI 249ff, die erste 114 Verse, davon zitiert 31ff, 95ff, 107ff, R nach MMPl 15. „Ich bin nun..": Brief Grubers an Platen, Jena 20/8/1822, Bo.II Nr. 250. Ghaselen ‚Das Schöne will ich verehren..' KP III 114, 5 Beits, zitiert die ersten drei, R nach Cotta 2,72. ‚Der weiß nicht..': Ghasel ‚Wenn Auge sich von Auge scheidet..', KP III 129f, 6 Beits, zitiert die letzten 4, R nach MMPl 23b. Zug zur Ernüchterung: Ghasel ‚Die Fülle dieses Lebens..' (Saul-Ghasel), KP III 126, vollständig zitiert, R nach Cotta 2,54; Petzet nimmt als Entstehungszeit den Sommer 1823 an (KP XII 258), doch Dove (165) verlegt es überzeugend auf August/September 1822, indem er es mit dem vorn zitierten Tagebucheintrag vom 22/9 (Cardenio als David), Tb.II 555, in Verbindung bringt. „...daß Sie durch Ihr Zurückziehen..": Brief von Streinsberg an Platen, Linz 17/10/1822, Bo.III Nr. 7. Griechische Grammatik s. Briefe Platens an die Eltern, Linz 28/9 u. Altdorf 6/10/1822, Bo.III Nr. 3, 4 + Anm. ‚Nachbildungen aus dem Diwan des Hafis' KP VII 125ff; Veit (in KS 8,149ff) diskutiert ausführlich, welchen persischen Text Platen in Altdorf zur Verfügung hatte und kommt zu dem Schluß, es sei nicht die selbst zusammengestellte Reise-Anthologie, sondern die vollständige Kopie gewesen, die er durch Schellings Vermittlung im vergangenen Winter von dem Münchener Kodex nehmen konnte. Prolog an Goethe KP VII 126ff. Diskussion über persische Versmaße: Brief Rückerts an Platen, Coburg 12/2/1821, Bo.II Nr. 141 u. Anm. Deutscher Versuch im Versmaß Mutakárib, Vierzeiler nach Sa'di vom Herbst 1821 in KP VII 124. Ghasele nach Hafis KP VII 168f, Fabel an die Rezensenten ebd. 169f. Aus den ‚Nachbildungen' vollständig zitiert Nr. 27: ‚Ja, ich bin es..', KP VII 151f, R interpoliert, dazu Veit in KS 8,183f. Einleitung zu den ‚Nachbildungen' KP VII 130ff. Konklusion und Kritik der Platenschen Arbeit von Veit in KS 8,211ff; leider macht Veit am Ende seiner mutigen, noch heute modern wirkenden Attacke gegen die bürgerliche Moral einen salvatorischen Rückzieher: „Selbstverständlich soll mit alledem keineswegs die homosexuelle Liebe als solche verherrlicht.. werden. Nein, wir wollen (Hafis und Platen) hochhalten, nicht weil, sondern obgleich sie von jenem rätselhaften Triebe zeugen, welchen die Natur schon so manchem als verhängnisvolle Zugabe zu reichen sonstigen Geschenken in die Wiege gelegt hat", ebd. 222f. Gedicht ‚An eine Geisblattranke' KP II 55, vollständig zitiert, R nach Cotta 1,100, dazu Link K. 966. Gedicht ‚Griechische Tageszeiten' in: Friedrich Rückerts gesammelte poetische Werke in 12 Bänden, Frankfurt 1868, 7,262ff. „...da Du Dich..": Brief Fuggers an Platen, Dillingen 28/11/1822, Bo.III Nr. 16. Fackel-Sonett und Pfeifen-Sonett, letzteres vollständig zitiert, KP III 225, R interpoliert; der vergleichende Hinweis auf Shakespeares Sonett Nr. 128 bei Dove 113f. Die ‚Nachbildungen' sind zu Platens Lebzeiten nicht erschienen, vgl. Bo III Anm. 23. Platen hilft bei Schellings, den Christbaum zu schmücken s. sein Brief an die Eltern, Erlangen 28/12/1822, Bo.III Nr. 22. Vermutliches Geldgeschenk der Tante aus Hannover, Geburtstagsgedicht an dieselbe s. Platens Briefe an die Eltern, Erlangen 6 u. 12/1/1823, Bo.III Nr. 26 u. 27, sowie Brief der Mutter an Platen, (Ansbach) 18/1/1823, ebd. Nr. 30. Aus Platens Antwort, (Erlangen) 22/1/1823, ebd. Nr. 31, geht hervor, daß die Mutter das Geburtstagsgedicht noch korrigierte; das Gedicht selbst KP V 292ff. „Wer hat Ihnen doch..": Brief von Streinsberg an Platen, Linz 4/1/1823, Bo.III Nr. 25. Nervosität wegen Ablauf des Studienurlaubes s. Platens Brief an Fugger, Erlangen (26)/1/1823 ebd. Nr. 32. Sonett ‚Was kümmerst du dich auch..' KP III 227f, vollständig zitiert, R nach MMPl 16. Das Sonett kann sich an Hoffmann richten (Link K. 414), oder an Knoebel (KP III 227 Anm.), wobei Koch einigermaßen überzeugend auf Platens Tagebuch-Eintrag vom 31/3/1823 verweist: „...als ich (Knoebel) bat, zu mir heraufzukommen, schlug er mir's unter einer frostigen Ausrede ab. Dieß.. kränkte mich sehr, ja bis zu Thränen." Hoffmann war Anfang März ohne Abschied von Platen abgereist; wenn sich das genannte Sonett an ihn richtet, so wäre es im Februar/März 1823 entstanden, wenn an Knoebel, Ende März – Anfang April; keinesfalls aber im Mai, wie Koch zweifelnd annimmt. Zu Platens Liebessonetten Link E., einige Passagen wörtlich zitiert. Erste Pressekritiken, „Ne me parlez plus..": Brief Platens an die Eltern, Altdorf 27/10/1822, Bo.III Nr. 8; Platens Unverständnis für die Bedeutung der Presse vgl. Sengle III 426; Fußnote über die Erfindung der Schnellpresse nach Michael Dirrigl, Ludwig I, König von Bayern.., München 1980, 476f. Besprechung der ‚Ghaselen' in ‚Jahrbücher der Literatur'

19. Band Wien (July-September) 1822, 165ff (Collin). Zwei Rezensionen der ‚Lyrischen Blätter' in ‚Literarisches Conversations-Blatt' Leipzig Nr. 261 vom 13/11/1821 (Müller), wieder veröffentlicht in: Wilhelm Müller, Vermischte Schriften hsg. v. Gustav Schwab, Leipzig 1830, 5. Bändchen 277 – 89, sowie ‚LCB' vom 6/4/1822 (signiert 36), ähnlich im Tenor, doch freundlicher, nicht zitiert. Unsignierte Besprechung der ‚Lyrischen Blätter' von Platen sowie der ‚Gedichte' von H. Heine (Berlin 1822) in der ‚Leipziger Literatur-Zeitung' Nr. 43 vom 17/2/1823. Laut Bo.III Anm. 34 datiert der fragmentarische Tagebucheintrag nach den herausgeschnittenen Seiten in MMPl 47 (Tb.II 571) um den 8/2/1823. Brief von Gruber an Platen, Würzburg 6/2/1823, mit Bericht über eigene Tätigkeit und Umgang mit J. J. Wagner, Bo.III Nr. 34. Ghasel ‚Ein Frühlingsathem kommt..' KP III 103f, vollständig zitiert, R nach MMPl 13, dazu Link D. 115f. Ghasel ‚Der Hoffnung Schaumgebäude..' KP III 104, zitiert in Kapitel 42. Zwei bittere Sonette an Knoebel KP III 226f.

26. Es kenne mich die Welt

Tb.II 577 – 93, R nach MMPl 48. „Ein nur geringes..": Brief Liebigs an Platen, Paris 15/3/1823, Bo.III Nr. 41; der angeblich verlorengegangene Brief, den Platen von Köln am 1/6/182 an Liebig schrieb, befindet sich in dessen Nachlaß (Monumenta Monacensia Liebigiana), vgl. Bo.II Nr. 232 u. Anm.; die angeblich falsch gelesene Adresse im Brief Platens an Liebig, Mainz 6/6/1822, ebd. Nr. 234. „Daß ich Deine..": Platens Antwort an Liebig, Erlangen 17/4/1823, ebd. Nr. 47. Bruchmann kündigt die Übersendung von Hammers Hafis-Codex an, Wien Anfang März 1823, Bo.III Nr. 37; Platen exzerpiert daraus für sich eine weitere Hafis-Anthologie in Duodez mit 133 Ghaselen, vgl. sein Brief an Fugger, Erlangen 14/5/1823, Bo.III Nr. 53. Bruchmann schreibt über den Erfolg der Urania-Sonette in Wien, Wien 24/4/1823, Bo.III Nr. 42; zu den Urania-Sonetten vgl. KP III 17. Gedenkrede von Christoph Elsperger, s. Apparat Kap. 21. Umgang mit dem Orientalisten Schulz erwähnt im Brief Liebigs an Platen, Paris 24/4/1823, Bo.III Nr. 49. Zur Form der ‚Neuen Ghaselen' Sengle III 445. „(ich wünschte) ein Gas zu seyn..": Brief Liebigs an Platen, Paris 16/5/1823, Bo.III Nr. 54. „Wie, du fragst..": Brief Platens an Liebig in Ghaselenform, Erlangen 25/5/1823, Bo.III Nr. 56. Darauf kritische Antwort Liebigs, Paris 15/7/1823, ebd. Nr. 60: „Mit dem Niegeliebten machst Du mich ja zum Lügner, und mit dem Seltentreuen, schälst Du Dich von meiner Liebe los". – „Der jezige deutsche Chemiker..": Brief Liebigs an Platen, Paris 23/5/1823, ebd. Nr. 55. Engelhardt über Kernell im ‚Morgenblatt für gebildete Stände', Tübingen 5/9/1836. Über Gruber und seinen Besuch in Erlangen seine beiden Briefe an Platen Bo.III Nr. 63 + 72. Über Liebig in Paris s. die weitere Korrespondenz zwischen Platen und ihm Bo.III Nr. 57, 60, 62, 65, 69 + Anm. Bruchmann hat sich verlobt s. Enzinger, Bruchmann a.a.O. 145. ‚Wie sah man uns..': Sonett ‚An Schelling' KP III 170, zitiert die Quartette, R nach Cotta 2,103. Gedicht zur Affäre Bothmer ‚Ich möchte gern mich..' KP II 91ff, 10 Strophen, davon zitiert 1,5,6,8, R interpoliert. Fugger übernimmt Bände der ‚Neuen Ghaselen' zur Subskription s. Bo.III Nr. 83 u. 90. Prolog zu den ‚Neuen Ghaselen' KP III 102, zitiert Verse 7f, 11f, R interpoliert; Kasside ebd. 132f. ‚Haben deiner Treue Rosen..': Ghasel an Liebig ‚Da, wie fast ich muß vermuten..' KP III 146, 5 Beits, daraus zitiert 3f, R nach Cotta 2,65. ‚Der Orient ist abgethan..': Motto zu den ‚Neuen Ghaselen' KP III 101, dazu Link D. 121. ‚Und weichlich ruhn..': Ghasel ‚Ja deine Liebe flammt..', KP III 43, 5 Beits, daraus zitiert 2f, R nach Cotta 2,17. ‚Ich fühlte, daß die Schuld..': Ghasel ‚Was giebt dem Freund..' KP III 119f, 6 Beits, daraus zitiert 5f, R nach MMPl 13; in späteren Ausgaben änderte Platen ‚uns brünst'ge Fittige' in ‚Schwungfedern uns zum Flug'. Heinrich Henel bemerkt in seinem Aufsatz ‚Epigonenlyrik'

(Euphorion Bd. 55, Heidelberg 1961, 271): „Was Platens Dasein und Dichten organisierte, war ..ein durstiges Verlangen nach Reinheit." Das trifft nur für den jungen Dichter zu. Schon 1819 atmen die Gedichte an Schmidtlein alles andere als Reinheit und wurden daher zum Teil vernichtet. Die ‚weichlichen Gesänge' aber ruhen seit dem Februar 1821 erneut in Platens Busen. Nach der Affäre Liebig ist es dann mit dem Reinheitsverlangen ziemlich vorbei; ein Anruf wird noch aus Venedig kommen, doch da hat sich des Dichters Lebenssituation, wie ich meine, grundlegend geändert, s. hier Kapitel 29. Ghasel ‚Aus allen Fesseln..' KP III 120, 6 Beits, daraus das erste zitiert, R nach Cotta 2,61. ‚Blühen möcht' ich um..': Ghasel ‚Preisen willst du mich?..' KP III 81, 8 Beits, zitiert daraus das fünfte, R nach Cotta 2,36. ‚Es windet sich der Liebe Geist..': Ghasel ‚Die Zeiten, wo das Liebchen nah..' KP III 112f, 7 Beits, davon zitiert 6f, R nach Cotta 2,56. ‚Denn lange gab ich schon..': Ghasel ‚Der Frühling hilft der Welt..' KP III 109, 8 Beits, davon zitiert das sechste, R interpoliert. Ghasel ‚Herein, ergreift das Kelchglas..' ebd. 110, 5 Beits, davon zitiert die ersten drei, R nach MMPl 13; für die Gedichtausgabe von 1828 änderte Platen ‚wüstes Treiben' in ‚müßiges Treiben'. Dove widmet in seinem Kapitel ‚Images' einen Abschnitt dem Bild ‚Schiffe', a.a.O. 221ff; leider bringt er dies wichtige Gedicht nicht. Tschersig (vgl. Link K. 810) glaubt, mit dem ‚Volk, das ehmals die Freude war der Welt', seien die Griechen gemeint; ich schließe mich an. Link, der Platen politischer sieht als ich, glaubt, es seien die Deutschen, ebenso Schlösser I 654. ‚Nur daß ich altre..': Ghasel ‚Verdammen mögen hier und da..' KP III 108, 14 Verse, davon zitiert 7, R nach Cotta 2,49. ‚Ich staune..': Ghasel ‚Weiß ich, wohin ich noch gezogen werde' KP III 116, 6 Beits, davon zitiert das zweite, R nach Cotta 2,58. ‚Mir bleibt das Schöne fern..': Ghasel ‚Er, dessen Sinn durch Schönes..' KP III 128, 14 Verse, davon zitiert der elfte, R nach Cotta 2,69. ‚Etwas ist in meinen Liedern..': Ghasel ‚Kein Verständ'ger kann zergliedern' KP III 114, 12 Verse, davon zitiert der zweite, R nach Cotta 2,45. ‚Meine Gesänge..': Ghasel ‚Immer hält die Verliebten wach' KP III 118f, 8 Beits, davon zitiert das letzte, R nach Cotta 2,60. ‚Andre Gaben..': Ghasel ‚Diese weichlichen Gesänge' KP III 129, 7 Beits, davon zitiert 4f, 7, R nach Cotta 2,76. Ghasel ‚Im Leben fühl' ich stets..' KP III 121f, vollständig zitiert, R nach Cotta 2,72f, z.T. interpoliert. ‚Doch greif' ich zum Pokal..': Ghasel ‚Herein, ergreift das Kelchglas..' s.o., viertes Beit. Geschenkexemplare der ‚Neuen Ghaselen' an Goethe, Tieck, Jean Paul und J. Grimm s. Bo.III Nr. 85, 86, 87. Soret am 23. Oktober 1823 über ein Gespräch mit Goethe: „La conversation a essentiellement roulé sur le Divan, sur les poésies orientales, sur les nouvelles poésies du Comte de Platen qui a publié des charmantes Ghasèles dont Goethe me lit quelques-unes en m'expliquant les passages obscurs, elles sont remplies d'esprit et d'une amabilité qui fait oublier que la morale en est un peu légère. On y reconnait la touche du Divan"; dazu Schlösser I 442f.

27. Die silberne Nadel

Tb.II 593-642, R nach MMPl 47. Platens Vortragsart s. Veit Engelhardt: Graf Platen in Erlangen (anonym), in ‚Morgenblatt für gebildete Stände', Tübingen Nr. 212/1836. ‚Der Gläserne Pantoffel' KP IX 101ff, das zitierte Beispiel ebd. 154, R nach Cotta 3,108. Richard Dove (247 Anm. 1) erkennt: „Cinderella herself bears an unmistakable resemblance to Platen". Schlösser zum ‚Gläsernen Pantoffel' a.a.O. I 428ff. Platen selbst betont die Abhängigkeit von Diodat und Aschenbrödel, s. sein Brief an Goethe, Erlangen 17/3, Bo.III Nr. 141, sowie an Jean Paul, Erlangen 26/6/1824, ebd. 175: „...so deuten Diodat und Aschenbrödel, jedes in seiner Sphäre, auf denselben Gedanken, indem jedes auf seine Weise den Widerstand der prosaischen Welt-Denkweise überwindet. Und so ist auch die Märchenscene des dritten Acts, die einzige, in welcher diese beiden Personen zusammentreffen, der Culminationspunkt des Stücks, da

Aschenbrödel dem Diodat das Mährchen, das – ihr unbewußt – sein Schicksal enthält, nur deßhalb erzählt, um ihrem eignen entgegen gehen zu können." Frank Busch, August von Platen – Thomas Mann: Zeichen und Gefühle, München 1989, 96f, versteht den ‚Gläsernen Pantoffel' als einen Versuch Platens, „die Beschränkung der Literatur auf den Bereich der ‚schönen Seele' ..ironisch zu unterlaufen" und die Rolle des Pernullo als Kritik „am hohlen Pathos einer bereits trivialisierten Herz-Schmerz-Literatur". Der kurze Wortwechsel aus dem ersten Akt (König: Du weißt, was in diesem Augenblicke mein Herz in Bewegung setzt? Pernullo: Ich würde es wissen, wenn ich ein Arzt wäre, 172f) scheint mir indessen als Beleg für Buschs These zu schwach. Platen hat m.E. den Figuren Pernullo und Hegesippus nur wenig, ja zu wenig Aufmerksamkeit geschenkt. ‚Zueignung an Schelling' in 6 Stanzen KP IX 165f. Brief Platens an Umbreit, Erlangen 3/12/1823, Bo.III Nr. 110, mit der Ankündigung, er habe die Lyrik hinter sich gelassen. Platen hofft, Knebel werde den ‚GP' Goethe mitteilen, s. sein Brief an Gruber, Erlangen 18/2/1824, ebd. Nr. 132. „..ce n'est qu'avec une peine excessive..": Brief Platens an die Eltern, Erlangen 29/11/1823, ebd Nr. 107, die Argumente der Mutter lassen sich dieser Antwort entnehmen; Platen entschuldigt sich für seine Heftigkeit im Brief an die Eltern, Erlangen, Poststempel 3/12/1823, ebd. Nr. 109. Brief Fuggers an Platen, (München) 15/12/ 1823, ebd. Nr. 115, mit Absage der Hofintendanz München für den ‚Gläsernen Pantoffel' und beiliegendem Notizzettel. „...da er wohl wissen konnte..": Brief Knebels an Platen, Jena (nach 15/12) 1823, ebd. Nr. 116; Dove a.a.O. 48 bemerkt, daß Knebels Tadel der poetischen Originalitätssucht Platens eigenen Worten von 1817 (im Aufsatz über den Verfall der deutschen Literatur, KP IX 124) entsprächen: „The irony would, no doubt, have been lost on him." Platens gelehrter Briefwechsel mit Rückert über persische Dichtung: nur Rückerts Briefe sind erhalten, Neuses 18/8/1823 – Koburg 24/5/1824, Bo.III Nr. 74, 113, 114, 163. ‚Chloris, Doris..': Gedicht ‚Klagen eines Ramlerianers bey Durchlesung des gläsernen Pantoffels' KP IX 169ff, 48 Verse, davon zitiert 13ff, R nach Cotta 1,249. Eckermanns Rezension der ‚Neuen Ghaselen' in ‚Kunst und Alterthum' 4. Bandes 3. Heft, Stuttgart 1824, 159ff; dazu Schlösser I 443: „Uns.. vermag Eckermanns Anzeige, die sich mit zweifelhaftem Erfolg der verallgemeinernden Manier Goethes selbst befleißigt, nur wenig zu befriedigen, um so weniger, als der Verfasser.. in sehr entscheidenden Punkten vollkommen fehlgeht." Eckermann über seine Ghaselen-Rezension für ‚Kunst und Alterthum' s. ‚Gespräche mit Goethe' am 21 + 23/11/1823. Platen marmorkalt: Jakob Grimm zitiert von Karl Gödeke in Cotta 1 LXXII. „Von dem ersten Augenblicke..": erster Brief von Ludwig Sigismund Ruhl an Platen, Caßel 15/11/1823, Bo.III Nr. 98; Platens Antwort darauf, Erlangen 27/11/1823, ebd. 104. ‚Wäinämöinens Harfe. Finnisches Volkslied, aus dem Schwedischen übersetzt', KP II 139ff; wahrscheinliches Pendant ‚Die Legende von den elftausend Jungfrauen' ebd. VII 178f. Brief Platens an Tieck, Bayreuth 28/12/1823, Bo.III Nr. 118. Platen sieht ein, daß der ‚Gläserne Pantoffel' nicht auf die Hofbühne paßt, s. sein Brief an Fugger, Erlangen 19/12/1823, ebd. Nr. 117. Vergebliche Versuche Fuggers, den ‚GP' an Münchener Volksbühnen unterzubringen, s. sein Brief an Platen, München 25/1/1824, ebd. Nr. 124: August Lewald war damals „als Secretär bei dem kgl. Hoftheater an dem Isarthor (= Volkstheater) angestellt, das unter der Regie des bekannten Komikers Karl stand" und erinnert sich, wie ein Offizier ihm den ‚Gläsernen Pantoffel' angeboten, den er aber habe ablehnen müssen: „Die Comödie ist zwar köstlich, aber eben deswegen für die Schauspieler, wie für das Publikum des Isarthortheaters viel zu gut"; siehe Artikel ‚Erlebnisse und Erfahrungen' in ‚Münchener Propyläen, Wochenschrift für Literatur, Theater, Musik und bildende Kunst', 7/5/1869. Nach Schlösser richten sich die Ghaselen ‚Unter deinen Fensterpfosten..' KP III 140 (s. Anm.) und ‚O Zeit, in der ich rastete..' ebd. 143 (s. Anm.) an Stachelhausen. Platen schickt den ‚Gläsernen Pantoffel' an Goethe, Begleitbrief, Erlangen 17/3/1824 Bo.III Nr. 141, Goethes Reaktion ebd. Anm. Goethes Antwort, Weimar 27/3/1824, ebd. Nr. 144. Goethe über den

‚GP' zu Eckermann im Gespräch vom 30/3/1824, dazu Schlösser a.a.O.I 445f. Gedicht ‚Am Grabe Peter Ulrich Kernell's' KP II 116f. Hypochondrie Platens in Briefen an die Mutter, Erlangen 7+27/5/1824, Bo.III Nr. 157, 164, aus letzterem folgender Ausschnitt: „Ne vous mettez pas en peine à cause de ma poitrine. Elle est forte et large en elle même et le mal vient de l'estomac et du bas ventre, qui me font des congestions envers de la poitrine. J'ai essayé le lait de chèvre avec de l'eau de Seltre et sans celle-ci mais je ne pouvais pas digérer et je l'ai abandonné." ‚Berengar': KP IX 175ff. Platen läßt sich von Fugger le Grand d'Aussy: Fabliaux et Contes, 4 vol. Paris 1783 besorgen (Bo.III Nr. 111, 127, 135), daraus vol. 3 No. 27 ‚Bérenger', abgedruckt in KP IX 193ff, übersetzt von mir. Der feige Bankierssohn Birbante ist dem Hochstapler Meyer nachempfunden, mit dem Platen es im Herbst 1818 zu tun hatte: Birbantes Worte bei seinem Fluchtversuch ‚So zahl' ich ihn mit Fersengeld' (342) sind die Meyers, als er bei einem Wirt die Zeche prellt, vgl. Tb.II 118. Aufführung des ‚Berengar' durch Schüler des Platen-Gymnasiums in Ansbach 1967, nach: Hermann Dallhammer, Jahresbericht des Platen-Gymnasiums ebd. 1975/76. Buchhändler Heyder übernimmt den ‚Gläsernen Pantoffel' und ‚Berengar' für ein Bändchen gegen Voraushonorar von 140 fl., vgl. KP I 296. Reisepläne im Brief Platens an die Eltern, Erlangen 27/4/1824, Bo.III Nr. 155. Mitreiseangebot im Brief Platens an Liebig, Erlangen 28/4/1824, ebd. Nr. 156. Auf ein weiteres Referat der interessanten Korrespondenz zwischen Platen und Liebig muß hier aus Platzgründen leider verzichtet werden; sie findet sich in Bo.III. Brief Platens an Fugger, Erlangen 23/5/1824, mit Reiseangebot, Reiseroute und Fragen nach der Braut ebd. Nr. 158; „Du beklagst Dich..": Antwort Fuggers, Augsburg 23/5/1824, ebd. Nr. 162 und Anm. Fünf Bühnen haben den ‚Gläsernen Pantoffel' abgelehnt, s. Bo.III Nr. 158, 160. Bruchmann liest das Stück in Wien mit Beifall vor, s. sein Brief an Platen, Wien 17/4/1824, ebd. Nr. 150. „Die Theaterdirectoren..": Brief Rückerts an Platen, Koburg 24/5/1824, ebd. Nr. 163. Platen im Sommer 1824 und bei literarischem Disput beobachtet von Friedrich Mayer, a.a.O. 8ff. Zu Platens dunkelblondem, offenbar krausen und widerspenstigen Haar: seit Sommer 1824 klagt er über Haarausfall, für den er seine langen Haare verantwortlich macht; Briefe an die Mutter Bo.III Nr. 176, 181, 183. Ruhl macht Platen auf Eckermanns Besprechung in ‚Kunst und Alterthum' aufmerksam, Brief Caßel 20/1/1824, ebd. Nr. 122, Platens Antwort darauf, Erlangen 20/2/1824, ebd. Nr. 133. ‚Historischer Anhang (zum ‚Gläsernen Pantoffel'). Für die Freunde des Dichters', KP IX 167ff, enthaltend zwei polemische Gedichte gegen Knebel, ‚Klagen eines Ramlerianers', vorn zitiert, und ‚Antwort an den Ramlerianer': 8 Strophen, davon zitiert 2f, R nach Cotta 1,251; eine Variante dieses Gedichts KP XII 221. Platen schickt die ‚Schauspiele' an Goethe; „Den historischen Anhang.." s. Begleitbrief, Erlangen 26/6/1824, Bo. III Nr.174 u. Anm.; Goethes Tagebuch meldet den Empfang der Schauspiele am 1/7; weiter heißt es: „Herr Canzler von Müller. Mit demselben die Erlanger Unart. Berathung deßhalb. Andere Eröffnungen."

28. Bliomberis

Der Stoff des ‚Rhampsinit' aus Históries Apódexis des Herodot, 2. Buch Kapitel 121, in deutscher Übersetzung KP IX 346ff. Platen hält die Fabel für kein Märchen, sondern eine wahre Geschichte, vgl. sein Brief an Ruhl, Bo.IV Nr. 51, und Briefe an Fugger ebd. Nr. 32 u. 59 (alle Nürnberg, Frühjahr 1825), vgl. auch Max Koch in KP IX 26. ‚Der Schatz des Rhampsinit' ebd. 197ff. Ludwig Tieck: Prinz Zerbino oder die Reise nach dem guten Geschmack, gewissermaßen eine Fortsetzung des gestiefelten Katers, in Schriften in 20 Bänden, Berlin 1828–46, Bd. 10. Zu Bliomberis Schlösser I 436f; auch Dove (161) bemerkt, Bliomberis sei „without doubt, a not-so parodistic self projection" Platens. Georg Büchner, Leonce und Lena, entstanden 1836. Zitat

Rhampsinit-Bliomberis aus dem 2. Akt, KP IX 215, R nach Cotta 3,176; die beiden parodistischen Sonette des Bliomberis im 4. Akt, das erste KP IX 240f (nicht zitiert), vom zweiten ‚So fahret wohl..‘ zitiert die Terzette, KP IX 246, R nach Cotta 3,223f; das erwähnte Gedicht an Rousseau zitiert in Kapitel 11 dieses Buchs; groteske Werbungsszene Bliomberis-Diora im 2. Akt, 5 parodistische Stanzen, zitiert aus der zweiten, 3 – 5 vollständig, KP IX 218f, R nach Cotta 3,180f; parodistisches Spott-Ghasel der Zofe Barinissa auf Bliomberis im 1. Akt, KP IX 208f (nicht zitiert). Zum mangelnden gesellschaftlichen Bezug in Platens Dramen Sengle III 430; gleichwohl erlebte Platens ‚Rhampsinit‘ nach 163 Jahren seine Auferweckung und Uraufführung – als Hörspiel der Schweizerischen Rundfunkanstalt DRS 1 am 7+12/6/1987 (nach ‚Neue Zürcher Zeitung‘ 10/6/1987). Das Gartenhaus, in dem Platen seine Dramen schrieb, wurde 1924 vom Erlanger Heimatverein gekauft, wiederhergestellt und seit 1925 als Platen-Gedächtnisstätte „zu einem Wallfahrtsort zahlreicher Platenfreunde"; seit 1956 abermals renoviert und neu eröffnet, vgl. ‚Erlanger Bausteine zur fränkischen Heimatforschung‘, Erlangen 1956, Heft 2/3, 62ff. Biographische Bemerkungen zu Rotenhan s. KP I 255. Gedrucktes Ablehnungsschreiben des Berliner Hoftheaters, Berlin 6/8/1824, Bo.III Nr. 185: „Die Zahl der Manuscripte, welche dem Unterzeichneten zur Annahme für die Darstellung zugesendet werden, ist zu groß, als daß eine vollständige Beantwortung und Aufstellung aller Gründe und Ursachen, warum die Annahme verweigert werden muß, ..ausführbar wäre. ..Die Erfahrung hat ferner dargethan, daß die Ablehnung der Manuscripte Mißverständnisse, Empfindlichkeiten und weitläufige Correspondenzen verursacht hat; gleichwohl können wichtige Gründe obwalten, welche diese Ablehnung nothwendig machen. Hierzu gehören Lokal-Verhältnisse der hiesigen Bühne, wahrgenommene Mängel welche einen gehörigen theatralischen und dramatischen Erfolg bezweifeln lassen, und sowohl aus dem Stoffe als aus seiner Behandlungsart nach der Ansicht und Ueberzeugung des Unterzeichneten hervorgehen. (…) Graf Bruehl."

29. Venedig

Tb.II 649 – 731, R nach MMPl 48. Aufenthalt in Salzburg s. Schlösser I 490. Sämtliche geographischen Angaben in Italien nach Grande Carta Stradale del Touring Club Italiano, Milano 1983/84. Goethe über Rebenfestons, Vicenza, 19/9/1786: „Der Weg von Verona hieher ist sehr angenehm.. man blickt in tiefe Baumreihen, an welchen die Reben in die Höhe gezogen sind, die sodann, als wären es luftige Zweige, herunterfallen. Hier kann man sich eine Idee von Festonen bilden!" Padua 26/9: „In vier Stunden bin ich von Vicenza herübergefahren.. Die Fülle der Pflanzen- und Fruchtgehänge, über Mauern und Hecken, an Bäumen herunter, ist unbeschreiblich"; und über Theater in Venedig, 4/10/1786: „Gestern war ich in der Comödie, Theater Sankt Lukas.. ich sah ein extemporirtes Stück in Masken.. Mit unglaublicher Abwechslung unterhielt es mehr als drey Stunden. Doch ist auch hier das Volk wieder die Base, worauf dieß alles ruht, die Zuschauer spielen mit, und die Menge verschmilzt mit dem Theater in ein Ganzes" (Italiänische Reise I). Kunsthistorische Angaben über Venedig nach Guida TCI vol. 6 Venezia e Dintorni, Milano 1969. Die trockene Berichtweise Platens über Venedig fiel schon Bornstein auf, der sich freilich nur mit dem Briefwechsel beschäftigt: „Es ist nicht möglich, die einschneidende Bedeutung des Aufenthalts in Venedig, ..den tiefen Eindruck der Stadt, ihrer Menschen, Bauten und Bilder auf Platen aus den erhaltenen Briefen an die Eltern ..heraus- oder in sie hineinzukommentieren." Bornstein verweist stattdessen „auf die reichen Ausführungen der Tagebücher", meines Erachtens zu Unrecht, denn sie übertreffen die erwähnten Briefe nicht an Farbe, sondern nur an Länge; vgl. Bo.III Anm. 194. Cafés am Markusplatz: Florian existiert noch heute, wenngleich unter den alten Prokurazien, nicht unter den neuen, wie Platen in Tb.II

671 mitteilt. Zur Hypothese von Platens ersten sexuellen Erfahrungen in Venedig 1824: ich habe sie mit Jürgen Link diskutiert. Er hält sie für möglich, neigt aber selbst eher zur Annahme, Platen habe nicht vor seinem Wiedereintritt in Italien 1826 eine vita sexualis gehabt. Über Käuflichkeit der Knabenliebe außer bei Veit a.a.O. auch Aristophanes, Ploutos, Verse 147ff, vgl. Gundel Koch-Harnack: Knabenliebe und Tiergeschenke. Ihre Bedeutung im päderastischen Erziehungssystem Athens, Berlin 1983, 165. Schlössers Referat zu Platens Kunstbesichtigungen in Venedig a.a.O.I 493-571, dazu der Kommentar von Emmy Rosenfeld (A 74): „Die ungerechtfertigt voluminöse Behandlung von Platens Kunstbetrachtung durch seinen Biographen Schlösser stellt ..die Geduld eines modernen Lesers auf eine allzu harte Probe und nützt dem Dichter nicht, weil dadurch die zahlreichen Widersprüche und Frontenwechsel in dessen Ansichten noch schärfer zutage treten". Platen erwähnt Tintoretto Tb.II 677, 679, 684, 687, 689, 706, 721. Angaben zum Lombardo-Venezianischen Königreich nach Emerich Schaffrans Einleitung zu: Giacomo Leopardi, Canzonen, übersetzt, eingeleitet und erläutert von E. S., Bremen 1963, XLI. Angaben über Lady Craven nach Brian Fothergill: Beckford of Fonthill, London 1979, 121ff, 209. Zum Urbild der Lady Milford s. Schillers ‚Kabale und Liebe', Uraufführung Frankfurt 1784; Schillers Drama war wiederum Vorlage zu Verdis ‚Luisa Miller' (1849), so daß Lady Craven auch noch in einer bravourösen Opernpartie verewigt wurde. Sie selbst hat übrigens Schillers ‚Räuber' mit starken Kürzungen ins Englische übertragen; auf der Ansbacher Bühne wurde nur Englisch und Französisch gespielt, vgl. KP I 16. Beschreibung Heinrichs III von Frankreich s. Heinrich Mann, ‚Die Jugend des Königs Henri IV', Amsterdam 1935 u. ö.; hauptsächlich 6. Kapitel ‚Der neue Hof'. Verbreitung der Homosexualität im Venedig der Renaissance vgl. Rudolf und Margot Wittkower, Born under Saturn. The Character and Conduct of Artists, London 1963, 170. Platen zu ‚Il Redentore' von Palladio Tb.II 693, Beckford dazu: William B., Italy, Spain and Portugal, London 1834, 2)1840, letter II; Schilderung des Markusplatzes ebd. letter III, übersetzt von mir. Es lag mir auch noch der ‚ungereinigte' Tagebuchtext Beckfords von 1780 vor: The Travel Diaries of WB of F, edited by Guy Chapman, London 1928, der freilich hier kaum von der späteren Version abweicht. Brief Byrons an Webster, Venedig 31/5/1818: „(Venice) is by no means even now the most regular & correct moral city in the universe. – Young and old, pretty & ugly, high and low – are engaged in the laudable practice of lovemaking – and though most Beauty is found amongst the middling & lower classes – this of course only renders their amatory habits more universally diffused." Byron's Letters and Journals, ed. by L. M. Marchand, London 1976, vol. 6. Ghasel ‚Dir ja nicht allein vor Allen, ich entsage lange schon..' KP III 146; nach Schlösser ist dies Gedicht an Priuli, nach Tschersig an German gerichtet (ebd. Anm.). Sonett ‚Mein Auge ließ..', ebd. 175, vollständig zitiert, R nach Cotta 2,104f; Sonett ‚Dieß Labyrinth..' KP III 176, vollständig zitiert, R nach Cotta 2,105f; Angst-Lustphantasma nach Link E. Sonett ‚Wie lieblich..' KP III 177, vollständig zitiert, R nach Cotta 2,106, dazu Link D. 170f. Sonett ‚Nun hab ich..' KP III 178, vollständig zitiert, R nach Cotta 2,106f; die im letzten Vers genannten Engel (lautenspielende Putten) flankieren das Jesuskind unter der Madonna auf dem Vivarini (nicht Bellini)-Bild in ‚Il Redentore', vgl. Reproduktion in Schlösser I gegenüber 464; dazu Busch (95): „Für den Leser, den die erotische Ebene der Venedigverehrung und der intensive Ton der Freundschaftsbeteuerungen in diesem Gedicht zu einer ..grobmateriellen Interpretation verleitet, ist die Pointe, die die letzte Zeile durch Nennung (Bellinis) birgt, eine Zurechtweisung: ‚honi soit qui mal y pense'." Sonett ‚Venedig liegt nur noch..' KP III 179, zitiert erstes Quartett, R nach Cotta 2,107; ‚Wie seid ihr groß..': Sonett ‚Hier wuchs die Kunst..', KP III 183f, zitiert das zweite Quartett, R nach Cotta 2,110; dazu Link E. ‚Um Gottes eigne Glorie..': Sonett ‚Ihr Maler führt..' KP III 184, zitiert zweites Quartett, erstes Terzett, R nach Cotta 2,111. Bei Busch (95f, 98f) wird an den venezianischen Sonetten XXI (G. Bellini) und XXIII (Tizians ‚Himmelfahrt Mariä'), KP III 178ff, die Genese der neuen Kunstreligion gut demonstriert. Wenn Platen

die sinnlichen Qualitäten der venezianischen Malerei feiert, nachdem er sie der jenseitigen Dimension entkleidet hat, so versteht das Busch als „Parodie im Pathos" und als einen Angriff auf „die körperfeindliche Tradition der christlich-empfindsam beeinflußten bürgerlichen Literatur", wie etwa in Knebels Kritik formuliert, „gleichsam von innen." Sonett an Priuli ‚Weil da, wo Schönheit..' KP III 187, vollständig zitiert, R nach Cotta 2,112f; Dove (120) dazu: „Platen argues that his own love-life and Venice are organically inextricable". Sonett an Priuli ‚Ich liebe dich..' KP III 188, zitiert erstes Quartett, R nach Cotta 2,114f; dazu Link D. 175ff; das Sonett wurde von Platen selbst ausgeschieden. Busch (98f) meint, dies sei geschehen, „weil ein real existierender Venezianer nicht mehr Bestandteil der Kunstwelt war". Immerhin versucht Platen hier, Priuli in die Kunstwelt zu integrieren; was aber ist mit Nr. XXX ‚Weil da, wo Schönheit..', vorher zitiert, das denselben Priuli gleichfalls, wenn auch weniger deutlich einbezieht und das nie ausgeschieden wurde? ‚Versifizierter Baedeker': Heinrich Henel, Erlebnisdichtung und Symbolismus, a.a.O. 87. Zu A.W. Schlegels Gemäldesonetten, die Platen kannte, Schlösser I 577ff, Link D. 137ff. Prägnante, repräsentative Beschreibung, ‚stehengebliebene' Gegenstände vgl. Link E.; „Einheit von spiegelförmig abgeschlossenen Echoklängen" Link K. 977. Poetische Reisebilder: Vorläufer ist hauptsächlich Byrons Versepos ‚Childe Harolds Pilgrimage' (1812-18), das Platen kannte. Die Vertonung durch Berlioz eröffnete eine lange Reihe analog musikalischer Reisebilder, von denen nur Liszts ‚Années de pèlerinage' genannt seien. Nahe sind auch Mendelssohns touristisch deskriptive Orchesterwerke wie italienische, schottische Sinfonie, Hebriden-Ouvertüre u.a. Sonett ‚Wenn tiefe Schwermut..' KP III 189, vollständig zitiert, R nach Cotta 2,113f, dazu Link E. sowie Busch 100ff. Zum Daphne-Mythos s. Robert v. Ranke-Graves, Griechische Mythologie, Quellen und Deutung, Reinbek 2)1961, 2 Bände, 1. 67; für Busch (105) ist der wilde Lorbeer „Symbol überwundener sexueller Versuchung, er stellt auch schon die Umwandlung sexuell-sinnlicher Energien in ästhetisch-künstlerische dar". Die Daphne-Interpretation geht hier sehr weit. Wenn Platen in sein Sonett einen Lorbeerbusch einführt, sagt das nichts darüber aus, ob er in Venedig sexuellen Versuchungen widerstand oder nicht. Das Gesamtbild des zweiten Quartetts könnte ebensogut ein resigniertes Résumé von enttäuschender Erfahrung (öde Wellen, die nur leise zittern) bedeuten.

30. Arrest

Tb.II 731–48, R nach MMPl 48. Über die Bautätigkeit in München um 1825 KuV 2, Das neue München, 567ff. Platen leiht von Schnizlein 40 Gulden, s. Brief an die Eltern, Munich 26/12/ 1824, Bo.IV Nr. 7; „Seine geistige..": Schnizleins Brief an die Gräfin Platen, München 21/1/ 1825, ebd. Nr. 388; Platen über Schnizlein an die Eltern, Nuremberg 25/1/1825, ebd. Nr. 27: „Il semble que la lettre du bon-homme Schnizlein vous a rendue de bien mauvaise humeur.. Schnizlein est un brave garçon, mais en fait de poésie il n'entend rien du tout, et ce serait une bêtise de lui parler de mes productions" (die Fehler im Französischen bei Platen). Sonette an Brandenstein: ‚So sah ich wieder dich…' KP III 230; das andere ‚Nie hat dein spätres Bild…' mit dem Schlußvers ‚Doch meine schönste Jugend ist verflossen', ebd. 193f. Christens Reliefmedaillon: es ist verschollen, vgl. KP I 271, eine (mögliche) Zeichnung davon jedoch erhalten, abgebildet in Bo.IV gegenüber S. 10; sie zeigt Platen ohne den Schnurrbart, den Schnizlein in Brief Nr. 388 erwähnt. Platen vergaß bei seiner Durchreise in Augsburg Ende Dezember 1824 seinen Mantel, ebd. Nr. 9, 19, 24. Eckermanns Besprechung der ‚Neuen Ghaselen' in ‚Kunst und Alterthum' IV/3, 1824; die Gräfin Platen dazu aus Ansbach am 13/12/1824 an ihren Sohn: „il nous seroit bien flatteur, si vous faisiez époque au théatre comme avec le dernier ouvrage que Mr. de Goethe reconnut avec une distinction éclatante: comme je possèdois encore ce Cahier, que personne ne connoit ici, je le fis copier pour le Géneral de Werneck, et le Professeur Albrecht à Jdstein, qui tous deux possèdent vos Ghaselen", Bo.IV Nr. 5. Platen an die Mutter, Munich 26/11/1824: „Vous trouverez aussi une critique de la pantoufle de verre dans le journal de Weimar. Quant à moi, je n'en ai rien lu", Bo.IV Nr. 2; es handelt sich um: Journal für Literatur, Kunst, Luxus und Mode, Weimar 1824, Literarisches Beiblatt Nr. 10. „Wie? Unter dieser kupfernen..": anonyme Kritik in ‚Europäische Blätter.. für die gebildete Lesewelt', Zürich 1824 Nr. 34 (3. Band 186-91); erwähnt auch in Brief von Fugger an Platen, Augsburg 20/11/1824, Bo.IV Nr. 1. Brief Heines an Immermann, Göttingen 24/2/1825, in: *Heinrich Heine, Briefe hsg. v. Friedrich Hirth, 6 Bände Mainz 1950/51, ab hier abgekürzt Hirth*, Bd. I Nr. 108. ‚Der Thurm mit sieben Pforten' KP IX 265ff; Le Grands (von Platen veränderte) Vorlage auf deutsch ebd. 349ff; sie diente auch Achim v. Arnim für sein Schattenspiel ‚Das Loch oder das wiedergefundene Paradies' 1811. Projekt ‚Rehabeam' KP X 369f. Platens Brief an Fugger, Nürnberg 31/1/1825, mit Bemerkungen dazu, Bo.IV Nr. 32. Es schließt sich eine briefliche Diskussion an zwischen dem (musikalischen) Fugger und dem (unmusikalischen) Platen über die erwünschte Vorherrschaft von Musik oder Poesie mit den zu erwartenden Positionen; Fugger schließt am 19/3/1825 mit dem Wunsche, „eine innigere Verbindung der beiden Künste herbeygeführt zu wissen", ebd. Nr. 58, 59, 64. Bornstein meint, damit streife die Debatte an Richard Wagner, ebd. Anm. 64. Gesang ‚Wer die Schönheit angeschaut mit Augen..', 4 Strophen, davon zitiert 1, 2, 4, in Platens Brief an Fugger, Nürnberg 13/1/1825, mit dem Kommentar: „Ich schreibe Dir hier ein Lied bei, das aber wahrscheinlich nicht componirbar seyn wird. Ich traue mir wenig lyrisches Talent zu. Meine Sachen sind alle unglaublich schwerfällig", Bo.IV Nr. 19; Fuggers zögernde Antwort, Augsburg 20/1/1825: „Das Lied aus Tristan und Isolde eignet sich allerdings zum Gesang, und liefert keineswegs einen Beweis von Mangel an lyrischem Talent", Bo.IV Nr. 24. Zum Tristan-Gesang s. Thomas Mann, August von Platen, Festvortrag a.a.O. Platen ruft öfters in Verzweiflung pathetisch, doch wenig glaubwürdig nach dem Tod, so 1818 wegen Adrast in Tb.II 157f (zitiert in Kap. 17), oder 1821 wegen Bülow im Sonett ‚Wenn Leben Leiden ist..', KP III 220f (zitiert in Kap. 22), oder 1826 wegen German mit dem Sonett ‚O süßer Tod..', ebd. 204 (zitiert in Kap. 33); es gibt noch mehr Beispiele. Weiter zu Tristans Gesang Link E.; ‚Gedichte und Interpretationen, Vom Biedermeier zum Bürgerlichen Realismus', hsg. v. Günter Häntzschel, darausJürgen Link, Echobild und Spiegelgesang: Zu Platens ‚Tristan', 36ff; „Ironie und Narzißmus schließen sich aus", ebd. 43; eine Seite später gewahrt Link gleichwohl in den Tristan-Strophen trotz des überzogenen Pathos, oder gerade deswegen, „etwas wie ein Augenzwinkern" und einen „zuweilen aufblitzende(n) sarkastische(n) Unterton", der alles in ein anderes Licht stelle. Ich kann hier nicht folgen. Aufsatz ‚Das Theater als ein Nationalinstitut betrachtet' KP XI 150ff, Zitate ebd. 157, 159f, R nach MMPl 17; der Aufsatz ist in Cotta 5 gekürzt und geglättet! Gedanken zum Nibelungenlied: Platen lobt an ihm das unregelmäßig-Spontane, das er selbst meidet, vgl. hier Kapitel 7. Zur Frage, ob Platen selbst ein Nibelungendrama plante: in dem ursprünglichen Prolog zum ‚Rhampsinit', Anfang Juli 1824 geschrieben, später jedoch ‚Treue um Treue' vorangestellt, verspricht er dem Publikum für später große Dinge: „Bis eurer Väter eigne Herrlichkeit/ In großen, männlichen Gestalten er (der Dichter)/ Vor eure günst'gen Blicke stellen darf,/ So lange laßt noch Fabelhaftes/ Euch wohlgefallen.." KP IX 286f; vielleicht meinte Platen aber auch nur deutsche Geschichtsdramatik, vgl. Schlösser I 621. ‚Aphorismen, besonders über dramatische Kunst' Tb.II 643ff, R nach MMPl 47. Über die deutsche Nationalbühne zwischen 1900 und 1945 u.a. die Doktorarbeit des Autors: Drama und Theater der konservativen Revolution, München 1971. Zu den Aphorismen 12 und 13, die Selbstverleugnung fordern, Link D. 178; auch Dove 234ff betont, davon könne beim späten Platen keine Rede sein: Platens „Selbstverleugnung..derived, in any case, from a desire to make individuality seem universal", ebd. 239. Zu den Aphorismen 9 und 11, die den Primat des

Künstlers fordern, Link D. 235. Das Wahre und das Schöne sind im Biedermeier nicht mehr identisch, s. Sengle I 488, vgl. Platens Widmungssonett an Schelling vom 31/3/1821, KP III 163: ‚Gebeut nicht auch im Königreich des Schönen,/ Wer immer König ist im Reich des Wahren?/ Du siehst sie beide sich im Höchsten paaren,/ Gleich in einander wie verlor'nen Tönen.' Sengle (III 421ff) grenzt Platen scharf gegen den l'art pour l'art-Dichter ab; gleichwohl konzediert er: „Die von Link nachgewiesene Nähe zu Schopenhauer leuchtet ein", ebd. 422, Anm. Busch (96) sieht es ähnlich wie ich: „So sehr (Platen) der Ideologie der bürgerlichen literarischen Diskurse unterworfen blieb, so war er doch richtungweisend für jene, die die darin übernommenen religiösen Elemente abstreifen wollten.. Unter anderen Bedingungen als die großstädtische Avantgarde gegen Ende des Jahrhunderts entdeckte Platen ..eine ‚Kunstreligion', die ihn aus dem schroffen Antagonismus zwischen Geistigkeit und Sinnlichkeit befreite, den er mit der Übernahme der religiösen Moral erlebt hatte." ‚Der Dichtung Lanzen..': Ghasel ‚Ja, deine Liebe flammt in meinem Busen.' KP III 43, 5 Beits, davon zitiert 3f. ‚Wenn ich ein Künstler..': Gedicht ‚Die Bildhauer', nicht bei Koch-Petzet, erstmalig anonym veröffentlicht im ‚Morgenblatt', Tübingen 25/7/1826, 13 Distichen, davon zitiert 1, 9-13, R ebd.; dazu Link D. 179. Puchtas Bemerkung über das „gothische Element" in Platens Poesie s. Tb.II 642. Schlösser bemerkt Thierschs Einfluß bei Platens Wiederaufnahme antiker Metren, a.a.O.I 620. Zu Puchta Fr. Mayer a.a.O. 22; hingegen Platens erste Bemerkung über Puchta Tb.II 385. Kritische Diskussion zwischen Platen und Puchta über ein Sonett, Erlangen und Nürnberg im Januar 1825, Bo.IV Nr. 20, 22, 23, 25: „...eine Art von grillenhafter Kritik.." ebd. Nr. 28; „Ich halte.." Nr. 29; die kritisierte Stelle bei KP III 181f:

Es scheint ein langes, ew'ges Ach zu wohnen
In diesen Lüften, die sich leise regen,
Aus jenen Hallen weht es mir entgegen,
Wo Scherz und Jubel sonst gepflegt zu thronen.   (R nach Cotta 2,108f)

Puchta empfindet den Gegensatz ‚In diesen Lüften' – ‚Aus jenen Hallen' als matt; er parodiert Platen:

Drum wollen Sie gefälligst dieses ändern,
daß Sie nicht schilt, der das Sonett bezahlet,
und heben Sie aus jenen Prachtgeländern
den Stab von Holz, nachlässig übermahlet;

der Gast in seinen ärmlichen Gewändern,
er weiche aus dem Saal, von Gold bestrahlet,
und mag sich an die Riva der Sclavonen
und auf dem Molo in die Sonne legen.   (Bo.IV Nr. 20)

Diese Kritik wurde weder von Platen noch von Schlösser und Bornstein akzeptiert; auch mir scheint sie unberechtigt. Hingegen wollen mir, wenn schon kritisiert wird, weder ein wohnendes Ach noch thronender Scherz und Jubel gefallen, selbst wenn sie allegorisch (‚anthropomorph') gemeint sind. Puchta weist Entschuldigungen Platens zurück: „Aber hören Sie doch einmal auf..", Erlangen 22/2/1825, Bo.IV Nr. 47, Taufpatenschaft Platens für Puchtas erstes Kind ebd. und Nr. 49, 55, 60, 61, 62. Die Subskription der venezianischen Sonette war nicht besonders erfolgreich, vgl. KP III 18f. Versand des Bändchens mit Begleitbrief Platens an Goethe, Nürnberg 16/2/1825, Bo.IV Nr. 39, Goethes Reaktion nach Anmerkung ebd. Nr. 39.

31. Treue um Treue

Tb.II 748-66, R nach MMPl 48, 49. Zueignung des ‚Gläsernen Pantoffels' an Schelling KP IX 165f, sechs Stanzen, davon die vierte zitiert, R nach Cotta 1 248. ‚Treue um Treue' KP IX 285ff, dazu Schlösser I 615f, der Stoff ‚Aucassin et Nicolette' nach le Grand kurzgefaßt ebd. Daß Platens Drama eigentlich nach dem vierten Akt zuende ist, fiel schon Fugger auf, vgl. sein Brief an Platen, Augsburg 9/6/1825, Bo IV Nr. 81. Zum Versmaß s. Brief Platens an Thiersch, Erlangen 27/5/1825: „..daß ich Ihren Rath, den Jambus bei gewissen lebhaften Wendungen der Situation, in den Trochäus übergehn zu lassen, befolgt habe, nur fügte ich diesem ..den Reim hinzu, da er mir ohne diesen in unserer Sprache zu kunstlos erschien", ebd. Nr. 78. Der erwähnte Wortwechsel zwischen Haushofmeister (Kritiker) und Troubadour (Künstler) im ersten Akt: Servatius. ‚Ich wüßte wohl, wie ich Euch das ganze Handwerk legen wollte! Ich würde eine eigene Klasse von Menschen besolden, die Euere Fabeleien so lange herabwürdigen müßten, bis weder Ihr noch Andere mehr daran Vergnügen fändet.' Idwin. ‚Diese Menschenklasse würde von wenigem Nutzen sein. Wir sind nicht größer als unser Talent, und nichts, außer uns, vermag uns zu steigern.' (R nach Cotta 3,295). Ruhl schickt den ‚Rhampsinit' zurück, vgl. sein Brief an Platen, Berlin 2/5/1825, Bo.IV Nr. 70. Platen schickt das Manuskript von ‚Treue um Treue' nach München s. sein Brief an Luise v. Kleinschrodt, Erlangen, undatiert (kurz nach 21/5/1825), Bo.IV Nr. 76; die Naivität Platens bemerkt auch Bornstein, ebd. Anm. Schon im Januar macht Schnizlein die Gräfin Platen darauf aufmerksam, daß der Intendant Poissl über die Annahme von Stücken nicht allein zu entscheiden habe, ebd. Nr. 388. Zum Verhältnis Platens zu seiner Mutter s. Schefflers Einleitung zum Briefwechsel, Bo.I IXff. Sidonie v. Seefried: Louise Gräfin v. Platen. Eine biographische Skizze, in: Nathanael v. Schlichtegroll, Erinnerung an August Graf v. Platen in seiner Jugend, München 1852, 125ff. ‚J'ai reçu votre lettre..": Brief Platens an die Mutter, o.O.(Erlangen) 29/5/1825, Bo.IV Nr. 79. „Ihr Dank für..": Brief von Wippert an Platen, Frankfurt 12/5/1825, ebd. Nr. 72. Auf die interessante Korrespondenz zwischen Platen und Liebig seit Juli 1823 kann hier aus Platzgründen nicht eingegangen werden. Sie findet sich bei Bo.III als Nummern 65, 69, 71, 79, 80, 82, 95, 99, 112, 120, 129, 152, 154, 156, 172, 177 (P. an L., Erlangen 4/7/1824: „ich hasse und küsse Dich.."), 182, 184, 189, und bei Bo.IV als Nummern 11, 80. In diesem letzten erhaltenen Brief Liebigs, D(armstadt) 1/6/1825, („Ich hasse mich selbst..") teilt dieser Platen seine Verlobung mit; Liebig hat noch einmal vergebens an Platen geschrieben, vgl. Anmerkung 80, doch dieser Brief ist nicht erhalten. Direktor Striese s. ‚Der Raub der Sabinerinnen', Schwank von Franz u. Paul v. Schönthan, Uraufführung Stettin 1884. Aufführung von ‚Treue um Treue', über eventuelle Versuche, das Publikum zugunsten Platens zu beeinflussen s. Friedrich Mayer a.a.O., 38: „..und was nachher von Machinationen der Freunde, von der anerkannten Nachsicht des Erlanger Publikums verlautete, war eitel hämische Nachrede". Zwei ungenau-sentimentale Zeugnisse von August Lewald: ‚Platen auf der Bühne' in: Allgemeine Zeitung Augsburg 5/6/1867, Beilage, und ‚Erlebnisse und Erfahrungen' in: Münchener Propyläen 7/5/1869. Triumphierender Brief Platens an Luise v. Kleinschrodt, Erlangen undatiert (22/6/1825), Bo.IV Nr. 85. ‚Ode an Napoleon' KP IV 28ff, 28 Strophen, davon die erste zitiert, R interpoliert; die Ode wurde erst 1906 veröffentlicht. Der nicht erhaltene Brief von Thiersch ist erwähnt in den Briefen an die Eltern, Erlangen 21+29/7/1825, Bo.IV Nr. 91 u. 93. Zur ‚Lyrik der exemplarischen menschlichen Existenz' Link D. 180ff, zu Platens antikisierender Dichtung Sengle III 450. Zum politischen Aspekt der Napoleon-Ode Schlösser I 651ff; in E. nennt Link den selbstverliehenen sozialen Auftrag Platens an seine politische Lyrik ‚liberalen Bonapartismus'. Sophie v. Weiß erstmalig erwähnt in Platens Brief an die Eltern, Erlangen 11/2/1824, Bo.III Nr. 130 u. Anm., Auskunft über ihre Mitgift im Brief der Mutter an Platen von Anfang Juli desselben Jahres, Ansbach undatiert, ebd. Nr. 178 u. Anm.; erneute

Erwähnung von Madame de Weiß in zwei Briefen an die Eltern mit gleichem Datum, Erlangen 29/7/1825, Bo.IV Nr. 92 u. 93; aus dem zweiten das vorn übersetzte Zitat: „Ne me donnez plus de vos conseils litéraires, ma chère Maman! Je ne vous ai jamais donné des conseils sur votre tricotage ou sur l'art de faire des chemises". Zum schwedischen Besuch in Erlangen s. Malla Montgomery Silfverstolpe, Das romantische Deutschland. Reisejournal einer Schwedin (1825 – 1826), aus dem Schwedischen von Marie Franzos, Leipzig 1912, 58ff. Brief an die Eltern mit Schweizer Reiseroute, o.O. (Erlangen) 28/8/1825, Bo.IV Nr. 102. Kernells Jugendporträt (etwa 16jährig) in ‚Erlanger Tagblatt' 7/11/1964. Biographische Angaben über Heinrich Heine nach Mende, Heine-Chronik a.a.O.

32. German

Tb.II 766 – 91, R nach MMPl 49. Der Palazzo Borromeo auf der Isola Bella bei Stresa wurde erst 1958 nach den Originalplänen aus dem 17. Jahrhundert vollendet, vgl. TCI Band 4 Milano e Laghi, Milano 1967, 292ff. Über Mlle. de Cerjat s. Brief Platens an die Eltern, Montchoisi 22/9, Bo.IV Nr. 104, u. Müllimatt 2/10/1825, ebd. Nr. 105. Über Mme. de Weiß und ihre Tochter Sophie vgl. Bo.III Nr. 130 und Anm. Gedicht ‚An die Diana des Niesen' KP II 118ff. Link (K. 753f) bemerkt die Endymion-Parodie: Narziß bringe es über sich, seine keusche Diana zu verspotten. Wie im Bliomberis haben wir hier jedoch einen Fall unbewußter Selbstparodie: Narziß ist Moritz Stürler, die keusche Göttin hingegen der Dichter selbst! Platens Dankbrief an Mme. de Weiß, Alpnach 10/10, Bo.IV Nr. 108, und ihre Antwort an ihn, Thierachern 14/10/1825, ebd. Nr. 110. Bemühungen, Rückert den Erlanger Lehrstuhl für Orientalistik zu beschaffen, s. die Briefe Rückerts an Platen zwischen Februar und August 1825, Bo.IV Nr. 38, 75, 83, 87, 101, sowie Rückerts Brief an Engelhardt, Koburg 2/3/1825, ebd. Nr. 389. Ode ‚An König Ludwig' KP VI 32ff, 22 Strophen, davon zitiert die erste und die beiden letzten, R nach Cotta 2,151, 154f; dazu Link in E.: „Vergleicht man die (von Schelling unterdrückte) Napoleon-Ode mit der ..sozusagen als Ersatz im direkten Auftrags Schellings (und damit des Restaurationsblocks) entstandenen Ludwig-Ode, so glaubt man den Unterschied zwischen dem energischen Ton der Zeilen eigenen Auftrags und dem gedämpften fremden Auftrags intuitiv zu spüren." Zu Platens ‚architektonischer' Handhabung antiker Strophen Link D. 211 + E., sowie als Beleg das Epigramm ‚Baukunst' von 1829 (KP IV 180), in dem es heißt: ‚Aber ein wirkliches Bauwerk ist ein versteinerter Rhythmus, / Deshalb selten, wie auch selten ein gutes Gedicht.' Platens Brief an Goethe mit Angriffen gegen Schubarth (undatiert, Erlangen Ende November 1825), Bo.IV Nr. 121. ‚Was du vernahmst..': Sione's Huldigungsgedicht, Bamberg (Anfang Januar 1826), Bo.IV Nr. 132, ihre erste Begegnung mit Platen im Juli 1824 s. Tb.II 628; biographische Angaben zu Sidonie v. Seefried ebd. 1016. ‚Nimm hin den Dank': Sonett von Gustav Schwab (vollständig zitiert) als Beilage zu Brief an Platen (Stuttgart, um 25/12/1825), Bo.IV Nr. 130a, 130. Müllners Kritik an Platens Sonetten in ‚Literatur-Blatt' (Beilage zum ‚Morgenblatt für die gebildeten Stände') vom 7/12/1822. Müllner zitiert Platens ‚Prolog an Goethe' nach ‚Urania für 1824' im ‚Morgenblatt' 6/1/1824; die Lesart der ‚Urania' fehlt in KP II 111! Dazu auch Schlösser I 685f. „Damit verbindet er..": Schwabs Brief an Platen über Cottas Zusage, die drei ungedruckten Dramen zu verlegen, Stuttgart 28/12/1825, Bo.IV Nr. 130. Über Johann Friedrich Cotta s. Dirrigl 312. „Ihre Tragischen Gestalten..": Brief Bruchmanns an Platen, Wien 17/8/1825, Bo.IV Nr. 100. Brief Platens an Frau v. Schaden, Erlangen 7/12/1825, mit Besetzungswünschen für die Nürnberger Aufführung von ‚Treue um Treue', ebd. Nr. 122. Theaterzettel der Aufführung in MMPl 91. Koch erwähnt in KP I 286 noch eine Aufführung in Regensburg, die jedoch sonst nirgendwo belegt ist. August Lewald: ‚Zwei Theaterdichter' (über die Erlanger Aufführung), in ‚Morgenblatt' 3/2/1836; ‚Erlebnisse und Erfahrungen' (über die Erlanger und die Nürnberger Aufführung), in ‚Münchener Propyläen' 7/5/1869; ‚Platen auf der Bühne' (Kurzfassung des Bekannten), in Allgemeine Zeitung Augsburg 5/6/1867, Beilage. Sengle zu Platens Lustspielen a.a.O.III 429ff. ‚Laß die Barbaren..': Sonett ‚An Tieck' KP III 231, zitiert die Terzette, R nach Cotta 2,138; andere polemische Sonette ‚Was habt ihr..' KP III 231f, ‚Wer möchte sich..' ebd. 192. „Wenn ich nur..": Brief Platens an Frau v. Kleinschrodt, Erlangen 12/12/1825, Bo.IV Nr. 124. ‚Kalt und ahnungslos..': Ghasel ‚Früh und viel zu frühe..' KP III 148, fünf Beits, davon zitiert 3-5, R nach Cotta 2,76. Sonett an German über den Tod Pindars KP III 203; Zeugnis über Pindar aus der Suda (byzantinisches Lexikon um 1000) nach: Pindar griechisch und deutsch, hsg. u. übersetzt von Oskar Werner, München o. J. 507. Die German-Sonette wurden von Koch als Zyklus zusammengestellt und ‚Sonette an Jonathan' überschrieben, vgl. KP III 194 Anm. Ich bin der Meinung, daß die zwanzig Sonette an German, die Platen im Tagebucheintrag vom 9/3/1826 erwähnt, nicht mit den Nummern XXXIX-LVIII übereinstimmen, die Koch in KP III 194ff angibt; vielmehr scheinen mir ‚Daß ich ein Recht..', ebd. 194, ‚Was sollt' ich noch..' und ‚Indeß ich hier..', ebd. 205, unter die von Platen erwähnten zu gehören, während die gänzlich hoffnungslosen ‚Es sei gesegnet..', ebd. 199, sowie ‚O süßer Tod..' und ‚Die letzte Hefe..', ebd. 204, wohl auch von German inspiriert, doch später im Jahr, bis zu Platens Abreise nach Italien, entstanden sind. Die beiden German-Sonette, in denen Autor und Adressat als Männer erscheinen: ‚Man schilt mich stolz..', KP III 202, sowie das schon genannte über den Tod des Pindar ‚Ich möchte, wenn ich sterbe..', ebd. 203. ‚Qualvolle Stunden..' ebd. 199, vollständig zitiert, R nach Cotta 2,130, dazu Link E. Platen liest mit Genuß Winckelmann (vermutlich das Hauptwerk ‚Geschichte der Kunst des Alterthums', Dresden 1764, 2 Bde.); daraus resultierend Sonett ‚An Winckelmann', KP III 190, völlig zitiert, R nach Cotta 2,122f; dazu Schlösser I 676ff.

33. Die verhängnißvolle Gabel

Tb.II 791 – 98, R nach MMPl 49. Zu Eduard v. Schenks ‚Belisarius' Platens Briefe an Thiersch Bo.IV Nr. 152, 184. Die beiden Bücher über griechisches Theater, von denen die ‚Verhängnißvolle Gabel' vermutlich ausgelöst wurde: Hans Christian Gemelli, Das Theater zu Athen, Altenburg/Leipzig 1818, und K. F. L. Kannegießer, Die alte komische Bühne in Athen, Breslau 1817. C. B. A. Sessa (Pseudonym für den Superintendenten Carl Andreas Maertens aus Halberstadt): Unser Verkehr. Eine Posse in einem Aufzuge. 3. vermehrte Auflage Leipzig 1816, 7. Auflage Berlin 1863, Reclam's Universal-Bibliothek Leipzig 1878; Frau v. Harnier lieh das Stück Platen im Februar 1816, vgl. Tb.I 434. Ludwig Robert (Levin): Kassius und Phantasus oder der Paradiesvogel. Eine erz-romantische Komödie, Berlin 1825; die beiden Zitate ebd. 46f, 136. Platen liest dies Stück Anfang 1825 im Nürnberger Arrest, vgl. Briefe an die Eltern, Nürnberg 25/1-22/2/1825, Bo.IV Nr. 27, 36, 45. August von Platen, Die verhängnißvolle Gabel (+ Der romantische Oedipus, Neudruck der Erstausgaben, mit Karl Immermanns ‚Der im Irrgarten der Metrik unhertaumelnde Cavalier'), hsg.v. Irmgard u. Horst Denkler, Stuttgart 1979 (Reclam), *ab hier abgekürzt: Denkler*; die Zitate sind mit den Verszahlen versehen, Varianten nach KP X, R interpoliert. Schmul ist die jiddische Form von Samuel; vgl. Denkler 246. Zum Ausfall gegen Schenks ‚Belisarius' schreibt Platen an Thiersch: „Es fragt sich nun, ..ob der Verfasser, wie man sagt, wirklich in so ausserordentlicher Gunst bei dem König steht, daß dieser ihn auch als Dichter verehrt? ..denn an sich selbst scheint Herr Schenk ..ein so gewöhnlicher Pfuscher zu seyn, daß er keinen Platz in einer Comödie verdienen würde.. Dieser hätte mir also den Rang abgelaufen; und wenn mich nicht ein andrer König nach Italien reisen läßt, der König Ludwig wird es nicht thun. Dieser Alexander hätte also seinen Lysippus gefunden, einen Lysippus, der Theresen auf lesen reimt, welch ein Lysippus!" (Erlangen, 2/4/1826, Bo.IV Nr. 152). Platen sollte schweigen, auch er reimt Liebe auf Triebe, so z.B. im berühmten Tristan-Gedicht; ich teile Links positive Meinung zu diesem Reim nicht, vgl. Kap. 30. Zwei in die ‚Gabel' eingeschobene Fabeln, den Trivialdramatikern zur Bearbeitung vorgeschlagen: die erste im 3. Akt Vers 608ff (diebische Elster), die zweite im 5. Akt: Ein christlicher Missionar verliebt sich in eine junge Tibetanerin. Um sie zu heiraten, willigt er ein, die Religion zu wechseln; zur Bewährung im neuen Glauben aber soll er die Exkremente des Dalai Lama essen. Angeekelt weigert er sich; die Braut wendet sich gekränkt einem anderen Bewerber zu. Da überwindet sich der Christ, doch zu spät: die Braut ist bereits mit dem anderen vermählt.

> Umsonst vollbracht' ich', heulet er, das Gräßliche! ...
> Er spricht's, und nun, in jenen widersinnigen,
> Hiatusreichen Halbtrochä'n, die Jeder kennt,
> Wo bald ein Reim sich findet, bald auch wieder nicht,
> bricht unser Missionarius den Geist heraus,
> Versteht sich, blos den Müllnerischen, doch vermischt,
> Mit eines Lamas heiligen Ingredens. (1166 – 1175)

Die hiatusreichen Halbtrochäen stehen in Müllners ‚Schuld'. Platens Utopie, Erinnerung an die borromäischen Inseln vgl. Schlösser I 706f. Die beiden Hexameter ‚Nicht Fliegen.. Distel' wurden auf Fuggers Anregung hin aus dem Druck gestrichen, vgl. Bo.IV Nr. 153. Wallende Locken des Dichters: seit vergangenem November bemühte sich Platen intensiv um Makassar-Öl, das als Haarwuchsmittel galt, vgl. Bo.IV Nr. 120, 126, 141, 142, 153, 154, 162. Zur Ahnfrau als Allegorie s. Schlösser I 707. Vor Eigenlob triefender Brief Platens an Thiersch, Erlangen 23/7/1826, Bo.IV Nr. 195. Das Zitat aus ‚Kassius und Phantasus' a.a.O. 40; Schlösser (I 684) nennt Roberts Stück albern und witzlos; was wäre dann die ‚Verhängnißvolle Gabel', über die er sich fast vierzig Seiten lang ausläßt? „Sie erhalten hier..": Platens Brief an Schwab mit dem ersten Akt der ‚VG', Erlangen 24/3/1826, Bo.IV Nr. 146. „Inig verehrter Dichter!..": Antwortbrief Schwabs an Platen, Stuttgart 27/3/1826, ebd. Nr. 148. Korrespondenz über den Druck der ‚VG' ebd. Nr. 146, 148, 164. „Da ich..": Platens Brief an German, Erlangen 17/4/1826, ebd. Nr. 155; „Herr Graf! Es sollte..": Germans Antwort an Platen (undatiert, gleicher Tag), ebd. Nr. 156; „Es ist mir..": Platen an German, Erlangen, immer noch 17/4/1826, ebd. Nr. 157; „Herr Graf! Höchst unerwartet..": German an Platen, Erlangen 18/4/1826, ebd. Nr. 159; Platens Antwort an German vom gleichen Tag ebd. Nr. 160, mit Sonett ‚Die Liebe scheint der zarteste der Triebe', zitiert das Schlußterzett. Sonett ‚Es sei gesegnet..' KP III 199, vollständig zitiert, R nach Cotta 2,129f, dazu Link E. „Aus deiner Seligsprechung..": Brief Fuggers an Platen, mit Glückwünschen für Rom, Augsburg 16/5/1826, Bo.IV Nr. 172; „Aus deiner poetischen..": Platens Erwiderung an Fugger, (Erlangen) 18/5/1826, ebd. 174; Fugger antwortet am 25/5 darauf: „(Es) schmerzte mich doch die üble Ahndung, womit Du diese Reise antrittst, doch kommt es mir nicht ganz ungewöhnlich vor, daß ein Mensch, dem so wenig Hoffnungen sich verwürklichen, das Gefühl einer so bedeutenden.. Veränderung mit einigem Bangen erträgt. ..Ein langes Leben mag ein Glück oder keines seyn, es ziemt uns doch immer das Leben zu lieben.. Darum entwinde Dich der Fesseln und hoffe auf Gesundheit und Genuß vom Süden, dann aber kehre geheilt und heilbringend wieder ins Vaterland zurück", ebd. Nr. 175. Sonett ‚O süßer Tod..' KP III 204, vollständig zitiert R nach Cotta 2,137f; dazu Link D. 158ff. „Wer den Musen..": Brief Platens an Thiersch, Erlangen 13/6/1826, Bo.IV Nr. 184. Zur weitergezahlten Offiziersgage Koch in KP I 290. „auch läßt sich kaum denken..": Platens Brief an Cotta, Erlangen 25/6/1826, ebd. Nr. 187. Platens letzter Brief an Goethe, Erlangen 4/7/1826, Bo.IV

Nr. 190; dazu Schlösser I 719f. Für Platens Urlaubsgenehmigung ist die Zivilbehörde zuständig, das heißt Eduard v. Schenk, s. Bo.IV Anm. 191. Platen kündigt seinen Besuch an und läßt die Mutter, Frau v. Schaden, grüßen, s. sein Brief an Luise v. Kleinschrodt, Erlangen 23/7/1826, Bo.IV Nr. 194. Zitat „Seit beinahe zwei Monaten.." Tb.II 795; hier werden **beide** Gründe offenbar, aus denen Platen Deutschland verläßt, vgl. Sengle III 420; Link (E.) dazu: „Ob der Namensfetischist hier symbolisch die ganze Nation zu lieben glaubte?" Verse an German in ein Exemplar der ‚Verhängnißvollen Gabel' geschrieben: Platen war sich der Pein- und Lächerlichkeit dieser Verse keineswegs bewußt, denn er teilt sie unbefangen im Tagebuch mit. Versuch, in der ‚VG' den Mangel an gesellschaftlichem Bezug mit formalen Spielereien und Satire auszugleichen s. Sengle III 432. Platens rechtfertigt seine ‚VG' gegen eine (verlorene) Kritik von Thiersch in seinem Brief vom 23/7/1826, schon oben zitiert, Bo.IV Nr. 195; Schlösser (I 720) nennt diesen Brief Platens „das bedeutsamste Dokument der letzten Erlanger Wochen", vermutlich wegen der metrischen Erläuterungen. „Sie enthält den Wettstreit..": Brief Platens an Cotta, Erlangen 21/7/1826, Bo.IV Nr 193. Sonett ‚Die letzte Hefe..' KP III 204, vollständig zitiert, R nach Cotta 2,139f. Bemerkungen über German bei Schlösser I 728f; biographische Angaben über German bei Paul Bornstein, der Platen-German-Briefwechsel, in Blätter der Platen-Gesellschaft, Erlangen, Heft 5, August 1926, 97ff; German war schon in Heidelberg Rhenane gewesen. „1826 kam er nach Erlangen. Auch hier stand er, seiner Lebtage nichts weniger als eine weiche, zärtliche Natur, im Ruf eines forschen Draufgängers, wie denn sein späteres Berufsleben durch schwere Kämpfe religiöser und kirchenpolitischer Natur mit seiner vorgesetzten Dienstbehörde gekennzeichnet ist. ..Bedeutendere geistige Qualitäten lagen anscheinend nicht vor." German hatte sechs Kinder und starb 1858 als protestantischer Pfarrer zu Erpolzheim in der Rheinpfalz. Angaben zu Bruchmann sowie Briefzitat nach Moriz Enzinger a.a.O. 154. Letzte Briefe Bruchmanns an Platen Bo.IV 161, 171, 189. Rückert zum Professor in Erlangen ernannt s. Dirrigl 771.

DRITTER TEIL
ITALIEN

34. Der Tiroler Traum

In Augsburg blieb Platen nur einen Tag und zwei Nächte. Bei Fugger hinterließ er eine Sammlung von siebzig ausgewählten Sonetten, die venezianischen eingeschlossen; er dachte sie in Italien auf hundert zu vermehren für einen Duodezband bei Cotta. Diese Sonete halte er für das Beste und Seelenvollste seiner Lyrik, hatte er vor ein paar Tagen an Schwab geschrieben.

Am 6. September reiste er allein den Lech aufwärts; von Landsberg über Partenkirchen, Mittenwald und den Zirler Berg hinab nach Innsbruck brauchte er zwei Tage. Am 9. September brach Platen von dort mit einem italienischen Vetturin auf, der nach Verona zurückkehrte. Die Brennerhöhe dürfte er am folgenden Morgen passiert haben. Hinter der Franzensfeste, wo es nach links in die Dolomiten geht, standen zwei Wegweiser. Auf dem einen war zu lesen: nach Italien, auf dem andern: ins Pusterthal. Er fürchte, schreibt Platen, daß das Glück in Italien so wenig wohne wie anderswo, und er fragte sich, ob er nicht besser den Weg ins Pustertal eingeschlagen hätte.

Der Grund für diesen Stimmungswechsel ist nicht schwer zu finden. Bis Bozen war er mit einem Innsbrucker Kaufmann gereist, der ihm die Zeit mit Erzählungen von urtümlicher Tirolerart vertrieb; so über einen jungen Bildschnitzer, der an der Münchener Akademie gelernt und viel Erfolg in seiner Heimat hatte. „Dabey ist er höchst einfach und liebenswürdig an Gemüth und Geist", berichtet das Tagebuch, „(er) geht noch immer wie seine Landsleute mit nackten Knieen und kurzen Lederhosen einher, und zeichnet sich nur durch eine edlere Gesichtsbildung und reinere Sitten aus, da er weder den Wein noch die Weiber liebt." Platen bedauert, in Innsbruck nichts von des Schnitzers Arbeiten gesehen zu haben; Hofkirche, Maximilians- und Welsergrab, die er soeben besucht hatte, sind vergessen. „Doch gebe ich die Hoffnung nicht auf, ihn in Rom zu treffen.. Das Genie im Bauernkittel muß ein wahrhaft erhebender Anblick seyn." Grobgewirkte Genies im Kittel sollte der Dichter in Rom zur Genüge finden; sie liebten Wein, Weib, auch Gesang, und keineswegs ‚reinere Sitten'.

Krachlederner noch waren, wie der Mitreisende berichtete, die Bewohner des Zillertals. „Es sind wahre Heldengestalten," referiert Platen, „die einen riesenhaften Körperbau mit der größten Behendigkeit vereinigen. Es wird ihnen leicht, ohne Anlauf über ein Pferd zu springen, und bey'm Tanz sieht man sie oft, wie sie in ausgelassener Lustigkeit mit den Füßen bis an die Decke der Stube schlagen. Ohne Anstrengung tragen sie Lasten von zwei Zentnern über's Gebürg. Sie unterscheiden sich von den übrigen Tyrolern durch ihre Schnurrbärte und dadurch, daß sie Jedermann zu dutzen pflegen. Ihr Gesicht ist edler und ausgebildeter, da sie halb Europa durchwandern, von Jugend auf ein freies, poetisches Leben führen, und mit Gesang aufwachsen. Sie sind unerschöpflich in Liedern und singen oft stundenlang in einem Athem, besonders wenn es gilt, damit eine Zeche zu bezahlen oder ihrer Liebsten ein Ständchen zu bringen...Mit der Keuschheit derjenigen, denen die Ständchen gebracht werden, sieht es freilich selten zum Besten aus...Was man ihnen sonst noch vorwirft, ist.. eine bis in's Rohste getriebene Wildheit bei ihren Schlägereien, wo sie sich zuweilen die Augen aus dem Kopfe drücken und Nasen und Ohren wegbeißen. Diese Herkulesse, die meist ein hohes Alter erreichen, leben übrigens von schlechtem Brod, Käse und Mehlspeisen und genießen selten Fleisch. Ihr Getränk ist größtentheils Brandtwein...Zu diesen Menschen vielleicht", seufzt Platen, „müßte man flüchten, wenn man ein Aeschylus werden, wenn man die menschliche Leidenschaft ungeschminkt (in) ihrer ursprünglichen Kraft und Gewaltsamkeit wollte kennen lernen."

Die Enge der Eisackschlucht nördlich von Bozen war ihm dank der Tiroler Geschichten nicht aufgefallen; in der wesentlich offneren Salurner Klause fühlte er sich eingeklemmt zwischen den Bergen. Doch das Etschtal weitete sich nach Trient hin, die Vegetation wurde reicher, und der Wagen rollte durch fruchtprangende Gärten. Platen besichtigte, wie schon 1824, die wichtigsten Kirchen am Wege.

Zwischen Ala und Volargne traf er am nächsten Morgen Puchta, der, aus Norditalien kommend, nach Erlangen zurückfuhr. Ihm zürnte Platen ein wenig, da er, ohne ihn abzuwarten, allein nach dem Süden aufgebrochen war. Nun dauerte das Treffen nur einige Minuten, weil die Kutscher nicht warten wollten.

Bald nach dieser Begegnung öffneten sich die schroffen Kalkfelsen, die den Eingang des Etschtales markieren, und gaben den Blick frei auf etwas eintönige Maulbeerpflanzungen mit Rebenfestons zwischen den Bäumen; ähnlich hatte ihn schon Goethe beschrieben. Am ersten Abend in Verona besuchte Platen die römische Arena. In ihrer Mitte war eine kleine Bühne errichtet, auf der eine Operette gegeben wurde. Der Dichter bemerkt im Tagebuch den Unterschied von Antike und Moderne: „das alte Schauspiel war ein Volksfest, das neue ist eine bezahlte Abendunterhaltung." Bezahlte Abendunterhaltung anderer Art mag er später am gleichen Orte gesucht haben, denn nun verfällt das Tagebuch wieder in jene langweilige Baedekerei, die wir schon von Venedig her kennen, und die unserer Meinung nach das schandbar Unsägliche (nicht nur, aber auch) vor dem Schreiber und der Nachwelt verbergen soll.

Auf die steinerne Viehtränke, die man in Verona gutgläubigen Fremden als Julias Sarg vorführt, fiel Platen prompt herein: das Ding sehe zwar eher aus wie ein beschädigter Brunnentrog, doch eben diese Schmucklosigkeit zeuge für die Wahrheit der Angabe. Das höchste Lob hingegen zollt er der Arena: „Zu wie mancherley volkthümlichen Zwecken konnte nicht ein solches Bauwerk benutzt werden!"

In Mantua mißfiel ihm die Malerei des Manieristen Giulio Pippi, genannt Romano. „Er hat öfters blonde, aber plumpe Schönheiten gemalt, wie Rubens", heißt es im Tagebuch. Ob Platen wußte, daß der junge Rubens acht Jahre in Mantua verbracht und die bestimmte Art, schinkenhafte Frauenakte zu malen, von Giulio gelernt hatte?

Am dritten Morgen begab er sich nicht, wie wir annehmen sollten, direkt nach Modena und Bologna, sondern zunächst nach Südwesten. Die Lektüre einer Kunstgeschichte hatte ihn auf Correggio aufmerksam gemacht, und vermutlich um seinetwillen machte er einen Abstecher nach Parma. Der Weg führte bei Borgoforte über den Po, natürlich in einem Fährboot.

Parma, damals nicht schlecht regiert von der Erzherzogin Marie-Louise, Napoleons treuloser zweiter Gattin, schien Platen mehr nördlich-nüchtern als die anderen Städte der Poebene. Die Correggio-Fresken im Dom, in S. Giovanni Evangelista und der Camera di S. Paolo waren leider sämtlich verdorben; inzwischen sind sie natürlich aufs schönste restauriert. Auch mit den Gemälden in der bourbonischen Akademie (heute Galleria Nazionale) konnte er, dem Zeitgeschmack verhaftet, nicht viel anfangen. Correggio, voll kühner Diagonalen und Verkürzungen, Erfinder einer ganz neuen Farbgebung, ist in vielem ein Vorläufer der Barockmalerei. Das bedeutende Teatro Farnese, nächster Entwicklungsschritt nach dem Teatro Olimpico in Vicenza, nahm Platen wenigstens zur Kenntnis.

Wenn er ganze fünf Nächte in Parma blieb, so lag das nicht an Correggio. Am ersten Abend bereits war er im Theater einem jungen Soldaten begegnet, den er seinen teuren Freund Luigi nennt, denn mehr als seinen Vornamen erfuhr er nicht. Platen war so berührt von dem Jüngling, daß er sogar ein Gedicht auf ihn schrieb, es jedoch später aus dem Tagebuch wieder entfernte. Der junge Mann gestand dem Dichter die Liebe zu einem Mädchen, und jener ihm seine unglückliche Veranlagung. Der Austausch blieb wohl ‚platonisch', sonst hätte er keine Erwähnung gefunden. Die herausgeschnittene Seite aber ist das letzte Zeugnis von rousseauischem Bekenntnisdrang in Platens Tagebüchern. Von nun an werden starke Gefühlsäußerungen nur noch in Korrespondenz und Dichtung zu finden sein.

Am 25. September brach der Dichter nach Florenz auf. Hinter Modena, wo er über Nacht blieb, gab es unerwartete Strapazen, und er fand sich „eingepackt in einen geschlossenen Wagen mit drei bis fünf Andern, vom schlechten Wetter verfolgt, die Chaise dreymal zerbrochen, geprellt in den Wirthshäusern, und die Gesellschaft.. höchst unangenehm". Mit dem Blick auf Bologna war es nichts, die Straße zum Collina-Paß verschwand in den Wolken. Am vierten Tage schließlich, bei der Abfahrt nach Pistoia, lag Sonnenschein auf den toskanischen Wein- und Obstgärten. Sehr lästig waren ihm zwei päpstliche Grenzen: die östliche Emilia gehörte zum Kirchenstaat, und Platen mußte, aus dem (österreichischen) Herzogtum Modena kommend, dessen Grenze bei Bologna und bei Poretta überqueren, um so in das (österreichische) Herzogtum Toscana zu gelangen.

Daß Florenz nicht verfalle wie alle anderen Städte Italiens, hebt er fast tadelnd hervor. Unter der milden Herrschaft Leopolds II v. Habsburg* erfreute sich die Stadt einer wirtschaftlichen Blüte. Ihre solide, etwas rustikale Frührenaissance, übrigens letzter Schrei bei den Münchener Architekten, ließ ihn das elegante Filigran der venezianischen Paläste vermissen.

Leider war das Wetter miserabel. Kaum noch habe er den Regenschirm aus der Hand gelegt, meint nach einer Woche Platen, der die Tage in Museen, Kirchen und nolens

---

* Nur borniert nationalistische Italiener werden heute bestreiten, daß Toscana zwischen Wiener Kongreß und Risorgimento gut regiert wurde.

volens Kaffeehäusern, die Abende jedoch im Theater zubrachte. Er habe noch keine Bekanntschaften gemacht, schreibt er weiter, und teilt dann ganz offen den Hauptgrund mit, aus dem er nach Italien gereist war: „Gleich wohl kann keine Stadt verlockender seyn, sich einen Freund zu suchen als diese, denn es kann nichts Schöneres gedacht werden, als die florentinische Gesichtsbildung; dieser hohe Adel der Physiognomien steigt bis in die gemeinsten Stände herunter, und man sieht mehr als einen Facchino, der blos gewaschen und rasirt zu seyn brauchte, um einen Adonis vorzustellen."

Mit des Dichters Kunstbesichtigungen ist Schlösser sehr unzufrieden: kaum etwas gefalle ihm, die Mediceergräber habe er sogar wahrscheinlich versäumt. „Bandinelli ist vollends gemein", entrüstet sich Platen, und dies eine Mal tadelt auch Schlösser den ‚unwürdigen Rivalen Michelangelos': auf dessen Ringergruppe ‚Ercole e Caco' greift der eine dem anderen ins Gemächte.

Nach einer Woche hatte das Wetter sich offenbar gebessert, denn nun gefiel es Platen in Florenz recht gut. Mit Vergnügen würde er hier einen Winter zubringen, bemerkt er im Tagebuch, wenn Rom nicht so nahe wäre und er sich nicht auch noch in den Kopf gesetzt hätte, seinen dreißigsten Geburtstag dort zu feiern. Gern hätte er den berühmten Improvisator Sgricci kennengelernt, dem er, vermutlich bei gleicher Beschäftigung, öfters auf der Straße begegnet war: „Leider ist er seiner Sitten wegen von Allen geflohen."

Wieder ein paar Tage später, als sein Aufenthalt in Florenz sich dem Ende zuneigte, meint Platen, der Abschied werde ihm nicht schwerfallen, da ihn hier niemand vermisse. An die geplante Komödie ‚Pan und Apollo' denke er nicht mehr, doch verspüre er Lust, endlich das Trauerspiel ‚Tristan und Isolde' auszuführen, selbst wenn es noch eine Weile dauern sollte. „Die gänzliche Gleichgültigkeit gegen das Leben, die ich von Erlangen her mitbrachte, ist während der Reise nicht verschwunden, und auch Rom wird sie nicht verscheuchen, da sie zu tiefe Wurzeln hat. Ich weiß, daß ich nicht glücklich werden kann, und Natur und Kunst reichen nicht aus, um das Herz zu füllen."

In solcher Stimmung entstand Platens erste italienische Ode.

> Dich hat, Florenz, dein altes Etruskervolk
> Mit wahrem Fug dich blühende Stadt genannt,
>   Nicht weil der Arno nagt an Hügeln,
>   Deren der kahlste von Wein und Oel trieft:
>
> Nicht weil die Saat aus wucherndem Boden keimt,
> Nicht weil des Lustparks hohe Cypressen und
>   Steineichen, sammt Oliv' und Lorbeer
>   Neben der Pinie nie verwelken:
>
> Nicht weil Gewerbefleiß oder Verkehr dir blüht,
> Den andre Städte missen, indeß du stolz
>   Freiheit genießest, Ruhm genießest
>   Unter der milden Gesetze Weisheit:

> Nicht weil im Prunksaal Schätze der Kunst du häufst,
> Vor denen jetzt stummgaffende Britten stehn;
>   Wie manches Denkmal ist, Florenz, dir
>   Fremder geworden als selbst dem Fremdling!
>
> Nie wieder tritt die Sonne der Medicis,
> Was auch geschehn mag, über den Horizont,
>   Längst schläft Da Vinci, Buonaroti
>   Macchiavell und der alte Dante:
>
> Allein du blühst durch deine Gestalten fort,
> Und jener Kunst Vorbilder, sie wandeln am
>   Lungarno heut wie sonst, sie füllen
>   Deine Theater noch an, wie vormals.

Wenn er versuchte, wie früher Venedig, nun auch Florenz als sinnvolles Gebilde dichterisch zu fassen, so mußte er diesmal scheitern. Venedigs historische Rolle war ausgespielt, die Stadt lebte vom Fremdenverkehr. Florenz hingegen war eine lebendige Kapitale: wohl gab es auch hier Kunstwerke, Denkmäler vergangener Größe, doch war die Stadt nicht wie Venedig eine auf dem Wasser schwimmende, zum Kunstmuseum erstarrte, in sich geschlossene Sonderwelt. Florenz, von Landschaft und Leben durchdrungen, war naturhafte Gegenwart, beliebige Realität: sie aber konnte Platen noch nicht in Poesie verwandeln. Diesmal sind es kaum die toten Kunstwerke, die Florenz repräsentieren, sondern vielmehr lebendige Jünglinge, die ihnen gleichen, und eben dadurch, daß sie leben, sich von jenen unterscheiden.

> Hier tändle Glück und Jugend, den Dichter nur,
> Zum strengsten Ernst anfeuert die Zeit nur ihn,
>   Und ihm zerbricht sein frühes Leben
>   Unter den Händen, wie Knabenspielzeug.
>
> Er rafft sich auf, dem reifere Stunden grau'n.
> Ihm naht der Wahrheit wehender Flügelschlag,
>   Und mehr und mehr Zukunft im Herzen
>   Lernt er entsagen der kalten Mitwelt.
>
> Du aber blühe, glückliche Stadt, hinfort
> In solcher Schönheit, solchem Gefühl der Kraft,
>   Wie auf dem Springquell hier der Meergott
>   Jenes unsterblichen Gian Bologna!

Die Okéanos-Statue im Boboli-Garten repräsentiert das Leben. Die fließenden Grenzen der Stadt, ihre vielfältigen Wirklichkeiten verwehren dem Dichter die Zusammenfassung im ‚gerahmten' poetischen Reisebild; auch widerstrebt solcher Behandlung die offene Kettenform der Ode mit ihrer gliedartigen Strophenfolge, die kein zwingendes Ende kennt wie das Sonett. Also hebt sich des Dichters Blick hinweg von der beliebigen Natur, er bleibt von der Stadt geschieden, sie dem Leben, er seiner mühsam-schwierigen Kunst und ihrem Priestertum verhaftet.

Am 19. Oktober brach Platen nach Rom auf. In der Kutsche saß eine englische Familie, die er mit Widerwillen zur Kenntnis nahm. Da das Wetter schön war, zog er sich auf das ‚Cabriolet' neben den Kutscher zurück, blieb dort „freilich auch ganz ohne Gesellschaft." Die Reiseroute folgte der antiken Via Cassia mit Übernachtungen in Poggibonsi und Buonconvento. Von der Schönheit Sienas, wo man zu Mittag speiste, bemerkt Platen nur die muschelförmige Piazza del Campo, der Dom war ihm zu buntscheckig und überladen.

Bald nach Siena führt der Weg bergan und die Landschaft wird rauh. Hinter Radicófani, wo die Gesellschaft über Nacht blieb, gewinnt sie wieder an Freundlichkeit und nimmt in Etrurien sogar liebliche Züge an. Wer sich heute die Mühe macht, von Siena anstatt über Raccordo und Autostrada entlang der Via Cassia nach Rom zu fahren, wird Platens Angaben bestätigt finden. Montefiascone über dem Bolsena-See erreichte die Kutsche erst bei Nacht, weil die englische Partie nicht vor elf Uhr morgens weiterkam.

Auf dem restlichen Weg bemerkt Platen nur noch eine Pietà des del Piombo in Viterbo, das er übrigens eine schmutzige und unbedeutende Stadt nennt. An seinem dreißigsten Geburtstag abends gegen sieben Uhr erreichte er die Porta del Popolo: im Sternenlicht erblickte er den Corso, die Piazza Colonna, und muß dort in der Nähe fürs erste abgestiegen sein.

35. Rom

Wie sah das päpstliche Rom aus, an das er so viele persönliche Hoffnungen knüpfte? Es erreichte bei weitem nicht überall die antiken Stadtmauern, sondern erstreckte sich ungefähr zwischen Porta del Popolo und Kapitol, zwischen Vatikan und Quirinal; dazu kam das Viertel Trastévere ‚jenseits des Tibers', zwischen dem noch unregulierten Fluß und dem Rücken des Gianicolo gelegen. Die Engelsburg stand praktisch auf der Wiese. Das antike Stadtzentrum zwischen Kapitol und Porta S. Sebastiano war noch nicht ausgegraben und hieß ‚Campo Vaccino', Kuhweide. Wie Rom vor dem Risorgimento aussah, vermitteln heute die Aquarelle von Ettore Roesler Franz, dem Nachkommen einer deutsch-italienischen Gastwirtsfamilie, die das ‚Hôtel de l'Allemagne', volkstümlich ‚la locanda di Franz', in der Via Condotti über Generationen betrieb.

Die Geschichte des päpstlichen Roms beginnt um 800, als Karl der Große sich dort krönen ließ. Als die deutschen Kaiser des Mittelalters das gleiche taten, brachte dies der Stadt zwar ein gewisses Ansehen, doch weder viel Besitz noch Einfluß im Reich. Beides kam erst schrittweise mit der Rückkehr der Päpste aus dem Exil von Avignon (1377); auch die Plünderung Roms durch die Truppen Karls V (1527) konnte daran grundsätzlich nichts ändern. Weiteren Aufschwung brachte die Gegenreformation, deren barocke Bauzeugnisse noch heute das Stadtbild bestimmen. Als in Frankreich die Schrek-

35. ROM

Ansicht des Campo Vaccino in Rom. Aquarell von Karl Friedrich Schinkel. (Nationalgalerie, Berlin-Ost)

kensherrschaft schon vorüber war, etablierte sich in Rom eine kurzlebige Republik. Napoleon machte die Stadt für fünf Jahre zur zweiten des Imperiums und verlieh seinem Sohn den Titel eines Königs von Rom. Stadtbaupläne, die teilweise erst später ausgeführt wurden, gehen auf ihn zurück; die Parkanlage auf dem Pincio von Valadier mit dem großartigen Abschluß zur Piazza del Popolo jedoch war vollendet, als Platen dort eintraf. Seit 1814 herrschten die Päpste wie vorher, und so sollte es für die nächsten Jahrzehnte noch bleiben.

An seinem ersten römischen Morgen ließ der Dichter sich einen Schwung gläserne Kameen andrehen, die angeblich aus einer Grabung bei der Porta S. Sebastiano stammten. Sechseinhalb Scudi, das sind mehr als zwanzig Gulden bayerisch, gab er für die Fälschungen aus, die gleichwohl gute Handwerksarbeit gewesen sein mögen. Der Handel mit den römischen Jungen zog sich nicht nur zeitlich, sondern auch örtlich hin, so daß Platen während des Feilschens die Fontana di Trevi, den Campo Vaccino und das Trajansforum kennenlernte. In der Via del Tritone fand er Quartier.

Hätte er nur die Kameen nicht gekauft, denn als er beim Bankhaus Torlonia nachfragte, war kein Geld aus Stuttgart für ihn eingetroffen. Er besuchte das Pantheon, damals noch mit den beiden Türmen Berninis versehen, Eselsohren genannt, die Piazza Navona, St. Agnese, den Borghese-Park. Die Abende ging er wie üblich ins Theater: im Capránica gab es ein Marionettenspiel, wo ihm die „sonderbare Einrichtung" numerierter Sitzplätze auffiel. Schließlich verbrachte er einige Stunden in St. Peter, dessen Innenraum ihn, wie jeden Besucher, zunächst überwältigte.

Welche Hoffnungen sich Platen in Bezug auf sein Liebesleben in Rom machte, wissen wir nicht. An der spanischen Treppe boten sich nach altem Brauch junge Menschen beiderlei Geschlechts als Modelle an, natürlich nicht allein zur Abbildung für Maler und Bildhauer. Casanova berichtet, wie er 1760 einmal Winckelmann mit einem hübschen Jungen in flagranti ertappte. Daß Homosexualität in der Stadt nicht unbekannt war, hatte vor 39 Jahren selbst Goethe bemerkt. „Sie.. werden ein sonderbar Phenomen begreifen," schrieb er Ende 1787 an den Großherzog Karl August, „es ist die Liebe der Männer unter einander. Vorausgesetzt daß sie selten biß zum höchsten Grad der Sinnlichkeit getrieben wird, sondern in den mittlern Regionen der Neigung und Leidenschaft verweilt; so kann ich sagen, daß ich die schönsten Erscheinungen davon, welche wir nur aus griechischen Ueberlieferungen haben, ..hier mit eignen Augen sehen und als ein aufmercksamer Naturforscher, das phisische und moralische davon beobachten konnte. Es ist eine Materie von der sich kaum reden, geschweige denn schreiben läßt, sie sey also zu künftigen Unterhaltungen aufgespart."

Erst Anfang November hatte Platen den Mut, Bekanntschaften zu machen; keine römischen freilich, wie er es eigentlich wünschte, sondern Deutsche, von denen es hier genügend gab. Die meisten waren bildende Künstler, Maler, Graphiker, Bildhauer: ihre täglichen Treffpunkte an der Piazza di Spagna das (heute noch existierende) Caffè del Greco und, gegenüber auf der Via Condotti, das alte Restaurant ‚Alla Barcaccia', neuerdings ‚Lepre' genannt.

Bildende Künstler sind keine Literaten und Feingeister. Wenn Platen hier in Rom so etwas wie den Erlanger Kreis um Schelling und Schubert erwartete, dann fand er sich bitter enttäuscht. Noch im vergangenen Februar hatte ihm Bruchmann in einem Brief aus Wien von einem längeren Aufenthalt in der Ewigen Stadt abgeraten, „da sie nur eine große Universität von Mahlern ist, deren Burschikoses und zugleich ächt philistroses (wie ueberhaupt diese 2 Pole sich sehr nahe liegen) Leben mir an mehreren Künstlern, die hier durchreisten oder blieben, sehr misfiel. Auch scheint sich in diesem römischen Klubb das Christenthum auf eine rohe, wissenschafts- und kunstlose Weise zu manifestiren, die noch begabt mit gemeiner Verachtung gegen jede Bildung, die nicht in ihren Kreis paßt, sehr wiederlich ist."

Mit den rohen Christen meinte Bruchmann die Nazarener. Es war dies eine deutsche Malergruppe, die, im Gegensatz zu den vorherrschenden Klassizisten, ihre Vorbilder nicht in der griechischen Antike suchte, sondern in Spätmittelalter und Frührenaissance. Der Name leitet sich von der jesushaften, in der Mitte gescheitelten Haartracht her; er sollte eigentlich nur die Frömmelei in Leben und bildlicher Darstellung verspotten, blieb aber als kunstgeschichtliche Bezeichnung haften. Begründer der Nazarener war der Lübecker Patrizierssohn Johann Friedrich Overbeck, der 1810 mit einigen Kollegen ein aufgelassenes römisches Kloster bezog und dort eine Art malender Mönchsgemeinschaft zu etablieren suchte. Verborgener Kern der neuen ‚Sankt-Lukas-Bruderschaft' dürfte eine homoerotische Neigung Overbecks zu Pforr gewesen sein. Nach wenigen Jahren starb dieser Bedeutendste der Gruppe an Tuberkulose. Die anderen hatten genug und zogen fort; Overbeck aber wurde zum Entsetzen seiner Eltern katholisch. An Stelle der alten traten neue Adepten, so etwa die Brüder Veit, jüdische Bankierssöhne aus Berlin, mit Mutter Dorothea (einer Tochter Moses Mendelssohns) und Stiefvater Friedrich Schlegel allesamt Konvertiten. Die nazarenische Wiederbelebung des Mittelalters war durch keinerlei Skepsis getrübt. Ihre schematisierende, pseudo-naive, süßlich-sentimentale Manier traf den Nerv der Zeit und fand Anhänger auch unter weniger ‚christelnden' (der Ausdruck stammt von Sulpiz Boisserée) als vielmehr deutschtümelnden Malern, voran Peter Cornelius. Zielscheibe des Spotts aber blieben die Frömmler, und deren gab es genug: dreizehn konvertierte deutsche Künstler zählte man in Rom bis 1819! Als damals Schopenhauer einem von ihnen, in Verteidigung des Olymps gegen Jesus und die Jünger, den Rat gab, er möge sich mit seinen zwölf Philistern nach Jerusalem scheren, mußte er das Caffè Greco fluchtartig verlassen, weil er sonst verprügelt worden wäre.

Philiströs waren freilich nicht nur die Nazarener, sondern auch ihre älteren Kollegen, die Klassizisten. Vor 1800 dürften wenige deutsche Künstler in Rom Bücher gelesen, geschweige denn besessen haben. Hand in Hand mit ihrem mangelnden Allgemeinwissen ging eine anmaßende Unduldsamkeit nicht nur gegen Gebildete, sondern auch gegen Kollegen. Es herrschten erbärmlicher Provinzgeist und kleinstädtischer Klatsch. Hierzu gesellten sich grobe Sitten nach Studenten- oder eher Handwerkerart, wir erinnern uns der Vorgänge in Erlangen 1822; als Beispiel stehe hier der Tiroler Maler Joseph Anton Koch, die rauhe Wirklichkeit zu Platens Zillertaler Träumen. ‚Schönheitsfreunde', wie etwa der dänische Bildhauer Thorvaldsen, verbargen ihre Neigungen sorgfältig hinter der Fassade einer Ehe. Die prominenten Künstler waren in der Regel verheiratet, oft mit Italienerinnen aus dem Kleinbürgertum. Soweit sie von ihren

Frauen nicht daran gehindert wurden, trafen sich die Männer zu nächtlichen Saufgelagen in bestimmten Tavernen. Gegröltes deutsches Liedgut wird den Römern seit 1814 oft genug in den Ohren geklungen haben; nur die feineren Nazarener, Overbeck, die Veits, hielten sich hier fern.

Einem jedoch machte all dies wenig aus: Ludwig von Bayern. Er war als Kronprinz schon viermal in Rom gewesen. 1818 hatte er den daheim verbotenen ‚teutschen Rock' propagiert, der alsbald Mode unter den Künstlern wurde. Rückert, zur gleichen Zeit in Rom und bemüht, sich anzupassen, sah mit seinem stechenden Blick in diesem Kostüm besonders wild aus, sodaß die Römer ihm ‚Faccia a terra!' nachriefen: diesen Befehl (das Gesicht zur Erde!) gaben Wegelagerer ihren Opfern zu Beginn des Überfalls. 23 Scudi verlangten die Schneider für diese ‚bella maschera dopo il Carnevale'*, Kosten, die der Prinz, ganz gegen seine sonstige Art, für unbemittelte Künstler übernahm. Ludwig integrierte alle Zeitströmungen der Kunst, den Klassizismus der Älteren, die Frömmelei und Deutschtümelei der Jüngeren; an den nächtlichen Saufereien nahm er, der Frühaufsteher, freilich nicht teil.

Als Platen nach Rom kam, trug man den ‚teutschen Rock' nicht mehr. Cornelius war seit sieben Jahren in München, mit der Freskierung der Glyptothek beschäftigt, Heß kürzlich dorthin berufen, Schnorr sollte ihm demnächst folgen. Doch sonst herrschte nach wie vor das Dreigestirn Thorvaldsen (Skulptur), Koch (Landschaft) und Overbeck (Nazarener). Sie und viele der weniger berühmten Künstler waren mit Aufträgen König Ludwigs vollauf beschäftigt. Platen besuchte den Bildhauer Ernst Bandel, einen Freund aus der Ansbacher Kindheit.

Cottas Überweisung war endlich bei Torlonia eingetroffen. Ohne das Areal der antiken Mauern zu verlassen, machte der Dichter bei mildem Tramontanawetter die schönsten Spaziergänge. Östlich der Piazza Barberini und des gleichnamigen Palazzo war die Stadt quasi zuende, wie wir auf einer der ‚Vier Ansichten von der Villa Malta auf Rom' von Johann Christian Reinhart sehen können: König Ludwig ließ sie zwischen 1829 und 1835 vom Belvedere des genannten Gebäudes aus malen. Sie haben heute einen eigenen Raum in der Münchener Neuen Pinakothek.

Unterdessen war die ‚Verhängnißvolle Gabel' im Buchhandel erschienen. Die Gräfin hatte aus Deutschland eine erste Rezension geschickt, die „gesalzen genug" war und Platen zutiefst kränkte. „So wenig mich dergleichen in Rom berührt, in diesem Meer der Schönheit," schreibt er Anfang Dezember mit gespielter Gleichgültigkeit an Fugger, „so unerträglich würde es mir in Deutschland seyn, und dahin zurückzukehren kann ich mich auf keine Weise entschließen...Wenn Cotta mir nicht fortwährend hilft, und sich für das, was ich ihm schicke, großmüthig erzeigt, so werde ich katholisch und mache mich zum Pfaffen, wie Winckelmann." Die Drohung, zu konvertieren, war natürlich nicht ernst gemeint; doch zeigt sie, was Platen vom Christentum noch hielt. Auch wird zum erstenmal jene törichte Gleichung offenbar, an der er bis zu seinem Tode festhalten und die ihm zu den Feinden daheim, die er sich mit seinen polemischen

---

* Der Ausdruck hat einen Doppelsinn: auch säumige Zahlweise heißt auf italienisch ‚nach dem Karneval'.

Dichtungen machte, noch zusätzlich weitere bescheren sollte: Italien gilt ihm als das Paradies der Schönheit, Deutschland als die Hölle häßlicher Kritik.

Sonette und Ghaselen werde er wohl nicht mehr dichten, da ihn im Lyrischen nur mehr die Ode interessiere, heißt es im selben Brief an Fugger; und tatsächlich inspirierte ihn eine Woche später ein antikes Grabmal zu seiner ersten römischen Ode.

> Die Pyramide des Cestius
>
> Oeder Denkstein, riesig und ernst beschaust du
> Trümmer blos, Grabhügel, den Scherbenberg dort,
> Hier die weltschuttführende, weg von Rom sich
>   Wendende Tiber!
>
> Stolze Prunksucht thürmte dich einst, o Grabmal,
> Als vor zwei'n Jahrtausenden hier Augustus
> Sich der Welt aufdrang, der erschreckten durch die
>   Leiche des Cäsar.
>
> Rom jedoch, kaum neigte dem Untergang sich's,
> Als das Saatkorn neuer Gewalt gesät ward;
> Denn es schuf hier jener Apostelfürst zum
>   Throne den Altar...
>
> Wehe, wer nicht spielend, ein Kind der Kirche,
> Ihr im Schooß ruht! Wehe, denn jeden Tag droht
> Priestermund ihm, Priestergemüt in Rom ihm
>   Stäte Verdamniß!
>
> Aber huldreich gönnten sie doch des Irrthums
> Söhnen gern hier eine geheime Ruhstatt,
> Ja, es kühlt dein Schatten, o Bau des Cestius,
>   Nordische Gräber!
>
> Möchten hier einst meine Gebeine friedlich
> Ausgestreut ruhn, ferne der kalten Heimat,
> Wo zu Reif einfriert an der Lippe jeder
>   Glühende Seufzer.
>
> Gern vermißt sei, neben dem Heidengrabstein,
> Was so streng Rom jedem Verirrten weigert:
> Jenes Jenseits, das des Apostels goldner
>   Schlüssel nur aufthut.
>
> Führt mich dorthin lieber, und sei's die Hölle,
> Wo der Vorwelt würdigen Seelen Raum ward,
> Wo Homer singt oder der lorbermüde
>   Sophokles ausruht.
>
> Aber schweigt jetzt, Sterbegedanken! Blüht nicht
> Lebenslust rings unter dem Römervolk noch,
> Einem Volk, dem zehrendes Feur die Lieb ist,
>   Liebe die Freundschaft?

> Daure Herz, ausdulde die Zeit des Schicksals,
> Wenn auch einsam! Stimme geheim, o stimme
> Deinen bergstromähnlichen, echoreichen,
>   Starken Gesang an!

Monte Testaccio, Scherbenberg, heißt ein gegen den Tiber hin gelegener antiker Schutthügel. Der historischen Betrachtung Roms vom Altertum bis zur Gegenwart schließt sich die persönliche an. Mit dem katholischen verwirft der Dichter zugleich das christliche Jenseits; übrig bleibt ein unbestimmter, von Schelling inspirierter Deismus. Die Hinwendung zum Leben in der vorletzten Strophe läßt vermuten, daß ihm in Rom glücklichere Begegnungen zuteil wurden als in Florenz. Gleichwohl zeugt der Schluß wieder von einsamer Duldung, von Trost und heimlicher Stärkung durch den Bau des poetischen Spiegels; zehrendes Feuer, Liebe und Freundschaft bleiben am Rande. Auch vollendete Kunst wie die venezianische Malerei vermag keine Seligkeit mehr zu stiften. Die antiken Scherben, Zeugen damaligen Lebens, mischt Platen mit denen seiner eigenen dichterischen Existenz: ‚Und ihm zerbricht sein früheres Leben/ Unter den Händen, wie Knabenspielzeug.' Trümmer und Ruine heben den schöpferischen Gedanken über Gegenwart und persönliches Schicksal hinaus. In der römischen Denkmalslandschaft wird dieser Lyrik ihre eigene Leistung, die ‚Verewigung', anschaulich. Am Fuß der Cestius-Pyramide liegt der protestantische Friedhof, auf dem der Dichter, wie er im Tagebuch mit großer Sicherheit, doch fälschlich mitteilt, begraben sein werde: sein Tod ist in der römischen Geschichte aufgehoben, der Denkstein wird auch an ihn erinnern.

Vor dem Gedicht steht das metrische Schema, hier das der sapphischen Strophe, reich an Spondeen. Schon im Februar 1827 bemerkt Platen in einem Brief an Fugger, die florentinische Ode gefalle ihm nicht mehr, „da der Spondäus zu selten gebraucht worden." Diesem doppelt akzentuierten Versfuß fügt sich kaum eine moderne Umgangssprache, die an Stelle des antiken Akzents, den wir nicht kennen, betonte und unbetonte Silben setzt. Vermutlich wurde alte Dichtung nicht gesprochen, sondern liturgisch-singend oder auch skandierend vorgetragen. Der Akzent bedeutete eine unterschiedliche Tonlage, wahrscheinlich eine höhere. Wir erinnern uns, daß der Dichter seit seiner Jugend einen singenden Deklamationsstil pflegte, der von Wenigen gelobt und von Vielen belächelt wurde.

Es versteht sich, daß Platens Gedichte in antiken Metren umso schwieriger zu deklamieren sind, je mehr Spondeen sie enthalten. Friedrich Sengle vermutet mokant, sie seien wohl nur durch eine Art von musikalischer Aufführung zu retten und es bleibe abzuwarten, ob das Publikum den Singsang mit Beifall oder Gelächter quittiere. Jürgen Link vergleicht die Spondeenhäufung mit dem ‚synkopierenden sforzato' der Frühklassik; Hubert Fichte empfiehlt einen skandierenden Vortrag mit doppeltem, aber verschieden starkem Akzent auf dem Spondeus. Dieser Rat scheint uns einigermaßen vernünftig.

In seinem ersten römischen Winter schrieb Platen eine Reihe von Oden, die über sein Leben mehr aussagen als die knapp gewordenen Tagebuchnotizen und die spärlich erhaltenen Briefe.

35. ROM

Warm und hell dämmert in Rom die Winternacht:
Knabe, komm! wandle mit mir, und Arm in Arm
   Schmiege die bräunliche Wang' an deines
      Busenfreunds blondes Haubt!

Zwar bist du dürftigen Stands; doch dein Gespräch,
O wie sehr zieh' ich es vor dem Stutzervolk!
   Weiche, melod'sche Zauberformeln
      Lispelt dein Römermund.

Keinen Dank flüstere mir, o keinen Dank!
Könnt' ich sehn, ohne Gefühl, an deines Augs
   Wimper die schmerzende Thräne hangen?
      Ach, und welch Auge dieß! ...

Heilig sei stets mir der Ort, wo dich zuerst
Freund, ich fand, heilig der Berg Janiculus,
   Heilig das friedliche, schöne Kloster,
      Und der stets grüne Platz!

Ja, von dort nanntest du mir die große Stadt,
Wiesest mir Kirch' und Pallast, die Trümmer Sankt
   Pauls, die besegelte, leichte Barke,
      Die der Strom trieb hinab.

Eine liebende Hand weist dem Dichter vom erhöhten Platze aus das erste ‚klassische' Panorama mit den bedeutsamen Trümmern, wie es in seiner Lyrik von nun an immer wieder auftauchen wird. Sonst braucht die Ode nicht viel Kommentar: das friedliche Kloster gehört zu S. Pietro in Montorio (heute Spanische Akademie der Schönen Künste); S. Paolo fuori le Mura, tiberabwärts bei Tramontana-Wetter gut erkennbar, war vor zwei Jahren ausgebrannt und harrte der Wiederherstellung. Die schmerzende Träne im Auge des Jünglings ist wahrscheinlich dichterische Lizenz: übers Jahr sollte Platen die gepriesene Begegnung auf dem Gianicolo mit einer Tagebuchnotiz entwerten, da er am gleichen Dezembertag am selben Ort einen anderen Jüngling traf, „weit hübscher, lieblicher und unschuldiger als jener (gewesen) war." Verblüffend bleibt allerdings, daß die Ode Ende April 1827 in Cottas ‚Morgenblatt' erschien und so zunächst eine befremdliche Frühstückslektüre für die ‚gebildeten Stände' Süddeutschlands abgab.

Nicht zum letztenmal bestieg Platen den Gianicolo. Von der großartigen Fontana Paola aus ließ er, diesmal ohne Begleiter, den Blick über die Stadt schweifen:

   Kühn ragt, ein halbentblätterter Mauerkranz,
   Das Colosseum; aber auch dir, wie steigt
      Der Trotz der Ewigkeit in jedem
         Pfeiler empor, o Pallast Farnese!

Die Ruine als Kunst-Denkmal ‚ragt' über ihre Zerstörung hinaus. Der Berg, von dem Platen jetzt hinunterblickt, gleicht dem Campanile, auf den er steigen mußte, um

Venedig als sinnvolles Gebilde zu erkennen. Hier in Rom bleibt der Gedanke nicht bei der steinernen Schönheit von Palast und Ruine stehen, mehr noch als die Denkmäler Venedigs verweisen die Bauwerke auf Geschichte. Nach dem antiken und päpstlichen Rom kommt der Dichter auf Napoleon zu sprechen; er feiert ihn in Strophen, die manches aus der Ode von 1825 enthalten.

> Ein Sohn der Freiheit; aber uneingedenk
> Des edlen Ursprungs, einem Geschlechte sich
>   Aufopfernd, das ihn wankelmütig
>   Heute vergötterte, morgen preisgab.

Hier greift Platen den von Schelling getadelten Gedanken wieder auf. Gleich Napoleon versteht er sich als verkanntes, gescheitertes Genie. Napoleons politischer Freiheit, den sinnlosen Zufällen der Geschichte eine erdachte Ordnung entgegenzusetzen, entspricht die poetische Freiheit des Dichters, die im geformten Gedicht den sinnlosen Zufällen des Lebens auf analoge Weise begegnet. Platens Bonapartismus trägt eine speziell italienische Note: Napoleon hatte 1805 durch die Gründung des Königreichs Italien zum erstenmal gegen Wien und Papst die Möglichkeit der nationalen Einigung vorgeführt.

> Und Rom? Es fiel nochmaliger Nacht anheim,
> Doch schweigt's, und lautlos neben der herrschenden
>   Sechsrossig aufgezäumten Hoffart
>   Schleicht der Beherrschten unsäglich Elend...
>
> Im Flammenblick nur, oder im edlen Bau
> Des schönen, freiheitlügenden Angesichts
>   Zeigt Rom sich noch, am Scheideweg noch,
>   Aber es folgte dem Wink der Wollust!

Wann Rom an einem Scheideweg gestanden haben soll, erklärt Platen nicht. Weder wurde die Stadt gefragt, als Napoleon kam, noch als er ging. Sechsspännig fuhr zwar der Papst, doch ist die soziale Anklage recht beliebig. Des Dichters Entrüstung über das müde Rom und seine schönen Bewohner aber, die ‚dem Wink der Wollust folgten', klingt ein wenig heuchlerisch; war es doch nicht zuletzt die Hoffnung auf eben sie, die ihn hierher geführt hatte.

Wie er nunmehr Gott verstand, nämlich als Inspiration, zeigt eine Ode aus der Neujahrsnacht von 1827.

>   Seele der Welt, kommst du als Hauch in die Brust des
> Menschengeschlechts, und gebierst ewigen Wohllaut?
>   Große Bilder entstehn, und große
>   Worte beklemmen das Herz.
>
>   Blende mich nicht, willige Kraft, wie ein Traumbild
> Blende mich nicht! o und ihr, ziehet umsonst nicht
>   Meine sorgende Stirn nicht vorüber,
>   Wandelnde Stralen des Lichts!

Wilhelm Waiblinger. Selbstbildnis. (Bayerische Staatsbibliothek, München)

Mitte Januar 1827 lernte Platen vor Michelangelos Moses-Statue den zweiundzwanzigjährigen schwäbischen Dichter Wilhelm Waiblinger kennen. Obwohl beide Männer kaum verschiedener hätten sein können, verband sie eine heftige Feindschaft gegen die Gesellschaft, der sie entstammten: der eine erfolgloser Dramatiker und Homosexueller, vergeblich um Anerkennung und persönliche Erfüllung bemüht, der andere normaler, aber zorniger junger Mann, der mit seinen Liebesaffären nicht fertig und deswegen zum ‚Aussteiger' wurde. Beide waren in erster Linie nach Italien gekommen, um fern vom heimischen Milieu ihre erotischen Wünsche ausleben und so gelöst in Freiheit schaffen zu können. Wenigstens das erste glückte dem hemmungslos heterosexuellen Waiblinger besser als dem gehemmt homosexuellen Platen. Dennoch hatte jeder von beiden mit dem Leben, aus dem er Kunst destillieren wollte, seine eigene Not. Waiblinger, durch eine Liebschaft ohne Schuld in einen Tübinger Skandal verwickelt, war Student der Theologie am Stift gewesen und kurz nach Platen in Rom eingetroffen. Mehr noch als jener hing er von der Gunst Cottas ab, der ihm auf Zureden Schwabs 2000 fl. Reisezuschuß versprochen hatte; doch dürfte er nicht mehr als 200 fl. erhalten haben. Schon als Gymnasiast war Waiblinger oft mit Hölderlin zusammengekommen. Nun trug er sich mit einer biographischen Skizze des Unglücklichen, die er demnächst zu Papier bringen wollte. Sein eigenes Jugendwerk, der Briefroman ‚Phaeton', orientiert sich völlig an Hölderlins ‚Hyperion', ja der Held, hinter dem sich der Autor verbirgt, fließt schließlich mit dem Umnachteten im Tübinger Turm zusammen. Unausdenkbar, daß Waiblinger mit Platen nicht über Hölderlin gesprochen hat. Seine Gedichte, in der

Form den Oden des Ansbachers entfernt verwandt, waren von Schwab und Uhland gesammelt und kürzlich bei Cotta veröffentlicht worden. Platen hätte sie also kennen können. Waiblinger aber projizierte seinen eigenen Überschwang auf Hölderlin, ja er zeigte nur für dessen Wahnsinn Interesse. Platen mochte an den armen Dr. Keck in Würzburg oder an den Freund Gruber denken und wird nicht neugierig auf das Tübinger Genie gewesen sein.

Wie der Roman ‚Phaeton', so sind auch die Dramen und Gedichte Waiblingers kaum gefilterte Selbstdarstellung. Das schriftstellerische Problem des Jünglings bestand darin, den starken Trieb seinen Texten derart anzuverwandeln, daß sie für andere genießbar wurden. Hier wußte Platen Rat, wenigstens, was die Poesie betraf. Leider hatte Waiblingers Lebenspraxis für Jenen keinen Wert, so daß der Jüngere sich nur mit Ergebenheit und Bewunderung revanchieren konnte. Doch auch dafür war der Ältere ja durchaus empfänglich. Wir werden in der folgenden Zeit, wann immer die beiden sich in Rom aufhielten, den Schwaben in der Rolle eines Schülers und den Ansbacher in der eines nicht immer glücklichen Mentors wiedertreffen.

Mit dem neuen Jahr öffneten die römischen Theater wieder ihre Pforten, nachdem sie seit der Adventszeit geschlossen geblieben waren. Platen, der des abends unter Menschen wollte und bislang nur „das langweilige Café Ruspoli"* besucht hatte, ging in sieben Vorstellungen nacheinander und zeigte sich am meisten von der Familie Taddei beeindruckt, die im Teatro Capránica auftrat. Insbesondere Rosa Taddei, damals erst neunzehnjährig, war schon eine berühmte Vertreterin der in Italien hochentwickelten Improvisationskunst: Thema, Silbenmaß und Reimschema wurden auf Zetteln oder durch Zuruf vom Publikum vorgegeben, und die Künstler brachten damit ‚al improvviso' stilreine Dichtungen hervor. Platen hatte zuvor im Teatro Argentina den berühmten Sgricci gehört, war jedoch von dessen monotoner, eher gesprochenen Rezitation enttäuscht. Rosa Taddei hingegen trug ihre Improvisationen zu einer diskreten Klavierbegleitung, vermutlich einfachen Akkorden, skandierend und eher singend vor. Platen erklärt, die Taddei habe ihm die genußvollsten Stunden bereitet, die er in Italien zugebracht, und füllt mehrere Seiten des sonst recht einsilbigen Tagebuchs mit der Beschreibung ihres Auftritts. Seine Einsamkeit muß groß gewesen sein, denn hätte er sonst die tiefste Befriedigung im Erlebnis erfahren, wie eine andere Person, ihm hier vergleichbar, imaginäre Welten baut, indem sie Beliebiges, das ihr zustößt (die Vorgaben), mit ihrer Formkunst ordnet und also besiegt? Hier, bei Rosa Taddei, fand Platen eine Rechtfertigung für seine geplante, unspontane Dichtweise.

Gegen Ende Februar begann der Karneval, der freilich in Rom nur eine Woche dauerte. Platen bekennt, er habe sich „an diesen Thorheiten und Maskeraden ergötzt und weidlich mit den sogenannten confetti** umhergeworfen". Zur Karnevalszeit mag die Ode ‚Der Thurm des Nero' entstanden sein. Die Torre delle Milizie, ein Geschlechterturm aus dem dreizehnten Jahrhundert nahe dem Trajansforum, galt nach römischer

---

* Caffè Ruspoli oder Caffè Nuovo, im Palazzo Ruspoli (già Caetani), am Corso Ecke Largo Coldoni gelegenes großräumiges Kaffeehaus.
** damals nicht feine Papierschnitzel, sondern ‚Konfekt', meist überzuckerte Mandeln und Nüsse, aber auch kleine Gipskugeln (korrekt: confettacci).

Überlieferung als der Ort, von dem aus Nero den Brand der Stadt beobachtet und zur
Leier besungen habe.

> Glaubwürdiges Wort, wohnt anders es noch beim Volk,
> Dann stieg, da er hieß anzünden die Stadt, dann stieg
>   Auf jenen Thurm schaulustig Nero,
>   Und übersah die Flamme Roms.
>
> Mordbrenner umher aussendete sein Machtwort,
> Bacchantinnen gleich, trug Jeder des Fests Pechkranz;
>   Dort aber stand auf goldner Zinne
>   Der Kaiser, der die Laute schlug.
>
> Hoch rühm' ich das Feur, sang Jener, es ist goldgleich,
> Ist wert des Titans, der's keck dem Olymp wegstahl:
>   Zeus Adler trägt's und einst empfing es
>   Des Bacchus ersten Athemzug!
>
> Komm, leuchtender Gott! Reblaub in dem Haar, tanz' uns
> Weichfüßige Reihn, eh vollends die Welt zu Staub wird:
>   Hier magst du dir Roms Asche sammeln,
>   Und mischen deinen Wein damit!

Wieder von einem Turm, ‚von außen', fällt der poetische Blick auf das feurige Fest des Dionysos, das zugleich die Geschichte der Menschheit bedeutet. Mit der Brandfackel entfesselt Nero das Chaos: doch indem er die prometheische Flamme ‚gottgleich' nennt, ruft er auch das goldene Zeitalter zurück. Busch bemerkt das abstoßend-Faszinierende in diesem Gedicht: Gerüchte werden zu Quellen für hymnischen Gesang, ein übelbeleumundeter Brandstifter, der im Verdacht sexueller Ausschweifungen steht, wird gottgleich, Chaos und goldenes Zeitalter fließen zusammen. Es dürfte Platen nicht schwer gefallen sein, sich mit Nero zu identifizieren: wie jener ist er ein Dichter, er teilt des Kaisers gleichgeschlechtliche Neigungen, und mit der ‚Verhängnißvollen Gabel' hat auch er ein literarisches Feuer gelegt. Wenn Nero im Brand Roms Chaos und Goldenes Zeitalter vereinte, so mischt Platen hier im Wein seiner Poesie Vergangenheit und Gegenwart, Tod und Leben. Vielleicht hätte die Schlierseer Elegie auf diese Weise zuende geführt werden können. Jedenfalls verstehen wir, warum die Zeit der Ghaselen und Sonette vorüber war. An Stelle des privaten Paradieses und des gerahmten Reisebildes tritt nun der Versuch, antike und moderne Welt in Gedichten einer tradierten Form zusammenzufügen, ja zu -spiegeln, deren Strophen den Gliedern einer verbindenden Kette ähneln.

Seit Platen sich in Rom aufhielt, war es sein Bestreben, gutaussehende Italiener kennenzulernen, mit denen er sich auch am Tage zeigen konnte. Dies fiel ihm bei seinem Naturell nicht ganz leicht. Das Tagebuch verzeichnet im November 1826 einen Mailänder ‚Marchesino di Bagno' und gegen Jahresende einen „großen, schönen blonden" päpstlichen Offizier. Der Januar bescherte ihm den „jungen schönen" Maler Coghetti aus Bergamo, und der Karneval schließlich dessen Cremoneser Kollegen

Bottazzi, dessen „tiefe, schwärmerischen Feueraugen" Platen zwar erwähnt, doch mit der resignierenden Einsicht, daß der Jüngling ihn nicht liebe. Alle diese ‚platonischen' Bekanntschaften hatten, wenn sie ihn auch nicht dem Ziel seiner Wünsche näherbrachten, wenigstens den Vorteil, seine Kenntnisse im Italienischen entscheidend zu verbessern. Nur diese Sprache sollte Platen außer dem Deutschen einigermaßen beherrschen, und eben darum haben wir kaum italienische Verse von ihm. Die Zeit des leichten Reimens war ohnehin vorüber.

Daß er mit den deutschrömischen Künstlern nicht umgehen mochte, war ihm schon bald nach seiner Ankunft klar geworden. Der einzige Landsmann, den er regelmäßig traf, war der Bildhauer Ernst Bandel, ein Spielkamerad aus den Ansbacher Kindertagen. Bandels Verlobte hatte in Erlangen Platens Lustspielvorträge gehört: so erklärt es sich, daß der Dichter in Bandels Briefen nach Deutschland eine Rolle spielt. Das Zeugnis des Bildhauers ist deshalb besonders wertvoll, weil nur wenige Berichte über den lebendigen ‚Platen in Italien' erhalten sind. Bandel schreibt am 5. November 1826 an seine Braut: „Graf Platen ist seit etlichen Tagen hier.. ich glaube einen Freund in ihm zu finden; er bringt alle Vorurtheile zu Gunsten Italiens und seiner Bewohner mit.. Ich habe sehr an ihm auszusetzen, daß er in seinem Dichterleben seine Umgebung gewiss zu gering achtet, weit in der Ferne däucht ihm Alles schöner; will sehen, daß er einsehen lernt, daß der Mensch mehr werth als schönlienigte Berge und weitgebreitetes Meer, daß der stille Friede, durch geregelten Verstand beschützt, schöner als der Leidenschaft reges Leben (ist). ..Er sucht mich fast täglich in meiner Werkstatt auf und liest mir, aber mehr sich selbst, seine neusten Dichtungen vor, jede Sylbe langsam und gleich betonend, wobei ihn der Taktschlag unserer Hämmer nicht irre macht."

In einem Brief vom 10. Dezember heißt es: „Mit Platen habe ich schon heftigen Streit gehabt, er ist ein Hitzkopf und trotz all seinem Wissen ein sehr einseitiger Mensch, was er hier will, begreife ich noch gar nicht; murrisch und todt schleicht er für sich hier herum und bleibt auf dem Punkte, auf dem man ihm begegnet, in seinem Denken stehen wie vor den Kopf geschlagen. Er läuft seit vielen Tagen mit einem Stutzer aus Mailand herum, der ein glattes leeres Gesicht hat und allenfalls zu einem Modezeitungsbilde gut Modell stehen könnte. Dem erzählt er von den Nibelungen und Fingals Märchen und freut sich seines ekelen Italieners, weil der ein schöner Mann ist, sagt er. Ich weiß gewiß, daß ich in 8 Tagen hier unter meinen Landsleuten lebend mehr von Italien und den Italienern kennen gelernt, als Platen mit aller Mühe in Jahren unter solchen Kleiderstöcken sein gepriesnes Italien kennen lernen wird." Der Kleiderstock war natürlich niemand anderer als der Marchese di Bagno. Zu Platens Ehre sei daran erinnert, daß er doch zum Jahresende auf dem Gianicolo das Gespräch mit einfachen Jünglingen ‚dem Stutzervolk' vorzuziehen gelernt hatte. Auch sollte er im Januar 1827 auf „ein sehr schönes Modell, ..aus dem Bandel einen Paris machen will", eine Ode dichten.

Mit dem Ende des Karnevals schlossen die römischen Theater erneut; nur die Improvisatoren durften noch auftreten. Dafür brachte der März milde Frühlingswärme und eine klare Luft, die Natur und Kunstwerke in neuem Glanz erstrahlen ließ. Platen besichtigte die Fresken im Palazzo Farnese und in der Farnesina; es mag ihm die üble

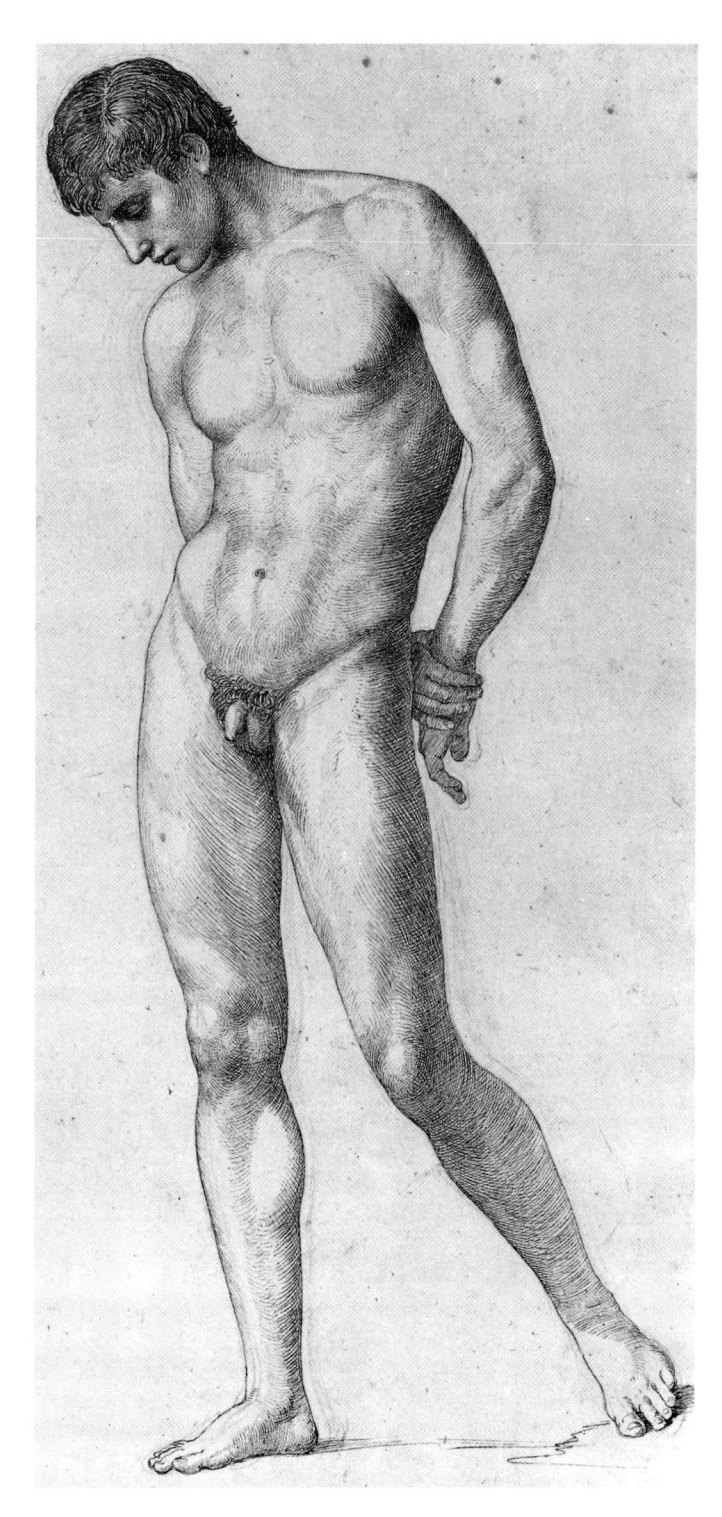

Männlicher Akt.
Zeichnung von Ludwig
Schnorr von Carolsfeld.
(Kupferstichkabinett,
Dresden)

Laune darüber vertrieben haben, daß Cotta seine Lustspiele nicht druckte, und daß noch keine der römischen Oden im ‚Morgenblatt' erschienen war*. Diese Oden seien in der Tat keine Gedichte, um sie hinter den Ofen zu werfen, schrieb er an Fugger. Auch machte er sich berechtigte Sorgen über Cottas zögerliche Zahlweise. Daß man seine Komödien in Deutschland weiter ignoriere, schien ihm unterdessen ganz richtig. Er fühle jetzt große Lust zum Tragödienschreiben.

Italienische Dichtung, al fresco geschildert, entstand in einer Villa nahe dem Lateran. Deren Besitzer, Marchese Mássimi, hatte vor zehn Jahren an Overbeck und Cornelius den Auftrag gegeben, drei Säle des Gartenhauses mit Darstellungen aus den Dichtungen Dantes und Tassos zu schmücken. Als Cornelius nach München berufen wurde, trat an seine Stelle Philipp Veit, der nur Dantes Paradies malte und Purgatorio sowie Inferno Anton Koch überließ. Overbeck, von anderen Aufträgen beansprucht, war im Begriff, das ‚Befreite Jerusalem' an Führich abzutreten; den dritten Saal schließlich malte Schnorr seit 1820 mit Ariosts ‚Rasendem Roland' aus. Dies Fresko stand als einziges kurz vor der Vollendung. Die drei Massimi-Säle waren der erste große lokale Auftrag für die Deutschrömer, und alle Welt besichtigte diese Beispiele einer wiedererstandenen Freskenkunst.**

Platen erschien am 3. März in Bandels Atelier und schlug die Besichtigung der Nazarener-Fresken vor. Ein zufällig anwesender Architekt machte einen Scherz; durch ihn wurde Platen so aufgebracht, daß er, wie Bandel an seine Braut schreibt, „diesem einen Stuhl nachwarf, der durch meine Marmorarbeiten, zum Glück ohne sie zu beschädigen, hindurch flog – dieß war mir schon auffallend, und ich sprach ihm freundschaftlich zu, auf seinen Jähzorn mehr Achtsamkeit zu legen. Um 4 ging ich mit eben diesem andern, einem Schweizer, und Platen in die Villa. Auf dem Rückwege kam Platen über ein Bild in einen unbegreiflichen Eifer und zuletzt zur gespanntesten Hitze. Ich sprach ihm wieder zu, sich doch seiner Gesundheit halber zu mäßigen. Er ward ruhiger; doch fast an Quattro Fontane angelangt, bemerkte der Schweizer, daß Platen verwirrt spreche und im Scherze zog er mich von Platen weg. Wir glaubten, er wolle wieder dichten, denn ganz im Ernste sagte er: „Wer ist der, der hier im Rücken kommt? Es dunkelte schon, ich ließ Platen nicht aus den Augen. Da stund er wie einer, der deklamiren will, mit ausgestreckter Hand – doch mit einem Schlage lag er zur Erde gestreckt. Ich sprang zu, krampfhaft streckte er sich, nur mit Mühe konnten wir ihn aufsetzen und in eine zufällig vorbeyfahrende Chaise heben, in der wir mit ihm in sein Haus fuhren und ihn auf sein Zimmer trugen. Ich eilte einen deutschen Doktor zu holen, der ihm zum Brechen eingab, was wirkte, worauf der Kranke bald, aber jammernd einschlief."

Wir kennen den Grund für Platens Erregung nicht. Er dürfte in den bekannten Frustrationen beruflicher oder privater Natur gelegen haben. Vermutlich stand hinter allem die bittere Einsicht, daß auch in Rom für ihn keine Liebe zu finden sei; zwar

---

* nur ‚Florenz' am 26. Dezember 1826; doch sollten sieben römische Oden (von acht) zwischen dem 28. März und dem 9. Oktober 1827 im ‚Morgenblatt' veröffentlicht werden.
** Die Villa Giustiniani, später Massimo al Laterno, in der Via Matteo Boiardo existiert nicht mehr; wohl aber das Gartenhaus mit den Nazarener-Fresken.

käufliche Entspannung, aber ein Freund so wenig wie in Venedig, Florenz oder daheim. Der Anlaß, ein Streit über die bildliche Darstellung hochgeschätzter Literatur, war sicher nur zufällig. Platen selbst meinte, das winterlose römische Klima, vielleicht auch der häufige Genuß von Wein und Kaffee, habe sein Nervensystem angegriffen. Natürlich geht solche Vermutung völlig fehl. Uns bleibt nur die traurige Feststellung, daß des Dichters Selbstbeherrschung seit Erlangen, wir denken etwa an Rödiger oder Wippert, nicht zu-, sondern eher abgenommen hatte. Als er am nächsten Morgen erwachte, verfiel er „in eine gränzenlose Melancholie" und begann eine homöopathische Kur, die, wenn sie schon nicht half, so doch wenigstens auch nicht schadete. Ende März war er wieder hergestellt. Die Stimmung vor dem Anfall aber schildert eine Ode in horazischem Maß, die zu Beginn des Monats, vielleicht auch schon früher entstanden sein mag.

> Wem dein wachsender Schmerz Busen und Geist beklemmt
> Als Vorbote des Tods, bitterer Menschenhaß,
>   Dem blühn der Gesang, die Tänze,
>   Die Gelage der Jugend nicht!
>
> Sein Zeitalter und er scheiden sich feindlich ab,
> Ihm mißfällt, was erfreut Tausende, während er
>   Scharfsichtige, finstre Blicke
>   In die Seele der Thoren wirft.
>
> Weh ihm, wenn die Natur zarteren Bau vielleicht
> Bildungsreicheren lieh seinem Gehör, um durch
>   Kunstvolle Musik der Worte
>   Zu verewigen jede Pein!
>
> Wenn unreifes Geschwätz oder Verleumdung ihn
> Kleinlichst foltert, und er, welchen der Pöbel höhnt,
>   Nicht ohne geheimes Knirschen
>   Unerträgliche Qual erträgt:
>
> Wenn Wahrheiten er denkt, die er verschweigen muß,
> Wenn Wahnsinn dem Verstand schmiedet ein ehrnes Joch,
>   Wenn Schwäche des Starken Geißel
>   Wie ein heiliges Szepter küßt:
>
> Ja dann wird er gemach müde des bunten Spiels,
> Freiheitathmender wehn Lüfte des Heils um ihn,
>   Weglegt er der Täuschung Mantel,
>   Und der Sinne gesticktes Kleid.

Vieler Erläuterung bedarf das traurige Selbstgespräch nicht, alle Themen der Klage sind uns bekannt. Meint Platen mit ‚des Starken Geißel' Ring oder Pantoffel des Papstes? Es gibt noch eine andere Deutung, die wir der Phantasie des Lesers überlassen möchten. Der Vers ‚Wenn Wahnsinn..' spiegelt möglicherweise den Nervenzusammenbruch wider.

Am 26. März erschien der Dichter erneut in Bandels Atelier: „er spielt eine traurige Rolle, doktert und trinkt keinen Wein und fürchtet immer", schreibt dieser an seine Braut. „Es ist ganz eigen, daß viele Menschen so große Freude an ihrem Lobe haben können. Platen war ganz entzückt, daß seine ‚Verhängnißvolle Gabel' so vielen gefällt. Er las mir langes und breites von diesem Lobe vor und gieng fort, als ich ihn auslachte, daß er deßwegen sich so freuen könne." Am 5. Dezember 1826 war in der literarischen Beilage zum ‚Morgenblatt' eine überaus freundliche Kritik des Stückes erschienen, eine Art Werbetrommel für das eigene Verlagsprodukt; der Rezensent war Gustav Schwab. „Ich bin nur durch Tadel vorwärts gekommen und danke niemandem für sein Lob", fährt Bandel fort. „Platens Wuth gegen alles, was von Deutschen gemacht wird, geht in's Lächerliche. Er hat hier schon manches gerade Wort darüber hören müssen und wird es wohl so weit bringen, daß die Künstler sich seine Gesellschaft verbitten werden." Es klingt wie ein Kommentar zur letzten Ode.

Der schöne Bottazzi war unvorsichtig genug gewesen, sich als Verehrer Alfieris zu bekennen. Platen nahm es als Anlaß, den ganzen ‚Saul' des Genannten in Bottazzis Atelier herunterzudeklamieren, ob zu dessen Freude, bleibt dahingestellt. Auch wundern wir uns nicht, wenn Platen prompt seinen „eigenen Trieb zur Tragödie erwachen" fühlte: erst wolle er den ‚Tristan' ausführen, dann biblische Stoffe bearbeiten, schreibt er an Fugger, und den Eltern verkündet er die Absicht, Schiller zu übertreffen.

Doch es folgten keine Taten. Schon früher hatte er zu Puchta bemerkt, nach dem Nervenanfall könne ihm „eine poetische Exaltation" gefährlich werden, und an die Ausführung einer Tragödie sei vorderhand nicht zu denken.

Mittlerweile machte sich Platen an die Revision seiner gesamten Lyrik. So konnte er das Tragödienprojekt vor sich herschieben und hoffte zugleich, Cotta ein wenig anzuspitzen: bevor dieser sein Versprechen nicht wahrmachte, die drei älteren Dramen drucken zu lassen, sollte er auf keine größere neue Arbeit rechnen dürfen. Die neue lyrische Sammlung umfaßte drei Teile, einen mit Jugendliedern, einen mit Ghaselen sowie einen mit Sonetten und Oden; Platen befand sich faktisch auf dem Weg zur Ausgabe der Gedichte von 1828. Ende März bat er Fugger, Cotta von dem Manuskript zu unterrichten: „Es müsste doch des Teufels seyn, wenn vier Lustspiele, worunter die verhängnißvolle Gabel, und eine Ausgabe meiner sämmtlichen lyrischen Gedichte, nicht 2000 fl. werth wären, eine Summe, die Clauren und andere Schmierer für den kleinsten Roman bekommen." Leider war das eine Milchmädchenrechnung, denn Platen hatte Cotta gegenüber kaum etwas in der Hand, keinerlei Vereinbarung, wie die einzelnen Texte, falls sie der Verlag übernahm, zu honorieren seien. In grenzenloser Naivität hatte er im Februar an Fugger geschrieben, Cotta habe für die ausgesetzten 2000 fl. nichts anderes verlangt als die vier Komödien und Korrespondenzartikel für sein Morgenblatt. Er, Platen, halte Wort und schicke etwas viel Besseres, nämlich Oden. „Sollte ich ihm aber ein neues Drama zusenden, so darf er wohl eine neue Rechnung anfangen, und mir die Pension auf ein drittes Jahr bewilligen." Cotta wäre vermutlich mit ‚Correspondenzartikeln' aus Rom für seine Zeitungen glücklicher gewesen als mit Oden. Daß er zögerte, drei Komödien, denen der satirisch-aktuelle Reiz der ‚Gabel' fehlte und die keine Bühne spielen wollte, als Buch herauszubringen, können wir ihm nicht verdenken. Platen dachte wohl auch nicht mehr an den Brief vom letzten Juni, in dem er Cotta Teile aus seinen Reisetagebüchern angeboten und es quasi ausgeschlossen hatte, daß er aus Italien „nicht ein oder mehre größere Werke" schicken sollte. Was fehlt, ist der direkte Kontakt zwischen Autor und Verleger, um die Mißverständnisse auf beiden Seiten auszuräumen. Cotta sollte 1827 keinen roten Heller mehr herausrücken. Erst für den Februar 1828 ist wieder eine Stuttgarter Geldsendung von des Autors Seite bestätigt.

Noch im April wollte er nach Neapel gehen mit der rationalen Begründung, der Arzt habe ihm Seebäder verordnet; jedoch in Wahrheit, weil es ihm in Rom nicht gelungen war, einen Freund zu finden. Inzwischen dachte er, das Gedicht-Manuskript für Cotta hier zu vollenden und auch den Besuch Ludwigs I abzuwarten. Der bayerische König hielt sich auf dem Landgut seiner Maitresse Marchesa Florenzi in der Nähe von Perugia auf und stand verliebter Laune im Begriff, die Villa Malta am Pincio zu kaufen, die er schon als Kronprinz bewohnt hatte. Zu diesem Anlaß wurde er für einen kurzen Aufenthalt am Tiber erwartet.

Sechsmal war Platen im Teatro Capránica gewesen, doch in der Karwoche mußte selbst die Taddei ihre Darbietungen unterbrechen. Der Dichter konnte zu dieser Zeit die päpstliche Appartements besichtigen, er wohnte der Ostermesse in St. Peter bei und schildert in einem Brief an Fugger das Feuerwerk, das nach Angaben Michelangelos von den Zinnen der Engelsburg abgebrannt wurde.

Leider hatte er sich entschlossen, den König nicht abzuwarten; er fühle sich der Hofkamarilla nicht gewachsen, heißt es in einem Brief an Fugger. Doch verkehrte er jetzt wieder mit Bandel, ja mehr noch mit Waiblinger. Auch dieser war im Vertrauen auf Cottas fortlaufende Zuwendungen nach Rom gekommen und saß nun auf dem Trockenen. Im folgenden Sommer sollte er derart verarmen, daß Karikaturen über seine abgerissene Erscheinung unter den deutschrömischen Künstlern kursierten. Als Platen Ende April nach Neapel abreiste, gab er ihm, obwohl selbst knapp bei Kasse, etwas Geld und überließ ihm seine Bücher als Leihgabe bis zu seiner Rückkehr.

36. Neapel

In vier Tagen reiste Platen bei schönem Wetter von Rom nach Neapel. Er fuhr auf der berühmtesten aller antiken Straßen, der Via Appia, die schon vor zweitausend Jahren die Kapitale mit dem Adriahafen Brundisium, heute Brindisi, verbunden hatte. Sie war lange Zeit nicht benutzt und erst unter Pius VI, das heißt vor etwa zwei Generationen, bis Terracina wieder instand gesetzt worden: dort begann das Königreich beider Sizilien, zur Zeit regiert von Franz I aus dem Hause Bourbon. Schon Goethe war auf der Via Appia gereist.

Die Orte am Weg alt und ehrwürdig wie Rom selbst: Albano, Ariccia, Velletri, wo Platen das erstemal übernachtete. Von Genzano aus hatte er einen Blick auf den bezaubernden Nemi-See geworfen; nun, beim südlichen Abstieg von den Albanerbergen, tauchte am Meereshorizont der Circe-Felsen auf. Die Via Appia führt schnurgerade durch die pontinischen Sümpfe, die, erst in diesem Jahrhundert trockengelegt, damals ein gefürchtetes Malariagebiet waren und während der heißen Jahreszeit möglichst gemieden wurden. An der Grenze hinter Terracina hatte es gar keine Zollkontrollen gegeben, da der Sohn eines napoletanischen Ministers in der Kutsche saß.

Wie stand es um Neapel, die Stadt der Sirenen, auch die Heimat Pulcinella's*, als der deutsche Poet sie vierzig Jahre nach Goethe betrat? König Ferdinand I, der selbst allerhand von Pulcinella an sich hatte (namentlich Angst), war nach zweimaliger Flucht vor den Franzosen und zweimaliger Rückkehr kürzlich gestorben. Nun regierte sein Sohn Franz, von dem Peter Gunn schreibt, er hätte keine der liebenswerten Eigenschaften des Vaters, aber all seine Bigotterie geerbt. Unter seiner kurzen Herrschaft nahm die öffentliche Korruption derartige Formen an, daß nach seinem Tod 1830 der Nachfolger Ferdinand II sich sofort von ihm distanzieren mußte. Seit hundert Jahre war Neapel damals erste Hauptstadt des Königreichs beider Sizilien, regiert von der spanischen Linie des Hauses Bourbon, doch unabhängig von Madrid. Im Gefolge der französischen Revolution hatte die Stadt eine kurzlebige parthenopeische Republik erlebt sowie die Herrschaft Joseph Bonapartes, den sein Bruder Napoleon jedoch bald gegen den Schwager Joachim Murat austauschte (Joseph wurde König von Spanien). Murat, mit persönlicher Courage, jedoch in falscher Einschätzung der Lage, versuchte nach Napoleons endgültigem Sturz nochmals die Herrschaft beider Sizilien zu ergreifen, wurde jedoch nach seiner Landung in Kalabrien gefangen und erschossen. 1820/21 hatten die Carbonari in Neapel einen vergeblichen Aufstand versucht: es handelte sich um die Anhänger einer antiklerikalen, bonapartistischen Vereinigung logenartigen Charakters**, die jedoch Teile des Volks, vor allem das liberale Bürgertum, hinter sich brachte. König Ferdinand, wieder einmal vor Angst zitternd, hatte eine Verfassung geben müssen und diese sogar beeidet; als die Carbonari dann von den Österreichern bei Rieti geschlagen wurden, kassierte er sie gleich wieder.

Zentrum der Stadt war (und ist noch heute) die Via Toledo***, unter den spanischen Vizekönigen im sechzehnten Jahrhundert angelegt, bis zur Einführung rigoroser Ladenschlußgesetze eine der lebendigsten Straßen Europas. Über zwei Kilometer leicht nach Süden abfallend, mündet sie in die Piazza del Plebiscito (damals del Real Palazzo). Dort, gegenüber dem Königspalast, erhebt sich im Halbkreis ein klassischer Portikus, der den strengen Rundbau von S. Francesco di Paola flankiert, eine Kirche nach dem Vorbild des römischen Pantheons. Seit 1817 wurde an der Anlage gebaut, erst 1846 sollte sie vollendet werden. Die berühmte Konditorei Caflisch am Toledo, heute noch existierend, war 1825 eröffnet worden.

---

* Pulcinella (‚Hähnchen'), napoletanischer Hanswurst der Commedia dell'Arte, Typus des durchtriebenen, gefräßigen Dieners, der im weißen Gewand, mit vogelnasiger Halbmaske und spitzem Hut auftrat.
 ** Carbonari, Köhler, analog zu Muratori, Maurer.
 *** von 1870 an über hundert Jahre Via Roma; heute trägt sie wieder den alten Namen.

Gesellschaftlicher Mittelpunkt Neapels war das Teatro S. Carlo, vom ersten bourbonischen König errichtet, 1816 abgebrannt und sofort im klassizistischen Stil wiederaufgebaut. Musikalischer Direktor war bis 1823 Rossini gewesen: er hatte dort viele seiner Opern uraufgeführt, darunter, gegen anfänglichen Widerstand der Anhänger Paisiello's, seinen berühmten ‚Barbiere di Siviglia'.

Was Platen sicher mehr interessierte als Rossinis Opern und wovon er ohne Zweifel schon wußte, als er nach Neapel kam, beschreibt Ferdinand Gregorovius 26 Jahre später so: „Man badet hier öffentlich vor den Augen der Welt. Vom Quai am Castel dell'Ovo sieht man zu jeder Stunde Buben und Jünglinge in das Wasser springen.. Der warme Himmel bringt die Nacktheit wieder zu Ehren, und die herrlichsten Studien der Antike lassen sich hier auf der Straße machen. ..Vor den Augen der feinsten Damen aus den Salons von Paris oder London springen Schaaren nackter Menschen in paradiesischer Unschuld in die Wellen. Fischerbuben laufen nackt selbst auf die Straße und begrüßen mit vielen graziösen Verbeugungen und lebhaften Gestikulationen den Fremden, der ihnen dann und wann einen Gran zu schenken pflegt."

Die Sache hatte Tradition. Etwa 60 Jahre vor Platen war Casanova in Neapel gewesen. Mit einer Engländerin besuchte er den Prinzen von Francavilla, der die Gäste an ein kleines Badebecken am Strand führte. „Er ließ vor (der Mylady) reizende halbwüchsige Burschen ganz nackt im Wasser schwimmen", schreibt Casanova, „sie waren alle Lustknaben des liebenswürdigen Prinzen, der seiner Veranlagung nach das männliche Geschlecht dem weiblichen vorzog." So unkompliziert nahm das aufgeklärte Jahrhundert diese Dinge.

In der Stadt angekommen, hatte Platen das Glück, sogleich Bekannte aus Rom zu treffen, die ihm ein schönes und zugleich billiges Quartier in dem Haus besorgten, in dem sie selbst wohnten. Es muß ungefähr dort gestanden haben, wo heute die Galleria Umberto I sich erhebt, also nächst dem Königspalast und dem Teatro S. Carlo, im wirklichen Zentrum Neapels damals wie heute.

Für sieben Wochen schweigt das Tagebuch nun, weil, wie wir vermuten dürfen, Platen in Neapel für kurze Zeit leib-seelische Erfüllung fand. „Neapel ist ein Paradies," schrieb seinerzeit Goethe, „jedermann lebt in einer Art von trunkner Selbstvergessenheit. Mir geht es ebenso, ich erkenne mich kaum, ich scheine mir ein ganz anderer Mensch. Gestern dacht' ich: entweder du warst sonst toll, oder du bist es jetzt." Drei Briefe geben uns wenigstens einigen Aufschluß über Platens Leben in Neapel. „Hier werde ich meinen bleibenden Aufenthalt aufschlagen," schreibt er kurz nach der Ankunft an Gustav Schwab, „hier ist eine heilsame Luft, ein unwandelbarer Himmel und ringsher Elysium." Zehn Tage später an Puchta: wenn etwas heilsam sei, außer der Luft und den Seebädern, „so sind es tausend Dinge, die ich in der Melancholie einer deutschen Stadt nicht finden könnte." Immer noch war ja der rationale Grund für Platens neapolitanischen Aufenthalt die Heilung vom römischen ‚Nervenanfall' durch Seebäder. „Wenn ich anders Cotta in den Stand setzen kann," fährt er fort, „meine Pension mir noch ferner, ja lebenslänglich auszubezahlen, so denke ich allerdings Italien nicht mehr zu verlassen."

Am 11. Juni schreibt Platen an Fugger: „An Neapel ist nichts auszusetzen, als daß man hier bei weitem mehr Geld braucht als in Rom oder sonst in Italien. ..Man befindet sich hier in einem beständigen Rausch, ohne recht zu wissen, warum. Das Klima scheint mir günstig, und die Verstopfungen, an denen ich immer in Rom litt, haben hier schon den ersten Tag aufgehört. ..Die Napolitaner sind ein schöner und robuster Menschenschlag; die Weiber weniger; doch kann man nicht wohl darüber urtheilen, da alle honetten Mädchen in den Klöstern verschlossen sind bis sie sich verheurathen. Diese Maßregel ist nöthig in einem Klima, wo jedes Lüftchen Wollust haucht, und wo die Bekanntschaften gewöhnlich damit anfangen, womit sie bei uns endigen.

> Glaubst Du, es hätte sich lange die Göttin der Liebe besonnen,
> Als im idäischen Hain einst ihr Anchises gefiel?"

Das Zitat stammt aus Goethes Römischen Elegien.

Einiges spricht für die Annahme, daß Platen in seinem italienischen Tagebuch umso weniger zur Beschreibung eines Ortes geneigt ist, je besser er mit seiner vita amorosa zurechtkommt. Triest, Venedig, Florenz, Rom, Neapel: die Mitteilung verlagert sich zunehmend vom Tagebuch ins Gedicht. Mehr Wirklichkeit ist in den antikischen Versen enthalten als in den Ghaselen und Sonetten. Um Neapel mit Platens Augen zu sehen, müssen wir ein wenig vorgreifen: auf die Ekloge* ‚Bilder Neapels‘, die er zwar den ganzen Sommer mit sich herumtragen, doch erst im September niederschreiben sollte.

> Fremdling, komm in das große Neapel, und sieh's, und stirb!
> Schlürfe Liebe, geneuß des beweglichen Augenblicks
> Reichsten Traum, des Gemütes vereitelten Wunsch vergiß,
> Und was Quälendes sonst in das Leben ein Dämon wob:
> Ja, hier lerne genießen, und dann, o Beglückter, stirb! –
> …
> Wo du gehst, es ergießen in Strömen die Menschen sich:
> Willst zum Strande du folgen vielleicht und die Fischer sehn,
> Wie mit nerviger Kraft an das Ufer sie ziehn das Netz,
> Singend, fröhlichen Muts, in beglückender Dürftigkeit?
> Und schon lauert der bettelnde Mönch an dem Ufersand,
> Heischt sein Theil von dem Fang, und die Milderen reichen's ihm.
> Ihre Weiber indeß, in beständiger Plauderlust,
> Sitzen unter den Thüren, die Spindel zur Hand, umher.
> …
> Durch's Gewühle mit Müh', ein Ermattender, drängst du dich
> Andre Gassen hindurch; der Verkäufer und Käufer Lärm
> Ringsum. Horch, wie sie preisen die Waare mit lautem Ruf!
> Käuflich Alles, die Sache, der Mensch, und die Seele selbst.
> Aus Carossen und sonstigem Pferdegespann, wie schrei'n
> Wagenlenker um dich, und der dürftige Knabe, der

---

* griechisch ‚Auserwähltes‘, jedoch ein Begriff aus der lateinischen Poesie: ursprünglich jedes kleinere Gedicht, dann das Hirtengedicht (Idyll), besonders seit Vergil; Platen meint ein Gedicht beschaulichen Charakters.

Auf die Kutsche sogleich, dir ein Diener zu seyn, sich stellt.
Sieh, hier zügelt das Cabriolet ein beleibter Mönch,
Und sein Eselchen geißelt ein anderer wohlgemut.
Kuppler lispeln indeß, und es winselt ein Bettler dir
Manches Ave, verschämt das Gesicht mit dem Tuch bedeckt.*
Dort steht müßiges Volk um den hölzernen Pulcinell,
Der vom Marionettengebälke possierlich glotzt;
Hier Wahrsager mit ihrer gesprenkelten Schlangenbrut; dort
Magst du löschen den Durst an der Bude des Acquajuols,
Der Eiswasser vermengt und der herben Limone Saft.
Alles tummelt im Freien sich hier: der geschäftige
Garkoch siedet, er fürchtet den seltenen Regen nicht;
Ihn umgiebt ein Matrosengeschwader, die heiße Kost
Schlingend gierigen Muts. An der Ecke der Straße dort
Setzt ihr Tischchen mit Kupfermoneten die Wechslerin,
Hier den Stuhl der gewandte Barbier, und er schabt, nachdem
Erst entgegen dem sonnigen Stral er ein Tuch gespannt.
...
Auch zum Molo bewegt sich die Menge, wo hingestreckt
Sonnt die nackenden Glieder der bräunliche Lazzaron.**
Capri siehst du von fern in dem ruhigen Wellenspiel;
Schiffe kommen und geh'n, es erklettern den höchsten Mast
Flugs Matrosen, es ladet die Barke dich ein zur Fahrt.
Den Erzähler indessen umwimmelt es, Jung und Alt,
Stehend, sitzend, zur Erde gelagert und über's Knie
Beide Hände gefaltet, in horchender Wißbegier:
Roland singt er, er singt das gefabelte Schwert Rinalds:***
Oft durch Glossen erklärt er die schwierigen Stanzen, oft
Unterbrechen die Hörer mit mutigem Ruf den Mann.
Aufersteh, o Homer! Wenn im Norden vielleicht man dich
Kalt wegwiese von Thüre zu Thür; o so fändst du hier
Ein halbgriechisches Volk und ein griechisches Firmament! –
Mancher Dichter vielleicht, in der Oede des Nords gezeugt,
Schleicht hier unter dem Himmel des Glücks...
                              ...Wie erhaben sinkt
Schon die Sonne! Du ruhst in der Barke, wie süß gewiegt!
Weit im Zirkel umher, an dem busigen Rand des Golfs,
Zünden Lichter und Flämmchen sich an in Unzähligkeit,
Und mit Fackeln befahren die Fischer das gold'ne Meer.
...

Wenn die venezianischen Sonette Daguerreotypien glichen, so scheinen hier ‚Momentaufnahmen' vorweggenommen. Mit den drei langen Silben an jedem Versende sind

---

* Es gab damals noch Lepröse in Südeuropa.
** Tagediebe; ursprünglich Bezeichnung für jene neapolitanischen Gelegenheitsarbeiter, die den Bourbonen bei der Niederwerfung der Aufstände von 1798 und 1821 als Söldner gedient hatten.
*** aus Ariosts Epos ‚Der rasende Roland'.

Gustav Gündel. Stich von unbekannter Hand. (Bayerische Staatsbibliothek, München)

sie sorgfältig ‚fixiert'. Wie weit ist das alles von den bitteren Sonetten des vergangenen Jahres entfernt! In den ersten italienischen Jahren erreichte der Ansbacher einen Zustand, den Friedrich Sengle ‚begrenzte Positivität' nennt. Wer ihn ignoriert und immer nur den verzweifelten Tristan-Dichter sehen will, der unterschlägt den halben Platen. Daß er, der Kompromißlose, sich auf die Dauer nicht mit der Idylle begnügen wollte, die ihm Italien bot, sondern erneut Verbitterung ihn überkam, weil er statt Liebe Hohn erntete, steht auf einem späteren Blatt. Wir werden sehen, wie Platen an der Hoffnung, Liebe zu finden, bis zu seinem Lebensende festhielt.

Einstweilen aber vergaß er den italienischen Freund, mit dem er sich auch tagsüber sehen lassen konnte. Stattdessen machte der Dichter schon im Mai die Bekanntschaft des ehemaligen Theologen und Erziehers Gustav Gündel. Wir treten dem Andenken dieses Mannes nicht zu nahe, wenn wir bei ihm eine ähnlich unglückliche Triebanlage vermuten wie bei Platen. Gündel hatte mit zweiunddreißig Jahren seine Karriere schon hinter sich; nach Studien in Schulpforta und Leipzig war er 1818 in das Haus der aus Graubünden eingewanderten Kaufmannsfamilie Frizzoni in Bergamo als Hauslehrer der beiden jüngeren Söhne Giovanni und Federico gekommen. Acht Jahre blieb er dort nicht nur als Lehrer, sondern auch als Freund der Brüder, die er in seiner Muttersprache erzog; sie wieder bewiesen ihm rührende Anhänglichkeit, und ihr Interesse an deutscher Literatur sollte später Platen den Eintritt in ihr Haus erleichtern. Es ist nicht unwahrscheinlich, daß Gündel seine beiden intelligenten und hübschen Zöglinge mit jenem pädagogischen Eros liebte, der keine Erfüllung, nicht einmal Eingeständnis, sondern nur Entsagung kennt. Die Kehrseite solcher Leidenschaft sind fürchterliche Qualen, wenn die geliebten Knaben sich dem Mentor entziehen und gar dem anderen Geschlecht zuwenden, mit einem Wort: erwachsen werden. Gündel ging 1826 ‚aus gesundheitlichen Gründen', welche immer die waren, nach Rom, Neapel und später nach Deutschland, ließ jedoch den Kontakt mit dem Hause Frizzoni nicht abreißen. 1834 sollte er nach Bergamo zurückkehren und als väterlicher Freund der verheirateten Brüder bis zu seinem Tod 1860 in deren Haus verbleiben.

Gündel hatte Platens ‚Verhängnißvolle Gabel' gelesen und sie seinen deutschen Bekannten in Neapel mitgeteilt: so dem preußischen Gesandten und dessen Attaché v. Arnim, denen sie gefiel, doch auch dem Juristen v. Savigny, der das Stück zu selbstgefällig fand. Mehr als ihn bewegte die ‚Verhängnißvolle Gabel' indes den geheimen Finanzrat K. W. Salomo Semler, der, vermutlich ein ‚Entsagender' wie Gündel, seine seelischen Probleme mit sentimentaler Rückwendung auf ein pietistisches Christentum zu meistern suchte. In Berlin unterstützte er fromme Konventikel, in Italien arme Künstler. Semler schickte Platen ein Huldigungsgedicht, worin er dessen Talent lobt, ihn aber von seiner Kunstreligion zum wahren Christentum bekehren will:

> Bevor das Herz, das eigene, nicht ist bezwungen,
> Ist auch die Kunst ein Schall, das Wißen tod und leer,
> Nur wer in Christo sich ein Leben hat errungen
> Hält sicher jeden Drachen unter'm Speer.

Durch die ‚Verhängnißvolle Gabel' hatte Platen beim deutschen Lesepublikum eine gewisse Berühmtheit erlangt; so blieb Semlers Huldigungsgedicht nicht das einzige. Auch der Berliner Dichter Michael Beer, ein Bruder des Komponisten Meyerbeer und Freund Immermanns, hatte sich im Morgenblatt zu Wort gemeldet:

> Wenige werden dich lesen, Wenige bill'gend verstehen,
>   Aber die Wenigen sind eben die Rechten, mein Freund.
> Willst du den Pöbel bekriegen, und willst dem Pöbel gefallen?
>   Freu dich des Hasses! Er ist glänzender Bothe des Siegs.

Die miserablen deutschen Theaterverhältnisse wurden von allen Gebildeten als Ärgernis empfunden. Sie in einem formal vollendeten Lesedrama anzugreifen, war kein schlechter Gedanke; die beiden bisher erschienenen freundlichen Rezensionen der ‚Gabel' waren sich in dieser Hinsicht einig. Interessanter freilich ist eine kritische Stimme aus Berlin, jener Stadt, der Platen im besonderen Maße wegen der Mißachtung seiner Dramen zürnte: die ‚Verhängnißvolle Gabel' ist voller Ausfälle gegen sie, die er ein ‚Sandmeer' (1004) und ‚so manchen Uebels Quell' (211) nennt. Hegels in Berlin gelehrte Philosophie, die Platen nicht kannte (er hätte sie so wenig verstanden wie jede andere), die er aber Schelling zuliebe verabscheute, muß sich von ihm ‚despotische, feile Scholastik' (1008) nennen lassen. Das ‚Berliner Conversations-Blatt' unternimmt im März 1827 eine ‚Ehrenrettung Berlins gegen den gewaltsamen Angriff des Grafen v. Platen mit der verhängnißvollen Gabel; nebst kritischen Bemerkungen und einem Déjeuner à la Fourchette.' Der anonyme Kritiker lobt zunächst die formale Vollendung und die Tendenz des Stückes; dann aber nimmt er zwei Verse der Schlußparabase, in denen der Dichter mit gespielter Bescheidenheit von sich versichert:

Größ'res wollt' er wohl vollenden; doch die Zeiten hindern es:
Nur ein freies Volk ist würdig eines Aristophanes

zum Anlaß für einen hübschen Exkurs. Er möge auch als Antwort für jene dienen, die heute in der Schicksalsdramatik eine Ausgeburt der Restauration und in Platens Angriff auf sie ein Politikum sehen wollen. Platen wisse offenbar nicht, so das Berliner Blatt, daß es zu Aristophanes' Zeiten in Griechenland keine Freiheit gab. „Beinahe sollte man glauben, daß der Verf. Aristophanes nur deshalb glücklich preist, (weil) er sich der unbeschränktesten Preßfreiheit zu erfreuen hatte." Dem ließe sich entgegenhalten, daß Schiller und Goethe trotz aller Zensur Kunstwerke geschaffen haben, die so unvergänglich sein werden wie die griechischen Komödien. „Einen sonderbaren Contrast aber bildet es, daß, während Aristophanes die größten Interessen des Staats, der Religion, der Sitte in seine Lustspiele hereinzieht, und dabei überall die ausgelassenste Heiterkeit und Tollheit vorwalten läßt, unser neuer Aristophanes sich niemals zum freien Humor erhebt, obwohl er sich mehrentheils nur mit längst abgefertigter Misere zu schaffen macht. Er nimmt zwar einen Anlauf gegen die ganze deutsche Nation germanischer Herrlichkeit, hat es aber eigentlich mit Niemand weiter, als mit Kotzebue, Clauren, Müllner u.s.w. ..zu thun." Nach einem Zitat von Publikumsbeschimpfungen aus dem ersten und fünften Akt fährt der Rezensent fort: „Der Verfasser hat sein Stück nicht für die Bühne geschrieben; die Gallerien und das Parterre schilt er aus, allein da hört und sieht man nichts davon, und nun müssen wir Leser und resp. Critiker, die wir in mancher Hinsicht uns mit ihm verständigen würden, von ihm für ganz Deutschland ausschimpfen lassen."

Zu den Ausfällen gegen Berlin und Hegels Philosophie meint das Blatt: „Wo finden wir in diesen Denunciationen einen Funken von heitrer Laune des Lustspiels. Sind Thorheiten zu rügen, so stelle sich der Dichter darüber und lasse die bornirten Schelme zu gemeinsamer Lust und Ergötzlichkeit und zwar so, daß sie selbst noch ihren Spaß dabei haben, an ihrer eigenen Beschränktheit zu Grunde gehen; das bloße Schimpfen und Verunglimpfen ist immer ein Zeichen der Unterdrückung und Ohnmacht. ..Unser Poet führt einige Streiche in die Luft, und so tapfer er auch seine Lanze einlegt, so wird ihm nicht einmal die Genugthuung, von Windmühlenflügeln aus dem Sattel geworfen zu werden; denn die Riesen, gegen welche dieser neue Donquixote zu Felde zieht, sind nur Trug- und Nebelgestalten seiner eigenen Phantasie." Platen möge doch einmal nachlesen, was der so hart getadelte Hegel in seiner ‚Philosophie des Rechts' über Müllners ‚Schuld' geschrieben habe! Er versuche, Müllner und Grillparzer mit einer Schicksalstragödie anzugreifen, deren Fabel weniger gut erfunden und ausgeführt sei als bei jenen. „Wolle Platen aber die Fabel als Nebensache betrachtet wissen und auf die eingestreute Kritik als seine eigentliche Stärke verweisen, so könne er bei der Unkenntnis dessen, was er tadelt, nicht anstelle des Dichters den Kritiker spielen. Wäre er hierüber mit sich im klaren, so würde er sich als Poet gar nicht darauf einlassen, durch Criticen seine Collegen und nun vollends gar das sogenannte Publikum bessern zu wollen. Als Dichter mag er uns tüchtige Kunstwerke schaffen, das Publikum wird sich schon finden. Dies war die Weise, wie Schiller und Goethe sich Platz machten; Satyren haben sie nur als kleine Schaugerichte in ihren Xenien aufgetragen." Nach berechtigten Hinweisen auf die Berliner Kunstpflege von Schinkel bis zu Tieck und Devrient mündet die Rezension in eine Parodie auf Platens ‚Verhängnißvolle Gabel‘:

> ‚Reiche den Zweizack mir!‘ So rief Graf Platen zu Pluto,
> ‚Daß ich das falsche Geschlecht tilge vom Lichte des Tags.
> ‚Traun! an den einen Zinken spieß ich die Berliner Scholasten
> ‚Und an den andern gespießt bring‘ ich das Publikum dir.‘

Während Pluto vor dem Brandenburger Tor wartet, begibt sich Platen allein in die Stadt, um seine Mordtaten auszuführen; doch die Scholasten laden ihn ins Café Royal ein zu Truthahn und einer Flasche Rheinwein, die der Dichter mangels eines Korkenziehers mit seiner Gabel öffnet.

> Und er gedachte nicht weiter des stygischen Schwures; der Truthahn
> „Und das Gewächs vom Rhein hatten den Ritter versöhnt.
> Und so sitzt nun Pluto da unten und wartet und wartet,
> Während à la fourchette oben sein Held dejeunirt."

Ähnlich wie in Rom hatte Platen auch in Neapel wenig Lust, Deutsche zu treffen. Im Mai besuchte er mit Gündel Sorrent; doch als im Juni Bandel erschien, sah er ihn kaum. Im folgenden Monat gelang es Gündel, Platen mit Semler zusammenzubringen; widerstrebend findet der Dichter im Tagebuch einige freundliche Worte über den Geheimrat. Semler machte ihn kurz darauf mit einem jungen Schlesier namens August Kopisch bekannt, der sich schon drei Jahre in Italien aufhielt. „Ich erwartete wenigstens blos eine trockene, gewöhnliche Bekanntschaft zu machen," schreibt Platen in sein Tagebuch, „aber es kam noch viel schlimmer, da jener schöne, heitere und liebenswürdige junge Mann einen nur zu tiefen Eindruck auf mich machte; einen Eindruck, den ich eigentlich nie in Italien erfuhr, wiewohl die Italiener so viel schöner sind als wir Deutsche, und wiewohl hier in Neapel die Liebe zwischen Männern so häufig ist, daß man selbst bei den kühnsten Foderungen keinen Korb zu gewärtigen hat. Vielleicht eben deswegen artet hier die Liebe nie zur Melancholie aus. Ich aber war nicht wenig bestürzt, mich auf's Neue in einem Zustande zu sehen, in welchen ich nach German nie mehr zu gerathen hoffte."

Was Platens Bemerkung über Männerliebe in Neapel betrifft, so bedeutet uns Schlösser genierlich-sittsam, derlei gelte natürlich nur für die einheimische Bevölkerung.

Aus Rom erhielt der Dichter einen wichtigen Brief nachgesandt: König Ludwig von Bayern hatte ihm schon Anfang Juni in der Villa Colombella bei Perugia geschrieben, wo er als Gast der Marchesa Florenzi und ihres bedauernswerten Gatten weilte. „Ausgezeichnet unter des Vaterlands jungen Dichtern erheben Sie sich", beginnt der königliche Brief. „Schon längst wollte ich Ihnen eigenhändig mittheilen, daß ich dieses

König Ludwig I von Bayern. Bildnisskizze von Wilhelm von Kaulbach (1847). (Neue Pinakothek, München)

erkenne; Ihnen sagen, daß von allen Gedichten, die ich bei meiner Thronbesteigung bekommen, mich nur jenes des Grafen Platen angesprochen, welches mir aber auch sehr gefiel. Im Morgenblatte las ich mehrere Ihrer Dichtungen aus Rom, erkundigte mich, ob der Verfasser noch daselbst sich befinde, vernahm dessen Anwesenheit in Neapel, woselbst oder in der ‚ewig einzigen Stadt' diese Zeilen Ihnen zukommen werden. Für uns Teutsche ist Italien vorzüglich Rom; wir können es am besten fühlen; alle Saiten der Seele werden daselbst mächtig angeschlagen und sie hallen in dem Norden nach, das Leben hindurch. Dem Dichter nahe ist der Ihnen, mein lieber Hr. Graf, Ihr Talent sehr schätzende, wohlgewogene Ludwig."

Drei römische Oden waren bis zum Briefdatum im ‚Morgenblatt' erschienen, zuletzt, am 27. April, jene verräterische von der warmen Winternacht und der Begegnung am Gianicolo. Ob der König sie wohl gelesen hatte? Was er, der Frauenfreund, von diesem Bekenntnis zur Männerliebe wohl hielt? — Gleichviel, der König billigte den dauernden Italienurlaub seines Unterleutnants. Darüber hinaus aber beweist der freundliche Ton des Briefes, welch großen Fehler Platen damit beging, die Ankunft seines Souveräns in Rom nicht abzuwarten. Nach dem Kauf der Villa Malta sicher in bester Geberlaune, hätte Ludwig sich vermutlich zu einem Pensionsversprechen für den armen Poeten bewegen lassen — wäre dieser nur zur Stelle gewesen.

Und Geld benötigte Platen dringend. Die 1000 Gulden, die er von Cotta erhalten hatte, waren sozusagen aufgebraucht. Zweimal bereits schrieb der Dichter darüber an Fugger: er könne keine leichte Sommerkleidung anschaffen und sehe sich demnächst am Bettelstab, wenn der Verleger nicht bald die zugesagten zweiten 1000 fl. herausrücke.

Mittlerweile stand Platen für Kopisch in hellen Flammen. Der drei Jahre Jüngere sollte seine erste Phantasieleidenschaft in Italien sein und gleichzeitig die letzte, die er dem Tagebuch anvertraute. Kopisch war ein Doppeltalent, er malte und schrieb; bei beiden Tätigkeiten hinderte ihn jedoch eine alte Verletzung der rechten Hand, die ihm oft Schmerzen verursachte. Kopischs Werke, nach seinem Tod 1854 in fünf Bänden veröffentlicht, sind heute vergessen bis auf ein Gedicht von den Kölner Heinzelmännchen, das in mancher Gedichtsammlung noch auftaucht. 1826 hatte Kopisch auf Capri die blaue Grotte besucht. Daß er sie entdeckt habe, hat er nicht behauptet: vielmehr sei der Ort bei den abergläubischen Capresen ‚verrufen' gewesen, und er, Kopisch, habe mit seinem Eindringen den Bann gebrochen. Man mag die Geschichte glauben oder nicht; Tatsache bleibt, daß der Schlesier als erster die blaue Grotte von Capri als Sehenswürdigkeit beschrieben und so dem Reiseverkehr erschlossen hat.*

Kopisch befand sich auf dem Rückweg nach Deutschland. Eigentlicher Zweck seines langen Italienaufenthaltes war es gewesen, eine unglückliche Liebesaffäre mit einer Verwandten zu überwinden – vergebliche Mühe, wie sich zeigte. „Wenn er darauf zu reden kommt, so laufen diesem Menschen, der sonst die Lustigkeit selbst scheint, die Thränen über die Wangen", schreibt Platen, der geduldig zuhörte, ins Tagebuch. Da Kopisch ein Dichter sei, ergäben sich tausendfache Berührungspunkte: „Eine ähnliche Freundschaft kann im Leben kaum zweimal vorkommen." Der Schlesier fiel Platen mehrere Male weinend um den Hals; dieser überreichte ihm daraufhin eine Ode, die er schon einige Tage zuvor gedichtet hatte.

> Stets, doch immer umsonst, unter dem fremden Volk,
> Sey's auch milde gesinnt, sucht' ich ein zärtliches,
>   Huldvolles Gemüt, wie du bist,
>   Ein erwünschtes Gespräch, wie deins.
>
> Schönheit selbst, wie sie blüht tausendgestaltig hier,
> Wollustrausch im Gefolg äußerster Weichlichkeit,
>   Lehrt blos, wie geschwind zu Rauch wird
>   Die bewegliche Gluthbegier. ...
>
> Einsam wandelt' ich durch's Menschengewühl der Stadt,
> Kaum einsamer des Nachts nieder am öden Strand,
>   Lautlos. Die Gestirne schwiegen,
>   Und das Meer und der Berg Vesuv. ...
>
> Mehr als Jedem, o Freund! kamst du ein Trost mir selbst:
> Langher war so verwandt meinem Gefühle kein
>   Augapfel, und keine Stimme
>   So erfreulich und süß dem Ohr. ...

---

* Die blaue Grotte unterhalb der Kaiservilla Damecuta war von Tiberius zu einem prunkvollen Nymphäum ausgebaut worden. Der Wasserspiegel muß seither gestiegen bzw. Capri abgesunken sein, denn als Kopisch erschien, war der Eingang der Grotte nur für durchtauchende Schwimmer passierbar. Er wurde später derart erweitert, daß er nunmehr mit flachen Kähnen durchfahren werden kann.

August Kopisch. Jugendbildnis von Joseph Führich. (Hanfstaengl-Druck, München)

In der zweiten Strophe räumt Platen ohne Umschweife ein, daß käufliche Liebe echte nicht ersetzen kann. Dies ist eine Binsenweisheit zwar, doch hätte er in Deutschland keine Gelegenheit gefunden, ihre Gültigkeit zu erproben. Wir verstehen dennoch, warum er nicht mehr dorthin zurückkehren wollte.

Kopisch achtete weniger der zweiten Strophe als auf die sechste (hier als letzte zitiert) und vier noch folgende, die von Schmeichelei überfließen. Er wurde so von der Ode ergriffen, „daß er sie zwei Mal nach einander durchlas und die ganze Nacht nicht schlafen konnte", wie es triumphierend in Platens Tagebuch heißt. Am nächsten Abend überreichte Kopisch dem Freund eine gedichtete Antwort.

Dein holdlautender Sang welcher mit edlem Flug,
Wie ein Pfeil, den die Kraft Amors gesendet, mein
   Herz traf und dem Leibe Ruh nahm
     Und Entzücken der Seele gab – ...

Weil Du selbst sie gereicht, drück' ich die edle Hand
Ach, wie gern an das Herz! lindernd die Qual, die mir
   Gab Liebe; da sie den Lustkelch
     Mir von Saume der Lippen riß.

Ach, wie fühlt' ich dir ganz gleich, – bis die Liebe mich
Einst zur Leiche verkehrt, täuschend mein volles Herz,
   Und stürmendes Leid den Wohllaut
     Den zerrissenen Saiten nahm! –

Ach was nimmer die Brust kummerbedrängt gehofft,
Was schon längst in das Grab täuschender Liebe sank –
   Hebt neu er empor! – Erfüllt wird
     Der begeisterten Thräne Wunsch. –

Sieh, ich hab' dich erkannt, als ich dein Lied ersah
Groß hinschreiten zum Thron, kühnester Worte Speer'
   Entsenden – vergeblich niemals,
     Da den Musen geliebt du bist. –

Platen war so hingerissen, daß er die mindere Güte der Verse nicht beachtete, sondern Kopisch auch in Prosa das Du anbot. In den nächsten Tagen waren beide Dichter unzertrennlich. Wie Verliebte besuchten sie zusammen Sehenswürdigkeiten, der Ältere unterwies den Jüngeren im Dichten, und der Jüngere den Älteren im Schwimmen. Jedoch kam es zu Mißhelligkeiten, als der frömmelnde Semler zu Kopisch bemerkte, der Umgang mit dem halben Heiden Platen lasse ihn für sein Seelenheil fürchten. Kopisch erwartete von Semler Protektion in Berlin, wohin beide demnächst zurückkehren würden. Platen äußerte sich scharf gegen Semler, und Kopisch brach wieder mal in Tränen aus. Beim nächsten Streit ließ er Platen mitten auf der Straße stehen, und dieser, tief gekränkt, suchte Kopisch acht Tage lang nicht auf. Schließlich war es Semler, der die beiden Freunde wieder zusammenbrachte; doch Platen fühlte, daß es nicht mehr so war wie vorher.

Der Grund des Streites war natürlich pure Eifersucht Platens auf Semler. Ende Juli hatte er Kopisch die Ode ‚Wenn dein wachsender Schmerz' überreicht, deren Strophen voll ‚bitterem Menschenhaß' auf die deutsch-römische Künstlerszene ähnlich passen wie auf das gespannte Dreieck mit Semler und Kopisch. Vielleicht hatte Platen die Ode überhaupt erst jetzt geschrieben: wir wissen es nicht. In der endgültigen Fassung stehen sechs Strophen jedoch in Parenthese und werden von einer siebenten zusammengefaßt, die folgendermaßen lautet:

> Ob zwey Seelen es giebt, welche sich ganz verstehn?
> Wer antwortet? Der Mensch forsche dem Räthsel nach,
>   Gleichstimmige Menschen suchend
>   Bis er stirbt, bis er sucht und stirbt.

Kopisch revanchierte sich mit einer besänftigenden Ode, die unter Bemühung klassischer Beispiele sich auf Gemeinplätzen ergeht und keine Auskunft über die Einzelheiten des Streites gibt.

Versöhnt reisten die Freunde nach Sorrent, das Platen noch paradiesischer vorkam als im Mai, da er mit Gündel dort gewesen. Weil er allein wiederkehren wollte, mietete er eine hübsche und billige Wohnung für den September.

Seit dreieinhalb Monate weilte Platen jetzt in Neapel; kaum ein Gedicht zeugt von dieser Zeit, die wohl endlich dem Leben und seinen flüchtigen Freuden geweiht war. Nun stellte sich eine gewisse Ermüdung ein. Er werde diesen Winter wohl wieder jenseits der pontinischen Sümpfe zubringen, schreibt er Mitte August an Fugger, die Anziehungskraft vom Rom sei zu groß; selbst Neapel und Venedig müßten sich mit dem zweiten Rang begnügen.

Wenn der Dichter zunächst nach Sorrent ging, so geschah es aus finanziellen Gründen. Daß er in Neapel mehr Geld ausgab als sonstwo in Italien, hatte er bald bemerkt; schließlich mußte er sich von Kopisch 35 fl. borgen. „Ich würde mich sehr glücklich fühlen," schreibt er aus Sorrent an den Freund, „wenn ich es überhaupt seyn sollte. So aber haben sich bei mir gleich den ersten Tag Hämorrhoiden entwickelt, die ich Dir muß abgelernt haben. Sie sind mit den furchtbarsten Schmerzen verbunden, die mich veranlaßten mir auf der Stelle Blutigel setzen zu lassen, die mich aber bis jetzt wenig oder nicht erleichterten." Möglicherweise hatte Platen, der seit zehn Jahren stehend arbeitete, diese gesunde Gewohnheit in Italien aus Mangel an Stehpulten aufgeben müssen.

Natürlich hätte er Kopisch gern bei sich gehabt, und so schickte er ihm die Ode ‚Einladung nach Sorrent'. In schönen Strophen schildert er die schattigen Buchten, den Blick auf den Golf, den Berg, die Inseln.

> Deines Bilds Bild ruhte mir längst im Innern,
> Seit der Freundschaft Seelenberuf erwacht war,
> Der so gern schau'n möchte des eignen Wesens
>   Edlere Selbstheit.

Deutlicher kann der Spiegelcharakter von Platens Eros nicht zu Tage treten. Das Gedicht mündet in der Aufforderung, Busen an Busen allein der Poesie zu leben, wenn schon nichts anderem. Doch Kopisch blieb in Neapel. So flammten die alten Eifersüchteleien wieder auf: es kam zu einem erneuten, diesmal brieflichen Zerwürfnis, bei dem die Menschenhaß-Ode eine Rolle gespielt haben muß. Wir erfahren von zwei Briefen Platens an Kopisch, die jener Semler zeigte; sodann von einem Brief Platens an Semler, worin er ihm seine Meinung sagte, die der Angegriffene jedoch mit unerwarteter Grazie hinnahm; weiter von einem „förmlichen Scheidebrief" Kopischs an Platen, und auch davon, daß Kopisch einen Brief Platens ungeöffnet nach Sorrent zurückgehen ließ. Kopisch erscheint bei alldem als willensschwach, unentschlossen, leicht beeinflußbar, doch auch wieder versöhnlich und gutmütig.

Die Hoffnung, von Cotta noch weiteres Geld zu erhalten, habe er aufgegeben, schreibt Platen von Sorrent an die Eltern, und bittet sie zugleich, ihm so schnell wie möglich die noch ausstehenden Offiziersgagen zu überweisen. Seit Juni fragte die Mutter nach der Markgräfin von Ansbach, der früheren Lady Craven, die angeblich in Neapel lebte. Platen zeigte kein Interesse an der alten Freundin Beckfords, bei der er wohl mehr Verständnis gefunden hätte, als er ahnte.

Der September brachte stürmische Tage, und mit den Seebädern war es vorbei: ihnen verdanke er seine Hämorrhoiden, lesen wir erstaunt in Platens Tagebuch, doch hätten sie seinen Gesundheitszustand „eher erhöht als verschlechtert"! Welch merkwürdige medizinische Vorstellungen im Biedermeier noch herrschten, fiel uns schon öfters auf.

Die poetische Unfruchtbarkeit dauere fort, klagt Platen weiter, mit dem Tragödienschreiben gehe es nicht voran. Nun brüte er über einer neuen Komödie, die ihn an das Trauerspiel heranführen solle: ihr Titel sei ‚Der romantische Oedipus', „die Geschichte des Oedipus nämlich, wie sie von einem deutschen Romantiker behandelt wird." Der Gemeinte, Karl Immermann mit Namen, war gar kein Romantiker in engerem Sinn. Platen hatte von ihm das Schauerdrama ‚Cardenio und Celinde' gelesen und sich so geärgert, daß er darüber seine zweite Literatursatire zu schreiben begann.

Der Geldmangel ließ ihn daran denken, den ganzen Winter in Sorrent zu verbringen. Für die Regenzeit aber brauchte er Lektüre, und deswegen bat er Gündel, ihm aus seinem hinterlassenen Gepäck in Neapel griechische Klassiker zu schicken. Kurz darauf traf ein Brief von Kopisch ein, „der unsre Mißverständnisse ziemlich beseitigt hat", wie

Platen im Tagebuch bemerkt. Der Brief ging verloren, doch kennen wir des Dichters Antwort; sie beweist, daß er, bei gleichzeitiger Ablenkung des Körpers, mit seinen Phantasieleidenschaften besser zu Rande kam als früher in Deutschland. „Du willst immer eine besondere Geschichte meines Kummers wissen," schreibt Platen, „da du mir eine ähnliche erzählt hast." Sein Kummer sei allgemeiner, nicht spezieller Natur, sein Temperament dementsprechend melancholisch, und seine traurigen Lebenserfahrungen möge er nicht ausbreiten. „Meine Gedichte zu erklären, konnte ich mich nie entschließen. Meine Freunde verstehn sie ohne Erklärung, und solche Mittheilungen sind es eigentlich gar nicht, wodurch man sie kennenlernt. Auch giebt es Geheimnisse, die man eigentlich gar nicht vertrauen kann, die ich auch meinen Freunden nie mittheilte, die sie nie gegen mich erwähnten, und die sie doch wissen. ..Wenn wir länger zusammen umgehn können, so wirst Du gewiß Vieles aus meinem Leben erfahren, aber gewiß nichts ex abrupto und nichts unter dem Aushängeschilde von Vertrauen. Daß mir in deiner Gesellschaft die Gegenwart genügte, beweist eben, daß ich dich mehr liebte, als du mich, da du mich im besten Falle doch nur für einen mißlichen Ersatz ansahst, und den Drang hattest, dich über die Vergangenheit auszusprechen."

Sein Lieblingsspaziergang führte nach der Punta del Capo, wo sich die Reste einer römischen Villa befinden. Dort dachte er über sein neues Werk, den ‚Romantischen Oedipus', nach. Der erste Akt und ein Teil des zweiten entstanden in diesem Sommer. Die einsamen Spaziergänge dienten natürlich nicht nur der Dichtkunst und griechischer Lektüre; deshalb erregten sie auch die Aufmerksamkeit der örtlichen Jugend. Verglichen mit Neapel ist Sorrent ein Dorf, und der einsam wandelnde Fremde fiel hier entsprechend mehr auf. Da Platen jedoch junge Männer, nicht Knaben suchte, war ihm deren Interesse lästig, und er ließ sich's anmerken. „Ich hatte einen Jungen, der mir ohne alle Ursache nachlief und mit Steinen warf, durchgeprügelt," heißt es im Tagebuch. „Dadurch wurde der herzukommende Vater so wüthend, daß er mich gewiß ammazzirt hätte, wenn er nicht zurückgehalten worden wäre. Er drohte mir aber, mir aufzulauern und sich an mir zu rächen. Allein spaziren zu gehn, ist daher nicht sehr rathsam; und auch ohne jenen Kerl würden die Impertinenzen der lieben Jugend (die hier über allen Ausdruck ungezogen ist) mir einen längeren Aufenthalt unangenehm machen. Ich hätte nicht geglaubt, daß in einem Lande, wo fast jeder Mann seine Frau prügelt, ein Paar Schläge auf den Hintern, die ich einem insolenten Buben gab, so viel Aufsehen machen könnten." Auf den Hintern, notabene! Das letzte Zitat stammt wieder aus dem erwähnten Brief an Kopisch. Platen packte seine Sachen und floh nach Capri.

Auch dort war die Jugend „über alle Maßen ungezogen", wie er alsbald feststellen mußte, doch wird er sich nun bei seinen Spaziergängen in Acht genommen haben. Quartier nahm er im Haus des Notars Pagano*, bei dem schon Kopisch gewohnt und der ihn auf die blaue Grotte aufmerksam gemacht hatte. Wie alle Touristen war auch

---

* Das Haus Pagano lag am Südostrand des Dorfes Capri mit Blick auf die Marina Piccola; es wird mitsamt dem Hausherrn von Kopisch (Entdeckung der blauen Grotte) und Waiblinger (Das Märchen von der Blauen Grotte) geschildert. Heute steht an seiner Stelle das Hotel Quisisana.

Platen hingerissen von der Insel, dem terrassenförmig angelegten Dorf, dem Blick auf die Marina Piccola. Dort sah er von ferne eine malerische Hütte, die ihn zu der Ekloge ‚Die Fischer auf Capri' anregte. In Hexametern ist ziemlich genau ihre Lage am Scoglio delle Sirene beschrieben; historische Betrachtungen knüpfen sich an die Torre Saracena, und in holder Verkennung harter Wirklichkeiten wird ein vermeintlich idyllisches Fischerleben beschworen, dem ‚größeren Wunsch nie die Begierde gelispelt'. Wunschdenken des einsiedlerischen Dichters mischt sich in die Verse.

Seine alte „Oktoberfruchtbarkeit" habe sich wieder eingestellt, bemerkt er hierzu am Achten des Monats; außer der genannten Ekloge habe er endlich ‚Die Bilder Neapels' ins Reine geschrieben, aus denen wir schon voreilig zitierten. Weiter erwähnt er im Tagebuch zwei neue alkäische Oden. Eine ist dem Besuch gewidmet, den König Ludwig kürzlich Goethe zu seinem 78. Geburtstag in Weimar abgestattet hatte. Nichts wäre ein besseres Sinnbild des bürgerlichen Zeitalters als dies Ereignis: ein regierender König wallfahrtet zum König der Dichter! Platens Ode sollte ihren Autor wohl beiden diskret in Erinnerung bringen, vor allem aber Ludwig, auf dessen finanzielle Hilfe er immer hoffte. Nach dem huldvollen Handschreiben aus Perugia hatte er seine Lage in einem Brief dargelegt, war jedoch ohne Antwort geblieben. Am 21. Oktober schickte er das Gedicht an Fugger, und schon am 14. November stand es im ‚Morgenblatt'. Vom König kam keine Reaktion.

Die zweite im Tagebuch erwähnte alkäische Ode ist eine kurze Klage über die Hinfälligkeit käuflicher Liebe.

> Wo für Metall feil Glauben und Tugend ist,
> Gilt als Verdienst wegstoßende Sprödigkeit:
>   Daß du mir ausweichst, weckt in mir erst
>   Deiner Umarmungen süße Sehnsucht.
>
> Reiz lockt und Schönheit, deren die Welt entlang
> Kein reicher Maß ausspendete Gott als hier;
>   Doch schmerzt die Habsucht Jeden, welchem
>   Liebe beglückender als Genuß dünkt.
>
> Huldreiches Wort anhören mit offner Hand,
> Was kennt das Herz Unedleres? Ach, es klagt,
>   Daß, gleich der Pest, Leichtsinn entstelle
>   Solche Geberden und solche Züge!

In diese Stimmung paßt ein Schreiben Gündels. „Ich warte auf Briefe von meinen Verwandten," schreibt der Freund aus Neapel, „nach welchen ich entweder geraden Weges nach Deutschland gehe oder den Winter noch zwischen Rom und Neapel theile. Mir grauet eigentlich vor dem einen wie vor dem andern Falle. Denn widrige Begegniße und Kränklichkeit haben mich, seit langem, in einen Abgrund von Unmuth und Kummer versenkt, der mir den Aufenthalt an jedem Ort verleidet. Wünschen Sie mir die Kraft, die mir heraushilft."

Nachdem er so seine düstere Seelenlandschaft kurz enthüllte, richtet Gündel ernste Worte an Platen. „Ich wünsche nun, daß Sie nichts, auch Ihre Gesundheit nicht, weiter störe. Denn übrigens weiß ich wohl, finden Sie in freyer ungehemmter Entwickelung und Darlegung Ihres Inneren mehr als Ersatz für etwaige, verbitternde Erfahrungen, die freilich Jeder, auch der minder Begabte, an der Welt zu machen hat; Sollten aber doch – wenn es Ihnen von mir nicht zu widerwärtig klingt – sich jener Abgeschlossenheit auf die Länge nicht überlassen und den nähern Umgang mit den Menschen, wie sie sind, nicht so ganz verschmähen. Kein Sterblicher und sey er auch durch sein Talent noch so unsterblich, ist sich selbst genug.

Sie halten mir diese Aeußerung zu gut, die mir eigentlich nicht zukömmt. Doch hatte ich lange den Menschen in Ihnen liebgewonnen, bevor ich noch den Dichter aus seinem Werke zu bewundern hatte. Darum Entschuldigung. Ihr ergebener G. Gündel."

In einem Postskript bietet der Freund Platen 100 Piaster an. Dieser antwortet prompt, doch ausweichend, was das Persönliche betrifft, und dankt für das Geldangebot, da er im Augenblick von Kopisch versorgt sei.

Hatte Platen in dem Schlesier auch keinen Herzensfreund gefunden, so mochte es ihm doch schmeicheln, den Schüler zu erkennen. Brieflich legte ihm Kopisch den Plan zu einer aristophanischen Komödie vor, die den Märchenstoff vom Gevatter Tod behandelt. In der ziemlich ausgeführten Schlußparabase klingen Roberts ‚Kassius und Phantasus' sowie Platens ‚Verhängnißvolle Gabel' an. Der Tod erscheint als jugendliche Maja, die ewige Wiederkehr verkündend:

> Und daß keinem von Euch Allen in dem Wechsel bange sei,
> Ruf' ich lauter: liebet! liebet! nur wer liebet, der ist frei!

Das Ganze endigt in einem zehnversigen Preis der Dichtkunst: ihr könne, wie auch „aechter Lieb'", der Tod nichts anhaben.

Ohne Zweifel suchte Kopisch hier Autobiographisches aufzuarbeiten, nämlich den ‚Korb fürs ganze Leben'. Platen, der sich über seine Ersatzrolle schon im Juli klargeworden war, wird die Liebesaufforderung der Maja als bittern Hohn empfunden haben – all you need is love. Entsprechend kühl war seine Antwort. Zu der Komödienskizze meint er nur, sie scheine nicht übel, und rügt im Übrigen metrische Fehler. Bemerkenswert sind die beiden Briefenden: „habe lieb Deinen Kopisch" und „Dein aufrichtiger Platen".

Am 19. Oktober verließ der Dichter die Insel. Der Reisetag war unbeschreiblich schön, heißt es im Tagebuch, „und Neapel gefiel mir sehr. Aber diese Stadt ist ein für allemal zu zerstreuend und verführerisch. Es ist nicht möglich, hier ruhig zu seyn." In eigentlicher Not befinde er sich nicht mehr, teilt er Fugger zwei Tage später mit, da ein Wechsel über 300 fl. aus seiner rückständigen Offiziersgage eingetroffen sei. Seinen einunddreißigsten Geburtstag verbrachte er bei Regenwetter in trauriger Stimmung: fast bereute er, Capri verlassen zu haben. Mit Kopisch ging er einmal ins Theater; die eigene Komödie aber kam nicht voran. Im Tagebuch klagt Platen über poetische Unfruchtbarkeit: „Rom zerstörte mich, und was soll ich von Neapel sagen, wo alles Reiz ist und doch so wenig Genuß."

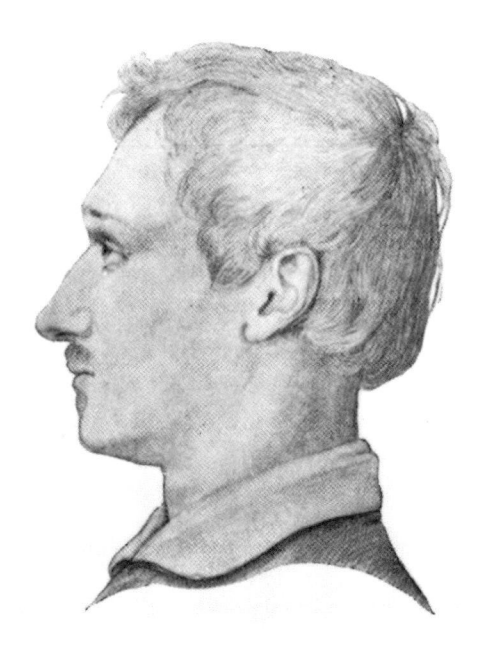

Platen 1827 in Capri. Zeichnung von Theodor Rehbenitz. (Stadtarchiv Erlangen)

Aus einer Reise nach Benevent wurde nichts, doch machte er Ende Oktober eine zweiwöchige Exkursion nach Paestum und Amalfi. Die Ruinen von Paestum überträfen alles, was er in Rom gesehen, schreibt er an Fugger, natürlich zu Unrecht. Doch waren die gedrungenen dorischen Tempelreste, sechs- bis siebenhundert Jahre älter als das imperiale Rom und nunmehr einsam aus trauriger Heide in Meeresnähe aufragend, die ersten griechischen Reste, denen er begegnete.

Im Fischerboot von Salerno nach Cetara (eine Straße existierte noch nicht) und weiter zu Fuß auf einem Saumpfad nach Amalfi: dort wohnte er acht schöne Tage in einem aufgelassenen Franziskanerkloster mit gotischem Kreuzgang, heute ein besseres Hotel. Platen ließ sich von dem herrlichen Aufenthalt dichterisch inspirieren. Die Ekloge ‚Amalfi' schildert spielende Jungen im Kreuzgang.

> ... Theilnehmend erscheint ein gesitteter Jüngling
> Unter der Schaar, doch nicht in die Spiele sich selbst einmengend; ...
> Schön wie ein Engel des Herrn, in die Tiefe heruntergestiegen:
> Reizend in Ringen umkräuselt die Brau'n schwarzlockigen Haubthaars
> Schimmernde Nacht, rein leuchtet die blühende Flamme des Auges,
> Nie von Begierde getrübt und dem Blick zweideutiger Freundschaft,
> Welche dem kochenden Blut in der südlichen Sonne gemein ist.
> Doch wer kann, da die Zeit hinrollt, festhalten die Schönheit?
> Schweige davon! Rings gähnt, wie ein Schlund, die gewisse Zerstörung:
> Tritt auf jene Balkone hinaus, und in duftiger Ferne

36. Neapel

Siehst du das Ufer entlegener Bucht und am Ufer erblickst du
Herrlicher Säulen in Reih'n aufstrebendes dorisches Bildwerk.
...
Sprich, was reizender ist? nach Süden die Fläche der Salzflut,
Wenn sie smaragdgrün liegt um zackige Klippen, und anwogt,
Oder der plätschernde Bach nach Norden im schattigen Mühlthal? ...
Ja, hier könnte die Tage des irdischen Seyns ausleben,
Ruhig wie schimmerndes Silbergewölk durch Nächte des Vollmonds,
Irgend ein Herz, nach Stille begierig und süßer Beschränkung.

Aber es läßt ehrgeiziger Brust unstäte Begier mich
Wieder verlassen den Sitz preiswürdiger Erdebewohner,
Bannt am Ende vielleicht in des Nords Schneewüste zurück mich,
Wo mein lautendes Wort gleichlautendem Worte begegnet.

Vieler Deutung bedürfen diese Verse nicht mehr; unverkleidete Wirklichkeit hat Eingang in sie gefunden. Die Starre der statischen Gedichte, das rastlos gefangene Hin und Her der Ghaselen, die Bewegungsarmut der Sonette sind dem fortschreitenden Bericht gewichen, der assoziativ Eindrücke, Gedanken und Reflexionen aneinanderreiht. Bemerkenswert hier am Ende die Wendung weg von der Idylle und hin zu Ehrgeiz und Ruhm: immer noch schlägt Macht Eros, wenn sie sich erringen läßt.

Zu Fuß überquerte Platen die Lattarischen Berge. Ravello und die Villa Rúfolo, deren Park 1880 Richard Wagner zu Klingsor's Zaubergarten inspirieren sollte, scheinen ihm entgangen zu sein. Nach einer Nacht in Torre Annunziata besuchte er Pompeji und fuhr dann nach Neapel zurück. Dort angekommen, traf er sogleich in einer Trattoria Kopisch und Gündel; bei dem letzterem lernte er am nächsten Tag einen gewissen Doktor Bernhard kennen, der Neuigkeiten aus Wien brachte: Bruchmann habe sich den Eltern unterworfen, könne aber kein Beamter in Österreich werden, weil seine Reisen nach Erlangen Verdacht erregt hätten. Bernhard empfahl Platen aus klimatischen Gründen Pisa als Winteraufenthalt, wahrscheinlich, weil Byron und Shelley kürzlich dort gewesen waren. In der Tat liegt Pisa günstig zwischen Toscana und ligurischer Küste, den Landschaften, die den Dichter im folgenden Jahr für längere Zeit festhalten sollten.

Von Cotta traf ein unklarer Brief ein, dem Platen entnahm, der Verleger habe endlich die zweiten 1000 fl. nach Rom überwiesen. Also akzeptierte er die von Gündel mehrmals angebotenen 100 Piaster im Glauben, sie sofort zurückzahlen zu können. Am 20. November brach er nach Rom auf, um dort Cotta's Geld zu kassieren und dann in die Toscana weiterzureisen. Zum Abschied erschien Kopisch und brachte dem Enttäuschten als Geschenk Sorrentiner Orangen und ein Gedicht; auch kündigte er seinen Besuch in Rom an. Platen war gerührt. „Wirklich habe ich mir viel gegen (Kopisch) vorzuwerfen," heißt es im Tagebuch, „und ich fühle in diesem Augenblick mehr als je, was so ein treuer und zärtlicher Freund werth ist, und hätte noch in Neapel verweilen sollen. Gleichwohl weiß ich nicht, ob wir zusammentaugen."

Seine Reise nach Rom nennt Platen nicht sehr begünstigt: den ersten Tag finster wie

Capua, den zweiten Abend klar und hell wie Molo di Gaeta, den dritten, wo er in dem „abscheulichen Cisternia" übernachten mußte, den pontinischen Sümpfen entsprechend, und den vierten vollends schauderhaft.

37. Der erste Hymnus

Nach einer schlechten und teuren Übernachtung im Hotel Roesler-Franz fand Platen eine angenehme Wohnung in der Via Sistina über dem Caffè delle Nocchie. Rom affiziere ihn nicht sonderlich, bemerkt er am nächsten Abend im Tagebuch, und er empfinde großes Heimweh nach Neapel, das er zwar gern und freiwillig, doch unüberlegt verlassen habe. Sehr schnell traf er auf Waiblinger, den er zwar weit weniger ansprechend fand als Kopisch, der aber „verwünscht viel Geist" hatte und ihm so als Gesellschaft willkommen war. Waiblinger, verärgert über die Karikaturen, die von ihm umliefen, hatte seinen Verkehr mit den deutschrömischen Künstlern so gut wie eingestellt. Von einer Bauernfamilie in Olévano bei Rom, mit deren Tochter er eine Liebschaft hatte und die, merkwürdig genug, in ihm eine Partie gesehen haben muß, war er über den Sommer ernährt worden. Platen hatte in Neapel Semler auf des Freundes verzweifelte Lage aufmerksam gemacht; dieser leistete finanzielle Hilfe, aus der sich dann ein Briefwechsel zwischen Mäcen und Klient entwickelte. Ende Oktober traf endlich Geld von dem Berliner Verleger Georg Reimer für einen italienischen Almanach ein, den Waiblinger schreiben und zusammenstellen sollte.

Die Wohnung über dem Café, das als deutsche Klatschzentrale bekannt war, im Verein mit völlig irregulärem Schneewetter, ließ Platen von der Weiterreise nach Pisa absehen. Er wolle jedoch höchstens zwei Monate in Rom bleiben, schreibt er am 26. November an Fugger, dann nach Neapel zurückkehren und von dort aus Tarent und Brindisi besuchen; die Kälte bekäme ihm übrigens gut. „Zu meinem Entschluß, hier zu bleiben, hat nicht wenig die Hoffnung beigetragen, Dich hier zu sehen, liebstes Herz!", heißt es in einem Brief an Kopisch vom selben Tag, der von Platens Rührung über die Abschiedsgeschenke zeugt. Postskripta zu beiden Briefen teilen mit, daß von Cotta kein Geld angekommen war. Platen bittet Fugger nunmehr, einen anderen Verleger für die Gedichtsammlung sowie den ‚Romantischen Oedipus' zu suchen, und an Kopisch schreibt er, sein ganzes Vermögen bestehe nur aus einigen neapolitanischen Piastern.

Für den folgenden Mittag sah er sich, wohl zu seinem Erstaunen, von einem Berliner Maler zum Essen geladen. Der Empfang fand zu Ehren des Diplomaten und Archäologen Dorow statt und präsentierte neben allerhand Preußen auch zwei Deutschrömer: den Landschaftsmaler Reinhart und den Bildhauer Thorvaldsen, einen germanisierten Dänen. Platen verdankte diese Einladung kaum seinen gesellschaftlichen Talenten, sondern eher einer gewissen Prominenz, zu der er als Dichter mittlerweile gelangt war;

gut möglich auch, daß der Geheimrat Semler in Berlin für ihn die Trommel gerührt hatte. Platen erhielt den Platz zur Rechten Thorvaldsens. Daß er an ihm sein Dänisch erprobt hätte, ist nicht anzunehmen; der Bildhauer, seit 1800 in Rom ansässig, sprach natürlich Deutsch so gut wie seine Muttersprache. Obwohl Thorvaldsen verheiratet war und eine Tochter hatte, darf als sicher gelten, daß er vorwiegend homosexuell empfand. Natürlich verbarg er diese Gefühle in seinem Auftreten sorgfältig; nicht so in seiner Kunst. Platen, der eine Abneigung gegen den süßlichen Canova hegte, hatte schon vor Jahresfrist einmal des Meisters Atelier besucht, ihn selbst aber nicht angetroffen. Vielleicht kannte Thorvaldsen Gedichte von Platen und hatte den Wunsch geäußert, den Dichter kennenzulernen? Wir wissen es nicht. Der berühmte Mann scheint mit seinem hölzernen Tischnachbarn freundlich umgegangen zu sein, sprach möglicherweise über dessen Poesie und ihre Thematik, machte vielleicht auch diskrete Andeutungen über Schönheitsliebe und Gleichklang der Seelen oder sprach von der Befriedigung, die ihm Studium und Arbeit an männlichen Skulpturen gewähre. Platen jedenfalls war hocherfreut und sollte sich poetisch revanchieren.

Am 5. Dezember dankt er Gündel für das nun lebenswichtig gewordene Darlehen: „Meine Hoffnung ist, Sie noch in Neapel zu sehn, wohin ich Ende Januars zurückzukehren denke. Denn sollte ich auch bis dahin kein Geld erhalten, so ist es doch besser, in einem gesunden Klima zu betteln, als in einem ungesunden. Auch kann ich mich in das Kloster bei Amalfi zurückziehen, wo ich angenehm und sehr wohlfeil existiren kann. ..Den Romantiker Waiblinger sehe ich fast täglich, und er besucht mich oft. Er trinkt und hurt wie vorher, doch mit mehr Mäßigung, wie er behauptet. Denn in Deutschland habe er, ich weiß nicht wieviel, Krüge Bier jeden Abend getrunken und zuweilen eine Woche lang jede Nacht bei einer Andern geschlafen. Er macht wirklich Glück bei den Weibern, setzt seine Liebschaft in Olevano schriftlich fort, und hat hier mehrere von realem Gehalt, freilich nicht ohne baare Bezahlung. Doch steht er sich jetzt (finanziell) besser.. Ueberhaupt ist er eine ehrliche Haut und ein angenehmer Gesellschafter." Platen fügt hinzu, er hoffe, Kopisch demnächst in Rom begrüßen zu können.

Gündel antwortet postwendend: „Ihre neuliche Abreise von Neapel hat mir leid gethan; auch habe ich genug dagegen protestirt, allein Sie waren unerbittlich. ..Nun, der Januar, behauptet man, sei in Neapel schön; so kommen Sie doch, wenn die Witterung sich günstig anläßt, hierher zurück. ..Freund Kopisch läßt Sie grüßen, wird aber schwerlich sobald von hier fort kommen, weil er, glaub' ich, von seinem Gelde verliehen hat. Ich sehe ihn gewöhnlich Mittags, öfter auch am Billard.. Er macht so hübsche Bälle, daß es eine Freude ist; aber durchführen die Partien, wie sich's gehört, das will er, oder kann er nicht."

Geldsendungen an Platen besorgte damals Puchta, natürlich mit Ausnahme derer, die von Cotta kamen, oder eben nicht kamen. Aus Platens Briefen an Puchta geht hervor, daß die Eltern auch jetzt, da er in Italien lebte, immer noch etliche hundert Gulden jährlich zuschossen. Ohne Geld aus Ansbach hätte er das Jahr 1827 nicht überstanden.

Des Königs Hilfe werde ihm unerläßlich sein, hatte er deshalb auch an Fugger geschrieben. „Wenn er mir nur einen mäßigen Jahrgehalt aussetzte, so wollte ich mich auch verpflichten, jährlich eine Tragödie für das Münchner Theater zu schreiben, was mir zugleich ein Sporn seyn würde. Weißt Du, durch Deine Verbindungen, auf keine Weise ihm beizukommen?" Eine Woche später traf ein Brief von Fugger ein, keine Antwort auf den zitierten, jedoch mit der Nachricht, daß Eduard v. Schenk Platen eine Stelle in seiner Abteilung des Münchener Innenministeriums anbiete. Der war wenig begeistert. „Ich habe den König um eine Unterstützung gebeten," antwortet er Mitte Dezember, „und dieser möchte mir nun gern ein Amt mit Geld, aber kein Geld ohne Amt geben; denn von Dichtern wird gewöhnlich gefordert, daß sie blos in Nebenstunden dichten.. Wenn mir also die Münchner Könige zusetzen sollten oder von den lausigen deutschen Buchhändlern kein Geld zu erpressen ist, so gehe ich nach la Cava bei Salern, einem paradiesischen Benediktinerkloster, wo man gut lebt, einer herrlichen Bibliothek und einer unbeschreiblichen Natur genießt, und wo ein gelehrter Ausländer mit ehrgeizigem Vergnügen aufgenommen wird, besonders wenn man dabei noch einen Proselyten machen kann. Eine Glatze bekomme ich doch mit der Zeit, und lieber will ich einem ehrlichen napoletanischen Pater Guardian, oder wie er heißt, gehorchen, als einem deutschen Geschäftsherrn, der vielleicht keine Gelegenheit vorbeigehn ließe, mich zu demüthigen, und mir zu zeigen, daß wir noch nicht in der Nachwelt leben."

Die Drohung mit dem Kloster war natürlich pure Koketterie. Platen dachte wohl eher an das aufgelassene Franziskanerstift von Amalfi als an die Benediktinerabtei Trinità di Cava, wo Tasso als Gast und keineswegs als Mönch eine Zeitlang geweilt hatte. Die Vorstellung eines deutschen Literaten und Scheinkonvertiten unter italienischen Mönchen, die nach der Devise ‚ora et labora' Gott und der Landwirtschaft leben, wäre auch von unziemlicher Naivität.

Fugger hatte mitgeteilt, daß gegen jede Abmachung eines der ungedruckten Dramen, der ‚Thurm mit sieben Pforten', im neuesten ‚Taschenbuch für Damen' angekündigt sei; eigentlich hätten ja alle drei zusammen in einem Band erscheinen sollen. Platens Zorn auf Cotta hielt sich in Grenzen: Das kleine Stück sei ihm ganz entfallen, antwortet er und teilt sodann Fugger die Vollendung eines neuen großen Gedichtes mit, seines ersten Hymnus* in pindarischem Geist. Bis jetzt habe er sich für diese Form noch nicht reif gefühlt; nun sei endlich ein Festgesang mit dem Titel ‚Abschied von Rom' entstanden. „Zu einem trocknen prosaischen Vortrag möchte sich ein solches Gedicht, das auf einem Sturmwind von Rhythmus einhergeht, gar nicht mehr eignen. Es muß wenigstens nach der Art der Improvisatoren gesungen werden, und ich wünschte wohl die Aufgabe gelöst gesehen, ein solches Gedicht in Musik zu setzen". Wir werden bemerken, daß Platen sich zum Nutzen des Gedichts weniger an Pindar gehalten hat als in seinen späteren Hymnen. Am Schluß des Briefes folgt das komplizierte metrische Schema und die erste Strophe.

---

* Hymnen sind ursprünglich Preislieder zu Ehren von Gottheiten und Heroen, erst epischen, später lyrischen Charakters. Seinem ersten Hymnus unterlegt Platen das metrische Strophenschema von Pindars achter olympischer Ode. Eigentlich sollte der Strophe und metrisch gleichen Antistrophe jeweils der Epodos folgen; Platen unterschlägt ihn. Die Bezeichnung ‚Hymnus' für solche Gedichtform ist recht willkürlich.

37. Der erste Hymnus 481

> Wer vorbeiziehn darf an dem Appischen Weg, südwärts gewandt,
> Wem aus des Sumpflands Wiese der magischen Göttin
> Vorgebürg ragt (welche dereinst dem Odysseus reichte den Becher, indem sie
> Süßen Gesang an dem Webstuhl sanft erhob),
> Nenne beglückt sich, er hat
> Die umwölkt schwermütige
> Fieberluft Roms hinter sich!

Nach Neapel aufbrechend, nimmt der Dichter Abschied von Rom, dessen ‚umwölkt schwermütige Fieberluft' den Tod mit sich führt. Über die pontinischen Sümpfe ‚ragt' der Kirke-Felsen am Cap Circeo: die Nymphe, die Odysseus ‚den Becher reichte' und ihn sinnlich fesselte, gehört zur Welt des Dionysos und der Aphrodite. Von der zweiten Strophe an wendet sich Platens Blick zurück auf die römische Denkmals- und Ruinenlandschaft, um die Vergangenheit zum Leben zu erwecken. Die Geschichte der Stadt von der Gründung bis zum Ende der Republik wird aufgerollt. Die fünfte Strophe setzt die Geschichte der Stadt mit dem Leben des Dichters in Parallele: wie das antike Rom, so ist auch er dem Untergang geweiht.

> Zwar es fällt langsam, wie das Dauernde fällt, großartigem
> Mannsinne gleich, der Sphärengesänge des Wohllauts
> Jener Welt – zuführt dem ermüdenden Werktagsleben und Schwärmer gehöhnt wird,
> Während allein er das All klardenkend wägt;
> Doch der Beladene beugt
> In den Staub allmählig sein
> Sinnend Haubt leidvoll hinab.

Der nächste Teil des Gedichts berichtet von verschiedenen Versuchen, Rom durch ‚Renaissancen' neu zu erwecken: vom ersten vergeblichen im Mittelalter, der Fragmente und Säulen aus antikem ‚Prachtschutt' in ‚Bethäuser düsterer Form' einfügte, über die folgenden der Neuzeit, die ‚Heroen altheidnischer Sage' dem Boden entrissen, bis zu Pius VI, der zwar als Napoleons Gefangener starb, dem jedoch der Zauberstab der Kunst zum Feldherrnstab wurde. Dieser Papst gab den genannten antiken Skulpturen ihre Behausung am Nordende der vatikanischen Museen; Platen nennt sie ‚Deinen Festraum, Vatikan!' - Hier, im Museo Pio-Clemetino, befindet sich der Dichter in der elften Strophe:

> Doch den Anblick trübt des verschwendeten Bildwerks Uebermaß,
> Unruhe schwankt zaghaft, wie die Seele der Jungfrau
> Aus der Schaar anmutiger Freier den anmutvollsten zu wählen umherschwankt:
> Uebergenüssen erliegt oftmals der Geist.
> Nicht das Vergangene frommt,
> Da der Bildkräfte Schüler selbst
> Nicht die Kunst lernt durch die Kunst.

Sondern durch das Leben, ließe sich hinzufügen. Das Gedicht ist schwer zu verstehen, wenn wir ‚Bildkräfte' nur mit Bildhauerei gleichsetzen. Platen hatte indes schon drei

Jahre zuvor plastische und poetische Kunst aufeinander bezogen: in jenen ersten klassischen Versen seit seiner Jugend, nach der Rückkehr aus Venedig entstanden und ‚Die Bildhauer' überschrieben. Wenn wir zu den ‚Bildkräften' auch die Poesie rechnen, vereinfacht sich die Deutung der Strophe ganz erheblich. Im vatikanischen Museum, können wir nun sagen, wird dem Dichter klar, daß ihn die Vielzahl der antiken Skulpturen eher verwirrt als inspiriert: er, der Schüler Pindars, lernt die (Dicht)Kunst nicht durch die (Bildhauer)Kunst.

Zu der folgenden Strophe äußert Schlösser die vorsichtige Vermutung, sie sei erst im Frühjahr 1828 eingeschoben und richte sich an Kopisch; diese Vermutung wird bei Sichtermann zur festen Annahme.

> Hörst du gern Rat an, so beginne zuerst Einfaches blos:
> Vollkommenheit treibt Früchte hervor an erprobten
> Stämmen, Freund! Nicht wolle zu früh der Griechheit huldigen! Wächserne Federn
> Klebt an den Nacken des Flugs Nachahmer blos;
> Aber es blühn des Lichts
> Region Sternbilder Ihm,
> Den die Schwungkraft oben hält.

Daß diese Strophe nicht später eingeschoben wurde, ist leicht zu beweisen. Platen bemerkt in dem Brief vom 16. Dezember 1827 an Fugger, an dessen Ende die erste steht: „Es sind siebzehn Stanzen wie diese". Ob zudem der angesprochene Freund Kopisch war, steht dahin; eher dürfte es Waiblinger sein, mit dem Platen damals täglich umging und Museen besuchte. Wäre es nicht möglich, daß er mit jenem Anfang Dezember im Museo Pio-Clementino, etwa vor der Laokoon-Gruppe, die Schwierigkeiten der pindarischen Ode diskutierte? Wenn Platen fünf Monate später Kopisch in einem Brief mit ähnlichen Argumenten zu dichterischer Einfachheit ermahnen sollte, schließt dies ja nicht aus, daß er den gleichen Rat schon früher Waiblinger gegeben hatte. In den letzten drei Versen attestiert Platen sich selbst die Reife des dichterischen Daidalos, während der beratene Freund, und das gälte für jeden von beiden, nur Ikaros sein kann.

Wenn überhaupt etwas eingeschoben ist, so sind es die beiden folgenden Strophen: ein Exkurs zum Lobe Thorvaldsens und Rückkehr zum Hauptthema, zwar – aber.

> Manchen Geist zwar schafft die beseelte Natur, der Griechenlands
> Blos noch dem Stumpfsinn hieroglyphische Schönheit
> Kennt und hold ausbildet unsterbliche Form. Aufweckt an dem rosenumhauchten
> Silbergeplätscher des Bergquells wieder er
> Alten, olympischen Tanz:
> So erschuf Thorwaldsen aus
> Götterdämmrung Tageslicht.

> Aber dieß Lied gleicht dem verirrenden Waidmann: Nachtigall-
> Ton lockt hinweg sein Herz von des Wildes Verfolgung:
> Ohne Pfad schweift rings in Gebüsch, in Gefild, Laubwälder und Felsen entlang er;
> Endlich verscheucht der Gebürgsschlucht Wasserfall

Jeden Gesang und den Traum
Des Gemüts ihm. Wieder sucht
Seinen Jagdweg Jener auf.

Die Pindarischen Hymnen ergehen sich gern in Exkursen. Auch hier schweift der Dichter-Jäger ‚ohne Pfad' durch seine klassisch poetische Landschaft, scheinbar ohne Ordnung reiht er disparate Gegenstände aneinander. Doch sind sie in der Tiefe miteinander verbunden, ja das Leitmotiv kehrt wieder wie eine fixe Idee: bedeutsame Trümmer der alten Welt, Schutt, Fragmente, Ruinen, Säulen, Statuen sind Zeichen der Angst vor seelischer Zerstückelung, die den Dichter seit seiner Jugend beherrscht. Der kunstvolle Bau aus Wörtern soll das Zerbrechen des poetischen Spiegels unmöglich machen, eine haltbare Strophenkette das Damals mit dem Heute verbinden.

Nachtigallenklang war Thorvaldsens Aufmerksamkeit beim Essen am 28. November. Die Gedanken daran locken Platens Herz hinweg von des Wildes Verfolgung, nämlich der Fortführung des Gedichts, in die Sackgasse einer Gebirgsschlucht, wo ein Wasserfall jeden weiteren Weg abschneidet. Daß Platen sich von dem sechzehn Jahre älteren Dänen erotisch angezogen fühlte, ist unwahrscheinlich. Nein, ‚Gesang' und ‚Traum des Gemüts' gelten nicht Thorvaldsens Person, sondern seiner Kunst. Auch von ihr, wie von der alten Bildhauerei, führt kein Weg zur Poesie, so verlockend beide sind. Das Bild vom Wasserfall erinnert an jenes Schlüsselerlebnis vom Sommer 1817, da Platen, selbst noch Ikaros, im Dürnbachwald bei Schliersee oberhalb des Punktes ‚Finisterre' beinahe zu Tode stürzte.

Dichtung und Bildhauerei sind analoge Künste, doch kann die eine nicht aus der anderen schöpfen. Platen bezieht hier eine Gegenposition zu Schlegel, der Gemälde in Sonette umsetzte, und auch zu seinen eigenen venezianischen, wo er mit Reiseeindrücken entsprechend verfuhr. Noch im März 1826 hatte er an Schwab geschrieben: „in Rom hoffe ich meine Kunst zur Vollkommenheit zu bringen.. Aus der bildenden Kunst ziehe ich die größten Belehrungen." Damit ist es vorbei. Nunmehr will die Poesie vergangene Wirklichkeit wiedererwecken: der Mittelteil des Hymnus handelt von jener zweiten Renaissance antiker Kunst, die heute Klassizismus heißt, und zu der Thorvaldsen wie Platen ihren Beitrag geleistet haben. Thorvaldsen, der die Schönheit Griechenlands kennt, erweckt beim Bergquell, am Rande der Welt, die ewig-unsterbliche Form (Götterdämmerung) zu alt-neuem dionysischen Leben (alter olympischer Tanz, Tageslicht).

Doch das Übermaß des verschwendeten Bildwerks trübt den Blick, aus dem Silbergeplätscher der Quelle wird ein gefährlicher Wasserfall. Nach der lebendigen Erfahrung Neapels erkennt der Dichter, daß ihn die Trümmer Roms nicht mehr zu Oden aufrufen können. Auch die Skulpturen, alte wie neue, gehören jenem Rom an, von dem er nunmehr Abschied nimmt. Nicht hier will er von bronzenen und marmornen, sondern in Neapel von lebendigen Jünglingen inspiriert sein: es wird nicht ausgesprochen, doch die Wendung im Schlußteil des Hymnus zeigt es an. Das Ziel von Platens Kunst ist das gleiche wie das der Kunst Thorvaldsens: klassische Form mit ewig-dionysischem Leben zu erfüllen. Auch die Methode ist analog; nur die Quelle ist hier, in diesem Gedicht, eine andere.

> Selig, wem Thatkraft und behaglichen Sinn leiht Gegenwart,
> Wer neu sich selbst fühlt, Neues zu bilden bedacht ist,
> Wem das Dasein ewig erscheint, und der Tod selbst eine Despotenerfindung,
> Deren Gedanke des Glücks Pulsschläge hemmt:
> Gerne verläßt er und froh,
> Kapitol, dein Schattenreich,
> Eure Pracht, Kirchhöfe Roms!

Der ‚Renaissance'-Dichter, der Klassizist, vermag griechisches Leben wiederzuerwekken, weil er es als Teil des ewigen dionysischen Prinzips erkennt, das auch in ihm selber wirkt. Link meint, hier setze Platen neue, positive Akzente, die etwa der Umdeutung Schopenhauers durch Nietzsche entsprächen. So gesehen, wird der absolute Tod zur ‚Despotenerfindung,/ Deren Gedanke des Glücks Pulsschläge hemmt'. Alles wahrhaft gelebte Leben, das in einer Ruine anschaubar wird, ist im ewig vor-rückenden Leben der Gegenwart aufgehoben. So kann der Poet das hymnische Lob des Dionysos und der Aphrodite anstimmen:

> Lenz des Erballs! Parthenopäische Flur! Stets neue Stadt!
> Aufnimm den Freund, geuß rauschende Buchten umher ihm,
> Denen einst (urweltliche Fabel erzählt's) wollüstig entstiegen die Schönheit;
> Myrten der Küste, des Flutschaums Blum im Haar;
> Aber es reichte, sobald
> Sie an's Land stieg, Bacchus auch
> Seines Weinlaubs Thyrsus ihr!

In der letzten Strophe ruft Platen Vergil an, der, aus Griechenland heimgekehrt, sich nicht in Rom, sondern in Neapel begraben ließ: Vergil, exemplarisch für den Poeten, war durch den Tod in ewiges Leben eingegangen.

Der Hymnus beginnt in Rom und endet in Neapel wie die Reise des Dichters. Mit größter Konsequenz hat er sich auf die anschauliche Ebene beschränkt: Via Appia, die Denkmäler, Statuen, Kirchen und Museen, pontinische Sümpfe, Cap Circeo, Vergils Grab – alle sind sie wirkliche touristische Punkte und darüber hinaus ‚repräsentativ'. Hier hat Platen der Realität, ohne sie anzutasten, in vorbildlicher Weise ästhetischen Sinn verliehen. Durch den Anruf Vergils aber wird Neapel wieder mit Rom verbunden: „Beide zusammen zu sehen, Rom und Neapel, lehrt dieses Gedicht", schreibt Hellmut Sichtermann: „Neapel wird ganz Neapel erst durch Rom, auch das Neue bedarf derjenigen, die das Alte beherrschen."

Alles, was wir hier zur Deutung dieses komplizierten und vielschichtigen Gedichtes anbieten, kann nur Stückwerk sein. „Derlei will freilich studirt werden," bemerkt Platen in dem erwähnten Brief an Fugger, „eine Toilettenlektüre ist es nicht."

Ende Dezember war er fürs erste seiner Geldsorgen ledig. Gündel hatte ihm nochmals 50 Scudi aus Neapel geschickt. Ein paar Tage darauf traf eine Überweisung aus Deutschland ein, vermutlich über Puchta: 200 fl. vom Vater und die Militärgage für ein

Schlafender Knabe. Zeichnung von Friedrich Overbeck. (Kupferstichkabinett, Dresden)

halbes Jahr. Doch Platens Eifer, nach Neapel zurückzukehren, ist trotz des Hymnus plötzlich geschwunden, und die Gründe, die er Gündel dafür anbietet, sind reichlich dünn: er wolle Cottas Taschenbuch mit dem ‚Thurm der sieben Pforten' in Rom abwarten, denn dort sei das Porto billiger! Wirklicher Grund für die abrupte Sinnesänderung war eine Begegnung auf dem Gianicolo, wo er genau ein Jahr zuvor den Jüngling kennengelernt, der ihn zur Winternacht-Ode inspiriert hatte. Wieder war er zufällig in die Kirche S. Pietro in Montorio eingetreten. „Da sah ich vor dem Altar einen wunderhübschen jungen Menschen knien," heißt es im Tagebuch, „der meine ganze Aufmerksamkeit fesselte. Als wir später die Kirche verließen, unterhielt ich mich mit ihm, und er begleitete mich eine weite Strecke.. Innocenz, so heißt der junge Mensch, ist weit hübscher, lieblicher, unschuldiger als jener Andre war und ich habe auch Hoffnung ihn öfters wiederzusehen. Er ist aus Sinigaglia und kam nach Rom, um hier Arbeit zu finden, hat auch.. als Gärtnerjunge gearbeitet. Er ist 25 Jahre alt, sieht aber weit jünger aus."

Zum Jahresende legt Platen im Tagebuch vor sich Rechenschaft ab. Wenn ihn nicht Reisen, Ortswechsel, ‚Gesundheitszustände' so geplagt hätten, wäre das vergangene Jahr fruchtbarer gewesen. Immerhin blicke er nun auf eine vierteilige Sammlung lyrischer Gedichte mit dem neuen Hymnus als Krönung. Außerdem seien zwei Akte des ‚Romantischen Oedipus' geschrieben. Den Tragödienplänen aber stünde die natürliche Trägheit entgegen, „und der gänzliche Mangel an Liebe, deren ich geistig und körperlich bedürfte, macht mich niedergeschlagen und mismuthig."

Aus einem Brief an Fugger vom 2. Januar 1828 geht hervor, daß der Freund wegen des Gedichtbandes mit anderen Verlegern verhandelte. Falls aber Cotta doch anbeißen sollte, und es gab dafür gewisse Anzeichen, so wäre es allemal vorzuziehen; höchstes Eigenlob spendet Platen „einer Sammlung von Gedichten, denen man, Klopstock und Goethe abgerechnet, nicht leicht etwas vor oder an die Seite wird setzen können, so daß ich also in jedem Falle als der dritte lyrische Dichter der Nation erscheinen werde".

Bemerkenswert bleibt, daß er (wenn man einige Balladen Schillers und die gesamte romantische Lyrik ausnimmt, die er einfach ignoriert), mit seinem Urteil gerade noch recht gehabt hätte. Platen wußte nicht, daß im vergangenen Oktober Heinrich Heine in Hamburg sein ‚Buch der Lieder' herausgebracht hatte und ihm damit ein Widersacher und Meister auf ureignem Feld erwachsen war.

Über die drei Dramen hatte er seine Meinung geändert. Den ‚Rhampsinit' wolle er umarbeiten, der ‚Thurm mit sieben Pforten' passe gut in den Almanach; bliebe als Einzelstück ‚Treue um Treue'. „Cotta wird mich ..sehr verbinden, wenn er diesen Braten ohne Zugemüs auftischt", fährt Platen in seinem Brief an Fugger fort. Er habe sich bis jetzt noch nicht bei Schelling gemeldet, da er mit keiner Tragödie aufwarten könne. Nichts sei leichter, als ein Stück zu schreiben, das gefällt, „da sogar der ganz ohnmächtige Houwald dergleichen vermag; aber wer wird seinen Rücken zu einem solchen Brandmal hergeben, wie (es) der Beifall des deutschen Publicums ist?" Alles sauere Trauben. Platen irrt, wenn er meint, Trivialliteratur sei leicht zu schreiben; sie verlangt vielmehr Talente, die nicht minder eigenartig sind als die für ernsthafte Dichtung.

Aus Neapel kam ein Brief von Gündel, in dem Semler die Redaktion einer Theaterzeitschrift in Berlin anbieten ließ. „Ob Graf Platen wohl geneigt wäre, sich hier niederzulassen, versuchsweise, gegen Zahlung von 2500 Thalern jährlich, wofür er ein Manuskript zu 96 Bogen einer Theaterzeitung zu liefern hätte, die zweimal zur Woche erschiene?"

Die Antwort war prompt und höhnisch, „Eh ich Italien verlasse," schreibt Platen am 7. Januar, „gedenke ich eher in ein Kloster zu gehen, zum Beispiel nach la Cava". Er könne seiner Gesundheit eine Reise zum Nordpol (gemeint ist Berlin) nicht zumuten, und schlage anstatt seiner selbst Waiblinger für den Posten vor: der würde ihn nur zu gern annehmen, führe eine leichte Feder und sei auch klug genug gewesen, Semler gegenüber den Frommen zu spielen. „Der geheime Rath hat ihm einen langen Bekehrungsbrief geschrieben, und da der Name Gottes darin in jeder Zeile vorkommt, so darf ich mich nicht sehr beklagen, daß der meinige darin gegen zwanzigmal paradirt, im Gefolg einer geistreichen Polemik, wie Sie denken mögen...Viele Grüße und Empfehlungen also an den lieben geheimen Pharisäer, ohne daß er es selbst weiß. Er wird übrigens wissen, daß das Verhältniß des Menschen zu Gott nicht das eines Hunds zu seinem Herrn ist, und daß wenig dabei herauskommt, Gott an der Hand zu schlecken. Er soll einen ehrlichen Mann in Ruhe lassen, und selbst wenn dieser ehrliche Mann ein Muhamedaner wäre...Von der Thierheit des Anschleckens soll er sich endlich zur Menschheit des Sagens und Handelns erheben. Nebenbei kann ich ihm aus guter Quelle versichern, daß der Gott, den er schleckt, gar nicht existirt, am allerwenigsten im neuen Testamente."

Auf Neapel habe er wenig Lust, fährt Platen fort, lieber wolle er nach Pisa. Gesundheitlich gehe es ihm gut, und einige homöopathische Pulver hätten seine Hämorrhoiden ganz geheilt. „Von den Seebädern im künftigen Sommer verspricht mir der Arzt noch bessern Erfolg als das vorige Mal.. Auch gedenke ich sie an einem gesünderen Ort als in den schmutzigen Gassen von Neapel zu nehmen."

Dieser Satz, drei Wochen nach dem Hymnus an eben diese Stadt niedergeschrieben, zeigt erneut, wie viel von Platens Meinungsäußerungen zu halten ist. Stets sind sie Produkt augenblicklicher Laune, unreflektiert, rein emotional und hinterher nur erbärmlich rationalisiert. Zwar steckt der ganze Brief an Gündel voller Aggressionen gegen Semler; doch gilt die letzte Spitze mit den schmutzigen Gassen dem wohlmeinenden Adressaten selber, wir wissen nicht, warum. Vielleicht, weil Kopisch nicht nach Rom kam? Wie immer, der Freund war so verärgert, daß er Semlern außer Platens höhnischer Absage auch noch dessen törichte Bemerkung mitteilte, eher wolle er ins Kloster gehen, als nach Berlin.

„Gestern habe ich die schönste Bekanntschaft meines Lebens im Theater Fiano gemacht," schreibt Platen am 11. Januar ins Tagebuch, „eine Bekanntschaft, die meine kühnsten Wünsche befriedigen würde.. Aber wie und wo sich wiedersehen? Ich weiß, wie abgeneigt mir in ähnlichen Dingen das Glück ist. Auch den schönen Innocenz habe ich trotz aller Bemühungen nicht wieder gesehen. Mein Leben so ganz ohne Liebe, oder wenigstens ohne Gegenliebe hinzuschleppen, ist mir fürchterlich." Die Begegnung hatte eine Ode zur Folge, an deren Ende das fatale Hin und Her der deutschen Gedichte wieder erscheint.

> Liebe, Liebreiz, Winke der Gunst und Alles,
> Was ein Herz darbeut und ein Herz erwiedert,
> wenig frommts, leiht nicht die Gelegenheit ihm
>   Athem und Dasein. ...
>
> Alter Zeit Eindrücke bestürmten neu mich,
> Euch an Kraft gleich, Schmerzen der ersten Liebe!
> Tief im Ohr nachtönend erklang verschollner
>   Knabengesang mir.
>
> Wehe mir, mir, welcher ein einzig Mal dich
> Durfte sehn! Nie leuchtet ein Wiedersehn uns!
> Deiner Spur nachforscht' ich das große Rom durch,
>   Ewig erfolglos:
>
> Auf und Ab stets irrend, so weit die Tiber,
> Hadrians Grabveste vorüber, endlich
> Jenen Kranz schlankstämmiger Säulen netzt am
>   Tempel der Vesta.

„Hier kann man sich nicht einmal, und wär' es blos der Unterhaltung wegen, verlieben", schreibt Platen Mitte Januar an Puchta; „zuerst, weil die Schönheit zu universell ist und es unmöglich macht sich zu fixiren, sodann weil in diesem Klima die Liebe sogleich einen sinnlichen Charakter annimmt.. Endlich ist auch seit jenem Nervenanfall meine Gesundheit nicht ganz wieder hergestellt worden; ich muß mich beim Essen und Trinken sehr in Acht nehmen; Wein, Caffe, Chokolate, Gewürze und andres Aehnliche sind mir verboten, und ein Mensch, der sich nicht mehr mit Vergnügen satt essen kann, ist unglücklicher, als man beim ersten Anblick glauben sollte. Ich kann wohl sagen, daß mein einziger Genuß noch darin besteht, bei schönem Wetter in den römischen Ruinen herumzuwandern." Die allgemeine Frustration mag schuld gewesen sein, daß Platen seine Klosterpläne vor Puchta noch einmal genüßlich ausbreitet: „Nie soll ein deutscher Geschäftsherr sich rühmen, mich gepeiniget zu haben. Unter dem ewigschönen Himmel, in reizenden Myrtengebüschen am Ufer des Meeresspiegels gedenke ich die Tage, die mir noch vergönnt sind, an die Unsterblichkeit meines Namens und hoffentlich mehr als meines Namens, zu setzen." Der pathetischen Ankündigung folgt am Fuß des Briefes der prosaische Nachsatz: „Glauben Sie denn nicht, daß man hundert Dukaten für die Gedichte herausbringen könnte, eine Summe, die gar nicht groß für das Werk ist, und Sie wissen, wie nöthig ich das Geld habe."

Eine Woche später war die üble Laune überwunden, vielleicht durch eine glückliche Begegnung, über die der Dichter schweigt. Doch schickt er am 20. Januar eine Ekloge an Fugger, in die er, wie er schreibt, noch ganz verliebt sei. Hirte und Winzerin halten am Tor der Villa Borghese in Frascati eine Wechselrede in Distichen.

>   Winzerin
> Kommt Weihnachten heran, mein Süßer, und reift die Orange,
>   Werde mit Früchten der Korb, welchen ich gebe, gefüllt.
>
>   Hirte
> Deinem Geliebten den Korb? Nie würdest du bieten den Korb mir,
>   Hätte Vincenz nicht mich, deinen Geliebten, verdrängt.
>
>   Winzerin
> Wäre Vincenz mir wert, kaum hätt' ich zu schämen der Wahl mich,
>   Ehe der Flaum ihm schwoll, küßtest den Schönen du selbst.

Diese corydonische Einlage in dem sonst unauffälligen Gedicht zeigt an, daß Platen gewisse Konstanten in den Sitten des alten Mittelmeervolkes wohl erkannt hatte. Ob derlei Mann-männliche Dinge zu Vergils Zeiten so zwanglos zwischen den Geschlechtern besprochen wurden, steht freilich dahin; zu Platens Zeiten sicher nicht.

Am Monatsende wanderte er nach Frascati, Tusculum und Grottaferrata. Bei seiner Rückkunft in Rom fand er ein dreiteiliges Gedicht Waiblingers, an ihn gerichtet, auf dem Tisch liegen.

> Laß mich Freund, auf meine Weise   Nur als Schmetterling der Dichtkunst
> Dir ein artig Liedchen singen!   Süße Höhen heut umflattert,
> Zürne nicht, wenn meine Muse   Wenn sie von Anakreons
> Nicht als ernste hohe Gottheit,   Bienenhonig gerne schlürfte! ...

In dieser Art geht es 21 Strophen lang fort. Waiblingers drei Lieder zeigen an, daß der Ansbacher ihn ebensowenig wie Kopisch ‚zum Vertrauten seines Herzens' gemacht, sondern eher kühle Distanz gewahrt hatte. Die Reaktion fiel denn auch anders aus als erhofft. Nach anfänglicher spontaner Freude schreibt Platen an Fugger, zwar finde er Waiblingers Gedicht gelungen, auch sei das Lob poetisch fein ausgedrückt; doch „wiewohl das dritte Lied mit einer ungestümen Beschwörungsformel mich auffodert, ein Gegenlied zu singen, so bin ich doch nicht dazu gekommen, weil das Gemeine in der Persönlichkeit des Verfassers den Eindruck des Gedichts unaufhörlich wieder aufhebt."

Das Gemeine, von dem hier die Rede ist, stand allerdings neben jenem und trug den Namen Carlenzo. So hieß eine temperamentvolle Römerin, um derentwillen der Schwabe seit kurzem den poetischen Grafen seltener besuchte. Frau Carlenzo, die wir uns vielleicht ein wenig wie Anna Magnani vorstellen dürfen, war von ihrem Gatten verlassen worden. Zur Zeit war sie von Waiblinger schwanger. Daß sie ohne viel Umstände mit einem Ausländer zusammen wohnen konnte, liegt an der Mentalität, die im päpstlichen und bourbonischen Italien damals noch herrschte. Es war schlicht die des Ancien régime. „Hier ist es allgemeine Sitte," schreibt Waiblinger im Sommer 1828 aus Rom an die Eltern, „daß jede Frau ihren cavaliere servente hat, der sie spaziren fährt, auf den Corso, in's Theater, auf's Festino. Der Mann verlangt es sogar selbst, denn es ist eine Schande für die Frau, keinen Liebhaber zu haben, und öffentlich mit dem Ehemann zu erscheinen." Nicht nur deutsche Dichter, dürfen wir hinzufügen, lebten in Italien bequemer, sondern auch König Ludwig von Bayern, der sich daheim gewiß keine verheiratete Baronin als Maitresse hätte leisten können.

Wenige Tage später empfing Platen ein weiteres Huldigungsgedicht. Es war vergangene Weihnachten anonym im ‚Morgenblatt' erschienen und stammte, wie später herauskam, von dem Altsprachler Anselm Feuerbach, mit dem er nach dem Venedig-Aufenthalt 1824 in München Umgang hatte.

> An Graf Platen. Nach Durchlesung seiner ‚Verhängnißvollen Gabel'.
> Zuruf nach Italien.
>
> Sprich! Wann kehrst du, kühner Dichter, daß ich an die Brust dir sinke,
> Von der honigreichen Lippe Muth und neues Leben trinke?
> Zwar Geheimniß ist mein Name, und du darfst nicht nach ihm fragen,
> Aber will es einst die Stunde, soll ein heißer Kuß ihn sagen. ...

In dieser Tonart sind es 76 Verse, die zur einen Hälfte den Ruhm Platens verkünden, zur anderen jedoch Polemik gegen irgendwelche ‚nordische Centauren' und lauwarme Halbherzige enthalten; wer gemeint ist, wissen wir nicht. Der exaltierte Ton, die körperlich-intime Metaphorik des Gedichts, die uns heute komisch oder peinlich berühren, war seit der Empfindsamkeit Allgemeinplatz; niemand wäre auf den Gedanken gekommen, sie wörtlich zu nehmen. Der Umstand erklärt auch, warum Platens offen gleichgeschlechtliche Poesie ohne Skandal und viel Aufsehen in den Buchhandel, ja selbst in die Tagespresse gelangen konnte.

Waiblingers Lieder hatten den Hintergedanken, Platen für seinen ‚Italienischen Almanach' einen Beitrag zu entlocken: ein Plan, der ohne das Auftreten der Carlenzo vielleicht sogar geglückt wäre. Aber auch Feuerbachs langes Gedicht war nur im Vordergrund eine Huldigung an Platen. Eigentlich war es ein gezielter Angriff gegen persönliche Gegner in Speyer, wo der Autor als Gymnasialprofessor wirkte; vielleicht ein Ortsgeistlicher, feindlich gesinnte Berufskollegen oder Stadträte? Die Umstände sind vergessen, doch richtet sich ein Teil der Polemik gegen evangelische Frömmelei, und hier fiel Platen sogleich der Geheimrat Semler ein. Dies Huldigungsgedicht lasse Waiblingers Lieder weit hinter sich, notiert er zu Unrecht im Tagebuch, und verfaßte prompt die ‚Antwort an einen Ungenannten im Morgenblatt', ohne zu bemerken, daß er auch diesmal, wenn auch auf elegantere Weise, benutzt worden war.

> Bis zu mir aus weiter Ferne hör' ich süße Worte flüstern,
> Glättend jene Falten alle, welche meine Stirn verdüstern ...
> Meiner Widersacher Mißmut stört mich nicht in Roms Ruinen,
> Doch die Liebe, wie ein Pilger, übersteigt die Apenninen. ...
> Laß mich Odysseen erfinden, schweifend an Homers Gestaden,
> Bald, in voller Waffenrüstung, folgen ihnen Iliaden.
> Ja, wenn ganz mit deutscher Seele griechische Kunst sich hat verschmolzen,
> Sollst du sehn, zu welchen Pfeilen greift Apoll, zu welchen Bolzen!
> Noch so lange, Freund, so lange laß umher mich ziehn verlassen,
> Bis Thuiskons Volk und meine Wenigkeit zusammen passen ...

Platen schickte das Gedicht Mitte Februar an Schwab, und der ließ es am 4. März ins ‚Morgenblatt' einrücken.

Die erste Februarhälfte brachte überhaupt allerhand Erfreuliches. Cotta hatte sich bereit gefunden, Platens Gedichtsammlung anzunehmen und sogleich in den Druck zu geben. Nicht nur ließ er die langersehnten zweiten 1000 fl. anweisen, sondern auch noch 100 Dukaten Honorar für die ‚Gedichte', was etwa 570 fl. entsprach. Parallel dazu wurden Satz und Druck der drei alten Dramen in Angriff genommen, nun doch in einem Band, wie ursprünglich geplant. Platen erklärt im Tagebuch mit Genugtung, Cotta sei zu Kreuz gekrochen. Anzunehmen ist wenigstens, daß Schwab, an den der Dichter sich im Januar gewandt hatte, bei dem Verleger vorstellig geworden war. Die ‚Verhängnißvolle Gabel' verkaufte sich gut und wurde auch überwiegend freundlich rezensiert. Ein bestimmtes Zeitbededürfnis wurde befriedigt durch einen Text, der uns heute eher trocken und lehrhaft vorkommt. Diese Erscheinung ist nicht ungewöhnlich; ähnliches läßt auch von der nazarenischen Malerei sagen.

Schon im Januar hatte Platen „einen gewissen Herrn Schlosser" kennengelernt. Dr. Christian Schlosser, dessen Onkel ein Jugendfreund Goethes gewesen, war ein wohlhabender, von Zacharias Werner bekehrter Konvertit, ein Mediziner, der an Schwindsucht litt und am irdischen Himmelstor das nahe Ende seiner Tage abwartete. Schlosser kannte noch fast alle deutschen Geistesgrößen aus der früheren Goethezeit; Platen nennt ihn liebenswürdig, gefällig und bemerkt Mitte Februar im Tagebuch, er habe sich mit ihm sehr befreundet. In Schlossers Haus traf Platen einen weiteren Verehrer seiner Kunst: den Altsprachler Konrad Schwenck aus Frankfurt; mit ihm sollte er in Briefwechsel treten. Schwenck berichtete von einer freundlichen Gesamtwürdigung Platens in der ‚Frankfurter Iris': diese Artikelserie hatte wiederum in Berlin den berühmten Theologen Schleiermacher veranlaßt, über Platen ein freundliches Billet an Semler zu schicken, das dieser dem Dichter zukommen ließ.

All dies verbesserte Platens Stimmung ungemein. „Rechne ich hiezu noch die Fortsetzung einer in hohem Grade angenehmen Bekanntschaft in der Person eines römischen Offiziers, in welchem ich mein Schönheitsideal wieder verkörpert sehe oder zu sehen glaube, so kann ich wohl sagen, daß ich mich nicht ohne Grund emporgerichtet und erleichtert fühle." Die vermutlich platonische Begegnung inspirierte den Dichter zu seiner letzten römischen Ode; der junge Römer wird zu Dionysos.

> Mag altrömische Kraft ruhen im Aschenkrug,
> Seit Germania sich löwenbeherzt erhob;
> Dennoch siehe, verrät manche behende Form
>   Roms ursprüngliche Seele, Roms
>
> Jüngling seh' ich, um den stäubte des Uebekampfs
> Marsfeld, oder geteilt schäumte die Tiber, der
> Voll kriegslustigen Sinns, gegen Cherusker selbst,
>   Wurfabwehrende Schilde trug.

Dich als Solchen gewahrt gerne der Blick. Wie dich
Schuf einst attische Kunst jenes begeisterten,
Weinstocknährenden Gotts prächtige, doch zugleich
    Schamhaft weiche Gestalt, o Freund!

38. Wetterleuchten

Freilich nicht nur Lob und Huldigung erreichten den Dichter im Februar 1828. Als ob Karl Immermann geahnt hätte, daß er zum Hauptopfer von Platens nächster Literatursatire erkoren sei, hatte er ein Jahr, bevor dieser am ‚Romantischen Oedipus' zu arbeiten begann, einige spöttische Xenien auf ‚Oestliche Poeten' verfaßt und diese seinem Freund Heine für dessen ‚Reisebilder' überlassen. In deren zweitem Teil, erschienen bei Hoffmann und Campe im vergangenen Oktober, standen folgende ketzerische Verse:

> Groß Mérite ist es jetzo, nach Saadis Art zu girren,
> Doch mir scheint's egal gepudelt, ob wir östlich, westlich irren.
>
> Sonsten sang, beim Mondenscheine, Nachtigall, seu Philomele;
> Wenn jetzt Bülbül flötet, scheint es mir denn doch dieselbe Kehle.
>
> Von den Früchten, die sie aus dem Gartenhain von Schiras stehlen,
> Essen sie zu viel, die Armen, und vomiren dann Gaselen.

Diese harmlosen Epigramme wurden Platen Mitte Februar 1828 zusammen mit dem Ort ihres Erscheinens, Heines ‚Reisebildern', von Fugger mitgeteilt. Jeder andere, wie etwa Rückert, den sie ja auch betrafen, hätte sie lächelnd beiseite gelegt. Nicht so Platen. „Der Armselige wird sie theuer bezahlen müssen!" Die prophetischen Worte schrieb er in höchster Wut an Fugger, ohne zu ahnen, daß der Armselige nicht Immermann, sondern er selbst sein sollte. Heine werde ebenfalls seine Salve bekommen, fährt Platen fort, und bittet um Einzelheiten zur Person. Heine war seit Ende letzten Jahres in München und gab seit Jahresbeginn 1828 Cottas Zeitschrift ‚Neue allgemeine politische Annalen' heraus. Als Platen an Fugger schrieb, wußte er das alles wohl, kannte aber aus Heines Feder nichts. Sein Zorn war purer Konkurrenzneid auf den Jüngeren, der bei Cotta deutlich erfolgreicher war als er selbst. Wie lange hatte er auf die zweite Geldüberweisung aus Stuttgart warten müssen! „Was den Juden Heine betrifft, so wünschte ich wohl, daß meine Münchner Freunde.. ihn gelegentlich mystifizirten, und ihn zur Rede stellten, was ihn zu dem Wagestück verleitet, einen offenbar Größern, der ihn zerquetschen kann, so unbarmherzig zu behandeln? Er sollte sich gnädiger anlassen, und meine Gaselen, die den Beifall Goethe's, Schellings und Silvestre de Sacy's erhalten, wenigstens nicht ganz verachten u.s.w."

Man stelle sich einmal vor, was Platen hier ernsthaft fordert: die Damen Kleinschrodt und Stuntz, Schlichtegroll, die alten Offizierskollegen, ja vielleicht gar die Professoren

Heinrich Heine. Zeichnung von Wilhelm Hensel. (Nationalgalerie, Berlin-West)

Karl Immermann. Zeichnung von Karl Friedrich Lessing. (Hanfstaengl-Druck, München)

Thiersch, Puchta und Schelling sollten anonyme Drohbriefe an Heine richten oder den Unverschämten auf der Straße, im Büro oder im Café bedrängen, wie er es wagen könne, die Ghaselen nicht genial zu finden? Platens Wut richtete sich gleichwohl zunächst gegen Immermann, und damals schrieb er jene fürchterliche Haßtirade, die am Ende des ‚Oedipus‘, zusammen mit den Trimetern über Heines Judentum, das Unheil auf ihn herabziehen sollte. Der Schlußmonolog des ‚Verstandes‘, mit dem der Dichter bescheidenerweise sich selbst meint, erscheint, nur wenig vom späteren Druck abweichend, schon in dem zitierten Februar-Brief an Fugger. Platen war so wütend, daß er sich, ganz gegen seine Art, mehrmals rhythmisch verhaspelte. Die schärfsten Verse (nicht die unkorrekten) seien hier zitiert:

> Komm, thu Bescheid mir, Bruder! Ich kredenze dir's!
> Wie schäumt in meinem Becher dir der herbe Spott!
> Und kraft der Vollmacht, welche mir die Kunst verlieh, ...
> Zerstör' ich dich, und gebe Dich dem Nichts anheim! ...
> Ja gleichwie Nero wünscht' ich euch nur Ein Gehirn,
> Durch einen einz'gen Witzeshieb zu spalten es, ...
> Verstumme, schneide lieber dir die Zunge weg,
> Die längst zum Aergernisse dient Vernünftigen! ...
> An Deiner Rechten haue Dir den Daumen ab,

> Mitsammt dem Fingerpaare, das die Feder führt:
> An Geist ein Krüppel, werde bald es körperlich! ...
> In meinen Waffen spiegle dich, erkenne dich,
> Erschrick vor deiner Häßlichkeit und stirb sodann!
> Ich bin im Jambenschleudern ein Archilochus.*
> Ein Zeus in meinem Sylbenfall, ein Donnerer:
> Indem sie treffen, blenden meine Keile dich,
> Von mir getödtet, gaffst du noch Bewunderung!

Die Irrationalität dieses Ausbruchs läßt uns fast sprachlos. Wenn Platen sich früher Gegenliebe herbeiphantasierte, dann mangelnden Applaus mit Eigenlob ersetzte, so erfindet er hier eine ganze Front literarischer Feinde, die er in phantastischer Selbstüberhebung zu Tode schimpft. War die Motivation zur ‚Verhängnißvollen Gabel', wie schief auch immer, noch in sich schlüssig (Müllner, Houwald, Grillparzer verhindern, daß Platens Dramen auf dem Theater ihren Weg machen), so ist hier kaum mehr eine erkennbar. Immermanns ‚Cardenio' hatte ein paar kritisch-freundliche Besprechungen erhalten, darunter von Varnhagen, aber auch einen Verriß im ‚Morgenblatt'. Das Stück war nie gespielt worden; Platens Mißgunst gerade auf dieses Drama bleibt unverständlich. Den größeren und gefährlicheren Konkurrenten Heine aber nahm er erst jetzt, und nur am Rande, zur Kenntnis.

Dennoch muß der Gedankenschluß ähnlich gewesen sein wie bei der ‚Gabel'. Waren es dort die Schicksalsdramatiker, so sind es hier die ‚Hyperromantiker', die verhindern, daß Platen vom deutschen Publikum so geliebt und gelobt wird, wie es sich gehört. Daß er auf Immermann als Prügelknaben verfiel, war ein Zufall; daß er sich jedoch mit Heine anlegte, sollte ihn ins Verderben stürzen.

Gündel war über Platens Ausfall gegen die ‚schmutzigen Gassen von Neapel' gekränkt und hatte sich in Schweigen gehüllt. Der Dichter erfuhr erst durch Kopisch davon. „Ich wußte nicht," lautet seine Antwort, „daß man sich in einem freundschaftlichen Briefe nicht über jeden Gegenstand, den der Augenblick mit sich bringt, Luft machen dürfe, auch wenn er sich nicht unmittelbar auf die Person bezieht, an die man schreibt." Und schuldbewußt verfaßte er einen besonders höflichen Brief an Gündel, der nicht erhalten ist. Wir haben jedoch Gündels versöhnte Antwort, die Semler und dessen hündisches Gotttesverständnis erläutert. „Es ist schlimm," schreibt der Freund aus Neapel, „daß sich der Kopf von Semler noch gar nicht regeln will. Indessen, hätten Sie den Mann, wie ich, hier auf den Tod krank gesehen, und sich überzeugen können, welch ein wunderlich Gemisch von gutmüthigen, wie von selbstgefälligen Neigungen ..in ihm durcheinander ging; wie dann die Verwirrung vermittelst einer verschrobenen Religiosität in seiner erschreckten Phantasie auf's Äußerste gebracht war, ..Sie würden ihn mehr bedauern; wiewohl ich Ihnen auf keine Weise verdenken kann, wenn Sie darauf nicht eingehen und in Ruhe bleiben wollen."

Der römische Karneval war anfangs von Regen gedämpft und gefiel Platen weniger

---

* Die Spottverse des Archílochos waren Jamben wie die Platens; ihnen wurde mörderische Wirkung nachgesagt.

als im letzten Jahr. „Die Kapuzinerpredigten auf den Plätzen und im Colosseum sind die einzige öffentliche Lustbarkeit", schreibt er Ende Februar an Fugger. „In den vornehmen Trattorien, wo viele Fremde hinkommen, die Fleisch essen, müssen die Römer sich in die Küche setzen, denn grasso und magro darf nicht in Einem Zimmer zugleich gegessen werden." So streng waren damals in Rom die Bräuche. „Es giebt wieder Heilige", schreibt im gleichen Monat Waiblinger an einen Freund in Württemberg. „Ein Kapuziner hat Wunder gethan, es ist zum Sterben, wie sie ihn verehren. Dem Leichnam hat man 4mal den Rock gewechselt, so reißend gieng's drauf ein. Er hat einen Esel vor dem Venerabile knieen gemacht, und dem Todten selbst ist der Barth gewachsen. Den Pabst selbst sah ich in die Kirche ziehen, wo der wüste Bruder exponirt war."

Waiblinger, dem es zur Zeit an Geld nicht fehlte, hatte sich im Karneval köstlich amüsiert. Acht lange Gedichte waren darüber entstanden, die „eine so ganz faunische Brunst athmen," wie Platen, stark übertreibend, zu Schwab bemerkte. Nicht ohne Neid mag er Betrachtungen angestellt haben, wieviel schöner das Leben in vorbürgerlicher Gesellschaft doch für einen unabhängigen Mann sei, der so empfindet wie alle anderen. Mit ärgerlicher Faszination lauschte er Waiblingers Liebesabenteuern und schwieg über sein eigenes armseliges Leben; was hätte er schon für ein ‚Gegenlied' singen können! Zu der dreifachen Huldigung falle ihm nichts ein, schreibt er an Schwab. Nicht als wäre ihm Waiblingers Gedicht zu schlecht; jener habe durchaus Talent, doch fehle es ihm an Eigenart. „Es kann ein potenzirter Kotzebue, ein wahrer Kotzebue im Domino, aus ihm werden, der auf dem Theater große Fortüne macht. Die Täuschung besteht blos darin, daß solche Leute sich dann für künftige Sophoklesse halten, was man aber nicht so leicht werden kann, wenn man gelebt hat wie ein Schwein, was er selbst jeden Tag eingesteht; denn seine Aufrichtigkeit geht bis zum Ekelhaften. Lord Byron könnte zwar die lüderlichen Genies in Kredit bringen; aber abgesehen, daß es bei ihm nicht halb so arg war, als man's macht*, so lebte er auch in glänzenden Verhältnissen und hatte nicht nöthig, den Bierkneipensitzer und Bordellgänger zu machen."

Zu spät für den Karneval trafen zwei Freunde Fuggers in Rom ein, Fürst Taxis und Graf Larosée. Sie hatten Bücher für Platen dabei, und er zeigte ihnen die Stadt – ja er sah selbst einiges, was er noch nicht kannte, so im Vatikan die Kapelle von Nikolaus V mit Fresken des Fra' Angelico, einen Wallfahrtsort der Nazarener. Auch öffneten sich Taxis Türen, die ihm verschlossen geblieben wären.

Seit Jahresbeginn hatte Platen, was immer vom ‚Romantischen Oedipus' ausgeführt war, an Fugger geschickt mit dem Ziel, wenigstens Teile davon ins ‚Morgenblatt' als Vorabdruck zu bringen; eine Hoffnung, die sich nicht erfüllte. Mittlerweile hatte der Freund den Brief mit dem ersten Ausfall gegen Heine sowie der Immermann-Beschimpfung erhalten und riet zu Mäßigung und Kürzung. „Gewiß wird man im Aristophanes weit schönere (Stellen) finden", verteidigt Platen seine Tirade; „aber ein

---

* es war so arg gewesen, und zwar auf eine Art, die Platen mehr interessiert hätte als Waiblingers vita amorosa.

Seitenstück zu jener Rede, da die Jamben des Archilochus verloren gegangen, möchte schwerlich aufzutreiben seyn. Auch ist nicht gerade das Kräftige, sondern das erhaben Komische des Beste daran. Noch auffallender ist mir, daß Du für Heine Pardon verlangst, nachdem Du mich selbst von seiner Unverschämtheit unterrichtet. ..Ueberdieß sind die Reisebilder, wie ich höre, ein sehr populäres Buch; er hat also vor ganz Deutschland meine Gedichte für etwas Gespienes erklärt. ..Daß er ein Jude ist oder war, ist kein moralisches Gebrechen; aber ein komisches Ingrediens. Einsichtige werden beurtheilen, ob ich es nicht mit aristophanischer Feinheit benützt habe."

Wie sehr sich Platen doch täuschte! ‚Erhabene Komik' gibt es nicht, es sei denn, sie wäre ungewollt. Hier ist überhaupt nichts komisch, sondern nur kräftig, sprich grob. Die Vorführung des Gegners als Angehörigen einer verachteten Minderheit, ob freiwillig oder nicht, wäre „ein komisches Ingrediens", ja zeuge von „aristophanischer Feinheit"*? Nun, wir werden sehen.

Cotta hatte mittlerweile mit dem Druck der beiden Bücher begonnen. Die Gedichte, an denen Platen mehr lag als an den Schauspielen, kamen sogar auf Velinpapier heraus. Mitte März trafen die ersten Bogen in Rom ein, leider voller Druckfehler. Nachdem der Verleger Platen vierzehn Monate völlig ignoriert hatte, war er auf einmal schreibfreudig geworden: erst hatte er noch über einen „ziemlich derben" Brief vom Januar geklagt, „der gewürkt zu haben scheint," unterdessen aber streute er „größte Complimente und Verehrungsversicherungen". Platen hatte vor allem aus dem ‚Spiegel des Hafis' manches gestrichen. Nach orientalischer Kostümierung stand dem klassischen Schönheitspriester nicht mehr der Sinn. Zwölf Exemplare hatte er von jedem der beiden Bände zur Verfügung, und es ist interessant zu sehen, wie er sie verteilte. Von den wichtigeren ‚Gedichten' gingen Exemplare an Schelling, Thiersch, Rückert, Fugger und den armen Gruber, während Puchta, der wirklich allerhand für Platen getan hatte, sich mit den ‚Schauspielen' begnügen mußte: hatte er es doch gewagt, Savigny gegen des gekränkten Dichters Ausfälle in Schutz zu nehmen! Goethe erhielt natürlich beide Bände, und diesmal sollte es Fugger überlassen sein, den Begleitbrief zu schreiben. „Du sagst ihm in ein Paar Worten," erklärt Platen, „daß ich ihm einmal aus Italien schreiben würde, wenn er es erlaubte; doch wünschte ich einmal wieder einen Laut von ihm zu hören." Fugger tat, wie ihm aufgetragen, blieb aber ohne Antwort.

In der Karwoche war Gündel nach Rom gekommen, und Platen hatte mit ihm zusammen an den Osterfeierlichkeiten teilgenommen. Dennoch muß er sich ziemlich einsam gefühlt haben, denn erstmalig seit langer Zeit erscheinen im Tagebuch wieder Notizen zur Lektüre. Es waren vergebliche Versuche, sich von der tragischen Muse inspirieren zu lassen.

Schon seit einem Monat war die Korrespondenz mit Kopisch ein wenig angeschwollen. Den Anfang machte eine ebenso lange wie schaurige Ode des Genannten, die den Freund im Guten wie im Schlechten nachahmt und ihn zu einer Sizilienreise einlädt. Ganz unschuldig versteigt sie sich, das mitzuteilen, was Platen immer hören wollte:

---

* ebenfalls Unsinn; Aristophanes ist alles mögliche, nur nicht ‚fein'.

> Als zuerst mein Auge geruht in Deinem
> Freundesanblick; wie im Spiegel sahn wir
> Beide selbst uns: innige gleiche Sehnsucht
>   Ewige eint uns!

Kopisch war ein ähnlich perfekter Anpasser wie Bülow, nur kongenialer. Platen wußte freilich inzwischen, was er von derlei Ergüssen zu halten hatte. Sein Erfolg bei Cotta machte ihn im Augenblick weniger liebeshungrig als im Januar; also lautete die Antwort, er könne nicht mitten aus der Korrektur seiner Druckfahnen nach Sizilien laufen. Kopisch sandte eine weitere Ode, die, kürzer und besser als die erste, einen Ausbruch des Vesuvs schildert und den Freund aufruft, das Naturereignis nicht zu versäumen. Dieser erwiderte kühl, die Eruption wäre so bedeutend nicht; im übrigen sei nun, da er Geld habe, „die Landkartenwuth wieder eingetreten", und es zöge ihn nach Norden.

Kopisch, dem es weniger um warme Freundschaft ging als um poetische Unterweisung, antwortete auf diesen Brief gemessen traurig. „Gern möchte ich mit Dir die Reise nach Oberitalien machen; allein sie würde mich für den Augenblick in meinen südlichen Träumen stören und zerstreuen. ..Lege mir dies nicht für Kälte aus ich sehne mich immer nach Deinem lieben Anblick und küsse Deine Gedichte wenn ich sie lese." Er scheue die Schilderung „jenes zerstörten seeligen Traumes" mehr als den Tod, fährt Kopisch fort. „Ich darf auch mit Dir nicht davon reden meine Neigung zu Dir ist der Liebe zu ähnlich und alle Wunden brechen auf – "

Jener zerstörte selige Traum ist natürlich die unglückliche Liebschaft, die Kopisch nicht verarbeiten konnte. Der einfühlsame letzte Satz war eine Täuschung, und Platen wußte es. „Ich habe nie prätendirt," antwortet er also, „daß Du mich auf meiner Reise nach Oberitalien begleiten sollst; doch darfst Du Dich auch keinesweges meinetwegen von Sicilien abhalten lassen.. Da unsre Bahnen einmal auseinander gegangen sind, werden sie so leicht nicht mehr zusammen treffen. Jeder läßt sich, wie billig, von dem, was am Nächsten um ihn herumliegt, regiren, und es ist nicht so leicht, dem Schicksal Gewalt anzuthun." Die Freunde sollten noch ein paar Briefe wechseln, sich aber nie wiedersehen.

Puchta hatte ungeschickterweise Platens Eltern mitgeteilt, daß der Sohn an einer neuen Literaturkomödie arbeite. „Meine Mutter," schreibt dieser nun an Puchta, „sonst eine höchst vortreffliche Frau, ist eine geschworene Feindin aller Satyre, und hat mir darüber einen donnernden Brief geschrieben, in so weit ihn ein Frauenzimmer schreiben kann. Schon die Gabel hat ihr alle erdenkliche Schrecken eingejagt.. Da Sie dieses Uebel angestiftet haben, so können Sie es auch wieder gut machen und meine Vertheidigung übernehmen; denn ich selbst mag es nicht thun. Auch afficiren mich diese Dinge zu sehr, und sind ein wahres Gift für mein Nervensystem; nicht durch die Sache selbst, aber durch die Person, von der sie ausgeht." Und empört zitiert er die Worte der Mutter: „vielleicht wäre es besser, Sie machten sich an die Revision Ihrer Arbeiten wie Herr v. Goethe und ließen die Hände von beißender Satire, bevor Sie ein vollendetes Werk geschaffen haben, das man lesen kann, ohne zu erröten!"

Wie recht doch die Gräfin hatte! Auch Fugger versuchte noch ein letztes Mal, den Freund von seinem Frontalangriff auf Heine abzubringen. Müsse denn unbedingt der Name genannt werden? Doch Platen wollte nichts hören. „Den Heine anonym anzugreifen, wäre wohl ein sehr vergebliches Unternehmen", antwortet er Fugger, „wer würde an ihn denken?"

Zwei Tage später zählt Platen die Bücher auf, die er auf seine Reise nach Norditalien mitnehmen wollte: drei alten Griechen, zwei Lateiner, vier Italiener, die Bibel, Cervantes, Camões, ein deutsches Geschichtswerk über die Staufer als Stoff für Tragödien, etwas von Atterbom, seinen Hafis-Auszug. Von Taxis hatte er eine Empfehlung an Alphonse de Lamartine*, damals Attaché beim französischen Gesandten in Florenz. Am nächsten Morgen verließ der Dichter Rom durch die Porta del Popolo auf dem gleichen Weg, auf dem er achtzehn Monate zuvor eingetroffen war.

39. Rumohr

Die Reise, wenngleich ohne Lust angetreten, war von schönstem Wetter begünstigt. Platen mußte die Kutsche mit „einer vollkommen philisterhaften und gleichgültigen Gesellschaft" teilen, doch bot ihm die Fahrt über Nepi, Città Castellana, Magliano, Terni und Spoleto landschaftlich reiche Entschädigung. Am letzten Aprilabend traf er in Perugia ein. Er stieg in der Familienpension Zanetti ab, die von reisenden Deutschen frequentiert wurde und die ihm der Maler Rehbenitz in Capri empfohlen hatte.

Es begann zu regnen, Platen langweilte sich; das Tagebuch verzeichnet die besichtigten Kirchen und Gemälde Peruginos, nicht aber die ins Auge fallende Fontana Maggiore vor dem Rathaus. Wir haben diesmal nicht den Eindruck, daß hinter der Aufzählung von Sehenswürdigkeiten sich etwas anderes verberge, wie damals in Venedig. Kleine Städtchen seien nichts für ihn, bemerkt Platen, entweder wolle er in großen Städten oder ganz auf dem Lande wohnen. Einen Tagesausflug unternahm er nach Assisi und berichtet darüber in Baedeker-Manier; daß er volle zwei Wochen in Perugia verbrachte, anstatt Montefalco, Foligno und Trevi zu erforschen, dürfte der familiären Atmosphäre des Hauses Zanetti zuzuschreiben sein, die er nur ungern verließ.

Über Cortona und Arezzo reiste Platen in drei Tagen nach Florenz. Dort fand er Post von Kopisch vor. Der Freund berichtete, Semler habe in Berlin eine medisante Zeitungsnotiz über ihn veröffentlicht, indem er einen Privatbrief (es ist noch nicht bekannt, von wem) verdreht und mit zweideutigem Lob versehen zitiert habe. Ärgerlich erwog Platen den Gedanken einer Richtigstellung. Leider war die Geschichte keineswegs ausgestanden.

---

* Lamartines erste Arbeit ‚Méditations Poétiques' (1820), eine Sammlung klassizistischer Gedankenlyrik, war auch seine erfolgreichste. Das Buch wurde 1826 von Gustav Schwab ins Deutsche übertragen.

Carl Friedrich von Rumohr. Zeichnung von
Friedrich Nerly. (Privatbesitz)

Als er am 19. Mai bei dem Maler und Kunstagenten Metzger einen Brief abgab, wurde er einem dicken Herrn in den Vierzigern vorgestellt, der irgendwelche Bücher zusammensuchte und ihn deshalb nicht weiter beachtete. Später, als Platen wieder in seinen bescheidenen Gasthof zurückgekehrt war, kam ein Wagen des erwähnten Herrn und bat ihn dringlich für den folgenden Tag zum Mittagstisch. Es war der holsteinische Baron Carl Friedrich v. Rumohr, reicher Kunstkenner und Privatgelehrter, der die Villa Bellosguardo westlich von Florenz gemietet hatte. Die Herren wußten schon voneinander; Rumohr hatte Platens ‚Gabel' gelesen und wollte den Dichter schon lange kennenlernen. Obwohl Heine Rumohr einen ‚Missionär der Pedrastie' genannt hat, ist es möglich, daß er zu den vielen ‚Entsagenden' zählte, die, den bürgerlichen Breiten Europas entronnen, ihre vielfältigen leibseelischen Wehwehs unter italienischem Himmel pflegten, anstatt den Mut zur einzig wirksamen Kur aufzubringen, wegen der sie doch eigentlich gekommen waren und die hier so trefflich verabfolgt wurde. Neben Byron wirken diese seriösen Herrschaften alle etwas lächerlich, wie sie den gesamten Moralkodex der Gesellschaft, der sie entfliehen wollen, als lästiges Gepäck mit sich herumschleppen. Platen, obwohl auch er ohne Not den Lebenswandel des Improvisators Sgricci tadelte, war da noch der Mutigsten einer.

Sicher nicht so Rumohr, ein weicher und kalter Egoist, der seine Defekte unter glänzenden Manieren verbarg. Wenn Semler Hilfe bei Jesus gefunden, so hatte Rumohr schon früh konvertiert, doch ohne ähnliche therapeutische Wirkung. Die Mutter Kirche hatte und hat für Homosexuelle keinen Trost. Den fand Rumohr vielmehr in der

Pflege seines Bauches. „Bekanntlich führt er eine sehr wohlschmeckende Küche," bemerkt Platen im Tagebuch, „und hat selbst ein geistreiches Kochbuch* geschrieben, da er behauptet, daß die Kochkunst in unserer Zeit in den äußersten Verfall gerathen sei. Ich für meinen Theil konnte auf die Wichtigkeit dieser Kunst wohl eingehen, da ich den großen Einfluß der Diät auf die Gesundheit immer erprobt habe und mich fast pedantisch gegen Essen und Trinken verhalte. Ich brachte den ganzen Nachmittag auf der Villa zu und er begleitete mich noch ein Stück nach der Stadt".

Das Samenkorn künftiger Zerwürfnisse ist hier bereits gelegt. Auch auf die Gefahr, es mit sämtlichen Diätköchen zu verderben, sei es gesagt: gute Küche und Diätküche sind Gegensätze; die eine schöpft aus dem Vollen, während die andere sich aus dem Mangel definiert und ihr Ziel darin findet, ihn so gut wie möglich zu überspielen. Wenn Platen den Unterschied nicht kannte, so zeigt es nur, daß er die Nahrungsaufnahme eher fürchtete als liebte. Für Rumohr hingegen muß sie quasi-religiöse Qualitäten gehabt haben. Caroline Schelling beschreibt den Kunstbaron 1808 in einem Brief an ihre Freundin Pauline Gotter, die spätere zweite Frau Schelling: „Einen Sinn hat ihm der Himmel schon gegeben, den für die Kunst, wo er reich an den feinsten, zugleich sinnlichsten Wahrnehmungen ist. Der Freßsinn ist ebenso bey ihm ausgebildet, es läßt sich gar nichts gegen seine Ansicht der Küche sagen; nur ist es abscheulich, einen Menschen über einen Seekrebs ebenso innig reden zu hören, wie über einen kleinen Jesus."

Rumohr hatte freilich nicht nur ein Kochbuch verfaßt, sondern auch drei Bände ‚Italienischer Forschungen'; in ihnen ist die Malerei des Landes von den Anfängen bis zu Raffael als Höhepunkt geschildert. Manierismus und Barock gelten ihm, wie damals den meisten, als Verfallszeit. Rumohrs Kunsttheorie ist unscharf, ihr eigentlicher Kern der Satz, das Wesen der Kunst liege in der Originalität des Künstlers. Wie aber wäre ‚Originalität' zu definieren? Immerhin steht Rumohr im Gegensatz zu Winckelmanns Lehre vom Nachahmen der Antike und dem daraus resultierenden Akademismus, dessen höchste Schulweisheit im Kopieren klassischer Meisterwerke bestand. Romantisch ist an Rumohr seine Vorliebe für das Mittelalter; andererseits hat er als erster kritisches Urkundenstudium betrieben und steht damit am Anfang der positiven deutschen Kunstwissenschaft. In der Kritik der Gegenwartskunst, also des Klassizismus und der Romantik, erwies sich Rumohr stärker als im Aufbau eines eigenen ästhetischen Systems; seine Begabung lag mehr in der Analyse als in der Synthese, mehr im Empirischen als im Spekulativen.

Unschuldig versichert uns Rudolf Schlösser, Platen und Rumohr hätten „sich schnell gefunden, nicht zuletzt auf dem Felde der bildenden Kunst"; dem wäre kaum zu widersprechen. Tatsächlich las Platen nun in den ‚Italienischen Forschungen' und entdeckte wieder seinen Geschmack am Quattrocento, den er seinerzeit in Venedig bewiesen und nur aus Opposition zu den Nazarenern in Rom zurückgestellt hatte. Von ‚Tiefsinn' und ‚Erhabenheit' der Trecentisten wollte freilich auch Rumohr nichts

---

* ‚Der Geist der Kochkunst' 1822, 1832; Neudrucke 1922 und 1978, leider mit modernisierter Orthographie. Keine Rezepte, nur allgemeine Betrachtungen, zum Teil verschrobene. Es handelt sich um eine Art deutsches Gegenstück zur ‚Physiologie du goût' von Jean-Anthelme Brillat-Savarin, Paris 1826.

wissen, sondern sah deren Reiz vielmehr im Zusammenklang von begrenzten Ideen und begrenztem Darstellungsvermögen.

In Rumohrs Begleitung fand Platen den einundzwanzigjährigen Friedrich Nerly (eigentlich Nehrlich). Der Baron hatte ihn vor fünf Jahren in einer Hamburger lithographischen Werkstatt gefunden, zu sich genommen und seitdem, obwohl selbst ein Laie, im Zeichnen und Malen unterrichtet. Nerly war ebenso hübsch wie freundlich, und Rumohr stellt ihm in seinem lückenhaft autobiographischen Buch ‚Drey Reisen in Italien' das beste Zeugnis aus. Sicher waren Nerlys Lehrjahre bei Rumohr nicht einfach und dessen verklemmter Eros nur schwer zu ertragen. „Ich ließ", so schreibt Rumohr, „meinen Schüler von Anbeginn nie ausgehn, ohne ihm vorher seine hirschledernen Handschuhe anzuziehn. Seine Hände waren damals ganz vernachlässigt, wie bey so vielen jungen Künstlern. Doch bald verbesserten sie sich und es erhielten seine Fingergelenke die unentbehrliche Geschmeidigkeit wieder." Ludwig Richter in Dresden erinnert sich: „Bei einem Besuch, den ich.. bei Rumohr machte, stellte er mir seinen Schüler Nerli vor, einen hübschen jungen Mann, von dem ich außerordentlich schöne Federzeichnungen sah.. ‚Den habe ich geschult,' sagte der Baron mit einigem Selbstbewußtseyn, ‚und er hat dabei manche Ohrfeige bekommen.'" Nerly wurde rot und verließ das Zimmer.

In den folgenden zwei Wochen verbrachte Platen einige Zeit in Bellosguardo mit Rumohr und Nerly. Die wundervolle Küche war an ihn verschwendet, Komplimente ließ er sich nicht entlocken*. Immerhin vermochte Rumohr, Platen zu überreden, einen Brief an Herrn v. Schenk zu schreiben: diesen einflußreichen Mann hatte der Kunstbaron in München getroffen und von ihm erfahren, daß er dem armen Poeten wohlgesonnen und bereit sei, sich beim König für ihn einzusetzen. Wenn wegen nichts anderem, so hatte Platen Grund genug, Rumohr für diese Initiative dankbar zu sein.

Glücklicherweise war Nerly nicht Platens Typ, so daß Rumohr die beiden ohne Bedenken zusammen eine Wanderung nach Pistoia machen ließ. Außer der Bemerkung, daß überall am Wege Wohlstand herrsche, enthält Platens Tagebuch nur Baedekernotizen.

Unterdessen war Gündel in Florenz eingetroffen; doch sah der Dichter ihn erst Ende Mai, verbrachte dann allerdings einige Tage mit ihm in Kirchen und Museen. Indem er Gündel und Rumohr einander vorstellte, erwies der Graf dem Baron einen ebenso guten Dienst wie dieser ihm, als er insistierte, daß der Brief an Schenk geschrieben werde. Gündel empfahl beide, Platen und Rumohr, an die Frizzonis in Bergamo weiter, und keiner sollte es bereuen.

Zur gleichen Zeit klagte die Mutter in einem Brief an den alten Erlanger Freund ihres Sohnes, Benedikt Hermann, jetzt Professor in München, über den ‚Romantischen Oedipus'. „Wer hätte aber so etwas geträumt! Von Italien aus kam dieser Schiffbruch! Durch seine Freunde erhielt ich den ersten Akt, ein wahrer Abscheu menschlicher Unsittlichkeit! In Italien beschäftigt er sich mit Recensionen und besudelt seine schöne

---

* Eine alte Dame, dem Chronisten namentlich bekannt, pflegte in solchen Situationen zu antworten: „Ach, wissen Sie, ich esse alles!"

Feder mit dem erbärmlichen Dichter Immermann, den er Nimmermann nennt; was hat ihm dieser gethan, daß er ihn so schamlos behandelt und die edle Zeit vergeudet in Italien? Dieß hat ja so gar kein Interesse für Niemand auf dem ganzen Erdenrund. Auch den wirklich feinen und klugen Müllner geißelt er zum zweiten Mal.. nennt die Dichter, macht sich ohne Noth Feinde, hat gar keine Ehre davon! ..Ich schrieb ihm dieses und der Hitzkopf nahm es sehr, sehr übel".

Schon Anfang Mai 1828 hatte Heine an seinen Freund Menzel geschrieben: „Lesen Sie doch so bald als möglich Cottas Graf Platen, nemlich dessen eben erschienenen Gedichte, er ist ein wahrer Dichter. Leider! leider, oder besser, schrecklich! schrecklich! das ganze Buch enthält nichts als Seufzen nach Pedrastie. Es hat mich daher bis zum fatalsten Mißbehagen angewidert." Die Bemerkung zeigt, daß Heine auch ohne die Attacke im ‚Oedipus' schon gegen Platen eingenommen war. Sein Ekel vor der erotischen Anomalie dürfte allerdings Vorwand gewesen sein; eher war eine gewisse Eifersucht, die vom Vergleich mit dem eigenen ‚Buch der Lieder' herrührt und nicht zu überhören ist, der wahre Grund für Heines weniger moralische als ästhetische Entrüstung.

Platen selbst klagt Ende Mai über dichterische Unfruchtbarkeit. Zum ‚Romantischen Oedipus' fehle ihm die Ruhe, und das Lyrische habe er „dem Wesen nach abgethan"; sodann notiert er einige Bücherkäufe, aber leider nichts über die Dreiergespräche mit Gündel und Rumohr, die uns wesentlich mehr interessiert hätten.

Am 7. Juni 1828 nahm Platen Abschied und begab sich in der Gesellschaft eines deutschsprechenden Russen, mit dem er zufällig den Wagen teilte, nach Pisa. Den Empfehlungsbrief an Lamartine war er nicht losgeworden, da dieser gerade die Bäder von Lucca benutzte, also an jenem Ort weilte, dessen Name ihm noch in den Ohren klingen sollte.

Am nächsten Abend, als er mit dem Russen in einem Kaffeehaus am Pisaner Lungarno deutsch redete, gesellte sich zu ihnen ein junger Maler aus Augsburg, Johann Moritz Rugendas, der nur wenig Italienisch verstand. Rugendas nannte sich einen großen Verehrer des Grafen Platen und gab der Hoffnung Ausdruck, denselben bald in Florenz zu treffen. Platen, der von Rugendas durch Fugger schon gehört hatte, gab sich zu erkennen.

Pisa liegt an der antiken Via Aurelia, die Rom mit Genua verband und deren Trasse die Nationalstraße Nr. 1 heute noch folgt. Platen blieb ihr treu, bis er Genua erreichte; doch bis dahin war noch ein Vierteljahr Zeit. Am 11. Juni verließ er mit dem Russen Pisa in nordöstlicher Richtung. Lucca biete „wenig dar", heißt es im Tagebuch. Wir fragen uns, wo der Dichter seine Augen hatte; die Stadtmauer von Lucca ist durch einen historischen Zufall gänzlich erhalten und die Stadt deshalb ein geschlossenes Ensemble von Straßen, Plätzen, Palästen und Kirchen voll der schönsten Veduten, eine Art toskanisches Rothenburg.

In La Spezia war keine Wohnung zu finden, die ihm zugesagt hätte. Einige Fischer brachten ihn auf die Insel Palmaria gegenüber von Portovénere, auf der es damals, außer ein paar Hütten, nur eine leere Villa gab, die dem Bürgermeister des genannten Ortes gehörte. Platen mietete sie für wenig Geld; natürlich war sie ihm viel zu groß. Für den Einkauf von Lebensmitteln und deren Zubereitung nahm er sich einen Diener. „Es sind mir mehrere Subjekte vorgestellt worden", heißt es im Tagebuch, „doch waren mir die meisten zu glatt und barbiermäßig, und ich entschied mich für einen Marinar, der wenigstens poetischer aussieht." Die Villa dürfte am flachen Nordende der Insel gelegen haben, nahe der Punta della Scuola, mit Blick auf Lérici an der Ostseite des Golfes, wo Shelley vor sechs Jahren ertrunken war. Auch Portovénere wird westlich in mäßiger Entfernung sichtbar gewesen sein, dort, wo der Inselfelsen sich auf 100 Meter dem Festland nähert.

Welche Macht die Mutter immer noch über ihn ausübte, zeigt ein Brief an Puchta vom 3. Juli. Hier sieht es so aus, als ob der Dichter bereit sei, auf die Veröffentlichung des ‚Romantischen Oedipus' zu verzichten, weil sie es wünschte. Auch wird offenbar, daß seine Feindschaft gegen Deutschland viel mit der Mutter zu tun hatte. Sie bringe ihn nicht nur um die Ehre, das Stück geschrieben zu haben, klagt Platen, sondern auch um eine beträchtliche Summe, die es ihm eingebracht hätte. „Es fehlte gerade noch dieser Punkt, um keinen heilen Fleck an mir zu lassen, damit Alles in mir, was noch empfinden kann, wund sey. Meine Abneigung vor Deutschland ist gränzenlos, und blos bei den Haaren ließe ich mich dahin zurückziehn".

Ein unausstehlicher Mensch habe ihm aus Berlin geschrieben, teilt Platen zwei Tage später empört Fugger mit: dort wisse man bereits, daß er aus Geldnot katholisch geworden sei. Der unausstehliche Mensch war natürlich Semler, die falsche Nachricht nur Echo der eigenen frivolen und kränkenden Bemerkungen zu Gündel. Indirekt erfahren wir so, daß es einen Briefwechsel zwischen Platen und Semler gab. Nun freilich war er zuende: der Dichter ließ den letzten Brief aus Berlin unbeantwortet, und Semler zog daraus unliebsame Schlüsse. Doch wir greifen vor.

Auf Palmaria nahm Platen jeden Tag ein gezähltes Seebad, wobei er „ziemliche Fortschritte im Schwimmen" machte. Die Julihitze war in der Nähe des Wassers immer erträglich. Inzwischen hatte er den ‚Oedipus' fast vollendet und auch an Herrn v. Rumohr das Gedicht ‚Einladung nach der Insel Palmaria' geschrieben. Es ist das erste seit der Schimpftirade gegen Immermann und gibt farbigere Auskunft über den Ort als das Tagebuch.

> Oelbäume stehn am minderschroffen Bergeshang,
>   Die meergewohnte Myrte blüht
> Nach allen Seiten, Rebe gedeiht und Feigenbaum,
>   Den Gipfel krönen Pinien.
> In einer Bucht am Ufer aber locke dich
>   Die kleine Villa halbversteckt. ...

Als dann der Bürgermeister von Portovénere sein eigenes Haus zur Verfügung stellte und nur noch Tafelsilber und Wäsche mitzubringen waren, kam Rumohr, dem es im Arnotal zu heiß geworden sein mochte, samt Koch und Nerly tatsächlich angereist. Platen bat vorher noch brieflich um „das italienische Recept zu einer eingebrannten Suppe", die der Gourmet, vermutlich mit sanfter Ironie, dem Heiklen zum Frühstück empfohlen hatte. „Sollten Sie hieherkommen, so ersuche ich Sie, mir einige Pfund

Friedrich Nerly. Selbstbildnis. (Städelsches Kunstinstitut, Frankfurt)

Gesundheits-Chokolate mitzubringen. Nur müssen Sie sich vorher überzeugen, daß es wirklich Chokolate ohne alles Gewürz ist, weil ich sonst keinen Gebrauch davon machen könnte."

Seit Mitte des Juli war der ‚Oedipus' vollendet, und Rumohr war der erste, der ihn zu hören bekam. Platen notiert im Tagebuch, daß gerade die Nimmermann-Tirade im letzten Akt seinen Beifall gefunden habe. Nach zwei Nächten reiste der Baron indes wieder ab, weil er Ungeziefer im Bett fand. Bedauernd konstatiert Platen: „Er ist trotz einiger Sonderbarkeiten einer der ausgezeichnetsten Menschen, die es giebt."

Nerly war offenbar abgehärteter gegen Wanzen und Flöhe, er blieb in dem Haus zurück, dessen Miete schließlich bezahlt war. Da Rumohr seinen Koch wieder mitgenommen, Nerly jedoch nicht üppig mit Geld ausgestattet hatte, aß dieser nun derart schlecht, daß er an einer Darminfektion erkrankte. Platen kam mit seinem Seemann von der Insel herüber und brachte Fleischbrühe. Die Distanz zwischen den beiden bleibt dennoch auffällig. Schon im Einladungsbrief an Rumohr nennt Platen Nerly nur „Ihr(en) Landschaftsmaler", obwohl er mit ihm doch eine Fußwanderung gemacht hatte, und auch jetzt ist kein Gedanke daran, etwa aus praktischen Gründen zusammenzuziehen. „Mit den Lebensmitteln ist man hier aber sehr schlecht bestellt," schreibt Nerly nach Deutschland, „und wenn Platen mich nicht zuweilen auf der Insel Palmaria in seiner quasi Gartenhaus-Villa zu einer guten Fleischbrüh-Suppe einlüde, so wäre es auf die Länge wohl nicht auszuhalten." Minestrone auf Fleischbasis war wohl das einzige Gericht, das der Fischer außer ‚frittura di pesce' zu bereiten verstand.

Da die Freunde am Freitag Fleisch aßen und Sonntags nicht zur Messe gingen, erregte sich die Volksseele von Portovénere. Platen dachte an sein Sorrentiner Erlebnis, und um sich vor einem wohlgezielten Steinwurf oder Dolchstich zu sichern, verbrachte er mit Nerly einen schönen Sonntagmorgen auf einer großen Prozession mit Kniebeugen, Kreuzschlagen und Singen.

Am 26. Juli näherte sich Palmaria eine Barke, der zu Platens Freude Taxis und Larosée entstiegen. Sie hatten Kalabrien und Sizilien bereist, waren mit Kopisch in Sorrent, Capri und Amalfi gewesen und hatten schließlich in Rom Rugendas getroffen. Platen begleitete sie noch bis La Spezia, von wo aus sie die Nachtkutsche nach Genua nahmen.

Kurz darauf notiert Platen ins Tagebuch: „Gestern nach dem Bade befand ich mich sehr unwohl; ich verfiel in einen fieberhaften Schlaf, und als ich aufwachte, hatte ich mir einen Zahn ausgebissen, den ich wahrscheinlich verschluckte. Es ist leider ein vorderer."

Sein bestes Werk werde er nicht unter den Scheffel stellen und habe deshalb Cotta den ‚Romantischen Oedipus' angeboten, schreibt Platen Ende Juli an Puchta. Die Macht der Mutter war also doch begrenzt. Falls aber Cotta die Ausfälle gegen Heine, der für ihn arbeitete, anstößig finden sollte, werde er, Platen, einen anderen Verleger suchen: das schreibt er zwei Wochen später an Fugger. „Gestrichen wird nichts, da Alles reiflich überlegt ist, und der hohe Mitstrebende Immermanns paßt zu sehr in die Comödie, um ihn wegzulassen, und, wie es im Stück selbst heißt,

> Und anzugreifen einen weit Gewaltiger'n,
> Ist eine That, die sicherlich Verderben bringt."

Wie recht Platen doch hatte! Nur, daß der Gewaltigere Heine war und das Verderben ihm selbst bestimmt sein sollte.

Ein Brief aus Bellosguardo zeigte, daß Rumohrs Beifall zum ‚Oedipus' größtenteils Höflichkeit gewesen war. Nachdem der Kunstbaron versichert, wie viele Freunde Platen in Berlin habe, warnt er ihn davor, seine Ausfälle gegen die Stadt stehen zu lassen: warum sich Feinde machen, wo man Freunde und Gönner erwerben könne? „Obwohl Ihr Oedipus mir gefällt," fährt Rumohr fort, „so möchte ich doch nachgerade von Ihnen andere Seiten angeklungen hören, als eben diese. Was Sie in der Art gethan haben, wird Ihnen noch manchen Verdruß bringen.. Nun aber möchte ich, daß Sie Ihrer Muse sich ganz hingeben wollen, welche von Haus aus sicher keine satyrische ist, weil Ihre Satyre sonst heiterer und gemächlicher seyn würde, denn die Ihrige scheint mir gelehrt, gründlich, ja bitter ernstlich."

Am 18. August kehrte Nerly nach Bellosguardo zurück. Platen begleitete ihn bis Massa di Carrara. Ein paar Tage darauf passierte Heinrich Heine, von Genua kommend, auf dem gleichen Wege La Spezia in Richtung Livorno und Lucca. Später erzählte er seinem Verleger Campe fälschlich, er sei an Platens Haus vorbeigekommen, habe ihn aber nicht besucht. Was Platen denn gemacht habe, fragte Campe. „Er fräße Apfelsinen und triebe viele Sodomitereien", war Heines Antwort. Die beiden Feinde sollten sich physisch nie mehr so nahe kommen.

Nun, da der ‚Oedipus' endlich vom Tisch war, spielte Platen mit allerlei alten und neuen dichterischen Plänen, etwa einem Hohenstaufen-Epos oder einer nicht satirischen Komödie. Zu bemerken wäre, daß er mittlerweile jede Sympathie für Shakespeare und Schiller verloren hatte und daß alle seine dramatischen Ansätze nun ebenso klassischen Formen folgten wie seine Poesie. Im ‚Oedipus' heißt es deutlich, Shakespeare entspreche nicht mehr ‚der Forderung des Augenblicks: Es hat die Welt verschleudert ihren Knabenschuh!'

Am 1. September traf, von der Mutter geschickt, jene Zeitungsnotiz über ihn ein, von der schon im Mai die Rede gewesen war. Ihr lag, wie sich erst jetzt zeigte, ein Brief Waiblingers an Semler zugrunde, den dieser, um Platen zu verunglimpfen, in seinem Sinn ergänzt und verdreht hatte. Es sei gut, heißt es da, daß Platen aus Rom fort sei, weil er den Leuten durch seine Launen beschwerlich falle; übrigens habe der König von Bayern ihm eine Pension ausgesetzt. Die erste Bemerkung mochte Waiblinger wohl gemacht haben, denn seit er mit der Carlenzo zusammenlebte, war das Verhältnis zu Platen gespannt. Die zweite, unzutreffende Nachricht jedoch diente allein dem Zweck, Platen in München zu schaden; vermutlich hatte Semler aus irgendeinem Optativ oder Konjunktiv Potentialis einen Indikativ Perfekt gemacht.

Ein paar Tage darauf erhielt Platen, wohl wieder von der Mutter, einen mit -r gezeichneten Artikel aus dem Berliner ‚Gesellschafter' vom 28. Juni, überschrieben ‚Deutsche Dichter in Italien'. „Graf Platen", heißt es da, „ist jetzt in der Lombardey. Unter den deutschen Dichtern, die sich dermalen in Italien aufhalten, ist er, was Vollendung der Form und Diktion anlangt, sicher der Erste. Der deutsche Graf, dem eine eigene Erbitterung gegen die Dinge, die er nicht kennt, vielleicht aber zu kennen meint, oft den Blick trübt, ist freilich zu ideal, als daß man nicht zufrieden seyn sollte, ihn so wie seine meisterhaften Gedichte zuweilen fern zu halten. Dennoch ist sein Werth und der seiner Werke so unzweifelhaft, daß in andern Augenblicken wieder die Anziehungskraft wirkt." Es schließen sich lobende Absätze über Waiblinger und Kopisch an, deren leibliche und seelische Gesundheit dem Erstgenannten vielsagend entgegengehalten wird. Ein freundlicher Paragraph über Gündel bildet den Abschluß.

Platens Wut ergoß sich prompt in zwei Briefe. „Eben erhalte ich wieder einen Aufsatz aus einem Berliner Klatschblatt," schreibt er an Kopisch, „worin Waiblinger, Du und Gündel mit Lobsprüchen überhäuft werden, auf mich aber auf das Schnödeste angespielt wird. ..Ein Mensch wie Waiblinger wird mir als Muster der Frömmigkeit vorgestellt. ..Es ist wirklich zu arg, ein Frommer seyn zu wollen und den Teufel zu spielen. Welchen Widerwillen hatte ich, Semlers Bekanntschaft zu machen, Gündel hat mich bei den Haaren hingezogen. Wäre ich nur meinem fast immer richtigen Instinkte gefolgt! ..Nun sprützt dieser Mensch sein Gift über mich aus, verbittert mir das Leben in Italien und macht mir eine Unzahl Feinde in Berlin, wo ich ohnedem genug habe." Und Rumohr bekommt zu hören: „Wissen Sie denn Niemand in Berlin, der dieser unverschämten Creatur das Maul stopfen könnte?"

Die letzten Tage in Palmaria seien ihm noch durch Semlers und Waiblingers Teufeleien verbittert worden, schreibt Platen am 5. September ins Tagebuch. Er habe seine Abreise beschleunigt, obwohl es ihm jetzt eigentlich leid tue, seine Abgeschiedenheit

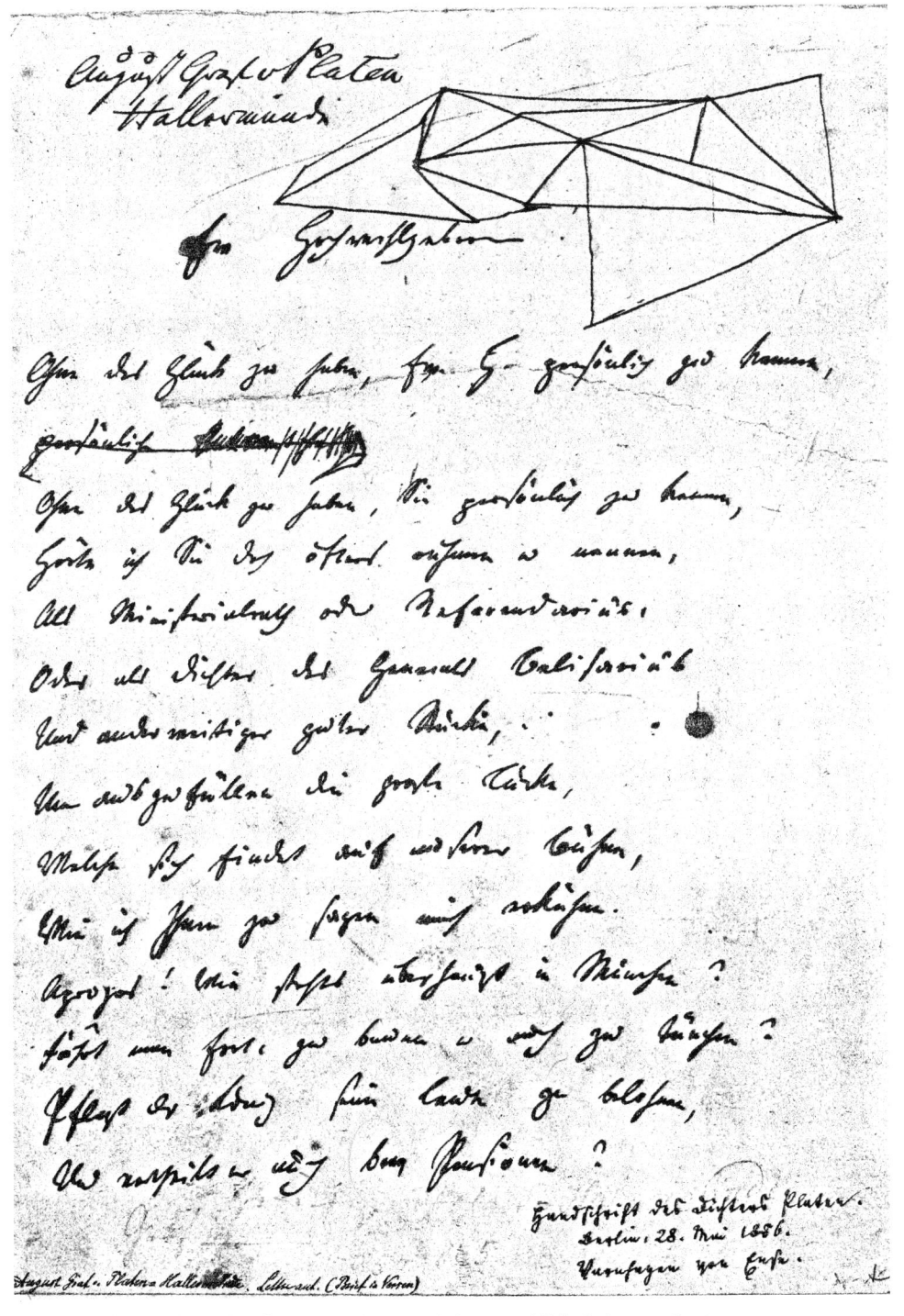

Platen, Briefentwurf an Eduard von Schenk. (Bayerische Staatsbibliothek, München)

mit dem geräuschvollen Genua zu vertauschen. „Mein Matrose ist die ehrlichste Seele von der Welt, und es möchte in Italien schwer seyn, viele solche Bediente aufzutreiben."

Gleichwohl zog es ihn nun heftig in die große Stadt. Er brach um Mitternacht von Palmaria auf und nahm in Spezia einen offenen Wagen bis nach Chiávari; dort wollte er die Nachmittagspost erreichen, die noch am selben Abend in Genua eintraf. Leider ging die schöne Rechnung nicht auf: ein Wagenrad zerbrach mitsamt Platens Parapluie, das ihn vor der Sonne schützen sollte, und als er schließlich rechtzeitig in Chiavari eintraf, war die Postkutsche voll. Wäre er von La Spezia mit dem Schiff gefahren, es hätte ihn nicht den sechsten Teil gekostet. In Chiavari durfte er nunmehr die nächste Post abwarten.

Bei Sestri Levante erreicht die Via Aurelia wieder die ligurische Küste, von der sie bei La Spezia wegführt. Nach einer angenehmen Fahrt entlang der östlichen Riviera erreichte Platen am 9. September Genua. Das Zimmer im Gasthaus muß so abscheulich gewesen sein, daß selbst der Anspruchslose es vorzog, die meiste Zeit anderswo zu verbringen. Während der ersten Tage herrschte Sciroccowetter, das ihm Schnupfen und Zahnweh bescherte (vermutlich die Wurzel des ‚ausgebissenen' Zahns).

Von Cotta kam ein Brief, in dem er sich bereit erklärte, den ‚Romantischen Oedipus' zu verlegen und Platen sogar freistellte, die Höhe des Honorars selbst zu bestimmen. Dieser forderte 1000 fl. und sandte das Manuskript Ende September an Fugger.

Schon im August war Platens zweijähriger Urlaub von der bayerischen Armee abgelaufen. Daß man ihn bei seinem Regiment zum Dienst zurückerwartete, scheint er nicht befürchtet zu haben, denn sonst wäre er kaum so seelenruhig auf Palmaria geblieben; daß man sich vielmehr in München wohlwollende Gedanken um seine Zukunft machte, war ihm von Rumohr eröffnet worden, und deshalb hatte er sich ja von Florenz aus an Eduard v. Schenk gewandt. Auch Schelling, möglicherweise in Absprache mit Schenk, bemühte sich im Sommer 1828 beim König um eine Pension oder Sinekure für Platen: die Mutter hatte es ihm nach Palmaria mitgeteilt. Der Dichter schrieb daraufhin Anfang Juli an Schelling, dem er seine Lage sicher lieber darlegte als dem verhaßten Schenk. „Zu welcher Anstellung ich tauglich wäre, wüßte ich nicht," heißt es in dem Brief, „welches Amt ich mit Eifer bekleiden würde, auch nicht...Aber Sie glauben nicht, wie bescheiden und kleinlaut ich mit meinen Forderungen an das Leben geworden bin. Ein Bischen Ruhe und Verborgenheit ist alles, was ich wünsche".

Die Briefe an Schenk und Schelling waren goldrichtig und gut terminiert. Mitte September ernannte der König Platen zum außerordentlichen Mitglied der bayerischen Akademie der Wissenschaften, deren Vorstand Schelling war. Sein Urlaub von der Armee wurde unbegrenzt verlängert.

Von alldem erfuhr der Dichter in Genua nichts. Er verbrachte seine Zeit in einem Lesekabinett und mit wenig ergiebigen Kunstbesichtigungen. Schon in den ersten Tagen habe er einen jungen Genuesen kennengelernt, schreibt er ins Tagebuch, den er fortwährend im Theater sehe und der ihm die Zeit vertreibe; wir vermuten, in durchaus schicklicher Weise. Der gutmütige Jüngling, von dem Platen später sogar noch einen Brief erhalten sollte, inspirierte ihn am 5. Oktober zur ersten Ode seit Rom.

Ach wer wiese zurück, wie entwöhnt die Brust auch
Sei durch ewigen Gram und der Welt Enttäuschung,
   Wer allmächtige Sehnsucht,
      Süße Begierde zurück?

Wenn voll magischer Kraft in dem Lande der Schönheit
Unausweichlicher Schmerz dem Gefühl sich aufdringt,
   Ach, wer wiese die Liebe,
      Hielte die Klage zurück? ...

Wenn nicht schon die Berichte aus Palmaria, so lassen Aussage und Tonfall dieses Gedichts vermuten, daß von den vielen Sodomitereien, die Heine unterstellte, keine Rede sein konnte, daß Platen vielmehr den ganzen Sommer wie ein Mönch gelebt hatte.

Nur noch eine Exkursion nach Savona fällt in den Genueser Monat. Nachdem er so die Stadt gründlich besichtigt und beide Rivieren, di Levante und di Ponente, besucht hatte, machte Platen sich nach Mailand auf. In den letzten Stunden vor der Abfahrt geriet er in ein mittelschweres Erdbeben, das einigen Schaden verursachte. „Die Häuser bewegen sich gerade wie das Wasser, das man in einem Becken mit Heftigkeit hin und herschüttelt", schreibt er an Puchta. „Furchtbar ist das Getöse, das durch das Anschlagen aller Glocken und das Klirren aller beweglichen Mobilien entsteht." Von der Reise, die vor allem zu Beginn interessant ist, berichtet Platen nichts. Nach Übernachtungen in Novi Lígure und Pavía traf er am 11. Oktober in Mailand ein.

40. Flucht nach Toscana

„Mailand hatte und hat gewiß und mit allem Recht den Ruf, Zuflucht für Sünder einer gewissen Art zu sein." Dies schrieb Beckford erst vor vier Jahren an seinen Freund Franchi, freilich in Erinnerung ans vergangene Jahrhundert. Das Vergnügen, von dem der Engländer berichtet, scheint Platen in der heiter-eleganten Stadt nicht gefunden zu haben; vielmehr verdarb ihm die österreichische Behörde sofort gründlich die Laune. Ein neuer Band seiner ‚Gedichte', den Fugger nach Palmaria geschickt hatte, war auf dem Zoll in Mailand hängengeblieben; man ließ den Dichter drei Stunden warten, dann wurde das Buch gebührenpflichtig zur Zensur geschickt, und dort erfuhr er schließlich, daß es in den österreichischen Staaten verboten und also konfisziert sei. „Ich sehne mich unter den Schutz der heiligen Schlüssel Petri", schrieb er zornig an Schwenck.

An einem Tag fuhr Platen im ‚Eilwagen' nach Como, von dort im Dampfer nach Cadenabbia, besichtigte die Villa Sommariva (seit 1847 Villa Carlotta), und war noch am selben Abend wieder in Mailand. Am Ufer bei Cernobbio sah er die Villa d'Este liegen, wo die unglückliche Prinzessin von Wales eine Zeitlang mit ihrem Bergami gelebt hatte; heute ist sie ein Hotel.

Puchta teilte ihm mit, daß er um weitere zwei Jahre vom Armeedienst befreit sei. „Das Beste, was Sie mit meinem Urlaub anfangen können," antwortet Platen, „wäre, mir einen Paß auf 2 Jahre durch ganz Italien und Sicilien dafür ausstellen zu lassen." Den nächsten Winter gedenke er in Siena zu verbringen. Rumohr, der Quellenstudien für Bilder treiben wollte, hatte ihn dorthin eingeladen bei getrennter Wohnung, doch zu gemeinsamer Tafel. Platen hatte dankbar angenommen.

Als König Ludwig im August vergangenen Jahres Goethe besuchte, war er auch zu den Schiller-Gedenkstätten geführt worden und hatte dort einige pathetische Sätze gesprochen. Platen las erst jetzt davon in der Zeitung, und eingedenk seiner eigenen Ode, die ohne Echo geblieben war, schrieb er ärgerlich an Schwenck: „Der König von Baiern thut nicht das Geringste für mich, und während er in Schiller's Wohnung so enthusiastisch wünschte, daß dieser Mann noch lebte, um ihn nach Rom zu schicken und auf eine glänzende Art unterstützen zu können, läßt er einen Lebenden darben, der noch dazu sein Unterthan ist und ihn besungen hat". Da er nichts von seiner Ernennung wußte, blieb seine Laune, angesichts der permanenten Geldknappheit, grundsätzlich schlecht. Sie konzentrierte sich mit der Zeit immer mehr auf Heinrich Heine. Obwohl er von dem Konkurrenten keine Zeile kannte, gab Platen sich jede Mühe, ausgerechnet den einen Dichter deutscher Zunge herauszufordern, der größer war als er, und der auch über alle Mittel verfügte, ihn zu züchtigen. Immermann ist vergessen in den Briefen vom Herbst 1828, es geht dort allein um den ‚Poetaster' Heine: daß Cotta die Stellen im ‚Oedipus' gegen ihn nur ja stehen lasse (an Fugger); vermutlich werde der Verleger daran Anstoß nehmen, denn er habe mit Heine dauernde Verbindung (an Puchta). Als Platen endlich den ersten Teil von Heines ‚Reisebildern' in die Hand bekam, erklärt er, sie seien „kaum als Impromptü's eines Handwerksburschen gut genug."

Gänzlich unerwartet tauchten Freunde auf, von deren Existenz er nichts wußte. Es waren die jungen Brüder Frizzoni, Gündels Zöglinge, die seinen Namen in den Fremdenlisten der Zeitung gefunden und sich sogleich von Bergamo nach Mailand aufgemacht hatten, um ihn kennenzulernen. Sie brachten ein anderes Exemplar seines neuen Gedichtbandes mit, so daß er sein Werk nun doch zu sehen bekam. Platen war hocherfreut über die Gesellschaft der gutaussehenden und vollendet zweisprachigen Jünglinge. Die beiden Frizzonis, von den Geschäften des väterlichen Hauses offenbar nicht beansprucht, gaben sich rührende Mühe um den deutschen Gast. Nachdem sie ihm Mailand gründlich gezeigt hatten, reisten sie mit ihm über Monza nach Bergamo, wo er im kürzlich erbauten Palazzo Frizzoni (heute das Rathaus) übernachtete; von dort nach Cremona, weiter über Brescia an die südwestlichen Ufer des Gardasees und über Crema, Lodi zurück nach Mailand. In diese Zickzack-Fahrt bei mäßigem Wetter fiel Platens zweiunddreißigster Geburtstag.

Die erhoffte Nachricht von Rumohr, die das Winterquartier bestätigte, fand er bei seiner Rückkunft nicht, jedoch einen Brief von Fugger, der von seiner Ernennung zum Akademiemitglied als etwas längst Bekanntem sprach. „Du hättest wenigstens die

40. FLUCHT NACH TOSCANA

Federico, Antonìo und Giovanni Frizzoni. Gemälde von unbekannter Hand. (Privatbesitz)

Summe der Besoldung nennen können," antwortet Platen kühl, und fügt, doch etwas besser gelaunt, einen Volksspruch aus dem Véneto hinzu, den er bei den Frizzonis kaum gehört haben konnte:

Veneziani gran Signori,
Padovani gran Dottori,
Vicentini amazza-gatti,

Veronesi mezzo matti,
Bresciani taglia-cantori,
Bergamaschi fa-minchioni.*

Allein fuhr er nach Pavía, das er auf der Reise von Genua schon passiert, aber nicht besichtigt hatte. Kaum war er zurück in Mailand, setzte anhaltendes Nebel- und Regenwetter ein. „Bekanntschaften habe ich hier gar keine gemacht," schreibt Platen ins Tagebuch, „und da ich nicht mehr jung genug bin, um immer allein sein zu mögen, so habe ich Ueberfluß an langer Weile." Als ob das Leiden am Alleinsein eine Frage des Alters wäre. An die Frizzonis schrieb er, wie gern er sie noch einmal sähe.

Der Hilferuf verhallte nicht ungehört: die Brüder kamen ein zweitesmal nach Mailand, um den einsamen Dichter aufzuheitern. Mittlerweile hatte Cotta die Honorarforderung von 1000 fl. für den Oedipus akzeptiert und gar eigenhändig unter den Brief gesetzt: „Möchten Sie mich doch auch mit Beiträgen fürs Mbl. beehren. Ihre Reise hat Ihnen gewiß den reichlichsten Stoff dazu angeboten und Ihr Geist (wird ihn) aufs interessanteste bearbeitet haben." Es ist bedauerlich, daß Platen dieser erneuten

---

* Übersetzung im Apparat.

Anregung nicht nachkam, zumal er doch kürzlich an Heines ‚Reisebildern' gesehen hatte, wie erfolgreich solche Texte sein konnten.

Rumohrs definitive Zusage für den Winteraufenthalt war eingetroffen. Platen gedachte noch einen Monat in Oberitalien zu reisen, bevor er sich nach Siena begab. Die Hauptstationen zählt er in einem Brief an Puchta auf: Turin, Piacenza, Parma. Nizza, das damals zum Königreich Sardinien gehörte und das er noch tags zuvor den Eltern genannt hatte, ließ er fallen.

Am 17. November brach er nach Turin auf, wo er über Novara und Vercelli am dritten Tag bei Tramontana-Wetter eintraf. Hier gefiel es ihm gar nicht: Turin sei die häßlichste Stadt Italiens und könne kein einziges klassisches Gebäude aufweisen, bekommen die Frizzonis im Dezember zu hören. Das Zentrum von Turin, damals Hauptstadt Sardiniens, ist eine großartige Schöpfung des Barock und Platens Urteil einfach albern. Wir fragen uns, wie Schlösser, dem das alles bekannt war, dennoch ein Viertel seines Buches den gleichgültigen Kunstansichten des Dichters widmen konnte.

Auf der Fahrt nach Parma trübte sich das Wetter wieder ein. Platen nennt seine Reise durch Piemont sehr unergiebig: Asti, Alessandria, das Schlachtfeld von Marengo, Vóghera und Piacenza verschwanden im Nebel. Was ihn nach Parma zog, war nicht die Malerei Correggios, sondern eher die uneingestandene Erinnerung an jenen hübschen Soldaten, den er dort einmal getroffen hatte. Diesmal kam ihm die Stadt nur schmutzig und kleinlich vor. Den Soldaten Luigi sah er nicht im Theater, wohl aber die Landesherrin Marie Louise von Habsburg-Parma, ehemals Kaiserin von Frankreich. Im Schloß besichtigte er die Geschenke der Stadt Paris zur Geburt des Königs von Rom, ihres Sohnes mit Napoleon, jetzt Herzogs von Reichstadt: Toilettentisch, Spiegel und Wiege in prächtigem Empire-Stil. Das Nebelwetter, die Erinnerung an Marengo, der Anblick der Herzogin von Parma und der Prunkmöbel inspirierten Platen zu einer Ode, die den Sturz Napoleons beklagt.

Anfang Dezember unternahm er von Reggio Emilia aus eine Exkursion zu Pferd nach den Ruinen von Canossa. Der Weg führte großenteils durch ein Flußbett. Von den Trümmern der Burg aus bot sich eine herrliche Ansicht auf die umliegenden Berge, während im Norden schwerer Nebel die Poebene bedeckte. Nach ein paar weiteren trüben Tagen in Modena und Bologna, ausgefüllt mit Besichtigungen und Langeweile, überquerte Platen bei schönstem Wetter den Collina-Paß und war so erleichtert, dem Nebel entronnen zu sein, daß er ein Gedicht mit dem Titel ‚Flucht nach Toscana' schrieb:

> Wie flog der Wagen rasch dahin, Nie laßt mich wiedersehn, o nie
> Seit hinter mir der Apennin, Die nebelreiche Lombardie,
> Seit jeder Pfad, auf dem er flog, Wo winterlich der Flüsse Qualm
> In's Arnothal hinunterbog! ... Umdampft den dürren Stoppelhalm ...

In Florenz traf er sogleich auf Rumohr, der freilich nur kurz in der Stadt verweilte. Platen mußte erst zum Schneider, denn er war völlig abgerissen. Nach Schuberts Zeugnis besaß er stets nur je einen Sommer- und Winterrock, die er ohne Unterbrechung trug, und die dann auch nur eine Saison hielten. Mit dem Schuhwerk machte er es ähnlich. Nach vier Tagen der Neueinkleidung folgte der Dichter dem Freund nach Siena, wo eine schöne Wohnung auf ihn wartete.

Wen aber hatte Rumohr inzwischen getroffen? Heinrich Heine. Dieser, auf dem Weg von Livorno nach Venedig, hatte sich fast zwei Monate in Florenz aufgehalten, dabei den Kunstbaron kennengelernt, und war von ihm wohl aufs zierlichste vom Zorn des Grafen Platen unterrichtet worden. Heine nahm die Nachricht grollend zur Kenntnis; neu war sie ihm nicht, von der bevorstehenden literarischen Attacke hatte er schon vor seiner Abreise in München gehört.

In Siena endlich lag ein Brief der Mutter mit der offiziellen Ernennung Platens zum Akademiemitglied. Das jährliche Honorar betrug übrigens nur 500 fl. Schelling hatte auch einige Ermahnungen und Ratschläge angefügt, die in eine Aufforderung zur Rückkehr nach Deutschland mündeten. Der Dichter antwortete dem Philosophen auf der Stelle.

„Siena d. 13. December 1828. Hochzuverehrender Präsident! Verehrtester Freund! Die namenlose Nachlässigkeit und Schurkerei der Mailänder Post ist Schuld, daß ich einen Brief meiner Mutter (vom Oktober) erst heute hier in Siena erhielt, und ohne die dringenden Nachfragen einiger Freunde in Bergamo gar nicht würde erhalten haben, da man ihn, nebenbei gesagt, auch geöffnet hatte. Er enthielt die offizielle Nachricht meiner Anstellung und die freundschaftlichen Warnungen, welche Sie hinzufügen.

Was Sie von den geistigen Gefahren Italiens sagen, gebe ich gerne zu; nur fürchte ich, daß die Gefahren Deutschlands noch größer sind. Wenn mir bisher vielleicht die Einsamkeit schädlich war, so habe ich gegenwärtig so viele Verbindungen in den meisten Hauptstädten Italiens, daß ich sie nicht mehr zu fürchten habe. Kaum kann ich denken, daß Sie in meinen Gedichten aus Italien einen Rückschritt gegen meine früheren sollten bemerkt haben, und ich wünschte wohl, Ihre Meinung hierüber zu hören, wenn Sie mir eine Viertelstunde widmen wollen. Denn eigentlich nur meine poetische Existenz interessirt mich, Leben und Tod sind mir vollkommen gleichgültig.

Gewiß befindet sich Italien in einem Zustande von Decadenz..; aber die Nation ..steht den Göttern näher, die sich einst zu den Griechen herabließen, um die Menschen der Thierheit zu entkleiden. Verzeihen Sie, wenn ich von meinem Standpunkt ausgehe.

Wie steht es aber, was diesen Punkt betrifft, in Deutschland? Noch kürzlich besuchte der schamlose Jude Heine (ein armseliger Schmierer und Sansculott, von dem mir neulich ein Durchreisender ein Werkchen mittheilte) einen meiner Bekannten in Florenz und äußerte, indem er behauptete, daß ich in Deutschland gar nicht bekannt sey, daß Cotta von seinem letzten Werkchen in drei Monaten sechstausend Exemplare abgesetzt habe. Zugleich gab er drohend zu verstehn, daß es ihm ein Leichtes sey, mich bey dem deutschen Publicum als Aristokraten verdächtig zu machen, und daß meine Vergötterung des eigenen Geschlechts den Damen an's Herz gelegt werden müsse. Erlauben Sie mir, eine Nation, deren beliebteste Schriftsteller (wie doch die 6000 Exemplare beweisen) wahre Satanasse sind, zu verabscheuen. Ob es dieser Mensch durch seine Intriguen bei Cotta nicht dahin bringt, daß dieser meinen Oedipus, worin

ich dem ganzen Lumpengesindel die Zentnerlast meiner Ueberlegenheit fühlen lasse..,
nicht abdrucken läßt?"

Nein, fährt Platen fort, er könne sich nicht entschließen, unter solchem Pöbel zu leben; „abgesehen davon, daß mir Italien so unbeschreiblich wohl gefällt. Rom, Neapel, Florenz und so vieles Andre ist ein Theil meiner Seele geworden. .. Im Sommer ist mir der Gebrauch der Seebäder nöthig.. Meine Nervenübel in Rom waren die Folge von unentwickelten Hämorrhoiden, und gegenwärtig kann ich sagen, daß ich jeden Tag gesünder werde. ..

Herr von Rumohr, der Ihnen sehr zugethan ist, empfiehlt sich Ihnen auf's Herzlichste. (Ich) nehme an seiner vortrefflichen und höchst diätätischen Tafel Theil, und es wäre unmöglich, daß ein leiblicher Vater mehr für mich sorgte."

Wir haben diesen Brief so ausführlich zitiert, weil er eine Art Hologramm von des Schreibers Innen- und Außenleben bietet. Schelling meinte irrtümlich, Platen schwimme in der italienischen Kultur wie ein Fisch im Wasser, und seine deutsche Identität könne darunter leiden. Er ahnte nicht, daß der exilierte Dichter nach dem „gefährlichen Wendepunkt" vom Februar 1827 nur noch mit Deutschen verkehrte, jedenfalls oberhalb des Gürtels; Platens psychosomatische Krise in Rom war ja Folge der Erkenntnis gewesen, daß er in Italien zwar karge sexuelle Erleichterung, doch ebensowenig Liebe finden konnte wie in der Heimat. „Da ich Niemanden kenne," schrieb er noch kürzlich an die Frizzonis, „so habe ich seitdem Sie weg sind, keine Sylbe mehr gesprochen, außer höchstens bei Tische ein Lasciamel oder Sciarlota* verlangt, oder sonst eine barbarische Vokabel in den Mund genommen, die man kaum zu den menschlichen Worten rechnen kann." Wohl handhabe Platen das Italienische mittlerweile einigermaßen, doch benutzte er es lediglich in der Postkutsche, im Café, im Gasthaus, an verschwiegenen nächtlichen Orten: kaum Übungsplätze für feineres Idiom und sicher keine Gefahr für seine deutsche Wortkunst. Die „vielen Verbindungen in den meisten Hauptstädten Italiens" sind schnell hergezählt: Arnim in Neapel, Waiblinger und Schlosser in Rom, die Brüder Frizzoni in Bergamo; sodann Kopisch, Gündel und Rumohr, doch die waren Reisende wie er selbst. Zusammen sind das sechs Deutsche und zwei italianisierte Graubündener.

Die Italiener aber stehen den Göttern näher, die sich einst zu den Griechen herabließen: Götter, denen Gleichgeschlechtlichkeit kein Greuel war, „verzeihen Sie, wenn ich von meinem Standpunkt ausgehe." Darum sind die großen Städte Italiens, die am Rande auch dem ‚Schönheitsfreund' bescheidene körperliche Erleichterung gewähren, Teil seiner Seele geworden.

Rührend bittet Platen um eine Viertelstunde Aufmerksamkeit zum Beweis, daß seine Dichtkunst in Italien nicht gelitten habe: nur noch seine poetische Existenz interessiere ihn, Leben und Tod nicht mehr. Leider ist dieser gern zitierte Satz nicht wahr. Die krankhafte Wut auf Semler, Immermann und Heine widerlegt ihn. Der letztere hatte übrigens bei Rumohr mit seinen angeblich 6000 verkauften Exemplaren ge-

---

* Crème Caramel und Charlotte, einfache Desserts. Platens diätetisches Desinteresse an gutem Essen zeigt sich auch hier wieder. Vielleicht ist ‚Lasciamel' eine Freudsche Fehlleistung? (lasciami = laß mich).

hörig aufgeschnitten; es waren nur 1200. Und seine Sorge, den Leserinnen Platens Vergötterung des eigenen Geschlechts ans Herz zu legen, war unnötig: sie fühlten sich, wie sich zeigen sollte, nur umso mehr angesprochen. Von Heines Irrtum, in Platen einen Exponenten des reaktionären Adels zu sehen, wird noch die Rede sein.

Der medizinische Rest, die maßlose Überschätzung von Klimaten und Seebädern, die lächerliche Verbindung von ‚Nervenübel‘ und ‚unentwickelten Hämorrhoiden‘ ist zeitbedingte Unwissenheit. Schelling wird den Brief des neuernannten Akademiemitglieds kopfschüttelnd beiseite gelegt haben.

Heine war freilich nicht die einzige neue Bekanntschaft Rumohrs. Der preußische Thronfolger (später König Friedrich Wilhelm IV) bereiste Italien, und der Kunstbaron hatte ihm Florenz gezeigt. Dies gab ihm die Gelegenheit, sich nicht nur als Cicerone bestens zu empfehlen. Rumohr legte auch ein gutes Wort für Platen ein: vermutlich hatte er den Prinzen auf die ‚Verhängnißvolle Gabel‘ aufmerksam gemacht, vielleicht sogar eine eigene Abschrift zur Verfügung gestellt, damit der Sekretär ihm daraus vorlese. Nun bat Platen Fugger, diesem Sekretär den neuen Gedichtband zuzusenden. Seinen ‚Oedipus‘ werde er dem Prinzen dann selbst schicken mit höflichem Kommentar, wie das, was das Stück gegen Preußen anführt, zu nehmen sei. Mit anderen Worten: Se. Kgl. H. möge verzeihen, Platen hat gar nichts gegen Berlin, er war nur wütend, weil man dort seine Dramen nicht spielt. Immerhin, Herr v. Bunsen, preußischer Gesandter in Rom, hatte bei Rumohr angefragt, ob Platen mit seinem Staat in Verbindung treten würde, wenn man ihm ein Angebot mache? Der Dichter ließ ein Ja ausrichten, soweit es seinen Verpflichtungen gegen Bayern nicht im Wege stehe. Groß seien die aber nicht: 500 fl. Honorar als Akademiemitglied und 360 fl. Leutnantsgage genügten nicht zum Leben. In der Folge begann er mit einem Hohenstaufen-Epos, das ihm Gunst und finanziellen Beistand des preußischen Prinzen einbringen sollte, kam aber nur auf 21 Nibelungenstrophen.

Nun also saß er regelmäßig an Rumohrs guter Tafel, doch dürfen wir bezweifeln, daß er sie zu würdigen wußte. Auf die Frage, ob ihm dies oder jenes schmecke, antwortete er, wie schon in Bellosguardo, stets einsilbig und desinteressiert. Nur als die Rede auf den Frühstückskaffee kam, sagte er finster: „Es macht so einen dicken Brei." Nerly fand in Platens Wohnung die Zuckerdose mit Grieß gefüllt, vielleicht eine Bosheit des Bedienten wegen zu geringem Trinkgeld. Seit einer Woche hatte Platen seinen Kaffee mit Grieß anstatt mit Zucker getrunken und wäre seelenruhig dabei geblieben, wäre Rumohr nicht zufällig darauf gekommen.

Der eine schwärmte von der getrüffelten Wildpastete, der andere schäumte über den schamlosen Juden Heine, und der arme Nerly saß hilflos dazwischen. Lange konnte das nicht gutgehen. Rumohr fand nach zwei Wochen einen Vorwand, sein Winterquartier abzubrechen: in Mailand stehe ein angeblicher Raffael zum Verkauf, für den der preußische Kronprinz sich interessiere, und den er, Rumohr, sofort begutachten müsse. Am 7. Januar 1829 verließ er Siena. Nerly und Platen blieben zurück. Keiner sollte den anderen wiedersehen.

Die tieferen Gründe für Rumohrs überstürzte Abreise nach Deutschland sind uns nicht bekannt. Frustration über Nerly, der sich wohl mehr und mehr den Frauen zuwandte, dürfte dabeigewesen sein, auch Platens obstinat-besserwisserische Art, sowie sein völliger Mangel an Gourmandise. Dahinter erscheint ein wichtigeres Motiv: die Direktion am Berliner Museum war frei, und Rumohr hoffte sie mit Hilfe des Kronprinzen zu erlangen. Daß der König dann sein Placet verweigern sollte, konnte er nicht wissen.

Ein geradliniger Charakter hätte vielleicht sich und anderen über all dies Rechenschaft gegeben. Nicht so Rumohr. In seinen ‚Drey Reisen nach Italien' klagt er, und so weit glauben wir ihm, nie im Leben habe er eine abscheulichere Reise unternommen als im Januar 1829 von Siena nach Mailand. Nachdem er den angeblichen Raffael für falsch erkannt, habe er für den Prinzen ein zerbrechliches Kristallgefäß erstanden: „Dieses verhängnißvolle Ding brachte mich nun vollends über die Alpen hinaus und nöthigte mich, über Berlin meinen Heimweg anzutreten." Das Kristallgefäß war vermutlich als Geschenk an den Kronprinzen gedacht im Hinblick auf den erhofften Direktorposten.

Die Reise Rumohrs führte übrigens durch den Palazzo Frizzoni in Bergamo, wohin er durch Platen und Gündel empfohlen war. In der Folge kam es zu einem langjährigen Briefwechsel zwischen ihm und den musischen Brüdern. Anfang 1831 schreibt der Kunstbaron von seinem Gut bei Lübeck an Fritz Frizzoni, wie gern er nach Italien ziehen würde. „Doch gestehe ich, daß der Gedanke, (Platen) dort zu finden, mich abschreckt. Ich suche auswärts den lästigen Aufdringlichkeiten und Erinnerungen daran zu entgehn; ich suche dort keine Hofmeister und Klugscheißer, welche aus mir zu machen glauben, was ihnen gut dünkt. Ich suche, wenn überhaupt, nur Menschen die mich nehmen wie ich bin, und mir gefällig sind, nicht in mich hineinplumpen mit ihren Wahrheiten und Thorheiten. Nein, nein, der gute Platen hat viel Schuld an meiner unbesonnenen Nachgiebigkeit und vorzeitigen Rückreise.. Ich weiß nicht, wie er darauf gekommen ist, von mir zu fodern, daß ich nur durch seine Brillen sehn, nach seiner Laune thun und handeln müsse. Ich bin bey allem Anschein von Weiche sehr decidirt. Doch hat er mit vielem Scharfsinn ausfündig gemacht, was dazu gehört, mich in die widerlichste Spannung und Reizbarkeit zu versetzen. — Will er mich vielleicht wieder bereden, aus Italien eine montagne Russe, eine Rutschbahn, zu machen?"

So viel zum Charakter des Herrn v. Rumohr. Platen sah das zum Jahresende 1828 entschieden anders. „Die Bekanntschaft mit Rumohr," heißt es dort im Tagebuch, „wiewohl bei seinen Launen und Eigenheiten schwer mit ihm umzugehen ist, gehört zu den besten Ereignissen des verflossenen Jahres".

Ein paar Tage nach Rumohr reiste auch Nerly ab, und zwar nach Rom, wo er an Bunsen empfohlen war. Sehr schnell sollte er Anschluß bei den deutschrömischen Künstlern finden, die Platen so wenig zugesagt hatten, und wurde unermüdlicher Teilnehmer an den Saufgelagen in den Trattorien Chiavica und Scozzese. Schon im Mai 1829 war er Generalsekretär des Ponte-Molle- und Cervaro-Ordens, einer Künstlervereinigung zur Pflege des geselligen Umtrunks und des deutschen Humors.

Platen blieb allein in seiner guten, aber zu teuren Wohnung zurück: denn für sein Essen musste er ja nun selber aufkommen. Drei Tage vor Rumohrs Abreise hatte er eine schöne und traurige Ode mit dem Titel ‚Morgenklage' geschrieben, die der sonst zur Schau getragenen Areligiosität widerspricht.

Von bebender Wimper tropft der Nacht Zähre mir,
Indeß den ersehnten Tag verheißt Hahnenruf
　　Wach auf, o betrübte Seele,
　　　　Schließ einen Bund mit Gott!

Ich schwöre den schönen Schwur, getreu stets zu sein
Dem hohen Gesetz, und will, in Andacht vertieft,
　　Voll Priestergefühl verwalten
　　　　Dein groß Prophetenamt.

Du aber, ein einzigmal vom Geist nimm die Last!
Von Liebe wie außer mir, an gleichwarmer Brust
　　Laß fröhlich und selbstvergessen
　　　　Mich fühlen, Mensch zu sein!

Vergebens! Die Hand erstarrt, da voll stolzen Frosts
Nach irdischer Frucht sie greift! Es seufzt unter dir,
　　Schwermütige Wucht, Gedanke,
　　　　Mein Nacken tiefgebeugt!

Umnebelt den Blick die Welt, so laß, keusches Licht,
In reinere Lüfte mich emporschwebend gehn!
　　Wer aber hienieden setzte
　　　　Auf Wolken je den Fuß?

Ein Gebet ist das ohne Zweifel. Es erinnert an jenes, das Platen vor zwei Jahren in der römischen Neujahrsnacht an die ‚Weltseele' richtete. Mehr Hoffnung erfüllte ihn damals, als er sie bat, ihn einen gewaltigeren Gang zu lehren. Doch waren seine Schritte seither kaum größer geworden. Platens Gott gleicht dem Schellings, der sich durch die Natur hindurchgehend verwirklicht, also auch in ihm. Was schon als überzeitlicher, quasi ‚moderner' Ton im letzten venezianischen Sonett und in den Tristan-Strophen anklingt, hier ist es in klaren Worten ausgedrückt: das tragische Gefühl, für das auferlegte Prophetenamt seiner Poesie und ihren Nachruhm Gott jedes persönliche Glück als Opfer darbringen zu müssen.

Wir wissen freilich nicht, ob der Dichter, als er dies Gebet schrieb, auch an sein jüngstes dramatisches Werk dachte, in dem von schönen Schwüren und tiefer Andacht keine Spur zu finden ist.

Schon die Oden des Jahres 1828 erschienen nicht mehr in Cottas ‚Morgenblatt'. Zwei gingen direkt in den neuen Gedichtband; die letzten drei aus Genua, Parma und Siena sandte Platen an Wendt's Musenalmanach nach Leipzig. In den nächsten Folgen dieses Almanachs sollten seine neue Oden erscheinen bis zur Sammlung letzter Hand von 1834.

Von Rumohr war Platen in einige Seneser Familien eingeführt worden. Nachdem er zweieinhalb Jahre lang nur Caféhausbekanntschaften gesucht hatte, geschah es zum erstenmal, daß er italienische Häuser seines Standes betrat. Freilich interessierte sich niemand in Siena für den mittellosen deutschen Junggesellen außer der Contessa Pieri. Sie war in Wien aufgewachsen und wollte ihr Deutsch etwas aufpolieren: Platen las

Straße in Siena. Zeichnung von Friedrich Nerly. (Kunstmuseum, Düsseldorf)

Goethe und anderes mit ihr, auch eigene Gedichte, und kam auf diese Weise wenigstens etwas in Gesellschaft. Doch nach Tisch und abends war er dann umso einsamer.

Seit dem Tag, da Rumohr abgereist war, versuchte er sich ohne viel Begeisterung an einem Epos nach Themen aus 1001 Nacht. Er dichtete einige Stanzen und legte die Arbeit wieder beiseite.

In Siena gab es auch eine Universität. „Unter den Studenten hier sind ein Paar junge Leute von seltener Schönheit", heißt es am 27. Januar 1829 im Tagebuch; „doch die Bekanntschaften, die ich am liebsten machte, mache ich nie."

Der toskanische Winter scheint nicht besonders streng gewesen zu sein, denn die folgenden Tage sehen Platen schon wieder unterwegs. Das Reisen sei ihm die zuträglichste Lebensart, hatte er zum Jahreswechsel im Tagebuch bemerkt: so machte er nun eine zweiwöchige Exkursion nach Elba, vermutlich im Andenken Napoleons. Leider setzten auf dem Wege nach Volterra Sturm und Regen ein, doch konnte er von der hochgelegenen Stadt kurze klare Blicke übers Meer bis nach Korsika genießen. Das Tagebuch, im vergangenen Jahr sehr einsilbig geworden, gewinnt auf dieser Reise wieder etwas Farbe.

Das Wagnis, über Pomarance, Montecérboli, Massa Maríttima und Follónica nach Piombino zu gelangen, wollte bezahlt sei. Platen nennt die Reise durch die Alta Maremma eine seiner beschwerlichsten. Das einspännige Fuhrwerk kippte um, er fand sich im Graben wieder und mußte in sternklarer Nacht zu Fuß ins nächste Dorf, um Hilfe zu holen. Am nächsten Morgen war das Pferd nur mit äußerster Mühe von der Stelle zu bringen. Vor lauter Aufregung hatte Platen das Naturphänomen der vulkanischen Borsalz-Teiche übersehen, für deren wirtschaftliche Nutzung man sich damals zu interessieren begann. Heute wird in der Region viel geothermische Elektrizität erzeugt.

Wenigstens ging es nun bergab. Follónica bestand damals großenteils aus runden Schilfhütten, die nur im Winter bewohnt waren wegen der sommerlichen Mückenseuche. Weiter führte der Weg auf dem Sandstreifen zwischen Meer und Maremma. Das Pferd blieb immer wieder stehen und war nur mit fremder Hilfe weiterzubewegen. Beim dritten- oder viertenmal bekam Platen einen Wutanfall, worauf der Kutscher aus Verzweiflung zu heulen begann. Für viel Geld und gute Worte wurde ein anderes Pferd besorgt, das den Wagen aber nur bis zur nächsten Flußmündung zog. Schließlich lief Platen zu Fuß nach Piombino, nicht ohne Angst um sein Felleisen, das er in dem unglücklichen Fuhrwerk zurückgelassen hatte.

Fast zwei Tage saß er dort fest, bis ihn ein Postschiff bei günstigem Wind in zwei Stunden nach Porto Ferraio brachte. Dort besichtigte er das Schloß Napoleons über der Stadt und seine Sommervilla im Inneren der Insel. Bei der Gelegenheit erfahren wir, daß selbst auf Elba Oper gespielt wurde, wenigstens während des Karnevals, auf einem von Napoleon erbauten Theater.

Am sechsten Nachmittag fuhr Platen bei Gegenwind in einem offenen Boot von Porto Ferraio ab. Am folgenden Morgen um fünf traf er nach einer schlaflos durchfrorenen Nacht, doch ohne Seekrankheit, in Livorno ein. Von der Rückreise nach Siena berichtet er nichts.

41. Der romantische Oedipus

Auch über die folgenden sieben Wochen in Siena schweigt Platens Tagebuch. Nur die Korrespondenz läuft weiter und bringt etwas Licht in den toskanischen Frühling von 1829. Wir wollen uns in der Zwischenzeit der Literaturkomödie zuwenden, von der schon so viel die Rede war, die sich mittlerweile im Druck befand und die für den Dichter zur Tragödie werden sollte.

Ein lehrhaft-polemisches Vor- und Nachspiel rahmt die eigentliche Handlung ein. Die drei mittleren Akte des ‚Romantische Oedipus' schildern den griechischen Mythos nicht in der geschlossenen Form des Sophokles, sondern auf ‚hyperromantische' Weise, die Immermann parodieren soll.

Nun ist dessen ‚Cardenio und Celinde', 1826 erschienen und im folgenden Jahr Platen bekannt geworden, in der Tat kein Meisterstück. Der barocke spanische Stoff des Pérez de Montalbán, von Gryphius 1657 und von Arnim 1811 jeweils zeitgemäß dramatisiert, erfährt bei Immermann eine Fassung in der Nachfolge Shakespeares. Was hätte Platen erst zu Arnims ‚Halle und Jerusalem' gesagt, wo die Studentengeschichte noch mit dem Ahasver-Mythos, einem Fall von Inzest und einer Pilgerfahrt ins heilige Land verknüpft ist? Wenn der Ausdruck ‚Hyperromantik' irgendwo angemessen wäre, dann bei Arnim! So ‚offen' wie dessen zweiteiliges Drama ist Immermanns ‚Cardenio' nun keineswegs. Doch wimmelt es darin von Monstrositäten, die allesamt das Werk einer Hexe namens Tyche sind. Sie mordet für Celinde einen Verehrer, schneidet dem Leichnam das Herz heraus, verbrennt es und kredenzt die Asche Cardenio in einem Liebestrank. Zum Schluß sind fünf der acht Akteure tot, zwei von ihnen noch als Geister erschienen. Das Vorbild Shakespeare, bei dem auf der Bühne ja auch allerhand geschieht, ist übermäßig strapaziert.

Platen läßt die Geschichte des Ödipus von Geburt an mit vielen Szenenwechseln, doch sonst nicht sonderlich originell auf der Bühne durchspielen. Im vierten Akt erscheint, an Hamlets Vater erinnernd, der Geist des erschlagenen Lajus. Außer den bekannten Personen treten noch einige läppische Nebenfiguren auf, so etwa Kind und Kindeskind, Hofpoeten bei Jokaste. Die Sphinx stellt als Aufgabe ein vollendetes Distichon; viele Dichter, darunter auch die beiden genannten, legen ihre Lösungen vor und werden in den Abgrund gestoßen. Schließlich präsentiert Ödipus das vollendete Verspaar, worauf die Sphinx sich ins Orchester stürzt. Als der Held durch den Geist des Vaters seine Herkunft erfahren hat, legt er sich lebendig in einen Sarg.

Unter diese bekannten Vorgänge mischt sich eine alberne Dreiecksaffäre zwischen Pólybus, dem König von Korinth (an dessen Hof Ödipus unerkannt aufwuchs), seiner Frau Zelinde und deren Liebhaber Diágoras. Zu Beginn des zweiten Aktes ist Zelinde sechzig, Diagoras fünfzig Jahre alt. Sie hat ihn dreißig Jahre lang nicht erhört, schickt ihn aber nochmals für dreißig Jahre fort zur Probe, ‚ob er sie platonisch lieben und aus Liebe sterben' könne. Zwei Akte später ist Zelinde neunzig, Diagoras achtzig. Sie fordert sein Herz, und zwar in concreto, was er entrüstet verweigert. Der eifersüchtige Polybus gibt dem Diagoras vergifteten Wein zu trinken. Gleich darauf läßt Zelinde den

Sterbenden in ihre Gemächer bringen und ihm das Herz herausschneiden; dann kocht sie es und serviert es dem Polybus als Fleischgericht. Nachdem er es gegessen, enthüllt sie die Umstände, worauf Polybus sie ersticht und an der vergifteten Speise selber stirbt. Diese faktischen Scheußlichkeiten werden übrigens nicht vorgeführt, sondern Ödipus erfährt sie ganz konventionell durch einen Botenbericht.

Wie schon die ‚Verhängnißvolle Gabel', so ist auch dies Stück voll von literarischen, politischen und persönlichen Attacken. Daß die grausige Nebenhandlung um Zelinde Immermanns Drama verspotten will, bedarf keiner Erwähnung; Platen hat freilich vergessen, wie es in seinem eigenen ‚Rhampsinit' zugeht. Außer Müllner und Houwald gilt sein Zorn vor allem dem schlesischen Schillerepigonen Ernst Raupach, den er mit Gewalt zum Juden macht:*

Das Jüdchen Raupel erst begann zu singen,
Das itzt als Raupach trägt so hoch die Nase (1006f)

Jenes törichte Ressentiment gegen Berlin wegen der Ablehnung des ‚Gläsernen Pantoffels' durch die Hofbühne hatte Platen immer noch nicht revidiert. Er sei überzeugt, so schrieb er im März 1828 an Kopisch, „daß Alles, wodurch Deutschland verrückt geworden.., von Berlin ausgegangen (ist) und dort seinen Sitz hat, der Romanticismus, der Pietismus, die Hegelei und so Vieles andere."

Da der Dichter indes auf den preußischen Kronprinzen Hoffnung setzte, ließ er sich, vermutlich auf Rumohrs Rat, herbei, wenigstens etwas zu differenzieren. So spricht die Sphinx, nachdem sie sich ins Orchester gestürzt hat, folgende Verse:

Denn wißt, ich hege für Berlin im Herzen einen kleinen Groll:
Viel edle Männer walten dort; doch ist der große Haufe toll,
Dort, wo bewundert ward Fouqué und wer in dessen Stapfen trat,
Wo man den Raupel jetzt verehrt und sein Tragödienfabrikat... (866ff)

Auch seine private Botschaft legt Platen als Sphinx in den Mund. Sie klagt über den Zwang, den das deutsche Biedermeier ihm auferlegt:

So that man nicht in Griechenland, woher ich komme! Jede Kraft
Fand ihren Spielraum, keine gab dem Unvermögen Rechenschaft!
Gewähren ließ man, was Natur aus diesem Mann gemacht und dem,
Und ehrte jeden großen Trieb in diesem großen Weltsystem:
Im Aeschylus den hohen Trotz, den Duldersinn im Sokrates,
Die Weichlichkeit Anakreons, den Witz des Aristophanes,
Da nahm der Tänzer seinen Kranz, den Fechter seiner Fäuste Preis,
Dem Schönen ward ein schöner Freund, dem Weisen ward ein Schülerkreis... (848ff)

---

* Das gleiche versucht Platen auch mit Immermann. „erkundigen Sie sich doch, ob er nicht auch ein getaufter Jude ist, wie alle unsere Genies", schreibt er im Oktober 1828 an Puchta.

Politisch setzt es auch wieder Seitenhiebe. Lajus zumal erscheint als Tyrann der Restauration, wenn er verbietet, daß Bücher unters Volk kommen: ‚Mein Unterthan soll pflügen, zahlen, und zugleich / In Devotion vor mir vergehn, dadurch allein besteht ein Reich!' (390f) Platens schlimme Erfahrung mit Metternichs Zensur in Mailand dürfte hier anklingen. Zugleich übt Lajus herbe Selbstkritik, wenn er versichert: ‚Mehr gekrönte Gimpel sah ich, als es Grillen giebt im Gras'. (576)

Interessanter ist ein persönlicher Ausfall gegen Semler:

> In Campanien vor die Augen trat mir ein Berliner Christ,
> Und ich sah, daß dieser Leute Gott ein bloßer Apis ist. (902f)

Es handelt sich um einen ägyptischer Fruchtbarkeitsgott in Gestalt eines schwarzen Stieres. Da in den nächsten Versen Frau v. Krüdener* mit Pasiphae verglichen wird, dürfte es sich um eine Anspielung auf passive Homosexualität bei Semler handeln. Hier ist einer der seltenen Fälle, da Platen nicht plump schimpft, sondern fein andeutet.

Soll das ‚Zwischenspiel' um Zelinde Immermann und Shakespeare karikieren, so machen die zwei einrahmenden Akte, vom Dichter als das ‚eigentliche Lustspiel' verstanden, klassisch griechische Anleihen. Wie bei Aristophanes erscheinen auch hier Allegorien: die Gegner Platen und Immermann treten als ‚Verstand' und ‚Nimmermann' auf, das Publikum ist in eine Person zusammenzogen, ein ‚Chor der Haidschnucken' entspricht aristophanischen Tierchören.

Platens Schauplatz ist die Lüneburger Heide, Zeit der Handlung die Gegenwart. Das Publicum tritt als Reisender auf und sucht den ‚deutschen Shakespear' Nimmermann: nachdem es dessen ‚Cardenio' gelesen, eilte es herbei, um dem Dichter zu gratulieren. Die Haidschnucken weisen auf eine spanische Wand, hinter der Nimmermann ein Privatgeschäft verrichtet**: ‚Er las gerade den Oedipus des Sophokles, / Doch war derselbe keineswegs ihm homogen, / Und geht sogleich nun wieder als Purganz von ihm.' Nimmermann kommt hinter der Wand hervor und erklärt dem Publicum, er dichte gerade ein Meisterstück, einen ‚Ödipus' nämlich, in dem all das Gräßliche gezeigt werde, was dem Publikum so gut gefalle, das Sophokles aber von der Bühne verbannt und in schöne Reden gehüllt habe: ‚Blutschande, Gräuel jeder Art, ein Vatermord, / Die Sphinx, die Pest, ein Uebermaß von Irrungen, / Verwickelungen ohne Zahl!' Das Publikum, voll des Lobes, zieht sich mit Nimmermann hinter die spanische Wand zurück, um der Aufführung des neuen Dramas beizuwohnen. Vorher erwähnt er noch, daß auch der Verstand als Zuschauer zugegen sein werde: ‚kürzlich ward in die Haide her / Verbannt der allen Deutschen Ueberlästige: / Mir gilt er keinen Pfifferling'. Der Chorführer der Haidschnucken tritt an die Rampe und spricht in Platens Namen eine Parabase: wem Tiefe und Ordnung fehle, dem werde nie eine Tragödie gelingen. Es folgt eine Beschimpfung Müllners, sodann eine Verwahrung gegen den Vorwurf

---

* Barbara Juliane v. Krüdener, in ihrer Jugend lebenslustig, später pietistisch-fromm, gewann Einfluß auf den 1825 verstorbenen Zaren Alexander I und bestärkte ihn in seiner religiös fundierten restaurativen Politik. Goethe über die Krüdener: „Junge Huren, alte Nonnen." Pasiphae war die Gattin des Minos auf Kreta und zeugte mit einem Stier den Minotaurus.

** Aristophanes ist in den ‚Fröschen' am Schluß der ersten Szene weniger genierlich.

der Selbstgefälligkeit, wie ihn Semler und Savigny erhoben. Endlich erklärt der Chorführer, warum ‚unser Poet' nicht selber Tragödien schreibe: was anderen bloß ein Spiel dünke, ‚Er findet es schwer, ihm liegt es so tief, ja tief wie die Perle des Tauchers!/ Noch stets mistraut er der eigenen Kraft.' Darum gönne man ‚langathmende Muße dem Wanderer', der am südlichen Meeresufer ‚Sturmwinde belauscht, Anapäste betont,/ Und Erfindungen denkt,/ Zu belustigen Crethi und Plethi.'

Nachdem das dreiaktige Zwischenspiel vorüber ist, ergehen sich Chor und Publicum im Preis von Nimmermanns Ödipus-Drama. ‚Wie antisophokleisch er's behandelt hat!/ Anachronismen eingestreut zu tausenden!/ So ganz unendlich tragisch! Alle sterben fast.' Der Verstand tritt auf und widerspricht: das Stück sei so zusammengeflickt, als sei der Bühnenschneider der Verfasser.

Chor.   Also kennst du nicht
         Die Mode, daß man Tragisches jetzt und Komisches
         Naturgemäß zusammenschachtelt insgemein,
         Weil ja das Menschenleben selbst buntschäckig ist?
Ver.   Das Leben freilich; aber sicher nicht die Kunst. (1323ff)

Platen sagt sich damit von seinen tragikomischen Dramen los, die nach vielen Hindernissen erst unlängst bei Cotta im Druck erschienen waren und deren Unspielbarkeit er den Deutschen so verübelte.

Nimmermann tritt auf und wird vom Chor mit einem Lobgesang begrüßt. Langsam entspinnt sich ein Streit zwischen ihm und dem Verstand, der einen klassischen Kanon für bildende Kunst und Dichtung propagiert. Nimmermann gerät durch die Belehrung in Zorn.

Nim.   Sich breit zu machen, wagen Exilirte noch? …
         Aus meinen Augen weiche nur, werth bist du nicht
         Mich anzuschau'n! Wer kümmert um Verstand sich noch!
Ver.   Was fällt dir ein? Bezähme deinen Uebermuth!
         Nicht kennst du mich, so scheint es. Muß ich zeigen dir,
         Aufknöpfend meinen Ueberrock, den Ordensstern,
         Wie (es) die Fürsten thun in Kotzebue's Comödien?
         Zwar als Verbannter schleich' ich jetzt allein umher;
         Doch vom Exil abruft mich einst das deutsche Volk:
         Schon jetzt erklingt im Ohre mir sein Reueton,
         Schon zerrt es mich am Saume meines Kleids zurück!
         Dir aber, welchen schonend ich behandelte,
         Dir schwillt der Kamm gewaltig, bitter höhnst du mich,
         Und hältst für deines Gleichen mich, Betrogener!
         Für jener Leutchen Einen, welche sonst vielleicht
         Um deinen Schreibtisch drängten sich, beklatschten dich …
         Unseliger, der du heute nun erfahren mußt,
         Welch einen Schatz beherzter Ueberlegenheit,
         Biegsamer Kraft im Vorgefühl(e) des Bewältigens,
         Welch eine Suada dichterischer Redekunst

> In meines Wesens Wesenheit Natur gelegt!
> Denn jeden Hauch, der zwischen meine Zähne sich
> Zur Lippe drängt, begleiten auch Zermalmungen! (1417, 1443ff)

Die Schimpftirade des Verstandes, der mit Platen identisch ist, mündet in die maßlosen Verse, die wir schon aus einem früheren Kapitel kennen; mit den Worten: ‚Von mir getödtet, gaffst du noch Bewunderung!' verläßt er die Bühne.

Chor und Publicum scheinen nicht unbeeindruckt von des Verstandes großer Diatribe. Nimmermann beginnt von seinem Drama ‚Andreas Hofer' zu faseln (das übrigens 1829 am Hamburger Schauspielhaus herauskam):

> Ich folgte treu den respectiven Zeitungen
> Damaliger Zeit, mich haltend an's Historische,
> Beginnend, eurem Dichterling Horaz zum Trotz
> Mit Leda's Ei die Pusterthaler Ilias. (1531ff)

Da ihm Chor und Publicum nunmehr widersprechen, versinkt Nimmermann mit Platens Worten ‚immer mehr in einen komischen Wahnsinn'.

Chor	Weh! Offen gesteht's des Gesangs Wehmuth:
	Der berühmte Poet ist übergeschnappt! ...
Nim.	Dieß sing' ich dir, mein Heine, Samen Abrahams!
Chor	Er stirbt, und wimmernd fleht er schon Freund Hein herbei!
Pub.	Du irrst, er ruft Freund Hein ja nicht, den herrlichen
	Petrark des Lauberhüttenfests beschwört er blos.
Nim.	Welch einen Anlauf nimmst du, Synagogenstolz! ...
Pub.	Gewiß, es ist dein Busenfreund des sterblichen
	Geschlechts der Menschen Allerunverschämtester.
Nim.	Sein Freund, ich bin's; doch möcht' ich nicht sein Liebchen seyn;
	Denn seine Küsse sondern ab Knoblauchsgeruch.
Pub.	Drum führt er sein Riechfläschchen auch beständig mit.
Nim.	Mein Heine! Sind wir nicht ein Paar Genie's?
	Wer wagt zu stören, Süßer, uns den süßen Traum? (1558f, 1570ff, 1578ff)

Hier wird offenbar, daß im Streit der Dichter nicht etwa Heine das Thema der Gleichgeschlechtlichkeit angeschnitten hat, sondern Platen selbst.

Der Chor beginnt, Nimmermann zu verspotten. Das Publikum will ihn ins Narrenhaus führen.

Nim.	Auch ihr verhöhnt mich? Wessenthalb, Verblendete?
Pub.	Wir waren's, lieber Nimmermann! Der heilende
	Verstand benahm die Schuppen uns als Augenarzt.
Nim.	Ihr wolltet Shakespear'n länger nicht anbeten mehr?
Pub.	Wir lieben Shakespear; aber wärst Shakespear du selbst,
	Der nichts du bist, als seiner Affen grinzendster,
	Du kämst zu spät der Forderung des Augenblicks... (1598ff)

Mit der tröstenden Versicherung, daß er im Irrenhaus Zuschauer finden werde, bringt das Publicum Nimmermann von der Bühne. Der Chorführer tritt vor und spricht in Platens Namen die abschließende Parabase mit einer verwegenen Lektion über deutsche Dichtung vom Nibelungenlied bis zu Goethe, untermischt mit Eigenlob. Der wahre Poet habe die gefeierten Pfuscher nie beneidet, meint der Chorführer, obwohl er sie erkannte und seine gerechte Verachtung verschwieg. Er wandelt im Garten Europas, der ihn schadlos für manchen Verlust hält:

> In dem Pinienhain, an den Buchten des Meers, ...
> Geht er gern allein, und wofern kein Ohr
> Ihm mehr zuhorcht jenseits des Gebürgs,
> Dann spornt zum Gesang zwar kein Beifall
> Der Befreundeten ihn,
> Doch die Fülle des eigenen Wohllauts. (1668, 1670ff)

Mit diesen Versen ist das Stück zuende. Doch als ob es noch nicht genug dee Schimpferei und Selbstbespiegelung wäre, schickt Platen ihm eine kunstvolle ‚Nachschrift an den Romantiker' hinterdrein, in der er den vielgeschmähten Immermann verächtlich, verrückt nennt, einen hinkenden Jambenschmied und

> Ein Ueberbleibsel der Zeit, die hoffentlich nun vorbei,
> Jahrzehntelangen Gequicks romantischer, letzter Schrei! ...
> Gewiß, mir hätte den Ton der Leier die Scham gedämpft,
> Wenn dein Geklimper ich blos, langweiliger Mensch, bekämpft!
> Volksthümlich nennen sie dich; drum hörtest du wohl, wie's scheint,
> Daß auf die Säcke man schlägt, indeß man den Esel meint?
> Ich muß, damit sich dabei beruhige dein Geschmack,
> Gestehn dir, daß du allein im obigen Falle der Sack. (1684f, 1694ff)

In seinem ‚Romantische Oedipus' tut Platen so, als sei er ins italienische Exil nur deshalb gegangen, weil er in Deutschland nicht genügend Anerkennung fand. Wir wissen, daß dies nur die halbe Wahrheit ist. Daneben gibt er öffentlich Gedanken preis, die er besser für sich behalten hätte: einer, dem großer Ruhm versagt blieb, berauscht sich einsam im Garten Europas an der ‚Fülle des eigenen Wohllauts', drischt aber unverzagt auf einen vermeintlich gefeierten Konkurrenten ein, dem er obendrein noch versichert, dies widerfahre ihm nur stellvertretend für die ganze verhaßte, aber leider erfolgreichere Kunstrichtung. Mit alldem widerlegt Platens seine Behauptung, nur die poetische Existenz interessiere ihn, Leben und Tod aber nicht. Sauere Trauben hängen nur allzu sichtbar über der peinlichen Szene. Die Ausfälle gegen Heine sind, so gesehen, nur Nebengeplänkel. Dennoch legte Platen allergrößten Wert eben auf sie, und die Folgen sollten entsprechend sein.

Was die einzelnen Figuren anlangt, so bemerkt er in einem Brief an Fugger, jeder möge sie nach eigener Weise auslegen: „Er mag im Oedipus mich selbst, in der Jokaste die liebe Nation, die in ihre Houwalde verliebt ist," erkennen.

Allein Ödipus ist nicht karikiert, nicht durch Satire oder Polemik ‚verstümmelt', und wir dürfen in ihm ein Selbstportrait des Dichters erblicken: das „omnipotente, ebenso integrale wie integrierte Dichtergenie", wie Link es nennt, das mittlerweile den schönen jungen Narziß als ideales Spiegelbild abgelöst hat. Allein Ödipus versteht es, klassisch vollendete Verse zu machen und so der Sphinx, einer Allegorie der deutschen Sprache, Genüge zu tun. Während der antike Ödipus nach Vatermord und Mutterinzest eine Katharsis erleidet und seelisch zerbricht, legt Platens Namensvetter sich nach vier selbstgefälligen Stanzen ungerührt und quicklebendig in den Sarg. Der Scheintote aus Würzburg und Erlangen ist hier unbewußt parodiert. Er wird nicht lange im (deutschen) Grab verweilen, sondern ihm sofort als (nach Italien) ‚exilierter Verstand' wieder entsteigen.

Rettet Platen auf diese Weise sein Totalitäts-Phantasma vor jeder Verletzung, so kehrt er seine entsprechenden Ängste und Aggressionen gegen den ‚Romantiker' Immermann, von dem er sich bedroht fühlt.

> Ja, gleich wie Nero wünscht' ich euch nur Ein Gehirn,
> Durch einen einz'gen Witzshieb zu spalten es! ...
> Verstumme, schneide lieber dir die Zunge weg,
> Die längst zum Aergernisse dient Vernünftigen!
> An deiner Rechten haue dir den Daumen ab,
> Mitsammt dem Fingerpaare, das die Feder führt:
> An Geist ein Krüppel, werde bald es körperlich! (1481f, 1485ff)

Um die totale Identität des eigenen Spiegels zu bewahren, müssen alle konkurrierenden Spiegelbilder zertrümmert werden:

> In meinen Waffen spiegle dich, erkenne dich,
> Erschrick vor deiner Häßlichkeit und stirb sodann! (1496f)

Mit diesem mehr peinlichen als tragikomischen Amoklauf räumt Platen ungewollt ein, was Heine ihm vorwerfen wird und was für alle drei Kombattanten gleichermaßen gilt: nämlich über keine ‚Naturlaute' zu verfügen. Das Genie der Kunstperiode schuf kraft einer höheren Eingebung, die es in sich wirken fühlte. Auch der nachgeborene Platen beruft sich auf solche Inspiration: doch kündet gerade die Art, in der er seinen Anspruch stellt, von Mangel an Selbstvertrauen und Zuversicht. Das alte Genie hatte es nicht nötig, zu Wahrung der eigenen Identität alle Konkurrenten zu zertrümmern. Platen dagegen, der den Weltschmerz eben nur scheinbar überwunden hat, läßt sie von seiner Sphinx zu ‚Millionen oder Milliarden' (806) in den Orkus schleudern: ich massakriere alle Konkurrenten, also bin ich!

Wieviel die „liebe deutsche Nation" mit der Dichtermutter zu tun hat, wissen wir seit dem Sommer 1828, als sie energisch versuchte, den Druck des ‚Romantischen Oedipus' zu verhindern. Daß eigentlich sie in der Jokaste abgebildet ist, vermutete schon Ludwig v. Scheffler. Jokaste hält in Theben einen ‚akadem'schen Minnehof' (703) mit den beiden Dichterlingen Kind und Kindeskind*. Sie stellt die Frage zur

---

* gemeint ist der Vielschreiber Friedrich Kind von der ‚Dresdener Abendzeitung', der u. a. auch das Libretto zu Webers ‚Freischütz' verfaßte.

Debatte, ‚ob ein verliebter Dichter mehr,/ Ob mehr ein unverliebter gilt bei'm literärischen Verkehr?' (706f). Kind plädiert für das erste, Kindeskind für das zweite. Ihre eigene Meinung deutet Jokaste an, indem sie Tiecksche Redondilien zitiert:

> Süße Liebe denkt in Tönen,
> Denn Gedanken stehn zu ferne,
> Nur in Tönen mag sie gerne
> Alles, was sie will, verschönen.

Kind pflichtet ihr bei:

> Soll das Herz sich ganz ergießen,
> Strömen lassen alle Triebe,
> Muß es voll sein und genießen;
> Aber was, so möcht' ich schließen,
> Macht das Herz so voll von Liebe?

Dem widerspricht Kindeskind:

> Liebe nimmt den Sinn gefangen,
> Schafft Verdruß und wirkt Verblendung:
> Wer im Busen hegt Verlangen,
> Trachtet nur nach schönen Wangen,
> Aber nicht nach Kunstvollendung.
> Wem, des Herz von Liebeszwickeln
> Eingepreßt, Begierden prickeln,
> Dem erlischt des Geists Laterne;
> Seufzer wird er blos entwickeln,
> Denn Gedanken stehn zu ferne! (710ff)

In Kind geißelt Platen die Autoren ‚romantischer' Richtung, oder vielmehr dessen, was er sich darunter vorstellt: emotionalen Überschwang gepaart mit Formlosigkeit. Er rechnet mit der spontanen Erlebnislyrik ab, die er aus biographisch-psychologischen Gründen sich stets zu schreiben weigerte. Wir wissen nicht, ob die Mutter Arnim und Brentano schätzte; doch lobte sie Müllner, den Platen für einen typischen Romantiker hält. Als Jokaste erfährt, wer ihr zweiter Mann ist, hängt sie sich mit dem Wort ‚Houwald!' an einen Baum. Tiresias kommentiert: ‚Horch! Sie rief mit letzter Kraft/ Ihrem Houwald, offenbarend jene Leidenschaft/ Für den Sänger, die sie lebend stets in ihrer Brust verbarg.' (1246ff) Mit diesen Versen verkündet Platen, was er vom literärischen Geschmack seiner Mutter hält.

Ist der Name ‚Kind' schon etwas irreführend, so gilt das mehr noch für ‚Kindeskind'. In ihm sieht Platen nicht etwa Epigonen der Romantiker, sondern vielmehr jene älteren ‚Feinde der Ghaselen' Knebel und Crousaz, beide Freunde der Mutter, die von ‚seiner' Liebe weder in Vers noch Prosa etwas wissen wollten. Kindeskind bekräftigt noch einmal den Standpunkt des heuchlerischen Platonismus, der schon in dem Paar Diagoras – Zelinde verspottet worden war.

Platen hat Jokastes Musenhof nur wegen seiner Mutter erfunden. Die Tragikomödie des Narzißmus ist vollkommen: wie konnte die Gräfin die graziösen Geschenke der Ghaselen zurückweisen, die der Sohn getreu dem gemeinsamen Ideal, dem Knaben-Spiegelbild, im Geiste der auch von ihr geschätzten anakreontischen Poesie erarbeitet hatte? „Und da hat man sich gewundert," schreibt Jürgen Link, „daß dieser andere Ödipus weder eine Tragödie noch eine richtige Komödie, sondern lediglich eine Tragroteske über seinen Fall zu schreiben imstande war."

Für die Bühne ist der ‚Romantische Oedipus' wohl nicht mehr bestimmt gewesen. Schlösser teilt mit, daß 1855 in München zwar eine Aufführung von Studenten versucht wurde, bemerkt aber zugleich, das Stück besiegele geradezu Platens Abschied vom Theater. Verglichen mit der ‚Verhängnißvollen Gabel' wirkt es blaß, mit Ausnahme der fatalen Schimpftirade im letzten Akt; sie entstand, wie wir wissen, schon im Februar 1828. Doch auch die Ausfälle gegen Heines Judentum datieren fast vollständig aus dieser Zeit. Platen hatte sich nicht nur über Immermanns Epigramme maßlos geärgert, sondern auch über das literarische Zusammenspiel der beiden Gegner. Im April 1827 waren die Epigramme im zweiten Teil von Heines ‚Reisebildern' erschienen; Immermann revanchierte sich prompt mit einer mehrteiligen, hymnischen Rezension des genannten Bandes in den ‚Jahrbüchern für wissenschaftliche Kritik'. Unter anderem heißt es da: „Man hat Heinen bei'm Beginn seiner dichterischen Laufbahn mit Byron vergleichen wollen. Diese Vergleichung scheint nicht zu passen.. Soll einmal verglichen seyn, so möchten wir eher sagen, daß uns bei Heine Gedanken aufgegangen sind, die uns an Petrarca erinnerten." Solches Lob hatte Platen nie geerntet, auch nicht von Schwab. Wir erfahren bei der Gelegenheit, was es mit dem ‚Petrark des Lauberhüttenfests' auf sich hat.

Schließlich erwies sich die Stoßrichtung des ‚Romantischen Oedipus' als falsch. ‚Forderung des Augenblicks' wie kommender Zeiten war nicht eine geschlossen klassizistische Tragödie, der sich Platen, wie er zugibt, nicht gewachsen fühlte: im Gegenteil, dem offenen Drama in der Nachfolge Shakespeares, das hier als ‚hyperromantisch' abgetan wird, sollte die Zukunft gehören. Die Vorläufer des Realismus, Grabbe, Büchner, standen schon bereit.

Zum Seneser Karneval bemerkt Platen nur, er habe sich ziemlich gut unterhalten. Das erste Mal in Italien war er ohne deutschen Umgang und also ganz auf den toskanischen Provinzadel gestellt, wie er bei der Gräfin Pieri verkehrte. Ein Brief an Rumohr von Mitte März ergeht sich in lokalem Tratsch über die Brüder Nerli, „den zwei schmutzigsten Geizhälsen von Siena": einer von ihnen ernährte seine junge, durch Schwangerschaft geschwächte Frau während der Fastenzeit nur mit Stockfisch. „Baccalà ist freilich das wohlfeilste Mittagessen.. Wenn sie stirbt, so hat er nichts zu verlieren; er behält die dote (Mitgift) und kann noch eine reichere heurathen." Einem jungen reichen Saracini, vermutlich von hübschem Äußeren, widmete Platen hingegen eine Ode:

Sympathie zwar einiget uns und läßt uns
Hand in Hand gehn; aber es zweit der Pfad sich;

> Denn zu sehr durch eigene Loose schied uns
> > Beide das Schicksal. ...
>
> Nichts besitzt dein Freund, o geliebter Jüngling!
> Ja, er wünscht auch keinen Besitz, als den er
> Leicht mit sich trägt. Irdische Habe wäre
> > Drückende Last mir!
>
> Selten ruht mein pilgernder Stab, ich setz' ihn
> Sanft nur auf, nicht Wurzel und Zweige schlägt er.
> Auf das Grab einst lege mir ihn der Fremdling,
> > Freunden ein Erbtheil.

So gern der Wanderer den Stab ergriffen hätte: er saß in Siena fest, da ihm wieder einmal das Geld ausgegangen war. Cotta, den er schon seit Februar um das Honorar für den ‚Oedipus' bat, hüllte sich wie üblich in Schweigen. König Ludwig weilte seit Mitte Januar in Rom, und Fugger hatte angeregt, Platen möge ihn dort aufsuchen, um eine bessere Pension zu erwirken. Von den 500 Gulden aus München, die erst am Jahresende fällig wurden, war er „nicht sonderlich begeistert", wie er an Rugendas schreibt. „So viel verschwenden (des Königs) Baumeister in einer Stunde, von seinen Maitressen nicht zu reden. In 100 Jahren würde gewiß jeder Deutsche Fürst das Vierfache geben, wenn er mich von den Todten auferwecken könnte. Einem Dichter muß man entweder gar nichts geben oder mehr als einem Kanzlisten."

Wenigstens kam die gute Nachricht, daß Fugger zum Rittmeister befördert und als Begleiter des bayerischen Kronprinzen Maximilian nach München abkommandiert worden war. In Bayern stehe er nun ziemlich fest, schreibt Platen an Rumohr; nicht so fest freilich, als daß er keine neuen Mäzene mehr brauchte. Seit er aus Elba zurück war, saß er über seinem Hohenstaufen-Epos, das er gern dem Kronprinzen von Preußen gewidmet hätte. Hauptsache sei, heißt es weiter in dem Brief, daß er während einer Reihe von Jahren, die er für das große Werk benötige, auskömmlich leben könne. „Sorgen Sie also für den Mantel, das Uebrige wird sich finden." Rumohr war freilich um anderes bemüht als um des Dichters Finanzen; um den Direktorsposten der Berliner Kunstsammlungen für sich selbst nämlich.

Die Gunst des preußischen Prinzen, die Platen suchte, hatte Kopisch mittlerweile errungen. In Neapel war zur Abwechslung einmal der Fürst in Tränen ausgebrochen, nämlich vor Rührung über ein Gelegenheitsgedicht von Kopisch; auch hatte dieser „eine bestellte große Aussicht vom Vesuv gemahlt", die in des Prinzen Entourage allgemein gefiel. Leider war die Neuralgie in der rechten Hand eben jetzt unerträglich, und sie war mit den damaligen Möglichkeiten der Medizin auch nicht heilbar. Anfang April schreibt Kopisch aus Neapel, auf preußische Unterstützung dürfe er nur rechnen, wenn er in die Heimat zurückkehre. Es ist sein letzter überlieferter Brief an Platen. Kopisch sollte noch 1829 nach Berlin gehen. Dort erhielt er den Titel eines Professors sowie ein Jahresgehalt und schrieb bis zu seinem Tod 1853 im Vollgenuß der königlichen Gunst ein Auftragswerk über ‚Die Schlösser und Gärten zu Potsdam'.

Durch den Musikmeister der Contessa Pieri, einen auch kunsthistorisch gebildeten Mann, kam Platen auf die Lektüre von Giorgio Vasari's ‚Lebensbeschreibungen ausgezeichneter italienischer Künstler' von Cimabue bis zur Hochrenaissance. Schnell dürfte er auf die Biographie des Giovannantonio Bazzi, genannt il Sódoma, gestoßen sein, aus der er, wäre er weniger skrupulös und anspruchsvoll gewesen, mehr für seine Lebenspraxis in Italien hätte lernen können als von Waiblinger. Um 1500 kam der dreiundzwanzigjährige Bazzi aus der Lombardei nach Siena, wo er sich zunächst durch Portraitmalerei einen Namen machte. „Außerdem", schreibt Vasari, „war er heiter, ausgelassen und machte sich ein Vergnügen daraus, ein wenig ernsthaftes Leben zu führen; wodurch er, da er immer Knaben und bartlose Jünglinge um sich hatte, die er über alle Maßen liebte, sich den Beinamen Sodoma erwarb; welcher Name ihn nicht etwa störte oder erzürnte, sondern dessen er sich sogar rühmte, indem er Spottverse darüber verfaßte und sie ungeniert zur Laute vortrug."

Platen, der das berühmte Alexander-Fresko Sodomas in der Farnesina kannte, begab sich am 23. April mit einem jungen Amerikaner nach der Abtei Monte Oliveto Maggiore südöstlich von Siena. Dort im Kreuzgang befinden sich Fresken von Signorelli und Sodoma, die das Leben des hl. Benedikt schildern. Platen fand sie „ausgezeichnet schön", wie er hilflos an Rugendas schreibt, und bemerkt im Tagebuch hinterher, der Preis für die anstrengende Exkursion im stoßenden Wagen seien „heftige Hämorrhoidalbeschwerden".

Im Mai verließ der senesische Adel seine Stadtpalazzi und begab sich auf die Landgüter. Platens Klagen über das ausbleibende Stuttgarter Geld waren immer heftiger geworden; besonders Puchta bekam sie zu hören. „Ich weiß, daß Cotta die gemeinsten Pfuscher besser bezahlt, als mich", schreibt ihm der Dichter Mitte April. Die Pfuscher waren Heine und neuerdings auch Immermann. „Ich habe mich so über den infamen Kerl (Cotta) geärgert, daß ich mir Hämorrhoiden zugezogen", heißt es einen Monat später; Puchta wird gebeten, 500 fl. zu borgen und sofort nach Siena zu schicken. Doch wartete Platen diese Überweisung nicht ab, sondern lieh sich von den Geizhälsen Nerli eine kleine Summe, um sich wenigstens aus dem bescheidenen Gasthaus, das er seit der Rückkehr von Elba bewohnte, auslösen zu können. Die Seebäder wollte er diesen Sommer in Ancona nehmen, wohin er über Orvieto und Perugia zu reisen gedachte. Ein neuer Paß war ihm von Puchta schon im März zugeschickt worden. Am Tag vor der Abreise findet der Dichter für sein Darmleiden die dritte rationale Erklärung. „So lang ich mir nicht einen eignen Koch halten kann," erfahren die Eltern auf deutsch, „kann ich nicht gesund seyn, da die italiänische Küche nichts taugt."

42. Die päpstlichen Marken

Am 26. Mai reiste er bei schlechtem Wetter in zwei Tagen von Siena über Pienza und Montepulciano nach Chiusi. Der Weg war von blühendem Ginster und weißen Heckenrosen gesäumt; der berühmte Chianti-Rotwein, der heute dort wächst, war noch nicht erfunden.

Hinter Chiusi überschritt er am nächsten Morgen die Grenze zum Kirchenstaat. Nach beschwerlichem Fußmarsch traf Platen am 29. Mai in Orvieto ein, wo er wegen des berühmten Domes drei Tage blieb. Drei Woche hingegen verweilte er in Perugia, wo die beliebte Pension Zanetti häusliche Atmosphäre und Umgang mit Landsleuten bot. In Perugia fand er auch die 500 fl. vor, die Puchta mit Hilfe von Münchener Freunden vorgestreckt hatte. Er lernte Overbeck kennen, den berühmten Nazarener, der in einer Kirche bei Assisi ein Fresko ausführte.

Am 23. Juni verließ Platen Perugia, nachdem er nicht ohne Rührung von der braven Familie Zanetti Abschied genommen hatte. „Auf dem Weg nach Gubbio", heißt es im Tagebuch, „kam ich an der Villa Colombella vorbei, wo sich der König von Bayern mit der Marchesin Florenzi öfters aufgehalten. Auch die Florenzi habe ich in Perugia gesehen; sie ist nicht mehr hübsch und sehr kränklich. Uebrigens setzt sie dem König so gut Hörner auf als ihrem Mann". Ludwig war mittlerweile nichtsahnend wieder in München.

Über Gubbio, Cagli (wo er für kurze Zeit seinen Paß verlor) und Fossombrone erreichte Platen, dem Fluß Metauro und der alten Via Flaminia folgend, die Küste bei Fano. Die Stadt sei uninteressant, heißt es im Tagebuch, doch nahm er vor ihrem Tore das erste Seebad des Jahres. Mit „einem hübschen jungen Mönch, aus dem aber wenig heraus zu bringen war", teilte er den Wagen bis Ancona, seinem eigentlichen Reiseziel. Die flache adriatische Küste enttäuschte ihn.

Ancona, die Hauptstadt der päpstlichen Provinz Marche (Marken), liegt leicht erhöht über einem natürlichen Hafen. Sie besitzt ein paar bemerkenswerte Bauten, darunter einen Trajansbogen; doch fehlt ihr jede weitere kulturelle Attraktion, die Platens zweimonatigen Aufenthalt hinlänglich erklären könnte. Seine Sommerfrischen 1827 und 1828 waren wenigstens durch landschaftliche Schönheit ausgezeichnet gewesen. Auch hiervon kann in Ancona nicht die Rede sein; wiederholt klagen die Briefe über das reizlose Meeresufer und den Mangel an schattigen Spaziergängen. Hatte der Dichter sich ausgerechnet, daß es hier, an einem Hafen zur türkisch beherrschten Levante ähnlich Venedig und Triest, mit jungen Männern ebenso einfach sei wie in Neapel und vielleicht billiger als dort? Wir wissen es nicht. Nach drei Wochen Ancona klagt er über Hitze und Einsamkeit. Für ein paar Tage hatte ihm Rugendas, der auf der Heimreise nach Deutschland durch Ancona kam, Gesellschaft geleistet. Eine Porträtzeichnung Platens, die leider nicht erhalten ist, entstand bei dieser Gelegenheit.

> Für schlechtriechende Gassen entschädigt, und für des Scirocco's
> Drückende Luft der Triumphbogen am Molo Trajan's.

Dies ist eins der vielen Epigramme, die im Sommer 1829 entstanden. Auch sie sind poetische Reisebilder im Kleinformat. Sengle lobt ihre nüchterne Genauigkeit; Schlösser erinnert an die schwächeren Waiblingers und an die griechische Anthologie. Platens Epigramme sind freilich zunächst das Ergebnis von Frustration und Langeweile. Die Lust am Dichten sei ihm vergangen, schreibt er Anfang Juli an Schwenck; und wenn er welche hätte, würde er nichts mehr bei Cotta verlegen lassen: „Heine bekommt für die elendeste Broschüre mehr."

Dieser Unmut hatte freilich einen Grund. In den Berliner ‚Jahrbüchern für wissenschaftliche Kritik' war im vergangenen April eine ausführliche, differenzierende Besprechung der ‚Gedichte' erschienen, und zwar aus der Feder von Ludwig Robert. Wir erinnern uns an den Bruder der Rahel Varnhagen und sein Zeitstück ‚Kassius und Phantasus', das Platen zwar nicht gefallen, ihn aber doch zur ‚Verhängnißvollen Gabel' angeregt hatte. Puchta schickte, wie wir vermuten, Roberts Rezension nach Ancona und verdarb dem Dichter damit gründlich den Sommer 1829.

Roberts Kritik ist nicht unfreundlich. Ähnlich dem heutigen Urteil lobt er die prägnante Ballade ‚Der Pilgrim von St. Just' (er zitiert sie ganz) und tadelt die Romanze ‚Irrender Ritter', die „durch das beständige Elidiren des Artikels nicht naiv, sondern gesucht und manierirt" wirkt*. Auf die Jugendlieder, in denen Platen seine Natur nur andeutend und verschleiert preisgibt, reagiert Robert wie alle normalen Herrschaften der Epoche von Goethe bis Schlichtegroll, nämlich mit blanker Verdrängung: man lese diese Lieder „mit Behagen, wenngleich nichts darin vorkommt und auch wohl nicht vorkommen soll, was gewaltig ergriffe, oder auch nur hervorspränge." Die Botschaft der Ghaselen wird noch geflissentlich übersehen, obwohl sie ja inzwischen deutlich genug ‚hervorspringt'; die exotische Form zunächst befremdlich, dann dank der geschickten Behandlung erfreulich, und schließlich ermüdend empfunden.

Bei den Sonetten hingegen kann Robert seine saulisch-paulische Sittlichkeit nicht länger bändigen. Bis hierher, schreibt er, sei seine Kritik ruhig an der Hand des Dichters fortgeschritten, „streng zwar, doch seinen Gedanken und Gefühlen so wohlwollend.. als möglich sich hingebend. So z.B. nahm sie die Gaselen, welche den schönen Schenken besingen, als bloße Fictionen, als Nachbildungen des Orientalischen Lebens. Nun aber, bei den Freundschaftsgedichten an F.v. B. und C.T.G.** wird sie gewaltsam aus dieser Hingebung herausgerissen. Erschreckt läßt sie die Hand des jungen Dichters fahren, und redet ihn ernst an und entrüstet, das ihr auferlegte Amt einer Richterin verwaltend, die auch selbst den Anschein nur der öffentlich verletzten Sitte zu rügen hat. Sicherlich sind diese Freundschaften.. heilig und rein; aber die fieberische Art, mit welcher sich dieses Freundschaftsgefühl ausdrückt, erhebt das Herz nicht, (sie) empört es. Der Anblick der eckelhaftesten Mißgeburt kann nicht widerlicher seyn, als, in diesen schönen Versen, das glühende Körperlob der Jünglinge, dieses für sie kraftlose

---

* In seinen Kommentaren zur neuesten Ausgabe von Platens Lyrik (1982) hält Jürgen Link diese Balladen für ‚formironisch' in der Art Heines: „Wäre so etwas ernst gemeint, so ließe sich nicht einmal von Kitsch sprechen." Es ist ernst gemeint.

** Franz v. Bruchmann und Carl Theodor German. Der Rezensent ist hier flüchtig, das Sonett an Bruchmann von 1821 hat nichts Erotisches. Dem Adressaten war die Angelegenheit unendlich peinlich.

Schmachten, diese Eifersüchtelei, dieses jammervolle Verschmähtseyn, diese unweibliche Weibheit im Gefühle der Freundschaft!" Robert zitiert aus Sonetten an Bülow, Liebig, Rotenhan und German. „Wiederholt sei es, daß es nicht jene sicherlich reine und schöne Freundschaft, wohl aber ihr zweideutiger Ausdruck ist, der müßig-spielend die Gränze der Sitte überspringt, und dort auch den Unbefangensten anwidern und empören muß. Die Kritik wünscht durch diese Bemerkungen dem edeln Dichter Gelegenheit zu geben, aus diesem von ihm selbst gewählten und unheimlichen Zwielichte mit heiligem Zorne hervorzutreten, und sich in seiner wahren und klaren Reinheit zu zeigen".

Die venezianischen Sonette erhalten das höchste Lob; dagegen findet Robert unter den Oden und Eklogen einige „leider wieder unheimlicher Art." Zusammenfassend meint er, Platens Poesie gehöre zum Besten, was die deutsche Literatur in diesem Genre besitze. Freilich sei der Dichter noch zu sehr in sich befangen, um unterscheiden zu können, was nur ihn persönlich angeht und was auch allgemein interessiert: „Daher, bei vielem Trefflichen, was gefällt, so wenig, was ergreift und hinreißt. Der Inhalt ist nicht so mächtig, daß man darüber die schöne Arbeit der Form vergäße."

Hier ist es öffentlich attackiert: das Peinlich-Skandalöse, das die meisten ‚normal' Empfindenden schon längst bemerkt hatten, doch verdrängten, wie Goethe, oder bestenfalls mokant andeuteten, wie Müllner. Knebels Einwände von 1823, in dieselbe Richtung zielend, waren in einem privaten Brief erhoben worden. Nichts konnte Platen tiefer treffen als Kritik in diesem Punkt, der ja Angelpunkt seiner gesamten Dichtung ist. Auch läßt sich solcher Kritik kaum etwas entgegensetzen.

Freilich war Robert nicht der erste Rezensent, der das Ärgernis offen aussprach. Schon im Mai des vergangenen Jahres, als Platen mit Rumohr in Florenz umging, hatte der befreundete Schwab in Cottas ‚Morgenblatt' die früheste Besprechung der soeben ausgelieferten ‚Gedichte' veröffentlicht. Auch er verdrängt Platens Homoerotik in den Liedern und Ghaselen auf die übliche Art: es mangele ihnen an Gefühl und Spontaneität, auch wirkten einige „kalt und geziert". Jedoch: „Die Sonette.. scheinen den Versuch zu machen, die Accente einer platonischen Männerliebe in die moderne Poesie einzuführen. Nur der Bosheit könnte es einfallen, sich derselben in der Kritik als einer Waffe gegen den Dichter zu bedienen, denn sie tragen alle den Stempel der sittlichen Reinheit; ob sie aber werden begriffen werden, ist eine andere Frage." Treffen diese ominösen Sätze nicht auch auf die Ghaselen zu? Wir wissen nicht, ob Platen Schwabs Rezension kannte, nehmen es aber an.

Die Tagebuch-Notizen vom Sommer 1929 sind ziemlich summarisch und unergiebig. Wir erfahren von einer kleinen Reise nach Jesi, dem Geburtsort Kaiser Friedrichs II, die der Dichter mit einem „sehr hübschen jungen Mann" und in Hinblick auf sein Hohenstaufen-Epos unternahm. Im Anschluß an Jesi besuchte er den berühmten Jahrmarkt von Senigallia; zwei Tage wanderte er zwischen den Buden umher, vermutlich in der Hoffnung, seinen Innocenz wiederzutreffen. Zu seinem Erstaunen fand er Nürnberger Spielzeug im Angebot.

Etwas mehr entnehmen wir der Korrespondenz. Puchta teilte mit, Döllinger habe sich negativ über die homoerotischen Gedichte geäußert. Platen antwortete darauf tief

Christian von Bunsen. Medaillon von unbekannter Hand. (Bayerische Staatsbibliothek, München)

gekränkt, Döllingers Urteil habe ihn nur wenig erstaunt: „Da ich ihm viel Freundschaft erwiesen, so ist es billig, daß er schlecht von mir denkt." Im Tagebuch ist Döllinger nicht mehr erwähnt.

Umgekehrt berichtete Kopisch von einer kongenialen Leserin, die sich für Platens Poesie begeisterte und des Dichters Bekanntschaft suche. „Die 20jährige junge Dame in Deutschland würde besser thun," antwortet dieser, „sich für einen 20jährigen jungen Mann zu interessiren, anstatt für einen alten, von Hämorrhoiden geplagten Habenichts; doch muß man den Weibern ihre Launen lassen." Diese Launen sollten dem Verlag Cotta nach Platens Tod noch viel Geld einbringen.

Er besaß die Taktlosigkeit, das Gelegenheitsgedicht ‚Flucht nach Toskana' an die Frizzonis zu schicken. Diese waren mit Recht darüber gekränkt, hatten sie doch alle erdenkliche Mühe daran gewendet, dem Dichter ihre Heimat im schönsten Lichte vorzuführen. Und was mußten sie nun lesen?

>   Nie laßt mich wiedersehn, o nie
>   Die nebelreiche Lombardie ...

Zum Glück währte die Verstimmung der Bergamasker Freunde nicht lange.

Rumohr hatte noch von Siena aus die Verbindung zu Bunsen, dem preußischen Botschafter in Rom, geknüpft. Christian v. Bunsen, Freund und Nachfolger Barthold Niebuhrs, war einer jener liberalen evangelischen Theologen, mit denen Preußen seine Vertretung am heiligen Stuhl nach Tradition besetzte. Rumohr versicherte dem Diplomaten in einem Empfehlungsbrief, Platen habe mit seinen satirischen Ausfällen gegen Berlin nur auf „die Hegel'sche Parthey" gezielt, nicht aber das ganze Königreich oder gar das Haus Hohenzollern verunglimpfen wollen. Der Dichter meistere die Sprache unter den Zeitgenossen am besten, sein Gesang beginne zu gefallen, kurz, es empfehle sich, ihn für Preußen zu gewinnen. Im August wandte sich Bunsen an Platen und kündigte ein Handschreiben des preußischen Kronprinzen an. Es traf in Ancona ein, enthielt aber kein Wort über finanzielle Unterstützung. Wenigstens war nun ein Kontakt zwischen Bunsen und Platen, der den nächsten Winter wieder in Rom verbringen wollte, hergestellt.

Ende August, nach dem ersten Regen seit Monaten, machte sich der Dichter auf eine zweiwöchige Tour durch die Provinz Marken. Der Wallfahrtsort Loreto interessierte ihn kaum; Ascoli Piceno hingegen, in den Abruzzen und nahe der neapolitanischen Grenze gelegen, gefiel ihm so gut, daß er fünf Tage blieb.

Auf dem Rückweg nach Ancona begegnete er zu seiner Verwunderung einigen der schönen jungen Männer, die er bei seinem ersten römischen Aufenthalt so verehrt hatte, ohne ihnen näherzukommen. Er traf sogar den Mailänder Marchese di Bagno, jenen dümmlichen Stutzer, den der Bildhauer Bandel so ekelhaft gefunden: er war in Macerata reich verheiratet. Schließlich berührte Platen Recanati, den Geburtsort Giacomo Leopardis. In fünf Jahren sollte er den Dichter kennenlernen.

Zurück in Ancona, nahm er noch einige Seebäder, die er pedantisch im Tagebuch verzeichnet: am 9. September das fünfzigste und letzte der Saison. „Voriges Jahr habe ich deren 67 und vor zwei Jahren 69 genommen. Ancona, wo ich keinen dauernden Umgang hatte, verlasse ich gern."

Drei Tage später fuhr Platen über Pésaro nach dem hochgelegenen Urbino, der Heimat Raffaels. Er bewunderte gebührend die Sakralbauten di Giorgio Martinis und den Herzogspalast mit dem großartigen Innenhof, der sich damals freilich in schlechtem Zustand darbot.

Nach San Marino wanderte er zu Fuß. In einem Dorf auf halber Höhe behauptete der Führer plötzlich, es sei vorher ein höherer Lohn ausgemacht gewesen. Der Dichter bestritt es energisch. Doch gegen den Volkszorn war er machtlos: „Ich bezahlte also," heißt es im Tagebuch, „und ging meiner Wege, vom Hohngelächter des ganzen Dorfes begleitet." In San Marino kam er gerade recht zur Wahl der beiden ‚Capitani Reggenti', die auch heute noch alle sechs Monate stattfindet.

Über Rimini, Cesena, Forlì, Ravenna und Faenza reiste er nach Bologna. Fünf Tage blieb er dort in guter Laune, da er Bekannte aus Rom traf. Nach langer Zeit las er wieder französische Zeitungen, in denen wesentlich mehr stand als in den italienischen. Es sollte nicht ohne Wirkung bleiben.

Die nächste Station war Ferrara. Den langweiligen Weg dorthin habe er in ziemlich angenehmer militärischer Gesellschaft zurückgelegt, bemerkt Platen im Tagebuch, was wohl heißen soll, er teilte die Kutsche mit hübschen jungen Offizieren. Sonst aber war Ferrara traurig. Immerhin fand er dringend benötigtes Geld aus München und Ansbach vor. Im Theater machte er die Bekanntschaft eines Grafen Trentini, der nicht nur wunderschön und liebenswürdig, sondern auch noch sehr reich war. Der Dichter verweilte zehn Tage; er wisse selbst nicht, warum, schreibt er an die Frizzonis. Drei Epigramme ‚An einen Ferraresen' verraten den Grund:

> Nimm ein Gedicht als Abschiedsgruß, bildschöner Adonis,
>   Wenn die Natur jemals ähnliche Formen erschuf!
> Ach, mir schienen um dich die verödeten Sümpfe Ferraras
>   Lachender als Adams lachender Garten zu sein!

Die Bologneser Zeitungslektüre schlug sich in einer anti-österreichischen Ode nieder, die den Titel ‚Europas Wünsche' trägt. Sie ist das erste politische Gedicht des reifen Platen. Am 14. September hatte der Friede von Adrianopel den russisch-türkischen Krieg beendet; die Pforte erkannte das Königreich Griechenland an. Platen rühmt bei der Gelegenheit den Zaren Nikolaus I, den er anderthalb Jahre später fürchterlich beschimpfen sollte.

> Heil dem Schwert, das keck der entnervten Staatskunst
> Netz entzweihaut, stürmende Helden waffnend:
> Schon erbebt Stambul, und es flattern ringsum
>   Christliche Fahnen!
>
> Nicht umsonst aufnährst du, o Rhein, die Traube!
> Trotz des Korans, such' in Johannisbergs Wein –
> (Ihn kredenzt Freundschaft) der erschrockne Sultan
>   Süße Betäubung! ...

Mit dem Schwert ist Rußland, mit der ‚entnervten Staatskunst' die türkenfreundliche Politik Österreichs gemeint. Das Gedicht fordert den Sultan Mahmud höhnisch auf, entgegen seiner Religion über den Verlust Griechenlands Trost im Johannisberger Wein zu suchen; Besitzer des Gutes Johannisberg aber war Metternich. Der älteste Türkenkalauer in solchem Zusammenhang beweist wieder einmal, wie ernst Platens politische Äußerungen zu nehmen sind. Schlösser bemerkt, der Dichter habe nur zu oft persönlichen Erlebnissen eine übertriebene Allgemeinbedeutung gegeben: hier war es die üble Erfahrung mit der österreichischen Zensur in Mailand vom vergangenen Jahr. Das ebenso ausfällige wie naive Gedicht wollte Platen allen Ernstes an den preußischen Kronprinzen schicken. Glücklicherweise kam es nicht dazu.

In Ferrara dürfte auch ein Brief von Kopisch gelegen haben, in dem der Freund seine Rückkehr nach Deutschland auf einen bezahlten Posten in Berlin ankündigte. Nachdenklich schrieb ihm Platen eine Ode:

> Mir auch schien' es vielleicht rühmlicher, hinzuziehn,
> Wo hinweist der Magnet; aber dem trägen Fuß
>   Sind Brenner zugleich und Gotthardt
>   Unersteigliche Berge längst.
>
> Rückwärts liegen so weit frühere Tage mir,
> Als frohsinnig und nicht ohne befeuernden
>   Beifall in der Freunde Kreis ich
>   Die Gesänge der Jugend las.

> Hier nun sing' ich allein, freundliches Lob verhallt
> Fernab, selten gehört; aber es schweigen auch
>   Lautgellende Pöbelstimmen,
>   Und der kleinere Schrei des Neids.

Die beiden letzten Verse gelten wieder den verhaßten Konkurrenten Immermann und Heine. Wer hier auf wen neidisch ist, läßt sich leicht erraten.

Am 13. Oktober 1829 überschritt Platen die österreichische Grenze am Po und traf am selben Tag mit der Diligence in Padua ein. Die Stadt schien ihm beinahe so unheimlich wie vor fünf Jahren, als er sie, mit großem Heimweh nach Venedig, zum erstenmal passierte. Nun sei er besser dran, schreibt er ins Tagebuch, er gehe nicht, sondern komme und könne bleiben, so lange er wolle. Doch fühle er sich eigentlich unruhig. Gern würde er sich für einige Jahre irgendwo in Italien fixieren, denn das Wanderleben sei seiner Muse nicht förderlich.

Vier Tage später fuhr er dann mit dem Postschiff die Brenta hinab nach Venedig.* Kurz darauf teilt er den Eltern mit, daß er wegen der hohen Preise nur einen Monat werde bleiben können. Ausführlicher ist ein Brief an Fugger: „Ich habe Venedig dießmal ziemlich kalt betreten; aber diese Stadt hat eine große Anziehungskraft. Der Markusplatz ist ein Spaziergang, dessen man nie müde wird. Bei Nacht ist die Stadt ein wahrer Zauber, und da alle Boutiquen in den unteren Stöcken der Häuser aufs Schönste erleuchtet sind, so glaubt man auf einem Stubenboden gleichen Pflaster wie in einem Salon umherzuwandeln, wenn nicht von Zeit zu Zeit die hohen Brücken, die man passiren muß, an das schauerliche Element erinnerten, in dessen Mitte man sich befindet. (Doch) ist Venedig, wie Neapel, allzuverführerisch, und regt die Sinnlichkeit zu sehr auf. Es kommt daher drauf an, ob ich diesen Winter noch zur Ruhe komme. Die Stille Roms wird am Ende wohl für mich das Beste sein."

Platens dreiunddreißigster Geburtstag war traurig und verregnet. Mittlerweile hatte er an die 150 Epigramme, die poetische Ausbeute des vergangenen Halbjahres, zusammengestellt und ins Reine geschrieben. „Ich bin hier zu sehr isolirt, um den Winter über zu bleiben", heißt es im Tagebuch; „Einsamkeit habe ich schon genug in Ancona ertragen." Käufliche Liebe ist nicht geeignet, solche Gefühle zu vertreiben. Überdies war sie, da nur im Freien angeboten, während der kalten Saison in Venedig wohl schwerer zu haben.

Hatte ihm die Pressekritik an seinem Gedichtband den Sommer vergällt, so verdarb ihm nun die schlechte Aufnahme des ‚Romantischen Oedipus‘, von der die Post kündete, den Herbst. Neben einigen freundlichen Rezensionen waren auch zwei negative erschienen, und zwar nicht ohne Grund in Berlin. „Hr. Graf Platen geht zu weit", läßt sich Ludwig Robert im ‚Gesellschafter‘ vernehmen, „er muß bedenken, daß ein Trauerspiel-Dichter, sey er noch so mittelmäßig, doch immer ein Mensch ist und Schonung verdient." Immermann habe unbestreitbar Talent. Dagegen: „Der ‚aus Berlin exilirte Verstand‘.. war allerdings von jeher nicht der zarteste..; aber er war dabei

---

* Die ehemals reizvolle Flußfahrt entlang den Sommerschlössern des venezianischen Adels wird heute, da die Landschaft durch Industrie und wilde Siedlung zerstört ist, als touristische Attraktion angeboten.

doch zugleich stets auf seine Weise umschreibend, witzig, ironisch-höflich – kurz, er pflegte den Leuten die Wahrheit selten so plump auf den Kopf zu werfen wie dieser Exilirte". Noch deutlicher wird das ‚Berliner Conversations=Blatt': der Dichter irre, wenn er meine, „eben so wie Athen den lebhaftesten Antheil an den Schlägen nahm, welche Euripides von dem Aristophanes erhielt, eben so werde Deutschland aufmerksam schauen, wenn der Graf Platen auf Hrn. Immermann losziehn.. Wie bei der verhängnißvollen Gabel, so vermissen wir auch in dem romantischen Oedipus Erfindungsgabe, und überhaupt die echte komische Ader, den Humor; ..unser Dichter kömmt aus dem Verdruß und dem Schimpfen nicht heraus, und von seinem Witze kann man sagen, daß er todtschlagen will, ohne zu treffen."

Diese beiden Verrisse, von denen er nur summarisch Nachricht erhielt, waren allein die Folge seiner törichten Ausfällen gegen Preußen und Berlin. Doch weiteres war geschehen: der geschmähte Immermann hatte sich zur Wehr gesetzt in einer persönlich gehaltenen Streitschrift mit dem Titel ‚Der im Irrgarten der Metrik umhertaumelnde Cavalier'. Auch von ihr wußte Platen zunächst nur, daß sie erschienen war; angelegentlich erkundigt er sich bei Schwenck, Puchta und Fugger über Einzelheiten.

Vernehmlich müssen zudem die Klagen der Eltern gewesen sein, daß er Schande über die Familie gebracht habe. Platens Reaktion auf all das war unangebrachter Hochmut: „dieser boshafte und insolente Pöbel, der sich die gebildete Welt nennt, verdient gar nicht, etwas von mir zu lesen", schreibt er an Schwenck, und Puchta erhält das letzte Sonett, das er überhaupt dichtete, mit dem Titel ‚Abschied':

> Ihr, deren Bosheit angefrischt den Kleister,
> Um Unverstand mit Ungeschmack zu kitten,
> Bei denen blos der Pöbel wohlgelitten,
> Der täglich toller wird und täglich dreister:
>
> Wann einst der Unfug dieser Lügengeister
> Jedwedes Maß phantastisch überschritten,
> Dann werdet ihr, wiewohl zu spät, mich bitten,
> Dann werdet rufen ihr den werthen Meister:
>
> „O würde jener wieder uns gesendet,
> Der einst den Pfad des Aechten wollte zeigen;
> Doch seine Seele hat sich abgewendet!
>
> Nie wird er mehr die Alpen übersteigen,
> Und sein Geschäft ist unter uns vollendet."
> Ja, meine ganze Rache sei das Schweigen.

Darunter setzt Platen noch ein Sonett aus der letzten Erlanger Zeit, zur Gelegenheit umgearbeitet, mit dem Titel ‚Grabschrift':

> Ich war ein Dichter und empfand die Schläge
> Der bösen Zeit, in welcher ich entsprossen;
> Doch schon als Jüngling hab' ich Ruhm genossen,
> Und auf die Sprache drückt' ich mein Gepräge.

Die Kunst zu lernen, war ich nie zu träge,
D'rum hab' ich neue Bahnen aufgeschlossen,
In Reim und Rhythmen meinen Geist ergossen,
Die dauernd sind, wofern ich recht erwäge.

Gesänge formt' ich aus verschiednen Stoffen,
Lustspiele sind und Scherze mir gelungen
In einem Styl, den Keiner übertroffen:

Der ich der Ode zweiten Preis errungen,
Und im Sonett des Lebens Schmerz und Hoffen,
Und diesen Vers für meine Gruft gesungen.

Den ersten Preis der Ode spricht Platen übrigens Klopstock zu. Puchta könne diese beiden Sonette an Schwab für das ‚Morgenblatt' schicken, schreibt er, „doch mit der Bedingung, daß (sie) nicht getrennt, sondern nebeneinander in dasselbe Blatt zu stehen kommen." Puchta hütete sich, den Auftrag auszuführen.

Mit vieler Mühe hatte der Dichter sich Rumohrs Kochbuch besorgt; doch bemerkt er nach der Lektüre lediglich, es sei „sehr interessant". Er traf einen Engländer, der in Neapel Kopisch kennengelernt hatte und nun in Venedig nach dem Grafen Platen suchte; „da er jedoch etwas naseweis war," heißt es im Tagebuch, „so habe ich ihn fortwährend mystifizirt und mich für einen Architekten ausgegeben." Der falsche lernte indes den echten Architekten Ziebland kennen, nach dem heute in München eine Straße heißt.

Auch der häufige Umgang mit dem deutsch-römischen Maler Eduard Magnus scheint das Gefühl der Einsamkeit nicht haben vertreiben können. Schon bald nach der Ankunft in Venedig bereitete Platen mit Bunsens Hilfe seine Übersiedlung nach Rom vor. Mitte November traf eine dringende Einladung Bunsens ein, zusammen mit den nötigen Dokumenten für eine unbehelligte Passage des Dichters mitsamt seinen Büchern über die päpstliche Grenze. Am 19. November um Mitternacht brach er von Venedig nach Rom auf.

43. Heines Rache

Die erste Nacht verbrachte er wieder in Ferrara; der schöne Trentini war leider abwesend. Von Bologna bis Rimini lag tiefer Schnee, ebenso in den Abbruzzen. Die Schönheit des winterlichen Chienti-Tals zwischen Tolentino und Serravalle entging Platen nicht; im Übrigen war die sechstägige Reise bis Foligno äußerst strapaziös. In einem Brief warnt er die Frizzonis davor, jemals diese römische Diligence zu benutzen: man säße gedrängt wie in einem Heringsfaß, und bergauf werde die Kutsche von Ochsen gezogen! Eine Woche erholte sich der Dichter bei den Zanettis in Perugia. Am

Leopold Ranke. Nach einer Zeichnung von F. Weiß. (Bayerische Staatsbibliothek, München)

5. Dezember 1829 traf er, nach einer Abwesenheit von fast zwanzig Monaten, zum drittenmal in Rom ein.

Dort wurde er von Bunsen sehr freundlich empfangen. Der Diplomat hatte ihm bereits eine Wohnung am Südhang des Quirinal gemietet, mit schönem Blick über Forum und Kolosseum. Platen übertreibt, wenn er die Abgelegenheit der Via Ibernesi beklagt: zur preußischen Botschaft, dem Palazzo Caffarelli am Kapitol, war der Weg nicht weit, und auch zum ‚Centrum der Stadt', worunter er wohl das Caffè del Greco verstand, mußte er nur den Corso bis zur Via Condotti hinaufgehen: keine zwei Kilometer. Das Wetter war freilich monatelang so abscheulich, daß an Mittagssonne und schöne Aussicht nicht zu denken war. Der Dichter verbrachte einige Abende, auch Weihnachten, bei den Bunsens, wo er alte Bekanntschaften erneuerte und neue machte: so die des Bildhauers Christian Rauch, und wichtiger, die des Historikers Leopold Ranke. Der Thüringer, etwas jünger als der Ansbacher, war zusammen mit Gündel in Schulpforta gewesen; schon mit zwanzig Jahren zum Professor nach Berlin berufen, machte er zur Zeit eine ausgedehnte Studienreise durch Italien. Weiter wurde Platen dem hannoverschen Geschäftsträger in Rom, August Kestner, vorgestellt, einem gebildeten und kunstsinnigen Mann, übrigens Sohn von Goethes Lotte. Kestner lud den Dichter Anfang 1830 mit Thorvaldsen und Rauch zum Essen. Durch Kestner lernte er auch dessen Seelenfreundin kennen, Gräfin Julie Egloffstein; sie sollte er später in Sorrent wiedersehen.

Schlosser, der fromme Freund vom vorigen römischen Aufenthalt, war leider inzwi-

Eduard Gerhard. Lithographie von Heinrich Kohler. (Bayerische Staatsbibliothek, München)

schen gestorben. Nerly, ehemals Schüler und möglicherweise Geliebter Rumohrs, präsidierte die Ponte-Molle-Gesellschaft der deutschrömischen Künstler mit ihren Saufereien und plumpen Scherzen.

Waiblinger war von einem Sizilienaufenthalt mit allen Anzeichen der fortgeschrittenen Tuberkulose nach Rom zurückgekehrt. Seit Anfang November lag er mit Fieber und Blutstürzen zu Bett; der Arzt verschrieb Opium und ließ ihn vierzehnmal zur Ader. Frau Carlenzo, die inzwischen zum zweitenmal von ihm schwanger war, pflegte ihn, während er, nach Luft ringend, einem deutschen Freunde seine letzten Gedichte diktierte. Platen besuchte den Schwerkranken oft, zuweilen in der Begleitung Rankes.

Mitte Januar war das Leiden ausgestanden: „Waiblinger.. ist an der Schwindsucht gestorben", schreibt der Dichter an Fugger. „Es ist keine italiänische Krankheit; aber er hat sie sich durch ganz in's Viehische gehende Ausschweifungen zugezogen.. Hinzu kamen noch die hitzigen Weine, besonders in Sicilien. Er bekam 8 Blutstürze nacheinander. Zu Gedichten wenig; zur Erzählung hat er Talent gehabt". Die Laiendiagnose des neidischen Kollegen ist natürlich Unsinn; von Sex und Alkohol bekommt niemand Tuberkulose. Waiblinger wurde an der Cestius-Pyramide neben Shelley begraben.

Noch in den beiden letzten Dezemberwochen war Platens Muse wieder erwacht. Nach einem Halbjahr trockener Epigramme schrieb er nun in einem Zug vier Gesänge eines Versepos nach 1001 Nacht nieder, das er ‚Asser und Assad' nannte. Schon in Siena, wir erinnern uns, hatte er mit dem Prolog gekämpft, war jedoch immer wieder in

Polemik und breite Selbstdarstellung abgeglitten. Das Hohenstaufen-Epos, um das er sich seit nunmehr zwei Jahren vergeblich mühte, hatte er inzwischen aufgegeben.

Für die ersten dreieinhalb Monate des Jahres 1830 schweigt Platens Tagebuch. Die schwerwiegenden Gründe werden uns noch beschäftigen. Nur einige wenige Briefe und Epigramme geben Zeugnis von jenem fatalen Frühjahr 1830.

Anfang Februar verwandelte sich das abscheuliche Wetter in einen sehr beständigen Frühling. Der Karneval profitierte davon, und Platen unterhielt sich recht gut in der Gesellschaft von Ranke und Gerhard, einem Archäologen, den er möglicherweise schon von seinem zweiten römischen Aufenthalt her kannte. Eduard Gerhard hatte kürzlich das deutsche archäologische Institut in Rom gegründet. Ursprünglich Altsprachler, interessierte er sich lebhaft für Dichtkunst: sie dürfte das verbindende Element zwischen ihm und Platen gewesen sein. Vermutlich war auch er ein ‚Schönheitsfreund'. Es kam zu regelrechten ‚Wettkämpfen in Sonetten' nach Endreimen, die Platen aufgab. Hellmut Sichtermann teilt eine solche Liste für sechs Sonette mit, die wir hier zur Hälfte wiedergeben. Es ist bezeugt, daß Gerhard sich im Mai 1830 auf einer Reise durch Etrurien bemühte, nach Platens Reimwörtern Sonette zu erfinden.

dunkel	Grabe	Leben
Tiefe	Amme	bringen
riefe	Flamme	singen
Ranunkel	Knabe	geben
Gefunkel	labe	beben
Briefe	Stamme	schwingen
triefe	Damme	klingen
Kunkel	Architrabe	streben
Berge	schildern	erblicken
Thäler	Mauern	tragen
Zwerge	verwildern	schicken
Quäler	schauern	sagen
verberge	Bilder	erquicken
Todtenmäler	dauern	wagen

Die Assoziationen der beiden ersten Reihen sind unverkennbar platenisch. In unserem Jahrhundert könnte derartiges schon als fertiges Gedicht hingehen; frühere Epochen freilich verlangten, daß die Welt aus Wörtern in Sätzen gegliedert sei, daß zwischen dem, was sich reimt, eine sinnvoll syntaktische Verbindung bestehe. Platens Lautbild-Komposition zielte nun genau darauf ab, präexistente Strukturen wie Gedichtform, Metrum, Räume zwischen Reimwörtern mit konkreter Sprache zu füllen. Link nimmt an, so seien die Ghaselen entstanden; wir dürfen, nach Sichtermanns Zeugnis, für die Sonette Ähnliches vermuten.

Mittlerweile hatte er zwei weitere Gesänge seines neuen Epos ‚Asser und Assad' niedergeschrieben und trug das Fragment eines Abends bei Bunsen den vielen alten und neuen Bekannten vor. Bunsen übte vorsichtige Kritik, und Platen nahm sie mit ungewohnter Milde entgegen.

Ein paar Tage später lag er zu Bett. Noch am 31. Dezember hieß es im Tagebuch, seine Gesundheit habe im vergangenen Jahr „sehr zugenommen": nun litt er schlimmer denn je an Hämorrhoiden.

Es dürften nicht allein Hämorrhoiden gewesen sein, die ihn niederwarfen. Wir haben Grund zum Verdacht, daß der Dichter bis Ende Februar 1830 beide Gegenschriften las, die er mit seinem ‚Romantischen Oedipus' hervorgerufen hatte: Immermanns ‚Cavalier' und, wesentlich wichtiger, Heines Reisebild ‚Die Bäder von Lucca'. Die letzten zwei Kapitel dieser Schrift sind allein ihm gewidmet.

Immermanns spöttische Epigramme auf die östlichen Poeten waren nicht ernst gemeint gewesen. Noch ein Jahr nach ihrer Entstehung, im Juli 1828, schrieb der Genannte an Michael Beer: „Ich halte sehr viel von Platen, nur muß er sich nach meiner Ansicht vor einem zu großen Gefallen an besonders künstlichen Formen in Acht nehmen." Gekränkt und mißmutig machte sich Immermann nunmehr an die Erwiderung auf Platens fürchterlichen Angriff in Form eines kleinen Heftes mit dem Titel: ‚Der im Irrgarten der Metrik umhertaumelnde Cavalier'*. Der Ghaselendichter erhält die bekannten Zensuren: Mangel an Phantasie und „Wärme des Gefühls", zuviel an gelehrter Kunstfertigkeit. Zu Platens früheren Lustspielen meint Immermann, ihnen fehle jede Theaterpraxis. „Auch verrieth der Autor bald genug, daß ihn seine Natur nicht eben zum freien und absichtslosen Scherze leite". In der ‚Verhängnißvollen Gabel' habe Platen dann als neuer Aristophanes glänzen wollen; allein die Figuren der alten Komödie waren kaum charakterisiert und dienten dem Dichter nur als Sprachrohr; heute jedoch seien die theatralischen Mittel feiner, der Autor und seine Absichten müßten hinter den Figuren verschwinden. Der neue Aristophanes hingegen stelle sich vor die Dekoration und produziere hauptsächlich seine kleinliche Eitelkeit: „Nimmer hätten wir diese Gabel erblickt, wenn dem Verfasser früher ein Trauerspiel, und diesem der Ruhm (von Müllners) ‚Schuld' bescheert worden wäre."

Über den ‚Romantischen Oedipus', der ja Anlaß zu seiner polemischen Erwiderung war, macht Immermann wenig Worte. Ein nachahmender Schriftsteller, der seine Ansichten propagieren und Ruhm erwerben wolle, gerate durch jeden Scherz leicht übermäßig in Harnisch: „Der Graf ging nach Italien, suchte dort, wie er selber schrieb, Iliaden und Odysseen, fand aber nur die Begeisterung zu einer Replik auf meine Epigramme." Freilich: „Gift und Galle sind zerstörerische Musen. Noch ein Oedipus; und ich fürchte für die Tage des Jünglings."

Seine Freunde wüßten, meint Immermann abschließend, daß er „die Personal-Satire eben nicht mit Leidenschaft cultivire." Gleichwohl war er nach der Lektüre des ‚Oedipus' so verletzt, daß er neunzehn Spottsonette, ein ‚Gespräch' in Trochäen und eine Parabase im Stil Platens niederschrieb. Nach dem lesenswerten Prosa-Aufsatz, aus dem wir zitierten, fallen diese Gedichte ziemlich ab in ihrer übellaunigen, gequälten Komik. Die relativ besten Stellen seien dennoch wiedergegeben, so etwa die Terzette des letzten Sonetts:

---

* Titelanspielung auf den galanten Roman ‚Der im Irr-Garten der Liebe herum taumelnde Cavalier' von Johann Gottlieb Schnabel 1746.

> Du, impotent, wo's gilt, daß man was mache,
> Und Ungethüm, wenn Dich der Zorn erfüllt,
> Bist doppelt tüchtig nach des Schicksals Fluche.
>
> Du steigst empor als druckpapierner Drache
> Vor jener Quelle, die den Dichtern quillt,
> Und bei den Musen wachst Du als Eunuche!

Sodann die ersten Verse der Parabase:

> Brav geblitzet! Blitz' da capo, theatral'scher Jambenwettrer!
> Dieses Feuerwerk gefällt mir, Du trimetrischer Zerschmettrer!
> Sprich, was kostet Dich's? – Erlaube, Junker Zeus vom Sylbenfall,
> daß ich existiere weiter, ungerührt von Deinem Knall!

Leider geht es nicht so gut weiter. Über Platens Veranlagung macht Immermann mehrere Andeutungen, darunter irreführende:

> Dort unter jenem alten Götterhimmel
> Fand Göthe seines Busens höchste Gäste,
> Die Tugend Iphigeniens, Tasso's Wunden.
>
> Und eben dort hat Platen bei'm Gewimmel
> Von minorenner Scorpionen Neste
> Aus Sympathie den Oedipus gefunden!

Auch Immermann sollte es aufgefallen sein, daß Platens Poesie nicht Knaben, sondern erwachsenen jungen Männern galt. Von den „vielen Sodomitereien" mochte ihm Heine erzählt haben, und er zog vielleicht den Schluß daraus, Platen habe auf Palmaria einen ganzen Knaben-Serail zur Verfügung gehabt. Alles Unsinn, wie wir wissen.

Immermanns Schrift, so sehr sie auch ins Schwarze und daneben traf, war freilich nichts gegen Heines Replik auf Platens Anrempelung im ‚Oedipus'. Spöttisch hatte Immermann den Umfang seiner wenigen Epigramme mit Platens Erwiderung, einem ganzen Drama, verglichen. Ohne Spott vergleichen wir nun den Umfang von Platens kurzen Ausfällen gegen Heine mit dessen Antwort, zweier ganzer Kapitel aus dem dritten Band seiner ‚Reisebilder'. Um die Diskrepanz zu verstehen, müssen wir ins Jahr 1828 zurückkehren.

Als Ludwig I im November 1825 den bayerischen Thron bestieg, hatte er die Pressezensur, die nach den Karlsbader Beschlüssen eingeführt worden war, wieder aufgehoben. Das zog liberale Schriftsteller nach München: Michael Beer, Moritz Saphir, August Lewald und auch Heinrich Heine. Gleichwohl hatte dieser es nur sechs Monate auf dem Redakteursposten von Cottas ‚Politischen Annalen' ausgehalten. Schon im August 1829 reiste er nach Italien; freilich in der Hoffnung, daß ihm unterdessen ein Lehrstuhl für Literatur an der Münchener Universität angeboten werde, und zwar mit der Protektion Eduard v. Schenks. Heine rechnete jedoch nicht mit dem katholischen ‚Münchener Milieu', gegen das schon Platen vor zehn Jahren mit dem ‚Sieg der Gläubigen' zu Felde gezogen war. In der ‚Harzreise' (Reisebilder Erster Theil,

Hamburg 1826) erwähnte Heine ein Madonnenbild, dessen Modell er gern zur Frau nähme: doch müßte er die Dame vorher bitten, „allen ferneren Umgang mit dem hl. Geist aufzugeben". Außerdem meinte Heine in den ‚Annalen' anläßlich einer Buchrezension, die Kirche sei alt und schwächlich geworden, sie wolle sich heute dem Adel verdingen und verspreche „mit ihren Liedern die Völker in den Schlaf zu lullen, damit man die Schlafenden leichter fesseln und scheeren könne."

Das war gefundenes Fressen für eine Gruppe einflußreicher konservativer Katholiken um Görres und Ringseis, in München allgemein ‚die Kongregation' genannt. Ihr war Cottas liberale Zeitschrift längst ein Dorn im Auge, und der freche neue Redakteur Heine schon allemal. Zur gleichen Zeit, als dieser die ‚Annalen' verließ, ging die katholische Literatur-Zeitschrift ‚Eos', die dem genannten Kreis schon gelegentlich als Sprachrohr gedient hatte, völlig in dessen Hände über; sie trug nunmehr den Untertitel: Judaeis quidem scandalum, Gentibus autem stultitiam*. Ihr neuer Inspirator war niemand anderer als der Kirchenhistoriker Ignaz Döllinger, Platens alter Freund aus Würzburg. Als Heine in Genua weilte, erschien in der ‚Eos' ein scharfer Artikel Döllingers gegen ihn, in dem die oben angeführten Äußerungen zitiert sind. Der Theologe bemerkt dazu giftig: „Während andere seiner Stammesgenossen ihre israelitische Abkunft sorgfältig zu verbergen suchen, gibt sich unser Herr Politiker ganz unverhohlen als Juden zu erkennen, und wählte für dieses sein Bekenntniß das passendste Vehikel: Lästerung dessen, was dem Christen das Heiligste ist. Man sieht, Hr. Cotta weiß seine Leute zu wählen, und Hr. Heine besitzt doch wenigstens die erste, einem politischen Schriftsteller des Tags nothwendige Eigenschaft: Frechheit und Unverschämtheit."

Mit Heines Münchener Professur war es damit Essig, selbst wenn Schenk noch im selben Herbst Innenminister wurde. Wenn auch die Ziele und Methoden des Görres-Kreises keineswegs immer die Billigung des Königs fanden, so hatte doch eines der Mitglieder starken und direkten Einfluß auf ihn: sein Leibarzt Dr. Ringseis. Er dürfte dafür gesorgt haben, das Ludwig Schenks Vorschlag ablehnte.

Der Zufall wollte es, daß wenige Tage nach Döllingers Attacke eine zweiteilige Lobpreisung von Platens ‚Gedichten' aus der Feder des alten Freundes Hermann in der ‚Eos' erschien. Hermann war keineswegs klerikal, nicht einmal katholisch, und sein Artikel nimmt sich in dem neuerdings tiefschwarzen Blatt so fremd aus, daß wir mit Schlösser annehmen, der Druck sei noch vor dem Redaktionswechsel beschlossen worden.

Zwei schmeichlerische Briefe Heines aus Italien an den „lieben Freund Schenk", den „Dichter des Belisar", blieben ohne Antwort. Wir wissen nicht, wann der Schreiber die Hintergründe dieses Schweigens erfuhr. Spätestens jedoch im Dezember 1828, als er sich nochmals zwei Wochen in München aufhielt, dürfte er die beiden Eos-Artikel gelesen haben.

Sieben Monate später waren Exemplare von Platens ‚Romantischem Oedipus' beim

---

* 1. Kor. 1, 23: (wir aber predigen den gekreuzigten Christus), den Juden ein Ärgernis und den Griechen eine Torheit.

Buchhändler Campe in Hamburg eingetroffen. Heines Freund Lyser berichtet, wie ihm der Verleger eines Sommermorgens 1829 die judenfeindlichen Stellen im fünften Akt zeigte. Als Heine zufällig den Laden betrat, bat der boshafte Campe Lyser, die angemerkte Szene laut vorzulesen. „Ich las ganz unbefangen," schreibt Lyser, „und da ich nicht vom Buche aufblickte, konnte ich auch nicht sehen, daß Heine – wie Campe mir später sagte – erst glühend roth und dann todtenbleich wurde; als ich aber an die Stelle von den Knoblauchküssen kam, riß er mir das Buch aus der Hand und stürzte wie toll aus dem Laden. Campe lachte...

Am Morgen des zweiten Tages kam Heine zu mir, dem Anschein nach ganz ruhig, doch merkte ich wohl, wie es in ihm gährte. ‚Haben Sie das ganze Buch gelesen?' fragte er mich. ‚Nein.' ‚So lesen Sie es', er warf es auf den Tisch und ging. Ich las den ‚Modernen Oedipus' (sic!) und begriff nicht recht, wie Heine über dieß plumpe und dabei herzlich matte Pasquill so außer sich hatte gerathen können. Ich sagte ihm dieß ganz ehrlich – aber Heine hatte keine Ohren dafür und erwiderte blos: ‚Was wetten Sie, ich ärgere den Platen noch todt.'

Heine hatte sich so geärgert, daß er wirklich unwohl wurde; er schämte sich, in Hamburg über die Straße zu gehen, und als ihm gar sein Onkel, Salomon Heine, sagte: ‚Aber, ohne Schmeichelei, Henry, der Platen hat dir gut getroffen', war für ihn kein Haltens mehr in Hamburg, und er ging nach Helgoland, wo er den dritten Reisebilder-Band vollendete".

Die Szene mag sich nicht ganz so abgespielt haben, wie der unzuverlässige Lyser sie wiedergibt; ma se non è vera...* Heine selbst behauptete, den ‚Oedipus' schon früher erhalten, doch erst in Helgoland gelesen zu haben. Jedenfalls war er von Platens bevorstehendem Angriff schon seit Jahresfrist unterrichtet und brachte ihn sofort in Zusammenhang mit den ‚Eos'-Artikeln: das Münchener Milieu, bestehend aus Adel und Klerus, verhinderte seine Professur, indem es ihn, der sich doch sogar hatte taufen lassen, mit verteilten Rollen als ewigen Juden denunzierte. Eine Allianz aus Pfaffen und adligen Päderasten schien sich gefunden zu haben mit dem einzigen Ziel, ihn von München fernzuhalten. Daß Platen und Döllinger Jugendfreunde waren, wußte Heine. Daß ihre Freundschaft an Platens poetischem ‚Seufzen nach Pedrastie', trotz des verspäteten Lobs in der ‚Eos', zerbrochen war, wußte er nicht. Von Platens Schielen nach der katholischen Kirche hatte Heine vernommen. Daß es nur ein kokettes Heischen um finanzielle Unterstützung war, bedachte er nicht. Während Heine in Italien vergeblich auf einen Ruf an die Münchener Universität wartete, erhielt Platen einen an die Münchener Akademie der Wissenschaften. Daß es sich dabei um eine ganz bescheidene Sinekure handelte, nahm Heine nicht zur Kenntnis. Daß ihm Platen endlich, was die politischen Ansichten betrifft, nicht allzu ferne stand, hätte er wissen können. Doch es interessierte ihn nicht.

Über die wahren Zusammenhänge derart schlecht unterrichtet, machte er sich an seine berühmte Erwiderung auf Platens wenige antijüdischen Verse im ‚Romantischen Oedipus'. Ihr beachtlicher Umfang, zwei volle Kapitel der ‚Reisebilder', ist so hinläng-

---

* Se non è vero è ben' trovato: wenn's nicht wahr ist, so ist's gut erfunden (italienisches Sprichwort).

lich erklärt. Natürlich war Heines Ziel nicht nur die Bloßstellung des gräflichen Poeten, sondern auch ein Angriff auf die gesamte Restauration, für deren Exponenten er Platen fälschlich hielt. Heine schrieb seine Gegenschrift nicht in Helgoland, wie Lyser behauptet, sondern erst nach seiner Rückkehr von dort in Hamburg. Mit dem Druck ging es dann sehr schnell, denn noch vor Jahresende erschienen die ‚Reisebilder Dritter Theil' mit dem Inhalt: ‚Reise von München nach Genua' (34 Kapitel) und ‚Die Bäder von Lucca' (11 Kapitel).

Obgleich die ‚Bäder von Lucca' mit dem anzüglichen Platen-Zitat ‚Ich bin wie Mann dem Weib – –' beginnen, und mit einem Satz aus Mozarts Figaro: ‚Will der Herr Graf ein Tänzchen wagen', so hat Heine doch keineswegs allein den unglücklichen Ansbacher Poeten im Visier. Hauptfigur ist zunächst der ehemals jüdische Bankier Gumpel, nunmehr katholischer Marchese di Gumpelino. Angeblich hat Heine hier auf Lazarus Gumpel, einen Hamburger Konkurrenten seines Onkels, des Bankiers Salomon Heine, angespielt. Wir meinen vielmehr, daß in Gumpelino der Onkel Sally selbst karikiert ist, ein wenig verwischt zwar, doch unverkennbar und als Rache für die Bemerkung: der Platen hat dir gut getroffen. Im weiteren Sinne vertritt Gumpel natürlich den erfolgreichen, angepaßten Juden, der Heine selbst nicht werden wollte.

Im Gumpelinos Diensten steht der Kammerdiener Hyazinth, ebenfalls getauft, früher der Hamburger Lotterieeinnehmer, Hühneraugenoperateur und Schmucktaxator Hirsch. Gumpelino und Hirsch sind ein pikareskes Paar ähnlich Quixote und Pansa, ins Jüdische gekehrt.

Der erste Teil des Reisebildes, in dem sich der bevorstehende Angriff ankündigt, schildert galante Begegnungen: komische Gumpelinos und vom Glück begünstigte des Erzählers Dr. Heinrich Heine. Gumpelino präsentiert zweimal eine Tulpe, jene schöne, doch geruchlose Blume, die in Platens früheren Ghaselen eine Rolle spielt. Heinrich Henel nennt sie das einzige Symbol, das der Dichter verwendet: ihre Bedeutung ist ‚reine' Liebe, in Platens Fall natürlich die gleichgeschlechtliche. Heine war ein feiner Beobachter.

Gumpelino ist unglücklich verliebt in Lady Julia. Er kann sich ihr nicht nähern, da ein mißtrauischer Schwager sie streng bewacht. Gegen die ‚Gemüthsbeschwerden' empfiehlt Hyazinth seinem Herrn als probates Mittel Glaubersalz. Als Gumpelino gerade ein Glas davon genommen hat, kommt ein Billet der Lady: morgen müsse sie nach England zurück, doch sei der Schwager schon abgereist, so daß sie dem Freunde eine einzige Liebesnacht gewähren könne. In Gumpelinos Bauch beginnt es zu rumoren. Hyazinth schlägt vor: „Herr Gumpel! Schicken Sie mich!"

Beide Figuren sprechen konsequent vom ‚Glaubensalz', und Hermand verweist hier auf Heines nur der Anpassung wegen vollzogene Taufe. Der Salzkelch erinnert freilich nicht nur an sie, sondern mehr noch an das Abendmahl, Heines widerwillige Kommunion mit dem Christentum. „Weh mir," jammert Gumpelino, „ich Hansnarr des Glücks, ich habe den Becher des Glaubensalzes geleert! Wer bringt mir den schrecklichen Trank wieder aus dem Magen? Hülfe! Hülfe!"

Am folgenden Abend besucht ihn Dr. Heine. Er findet Gumpelino im Negligé auf dem Sofa, in den Händen einen kostbaren Band, aus dem er „laut und schmachtend" vorliest; Hirsch-Hyazinth malt derweil mit Kreide Versfüße auf Boden. Das Buch enthält Platens Gedichte in der Cotta'schen Ausgabe von 1828. „Auf dem Hinterblatte", so Heine, „stand zierlich geschrieben: ‚Geschenk warmer brüderlicher Freundschaft.' Dabei roch das Buch nach jenem seltsamen Parfum, der mit Eau de Cologne nicht die mindeste Verwandtschaft hat, und vielleicht auch dem Umstande beizumessen war, daß der Markese die ganze Nacht darin gelesen hatte."

Ohne auch nur ein Blatt für andere Zwecke herauszureißen, wie Gumpelino mit Genugtuung betont: Platens Poesie habe ihn über den Verlust der Lady hinweggetröstet, ja von der Frauenliebe gänzlich geheilt. Er fährt fort zu deklamieren, wobei ihm der „glatte Mist gleichsam auf der Zunge schmilzt", und auch Hyazinth bemerkt, die Verse gingen seinem Herrn „so leicht ab wie die Nacht". Gumpelino zitiert nun ein Ghasel von 1823, an den Studenten Krieger gerichtet:

> ‚Der Hoffnung Schaumgebäude bricht zusammen,
> Wir müh'n uns, ach! und kommen nicht zusammen,
> Mein Name klingt aus deinem Mund melodisch,
> Doch reihst du selten dieß Gedicht zusammen;
> Wie Sonn' und Mond uns stets getrennt zu halten,
> Verschworen Sitte sich und Pflicht zusammen;
> Laß Haubt an Haubt uns lehnen, denn es taugen
> Dein dunkles Haar, mein hell Gesicht zusammen!
> Doch, ach! Ich träume, denn du ziehst von hinnen,
> Eh' uns das Glück noch brachte dicht zusammen;
> Die Seelen bluthen, da getrennt die Leiber,
> O wären's Blumen, die man flicht zusammen!'

Hyazinth schlägt vor, hinter das Reimwort ‚zusammen' jedesmal abwechselnd ‚von vorn' und ‚von hinten' zu setzen: „die Poesie davon wird gewiß um zwanzig Prozent stärker."

Ungerührt fährt Gumpelino fort, Ghaselen und Sonette zu deklamieren, worin, wie Heine schreibt, der Liebende endlich gesteht:

> ‚Mein Wunsch bei Andern zeugte Widerstreben,
> Du hast ihn nicht erhört, doch abgeschlagen
> Hast du ihn auch nicht, o mein süßes Leben!'

Es handelt sich um den Schluß eines Sonetts an Liebig von 1823.

Endlich läßt Heine die gesamte Gumpel-Szenerie fahren und tritt an die Rampe: dies ist seine Parabase. „Wer ist denn der Graf Platen," so fragt er, „den wir im vorigen Kapitel als Dichter und warmen Freund kennenlernten?" Da es so wenige exemplarische Narren in Deutschland gebe, so wolle er einen neuen vorstellen. Zunächst bringt er (mit falschen Details) die Anekdote vom efeubekränzten Platen; sodann lobt er die Bescheidenheit, mit der dieser von jüngeren Studenten die Erlaubnis erbeten, „dann und wann zu ihnen auf's Zimmer kommen zu dürfen und sogar die Gutmüthigkeit so weit getrieben habe, immer wieder zu kommen, selbst wenn man ihn die Lästigkeit seiner Visiten auf's Deutlichste (habe) merken lassen." Oft habe Platen darum klagen müssen:

> ‚Deine blonde Jugend, süßer Knabe,
> Verschmäht den melancholischen Genossen...'

„Vergebens versicherte der arme Graf, daß er einst der berühmteste Dichter werde, daß schon der Schatten eines Lorbeerblattes auf seiner Stirn sichtbar sei*, daß er seine süßen Knaben ebenfalls unsterblich machen könne, durch unvergängliche Gedichte. Ach! eben diese Celebrität war keinem lieb, und in der That, sie war keine beneidenswerthe. Ich erinnere mich noch, mit welchem unterdrückten Lächeln ein Candidat solcher Celebrität von einigen lustigen Freunden, unter den Arkaden zu München, betrachtet wurde. Ein scharfsinniger Bösewicht meinte sogar, er sähe zwischen den Rockschößen desselben den Schatten eines Lorbeerblattes. Was mich betrifft, lieber Leser," fährt Heine fort, „so bin ich nicht so boshaft, wie Du denkst, ich bemitleide den armen Grafen, wenn ihn Andere verhöhnen, ich zweifle, daß er sich an der verhaßten ‚Sitte' thätlich gerächt habe, obgleich er in seinen Liedern schmachtet, sich solcher Rache hinzugeben; ich glaube vielmehr an die verletzenden Kränkungen, beleidigenden Zurücksetzungen und Abweisungen, wovon er selbst so rührend singt. Ich bin überzeugt, er betrug sich gegen die Sitten überhaupt weit löblicher, als ihm selber lieb war."

Ein schärferer Kritiker als er, meint Heine, habe in Platens Gedichten ‚Sitzfleisch' gefunden, sowohl was die Form wie auch was den Inhalt betrifft. Wegen des letzteren wolle er, Heine, den armen Grafen nicht eben loben, „aber ihn auch nicht unbedingt der Censorischen Wuth preisgeben, womit unsere Catonen davon sprechen oder gar schweigen. Chacun à son gout, dem Einen gefällt der Ochs, dem Andren Wasischtas Kuh." Roberts Kritik in den ‚Berliner Jahrbüchern' habe Platens Gedichte mit ungebührlichem Ernst behandelt. Er jedoch, Heine, werde sich „nie in dieser Hinsicht einen Pathos zu Schulden kommen lassen", vielmehr halte er den edlen Grafen für eine ergötzliche Erscheinung, und in seiner erlauchten Liebhaberei sehe er nur etwas Unzeitgemäßes, nur die zaghaft verschämte Parodie eines antiken Übermuts. „Das ist es ja eben, jene Liebhaberei war im Alterthum nicht in Widerspruch mit den Sitten, und gab sich kund mit heroischer Öffentlichkeit. Als z.B. der Kaiser Nero auf Schiffen, die mit Gold und Elfenbein ausgelegt waren, ein Gastmahl hielt, das einige Millionen kostete, ließ er sich mit einem aus dem Jünglingsserail, Namens Pythagoras, feierlich einsegnen (cuncta denique spectata quae etiam in femina nox operit**) und steckte nachher mit der Hochzeitsfackel die Stadt Rom in Brand, um bei den prasselnden Flammen desto besser den Untergang Trojas besingen zu können. Das waren noch Ghaselendichter, über die ich mit Pathos sprechen könnte; doch nur lächeln kann ich über den neuen Pythagoräer, der im heutigen Rom die Pfade der Freundschaft dürftig und nüchtern

---

* ... Ich fürchte nur, es möchte dich erbittern, / Wenn ich mir selbst so hohes Lob verstatte, / Blos um vor dir im falschem Glanz zu flittern; / sonst würd' ich sagen, daß auf diese glatte, / Noch junge Stirn, mit ungewissem Zittern, / Der Schatten fällt von einem Lorbeerblatte. (Sonett an German, 1826)

** man sah schließlich alles, was sogar, wenn es sich um eine Frau handelt, die Nacht verhüllt (Tacitus, Annalen 15, 37).

und ängstlich dahinschleicht, mit seinem hellen Gesichte von liebloser Jugend abgewiesen wird, und nachher bei kümmerlichem Öllämpchen sein Ghaselchen ausseufzt."

Auch bei Petron herrsche plastisch heidnische Offenheit, meint Heine. „Graf Platen hingegen, trotz seinem Pochen auf Klassizität, behandelt seinen Gegenstand vielmehr romantisch verschleiernd, sehnsüchtig, pfäffisch, – ich muß hinzusetzen: heuchlerisch. Denn der Graf vermummt sich manchmal in fromme Gefühle, er vermeidet die genaueren Geschlechtsbezeichnungen; nur die Eingeweihten sollen klar sehen; gegen den großen Haufen glaubt er sich genugsam versteckt zu haben, wenn er das Wort Freund manchmal ausläßt, und es geht ihm dann wie dem Vogel Strauß, der sich hinlänglich verborgen glaubt, wenn er den Kopf in den Sand gesteckt, so daß nur der Steiß sichtbar bleibt. Unser erlauchter Vogel hätte besser gethan, wenn er den Steiß in den Sand versteckt und uns den Kopf gezeigt hätte. ..Diese ängstlich schmiegsame Natur duckt sich durch alle seine Liebesgedichte, (überall) sehen wir Polyandrie, und wenn er auch sentimentalisirt:

,Du liebst und schweigst – O hätt' ich auch geschwiegen,
Und meine Blicke nur an dich verschwendet!
O hätt' ich nie ein Wort dir zugewendet,
So müßt' ich keinen Kränkungen erliegen!
Doch diese Liebe möcht' ich nie besiegen,
Und weh dem Tag, an dem sie frostig endet!
Sie ward aus jenen Räumen uns gesendet,
Wo selig Engel sich an Engel schmiegen – '

so denken wir doch gleich an die Engel, die zu Loth, dem Sohne Harans, kamen und nur mit Noth und Mühe den zärtlichen Anschmiegungen entgingen, wie wir lesen im Pentateuch, wo leider die Ghaselen und Sonette nicht mitgetheilt sind, die damals vor Loths Thüre gedichtet wurden. Ueberall in den Platenschen Gedichten sehen wir den Vogel Strauß, ..den eiteln ohnmächtigen Vogel, der das schönste Gefieder hat und doch nicht fliegen kann, und zänkisch humpelt er über die polemische Sandwüste der Literatur." Heine zieht aus allem den Schluß: Platen ist kein Dichter. Doch hätte er wohl einer sein können: „Der Mangel an Naturlauten in den Gedichten des Grafen rührt vielleicht daher, daß er in einer Zeit lebt, wo er seine wahren Gefühle nicht nennen darf, wo dieselbe Sitte, die seiner Liebe immer feindlich entgegensteht, ihm sogar verbietet, seine Klage darüber unverhüllt auszusprechen".

Heine fragt, ob es Platen mit dem Katholizismus ernst sei. Freilich habe man in den Zeitungen gelesen, er wolle Mönch werden: „Böse Zungen meinten, daß ihm das Gelübde der Armuth und die Enthaltsamkeit von Weibern nicht schwer fallen würde. Wie sich von selbst versteht, in München klangen, bei solchen Nachrichten, die frommen Glöcklein in den Herzen seiner Freunde. Mit Kyrie eleison und Hallelujah wurden seine Gedichte gepriesen in den Pfaffenblättern".

War es bisher für Heine leicht, den armen Platen in die Luft zu werfen und in kleine Stücke zu zerreißen, so verliert er nunmehr, da es gegen mächtigere Feinde geht, die überlegene Contenance. Fuchsteufelswild, wie sonst nur Platen, beginnt er zu schimpfen: die Münchener Pfaffen hätten ihn wegen eines arglosen Muttergotteswitzes und ähnlicher Lappalien als Katholikenfeind abgestempelt. „Wahrlich, sie sind ..nur Mischlinge von Koth und Dummheit, die ich, eben so wenig wie eine Mistkarre und den Ochsen, der sie zieht, zu hassen vermag, und die.. mich nur dahin bringen könnten: daß ich ihnen zeige, wie sehr ich Protestant bin ..und die gute protestantische Streitaxt mit Herzenslust handhabe. Sie könnten dann immerhin, um den Plebs zu gewinnen, die alten Weiberlegenden von meiner Ungläubigkeit durch ihren Leibpoeten in Verse bringen lassen."

Heine verkneift es sich nicht, über Platens kärgliche Münchener Pension herzuziehen, die er um 100 fl. zu hoch angibt und überdies der königlichen Privatschatulle zuschreibt. Er nennt Platen einen tristen Freudenjungen, einen Trobadour des Jammers, der versuche, den witzigsten Griechen nachzuahmen. „Nichts ist wahrlich widerwärtiger als diese krampfhafte Ohnmacht, die sich wie Kühnheit aufblasen möchte, diese mühsam zusammengetragenen Invektiven, denen der Schimmel des verjährten Grolls anklebt, und dieser sylbenstecherisch ängstlich nachgeahmte Geistestaumel." Platens Komödie zeige keine Spur einer „tieferen Weltvernichtungsidee, die jedem aristophanischen Lustspiele zu Grunde liegt, und die darin, wie ein phantastisch ironischer Zauberbaum, emporschießt mit blühendem Gedankenschmuck, singenden Nachtigallnestern und kletternden Affen." Platen dagegen habe wieder nur geringfügige literarische Händel im Sinn: „Wie ein keifendes Weib gießt er ganze Blumentöpfe von Schimpfreden auf die Häupter der deutschen Dichter." Aber nicht einmal in der Polemik sei Platen gut; „Hätte er nur ein Bißchen mehr Phantasie," meint Heine, „so würde er mich wenigstens als geheimen Pfänderverleiher geschildert haben.. Es thut mir in der Seele weh, wenn ich sehe, wie sich der arme Graf jede Gelegenheit zu guten Witzen vorbeigehen (hat) lassen! Wie kostbar hätte er Raupach benutzen können als Tragödien-Rothschild, bei dem die königlichen Bühnen ihre Anleihen machen. Den Oedipus selbst, die Hauptperson seines Lustspiels, hätte er, durch einige Modifikationen in der Fabel des Stückes, ebenfalls besser benutzen können. Statt daß er ihn den Vater Lajus tödten, und die Mutter Jokaste heurathen ließ, hätte er es im Gegentheil so einrichten sollen, daß Oedipus seine Mutter tödtet und seinen Vater heurathet."

Wenn Platen in seinem Lustspiel versichert, er habe ‚wirklichen Witz', so findet Heine das ungeschickt. „Arbeitet er vielleicht auf den Ueberraschungs-Effekt, auf den Theater-Coup, daß dadurch das Publicum beständig Witz erwarten, und dieser am Ende doch nicht erscheinen soll? Oder will er vielmehr das Publicum aufmuntern, den Wirkl. Geh. Witz im Stücke zu suchen, und das Ganze wäre nur ein Blindekuh-Spiel, wo der Platensche Witz so schlau ist, sich nie ertappen zu lassen? ..Ich aber, der ich weiß, wo der Witz steckt, habe herzlich gelacht, als ich von dem (Dichter) las, der zu allen deutschen Dichtern sagt:

‚Ja, gleichwie Nero wünscht' ich euch nur Ein Gehirn,
Durch einen einzigen Witzeshieb zu spalten es – '

Der Vers ist schlecht. Der versteckte Witz aber besteht darin: daß der Graf eigentlich wünscht, wir wären lauter Neronen und er, im Gegentheil, unser einziger lieber Freund Pythagoras."

Abschließend wiederholt Heine mit gespielter Bescheidenheit, es sei nur sein Bestreben gewesen, der Literatur einen neuen Narren zu erschließen. „Ich habe das Feld urbar gemacht, worauf geistreichere Schriftsteller säen und ernten werden. Das bescheidene Bewußtsein dieses Verdienstes ist mein schönster Lohn.

Für etwaige Könige, die mir dafür noch etwa eine Tabatière schicken wollen, bemerke ich, daß die Buchhandlung Hoffmann und Campe in Hamburg Ordre hat, dergleichen für mich in Empfang zu nehmen.

Geschrieben im Spätherbst des Jahres 1829."

Diese wahrhaft aristophanische Vorführung Platens ist nie übertroffen worden. Sie ist ebenso scharfsichtig wie witzig und vernichtend. Das Opfer hatte sie sich ganz selber zuzuschreiben. Gleich ihrem Anlaß, Platens ‚Oedipus', war sie das Ergebnis mangelhafter Unterrichtung und daraus resultierenden Verfolgungswahns.

Leidend um Kopisch, geplagt von der Sorrentiner Jugend, hatte Platen im September 1827 begonnen, seine zweite Satire zu dichten. Als Vorlage diente ihm nur ein Drama Immermanns, sonst kannte er nichts von diesem Autor. Im folgenden Februar las er noch einige Xenien des Genannten, die ihn in solche Wut versetzten, daß er die Nimmermann-Diatribe und die fatalen Ausfälle gegen Heine in einem Zug niederschrieb. Von Heine wußte Platen damals nur, daß er ein Jude war, dessen Bücher sich in Deutschland besser verkauften als die seinen. Zwischen Immermann und Heine vermutete er eine Liga, die eigenen Arbeiten „durch scheinbar kühnere Modernität des Glanzes zu berauben, auch wohl beim Verleger Cotta auszustechen." Dies schreibt Hans Mayer. Platen polemisierte gegen eine Literatur, die er kaum, und Männer, die er überhaupt nicht kannte, die er aber fürchtete*.

Auch Heine polemisierte gegen jemanden, den er nicht kannte und den er als Exponenten einer gegen ihn gerichteten Verschwörung zu erkennen glaubte. Anders als Platen aber hatte er sich der Mühe unterzogen, die Schriften des Gegners, den er mit seinen eigenen Waffen schlagen wollte, genau zu studieren. Wäre er nicht sowieso der Intelligentere und Witzigere gewesen, seine Antwort hätte schon deshalb besser ausfallen müssen als Platens plumper Angriff.

Heine teilte Platens Neigungen so wenig wie 95% der Menschheit. Im vorigen Jahr hatte er noch behauptet, das Seufzen nach Männerliebe widere ihn an. Nunmehr, in den ‚Bädern von Lucca', weist er Roberts moralisierende Kritik zurück und urteilt historisch-ästhetisch: Platens Gedichte seien verschleiernd sehnsüchtig, pfäffisch, ja heuchlerisch. Da seien Nero und Petron doch andere Kerle gewesen.

Tatsächlich hat der Ansbacher in Rom keine Ghaselen ausgeseufzt, sondern bedeutende Oden gedichtet wie ‚Der Thurm des Nero'. Auch Thomas Mann und Hans Mayer weisen den Vorwurf von Heuchelei zurück: Heine hätte als Aufklärer wissen müssen,

---

* Im Laufe des Jahres 1828 dürfte Platen noch Immermanns ‚Andreas Hofer' sowie wenigstens einiges Teile aus Heines ‚Buch der Lieder' gelesen haben. Der Text des ‚Romantischen Oedipus' läßt solche Lektüre vermuten.

daß Platens Homoerotik „in den Bereich des zu Tolerierenden" ebenso gehöre wie sein eigenes Judentum. Stattdessen liefere er „Witze für die Honoratioren und Offizierskasinos: also Gegenaufklärung." (Hans Mayer)

Es ist wahr: Heine reduziert den griechischen Eros auf die Verdauungs- und Analsphäre. Er geht hier weit unter sein Niveau: Sitzfleisch, von hinten, Steiß. So oder ähnlich abgestempelt wurden ‚Artgleiche' des Grafen Platen vor fünfzig Jahren mit rosa Abzeichen in die Lager getrieben und dort totgequält.

Mayer verlangt freilich von Heine, daß er quasi Hirschfeld und Kinsey vorwegnehme, also etwa ein Jahrhundert Fortschritt in Psychologie und Medizin. Heine war zwar klassisch gebildet, damals wohl auch noch liberal; doch hatte er es keineswegs nötig, mit seinen Ansichten in sexualibus weiter zu sein als seine Epoche, die Gleichgeschlechtlichkeit als natürlichen Zustand nicht kannte, sondern sie für ein raffiniertes Laster oder Wahnsinn hielt. Nur da, wo's einen kratzt, entstehen Einsicht, Protest, Wille zur Veränderung, der Rest bleibt immer Spießbürgerei. Heine kratzte es an anderer Stelle. Er hätte anhand der klassischen Kulturgeschichte genug Rechtfertigung für Platen finden, er hätte den Code Napoléon anführen, er hätte auch aus Fairness schweigen können. Daß er es nicht tat, ist bedauerlich, tadelnswert, empörend vielleicht, macht ihn aber noch nicht zum Heuchler. Seine Aufforderung, Platen möge ein moderner Petronius werden, ist blanker Hohn.

Heuchler ist Heine hingegen, wo er dem Görres-Kreis gegenüber den streitbaren Protestanten herauskehrt. Die Abendmahlszene mit dem Glaubersalz steht nur zwei Kapitel vorher.

Wenn aber Heine den Grafen einen Heuchler nennt, so tut er es mit wenig Recht. Thomas Mann spricht entschuldigend von Platens „Halbkenntnis seiner selbst", von seinem Irrtum, die gleichgeschlechtliche Liebe für höherstehend als die normale zu halten. Thomas Mann nennt Platen, wie viele vor ihm, einen Don Quixote.

Wir meinen, daß die Offenheit, mit der sich Platens Poesie seit 1823 schmachtend und jammernd zwar, doch eindeutig an Jünglinge richtet, Respekt verdiene. Daß der Dichter als Hafis, shakespearischer Sonettist oder klassischer Grieche verkleidet daherkommt, kann ihm angesichts der Betretenheit und moralischen Entrüstung, die seine Botschaft hervorrufen mußte, niemand verübeln. Sicher ist es Heuchelei, wenn Platen zunächst die Fiktion der ‚Reinheit' in seinen Gedichten hochhält und nur in hafisischanakreontischem Kostüm zur ‚Sünde' aufruft. Was hätte er damals anderes tun können? Das unverhüllte Bekenntnis der ‚Neuen Ghaselen' setzt dann aller anfänglichen Heuchelei ein Ende.

Zwei Außenseiter werfen sich gegenseitig ihr unverschuldetes, unabänderliches Außenseitertum vor. Hans Mayer nennt es beiderseitigen Don-Quixotismus. Der Jude Heine glaubte, im restaurativen Deutschland, in einer Welt untergehender Stände und ungeborener Klassen mit der Taufe seine volle Integrierung zu erreichen; der Graf Platen hingegen meinte, Anerkennung als Dichter mit literarischer Exhibition vereinigen zu können.

Hans Mayer erklärt, was die beiden Don Quixotes über ihr Außenseitertum hinaus verbindet: beide sind sie Poeten der unglücklichen, unerfüllten Liebe. Heines sonderbar auftrumpfende Männlichkeit, die so stolz auf die eigene Normalität gegenüber Platen und Gumpelino pocht, habe mit heimlicher Empfindung des eigenen Mangels zu tun. Am Grunde des Streites finde sich, unbewußt bei Platen, schmerzhaft bewußt bei Heine, eine gegenseitige Selbstidentifikation des Angreifers mit dem Angegriffenen. Verräterisch sei die Figur des Gumpelino: er ist zugleich jüdischer Konvertit und Schönheitsfreund.

Wer will entscheiden, wen Heine bei der Erfindung des Gumpelino im Sinn hatte? Uns schien zunächst, als wolle er sich nur hyperbolisch lustig machen über den Onkel Sally, der zwar weder getauft, noch geadelt, und schon gar nicht durch Poesie in einen Schönheitsfreund zu verwandeln war; der vielmehr den Neffen anhielt, doch die Gojim Naches, die Schriftstellerei, sein zu lassen und ein anständiger Kaufmann zu werden; der keinen Finger rührte, um Harrys Brautwerbung bei seiner Tochter zu unterstützen; der vor allem kein Geld mehr herausrückte. Heine mochte denken: der Platen hat mich gut getroffen? Wenn ich der Synagogenstolz bin, dann bist du Gumpelino!

Doch dahinter, vielleicht weniger bewußt, als Mayer meint, mag Heine im Gumpelino sich selbst abgebildet haben. Schon der Glaubersalz-Kelch weist mehr auf ihn als auf den Onkel. So ist Gumpelino Heinrich Heine, aber auch August Platen. Warum vereinigt diese Figur in sich beide auf den ersten Blick so disparaten Außenseiter? Weil ihre Rollen austauschbar sind, schreibt Hans Mayer. „Platen suchte sich gesellschaftlich und vor sich selber zu rechtfertigen, indem er das Vorurteil gegen den jüdischen Literaten geltend machte. Heine ging viel weiter. Indem er Platen angriff, exhibierte er die ‚großen Schmerzen' seiner eigenen Männlichkeit. Als er Hirsch und Gumpelino auf die Bühne holte, wo die aristophanische Komödie vom Grafen Platen ‚exekutiert' werden sollte (wie Heine es formulierte), kämpfte er gegen sich selbst. Blieb deswegen auch nicht Sieger."

Nein, es gab keine Sieger in diesem Schimpf- und Schandduell. Platen hatte die Waffen bestimmt, indem er den aristophanisch unflätigen Ton anschlug: Heine brauchte ihn nur aufzunehmen. Platen bemühte die Verdauungssphäre mit Nimmermanns Privatgeschäft – Heine replizierte mit Gumpels nach Kot riechendem Gedichtband und vielem mehr. Platen schnitt das Thema Männerliebe an: Wer wagt zu stören, Süßer, uns den süßen Traum? – und enthob den Gegner so der Verlegenheit, es selbst auftischen zu müssen.

Von zwei Vorwürfen jedoch war Heine wirklich getroffen. Einmal von dem ‚frechen Juden'. Zwar nimmt er Platen selbst nicht ernst, sondern macht sich über ihn lustig: hätte jener nur etwas mehr Phantasie, er würde aus dem Judenthema mehr herausgeholt haben. Daneben aber nimmt Heine Platens Beschimpfung zum Anlaß, quasi über dessen Kopf hinweg mit den mächtigen Gegnern des Görres-Kreises abzurechnen und auf sein „gutes protestantisches Recht" zu pochen: „Wahrlich, sie sind nur Mischlinge von Koth und Dummheit".

Ernster noch nimmt Heine den (eigentlich gegen Immermann gerichteten) Vorwurf, kein Dichter zu sein. Postwendend gibt er ihn an Platen zurück. Es fällt auf, daß beide Dichter zu diesem Schlagabtausch Argumente der vergangenen ‚Kunstperiode' verwenden. Platen: zwar ist das Leben buntscheckig, „aber nicht die Kunst." Heine: „Nie sind tiefe Naturlaute ..aus der Seele eines Platen hervorgebrochen oder offenbarungsmäßig hervorgeblüht." Das altmodische Bestreben, Leben und Kunst getrennt zu halten, wundert uns beim Schönheitspropheten Platen wenig. Umso mehr verblüfft uns der Journalist Dr. Heine, wenn er bei dem Ansbacher spontane ‚Naturlaute' und gar ‚Tiefe' vermißt: sind doch auch seine eigenen ironischen Lieder keineswegs das Ergebnis ‚hervorgebrochener' poetischer Offenbarung, sondern ebenso Produkte künstlicher Planung wie die Gedichte des Gegners.

Die wechselseitige Identifikation der beiden Duellanten, von der Mayer schrieb, geht also noch weiter. Nachdem Platen in seinem ‚Oedipus' vergeblich versuchte, ironisch-witzig zu sein wie Heine, wird Heine entgegen seiner Versicherung pathetisch wie Platen, wenn er von ihm ‚Naturlaute' fordert, über die auch er nicht verfügt, und obendrein ‚Tiefe', die er selbst nicht preisgeben würde. Platens Pathos gleicht dem spröden Spiegel, Heines Ironie der gekräuselten Wasserfläche, die Tiefe ahnen läßt und sie dennoch verbirgt.

Wie kommt dieser ‚pathetische' Bruch in die Rede des Ironikers? Link meint, Heine habe sich hier, zum größten Teil unbewußt, vom Diskurs Platens leiten lassen. Nicht nur argumentiert er im Sinne der Kunstperiode wie jener, sondern er scheint auch von Platens Totalitäts- und Omnipotenz-Phantasma, wie es ihm im ‚Romantischen Oedipus' entgegentrat, überwältigt worden zu sein. So projiziert Heine als Anti-Ödipus all das, wovon er sich bedroht fühlt, auf den Gegner, den er, aller vernünftigen Einsicht trotzend, zum ‚Päderasten-Ultra-Aristokraten' aufbläst.

Platen hat in Briefen bestritten, die ‚Bäder von Lucca' zu kennen. Der Name Heine kommt in den Tagebüchern nicht vor; der Name Immermann wenigstens einmal, und zwar im Herbst 1829, als der Dichter in Venedig vom Erscheinen des ‚Cavaliers' vernommen hatte. Voll Spannung erkundigt er sich in Briefen an Schwenck und Puchta nach Einzelheiten. Dann, seit der Abreise nach Rom, kein Wort mehr zum Thema.

Das vorgeschützte Desinteresse an Heines Schrift steht zu der eben noch gezeigten Neugier in merkwürdigem Widerspruch. Wir halten es für möglich, daß Platen beide Polemiken heimlich gelesen hat, die Immermanns vielleicht schon bald nach seiner Ankunft in Rom, die Heines Ende Februar 1830. Es ist eine verlockende Haltung, in derlei Situationen Nichtwissen vorzuschützen: sie enthebt einen der Peinlichkeit, auf unangenehme Fragen antworten zu müssen. Als Platen seine Schimpfrede gegen Immermann schrieb, behauptete er, dessen Xenien nicht zu kennen. Schlösser hat anhand von Briefen das Gegenteil bewiesen.

Wir können für unsere These auch hier keinen Beweis liefern, sondern nur Indizien. Vom Krankenbett aus klagt Platen Ende Februar 1830 in einem Brief an die Frizzonis über die schlechte Aufnahme seines Lustspiels: viele Rezensenten sprächen ihm geradezu die Fähigkeit zum Dichten ab.

Keine uns zugängliche Pressekritik des ‚Romantischen Oedipus', auch wenn sie das Stück völlig verurteilt, hat aber Platen abgesprochen, ein Dichter zu sein. In auffälliger Weise tun dies nur jene beiden Schriften, die er nicht zu kennen vorgibt. Immermanns ‚Cavalier' widmet dem Thema ein ‚Gespräch' in Versen, und auch Heine wiederholt es in den ‚Bädern von Lucca' viermal: der Graf Platen ist kein Dichter.

Wenn alle Vorwürfe zutreffen, die Immermann und Heine gegen ihn erhoben, oder doch ein Körnchen Wahrheit enthielten: dieser eine war falsch. Platen konnte gelassen darauf reagieren. „Von andern Seiten" sei ihm mitgeteilt worden, schreibt er an Puchta, Heine habe mit großem Scharfsinn bewiesen, daß er, Platen, eigentlich gar kein Dichter sei. „In der That, da Heine nach einstimmiger Acclamation einer ist, so muß ich wohl etwas Anderes sein. Hier ist ein Professor aus Jena Namens Haase, dessen Sie sich von Erlangen erinnern werden. Auch er ist ein großer Verehrer von Heine."

Sollte etwa der Theologe Hase* dem Dichter die ‚Bäder von Lucca' überlassen haben, natürlich unter dem Siegel der Verschwiegenheit? Möglich ist es schon. Dann wären jene „andern Seiten", die so scharfsinnig bewiesen hatten, daß Platen kein Dichter sei, einfach die Seiten von Heines Buch gewesen!

Platen mag sich freilich auch mit der Lektüre einer Rezension der ‚Bäder von Lucca' in einem Berliner Blatt begnügt haben, die Heines Meinung referiert.

Wie auch immer, Ende Februar 1830, kurz nach der Vorlesung des Epos-Fragmentes bei Bunsen, lag Platen mit Hämorrhoiden zu Bett. Man setzte ihm Blutegel, die seinen Zustand freilich nur verschlimmerten. Mit diesen Würmern, die aus irgendeinem schmutzigen Tümpel stammten, dürfte er sich infiziert haben. An einer seiner Leisten-Lymphdrüsen bildete sich ein Abszeß, der aufgeschnitten werden mußte – ohne Narkose! Platen macht kein Aufhebens davon. Niemand tat das damals; ungedämpfte physische Schmerzen, von den Zähnen bis in alle Extremitäten, gehörten zum Alltag.

Schmerzen also des Leibes und der Seele. Den ganzen März verbrachte der Dichter im Bett, und Mitte April waren die Hämorrhoiden „noch in voller Kraft". Sie entzündeten sich erneut, auch die Lymphdrüsen schwollen wieder an; doch ging der Anfall ohne weiteren chirurgischen Eingriff vorüber.

Sein orientalisches Epos sei abgebrochen und noch nicht wieder in Gang gekommen, schreibt Platen Ende Februar an die Frizzonis. Nur einige Epigramme zeugen von der Zeit des Krankenlagers, darunter auch polemische.

> Was ihr faselt und schmiert, stets bleibt's in Italien fremd mir,
> Hätt' ich es auch, niemals hätt' ich's zu lesen versucht.

> Glaubst du, es wäre vergessen bereits nun meine Comödie,
> Weil du dagegen, o Thor, eine Scharteke geschmiert?

Die Haltung überlegener Abwehr wurde dem Dichter einmal erleichtert durch das verheerende Echo, das Heines ‚Bäder von Lucca' in der deutschen, vorzüglich in der Berliner Presse, gefunden hatten. Große Lobeshymnen auf ihn, den Angegriffenen, fielen dabei zwar nicht ab, doch derartige Verrisse hatte er nie einstecken müssen. Die schärfste Zurechtweisung Heines in den ‚Blättern für literarische Unterhaltung' vom 23. Januar sowie die nur wenig mildere im ‚Gesellschafter' vom 3. Februar 1830 waren sicher über die preußische Botschaft an Platen gelangt. Im nächsten Kapitel werden wir sie zitieren.

---

* Von Karl Hase stammt die Beschreibung des Fastnachtszuges Erlanger Studenten S. 285.

Genugtuung gewährten außerdem die vielen Besuche, die er in der nicht so abgelegenen Wohnung während seiner Krankheit empfing. Wie anders war es doch vor drei Jahren gewesen, als er, während einer ähnlichen leibseelischen Krise, in Rom das Bett hüten mußte! Nun gehörte er zum Kreis um Bunsen, er hatte eine gewisse Prominenz erlangt durch die ‚Gabel‘, freilich mehr noch durch die ‚Gedichte‘ und Heines Gegenschrift, worin sie lächerlich gemacht werden. Sollte ausgerechnet er sie nicht gekannt haben?

Mehrere Briefe geben ein Bild, wie er im Frühjahr 1830 an Hämorrhoiden und Heine leidend darniederlag. Einen schrieb der hannoversche Cousin v. d. Bussche, dessen freundliche Fürsorge im Tagebuch erwähnt ist, rückblickend an Platen selbst. Er schildert, wie „polternd und grunzend eine halbe Wilde aus den Abruzzen öffnet, und der deutsche Aristophanes im rothen Käppchen am Schreibpult stehend mir seinen Gruß entgegenwinkt." Das war noch zur Zeit des Karnevals. „Aber auch oft sehe ich noch meinen armen Vetter leidend und matt auf's Krankenlager ausgestreckt, jenen langen Arzt mit den unseeligen Bluthigeln neben ihm, ich reiche naße Umschläge". Anfang Mai schreibt Ranke aus Florenz an Varnhagen: „Platen habe ich in Rom häufig gesehen, um so mehr, da er krank wurde u. meine Krankenpflegernatur dann gleich in Anspruch nahm. ..Heine hat er unverantwortlich beleidigt, u. das ist der einzige Punkt, über den ich mit ihm zusammengerathen bin. Er hat etwas Stilles, Leidendes, Geisterhaftes in seiner Erscheinung. Er wird nicht lange leben".

Als Platen sich in der zweiten Aprilhälfte vom Krankenlager erhob, war die geschnittene Lymphdrüse so wenig geheilt wie die seelische Wunde, die ihm Heine geschlagen. Er ließ es sich nicht anmerken, weder in seinen Briefen, noch im Tagebuch, dem er doch früher seine geheimsten Regungen anvertraut hatte. Wie matt wirken die neuen Epigramme auf Immermann und Heine, verglichen mit den Ausfällen vom vorvergangenen Jahr! Platen mag inzwischen eingesehen haben, daß ‚Personal-Satire‘ meist Schmerzen im Gefolge hat, die in keinem Verhältnis stehen zu dem schändlichen Vergnügen, das sie beim Schreiben bereitet.

Einige Besichtigungsgänge mit Ranke und Bunsen bilden den scheinbar versöhnlichen Abschluß dieses fatalen Frühjahrs 1830. Platen hat das Unglück, das ihn damals überfiel, der Stadt Rom nie verziehen, er sah sie zum letztenmal und wich ihr künftig aus, wenn immer sie an seinem Wege lag. Ende April reiste er nach Neapel, wohin es ihn schon seit einiger Zeit zog. Ranke verließ am selben Tage Rom in Richtung Florenz.

44. Die Abbassiden

Am 1. Mai spätabends traf Platen in Neapel ein, das er zweieinhalb Jahre nicht gesehen hatte. Die Reise war, wie er im Tagebuch vermerkt, „eben nicht sehr angenehm und die Gesellschaft nicht sonderlich; drei Schwindsüchtige und ein Gichtbrüchiger, also mit mir zusammen ein wahres Hospital." Die geschnittene Lymphdrüse war noch immer offen, und der Dichter nahm sich vor, künftig so viel wie möglich zur See zu reisen, um den Strapazen der Postkutsche zu entgehen.

In Terracina hatte er mit seinem König im selben Gasthof übernachtet. Ludwig befand sich mit seiner Maitresse, der Marchesa Florenzi, auf dem Weg von Ischia nach Rom und Perugia. Zum zweitenmal ließ Platen die Chance verstreichen, sich dem König vorzustellen und so in Erinnerung zu bringen. „Erstlich war es schon ziemlich spät," schreibt er an Fugger, „dann war ich in Reisekleidern und kannte auch Niemand aus dem Gefolge." Vielleicht wären die ärmlichen Kleider gerade das Richtige gewesen, um seine Münchener Bezüge zu erhöhen.

Das neapolitanische Straßengewühl strengte den kranken Dichter in den ersten Tagen ziemlich an. Die Stadt war voller Touristen, darunter viele reiche Engländer, was die Wohnungssuche nicht erleichterte. Schließlich fand Platen in Santa Lucia ein kleines Zimmer mit großer Loggia und herrlichem Blick auf Meer und Vesuv. Dort verbrachte er die meiste Zeit, nur langsam genesend, und tröstete sich mit ausgedehnter Lektüre. Viel lieber hätte er sein Epos beendet, doch war er nicht in rechter Stimmung.

Nach dem lebhaften römischen Winter im Kreis um Bunsen fühlte er sich in Neapel anfangs etwas einsam. An Liebesabenteuer war in seinem Zustande nicht zu denken. Bald jedoch verkehrte er im Hause des evangelischen Pfarrers Bellermann von der preußischen Botschaft, den er um ein Haar schon 1827 durch Gündel kennengelernt hätte. Er empfing den Besuch des berühmten Münchener Architekten Leopold Klenze, dem er 1818 schon einmal begegnet war: Klenze stand hoch in des Königs Gunst, er war mittlerweile ‚der' Baumeister des neuen München, das Platen noch in seiner ersten Blüte sehen sollte. Der Vertreter des Bankhauses Rothschild am Ort, ein Herr Haller, suchte ihn auf und bot ihm seine Dienste an.

Nach genau einem Monat verließ er die Stadt und begab sich nach Sorrent. Dort nahm er eine Wohnung, an der nichts auszusetzen war, wie er an Bunsen schreibt, „als daß sie dreiviertel Stunden von der Marine entfernt liegt und unverschämt theuer ist, was vorauszusehen war, da wir armen Deutschen bestimmt sind, die Thorheiten der Engländer zu bezahlen. ..Das Meer ist zwar ganz in der Nähe und die schönsten Stufen führen hinab, aber da die Dogana die Zugänge der Grotten hat vermauern lassen, muß man immer bis an den Hafen von Sorrent laufen. Ich bin nun schon geistig und leiblich bestimmt, ein Opfer der Dogana zu werden, in Bezug auf die Bäder und Studien." War es nicht möglich, müssen wir fragen, sich ohne Grotten umzukleiden? Als geistiges Opfer seiner Studien fühlte Platen sich durch den hohen Einfuhrzoll, den das Königreich beider Sizilien auf importierte Bücher erhob.

Hauptlektüre der Sorrentiner Tage war Gibbons römische Geschichte, die er seit 1818 kannte. Schon damals hatte sie ihm als Vorlage für den ‚Odoaker' gedient und später vermutlich auch für die Ballade ‚Das Grab im Busento'. Erste Ausbeute war diesmal ‚Der Tod des Carus', eine Episode aus der Zeit der römischen Soldatenkaiser: Das Gedicht stellt, wie Platen später Fugger erläutert, „das Aufflackern und Zusammensinken der römischen Macht dar, die bald darauf durch Theilung und Einführung des Christenthums gänzlich geschwächt ward." Neben dieser Hauptthese Gibbons enthält die Ballade auch ein Stück Biographie ihres Autors. Die Ermordung des siegreichen

Carus während eines Gewitters mit Blitzschlag ins kaiserliche Zelt zeigt Parallelen genug zur Hinrichtung Platens durch Heine im vergangenen Frühjahr, da er im Palazzo Caffarelli gewiß als ‚der' Dichter des Bunsen-Kreises ein wenig Hof gehalten hatte, bis das Schicksal ihn ereilte.

Auf ähnliche Weise haben manche Balladen auch eine politische Bedeutung. Sie entsteht dadurch, daß Platen gern seine Meinungen, speziell solche über das eigene Befinden, auf aktuelle oder historische Vorgänge und ihre Träger projiziert: wir erinnern an ‚Colombos Geist' drei Jahre nach Waterloo und den ‚Pilgrim von St. Just' im Jahr der Karlsbader Beschlüsse. Beide Male spricht das Ich des Dichters aus dem Munde eines Weltherrschers und ‚politisiert' so traurige Gedanken aus der Innenwelt. Private Anliegen erhalten direkt (Napoleon) oder durch Analogie (Kaiser Karl V) einen politischen Bezug. Platen schätzt die großen historischen Parallelen, die symmetrische Gegenüberstellung des Einzelschicksals mit dem Auf und Ab ganzer Epochen. Der daraus resultierende Nebensinn ist stets gleich: das Gedicht vom Untergang eines Zeitalters oder seines Exponenten soll auch das Ende der restaurativen Königreiche in Europa beschwören.

Mitte Juni war die Lymphdrüse noch immer verhärtet und die Wunde ungeheilt. Platen klagt in einem Brief an Fugger nicht nur, daß er so trotz der Hitze auf Seebäder verzichten müsse, sondern auch über neuerliche Geldsorgen, die ihm die Stimmung verdürben: das Münchener Gehalt reiche keineswegs bis Oktober, und von Cotta sei auch nichts zu erwarten.

Anfang Juli traf die Gräfin Egloffstein in Sorrent ein. Der Dichter kannte sie vom vergangenen Winter in Rom her: Julie Egloffstein war ehemals Hofdame bei der verstorbenen Großherzogin von Sachsen-Weimar und gehörte dem Kreis um Goethe an. Platen wäre betroffen gewesen, hätte er gewußt, mit wie geringen Mitteln sie in Italien auskommen mußte. Doch reiste sie als Gesellschaftsdame einer besser gestellten ehemaligen Gouvernante. Julie Egloffstein malte, zeichnete, sie sah hübsch aus, hatte ein bezauberndes, extravertiertes, vielleicht etwas blaustrümpfiges Wesen und fand Verehrer, wohin sie kam. Da sie aber eine ‚eiserne Jungfrau' (heute würde man sagen: frigid) war, wies sie alle ab und starb unverheiratet.

„Verheimlichen Sie mir doch nicht," schreibt Ranke aus Florenz an Platen, „wie Sie mit der schönen Landsmännin aus Thüringen stehen. Nehmen Sie sich aber in Acht. Ich höre noch hier, daß sie zu denen gehört, welche, wie Lili, Parke um sich her bilden, mit mancherley Gewild." Über Lili Schönemanns Park von Verehrern hatte Goethe 1775 ein berühmtes Gedicht geschrieben, in dem er selbst als Bär erscheint. Julie Egloffsteins Biedermeier-Park in Sorrent enthielt freilich eher zahme Spezies, einen jungen armen Engländer, einen mehrprachigen neapolitanischen Offizier und schließlich den Ansbacher Poeten. „Die Gräfin sagte mir, daß Goethe sehr günstig von mir dächte", notiert er stolz im Tagebuch.

Der Sommer 1830 war sehr heiß und die Wunde immer noch nicht geheilt. Platen klagte, daß er immer noch keine Seebäder nehmen könne. Die Tage vergingen ihm langweilig mit Lektüre: zu der Fortführung seines Epos sei er nicht aufgelegt, und den Gedanken ans Theater habe er ganz aufgegeben. Die Abende verbrachte er oft bei der

Julie von Egloffstein. Zeichnung von Friedrich Preller.
(Privatbesitz)

Gräfin Egloffstein, obwohl ihre Wohnung ziemlich weit von der seinen entfernt lag. „Platen gehörte unstreitig zu den Interessantesten unseres kleinen Kreises," schreibt Julie nach Weimar, „wenn er nur weniger verstimmt und unmittheilend wäre. Aber der Arme scheint an der unheilbaren Krankheit, die man ‚Genie' zu nennen pflegt, zu leiden und langsam zu Grunde zu gehen!"

Ende Juli brach in Paris eine kleinere Revolution aus. Karl X, jüngster Bruder des guillotinierten Ludwig XVI, mußte den französischen Thron räumen für seinen Vetter Louis Philippe von Orléans. Das Haus Bourbon trat in Frankreich endgültig ab, behielt jedoch die Herrschaft in Spanien und beiden Sizilien. Die Pariser Juli-Revolution sollte später weitreichende Folgen haben; zunächst löste sich nur Belgien von den Niederlanden.

Der tiefere Grund für die Aufstände von 1830/31 lag darin, daß die Restauration nach Napoleon den sozialen Veränderungen in Europa, die im Gefolge der wissenschaftlich-technischen Neuerungen eingetreten waren und noch fortwährend eintraten, nicht genügend Rechnung getragen hatte. Die Zusagen der Machtbeteiligung, die Verfassungen, wurden kaum irgendwo eingehalten. Das Bürgertum war jedoch mittlerweile so erstarkt, daß es begann, die Versprechungen von 1815 einzufordern. Ein Gefühl der Dankbarkeit für endlichen Frieden nach jahrzehntelangen Kriegswirren, das zunächst im Sinne der Restauration wirkte, hatte sich allmählich verbraucht. Entscheidend neu am Bürgerkönigtum Louis Philippes war, daß es sich nicht mehr auf Gottes Gnaden berief, sondern wie eine moderne Republik auf Volkssouveränität beruhte: daß, mit anderen Worten, der König nur noch präsidierte und nicht mehr regierte.

Für die deutsche Geistesgeschichte freilich bedeutete das Jahr 1830 keinen großen Einschnitt. Romantik, Weltschmerz und neu aufgenommene Überlieferung aus dem vorigen Jahrhundert wirkten fort in all den vielfältigen Kombinationen und Ausformungen, die das Biedermeier charakterisieren. Hinzu kam eigentlich nur die politische Oppositionsbewegung ‚Junges Deutschland‘, eine lose Gruppierung nationalliberaler Schriftsteller, die im Stuttgarter ‚Literatur-Blatt‘ und in der ‚Augsburger Allgemeinen Zeitung‘ ihr Forum finden sollte. Kunst und Leben waren ihnen kein Gegensatz mehr, letzte Fragen interessierten sie nicht. Die wichtigsten Vertreter der Bewegung, Heine und Börne, veröffentlichen freilich schon seit über zehn Jahren, und somit ist auch diese Neuheit relativ.

Nur im Trivialbereich war ein ungebrochen romantisches Empfinden zum Gemeinplatz geworden und sollte es bis heute bleiben. Es ermöglichte dem Bürgertum neben anderem eine oberflächliche Aneignung historischer Kunststile in den bildenden Künsten. Den letzten halbwegs originären Dekorationsstil, das Empire, hatte der Hof Napoleons geprägt: eigentlich war er, trotz aller Pracht und im Widerspruch zu seinem Namen, bereits bürgerlich. Seit 1750 jedoch wurde, von England ausgehend, die Gotik in Architektur und Dekoration wieder erweckt; ihr folgte, seit einigen Jahren, in München das toskanische Quattrocento. Neuerdings mischten sich auch zusehends Motive der Hochrenaissance in die Fassaden von Theatern, Museen, Geschäfts- und Wohngebäuden; ja, was kürzlich noch als der Höhepunkt der Scheußlichkeit gegolten hatte, Geschweiftes und Geschnörkeltes, tauchte am Mobiliar der bürgerlichen Salons wieder auf. Während die Herrenkleidung weniger englisches Landleben in den Farben von Feld, Wald und Wiese widerspiegelte, sondern in dunkler werdenden Tönen eher Börse und Kontor, besann sich die Damenmode auf die Wespentaille und den ausgestellten Rock des Ancien régime.

In der Musik war die Romantik noch fruchtbarer als in der Literatur, ja ihre Blüte, die das Jahrhundert überdauern sollte, begann eigentlich erst jetzt. Chopins Etüden opus 10 zeigen nicht nur entscheidende Neuerungen in der Harmonik, sondern sie setzen bei der Spieltechnik geradezu bestimmte Verbesserungen im Pianoforte-Bau voraus*. Auf dem Hammerklavier Beethovens und Schuberts sind sie nicht mehr auszuführen. Das letzte dieser atemberaubenden Stücke schildert den Warschauer Aufstand vom November 1830.

Mitte August stieg das Thermometer in Sorrent immer noch auf 30 Grad Réaumur, das sind über 37 Grad Celsius. Platens Wunde war endlich geheilt. „Ich nehme täglich ein Seebad und werfe mich vom Felsen in's Meer", schreibt er an die Eltern. Drei deutsche Damen: eine Pfarrersgattin, ein begleitendes Fräulein und die Basler Malerin Emilie Linder, hatten den Poeten mittlerweile in Pension genommen. Die Letzt-

---
* die Repetitionsmechanik von Erard, Paris 1823.

Emilie Linder. Zeichnung von Wilhelm Ahlborn.
(Kestner-Museum, Hannover)

genannte war zwischen München und Rom mit vielen Größen des Geistes und der Kunst befreundet; Platen hatte sie wahrscheinlich um Weihnachten 1824 im Hause Ringseis kennengelernt. Sie neigte zum Katholizismus, woran der Dichter zunächst wenig Anstoß nahm. Später sollte er der Demoiselle Linder in Venedig und München wiederbegegnen, auch einige Briefe mit ihr wechseln.

„Die Wohnung ist sehr ruhig und angenehm", heißt es weiter in dem Brief an die Eltern, „vom Dache aus, wo man des Abends zu sitzen pflegt, hat man eine herrliche Aussicht, und sieht die Sonne im Meere hinter der Insel Procida untergehen." Vor einigen Tagen hatte Julie Egloffstein ein kleines Fest in Camáldoli gegeben, einer hoch gelegenen Klosterruine mit einmalig schönem Blick auf die Golfe von Neapel und Salerno. Zwölf Teilnehmer begaben sich auf Eseln und mit Picknickkörben in die Berge.

Unterdessen hatte Weimar von Julie Egloffsteins Sorrentiner Kleeblatt Kenntnis genommen. „Platen müßte ich (mir) sehr verbitten," schreibt die Schwester Caroline Ende August, „denn seine Eitelkeit wird zur Dürftigkeit des Herzens; es ist nicht Genie allein, woran er zu Grunde geht, und seine Gedichte haben mir längst sein Innres gezeigt. Er kommt nicht zum Lieben, weil er nur mit sich selbst beschäftigt ist und Alles haßt, was gegen ihn sich ausspricht. Das Genie ist grandioser, – es geht über solche Kleinigkeiten hinweg."

Neben der üblichen Ignorierung von Platens Hauptanliegen kommt hier Goethes zwiespältige Meinung zum Ausdruck. Heines ‚Bäder von Lucca' waren in Weimar wohl bekannt. Goethe hatte nicht Partei ergriffen, doch zu Eckermann sein Befremden geäußert über diesen Streit der Dichter, von denen jeder schon am eigenen Talent einen hinlänglichen Feind habe.

Seine finanziellen Sorgen war Platen für den Augenblick los, da Schelling ihm einen Vorschuß auf das erst später fällige Gehalt der Akademie überwiesen hatte. Umso mehr Ärger gab es mit dem Verleger. „Cotta hat eine neue unerhörte Schurkerei begangen", schreibt der Dichter Anfang September an Fugger. „Nachdem er mir für den Oedipus tausend Gulden feierlich zugesagt, schreibt er kürzlich an Puchta, der meine Rechnung verlangte, er gebe mir für den Oedipus und die Gabel zusammengenommen 360 Gulden! Das geht doch wirklich über alle Begriffe, und ich muß den Tag verfluchen, an dem ich mich mit diesem schändlichen Juden eingelassen, der mich, trotz seiner Millionen, um mein kleines Eigenthum gebracht hat und noch bringen wird. Viele meiner Werke hat er nun einmal in Händen."

In Sorrent hatte Platen im Damenkreis den Spätsommer „recht anmuthig hinge-bracht". 45 Seebäder sind im Tagebuch vermerkt. „Wie würde Ottilie (v. Goethe) mich beneiden, wenn sie wüßte, daß ich hier.. einen jungen englischen Verehrer von 22 Jahren habe," schreibt Julie Egloffstein am 9. September an ihre Schwester Line. „Während er selbst und die Uebrigen die Sache höchst ernsthaft nehmen, kommt sie mir so höchst komisch vor, daß ich mich oft kaum des Lachens erwehren kann, besonders, wenn ich meines nahen Geburtstages und der Jahrzahl gedenke, die ihn an's Licht rief. Anfänglich hatte ich eigentlich drei, die sich um meine Huld bewarben, allein der Deutsche wie der Italiener wichen vor dem Ungestüm des Engländers, ..und sind nun auf andere Weise glücklich untergebracht". Platen hatte dennoch zu Julies achtunddreißigstem Geburtstag ein zierliches Sonett in tadellosem Italienisch verfaßt:

Levati, o Popol Sorrentino, e senti
La gran nuova del grande anniversario,
Celebrando con suon tumultuario,
La Contessina degl'appartamenti!

Lei già conosci e tutti i suoi talenti
E il suo spirito, il quale e tanto vario
Che in paragon le lune del lunario
Sembrano cose fisse e permanenti.

Speriam, che i patti d'ora in poi mantenga,
Speriam, che in Casa Balsamo quest'oggi
Stia sana e non già ad ora ad or si svenga!

Lei celebriamo per valli e per poggi
E il nostro grido universal divenga:
Evviva la Signora degl'alloggi!*

---

* Übersetzung im Apparat.

Die Verse lassen darauf schließen, daß Julie Egloffstein, bevor sie in der Casa Bálsamo Ruhe fand, mehr als einmal die Wohnung gewechselt hatte, und das sogar unter Bruch bereits eingegangener Mietverträge. Den vermutlichen Grund umschreibt Erna Friepes 1935 so: „Die Gräfin, eine durchaus hochstehende Natur, mag in manchen damals primitiv eingerichteten Häusern auf Übelstände gestoßen sein, denen sie.. entgehen wollte."

Hinter der Ironie, die Platen nur selten zu Gebote stand, verbirgt sich scheue Verehrung; wir erinnern uns der fremdsprachigen Jugendgedichte, an die er hier deutlich anknüpft. Töricht genug dann die Reaktion aus Weimar. Platens Sonett habe ihr Spaß gemacht, schreibt die Mutter Egloffstein an Julie, doch sei ihr dies persiflierende Gedicht „mehr werth als ein zärtliches, denn man sagt wenig Gutes von dem geistreichen Dichter (ob wahr oder unwahr kann ich freilich nicht entscheiden)." Heines Attacke hatte ihre Wirkung getan. Platens Sonett wurde gleichwohl in ‚Chaos', der dreisprachigen Privatzeitschrift des Goethekreises, veröffentlicht.

Vielleicht war es neben der Pariser Revolution auch die Lektüre von Manzonis ‚Promessi Sposi', die sein Interesse von nun an mehr Tagespolitik und Geschichte zuwandte. Platen las den überwältigenden historischen Roman im August, und gleich hinterher Rosinis schwächere Fortsetzung ‚La Mónaca di Monza'. Die ganze Zeit über hatte er sich von Haller die liberale ‚Augsburger Allgemeine Zeitung' nach Sorrent schicken lassen. Für die Poesie sei die Sommerfrische unfruchtbar gewesen, schreibt er kurz vor der Rückreise nach Neapel ins Tagebuch.

Am 22. September verließ Platen mit den drei Damen Sorrent. Über Amalfi, Salerno (wo er letztmalig seine Hämorrhoiden spürte), Nocera und Pompeji kehrte die Reisepartie nach Neapel zurück; dort bezog der Dichter eine heizbare Wohnung in der Via S.Giacomo. Gerhard traf aus Rom ein und wurde willkommener Teilnehmer an Exkursionen nach Nola und Pozzuoli. Einmal führte Platen die Damen nach S.Carlo in die Oper: „Der Dei von Algier war in einer Loge zugegen. Es ist ein kleiner, alter Mann, dem der Kopf zwischen den Schultern steckt."*

Kaum waren die Damen abgereist, als die Bunsens mit ihren Kindern aus Rom erschienen und Platen auf eine zehntägige Tour nach Bajá, Procida, Ischia (wo er noch nicht gewesen war), Capri und Sorrent einluden. Der Einzelgänger genoß die Integration in den Familienverband, eine seltene Erfahrung, die er eigentlich nur bei den Stürlers in Thierachern oder bei den Zanettis in Perugia gemacht hatte.

Julie v. Egloffstein scheint den ganzen Oktober in Neapel verbracht zu haben, doch ist sie in Platens Tagebuch nicht mehr erwähnt. August v. Goethe, der kürzlich noch die Stadt besucht hatte, starb unerwartet Ende des Monats in Rom. Platen erfuhr die Nachricht schnell, vermutlich durch Bunsen, und konnte Julie Egloffstein noch unterrichten, bevor sie am 1. November abreiste.

Trotz des vielen Umtriebs fand Platen genügend Muße, drei Oden zu dichten. In der ‚Augsburger Allgemeinen' mag er von der Grundsteinlegung des Ruhmestempels ‚Walhalla' gelesen haben, den Ludwig I im Stil des Parthenon nach einem Entwurf von

---

* Im Juli war Algier von den Franzosen besetzt worden, der Dei mittlerweile in Neapel exiliert.

Klenze am Donauufer nahe Regensburg errichten ließ. Die Nachricht animierte ihn zu einer 15strophigen Ode an den König, die nicht ohne Grund derart in Vergessenheit geriet, daß Max Koch sie erst entdeckte, als die ‚sämtlichen Werke' schon gedruckt waren. Eine weitere Ode, genannt ‚Der bessere Theil', setzt faustische Aktivität gegen gläubige Kontemplation.

> Thätigkeit löst Räthsel und baut der Menschheit
> Schönstes Werk; doch schmähe sie drum ein stilles,
> Sanftes Herz nicht, weil es erwählt den bessern
>   Theil, wie Maria.

Ein unerwarteter Gedanke beim neuheidnischen Platen. Es handelt sich wohl um ein poetisches Kompliment an die Damen, in deren Obhut er den Sommer so angenehm verbracht hatte, und die alle auf ihre Art ein wenig fromm waren, von der Pfarrersfrau bis zur Gräfin Egloffstein.

Eine weitere Ode richtet sich scheinbar an Karl X von Frankreich, ist in Wirklichkeit aber eine captatio benevolentiae bei Louis Philippe. Dem Exkönig werden seine Versäumnisse vorgehalten, ja Platen versteigt sich zu der Behauptung, sein Schicksal wie das des guillotinierten Bruders seien späte Vergeltung für die Blutschuld, die das Haus Capet durch die Hinrichtung Konradins auf sich geladen habe.

> Und König Philipp herrsche gerecht und gut!
>   Viel hangt an ihm! Nie war so heilig
>   Irgend ein fürstliches Haubt, wie seins ist.

Wozu Schlösser trocken bemerkt, Krone und Szepter dieses pathetisch gepriesenen Königs seien Zylinder und Regenschirm gewesen. Platen hatte den Unterschied zwischen der alten ‚heiligen' Legitimation und der neuen profanen des Bürgerkönigs gar nicht begriffen. Stolz schickte er sein neues Gedicht nach Paris an Rugendas: der las es, wie er schreibt, seinen französischen Freunden vor, soweit sie deutsch verstanden, darunter Mérimée, Ampère, Cousin, Constant, doch auch Alexander v. Humboldt. Die Ode habe so gut gefallen, schreibt Rugendas, daß er vorschlage, sie König Louis Philippe zu überreichen, er bitte um Autorisierung. Die Sache verlief im Sande.

Am 8. November starb nach nur fünfjähriger, äußerst korrupter Herrschaft König Franz I von Neapel. Platen sah den mehrstündigen, prächtigen Leichenzug. Nachfolger war Ferdinand II, zwanzigjährig, nüchtern, integer, sarkastisch, doch so bigott und reaktionär wie beide Vorgänger zusammen. Er sollte das Königreich bis fast ans Ende regieren. Nur ein Jahr nach seinem Tod landete Garibaldi auf Sizilien.

Die Brüder Frizzoni berichteten von einer Deutschlandreise, auf der sie Gündel gesehen und auch Platens Eltern besucht hatten. Höhepunkt war wohl ein Empfang bei Goethe am 27. September gewesen. Zusammen mit einem Wechsel aus Ansbach erhielt Platen von den Frizzonis folgende schmeichelhafte Schilderung: „Die gütige Aufnahme, die (uns) bei (Goethe) zu Theil ward, verdanken wir vielleicht unserm italiänischen Namen; doch (war) es, als erheiterte sich sein ehrwürdiges Antlitz, als wir Ihren

Namen mit ein Paar Worten erwähnt. Er wüßte von Ihrem damaligen Aufenthalt und sprach sich auf's Wärmste über die Verdienste aus, die Sie sich um unsere Literatur erworben." Platen war von dem Geld und den guten Worten so gerührt, daß er an die Frizzonis ein Epigramm richtete:

> Ihr, voll seltener Liebe geneigt dem poetischen Wandrer,
>   Freunde, Genossen des Wegs, welche der Freund mir erzog:
> Nehmt als Weihegeschenk die verwehenden Distichenkränze,
>   Freundschaft wöbe so gern ewige Myrten hinein!

An drei aufeinanderfolgenden Novembertagen entstanden drei Balladen im bewährt pompösen Ton. Den Stoff für ‚Harmosan' und ‚Zobir', Anekdoten aus den Islamisierungskriegen des frühen Mittelalters, fand der Dichter wieder bei Gibbon; äußerer Anlaß, wenigstens für ‚Zobir', war die kürzliche Eroberung Algiers durch die Franzosen. Der pathetische Bilderbogenstil dieser historischen Szenen sprach das neunzehnte Jahrhundert in einer Weise an, die wir heute nicht mehr nachempfinden können. ‚Das Grab im Busento', ‚Der Tod des Carus' und ‚Harmosan' standen bereits im ‚Echtermeyer' von 1836!

> Schon langt am Oxus Omar an, nach manchem durchgekämpften Tag,
> Wo Chosru's Enkel Jesdegerd auf Leichen eine Leiche lag. (‚Harmosan')

Solche absurd-faszinierenden Verse prägen sich dem Gedächtnis wider Willen ein. Trotz der Stellen, die heute unfreiwillig komisch wirken, gehören gerade die angeführten Balladen zu Platens größten Rezeptionserfolgen. Link sieht diese Lyrik im Vorfeld Richard Wagners: wir wollen auch an den Meininger Theaterstil erinnern, der aus ähnlichem Geiste entstand.

Mehr persönliche Bezüge zeigt ‚Luca Signorelli' nach einer Vorlage von Vasari. Der Maler erfährt vom plötzlichen Tod des einzigen Sohnes und malt ‚den schönen Leib des vielgeliebten Kindes' vor seiner Beerdigung. Das Bildnis des Dorian Gray kommt uns in den Sinn: Narziß versucht, das flüchtige Spiegelbild festzuhalten.

Am 29. November brach in Warschau der polnische Aufstand aus. König von Polen war seit 1815 der russische Zar, im Augenblick Nikolaus I; sein Bruder Konstantin, ein großer Polenfreund, regierte als milder Vizekönig in Warschau. Polen hatte völlige Autonomie, Verfassung und Parlament, alles Dinge, die es in Rußland nicht gab, dazu eine eigene Armee, Zoll- und Steuervorteile. Der polnische Nationalismus jedoch forderte Wiedervereinigung mit den durch zwei Teilungen verlorenen Gebieten, die sich in preußischer, österreichischer und russischer Hand befanden. Großfürst Konstantin lehnte zunächst einen Schießbefehl ab, und auch Petersburg reagierte hinhaltend.

Nachdem alle seine deutschen Freunde Neapel verlassen hatten, fühlte sich Platen vereinsamt, wie er an Fugger schreibt. Vielleicht entstand damals jenes resignierte Gedicht, eins der seltenen Zeugnisse seiner verschwiegener vita amorosa:

> O schöne Zeit, in der der Mensch die Menschen lieben kann!
> Auf meinem Herzen liegt ein Fluch, auf meinem Geist ein Bann.

Erst litt ich manche heiße Qual, nun find' ich Lieb' und Glück;
Doch solch ein schönes Hochgefühl, ich geb' es nicht zurück!

Voll Ruhe, doch wie freudenlos durchschweift' ich West und Ost:
Auf namenlose Gluthen folgt ein namenloser Frost.

Und drückt ein Mensch mir liebevoll und leise nur die Hand
Empfind' ich gleich geheimen Schmerz und tiefen Widerstand.

Was stellt sich mir mit solchem Glanz dein holdes Wesen dar,
Als wär' ich noch so warm, so voll, wie meine Jugend war.

Ähnlichen Geist atmet eine Ode, die den Krater des damals unruhigen Vesuvs anchaulich schildert. Zunächst ist sie ein poetisches Reisebild, das die äußere Natur wiedergibt, dahinter aber auch ein Abbild von Platens innerer vulkanischer Landschaft, die vorübergehend etwas abgekühlt war. Der Dichter bestieg den Berg mit einem Bekannten Anfang Dezember.

Schön und glanzreich ist des bewegten Meeres
Wellenschlag, wann tobenden Lärms es anbraust;
Doch dem Feu'r ist kein Element vergleichbar,
    Weder an Allmacht,

Noch an Reiz für's Auge. Bezeug' es Jeder,
Der zum Rand abschüssiger Kratertiefe,
Während Nacht einhüllt die Natur, mit Vorwitz
    Staunend emporklimmt,

Wo im Sturmschritt rollender Donner machtvoll
Aus dem anwuchsdrohenden, steilen Kegel
Fort und fort auffahren in goldner Unzahl
    Flammige Steine,

Deren Wucht, durch Gluthen und Dampf geschleudert,
Bald umher auf aschige Höhn Rubine
Reichlich sät, bald auch von des Kraters schroffen
    Wänden hinabrollt:

Während still, aus nächtlichem Grund, die Lava
Quillt. – Des Rauchs tiefschattige Wolk' umdüstert,
Holder Mond, dein ruhiges, friedenreiches
    Silbernes Antlitz.

Doch wie um zu zeigen, daß seine Lava nicht immer still fließen, sondern zugleich flammige Steine auswerfen wollte, schrieb er fünf erstaunlich unflätige Strophen gegen die Hegelianer* sowie, als erste Reaktion auf die Vorgänge in Warschau, einen russenfeindlichen ‚Aufruf an die Deutschen'. Beide Gedichte leiten eine neue, unfriedliche Phase in Platens Schaffen ein, die uns im nächsten Kapitel beschäftigen wird.

---

* Näheres im Apparat.

Ein ganzes Jahr war mittlerweile vergangen seit dem Erscheinen der ‚Bäder von Lucca'. Heine hatte sofort ein ungutes Gefühl gehabt wegen der letzten beiden Kapitel; schon die Briefe, die er den ersten Exemplaren zur Erläuterung mitgab, waren defensiv und rechtfertigend. Bei den Freunden herrschte dennoch Betretenheit. Am 23. Januar 1830 erschien dann in den Berliner ‚Blättern für literarische Unterhaltung' ein böser Verriß, der die gesamte öffentliche Reaktion auf Heines Platen-Polemik quasi schon zusammenfaßt. Nicht etwa, daß man dem Exekutierten zu Hilfe geeilt wäre: nein, aber Heine war so unverschämt gewesen, „dem Publicum mitzutheilen, was Andere für sich behalten"! Platen hatte die Männerliebe in Versen besungen und so den (männlichen) Lesern ermöglicht, das Materielle am Thema ‚kühl' zu ignorieren und das Lob rein ideal-platonisch zu verstehen. Vor Heines Prosa aber gibt es kein Entrinnen ins Metaphorische. „Mit solcher schmutzigen Frechheit, mit solcher niederträchtigen Gemeinheit ist wohl noch nie ein Streit zwischen Schriftstellern geführt worden". Heine hat Platen einen P... genannt: „die Sitten.., die Grundsätze ..aller christlichen Völker fordern, daß solche Vergehen, wenn sie je erwähnt werden müssen, nur mit ernstem Abscheu behandelt werden. Der leichte Ton, die affectirte Ueberlegenheit eines roué erregt bei uns blos Verachtung und Ekel. – Wie aber – ist Platen eines solchen Vergehens überwiesen..? Einige von seinen Gedichten drücken eine gewisse weichliche, weinerliche Freundschaft aus, die allerdings unmännlich, widerlich ist; aber rechtfertigt dieß eine solche Beschuldigung?" Heine wirft Platen auch seine Armut vor: „eine solche Niedrigkeit kann nun kaum mehr auffallen. Was er sonst über Platens metrische Pedanterie, sein Selbstlob sagt, ist zum Theil gegründet und witzig; aber wenn er beweisen will, daß Platen kein Dichter sei, so ist das blos lächerlich."

Die Schärfe des Tons macht betroffen. Uns Heutigen, fünfzig Jahre nach Auschwitz, scheinen die gegenseitigen Beschuldigungen Platens und Heines etwa gleich schwer zu wiegen: Knoblauchküsse – Knabenfreund. Das war jedoch früher nicht so. Einen frechen Juden eben so zu nennen, war kleine Münze; jemanden aber der P... zu bezichtigen, war so furchtbar, daß dem anonymen Berliner Journalisten das Wort im Halse stecken blieb und er es nicht einmal hinzuschreiben wagte. Heine sollte die Folgen zu spüren bekommen. Platen aber widerfährt nur deshalb kühle Gnade, weil ihm, in dubio pro reo, eingeräumt wird, Heines unerhörte Beschuldigung sei falsch.

Die einsichtigste Rezension schrieb Moses Veit für den Berliner ‚Gesellschafter' vom 3. Februar 1830. Sie gelangt zu Erkenntnissen, die denen Hans Mayers ähneln. Heine, so Veit, sei stets nur Selbstdarsteller, seine Reiselust verkapptes Heimweh: „Indem er mit seinem durchdringenden Geiste die Einseitigkeit und Befangenheit Anderer leicht überschaut, kann er gleichwohl nicht aus sich selber heraus und eben diese Wehmuth über den Zwiespalt des eigenen Innern bestimmt auch in den Reisebildern seine Ansichten.. Scheint es doch oft, als ob er sich nur darum über die Sachen und die Menschen lustig machte, um seine Aufmerksamkeit von sich selbst abzulenken, und die beißendste Satire wird ihm unter der Hand zur bittern Selbst-Persiflage." Das entschuldige freilich nicht Heines Kampf gegen Platen. „Wenn H. ruhig über Platen urtheilt, müssen wir ihm im Ganzen beistimmen, aber die widrige Phantasie, mit der er seine Beschuldigung einleitet und ausspinnt, hat uns nicht Platens halber, der durch solche Begegnung gehoben wird, sondern Heines wegen im Innersten empört. Sein Buch wird dadurch so verrufen, daß man in guter Gesellschaft, d.h. in der wahrhaft guten, kaum bekennen darf, es gelesen zu haben."

Schon möglich, daß Platen sich den letzten Satz zueigen machte und, nach Lektüre dieser und der vorausgehenden Besprechung, einfach vorgab, Heines ‚Bäder von Lucca' nicht zu kennen. Die Berliner Presse, mit Diplomatenpost gewiß auf schnellstem Wege in die preußische Botschaft nach Rom gelangt, wird ihm eben zur Verfügung gestanden haben, als er sich für zwei Monate ins Bett legte.

Heines Platen-Polemik stieß beim Publikum weitgehend auf Unverständnis, weil ihr direkter Anlaß, der ‚Romantische Oedipus', sich schlecht verkaufte und deshalb kaum bekannt war. Nur zögernd kamen Varnhagen und Lyser Heines dringender Bitte nach, zu den ‚Bädern von Lucca' jene freundlichen Artikel zu schreiben, an denen es mangelte. Beide taten es nur lauwarm und halbherzig. Schließlich erschien Ende März in dem kleinen Frankfurter ‚Kometen' ein anonymes Lob Heines, das lediglich seine eigenen Argumente wiederholt.

Ob Platen von diesen Ehrenrettungs-Versuchen an seinem Gegner wußte, ist fraglich. Mit großer Wahrscheinlichkeit aber kannte er einige der vielen Heine-Verrisse, deren zwei wichtigste wir anführten. Aus ihnen dürfte er so viel Trost geschöpft haben, daß er spätestens, als er mit geheilter Lende sich in die Fluten des tyrrhenischen Meeres stürzte, äußerlich wieder der alte war. Wir erkennen es an dem Märchen-Epos, dessen letzte drei Gesänge er während einer Dezemberwoche niederschrieb. Wegen Heine hatte er die Arbeit im Februar unterbrochen und zehn Monate liegen lassen. Nun tauchte er noch einmal in die schützende Märchenwelt des Orients, die er vor acht Jahren im Nichts-Ghasel voreilig ‚abgethan' hatte. Das vollendete Werk erscheint wie aus einem Guß. Sein endgültiger Titel lautet ‚Die Abbassiden'.

Dem eigentlichen Epos geht ein Prolog voran, dessen erste Fassung hauptsächlich in Siena während des Frühjahrs 1829 entstanden war. Die zweite, endgültige und wesentlich straffere schrieb Platen nach seiner Ankunft in Rom gegen Ende des Jahres; aus ursprünglich etwa 30 Stanzen wurden 15, worunter zwei gänzlich neue. Die ältere Fassung bringt Polemik gegen Immermann und Heine, doch auch den Preis des alten Freundes Selling als Beweis dafür, daß er nicht aus Prinzip ein Judenfeind sei.

In der römischen Fassung des Prologs steht kein polemisches Wort mehr; vielleicht ein Indiz dafür, daß der Dichter mittlerweile Immermanns ‚Cavalier' gelesen und danach die Lust am Thema verloren hatte. Eine der neuen Stanzen nimmt ausdrücklich Bezug auf die dort geäußerte Kritik, seine Gedichte seien gelehrt und gekünstelt. Platen spricht von sich selbst, doch sagt er nichts, was wir nicht schon wüßten. Er kokettiert mit ungeschriebenen Tragödien, schmückt sich mit Vorschußlorbeeren und verweist auf sein bescheidenes Wanderleben in Italien. Unfreiwillig komisch ist die Reaktion auf allfällige Kritik. Der Dichter

> hört das wilde Heer von Ferne wüten,
> Erschrickt und flieht, und birgt sich unter Blüten. (Pr. 87f)

Diese Unschuldsgeste ist schon einigermaßen unverfroren: als ob nicht ganz allein er es gewesen wäre, der mit seinem Geschimpfe ‚das wilde Heer' auf den Plan gerufen hätte.

Für das Epos selbst wählte Platen als Versmaß den ungereimten fünffüßigen sogenannten ‚serbischen' Trochäus. Die Handlungsorte liegen zwischen Konstantinopel und Kaschmir, doch schildert Platen, wie sollte es anders sein, stets ein überhöhtes Italien.

Drei fiktive Söhne des Kalifen Harun al Raschid sind Helden und Opfer mehrerer fabelhafter Abenteuer. Wieder andere besteht ein ägyptischer Prinz, der schließlich Haruns Tochter zur Frau gewinnt. Alle vier Handlungen sind den Märchen aus 1001 Nacht entnommen. Platen vermeidet freilich die übermäßige Schachtelung des Vorbilds, sondern versteht es, die Fäden im dramatisch richtigen Augenblick niederzulegen und wieder aufzunehmen; ja die Zusammenführung der vier Handlungen zum Schluß hin verdient Bewunderung.

Der Text läßt sich im Allgemeinen gut lesen; nur an einigen Stellen entgleist die Sprache, um dem Versmaß zu genügen. Zusammengehalten wird das Epos durch die Geschichte vom Zauberpferd, die dem ältesten Sohn Amin zugeteilt ist. Das Freundschaftsmotiv klingt an bei den jüngeren Brüdern Assur und Assad, die der Dichtung zunächst ihren Namen gegeben hatten; sie bestehen gleichwohl, nach gemeinsamem Aufbruch, ihre Abenteuer getrennt und erscheinen am Ende jeder mit einer Frau; Platen mag bei ihnen die Brüder Frizzoni im Sinn gehabt haben.

Er selbst jedoch steht hinter dem ältesten Sohn Amin. Das Zauberpferd erinnert an den Pegasus, der schon im ersten Satz des Prologs genannt wird. Es ist freilich nicht lebendig, sondern eine Flugmaschine, die ein kunstfertiger Mohr ersonnen und erbaut hat. Leichtfertig setzt Amin sie in Bewegung, ohne sie recht zu beherrschen, und landet scheinbar zufällig bei der byzantinischen Kaisertochter Heliodora. Amin genießt eine Zeitlang ihre Gastfreundschaft.

> Gespräche
> wurden mannichfach gewechselt, tausend
> Worte fielen, nie ein Wort von Liebe;
> Denn im Worte lauert schon Entweihung:
> Wie ein wohlgefügter Scheiterhaufen
> Stürzt zusammen, wenn du draus entführst nur
> Eine Trümmer. (III 171ff)

Dramatische Umstände zwingen Heliodora, mit Amin auf dem Zauberpferd nach Bagdad zu entfliehen. Dort bringt der Mohr den Apparat wieder in seine Gewalt und fliegt mit der Prinzessin davon. Sie aber gibt ihm einen Stoß, so daß er abstürzt und am Boden zerschellt.

Nach langer Suche findet Amin Heliodora und das Zauberpferd in Kaschmir. Mit einer List gelingt es ihm, sie durch die Luft zu entführen, doch Ziel der Reise ist ein Nonnenkloster im Libanon. Amin führt die Freundin bis zur Pforte; sie schenkt ihm zum Abschied eine goldene Kette, die er um seinen Turban schlingt.

44. Die Abbassiden

Als Amin auf dem Zauberpferd wieder in die Luft steigt, ergreift ein Falke den Turban mit der Kette: ihn schickte eine Fee, die den beiden jüngeren Brüdern wohlgesonnen ist. Von dem Falken wird Amin in die Stadt der Magier geleitet und kann dort seine Brüder aus Todesgefahr befreien. Zu dritt kehren die Abbassiden auf dem Zauberpferd nach Bagdad zurück.

Amin und sein künstlicher Pegasus stehen zwischen Heliodora und dem Mohren, zwischen himmlischer und irdischer Liebe. Die Prinzessin aber trägt auch Züge der Mutter. Amin findet sie zuerst in einem Spiegelkabinett bei einsamer Lektüre.

> Endlich hebt das Auge weg vom Buch sie,
> Und erblickt im Spiegel gegenüber
> Erst sich selbst und hinter sich den Fremdling. (III 88ff)

Hier ist die Urszene in zeitbedingter Verkehrung wiederholt. Narziß erscheint als Erwachsener hinter der Mutter; mit seiner ‚sinnlichen' Dichtung hat er sich ihr entfremdet.

Sind Platonismus und Mutterbild zusammengeflossen, so erkennen wir im Mohren die Fee Pfefferlüsch aus Platens Jugendmärchen. Sie war die zweite Mutter des Rosensohnes, er ist der Erfinder des künstlichen Pegasus. Platens Kreativität beruht nach wie vor auf seinem Trieb.

Es gelingt dem Mohren, die Prinzessin auf dem Zauberpferd zu entführen: Platen bekennt sich in seinen Gedichten offen zu seiner Veranlagung. Heliodora aber stößt den Mohren hinab, ebenso tief, wie Heine Platen stürzte: ‚reine Liebe' und bürgerliche Moral sind wieder einmal identisch, der erfolgreiche Konkurrent erscheint als ihr höhnischer Vollstrecker.

Das erste Zusammentreffen von mütterlicher Moral und Dichter-Sohn zeugt von Wahlverwandtschaft und Vorbestimmung. Als die Prinzessin in ihrem Schloß am Marmarameer, umgeben von Tulpen, dem Symbol der sinnenfreien Liebe, Amin begegnet, ergreift sie

> Eine nie gekannte, süße Schwermut.
> Ihre Heiligen ruft sie an, und immer
> Mischt der Gastfreund unter ihr Gebet sich.
> Nicht ein Fremdling däucht er ihr, er däucht ihr
> Wie ein Jugendfreund bekannt und lieblich.
> Selbst im Traume schien es ihr, vom Fenster
> Ihn zu sehn in einem schmalen Nachen,
> Den er steuerte weit hinaus in's glatte,
> Ruhige Meer, und als er weit entfernt war,
> Schien zurück er seinen Blick zu wenden;
> Doch sie winkt ihm mit der Hand; da rief er:
> Soll ich wiederkehren, Heliodora?
> Als sie sprechen wollte, floh der Traum sie. (III 150ff)

Auch Amin fühlt sich zu Heliodora gezogen,

> doch so oft ein keckes
> Wort dem Gastfreund durch die Seele schwebte,
> Ließ den Blick er auf das Kreuz von Demant,
> Das am Busen trug die Schöne, fallen,
> Und die ewige Scheidewand des Glaubens
> Schlug in ehr'ne Bande seine Zunge. (III 178ff)

Die Mutter mißbilligte das Werk des Sohnes aus moralischen Gründen. Es fehlte nicht viel, und sie hätte ihn zum Schweigen gebracht, wir erinnern uns mehrerer heftiger Briefwechsel. Als Amin Heliodora in Kaschmir wiederfindet, spricht sie:

> Alles trennt uns! Nicht der Menschen Urtheil
> Ist's allein und nicht die Form des Betens,
> Nein, des Geistes innere, tiefste Hoffnung. (VIII 238ff)

Doch Amin erwidert:

> Was mich von dir scheidet (mich bekennen
> Laß es offen), nicht begründet fühl' ich's
> Durch die wahre Wesenheit der Dinge;
> Aber Formen schmieden solche Ketten
> Oft zusammen, daß des Menschen Vorwitz
> Ungestraft sie nicht zerreißt. (VIII 265ff)

Es ist ja nicht so, daß Amin-Platen Heliodora, die auf Form und Sitte pochende Mutter, ohne Bedenken aufgegeben hätte. Im ‚schmalen Nachen' verließ er sie ohne Widerspruch der Elemente und fragte sogar noch, ob er wiederkommen solle. Des Dichters Exil in Italien scheint hier auf. Heliodoras Traum variiert die Szene aus dem zwölften Mercy-Fragment* und gibt ihr zugleich den biographischen Sinn. Wäre Platen in Deutschland geblieben, wenn die Mutter seine Poesie und ihr zentrales Anliegen akzeptiert hätte?

Die Frage ist müßig. Heliodora betont das Trennende unter dem Zeichen des Kreuzes, ‚des Geistes innere, tiefste Hoffnung' auf ein christliches Jenseits. Amin, dessen Hoffnung nur einem von Gegenliebe und Ruhm erfüllten Diesseits gilt, erklärt dagegen, er halte die strenge Scheidung für unwesentlich und nur in ‚Formen', das heißt in abweichenden Sitten, begründet. Daß der Vorwitz diese gleichwohl nicht ungestraft verletzen durfte, daß ein prosaisches Wort von (Männer-)Liebe das wohlgefügte Werk zusammenbrechen ließ, hatte er kürzlich von Heine erfahren.

Heliodora aber zieht sich ins Kloster zurück. Als sie dem Amin zum Abschied die goldene Kette ‚mit edlem/ Reichen Bildwerk schön verziert' überreicht, antwortet er:

---

* Platen-Narziß gelangt auf der Suche nach seinem ersten Spiegelbild ans Meer. „Ein Kahn hatte eben das Ufer verlassen, aber im Kahne saß er.. Ich sah ihm nach, .. und als er schon in kaum sichtbarer Entfernung war, schien mir's, als winke er mir ein Lebewohl zu." Vgl. Kapitel 5.

>   Nicht ein blos Geschenk sei
>   Diese Kette, nein – sie werd' ein Pfand mir!
>   Wenn in Bagdad meiner Väter Sitz ich
>   Einst besteige, mahne mich an meine
>   Schönste Pflicht dieß Unterpfand. (VIII 320ff)

Es bleibt die Erinnerung in einer Kette von Bildern, weniger Abschiedsgeschenk als dauernde Verbindung und auch Pfand für jene Tragödien und Heldengesänge, die Platen in Italien zu schreiben hoffte. Wenn er im ‚Romantischen Oedipus' die Mutter mitsamt der platonisch-christlichen Moral verhöhnt hatte, so versucht er hier noch einmal, wehmütig-liebevollen Abschied von ihr zu nehmen.

Die ‚Abbassiden' führen auf den ersten Blick zu einem glücklichen Ende. Alle Paare sind vereint, der Held Amin hat Zauberpferd und Bilderkette gewonnen. Doch sind beide Gaben nichts wert ohne die Mächte, die sie verliehen haben. Wenn es der Mutter im Verein mit Heine gelang, den Mohren vom Pegasus zu stoßen, so hat das für Amin-Platen fatale Folgen. Dieser Mohr ist kein Engel, der nach dem Höllensturz in satanischer Schönheit weiter wirkte, nein, ‚Er taumelt/ Klaftertief hinunter, bis ein Felsstück/ Ihn zu Staub zerschmettert' (IV 94ff). Genügt der durchgehende Weltgeist Schellings, um ‚des Schönen Evangelium' zu rechtfertigen, das vor dem Christengott Frevel ist? Kann der künstliche Pegasus noch fliegen, wenn sein Antrieb, die Sexualität, zerschmettert im Staub liegt? Hier waltet düstere Prophetie.

Die neue Germanistik sieht die ‚Abbassiden' durchweg positiv. Friedrich Sengle spricht vom ‚bescheidenen Gelingen' dieses einzigen Epos, das der Dichter vollendete. Für Jürgen Link sind ‚Die Abbassiden' ein heiterer Vorläufer jener angekündigten Odysseen und Iliaden, die Platen nicht schrieb; zu ihnen verhält sich das Märchenepos wie die Ghaselendichtung zu der späten in antiken Metren. Amin als ‚Repräsentant poetischer Existenz' bewegt sich auf dem künstlichen Zauberpferd durch den Äther der Poesie, wie sich die tanzenden Sterne der Ghaselen bewegen; er wird seine Heliodora, die ideale Schönheit der Poesie, nie besitzen und muß ihr entsagen.

45. Des Teufels Großmutter

An Cotta mochte Platen sein neues Epos nicht schicken. Anfang 1831 hatte der Verleger endlich den ‚Romantischen Oedipus' mit 10 Louis d'or, entsprechend etwa 200 fl., honoriert. „Nun ist er mir zwar nichts mehr schuldig," schreibt der Dichter an die Mutter. „behauptet aber, daß ich ihm tausend Gulden schuldig sei*, was rein erlogen ist. Wollte ich ihm daher etwas schicken, so würde ich nie einen Kreuzer von ihm erhalten". Die Gräfin muß in ihrem letzten Brief den Sohn gemahnt haben, er solle

---

* 1249 fl. nach Platens eigener Angabe in einem Brief an Fugger vom 13. Oktober 1832.

nach Deutschland, und zwar nach München, zurückkehren. Doch der verwahrt sich heftig: die 800 fl. des Königs reichten schon in Neapel nicht aus, und noch viel weniger in München, wo er sich Besuchs- und Hofkleider machen lassen müßte.

Mehr klagend als ärgerlich schrieb Platen am 21. Januar die Ode ‚Loos des Lyrikers‘:

> Stets am Stoff klebt unsere Seele, Handlung
> Ist der Welt allmächtiger Puls, und deßhalb
> Flötet oftmals tauberem Ohr der hohe
>   Lyrische Dichter.
>
> Gerne zeigt Jedwedem bequem Homer sich.
> Breitet aus buntfarbigen Fabelteppich;
> Leicht das Volk hinreißend erhöht des Drama's
>   Schöpfer den Schauplatz:
>
> Aber Pindars Flug und die Kraft des Flaccus,
> Aber dein schwerwiegendes Wort, Petrarca,
> Prägt sich uns langsamer in's Herz, der Menge
>   Bleibt's ein Geheimniß.
>
> Jenen ward blos geistiger Reiz, des Liedchens
> Leichter Takt nicht, der den umschwärmten Putztisch
> Ziert. Es dringt kein flüchtiger Blick in ihre
>   Mächtige Seele.
>
> Ewig bleibt ihr Name genannt und tönt im
> Ohr der Menschheit; doch es gesellt sich ihnen
> Selten freundschaftsvoll ein Gemüt und huldigt
>   Körnigem Tiefsinn.

Hier sagt Platen Epos und Drama endgültig Lebewohl. Zugleich distanziert sich der Dichter ‚hoher Lyrik‘ von jenen zahlreichen ‚Liedchen‘, deren ‚leichter Takt‘ die Damenwelt in Taschenbüchern und Almanachen erfreut, vorzüglich im ‚Buch der Lieder‘ des verhaßten Konkurrenten. Amin will sich auf dem Zauberpferd in höchsten Sphären erheben: doch liegt, der es erbaute, zerschmettert am Boden. Die traurige Ode von Januar 1831 ist eines der letzten guten Gedichte Platens.

Etwa zur gleichen Zeit hatte das Parlament in Warschau den Zaren als polnischen König abgesetzt, kurz darauf das gesamte Haus Romanow. Anfang Februar überschritt die russische Armee die polnische Grenze. Ein halbes Jahr später sollte die Intervention mit der Eroberung Warschaus beendet sein. Petersburg griff nunmehr kräftig durch. Die Polen verloren alle Privilegien, deren sie sich seit dem Wiener Kongress hatten erfreuen dürfen. Das ganze liberale Europa war auf ihrer Seite, natürlich auch Platen. Vom Februar 1831 bis zum November des folgenden Jahres schrieb er über zwanzig schrille ‚Polenlieder‘, die uns noch beschäftigen werden.

Auch in Italien hatte das Pariser Feuer inzwischen gezündet. Nach der napoleonischen Verwaltung erwies sich das restaurierte päpstliche Regime als besonders unfähig: so waren in Rom Pockenschutzimpfung und Straßenbeleuchtung wieder abgeschafft worden, und in der Poebene zerstörten die Bauern, von den Pfarrern angestiftet, ihre nach französischem Vorbild angelegten Reisfelder. Über alle Druckschriften wurde erneut strengste Zensur verhängt. Mit Jahresbeginn 1831 erhob sich die päpstliche Emilia gegen Rom; der schlechte Herzog von Modena wurde vertrieben, kurz darauf auch die minder schlechte Marie Louise von Parma. Der Aufstand gegen die päpstliche Herrschaft erfaßte die Romagna, die Marken und Umbrien; nur Rom selbst und die Gebiete von Terni und Spoleto blieben fast unberührt. Ende Februar konstituierten sich in Bologna die ‚Province Unite'. Doch zu Regierungshandlungen kam es nicht mehr, denn auf des Papstes Hilferuf besetzten die Österreicher Bologna, Parma, Ferrara und Modena. Noch im März war der erste Teil dieser Revolution vorüber.

Platen, dessen politisches Interesse seit Mitte des vergangenen Jahres geschärft war, erfuhr von alldem in Neapel nur wenig. „Ueber politische Dinge darf man hier nichts schreiben", heißt es in einem Brief an Fugger; „hier sind Jedem, der sich über vaterländische Gegenstände unterhält, vom Polizeiminister 50 Stockprügel angedroht." Wenigstens die ‚Augsburger Allgemeine' erhielt er regelmäßig über Haller, doch war sie von der Zensur zerschnitten und sogar wie ein Schinken geräuchert, mit welcher Behandlung man damals glaubte, gegen Cholera desinfizieren zu können*. Auch hatte er mittlerweile die patriotischen Gesänge Leopardis kennengelernt; in einem Brief an Fugger vergleicht er sie mit denen Petrarcas.

Zehn politische Gedichte, auf die Leopardi leider nicht abgefärbt hat, schrieb Platen selbst im Frühjahr 1831. Die große Naivität in politischen Dingen hat er auch dadurch nicht verloren, daß er ihnen nun vermehrte Aufmerksamkeit schenkte. So fordert er in einer Ode Franz II von Österreich auf, seine Herrschaft in Polen und Italien aufzugeben, stattdessen aber die deutsche Kaiserkrone, die er 1806 niedergelegt hatte, wieder zu übernehmen.

> Ohnmacht, Zerstücklung, jegliche herbe Schmach
> War unser Loos, seitdem du Germaniens
>   Reichsapfel nicht mehr wiegst in deiner
>   Rechten, o Herr, und von uns verlassen,
>
> Uns alle preisgabst schimpflichem Untergang! …

Die Angst vor dem Zerbrechen des Spiegels läßt sich auch aufs Politische übertragen. Unwissend blinder Nationalismus ist, im Gegensatz zu unterrichtet weltoffener Vaterlandsliebe, die billigste, bequemste und wohl auch meistverbreitete Form des Narzißmus. Was er alles entfesseln kann, hat die Geschichte der letzten beiden Jahrhunderte gezeigt.

Die Liberalen von 1830 wußten davon freilich noch nichts. Platen, der in Würzburg und Erlangen zum Nationalismus seiner studentischen Freunde stets Abstand gewahrt hatte, ließ sich nun von der allgemeinen Gefühlswelle hochtragen, ähnlich wie 1814, als es gegen Napoleon ging. Zerstückelt wie Deutschland war Polen: mit ihm beschäftigt

---

* In einem Brief an Puchta vom Oktober 1831 behauptet Platen ernsthaft, der Rauch des Vesuvs reinige beständig die Luft von Neapel.

sich die Hälfte der erwähnten politischen Lyrik. Zerstückelt war aber auch des Dichters Wahlheimat: ihr widmete er das Gedicht ‚Italien im Frühling 1831'. Zwar wettert er gegen die heilige Allianz, gegen den Zaren und den König von Portugal, doch vermeidet er sorgsam jeden Angriff auf Metternich, dessen Politik ja mehr als alles andere die Einigung Italiens verhinderte. Stattdessen deutet er in der letzten Strophe das Schicksal des Landes als Strafe für gewisse religiöse Versäumnisse:

> Nichts frommt es, was du je gewannst und was der Welt du gabst:
> Du hegst an eigner Brust den Krebs, den Antichrist, den Pabst.
> Als Luthers Stimme tönte, ward von dir sie nicht begrüßt,
> Du wandtest weg dein taubes Ohr und hast es schwer gebüßt.

Das ist nun wirklich der Höhepunkt unhistorischer Gedankenlosigkeit, und Heuchelei des verabschiedeten Christen kommt noch hinzu. Von der Absurdität des Geforderten, eines lutherischen Italiens, einmal abgesehen: wäre es so gekommen, wie Platen hier vorschlägt, er hätte daheim bleiben und sich bis ans Lebensende mit seinen Phantasieleidenschaften lächerlich machen können*.

Im ganzen habe er den Winter recht angenehm verbracht, schreibt er nach viermonatigem Schweigen am 19. April 1831 ins Tagebuch. Beim Pastor Bellermann las er erstmalig die ‚Abbassiden' vollständig vor, im Beisein Hallers und des Architekten Wilhelm Zahn, der in Neapel und Pompeji antike Bauwerke und Fresken aufnahm. Mit Zahn hatte Platen sich rasch befreundet, und ihm war es auch zu verdanken, daß er zu einem großen Lunch eingeladen wurde, den der preußische Gesandte Graf Lottum in Pompeji gab. Höhepunkt des Festes war eine Ausgrabung in ‚Goethes Haus'**, bei der aber nur einige Knochen und Münzen zum Vorschein kamen. Lottum war übrigens kein zweiter Bunsen, wie Platen enttäuscht seiner Mutter berichtet, sondern nur ein gewöhnlicher Hofmann, der sich für ihn nicht interessierte.

Seit dem vergangenen Herbst bereiste der junge Felix Mendelssohn Italien. Den gesamten Frühling 1831 verbrachte er in Neapel und traf dort Platen vermutlich im Hause Hallers; wann und wie oft, wissen wir nicht. Ende Mai berichtet der Komponist seinen Schwestern in Berlin, Schadow, der in den nächsten Tagen nach Deutschland zurückkehren werde, habe versprochen, ihm bei Immermann neue Liedtexte auszuwirken: „Der Mann ist doch ein Dichter.. Graf Platen ist ein kleiner, verschrumpfter, goldbebrillter Greis von 35 Jahren: er hat mir Furcht gemacht. Die Griechen sehen anders aus! Er schimpft auf die Deutschen gräßlich, vergißt aber, daß er es auf Deutsch thut." Die Griechen-Assoziation ist bezeichnend. Möglicherweise zirkulierte über Platen ein entsprechendes Bonmot, denn August Lewald, der Mendelssohns Privat-

---

* Die katholische Kirche hat in Italien, vermutlich im Hinblick auf im Volk verbreitete Sitten, die Gleichgeschlechtlichkeit unter den vielen Sünden gegen das sechste Gebot nie sonderlich hervorgehoben. Dies blieb den mittel- und nordeuropäischen Prostestanten im Zuge ihrer Reduktion auf ein spezifisch paulinisches Christentum vorbehalten.
** Die ‚Casa del Fauno', genannt nach der Bronzestatuette des tanzenden Fauns. Hier wurde auch das berühmte Mosaik der Alexanderschlacht gefunden. August v. Goethe besuchte die frische Ausgrabung am 17. Oktober 1830, woraufhin Zahn sie, natürlich an den Vater denkend, ‚Goethes Haus' nannte.

briefe gewiß nicht kannte, wird 1836 einen ähnlichen Vergleich zur Beschreibung des Dichters verwenden. Wir können nur bedauern, daß Platen durch den unseligen Streit mit Heine die kultivierte deutsche Judenschaft gegen sich aufgebracht hatte. Seine Gedichte sind besser als die Immermanns, und vielleicht hätte Mendelssohn unter anderen Umständen, ähnlich wie Schubert, einige davon vertont.

Im Frühjahr 1831 wurde es Heinrich Heine klar, daß er in Deutschland keine passende Stellung werde finden können. Der Fels, den er auf Platen geworfen hatte, war auf ihn zurückgefallen, die evangelische Taufe umsonst gewesen. So beschloß er, als Pressekorrespondent für Cotta nach Paris zu gehen. Anstatt Luther wählte er nunmehr einen neuen Propheten: den unlängst verstorbenen Grafen von Saint-Simon, dessen Sozialehre nicht eben Vorläuferin des Marxismus ist, aber historisch in dessen Vorfeld gehört. Heine war schnell in die literarischen Zirkel von Paris eingeführt. Die Stadt wurde für ihn das, was Italien für Platen schon war, nämlich die zweite Heimat. Dennoch wäre er vielleicht betroffen gewesen, hätte er sein künftiges Schicksal gekannt: wie sein Antipode war er nun ein deutscher Dichter im Exil, zwar nach eigenem Willen, doch auf Lebenszeit.

Mit den Frizzonis in Bergamo stand Platen in regem Briefwechsel. Sie waren im Frühjahr nach Wien gereist, und der Dichter bat sie bei der Gelegenheit, nach Bruchmann zu forschen, von dem er sechs Jahre nichts gehört hatte. In Wahrheit hielt sich der Gesuchte damals in Rom auf, man traf ihn nicht nur in den Kirchen, sondern auch bei den Nazarenern, deren „Burschikoses und zugleich ächt philiströses Wesen" noch 1826 sein Mißfallen erregte. Frau und erstes Kind hatten die Geburt nicht überlebt, und er empfand diesen Schicksalsschlag als einen Wink Gottes, der Welt zu entsagen. „Des Franz Bruchmann Frau ist gestorben", schrieb im November 1830 Moritz v. Schwind an einen Bekannten in Wien. „Er selbst, höre ich, geht in's Kloster. Vielleicht sehen wir ihn einmal mit der Sparbüchse bei der Thür stehen, es ist doch zu arg." Dies war nur wenig übertrieben. Bruchmann, dem es vor Schellings Philosophie nun ebenso graute wie vor neuheidnischem Preis der Männerliebe, ging alten Freunden sorgfältig aus dem Weg. Im Lauf des Sommers muß er auch in Neapel gewesen sein; doch dachte er nicht daran, Platen aufzusuchen.

Dieser hatte mittlerweile drei schöne Zimmer in der Nähe des Königsschlosses bezogen, vor deren Fenstern sich ein Panorama von Capri bis zum Posillip erstreckte. Da die Wohnung zudem noch billig war, mietete er sie für ein ganzes Jahr. Am 8. Juni 1831 starb Platens Vater, hochbetagt. Die Mutter verließ sofort das Ansbacher Haus, warum, wissen wir nicht, und zog nach Nürnberg. In der Folge kam es zu einem gereizten Briefwechsel zwischen ihr und dem Sohn: sie möchte, daß er, wenn schon nicht nach Nürnberg, so doch wenigstens nach München ziehe, er hingegen will sie in Verona, Bozen oder allenfalls Innsbruck haben. Leider fehlen die Briefe der Mutter, doch die des Sohnes sind beredt für beide. Italien eigne sich als Aufenthalt für einen Dichter weit besser als Deutschland, bekommt sie Ende August zu hören: „du wolltest lieber, daß ich in meinem Leben kein Gedicht mehr machte, als daß du in Nürnberg ein Paar alte Schränke und Stühle zurückließest, die sich leicht wieder ersetzen lassen.

Wenn ich dich einlud, bis Botzen oder Verona zu reisen, so ist das doch keine Beleidigung!"

Fast alle Briefe aus jener Zeit zeugen von Platens Angst vor der Cholera. Diese Darmseuche grassierte überall in Europa, da die Städte in bisher nie gekanntem Ausmaße wuchsen, ohne daß die dabei unerläßlichen hygienischen Vorkehrungen: Wasserversorgung aus ländlichen Quellgebieten, Spülklosetts und Kanalisation, schon eingeführt waren. Ist es Ernst oder Koketterie? Viereinhalb Jahre, bevor er sterben sollte, denkt Platen über seinen Tod nach. Da er die Mutter nicht bereden könne, nach Oberitalien zu ziehen, schreibt er im Juli an Fugger, so werde er über kurz oder lang nach Deutschland reisen müssen. „Durch die Milde eines gleichmäßigen Clima's und die Seebäder sind meine Nerven gegenwärtig in bestem Zustande. Ich bin seitdem ein ziemlicher Schwimmer geworden, und jeden Morgen hole ich mir Erfrischung und Wohlsein im Meer. Sollte ich übrigens in den Bereich der Cholera kommen, so werde ich ihr gewiß nicht entgehn, da ich ganz zu dieser Krankheit disponirt bin."

Drei Tage später schreibt Platen dann der Mutter, er leide schon seit einiger Zeit an Brustschmerzen. Worüber sie in Sorge gerät, so daß er in einem folgenden Brief beruhigend erklären muß, mit der Brust gehe es recht gut; doch sei das deutsche Klima seinen Nerven nicht zuträglich, auch müsse er für seine Wohnung in Neapel einen Nachmieter suchen, und schließlich hinderten ihn Hämorrhoiden (die er nicht mehr hatte) an einer schnellen Reise. Im Rationalisieren war Platen nie ein Meister.

Die Gründe, die ihn in Neapel hielten, sind leicht zu erraten. Sie liegen am Strand von Santa Lucia, wie Gregorovius ihn beschrieben hat. „Ich befand mich immer in der lustigen Gesellschaft der hiesigen Jugend," schreibt Platen rückblickend ins Tagebuch, „und machte ein Paar anmutige Bekanntschaften." Mehr erfahren wir leider nicht. Nur ein ‚Trinklied' zeugt von der seligen Sommerstimmung des Jahres 1831.

> Wohl bietet der irdische Tag qualvolle Sekunden genug,
> Wenn tief du gedenkend erwägst, was du je verlorst, o Gemüt!
>   Feuchteren Auges erblickst du
>   Rings dann die verschleierte Welt.
>
> Weil süßes Vergessen allein aufwägt den unendlichen Schmerz,
> Schlürft, Freunde, das goldene Naß, hier wo sich ein Zaubergefild
>   Breitet um uns und um Bajä's
>   Rückstralende wonnige Bucht!
>
> Kommt unter des Tempelgewölbs halbdrohenden Rest! (Es vernahm
> Hier Cypria Wunsch und Gebet) Ruht hier! In den hellen Pokal
>   Träufe der süße Falerner,
>   Jahrtausende schon so berühmt!
>
> Aus purpurnen Wogen empor ragt manches antike Gestein,
> Das Römer voreinst in der Flut, Prachtsäulen zu tragen, gesenkt:
>   Laßt die Verblichenen leben,
>   Die mächtige Thaten gethan! …

> Wohl ziemt es dem Folgegeschlecht, wo immer ein fröhliches Mahl
> Gastfreunde vereine, mir auch volltriefende Schale zu weihn,
>   Der ich erfand in der Seele
>   Manch liebebeflügeltes Lied.

Noch einmal ruft Platen die symbolträchtige Denkmalslandschaft seiner römischen Oden auf. In den Ruinen eines Venustempels, in Gesellschaft geneigter junger Männer, vergißt er bei einem Wein, der schon in der Antike berühmt war, ‚den unendlichen Schmerz' der verfemten Liebe und ihrer Verhöhnung durch Heine. Noch einmal denkt er Vergangenheit und Gegenwart zusammen, mischt unter den Ruhm der Alten den selbstverliehenen eigenen und empfiehlt ihn der Zukunft. Die Steintrümmer, hier ‚aus purpurnen Wogen' emporragend, haben natürlich auch eine phallische Bedeutung. Sie verbinden den freien Eros der Antike mit dem schandbedeckten des bürgerlichen Zeitalters, der sich selbst in Italien unter ‚halbdrohenden' Gewölberesten verstecken muß. Mit seiner Hilfe gelingt Platen, anderthalb Jahre nach den ‚Bädern von Lucca', noch einmal die Verewigung des Augenblicks im Spiegel der wonnig ‚rückstrahlenden' Bucht und im Spiegel junger Gesichter. Es ist sein letzter Versuch, die eigene Existenz in andere Welten ‚einzupassen', seien es nun bestimmte Plätze oder Epochen. Künftig wird nur mehr der Schönheitspriester das, was er für göttliche Inspiration hält, als ‚körnigen Tiefsinn' in klassischem Versmaß verkünden.

Nicht nur mit seinem Klassizismus war Platen einer vergangenen Epoche verhaftet. Er vertrat auch den althumanistischen Standpunkt, daß die Qualität eines Gedichts nicht vom Inhalt, sondern von der formalen Gattung bestimmt werde. Seit 1825 fühlte er sich reif für die ‚höhere' Form der antiken Ode: seit der ersten Reise nach Rom wurde sie zur fast einzigen lyrischen Ausdrucksform. In dem Augenblick aber, da nach Heines Züchtigung seine Kreativität erlahmt war, vollzog Platen den Schritt von der Ode zu der noch ‚höheren' des Pindarischen Hymnus oder Festgesangs. Nur einmal, Ende 1827, hatte er sich erfolgreich darin versucht. Nun ist es wie eine Flucht bergauf: fleißig füllt er die strenge Form mit panegyrischer, lobpreisender Gelegenheitsdichtung an Freunde oder hochstehende Personen, von denen er sich finanzielle Zuwendung erhofft. Die beiden ersten Festgesänge dieser Art schrieb Platen im Sommer 1831. Einer richtet sich an die Frizzonis, denen er Dank schuldete für vorgeschossenes Geld und überdies noch eine Ehrenrettung ihrer Heimat für die taktlosen Verse von der ‚nebelreichen Lombardie':

> Manchen Vorwurf mußt' ich ertragen von euch,
> Weil so lang Pausilipo's Ufer den Freund festhalten, indeß
> Zwischen Alpen und Po sich ausdehnt welche Flur!
> Weinbekränzt, voll klarer Seen, volkreich und geschmückt
> Durch der ehmals mächtigen Städte Gemeinsinn,
>   Der herbeirief edle Kunst,
>   Anschauliche Form zu verleihn bildloser Wahrheit schöpferisch.

Mit ‚bildloser Wahrheit' ist Schellings ‚hindurchgehender' Weltgeist gemeint. Pindars Hymnen sind Preislieder für olympische Sieger. Freilich ist der nackte Sieg ein allzudürftiger Stoff für einen Festgesang: so flocht Pindar mythische Bilder ein, die er mit dem Gepriesenen in lehrhaften Zusammenhang brachte. Platen übernahm diese Technik, indem er die Mythen durch balladeske Geschichtsbilder ersetzte. Zwischen zwei Strophen zum Lob der Lombardei drängen sich ganze acht mit einem schauerlichen Geschichtstableau aus dem Frühmittelalter. Königin Rosmunda haßt ihren Gatten Alboin,

> Denn es fiel ihr Vater voreinst in dem Kampf
> Durch den Beilschlag dessen, an den in des Ehbunds schnöde Gewalt
> Nun das Loos sie geknüpft.

Alboin zwingt Rosmunda, aus der Hirnschale ihres Vaters zu trinken. Sie gewinnt Alboins Gefährten Helmiches für einen Racheplan. Als Alboin schläft, entfernt sie alle Waffen aus seiner Nähe.

> Dann die Mordschaar winkt sie heran. Es versucht
> Alboin fruchtlos mit dem Schämel den scharf eindringenden Stahl
> Abzuwehren, und bald entseelt trieft blutig sein
> Nackter Leib.

Nun aber will Rosmunda den Helmiches loswerden. ‚Andres Ehbunds lüstern', wirft sie

> ihm in des schäumigen Weins Kelchglas ein markaufzehrend Gift.
> Als jedoch halb kaum er getrunken, erkennt
> Helmiches wutvoll den Verrat; er entblößt zweischneidigen Dolch,
> Drohend, bis sie des Bechers Rest selbst ausgeschlürft. –

Etwas konsterniert von dieser Greuelgeschichte wandten sich die Brüder Frizzoni an ihren Mentor Gündel um Erklärung. Dieser empfand die historische Einlage nicht als Episode, sondern als „den eigentlichen Körper und Kern des Gedichts." Wir können ihm nur beipflichten. Was hat dieser Kern zu bedeuten? Doch offenbar nichts, was die Frizzonis angeht. Emmy Rosenfeld meint, hier trete schon Platens Angst vor der Cholera zutage. Eher aber sind es die alten Zerstückelungsängste, die sich in der finsteren Frauengestalt manifestieren, nun, da dem Geprügelten die Lust vergangen ist, offen von dem zu reden, was ihn im Innersten bewegt.

Platen hätte die blutrünstigen, doch historisch belegten Vorgänge aus der Langobardenzeit auf bewährte Art in Balladenform bringen können. Wenn er antike Metren vorzog, so beweist dies ein gewachsenes Vertrauen in die Rettungsmöglichkeiten seiner Poesie: der Lautbild-Spiegel soll dem zerstückelten Körper seine Totalität wiedergeben und selbst die abscheulichsten Zufälligkeiten in Schönheit verwandeln, wie sie in den Rahmenstrophen erscheint. Freilich fragt es sich, ob der Rettungsversuch gelungen ist. Die Szenenfolge um Alboin und Rosmunda läßt zwar an die Wagnerbühne denken, mehr aber noch an das Grand Guignol. Sengle meint, das schaurige Erzähl-Experiment kennzeichne den Heldendichter, der sein Hohenstaufen-Epos nicht vollenden, ja kaum beginnen konnte.

Auch dem Kronprinzen Max von Bayern widmete Platen auf den Rat Fuggers einen Hymnus. Leider geriet er, wie der an die Frizzonis, zum Geschichtsunterricht in Versform. Die Brautwerbung des Langobardenkönigs Authari um die bajuvarische Prinzessin Theudelinde wird zum ‚sinnigen Vorwurf' für den noch unverheirateten bayrischen Prinzen. Eine Teilstrophe ruft Regentinnen auf:

> Oftmals begründeten Frau'n manch herrschaftsgewaltiges Reich,
> Weil dem Männergeschlecht an klugem Sinn sie voranstehn:
> (Wohl bezeugt's der späteren Zeit England und Elisabeth,
> Kämpfe nahm die Tochter des sechsten Karl mit der Welt auf,
> Moskowitische Geißel schwang
> Siegreich die entmenschte Messalina.)

Neben Elisabeth von England und Maria Theresia erscheint hier die Zarin Katharina II als finstere Allegorie, der Langobardenkönigin Rosmunda aus dem Frizzoni-Hymnus entsprechend.

Im September 1831 besetzten russische Truppen Warschau. Die Nachricht dürfte mittels Zeigertelegraph in wenigen Tagen Neapel erreicht haben und löste bei Platen einen Schwall von Polenliedern aus. Wie schon die ersten vom Frühjahr beklagen sie das Los der Aufständischen und schmähen in schrillem Ton den Zaren, seinen General Diebitsch, der die Erhebung niederschlug, sowie Preußen, niemals aber Österreich, das von drei polnischen Teilungen schließlich auch profitierte. Sichtermann sieht diese Lieder, wohl im Hinblick auf die Vorgänge im heutigen Polen, „zu zeitloser poetische Höhe" erhoben, und auch Link nennt sie „große politische Lyrik im Gefolge der Julirevolution". Uns klingt solches Lob, bei aller Sympathie für die polnischen Autonomiebestrebungen einst und jetzt, etwas zu unkritisch. Eher halten wir es mit Schlösser, der schon 1913 meinte, Platens Urteil beruhe weder bei Polen noch Russen „auf irgendwelcher tieferen Einsicht in die wirklichen Verhältnisse".

In der Tat. Nikolaus I war ein reaktionärer Fürst wie der Kaiser von Österreich und der König von Preußen, doch keineswegs das blutrünstige Scheusal, als das ihn Platen immer wieder hinstellt. Noch keine zwanzig Jahre war es her, daß sich die russische Armee unter Kutusow und dem ehemaligen Deutschen Diebitsch an der Seite Europas Napoleon entgegengeworfen hatte. Was uns stört und was unser Mißtrauen weckt, ist nicht die Partei, die Platen ergreift, sondern die Art, auf die er es tut. Gewiß sind in den Polenliedern einige Strophen gelungen. Wenn irgendwo Spontaneität durchbricht, dann hier:

> Ich hatte manchen wackern Sohn,
>   Der liegt nun auf der Bahre.
> Er starb für Vaterland und Thron,
> Dir mir verhießen goßen Lohn,
>   Ich wartete fünfzehn Jahre.

Oder:

> Verkauft, besiegt, verrathen –
> Sind unsre besten Thaten
>   Wie Träume leer und hohl
> Und lassen keine Spuren;
> So nehmt, geliebte Fluren,
>   Das letzte Lebewohl!

Doch bereits die übernächste Strophe lautet:

> Wir ziehn von Weib und Kindern,
> Vermögen nicht zu hindern
>   Des Vaterlands Ruin.
> Schon lechzt nach unserm Blute
> Die Petersburger Knute,
>   Die Fuchtel von Berlin.

In einem anderen Polenlied heißt es vom Zaren:

> Ukasenton der Zärtlichkeit, wie christlich doch, wie fromm du sprichst!
> Der Gute liebt sein Volk so sehr, daß er's ermordet väterlichst!
> Schaamlos wie eine Metze dringt die Despotie sich auf und bläht
> Entgegen sich dem Gegenstand, der sie verachtet und verschmäht.
> Vergebens ruft ein ganzes Volk: ‚Wir wollen dich ja nicht, Tyrann!'
> Das ganze Volk, vernichtet wird's, auf daß er's unterjochen kann.

So einfach lagen die Dinge nun nicht. Derartig polemische Verkürzungen mindern die Qualität des Gedichts, auch wenn es nur vom ‚niederen' Genre des Liedes und garstig-politisch gemeint ist.

Den Unterschied zwischen alter und neuer Souveränität hatte Platen inzwischen erkannt, wie ein höhnischer ‚Monolog' über die blutige Familiengeschichte der Romanows beweist.

> Schaufeln lernt, o Moskowiten,
> Schaufeln aus die Knochen Iwans,
> Schaufelt aus die legitimen
> Knochen eures Kaisers Iwan!
>
> Metzeln ließ ihn jene große
> Legitime Katharine,
> Die jedoch zuvor gemetzelt
> Ihren legitimen Gatten.

Für Katharina II entwickelt der Dichter überhaupt ein merkwürdiges Interesse:

> Gelöstes Problem.
>
> Als Kinder hörten wir des Teufels Großmutter
> Gar häufig nennen; aber selbst die Waschweiber
> Vermochten nicht zu künden ihren Taufnamen.

Allein die Zeit, behaupten Viele, bringt Rosen,
Und macht Geheimstes offenbar. Im neunzehnten
Jahrhundert endlich riß der Isis Flormantel
Entzwei (die Wissenschaft erklomm die Polhöhen)
Und jedes Kind, wofern du fragst, versetzt stammelnd:
Kathrine heißt dem Teufel seine Großmutter!

Noch öfter in den nächsten Jahren wird Platen auf die Zarin zurückkommen. Unter ihrer Regierung kam es dreimal zur Teilung Polens*: die Metze Katharina ist nicht nur die Hure, sondern auch die Frau, die zerschneidet, also ‚metzelt'. Wie Königin Rosmunda ist sie eine Allegorie von Platens Zerstückelungsängsten.

Mit dem negativen Mutterbild, das er in seinen satirischen Komödien, besonders im ‚Romantischen Oedipus', gezeichnet hat, sind diese Frauengestalten alle verwandt. Doch tragen sie Züge, die vom blanken Haß diktiert sind, und die der letztlich liebende Sohn seiner Mutter denn doch nicht zuordnen würde. Nein, des Teufels Großmutter ist der eigene Trieb, den Platen hier unbewußt in Gestalt Katharinas verdammt. Die Zarin ist die wiedererstandene, nicht zu bannende Fee Pfefferlüsch aus dem Jugendmärchen, die der Kiste entstiegene Ahnfrau aus der ‚Verhängnißvollen Gabel', der letztlich doch nicht tote Mohr aus den ‚Abbassiden'. ‚Aber Formen schmieden solche Ketten/ Oft zusammen, daß des Menschen Vorwitz/ Ungestraft sie nicht zerreißt': so spricht Amin beim vermeintlich endgültigen Abschied zu Heliodora. Sie ist die Allegorie deutsch-protestantischer Moral, wie sie die Mutter vertrat: ihre Kette wird den Dichter immer fesseln, wie weit er sich auch von der Heimat entfernt. Wenn der verhöhnte alte Narziß in den Spiegel schaut, hat sich das schöne Doppelportrait der Jugend verwandelt wie das Bildnis des Dorian Gray. Im Vordergrund steht die eigene Fratze, die Heine genüßlich gezeichnet hat. Doch im Hintergrund erhebt sich drohend das Gorgonenhaupt des eigenen Triebes, zu dem das Bild der Mutter geworden ist und dessen Blick sein armes Leben und seine reiche Kunst zertrümmert. Dies ist die letzte Entsprechung mit dem Antipoden: wenn der Geschlagene Katharina beschimpft, stimmt er in Heines Diskurs gegen sich selbst ein.

Bunsen schätzte den Ton der neuen politischen Lyrik nicht und schlug vor, Platen möge anstatt der Polenlieder doch lieber Griechenlieder schreiben. Der Dichter verwahrt sich in zwei Briefen mit wenig überzeugenden Argumenten gegen diese Anregung. Wir fragen uns, was ihn, dem auch nach der Lektüre Leopardis nur Torheiten zu seiner Wahlheimat einfielen, nunmehr so aufgeregt Stellung nehmen ließ zur polnischen Erhebung, die ihn persönlich doch gar nichts anging? Polen war zerstückelt wie Deutschland und Italien: sollte er sich als Sohn und Teil noch eines dritten Vaterlandes gefühlt haben?

Die Antwort lautet nein. Platen identifizierte sich nicht persönlich mit einem Vaterland, mit Deutschland, Italien oder Polen, wie der Patriot es täte. Vielmehr

---

* 1772, 1793, 1795. An der grundlegenden ersten waren Friedrich der Große und Maria Theresia (‚sie weinte, aber sie nahm') beteiligt.

projizierte er seine privaten Zerstückelungsängste auf jenes Volk, dessen Schicksal soeben ganz Europa bewegte. Es läßt sich auch weniger psychologisch sagen: alle Aufregung um Polen war schlicht das alte ‚Dampfablassen' in eine Richtung, wo's hoffentlich nicht schadet. Die ‚Personal-Satire' war ihm mit den ‚Bädern von Lucca' gründlich ausgetrieben. Mit seinen Haßtiraden gegen Russland jedoch lag er im Strom der öffentlichen Meinung: Petersburg war weit, auch stand von dort sowieso keine Unterstützung in Aussicht. Was aber machte ihn so zornig? Die polnische Freiheit setzte er mit der eigenen sexuellen gleich. In Deutschland wurde sie ihm verwehrt: ‚Schaamlos wie eine Metze dringt die Despotie sich auf'. Italien hatte ihm eine bescheidene Freiheit gewährt; nun war sie ans Licht gezerrt und also bedroht. Mit den Polen meinte Platen sich selbst, mit den Russen die Deutschen, und sein Zar hieß in Wahrheit Heinrich Heine. Wenn er aber die Zarin Katharina beschimpft, honoriert er damit den Moralkodex, vor dem er nach Italien geflohen war.

Im November schickte er einen poetischen Aufruf an den preußischen Kronprinzen, sein Land möge wenigstens den Flüchtlingen aus Polen Asyl gewähren. Das Gedicht ist zwar etwas maßvoller im Ton als die anderen Polenlieder, enthält aber immer noch genug Unverschämtes, um Mißfallen zu erregen: ‚Es ist von manchem hohen Stamme/ Die Wurzel faul. / Und seit es Könige hat gegeben, / So rief sie nur das Volk ins Leben/ Seit jenem ersten König Saul!' Die Lektion mit der Volkssouveränität hatte Platen inzwischen gelernt. Freilich fragt es sich, ob die neue Weisheit hier richtig placiert ist. Auch übersah der Dichter, daß Preußen mit dem verfaulten Hause Romanow nicht nur verbündet, sondern daß der Adressat auch noch mit ihm verschwägert war. Des Prinzen gelassene Reaktion auf die Taktlosigkeiten ist bewundernswert: er sandte ein freundlich-beruhigendes Handschreiben und ließ zugleich mündlich sein Befremden übermitteln. Als Platen davon hörte, war er pikiert genug, den Brief des Kronprinzen nicht zu beantworten. Er merkte auch nicht, wie sehr er mit all dem seinen Gönner Bunsen kompromittierte, der seit zwei Jahren bemüht war, zwischen ihm und dem preußischen Hof eine Verbindung herzustellen. Der Dichter habe den Prinzen von Stund an gänzlich fallen gelassen, verkündet Schlösser, triumphierend über so viel Charakterstärke. Es dürfte genau umgekehrt gewesen sein.

Kurz vor Allerheiligen geriet Platen zufällig auf einen Armenfriedhof vor der Porta Capuana. „Der Boden ist vollkommen eben und gepflastert, wie eine Straße", schreibt er an Puchta. „365 Löcher für jeden Tag im Jahr befinden sich vertheilt, mit schweren Steinen bedeckt, die durch eine an einer Gabel befestigte Kette emporgehoben werden, und sodann wieder verkalkt. Unten befindet sich das große Gewölbe, in das die Toten hinabgeworfen werden. Gerade brachte ein Lastträger, ganz ohne Begleitung, ein Kind in einem mit Gebeinen bemalten Sarg, an dem vorne zwei brennende Laternen, als religiöse Zeichen, angebracht waren, und den er auf dem Kopf trug. Als der Totengräber (wenn man ihn so nennen will; denn zu graben giebt es nichts) den Stein aufgehoben, nahm der Lastträger das nackte Kind aus dem Sarg und warf es am Arm hinunter, wo bereits Leichen und Gebein lagen. Der Geruch war fürchterlich." Unter den Epigrammen, die Platen dem Briefe beilegte, befindet sich auch dieses:

Heilige Flammen, o kehrt, kehrt wieder zurück, und gereinigt
    Werde des Tods hinfort schnöde verpestende Luft! ...
(Nie mehr poch an den Sarg qualvoll der lebendig Begrabne,
    Der in der Gruft noch flucht gräßlichem Judengebrauch.)

Platen wünscht sich seine Wiedergeburt und Verewigung so, wie er es im ‚Thurm des Nero' mitgeteilt hat. Das Thema der Feuerbestattung kennen wir schon von der Schlierseer Elegie; wie im Religiösen überhaupt, so war der Dichter auch in diesem Detail längst zu den Ansichten seiner Jugend zurückgekehrt. Er könne solche Epigramme einem Christen kaum zumuten, heißt es in dem Brief an Puchta. Das Gefühl, ein lebender Leichnam zu sein, hatte ihn zwischen Schmidtlein und German oft genug gequält. Auf den Flügeln der Poesie war es ihm mehrmals gelungen, seinem Grab zu entfliehen. Als in der ‚Verhängnißvollen Gabel' die Kiste aufspringt und Salomes Geist, das heißt des Dichters Trieb, freigibt, ist der Scheintote zum Leben erweckt. Platen geht nach Italien.

Drei Jahre später steigt der ‚romantische Oedipus' schon wieder in einen Sarg, wenn auch nur zum Spaß. Doch der Sturz vom Pegasus in den ‚Abbassiden' ist bitterer Ernst. Nach einer kurzen Spanne ‚begrenzter Positivität' liegt Platen wieder als lebendig Toter in der Gruft und verflucht Heine, der ihn dorthin zurückgejagt hat.

Zu erwähnen bleibt, daß die Feuerbestattung im 19. Jahrhundert von den Katholiken wegen der ‚Auferstehung des Fleisches' noch strikt abgelehnt wurde und auch bei den Protestanten erst langsam aufkam. Die Schreckvorstellung vom Scheintoten, der im Grab erwacht, war übrigens ein beliebter Topos zwischen Aufklärung und Fin de siècle: wir erinnern an die Sauerbrod-Episode in Wilhelm Buschs ‚Tobias Knopp' oder an das erschöpfende Interesse, das Friederike Kempner aus ähnlicher Lage heraus wie Platen dem genannten Thema gewidmet hat.

46. Meine Barke muß versanden

Seit längerer Zeit war er in die Lektüre historischer Schriften vertieft und wollte nun, nach Rankes Vorbild, sich selbst als Geschichtsschreiber versuchen. Anfangs plante er eine Reihe von Einzelbiographien aus dem italienischen Spätmittelalter, führte sie jedoch nicht aus. Erhalten ist nur die Einleitung: in ihr bezeichnet der Dichter Napoleon als letzten Vertreter eines expansiven Ancien régime und gibt so den 13 Jahre lang behaupteten Standpunkt eines ‚gemäßigten Bonapartisten' auf. Die Wende verwundert uns besonders zu einer Zeit, da er bei den Fürsten Europas mit Oden und Hymnen um finanzielle Wohltaten buhlte. Übrig bleibt ein verschwommener republikanisch gefärbter Liberalismus, dem seit den Polenliedern alle historisch-politischen Dichtungen verpflichtet sind.

Anstatt zu Einzelschriften entschloß sich Platen zu ‚historischen Tableaux', in denen eine mäßig ausgedehnte Periode mit allen Details beschrieben ist. Fünf verschiedene Bilder sind im Tagebuch projektiert, nur eins wurde ausgeführt: die Geschichte Neapels zwischen 1414 und 1443. Mit Büchern half ein alter gebildeter Geistlicher namens Selvaggi, den der Dichter durch Gerhard kennengelernt hatte. Doch schaffte er sich für horrendes Geld auch selbst Geschichtswerke an, ein 28-bändiges allein für 120 Gulden. Man bedenke, daß seine fixen Einkünfte nur 860 fl. pro Jahr betrugen!

Auch im Herbst 1831 scheint Platen sich in Neapel wohlgefühlt zu haben. Am meisten Umgang hatte er mit dem Pastor Bellermann und mit Haller, der ihn einmal zu Rothschilds Tafel mitnahm. Die Maler Magnus und Röstell tauchten auf – den einen kannte er aus Venedig, den anderen aus Perugia und vom Bunsen-Kreis in Rom her. Röstell war im Februar 1830 bei der ersten Vorlesung aus den ‚Abbassiden' zugegen gewesen. Nun nahm er das Manuskript nach Deutschland mit, um dafür einen Verleger zu finden. „Mein Geburtstag ist dießmal ein heiterer Tag", schreibt Platen am 24. Oktober ins Tagebuch. „Ob es mein letzter ist, wird wohl die Cholera morbus entscheiden, die gegenwärtig schon bis Wien und Berlin vorgerückt ist und großen Jammer anrichtet."

Das beständige Hin und Her um die Rückkehr nach Deutschland hatte mittlerweile eine Konzession der Gräfin gezeitigt: sie war bereit, dem Sohn von Nürnberg nach München entgegenzuziehen. „Wie ich meinen Geburtstag zugebracht," schreibt er ihr im November, „wüßte ich selbst nicht zu sagen, außer mit meinen gewöhnlichen Beschäftigungen." Was diese Beschäftigungen immer, wie kurz das Gedächtnis auch, nach dem Tagebuch war es ein heiterer Tag gewesen. Keinesfalls, fährt Platen fort, könne er gerade jetzt nach Deutschland kommen, wo er sich all die Folianten gekauft habe und mitten in der Arbeit sei für sein neapolitanisches Geschichtsbild.

Der Münchener Hof könne ihn gar nicht locken, heißt es weiter. „Ein König mag gut oder schlimm sein, die Höfe bleiben immer dieselben. Du siehst, mit welcher Undankbarkeit man Fugger behandelt hat, der die langweiligen Universitätsjahre (des Kronprinzen) mitmachen mußte, und wie ein Schulknabe in den Collegien sitzen, und den man jetzt, wo es etwas zu genießen giebt, an sein Regiment zurückschickt." Der Kronprinz hatte seine Lehrzeit an den Hochschulen abgeschlossen und war ohne den treuen Adjutanten Fugger unterwegs in Italien, damit er der auch München bedrohenden Cholera entgehe. So schnöde, wie Platen meint, war Fugger indes nicht abgefertigt worden, denn er bekam Urlaub. Mitte Dezember erschien er mit seinem Freund Larosée in Neapel, um den Winter dort zu verbringen.

Noch im November hatte der Dichter „einen jungen Mann von schönem Aeußeren" namens Pisani kennengelernt, halb Venezianer, halb Sizilianer; das Tagebuch ergeht sich in einer langen Lobpreisung dieses Jünglings. Mit ihm, Larosée und Fugger verbrachte Platen einen sehr angenehmen, wenn auch regenreichen Winter; freilich klagt er, daß bei den Zerstreuungen des Karnevals seine historische Arbeit nur wenig fortschreite. Stattdessen verfaßte er, vielleicht Pisani zu Ehren, zwei kleine, aber komplizierte Gedichte, die ‚Zwölfzeilen' überschrieben sind. Wie wenig Platen den romantischen Volkston traf, selbst wenn er ihn nur parodieren wollte, zeigt eine lange

‚Romanze für den Berliner Musenalmanach'. Hält man dies krampfhaft ironische, witzlose Gedicht gegen irgendeines aus Heines ‚Buch der Lieder', so wird des Dichters Wut auf den erfolgreicheren Konkurrenten wohl verständlich.

Mitte März begab er sich bei schönstem Wetter mit Fugger auf ein paar Tage nach Sorrent. Als die Freunde zurückkehrten, war der bayerische Kronprinz in Neapel eingetroffen. Fugger machte ihm seine Aufwartung und etwas später auch Platen, um den schon erwähnten Hymnus zu überreichen. Der Prinz überhäufte ihn mit Lob. Bei der Gelegenheit lernte der Dichter auch den Grafen Pocci kennen, der als Komponist, humoristischer Zeichner und später als Autor von Puppenspielen gleich begabt war. Am Zweiundzwanzigsten reiste Fugger nach Deutschland ab, am selben Tage übrigens, an dem in Weimar Goethe starb.

Die poetische Ausbeute des Winters war nicht bedeutend: außer einigen Polenliedern und den Pisani-Gedichten das Fragment eines Tristan-Epos sowie zehn Epigramme. Fast die ganze Arbeitskraft war ja in das historische Werk geflossen. Am 19. April beendete Platen die ‚Geschichten von Neapel', an denen er sieben Monate gesessen hatte. Sie schildern jenen Zeitabschnitt, in dem das Haus Aragon das Haus Anjou, das heißt: Spanien Frankreich aus Süditalien verdrängte. In zwei Büchern zu je zwölf Kapiteln ist die Regierungszeit der kinderlosen Königin Johanna II, der letzten Anjou, beschrieben, in einem dritten gleich langen die Periode nach ihrem Tod bis zum endgültigen Sieg Alfons' V von Aragon (dann Alfons I von Neapel) im Jahr 1443. „Da (Johanna) an den Männern eigentlich nichts liebte als das Geschlecht, so fehlte ihr der weibliche Scharfsinn anderer auf den Thron berufenen Frauen, welche die tüchtigsten Charaktere leicht zu unterscheiden und an die Spitze zu stellen im Stande sind." So Platen. Johannas Schwäche und Wankelmut stürzte Süditalien in einen 30jährigen Krieg, der dem deutschen nicht nachstand. Zwischen Franzosen, Spaniern, Genuesen, Päpsten und käuflichen Condottieri entspann sich eine schier endlose Folge von Feldzügen, Schlachten, Belagerungen mit Pest, Hungersnot, Folter, Verstümmelung von Geiseln und jeder Art Greuel. Das Fehlen von offenen Dörfern in Italien außerhalb der Poebene, die gedrängte, scheinbar malerische Bauweise der Städte auf Meeresklippen und Bergeskuppen findet ihre Erklärung in solchen Zuständen, die weit bis ins achtzehnte Jahrhundert fortdauerten.

Zum Vorbild nahm sich Platen die bekannte ‚Geschichte des Abfalls der Niederlande'. In deren Vorrede betont Schiller, daß Geschichte erzählt werden könne, ohne zu langweilen; auch dürfe sie ‚von einer verwandten Kunst' borgen, ohne gleich zum Roman zu werden. Platen nimmt in seinem Vorwort diesen Gedanken auf, führt ihn jedoch in eine Richtung weiter, die Schiller kaum gebilligt hätte: er polemisiert gegen seichte Unterhaltungsliteratur und will nicht weniger als mit seiner Arbeit schlechte Belletristik ersetzen (zwischen den Zeilen: mit seinen Geschichtstableaus die Reisebilder eines gewissen Heine).

Kein Roman, erklärt Platen, sei so ‚romantisch', will sagen, spannend wie die Geschichte. Sein Bericht ist in der Tat gedrängt und vordergründig wie der eines antiken Historikers. Niemand wird behaupten können, es fehle ihm an Handlung und Farbigkeit; im Gegenteil, er hat zuviel davon, der Blickwinkel ist zu weit. Eine Fülle stets ähnlicher Ereignisse, eine Unzahl von Personen, die ohne viel Erläuterung auf- und abtreten, eine Vielfalt süditalienischer Ortschaften endlich, die der deutsche Leser im Atlas aufsuchen muß, verwirren und ermüden ihn. Die Charakterisierung einiger Hauptgestalten post mortem nach der Art des Sueton eignet sich vielleicht für mißliebige Cäsaren, die jeder kennt, nicht aber für kleinere, in Deutschland ungeläufige Akteure aus der Geschichte Süditaliens. Platen ist nicht fähig, in historischen Zügen zu denken, Wichtiges von Anekdotischem zu unterscheiden. Hätte er mit dem Material seines dritten Buches alle drei gefüllt und wäre dafür mehr in die Tiefe gegangen, das Werk wäre besser ausgefallen.

Einige Male verengt sich die Perspektive im Kampfgewühl, so etwa zum ausführlichen Bericht einer Belagerung von Gaeta und der von Bonifacio im Süden Korsikas. Nur um Gaeta zu beschreiben, reiste Platen im Herbst 1831 auf ein paar Tage dorthin. Die Schilderung der Belagerung von Bonifacio übernahm er von einem tendenziösen korsischen Historiker, der zwar zu erzählen versteht, dem es aber, nach Schlösser, auf Erfindung und Ausschmückung nicht ankam. So berichtet er zum Beispiel, die Belagerer hätten dem Alfons, um ihn über ihre Bedrängnis zu täuschen, einen Käse aus Frauenmilch überreicht; freilich mit einem ‚dicitur', das Platen dann fortläßt. Die beiden Bonifacio-Kapitel (I, 11 + 12) nehmen sich, bewußt oder unbewußt, ein Vorbild an Schillers Bericht von den Belagerung Antwerpens. Sie wurden zum Paradestück bei Platens späteren Vorlesungen aus dem Werk. Leider nur ist die Bonifacio-Episode ohne Bedeutung für die Haupthandlung.

‚Die Geschichten Neapels' sollten nicht als Versuch in der strengen historischen Wissenschaft verstanden und kritisiert werden. Trotz ausgiebiger Lektüre geschichtlicher Werke seit der Jugend und trotz des Umgangs mit Ranke wußte Platen wenig vom Handwerk des Historikers. Schlösser hat seine Quellen, sämtlich gedruckte Werke nach Manuskripten aus dem 15. und 16. Jahrhundert, mit dem fertigen Text verglichen und festgestellt, daß dieser fast restlos in jenen aufgeht. Platen hat also nur kollationiert und gekürzt, was er in Buchform vorfand; bis in die Archive ist er nicht vorgedrungen.

Seit der Julirevolution gehörte seine Sympathie Frankreich unter dem Bürgerkönig Louis Philippe. Naiv übertrug er sie auf das Frankreich der Anjou und seine Abneigung gegen das augenblickliche reaktionäre Regime in Spanien auf Alfons von Aragon. Wenn die mit Frankreich verbündeten italienischen Stadtrepubliken an Spanien verloren gehen, so ist das für Platen ein Sieg der Despotie über die Freiheit: „Sehen wir doch in unsern eigenen Tagen weit deutlichere Wahrzeichen verachten und aus ähnlicher Franzosenfurcht den Untergang von Europa beschleunigen!"

Wer aber hat diese Niederlage der Freiheit und diesen Krieg, dessen Metzeleien ausführlich geschildert werden, auf dem Gewissen? Eine gekrönte Hure, eine andere Katharina. Es ist frappierend zu sehen, wie sich Platens Phantasie zur gleichen Zeit an zwei Frauen der Geschichte entzündet, denen es wider die herrschende Sitte, doch kraft ihrer Stellung möglich war, sich sexuell auszuleben. Die Parallelen zum Schicksal des Homosexuellen im 19. Jahrhundert, dem dies in der bürgerlichen Gesellschaft seiner Heimat verwehrt war und in der vorbürgerlichen Italiens nur verschämt am Rande möglich, liegen auf der Hand. Platens Interesse an Kaiserin und Königin wird von projizierten Wünschen getragen. Doch damit, daß er beide verdammt und so wieder der herrschenden Sitte huldigt, zeigt er nur den Selbsthaß dessen, der den bürgerlichen Moralisten in sich nicht zum Schweigen bringen kann, ja der im tiefsten Inneren Heines Vorwurf akzeptiert hat.

Wie die politischen Gedichte bezeugen auch die ‚Geschichten von Neapel' ein Nachlassen von Platens Kreativität seit dem Frühjahr 1830. Dies langsame Verstummen seiner Muse, deren letzte Laute wir noch in den Schlußgesängen der ‚Abbassiden' und einigen Oden vernahmen, stehen im tiefen Zusammenhang mit den ‚Bädern von Lucca'. Der Hauptquell, aus dem seine Poesie schöpfte: Preis der ‚Schönheit', sprich Männerliebe, war von Heine verschüttet.

Nur bei erotischer Erfüllung erhebt sich das Zauberpferd noch in die Luft; das ‚Trinklied' aus Bajá ist ein spätes Beispiel. Mitte Mai 1832 machte Platen in Neapel eine Bekanntschaft, über die er in Tagebuch und Korrespondenz kein Wort verliert, die jedoch 14 graziöse Ghaselen hervorbrachte, wie wir sie dem lehrhaften, eifernden oder resignierten Dichter nicht mehr zugetraut hätten. Eine leichte, von Beginn nicht allzu ernst genommene Liebesgeschichte stellt sich dar, die durch unglückliche Umstände schon nach drei Tagen zuende ging.

Ein Ghasel steht deutlich am Anfang, sonst aber hat Platen sicher nicht an einen Zyklus gedacht; die kurze Dauer der Affäre erlaubte kaum Entwicklung, und überdies sind die Gedichte zerstreut veröffentlicht, 11 erst nach des Dichters Tod. Die Auswahl ist willkürlich, ihre zeitliche Abfolge nur Vermutung.

Dich erfleht das Land als Segen,
Schnöder, unwillkommner Regen!
Mich nur störst du sehr auf meinen
Abendlichen Liebeswegen.
Nach der Feder muß ich greifen,
Wie der Held nach seinem Degen!
Weil die Helden wie die Dichter
Langeweile macht verlegen;
Eitle Reime muß ich schmieden,
Statt der Liebe Gunst zu pflegen:
Sonst erheitert kein Geschäft mich,
Meiner tiefen Wunde wegen!

Mit dem Liebchen ruht'ich einsam
Zwischen lauter Paradiesen:
Dort das Meer, das brandend scherzte,
Reben hier und Hain und Wiesen;
Hinter Pomeranzengärten
Standen Pinien stolz wie Riesen;
Oben auf den Hügeln saßen
Knaben, die die Flöte bliesen;
Ach, und deine schönen Augen,
Was vergliche sich mit diesen?

Sang ich einst in deutschen Landen,
Ward ich selten recht verstanden,
Und das Schönste, was ich klagte,
War, als wär' es nicht vorhanden:
Scheint es doch, dasselbe Schicksal
Macht mich überall zu Schanden!
Was sich auch für süße Dinge
Zwischen meine Reime wanden,
Unverständlich blieben dir sie,
Die mir ungehört verschwanden:
Meine Lippe muß verstummen,
Meine Barke muß versanden!

Diese Bäume, diese Blüten
Mögen unsre Liebe hüten,
Vor den Menschen uns verbergen,
Die nur Neid und Nebel brüten;
Diese kurze Augenblicke
Mögen uns den Schmerz vergüten,
Den die Trennung bald herbeiführt:
Möcht' ein Gott sie doch verhüten!
Dich erwarten Klosterzellen,
Mich verhaften Schiffs-Cajüten.

Die Ghaselen sind Platens liebste Kinder. Ihnen hat er, oft ohne Absicht, wichtige Nachrichten über sich selbst anvertraut. Im Busen-Ghasel vom Februar 1821 spricht schon der Schönheitspriester der italienischen Jahre, das Nichts- und das Saul-Ghasel vom Spätsommer 1822 zeugen vom Zusammenbruch der orientalischen Poesie-Welt und der künftigen Hinwendung zu kühleren klassischen Formen. Das Barken-Ghasel vom Mai 1831 aber verkündet Platens poetischen Tod durch Heinrich Heine.

Nichts davon dürfte dem Dichter selbst bewußt geworden sein. Die Klage über unerfüllte Liebe, die vielen früheren Ghaselen charakteristisch war, ist in dieser letzten Gruppe einem anakreontischen Ton gewichen, der weder Verkrampfung noch den Zug zur Exhibition zeigt, den wir aus den ‚Neuen Ghaselen' von 1823 kennen. Platen ist hier zur klugen Verschleierung des Objektes zurückgekehrt, die er schon in seinen Jugendliedern übte. Daß es sich bei dem ‚Liebchen' um einen Mann handelt, weiß nur, wer es wissen will. Hier dürfte es ein Jüngling gewesen sei, den der Vater aus einer großen Kinderschar zum Klosterleben bestimmte, damit er durch Entsagung und Gebet gute Plätze im Himmel sichere für den Rest der Familie. Derlei war im katholischen Europa vor 1790 durchaus üblich, und im Süden auch noch danach.

Die ‚Schiffs-Cajüten' weisen auf Platens bevorstehende Abreise nach Deutschland. Der Liniendampfer verkehrte zwischen Neapel und Livorno. Unterdessen war die Mutter nach München gezogen, und zwar in die Müllerstraße; vielleicht war Puchta bei der Wohnungssuche behilflich gewesen. Auch eine dauernde Wohngemeinschaft von Mutter und Sohn muß einmal zur Debatte gestanden haben, denn im vergangenen Dezember machte der letztere eine Rechnung auf, bei der die gemeinsamen Einkünfte auf jährlich etwa 1700 fl. kommen, „so daß wir wenigstens zusammen recht gut leben können."

Indessen wurde die Abreise von Neapel aufgeschoben – vermutlich, weil Platen von dem entschwundenen Jüngling Post erwartete. Als sie nicht kam, dichtete er das letzte Ghasel seines Lebens:

Tage schon entflohn und Wochen
Unter stätem Herzenspochen,
Seit ich dich, geliebtes Wesen,
Nicht gesehn und nicht gesprochen:
Ist es Zufall oder hast du
Dein gegebnes Wort gebrochen?

Deine flatterhafte Seele
Wird vom Schönen leicht bestochen.
Alle meine Wünsche lodern,
Alle meine Triebe kochen!
Wenn zu Staub ich ganz verbrannt bin,
O so sammle meine Knochen!

Zur Beruhigung schrieb er die ‚Geschichten Neapels' ins Reine. Ende Mai war König Ludwig, diesmal ohne die Florenzi, von Ischia kommend eingetroffen. Platen ließ sich ihm alsbald vorstellen. „Es war das erste Mal," schreibt er ins Tagebuch, „daß ich mit dem König sprach, und dieser war außerordentlich gnädig und nannte mich einmal übers andere einen ausgezeichneten Dichter." Als Geschenk erhielt er 20 Piaster, das sind etwa 50 Gulden bayerisch. Platen hatte noch Gelegenheit, dem König an der Treppe seines Hotels zu danken. Ludwig war offenbar ganz zufrieden damit, daß sein Leutnant dauernd in Italien weilte. Der Kronprinz äußerte sich ähnlich; von ihm erhielt der arme Poet 30 Carlini, etwa 7 Gulden.

Während er, so versehen, ohne Eile, doch auch ohne Begeisterung seine Abreise nach München vorbereitete, hatten die letzten Flutwellen der Pariser Julirevolution auch Deutschland erreicht. Am 26. und 27. Mai versammelten sich bei einer Burgruine südlich Neustadt an der Weinstraße an die 30 000 pfälzische Bürger, darunter zugereiste Gäste aus Frankreich und Polen, aber auch deutsche Literaten wie etwa Ludwig Börne. Den äußeren Anlaß bot ein Fest zum Jahrestag der bayerischen Verfassung. Die wahren Gründe waren vielschichtig: zunächst Ärger über einen bayerischen Einfuhrzoll, der den pfälzischen Weinbauern die Einkünfte schmälerte, dahinter aber eine allgemeine Unzufriedenheit mit den politischen Verhältnissen im restaurativen Deutschland. Drei radikale Demokraten, Siebenpfeiffer, Pistor und Wirth, forderten die Beseitigung der Fürsten, Volkssouveränität und Herstellung der nationalen Einheit. Die gemäßigten Liberalen schwiegen. Den wilden Reden folgten indes keine Taten, vielleicht weil es zu regnen anfing; stattdessen entwickelte sich die erste deutsche Großdemonstration zu einem gigantischen Stammtisch: „Die ganze Nacht wurde geschossen, gefressen und gesoffen und jubiliret", wie ein Winzer in sein Hausbuch notierte. König Ludwig jedenfalls, der ja auch Pfalzgraf bei Rhein war, sah keine Notwendigkeit, wegen des Hambacher Festes Süditalien zu verlassen. Anfang Juni begab er sich in aller Ruhe nach Rom und dann weiter nach Perugia zur Florenzi. Der Kronprinz verbrachte fast noch den vollen Monat in Neapel.

Auch Platen blieb noch den gesamten Juni dort, vermutlich, weil der Kronprinz während dieses Monats Interesse an ihm zeigte. Er ließ sich die ersten Gesänge der ‚Abbassiden' vorlesen und regte den Dichter an, Alexander den Großen zum Gegenstand eines Heldenepos zu machen. Es muß Platen wohlgetan haben, daß seine allerhöchsten Herrschaften ihn so ehrten und offenbar gar keine Notiz nahmen von den bekannten Anwürfen. Oder bestand da ein stilles Einverständnis der philhellenischen Bayernfürsten? Von welcher Natur Graf Platen war, dürfte ihnen auch ohne Heines Trompete nicht verborgen geblieben sein. Man denke nur an die Winternacht-Ode in Cottas ‚Morgenblatt', das bei Hof selbstverständlich gelesen wurde! Der von Vater und Sohn geäußerte Wunsch, Platen solle in den Süden zurückkehren, spricht dafür, ebenso wie Maximilians Hinweis auf das Alexander-Thema, das dem Dichter geradezu auf den Leib geschneidert scheint: erstens ist es klassisch, zweitens historisch, und drittens spielten in Alexanders Leben Frauen kaum eine Rolle. Umso mehr die Beziehung zu seinem Freund Hephaistion.

Durch die Geldgeschenke des Königs und des Kronprinzen sah sich Platen in der Lage, gemächlich über Umbrien und Venedig, wo er ein paar Wochen verweilen wollte, nach München zu reisen. In einem Brief an die Frizzonis erwog er sogar den Umweg über Dalmatien. Doch schien ihm dies zu zeitraubend, und so entschied er sich gegen die Schiffkajüte und doch wieder für die Diligence. Auch in einer Kutsche des Königs, der Ende Juni nach München aufbrach, hätte er zumindest bis Verona mitfahren können. Ob er von diesem Angebot wirklich zu spät erfuhr, wie er im Tagebuch mitteilt, oder ob er sich aus Unbehagen vor den Höflingen nur damit entschuldigte, daß er seine Dinge nicht rechtzeitig habe ordnen können, steht dahin. Auf jeden Fall war es wieder eine vertane Gelegenheit, sich und seine kümmerliche Existenz dem

Ansicht von Neapel. Aquarell von Franz Catel. Nationalgalerie, Berlin-Ost)

König vorzuführen. So verließ er denn am 1. Juli 1832 bei Sonnenaufgang allein mit ordinärer Post das schöne Neapel. Zum Schluß dieses Kapitels seien drei undatierte Strophen zitiert, die er vielleicht zu diesem Abschied, wahrscheinlich aber schon 1827, auf die italienische Stadt schrieb, der er neben Venedig am meisten verdankte.

> Parthenope ragt so schön am Seestrand empor,
> Umspannt den berauschten Sinn mit stahlfestem Netz,
>   Läßt fließen des Lebens Bäche
>   Aus ihrem goldnen Quell.
>
> Wo aber erscheint Genuß von Schmerz unvergällt?
> Es lauert des Scheidens Qual, und träuft Bitterkeit
>   Neidvoll in den Wein der Liebe,
>   Den unsre Seele schlürft.
>
> Doch ziehe, wohin du willst, im Geist folgen dir
> Beflügelte Lieder nach! Es ist, reich begabt,
>   Dein schönes Gesicht Bezaubrung,
>   Dein Auge Süßigkeit!

47. Das neue München

Über Isernia, Sulmona, sodann das malerische Aterno-Tal hinauf, gelangte Platen in nur zwei Tagen nach l'Aquila. Die einstmals große und mächtige, jetzt aber entvölkerte Stadt trug noch die Spuren eines Erdbebens, das mehr als ein Jahrhundert zurücklag. 1831 und 33 nahm sie an Aufständen gegen den König von Neapel teil; nur eben 1832, als der Dichter durchreiste, herrschte Ruhe. Er blieb sechs Tage, da er die keine Gelegenheit zur Weiterfahrt, dafür aber angenehme Gesellschaft in ein paar ansässigen Adligen und Malern fand. Schließlich besorgte man ihm ein Fuhrwerk nach Rieti, 54 km entfernt im Päpstlichen gelegen.

Über Terni, Spoleto, Foligno und dann, wie vor drei Jahren, der Via Flaminia folgend, erreichte Platen „nicht ohne Beschwerden, in so heißer Jahreszeit" nach einer Woche Fano an der adriatischen Küste. Hier erholte er sich mit einigen Seebädern und traf am 21. Juli in Rimini ein.

Im vergangenen Jahr hatten auf den Hilferuf des Papstes hin die Österreicher im nördlichen Teil des Kirchenstaates den nationalen Aufstand niedergeschlagen. Nach getaner Arbeit zogen sie sich zurück, und an ihrer Stelle traten wieder päpstliche Soldaten. Diese meinten, vielleicht mit einem Augenzwinkern aus Rom, die aufständischen Provinzen bestrafen zu dürfen, indem sie nach Herzenslust raubten, brannten und mordeten. Der Papst nahm es nicht zur Kenntnis. Als indes auch Kirchen geplündert wurden, hielt die Kurie es für angebracht, den Kaiser ein zweites Mal um Hilfe zu bitten. Die Österreicher standen, von der malträtierten Bevölkerung geradezu begrüßt, mittlerweile wieder in Rimini, und auf allen Poststationen wurden die Pässe ausgiebig und zeitraubend kontrolliert. In Forlì hatten die Kirchen besonders gelitten; Platen, der dort zu Mittag speiste, brauchte für die folgenden 60 km bis Bologna einen halben Tag. Um drei Uhr früh angekommen, spürte er große Lust, sich Bewegung zu machen und blieb bis zur Abfahrt der Postkutsche nach Ferrara am folgenden Mittag auf den Beinen. Auf der Straße traf er den Professor Gerhard, der ihm eine Empfehlung an den Direktor der Markusbibliothek in Venedig mitgab. Auch kaufte Platen in Bologna eine neue Ausgabe der Canti des Grafen Leopardi, die er mit großem Vergnügen las. Nach einer Übernachtung in Ferrara reiste er mit der österreichischen Post in einem Tag nach Venedig. Er stieg in einer Privatpension, der Casa Callegari am Rio di S. Moisè ab, die ihm unterwegs empfohlen worden war.

Mehr als drei Wochen verbrachte Platen in der Serenissima: die Vormittage gewöhnlich in der Markusbibliothek, die Nachmittage mit Besichtigungen zu Fuß oder mit der Gondel, zuweilen in der Gesellschaft Gerhards, der bald nach ihm eintraf. Gegen Abend nahm er fast regelmäßig ein Seebad in der Lagune unweit der Fondamenta Nuove am Nordufer der Stadt. Wie sauber das Lagunenwasser damals war, steht dahin; zwar fehlte der Schmutz von Industrie und Motorschiffahrt, doch ergossen sich sämtliche Abfälle und Exkremente Venedigs in die Kanäle. Der Sommergestank, den Thomas Mann noch 1912 erwähnt, muß bei Windstille fast unerträglich gewesen sein. Platen verschweigt ihn, bemerkt aber, daß die meisten Venetianer in der Lagune badeten.

Selbstredend waren sie sämtlich jung, männlichen Geschlechts und nackt. Es dürfte an den Fondamenta Nuove ähnlich zugegangen sein wie am Strand von Santa Lucia. Wir verstehen gut, wenn der Dichter eher auf das saubere Wasser am Lido verzichtete als auf diese Attraktion.

Die poetische Ausbeute dieses venezianischen Aufenthalts ist nicht groß. Ein polemisches Gedicht lohnt kaum der Erwähnung. Interessanter sind einige längere Epigramme über die Stadt, die Koch und Link den venezianischen Sonetten gegenüberstellen. Sie zeigen neben einer gewissen formalen Verwandtschaft Platens Entwicklung zur ‚begrenzten Positivität' seit 1824. Damals empfand der ‚Grillenfänger' letztendlich Isolierung, Stille, Verfall. Der zweite Aufenthalt im Herbst 1829 war vom Haß auf Immermann und Heine getrübt. Ein bezeichnendes Epigramm aus dieser Zeit lautet:

> Ehmals litt ich die Schmerzen der Liebe, sie gingen vorüber;
>   Seitdem hab' ich jedoch Stunden und Tage vergähnt.

Nun, beim dritten Aufenthalt, heißt es einfacher:

> Nicht mehr länger beschützt der geflügelte Löwe Venedig.
>   Auch Sankt Markus entwich sammt dem geweihten Panier.
> Aber es blieb doch eine der Schutzgöttinnen, und Tempel,
>   Aus der verwilderten Welt flüchtend, erbaute sie hier:
> Wißt, Urbanitas heißt die Beseligerin der Gemüter,
>   Die sich hier im Gefolg ewiger Grazien zeigt.
> Fremdling! Selten vermagst du dem magischen Netz zu entziehn dich,
>   Welches um dich huldreich jene Gefällige spinnt.
> Sie auch bildete selbst die bezaubernden Klänge der Mundart;
>   Süßeres Wort hat nie menschliche Lippen beseelt.

Keine Rede ist mehr von einer todesnahen Sonderwelt, als Gegenschöpfung im Sonett geformt; vielmehr zeugen die neuen Verse von einem unreflektierten sich Treibenlassen, einem Eintauchen in erfreuliche Gegebenheiten, die hier mit ‚Urbanität' umschrieben sind.

Mitte August machte Platen einen Tagesausflug nach Chioggia mit dem Raddampfer. Die rasche Fahrt durch die Lagune bereitete ihm viel Vergnügen: „Ueberall schwammen uns die blonden Knaben zu Dutzenden entgegen und riefen ‚Padroni!'", heißt es im Tagebuch.

Ein paar Tage später brach der Dichter von Venedig auf. Er ließ einen ganzen Mantelsack voller Bücher zurück, da er sich fest vorgenommen hatte, im nächsten Frühjahr wiederzukehren. Mit einer Übernachtung, vermutlich in Padua, reiste er nach Verona, wo ihn die Brüder Frizzoni mit eigenem Wagen erwarteten. Nach drei schönen Tagen dort fuhren die Freunde zusammen bis Desenzano am Südufer des Gardasees; dort schickten sie den Wagen mit dem Kutscher voraus, während sie selbst das Dampfboot nach Riva am nördlichen Ende nahmen.

Mit Frizzonis Wagen waren die 100 km nach Bozen über Rovereto leicht in einem Tag zu schaffen, auch wenn dabei noch der Dom von Trient zu besichtigen war, der

Konzilsort zwischen 1545 und 1563. In Bozen verabschiedeten sich die Freunde. Platen verbrachte einen traurigen Tag allein, bevor er mit gewöhnlicher Post in zwei Tagen über den Brenner nach Innsbruck weiterreiste,

In der Fremdenliste der Zeitung las er, daß Professor Schubert mit seiner Frau in der Stadt sei. Er traf den Freund nicht im Hotel an und hinterließ eine Nachricht; Schubert fand sie und eilte zu dem Dichter, der in einem ärmlichen Gasthaus wohnte. Dort war man erstaunt zu erfahren, daß der Mann in abgetragener, unmoderner Kleidung ein Graf sei. Platen freute sich sehr über die Begegnung. Er verbrachte mit den Schuberts ein paar fröhliche Tage und las zu ihrem Beifall auch die ‚Belagerung von Bonifazio' vor. Dies hinderte ihn nicht, gleichzeitig ein garstiges ‚Berliner Nationallied' zu schreiben, das mit dem Versen beginnt:

Diesen Kuß den Moskowiten,   Rom mit seinen Jesuiten
Deren Nasen sind so schmuck,   Nehme diesen Händedruck.

In der Art von Schillers ‚An die Freude' wechseln Chor und Einzelstimme (hier Einzelstimmen) einander ab zum höhnischen Preise der russischen Herrschaft in Polen. Dies Gedicht ist Platens Begrüßung seines Vaterlandes. Mit den Polen meint er sich, mit den Russen das deutsche Lesepublikum, mit den reaktionären Preußen aber Verleger, Rezensenten und andere Heinefreunde. Es hat sich kein Beethoven gefunden, diese Kantate zu vertonen.

Am 28. August fuhr der Dichter mit den Schuberts zusammen im Postwagen nach München. Er nahm Quartier bei seiner Mutter in der Müllerstraße 24 vor dem Sendlinger Tor, wo es damals noch ruhig und ländlich zuging. Das nördliche München, dem Pagen und Leutnant vertraut, glich dagegen einer einzigen Baustelle. Odeonsplatz und zwei Drittel der Ludwigstraße, weitgehend Werke Leo Klenzes, waren ziemlich vollendet. Nördlich der Theresienstraße aber begann das Reich des romantischen Architekten Friedrich Gärtner, den der König dem Klassizisten Klenze zu dessen großem Ärger kürzlich vor die Nase gesetzt hatte. Die Fundamente der Staatsbibliothek waren gelegt, dahinter erhoben sich die Mauern der Ludwigskirche, beide von Gärtner entworfen. Im Westen herrschte freilich weiterhin Klenze: seine Glyptothek, von Cornelius jahrelang ausgemalt, war seit 1830 eröffnet; die Pinakothek, in bramantischer Renaissance errichtet, wurde noch reich freskiert. An der Südseite der Residenz ging Klenzes Königsbau, dem Pitti-Palast in Florenz nachgebildet, seiner Vollendung entgegen, während an der Nordseite die Arbeiten für den Festsaalbau begannen. Als neuer Flanierort und Treffpunkt der eleganten Welt empfahlen sich seit ein paar Jahren die Hofgarten-Arkaden, von Platen 1824 noch im Bau erlebt, mittlerweile aber fertiggestellt und von Rottmann mit klassischen Landschaften al fresco geschmückt.

Der König hatte mittlerweile die Universität von Landshut nach München verlegt. Bis sie in einen von Gärtner entworfenen Neubau ziehen konnte, war sie im Wilhelminum einquartiert, jenem finsteren Baukomplex neben St. Michael, wo Platen seine unglücklichen Kadettenjahre verbracht hatte. Die katholische ‚Landshuter Romantik', einstmals gegen die Montgelas'schen Aufklärung angetreten, hatte mit Ludwigs Hilfe endgültig gesiegt und war nun in München etabliert, ebenso wie ihr (eigentlich bedeutenderes) protestantisches Pendant aus Erlangen. Vier von Platens alten Freunden und Gönnern, Schelling, Schubert, Puchta und Thiersch, waren nunmehr Leuchten der neuen Münchener Universität und hielten ihre Vorlesungen im Wilhelminum oder in der zur Aula hergerichteten Studienkirche nebenan.

Ende 1830 war es zu einem harmlosen Krawall der Münchener Studenten gekommen. Die Behörden hatten ungeschickt reagiert und so dem Vorfall erst eine politische Dimension gegeben. Dies genügte jedoch, um den König aufzuschrecken. Die Idee von unten aufsteigender Souveränität war ihm zutiefst verhaßt. Nach seiner romantischen Vorstellung kam die Gewalt von oben, durch Gottes Gnade allein auf ihn. Daß sein Vater erst von Napoleon zum König gemacht worden war, nahm er nicht mehr zur Kenntnis. Weil überdies seit letztem Sommer liberale Blätter die Pariser Errungenschaften zu sehr gelobt hatten, führte der besorgte Monarch die Pressezensur wieder ein, die er nach der Thronbesteigung aufgehoben hatte. Dies ließ den Landtag von 1831 zu einer Zerreißprobe zwischen ihm und den Ständen werden: der Minister v. Schenk mußte zurücktreten, weil er die Zensurverordnung gegengezeichnet hatte. Ludwig hob sie unwillig auf und ernannte Schenk zum Regierungsdirektor in Regensburg.

Das Frühjahr 1832 brachte zwei politische Volksfeste in Franken und der Pfalz, deren wichtigeres wir schon erwähnt haben. Des Königs gemächliche Heimreise aus Italien war durch sie kaum beschleunigt worden. Drei Wochen nach den Ereignissen traf Ludwig in München ein und erfuhr vermutlich erst jetzt den Wortlaut der Hambacher Reden. Da hatte etwa Pistor ausgerufen: „Die letzte Habe wird in Anspruch genommen, um Bäder in Italien zu bereiten, weil die deutschen Quellen nicht mehr heiß genug sind, den entnervten Körper der Wollüstlinge reinzuwaschen!" Das ihm, wo er doch diesmal Ischia ohne die Florenzi besucht und dort nur ganz sittsam zwei deutschen Damen den Hof gemacht hatte!

Seit 1830 war nach und nach aus dem liberalen ein reaktionärer Fürst geworden. Ludwig veranlaßte nunmehr in der Pfalz und in Würzburg Verhaftungen, Untersuchungen, Prozesse: ihre Opfer waren meist Professoren, Studenten, Journalisten, Buchdrucker. Die Verurteilten verloren Amt und Stellung, wurden relegiert oder mußten nach Untersuchungshaft und Festungsstrafe vor dem Bild des Königs öffentlich Abbitte leisten.

Seit seiner Thronbesteigung hatte Ludwig auch eine Wandlung vom Philhellenen zum Romantiker durchgemacht; genauer gesagt, zu dem einen war der andere noch hinzugekommen. Ludwigs neues München, vom Klassizismus der Glyptothek über Klenzes Neurenaissance bis zur romantischen Romanik Gärtners spiegelt diese Entwicklung. Wenn der Vater das Volk durch Aufklärung erziehen wollte, so suchte der Sohn das gleiche Ziel zu erreichen, indem er ihm Kunst verabfolgte. Eine friedliche Epoche erlaubte es dem König, der an allem sparte, nur nicht an den bildenden Künsten, Athen und Florenz an der Isar nachzuschaffen. Glyptothek und Pinakothek gehören zu den ersten reinen Museumsgebäuden überhaupt! Auch die Ludwigstraße hat in ihrem nördlichen Drittel etwas Museales, trocken Pädagogisches, das allen Gipsabgüssen und auch den Bildern der Nazarener anhaftet. Diese gelehrte Kopierseligkeit entsprach freilich sehr dem Zeitempfinden. Viele Gedichte Platens, vor allem die historisierenden Balladen, Oden und Hymnen atmen denselben Geist. Er, der soeben aus Italien kam, war von dem abgekupferten Neuflorenz weniger begeistert als man hätte annehmen sollen: Schlösser, der alle Äußerungen des Dichters zur bildenden Kunst minutiös gesammelt hat, findet nur karges Lob. Zu den antiken Skulpturen in der Glyptothek fällt Platen überhaupt nichts ein. Die grinsenden Ägineten dürften seinem Jünglingsideal auch weniger entsprochen haben als etwa Thorvaldsens Grabskulptur für Beauharnais, die seit ein paar Jahren in der Michaelskirche stand.

Das abgebrannte, von Klenze erneuerte Hoftheater, eröffnet eben, als er 1825 in Arrest ging, sah Platen nun zum erstenmal von innen. Es fand seinen Beifall nicht. Der Grund ist leicht zu erraten: bittere Gedanken wegen seiner dort nicht gespielten Dramen. Der Schmeichler Schenk war als Minister zwar abgelöst, doch weiter in Gnade, und allein 1832 standen mindestens zwei seiner elenden Stücke auf dem Spielplan des Hoftheaters! Kein Wunder, daß der Dichter den Ort mied.

Dreimal dagegen besuchte er die Schellings schon in seiner ersten Münchener Woche, denn sie waren im Aufbruch nach Venedig und dankbar für Reiseratschläge. Platen gab sie im Überfluß, und seine neuesten Epigramme, von denen wir einige hörten, obendrein. Auch ließ er es sich nicht nehmen, einige der Polenlieder zum besten zu geben, „wiewohl die Tochter des preußischen Gesandten, Fräulein Küster, gegenwärtig war". Es folgte, wie zu erwarten, betretenes Schweigen, und auf einen Wink Schellings brach der Dichter seine Lesung ab. Zu den Gästen gehörte übrigens auch Giovanni Berchet, neben Manzoni Hauptvertreter der italienischen Romantik. Über Politik scheint sich Platen gut mit ihm verstanden zu haben. Wegen der dichterischen Formen jedoch hätte es Streit geben können: Berchets poetisches Programm, schon 1816 formuliert, nimmt entschieden Stellung gegen jeden Klassizismus.

Lästig waren die vielen Besuche, die der Dichter zu machen und zu empfangen hatte. „Indeßen geht das doch bald vorüber," schreibt Fugger aus Augsburg und fügt tröstend hinzu, solche Visitenleiden seien nun einmal „mit dem Einzuge eines jeden hohen Hauptes, folglich auch mit dem eines berühmten Poeten verbunden." Prominent war Platen mittlerweile gewiß. Nicht ohne Stolz schrieb er im Herbst 1832 ein Epigramm, das seine Stellung in der Münchener gebildet-bürgerlichen Gesellschaft demonstriert. Er überschrieb es ‚Veränderte Zeiten':

> Als ich allein noch stand und verlassen im Kampfe, da galt es
>   Tapfer zu sein; doch jetzt leg' ich die Händ' in den Schooß;
> Denn schon warb ich ein Heer, und so weit sich ein deutsches Gefühl regt,
>   Treten in Schaaren bereits meine Verteidiger auf.

Mehrere junge Männer, vielleicht verwandte Naturen, empfahlen sich ihm als Verehrer und Kenner seiner Poesie. „Am wenigsten geniren mich Studenten und Künstler," schreibt er an Fugger, „zum Theil komische Erscheinungen. Sie erkundigen sich nach meiner Gesundheit, als ob ich ihnen recht an's Herz gewachsen wäre." So stellte sich ein junger Kupferstecher namens Schütz vor; tieferen Eindruck hinterließ ein Medizinstudent namens Wilhelm Fricke, der 1840 seine Erinnerungen an Platen in der Hannover schen ‚Posaune' veröffentlichen sollte. Schon vier Tage nach des Dichters Ankunft begab er sich in die Müllerstraße. „An der Thür wurde ich von einer Magd empfangen," schreibt Fricke, „worauf ich sogleich eine Stimme hörte, die mit kalten Worten ausrief: ‚Mein Gott, ich bin aber gar nicht angezogen!' In diesem Augenblicke öffnete man mir aber auch schon die Thür, und der Graf stand ..in einem Reisehemde von ungebleichter Leinwand vor mir, das mit grünen Schnüren bunt besetzt war und ihm als Schlafrock zu dienen schien. Er nöthigte mich zum Sitzen, war aber in seinem Ausdruck so kalt und zeigte mir ein so unfreundliches Gesicht, daß ich mich wirklich etwas zurückgestoßen fühlte. Nach einigen Minuten wurde er indeß schon freundlicher". Mit Fricke sollte Platen während seiner beiden Münchener Aufenthalte etwas Umgang haben.

Die Schellings waren hochbefriedigt aus Venedig zurückgekehrt. Bei ihnen traf Platen das betagte Ehepaar Cotta aus Stuttgart. Wir erinnern uns, daß der Verleger gegen ihn schwerhörig und hartleibig bis zum Extrem gewesen war und daß er jahrelang seine finanziellen Zusagen nicht eingehalten hatte. Als er Ende 1830 nach größtem Widerstand endlich das Honorar für den ‚Romantischen Oedipus' herausrückte, machte er nun seinerseits eine Rechnung auf, nach der Platen ihm 1250 fl. schuldete. Doch obwohl Cotta selber nur selten schrieb und sich dann noch absichtlich unklar ausdrückte, gelang es Platen, ihm schriftlich zu beweisen, daß die Rechnung falsch war. Über einen Nachschuß der ‚Verhängnißvollen Gabel', den der Verleger hatte drucken lassen, ohne den Autor zu verständigen, wurde bei dieser Gelegenheit wohl auch gesprochen. In Gegenwart von Madame Cotta kam es zu einer gütlichen Einigung, nach der Platen nur noch 96 fl. schuldete, während der Verleger für 196 fl. ein neues Bändchen Gedichte, freilich ohne Polenlieder, herausbringen wollte.

Beim ‚Deutschen Musenalmanach', in dem Platen seit drei Jahren Gedichte veröffentlichte, war die Redaktion von Amadeus Wendt erst an Schwab und dann an Chamisso übergegangen. Für den Band auf 1833 hatte der Dichter neben zwei Oden und einer Hymne auch etliche italienische Epigramme eingesandt. Chamisso unterdrückte sie jedoch mit der Begründung, das Buch werde zu dick. „So bin ich nun auch von diesem Almanach erlöst", schreibt Platen ärgerlich an Fugger; doch die Absage war verfrüht, auch der Band auf 1834 sollte noch Gedichte von ihm enthalten.

Für die ‚Abbassiden' fand sich, wenn schon kein Buchverlag, so doch wenigstens ein Wiener Almanach namens ‚Vesta'; leider erst auf das Jahr 1834. Dafür erhielt Platen aber 100 Dukaten Honorar, das sind 570 fl. bayerisch. Bevor er das Manuskript nach Wien schickte, las er daraus bei den Kleinschrodts vor. Der junge Wilhelm Kaulbach war anwesend und besuchte den Dichter in den nächsten Tagen, um ihm einige seiner Zeichnungen vorzulegen. Weitere gute Nachricht kaum aus Frankfurt: Schwenck hatte dort den Verleger Sauerländer für die ‚Geschichten Neapels' gewonnen. Cotta war an der Arbeit nicht interessiert gewesen.

Mehrere Male las Platen aus diesem Werk in den bürgerlichen Salons vor: bei Puchta, bei Kleinschrodt, bei Schelling, auch bei Schubert, der eine Menge Studenten dazu eingeladen hatte. „Die Sache war mir nicht sehr angenehm," heißt es im Tagebuch, „um so weniger, da die Studenten bei'm Nachtessen einen Toast auf mich ausbrachten, mir einen Lorbeerkranz überreichen wollten und einer mich sogar in Versen apostrophirte." Die Erlanger Aufführung von ‚Treue um Treue' mit dem ironischen Applaus der Studentenschaft mag dem Dichter schmerzlich eingefallen sein, vielleicht auch Heines höhnisches Zitat aus einem German-Sonett und sein gemeiner Kommentar*: doch die ‚Bäder von Lucca' hatte er ja angeblich nicht gelesen.

Viele seiner alten Freunde traf er wieder: Schnizlein, den Offizier, Engelhardt, den Theologen, Selling, den Gymnasialprofessor, inzwischen von Hof nach Augsburg versetzt; Hermann, seit Jahren Dozent für Staatswirtschaft in München an mehreren Schulen. Der arme Gruber war im Irrenhaus. Döllinger lehrte seit sechs Jahren mit großem Erfolg Kirchengeschichte an der Münchener Universität; soeben war sein Gehalt von 800 auf 1000 fl. jährlich erhöht worden. Platen ist ihm nicht begegnet.

„Thiersch ist aus Griechenland wiedergekommen und weiß viel zu erzählen", heißt es Anfang November lakonisch im Tagebuch. Der berühmte Altphilologe war in offiziöser Mission ein Jahr in dem befreiten Land gewesen und hatte mitgeholfen, den neuen Thron für das Haus Wittelsbach zu sichern. Am 6. Dezember 1832 reiste Otto, König Ludwigs zweiter Sohn, nach Nauplia ab, um die griechische Krone zu übernehmen**. Da er nicht volljährig war, wurde ihm ein bayerischer Regentschaftsrat zur Seite gestellt. Auch ein heimisches Truppenkontingent begleitete den Prinzen nach Griechenland. Platens Freund Fugger gehörte ihm an: drei erzählende Briefe aus dieser Zeit sind erhalten.

Zehn Gedichte schrieb Platen im Herbst 1832, fast ausnahmslos politischen Inhalts oder als historische Tableaux. Eine Ode gegen Nikolaus I beginnt mit dem Vers: ‚Oft lebt des Abfalls Engel in Menschenform'. Hier wird der Zar schlicht zum Satan: ‚Blutrünstig, siegreich, fluchbeladen/ Kehrt er zurück in den Schooß der Hölle!'

Wenn das wüste Geschimpfe dieser und ähnlicher Gedichte wieder nur von Aggressionen zeugt, die der Dichter in poetischen Freiräumen abreagiert, so kommt der Ballade ‚Alexius' tiefere Bedeutung zu. Der Zarewitsch Alexej, ‚aus zarterm Stoffe' als sein Vater Peter der Große, floh von Moskau nach Neapel, wird jedoch zur Rückkehr nach Rußland gezwungen und dort getötet. Platens Gedicht ist eine poetische Klage des Prinzen, der allem politischen Ehrgeiz entsagt und dem italienischen Paradies ‚ein beklommnes Lebewohl' zuruft. Wenn sich in Alexius die Forderungen des Vaters mit seinen eigenen Wünschen streiten, so tun sie das stellvertretend für des Dichters Über-Ich, das ihn in Deutschland halten will, mit seinem Trieb, der ihn nach Italien zieht.

Ein alter Bekannter hatte ihm ein Huldigungsgedicht geschickt: Wilhelm Genth, der vor zehn Jahren in Heidelberg zu seinen ersten Verehrern zählte. Genth liebte vor allem Goethe, und er scheint in seinen Versen den toten Dichterfürsten mit Platen verglichen

---

* ‚Sonst würd' ich sagen, daß auf diese glatte/ Noch junge Stirn mit ungewissem Zittern/ Der Schatten fällt von einem Lorbeerblatte.' Heine dazu: „Vergebens versicherte der arme Graf, daß er einst der berühmteste Dichter werde.. Ach! eben diese Celebrität war keinem lieb.. Ich erinnere mich noch, mit welchem unterdrückten Lächeln ein Candidat solcher Celebrität von einigen lustigen Freunden, unter den Arkaden zu München, betrachtet wurde. Ein scharfsinniger Bösewicht meinte sogar, er sähe zwischen den Rockschößen desselben den Schatten eines Lorbeerblattes." Bäder von Lucca, 11. Kapitel.

** Otto sollte sich als unfähiger Regent erweisen, schwach und gleichzeitig pedantisch. Es ist erstaunlich, daß er erst 1852 abgesetzt wurde. Die griechische Krone ging an das Haus Dänemark.

zu haben. Dieser, gerührt oder geschmeichelt, antwortete mit einer Ode ‚An Wilhelm Genth', worin er sein junges Interesse an Geschichte und Politik nicht ohne herablassenden Vorwurf der Goethischen Altersweisheit entgegensetzt.

> Nicht kann ich harmlos mich in die Pflanzenwelt
> Einspinnen, anschau'n kantigen Bergkrystall
>   Sorgfältig, Freund! Zu tief ergreift mich
>   Menschlichen Wechselgeschicks Entfaltung. ...
>
> Von dieser Zeit Partheiungen hoff' ich nichts;
> Doch wann ich darf ausruhen, wie Goethe ruht,
>   Dann sei'n mir auch spätreife Kränze
>   Auf den versinkenden Sarg geworfen.
>
> Ich lebe ganz bei Künftigen, halb nur jetzt:
> Nicht blos ein Zierrath müßigem Zeitvertreib
>   Sei meine Dichtkunst, nein – sie gieße
>   Thauigen Glanz auf die welke Blume!

Diese Metaphorik ist gefährlich. Der Dichter meint mit der ‚welken Blume' die klassische Form von Pindar oder Horaz, die er mit dem ‚thauigen Glanz' seiner Poesie wiederbelebt. Der Leser aber versteht: die Blüte ist welk und die Poesie nur Tau, glänzend zwar, wenn Licht darauf fällt, doch letztlich Wasser. Der Kritik sollte es nicht entgehen.

Im Oktober schon war er auf Rankes ‚Verschwörung gegen Venedig von 1618' gestoßen. Etwa zur gleichen Zeit begann er mit der Lektüre einer 16bändigen Geschichte der italienischen Republiken des Genfer Historikers Simonde de Sismondi. Des Abends pflegte er daraus seiner Mutter auf französisch vorzulesen; Anfang Dezember war er auf diese Weise bis zum zehnten Band gelangt.

Angeregt von Ranke und basierend auf Sismondi, schrieb Platen in fünf Tagen ein geschichtliches Lesedrama, das er ‚Die Liga von Cambrai' nannte. Der Titel ist irreführend, denn von nichts Französischem ist die Rede; vielmehr handelt es sich um eine Übereinkunft von 1508 zwischen Kaiser, Papst sowie den Königen Frankreich und Spanien mit dem Ziel, den Landbesitz Venedigs unter sich aufzuteilen. Drei bilderbogenartige Szenen: vor dem Arsenal, im Dogenpalast, auf der Piazzetta, zeigen die Stadt in größter Bedrängnis, bis endlich die Nachricht von einem Sinneswandel des Papstes eintrifft und zugleich die Rückeroberung Paduas verkündet wird. Damit ist die Republik gerettet.

Schlösser, der Sismondi (Band 13 und 14) mit Platens Text verglich, tadelt die unobjektive, für Venedig eingenommene Wiedergabe der Fakten und Umstände; auch die zeitliche Abfolge entspreche nicht der Wirklichkeit. Von eigentlicher Handlung kann keine Rede sein, stattdessen wird von wechselnden Personen unentwegt berichtet: erst dienen diese Erzählungen der Exposition, dann folgt eine Reihe von Hiobsbotschaften, vermischt mit Geschichtslektionen, und endlich zeigen die beiden erwähnten guten Neuigkeiten Venedigs Rettung an. Den Abschluß bildet ein etwas opernhafter Aufzug junger Edelleute auf der Piazzetta.

Platen läßt die verschiedenen Referenten einfach auf deutsch wiederholen, was er bei Sismondi auf französisch vorfand. Zwar wechselt die Rede zwischen Vers und Prosa, doch wirken die ständigen Botenberichte selbst in einem Lesedrama peinlich. Zu bemerken wäre noch eine sprachliche Nachlässigkeit, sogar im Metrischen, das Platen doch sonst meisterhaft beherrschte und worauf er sich viel zugute hielt. Der Grund liegt wohl in der kurzen Entstehungszeit der Arbeit.

Wieder geht es um Angst vor Zerstückelung. Während die ‚Geschichten von Neapel' noch unbewußte Schuldgefühle des Autors bezeugen, ist ‚des Teufels Großmutter' aus dem neuen Text verschwunden. Die Abende der gemeinsamen Sismondi-Lektüre müssen harmonisch verlaufen sein; vielleicht hatte auch die Gräfin den Ghaselen ihres Sohnes, nun, da er berühmt geworden war, verspätete Anerkennung gezollt. Wie auch immer, als Mittel gegen Zerstückelungsängste empfiehlt die ‚Liga von Cambrai' Ausdauer und Geduld: dem Unbeirrten kommt das Glück zu Hilfe. Der Doge Loredan beweist in höchster Not politische Weitsicht, indem er die Städte der Terra Ferma (des venezianischen Landbesitzes) von ihrem Treueschwur entbindet. Das zahlt sich aus, und der Senator Gritti kann am Ende zufrieden erklären:

> Daß wir der Pflichten sie entlassen gegen uns,
> Ward tief empfunden, und es rührte tief,
> Daß wir bedacht noch jener Städte Wohl
> Zur selben Zeit, in der sie uns verließen.
> Es war der Adel blos uns abgeneigt;
> Denn dieser hoffte, durch Vereinigung
> Mit jenen überalpischen Monarchien
> Sein Feodalrecht wieder aufzuwecken
> Vom Todesschlaf, um unter sich sofort
> Zu theilen Land und Leute. Dieß jedoch
> Mißfiel dem Landvolk, wie der Bürgerzunft. (753ff)

Wer Freiheit gewährt, wird Zuneigung gewinnen. Hatte sich die Gräfin etwa einige verständnisvolle Worte für das Generalthema ihres Sohnes abgerungen? Freundesliebe ist, so scheint zwischen den Zeilen zu stehen, in der Republik Venedig besser aufgehoben als bei den ‚überalpischen Monarchien'.

Ohne Mühe gelingt es Platen, sein liberales Credo in das Geschichtstableau einzubringen. Wacker projiziert er das 19. auf das 16. Jahrhundert. So erklärt sich der Sinneswandel des Renaissance-Papstes ganz im Sinne des Risorgimento: ‚Er glüht im Tiefsten für Italien' (679). Daß der (kaiserliche) Adel in Padua und Verona dem Kaiser zuneigt, sollte nicht verwundern. Das venezianische Patriziat aber ist nie vom Kaiser geadelt worden: ‚Wir sind vorerst Niemandem unterthan,/ Obschon wir blos Kaufleute; Zepter sind/ Uns leichte Waare' (377ff), sagt der Senator Trevisan, als ob er die Volkssouveränität Louis Philippes gekannt hätte. Ganz klar steht das Patriziat mit ‚dem Landvolk, wie der Bürgerzunft' in einer Front, und ihm entgegen der festländische Adel, der sein Feodalrecht erneuern will. Aus dieser Konstellation ein frühes Bekenntnis zum Sozialismus abzuleiten, wäre freilich verfehlt. Zwar bemerkt Platen in einer belehrenden Fußnote zum ersten Akt, da ein Senator dem ‚Volk' Rede und Antwort steht: „Daß ein Mann wie Contarini sich hier gleichsam mit dem Pöbel unterhält, darf nicht befremden. Man hat einen ganz verkehrten Begriff von Venedig, wenn man der dortigen Aristokratie einen Adelsstolz unterlegt, wie er blos in Monarchien vorkommt".

Dennoch ist von irgendwelcher ‚Gleichheit' zwischen Patriziat und Volk keine Rede. Schlösser hat viel Mühe aufgewendet, all die widersprüchlichen Äußerungen Platens zum Thema seit 1831 zu sammeln und aus ihnen historisch-politische ‚Grundanschauungen und Ideale' zu destillieren, so weit das bei diesem exemplarischen Wirrkopf überhaupt möglich ist. Platens Ansichten zur Monarchie, ob nun durch Gott oder durchs Volk legitimiert, sind, laut Schlösser, „gelinde gesagt, naiv". In der Geschichte gehörte Platens Sympathie zwar der Republik, doch für die Gegenwart verlangte er weniger. Daß er Einwände gegen das französische Bürgerkönigtum gehabt hätte, ist nicht bekannt, und der Gedanke an einen polnischen Freistaat kam ihm nie. Platen war Konstitutionalist und gemäßigter Liberaler. Zur Frage, ob er Demokrat gewesen sei, meint Schlösser, wo Platen von ‚Volk' rede, stünden immer nur die gebildeten Klassen, die politisch Mündigen vor seinen Augen. Den ‚Pöbel' habe er auch nach 1830 so gründlich wie nur je verachtet.

Müßte Platen noch beweisen, dass er kein Nationalist im modernen Sinne war, so zeigt er es in der ‚Liga von Cambrai'. Die erwähnten ‚überalpischen Monarchien' sind Frankreich und Deutschland: der Dichter zögert nicht, mehrere Male im Verlauf des Textes ihre Truppen Barbaren zu nennen. Dies ist im Zeitalter des aufkeimenden Nationalismus wirklich unerhört, ein Deutscher schmäht seine Heimat, ja mehr als das, er schreibt eine Art Nationaldrama für die Italiener!

Platen, der die Schwächen seines Schauspiels ahnte, verwahrt sich in einem Nachwort prophylaktisch gegen Kritik. Daß dies Drama nicht für die Bühne bestimmt sei, brauche keiner Erwähnung, denn es habe weder die Tugenden noch die Fehler eines Theaterstücks. „Nicht seine Tugenden, weil es zu wenig äußerliche Handlung enthält, nur ein an allen erdenklichen Hokospokus gewöhntes Parterre zu rühren; nicht seine Fehler, weil es viel zu ruhig und einfach ist, um sich unsern so häufig durch Phantasterei gekitzelten Sinnen einzuzwängen." Nach diesem doppelten Selbstlob kritisiert Platen Schiller, der, um „dem sentimentalen Theil des Publikums" zu gefallen, von der Geschichte abgewichen sei und seiner Jungfrau von Orleans eine Liebesaffäre angedichtet habe: besser wäre es gewesen, die Zuschauer durch ihr wahres Schicksal zu rühren. „Es ist eine Hauptaufgabe des tragischen Dichters, zu zeigen, daß die Welt immer so schlecht war, wie sie noch jetzt ist, und daß gerade die edelsten Menschen, sobald sie thätig in den Weltlauf eingreifen, der mächtigen Bosheit zum Opfer werden." Natürlich spricht der Autor wieder von sich selbst. Sengle meint dazu, Platen hätte eine Märtyrertragödie schreiben müssen, um diesem trostlosen Weltbild zu genügen. Aber was sind Märtyrer ohne Sieg im Jenseits oder wenigstens in der Geschichte? Beide Arten von Sinngebung wären dem Dichter als unwahr erschienen, denn er glaubte 1832 weder an das Jenseits noch an eine bessere Zukunft.

‚Die Liga von Cambrai' ist kein Drama, das Geschichte treulich wiedergibt und so ihre Tragik enthüllt. Sie ist nur ein geklitterter Bilderbogen, „man nenne es ein historisches Gemälde, oder wie man will". Mit diesen Worten gibt Platen zu, daß er seiner eigenen früheren Forderung nicht genügen, daß er eine Tragödie nicht schreiben konnte.

Wie gewohnt, schweigt das Tagebuch während der ersten Monate des neuen Jahres 1833. Aus einem Briefe Rückerts, der offenbar einem Bücherpaket beilag, erfahren wir, daß der Dichter um persische Literatur gebeten hatte; überdies erinnert er daran, daß er Pate von Rückerts sechsjährigem Sohn August war. Nunmehr fand Platen sich in der ehrenvollen Lage, dank seiner Münchener Verbindungen von dem alten Freund zwecks einer Gehaltsaufbesserung um Hilfe gebeten zu werden. „Mein Rath wäre," schreibt Rückert weiter, „sich dem lieben Vaterlande nicht so mit aller Gewalt zu entfremden.. Meine Frau empfiehlt sich Ihnen ergebenst mit mir, und bittet für sich und andere Frauen wieder um Lieder in deutschen Versmaßen, da sie die Pindarischen nicht scandiren können". Zum Schluß fügt der Freund ein dreistrophiges Lied über indische Blumen bei, die ‚zu reiner Frauen Ruhme' der beglückten Flur entsprießen; ob auch zu Platens Beglückung, sei dahingestellt.

Rückerts Rat- und Vorschläge waren die alte Leier, die er ad nauseam kannte und die ihm gar nichts nützten. Seine Laune dürfte sich jedoch gebessert haben, als er erfuhr, daß Sauerländer in Frankfurt auch noch den Druck der ‚Liga von Cambrai' übernahm. Für sie und die ‚Geschichten Neapels' erhielt der Dichter zusammen 600 fl. Honorar. Es mag auch mit diesem schnellen Druckangebot zusammenhängen, daß die ‚Liga' so viele sprachliche und metrische Mängel aufweist. Platen hätte sich unbedingt die Mühe machen sollen, noch einige Wochen daran zu feilen.

„Größte Verdrüßlichkeiten" gab es hingegen schon wieder mit dem Verlag Cotta. Der alte Chef des Hauses, mit dem Platen noch im vergangenen Oktober verhandelt hatte, war zum Jahresende gestorben. Die Geschäfte dieses erstaunlichen Mannes, eines wahren Ullstein des Biedermeier, übernahm nunmehr sein Sohn Georg. Da der Vater ihn stets vom Geschäft ferngehalten hatte, brauchte er Zeit, um sich einzuarbeiten. In den Januar und Februar 1833 fällt eine lebhafte Korrespondenz zwischen dem Cotta-Verlag und Platen um die mündlichen Vereinbarungen, die er noch neulich mit dem verstorbenen Verleger getroffen hatte: Herausgabe eines neuen Gedichtbandes für 196 fl., wobei Platen, der Cotta 96 fl. schuldete, noch 100 fl. zu erhalten hätte. Nach einigem Hin und Her akzeptierte der neue Chef diese Abmachung, die glücklicherweise in Gegenwart seiner Mutter zustandegekommen war. Platen schickte also guten Mutes seine Gedichte nach Stuttgart – um postwendend zu erfahren, daß sie wegen Überlastung der Pressen einstweilen nicht gedruckt werden könnten. Seinen Ärger können wir uns vorstellen.

Die ‚Liga von Cambrai' traf in den Salons auf weniger Widerspruch als die Polenlieder. Der Dichter las daraus im Hause Schellings vor und bei der Tochter Jean Pauls. Das Tagebuch vom März 1833 verzeichnet fast nur weiblichen Verkehr: die Fräulein v. Stolterfoth und v. Seefried, beide Dichterinnen, Pauline Schwab, eine Nichte des Stuttgarter Schriftstellers und die Malerin Emilie Linder. Die wohlhabende Baslerin hielt in ihrem Haus am Karlsplatz einen Cercle für das romantische München. Clemens Brentano, der sich demnächst hoffnungslos in Fräulein Linder verlieben sollte, weilte noch in Regensburg. „Männlichen Umgang habe ich wenig", notiert Platen Mitte des Monats; „blos Doktor Pfeufer kommt oft, und wir gehen zuweilen spaziren." Er hatte den jungen Arzt, den er seit der Erlanger Aufführung von ‚Treue um Treue' kannte, im vergangenen Spätherbst wiedergetroffen und „noch immer sehr lebendig und an Allem theilnehmend" gefunden.

Den Münchener Frühling verbrachte Platen ziemlich unproduktiv und gelangweilt bei historischer Lektüre. Mit Vergnügen las er Börnes ‚Briefe aus Paris': es kann sich nur um den ersten Teil gehandelt haben, kürzlich in Hamburg erschienen. Das Buch war in Bayern verboten, weil es die republikanische Staatsform propagiert. Selbst jakobinische Töne klingen an: „Ich finde wahre menschliche Bildung nur im Pöbel und den wahren Pöbel nur in den Gebildeten." Das ging Platen sicher glatt hinunter, wenn er an seine Leser und Rezensenten dachte. Auch hätte ihm Börnes Ausfall gegen Heine gut gefallen, doch der steht erst im dritten Teil der Briefe, 1834 in Paris publiziert.

Gegen allfällige Aggressionen half eine schimpfende Predigt gegen den Zaren Nikolaus, überschrieben ‚Legitimität', und eine ‚Kurze Uebersicht der vorzüglichsten Werke des Meßkatalogs von 1833', aus der wir zwei Nummern zitieren: „8. Der unfehlbare Feldmesser, ein Büchlein für Anfänger. Enthält die Berechnung der Quadratmeilen, welche Rußland im Laufe des vorigen Jahrhunderts erobert, und derjenigen, die es mutmaßlich im gegenwärtigen Jahrhundert erobern wird. Das Buch geht sehr in die Zahlen." Platen hätte gestaunt, wie diese Rechnung am Ende des 20. Jahrhunderts aussieht. „13. Abbildung von mehr als hundert Lieblingen der Kaiserin Katharina II. Ein zoologisches Werk. Daß hier von keiner Abbildung der Gesichter die Rede ist, versteht sich von selbst."

Diesen Text bekamen die Damenkränzchen natürlich nicht zu hören, er wurde erst 1910 veröffentlicht. Mit Freuden dürfte Platen am 21. April den Eilwagen nach Innsbruck bestiegen haben: er plante, wie es im Tagebuch heißt, über Venedig und Dalmatien, von dort nach Apulien, Neapel und Sizilien zu gehen. Fast 1200 Gulden hatte er in diesem Winter an Honoraren eingenommen, war also für die Reise finanziell nicht schlecht gerüstet. Was die Mutter dazu sagte, daß der Sohn sie wieder verließ, teilt er nicht mit. Doch wenn sie seine älteren italienischen Gedichte richtig las oder gar Heines ‚Bäder von Lucca', wird sie den Grund gewußt, wenn auch nicht gebilligt haben.

Über die Reise nach Venedig hat Platen nichts zu berichten, In Innsbruck blieb er, wie gewohnt, einige Tage, diesmal aber auch in Vicenza, das er bisher kaum kannte. Am 1. Mai spät abends traf er in Venedig ein und stieg in der Casa Callegari nahe St. Moisé ab.

„Den andern Tag", schreibt Platen drei Wochen später in sein Tagebuch, „kam ich zufällig in's teatro diurno, wo der Beretto nero gegeben wurde, und sah dort einen jungen Flötenspieler, dessen schöne Gesichtszüge mir auffielen. Zwei Tage darauf fand ich ihn ebenfalls im Theater und hatte Gelegenheit, mit ihm zu sprechen. Er heißt Angelo Salvetti, ist 25 Jahre alt und ein sehr gutmütiger und liebenswürdiger junger

Mann. Seitdem sehen wir uns fast alle Tage, und ich habe sogar angefangen, Flötenstunden bei ihm zu nehmen, theils um meine einsamen Augenblicke auszufüllen, theils um Angelo zu unterstützen, der Frau und Kinder und ein sehr geringes Einkommen hat. Ich habe bisher 8 Lektionen genommen und einige Fortschritte gemacht. Zweimal lud ich ihn ein, mit mir zu Mittag zu essen, und wir haben einmal eine Spazierfahrt im großen Canal und einmal nach Murano gemacht. Gestern gingen wir schon des Morgens von hier weg und (fuhren) nach Mazzorbo, Torcello und Burano". Besonders die letztgenannte Insel war fast menschenleer. „Wir gingen durch die schönsten Hecken von Ligustern, die alle in voller Blüthe standen."

Nach der Begegnung mit Salvetti ließ Platen alle weiteren Reisepläne fallen und beschloß, den Sommer über in Venedig zu bleiben. 14 Wochen schweigt das Tagebuch, und wir haben Grund zur Annahme, daß der arme Poet einige glückliche Stunden mit dem Flötisten auf den einsamen, doch bewachsenen Lagunen-Inseln verbringen durfte. Die spärlich erhaltene Korrespondenz des Sommers 1833 erwähnt ihn nicht. Schlösser, offensichtlich geniert, nennt Platens Verhältnis mit Salvetti „unter allen ähnlichen das befremdlichste und seltsamste."

Zu Gedichten hat der Venezianer Platen damals nicht inspiriert. „Es scheint beinahe, daß die Musik die Poesie ausschließt", heißt es rückblickend im Tagebuch, „denn niemals ist mir ein Jahr so unfruchtbar vorübergegangen." Glück war ihm eine so ungewohnte Erfahrung, daß seine Muse, die schon lange das Singen verlernt hatte, nun auch das Schimpfen und Schulmeistern fast vergaß.

Freilich nur fast. Die poetische Ausbeute des Sommers 1833 ist mager, doch aufzuzählen: ein paar Giftblasen zum Russenthema, zehn politische Epigramme, zwei historisierende Balladen. Den Versuch, ein Geschichtsbild des mittelalterliche Padua zu schreiben, gab Platen nach einigen Seiten auf. Dafür übte er sich im Flötenspiel und konnte, wie er am 1. September mitteilt, „nun wenigstens die venetianischen Lieder" und Fuggers Melodien zu seinen Gedichten „mit einer gewissen Leichtigkeit spielen."

Im Frühsommer verkehrte er mit Richard Monckton-Milnes, später Lord Houghton, der mit Mutter und Schwester reiste und den ihm Bunsen einmal empfohlen hatte. Der junge Engländer verstand Deutsch, ja er hatte einige von Platens Gedichten übersetzt: womit er erstaunlichen Instinkt für das Eigenartige an dieser Lyrik bewies. Monckton-Milnes sollte die größte Sammlung von Erotica in England zusammentragen und überhaupt für die schwarze Romantik katalytisch wirken; vorzüglich die Bekanntschaft Swinburnes mit den Schriften de Sades geht auf sein Konto. Monckton-Milnes lieh Platen Dichtungen von Shelley und Keats, die ihm merkwürdigerweise noch neu waren. Durch den Engländer lernte der Deutsche einen italienischen Grafen kennen, der behauptete, die ‚Liga von Cambrai' in seine Muttersprache zu übersetzen; eine lobenswerte Aufgabe und, wenn sie ausgeführt worden wäre, ein Beitrag zur Kulturgeschichte Italiens. Doch scheint es nur Rederei gewesen zu sein.

Die Vormittage verbrachte Platen meist in der Markusbibliothek. Seine Seebäder nahm er, wie im vergangenen Jahr, nahe der Fondamenta Nuove. „Im Ganzen konnte ich jedoch nur wenige Bäder nehmen," schreibt er am 1. September ins Tagebuch, „da der ganze Sommer kühl und regnerisch war. Mit Angelo speise ich einmal die Woche, und wir fahren dann gewöhnlich nach Murano oder an einen anderen Ort, wo man im Freien essen kann."

Zwei Wochen später erschien in Venedig Professor Schubert mit seiner Frau und der Malerin Linder. Platen hatte die Reisepartie zu den Frizzonis nach Bergamo geschickt, vermutlich, um sein schlechtes Gewissen zu beruhigen: stets war er dorthin eingeladen, wenn er durch Norditalien kam, und stets hatte er einen anderen Weg genommen. Die Frizzonis empfahlen freilich eine beschwerliche Route von Bozen nach Bergamo: nicht über das Westufer des Gardasees und Brescia, sondern über Meran, die neue Paßstraße über das Stilfserjoch, durch das Veltlin und entlang dem Ostufer des Comer Sees. Die Strecke ist zwar wunderschön, doch ein ziemlicher Umweg, ganz abgesehen von der großen Höhe des Jochs. Die Schuberts machten das alles im Kutschwagen und waren dann etwas enttäuscht von Bergamo. Für Venedig blieb ihnen nach dem Zeitverlust nur eine Spanne von zehn Tagen, die sie trotz Regenwetters jedoch aufs beste nutzten: 42 Kirchen wurden unter Platens Führung besichtigt, die auf Murano und der Giudecca nicht eingerechnet! Zur gleichen Zeit war Savigny in Venedig und ließ durch Schubert ausrichten, daß er Platen kennenzulernen wünsche. Doch da er früher einmal die Eitelkeit des Dichters getadelt hatte, entzog sich dieser nun dem berühmten Juristen.

Auch Gerhard hielt sich auf dem Weg nach Rom für einige Tage in Venedig auf. Platen las ihm seine neueste Arbeit vor: den ‚Briefwechsel zwischen einem Berliner und einem Deutschen'. Der Letztgenannte, natürlich mit dem Autor identisch, schimpft und predigt das übliche; der Berliner hingegen ist ein reaktionärer Pappkamerad, und seine Briefe vertreten keine ernsthafte Gegenposition, sondern sind nur eine Art Abfallgrube für borniertem Unsinn. Man fragt, warum diese beiden Eiferer sich achtmal ihre albernen Meinungen gegenseitig an den Kopf werfen, anstatt schon nach dem ersten Schlagabtausch zu schweigen. Dieser ‚Briefwechsel' ist der traurige Höhepunkt von Platens politischer Schriftstellerei, aber auch so ziemlich ihr Ende.

Als die Schuberts abreisten, klärte sich der Himmel auf. „Mein heutiger Geburtstag war von schönstem Wetter begünstigt", schreibt Platen am 24. Oktober ins Tagebuch, „und ich fuhr mit Angelo nach Murano, wie wir öfters in den verwichenen Monaten gethan haben. Doch wird es heute wohl zum letzten Mal gewesen sein, daß wir unter freiem Himmel speisen."

18 Tage später brach der Dichter nach München auf. Im Frühjahr hatte ihm die Mutter das Versprechen abgenommen, den Winter wieder bei ihr zu verbringen. Diesmal wählte er den Weg nördlich an Padua vorbei durch die Val Sugana direkt nach Trient. Salvetti begleitete ihn bis Bassano. Von dort beeilte sich Platen, weiterzukommen, denn er wollte einen Eilwagen von Trient nach Innsbruck nicht versäumen. „Angelo trennte sich von mir mit Thränen und mit allen Ausdrücken der Liebe und Dankbarkeit", heißt es im Tagebuch. „Ich gab ihm noch so viel, um seine Rückreise nach Venedig zu bestreiten."

48. Leopardi

In Trient schneite es. Auch wurde der Eilwagen nach Innsbruck, um dessentwillen Platen sich überstürzt von Salvetti getrennt hatte, erst in zwei Tagen erwartet. Frustriert nahm er eine Gelegenheit nach Bozen wahr, wo er zwei Nächte und einen traurigen Tag mit Flötenspiel und Lektüre zubrachte. Endlich kam die langerwartete schnelle Post nach Innsbruck. Auf der Fahrt lernte er einen jungen Bildhauer aus Carrara kennen, mit dem er weiter nach München reiste und dessen Gesellschaft ihn fürs erste über den Verlust Salvettis hinwegtröstete. Enttäuscht notiert er jedoch zum Jahresende im Tagebuch, der Jüngling sei nicht wieder aufgetaucht.

Von der Mutter schreibt er nur, daß sie sich ihrem Alter und den Umständen entsprechend wohl befinde. Die ganze Zeit über sei das Wetter abscheulich gewesen; außer dem Arzt Pfeuffer habe er fast keinen Umgang. Drei Gedichte entstanden im Dezember 1833: eins davon, überschrieben ‚Das Fischermädchen in Burano', reflektiert den Sommer mit Salvetti. Der Dichter erscheint als netzknüpfende Jungfrau, die auf die Heimkehr des Verlobten vom Fischzug wartet und in Gedanken zu ihm redet.

> Aber ich liebe vor allem den Festtag, wann du daheimbleibst.
> Auf dem besuchteren Platz dann wandelt die kräftige Jugend,
> Jeder im Staat, mein Freund vor den Uebrigen schön und bescheiden.

Um sich die Zeit zu vertreiben, begann Platen, Schellings Vorlesungen zu besuchen. Die Philosophie der Offenbarung, die der Meister jetzt lehrte (immer vorausgesetzt, der Dichter konnte den Ausführungen einigermaßen folgen), dürfte sein Selbstverständnis als von Gott bestimmtem Verkünder und Priester der Schönheit bestätigt haben. Jacob Salat, der boshafte Widersacher Schellings aus den Tagen des Königs Max Joseph, beschreibt das, was man heute ein Pelzmantelkolleg nennen würde. „Abends um 6 Uhr, im Winter, versammelt sich das auserlesene Auditorium, welches Schelling's Vorträge anlocken. An beiden Flügelthüren des Saales stehen Bediente, welche jeden Zudringlichen oder Neugierigen abhalten.. Endlich rollt ein Wagen vor; eine Flügelthür springt auf, und Schelling, von den besten seiner Zuhörer begleitet, tritt ein. Voraus ein Bedienter, zwei Armleuchter in der Hand. Dieser zieht sich ehrerbietig zurück, sobald der hohe Lehrer den Katheder besteigt; die Flügelthüren werden geschlossen, und nun beginnt der Vortrag, nachdem der Lehrer zuvor seine Heerde prüfend durchgemustert hat, ob sich nicht etwa ein Wolf eingeschlichen."

Mitte Dezember erreichten Platen wieder einmal Huldigungsverse eines begeisterten Lesers. Er hieß Johannes Minckwitz, war Altphilologe in Leipzig und sollte später dort Universitätsprofessor werden. Der Dichter war geschmeichelt. „Es muß mich umso mehr freu'n," antwortet er dem jungen Verehrer, „einen Freund in Leipzig gefunden zu haben, als, wie ich höre, die dortigen Blättlein sich besonders hämisch gegen mich und das Meinige beweisen". Platen fordert Minckwitz auf, er möge doch einige seiner Gedichte ins Griechische übertragen.

Mit den hämischen Leipziger Blättlein meinte Platen hauptsächlich die ‚Zeitung für die elegante Welt', worin Heinrich Laube den neuesten Musenalmanach kritisch besprochen hatte. Dessen Gedichte seien diesmal schlaff und mittelmäßig, meint Laube, und rühmt ihnen gegenüber die Bündigkeit Heine'scher Balladen. Besonders Platens Ode ‚An Wilhelm Genth' liefert Anlaß zum Tadel. „Hat denn der Herr Graf Platen," so schreibt Laube, „noch nicht genug in der längst langweilig gewordenen Horazischen Manier davon gesprochen, was seine Dichtkunst Alles thun soll! Er lebe nur halb jetzt, und seine ‚Dichtkunst soll thauigen Glanz in die welke Blume gießen.' Warum lebt er nicht ganz, oder wenn er's nicht kann, warum schweigt er nicht.. Mit welken Blumen ist uns nicht gedient. Nichts Widerwärtigeres als diese sogenannte classische Cokettterei mit alten römischen Scherben.. Dieser Graf, der, wenn er bescheiden und streng gegen sich wäre, manches hübsche Gedicht schaffen könnte, spielt nun, so lange er aufgetreten ist, den sterbenden Fechter, spricht vom ‚Ausruhen', von ‚spätreifen Kränzen' und solchen Dingen und reckt sich herum, daß er dem Unbefangensten am Ende auch noch seine wenigen hübschen Verse verleidet."

Auch die Rezensionen der ‚Abbassiden', der ‚Geschichten Neapels' und der ‚Liga von Cambrai' waren nicht nach Erwartung ausgefallen. In den ‚Abbassiden', so schreibt er entrüstet an die Frizzonis, habe ein Kritiker nur aalglatte Kälte gefunden; die Figuren seien hölzerne Hofschranzen. Es herrsche in Deutschland allgemein die Ansicht, daß er, Platen, durch äußere Glätte einen gänzlichen Mangel an Gehalt zu verbergen suche!

Besonders ärgerte er sich über eine Kritik, die kürzlich zur ‚Liga von Cambrai' in den Berliner ‚Jahrbüchern' erschienen war. Der Stoff eigne sich wenig zur poetischen Darstellung, meint der anonyme Kritiker, doch bleibe er auch im Hintergrund; Ziel und Pointe der Dichtung sei es vielmehr, den Patriotismus der venezianischen Republikaner darzustellen. Wohl feiere auch Shakespeare zuweilen sein Vaterland; „nie aber steht solche Nebenbezüglichkeit an der Spitze eines seiner Stücke. Kann überhaupt ein solches Thema Ziel und Zweck eines guten dramatischen Werkes sein?" Die Frage werde durch das Stück nicht bejaht. Es fehle an dramatischer Aktion, „und die Reflexionen, auf Venedigs Preis bezüglich, eröffnen keineswegs, zum etwanigen Ersatz, eine Welt der innerlichen Tiefe. Kein einziger der hier auftretenden Charactere ist ein Character. …Die angehängten kurzen Noten, die einige historische Andeutungen und Winke zur Kenntniss der interessanten Geschichte einiger venetianischer Familien enthalten, gewähren mehr factisches Interesse als die Dichtung selbst." Erzürnt über diese Rezension, der auch heute kaum etwas hinzuzufügen wäre, schrieb Platen acht wütende, doch leider witzlose Epigramme gegen seine Kritiker.

Noch immer verzögerte sich der Druck des besprochenen Ergänzungsbandes zu den ‚Gedichten' von 1828. Obwohl die Polenlieder gar nicht dabei waren, nahm die (relativ milde) württembergische Zensur an den anderen politischen Gedichten Anstoß. Platen wußte schon in Venedig davon und schrieb später, vielleicht als ihm die Einwände präzisiert wurden, einen wütenden ‚Epilog':

| Der mörderische Censor lümmelt | Und meine Lieder sind verstümmelt, |
| Mit meinem Buch auf seinen Knie'n, | Zerrissen meine Harmonie'n. |

Im Dezember war der junge Cotta in München gewesen. Platen hatte ihn aufgesucht und sich vermutlich murrend den Wünschen der Zensur gefügt. Nunmehr beschloß der Verleger eine Neuauflage des gesamten lyrischen Werkes: so war das lange Warten schließlich nicht umsonst gewesen. Daß die ‚Gedichte' von 1834 Platens Ausgabe letzter Hand sein sollten, ahnte damals freilich niemand. Der Vertrag vom 11. Januar ist es wert, in seiner lapidarer Kürze wiedergegeben zu werden.

> Die Unterzeichneten sind über folgenden Verlagsvertrag übereingekommen:
> 1. Die J.G. Cottasche Buchhandlung übernimmt den Verlag der 2ten sehr vermehrten Auflage der Gedichte des Herrn Grafen von Platen.
> 2. Sie zahlt demselben für das Verlagseigenthum derselben G 550 – Honorar, zahlbar an der Ostermeße 1834.
> 3. Die Auflage beträgt rausend Exemplare.
> 4. Der Verfasser erhält 25 Freiexemplare.
> München d 10 Januar 1834
>
> August Graf von Platen
> JGCottasche Buchhandlung

Minckwitz hatte unterdessen Platens Wunsch entsprochen und eins oder mehrere seiner Gedichte (welche, wissen wir nicht) ins Griechische übertragen. Der Dichter reagierte freundlich. Er traf Minckwitz nie, doch dauerte die Korrespondenz bis zu seinem Tod. Minckwitz sollte 1836 und 1854 als erster Briefe von und an Platen veröffentlichen.

Frucht der Schelling'schen Vorlesung dürfte ein Epigramm mit dem Titel ‚Selbstlob' vom Januar 1834 sein:

> Wie? Mich selbst je hätt' ich gelobt? Wo? Wann? Es entdeckte
>   Irgend ein Mensch jemals eitle Gedanken in mir?
> Nicht mich selber, ich rühmte den Genius, welcher besucht mich,
>   Nicht mein sterbliches, mein flüchtiges, irdisches Nichts!
> Weil ich bescheiden und still mich selbst für viel zu gering hielt,
>   Staunt ich in meinem Gemüt über den göttlichen Gast.

Fugger war mittlerweile von der griechischen Expedition zurück. Heute werde er die Eilpost nach Augsburg nehmen, um ihn zu besuchen, schreibt Platen am 28. Februar ins Tagebuch, nachdem er, wie üblich, die erste Zeit des neuen Jahres geschwiegen hatte. Sein Hauptumgang sei Pfeuffer gewesen, und außer Haus sei er fast nur zu Schelling gekommen. „Sonst war mir dieser Winter unfruchtbar, ich habe im Ganzen auch wenig gelesen. Musik war meine Haubtbeschäftigung, und ich habe mir die schönsten Arien von Gluck und Mozart für die Flöte gesetzt." Wir können uns denken, daß diese erstaunliche Bemühung des Unmusikalischen mit Salvetti zu tun hatte.

Drei Wochen blieb Platen in Augsburg. Da sein neuer Gedichtband dort gedruckt wurde, hatte er mit der Korrektur der Bögen genug zu tun. Die Gesellschaft Fuggers bereitete ihm Vergnügen, wie er im Tagebuch mitteilt; von Musik war viel die Rede, auch von altgriechischer, die weniger autonom war als unsere, sondern mehr Vortragsweise von epischer und lyrischer Dichtung. Fugger wollte eine Oper ‚Meleager' komponieren, und Platen sollte den Text schreiben: doch es entstanden nur zwei kurze Fragmente. „Fugger führte mich unter andern auch zu der Generalin Bieber," heißt es im Tagebuch, „eine Dame, die alle meine Gedichte auswendig zu wissen scheint und sich unaufhörlich mit denselben beschäftigt." Was Witwen bewegt, interessiert Ehepaare weniger: „So mußte ich auch die Familien Höslin und Forster kennen lernen. Trotz aller Complimente sah ich jedoch, daß die Leute nichts von meinen Werken kennen."

Am 23. März kehrte Platen mit dem ersten Exemplar des neuen Bandes nach München zurück. Er umfaßte 440 Seiten alter und neuer Gedichte, erstmalig auch Epigramme, aber keine Polenlieder. Viele der frühen Ghaselen waren ausgeschieden, darunter alles, was der Band von 1828 vom ‚Spiegel des Hafis' noch enthielt; doch keines der Gedichte, die Heine in den ‚Bädern von Lucca' höhnisch zitiert hatte, war getilgt.

Fugger, der sich in Augsburg so langweilte, daß er „täglich 8 bis 10 Stunden langen Puff" (Tric-Trac, Backgammon) spielte, hatte unterdessen eine Reise nach Regensburg gemacht. „Gestern war ich bei der Walhalla" schreibt er am 1. April an Platen. „Die geschliffenen Marmorwände im Innern von schmutzig rother oder dunkelgrüner Farbe werden die Sache nicht lustig machen, wenn die Menge von Büsten wie Reihen von Büchsen in einer Apotheke daran herum stehen. Schenk habe ich gesprochen, er hat sich angelegentlich nach dir erkundigt, hatte von den Polenliedern großes Lob gehört, ich sagte ihm aber, daß sie in eine gute Gesellschaft nicht taugten. Indeßen sprach er ganz vernünftig darüber. Die neapolitanischen Geschichten bewunderte er höchlichst. Gestern ward ein neues Lustpiel von ihm gegeben."

Zu Hof ging Platen nach wie vor ungern. Dennoch hatte er schon vor der Augsburger Reise dem König seine Aufwartung gemacht. „Er war freundlich," heißt es im Tagebuch, „erwähnte einige meiner Offiziersanekdoten, mit denen man sich hier herumträgt, und wünschte meine nächsten Arbeiten zu kennen." Beim Kronprinzen wurde ebenso gnädig empfangen.

Wilhelm Fricke berichtet, er habe Platen im zweiten Münchener Winter vergnügter gefunden als im ersten. Mehrere Male sei das Gespräch auf Heine gekommen, doch habe er nie auch nur den leisesten Tadel über den Erzfeind vernommen. Es wundert uns nicht, wenn wir bedenken, daß der Dichter, nachdem er ein Jahr lang betroffen geschwiegen hatte, seiner Wut seit 1831 wenigstens dem Namen nach ein anderes Ziel setzte – den Zaren von Rußland.

August Lewald schildert Platen, wie er in den gebildeten Münchener Salons auftrat: „Ein bleiches, kleines Männchen, mit einem schmal zugeschnittenen, blonden Schnurrbärtchen. Das Gesicht kalt, marmorn, doch nicht von dem schönsten carrarischen." Jakob Grimms Diktum machte vielleicht schon die Runde. Zwei junge französische Schriftsteller, die Platen während seines zweiten Münchener Aufenthaltes bei Cotta kennenlernten, klagten über sein hochmütig abweisendes Wesen. Wahrscheinlich waren sie nicht hübsch, oder sie kannten seine Werke nicht.

Im Hause Schellings machte der Dichter die Bekanntschaft des angehenden Historikers Konstantin Höfler. Schelling hatte ihm ein Reisestipendium der Akademie erwirkt, das eigentlich nach Paris führen sollte; doch da der König dies Ziel nicht erlaubte, sollte Höfler nunmehr über Venedig nach Rom reisen. Was lag näher, als daß er sich mit Platen für einen Teil des Wegs zusammentat? Frau v. Schelling nahm die Sache in die Hand. „Natürlich kenne ich ihn noch sehr oberflächlich," schreibt der Dichter erfreut an Fugger, „doch scheint er geistreich und liebenswürdig.. In jedem Fall ist sein Aeußeres sehr vortheilhaft; es ist ein schöner schlanker junger Mann von etwa 23 bis 24 Jahren." Für einen anderen Jüngling namens Daxenberger, der mit von der Partie sein sollte, zeigte Platen weniger Interesse. „Wir werden wahrscheinlich bis Florenz zusammen reisen", schreibt er weiter, „denn nach Rom gehe ich nicht." „Da Höfler sich vorzüglich mit der hohenstaufischen Periode beschäftigt, so ist er mir doppelt willkommen; denn ich habe angefangen, meine epischen Plane wieder hervorzusuchen." Ursache und Wirkung dürften hier vertauscht sein.

Angesichts der attraktiven Begleitung hatte Platen die Absicht, nach Apulien zu gehen, fallen gelassen zugunsten von Neapel und Sizilien. Unklar bleibt jedoch, ob er an weitere Winteraufenthalte in München dachte. Der Brief an die Frizzonis, in dem er einen Besuch in Bergamo auf der Rückreise bestimmt ankündigt, spricht vielleicht für diese Annahme – obwohl wir nicht wissen, wann diese Rückreise sein sollte. Andererseits kaufte Platen beim Bankhaus Eichthal für 1500 fl. einen Kreditbrief auf Venedig; mit solchen Summen pflegte er gewöhnlich ganze Jahre auszukommen! Noch in den letzten Tagen vor der Abreise hatte er das Honorar für den neuen Gedichtband von Cotta erhalten: es waren volle 550 fl. Auf jene 96 fl., die er nach der Übereinkunft von 1833 noch schuldete, scheint der Verleger verzichtet zu haben.

Mehrere Male trug Platen bei Schelling alte und neue Gedichte vor. Einmal waren Russen zugegen, und „mit großem Ingrimme" las er, zur Verlegenheit der Hausfrau, eine scharfe Polen-Ode. Doch wurde ihm nunmehr alles nachgesehen. „Von meinen hiesigen Freunden, namentlich von Schellings, erhielt ich noch viele Geschenke und von allen Seiten Zeichen der Liebe und Achtung", heißt es am Tag vor der Abreise im Tagebuch. „Mein Zimmer wurde heute nicht von Besuchenden leer." Ob Platen sich seiner Ungerechtigkeit gegen Deutschland und sein Publikum je bewußt wurde? Was die Mutter zum Abschied des Sohnes sagte, teilt er nicht mit. „Nun aber gebe Gott sein Heil zu dieser Wanderung!" Er sollte München, die Mutter, die Freunde nicht wiedersehen.

Am 26. April 1834 verließen Platen, Höfler und Daxenberger München in einem Mietwagen. Neben dem Kutscher saß eine bayerische Jungfrau, die in Athen oder Nauplia Küchendienste antreten sollte. Der Vater, um ihre Unschuld bei den Übernachtungen zu schützen, begleitete sie zu Fuß; da er und die Kutsche während der zweitägigen Fahrt stets zur gleichen Zeit aufbrachen und eintrafen, ist so auch das Reisetempo angegeben.

Höfler beschreibt als letzter ausführlich den lebenden Platen, und aus diesem Grund verdient sein Zeugnis besondere Aufmerksamkeit. Zwei Berichte seiner Italienreise sind erhalten: ein mehrteiliger in der Prager Zeitung ‚Bohemia' vom Dezember 1885 und ein kürzerer, pointierter in der Münchener Zeitschrift ‚Bayerland' von 1891. Aus beiden Artikeln geht deutlich hervor, daß Höfler Platen nicht ausstehen konnte. Daran wäre wenig auszusetzen, wenn nicht der durchweg medisante Ton des Autors seinen Bericht beeinträchtigte.

Das Kompliment, das der Dichter Höfler für seine äußere Erscheinung machte, gibt jener nicht zurück. Schon Platens Mutter bemerkte, so schreibt Höfler, „wie garstig ihr Sohn im Laufe der Jahre geworden. Sie hatte nur zu recht.. Er glich bei weitem mehr einem pedantischem Schulmeister als einem Liebling der Grazien. Die spitzige Nase, die nichts weniger als sonore Stimme, die kleine magere Gestalt, die vielen Sommersprossen, die Heftigkeit des Ausdrucks und seiner Bewegungen, das Absprechende seines Wesens und die maßlos hohe Meinung seiner Leistungen wirkten auf mich, der sich ihm mit der größten Unbefangenheit genähert hatte, in der Art ein, daß ich mir sagte, der Umgang mit ihm werde wohl niemals zu einer Intimität führen und erheische jedenfalls einen nicht gewöhnlichen Grad von Geduld".

Beim ersten Halt in Wolfratshausen ließ Platen seine Reisegefährten auf einer Wiese lagern und rezitierte ihnen, damit sie den Rhythmus genießen könnten, eine halbe Stunde schwedische Poesie von Tegnér. Höfler und Daxenberger verstanden natürlich kein Wort, und einem Schweden wäre es vermutlich nicht anders ergangen. „Man befand sich in seines Nichts durchbohrendem Gefühle, wenn man Platen schwedisch deklamieren hörte," schreibt Höfler 56 Jahre später, „ertrug umso leichter seine Seltsamkeiten, bewunderte seine Anapäste, die ungemeine Fertigkeit in der Behandlung griechischer Metren, freute sich, daß unter seinen Händen die deutsche Sprache die Biegsamkeit der griechischen erlangt hatte, aber man erwärmte sich niemals in seinem Umgange. Er war meist mürrisch und verwickelte sich in kleine unfruchtbare Zänkereien. Ich, der ich nur beabsichtigte, etwas zu lernen, seine außerordentliche Kenntnis Italiens bewunderte und als wahre Fundgrube schätzte, fühlte mich doch durch ihn nie gehoben und begreife vollkommen, wenn andere sich bald zurückzogen, da der Einsatz dem Gewinne nicht entsprach." Die instrumentale Weise, auf die Höfler hier menschliche Beziehungen versteht und definiert, macht allerdings Platens schlechte Laune verständlich.

Nach einer Übernachtung am Walchensee trafen die Reisenden in Innsbruck ein. Da sie genug Geld hatten, konnten sie ein weiteres Privatfuhrwerk nach Mestre mieten. Platen als Reiseleiter hatte sich für die neue Dolomitenstraße über den Paß Tre Croci entschieden. Es ist nur mit wolkigem Wetter zu erklären, wenn das Pustertal, das dem Dichter 1826 ein Tiroler Arkadien zu bergen schien, im Tagebuch als wenig anziehend beschrieben ist und kein Wort des Lobes über das großartige Panorama bei Cortina d'Ampezzo fällt. Das Geburtshaus von Tizian in Pieve di Cadore war eine Enttäuschung. Hübsch dagegen ist, wie Höfler seine erste Begegnung mit Italien schildert: „Plötzlich bei Serravalle und Céneda* hörte das Gebirge auf, eine prächtige Cypresse stand als Wegweiser da wie ein Monument, das die Natur am Eingange zum Venetianischen hingesetzt und das wie eine dunkelgrüne Flamme sich zum Himmel emporrichtete. Der herrliche Tag, der schöne mosaikartige Fußboden des Wirthshauses in

---

* 1866 vereinigt zu Vittorio Véneto; der Ort wurde berühmt durch den Sieg Italiens über Österreich im Oktober 1918. Die Burg in der Nähe dürfte das Castello di Roganzuolo gewesen sein.

Ceneda, die Nähe der alterthümlichen Burg, die wir bestiegen, die zierliche Bauart der Häuser, die Ebene, die sich in der Lagune verlor, ein wundervoller Sonnenschein mit würzigem Duft und unser eigener froher Sinn ließen uns den 1. Mai 1834, das war er, als recht wonnigen Tag begrüßen."

Am folgenden Abend traf die Reisegesellschaft in Venedig ein und nahm Quartier im Gasthof ‚al Gallo' am Canal Grande. Höfler nennt das Haus eine bescheidene Herberge. Platen sei in Venedig besonders liebenswürdig gewesen, muß sogar er zugeben. Seit Höflers Auftreten war des Dichters Interesse an Salvetti merklich gemindert; er holte bei ihm lediglich deponierte Bücher ab, nahm auch ein paar Flötenstunden. „Die Briefe," heißt es im Tagebuch, „die er mir nach München schrieb, habe ich nicht erhalten; er trug den meinigen während meiner Abwesenheit beständig bei sich." Nun ja.

Neun Tage verbrachte Platen mit seiner Reisepartie in Venedig. Daß es sein letzter Aufenthalt in der Lagunenstadt sein sollte, ahnte er nicht.

Beim Grenzübergang in den Kirchenstaat am Po konnte ihm Höfler einen Gefallen tun: da er ein päpstliches Lascia passare hatte und der Dichter keines, tauschten beide einfach ihre Dokumente aus, und Platen mit seinen Büchern passierte die Grenze unkontrolliert als Dr. Höfler. So einfach war das, bevor es Paßfotos gab.

Auf der Reise nach Bologna muß es zwischen den beiden dann gleichwohl zum Bruch gekommen sein. Höfler umschreibt es so: „Platen ..schien immer mit sich selbst beschäftigt, und trat er aus diesem Banne heraus, so nahm der Ausdruck seiner Zuneigung etwas Seltsames an. Er erwartete Entgegenkommen, Huldigung, war für Lob ungemein empfänglich und ertrug nur schwer eine fremde Ansicht." An Entgegenkommen, wie Platen es sich wünschte, dachte Höfler nun keineswegs; vielmehr verstand er den Umgang mit dem berühmten Dichter, wie er schon verraten hat, als kühle Kosten-Nutzenrechnung. In Ferrara wagten die beiden Reisegenossen gegen Platens Rat, Tassos Gefängnis zu besichtigen. Der Dichter nahm es sehr übel. Als die Gesellschaft in Bologna angekommen war, kam es im Gasthaus zu Streit mit den Kofferträgern. Es entstand „ein so fürchterlicher Lärm, aus welchem sich die kreischende Stimme Platens mühsam bemerklich machte," schreibt Höfler, „daß ich das Zimmer verließ, um mich in dem Augenblicke unter die Streitenden zu mengen, als gerade Einer Platen drohte, sich die verweigerte Bezahlung mit dem Messer zu holen. Am anderen Morgen, als es sich darum handelte, die Merkwürdigkeiten Bolognas.. zu sehen, erfolgte die Kriegserklärung gegen uns. ‚Sie haben gestern meinem Rathe nicht gefolgt und sich das Torquato-Gefängniß angesehen, heute können Sie Bologna ohne mich sehen!' Er sprach es und verschwand." Platen las während dieses Vormittages im Hafis, wir wissen, was das bedeutet, und aß dann in einer billigen Garküche allein zu Mittag.

Bis Florenz reisten die drei noch zusammen, doch stiegen sie in verschiedenen Gasthöfen ab, und jeder ging seiner Wege. „Uebrigens ist es ein ziemlich undankbares Geschäft," schreibt Platen an die Mutter, „den Dollmetscher und Wegweiser zu machen, und in so fern ist es mir einerseits nicht ganz unlieb, daß wir uns hier trennen, da ich nach Neapel (gehe) und sie nach Rom gehen." Das traf indes nur für Daxenberger zu. Höfler blieb den Sommer über in der Nähe von Florenz bei seinem Bruder, der Leibarzt des russischen Generals Ostermann-Tolstoi war.

Gute sechs Wochen verweilte der Dichter in der Stadt, ohne daß wir zunächst wüßten, warum; denn sein eigentliches Reiseziel war ja Süditalien. Zwar bewohnte er ein hübsches Zimmer mit Blick auf Fiesole, doch setzte der heiße Sommer im Arnotal schon früh und mächtig ein. Für ‚anmutige Bekanntschaften' fehlt in Tagebuch und Korrespondenz jeder Hinweis. Nur eine später entstandene Gruppe von Gedichten verrät den Grund, der Platen im Frühjahr 1834 länger in Florenz festhielt als vorgesehen, und der ihn auch – um das gleich vorwegzunehmen – früh im Herbst wieder dorthin zurückziehen sollte. Es war eine neue Phantasieleidenschaft. Wir werden im nächsten Kapitel mehr von ihr hören.

Einen großen Teil seiner Zeit verbrachte er im „litterarischen Kabinett von Vieusseux", zu dem der Eintritt zwar nicht billig war, wo jedoch – dank der liberalen Regierung – englische und sogar französische Presse auslag. Häufig besuchte Platen den Maler und Kunstagenten Metzger, bei dem Rumohr ihn vor sechs Jahren zuerst gesehen, wenn auch nicht gesprochen hatte. Von Metzger wurde er dem Dramatiker Gian Battista Niccolini vorgestellt, den er schon vor acht Jahren gern kennengelernt hätte. Niccolini schrieb politisch-historische Verstragödien, meist gegen die Kirche, und Platen dürfte neuderdings wieder besonders seinen ‚Nabucco' von 1816 geschätzt haben, der Napoleon in Gestalt des alten Babyloniers vorführt.

Offenbar verspürte er doch so etwas wie ein schlechtes Gewissen gegenüber der Mutter, seit er im April, sicher gegen ihren Willen, von München aufgebrochen war. Jede Woche schrieb er ihr regelmäßig, und sechs seiner sieben Briefe aus Florenz sind erhalten. Sie bringen viel Baedekerei, doch mitunter auch Amüsantes: „Die Königin von Neapel, Schwiegermutter der Großherzogin, hat eine Reliquie, den Finger der heiligen Filomena mit hiehergebracht, der gegenwärtig große Verehrung findet und auch Wunder thut. Die Florentiner sind überhaupt so abergläubisch, daß auch die Inoculation der Blattern nicht allgemein eingeführt werden konnte. Man würde hier kaum ein häßliches Gesicht sehen, wenn nicht viele von den Blattern verdorben wären."

Der nächste Dampfer nach Neapel ging erst am 3. Juli von Livorno. „Ich habe hier im Ganzen recht angenehm gelebt, aber doch eigentlich meine Zeit verloren," schreibt Platen Ende Juni an die Frizzonis. Auch habe sich die Muse auf dieser Reise kein einziges Mal bei ihm eingestellt, fügt er im Tagebuch hinzu. Dafür, daß er nicht den Landweg über Rom nähme, nennt er verschiedene Gründe: einmal die Abwesenheit Bunsens, zweitens den unerwarteten Tod der Frau Zanetti in Perugia. Fugger hatte schon früher bemerkt, es sei eine wunderliche Grille, wenn Platen Rom selbst auf der Durchreise meide; und in der Tat dürfte der Hauptgrund dafür gewesen sein, daß ihn die Kunde von Heines Angriff in Rom erreichte und daß er dort zweimal psychosomatisch erkrankt war. Neben solchen grillenhaften, natürlich nie eingestandenen Gründen bleibt jedoch festzuhalten, daß eine 40stündige Fahrt mit dem Dampfer weniger anstrengte als eine wochenlange Reise in der Kutsche mit zwei Grenzkontrollen statt einer.

Um das Schiff ja nicht zu versäumen, nahm er die Nachtpost von Florenz. Als er um 6 Uhr morgens in Livorno eintraf, stellte sich heraus, daß der Dampfer, von Genua kommend, zwar schon im Hafen lag, aber erst am Abend weiterfahren würde. Platen, der nach durchwachter Nacht den ganzen Tag im sonnenglühenden Livorno zubringen mußte, erhielt einen „wiewohl schlechten" Platz, wahrscheinlich an Deck. „Wir waren über 100 Personen auf dem Dampfschiffe," schreibt er von Neapel an die Mutter, „und ich hatte keine Spur von Seekrankheit. ..Die Geruchsnerven werden freilich unangenehm afficirt. Der Dampf der Steinkohlen, der Geruch der Küche, wobei auch der Fischgestank, die dumpfe Ausdünstung der Cajüten, die wenig gelüftet sind, nebst ein Paar andern Gerüchen, könnten wohl einigermaßen Uebelkeit herbeiführen. ..Daß übrigens das Aussteigen und sich Losmachen vom Dampfboote mit vielen Beschwerlichkeiten verknüpft ist, kannst du dir denken. Erst müßen Polizeibeamte und Zöllner, Schiffer und Lastträger befriedigt sein, ehe man einen ruhigen Augenblick genießen kann. Ich mußte vor dem Zollamte fast eine Stunde lang in der Sonne stehen, ehe ich nur visitirt werden konnte, was im Neapel im Julius keine Kleinigkeit ist."

Platen mietete sich im ‚Aquila d'oro' ein. „An den Lärm von Neapel gewöhnt man sich schwer", schreibt er an die Mutter; „Es ist ein unermeßliches Geschrei unter meinem Fenster, das bis spät in die Nacht dauert." Neun seiner Briefe während dieses Aufenthaltes in Neapel sind erhalten, und sie sind farbiger, unmittelbarer als alle früheren. Warum, wissen wir nicht.

Im Juli 1834 entschloß sich die Gräfin Platen plötzlich, wieder nach Ansbach zu ziehen. Daß ihr das Münchener Klima nicht bekomme, wie sie erklärt, läßt sich auf verschiedene Weise interpretieren; der wahre Grund war wohl, daß sie mittlerweile alle Hoffnung aufgegeben hatte, wenigstens während der Winter ihren Sohn bei sich zu haben. Äußerer Anlaß des Umzugs mag gewesen sein, daß eine Wohnung im Hause ihres Schwagers frei wurde. Dies Haus hatte die Tante Lindenfels, eine Schwester der Gräfin, Platen 1827 vermacht. Onkel Lindenfels war Vorerbe, überlebte den Dichter jedoch. „Ich hätte mir gewünscht," schreibt er etwas betroffen an die Mutter, „daß du mir in ein südlicheres Clima gefolgt wärest; daß du dich nun bedeutend von mir entfernst, kann mir unmöglich angenehm sein".

Anfang August lernte er im Kreis um den Architekten Zahn den jungen finnischen Gelehrten und Dichter Nervander kennen, der sich jedoch ganz als Schwede fühlte. Die Erinnerung an Kernell wurde aufgefrischt, Atterbom rezitiert. Als Finne war Nervander russischer Untertan. Nach wenigen Tagen in Neapel erreichte ihn der Befehl heimatlicher Behörden, unverzüglich zurückzukehren, und zwar ohne Frankreich und die Schweiz zu berühren. Platen brachte Nervander an den Dampfer und schrieb ihm zum Abschied ein politisches Gedicht ins ‚Minnesbok':

Noch weilst du in Hesperien,	Einst schickt dich nach Siberien
Wo Luft und Himmel klar;	Der väterliche Czar!

Nervander dürfte das Blatt vor der russischen Grenze wohlweislich aus dem Poesiealbum entfernt haben.

Giacomo Leopardi. Zeichnung von Roberto Pane. (Bayerische Staatsbibliothek, München)

Neapel habe ihm nie besser gefallen als jetzt, schreibt Platen zur gleichen Zeit an Fugger, doch wolle er nicht über den Winter dort bleiben, denn eine billige Wohnung sei kaum zu finden. „Man lebt in Florenz um weniger als die Hälfte, und genießt größere Bequemlichkeiten, besonders eine Strohmatte im Zimmer, die mir sehr wesentlich dünkt, da ich von Deutschland die Anlage zur Gicht mitgebracht."

Es sind merkwürdige Gedanken für den August: offensichtlich Rationalisierungen eines tieferen Verlangens, nach Florenz zurückzukehren. Wir wissen nichts von dem jungen Mann, der den Dichter dorthin zog, außer einigen Versen, die er etwas später an ihn richten sollte.

Im August 1834 machte er durch den jungen Kunsthistoriker Heinrich Wilhelm Schulz die Bekanntschaft des Grafen Antonio Ranieri. Dieser teilte seine bescheidene Wohnung mit dem Grafen Leopardi, jenem Dichter patriotischer Gesänge, die Platen seit Jahren hoch schätzte, und deren Autor er schon lange gern kennenlernen wollte. „Ranieri, ein hübscher junger Mann von 27 Jahren, ist ein seltenes Muster von Freundschaft", heißt es im Tagebuch. „Seit vier Jahren sorgt er für Leopardi, der seiner Gebrechlichkeit wegen nicht wohl allein leben kann, und nachdem er vorher in Florenz und Rom mit ihm gelebt, brachte er ihn vor 8 Monaten nach Neapel. Der erste Anblick Leopardi's, zu dem er mich gleich den ersten Tag führte, hat allerdings etwas abschreckendes, wenn man denselben blos aus seinen Gedichten gekannt hat. Leopardi ist klein und bucklicht, sein Gesicht bleich und leidend, und er vermehrt noch durch seine Lebensart, da er den Tag zur Nacht macht und umgekehrt, seine Uebelstände. Ohne

Bewegung und ohne sich, bei dem Zustande seiner Nerven, beschäftigen zu können, führt er allerdings ein trauriges Leben. Bei näherer Bekanntschaft verschwindet jedoch alles, was seinem Aeußern einen unangenehmen Anstrich geben könnte, die Feinheit seiner klassischen Bildung und das Gemütliche seines Wesens nehmen sehr für ihn ein."

Leopardi, zwei Jahre jünger als Platen, stammte aus Recanati in den päpstlichen Marken. Er war nicht als Krüppel geboren; vielmehr setzte eine (vermutlich tuberkulöse) Verformung der Wirbelsäule, begleitet von Sehstörungen, erst mit der Pubertät ein und brachte den vitalen Knaben, der bei den Geschwistern ‚Giacomo il prepotente' hieß, erst nach und nach in seinen bedauernswerten Zustand.

Der körperlichen entgegengesetzt verlief die geistige Entwicklung. Schon der Vierzehnjährige entwuchs den Lehrern, er betrieb seine Studien fortan selbständig und mit Hilfe der großen, doch einseitigen Bibliothek des Vaters. Griechisch, Latein, Hebräisch, Englisch und Französisch erlernte der Junge als Autodidakt, später noch Spanisch, aber kein Deutsch. Gleichzeitig schrieb er Gedichte, eine Tragödie, philosophische Aufsätze, Epigramme, machte Übertragungen: die Jugendwerke des Siebzehnjährigen füllen sieben große Bände. In der Aneignung von Sprachen und Literatur war Leopardi von einer frühreifen Fähigkeit, die keinen Vergleich mit Platen erlaubt, sondern nur auf musikalischem Gebiete in Mozart eine Parallele findet.

Es kam zu ersten Veröffentlichungen. Gelehrte wurden auf ihn aufmerksam, unter ihnen der Historiker und Staatsmann Barthold Georg Niebuhr, Bunsens Vorgänger als preußischer Botschafter in Rom. Zuhause verliebte sich der neunzehnjährige Leopardi hoffnungslos in eine verheiratete Cousine. Seines unheilbaren Zustands und der dauernden Leiden bewußt, die ihn bis zum Tod begleiten würden, ergriff ihn Verbitterung über seinen körperlichen Zustand. Starker Antrieb blieben jedoch die Liebe zum anderen Geschlecht und zum Vaterland: seit 1818 entstanden frühe Fassungen des Canto ‚Il primo amore' sowie jene wenigen patriotischen Gedichte, die den Beifall Italiens und auch Platens gefunden hatten.

Ende 1822 verließ Leopardi zum erstenmal Recanati und ging nach Rom. Niebuhr und Bunsen bemühten sich beim Vatikan um eine Anstellung für ihn: leider vergeblich, denn es war nicht verborgen geblieben, daß der junge gelehrte Dichter liberale Gedanken pflegte und alles andere war als ein gläubiger Sohn der Kirche.

Zurück in der Heimat, begann Leopardi mit der Niederschrift kleiner Prosastücke und ironischer Dialoge, die er ‚Operette morali' nannte; Patriotismus ist nicht ihr Thema, sie handeln eigentlich alle von der Nichtigkeit und dem Leiden des Lebens. „Keiner", schreibt Schopenhauer 1859, „hat diesen Gegenstand so gründlich und erschöpfend behandelt, wie, in unsern Tagen, Leopardi. Er ist von demselben ganz erfüllt und durchdrungen".

Alle Wünsche und Freuden sind ein schöner Wahn, mit dem die Menschen sich gegen die Erfahrung des Nichts abzusichern suchen: dies wäre Leopardis Philosophie, wenn das große Wort erlaubt ist; denn seine Gedanken, die in einem ‚Zibaldone', das heißt Sammelsurium, zusammengestellt sind, fügen sich nicht zum System. Leopardis Todessehnsucht hat keine schwarzromantischen Züge. Sie ähnelt vielmehr dem buddhistischen Streben nach dem Nirwana und ist somit das Gegenteil von Platens Gefühl des lebendig Begrabenen, der aus der Gruft heraus will. Gleichwohl setzt der Italiener dem Nichts des Todes die Aktivität der eigenen Schöpfung entgegen und findet, ähnlich wie der Deutsche, Trost im Schreiben von Gedichten. Die Canti sind Schiller verwandt in ihrem antikisierenden Pathos, Hölderlin im reinen Klang und Glanz der Verse. Etwa ein Dutzend machten ihren Autor unsterblich, sie bedeuten den Italienern etwa das, was uns ‚Wanderers Nachtlied' bedeutet.

Seit 1825 lebte Leopardi mit Hilfe seines Verlegers in Mailand, Bologna, Pisa und Florenz. Aus finanziellen Gründen mußte er mehrmals in das verhaßte Recanati zurückkehren, wo er gleichwohl eine Reihe unsterblicher Gedichte schrieb. 1830 verließ er endgültig sein Vaterhaus und bezog, von Freunden unterstützt, in Florenz mit Ranieri eine gemeinsame Wohnung. Tief erschütterte ihn die Begegnung mit Fanny Targioni Tozzetti, die seine Liebe nicht erwiderte. Einen Winter verbrachten die Freunde in Rom.

Im Frühjahr 1833 verschlimmerte sich Leopardis Augenleiden derart, daß er kaum mehr lesen konnte. Im Herbst zog er mit Ranieri nach Neapel. Mittlerweile waren die Operette morali und die Canti als Bücher erschienen; auch zahlte der Vater dem Dichter eine kleine Monatsrente, so daß ihm ein bescheidenes unabhängiges Leben gesichert schien. Als Platen Leopardi im August 1834 kennenlernte, war für diesen der Patriotismus, das Thema Italien, dichterisch längst abgetan. Die Übersetzung zweier Polenlieder, die der Deutsche für Ranieri angefertigt hatte, dürfte Leopardi, als sie ihm vorgelesen wurden, nur Sarkasmen entlockt haben. Sein Blick hatte sich vom Vaterland zur Menschheit erhoben, und was er sah, hatte er kürzlich so ausgedrückt:

>   Ardir protervo e frode,
> con mediocrità, regneran sempre,
> a gallegiar sortiti. Imperio e forze,
> quanto più vogli o cumulate o sparse,
> abuserà chiunque avralle, e sotto
> qualunque nome. Questa legge in pria
> scrisser natura e il fato in adamante;
> e co' fulmini suoi Volta né Davy
> lei non cancellerà, non Anglia tutta
> con le macchine sue, né con un Gange
> di politici scritti il secol novo.*

Anders war es mit dem Todesthema. Für Leopardi stand es seit langem im Mittelpunkt allen Denkens und Schreibens. Beim jüngeren Platen hatte es sich in einigen Gedichten mit dem allgegenwärtigen Liebesthema verbunden, und später in Italien, zu Zeiten

---

* Anmaßende Frechheit und Betrug, vereint mit Mittelmäßigkeit, werden immer regieren, sind auserwählt, oben zu schwimmen. Herrschaft und Macht, seien sie gehäuft oder verteilt, wird jeder mißbrauchen, der sie erringt, und unter jeglichem Namen. Dies Gesetz schrieben Natur und Schicksal als erstes in Diamant; und mit ihren Blitzen wird es nicht Volta oder Davy kassieren, weder ganz England mit seinen Maschinen noch das neue Jahrhundert mit einem Ganges an politischen Schriften.

begrenzter Positivität, im ‚Stirb und Werde' der besten Oden relativiert. Nun übertrug er seinen ‚Gesang der Todten', 1819 an den unerreichbaren Schmidtlein gerichtet, in italienische Prosa: ‚.. A te brillano, come stelle, i fiori di mille colori; alle nostre ignude fronte s'appicca una ghirlanda impolverita.'* Ob er in dem Kranken einen anderen lebendig Begrabenen vermutete? Auf jeden Fall zeugt die Übersetzung gerade dieses Gedichtes von Gesprächen, die Platen mit Leopardi über Liebe und Tod führte. Wir bezweifeln freilich, daß er dessen rigide Auffassung von den beiden entgegengesetzten, doch verwandten Mächten verstanden hat. Etwa 1821 schrieb Leopardi einen Canto über eine Liebesepisode, die ähnlich unerfüllt blieb wie die Platens zu Schmidtlein. Hier allerdings erscheint die nicht mehr Erreichbare dem Unglücklichen im Traum als Tote, während er selbst erwacht. Die Situation ist genau umgekehrt wie bei dem Deutschen, und sie zeugt von größeren seelischen Kräften, die Leopardi zur Meisterung seines viel schwereren Schicksals brauchte und mit der Zeit auch entwickelte.

In den ‚Operette morali', seit 1827 im Buchhandel, hätte Platen Leopardis ‚Gesang der Toten' finden können. Er stammt von den Mumien im Studierzimmer des holländischen Anatomen Ruysch, die „am Ende des großen mathematischen Jahres" ihr unsentimentales Liedchen anstimmen:

> Wie vor dem Tod
> wir flohen, da wir lebten, so fliehet
> vor der Lebensflamme jetzt
> unsre leblose Natur,
> nicht glücklich, doch beschützt;
> denn Seligkeit versagt das Schicksal
> den Sterblichen wie den Toten.

Hier ist vom wahren Totsein die Rede, nicht vom Gefühl des lebenden Leichnams. Ob Leopardi Platens Tristan-Gedicht kannte? Er selbst hatte erst vor zwei Jahren den Canto ‚Amore e morte' gedichtet, der mit einem Anruf des Todes endet:

> Me certo troverai, qual si sia l'ora
> che tu le penne al mio pregar dispieghi,
> erta la fronte, armato,
> e renitente al fato ...**

Platens Behauptung, daß, wer die Schönheit angeschaut habe, dem Tode schon anheimgegeben sei, klingt nach diesen Versen einfach sentimental. Leopardi schrieb sogar den ‚Dialog zwischen Tristan und einem Freund', worin er älteste, doch selten ausgesprochene Weisheiten verkündet, Weisheiten von solcher Bitternis freilich, wie sie Platen nie in den Sinn gekommen wären. „Das Menschengeschlecht", heißt es da, „das so viele Torheiten geglaubt hat und in Zukunft glauben wird, will niemals begreifen,

---

* Dir flimmert gleich Gestirnen/ Der Blumen bunter Glanz,/ An unsern nackten Stirnen/ Klebt ein verstäubter Kranz.
** Mich wirst du gewiß finden, zu jeder Stunde, der du auf mein Bitten die Flügel ausbreitest, mit erhobener Stirn, gerüstet, dem Schicksal trotzend ...

daß es nichts wisse, nichts sei und nichts zu hoffen habe." Und weiter: „Ich weiß nur, daß ich, krank oder gesund, die Feigheit der Menschen verachte, jeden Trost und jeden kindischen Selbstbetrug zurückweise und den Mut habe, die vollständige Hoffnungslosigkeit zu ertragen, unverzagt die Wüste des Lebens zu betrachten, mir das menschliche Unglück in keiner Weise zu verschleiern und alle Folgen einer schmerzlichen Philosophie anzunehmen. Einer Philosophie, die, wenn sie zu nichts anderem nützlich ist, den starken Menschen die stolze Genugtuung verschafft, daß sie der verhüllten und geheimnisvollen Grausamkeit des menschlichen Schicksals jeden Schleier wegreißt."

Mit solchem Tristan hat der von Platen nichts gemein. Was aber verband den Deutschen mit dem Italiener? Beider Schaffen entsprang der Erfahrung und Erkenntnis, daß ihnen Gegenliebe versagt blieb. ‚Lebendig begraben' war der eine wie der andere. Warum Leopardis Los ungleich schwerer wog als das Platens, bedarf keiner Worte. Doch sollte daran erinnert werden, daß die Leiden Leopardis unausweichlich waren; die Platens, nachdem er einmal Deutschland verlassen hatte, nicht. Ob der gesunde Hypochonder auch nur Dankbarkeit verspürte angesichts des unheilbar Kranken, der als Mensch und Dichter größer war als er? Die Besuche Platens werden ihm willkommene Abwechslung gewesen sein, und geduldig, vielleicht amüsiert, wird er dem Geschimpfe auf Deutschland und Rußland, den kindischen Ansichten zu Politik und Geschichte gelauscht haben. Über das, was beide Männer am tiefsten bewegte, herrschte vermutlich Schweigen.

Mehr als die Unterhaltung zwischen Platen und Leopardi hätte uns dessen Meinung über den deutschen Gast interessiert. Im Ganzen wird sie freundlich gewesen sein, doch mag er zu Ranieri gesagt haben: Vom Tod versteht er nichts.

Anfang September bemerkt Platen im Tagebuch, daß er fortan Leopardi häufig besuche, und daß Ranieri seither fast sein ausschließlicher Umgang geworden sei. „Wir sehen uns täglich bei Tische und in der letzten Zeit auch des Morgens bei'm Seebade". Leopardi ist weniger ausführlich beschrieben als der nationalliberale Ranieri.

Doch selbst die Begegnung mit diesen beiden Männern vermochte es nicht, ihn in Neapel zu halten. Der Unbekannte zog ihn nach Florenz. Ein wenig erinnert das Ganze an die Affäre Cardenio, als Platen, der Phantasie folgend, auf Bruchmann und Wien verzichtete, um sich in Altdorf einzuspinnen. Eine große Bücherkiste ließ er für Florenz einpacken, wo er seinen „eigentlichen Sitz für die Zukunft" aufschlagen wollte. Mit Bedauern vermerkt er am 12. September im Tagebuch, daß er Sizilien wieder nicht gesehen habe. „Es scheint mir nicht bestimmt, jene Insel (zu besuchen), und wer weiß, ob ich je wieder nach Neapel zurückkomme. Es ist mir wenigstens, als sollte ich auf lange Zeit Abschied nehmen."

49. Sizilien

Am 12. September 1834 nachmittags verließ Platen Neapel mit demselben Dampfer ‚Francesco primo', mit dem er vor zehn Wochen angekommen war. Ranieri brachte ihn ans Schiff, während ein Platzregen niederging; doch klärte sich das Wetter auf, und trotz Gegenwind verlief die Fahrt glücklich. Am folgenden Tag wurde das Mittagessen in Civitavecchia an Land eingenommen. Platen fand die Stadt höchst uninteressant; daß der französische Konsul am Ort einer der größten Romanciers der Epoche war, wußten damals nur wenige.* In Livorno verlor Platen einen ganzen Tag, da am Sonntag die Pässe nicht visiert wurden; am Montag fuhr er dann schließlich über Pisa nach Lucca, wo es ihm diesmal besser gefiel als vor sechs Jahren. Gern wäre er ein paar Tage geblieben, doch soeben gastierte die Malibran, eine der berühmtesten Sängerinnen ihrer Zeit, und die Gasthäuser waren überfüllt. Platen hörte sie als Desdémona in Rossinis ‚Othello'; über ihre Kunst schweigt das Tagebuch, aber „der Enthusiasmus war entsetzlich, das Herausrufen und Wehen der Schnupftücher nahm kein Ende."

Am folgenden Nachmittag begab er sich nach Pistoia. Dort hatte er von Ranieri eine Empfehlung an den Cavaliere Niccolò Puccini, der auf einem prächtigen Landgut wohnte. „Ich fand einen merkwürdigen jungen Mann," heißt es im Tagebuch, „bucklicht wie Leopardi, aber voll Leben und Rührigkeit. ..Er ist nicht ohne weibliche Gesellschaft, die jedoch nicht zum Vorschein kommt.. Auch wirft man ihm vor, einmal mit der Flinte nach der Madonna geschossen zu haben." Platen wurde freundlich aufgenommen, sogar für den folgenden Monat als Hausgast eingeladen. Warum er die ihm selten angetragene Gunst ablehnte, ist nicht klar.

Puccini bemühte sich um die Veredelung des toskanischen Weins. Der erste Schritt dahin war wohl, ihn nicht mehr an Stricken zwischen Bäumen zu ziehen, sondern an niedrigen Stöcken in Monokultur, wie in anderen Ländern üblich. Die meisten italienischen Weine waren zu Platens Zeit von minderer Qualität, auch nicht transportabel; gute Kreszenzen wurden aus Spanien eingeführt, und so schmeckte Puccinis Produkt, wie Platen der Mutter berichtet, „wie bester spanischer Wein."

Natürlich hatte ein reger und gebildeter Geist wie der Cavaliere auch politische Überzeugungen; Schlösser nennt ihn „kurzerhand einen Mazzinisten"**. Alle fortschrittlichen Italiener, auch Leopardi und Ranieri, waren damals so nationalliberal gesinnt wie die Deutschen des entsprechenden Standes: beider Hauptsorge war die Einigung des zerstückelten Vaterlandes. Puccini hatte freilich den Schoß der Kirche nicht verlassen. Er gab Platen die ‚Paroles d'un Croyant' des Abbé Lamennais zu lesen, eine Schrift, die sich leidenschftlich zu einem sozialen Christentum bekennt. Der Dichter war nicht sonderlich erbaut. An Puccinis Tafel traf er einige liberale Geistliche, die erzählten, daß viele ihrer Kollegen unter Bruch des Beichtgeheimnisses der toskani-

---

* Henri Beyle, geboren 1783, schrieb unter dem Pseudonym Stendhal (nach dem Geburtsort Winckelmanns). Wahrscheinlich kannte Platen nicht seinen 1830 erschienenen Roman ‚Le Rouge et le Noir', der ihm gefallen haben dürfte.

** nach Giuseppe Mazzini, dem geistigen Führer des italienischen Risorgimento.

schen Regierung Spitzeldienste leisteten. „Ich hatte viel zu leiden," schreibt Platen ins Tagebuch, „weil ich behauptete, Italien werde wahrscheinlich drei Jahrhunderte unter auswärtiger Herrschaft bleiben." Noch sechsunddreißig Jahre sollten bis zur Einigung des Landes unter Garibaldi und Cavour vergehen.

Am 20. September traf der Dichter in Florenz ein. Sogleich besorgte er sich eine gute Wohnung für den Winter, zwei Zimmer im Stadtzentrum mit Strohmatten ausgelegt und mit einem Kamin. Er wolle sich in Florenz für die künftigen Jahre fixieren, heißt es in einem Brief an Fugger. Als Beilage schickte er ein kleines Gedicht mit der Bemerkung: „Hier folgt ein Lied, das du setzen kannst, das einzige, das ich in diesem Jahre geschrieben habe." Der Text lautet:

>   Du denkst an mich so selten,   Ich möchte beide Welten
>   Ich denk' an dich so viel,   Durchziehn an deiner Hand,
>   Getrennt wie beide Welten   Bald schlummern unter Zelten,
>   Ist unser beider Ziel.   Bald gehn von Land zu Land.
>
>   Und willst du mir vergelten
>   Durch Liebe dieß Gedicht,
>   Dann fließt um beide Welten
>   Ein rosenfarbnes Licht.

Platens Zeitangabe ist leider unpräzise. Sein letzter Brief an Fugger vom 8. August nimmt keinen Bezug auf das zitierte Lied. Mit einiger Sicherheit dürfen wir aber vermuten, daß es nach diesem Datum entstanden ist. Fünf Wochen blieb Platen noch in Neapel, acht Tage war er unterwegs, zehn in Florenz, bevor er das Gedicht an Fugger schickte. Sollte es in Neapel geschrieben, gar an Ranieri gerichtet sein? Doch Platens Verhältnis zu dem Italiener hatte keinen erotischen Beigeschmack. Wahrscheinlicher ist vielmehr, daß die Verse nach der Ankunft in Florenz entstanden. Das Gedicht eröffnet eine Gruppe von dreien, die schon im Manuskript beieinander stehen; das zweite, mit dem Titel ‚Frühlingslied', schrieb Platen nach eigenem Zeugnis erst im März 1835. Mit Rücksicht auf den merkwürdigen Magnetismus, den Florenz 1834 auf ihn ausübte, läßt sich folgern: der Dichter entflammte während seines ersten Aufenthaltes dort, im Mai oder Juni, für einen Unbekannten, der, wenn er nicht deutscher oder österreichischer Abstammung war, so doch zumindest Deutsch verstand; denn nur in dieser Eigenschaft könnte er ein deutsches Gedicht ‚mit Liebe' vergelten. Seinetwegen verließ Platen Florenz im Frühling 1834 nur zögernd und verspätet, konnte ihn auch in Neapel nicht vergessen; und obwohl es ihm dort ‚nie besser gefallen' hatte, trotz des anregenden Umgangs mit Leopardi und Ranieri, kehrte er vorzeitig an den Arno zurück. Dort traf er den Unbekannten wieder, jedoch ohne dem Ziel seiner Wünsche näherzukommen: durch Welten blieb er von ihm getrennt. Das Resultat sind die zitierten, schon halbwegs resignierenden Verse. Fugger komponierte sie in der Tat. „Für das Lied von neulich danke ich," schreibt er dazu kühl, „es ist recht hübsch, und lebhaft vorgetragen macht es sich ganz gut."

Das entsprach wohl kaum der Absicht und Stimmung des Dichters. Wenn er Fugger aufforderte, sein Lied zu ‚setzen', meinte er übrigens nicht eine Komposition für

Singstimme und Klavier, sondern lediglich die Erfindung einer Melodie, die er auf der Flöte nachspielen konnte. An einen lebhaften Vortrag von Fuggers musikalischem Einfall war freilich nicht zu denken, im Gegenteil, Platen fand an ihm auszusetzen, daß er sich „gerade in den allerdumpfsten Tönen" seiner Flöte bewege; „und da es, wie es scheint, eine Molltonart ist, so weiß ich nicht, wie ich es umsetzen soll, da ich die Vorzeichnungen der Molltonarten nicht kenne." Uns will eher scheinen, daß Platen Dur und Moll nicht unterscheiden konnte. Im selben Brief an Fugger bittet er um eine Transkription des bekannten Liedes ‚Das ist Lützows wilde verwegene Jagd' für Flöte. Fugger antwortet korrekt, daß Lützows Jagd sich für dies Instrument nicht eigne. Zu seiner Platen-Vertonung aber bemerkt er: „Rücksicht auf die dumpfen oder hellen Töne deiner Flöte zu nehmen, scheint mir überflüßig, da du doch nicht besonders verführerisch darauf pfeifest."

Als Platen nach Florenz kam, fand er dort Kestner, den hannoverschen Gesandten am heiligen Stuhl, seinen alten römischen Bekannten. Kestner war es vermutlich, der ihn mit dem Bildhauer Franz Woltreck zusammenbrachte. Woltreck verfertigte ein Medaillon aus Gips, das den Dichter im Profil zeigt; es ist eins der wenigen erhaltenen Portraits..

Ranieri hatte Platen an Vieusseux, den Gründer und Vorstand des gleichnamigen Lesekabinetts empfohlen, das er schon im Frühjahr regelmäßig besucht hatte. Nunmehr durfte er an Vieusseux' literarischen Abendgesellschaften teilnehmen, zu denen das fortschrittliche Florenz sich jeden Donnerstag versammelte. Ihr bedeutendster Kopf war wohl der liberale Marchese Gino Capponi. Ihm hatte Leopardi, der selbst noch vor wenigen Jahren in den literarischen Zirkeln der Stadt verkehrte, einen höhnischen Canto gewidmet; wir hörten daraus im letzten Kapitel bittere Verse über gewisse Konstanten der menschlichen Natur. Zu Beginn des Gedichts beschwört Leopardi jene Atmosphäre der Cafés und politisierender Herrenclubs, an der nunmehr auch Platen teilhatte:

> Alfin per entro il fumo
> de' sigari onorato, al romorio
> de' crepitanti pasticcini, al grido
> militar, di gelati e di bevande
> ordinator, fra le percosse tazze
> e i branditi cucchiai, viva refulse
> agli occhi miei la giornaliera luce
> delle gazzette.*

Trotz der wöchentlichen Gesellschaften bei Vieusseux dürfte Platen in Florenz ziemlich einsam gewesen sein. Das bestätigt ein Brief der Mutter vom Februar 1836 an die Frizzonis: „Herr Höfler.. hat sich hübsch über den guten August mokiert, er schrieb an

---

* Schließlich, durch den ehrenwerten Zigarrenrauch, zum Krachen zerbrechenden Gebäcks, zum militärisch befehlenden Ruf nach Eis und Getränken, durch das Tassengeklirr und die geschwungenen Löffel erglänzte vor meinen Augen das lebhafte tägliche Licht der Gazetten.

Minckwitz, daß er sich nach Florenz gesetzt hätte, um zu erfrieren und sich am Kamin zu langweilen, anstatt auf Gesellschaften zu gehen".

Tagsüber Spaziergänge und ausgedehnte Lektüre: seit längerer Zeit ist sie wieder im Tagebuch aufgezählt. Die Bücherkiste aus Neapel war schon im Oktober angekommen. Seit Dezember war es kalt. Die Theater schlossen wegen der Adventszeit, so daß Platen alle Abende außer am Donnerstag so, wie es Höfler schilderte, vor seinem Kamin saß. Das Heizen war jedoch derart teuer, daß er die Tage, wenn er nicht spazieren ging, in Cafés oder im Lesekabinett verbrachte. Einige Male besuchte er Niccolini.

Kein Jahr war für Platen so unfruchtbar gewesen wie 1834. Im November hatte er noch einmal versucht, eine Parabase zu schreiben, eine Art Predigt und geistiges Vermächtnis. In klagenden Spondeen wirft er dem Publikum vor, es habe für den ‚Romantisches Oedipus' weder Nachsicht gezeigt noch ein reifes Urteil bewiesen:

> Euch mangelte dieß, und der Mut gleichfalls, als vor sechs Jahren der Dichter
> Vorführte den Chor, auf welchen sogleich einhieb die beleidigte Sippschaft;
> Ihr aber indeß saß't maulfaul dort, zaghaft, mit gelispeltem Beifall;
> doch hält der Poet just jenes Gedicht für seine gediegenste Schöpfung.

Wieder zieht er gegen ‚christelnde' Romantiker zu Felde, auch gegen moderne Klöster: ‚Jetzt streuen sie aus Dummheit und Verderb, einst säten sie Wissen und Geist aus'; ‚Denn gilt für gerecht, was blos alt ist, dann kehrt zu den Heiden zurück nur!' Apoll und Aphrodite aber mußten weichen ‚vor dem stärkeren Gott, der Form stets wechselt und Antlitz,/ Und die Welt durchmißt, fortstrebenden Gangs, ein gewaltsam schreitender Proteus.' An dies Bekenntnis zu einem Schellingschen Weltgeist fügt sich ein weiteres zu Luther und Melanchthon. Solch ‚universaler Protestantismus' entspräche ganz dem liberalen Biedermeier und speziell den Jungdeutschen, mit denen Platen auch sonst einiges gemein hatte; doch bezieht er hier nur wieder Positionen seiner Jugend, etwa der ‚Hymne der Genien' vom Herbst 1817. Zu der Parabase entstand keine neue Komödie.

Im Dezember schrieb er noch eine letzte Schimpftirade auf den Zaren, fragmentarisch auch sie. Es hat den Anschein, als sei nun, nach fast vier Jahren, die Wut auf Heine so weit abgekühlt, daß die verstummte Lippe wieder sprechen, die versandete Barke bald wieder flott werden könnte.

Der ältere Frizzoni hatte in Mailand eine Deutsche geheiratet und befand sich auf der Hochzeitsreise in Süditalien; übrigens in Begleitung von Nerly, den ihm Rumohr empfohlen haben mochte. Dem jüngeren Frizzoni war es mittlerweile gelungen, den alten Freund Gündel wieder nach Bergamo zurückzuholen. Gündel hatte die neue Ausgabe der ‚Gedichte' mitgebracht. „Wie ward mir zu Muthe," schreibt Federigo Frizzoni nach Florenz, „als ich darin unsern eigenen Namen las; unsern Namen unter diesen herrlichen Gedichten, die in jeder Hinsicht ihrer Unsterblichkeit so gewiß seyn können."

Solche Worte waren wohl angetan, die einsame Weihnacht des armen Poeten zu versüßen. Dem Brief aus Bergamo lag noch ein zweiter von Gündel bei, der eine ausführliche Würdigung der ‚Abbassiden' enthielt. Platen war so erfreut darüber, daß er sie im nächsten Brief an die Mutter völlig zitierte. „Es weht durch das Ganze die zarteste Sittlichkeit", schreibt Gündel; „das Ingredienz des Bösen ist nur in so weit vorhanden, als es zur Verklärung des Schönen wirkt." Besser hätte man es vor Schopenhauer und Freud nicht sagen können.

Im Januar 1835 kam der Dichter Capponi etwas näher. Er besuchte die prächtige Bibliothek des Florentiners, durfte auch Bücher ausleihen. Capponi, der ein wenig Deutsch verstand, besuchte Platen wiederholt in seinem ärmlichen, düsteren Zimmer, und dieser schenkte ihm ein Exemplar seines neuen Gedichtbandes. Zum Karneval erschien Puccini aus Pistoia und bezog seine herrliche Wohnung am Arnoufer. „Er hat immer eine große Menge von jungen Leuten um sich," schreibt Platen an die Mutter, „die zum Theil Freunde, zum Theil vielleicht auch Schmarotzer sein mögen.. Gestern, als ich nach Tische vorbeiging, rief er mich hinauf.. Unter den Anwesenden wurde mir auch ein junger Maler vorgestellt, der der Liebling des Herzogs von Lucca sein soll, dessen Bild er uns vorzeigte." Ob es wirklich immer nur weibliche Gesellschaft war, die Puccini in seinem Landschloß vor der Öffentlichkeit verbarg?

Platen traf die Familie Monckton-Milnes wieder, mit der er 1833 in Venedig verkehrt hatte. Jetzt war auch der Vater dabei, Verfasser eines Reisebuches über Griechenland, das er Platen zu lesen gab. Mehrere Male mußte er, mit den Milnes dinieren, was ihm wegen der ungewohnten Zeit Verdruß bereitete.

Oft sehe er auch Höflers Bruder, den Arzt beim Grafen Ostermann-Tolstoi, schreibt Platen an die Mutter. Von dessen Visiten mögen die mokanten Sätze herrühren, die Minckwitz weitergab. Höfler selbst berichet darüber 50 Jahre später in der ‚Bohemia': der Dichter habe den Bruder konsultiert, heißt es dort, „der ihn in einer rauchigen Kammer sehr herabgekommen fand und sich sehr bald überzeugte, wie verkehrt die italienischen Ärzte, denen Platen sich anvertraut, ihn behandelt hatten. Eine gut angebrachte Bandage, von welcher sich bisher Aerzte und Kranker nichts hatten träumen lassen, brachte ihm wesentliche Linderung." Hatte Platen ein Bruchleiden? Höflers Bericht interessiert im Hinblick auf des Dichters Tod, der nur noch zehn Monate entfernt war. Und noch weiter: da sich ihm Höfler verweigert hatte, sollte der unbekannte Geliebte in Florenz vielleicht sein Bruder, der Arzt, gewesen sein?

Im Februar begegnete er am Lungarno völlig unerwartet und zu seiner großen Freude Gustav Gündel. Dieser hielt sich mit Federigo Frizzoni schon seit zwei Wochen in Florenz auf; die Polizei hatte ihm mitgeteilt, Platen sei schon im November nach Rom abgereist. Gündel und Frizzoni wollten den jungverheirateten Bruder auf seiner Rückkehr aus Neapel abwarten. Wie sehr die beiden Platen schätzten, zeigt sich in der Art, wie Gündel die Begegnungsszene ein zweites Mal als Überraschung für den jüngeren Frizzoni stellte: der Dichter kam am nächsten Morgen wie zufällig ins Caféhaus, wo die beiden Freunde frühstückten. Die letzte Karnevalswoche konnte er nunmehr mit ihnen zusammen verbringen; dann fuhren sie dem jungen Ehepaar nach Siena entgegen. Auf der Rückreise von dort nach Bergamo blieb die gesamte Partie nochmals für einige Tage in Florenz. Platen sah Gündel und die Frizzonis zum letzten Mal.

Anfang März lernte er den Krainer Grafen Anton Alexander Auersperg kennen, einen Freund Lenaus. Unter dem Pseudonym ‚Anastasius Grün' geißelte er vorsichtig die Zustände im Österreich Metternichs. Auersperg besuchte Platen einige Abende hintereinander: „Sein Umgang ist ungezwungen und angenehm."

Seit vergangenem Oktober korrespondierte er wieder mit dem Verleger Cotta. Irgend jemand mußte ihn darauf aufmerksam gemacht haben, daß sein neuer Gedichtband mit 4,48 fl. zu teuer angeboten werde; Uhlands Gedichte dagegen kosteten im Sortiment nur 3,38 fl. Auf Platens Vorstellungen setzte Cotta sein Buch um einen Gulden herab. Durch dies Entgegenkommen ermutigt, bot der Dichter dem Verleger nunmehr die ‚Abbassiden' an, deren Rechte von der Wiener ‚Vesta' an ihn zurückgefallen waren. Nach einem Hin und Her über zwei Monate hatte Cotta Platens Forderung von 500 fl. auf 330 fl. heruntergehandelt. Um sich ähnliche Scherereien mit anderen Verlegern zu ersparen, willigte Platen schließlich in Cottas Angebot ein. Die ‚Abbassiden' sollten im Herbst 1835 als Buch erscheinen, zu spät, um noch in des Dichters Hände zu gelangen.

Endlich sei die Muse wieder bei ihm eingekehrt, notiert Platen Mitte März in sein Tagebuch. Von den drei Gedichten, die kürzlich entstanden waren, ist der Hymnus ‚Auf den Tod des Kaisers' wohl das schwächste. Mit zwiespältigen Gefühlen tritt der Dichter vor den kürzlich gestorbenen Franz I., rekapituliert Habsburger Geschichte aus seiner Sicht und gibt politische Ratschläge; am Ende steht Eigenlob. Der Hymnus ‚Dem Grafen Friedrich Fugger' beginnt mit einer Entschuldigung wegen schleppender Korrespondenz, ergeht sich dann im Preis der Familie des Freundes sowie dessen musikalischer Gaben: ‚Deines Tonfalls Zauber umkleidet meines/ Nackten Worts vielfältige Wendungen oft.' Am Ende steht die ausführliche Klage des ernsten Dichters über ein verständnisloses Publikum, vermischt mit Selbstlob. Immermann und Heine werden ‚Neidhart' und ‚Äfflein' genannt. Fugger war dennoch von dem Gedicht begeistert und empfand es, inmitten familiärer Sorgen, als tröstenden Lichtstrahl.

Ein ‚Frühlingslied' endlich kündet von Platens Phantasieleidenschaft, über die wir außer dem, was wenige Strophen mitteilen, nichts wissen. Eine Intrige scheint die letzten Hoffnungsflammen ausgelöscht zu haben.

Ermann, o Herz, dich und vergiß
Die besten deiner Triebe,
Wenn auch der Bosheit Schlangenbiß
Das noch gebliebne dir entriß,
Das letzte Glück der Liebe!

Schon kommt der Frühling unverweilt,
Und flicht der Herbst die Garben,
Ist längst dir jenes Bild enteilt:
So viele Wunden sind verheilt,
Auch diese wird vernarben.

Du bleibst dir selbst in jeder Pein
Ob alle dich verließen,
Und Luft und Sonne bleiben dein:
Wer ganz mit seinem Schmerz allein,
Der lernt den Schmerz genießen.

Verschließe dich, du stolzes Herz,
Mit allen deinen Leiden!
Erscheine kalt und schroff wie Erz,
Und treibe mit dem Leben Scherz,
Und lächle bei'm Verscheiden!

Acht Jahre sind seit der Affäre German verflossen, doch vermöchten wir nicht zu sagen, daß Platen inzwischen seelisch wesentlich gereift wäre. Zwar bleibt der Todesgedanke diesmal im Hintergrund, ja es ist sogar von heilender Zeit die Rede; auch hat das Tagebuch längst ausgedient als Lagerstätte für Liebesleid. Nach wie vor aber beherrscht ein Masochist die Szene, der wohlig in selbstbereiteten Schmerzen wühlt, und der diesen Vorgang neuerdings noch hinter der stoischen Geste des Dandys verbirgt, oder besser, verbergen will; denn elegante Selbststilisierung war Platens Sache nicht.

Nach der neuerlichen Enttäuschung brach er, wie wir annehmen, früher auf, als ursprünglich beabsichtigt. Am 27. März 1835 verließ er Florenz zum letztenmal und begab sich nach Livorno. Dort mußte er drei Tage auf einen Dampfer nach Neapel warten, traurig, denn der Abschied war ihm nicht leicht gefallen. In Livorno vermutlich ist das dritte Lied entstanden, das von der unbekannten unglücklichen Liebesgeschichte der vergangenen zehn Monate Zeugnis gibt.

Süß ist der Schlaf am Morgen
Nach durchgeweinter Nacht,
Und alle meine Sorgen
Hab' ich zur Ruh gebracht. ...

Den Uferdamm umklettern
Eidechsen rasch bewegt,
Und Nachtigallen schmettern,
Die jede Laube hegt.

O mein Gemüth, erfreue
An diesem Glanz dich auch,
Sei glücklich und erneue
Der Lieder Flötenhauch.

Schon hebt sich hoch die Lerche,
Die Staude steht im Flor,
Es zieh'n aus ihrem Pferche
Die Heerden sanft hervor. ...

Gezogen von den Stieren
Wird schon der blanke Pflug,
Und Menschen scheint und Thieren
Die Erde schön genug. ...

Auf daß die stumpfen Herzen
Du doch zuletzt besiegst,
Wenn frei von allen Schmerzen
Tief unter'm Gras du liegst.

Die nächtlichen Tränen dürften der unbekannten Leidenschaft gegolten haben. Wie in Platens Jugend wird hier die Natur zur Trösterin; am Ende ist gleichwohl die Zurückweisung des Liebenden mit der Zurückweisung des Dichters durch Kritik und Leserschaft gleichgesetzt. Vom zufällig versöhnlichen Grundton des Liedes einmal abgesehen, ist Platen nicht weiter als vor neun Jahren, als er zornig über German ins Tagebuch schrieb: „Ich kann ihn als ein personificirtes deutsches Publikum betrachten."

Die Reise nach Neapel verlief ruhig trotz der unsicheren Jahreszeit. Der aus Marseille kommende Dampfer ‚il Mediterraneo' war nicht sehr voll, so daß Platen während zweier Nächte, vermutlich unter Deck, recht gut schlafen konnte. Am 1. April morgens traf er in Neapel ein und ging sogleich zur Wohnung von Leopardi und Ranieri. Dort wurde ihm bedeutet, Ranieri sei aus und Leopardi noch nicht aufgestanden. Also schrieb er im Besuchszimmer auf die Rückseite eines Briefes, der dort zufällig lag:

A. P. saluta
Giacomo Leopardi
Che si alza tanto tardi,
E Antonio Sempre-fuori,
Dottissimi Signori.

(A. P. grüßt
Giacomo Leopardi,
Der so spät aufsteht,
Und Antonio Immer-unterwegs,
Hochgelehrte Herren.)

Die kleine Szene zeigt erneut das entspannte Verhältnis Platens zu den beiden Italienern. Er traf Ranieri später auf dem Toledo und aß in der Folge mit ihm, wie schon beim letzten Aufenthalt, regelmäßig zu Mittag. Ranieri berichtete von seinen Anstrengungen, Deutsch zu lernen, da er es für seine historischen Studien brauche. Platen schenkte ihm seinen neuen Gedichtband.

Eigentlich hatte er für Neapel nur mit einem Zwischenaufenthalt von zwei Wochen gerechnet, um sich dann sogleich nach Südkalabrien und Messina einzuschiffen. Weiter wollte er über Land nach Palermo, um von dort noch vor Einsetzen der Sommerhitze per Schiff Neapel wieder zu erreichen. Doch „das alberne Dampfboot, il real Ferdinando, dem alle Augenblicke etwas fehlt", änderte seine Route, und Platen, dem keine Wahl blieb, mußte seine Reisepläne umkehren: erst nach Palermo mit der ‚Real Ferdinando', von dort per Fuhrwerk nach Messina und nach Überquerung der Meerenge wieder über Land zurück nach Neapel. Der Weg durch Kalabrien war noch zu Goethes Zeit von Straßenräubern bedroht und für Touristen ohne Begleitschutz nicht gangbar; doch auch 50 Jahre später wegen fehlender Straßen immer strapaziös und abenteuerlich genug.*

Das Frühjahr 1835 war in Neapel kalt und regnerisch. Platen las auf seinen wenigen Spaziergängen Pindar als Vorbereitung für Sizilien: nur dessen Oden und Homers Odyssee wollte er als Lektüre mit auf die Reise nehmen. Einige angenehme Abende verbrachte er bei Haller. Leopardi erschien ihm etwas heiterer als im vergangenen Sommer. Zum letztenmal versuchte er sich an dem Tristan-Epos; doch mehr als ein Prosa-Entwurf kam nicht zustande.

Am 28. April traf Platen nach stürmischer Überfahrt in Palermo ein. Hier wohnte er „recht angenehm und weit billiger als in Neapel", wie er an die Mutter schreibt. Schon in der ersten Woche hatte er eine erotische Begegnung, die ihm zum glücklichsten Bekenntnis seiner Liebe inspirierte, das wir kennen. Es ist ein 17strophiger Anruf Aphrodites. Nach dem ‚inbrünstig frommen Gebet' zur Göttin, deren Küste und Haine der Dichter betritt, kommt er in Strophe 8 zur Sache:

> Und soll ich allein im Gedränge
> Der Lustigen nähren die Qual?
> Wem biet' ich die festlichen Klänge?
> Wem reich' ich den süßen Pokal?
>
> Nun möcht' ich genießen der Ernte
> Nach langem und innigem Fleiß,
> Wenn je den Gesang ich erlernte
> Und was ich Erfreuliches weiß!
>
> Dir, freundlicher Knabe, kredenze
> Den Wein ich, von Liebe bethaut:
> Du gleichst dem erwachenden Lenze,
> Du schmiegst dich an mich so vertraut!
>
> O könnt' ich den Freundlichen tragen,
> Für den sich der Busen entschied,
> Zu fernen und künftigen Tagen
> Auf meinem geflügelten Lied!

Leider waren weder Göttin noch Lied in der Lage, den unbekannten Jüngling in des Dichters künftige Tage zu tragen. Mit keinem Wort ist er wieder erwähnt.

Zur gleichen Zeit saß Platen über einem Gedicht, das ihn dem Hause Wittelsbach wieder einmal freundlich in Erinnerung bringen sollte. Herzogin Amalie Auguste von Leuchtenberg war jene Schwester König Ludwigs, die 1806, quasi als Preis für die Erhebung Bayerns zum Königreich, den Stiefsohn Napoleons, Eugen Beauharnais,

---

* Johann Gottfried Seume zog es auf seinem ‚Spaziergang nach Syrakus im Jahre 1802' noch vor, zwischen Neapel und Palermo zweimal das Schiff zu benutzen.

hatte heiraten müssen. Die Ehe war jedoch unerwartet glücklich gewesen.* Neulich nun hatte die Herzogin in kurzem Abstand Schwiegersohn und Sohn verloren. Platen, der sie von seiner Pagenzeit her kannte, hörte in Neapel von den Todesfällen und begann einen Trauerhymnus; in Palermo schloß er dann die Arbeit ab.

> Ewig soll dein Mutterschmerz dastehn, wie ein Niobebild,
> Hoch auf des schönstimmigen Festlieds Fußgestell.

Wenn eine Ode vor zehn Jahren dem König Ludwig erfolgreich schmeichelte, so preist dieser Hymnus vor allem den Autor. Sein Gedicht wird selbst zum Denkmal und erhebt erst eigentlich die besungenen Fürstlichkeiten, Mutter, Sohn und Schwiegersohn Dom Pedro von Brasilien. Platen kann es nicht einmal in dieser Totenklage lassen, den vertriebenen reaktionären König Miguel von Portugal als Bluthund zu beschimpfen, und dazu noch Preußen, das auf seiner Seite stand:

> Häßliche Nymphe der Spree,
> Du saßest allein, um das Aug' neidgelben Ranft,
> Kalt, in theilnahmsloser Bosheit;

> Denn sich selbst bleibt treu des Sinns ursprüngliche Jämmerlichkeit:
> Lichtscheues Nachteulengeschlecht flieht sonnenkrank
> Deine Scheibe, rosiger Tag!
> Manch Hirngespinnst ausheckt es und mancherlei
> Schulstaubige Dünste. Die Weisheit aber zieht
> Ihre Glanzbahn jung und aufrecht.

Wieder sind die Philosophien Hegels und Schellings gemeint. Am 24. Mai kündigte Platen Fugger das noch nicht ganz vollendete Gedicht an, damit jener die Adressatin, mit der er Verbindung hatte, darauf vorbereite. „Vielleicht ist das Metrum nicht ganz glücklich gewählt, sodaß es nicht eher gefällt, als bis man es mehrmals gelesen hat, was man so großen Herrschaften nicht zutrauen darf." Mitte November schreibt Fugger, Schelling sei mit der häßlichen Spreenymphe nicht einverstanden. Es ist erstaunlich, daß der Dichter selbst zu einer Zeit, da er nach eigenem Zeugnis Liebeserfüllung fand, Gift und Galle nicht unterdrücken konnte.

Unterdessen hatte er Palermo und die Umgebung besichtigt: Monte Pellegrino, Monreale, das Kloster S. Martino, ja bis zu den Ruinen von Segesta war er vorgedrungen. Zweimal hatte er dafür in Alcamo, einem abscheulichen Nest, übernachten müssen. Am Tempel, den er zu Fuß besuchte, fiel ihm die baumlose Lage auf, das Theater fand er „sehr niedlich". Ähnlich erschöpfend sind die Urteile über Palermo: alles Mittelalterliche ist „außerordentlich schön", die (barocke) Stadt selbst „will wenig bedeuten", und gute Gebäude gebe es fast gar keine, heißt es in dem bereits zitierten Brief an Fugger. Mit solcher Grundeinstellung kam Platen natürlich nicht bis nach Bagheria und seinen bemerkenswerten Landschlössern; die groteske Villa Palagonía

---

* Vgl. erstes Kapitel dieses Buches. Eugen Beauharnais starb 1824 als Herzog von Leuchtenberg; sein Grabmal von Thorvaldsen steht in der Michaelskirche zu München.

dort hatte noch Goethes Erstaunen erregt. Der Dialekt von Palermo sei zwar häßlich, heißt es weiter, doch im Volksmund sanft und wohlgefällig. „Man versteht übrigens fast nichts davon und wird auch nicht von den Leuten verstanden. Sie sagen nur capimmu lu Francisi."

Diesem täglichen, auch alltäglichen Sizilien aber entspricht ein anderes, nächtliches.

> Es bangt die Seele zur ernsten Zeit,
> Des fremden Eilands Küste, die umdunkelte, betrachtend im Mondenlicht,
> Welche voreinst glanzhell umstrahlt war.

Von den frühen Mythen bis zum Staufer Friedrich II spannt der ‚Hymnus aus Sizilien' den Bogen, Platens drittes Gedicht vom Mai 1835. Das oft geschmähte Vaterland leiht ihm Selbstvertrauen, sich hier der griechischen Vergangenheit zu stellen.

> Schön erwuchs Deutschland in heroischer Kraft;
> Doch schöner, die entwölkte Stirn mit Weisheit
> Krönend, stehet es jetzt, und stolz hebt's den wahnfreien Blick empor.
>
> So darf der redliche Dichter nicht
> verzagen, der ehmaliger Bekränzungen entblätterten Raum betritt:
> Hellas erscheint nicht mehr so furchtbar. –
> Mich des Hochmuths zeihen die Meisten, und doch
> War Keiner so bescheiden, weil ich langsam
> Hob der Fittige Schwung, und spät erst die kunstreiche Form ergriff.

Mit der ‚Weisheit' ist wieder Schelling gemeint, der von dem Gedicht denn auch entzückt war. Gleichwohl endet es in einem Bescheidenheit nur vortäuschenden Eigenlob des Silbenzählers.

Um die Wende Mai-Juni reiste Platen in fünf Tagen von Palermo nach Catania. Die ganze Zeit teilte er die Kutsche mit „zwei plebejischen Schmeerbäuchen", wenn auch rechtschaffenen Männern, die ihm kaum Platz zum Sitzen ließen. Der Sohn des einen stahl dem anderen des nachts die goldene Uhrkette, mußte sie aber wieder herausrücken. Die Route über Vallelunga, vorbei an Enna, über Leonforte, Agira, Regalbuto, entspricht der heutigen Nationalstraße 121, ihre Länge ist etwa 260 km. Daß die Kutsche fünf volle Tage für diese relativ kurze Strecke brauchte, liegt an dem kurvenreichen Auf und Ab des Weges zwischen Ortschaften, die aus Gründen der Selbstverteidigung auf Bergkuppen oder -kämmen gebaut sind. Für den herben Landschaftsreiz Innersiziliens, besonders um diese Jahreszeit, war Platen unempfänglich. „Paternò bietet nichts mehr dar," heißt es im Tagebuch, „der Aetna verödet Alles, und trotz der Cactuswälder haben diese Gegenden ein sehr trauriges Ansehen. Man kann kaum sagen, daß die Lage von Catania schön sei; die ungeheuren Lavamassen, die sich bis an's Meer herausstrecken, geben der Stadt ein melancholisches Ansehen und contrastiren sehr mit der ganz modernen, nichtssagenden, geschmacklosen Bauart." Gemeint ist das schöne barocke Zentrum Catanias um die Piazza del Duomo, nach dem Erdbeben von 1693 in einem Zug errichtet. So kann es nicht verwundern, daß die Stadt Platen „recht eigentlich misfallen" hatte, als er sich am 7. Juni nach Taormina aufmachte.

Dort gefiel es ihm umso besser. Die Gegend sei mindestens so schön wie am Golf von Neapel, heißt es im Tagebuch. Noch einige Jahrzehnte sollten vergehen, bis Taormina von reichen Homosexuellen aus Nordeuropa als irdisches Paradies entdeckt wurde. Platen wohnte bei einer kinderreichen Witwe, die ihm von Zahn empfohlen worden war. Eine Elegie und zwei Hymnen dichtete er „großentheils im antiken Theater umherwandelnd."

Vor dieser bedeutungsvollen Kulisse, angesichts des beschneiten Ätnas, ergriff ihn ein Rausch von Omnipotenz, oder, wie wir heute sagen würden, er ging auf einen Ego-Trip. Vielleicht wirkte Schellings ‚positive' Philosophie der Offenbarung, von der er in München etwas gehört hatte, auf unbestimmte Weise in ihm nach? Auslöser war vermutlich der Huldigungsbrief eines Münchener Kupferstechers namens Schütz, der mitteilte, er rezitiere Platens Oden in einsamen Stunden laut vor sich hin. Im Oktober 1832 hatte er mehrmals in der Müllerstraße seine Aufwartung gemacht.

Die Elegie ‚Im Theater von Taormina' zeigt noch einmal den deutschen Dichter eingedenk der Griechen und des staufischen Mittelalters in Sizilien: doch ‚es entsprang auf's Neu germanischem Boden die reiche/ Quelle lyrischer Kunst.' Etwas kritisch zählt Platen eine Reihe von acht deutschen Poeten auf: Ewald v. Kleist, Bürger, Stolberg, Schiller, Klopstock, Goethe, Rückert, Uhland. ‚Darf ich der neunte zu sein mich rühmen?' Max Koch vermißt hier mit Recht Friedrich Hölderlin. Doch kommt dieser Dichter, ebenso wie Heinrich v. Kleist, in Platens Tagebüchern und Briefen einfach nicht vor.

> Hier, Germania, laß, auf diesen unsterblichen Trümmern,
>   Brechen die Lorbeern mich, die du bewilligetest!
> Doch nicht sei'n um mein schwermütiges Haubt sie gewunden,
>   Nein, auf deinem Altar seien sie niedergelegt!

Nichts von solch jähem Patriotismus in den beiden anderen Gedichten aus Taormina. Der Hymnus ‚An Hermann Schütz' beginnt mit einer Beschimpfung Heines: ‚Erhabenes ist schwer zu verbergen:/ Die Ratte jedoch kreucht in jedwedem Spalt.' Ein harmloses Lied (etwa gar aus dem ‚Buch der Lieder'?) mag lobenswert sein, ‚und selbst das kindische sei Vielen erfreulich:/ Gewaltigeres nur werde drum nicht verkannt!' Überwältigt vom eigenen Genie, verkündet Platen fortissimo:

> Erwachs'nen biet' ich würdigen Hochgesang:
> Mich wähle der Held zum Zeltgenossen am Vorabend des Kampfes;
> Es höre der Staatsmann des Lieds Warnungen,
> Sobald es die Toten erweckt und erblichener Zeit Großthaten
> Tiefsinnig und feierlich wälzt;
> Mir wende der Denker seinen Blick zu.

> Es schöpfe, Freund, der bildende Künstler auch
> Anschauungen aus dem lebendigen Springquell der Gesänge:
> Er lerne die Anmut hervorlocken trotz
> Des sprödesten Stoffs, das Bedeutende stets von dem Wust abscheidend;
> Auch lern' er im Geiste verstehn,
> Wie Fülle sich paart mit höchster Einfalt.

Analogien zwischen Poesie und bildender Kunst sah Platen schon in den Bildhauer-Distichen von 1825. Doch war ihm die Kunst Thorvaldsens nicht mehr Quelle der Inspiration, wie er im ‚Abschied von Rom' drei Jahre später erkannte. Nun will er den Spieß umdrehen und fordert: der bildende Künstler lerne vom Gedicht! Solche Selbstüberhebung ist Balsam für die Seele des ewig Ungeliebten, Vereinsamten. Alle seine Hymnen (außer dem ‚Abschied von Rom') sind auch Preislieder auf sich selbst; kein Hymnus aber so ausschließlich wie dieser.

Leisere Töne schlägt ein zweiter den Brüdern Frizzoni gewidmeter Hymnus an.

> Was tröstete die Seele für den Verlust
> Unwiederbringlicher Jugend? für den Hohn
> Der stets boshaften Kurzsichtigkeit,
> Welche, beklatschend lüsterne Bänkelsänger,
> Taub scheint, sobald sie den gefühlstrunkenen Schwan hört?
>
> Was tröstete die Seele? Nur des Gesangs
> Allmählig wachsende süße Meisterschaft,
> Und dein Anblick verleihe Trost, Natur!

Polemik bleibt auch hier nicht aus, der Name des lüsternen Bänkelsängers ist bekannt. Sonst aber kehrt Platen zu den altbewährten Heilmitteln seiner Seele zurück: Gedichteschreiben (jetzt freilich mit selbst attesttierter ‚süßer Meisterschaft') und Genuß der Natur.

Ohne deren versteckte Reize in Taormina bemerkt zu haben, begab er sich am 15. Juni nach Messina. Die Stadt sei nicht sonderlich interessant, heißt es im Tagebuch. Dennoch war das Zentrum von Messina sicher schöner als das, was nach dem Erdbeben von 1908 an seine Stelle trat. Platen wanderte mit einem württembergischen Architekten durch Aloegebüsch bis zur Punta del Faro, dem Leuchtturm am Nordostkap Siziliens, um die Aussicht auf die gegenüber liegende Küste zu genießen. Am vierten Abend ließ er sich nach Reggio di Calabria übersetzen.

Von dort kam er erst am folgenden Nachmittag weiter, weil der zuständige Beamte nicht früher aufstand, um seinen Paß zu visieren. Da von Reggio keine fahrbare Straße nach Norden führte, reiste er auf dem Esel. Bis zum Abend gelangte er nur nach Scilla, einem malerischen Nest am Eingang der Meerenge von Messina. Der Name ist homerisch; Charybdis dürfte die schräg gegenüberliegende Punta del Faro auf Sizilien gewesen sein, von der Platen noch einige Tage zuvor herübergeblickt hatte.

In Scilla konnte er vor Flöhen nicht schlafen. Doch gut gelaunt, wohl noch von Taormina her, dichtete er ein kleines Gespräch mit der alten Skylla, worin sich der Reisende in homerischen Hexametern über die verhinderte Nachtruhe beschwert. Die Odyssee hatte Platen als Lektüre ja dabei.

Nur 21 km schaffte er am nächsten Tag, diesmal auf einem Maultier. Von Bagnara an war der Weg ausgebaut, doch führte er in Serpentinen 480 m hoch in den Aspromonte, um dann parallel zur Küste in halber Höhe Palmi zu erreichen. Die Staatsstraße 18, Tirrenia Inferiore, folgt in diesem Abschnitt noch heute derselben Trasse. Die Aussicht war und ist an einigen Stellen phänomenal.

Von Palmi hinab in die Ebene von Rosarno, deren dichte Wälder wegen der Straßenräuber ausgedünnt waren, und weiter durch die heute noch stehenden herrlichen Ölhaine: Platen erblickte das, was das Land der Phäaken gewesen sein könnte, vom Rücken eines Esels. Noch einmal gewinnt sein Tagebuch Fülle und etwas Farbe bei der Schilderung dieser Reise durch Kalabrien. Mit nüchternem Magen ging es bergauf nach Mileto, wo es keinen Tropfen Wasser gab: doch Wein und gefrorenen Schnee (wahrscheinlich vom Aspromonte-Massiv, das sich bis zu 2000 m erhebt) sowie Kirschen, Aprikosen und Brot. Die vielen Gendarmen überall zeugten vom Bestreben der Regierung, mit der Wegelagerei endgültig aufzuräumen. Nach weiteren 12 km bergauf war das Tagesziel erreicht: Monteleone, das heute wieder Vibo Valentia heißt*. Von hier aus gab es regelmäßigen Postverkehr mit der Provinzhauptstadt Cosenza. Platen wartete zwei Tage auf die Kutsche und benutzte die Zeit zu einer Wanderung hinab nach Pizzo, am Meere gelegen, wo vor 20 Jahren Murat gelandet und kurz darauf erschossen worden war.

Mehr als 24 Stunden brauchte die Post für die 135 km bis Cosenza auf einer sehr kurvenreichen und schönen Straße am Rande der Sila; nicht der kürzesten, weil in Tiriolo vermutlich noch Reisende aus Catanzaro aufgenommen wurden. Von der Paßhöhe über diesem Ort sind das tyrrhenische und das ionische Meer gleichzeitig zu sehen. Platen passierte die Stelle freilich um Mitternacht.

In Cosenza floß unter seinem Fenster der Busento, nahe der Stelle, wo er sich mit dem Crati vereinigt. Platen meint in einem Brief an die Mutter, daß eben hier der Gotenkönig Alarich begraben sein müsse, wie Gibbon und die Ballade von 1820 es beschreiben.**

Am dritten Tag reiste er nach Páola an der tyrrhenischen Küste. Glücklicherweise konnte er sich auf seinem Esel einem Zollbeamten anschließen, der unter militärischer Bedeckung denselben Weg nahm; Nebenstraßen waren damals noch immer unsicher. In Páola besuchte er das Kloster des heiligen Franz und nahm das erste Seebad des Jahres.

Am nächsten Morgen ritt er am Meerufer nach Norden, in schönster Landschaft zwar, doch etwas beschwerlich wegen des fließenden Sandes. Bei Cetraro fielen ihm die Hütten auf, in denen Seidenkokons gekocht und aufgewickelt wurden. Diese schwierige Kunst war von Byzanz überliefert, an das ja auch die vielen griechischen Ortsnamen in Kalabrien noch erinnern. Die Kokons wurden übrigens in Toskana erzeugt und zu Schiff hierhergebracht, die gehaspelte Rohseide zur Weiterverarbeitung wieder dorthin zurücktransportiert.

In Belvedere Maríttimo erging es ihm ähnlich wie Goethe am Gardasee: die Bewohner waren an touristische Neugier noch nicht gewöhnt und begegneten ihm feindselig***.

---

* zwischen 1235 und 1928 Monteleone, vor- und nachher Vibo Valentia.
** Platens Gedicht wurde von Carducci ins Italienische übertragen. Versuche, das Grab Alarichs im Busento zu finden, blieben 1744 und 1860 ohne Erfolg.
*** Goethe wollte die Festung von Malcésine zeichnen und wurde deshalb zunächst für einen österreichischen Spion gehalten. Er beruhigte dann aber die Leute und schied in Freundschaft, sogar mit Obst beschenkt. (Italiänische Reise I, 14/9/1786.)

Platen, dünnhäutiger als Goethe, verließ den herrlich gelegenen Ort gekränkt und auf der Stelle. Die folgende Nacht an der Marina di Belvedere war wieder schlaflos wegen des Ungeziefers.

Nach dem 9 km entfernten Diamante ging Platen zu Fuß den Strand entlang und ließ sich das Gepäck hinterhertragen. Das Wirtshaus war leidlich. Nur hatte sein Zimmer den Fehler, der darunterliegenden Küche, mit der es durch eine Falltür verbunden war, als Rauchfang zu dienen.

Für die Weiterreise mietete er wieder ein Maultier. Der Sandstrand nördlich von Diamante ist fester, doch war er wegen der stehenden Gewässer stinkend und von Mücken verseucht*. Hinter Scaléa führte der Weg bergan bis zum hochgelegenen Casaletto (heute S. Nicola Arcella), „ehemals ein Räubernest," schreibt Platen ins Tagebuch, „was mir mein Führer, indem er den Diebsgriff mit der Hand machte und rückwärts zeigte, zu verstehen gab." Nach der serpentinenreichen Durchquerung einer Schlucht, die heute von einem häßlichen Viadukt der Tirrenia Inferiore überbrückt wird, öffnete sich dem Reisenden der Blick auf eins der schönsten Panoramen Süditaliens, den Golf von Policastro mit dem Kap Palinuro im Hintergrund.

Madonna della Grotta (heute zu Praia a Mare gehörend) war der letzte Ort in Kalabrien, den Platen berührte. Nördlich von ihm bildet der Fluß von Castrocucco die Grenze zur Provinz Basilicata. Nachdem er das ziemlich reißende Wasser durchquert hatte, stieg er auf einem halsbrecherischen Pfad ins Gebirge, mit dem Blick aufs immer weiter sich erstreckende Meer, bis am Horizonte Stromboli erschien. Die Stadt Maratea, wo er übernachtete, liegt in einem felsigen Tal. Platen bemerkt im Tagebuch, mit den ehrlich-billigen Zechen sei es nun vorbei und es begännen wieder „die wohlbekannten neapolitanischen Spitzbübereien": was nichts anderes heißt, als daß in Maratea der Fremdenverkehr schon bekannt war.

Für den hohen Preis von 14 Carlini, das sind etwa 3 Gulden, ließ er sich am Tag darauf über den Golf nach Policastro und Sapri fahren. „Einer der Matrosen, ein junger Mensch von neunzehn Jahren, war schön wie ein Gott." Nach einer zweiten Nacht in Maratea ritt Platen auf einem Maultier 42 km durch Wälder und über kahles Gebirge nach Lagonegro. Dort traf er wieder auf die Hauptstraße nach Neapel, die er in Cosenza verlassen hatte. Die Nachtpost brachte ihn in 24 Stunden nach Salerno. Dort ruhte er vier Tage aus, um sich von einer außergewöhnlichen Reise zu erholen, für die nicht nur ein gesunder Körper, sondern auch ein gewisses Maß an Wagemut Voraussetzung gewesen war.

---

* Ökologische Probleme sind so alt wie menschliche Siedlungen. Exkremente und sonstige Abfälle, in Flüsse und Bäche mit wenig Wasser geworfen, stauen sich an Stellen mit geringer Strömung, meist an Stränden, auf und bilden hier stinkende Brutstätten für Insekten aller Art. Malaria = schlechte Luft!

50. Die letzte Reise

Am 10. Juli war Platen wieder in Neapel. Er fand eine „recht hübsche" Wohnung am Ponte di Chiaia, die sogar für den Winter geeignet schien. Jetzt erst sandte er den Hymnus für die Herzogin von Leuchtenberg an Fugger, damit er ihn weiterleite: doch die Herzogin weilte unterdessen in Toskana, was der Dichter freilich erst erfuhr, als sie schon wieder abgereist war. Wann seine Gabe schließlich in ihre Hände gelangte und was sie dazu sagte, ist nicht bekannt.

Viel wissen wir nicht über Platens letzten Aufenthalt in Neapel. Immer noch spielte er die Flöte. Ein deutscher Bekannter habe ihm endlich ‚Lützows wilde verwegene Jagd' für dies Instrument notiert, lesen wir in einem Brief an Fugger, „denn von dir hätte ich sie doch niemals bekommen. Sie nimmt sich vorzüglich hübsch auf der Flöte aus."

Höfler war in der Stadt und mied ihn. „Gegenwärtig reist er mit einem Geistlichen," heißt es in einem Brief an die Mutter, „und soll überhaubt in Rom ganz in die Hände der Pfaffen gefallen sein."

Daß Platen mit Haller und dem Architekten Zahn verkehrte, geht aus einem Brief des Erstgenannten hervor. Häufig sah er den Kunsthistoriker Schulz, der ihn im vergangenen Jahr mit Leopardi bekanntgemacht hatte. Ihm verdanken wir einige Nachricht aus dieser Zeit: sie ist in dem Bericht enthalten, den Schulz Ende 1835 an die Gräfin Platen über die letzten Monate und den Tod ihres Sohnes nach Ansbach schickte. Schulz schreibt, er habe im August täglich mehrere Stunden mit dem Dichter zugebracht, hätte jedoch „eine größere Aufgeregtheit und Unruhe an ihm bemerken" müssen, „besonders war er in politischen Gesprächen sehr heftig." Nur bei Wanderungen in die Umgebung „kehrte ganz seine frühere Heiterkeit wieder".

Täglich schwamm er im Meer, sah auch Ranieri regelmäßig: dieser habe seit dem Frühjahr im Deutschen keine Fortschritte gemacht, heißt es im Tagebuch. Von Leopardi ist nicht mehr die Rede. Und doch scheint es, als habe gerade der Geist dieses Dichters Platen damals angeweht. Im August 1835 versuchte er sich noch einmal an der Form des Hymnus.

> Die Welt ist, o Freund, ein Gedicht,
> Drum klagt der befangene Mensch umsonst der Vorsicht Launen an:
> Er sieht des Unrechts Triumphbogen aufbau'n,
> Und liegen im Staube der Edlen Haubt;
> Er gewahrt des Kriegs unermeßliches Ungethüm, und in seinem
> Gefolge der Seuchen Heer, und der Krankheiten zahllose Brut.
> Sodann, mit dürftigem Maßstabe, meistert er
> Die großartigen Bruchstücke des Heldenlieds.
>
> Du kennst, was voreinst sang Homer:
> Nun lehre der irdische Dichter dich der Allmacht ernsteren
> Gesang verstehn! Keine Schuld beugte Hektors
> Bepanzerte Brust ...

dennoch tötete ihn Achill, heißt es weiter, und auch diesen raffte bald der Tod hinweg.

> Um beider Grabhügel huldreich erscholl dann
> der Göttinnen ewiger Klagechor:
> Nereidenstimmen erhuben das Lied, es tönte die Leier
> Der Musen darein; indeß der Olymp schwieg und Zeus selbst gestand:
> Wie lieblich immer die vorlaute Freude sei,
> Den Geist bändige nichts Schöneres als der Schmerz.

Sein eigentliches Thema schlägt Platen nicht mehr an. Doch spricht er von dem, was eng damit zusammenhängt, und was allein ihn zum Dichten antreibt. Dreimal benennt er seine Zerstückelungsängste: als Wut auf Heines Erfolg (des Unrechts Triumphbogen), als Schmerz nach der Verhöhnung (im Staube der Edlen Haubt), als Ich-Projektion auf ‚unfreie' Völker, deren Erhebung militärisch niedergeschlagen wird (des Kriegs Ungethüm). Dazu kommt die reale Angst vor dem Seuchentod. Für den befangenen Menschen sind solche Zufälligkeiten ‚der Vorsicht Launen'; für Gott aber ist der Weltenlauf, wie die Kunstperiode es verstand, ‚ein Gedicht'. Dem Poeten erwächst die Aufgabe, ‚der Allmacht ernsteren Gesang' auf Erden plausibel zu machen: ‚mit dürftigem Maßstabe meistert er/ Die großartigen Stücke des Heldenlieds.'

Das klassische Genre für die vermittelnde Dichtung ist hiermit genannt, sein Meister war Homer. Platen ruft die Ilias auf: schuldlos-tragisch fallen ihre Helden, vom Schicksal ereilt, dem auch die Götter unterworfen sind. ‚Wie lieblich immer die vorlaute Freude sei,/ Den Geist bändige nichts Schöneres als der Schmerz.' Die Umsetzung von Schmerz in Poesie war immer das Ziel seines Lebens gewesen. Doch spricht er auch von Homers anderem Epos:

> Wieviel drauf Odysseus erlitt,
> Ist Jeglichem kund. Er bezwang der öden Salzfluth Ungeheur

Hier bricht der Text ab, vermutlich, weil dem Dichter das glückliche Ende der Odyssee einfiel. Als Analogie für sein Projekt taugt sie nicht.

Jürgen Link nennt als geheimen Fluchtpunkt von Platens Werk ein ‚hymnisches Epos', vor dem, einer Briefstelle an Rumohr zufolge, „die ganze neuere Poesie der Nation gleichsam zu Nichts wird." Im August 1835 ist der Dichter keineswegs bescheidener geworden, doch zielt er weniger hoch. Wenn er Ilias und Odyssee aufruft, erklärt er sich selbst außerstande, Vergleichbares zu schaffen. Es bleiben als ‚großartige Bruchstücke' nur Hymnen. Bis hin zum letzten Fragment, das sie in dieser Hinsicht alle subsumiert, ist ihnen eins gemeinsam: der Mangel im Vorwurf.

Seit den ‚Bädern von Lucca' hat Platen sein Generalthema, den Preis der Männerliebe, fast völlig tabuisiert. Freilich ist währenddessen der schöpferische Quell nicht ganz versiegt; er ist nur verschüttet und tritt an anderer Stelle zutage, er verhält sich genau wie ein verdrängter Trieb in der klassischen Psychoanalyse. Anderthalb Jahre nach Heines Züchtigung beginnt Platens Lyrik Merkmale unverarbeiteter Zerstückelungsängste zu zeigen sowie von Schuldgefühlen, die längst erledigt schienen: sie nimmt regelrecht neurotische Züge an. Es gelingt uns nicht, die politischen Lieder und die späten Hymnen anders zu verstehen. Weder antike Kunst noch lebendige Jugend vermögen – nach dem ‚Trinklied' von 1831 – die fruchtbare Verwandlung und Wiedergeburt im Gedicht zu bewirken. Stattdessen in den Polenliedern tickhafte Ausfälle gegen den Zaren und seine längstverstorbene Großmutter, in den Hymnen stets dieselben Obsessionen und, um ihnen zu wehren, die gleichen selbstgefälligen Bespiegelungen. All das ist kaum gefiltert und umgesetzt, wird aber als göttliche Eingebung verkündet. Die Adresse: an Freunde, an Fürstlichkeiten, dient nur noch als Aufhänger für das stets gleiche Bild, als Auslöser für das Repetierwerk. Wir können es nur bedauern, denn wie die Polenlieder enthalten auch die späten Hymnen gelungene Strophen. Sehr schön ist die Naturschilderung, der Blick von Theater in Taormina aus dem zweiten Frizzoni-Hymnus:

Schon schläft gebändiget die stahlglatte Salzfluth

Kaum spülend an den Strand; italischer Au'n
Südspitze schwimmt in dem reinsten Zauberduft,
Verklärt, voll Ruhe, schönabendlich

Doch vorher pompöses Eigenlob und Ausfälle gegen eine Kritik ‚stets boshafter Kurzsichtigkeit', die ‚lüsterne Bänkelsänger' wie Heine beklatscht. „Phaeton ist gefallen!" schreibt Emmy Rosenfeld. Leider steht das Beispiel nicht allein. Kein Hymnus seit 1831, der frei von Aggressionen bliebe, entweder gegen den gefürchteten Spiegelzertrümmerer oder gegen den eigenen Trieb. Selbst im Nachruf auf Kaiser Franz muß die Zarin Katharina, an den Haaren herbeigezogen, als ‚nordische Teufelin' auftreten.

Platens ‚sichtbar gut und gut sichtbar gemachte' Lautbild-Konstruktionen nehmen zwar mittlerweile Mord und Totschlag in sich auf, die soliden Spiegel seiner Hymnen sollen dem Blick der Gorgo standhalten. Wer aber ist die Gorgo? Sie ist des Dichters eigenes Konterfei, der geprügelte Narziß, vom Selbsthaß zerfressen und eben zu der Karikatur geworden, die Heine von ihm zeichnete. Sie ist der Zerberus ‚trister Freudenjunge und Metze', in den sich das Doppelportrait vom Rosensohn in den Armen der Mutter verwandelt hat.

Wohin du fliehn willst, nimmermehr entrinnst du doch,
Und gleich Armeen umzingeln dich Verwünschungen!
Sachwalter giebt es keine für den Versifex,
Und aus dem Schooße schütteln dich die Wenigen,
Die noch geneigt dir waren, wie gemeinen Staub!
In meinen Waffen spiegle dich, erkenne dich,
Erschrick vor deiner Häßlichkeit und stirb sodann!

Diese Verse hatte Platen vor acht Jahren Immermann entgegengeschleudert. Nun spiegelt er, ein älterer Dorian Gray, sich in Heines besseren Waffen.

Mit dem Fragment hat die ‚neurotische' Spätlyrik ihr Ende erreicht. Wir täten dem Ansbacher jedoch Unrecht, wollten wir vergessen, daß er seit 1831 auch anders gedichtet hat als in den Polenliedern und Hymnen. Fünf Balladen und drei Idyllen zeigen keinen Qualitätsunterschied zu früheren Stücken im gleichen Genre. Unter den etwa 40 Epigrammen dieser Zeitspanne sind jene längeren aus Venedig, die Koch und Link zum Vergleich mit den Sonetten herausgefordert haben. Es gibt aus den letzten Jahren aber auch eine Reihe von Gedichten, in denen Platen zu seinem eigentlichen Thema und seiner unverkrampften Darstellung zurückgefunden hat. Die Ghaselen vom Mai 1832 gehören dazu: Link meint, in ihnen sei eine wahrhaft klassische Synthese von Anakreon und Hafis gelungen. Auch die drei toskanischen Lieder 1834/35 wären hier zu nennen: Sengle bezeichnet das dritte, idyllische als „ein meisterhaftes Gedicht. Von Sprachvergewaltigung und anderer Manieriertheit ..kaum ein Hauch." Schließlich wäre da noch das Lied ‚Inbrünstige fromme Gebete' aus Palermo vom Mai 1835, so spontan, wie Platen es eben fertigbringt. Sicher ist es kein ‚großes' Gedicht, aber es hat doch einen Reiz, der über das Biographische hinausgeht, und wir können nur bedauern, daß es in Links neuer Lyrik-Ausgabe fehlt. Zwei Gelegenheitsgedichten, die in diese Gruppe gehören, werden wir in Kürze noch begegnen; es sind Platens letzte poetische Lebenszeichen.

Die einzige reale Angst im Hymnenfragment gilt ‚der Seuchen Heer und der Krankheiten zahllose(n) Brut'. Seit August 1835 gibt es keinen Brief des Dichters mehr, in dem nicht das Wort ‚Cholera' vorkommt. Mitte des Monats schreibt er an Fugger, die Epidemie sei bereits in Italien und werde Neapel sicher nicht verschonen*. „Man kann freilich auf's Land gehen; doch ist auch dieses unsicher, und wenn man Anlage zur Krankheit hat, so entflieht man ihr nicht so leicht. Ich werde daher über meinen poetischen Nachlaß einige Verfügungen treffen." Etwa ein Dutzend Polenlieder lägen in München, schreibt er weiter, und er wünsche, daß sie gesondert herausgegeben würden. Das gleiche gelte für die neun Hymnen, von denen sechs noch nicht gedruckt seien. Es folgt eine Aufstellung in beinahe der Reihenfolge, wie sie von 1839 bis 1911 in den Gesamtausgaben erschienen sind.

Von einer erotischen Begegnung in Neapel zeugt Platens letztes Liebesgedicht. Wir wissen nichts von ihr außer dem, was einige Strophen mitteilen:

<blockquote>
Lieb' und Lieblichkeit umfächeln
Deine Stirne voll Verstand:
Ganz bezwingt mich dieses Lächeln,
Diese schöne weiche Hand! ...

Schlag', o Herz, entgegen zucke
Einer Hand, so voll und weich:
Ach, in jenem Händedrucke
Lag ein ganzes Himmelreich!
</blockquote>

Zur gleichen Zeit faßte er den Entschluß, wieder nach Sizilien zu gehen. Zwar werde die Cholera auch dorthin kommen, schreibt er Ende August an Minckwitz, doch sei es in Sizilien „wenigstens poetischer zu sterben oder vielmehr begraben zu werden, denn hier ist der protestantische Kirchhof unweit der Bordelle. In Sicilien giebt es natürlich gar keine protestantischen Gottesäcker, und man hat wenigstens das Vergnügen, auf freiem Felde beerdigt zu werden, vorausgesetzt, daß noch ein Vergnügen dabei ist."

---

* Kurz zuvor hieß es in einem Brief an die Mutter noch, es sei zweifelhaft, ob die Cholera nach Neapel kommen werde „wegen des Vesuvs und der vielen Schwefelquellen".

Er mag diese prophetischen Zeilen halb im Spaß, halb im Ernst hingeschrieben haben. Was war der tiefere Grund, aus dem er sich entschloß, die gute Wohnung in Neapel, in der er den nächsten Winter hatte verbringen wollen, schon nach zwei Monaten wieder aufzugeben und den „im Ganzen recht angenehmen Sommer", wie es im Tagebuch heißt, plötzlich abzubrechen? Hier war er unter Freunden, dort kannte er niemanden. In Neapel habe er für die nächste Zeit keine bestimmte Beschäftigung, schreibt er am 29. August an die Mutter, und deshalb wolle er in Sizilien Lokalgeschichte studieren. Das brüchige Argument mit der Cholera erscheint erst an zweiter Stelle: „Sie wird freilich auch nach Palermo kommen; doch kann man sich an einen der hochgelegenen Orte Siziliens zurückziehen". Vielleicht ist Taormina gemeint.

Platen war überzeugt, der Cholera nirgendwo zu entgehen. Warum er dennoch nach Sizilien auswich, können wir nur vermuten. Unruhe und Aufgeregtheit, von denen Schulz berichtet, weisen auf erotische Frustration. Daß der Dichter mit politischem Geschimpfe Dampf aus gänzlich anderen Kesseln abließ, haben wir oft erlebt. Sollte in dieser Situation ein junger Palermitaner aufgetaucht sein, von dem er nur ein scheinbar verheißungsvolles Lächeln und einen Händedruck empfangen hatte, und der sich soeben anschickte, in seine Heimat zurückzukehren?

Keine zwei Wochen liegen zwischen dem Liebesgedicht und der letzten Seereise. Mit dem September kam eine Schlechtwetterperiode über Neapel; sie bescherte Platen eine schwere Erkältung und auch eine leichte Darminfektion. Gegen Kolik empfahl Haller als probates Mittel einen Tropfen Kampferspiritus auf Zucker. Es half, und dankbar nahm der Dichter eine Flasche der Medizin in sein Gepäck. Am 10. September schiffte er sich wieder auf der ‚Francesco primo' nach Palermo ein. Die stürmische Überfahrt dauerte 22 Stunden.

Das Wetter beruhigte sich, das Thermometer stieg. Platen meldet der Mutter seine erneute Ankunft in Sizilien; von dem, was ihn bewegt, mag er offensichtlich nicht schreiben und füllt das Papier mit Gleichgültigem. Der nächste Brief nach Ansbach, zwei Wochen später, besteht nur aus wenigen Zeilen, bringt aber ein erhellendes Gedicht:

> Wohl reizend ist die Stadt Panorm,
> Vom Hochgebürg umzäunt,
> Die Frau'n der Kypris gleich an Form,
> Die Knaben schön gebräunt. ...
>
> Aus jenen schönen Stirnen keimt
> Nie ein Gedank' empor;
> Auf jede hat ein Brett geleimt
> Der schnöde Pfaffenchor. ...

> Doch hinter eh'rnem Wahn verschanzt
> Herrscht hier allein der Pfaff;
> Das Seil, worauf so frech er tanzt,
> Er hält's beständig straff!
>
> Der Schlendrian, der alles knickt,
> Führt Tag an Tag vorbei,
> Und ach, des Jünglings Arm umstrickt
> die tiefste Sklaverei!

Das klingt gänzlich anders als der Preis Aphrodites vom vergangenen Mai. War Platens Liebe wieder einmal zurückgewiesen worden, und zwar mit Hinweis auf ihre Sündhaftigkeit? Vielleicht von demselben Jüngling, an den sich das Liebeslied in Neapel gerichtet hatte?

Die von dort nachgesandte Post erreichte ihn über einen Herrn Fischer, Korrespondenten Hallers, der offenbar Rothschilds Agent in Palermo war. Vom August stammten zwei Briefe der Frizzonis, die von Platens neuester Ortsveränderung noch nichts wußten und ihm rieten, nach Griechenland zu gehen, bis die Cholera in Italien vorüber sei. „Wie herrlich wär' es," schreibt der jungvermählte Giovanni, „wenn Sie uns dann mit einer liebenswürdigen Griechin am Arm zurückgesegelt kämen." Die Ahnungslosigkeit dieser engen Freunde über Platens Natur ist schon beinahe komisch. Daß der Dichter über sein Gefühlsleben nicht sprach, wissen wir. Dafür war er in seinen Gedichten, deren letzte Ausgabe in Bergamo mit Sorgfalt gelesen wurde, umso deutlicher; falls dort nicht gar Heines ‚Bäder von Lucca' bekannt gewesen sein sollten. Ja, ‚das Schönste, was ich klagte, / War, als wär' es nicht vorhanden:' diese Erfahrung hat Platen bei normalen männlichen Lesern immer wieder machen müssen.

Unterdessen herrschten weiter sommerliche Temperaturen in Palermo. Er begann wieder mit seinen gezählten Seebädern, für die er sich mit einer Barke ins Meer hinausrudern ließ: Mitte Oktober nahm er das 51. und letzte seines Lebens. Wie abgeschnitten von der Welt er sich in Sizilien fühlte, zeigt ein Brief Hallers aus Neapel, der, vermutlich auf Platens Wunsch, allgemeine Neuigkeiten zusammenfaßt und dem auch deutsche Zeitungsausschnitte beigelegt waren: von strengen Quarantänemaßnahmen gegen die Cholera ist da die Rede und von literarischen Händeln in Deutschland. „Wir haben hier herrlichstes Herbstwetter und können spazieren gehen nach Herzenslust," schreibt Haller abschließend. „Warum mußten Sie auch so davonrennen?"

Daß die Cholera für seine zweite Sizilienreise nur ein vorgeschobener Grund war, gibt Platen in einem Brief an Minckwitz offen zu. Wenn er ihr durchaus hätte entfliehen wollen, so wäre es einfach genug gewesen, über Ancona und Venedig nach Deutschland zu reisen. Doch habe er das nie beabsichtigt.

So lange das Wetter in Palermo gut blieb, verbrachte er seine Zeit „im Allgemeinen recht angenehm", wie er der Mutter berichtet, und vermutlich eben auf eine Art, die ihm in Deutschland nicht zu Gebote stand. Vormittags ging er in die dürftige öffentliche Bibliothek, las dort aber keineswegs sizilianische Geschichtsbücher, wie angekündigt, sondern „fast nur griechische Sachen". Damit ist der Hauptgrund, den Platen für seine plötzliche Abreise von Neapel geltend machte, ebenfalls widerlegt.

Anderthalb Monate war er ohne jeden gesellschaftlichen Umgang geblieben. Nur der holsteinische Landschaftsmaler Thöming, ein alter Bekannter aus Rom und Neapel, kam im Oktober nach Palermo. Thöming war der letzte Deutsche, der Platen noch lebend antraf. Vielleicht war er es, der ihm Syrakus als Winteraufenthalt empfahl. Mitte Oktober jedenfalls teilt der Dichter Fugger mit, er gedenke demnächst dorthin zu gehen. Zugleich gibt er eine Reiseroute an, die Sizilien von Norden nach Süden durchquert.

Mitte Oktober setzten Herbstregen ein, die Temperatur fiel schlagartig. Platens Zimmer, vermutlich ebenerdig, wurde feucht, das Essen schmeckte nicht mehr, die Bibliothek schloß, und die sonstigen Zerstreuungen, die Palermo zu bieten hatte, dürften auch wetterempfindlich gewesen sein. „Der Comet scheint übrigens die Luft überall ungesund zu machen", schreibt der Dichter an die Mutter, bevor er am 25. seine letzte Reise antrat. Nie habe er einen traurigeren Geburtstag verlebt, heißt es im Tagebuch.

Im Regen fuhr er, der Küstenstraße nach Osten folgend, im Wagen etwa 40 km bis Termini Imerese. Hier mußte er, wie in Kalabrien, auf ein Maultier umsteigen. Für den Weg nach Cefalù, wenig reizvolle 35 km auf meist flachem Küstenstreifen hinführend, brauchte er einen ganzen Tag. Außer der normannischen Kathedrale fiel ihm in der Stadt nichts auf. Dennoch blieb er zwei Nächte.

An den folgenden zwei Tagen ritt er bei Wind und Regen auf Saumpfaden, die bis zu 1000 m ansteigen*, über das kahle Madoniengebirge. Zweimal, in den Dörfern Gangi und Alimena, mußte er unter abscheulichen Umständen übernachten, einmal im verwanzten Bett des Gastwirtes. Bei Calascibetta wurde die Gegend wieder freundlicher. Platen kreuzte seine Route vom vergangenen Juni an einem Punkt, der heute noch poetisch ‚Quadrivio della Misericordia' heißt. Gegen Mittag des dritten Tages erreichte er Enna.

Dort blieb er vier Nächte. Das war länger als eigentlich nötig, denn außer den grandiosen Aussichten, die sich durch die ringsum freie Lage des Ortes auf mehreren Felsen ergibt, fand Platen kaum Bemerkenswertes. Doch waren die Wirtsleute „besonders ehrlich", was bei ihm billig heißt; er mochte ein paar durchschlafene Nächte zur Erholung von den überstandenen Strapazen brauchen. Am 4. November verließ er Enna in südlicher Richtung.

Der Weg führte zunächst am Lago di Pergusa vorbei, einem flachen See mit schwefligem Wasser, um dessen Ufer heute eine ringförmige Autorennbahn führt. Vor Piazza Armerina ändert sich die bisher sandige Landschaft, „man wird durch ein Pinienwäldchen, durch reichen Cypressenwuchs und sonstige Fruchtbarkeit überrascht", wie es im Tagebuch heißt. Platen, der vor Mittag eintraf, mietete ein Zimmer und begab sich nach Tisch in einen öffentlich zugänglichen Park. Von den spätrömischen Mosaiken, die erst in diesem Jahrhundert bei Piazza systematisch ausgegraben wurden, ahnte er nichts.

Am nächsten Morgen legte er auf einem Maultier den Weg nach Caltagirone, etwa 30 km, in vier Stunden zurück. Die Stadt sei relativ gut gebaut und habe stattliche Gasthöfe, heißt es im Tagebuch. Dem letztgenannten Umstand war es wohl zuzuschreiben, daß Platen vier Nächte in Caltagirone verweilte. „Dort sah ich unter Anderem noch einen ausnehmend schönen jungen Mann; als ich mich aber erkundigte, war es ein Palermitaner." Am 9. November verließ er die Stadt in Richtung Lentini. Die erste Hälfte des Weges war ein angenehmer Spazierritt durch ein fruchtbares Flußtal, überragt vom Kegel des Ätna. Vor Lentini mußte er ein Sumpfgebiet mit einem „die Gegend verpestenden See" durchqueren, der heute trockengelegt ist.

Zwei Nächte blieb Platen in Lentini. Im Kapuzinerkloster, das auf einem Hügel südöstlich der Stadt liegt, besichtigte er einen großen Tintoretto: leider war es eine Kopie, die heute in der Kirche von S. Luca hängt. Auch besuchte er einen alten Herrn,

---

* sie entsprechen heute den kurvenreichen Staatsstraßen 286, 120 und 290.

der eine Sammlung sizilianischer Münzen besaß. „Da er sie mir jedoch Stück für Stück zeigen wollte," schreibt der Dichter ins Tagebuch, „so reichten meine Augen nicht hin, und ich empfahl mich."

Am 11. November schließlich reiste er von Lentini nach Syrakus. Es waren wieder nur 50 km, doch nie sei ihm ein Weg so traurig und öde vorgekommen, heißt es auf der letzten Seite des Tagebuchs. Das hochbepackte Maultier warf ihn ab, doch kam er nicht zu Schaden. Der Golf von Augusta, dessen Schönheit er nicht sah und die noch in diesem Jahrhundert von Tomasi di Lampedusa gepriesen wurde, ist heute durch riesige Raffinierwerke für libysches Erdöl in ein stinkendes Inferno verwandelt.

In Syrakus angekommen, stieg Platen zunächst im Albergo Sole ab. Schulz hatte ihm das Haus, das von Engländern geschätzt wurde, als das beste Siziliens genannt. Leider war der Wirt nicht bereit, dem Dichter, obwohl er er länger bleiben wollte, einen annehmbaren Preis zu machen. Ärgerlich und noch in Reisekleidung begab er sich zu Don Mario Landolina, einem alten Baron, an den er von Schulz empfohlen war. Don Mario sah gern gebildete Ausländer an seiner Tafel: die deutschen Freunde Platens, soweit sie Syrakus besucht hatten, kannten ihn wahrscheinlich, sicher kannte ihn Waiblinger. Landolina war übrigens vor 33 Jahren Gastgeber Johann Gottfried Seumes gewesen, jenes Mannes, der den Weg von Grimma in Sachsen bis hierher zu Fuß zurückgelegt hatte.

Durch Landolinas Vermittlung fand Platen ein preiswertes und zugleich sonniges Zimmer mit Kamin und Blick aufs Meer im Albergo Aretusa, direkt neben dem ‚Sole'. Der Name weist auf die Arethusa-Quelle im Süden der Insel Ortygia, dem ältesten Teil der Stadt. Zwei verkommene Hotelkästen im Liberty-Stil nahe dem Brunnenbassin trugen vor etlichen Jahren noch die Aufschrift ‚Miramare' und ‚Sole': an ihrer Stelle dürften früher die Alberghi gleichen Namens gestanden haben. Platen starb wahrscheinlich nahe der mythischen Quelle, von der es heißt, daß sie die Wasser der Nymphe mit denen des griechischen Flusses Alpheios vereinige.

„Vorgestern bin ich hier angekommen," schreibt er am 13. November in sein Tagebuch, „um meine Winterquartiere zu beziehen, die jedoch, wie ich fürchte, etwas langweilig oder doch unbehaglich ausfallen werden; denn man ist hier in der That von der ganzen Welt abgeschieden." Der Gasthof Aretusa sei zwar erträglich, doch nicht so, wie er es sich wünsche. Don Mario habe ihn sehr liebreich empfangen. Leider sei er etwas taub, und obwohl der gelehrteste Mann von Syrakus, so doch „keineswegs frei von der allgemeinen sizilianischen Unwissenheit.. Er glaubte unter Anderem, Baiern werde von der Familie Poniatowski beherrscht."*

Resigniert mußte Platen erkennen, daß er fürs erste festsaß. Die Wege, auf denen er mühsam genug hergefunden hatte, würden binnen kurzem unpassierbar sein. Viele Bücher, die ihm als Anregung und Quelle hätten dienen können für Erzählendes in Vers oder Prosa, dürfte er nicht im Gepäck gehabt haben, und daß von Landolina in dieser Hinsicht nichts zu erwarten war, hatte er selbst schon bemerkt. Wie also würde er den

---

* Landolina verwechselte offenbar Bayern mit Lothringen sowie die Namen Poniatowski und Leszczynski; außerdem das 19. mit dem 18. Jahrhundert.

Winter verbringen ohne Lektüre? Wenn ihm der Aufenthalt in Syrakus nicht gefallen sollte, heißt es in einem Brief an Fischer, so blieben als Alternative nur Catania oder Messina. Seine Rückreise wolle er über Agrigent antreten, hatte er schon Mitte Oktober an Fugger geschrieben, und zu etwa gleicher Zeit an Minckwitz, daß er auf jeden Fall im nächsten Frühjahr nach Deutschland kommen werde, um den ersten Band seiner Hymnen herauszugeben. En passant erfahren wir hier, daß Platen mit der problematischen Gedichtform keineswegs abgeschlossen hatte, wie man nach dem letzten Fragment annehmen könnte, sondern daß er einen zweiten Band mit Hymnen plante. Vielleicht hätte er in Syrakus das Fragment wieder hervorgeholt, vielleicht mit neuen Hymnen begonnen. Vielleicht auch hätten ihn erotische Begegnungen zu gereimten Strophen angeregt, wie in Toskana, Palermo und Neapel.

„Das hiesige Klima ist von der Art," schreibt Platen am 14. November an seine Mutter, „daß ich bis jetzt meine Sommerkleider noch nicht abgelegt und dieses bei offenen Fenstern schreibe. Da Syrakus südlicher als die Nordspitze von Afrika liegt, so kann man in Europa nicht wohl einen wärmeren Winter genießen. Uebrigens ist man hier auch gegen die Kälte gar zu wenig geschützt; die meisten Zimmer, wie auch das meinige, haben gar kein Plafond, sondern das nackte Dach über sich, so daß die Winde und wahrscheinlich auch der Regen einen freien Durchgang genießen. ...Ich bezahle des Tags für Zimmer, Frühstück, Mittag- und Abendessen 8 tari, nach unsern Geld 1 fl. 36 kr. Des Abends esse ich nur ein einziges Gericht. Des Morgens nehme ich 2 Eier und einige Früchte. Sonst läßt sich nicht leicht etwas frühstücken; in Sicilien giebt es gar keine Kuhmilch, sondern blos Geißmilch, die weder wohlschmeckend, noch kräftig ist. Mit dem Kaffee ist sie vollends abscheulich."

Er besuchte einige Sehenswürdigkeiten von Syrakus, sicher das griechische Theater und die größten Latomien, das sind antike Steinbrüche, in denen Parks angelegt wurden. Glaubt man Landolina, so verbrachte er viel Zeit bei ihm, spielte mit seinen Enkeln, deren ältester, zwölfjährig, schon Reime improvisieren konnte; und er vergnügte sich harmlos mit zwei Dienern, vermutlich hübschen jungen Burschen, die der Baron ihm später zur Pflege schicken sollte. Mehrere Male saß Platen an Landolinas Tafel unter zahlreichen anderen Gästen, nicht immer in bester Laune.

Am 23. November fanden ihn Angestellte des Gasthauses schmerzgekrümmt auf dem Fußboden seines Zimmers und legten ihn zu Bett. Sogleich danach nahm Platen den Kampferspiritus, den er von Haller bekommen hatte, in größeren Mengen ein, bis die Flasche leer war. Auch von Kamillentee ist die Rede. Beide Mittel dürften seinen Zustand weder verbessert noch verschlechtert haben. Landolina eilte mit einem Arzt herbei, doch Platen, gewitzt durch schlechte Erfahrungen, widersetzte sich anfangs dessen zweifelhaften Künsten. Mit Recht, wie sich herausstellte: denn als zu den Krämpfen noch Fieber kam und er sich nicht mehr wehren konnte, verordnete ein Consilium die seit dem Mittelalter üblichen unseligen Mittel: Aderlaß und Purgativa. Beide waren Gift für den Patienten, da sie die Abwehrkraft seines Körpers gegen eine schwere Darminfektion auf fatale Weise schwächten.

Zwei private Berichte über Platens Tod sind uns bekannt. Den ersten schrieb Schulz in Neapel am 29. Dezember 1835 für die Gräfin Platen in Ansbach. Den zweiten schickte Landolina am 1. April 1836 an die Brüder Frizzoni nach Bergamo; er stammt jedoch nicht von seiner Hand, sondern wurde auf seine Anordnung von einem gewissen Chindemi verfaßt. Chindemi stand offenbar in Landolinas Diensten, war vielleicht sein Sekretär oder Hofmeister der Enkel. Beide Berichte sind schönfärberisch und gehen medizinischen Einzelheiten aus dem Weg. Uns bleibt nichts als der Versuch, aus den Phrasen und Andeutungen so viel von der Wahrheit über Platens Tod herauszudestillieren, wie eben möglich.

Laut Schulz hatte Landolina dem Kranken vorgeschlagen, in sein Haus zu übersiedeln. Dieser aber habe das Anerbieten dankend abgelehnt. Die Geschichte dürfte eine Schutzbehauptung sein. Zwar herrschte in Syrakus keine Cholera, doch hätte der Fremde sie ja eben eingeschleppt haben können. Zudem wußte jedermann, wie ansteckend auch andere Darmerkrankungen sind. Es wäre widersinnig, die eigene Familie, mit Kindern gar, derart ohne Not in Gefahr zu bringen. Landolina schickte jedoch die beiden jungen Diener, die Platen gefallen hatten, er scheint für die gröbste Arbeit auch noch ein Dienstmädchen der ‚Aretusa' zum ausschließlichen Krankendienst bestellt (und bezahlt) zu haben.

Das einzige, was die Ärzte mit ihren Abführmitteln beim Patienten erreichten, war eine starke Darmblutung. Es sieht so aus, als habe sie Platens Schicksal besiegelt. Durch den doppelten Blutverlust war er nun so geschwächt, daß eine vermutlich typhöse Erkrankung ihn langsam besiegte: „Die Kunst verlor ihre Hoffnung, doch nicht ihre Mittel", wie Chindemi verblümt mitteilt. Über eine Woche scheinen die Ärzte den hoch Fiebernden gequält zu haben, der sich verständlicherweise gegen das Sterben sträubte. Den katholischen Priester, der zur letzten Ölung erschien, konnte er mit dem Hinweis abwehren, er sei Protestant – wohl erleichtert bei dem Gedanken, daß ein evangelischer Pfarrer in Südsizilien nicht aufzutreiben war. Als Landolina Platen vorschlug, er möge Abschiedsbriefe an Freunde und Familie schreiben oder doch wenigstens diktieren, schob er es Tag für Tag auf in der Hoffnung, die Krankheit möge zurückweichen. Doch es kam der Augenblick, da er nicht mehr schreiben oder diktieren konnte. Wiederholt hatte er nach der Mutter gerufen. Nun griff er verzweifelt nach der Hand Landolinas, zog sie auf seine Brust und stieß hervor: „Sie sind ein Engel, Sie sind alles für mich gewesen; Sie besorgen alles, was der Arzt braucht und anordnet". Am 5. Dezember um 3 Uhr nachmittags, zu schwach, um zu sprechen, starb er mit einen herzzerreißenden Blick auf die Anwesenden, der noch einmal zu wiederholen schien, was er früher gesagt hatte.

August Graf von Platen ist 39 Jahre und sieben Wochen alt geworden. Ob seine letzten Worte wirklich dem Lobe Landolinas galten, wie der abhängige Chindemi weismachen will, steht dahin. Anzuerkennen bleibt auf jeden Fall die Hilfe, die der Baron dem Erkrankten und Sterbenden unermüdlich leistete. Daß die Ärzte ihn zugrunde richteten, war nicht seine Schuld.

Größer noch als die Sorge für den lebenden aber war sicher die um den toten Dichter. Wer Sizilien kennt, weiß, mit welch heidnischer Wonne dort jeder Begräbnispomp und Totenkult gepflegt wird, zumal nach Allerheiligen, wenn das Jahr sich neigt.

Schon vor Platens Ende machte der österreichische Vizekonsul das Inventar der wenigen Wertsachen: Bargeld, Taschenuhr, Siegelring, von dem Landolina einen Wachsabdruck nahm, bevor alles vorübergehend im Kassenschrank des Gastwirts verschwand. Mit dem Konsul, einem Sizilianer, organisierte der Baron alsbald das Begräbnis. Am Sonntag dem 6. Dezember, 25 Stunden nach seinem Tod, wurde Platen zu Grabe getragen. Den Zug eröffneten zwei Reihen von Dienern „in gala funebre", wie Chindemi schreibt, dann kam Landolinas Staatswagen mit dem Sarg, über den eine Brokatdecke gebreitet war, damit seine mindere Qualität verborgen bleibe. Vier Pagen in Schwarz gingen an den vier Seiten des Wagens, zwei saßen zu Seiten des Sarges, vermutlich Platens letzte Pfleger. In der ersten Kutsche fuhren der Konsul in österreichischer Uniform und Landolina in Trauerkleidung, in der zweiten die nächsten Verwandten beider, Freunde folgten zu Fuß. „Eine zahllose Menge Volks umgab mitleidsvoll den Trauerzug", heißt es in dem Bericht von Schulz. „Dieser wendete sich nach dem Garten des Barons Landolina, wo der Leichnam in einer besonders hier zubereiteten steinernen in den lebendigen Fels geschnittenen Gruft beigesetzt ward." Landolinas Park lag in einer kleinen Latomie, wodurch sich die Höhle erklärt.

Ob sich wirklich Platens sterbliche Hülle in dem Sarg befand, steht dahin. Wenn ein kürzlich Zugereister einer Darmerkrankung erlag, so wurde er damals, bei der allgegenwärtigen Cholerafurcht, nach der Regel in einem Sack vor den Toren der Stadt deponiert und mit Kalkmilch übergossen. Es ist gut möglich, daß auch mit Platens Leiche so verfahren wurde. Wenn ja, dann freilich, beim Stand des Verstorbenen, unter größter Geheimhaltung.

Was hätte Platen zu seinem Begräbnis gesagt? Daß es völlig unchristlich war, hätte ihn wenig gestört; schon eher die Kürze des Zuges, und gar für sizilianische Verhältnisse. In München wäre die gesamte Akademie der Wissenschaften, angeführt von Schelling und Thiersch, hinter dem Sarg des beurlaubten Leutnants geschritten. Hier aber, unter der Sonne Großgriechenlands, war er anstatt von würdigen Professoren von sechs Jünglingen umgeben, die Landolina, dem die Natur seines Gastes nicht verborgen geblieben sein dürfte, hoffentlich nach ihrem Aussehen ausgewählt hatte. Der Schluß eines der letzten Sonette kommt uns in den Sinn:

> Mir, der ich blos ein wandernder Rhapsode,
> Genügt ein Freund, ein Becher Wein im Schatten,
> Und ein berühmter Name nach dem Tode.

Platen war nicht der erste Protestant, der in Syrakus beerdigt wurde. Landolina machte sich ein Vergnügen daraus, eine kleine Sammlung nicht katholischer Gräber in seinem Park anzulegen, und der Deutsche war ihm willkommener Zuwachs. Die Beisetzung in der Kalksteinhöhle war nur provisorisch; seine letzte Stätte fand er zwischen dem Mausoleum eines Amerikaners „mit dem schönsten Basrelief einer zypressenbekränzten Frau, die über einer Urne weint", wie Chindemi mitteilt, und dem bescheideneren Grab einer Engländerin. Noch im Jahr 1836 ließ Landolina ein marmornes Denkmal für Platen in die Gartenmauer einfügen – auf seine Kosten, nachdem er ein Projekt von Schulz und Haller, die es ebenfalls selbst bezahlen wollten, konterkariert hatte.

Platens Grab. Rötelzeichnung von unbekannter Hand (1955). (im Besitz des Autors)

50. Die letzte Reise

Schulz fand jedoch einen anderen Weg, dem toten Dichter seine Reverenz zu erweisen. Wahrscheinlich auf seine Anregung hin entstand Leopardis Nachdichtung einer Strophe aus Platens Ode ‚Die Pyramide des Cestius':

Se mi consenta il ciel che in pace io giaccia
sotto questo terren lungi dal mio
gelato suol natìo – dove sul labbro
ogni sospir più fervido s'agghiaccia.*

Landolinas Denkmal war nicht besonders haltbar. Im Jahr 1864 bildete sich deshalb in München ein Komitee zur Erneuerung von Platens Grab, dem unter anderen Professor v. Liebig und Staatsrat Daxenberger angehörten, der um Höflers willen vernachlässigte Reisegenosse von 1834. Das alte Monument wich einer Marmorstele, die von einer überlebensgroßen, sehr geschmeichelten Büste des Dichters gekrönt ist. Aus Landolinas Gräberkollektion aber wurde „il romantico cimitero dei Protestanti", wie es im Reiseführer 1968 noch heißt. Heute ist die Zone am Stadtrand verwahrlostes, unzugängliches Bauerwartungsland, und Platens Denkmal dürfte versetzt werden. Doch die Straße, die vom Viale Teocrito bei der Villa Landolina nach Norden führt, heißt nach wie vor Via Augusto von Platen.

Es ist viel darüber nachgedacht und geschrieben worden, ob der Dichter nicht schon krank an Leib und Seele in Syrakus angekommen sei, ob er die letzte Reise nicht bewußt-unbewußt allein mit dem Ziel angetreten habe, hier zu sterben. Solche Gedanken werden von den biographischen Unterlagen nicht bestätigt. Platens letztes Bekenntnis zur Lebensfreude, das Lied ‚Inbrünstige fromme Gebete', entstand nur sieben Monate vor seinem Tod! Alle Briefstellen, die das bevorstehende Ende zu beschwören scheinen, zeugen im Gegenteil von der Furcht, der Cholera nicht zu entgehen.

Wenn er 1835 nicht ernsthaft ans Sterben dachte, war er dann vielleicht körperlich leidend? Schulz teilt mit, der Dichter habe durch den unmäßigen Gebrauch von Kampferspiritus selbst seiner Krankheit die fatale Wendung gegeben. Vermutlich wiederholt er hier nur eine Schutzbehauptung der Syrakusaner Ärzte. Haller war das verständlicherweise nicht recht, und er gab sich alle Mühe, den Verdacht von seinem Hausmittel abzuwehren: Platen sei schon kränkelnd aus Kalabrien in Neapel eingetroffen, schreibt er zum Beispiel im Februar 1836 an Schelling.

Das stimmt nun keinesfalls. Gerade im letzten Lebensjahr hatte der Dichter zwei sehr strapaziöse Reisen durch Süditalien unternommen, ja die Überquerung der Madonien Ende Oktober bei Wind und Regen war vielleicht sein anstrengendster Weg, seit er als Leutnant vor 20 Jahren durch Frankreich marschierte. Auf jeden Fall setzt solcher Tourismus im Sattel beste Gesundheit voraus. Daß Platen an einem Leistenbruch gelitten habe, wie Höfler andeutet, paßt auch nicht zu den 51 Schwimmbädern, die er bis in den Oktober 1835 hinein absolvierte. Alle anderen Unpäßlichkeiten des Jahres,

---

* Möchten hier einst meine Gebeine friedlich / Ausgestreut ruh'n, ferne der kalten Heimat, / wo zu Reif einfriert an der Lippe jeder / Glühende Seufzer.

Rheuma, Schnupfen, Bauchweh, Sturz vom Maultier, sind alltäglich und nicht der Rede wert.

Platens physischer Tod an einer falsch behandelten Darminfektion war beliebig. Sein Tod als Dichter aber war kein Zufall. Das Sterben hatte begonnen, als Heine den Hauptstrom seiner Lyrik abgeschnitten hatte, das Bekenntnis zur Männerliebe und deren Preis: ‚Meine Lippe muß verstummen, meine Barke muß versanden.' Wir erinnern uns des Mercy-Fragments, da der Sechzehnjährige den Geliebten in einem Kahn auf „das ungeheure Meer" hinausfahren sah, sein Portrait aber in einer goldgerandeten Muschel wiederfand, die dem Toilettenspiegel der Mutter geglichen haben mag. Seit damals ließ Platen seine poetische Barke auf glattem Plan fahren, der von den Stürmen, die den Mast erzittern ließen, keine Spur zeigte. Gespiegelte Liebe war der Inhalt seiner Lyrik: ihr sollte auch die Form entsprechen. Erst waren die Gedichte bunt wie die Gärten von Schiras, Gebilde reiner Phantasie und empfindlich wie irisierende Seifenblasen. Dann verblaßten sie zu den Sepia-Tinten der venezianischen Reisebilder, solide wie alte Fotografien, die ruhende Kunst festhalten können, nicht aber das flüchtige Leben. Schließlich, als sie die dauerhaften Erdfarben antiker Denkmäler, das Immergrün der römischen Campagna zeigten, als sie vermochten, das Damals mit dem Heute zusammenzuspiegeln, waren sie unzerbrechlich geworden. Es liegt uns fern, subjektive Haltbarkeit mit objektiver Güte gleichzusetzen; vielmehr muß es dem persönlichen Geschmack überlassen bleiben, ob er die Ghaselen, die Sonette oder bestimmte Oden vorzieht. Platens Gedichte sind keine gemalten Fensterscheiben, sie gleichen vielmehr anamorphotischen Spiegeln: das sind jene glänzenden geometrischen Körper, Kegel, Pyramiden, Zylinder, die, in oder an ein monströs verzeichnetes Bild gestellt, es entzerrt wiedergeben und so die Schönheit sichtbar machen, die in ihm verborgen liegt.

Was für poetische Spiegel wären ihm gelungen, hätte er in Italien leib-seelische Erfüllung gefunden? Wirkliche Erlebnislyrik, in der die farbige Intensität der deutschpersischen Ghaselen, die Prägnanz der venezianischen Sonette und die Anschaulichkeit südlicher Idyllen vereinigt sind? Das alles womöglich in antiken Metren?

So, wie die Dinge liegen, scheint uns in Gedichten wie ‚Abschied von Rom' 1827 oder ‚Trinklied' 1831 ein Endpunkt erreicht. Platen hat keine Gegenliebe gefunden zwischen Venedig und Syrakus. Stattdessen legte er sich mit dem einen Konkurrenten an, der größer war als er, und hat damit seine poetische Existenz besiegelt. Nach Heines Züchtigung machte er sich unbewußt dessen Vorwürfe zu eigen, und aus den anamorphotischen Spiegeln wurden die Zerrspiegel der Polenlieder und der späten Hymnen. Wenn Platens Muse durch das ‚platonische' Liebesleid in München, Würzburg und Erlangen nur angeregt wurde, so mußte ihr Saitenspiel, angesichts der ‚unplatonischen' Existenz in Italien, vor Heines höhnisch-wahren Worten verstimmen. Die poetische Barke war auf Sand gelaufen, die spiegelglatte Fläche, auf der sie stets geglitten war, schlug zum erstenmal Wellen. ‚Es kenne mich die Welt, auf daß sie mir verzeihe'? Platen hat sich selbst nicht verziehen, was Heine der Welt kenntlich machte.

Das Dilemma zwischen poetischer und privater Existenz wird hier offenbar. Seit der Ansbacher nach Venedig gereist war, trat er mit dem Anspruch des Genies auf:

eines Genies nach altem Verständnis freilich, dessen Werke Gottes Atem spürbar machen. In Haltung und Anspruch gehört er der ‚Kunstperiode' an, jener vergangenen Epoche, da Gott sich im Guten, Wahren, Schönen offenbarte. Jede Vermischung von Kunst und Leben, wie Immermann und Heine sie versuchten, verwarf er als Formlosigkeit.

Seine eigene Arbeitsweise, die sorgsam geplante Lautbild-Konstruktion, entstammt jedoch einem jüngeren Zeitalter. In ihr und in der Gesamtaussage war Platen, bis er Deutschland endgültig verließ, ein typischer Vertreter der Weltschmerzgeneration. Von einer sentimentalen Phase um 1820 abgesehen, unterlag sein Deismus immer wieder bohrenden Zweifeln, nicht zuletzt wegen seiner Veranlagung: wenn die Natur diese Liebe verbeut, warum hat sie mich also gebildet?

Unter dem Eindruck des ersten Italienaufenthalts und durch den persönlichen Umgang mit Schelling gelangte er allmählich zu einer tragischen Weltsicht. In ihr dürfte das berühmte Diktum vom ‚Tod durch den Anblick des Schönen' wurzeln, das auf Dekadenz und Fin de siècle zu weisen scheint. Ähnliches gilt für den ‚modern' anmutenden Ton mancher venezianischer Sonette.

Doch diese quasi-Modernität ist eine Täuschung. Sigismund Ruhl, dem Dichter nur als Briefpartner verbunden, hätte ihm von Arthur Schopenhauer erzählen können, den er 1815 in Dresden porträtierte, als jener früh genug sein Lebenswerk vollendete. Man hat Platens bitterste Gedichte, etwa das ‚Nichts'-Ghasel, immer wieder mit Schopenhauer in Verbindung gebracht. Der Ansbacher kannte wahrscheinlich nicht einmal den Namen. Auf keinen Fall hat er ein Evidenz-Erlebnis gehabt, das dem des Philosophen vergleichbar wäre, jene blitzartige Erkenntnis von der Welt als flüchtiger menschlicher Vorstellung, hinter der die blinde Urkraft des ‚Willens' wirkt. Ob Leopardi, der ähnlich dachte wie Schopenhauer, dem deutschen Gast etwas davon mitteilen konnte, bleibt fraglich. Für Platen war das Nichts kein Absolutum, sondern nur ein Nichts inmitten der Fülle, ein Nicht-teilhaben am Leben, ein Ausgeschlossen- und Lebendig-begraben-sein, jenes Gefühl, das ihn von der Begegnung mit Schmidtlein bis zum italienischen Exil beherrschte und das ihn nach den ‚Bädern von Lucca' wieder anfiel.

Platens Welt war keine Vorstellung über dem Nichts, sondern tragische Wirklichkeit, durch die ein Schelling'scher Schöpfergeist hindurchgeht. Der Dichter litt unter dem Verhängnis dieses Geistes und fühlte sich zugleich von ihm auserwählt und inspiriert. Sein Leben und Werk begriff er als Opfer allen persönlichen Glücks für späteren Nachruhm. So erklärt sich der überzeitliche Ton in den venezianischen Sonetten und im Gesang Tristans.

Nie wurde ihm freilich bewußt, daß seine ‚Schönheit' nur der Blick in den Spiegel des Narziß, nur ein apollinisches Trugbild ist. Das Genie, das Platen verkörpern will, gleicht Narziß-Tristan über dem spiegelnden Quell, er hängt zwischen den Zeitaltern in tantalisch unerlöster Qual.

Als Privatmann schließlich hat Platen überhaupt nichts Geniales. Diese fortwährende Mißgunst auf Immermann und Heine, diese Empfindlichkeit gegen Kritik: „Er kommt nicht zum Lieben, weil er .. Alles haßt, was gegen ihn sich ausspricht. Das Genie ist grandioser – es geht über solche Kleinigkeiten hinweg." Das schrieb 1830 Caroline

Egloffstein aus Weimar nach Sorrent an ihre Schwester. In der Tat: die Muse eines Genies hätte sich durch alle Streitschriften der Welt nicht zum Schweigen bringen lassen.

Die Vorstellung, daß ‚Schönheit', will sagen Gleichgeschlechtlichkeit, und Tod unauflösbar verkettet seien, erscheint bei Platen nur einmal ganz entschieden, nämlich in den berühmten Tristan-Strophen von 1825. Thomas Mann zeichnete über ihnen und den venezianischen Sonetten, deren letztes die Aussage nicht eigentlich bestätigt, seinen Aschenbach, den wiedergeborenen Platen. Ein Seitenaspekt des Werkes gewinnt so übertriebene, ja zentrale Bedeutung.

Dauerhafter ist das Gefühl, infolge der unmöglichen, von der Gesellschaft verdammten Liebe ein lebender Leichnam oder lebendig begraben zu sein. Der Dichter formuliert den Gedanken 1819 sehr klar im ‚Gesang der Toten' unter dem Eindruck der unerwiderten Leidenschaft zu Schmidtlein.

Mit Hilfe geistiger und körperlicher Übung, durch das Dichten von Ghaselen und später durch erotische Begegnungen in Italien, gelingt es Platen, den Deckel des Sarges zu heben: für mehr als zehn Jahre verschwindet das Thema aus seinen Schriften. Erst nach den ‚Bädern von Lucca' erscheint es wieder in einem Epigramm, worin der lebendig Begrabene angstvoll am Sarg pocht und den ‚gräßlichen Judengebrauch' der Erdbestattung verflucht. Bald darauf übersetzt der Dichter seinen ‚Gesang der Toten' für Leopardi ins Italienische. Es ist, als ob Heine den lebenden Leichnam, der aus eigener Kraft seinem Grab entstiegen war, wieder dorthin zurückgestoßen habe.

Doch zwischen den beiden Antipoden besteht eine enge Verwandtschaft. Auch Heines Lyrik ist vom Kummer über unerfüllte Liebe bestimmt. Sie galt dem anderen Geschlecht, und er bekämpfte sein Leiden mit ironischen Liedern. Wenn Heine mit scheinbarer Leichtigkeit zu allen Herzen sprach, so mußte Platen aus einsichtigen Gründen immer ein Poet für Minderheiten bleiben. Anfangs waren es nur Wenige, vorzüglich Altphilologen und in ihrem Gefolge die Dichter des Münchener Kreises: Geibel, Heyse, v. Schack, aber auch größere Geister wie der junge Fontane und C. F. Meyer. Platens Hauptanliegen, die Männerliebe, wurde von ihnen verschwiegen.

Die dreizehn Auflagen Platenscher Gedichte bis 1893 verdankte der Cotta-Verlag freilich nicht einigen Klassizisten und nachfolgenden Schriftstellern, sondern den ungezählten alleinstehenden Frauen des bürgerlichen Zeitalters, die in den Klagen um unerwiderte Liebe − männliche Liebe! − ihr Lebensproblem angesprochen und behandelt fanden. Sie waren die größte Minderheit, für die Platen dichtete, und diese Wirkungsgeschichte ließe sich nur an seinen Nachfolgerinnen erforschen*.

Die dritte Minderheit, zu der die Poesie des Ansbachers sprach, war die Anhängerschaft einer neuen Lyrik, insbesondere der Stefan Georges. Hier wurden zum erstenmal Platens Schicksalsgenossen als Gruppe manifest. Sie fanden in dem Biedermeierdichter den ersten öffentlichen Propagator ihres Anliegens und bereiteten ihm seit der Fin de siècle eine Renaissance. Für sie war Platen der Dichter einer unfruchtbar-schuldbewuß-

---

* Was z. B. der Vergleich mit Friederike Kempner brächte, steht dahin: frappante Ähnlichkeiten zeigen sich zu Platens Jugendlyrik, von der die Kempner freilich nur das kannte, was vor der historisch-kritischen Ausgabe von 1910 veröffentlicht war.

ten Liebe: wer die Schönheit angeschaut mit Augen... Vor der Platen-Gesellschaft, die vorwiegend aus Homosexuellen bestand, hielt Thomas Mann 1930 seine denkwürdige Rede.

Klassizisten, die sich an metrischen Experimenten erbauen, gibt es lange nicht mehr. Alleinstehende Frauen und Homosexuelle leben heute freier als damals und werden mit maßgeschneiderter Literaur bedient. Was wird von Platen bleiben, worin ist er neu?

Es bleibt eine Anzahl kleinodartig leuchtender Gedichte voll magischer Klänge, unzerbrechliche Spiegel, deren Glanz von Dauer sein wird. Mit seinen Ghaselen hat der Ansbacher auf sehr eigene, durchaus nicht epigonale Weise eine fremde Gedichtform für die deutsche Literatur erschlossen. Niemandem ist bei den Ghaselen eine ernsthafte Nachfolge gelungen. Mit seinen venezianischen Sonetten hat er das ‚poetische Reisebild' geschaffen und so den Tourismus als lyrisches Sujet für die deutsche Literatur entdeckt. Prinz Bliomberis ist ihr erster Dandy, auch wenn ihm jede satanische Note abgeht.

Über all das hinaus aber ist entscheidend, daß Platen als erster Dichter des modernen Kulturkreises das Unsägliche ausgesprochen hat.

Auf der Nachtseite der Biedermeierzeit steht die schwarze Romantik. Zu diesem Exzeß des Weltschmerzes trug der junge Dichter den Prosatext ‚Die Bergkapelle' bei, eher spielerisch und ohne weitere Folgen für sein Schaffen. Platen hat den gleichgeschlechtlichen Eros nicht als teuflische Provokation Gottes empfunden, sondern als Teil der Schöpfung. Doch nach der Züchtigung durch Heine zerfällt sein Anspruch, das Evangelium des Schönen zu verbreiten. In den Zerrspiegeln der späten Gedichte erscheint die ‚Metze' als Allegorie des schuldbeladenen Triebes: hier, nicht im Gesang Tristans, berührt sich der Poeta doctus mit den gefallenen Engeln und Todesrittern der Fin de siècle.

Mehr als ein Menschenalter lang wurde die Vorstellung gepflegt, ein homosexueller Künstler müsse dekadent und todessüchtig sein. Es ist dies eine von christlichen Vorstellungen getrübte, völlig irrige Meinung. Wer im Zeitalter der Bevölkerungsexplosion und der volkstümlichen Verhütungsmittel eine unfruchtbare Sexualität verdammt oder dämonisiert, der macht sich noch lächerlicher als früher, da ja auch schon nicht jeder Zeugungsakt der Fortpflanzung diente.

Einmalig und neu ist die Ehrlichkeit, mit der Platen sich zu seinem Eros bekannte. Michelangelo und Shakespeare versuchten zwar ähnliches, doch stets vermischt mit gespielten Bekenntnissen zur Frauenliebe, die das tiefer Liegende, Entscheidende verbergen sollten. Platen, der während einer Epoche lebte, die trotz allen Fortschritts dem Phänomen der Gleichgeschlechtlichkeit gänzlich ungeneigt war, trat mit dem Mut der Verzweiflung vor sein Publikum: es kenne mich die Welt, auf daß sie mir verzeihe. Gewiß, sein Bekenntnis war ungeschickt, den entscheidenden Angriff darauf hat er selbst verschuldet, und schließlich hat er vor diesem Angriff kapituliert. Doch ändert das nichts an der Tat selbst, die etwas Revolutionäres an sich hat. In einem Zeitalter, das auf der Basis paulinisch christlicher Sitten das klassische Erbe sehr weitgehend zu integrieren suchte und das die Widersprüche in solchem Tun nicht sah oder sehen wollte*, war sie von kulturgeschichtlicher Bedeutung. Platen erinnerte die Menschen der Biedermeierzeit daran, daß Gleichgeschlechtlichkeit in anderen Epochen und Gesellschaften akzeptiert war, ja sogar gepflegt wurde, er versuchte mitzuteilen, daß sie weder teuflisch noch todessüchtig ist, sondern Teil der Schöpfung, eine Variante der Natur. In diesem Sinne war Platens Werk ein Stück der immerwährenden, nur mit der Menschheit selbst endenden Aufklärung.

---

* „Eine Orientierung etwa an der griechischen Institution der Päderastie wäre theoretisch seit Aufkommen des Humanismus möglich gewesen. Aber gerade das Spezifikum, worin das Wesen der griechischen Päderastie bestand, nämlich der Sexualverkehr mit Halbwüchsigen, galt in Deutschland als Kinderschändung, die selbst wärmste Verfechter einer Aufhebung der betreffenden Strafbestimmung niemals als Desiderat hinstellen konnten, wollten sie ihre Bemühungen nicht von vornherein zum Scheitern verurteilen." Gisela Bleibtreu-Ehrenberg, Tabu Homosexualität, Frankfurt 1978, 400.

Apparat

34. Der Tiroler Traum

Tb.II 798 – 816, R nach MMPl 49. Brief Platens an Schwab, Erlangen 1/9/1826, Bo.IV Nr. 204, über einen geplanten Duodez-Band mit Sonetten bei Cotta. Kunsthistorische Angaben über Mantua nach Guida d'Italia del TCI, vol. 3, Lombardia, Milano 1970. Abstecher nach Parma angeregt durch Lektüre von G.D. Fiorillo, Geschichte der zeichnenden Künste, Göttingen 1798/1808. Ob Platen wußte, daß sich Fresken Correggios auch in S. Andrea in Mantua, das er vorher gesehen hatte, befinden? Kunsthistorische Angaben zu Parma nach Guida TCI vol. 10, Emilia-Romagna, Milano 1971. Letzte Zeichen von Emotionalität in Platens Tagebüchern vgl. Busch 123. Kunsthistorische Angaben über Florenz nach Guida TCI vol. 12 Firenze e Dintorni, Milano 1974; Schlössers Bemerkung zu Bandinelli a.a.O.II 15; selbst der TCI-Führer (a.a.O. 104) nennt siebzig Jahre später die Ringergruppe im Palazzo Vecchio „poco felice". Ode ‚Florenz' KP IV 38ff, 13 Strophen, davon zitiert 1-6, 11-13, R nach Cotta 2,155ff.

35. Rom

Tb.II 817 – 33, R nach MMPl 49. Aquarelle ‚Roma Sparita' von Ettore Roesler Franz (1845 – 1907) im Museo di Roma, Palazzo Braschi, Corso Vittorio Emmanuele. Kunsthistorische Angaben zu Rom nach Guida TCI vol. 16 Roma e Dintorni, Milano 1977. Umrechnung bayerischer Gulden in römische Scudi nach Friedrich Reuter: Drei Wanderjahre Platens in Italien 1826 – 1829.., 47. Jahresbericht des historischen Vereins für Mittelfranken, Ansbach 1900, 1 – 67; *ab hier abgekürzt: Reuter, Wanderjahre*, 56. Casanova ertappt Winckelmann mit einem Knaben: Giacomo Casanova, Geschichte meines Lebens. Nach der Urfassung ins Deutsche übersetzt, 12 Bände Frankfurt/Berlin 1964, 7,240f. Für Zeit und Umstände bezeichnend ist Winckelmanns geschickte Reaktion: er kehrte den roué heraus, der er gewiß nicht war, und ging scherzend über den Vorfall hinweg. Keineswegs sei er ein Päderast, doch um es den bewunderten Alten gleichzutun, versuche er sich seit Jahren an den hübschesten Burschen von Rom. „Aber es nützt nichts; so oft ich mich an's Werk mache, ‚non arrivo'. Zu meiner Bestürzung finde ich immer, daß eine Frau in jeder Hinsicht vorzuziehen ist." „Sie.. werden ein sonderbar..": Brief Goethes an Großherzog Karl August über Männerliebe, Rom 29/12/1787, in: Briefwechsel des Herzogs-Großherzogs Karl Augusts mit Goethe in 3 Bänden, Berlin 1915, 1 107f (Nr. 67). „..da sie nur eine große Universität..": Brief von Bruchmann an Platen, Wien 11/2/1826, Bo.IV Nr. 143. Angaben zu den Nazarenern nach Friedrich Noack, Deutsches Leben in Rom 1700 – 1900, Stuttgart/Berlin 1907, Kapitel VIII; die Philistrosität und Unbildung der deutschrömischen Künstler ebd. Kapitel VII; über Kronprinz Ludwig in Rom ebd. Kapitel X. ‚Vier Ansichten von der Villa Malta auf Rom' von Johann Christian Reinhart s. Katalog Neue Pinakothek, München 1981, 270; das hier erwähnte Bild ist der Blick nach Osten, WAF 812. „So wenig mich dergleichen..": Brief Platens an Fugger, Rom 2/12/1826, Bo.IV Nr. 208; die darin erwähnte ‚gesalzene Kritik' ist der Forschung unbekannt. Ode ‚Die Pyramide des Cestius' KP IV 41ff, 13 Strophen, davon zitiert 1ff, 7–13, R nach Cotta 2,157ff, dazu Link K. 980. Zur Vortragsweise der spondeenreichen Lyrik Platens in antiken Metren Sengle III 456f, Link D. 208f, Fichte 32ff. Platens Spondeen wurden von Andreas Heusler 1917 als ‚entdeutscht' bezeichnet, was Link D. 206f „unter dem Gesichtspunkt von wilhelminischer Ideologie" erklärt. Auch Schlösser (II 94) nennt die Rezitation Platenscher Oden „vom Standpunkt unserer normalen Vortragskunst aus betrachtet, ein unmögliches Experiment", verteidigt sie aber letztlich doch: „(Platens metrische) Schemata sind ähnlich zu betrachten wie Noten, nach denen ein Text zu singen ist, und ein wirklich künstlerischer Vortrag möchte uns über manches, woran wir heute (1914) Anstoß nehmen, hinweghelfen können". Ode ‚Warm und hell..' KP IV 44f, 6 Strophen, davon zitiert 1ff, 5, 6, R nach Cotta 2,160; Erstveröffentlichung im ‚Morgenblatt' am 27/4/1827. ‚Kühn ragt..': Ode ‚Acqua Paolina' KP IV 46ff, 12 Strophen, davon zitiert 5, 7, 10, 12, R nach Cotta 2,162ff, dazu Link K. 980. ‚Seele der Welt..': Ode ‚In der Neujahrsnacht' KP IV 45f, 7 Strophen, davon zitiert 1f, R nach Cotta 2,161. Angaben zu Wilhelm Waiblinger nach W.W., Werke und Briefe. Textkritische und kommentierte Ausgabe in 5 Bänden, herausgegeben von Hans Königer, Stuttgart 1980–, *ab hier abgekürzt: Königer*, sowie Wilhelm Waiblinger, Chronik 1804–1830, in: Marbacher Magazin Nr. 14/1979, Sonderheft. Cotta sagt Waiblinger für den Italienaufenthalt 2000 fl. zu s. Brief Schwabs an Platen, Stuttgart im Juli 1826, Koenig-Warthausen a.a.O Nr. 6. Zu Waiblinger und Hölderlin s. Pierre Bertaux, Friedrich Hölderlin, Frankfurt 1978, 176ff, 193ff. Ode ‚Der Thurm des Nero' KP IV 51f, 4 Strophen, vollständig zitiert, R nach Platens Brief an Fugger, Neapel 13/8/1827, Bo.IV Nr. 225; dazu Link D. 193ff, Busch 107ff; Dove 229ff widerspricht Link entschieden und sieht vielmehr das Bacchantische durch poetische Mittel gebändigt. Für Dove ist der Brand Roms „a funeral rite aimed at reducing the city to an otherwise impossible purity"; mit Rom ist die Welt gemeint. „Nero's act, then, is a ritual to redeem the sobriety and hideousness of life." Für Link und Busch verbindet Platens Gedicht Antike und Gegenwart durch Poesie, für Dove ist es ein poetischer Selbstreinigungsakt analog der Brandstiftung Neros. Dove legt die Entstehungszeit der Ode nach Ostern 1827, also hinter den Nervenzusammenbruch Platens; das Gedicht zeigt aber nichts von jenem mißgelaunten Überdruß an Rom, den der Anfall nach sich zog (vgl. Ode ‚Lebensstimmung'), und der allein auch Doves ‚puritanische' Deutung plausibel machen könnte. Waiblinger, der sich gern von Platen inspirieren ließ, schrieb unter dem gleichen Titel ebenfalls eine Ode, s. KP IV 52. Bandels Briefe an seine Verlobte in Erlangen 1826/27 s. Hermann Schmidt: Platen in Rom. Nach den Mitteilungen Ernst v. Bandels, in: Zeitschrift für den deutschen Unterricht, Leipzig/Berlin 1892, 555ff. Von Bandel stammt das Hermannsdenkmal im Teutoburger Wald 1838–75. Ode auf ein schönes männliches Modell (‚Wenn du, Natur..') KP IV 49. Confetti s. Königer I 615f. Anm. 317. Brief an Fugger mit Klagen über Cotta, Rom 21/3/1827, Bo.IV Nr. 211. Die Freskierung des Casino der Villa Giustiniani, später Massimo al Laterano, durch die Nazarener s. Noack 169f. Dove 169 insinuiert ernsthaft, die Ursache von Platens Nervenzusammenbruch sei ein Zuviel an nicht-klassischer (barocker) Kunstrezeption des seit vier Jahren auf „a calm, simple style" eingestellten Dichters gewesen! Platen im Rückblick über Rom in einem Brief an Schwab, Neapel 5/5/1827, Bo.IV Nr. 217: „Aber Rom stimmt mich durchaus melancholisch. Diese grandiosen Ruinen, diese wüsten Plätze, diese stolzen Villen mit ihren dunklen, unverwelklichen Hecken und Alleen, in denen kaum das Laub sich rührt, diese ewig plätschernden Springbrunnen, die Peterskirche, die Engelsburg, Alles scheint wie auf der Seele zu lasten." ‚Wem dein wachsender Schmerz..': Ode ‚Lebensstimmung' KP IV 49f, 7 Strophen, davon zitiert 1–6 R nach Cotta 2,165f. Aus einem 1926 aufgetauchten Brief Platens an Kopisch (Bo.IV Nr. 232) ergibt sich die Möglichkeit, daß die Ode erst im Sommer 1827 entstand; meine Meinung dazu erkläre ich im folgenden Kapitel. Die von Bandel genannte lobende Rezension der 'Verhängnißvollen Gabel' kann wegen des Datums nur die von Schwab gewesen sein, s. Literatur-Blatt Nr. 97 vom 5/12/1826 zum Tübinger 'Morgenblatt'. „Eine poetische Exaltation": Platens Brief an Puchta, Rom 5/4/1827, Bo.IV Nr. 214. „Es müßte doch des Teufels..": Brief Platens an Fugger, Rom 29/3/1827, ebd. Nr. 213. „Sollte ich ihm aber..": Brief Platens an Fugger, Rom 3/2/1827, ebd. Nr. 210. Zu den Überweisungen Cottas an Platen: Gerhard Hay, Platen als Autor der J. G. Cotta'schen Buchhandlung. Mit bisher nicht publizierten Briefen, in: Jahrbuch der deutschen Schiller-Gesellschaft Stuttgart 1967, 139ff. Hay teilt mit, daß dem Dichter am 21/4/1827 400 fl. angewiesen wurden, ebd. 143. Dagegen Platen an die Eltern, Naples 4/8/1827: „Cotta n'a pas encore envoyé les mille fl: pour la seconde année", Bo.IV Nr. 226, sowie an Kopisch, Sorrent 28/9/1827: „Fugger schickt mir einen höchst zweideutigen Brief von Cotta an ihn, den ich wegen der schlechten Handschrift nicht einmal ganz lesen kann. So viel er sich erinnern könne, schreibt er, hätte er mir mehr als 1000 fl. bei Torlonia angewiesen. Dieß ist aber nicht wahr", ebd. Nr. 232. Ludwig I von Bayern kauft die Villa Malta am Pincio, besucht Rom Anfang Mai 1827, nach Noack 221. Bericht über die römische Karwoche s. Briefe Platens an Puchta, Rom 5/4, und Fugger, Rom 19/4/1827, Bo.IV Nr. 214, 215. Es ist verblüffend, wie viele Parallelen diese beiden Briefe Platens mit Waiblingers Erzählung 'Die heilige Woche' zeigen. Biographische Angaben zu Waiblinger nach Marbacher Magazin 18ff.

36. Neapel

Tb.II 833–45, R nach MMPl 49. Angaben zur Via Appia nach Guida TCI vol.16, 405f. Historische Angaben zu Neapel s. Peter Gunn, Naples, a Palimpsest, London 1961, Kapitel 7; Via Toledo s. Königer I 623 Anm. 37. Zu Gioacchino Rossini in Neapel: The Concise Oxford Dictionary of Opera, 1980. Nackt badende Knaben und Jünglinge in Neapel s. Ferdinand Gregorovius, Wanderjahre in Italien, Leipzig 1856–77, Neuauflage München 1967, 502f. Die Anekdote mit dem Prinzen von Francavilla bei Casanova a.a.O. 11, 316. Zitat aus Goethes 'Italiänischer Reise' Caserta, 16/3/1887. „Hier werde ich..:" Brief Platens an Schwab vom 5/5/1827 Bo.IV Nr. 217; „...so sind es tausend Dinge:" Brief Platens an Puchta vom 15/5/1827 ebd. Nr. 218; „An Neapel ist nichts auszusetzen ...": Brief Platens an Fugger vom 11/6/1827 ebd. Nr. 221. Ekloge 'Bilder Neapels' KP IV 141ff, 110 Verse, davon zitiert 1–5, 22–29, 43–55; 56ff nach KP IV 143, Lesart g; 57–63, 72–87, 96-100, R nach Cotta 2,211ff; Niederschrift der Ekloge erwähnt im Brief an Fugger aus Sorrent vom 16/9/1827, Bo.IV Nr. 231. 'Begrenzte Positivität' s. Sengle III 424f; Dove 248f dagegen sieht hier negative Züge, spricht von „Grenzsituation", nennt Platens Idyllen „flawed and precarious". Lazzarone nach Königer I 623 Anm. 31; Waiblingers 'Bilder aus Neapel', im Herbst 1828 niedergeschrieben, sind sicher von diesem Gedicht Platens beeinflußt. Biographische Angaben zu Gustav Gündel nach Rosenfeld A 4f; daß Gündel seine Zöglinge wie angedeutet liebte, zeigt die Gedenkschrift: Aus dem Nachlasse Gustav Gündels. Für seine Freunde gesammelt, Leipzig 1861, Privatdruck, Staatsbibliothek München Rar. 114. Die fünf römischen Briefe Gündels an die Frizzonis zwischen November 1826 und März 1827 schildern ähnlich wie die Briefe Platens aus derselben Zeit und Waiblingers Erzählung 'Die heilige Woche' päpstliche Zeremonien, Sgricci, die Taddei, den Karneval. Savignys Urteil über die 'Gabel' s. Platens Brief an Puchta, Sorrent 8/9/1827, Bo.IV Nr. 229. Biographische Daten zu K. W. S. Semler nach Rosenfeld A 8 und Reuter, Wanderjahre 11. Gündel beschreibt sein Verhältnis zu Semler so: „Gerade in diesem melancholischen kranken Sinne.. haben Sie auch den Grund zu suchen, wenn ich mit dem Geheimrath Semler näheren

Umgang hatte. Wer krankhaft ist, neigt sich eher zu leidenden Personen hin, als zu solchen, die in vollem Behagen von Wohlsein leben!" (Brief Gündels an die Frizzonis, Neapel 27/10/1827, Rosenfeld A 8). Semlers Gedicht an Platen, 4 Strophen, davon zitiert die dritte, s. Bo.IV Nr. 219. Michael Beers Distichen an Platen im ‚Morgenblatt' vom 7/5/1827, vgl. KP IX, 36 Anm. (falsch datiert). Die beiden positiven Rezensionen zu Platens ‚Gabel' im ‚Literatur=Blatt' vom 5/12/1826 (Gustav Schwab), Beilage zu Cottas Tübinger ‚Morgenblatt', sowie ‚Der Gesellschafter', Berlin vom 9/3/1827 (gez. DS.); die ausführlich zitierte „Ehrenrettung Berlins.." im ‚Berliner Conversations = Blatt für Poesie, Literatur und Kritik' vom 17,19/3/1827. Hier wird meines Wissens zum ersten Mal Platen mit Don Quixote verglichen. Horst Denkler hat Platens Literatursatiren vom Standpunkt des Neomarxismus nach 1968 her interpretiert, a.a.O. 28: „Die meisten Nachgeborenen scheinen.. den Platen gesucht und gefunden zu haben, den sie am besten gebrauchen konnten. Davon will sich auch die vorliegende Ausgabe nicht ausnehmen." Die Ehrlichkeit berührt zwar sympathisch, dennoch darf Denkler nicht unwidersprochen bleiben. Das triviale Schicksalsdrama von Werner, Müllner etc. reflektiert den deutschen Gemütszustand nicht während der Restaurationsepoche, sondern während der napoleonischen Ära. Diese wurde, ähnlich dem 30jährigen Krieg, von den Zeitgenossen als unerklärlicher schicksalshafter Einbruch und Verhängnis empfunden. Hier liegt auch der Grund, warum weiteste Kreise die folgende Restauration, wenigstens bis 1830, als Frieden und Erlösung von den vorherigen Kriegsgreueln verstanden, zur großen Wut einer jüngeren Generation, die jene Zeit nicht mehr bewußt erlebt hatte. Doch auch bei den Älteren nahm das Interesse an den Schicksalstragödien gegen 1830 ab; Platens Kritik kam eigentlich zu spät. Seine Satiren haben politische Nachahmer gefunden, waren selbst aber alles andere als politisch. Der Dichter verübelte Deutschland nicht so sehr die restaurativen Regierungen (sein Interesse an Politik war vor 1830 gering), sondern vielmehr, daß in seinem Vaterland seine Dramen nicht aufgeführt wurden, und daß der dort herrschende Moralkodex ihn zu sexueller Abstinenz verdammte. Wenn er, wie es seine Art war, politisch-kritische Bemerkungen auch in seine Literaturkomödien einflocht, so schlug er damit den öffentlichen Sack und meinte den privaten Esel, nicht umgekehrt. Zu Platens ‚Verfügbarkeit' ein Satz aus der Dissertation von Wolfgang Mildenberger, Studien zu den Tagebüchern des Grafen A.v. Pl., Freiburg 1950, 17: „Es dürfte schwer fallen, in der deutschen Literatur eine Persönlichkeit zu finden, die in ähnlichem Ausmaß wie Platen fähig war, den verschiedensten.. entgegengesetztesten Geistesrichtungen zu verfallen"; Mildenberger warnt vor der Benutzung von Platen-Zitaten „als allgemeingültig für seine Anschauung." Auch diese Biographie wendet sich gegen die Benutzung Platens als Zeugen für alles mögliche. Des Dichters Intelligenz und sein Wissen lagen auf literarischem sowie linguistisch-poetischem Gebiet, sonst war sein Denken bemerkenswert unscharf. Da er sich gleichwohl oft, wenn auch immer nur emotional, zu Geschichte, Politik und Philosophie äußerte, ließ er sich eben, wie Denkler richtig feststellt, von den verschiedensten Seiten ‚gebrauchen'. Zur Männerliebe in Neapel s. Schlösser II 3. „Ausgezeichnet unter des Vaterlands..": Brief König Ludwigs an Platen, Colombella bey Perugia 3/6/1827, Bo.IV Nr. 220. Platen klagt Fugger seinen Geldmangel in zwei Briefen, Neapel 12 u. 30/7/1827, Bo.IV Nr. 223, 224. August Kopisch, Gesammelte Werke, Berlin 1856, fünf Bände; ‚Entdeckung der blauen Grotte auf der Insel Capri' ebd. Band 5,57ff. ‚Stets, doch immer umsonst..': Ode ‚An August Kopisch' KP IV 53ff, 10 Strophen, davon zitiert 1, 2, 4, 6, R nach Cotta 2,168f. Kopischs Gegen-Ode an Platen KP IV 55f, 9 Strophen, davon zitiert 1,4ff. Ode ‚Wenn dein wachsender Schmerz..', später überschrieben ‚Lebensstimmung', KP IV 49f, zitiert 7. Strophe, R nach Cotta 2,166: Koch nimmt Januar/Februar 1827 als Entstehungszeit an, auch für Schlösser (II 95f) gehört sie zu den römischen Oden; Bornstein hingegen, in Kenntnis des Briefes Platens an Kopisch (Sorrent 28/9/1827, Bo.IV Nr. 232), der erst 1926 veröffentlicht wurde, meint nunmehr, die Ode sei im Juli 1827 in Neapel an Kopisch gerichtet entstanden und am 30. des Monats zusammen mit einem Brief an Fugger abgeschickt worden (vgl. Anm. 232). Der beweiskräftige Satz in dem Brief an Fugger ist nicht eindeutig, er lautet: „Hier folgt einstweilen eine andre Ode, noch aus Rom, fürs Morgenblatt." (Neapel, 30/7/1827, ebd. Nr. 224) Wenn mit dieser „andren Ode" die ‚Menschenhaß'-Ode gemeint sein sollte, so wäre sie also doch schon früher entstanden! Menschenhaß und Abgrenzung gegen unreifes Geschwätz, Pöbel, Gesang, Tanz, Gelage und Heterosexualität (Ihm misfällt, was erfreut Tausende) scheinen mir eher auf die deutschrömische Künstlerszene gemünzt als auf den gebildeten Kreis um die (wahrscheinlich homosexuellen) Semler und Gündel in Neapel; die Verse ‚Wenn Schwäche des Starken Geißel/ Wie ein heiliges Szepter küßt' bleiben in beiden Fällen dunkel. Ich neige zur Annahme, daß Platen sechs Strophen Anfang März in Rom gedichtet hatte, sie nun in Klammern setzte und eine siebente, die sein Verhältnis mit Kopisch beklagt: ‚Ob zwey Seelen es giebt, welche sich ganz verstehn?..' anfügte; „doch läßt sich völlig Sicheres nicht sagen" (Bornstein IV Anm. 232). Kopischs uninformative Antwort-Ode in A. K., Gesammelte Werke II 315f. Sehnsucht nach Rom s. Brief Platens an Fugger, Neapel 13/8/1827, Bo.IV Nr. 225. Neapel teurer als Rom s. Brief Platens an Fugger, Neapel 11/6/1827, ebd. Nr. 221. ‚Ich würde mich sehr glücklich...': Brief Platens an Kopisch, Sorrent 24/8/1827, ebd. Nr. 228. Ode ‚Einladung an Sorrent' (August 1827) Bo.IV Nr. 227, 14 Strophen, zitiert die zwölfte, R ebd. Zweites (briefliches) Zerwürfnis mit Kopisch s. Brief Platens an denselben, Sorrent 8/9/1827, Bo.IV Nr. 232. Klagen Platens über Geldmangel s. seine Briefe an Fugger, Neapel 12/7, 30/7, 13/8/1827, Bo.IV Nr. 223, 224, 225, an Puchta, Sorrent 8/9/1827, ebd. Nr. 229; an die Eltern, Naples 14/8, Sorrent 16/9/1827, ebd. Nr. 226, 230: „Ainsi je n'ai plus d'espérance (que Cotta) m'envoye quelquechose..". Daß die Mutter wiederholt nach Lady Craven fragte, geht aus den Briefen Platens an die Eltern, Neapel 12/6, 14/8, Sorrent 16/9 und Capri 30/9/1827, Bo.IV Nr. 222, 226, 230, 233 hervor; Angaben zu Lady Craven ebd. Anm. 232; sie sollte im Januar 1828 sterben, wo, weiß ich nicht. Die Absicht, aus Geldmangel den Winter in Sorrent zu verbringen im schon erwähnten Brief an Fugger geäußert, Bo.IV Nr. 231. Bitte um Lektüre s. Brief Platens an Gündel, Sorrent 24/9/1827, Rosenfeld A 27f. „Du willst immer eine besondere..": Brief Platens an Kopisch Sorrent 28/9/1827 Bo.IV Nr. 232; erst 1926 veröffentlicht, einer der wichtigsten erhaltenen Briefe Platens überhaupt; das darin erwähnte „zweideutige" Schreiben Cotta's an Fugger ist im Zusammenhang mit jenen geisterhaften 400 fl. zu sehen, die der Verleger angeblich im April 1827 an Platen überwies, vgl. Hay 143, und die nie eintrafen. Geographische Angaben zu Sorrent und Capri nach Guida TCI Napoli e Dintorni, Milano 1976. Ekloge ‚Die Fischer auf Capri' KP IV 139ff; die Parallelen Fischerhütte und Delphine zu Bo.IV Nr. 233 läßt eine ziemlich genaue Datierung des Gedichtes auf den 1. Oktober 1827 zu. Ode ‚An Goethe' (anläßlich des Besuchs König Ludwigs von Bayern bei ihm am 28/8/1827) KP IV 60ff, Erstveröffentlichung im ‚Morgenblatt' am 14/11/1827. Platen hatte auf Ludwigs Schreiben aus Perugia (Bo.IV Nr. 220) mit einer Bitte um Geld (datiert Neapel 17/7/1827) geantwortet, die Bornstein in ‚Luginsland – Beilage der Nürnberger Zeitung' vom 19/9/1931 veröffentlichte; daß der Dichter ohne Antwort blieb, geht aus dem schon zitierten Brief an die Eltern (Bo.IV Nr. 233) hervor: „Je ne sais pas si le Roi a reçu ma lettre et s'il consent de faire quelquechose pour alléger ma situation." Platen schickt die Ode ‚An Goethe' an Fugger, Capri 21/10/1827, ebd. Nr. 238, zur Weitergabe ans ‚Morgenblatt'. Ode ‚Wo für Metall..' KP IV 59, 5 Strophen, davon zitiert 1ff, R nach Cotta 2,173. „Ich warte auf..": Brief Gündels an Platen, Neapel 4/10/1827, Bo.IV Nr. 235; Platens Antwort an Gündel, Capri 10/10/1827, Rosenfeld A 28f. Kopischs Komödienentwurf im Brief an Platen, Neapel 11/10/1827, Bo.IV Nr. 236, ‚Korb für sein ganzes Leben': vgl. Sengle I 57. Platens Antwort an Kopisch, Capri 14/10/1827, Bo.IV Nr. 237. Geld eingetroffen s. Platens Brief an Fugger, Neapel 21/10/1827, Bo.IV Nr. 238. Bericht über Exkursion nach Paestum und Amalfi s. Brief Platens an Fugger, Neapel 15/11/1827, Bo.IV Nr. 239. Ekloge

‚Amalfi' KP IV 145ff, 60 Verse, davon zitiert 17–29, 47–60, R nach Cotta 2,216f; Link (K. 905) spricht in seinen Kommentaren zu Platens Eklogen und Idyllen vom „Grundduktus des Flaneurs in sozusagen nachhistorischen Kulturlandschaften" bei diesen Gedichten, die zu den ästhetisch ausgereiftesten Arbeiten des Dichters gehörten. „Der Effekt solcher (assoziierenden) Kompositionen ist intensive Trauer ineins mit einem Schimmer vom Hoffnung trotz alledem". Franziskanerstift bei Amalfi, in Hotel verwandelt: 1879 schrieb dort Henrik Ibsen sein Drama ‚Ein Puppenhaus' (Nora). Brief Platens an Fugger, Neapel 15/11/1827, Bo.IV Nr. 239, mit Aufenthaltsplänen in Pisa sowie der Bemerkung: „(Cotta) hat mir geschrieben, und so wie ich den Brief verstehe, hat er mir abermals 1000 fl. bei Torlonia angewiesen." Daß Kopisch die Absicht äußerte, Platen in Rom zu besuchen, geht aus Platens Brief an den Genannten, Rom 26/11/1827, Bo.IV Nr. 241, hervor, sowie aus Platens Brief an Gündel, Rom 5/12/1827, Rosenfeld A 32.

37. Der erste Hymnus

Tb.II 844–852, R nach MMPl 49. Via Felice heute Via Sistina. Eine Wohnung „über dem Caffè der drei Grazien" (Bo.IV Nr. 241 an Kopisch, Rom 26/11/1827), wäre V. Sistina 106/7, Ecke F. Crispi. Angaben zu Waiblinger nach Marbacher Magazin a.a.O. 19f. Zum Verhältnis mit Nazarena Silei in Olévano auch Königer V (Sämtliche Briefe Waiblingers, 1982), Band 1, Brief W.s an Eser, Rom 14/10/1827, Nr. 222. Gern habe ich auf Königers Anmerkungen zu kulturhistorischen Einzelheiten in Italien zurückgegriffen, da sie oft über die der TCI-Führer hinausgehen. Daß Semler an Waiblinger Zahlungen leistete, geht aus Waiblingers Brief an Eser hervor, Rom 11/8/1827, Königer V 1 Nr. 216; W. berichtet von einem ungenannten Mäzen, den ihm Platen vermittelt habe: „Ein sächsischer Doktor, Namens Gündel, interessierte sich ebenfalls aufs Lebendigste für mich. Platen und ihm, und jenem edlen Deutschen bin ich noch schuldig." Jener ‚edle Deutsche' kann nur Semler gewesen sein; nach diesem Brief hatten er, Platen und Gündel Waiblinger Geld geliehen. Das ‚Caffè delle Nocchie' (so der offizielle Name) war eine „deutsche Klatsch-Ecke", s. Noack 165. Aufgabe der Pisaner Pläne, kein Geld von Cotta: Briefe Platens an Fugger, Rom 26/11/1827, Bo.IV Nr. 240, und an Kopisch ebd. Nr. 241. Empfang für den preußischen Diplomaten und Archäologen Wilhelm Dorow: Platen sitzt bei Tisch neben Thorvaldsen s. Brief Platens an Gündel, Rom 5/12/1827, Rosenfeld A 32; der Dichter hatte schon im Dezember 1826 Thorvaldsens Atelier besucht, ohne den Meister anzutreffen, Tb.II 822. Platen Gegner Canovas: 5 Epigramme ‚An Canova' (Wien September 1820) KP IV 315, sowie Tb.II 672, 732, 814. „Meine Hoffnung ist..": Brief Platens an Gündel, Rom 5/12/1827, Rosenfeld A 30ff. „Ihre neuliche Abreise..": Antwortbrief Gündels an Platen, Neapel 11/12/1827, Bo.IV Nr. 244. Puchta erledigt für Platen Geldsendungen aus Deutschland s. Briefe Platens an Puchta, Sorrent 8/9/1827, ebd. Nr. 229, und Rom 8/12/1827, ebd. Nr. 243; daß Platen vom Vater fortwährend Zuschüsse bekam, geht aus dem letzgenannten Brief hervor. „Wenn er mir nur..": Brief Platens an Fugger, Rom 6/12/1827, ebd. Nr. 240; „Ich habe den König..", „Zu einem trocknen..", „Derlei will freilich..": Platen an Fugger, Rom 16/12/1827. ebd. Nr. 245; am Schluß des Briefes metrisches Schema und erste Strophe des Hymnus ‚Abschied von Rom'. Zu Platens Hymnen allgemein KP IV 13ff; der Hymnus selbst KP IV 108ff; zum Vortrag „wie auf einem Sturmwind von Rhythmus" erinnert Link in E. an Brechts stilisierte Chöre, an ‚gestische', zugleich prosanah-spröde wie stilistisch markierte Rhythmen. Interpretation nach Link E. und D. 202ff (einige Sätze fast wörtlich zitiert); zur 15. Strophe ‚Hörst du gern Rath an..' äußert Schlösser (II 99) vorsichtig, Sichtermann aber in Berufung auf Schlösser bestimmt, sie sei erst im April 1828 eingeschoben und richte sich an Kopisch; s. Hellmut

Sichtermann, August von Platen und Thorvaldsen, in: Bertel Thorvaldsen, Untersuchungen zu seinem Werk und zur Kunst seiner Zeit, Katalog zur Thorvaldsen-Ausstellung, Köln 1977, 227; als Grund für die Annahme gilt Schlösser und Sichtermann ein Brief Platens an Kopisch, Rom 25/4/1828, Bo.IV Nr. 282, der tatsächlich ähnlich argumentiert wie die angezogene Strophe; doch ist die zeitliche Annahme widerlegt, da Platen bereits am 16/12/1827 (ebd. Nr. 245) an Fugger schreibt: „Es sind siebzehn Stanzen wie diese"; nach Schlösser und Sichtermann hätten es nur sechzehn sein dürfen. Platen verkehrte lt. Tb. im Dezember 1827 intensiv mit Waiblinger; das Gedicht ‚Die Bildhauer' ist in Kapitel 30 besprochen. „Nur in Rom..": Brief Platens an Schwab, Erlangen 24/3/1826, Bo.IV Nr. 146, s.a. Dove 169. Bemerkung zur Wechselbeziehung Rom-Neapel s. Sichtermann a.a.O. 230. Von den 17 Strophen des Hymnus wurden zitiert Nr. 1, 5, 11, 12, 15, 16, R nach Cotta 2,233ff. Platen findet Gründe, in Rom zu bleiben, s. sein Brief an Gündel, Rom 29/12/1827, Rosenfeld A 34ff. „einer Sammlung von..": Brief Platens an Fugger, Rom 2/1/1828, Bo.IV Nr. 248. „Ob Graf Platen..": Brief Gündels an Platen, Neapel 1/1/1828, ebd. Nr. 247; „Eh ich Italien..": Brief Platens an Gündel, Rom vom 7/1/1828, Rosenfeld A 36f. Ode ‚Liebe, Liebreiz..' KP IV 62f, zitiert Strophen 1,5ff., R nach Cotta 2,176; „Hier kann man sich..": Brief Platens an Puchta, Rom 14/1/1828, Bo.IV Nr. 251. Platen schickt die Ekloge ‚Hirte und Winzerin' an Fugger, Rom 20/1/1828, ebd. Nr. 253; die Ekloge selbst KP IV 147f, 21 Distichen, zitiert 7ff, R nach Cotta 2,218f. Waiblingers drei Lieder ‚An Graf von Platen' s. Königer I 327ff; dessen erste Reaktion im Tagebuch am 3/2/1828: „(W.s Gedicht) hat mich in mehrfacher Hinsicht erfreut, da ich nie eine so gelungene Komposition von ihm gelesen hatte und es überhaupt das beste Gedicht ist, was mir jemals gewidmet worden wäre." Zwiespältige Kritik nur zwei Tage später, „wiewohl das dritte..": Platen an Fugger, Rom 5/2/1828, Bo.IV Nr. 256; dieser Brief unterstützt meine Vermutung, daß die Strophe 12 der Hymne ‚Abschied von Rom' sich nicht an Kopisch, sondern an Waiblinger richtet. Waiblinger und Carlenzo nach Marbacher Magazin 21; Carlenzo von Waiblinger schwanger: Brief W.s an Eser, Capri 20/10/1828, Königer V 1 Nr. 248; „Hier ist es allgemeine..": Brief Waiblingers an die Eltern, Rom 20/7/1828, ebd. Nr. 243. ‚An den Grafen Platen': Huldigungsgedicht eines Unbekannten; es erschien anonym im Tübinger ‚Morgenblatt' Nr. 311/1827, 76 Verse, davon zitiert 1–4, R nach ‚Morgenblatt', mit Namen des Autors Anselm Feuerbach jedoch in KP II 123ff. Dieser polemisiert gegen ‚jene nordischen Centauren,/ Die von oben Jakob Böhme, aber unten sind sie Clauren' und Jene, ‚Die im Halben nur und Lauen, aber da gewiß gedeihen'. Platens freundliche Reaktion auf dies Gedicht ‚Antwort an einen Ungenannten im Morgenblatt' dort Nr. 55/1828, KP II 120ff, 48 Verse, davon zitiert 1f, 5f, 29–34, R nach Cotta 1,264f; Platen schickt die Antwort an Schwab, Rom 16/2/1828, Bo.IV Nr. 260. Platen klagt über Cotta im Brief an Schwab, Rom 11/1/1828, ebd. Nr. 250. Cotta überweist 100 Dukaten (= 570 fl.) als Honorar für die ‚Gedichte', s. Brief Platens an Fugger, Rom 18/2/1828, Bo.IV Nr. 261; die Angaben Hays über die Zahlungen Cottas an Platen stimmen nicht mit dessen Angaben in den Tagebüchern und Briefen überein. Im weiteren Verlauf werde ich beide gruppiert zum Vergleich nebeneinander aufführen. Biographische Angaben zu Dr. Christian Schlosser s. Tb.II 849 Anm; freundliche Würdigung Platens in ‚Frankfurter Iris' Nr. 153ff/1827 (Ebenauer). ‚Mag altrömische Kraft..': Ode ‚An einen Römer' KP IV 66f, 4 Strophen, davon zitiert 1ff, R nach Cotta 2,179. Was Platen von dieser Ode hielt, schreibt er auf Italienisch an Fugger (Rom 8/2/1828, Bo.IV Nr. 258): „Le mie ultime odi spirano, io non so che, di uno stile quasi perfetto, visto lo stato in cui si trova presentemente la nostra benemerita letteratura tedesca. Che ti pare?" (Meine letzten Oden atmen, ich weiß nicht wie, einen fast vollendeten Stil, bedenkt man den Zustand, in dem sich unsere wohllöbliche deutsche Literatur zur Zeit befindet. Was meinst Du?)

38. Wetterleuchten

Tb.II 852–858, R nach MMPl 49. Heinrich Heine: „Xenien, die aus der Feder Immermanns, meines hohen Mitstrebenden, geflossen sind": 36 Epigramme auf Franz Horn, Müllner, de la Motte-Fouqué, Houwald, Raupach, Rückert, Platen, Friedrich Strauß, die Schlegels, am Ende von: Reisebilder, Zweyter Theil, Hamburg 1827, Kapitel ‚Die Nordsee', Dritte Abtheilung; Kommentare nach: Heinrich Heine, sämtliche Schriften in zwölf Bänden (Hanser Werkausgabe), München 1976, Bd. 3 + 4 herausgegeben v. Günter Häntzschel, *ab hier abgekürzt: Häntzschel*, 4,812ff. Fugger teilt Platen Immermanns Xenien im Februar 1828 mit; „Der Armselige..": Brief Platens an Fugger, Rom 18/2/1828, Bo.IV Nr. 261, mit Anlage „Der Verstand an den Romantiker Nimmermann. Probe aus dem fünften Akt des romantischen Oedipus". Rhythmische Fehler in den Versen 1432, 1445, 1463 der Erstausgabe, s. Denkler 171f. Platen behauptet in dem genannten Brief an Fugger von der beiliegenden Probe: „Uebrigens ist es kein Werk der Rache, und es ward früher geschrieben, als ich von Dir die Epigramme Immermanns erhielt." Schlösser (II 117f) teilt dagegen mit, daß es doch so war und Platen hier „von der Wahrheit entschieden abgewichen ist". Biographische Angaben zu Heine nach: Heine-Chronik. Daten zu Leben und Werk, zusammengestellt von Fritz Mende, München 1975. Angaben zu Immermanns ‚Cardenio und Celinde' in: Immermanns Werke, Berlin o. J. (ca. 1880) Bd. 16, 377ff. Platen erfährt vom Unwillen Gündels aus einem (verlorenen) Brief von Kopisch; dies geht aus seiner Antwort an denselben: „Ich wußte nicht..", Rom 24/1/1828, Bo.IV Nr. 255, hervor; Platen schreibt daraufhin entschuldigend an Gündel; dies läßt sich aus dessen Antwort an Platen schließen: „Es ist schlimm..", Neapel 18/2/1828, ebd. Nr. 262. „Die Kapuzinerpredigten..": Brief Platens an Fugger, Rom 25/2/1828, ebd. Nr. 265. „Es giebt wieder Heilige..": Brief Waiblingers an Eser, Rom 5/2/1828, Königer V 1 Nr. 231. „..eine so ganz faunische..": Brief Platens an Schwab, Rom 17/3/1828, Bo.IV Nr. 272. „Es kann ein potenzirter..": Brief Platens an Schwab, Rom 16/2/1828, ebd. Nr. 260. Zum ‚lüderlichen Genie' Byron s. Louis Crompton, Byron and Greek Love. Homophobia in 19th-Century England, Los Angeles/London 1985. Platen schickt den 1. Akt des ‚Romantischen Oedipus' an Fugger, s. sein Brief an denselben, Rom 2/1/1828, Bo.IV Nr. 248; versucht, Teile aus dem ‚Oedipus' als Vorabdruck ins ‚Morgenblatt' zu bringen, s. Platens eben zitierter Brief an Schwab, Bo.IV Nr. 260. „Gewiß wird man..": Brief Platens an Fugger, Rom 12/3/1828, ebd. Nr. 268. Cotta beginnt mit dem Druck der ‚Gedichte' und ‚Schauspiele': dazu Briefe an Schwab, Kopisch, Fugger, Puchta, Rom 17 + 25/3/1828, 14 + 19/4/1828, ebd. Nr. 272, 276, 278, 280. Platen über den plötzlich freundlichen Cotta s. sein Brief an Fugger, ebd. Nr. 261. „Du sagst ihm ..": Brief Platens an Fugger, Rom 14/4/1828, ebd. Nr. 278; Fuggers Brief an Goethe, Augsburg 28/5/1828, ebd. Nr. 392. Kopischs Ode, Aufforderung zur Sizilienreise, Neapel 13/3/1828, Bo.IV Nr. 269, 28 Strophen, davon zitiert Nr. 14; Ode Kopischs über den Ausbruch des Vesuvs, Neapel 22/3/1828, ebd. Nr. 275; Platens kühle Antwort („Landkartenwuth"), Rom 25/3/1828, ebd. Nr. 276; „Gern möchte ich..": Brief Kopischs an Platen, Neapel 18/4/1828, ebd. Nr. 279; „Ich habe nie prätendirt..": Brief Platens an Kopisch, Rom 25/4/1828, ebd. Nr. 282. „Meine Mutter..": Brief Platens an Puchta, Rom 19/4/1828, ebd. Nr. 280; das Zitat der Mutter aus dem Französischen übersetzt von mir. Fuggers Versuch, Platen vom namentlichen Angriff auf Heine abzubringen, ergibt sich aus seinem Antwortbrief: „Den Heine anonym..", Rom 21/4/1828, ebd. Nr. 281. Angaben zu Lamartine nach Kindler.

39. Rumohr

Tb.II 858–876, R nach MMPl 49, 50. Beim Vergleich des gedruckten Tagebuchs mit dem Manuskriptheft Nr. 49 stellte sich heraus, daß dort zwei Blätter fehlen. Es handelt sich um das Ende des Eintrags vom 15/5 und den Anfang des Eintrags vom 20/5/1828, Tb.II 862 Zeile 22 von „del Gesù" bis 863 Zeile 12 „beschreiben". Touristische Angaben zu Perugia und Umgebung nach Guida TCI vol. 14 Umbria, Milano 1978. Platen bittet um Richtigstellung von Semlers Lügen, s. sein Brief an Kopisch, Florenz 18/5/1828, Bo.IV Nr. 285. „Rumohr, der Missionär der Pedrastie" s. Brief Heines an Varnhagen, Hamburg 3/1/1830, Hirth I Nr. 285. „Einen Sinn hat..": Brief Caroline Schellings an Pauline Gotter, München 1808, bei Reuter, Wanderungen 47. Rumohr als Kunstwissenschaftler nach: Wilhelm Waetzoldt, Deutsche Kunsthistoriker. Von Sandrart bis Rumohr, Leipzig 1921, 292ff. Zum Treffen Platens und Rumohrs in Florenz s. Schlösser II 45f. Rumohr über Nerly in ‚Drey Reisen nach Italien', Leipzig 1832, 237ff. Ludwig Richter zu Rumohr und Nerly nach Franz Meyer, Friedrich Nerly. Eine biographisch-kunsthistorische Studie, in: Mitteilungen des Vereins für Geschichte und Altertumskunde von Erfurt, Erfurt 1908, 58f. Rumohr überredet Platen, an Eduard v. Schenk zu schreiben: der Brief selbst ist nicht erhalten, hingegen ein Ansatz, der anstatt in die vorgenommenen Bitten und Schmeicheleien in ein Spottgedicht auf Schenk mündet (Staatsbibliothek München, Schragiana I, undatiertes Fragment):

> Ew. Hochwohlgeboren!...
> Ohne das Glück zu haben, Sie persönlich zu kennen,
> Hörte ich Sie doch öfters rühmen u nennen,
> Als Ministerialrath oder Referendarius
> Oder als Dichter des Generals Belisarius
> Und anderweitiger guter Stücke,
> Um auszufüllen die große Lücke,
> Welche sich findet auf unserer Bühne,
> Wie ich Ihnen zu sagen mich erkühne.
> Apropos! Wie stehts überhaupt in München?
> Fährt man fort, zu bauen u auch zu tünchen?
> Pflegt der König seine Leute zu belohnen,
> Und verspricht er auch bes(sere) Pensionen?

Empfehlungsbrief Gündels an die Frizzonis, Florenz 5/6/1828, Rosenfeld A 45; Platen brauchte diesen Brief nicht vorzulegen, da die Frizzonis ihn in Mailand aufsuchen sollten, bevor er sich an sie wandte. „Wer hätte aber..": Brief der Gräfin Platen an Benedikt Hermann, Ansbach 28/5/1828, Bo.IV Nr. 393. „Lesen Sie doch..": Brief Heines an Menzel, München 2/5/1828, Hirth I Nr. 230. Angaben über Palmaria nach Guida TCI vol. 9 Liguria, Milano l967. „Es fehlte gerade noch..": Brief Platens an Puchta, Palmaria 3/7/1828, Bo.IV Nr. 289. Klage über Semler in Platens Brief an Fugger, Palmaria 5/7/1828, ebd. Nr. 291, vgl. auch Schlösser II 53f. Gedicht ‚Einladung nach der Insel Palmaria. An den Freiherrn von Rumohr.' KP IV 150ff, 74 Verse, davon zitiert 9–14, R nach Cotta 2,221; zwei briefliche Einladungen Platens an Rumohr, Palmaria 25/6/1828, Bo.IV Nr. 288 (das Gedicht beiliegend, „Ihr Landschaftsmaler"), und Palmaria 12/7/1828, ebd. Nr. 292 („Das Recept.."). „Er ist trotz einiger Sonderbarkeiten..": Brief Platens an Fugger, Palmaria 24/6/1828, Bo.IV Nr. 293. Nerlys Aufenthalt in Portovénere und Briefzitat nach Franz Meyer, Friedrich Nerly a.a.O. 64. Platen teilt Puchta mit, daß er seinen ‚Oedipus' Cotta angeboten habe, Palmaria 29/7/1828, Bo.IV Nr. 295. „Gestrichen wird nichts..": Brief Platens an Fugger, Palmaria 14/8/1828, ebd. Nr. 297. „Obwohl Ihr Oedipus..": Brief Rumohrs an Platen, Bellosguardo 14/8/1828, ebd. Nr. 298. Zu Heines Italienreise s. Heine-Chronik a.a.O. Heines Bemerkung zu Platen in Palmaria s. Begegnungen mit Heine. Berichte der Zeitgenossen, hsg. v. Michael Werner, Hamburg 1973, Band I Nr. 229. Dramatische Fragmente Platens seit 1827 u. a.: ‚Iphigenie in Aulis' KP X 384ff, ‚Kaiser Heinrich IV' ebd. 390, ‚Gevatter Tod' ebd. 393. Platen lehnt die Dramatik Shakespeares und Schillers ab, ‚Es hat die Welt verschleudert ihren Knabenschuh!' Romantischer Oedipus, Vers 1605, vgl. auch Schlösser II 78. Zeitungsnotiz aus dem ‚Gesellschafter', basierend auf einem Brief Waiblingers an Semler, dem Inhalt nach zitiert in Platens Brief an Rumohr, Palmaria 4/9/1828, Bo.IV Nr. 302. ‚Deutsche Dichter in Italien', gezeichnet -r, in: ‚Der Gesellschafter', Berlin 28/6/1828, zitiert bei Reuter, Wanderungen 41; „Eben erhalte ich..": Brief Platens an Kopisch, Palmaria 4/9/1828, Bo.IV Nr. 301, „Wissen Sie denn..": Brief Platens an Rumohr, ebd. Nr. 302. Teuchert 42 hält Semlers Notiz für eine grundsätzlich positive, nur ungeschickt formulierte Kritik: zu Unrecht, vgl. Bo.IV Nr. 300 u. Anm. sowie Nr. 302. Cotta bietet den Verlag des ‚Romantischen Oedipus' an: Platens Antwort an Cotta, Genua 25/9/1828, Bo.IV Nr. 304; Begleitbrief zum Manuskript des ‚Romantischen Oedipus' an Fugger, Genua 26/9/1828, ebd. Nr. 305. „Zu welcher Anstellung..": Brief Platens an Schelling, Palmaria 4/7/1828, ebd. Nr. 290. ‚Ach, wer wiese zurück..': Ode ‚In Genua' KP IV 67f, 5 Strophen, davon zitiert die ersten beiden, R nach Cotta 2,180. „Die Häuser bewegen..": Brief Platens an Puchta, Mailand 18/10/1828, Bo.IV Nr. 307.

40. Flucht nach Toscana

Tb.II 876 – 892, R nach MMPl 50. „Milan I am sure has the justest reputation of being and always having been a great refuge for sinners of a certain sort." Beckford an Franchi, 27/10/1824 nach Boyd Alexander, England's Wealthiest Son, London 1962, 117, 278. „Ich sehne mich..": Brief Platens an Schwenck, Mailand 19/10/1828, Bo.IV 309; warum die ‚Gedichte' in Österreich verboten waren, ist nicht bekannt; auch Schlösser (II 194) weiß es nicht. Vielleicht war der Grund die Ballade ‚Der Pilgrim von St. Just', die mit Worten Karls V endet: ‚Nun bin ich vor dem Tod den Toten gleich,/ Und fall' in Trümmer wie das alte Reich'. Geographische Angaben zur Umgebung von Mailand nach Guida TCI vol. 4, Milano e Laghi, Milano 1967. Puchta meldet Urlaubsverlängerung; „Das Beste, was..": Platens Antwort an Puchta, Mailand 18/10/1828, Bo.IV Nr. 307. „Der König von Baiern..": Brief Platens an Schwenck, Mailand 19/10/1828, Bo.IV Nr. 309. Cotta möge die Stellen gegen Heine nur ja stehen lassen, Brief Platens an Fugger, Bergamo 23/10/1828, Bo.IV Nr. 310; Cotta wird Anstoß nehmen, da er mit Heine dauernd in Verbindung steht, Brief Platens an Puchta, Mailand 15/11/1828, ebd. Nr. 317. ebd. „Ein Reisender theilte mir seine (Heines) Reisebilder mit, die kaum als Impromptü's eines Handwerksburschen gut genug wären": Brief Platens an Fugger, Siena 19/12/1828, ebd. Nr. 324. Zu Beginn der Harzreise (Reisebilder Erster Theil), auf dem Wege nach Klausthal, traf Heine einen reisenden Handwerksburschen, mit dem er sich gut unterhielt. Der vermeintliche Schneider war jedoch in Wirklichkeit ein „nicht ungebildeter Handlungsreisender aus Osterode, namens Carl Dörne, der den Schneidergesellen nur spielte und nach der Lektüre der ‚Harzreise' seinerseits eine Beschreibung der Fußreise mit Heine im ‚Gesellschafter' ..erscheinen ließ." (Günter H. in Häntzschel 4,756f). Venezianischer Volksspruch im Brief Platens an Fugger, Mailand 10/11/1828, Bo.IV Nr. 313; der Spruch lautet übersetzt: (Die) Venezianer (sind) große Herren, Paduaner große Gelehrte, Vicentiner Katzenfresser, Veroneser Halbverrückte, Brescianer Aufschneider, Bergamasker große Ficker. Der Spruch ist heute noch in der Lombardei bekannt, doch mit saftigeren und für die Venezianer weniger schmeichelhaften Wendungen. Brief Platens an die Brüder Frizzoni mit Bitte um erneuten Besuch, Mailand 10/11/1828, Bo.IV Nr. 314. „Möchten Sie mich..": Brief Cottas an Platen, München 5/11/1828, ebd. Nr. 312. Brief Platens an Puchta mit Reiseplänen ebd. Nr. 317. Geographische Angaben zu Turin nach Guida TCI vol. 2, Torino e Valle d'Aosta, Milano 1975. Abfälliges Urteil über Turin im Brief Platens an die Brüder Frizzoni, Siena 18/12/1828, Bo.IV Nr. 323. Ode ‚Die Wiege des Königs von Rom' KP IV 68ff. Gedicht ‚Flucht nach Toscana' KP II 125ff, 34 Verse, davon zitiert 1 – 4, 11 – 14, R nach Cotta 1,266. „il faut me faire ici des habits et du linge. Je suis déchiré jusqu'à la dernière chemise": Brief Platens an die Eltern, Florence 9/12/1828, Bo.IV Nr. 319. Über Platens ärmliche Kleidung s. G. H. Schubert a.a.O. III 529f. Angaben zu Heine nach Heine-Chronik a.a.O. „Hochzuverehrender Präsident!..": Brief Platens an Schelling, Siena 13/12/1828, Bo.IV Nr. 320. „Da ich Niemanden..": Brief Platens an die Frizzonis, Mailand 10/11/1828, ebd. Nr. 314. Heine schneidet vor Rumohr mit gutem Verkauf seiner ‚Reisebilder' auf, vgl. Schlösser II 201f; 1200 verkaufte Exemplare nach Sengle III 496. Brief an Fugger über den Kronprinzen von Preußen Bo.IV Nr. 324. Fragmente des Hohenstaufen-Epos KP VIII 160ff sowie ‚Schlußbemerkungen': in ihnen ist der Abschnitt ‚Rechtschreibung' interessant, ebd. 167f. Anekdote mit Grieß in Platens Frühstückskaffee nach F. Meyer, Nerly, a.a.O. 61f; sie ist bei Schubert a.a.O. III 529 nach Palmaria verlegt in den Aufenthalt von Taxis und Larosée; anstatt des Grieß erscheint hier Mandelkleie. Getrüffelte Pasteten nach Rumohr, Geist der Kochkunst, 17. Kapitel. Zu Rumohrs plötzlichen Abreise von Siena im Januar 1829 s. C. F. v. Rumohr, Drey Reisen nach Italien, a.a.O. 270ff; „Doch gestehe ich..": Brief Rumohrs an Fritz Frizzoni, Rothenhausen 21/2/1831, in: Briefe Rumohrs. Eine Auswahl, mitgeteilt von Friedrich Stock, in Jahrbuch der preußischen Kunstsammlungen, Beiheft zum 64. Band, Berlin 1943, 55f. In seiner ‚Schule der Höflichkeit', Stuttgart/Tübingen 1834, Eilftes Capitel, Vom Betragen der Künstler in Thon, Marmor, Erz, in Farben und Reimen (I 112f), gibt Rumohr ein Portrait Platens: „Die Dichter ..sind ein Geschlecht, welches dieser Welt so wenig angehört, daß nicht wohl anzugeben ist, wie sie darin sich zu benehmen haben. Gemeinhin pflegen sie von Allem, was zu Thun oder zu Lassen wäre, eben dasjenige zu ergreifen, was ihnen den größten Nachtheil bringt. Zur Unzeit verrathen sie dem Publicum, welches stets die Freiheit des Geschmackes und Urtheils behalten, daher unmerklich gewonnen, beschlichen seyn will, daß sie auf dessen Verehrung, Achtung, Dankbarkeit im Voraus Anspruch machen. Zur Unzeit wiederum lassen sie die Flügel sinken, geben sie schon bewilligte Ansprüche wieder auf. ..Im Ganzen ..wird man bei den Dichtern ..stets auf eine nicht abreißende Kette von Verwechselungen, Unbesonnenheiten, Verletzungen, Thorheiten, Zerstreulichkeiten und so fort im Voraus gefaßt seyn müssen." Angaben zu Nerly nach F. Meyer, Nerly, s. Apparat Kap. 39, 83ff, Noack 246ff. ‚Von bebender Wimper..': Ode ‚Morgenklage' KP IV 70f, von 6 Strophen 1 – 5 zitiert, R nach Cotta 2,183. Jürgen Link meint in E., Platen habe sich in seinem letzten Lebensjahrzehnt weltanschaulich dem Materialismus genähert: „Er glaubte dezidiert nicht mehr an die Unsterblichkeit der Seele und auch nicht an einen persönlichen Gott, ja nicht einmal mehr an einen außerhalb des menschlichen Geistes real existierenden präexistenten Sinn der Welt; er ist allerdings insofern stets Idealist geblieben, als er die sinngebende Fähigkeit des menschlichen Geistes als wenn auch unpersönliche, so doch immaterielle und gegen-materielle Substanz auffaßte. Seine Position wäre also etwa zwischen Schopenhauer und Feuerbach anzusiedeln." Hier bin ich anderer Meinung. Platens Vorstellung von Gott war seit 1821 von Schelling bestimmt. Dessen Weltgeist empfand er 1829 immerhin, wenn auch irrtümlich, als so persönlich, daß er an ihn die vorn zitierte Ode ‚Morgenklage' richtete. Noch ein Jahr vor seinem Tode wird Platen von einem ‚stärkeren Gott' sprechen, ‚der Form stets wechselt,/ Und die Welt durchmißt, fortstrebenden Gangs, ein gewaltsam schreiten-

41. Der romantische Oedipus

Tb.II 892 – 96, R nach MMPl 50. Andreas Gryphius, Gryphius und Arnim s. Apparat zu Kap. 25. Karl Immermann, ‚Cardenio und Celinde', Trauerspiel in fünf Aufzügen, Berlin 1826, in: Immermanns Werke, Berlin o.J. (um 1880), Band 16, 377ff. ‚Der romantische Oedipus' nach Denkler 105ff; die im Text angegebenen Versnummern entsprechen dieser Reclam-Ausgabe. Zum ‚romantischen Oedipus' auch Schlösser II 115ff. „Erkundigen Sie sich doch..": Brief Platens an Puchta, Mailand 18/10/1828, Bo.IV Nr. 307. „...daß Alles, wodurch Deutschland..": Brief Platens an Kopisch, Rom 25/3/1828, ebd. Nr. 276. Die Fußnote über Krüdener nach Denkler 295. Über aristophanische Vorbilder in der Rahmenhandlung s. Schlösser II 121. Karl Immermann: Andreas Hofer, Trauerspiel aus Tyrol, Hamburg 1828; dazu Platen an Fugger: „Du mußt mir etwas aus Immermanns Andreas Hofer mittheilen, etwas von der Handlung und einigen pikanten Unsinn. Ich brauche es zum Schluß des 5t. Aktes, wo ich ihn vollkommen überschnappen lasse. ..Nimmermann (soll) aus seiner Tyroler Tragödie Einiges faseln, und immer mehr in einen komischen Wahnsinn versinken..": Rom 18/2/1828, Bo.IV Nr. 261. Platen bestätigt im übernächsten Brief an Fugger, Rom 12/3/1828, ebd. Nr. 268: „Ich danke Dir für die Mittheilungen aus dem Hofer. Wie heißt denn der Titel des Stücks? Einzelheiten wären mir freilich lieber gewesen; denn diese Gattung Tragiker haben gewöhnlich Einfälle, daß auch der verwegenste Komiker ihnen nicht gleich kommen kann". Immermanns Drama wurde im November 1829 am Hamburger Schauspielhaus gegeben, vgl. Heine-Chronik 69f. ‚Pusterthaler Ilias', Romantischer Oedipus Vers 1534: Platen täuscht sich, Hofer gehört ins Passeiertal. Zu ‚Petrark des Lauberhüttenfests', ebd. Vers 1573 vgl. Immermanns Rezension der Heine'schen ‚Reisebilder Zweyter Theil' in den ‚Jahrbüchern für wissenschaftliche Kritik', Berlin Nr. 95 – 98/1827, abgedruckt bei Häntzschel 4,738ff. Jeder solle sich die allegorischen Figuren im Zwischenspiel nach eigner Weise auslegen, „Er mag im Oedipus mich selbst..": Brief Platens an Fugger, Siena 13/2/1829, Bo.IV Nr. 333; zur Deutung des Ödipus Jürgen Link, ‚ich werde mir nie in dieser hinsicht einen pathos zu schulden kommen lassen": zum unglücklichen ausgang des diskurs-duells platen contra heine', in: kultuRRevolution, zeitschrift für angewandte diskurstheorie, Dortmund 8/1985, 44. L. v. Scheffler deutet die Jokaste als Gräfin Platen in Bo.I XII; die von ihr zitierten Verse Tiecks aus dem Gedicht ‚Liebe', nach Denkler 291 Anm. 709. Daß Tiecks romantische Synästhesie (süße Liebe denkt in Tönen) für den unmusikalischen Platen ein Greuel gewesen sein muß, kann ich mir gut vorstellen. Vers 729 nach Denkler 141 enthält m. E. einen Druck- oder Lesefehler von 1829 oder 1979: ‚Wem das Herz, von Liebeszwickeln/ Eingepreßt, Begierden prickeln..' ergibt keinen Sinn; ich habe ersetzt mit: ‚Wem, des Herz..'. Zur Aufführbarkeit des ‚Romantischen Oedipus' Schlösser II 125f; zu seiner Stoßrichtung, gegen die offene Dramenform in der Nachfolge Shakespeares und für ein klassizistisches Drama s. Denkler 27. Ich kann mich nicht der Meinung Doves (250ff) anschließen, daß Platen mit dem ‚Romantischen Oedipus' auch eine späte Selbstkritik seines früheren Schaffens beabsichtigt habe. „...den zwei schmutzigsten Geizhälsen..": Platens Brief an Rumohr, Siena 16/3/1829,

Bo.IV Nr. 340; Bornstein hält unverständlicherweise Puchta für den Adressaten. Ode ‚An Marco Saracini' KP IV 71f, 6 Strophen, davon zitiert 1, 5, 6, R nach Cotta 2,185. Geldmangel, Cotta hüllt sich in Schweigen s. Brief Platens an Fugger, Siena 30/3/1829, Bo.IV Nr. 343: „Cotta hat noch immer nichts geschickt, und ich hätte überhaupt kein Geld, um nach Rom zu reisen, und den König zu sprechen. Auch wüßte ich nicht, was ich dabei gewinnen könnte". „..nicht sonderlich begeistert..": Brief Platens an Rugendas, Siena 4/3/1829, ebd. Nr. 337. Fugger zum Begleiter des bayerischen Kronprinzen ernannt, Hohenstaufen-Epos, „Sorgen Sie also für den Mantel..": Brief Platens an Rumohr, Siena 23/2/1829, ebd. Nr. 335. Kopisch erringt die Gunst des preußischen Kronprinzen s. sein Brief an Platen, Neapel 29/1/1829, ebd. Nr. 329. Keine preußische Unterstützung für Kopisch in Italien, sein letzter überlieferter Brief an Platen, Neapel 2/4/1829, ebd. Nr. 344; Angaben über Kopischs weiteres Leben nach Bornstein IV Anm. 334. Romagnuoli, Musikmeister der Gräfin Pieri s. Brief Platens an Rumohr, Bo.IV Nr. 340. Giorgio Vasari, Le Vite de' più Eccellenti Architetti, Pittori et Sculptori Italiani da Cimabue insino a' Tempi Nostri', Firenze 1550/1927, daraus ‚Vita di Giovannantonio detto Il Sodoma da Verzelli', Zitat daraus von mir übersetzt, s. a. Wittkower a.a.O. 173ff. Die Fresken in Monte Oliveto „ausgezeichnet schön" s. Platens Brief an Rugendas, Siena 30/4/1829, Bo.IV Nr. 351. Angaben zur Abbazia di Monte Oliveto Maggiore bei Buonconvento nach Guida TCI vol. 11 Toscana, Milano 1974. „Ich weiß, daß Cotta..": Brief Platens an Puchta, Siena 17/4/1829, Bo.IV Nr. 349; Brief an denselben mit dem Auftrag, 500 fl. zu borgen, Siena 13/5/1829, ebd. Nr. 353. Platen lebt seit drei Monaten im Gasthaus, Brief an die Brüder Frizzoni, Siena 20/5/1829, ebd. Nr. 354. Reisepläne in Platens Brief an Kopisch, Siena 14/4/1829, Bo.IV Nr. 348. Puchta schickt neuen Paß aus Deutschland s. Brief Platens an Puchta, Siena 24/3/1829, Bo.IV Nr. 342. „So lang ich mir nicht..": Brief Platens an die Eltern, Siena 25/5/1829, ebd. Nr. 357.

42. Die päpstlichen Marken

Tb.II 896 – 915, R nach MMPl 50. Friedrich Overbeck malte 1829 in der Capella della Porziuncola unter der Basilika S. Maria degli Angeli bei Assisi das Fresko ‚Der hl. Franziskus erbittet von Jesus und Maria die Erlaubnis, Absolution zu erteilen'; nach Guida TCI vol. 14 Umbria, 266. Die Fußnote 4 in Tb.II 900 ist unzutreffend. Klage über kahle Küsten und Mangel an schattigen Spaziergängen s. Platens Brief an die Eltern, Ancona 29/6/1829 und an die Brüder Frizzoni, Ancona 31/7/1829, Bo.IV Nr. 360, 365. Verschollene Porträtzeichnung Platens von Rugendas s. Brief an Fugger, Ancona 3/8/1829, Bo.IV Nr. 366. Epigramm ‚Ancona' KP IV 209, dazu Schlösser II 275f. Sengle (III 429) nennt Platen einen der bedeutendsten deutschen Epigrammatiker. „Heine bekommt..": Brief Platens an Schwenck, Ancona 4/7/1829, Bo.IV Nr. 361. Rezension ‚Gedichte von August Grafen v. Platen', gez. Ludwig Robert, in: Jahrbücher für wissenschaftliche Kritik, Berlin 1829, Nr. 75/76 (April). Ballade ‚Irrender Ritter' KP II 87f; dazu Links Bemerkung in K. 718. Puchta antwortet Robert anonym mit einer langen Verteidigung Platens im Tübinger ‚Morgenblatt für die gebildeten Stände' vom 21/11/1829. Früheste Rezension der ‚Gedichte' Platens, Ausgabe 1828, von Gustav Schwab ebd. 27/5/1828. „Da ich ihm viel Freundschaft..": Brief Platens an Puchta, Ancona 11/7/1829, Bo.IV Nr. 363 u. Anm. „Die 20jährige Dame.." Brief Platens an Kopisch, Ancona 6/8/1829, ebd. Nr. 368. Platen sendet an die Frizzonis zusammen mit einem Brief das Gedicht ‚Flucht nach Toskana', Ancona 31/7/1829, Bo.IV Nr. 365; Emmy Rosenfeld (A 66) nennt diesen Vorgang ein „Manifest von Platens außergewöhnlichem Geschick, anderen ins Fettnäpfchen zu treten". Empfehlungsbrief

Rumohrs für Platen an Bunsen, Siena 14/12/1828, Bo.IV Nr. 394. Enttäuschendes Handschreiben vom preußischen Kronprinzen (nicht erhalten): daß es eine deutliche Einladung enthalten habe, der Dichter möge, ähnlich Kopisch, nach Berlin übersiedeln, wie Petzet in KP VIII 30 behauptet, läßt sich aus Platens Antwort an Bunsen, Ancona 17/8/1829, Bo.IV Nr. 371, nicht entnehmen. Angaben über Urbino nach Guida TCI vol. 13 Marche, Milano 1979, über San Marino dto. vol. 10, Emilia-Romagna, Milano 1971. Platen weiß selbst nicht, warum er so lange in Ferrara bleibt, s. sein Brief an die Frizzonis, Ferrara 10/10/1829, Bo.IV Nr. 376. Drei Epigramme ‚an einen Ferraresen' KP IV 215, davon erstes zitiert, R interpoliert. Politische Ode ‚Europas Wünsche' KP IV 93ff, 6 Strophen, davon zitiert 1f, R nach Cotta 2,190f; dazu Schlösser II 244f; Platens Absicht, das Gedicht an den preußischen Kronprinzen zu schicken s. sein Brief an Rumohr, Venedig 20/10/1829, Bo.IV Nr. 380. Ode ‚An August Kopisch' KP IV 75ff, 6 Strophen, davon zitiert 4ff, R nach Cotta 2,188f. Klage über hohe Preise im Brief an die Eltern, Venedig 19/10/1829, Bo.IV Nr. 377. „Ich habe Venedig dießmal..": Brief Platens an Fugger, Venedig 22/10/1829, ebd. Nr. 383. Negative Rezensionen des ‚Romantischen Oedipus': Literatur, gez. Rt. (Robert), in ‚Gesellschafter oder Blätter für Geist und Herz', Berlin 17/6/1829, Beilage, sowie: Dramaturgie, ungez., in ‚Berliner Conversations = Blatt für Poesie, Literatur und Kritik' vom 15/8/1829. Weitere negative Besprechungen des ‚Romantischen Oedipus' erschienen, während Platen sich in Venedig aufhielt, doch konnte er sie wegen der langsamen Post noch nicht kennen. Platen hört von Immermanns Gegenschrift zu seinem ‚Oedipus' und erkundigt sich nach Einzelheiten in Briefen an Schwenck, Venedig 20/10/1829, Bo.IV Nr. 378, an Puchta, Venedig 21/10, ebd. Nr. 382, sowie an Fugger, Venedig 22/10/1829, ebd. Nr. 383. „..dieser boshafte und insolente Pöbel..": Brief Platens an Schwenck, Venedig 10/11/1829, Bo.IV Nr. 386. Die Sonette ‚Abschied' und ‚Grabschrift' in Platens Brief an Puchta ebd. Nr. 382, beide vollständig zitiert. Brief Platens an Bunsen mit der Ankündigung seiner baldigen Ankunft in Rom, Venedig 25/10/1829, Bo.IV Nr. 384.

43. Heines Rache

Tb.II 916 – 19, R nach MMPl 50. Über die anstrengende Reise von Venedig nach Rom s. Brief Platens an die Frizzonis, Rom 7/12/1829, in: Poetischer und litterarischer Nachlaß des Grafen A.v. Pl. Gesammelt und herausgegeben von Johannes Minckwitz, zweiter Band = Gesammelte Werke des Grafen A.v. Pl., Leipzig 1853, 7. Band, *ab hier abgekürzt: Mi.*, Nr. 209. Ranke mit Gündel in Schulpforta s. Brief Platens an die Frizzonis, Rom 17/4/1830, Mi. Nr. 215, Rosenfeld A 94ff. Platen von Kestner mit Thorvaldsen und Rauch zum Essen geladen s. Brief Platens an die Eltern, Rom 5/1/1830, MMPl 88. Nerly als Vorsitzender der Ponte-Molle-Gesellschaft s. Noack 245f. „Waiblinger ..ist an der Schwindsucht..": Brief Platens an Fugger, Rom 6/2/1830, Mi. Nr. 212. Waiblinger hat eine Tochter von der Carlenzo s. sein Brief an Eser, Rom 28/2/1829, Königer V 1 Nr. 254; das Kind starb, doch ist C. erneut schwanger, vgl. Platens Brief an Schwab, Rom 3/2/1830, Schiller-Nationalmuseum Nr. 58.1773. Angaben zu Waiblingers Tod ebd. u. nach W-W-Chronik, Marbacher Magazin; Waiblinger neben Shelley begraben s. Koch in KP I 343. Zu Eduard Gerhard s. Hellmut Sichtermann, Briefe August v. Platens an E. G., Mainz 1979, *ab hier abgekürzt: Ge/Si*, 4ff; Wettkämpfe in Sonetten, Liste von Reimwörtern ebd. 7f; Link D. 244 bringt ähnliche Reimwörter-Folgen für Ghaselen. Wetterumschlag zum Karneval s. Platens Brief an die Frizzonis, Rom 28/2/1830, Mi. Nr. 213, Ros. A 91. Platen nimmt zu Bunsens Kritik an ‚Asser und Assad' Stellung, s. sein Brief an Bunsen, Rom 7/3/1830, in: Platens Briefe an (Christian Karl Josias Freiherr von) Bunsen, hsg. u. kommentiert von Theodor von Bunsen, in:

Deutsche Revue, Leipzig, 3. Band 1879/80, *ab hier abgekürzt: Bunsen*, 26f. ‚Der im Irrgarten der Metrik umhertaumelnde Cavalier. Eine literarische Tragödie' von Karl Immermann. Hamburg. Bei Hoffmann und Campe. 1829. Reclam-Neudruck, Denkler 183ff. Immermanns positives Urteil über Platen in Brief an Michael Beer nach Hans Mayer, Außenseiter, Stuttgart 1975, 215. Mayer schreibt auf derselben Seite von „der gemeinsamen Münchener Zeit" Heines und Platens: es gibt sie nicht. Sengle (III 825) nennt Immermanns Platen-Kritik „ganz vergnüglich" und „eher ein(en) munter(en) Spott"; ich kann mich dieser Meinung nicht anschließen. Zitate aus Immermanns Aufsatz im ‚Cavalier' gegen Platens aristophanische Komödien s. Denkler 186ff; Zitate ‚Du, impotent..' aus XIX ‚Gespräch' ebd. 206; ‚Brav' geblitzet..' aus XXI ‚Auch eine Parabase. Aber nicht an das Volk.', ebd. 208; ‚Dort unter jenem..' aus III ‚Verschiedene Wirkungen' (Sonett) ebd. 196. Denklers Anmerkung auf ebd. 315, minorenn heiße hier so viel wie minderwertig, ignoriert Immermanns schiefe Anspielung auf Platens vita amorosa: ‚Minorenner Skorpionen Nest' meint neben der falschen Altersklasse auch noch passive Homosexualität, die für Platen m. E. nicht zutraf. Heinrich Heine: Reisebilder Dritter Theil, Hamburg 1829, II Die Bäder von Lucca, Kapitel X u. XI, neu bei Häntzschel 3,440ff. Die Stelle mit der Madonna in der ersten Buchausgabe von ‚Reisebilder I. Theil', Hamburg 1826, ebd. 4,748, in späteren Ausgaben gestrichen. Heines Rezension eines Buches von Wolfgang Menzel in Cottas ‚Politischen Annalen', Zitat nach Häntzschel 4,874f. Aufhebung der Pressezensur durch Ludwig I, in der Folge Zuwanderung liberaler, meist jüdischer Publizisten nach München s. Dirrigl 310. Artikel Döllingers gegen Heine in ‚Eos – Münchener Blätter für Literatur und Kunst', München 18/8/1828, völlig abgedruckt bei Häntzschel 4,873ff, mit modernisierter Orthographie. ‚Gedichte des A. Gr. v. Platen' gez. H., zweiteilige Rezension der ‚Gedichte' (1828) von F. B. W. Hermann, in ‚Eos', München 23+25/8/1828. Zur Entstehungsgeschichte von Heines Platen-Polemik in den ‚Bädern von Lucca' s. Schlösser II 214ff, Dirrigl 687ff. Dirrigl (625) nennt als Mitglieder des Eos-Kreises u.a. Görres, Baader, Döllinger, Cornelius, Aretin, Seinsheim, Kleinschrodt, Ringseis; er hält für ungewiß, „welchen Kräften es schließlich gelang, eine Anstellung des jüdischen Dichters zu verhindern" (690). Es war mit ziemlicher Sicherheit der Eos-Kreis (schon Schlösser II 215 vertritt diese Ansicht) und aus diesem vermutlich besonders Ringseis. Der Auftritt in der Buchhandlung Campe zu Hamburg im Sommer 1829 nach H. H. Houben, Gespräche mit Heine, Frankfurt 1926, Nr. 188; daß Lyser unzuverlässig sei, meint Houben a.a.O. 150, teilt die Szene aber dennoch mit. In der Tat zitiert Lyser Heine ungenau (moderner anstatt romantischer Oedipus, Henry anstatt Harry); dennoch besteht „wenigstens eine gewisse Wahrscheinlichkeit" (Houben). Zu den ‚Bädern von Lucca' auch Jost Hermand: Der junge Heine. Ein Kommentar zu den ‚Reisebildern', München 1976. Heines verwischte Abbildung seines Onkels als Gumpelino: Salomon Heine hat sich nie taufen lassen, Lazarus Gumpel aber auch nicht. Hermand (166) meint vorsichtig, Heine habe den Gumpelino vielleicht dem Onkel zuliebe erfunden: ganz im Gegenteil, um ihn zu ärgern! „An nicht wenigen Stellen will es uns scheinen, als spräche aus Hirsch-Hyazinth der Dichter selbst hinter einer dünnen Maske, und bald erlangen wir Gewißheit, daß diese Person nur eine Selbstparodie des Dichters ist": Sigmund Freud, Der Witz und seine Beziehung zum Unbewußten (1905), in: Studienausgabe, Frankfurt 2)1970, IV 132f. Für Freud ist Hirsch/Hyazinth = Harry/Heinrich Heine vor und nach der Taufe. Zum Tulpen-Symbol Heinrich Henel, Epigonenlyrik 271f. Die Glaubersalz-Szene s. Kapitel IX der ‚Bäder von Lucca'. Gumpelino liest Platens Gedichte s. ebd. Kapitel X. Ghasel an Krieger ‚Der Hoffnung Schaumgebäude bricht zusammen' (1823), KP III 104, von Heine vollständig zitiert, R hier und weiter nach Häntzschel; Zitat ‚Mein Wunsch bei Andern..': Sonett an Liebig (1823), ebd. 168. Direkte Streitrede gegen Platen s. ‚Bäder von Lucca' Kapitel XI; Zitat ‚...deine blonde Jugend..': Sonett an German (1826), KP III 202. Zitat in der Fußnote ‚Ich fürchte nur..': Sonett an German (1826), ebd. 197 (R nach Cotta 2,127). Zitat ‚Du liebst und schweigst': Sonett an German (1826), KP III 196. Zitat ‚Ja, gleich wie Nero..': R.Oe. 1481f; Platen verwechselt Nero mit Caligula, Gehirn mit Hals (Sueton, Cäsarenleben, Caligula 30). Platens Vermutung einer Verschwörung Immermanns und Heines gegen ihn s. Mayer, Außenseiter 215. Heines Brief an Menzel, München 2/54/1828 mit Urteil über Platens Gedichte s. Hirth Nr. 230. Daß Heine an Platens Liebesthematik moralischen Anstoß genommen habe, behaupten Schlösser II 222 u. Häntzschel 4,831; Häntzschel spricht gar von Platens „krankhafte(r) homosexuelle(r) Veranlagung", ebd. 834, ein 1976 für Gebildete empörender Standpunkt. Platen las 1828 vermutlich Immermanns ‚Andreas Hofer', vgl. Denkler 307 Anm. 1574. Mayer (Außenseiter 211ff) wirft Heine Unaufrichtigkeit vor: mit seinem Angriff auf Platen habe er die sexuellen Tabus im bürgerlichen Deutschland gehätschelt. Ich meine vielmehr, daß Heine, indem er aus den Metaphern Platens Fakten machte, die Tabus verletzt hat, hauptsächlich zu seinem eigenen Schaden. Witze für Honoratioren ebd. 221. Thomas Mann: August von Platen, Festvortrag 1930 a.a.O. Beiderseitiger Don-Quixotismus s. Mayer, Außenseiter 213, gegenseitige Selbstidentifikation ebd. 221f, Vereinigung von Heine und Platen in der Figur des Gumpelino ebd. 222f. Platen ironisch, Heine pathetisch s. Link, kultuRRevolution 8/1985, 41ff (vgl. Apparat Kap. 41). Platen bestreitet, Heines ‚Bäder von Lucca' zu kennen in Briefen an Puchta, Rom April und Sorrent Juni 1830 (verschollen; zitiert bei Schlösser II 228f). Einzige Erwähnung Immermanns in Platens Tagebüchern II 915. Platen zeigt großes Interesse an Immermanns ‚Cavalier' s. Brief an Schwenck, Venedig 20/10/1829, Bo.IV Nr. 378, sowie Briefe an Puchta, Venedig 21/10 u. 16/11/1829, ebd. Nr. 382 u. 387. Platen ist kein Dichter s. Immermann, Cavalier XX, Denkler 206f; Heine erklärt in den ‚Bädern von Lucca' viermal, Platen sei kein Dichter, vgl. Häntzschel 3,456, 458. Die Rezensenten behaupten, Platen sei kein Dichter, s. Platens Brief an die Frizzonis, Rom 28/2/1830, Mi. Nr. 213, Rosenfeld A 91ff; desgl. Zitat ‚‚...von andern Seiten..", „In der That.." in verschollenem Brief Platens an Puchta, Rom April 1830, zitiert bei Schlösser II 229. Abbruch des orientalischen Epos s. Brief Platens an die Frizzonis, Rom 28/2/1830, wie oben. Epigramme ‚Was ihr faselt und schmiert..' KP IV 198f, ‚Glaubst du, es wäre vergessen..' ebd. 226, R interpoliert. „...polternd und grunzend..": Brief v. d.Bussche an Platen, Hannover 18/7/1831, MMPl 69, „Platen habe ich in Rom..": Brief Rankes an Varnhagen, Florenz 25/5/1830, in: Leopold von Ranke, Das Briefwerk, hsg. v. W.P. Fuchs, Hamburg 1949, 212f, zitiert nach Dirrigl 1256.

44. Die Abbassiden

Tb.II 919-26, R nach MMPl 50. „Erstlich war es schon..": Brief Platens an Fugger, Piano di Sorrento 12/6/1830, Mi. Nr. 216. Zu Ludwig I vgl. Corti 294f. Keine Fortschritte beim orientalischen Epos s. Platens Brief an Bunsen, Neapel 9/5/1830, Bunsen 28. Besuch Klenzes bei Platen erwähnt im zuletzt angeführten Brief an Fugger und in Platens Brief an die Mutter, Sorrent 22/6/1830, MMPl 88. Teure Wohnung, an der nichts auszusetzen war, „als daß sie..": Brief Platens an Bunsen, Sorrent 3/6/1830, Bunsen 29. ‚Decline and Fall of the Roman Empire' von Gibbon im Tagebuch am 1/1/1818, erwähnt i. Zshg. mit der Idee des ‚Odoaker' Tb.II 25f; Koch (KP II 38f) und Schlösser (I 284) vermuten Gibbon auch als Vorlage für das ‚Grab im Busento'. ‚Der Tod des Carus' KP II 31ff. Link (K. 702) zu diesen Balladen: „Man ist versucht zu sagen: Als Parodie wäre das großartig — nur leider ist es ja keine Parodie. Aber es ist auch kein bitterer Ernst: Dazu ist das Pathos denn doch zu theatralisch. Die Platensche Ballade öffnet sozusagen einen Vorhang und zeigt dahinter in theatralischer Beleuchtung ein Spektakel ‚überzogener' Gesten, Klänge, Bilder. Es handelt sich um pathetische Tragigrotesken im Vorfeld

Richard Wagners." Ich fürchte, Platen war es bitter ernst mit seinen Balladen, und dem gesamten 19. Jahrhundert ebenfalls. Zur politischen Konnotation mancher Balladen Link K. 700f. Klage über nicht geheilten Abszeß, Geldsorgen in Platens Brief an Fugger vom 12/6 a.a.O.. Angaben über Julie Gräfin von Egloffstein nach: Hermann von Egloffstein: Alt-Weimar's Abend. Briefe und Aufzeichnungen aus dem Nachlasse der Gräfinnen Egloffstein, München 1923, *ab hier abgekürzt AWA*. Briefzitat „Verheimlichen Sie mir doch nicht..": Brief Rankes an Platen, Florenz 17/7/1830, in Leopold v. Ranke, Zur eigenen Lebensgeschichte, hsg. v. Alfred Dove, Leipzig 1890, Nr. 76. „Platen gehörte..": Brief Julie E.s an die Mutter in Weimar, Sorrent 12/8/1830, AWA 354. Zum Bürgerkönigtum: Michael Doeberl, Entwicklungsgeschichte Bayerns III, München 1931, 99. Zur Literatur der Biedermeierzeit: Sengle I, Kapitel 1 – 3, zum Jungen Deutschland bes. S. 156. Platen bei drei deutschen Damen in Pension, „Ich nehme täglich..": Brief Platens an die Eltern, Sorrent 15/8/1830, MMPl 88. Zu Emilie Linder Friepes 60, Koch in KP I 268f. Sie stammte aus Basler Patrizierhaus, muß attraktiv und ähnlich frigid wie Julie Egloffstein gewesen sein. Clemens Brentano umwarb sie später ohne Erfolg und richtete Gedichte an sie. „..Platen müßte ich..": Brief Caroline E.s an Julie Egloffstein, Weimar 31/8/1830, AWA 357. Goethe über den Streit zwischen Platen und Heine zu Eckermann am 14/3/1830: „Ein Begabter und ein Talent verfolgt das andere. Platen ärgert Heine, und Heine Platen, und jeder sucht den andern schlecht und verhaßt zu machen, da doch.. jeder schon an seinem eigenen Talent einen Feind hat, der ihm hinlänglich zu schaffen macht" (Eckermann, Gespräche mit Goethe, 3. Teil). „Cotta hat eine neue..": Brief Platens an Fugger, Sorrent 6/9/1830, Mi. Nr. 218. „In der That..": Brief Platens an die Frizzonis, Sorrent 6/9/1830, Mi. Nr. 219, Rosenfeld A 98ff. „Wie würde Ottilie..": Brief Julie E.s an Line Egloffstein, Sorrent 9/9/1830, AWA 360f. Platens italienisches Sonett an Julie Egloffstein ebd. 361, sowie bei Friepes 60f; Erstveröffentlichung in ‚Chaos' (Weimar) Nr. 50 v. 23/10/1830. Meine Übersetzung lautet: ‚Erhebe dich, o Sorrentiner Volk, und höre/ die große Neuigkeit des großen Geburtstags,/ um mit vielfältigem Getöse/ die Gräfin der Appartements zu feiern!// Du kennst sie schon und alle ihre Talente/ und ihren Geist, der so veränderlich ist,/ daß im Vergleich mit ihm die Phasen des Mondes/ feste und dauerhafte Dinge zu sein scheinen./ Hoffen wir, daß sie die augenblicklichen Verträge künftig hält,/ hoffen wir, daß sie in der Casa Balsamo nun und heute/ gesund bleibt und nicht von Zeit zu Zeit in Ohnmacht fällt!// Sie feiern wir durch Täler und Haine,/ und unser allgemeiner Ruf sei:/ Es lebe die Herrin der Wohnungen!' – „..mehr wert als ein zärtliches..": Brief der Mutter Egloffstein an Julie, Weimar 13/10/1830, AWA 365f. Über die zehntägige Reise mit der Familie Bunsen s. Brief Platens an die Eltern, Neapel 21/10/1830, MMPl 88, und Brief Platens an Fugger, Neapel 25/10/1830, ebd. Mi. Nr. 220. Ode ‚Die Ehrenhalle' KP I 478ff, s.a. Dirrigl 752f. Ode ‚Der bessere Theil' KP IV 77f, von 6 Strophen die letzte zitiert, R nach Cotta 2,190. Die beiden ersten sind, leicht verändert, auch die Anfangsstrophen der Ode ‚Menschliches Loos', einer Übersetzung der berühmten Sophokleischen Chorstrophe aus dem ‚König Ödipus' vom Herbst 1829, KP IV 84ff, vgl. Schlösser II 198. Ode ‚An Karl den Zehnten' KP IV 78f, 9 Strophen, zitiert die letzten drei Verse, R nach Cotta 2,193; dazu Schlösser II 357f. Über die Ode Brief von Rugendas, Paris 29/12/1830, MMPl 69. Über Franz I von Neapel s. Gunn 187ff; Platen beobachtet den Leichenzug, s. sein Brief an die Eltern, Neapel 18/11/1830, MMPl 88. Die Schilderung des Besuchs der Brüder Frizzoni bei Goethe ist verloren; Platen zitiert sie im eben genannten Brief an die Eltern. Das Distichon ‚An die Brüder Frizzoni', KP IV 190 (R nach Cotta 2,286), ist m. E. von Koch etwas zu früh datiert: nicht Oktober, sondern November 1830. Am 6/11 fragt Platen in einem Brief an die Frizzonis, was Goethe über ihn gesagt habe; am 18. hat er es erfahren und teilt es den Eltern mit. Das Distichon scheint eine Reaktion darauf; möglicherweise ist es die Widmung einer Abschrift oder Teilabschrift der Epigramm-Sammlung von 1829, die Platen nunmehr als Dank nach Bergamo sandte. Drei Balladen: ‚Harmosan‘, ‚Luca Signorelli‘, ‚Zobir‘, KP II 33f, 35ff, 37ff; aus ‚Harmosan‘ zitiert die Verse 3f, R nach Cotta 1,138. Platen klagt über Mangel an Gesellschaft im Brief an Fugger, Neapel 2/12/1830, MMPl 65. Das Gedicht ‚O schöne Zeit..‘ KP II 96 (vollständig zitiert, R interpoliert), von Koch auf 1830 datiert, gehört möglicherweise auch ins Jahr 1831. Ode ‚Der Vesuv im December 1830‘, KP IV 79f, vollständig zitiert, R nach Cotta 2,193f. Dove (56) versteht sie als seelisches Selbstportrait Platens: „On the surface this is, of course, simply a well-realized nature description – an offering on the altar of Biedermeier travel literature...But, at a deeper level, nature's involuntary violence is being shown to be curbed by innate moderation" (ebd. 184). Spottgedicht auf die Hegelianer ‚Deutsche Tiefe‘ KP II 146f: ‚..Wenn die Winde blähn das Segel,/ Steigt an's Land Adonis-Hegel,/ Schön wie Brahmas Zeugeglied.‘ Adonis steht für kurzlebige Schönheit, vgl. Link K. 767; die Obszönität wird geringer, wenn wir Heinrich Zimmers ‚Indische Mythen und Symbole‘, Neuausgabe Düsseldorf/ Köln 1972, 142ff, zu Rate ziehen. Platen meint offenbar das Auftauchen des feurigen Riesen-lingam (lingobhava) aus dem lichtlosen Urozean, den auch die Genesis kennt. Freilich handelt es sich um eine Manifestation Shivas, nicht Brahmas. Da zudem noch von Raupach und Immermann die Rede ist, scheint mir das Gedicht kunstvoll um den unaussprechlichen Feind herumgeschrieben: Platen schlägt den Sack Hegel, meint aber den Esel Heine; womit die Obszönität wieder zunimmt. ‚Aufruf an die Deutschen‘ KP II 174: ‚Eilt, o Söhne Theuts, herbei,/ Stürzt die kleine Tyrannei!/ Metternich und Nesselrode/ Sind so ziemlich aus der Mode..‘ Nur an dieser einen Stelle im Gesamttopus kritisiert Platen namentlich Metternich, dessen Politik seinen Zorn viel eher hätte erregen müssen als die des Zaren (vgl. die weniger deutliche Kritik an der griechenfeindlichen Politik Österreichs in der Ode ‚Europas Wünsche‘, Kapitel 42). Betretenheit bei Heines Freunden über die ‚Bäder von Lucca‘ vgl. Häntzschel 4,834f; anonyme Rezension der ‚Bäder‘ (gez. I.): ‚Rügen. Platen und Heine.‘ in ‚Blätter für literarische Unterhaltung‘, Berlin 23/1/1830, zitiert bei Häntzschel 4,838ff. Rezension der ‚Bäder‘ von Moses Veit in ‚Der Gesellschafter‘, Berlin 3/2/1830, zitiert ebd. 841ff. Die drei halbwegs lobenden Rezensionen der ‚Bäder‘ von Varnhagen, Lyser und Herloßsohn (anonym) ebd. 846ff. ‚Asser und Assad. Ein Gedicht‘ KP VIII 170ff, ‚Die Abbassiden. Ein Gedicht in neun Gesängen‘ ebd. 179ff, Zitate R nach Cotta 4 263ff. Prolog 3. Stanze:

> Und weil mir vorgeworfen ward, es wäre
> Mein Vers zu gut für eure blöden Ohren,
> Und allzu kunstreich meine ganze Sphäre,
> Weil euch der Wein behagt unausgegohren,
> Den sonst ich gern wohl durch Gedanken kläre,
> So hab' ich dießmal ein Gewand erkohren,
> Das schlicht und einfach und bequem zu fassen,
> Das kaum den Stoff verhüllt in keusche Massen.

Überhöht italienische Landschaften vgl. Schlösser II 308. Für entgleiste Sprache zwei Beispiele: ‚Verdank' es meiner Milde,/ Wenn ich nicht dein eigen Haubt und deiner/ Fahrtgenossen ihre durch den Henker/ Augenblicks auf meines Schlosses Zinne/ Heften lasse!‘ (VI 208ff) – ‚Auf der Schwelle stand der Abbatissin/ Strenge Form; sie winkte.‘ (VIII 336f). Das Mercy-Fragment XII in KP V 57f. Positive Bewertung der ‚Abbassiden‘ durch Sengle III 439f, Link K. 954ff, Zitat ebd. 955f. Zu Heliodoras Schloß, von Tulpen umgeben: Sengle (I 321) zitiert Platens Tulpen-Ghasel (KP III 37) und verweist auf „die Nähe zum kühlen Bild des Symbolismus. ..Die Tulpe hat auch die echte Zweideutigkeit des Symbols; denn ob damit eine kühle erotische Schönheit oder die stolze Kunst oder alle kalte Schönheit gemeint ist, läßt sich ohne weiteres nicht entscheiden."

45. Des Teufels Großmutter

Tb.II 926 – 32, R nach MMPl 50. „Nun ist er mir zwar..": Brief an die Eltern, Neapel 11/1/1831, MMPl 89, Umrechnung Louis d'or in Gulden nach Hay 145. Gedicht ‚Loos des Lyrikers' KP IV 81, völlig zitiert, R nach Cotta 2,194f. Polenlieder: Koch führt 19 an in KP II 175ff; dazu kommen noch vier in Odenform: ‚Der künftige Held' KP IV 87f sowie die drei letzten Oden ebd. 95ff. Bemerkungen zur italienischen Geschichte 1831/32 nach: Giacomo Leopardi, Canzonen, übersetzt, eingeleitet und erläutert von Emerich Schaffran, Bremen 1963, XLIff. „Ueber politische Dinge..": Platens Brief an Fugger, Neapel 8/3/1831, Mi. Nr. 225, über Leopardi Brief an denselben, Neapel 18/1/1831, Mi. Nr. 224, über den Rauch des Vesuvs, der die Luft reinige s. Brief Platens an Puchta, Neapel 24/10/1831, MMPl 66. Zehn politische Gedichte zwischen 18/1 u. 11/4/1831, Zählung nach Petzet in KP XII 271f; Ode ‚An Franz den Zweiten' KP IV 86f, 9 Strophen, zitiert die ersten 5 Verse, R nach Cotta 2,198. Gedicht ‚Italien im Frühling 1831' KP II 209f, 7 Strophen, zitiert die letzte, R nach Cotta 6,7; Schlösser (II 367f) meint dazu begütigend, Platen habe in der katholischen Kirche den Hort der Unfreiheit, in der Reformation lediglich die Anbahnerin moderner Geistesfreiheit gesehen. Das ist zwar Gemeinplatz im Biedermeier, macht jedoch die Naivität nicht geringer. Biographische Angaben zu Johann Karl Wilhelm Zahn nach Tb.II 927 Anm. 1. Archäologische Mittagsgesellschaft in ‚Goethes Haus' in Pompeji, gegeben vom Grafen Lottum s. Ge/Si 20ff. Angaben zur Casa del Fauno nach Guida TCI vol. 19, Napoli e Dintorni, Milano 1976, 446f. Die Fußnote zu ‚Goethes Haus' nach Erich Kunze, Über Nervanders Aufenthalt in Neapel und seine Begegnung mit AvP, in: Suomalaisen Tiedeakatemian Toimituksia, Serie B 84, 19, Helsinki 1954, 341f. Platen von Lottum enttäuscht s. Brief an die Eltern, Neapel 8/3/1831, MMPl 89. „Der Mann ist doch ein..": Brief Felix Mendelssohns an Fanny Hensel und Rebekka Dirichlet, Neapel 28/5/1831, in: F. M-B., Reisebriefe 1830 – 47, Leipzig 1865, Bd. I; zum Vergleich August Lewald, Panorama von München (1836) I 63. Zu Heines Emigration nach Paris im Mai 1831 Häntzschel 6,707ff. Platen bittet, in Wien Bruchmann aufzusuchen, s. sein Brief an die Frizzonis, Neapel 19/4/1831, Mi. Nr. 226, Rosenfeld A 104ff. Angaben zu Bruchmann mit Briefzitat Schwind nach Moriz Enzinger a.a.O. 154; Bruchmann tadelt die Nazarener im Brief an Platen, Wien 11/2/1826, Bo.IV Nr. 143, zitiert in Kap. 35. Platen schildert die Aussicht seiner neuen Wohnung in seinem Brief an die Eltern, Neapel 10/5/1831, MMPl 89. Streit um gemeinsamen Wohnort s. Platens Briefe an die Mutter, Neapel 26/7/1831, ebd., „..du wolltest lieber..": Neapel 27/8/1831, ebd., sowie Neapel 10 u. 24/9/1831, ebd. „Durch die Milde..": Brief Platens an Fugger, Neapel 23/7/1831, Mi. Nr. 229. Klage über Brustschmerzen im Brief Platens an die Mutter, Neapel 26/7/1831, MMPl 89; findet andere Vorwände, nicht nach Deutschland zu reisen, s. Platens Brief an die Mutter, Neapel 10/9/1831, ebd. Letzte ‚reine' Ode ‚Trinklied' KP IV 92f, 8 Strophen, davon zitiert 1 – 4, 8, R nach Cotta 2,204ff. Schlösser (II 429) bemerkt die mindere Qualität der noch folgenden politischen Oden. Althumanistische Stufenordnung lyrischer Genres: Sengle (III 450ff) meint, Platens Klassizismus entspringe einer Trotzhaltung gegen die Biedermeierzeit; dagegen hält Dove (104) Platens „rise through the genres" für existentiell notwendig (dauernde Selbstvervollkommnung als Künstler, Verweis auf Schellings Initia Philosophiae); Link (K. 972) sieht „der Aufklärung verpflichtetes Fortschrittsdenken" und ordnet der Hierarchie aufsteigender poetischer Genres eine Folge von Lebensaltern zu: die Romanzenlieder dem pubertär einsamen Begehren, das anakreontische Genre (Ghaselen) der Flirt-Liebe im kleinen Kreis, das Sonett der leidenschaftlichen Partnersuche, „während die Ode die Brücke vom Privaten zum Gesellschaftlichen schlägt und die Hymne schließlich mit großem historischen Ton an die politische Öffentlichkeit treten soll." Platens Festgesänge im Vergleich zu Pindar s. Kochs Kommentar in KP IV 13ff. Hymnus ‚An die Brüder Frizzoni in Bergamo' KP IV 114ff, 10 Strophen, davon zitiert 1, sowie aus 4, 7, 8,

9, R nach Cotta 2,242ff. Schlössers Urteil ist negativ (II 432); Rosenfeld A 109ff bringt die Urform des Hymnus, beurteilt ihn ebenfalls zwiespältig, ebd. 76ff; „...der eigentliche Körper..": Brief Gündels an die Frizzonis, Johanngeorgenstadt 20/12/1831, auszugsweise zitiert bei Rosenfeld 83f. Zum Frizzoni-Hymnus Link E., K. 900, Sengle III 460. Hymnus ‚Dem Kronprinzen von Bayern' KP IV 103ff, 12 Strophen, zitiert aus der neunten, R nach Cotta 2,241; Dove (254ff) bemerkt die Lehrhaftigkeit von Platens späten Hymnen und erinnert an die Episteln der Jugendzeit. Zu den Polenliedern Ge/Si 20, Link K. 772, Schlösser II 385. ‚Ich hatte manchen..': Polenlied ‚Klagen eines Volksstammes' KP II 178f, 7 Strophen, davon zitiert die erste, R nach MMPl 19; ‚Verkauft, besiegt..': Polenlied ‚Nächtlicher Weichselübergang' KP II 188ff, 12 Strophen, davon zitiert 3, 5, R wie oben; ‚Ukasenton..': Polenlied ‚Das Ende Polens' KP II 181ff, 7 Strophen, davon zitiert die fünfte, R wie oben; ein Ukas ist ein kaiserlicher Erlaß. ‚Schaufeln lernt..': Polenlied ‚Der legitime Monarch' KP II 194f, 7 Strophen, davon zitiert 3f, R nach MMPl 18 (Erstfassung); ‚Gelöstes Problem' KP II 209, völlig zitiert, R nach MMPL 19. Allegorie des eigenen Triebs als dämonische Frauengestalt: Platens grausame Huren (Rosmunda, Katharina) entsprechen ganz den Femmes fatales, die bei Gautier, Flaubert, Pater, Swinburne auftauchen, wenngleich in anderer Perspektive, vgl. Praz Kap. IV. Was für Oscar Wilde Salome, das ist für Platen Katharina II! Dove (237) zu den Polenliedern: „(Platen) could never have commemorated the fate of the Poles with quite such passion had he not, throughout his life, himself felt a victim whose freedom was forever being infringed." Bunsen von den Polenliedern nicht begeistert, Platen verteidigt sich vor ihm in einem Brief vom Dezember 1831, von dem noch die Rede sein wird, vgl. auch Schlösser II 378. Platen identifiziert sich nicht mit ‚zerstückelten' Ländern, er projiziert sich auf ‚zerrissene' Völker; Jürgen Link, der dem politischen Platen weniger kritisch gegenübersteht als ich, gibt das indirekt zu: „Was die späte Lyrik durch ‚Entpersönlichung' an subjektiver Erfahrung opfert, das überträgt sie nun auf die objektiven Erfahrungen der Geschichte" (K. 980). Platen schickt dem Kronprinzen von Preußen das Gedicht ‚An einen deutschen Fürsten', KP II 196ff, 12 Strophen, davon zitiert Strophen 10, 11, R interpoliert; aus der nachfolgenden Korrespondenz sind zwei Briefe Platens an Bunsen ohne Datum erhalten, der erste schon erwähnt in Bunsen a.a.O., von Schlösser (II 391f) auf Dezember 1831 und Januar 1832 datiert und kommentiert. „Der Boden ist vollkommen..": Brief Platens an Puchta, Neapel 24/10/1831, MMPl 66; Epigramm ‚Totenverbrennung' KP IV 205, 4 Distichen, davon erstes und letztes zitiert, R nach Cotta 2,299.

46. Meine Barke muß versanden

Versuche in Geschichtsschreibung, Bruchstücke zu unausgeführten Biographien aus dem italienischen Mittelalter: Prosaische Schriften Nr. 2, 3, 4, KP XII 174ff. Platens Abkehr von Napoleon in der Einleitung zu den Biographien ebd. 186: „Immer geht der Absolutismus mit dem Eroberungsgeiste Hand in Hand, und so sehen wir in Frankreich von Karl VIII bis Napoleon ungefähr dasselbe System befolgt"; dazu auch Schlösser II 358. Das Geschichstswerk, das Platen für 120 fl. anschaffte, dürfte die Sammlung ‚Rerum Italicarum Scriptores', 28 Bände, Mediolanum 1725 – 51, gewesen sein; vgl. Tb.II 929 u. Anm. 1. „Wie ich meinen Geburtstag zugebracht..": Brief Platens an die Mutter, Neapel 8/11/1831, MMPl 89. Platens Bemerkung über den „sehr angenehm" zugebrachten Winter in seinem Brief an die Frizzonis, Neapel 31/3/1832, Mi. Nr. 233. Zwei Gedichte ‚Zwölfzeilen' KP II 152f; ‚Romanze für den Berliner Musenalmanach' ebd. 147ff. Tristan-Fragment KP VIII 268ff. Seit Ende 1830 bemühte sich Platen um „die Geschichte von Tristan und Isolde aus dem Buch von Hagen": diese Version des Tristan-Stoffes sollte ihm als Vorlage zu einem Epos dienen, das er im Anschluß an die ‚Abbassiden' plante. Sichtermann veröffentlichte 1979 vier Briefe Platens an Gerhard (hier abgekürzt Ge/Si), von denen sich zwei nur um die Beschaffung des genannten Buches bemühen. Epigramme des Winters 1831/32 KP IV 168 205ff, 209, 213, 222 (insgesamt zehn). ‚Geschichten des Königreichs Neapel von 1414 bis 1443' KP XII 17ff; Zitat „Da Johanna.." ebd. 33, R nach Cotta 5,66; Petzet verweist auf Schiller, ebd. 15. Sueton charakterisiert in den ‚Cäsarenleben' die Kaiser Nero (Kap. 51ff), Galba (Kap. 21), Otho (Kap. 12) und Domitian (Kap. 18ff) post mortem. Die Belagerung Bonifacios in ‚Geschichten Neapels' Buch I Kap. 11 u. 12, KP XII 62ff; Käse aus Frauenmilch ebd. 65, dazu Schlösser II 471f; die sorgfältige Wiedergabe der abstrusen Geschichte ist ein (wahrscheinlich unbewußter) Affront gegen die Mutter. Wo Platen in den Quellen Gleichgeschlechtliches findet, teilt er es mit; so die entsprechende Neigung Filippo Maria Viscontis (KP XII 136) und die Trauer des Herzogs von Bari um seinen Sohn: „Dieser hatte sich ..in einen Pagen verliebt, und als er sich des Nachts zu demselben schleichen wollte, ward er von einem Steinwurfe getroffen. Aus Scham verheimlichte er die Wunde und starb daran" (ebd. 140f). Über Platens Quellen zu den ‚Geschichten Neapels' s. Schlösser II 466f; Platen schreibt am 20/11/31 an die Frizzonis, er habe in den neapolitanischen Bibliotheken auch Manuskripte durchgesehen; in den Text ist davon lt. Schlösser nichts übergegangen. Zu den ‚Geschichten Neapels' Link K. 701, das Platen-Zitat „Sehen wir doch.." KP XII 137. Letzte Ghaselen: ‚Farbenstäubchen auf der Schwinge' KP III 136 (Erstveröffentlichung 1834, nicht zitiert), ‚Dich erfleht' ebd. 142 (Erstver. 1834), R nach Cotta 2,78; ‚Sang ich einst in deutschen Landen' ebd. 149 (Erstver. 1836), R nach Cotta 2,78; ‚Mit dem Liebchen..': Ghasel ‚Dieser Tag', zitiert ohne die ersten beiden Beits, ebd. 153 (Erstver. 1904), R nach MMPl 19; ‚Diese Bäume' ebd. 151 (Erstver. 1836), R nach Cotta 2,81; im letzten Vers bringt KP ‚verhaßten Schiffs Kajüten', was Link (K. 234) wiederholt. Schlösser (II 439) findet bei diesen letzten Ghaselen sogleich einen „befremdlichen Tatbestand" und warnt davor, aus ihm „weitgehende und bestimmte Folgerungen zu ziehen". Vielmehr: „ohne in den Verdacht zu geraten, irgendwie schönfärben zu wollen," setzt er „die ungewohnte erotische Kühnheit der Ghaselen ..auf die Rechnung poetischer Phantasie." Siebzig Jahre später scheint solche Verwahrung eben doch schönfärberisch zu sein und das, was die Gedichte aussagen, durchaus real. Zum ‚Barkenghasel' (‚Sang ich einst..'): Dove widmet in seinem Kapitel ‚Images' einen Abschnitt dem Bild ‚Boats' (221ff); leider bringt er dies sehr wichtige Beispiel nicht. „...so daß wir wenigstens..": Brief Platens an die Mutter, Neapel 6/12/1831, MMPl 89. Die Münchener Adresse der Mutter nach KP I 401. Ghasel ‚Tage schon entflohn' KP III 154 (Erstver. 1904), R nach MMPl 19. Angaben zu Ludwig I in Neapel nach Corti 318; Umrechnung der Piaster und Carlini in Gulden nach Reuter, Wanderjahre 56; falls deutsche Karolinentaler gemeint gewesen sein sollten, entspräche die Gabe des Kronprinzen 660 fl., was im Vergleich zu des Königs Geschenk doch zu hoch wäre. Angaben zum Hambacher Fest nach Doeberl III 115 sowie nach zwei Artikeln in der ‚Frankfurter Allgemeinen' vom 22/5/1982: ‚Zu legen die Hand an den Wunderbau. Das Hambacher Nationalfest..' von Eberhard Straub, und: ,'Geschossen, gesoffen und jubiliret'... Das Hambacher Fest hatte auch wirtschaftliche Ursachen' von Ulla Hofmann. Die erwähnte Ode ‚Warm und hell dämmert in Rom die Winternacht' in Cottas ‚Morgenblatt' vom 27/4/1827, vgl. hier Kapitel 35. Plan, nach Venedig über Dalmatien zu reisen in Platens Brief an die Frizzonis, Neapel 17/6/1832, Mi. Nr. 236, Rosenfeld A 117. ‚Parthenope ragt so schön': drei Strophen ohne Überschrift und Datum KP IV 91, R nach Cotta 2 204; in Petzets ‚Chronologischer Übersicht der sämtlichen Werke Platens' sind sie vor dem 20/9/1827 eingeordnet, vgl. KP XII 263.

47. Das neue München

Tb.II 932 – 52, R nach MMPL 50. Historische Bemerkungen zu l'Aquila nach Guida TCI vol. 17, Abruzzo Molise, Milano 1979, 90. Historische Angaben zu Oberitalien im Jahr 1832 nach Leopardi/Schaffran a.a.O. XLIIIff. Platen kauft in Bologna die ‚Canti di Giacomo Leopardi', vermutlich in der Ausgabe von Piatti, Firenze 1831. Den sommerlichen Gestank in Venedig erwähnt Thomas Mann im ‚Tod in Venedig', 5. Kapitel. Über Nacktheit in Italien noch ein etwas älteres Zeugnis: „Der Anblick ganz oder theilweise entblößter Körper beiderlei Geschlechts ist in Italien kein allzu seltener, und daher kommt es auch, daß Männer sowie Frauen sich (dort) auch ohne Kleider viel ungezwungener bewegen (als Nordeuropäer)". C. H. Stratz, Die Rassenschönheit des Weibes, Stuttgart 1901, zitiert nach: Ulrich Pohlmann, Wilhelm von Gloeden – Sehnsucht nach Arkadien, Katalog zur Ausstellung des Fotomuseums im Münchener Stadtmuseum 1987/88, Berlin 1987. Poetische Ausbeute des Venedigaufenthalts: ‚An Böttiger in Dresden' KP II 151 (Anrempelung des Kritikers K. A. Böttiger von der ‚Dresdener Abendzeitung', mit dem Platen schon länger in Fehde lag, vgl. ‚Der romantische Oedipus', Vers 1061); Epigramme: Koch stellt 18 über Venedig zwischen 1829 und 1833 zusammen als „Gegenstück zu den venetianischen Sonetten" und präsentiert sie so in Band IV der ‚Sämtlichen Werke', 216 Anm., 217ff. Zur formalen Verwandtschaft: es existieren vier fünffache Distichen über Venedig von 1829 und 1832. Am Epigramm ‚Ehedem' (1832) vergleicht Link (E.) die ersten acht Verse mit den Quartetten, das Schlußdistichon mit den Terzetten des Sonetts; an den beiden anderen fünffachen Distichen vom August 1832 läßt sich das Exempel bereits weniger gut demonstrieren, und schon gar nicht am Epigramm ‚Betrachtung' vom Herbst 1829. Distichon ‚Lebenswechsel' vom Herbst 1829 (‚Ehmals litt ich..') KP IV 222, R nach Cotta 2,312; die wichtigsten Epigramme entstanden jedoch im August 1832, so ‚Urbanität' (‚Nicht mehr..') KP IV 218, R nach Cotta 2,307. Sehr deutlich wird auch Platens veränderte Haltung zu Venedig bei Erwähnung der symbolischen Vermählung der Stadt mit dem Meer 1824:

> Und wann ich, stehend auf versteinten Pfählen,
> Den Blick hinaus in's dunkle Meer verliere,
> Dem fürder keine Dogen sich vermählen (KP III 189, R nach Cotta 2,113)

und 1832:

> Himmelfahrtsfest.
> Oft mit dem Auge des Geists erblick' ich den herrlichen Lenztag,
>   Sehe vom Volk ringsum Meer und Lagune bedeckt;
> Festlich erscheint der Senat in dem mächtigen Bucentauro
> ... Diesem entgegen, zu Schiff eilst du heran, Patriarch!
> Gießest in's Meer Weihwasser und streust lenzduftige Rosen,
>   Dann, in die bräutliche Flut, schleudert der Doge den Ring.
>   (KP IV 220, R nach Cotta 2,310)

Platen ist entschlossen, bis zum Frühjahr 1833 nach Venedig zurückzukehren, s. sein Brief an die Frizzonis, Venedig 11/8/1832, Mi. Nr. 239, Rosenfeld A 118f. Zum Treffen Platen-Schubert in Innsbruck im August 1832. s. G. H. Schubert, s. Apparat Kap. 21, III 530. ‚Berliner Nationallied' KP II 199ff, antipreußischer Kantatentext für Chor und Solisten, 84 Verse, davon zitiert die ersten beiden, R nach MMPl 19. Angaben zum neuen München nach Schlösser II 327ff u. Doeberl III 44ff. Zur Universitätsverlegung von Landshut nach München Dirrigl 590ff. Zur Politik

Ludwigs I 1830 – 32 Doeberl III 100ff; Ludwig in Ischia s. Corti 318, Zitat Pistor ebd. 322, Ludwigs Reaktion auf das Hambacher und Gaibacher Fest s. Doeberl III 115f. Ludwigs Wandlung vom Klassizisten zum Romantiker nach Doeberl III 49; Kunst als Mittel der Volksbildung s. Dirrigl 677. Platens karges Urteil über das neue München vgl. Schlösser II 327ff. Über Schenk als Dramatiker s. Dirrigl 709ff; die beiden neuen Stücke Schenks am Münchener Hoftheater 1832: ‚Die Krone von Cypern', Uraufführung 29/3, sowie ein Vorspiel zur Goethe-Gedächtnisfeier ‚Alte und neue Kunst', Urauff. 21/6; Schenks ‚Belisar' wurde lt. Dirrigl 25 Jahre lang an allen großen deutschen Bühnen nachgespielt. Auch er mag 1832 auf dem Münchener Spielplan gestanden haben. Platen an Fugger, München 14/9/1832, Mi. Nr. 241: „Von innen gefällt mir das Theater gar nicht. Welch eine unglückliche Anordnung der Logen! In die deutschen Stücke gehe ich nicht." Briefzitat „..indeßen geht das doch bald vorüber..": Fugger an Platen, Augsburg 25/9/1832, Mi. Nr. 245. Giovanni Berchet (1783 – 1851), Haupt der romantischen Schule ‚Giovine Italia', wird von Platen in Tb.II 940f zweimal erwähnt: „Sein kurzer Umgang war mir äußerst angenehm." Berchet hatte u.a. Goethe, Schiller, Herder, Bürger ins Italienische übersetzt; seine anti-klassische Poetik ‚Sul ‚Cacciatore Feroce' e sulla ‚Eleonora' di G. A. Bürger. Lettera semiseria di Crisostomo al suo figliolo' erschien 1816 in Mailand. Seit 1821 war Berchet auf der Flucht, kehrte jedoch 1848 in seine Heimat zurück. Epigramm ‚Veränderte Zeiten' KP IV 224, R nach Cotta 2,313. „Am wenigsten geniren mich..": Platen an Fugger, München 14/9/ 1832, Mi. Nr. 244. „An der Thür..": Wilhelm Fricke, Erinnerungen an den Grafen August von Platen, in: Die Posaune. Norddeutsche Blätter für Literatur, Kunst und Leben, Hannover 24/1/1840. Die Begegnung Platens mit Cotta im Oktober 1832 ist im Tagebuch nicht erwähnt, jedoch im Brief Platens an Fugger, München 13/10/1832, Mi. Nr. 246; dort heißt es: „Cotta ist hier, ich.. bin sehr schnell mit ihm auf's Reine gekommen. Statt der 1249 Fl, die ich ihm sollte schuldig sein, hat er selbst anerkannt, daß es blos 96 Fl sind. Da er aber über den schlechten Absatz meiner Schriften klagte, so habe ich ihm ein neues Bändchen Gedichte für das geringe Honorar von 100 Fl (die 96 nicht mitgerechnet) angeboten, und er sagte mir, ich sollte das Manuskript nach Augsburg schicken, wo es sogleich gedruckt sein solle." Nach meinen Quellen: Platens Tagebüchern und Briefen sowie Schlösser und Hay, zahlte Cotta insgesamt an Platen

im Dezember	1826			1000 fl.
im März	1828			1000 fl.
		100 Dukaten, Umrechn. nach Schlö.II 64	ca.	570 fl.
im Oktober	1829	120 Scudi, Umrechn. nach Hay 145	ca.	360 fl.
im Januar	1831	10 Louis d'or* Umrechn. nach Hay		220 fl.
Summe				3150 fl.
angebl. Schuld an Cotta (lt. Brief an Fugger vom 13/10/1832)				1249 fl.

*Platen an die Eltern, Neapel 11/1/1831: „Cotta hat endlich die 10 Louis d'or geschickt." – Vor dem Treffen zwischen Verleger und Dichter rechnete Cotta Platen für erhaltene und gedruckte Texte ca. 1900 fl. an, nach der Aussprache erhöhte er die Bewertung auf ca. 3055 fl. Da Hays Angaben weder eindeutig noch kongruent sind, habe ich die obige Rechnung aufgemacht; über H.s Fehler werde ich im 5. Band von Platens Korrespondenz referieren, den ich im Anschluß an diese Arbeit besorgen werde und der Bornsteins unvollendete Brief-Edition abschließt. Jede Umrechnung damaliger Währung in moderne (z.B. 1 fl. um 1830 ca. = 20 DM um 1980) ist problematisch, weil Nahrung und Wohnung zur Biedermeierzeit unverhältnismäßig billiger waren als heute (keine Installationen!), jedoch Reisetransport und Sachporto (Platens vielen Briefe und Bücherpakete!) unverhältnismäßig teurer. – Der ‚Deutsche Musenalmanach' erschien bei Weidmann in Leipzig, vgl. Briefe von Platen an Schwab, München 31/8/1832, Mi.

Nr. 240, Fugger an Platen, Augsburg 9/9/1832, Mi. Nr. 243. „So bin ich nun auch..": Platen an Fugger, München 14/9/1832, wie oben, vgl. auch den Brief von Reimer & Hirzel (Weidmann) an Platen, Leipzig 21/9/1832, MMPl 94. Druck der ‚Abbassiden' im Wiener Taschenbuch ‚Vesta' s. Briefe von Rokert an Platen, Wien 17/10/1832, MMPl 70, Huber an Platen, Wien 18/10/1832, MMPl 69, Rokert an Platen, Wien 7/11/1832, MMPl 70. Druck der ‚Geschichten Neapels' bei Sauerländer in Frankfurt s. Brief Platens an Schwenck, München 16/12/1832, MMPl 66; Cotta an der Arbeit nicht interessiert s. sein Brief an Platen, Stuttgart 22/11/1832, Hay Nr. 12. Angaben über Hermann Tb.II 1010. Gehaltserhöhung für Döllinger s. Dirrigl 637. Zu Otto von Griechenland Dirrigl 194ff. Die drei erhaltenen Briefe Fuggers von der Griechenland-Expedition an Platen: Senosetsch 25/12/1832, Mi. Nr. 249, Pronia bei Nauplia 9/5/1833 (vermutlich falsch datiert: nicht Mai, sondern Januar), Mi. Nr. 253, Nauplia 5/9/1833, Mi. Nr. 256. Ode ‚Oft lebt des Abfalls Engel..' KP IV 96 (falsch datiert, Druckfehler auch in Anm.). Ballade ‚Alexius' KP II 43ff; „Alexius ist 1717 vor seinem Vater Peter dem Großen nach Wien und dann nach Neapel geflohen, ließ sich aber zur Rückkehr überreden und wurde im Juli 1718 zu Tode geknutet" (Max Koch ebd.); ob Platen von Immermanns ‚Alexius'-Trilogie (1831) wußte, ist nicht bekannt. Ode ‚An Wilhelm Genth' KP IV 90f, 8 Strophen, davon zitiert 5, 7, 8, R nach Cotta 2,202f; auch Dove (186) findet hier einen Vorwurf gegen Goethes Gleichmut in politischen Dingen. Platens Poesie glänzender Tau: das Bild erscheint schon in der Thronbesteigungs-Ode ‚An König Ludwig' 1825, doch ohne die gefährliche Assoziation ‚welke Blume'. Leopold Ranke: Verschwörung gegen Venedig von 1618, Berlin 1831, Jean-Charles Léonard Simonde de Sismondi, Histoire des Républiques Italiennes du Moyen-age, 16 vol. Zürich/Paris 1807 – 18. ‚Die Liga von Cambrai' KP X 177ff, beim Zitat R nach Cotta 4,229; dazu Schlösser II 453ff. Für Platens sprachliche und metrische Nachlässigkeit nur zwei Beispiele: ‚Schon zieht sich Braunschweigs Herzog gen Friaul' (250); zum Auftritt der Catharina Cornaro: ‚Als ehedem/ Sie in Cypern landete, jenem Könige/ Die Hand zu reichen..' (564f). Rhythmisch richtig lesen ließe sich das nur so: ‚Als ehedem's/ In Cypern landet', jenem Könige/ Die Hand zu reichen..' Platens Fußnote über das venezianische Patriziat KP X 182. Zu Platens politischen Grundanschauungen und Idealen s. Schlösser II 398ff. Wirrkopf Platen: auch Dove (165) nennt ihn „a notoriously muddle-headed poet". Die Feinde Venedigs ‚Barbaren' s. ‚Liga v. C.' Verse 429, 798, ‚Barbarenbrauch' ebd. Vers 751. ‚Nationaldrama für die Italiener': Der Ausdruck stammt von Sengle (III 436). Platens Nachwort zur ‚Liga v. C.' KP X 210f. Sengle (III 435ff) beurteilt das Stück viel milder als z.B. Rudolf Schlösser. „Mein Rath wäre..": Brief Rückerts an Platen, Erlangen 5/1/1833, nach: Friedrich Rückert, Briefe, hsg. v. Rüdiger Rückert, Schweinfurt 1977, Nr. 352; Platens Patensohn August Rückert geb. 23/3/1826. Zum Druck der ‚Liga von Cambrai' s. Briefe von Baumann (Sauerländer) an Platen, Frankfurt 14/1/1833, MMPl 66 u. 7/2/1833, MMPl 70. Zu den Verhandlungen mit dem jungen Cotta s. Briefe Platens an J. G. Cotta, München 14/1/1833, MMPl 70; 19/1/1833, Hay Nr. 13; von Cotta an Platen, Stuttgart 22/1, ebd. Nr. 14; 28/1, MMPl 70; 4/2, Hay Nr. 15; 13/2, MMPl 70; 19/2/1833, MMPl 69. Zu Emilie Linder in München s. Moisy a.a.O. 226, 229f. Platen liest Börnes ‚Briefe aus Paris', s. Fricke in ‚Posaune' a.a.O. 26/1/1840; Ludwig B., ‚B. a. Paris' 1. Teil Hamburg 1832, 2. Teil ebd. 1833, 3. Teil Paris 1834; das Zitat aus dem ersten Teil nach Kindler 1635. ‚Legitimität' (Rede an Nikolaus I) KP XI 185f, ‚Kurze Uebersicht der vorzüglichsten Werke des Meßkatalogs von 1833' ebd. 183ff, Zitate R nach MMPl 55e. Venedigaufenthalt 1833: nach der Begegnung mit Salvetti verzichtet Platen auf weitere Reisepläne, vgl. Brief an Baumann (Sauerländer), Venedig 2/5/1833, MMPl 66: „Ew. Wohlgeboren will ich nur mit ein Paar Zeilen zu wissen thun, daß ich hier angekommen, den Sommer über hier bleiben, und also nicht nach Neapel gehn werde." Platen bittet um Honorarüberweisung nach Venedig, Adresse poste restante. Zu Salvetti Schlösser II 328; auch Koch (KP I 412) bemerkt „diese unerquickliche Neigung". Von den Besuchen auf

Torcello zeugt die erst im Dezember 1833 entstandene Idylle ‚Das Fischermädchen in Burano'
KP IV 154ff, jedoch lt. Tb II 953 „bereits in Venedig ausgedacht":

Oft auch rudert hinüber in's nahe Torcello der Freund mich:
Ehmals war's, so erzählt er, von wimmelnden Menschen bevölkert,
Wo sich in Einsamkeit jetzt salzige Wasserkanäle
Hinziehn, alle verschlammt, durch Felder und üppige Reben.

(Verse 42ff, R nach Cotta 2,226). Literarische Produktion des Sommers 1833: Eingang zu einem komischen Epos (Katharina) KP VIII 267ff; Gedicht ‚Der Rubel auf Reisen' KP II 137; Epigramm ‚An eine deutsche Frau' KP IV 168, weitere 9 politische Epigramme ebd. 187f, Balladen ‚Philemons Tod' ebd. 153, ‚Der alte Gondolier' KP II 48; Fragment zu einem Geschichtsbild ‚Ursprung der Carraresen und ihrer Herrschaft in Padua' KP XII 189ff. Angaben zu Richard Monckton-Milnes junior (1809 – 89) nach dem Telefonat mit einem englischen Freund sowie nach Praz, deutsche Ausgabe a.a.O. 152f: „Monckton-Milnes machte den jungen Dichter (Swinburne) im Jahr 1860 mit den Schriften des Marquis de Sade bekannt. Der liebenswürdige und zynische Gentleman ..brachte zwei verwandte Temperamente miteinander in Berührung. ..Swinburne zeigte ..vielversprechende anomale Neigungen. Um diesen Geist endgültig zu verderben und seine Perversionen zur Vollendung zu bringen, erschloß Milnes dem Dichter die ‚Hölle' seiner Bibliothek – eine gut ausgestattete ‚Hölle', denn er war als Sammler anstößiger Bücher in ganz Europa berühmt." M-M scheint als erster Platen als Schwarzromantiker mißverstanden zu haben. Reiseroute von Bozen über Meran, Stilfserjoch, Veltlin, Comersee, Bergamo: Briefe von Platen an die Frizzonis, München 14/4/1833, Mi. Nr. 251, Rosenfeld A 126f; Platen an die Mutter, Venedig 19/9/1833/ Mi. Nr. 257; Platen an die Frizzonis, Venedig 2/10/ 1833/, Mi. Nr. 258, Rosenfeld A 130ff. ‚Briefwechsel zwischen einem Berliner und einem Deutschen' KP XI 186ff, dazu Schlösser II 395ff, 446f. Nachdem Schubert beim Weg über das Stilfserjoch so viele Beschwerlichkeiten hatte, lehnt Platen diese empfohlene Route für sich selbst ab, s. sein Brief an die Frizzonis, Venedig 9/11/1833, Mi. Nr. 260, Rosenfeld A 133f. Versprechen, den Winter wieder bei der Mutter zu verbringen s. Platens Brief an Fugger, Venedig 17/10/1833, Mi. Nr. 259: „..und da ich meiner Mutter versprochen, im November nach München zurückzukehren..".

48. Leopardi

Tb.II 952 – 66, R nach MMPl 50. 3 Gedichte vom Spätherbst 1833: ‚Epilog' KP II 210f; Ballade ‚Klaglied Kaiser Otto des Dritten' ebd. 51; Idylle ‚Das Fischermädchen in Burano' KP IV 154ff, 55 Verse (Hexameter), zitiert 14ff, R nach Cotta 2,225. Beschreibung von Schellings Münchener Vorlesung nach: Jacob Salat, Schelling in München, s. Apparat Kap. 21, II 56f; Salat zitiert „Von der Hand eines Berechtigten", zu denen er selbst offenbar nicht gehörte. „Es muß mich umso mehr..": erster Brief Platens an Minckwitz, München 18/12/1833, Mi. Nr. 261. „Hat denn der Herr Graf..": Heinrich Laube über den ‚deutschen Musenalmanach auf das Jahr 1834' in ‚Zeitung für die elegante Welt', Leipzig 14/11/1833. Pressekritiken über die ‚Abbassiden': Platen klagt in einem Brief an die Frizzonis, München 12/1/1834, Mi. Nr. 262, Rosenfeld A 134ff, über eine negative Besprechung; gerade diese Rezension, auch in KP IV 201 (Fußnote) zitiert, läßt sich heute nicht mehr lokalisieren. Platen erwähnt sie allein, während er die vier positiven in Redenbachers Platen-Bibliographie angeführten Kritiken Nr. 651 – 54 offenbar nicht kannte. Ungezeichnete Rezension der ‚Liga von Cambrai' in: Jahrbücher für wissenschaftliche Kritik, Berlin, Nr. 75/1833 (2. Bd. Sp. 599f), auch zitiert in KP IV 200 (Fußnote); gegen diese Kritik wenden sich 8 Epigramme Platens, ebd. 199ff. Auch gegen die in dem Brief an die Frizzonis zitierte Rezension der ‚Abbassiden' schrieb Platen zwei schwache Epigramme, KP IV 201. Zur Neuausgabe der ‚Gedichte' bei Cotta, Schwierigkeiten mit der württembergischen Zensur s. Briefe Platens an die Frizzonis, Venedig 2/10/1833, Mi. Nr. 258, Rosenfeld A 130ff, sowie 17/10/1833, Mi. Nr. 259: „Mit dem zweiten Band der Gedichte hat es noch gute Weile, da durch Cotta's Tod abermals Schwulitäten mit dieser entsetzlichen Buchhandlung entstanden sind." ‚Der mörderische Censor..': Gedicht ‚Epilog', von Koch auf den November 1833 datiert, KP II 210f, 7 Strophen, davon die fünfte zitiert, R nach MMPl 20b. Vertrag zwischen Platen und dem Verlag Cotta für die 2. Auflage der ‚Gedichte' vom 10/1/1834, MMPl 70. Minckwitz schickt die Übertragung von Platenschen Gedichten ins Altgriechische, freundliche Antwort Platens an Minckwitz, München 24/1/1834, Mi. Nr. 263; davon sind erhalten: drei Oden, eine Idylle, ein politisches Gedicht und zwei Epigramme, in: Briefwechsel zwischen August Graf v. Platen und Johannes Minckwitz, Leipzig 1836, 23ff; s. Redenbacher Nr. 128. Epigramm ‚Selbstlob' KP IV 225, 3 Distichen, R nach Cotta 2,314. Textfragmente zur geplanten Oper ‚Meleager' KP X 396f. Puffspiel s. Brief Platens an Fugger, München 31/3/1834, Mi. Nr. 268. „Gestern war ich bei der Walhalla..": Brief Fuggers an Platen, Regensburg 1/4/1834, Mi. Nr. 269. Frickes Bemerkungen über Platen während seines zweiten Münchener Aufenthaltes 1833/34 (vergnügtes Wesen, Gespräch über Heine, Kreditbrief bei Eichthal) in ‚Posaune' s. Apparat Kap. 47, 26/1/1840. „Ein bleiches, kleines Männchen..": Bericht August Lewalds in ‚Panorama von München', Stuttgart 1836, I 63f; einer der beiden französischen Schriftsteller, die über Platens hochmütiges Wesen klagten, war vermutlich Xavier Marmier, vgl. Tb.II 953 Anm. 3. „Natürlich kenne ich ihn..": Brief Platens an Fugger, München 25/4/1834, Mi. Nr. 275. Platen erhält 550 fl. vom Verlag Cotta gegen Unterschrift, s. Quittung München 15/4/1834, MMPl 94. Zitat „wie garstig ihr Sohn.." s. Konstantin v. Höfler, Erinnerungen an August Grafen Platen, in: ‚Bayerland', München, 2. Jhg. 1891, 175. Zitat Höfler „Man befand sich.." s. ‚Bayerland' a.a.O. „Plötzlich bei Serravalle..": ‚Zur Erinnerung an den deutschen Dichter August Graf von Platen-Hallermünde' von Konstantin v. Höfler (anonym) in: ‚Bohemia', Prag, Beilagen zu Nr. 357 u. 358 vom 29 – 30/12/1885, das angeführte Zitat in Nr. 358, 1; die Angabe bei Redenbacher Nr. 300 ist falsch datiert! Zu Vittório Véneto s. Guida TCI vol. 5 Veneto, Milano 1969, 484ff, Castello di Roganzuolo ebd. 481. Aufenthalt in Venedig Mai 1834 s. Höfler in ‚Bohemia' Nr. 358. Reise nach Florenz, Zitat „Platen.. schien immer mit sich selbst.." ebd. Nr. 357; Entfremdung in Ferrara und Bologna, Zitat „ein so fürchterlicher.." ebd. Nr. 358; Platens paralleler Tagebucheintrag vom 15/5/1834, Tb.II 959: „Ich hatte hier (in Bologna) wenig Lust, Kunstwerke zu sehen; auch ist das Wetter heute zum ersten Mal trübe. Den größten Theil des Morgens brachte ich auf der sogenannten Montagnola zu, wo ich im ‚Hafis' las." Höfler gibt für die Entfremdung zwischen ihm und Platen offensichtlich vorgeschobene Gründe an. Er behauptet, erst unter dem Eindruck von Venedig sein Interesse von römischer auf mittelalterliche Geschichte verlagert zu haben: während Platen „an der schönen Form Alles lag und nur, was sich in diese gießen ließ, Werth für ihn hatte, das Uibrige, und war es innerlich auch noch so wahr, ihn, aber nicht mich kalt ließ", ‚Bohemia' Nr. 358. Wie vieldeutig dieser Satz auch ist (‚schöne Form' = Schönheit = Männerliebe), ihm widerspricht der zitierte Brief Platens an die Frizzonis, worin der Dichter Höflers Interesse an der Hohenstaufenzeit schon vor der Abreise aus München konstatiert. „Uebrigens ist es..": Brief Platens an die Mutter, Florenz 17/5/1834, Mi. Nr. 279. Platen hätte schon 1826 bei seinem ersten Aufenthalt in Florenz gern Niccolini kennengelernt, s. Tb.II 813. „Die Königin von Neapel..": Brief Platens an die Mutter, Florenz 31/5/1834, Mi. Nr. 281. Rationaler Vorwand für Platens langes Verweilen in Florenz war die ‚Festa di San Giovanni Battista' am 24/6 für den Schutzpatron der Stadt, damals mehrere Tage lang gefeiert, vgl. Tb.II

960. „Ich habe hier im Ganzen.." Brief Platens an die Frizzonis, Florenz 28/6/1834, Mi. Nr. 286, Rosenfeld A 140ff; „Wenn Bunsen in Rom wäre, würde ich wohl über Rom reisen": Platen an die Mutter, Venedig 10/5/1834, Mi. Nr. 277. „Daß du Rom auch diesesmal, selbst auf der Durchreise vermeidest, ..beruht doch wohl nur auf einer wunderlichen Grille": Fugger an Platen, Augsburg 11/5/1834, Mi. Nr. 278. „Wir waren über 100..": Brief Platens an die Mutter, Neapel 5/7/1834, Mi. Nr. 287. „An den Lärm..": Brief Platens an die Mutter, Neapel 12/7/1834, Mi. Nr. 288. „Ich hätte mir gewünscht..": Brief Platens an die Mutter, Neapel 26/7/1834, Mi. Nr. 291. Nervander s. Kunze/Nervander, a.a.O. 335ff (vgl. Kapitel 45); Verse ‚Noch weilst du in Hesperien', 3 Strophen, davon erste zitiert, R nach Tb. „Man lebt in Florenz..": Brief Platens an Fugger, Neapel 8/8/1834, Mi. Nr. 292. Biographische Angaben zu Heinrich Wilhelm Schulz (1808–55) nach Tb.II 963 Anm. 1. Zur Biographie Leopardis: Emerich Schaffrans einleitender Essay zur deutschen Ausgabe ‚G.L., Canzonen', Bremen 1963, LIIIff, sowie: Giacomo Leopardi, Gesänge, Dialoge und andere Lehrstücke, übersetzt von Hanno Helbling und Alice Vollenweider, Nachwort von Horst Rüdiger, München 1978, *ab hier abgekürzt: He/Vo*, Zeittafel 515ff; Vergleich von Leopardis Poesie mit deutscher (Schiller, Hölderlin, Goethe) nach Werner Ross: Die Feder führend, München 1987, 115. Canto ‚Il Sogno' 1821; 6 patriotische Canti: ‚All'Italia', ‚Sopra il monumento di Dante', ‚Ad Angelo Mai', ‚A un vincitore nel pallone', ‚Bruto Minore', ‚Inno ai Patriarchi', sämtlich 1818–22, Angaben nach He/Vo 526. Das Schopenhauer-Zitat aus: Die Welt als Wille und Vorstellung II, 3. Auflage, 4. Band, Ende von Kapitel 46, Zürcher Ausgabe in 10 Bänden, Wiesbaden 3)1972, 4,689. Zu Leopardis ‚Philosophie' s. Rüdigers Kommentare bei He/Vo 538f. Die beiden von Platen ins Italienische übertragenen Polenlieder: ‚Wiegenlied einer polnischen Mutter' KP II 183ff (anschließend eine etwas andere Fassung in italienischer Prosa, die Friepes (68) für älter hält) und ‚Er tanzt in Moskau', ebd. 194; Platens Prosaübersetzung der beiden genannten Gedichte s. Carte Ranieri XV 550–52 in der Biblioteca Nazionale, Neapel, nach Friepes 65f. Zitat ‚Ardir protervo e frode..' aus Leopardis ‚Palinodia al Marchese Gino Capponi', He/Vo 226, entstanden 1832–34 lt. He/Vo 526, die Prosaübersetzung von mir. Platens ‚Gesang der Toten' KP II 79f, von 6 Strophen die dritte zitiert; italienische Prosaübersetzung von Platen bei Friepes 65. Der junge Leopardi hat ein unglückliches Liebeserlebnis im Canto ‚Il sogno' (ca. 1821, He/Vo 100ff) poetisch verarbeitet. Die dort angenommene Rollenverteilung: Liebhaber lebendig, Geliebte tot, findet ein Pendant im letzten Gedicht Platens an Schmidtlein (nach der Iphofener Katharsis und nachfolgender Versöhnung, datiert 8/6/1820): ‚Da liegst du nun im Grabe,/ Du schönes, trautes Kind;/ Es weint ein liebender Knabe/ Durch Nacht und Wind. …' KP V 252. Leopardi, Chor der Toten, aus: ‚Dialog zwischen Friedrich Ruysch und seinen Mumien', entstanden 1824, He/Vo 382 u. 548, übersetzt von Hanno Helbling. Zitat ‚Me certo troverai..' aus Leopardis Canto ‚Amore e morte', entstanden 1832, He/Vo 198 u. 526, die Prosaübersetzung von mir. Leopardis ‚Dialog zwischen Tristan und einem Freund', entstanden 1832, He/Vo 475 u. 552, übersetzt von Hanno Helbling. „Es verging kein Tag, ohne daß Platen seinen kranken Freund auf eine Stunde heimsuchte": Schulz an Reumont, nach Friepes 54.

49. Sizilien

Tb.II 969–88, R nach MMPl 51. „..wie bester spanischer Wein": Brief Platens an die Mutter, Florenz 23/9/1834, Mi. Nr. 300; Schlösser (II 367) nennt Puccini „kurzerhand einen Mazzinisten": Mazzini war damals erst 29 Jahre alt, hatte aber schon den Geheimbund ‚Giovine Italia' gegründet. Kamin, Strohmatten: Beschreibung von Platens Florentiner Wohnung im Winter 1834/35 s. sein Brief an die Mutter, Florenz 25/10/1834, Mi. Nr. 303. Brief Platens an Fugger, Florenz 1/10/1834, Mi. Nr. 301: „(Ich habe) eine große Kiste mit Büchern.. von Neapel hieher kommen lassen, um mich hier gewissermaßen für künftige Jahre zu fixieren"; Beilage zu diesem Brief, mit Bemerkung „Hier folgt ein Lied.." das Gedicht ‚Du denkst an mich so selten..', vollständig zitiert, KP II 155; es befindet sich zusammen mit zwei anderen, von denen später die Rede sein wird, in MMPl 22 (R nach dort). „Für das Lied neulich..": Brief Fuggers an Platen, Augsburg 20/10/1834, Mi. Nr. 302 (zusammen mit den Noten); „...gerade in den allerdumpfsten..": Brief Platens an Fugger, Florenz 25/11/1834, Mi. Nr. 307; „Rücksicht auf die dumpfen..": Brief Fuggers an Platen, Augsburg 6/12/1834, Mi. Nr. 312. Kestner in Florenz s. Brief Platens an die Mutter, Florenz 1/11/1834, Mi. Nr. 304; Gipsmedaillon von Woltreck s. Briefe Platens an die Mutter, Florenz 29/11 u. 6/12/1834, Mi. Nr. 310, 311. Leopardis ‚Palinodia al Marchese Gino Capponi', He/Vo 222, entstanden 1832 – 34, Teilzitat, Prosaübersetzung von mir. Brief der Gräfin Platen an die Frizzonis, Ansbach 22/2/1836, Rosenfeld A 158ff: „Mr. Höfler, fils d'un Conseil(l)er à Münich, s'est joliment moqué du bon Auguste, il écrivit à M(inckwitz), qu'il s'étoit planté à Florence pour se geler, et s'ennuyer près de la cheminée, en place de fréquenter les societés, trop abbatu pour s'occuper. Il y a quelque vérité à cela mes chers amis" (a.a.O. 163). Platen friert vor dem Kamin, Brief an die Mutter, Florenz 27/12/1834, Mi. Nr. 314. Parabase zu einer ungeschriebenen Komödie KP X 173ff, zitiert die Verse 9 – 12, 36, 41, 43f, R nach Cotta 4,239f. Der Ausdruck ‚Universaler Protestantismus' bei Sengle I 169ff. ‚Der Czar in Berlin', politisches Gedichtfragment vom November 1834, Titel von Max Koch, KP II 206f. Brief von G. Frizzoni an Platen, worin er seine Vermählung sowie Hochzeitsreise in Begleitung von Nerly mitteilt, Neapel 5/12/1834, MMPl 69. „Wie ward mir zu Muthe..": Brief Federigo Frizzonis an Platen, Bergamo 13/12/1834, ebd. Brief Platens an die Mutter mit dem Gündel-Zitat „Es weht..", Florenz 27/12/1834, wie oben. „Er hat immer..": Brief Platens an die Mutter, Florenz 31/1/1835, Mi. Nr. 317, dort auch Erwähnung Dr. Höflers. Essen mit den Milnes s. Brief Platens an die Mutter, Florenz 24/1/1835, Mi. Nr. 315; dazu auch Emmy Rosenfeld, Unveröffentlichte Briefe an und von August von Platen, a cura di E. R. Studi germanici, Roma 1966, Gruppe I 357ff, sowie Roma 1967, Gruppe II 59ff, *ab hier abgekürzt Rosenfeld B + C*, Rosenfeld C Anm. 5.: Rosenfeld verwechselt Milnes Vater und Sohn. Höflers Bericht, wie sein Bruder Platen in Florenz behandelt s. ‚Bohemia' Nr. 358/1885, Beilage. Bekanntschaft mit Anton Alexander Graf Auersperg (1806 – 76), literarisches Pseudonym Anastasius Grün: seine anonym erschienenen ‚Spaziergänge eines Wiener Poeten' sind das bedeutendste Zeugnis politischer Lyrik im österreichischen Vormärz. Cotta setzt den Verkaufspreis von Platens ‚Gedichten', Ausgabe 1834, um einen Gulden herab, s. Cottas Brief an Platen, Stuttgart 4/11/1834, Hay Nr. 18; in diesem Brief kommt auch zutage, daß bei Cotta noch 226 Exemplare der ‚Gabel' und 68 des ‚Oedipus' an Lager waren; die unerwartete Diskrepanz ergibt sich, weil der alte Cotta von der ‚Gabel' 1828 stillschweigend einen Nachschuß hatte drucken lassen. Hymnen ‚Auf den Tod des Kaisers' KP IV 121ff, ‚Dem Grafen Friedrich Fugger' ebd. 117ff, 12 Strophen, zitiert aus 8, R nach Cotta 2,248; Fuggers positive Reaktion darauf in Brief an Platen, Augsburg 14/3/1835, Mi. Nr. 321. ‚Frühlingslied' KP II 155f, vollständig zitiert, R nach MMPl 22. Platen fällt der Abschied von Florenz schwer s. Brief an die Mutter, Livorno 27/3/1835, Mi. Nr. 287, recte 323. Lied ‚Süß ist der Schlaf am Morgen' KP II 156f, 11 Strophen, davon zitiert 1, 4, 7, 8, 10, 11, R nach MMPl 22. Die Naturbilder des Gedichts lassen Schlösser (II 495) auf Neapel schließen; mir dagegen scheint die ländliche Idylle neben dem Hafen eher auf Livorno zu weisen. Platens bittere Bemerkung über German vom 19/6/1826 s. Kapitel 33. Angenehme Seereise nach Neapel s. Brief an die Mutter, Neapel 4/4/1835, Mi. Nr. 324. Scherzhafter Gruß an Leopardi und Ranieri auf der Rückseite eines Briefes nach Friepes 62, Übersetzung von mir. Der genannte Brief trägt lt. Friepes das Datum 23/3/1835; für den 1/4 heißt es in Platens Tagebuch: „Ranieri, den ich zu Hause nicht traf, wartete ich im Toledo ab, als er zur Trattoria ging." Es ist also ziemlich sicher, daß der Gruß von diesem Tage stammt. „Das alberne Dampfboot, il real Ferdinando..": Brief Platens an Fugger, Neapel 18/4/1835, Mi. Nr. 325; dort auch die Bemerkung: „Ich gedenke hier Tristan und Isolde zu bearbeiten." Petzet datiert den Prosa-Entwurf zu einem Tristan-Epos, KP VIII 270ff, auf den April 1835, s. ebd. 41. Geographische Angaben über Sizilien s. Guida d'Italia del TCI vol. 22 Sicilia, Milano 1968 sowie TCI, Grande carta stradale d'Italia, foglio 13 Sicilia, Milano 1981. „..recht angenehm..", billige Wohnung in Palermo, s. Brief Platens an die Mutter, ebd. 9/5/1835, Mi. Nr. 326. Gedicht ‚Inbrünstige fromme Gebete' KP II 157, 17 Strophen, davon zitiert 8, 9, 16, 17, R nach MMPl 24, 9. Erst Koch wagte es 1910, das Gedicht vollständig zu veröffentlichen. Schlösser (II 495) hält es nötig zu ventilieren, inwieweit dies antikische Gebet „für vollen Ernst zu nehmen" sei und kommt zu dem Resultat, es stehe dahin. Hymnus ‚Der Herzogin von Leuchtenberg' KP IV 124ff, 15 Strophen, 90 Verse, davon zitiert Verse 13f, 40ff und Strophe 8, R nach Cotta 2,253f; dazu Link E.; Platen kündigt Fugger das Gedicht an in einem Brief aus Palermo vom 24/5/1835, Mi. Nr. 328. Fugger nimmt darauf Bezug in seinem Brief an Platen, Augsburg 10/11/1835, Mi. Nr. 344: „(Schellings) waren mit der schielenden Nymphe der Spree unzufrieden." Schlösser (II 506) spricht im Zusammenhang mit dem Gedicht von Platens fragwürdiger Urteilsfähigkeit in politicis und seiner „auch im vorgerückten Alter noch immer naive(n) Auffassung der Dinge", meint aber später begütigend, das Schicksal der Herzogin habe „ihn wirklich stark bewegt", ebd. 514. Platens Urteile über Segesta, Palermo, sizilianischen Dialekt im Brief an Fugger, 24/5/1835, wie oben. Die manieristische Villa Palagonía in Bagheria: Goethe besuchte sie am 9/4/1787 und schildert ihre Monstrositäten genüßlich über mehrere Buchseiten (Italiänische Reise II). ‚Hymnus aus Sizilien' KP IV 132ff, 10 Strophen, 60 Verse, zitiert daraus Verse 7f, 52ff, letzte Strophe, R nach Cotta 2,261, 264; Schellings entzückt von dem Gedicht s. Brief Fuggers an Platen, Augsburg 10/11/ 1835, wie oben. Der Huldigungsbrief von Schütz an Platen (MMPl 69) findet sich auszugsweise zitiert in KP IV 131, Fußnote. Elegie ‚Im Theater von Taormina' ebd. 101f, 42 Verse (Distichen), davon zitiert 25f, 31, 39ff, R nach Cotta 2,232. Hymnus ‚An Hermann Schütz' KP IV 130ff, 42 Verse, 7 Strophen, davon zitiert Verse 2f, 8f, Strophen 3 + 4, nach Cotta 2,259f. Dove (256) meint, daß Platen in allen späten Hymnen „relapsed into a kind of poetic second childhood where he could wear his abstract didactic preoccupations on his sleeve and indulge himself without his customary self-criticism." Hymnus ‚An die Brüder Frizzoni' KP IV 128ff, 60 Verse, 12 Strophen, davon zitiert die vierte und Verse 21ff, R nach Cotta 2,257; dazu Rosenfeld A 85ff. Geographische Angaben zu Kalabrien s. Guida d'Italia del TCI vol. 21 Basilicata e Calabria, Milano 1980 sowie TCI, Grande carta stradale d'Italia f. 12 Calabria, Milano 1981. Idylle ‚Skylla und der Reisende' KP IV 158f. Strada Statale 18: Ich habe die unbegradigte S.S. Tirrenia Inferiore in den 60er Jahren mehrfach im Auto befahren; die landschaftliche Schönheit lohnte den Zeitaufwand. Auch heute, im begradigten Zustand, ist sie als Alternative zur Autostrada Nr. 3 sehr empfehlenswert. Über Alarichs Grab im Busento s. Brief Platens an die Mutter, Salerno 8/7/1835, Mi. Nr. 330. Seidenkocherei bei Cetraro vgl. ein Artikel von Elisabeth Dryander, Der echte Lucchese ist dreimal toskanisch, in ‚Frankfurter Allgemeine Zeitung' 225/1985, Wochenendbeilage.

50. Die letzte Reise

Tb. II 988–95, R nach MMPl 51. Platen schickt den Hymnus ‚Der Herzogin von Leuchtenberg' nach Deutschland s. sein Brief an Fugger, Neapel 14/7/1835, Mi. Nr. 332. „..denn von dir hätte..", Lützows wilde verwegene Jagd für Flöte transkribiert s. Brief an Fugger, Neapel 15/8/1835, Mi. Nr. 335. Höfler in der Stadt s. Brief Platens an die Mutter, Neapel 29/8/1835, Mi. Nr. 337. Umgang mit Zahn und Haller s. dessen Brief an Platen, Neapel 3/10/1835, MMPl 69. „..eine größere Aufgeregtheit..": Brief von H. W. Schulz an die Gräfin Platen, Neapel 29/12/1835, Rosenfeld A 218ff. Tägliche Schwimmbäder im Meer s. Brief Platens an Minckwitz 28/8/1835, Mi. Nr. 336. Hymnenfragment vom 24/8/1835 KP IV 135f, 26 Verse, davon zitiert 1-12, 19-26, R nach Cotta 2,264f. Hymnisches Epos als geheimer Fluchtpunkt von Platens Werk s. Link D. 234ff, 254ff; „..die ganze neuere Poesie..": Brief Platens an Rumohr, Siena 23/2/ 1829, Bo.IV Nr. 335. Link (D. 229ff) erklärt, Platen habe sich im Hymnenfragment, im Gegensatz zum ‚göttlichen' Homer, als ‚irdischer' Dichter verstanden, „der seinem Gesang trotz des Wissens um die absolute Immanenz alles Geschehens Sinn verleihen muß." Ich bin anderer Meinung. Platen glaubte als Prophet ‚der Allmacht ernsteren Gesang', das heißt: ihren transzendenten Sinn, zu erkennen, und fühlte sich berufen, ihn den Menschen zu übermitteln, wenn auch dürftig und fragmentarisch. ‚Irdisch' ist der Dichter Platen im Vergleich mit Gott, nicht mit Homer! Platens aufgezeigter ‚Sinn' ist nicht linear-final gerichtet wie der christliche, sondern zyklisch, tragisch, wie es Homer in den Mythen lehrt und Schelling in seiner ‚Philosophie der Mythologie'; das aber macht diesen Sinn noch nicht immanent. Auf Gottes Antwort hoffte Platen (vgl. die Ode ‚Morgenklage') unentwegt in Form von Gegenliebe schöner junger Männer und/oder eklatanten Erfolges beim Lesepublikum. Die Antwort Gottes blieb aus; Platen hat gleichwohl die Hoffnung bis zu seinem Tod nicht aufgegeben. ‚Schon schläft..': Hymnus ‚An die Brüder Frizzoni' KP IV 128ff, Verse 25ff, R nach Cotta 2,257; dazu Zitat Rosenfeld A 86. Katharina II erwähnt im Hymnus ‚Auf den Tod des Kaisers' KP IV 121ff, Verse 48ff: ‚Ach! Du bestiegst den Thron allzufrüh,// Anhörend in Unschuld der nordischen Teufelin/ Tückischen Ratschlag.' (R nach Cotta 2,251)Platens ‚sichtbar gut und gut sichtbar gemachte' Lautbilder: der Ausdruck stammt von Link (E.). ‚Wohin du fliehn willst..': Romantischer Oedipus, Denkler 173, Verse 1491ff. Links Bemerkung zu den Ghaselen 1832 in K. 789. Im Schlußparagraphen seines Platen-Kapitels ist Sengle (III 461) ein Versehen unterlaufen: das Ghasel ‚Du blühst umsonst, Natur..', als Beleg für Anmut und Hinwendung zu entspannter Diktion beim späten Platen angeführt, gehört nicht zu den Vesta-Ghaselen von 1832, sondern zu den Neuen Ghaselen von 1823. Sengles Bemerkung zum dritten toskanischen Lied a.a.O. III 462f. Koch stellt die drei Lieder 1834/35, die offenbar einer unbekannten Phantasieleidenschaft in Florenz gelten, in KP II 155ff fälschlich unter dem Titel ‚Frühlingslieder' zusammen: das erste der Serie ‚Du denkst an mich so selten' entstand jedoch, wie ein Brief Platens an Fugger vom 1/10/1834 bezeugt, eindeutig im Herbst, vgl. Apparat zu Kapitel 49. Ich nenne die drei Lieder also ‚toskanische Lieder'. „Man kann freilich..": Brief Platens an Fugger, Neapel 15/8/1835, wie oben; Zweifel daran, daß die Cholera nach Neapel käme wegen der Schwefeldämpfe s. Brief Platens an die Mutter, Neapel 11/8/1835, Mi. Nr. 334. Gedicht ‚Lieb und Lieblichkeit..', ohne Titel, datiert 31/8/1835, KP II 160, 5 Strophen, davon zitiert 1, 3, R nach MMPl 22. „..wenigstens poetischer..": Brief Platens an Minckwitz, Neapel 28/8/1835, wie oben. „Sie wird freilich auch..": Brief Platens an die Mutter, Neapel 29/8/1835, wie oben. Kampfersspiritus s. Schlösser II 484. Ankunft in Palermo s. Brief Platens an die Mutter, ebd. 13/9/1835, Mi. Nr. 338; weiterer Brief an die Mutter, begleitet vom Gedicht ‚In Palermo', ebd. 25/9/1835, Mi. Nr. 339; das Gedicht, datiert 16/9/1835, in KP II 141ff, 9 Strophen, davon zitiert 1, 3, 4, 6, R nach Brief; Schlösser (II 517) hält es, meines Erachtens fälschlich, für einen „späten Schößling am Baum von Platens politischer Lyrik". Zwei Briefe der Frizzonis an Platen mit Zitat „Wie herrlich wär' es..": St. Bernhardin, 27 u. 31/8/1835, Rosenfeld B 384ff. ‚Und das Schönste, was ich klagte..' s. Kapitel 46. „Wir haben hier herrlichstes..": Brief von Haller an Platen, Neapel 3/10/1835, MMPl 69. Literarische Händel: die beiliegenden Zeitungsausschnitte referieren den Streit zwischen Menzel und Gutzkow um des letzteren Roman ‚Wally die Zweiflerin' (Frankfurt M. 1835); es geht darin um Weltschmerz und sexuelle Emanzipation der Frau. Menzels Attacken gegen das Buch sollten am 10/12/1835 zu einem Bundestagsbeschluß führen, der die Verbreitung sämtlicher Schriften des Jungen Deutschland (neben Gutzkow Heine, Wienbarg, Laube, Börne, Mundt) verbietet; Gutzkow selbst wurde im Januar 1836 zu einem Monat Gefängnis wegen Gotteslästerung verurteilt (vgl. Kindler 10133f). Ein Brief Fuggers an Platen, Augsburg 10/11/1835, Mi. Nr. 344, berichtet ausführlich über die Affäre (Fugger schreibt fälschlich Jenny anstatt Wally); ob der Brief noch den lebenden Dichter erreichte, ist fraglich. Das Verbot von Heines Schriften fünf Tage nach Platens Tod hätte ihn sicher gefreut. Choleraturcht nur vorgeschobener Grund für die zweite Sizilienreise s. Brief Platens an Minckwitz, Palermo 10/10/1835, Mi. Nr. 340. Brief Platens an die Mutter, Palermo 11/10/1835, Mi. Nr. 341: „Die schlechte Kost, die man hier genießt, ist allerdings nicht zu loben, doch bringe ich hier im Allgemeinen meine Zeit recht angenehm zu". In merkwürdigem Gegensatz zu diesem Brief stehen vier Verse MMPl 24, 11, KP XII 221, vom gleichen Datum, doch nicht in Platens Handschrift; sie werden von Petzet als letztes dichterisches Lebenszeichen angeführt. Es handelt sich um die zweite Strophe des zweiten toskanischen Liedes vom März 1835, KP II 155f: ‚..Wer ganz mit seinem Schmerz allein,/ Der lernt den Schmerz genießen.' Wer könnte diese Strophe geschrieben haben? Vielleicht Thöming, mit dem Platen zur gleichen Zeit Umgang hatte? Christian Friedrich Thöming, geb. 1802 in Eckernförde, kam Ende 1829 nach Rom, wo Platen ihn über Bunsen kennengelernt haben dürfte, vgl. Noack 457, Tb.II 989; Haller an Platen, Neapel 3/10/1835, wie oben: „Mit dem letzten Dampfboote sind mehrere Naturforscher, die den Winter in Catania zubringen wollen, hinübergegangen, auch Landschaftsmaler Thöming, dem die Landsleute in Rom den Spitznamen Strandschleicher angehängt haben. Sein Fehler ist nur ein gewißes Geheimethun, sonst ist er aber ein sehr geschickter und verständiger, ja gebildeter Mensch. Er kennt Sie.., wird aber vielleicht nicht den Muth haben, Sie in Sicilien aufzusuchen." Brief Platens an die Mutter, Palermo 11/10/1835, wie oben: „Vor kurzem ist ein alter Bekannter von mir hier angekommen, der Landschaftenmaler Thöming aus Holstein, mit dem ich viel in Rom und Neapel zusammen war". Brief Platens an Fugger, Palermo 17/10/1835, Mi. Nr. 342: „Ich gedenke nächstens nach Syrakus zu gehen, da es hier für den Winter zu feucht ist. ..Da ich die Insel das vorige Mal der Länge nach durchschnitt, will ich sie dießmal der Breite nach durchschneiden." „Der Comet..": Brief Platens an die Mutter, Palermo 23/10/1835, Mi. Nr. 343, Rosenfeld C 69f. Geographische Angaben über Sizilien wie im letzten Kapitel. Enna: Platen benutzt in seinem Tagebuch den alten Namen Castrogiovanni. Golf von Augusta: Giuseppe Tomasi di Lampedusa beschreibt 1956 seine die Schönheit in der Novelle ‚La Sirena' (deutsch ‚Die Sirene und andere Erzählungen', München 1963). Waiblinger über Landolina s. sein Brief an Eser, Syrakus 27/8/1829, Königer V 1 Nr. 267: „Ich lebe Göttertage hier, gestern war ich den ganzen Tag bis in die späte Nacht mit dem alten Landolina. Das ist ein trefflicher Mann, aber ein gräßlicher Plauderer, wie alle Alte." J. G. Seume machte im April 1802 mit Landolina einen Besichtigungsausflug zu Pferd, vgl. ‚Spaziergang nach Syrakus', o.O. 1811. Platen sitzt in Syrakus fest, s. sein undatierter Brief von dort an Fischer in Palermo, in ‚Triester Zeitung' 26/10/1858: „Sollte es mir also hier misfallen, was ich übrigens nicht erwarte, so bleibt mir blos Catania und Messina übrig." Dieser Brief, keinesfalls vor dem 12. November geschrieben, könnte das letzte überlieferte Lebenszeichen von Platens Hand sein. Pläne für das Frühjahr 1836 s. Platens Brief an Minckwitz, Palermo 10/10/1835, wie oben: „Wenn die Cholera nichts dagegen hat, so werde ich im nächsten Frühling nach Deutschland kommen, um das erste Buch meiner Hymnen herauszugeben", sowie Platens Brief an Fugger, Palermo 17/10/1835, wie oben: „Auf dem Rückwege hieher denke ich dann Girgenti (Agrigent) zu besuchen, um auch die Südküsten zu sehen." Projektiertes zweites Buch der Hymnen vgl. den eben zitierten Brief an

Minckwitz: auch Schlösser (II 519) bezweifelt, daß Platen selbst zur Einsicht gelangt wäre, mit dem Hymnenschreiben aufzuhören. „Das hiesige Klima..": Brief Platens an die Mutter, Syrakus 14/11/1835, Mi. Nr. 345, Rosenfeld C 70ff. Platen im Hause Landolinas, spielt mit den Enkeln und zwei Dienern, s. Brief Landolinas an Giovanni Frizzoni, Syrakus 16/5/1837, Rosenfeld A 235ff. Platen schlechtgelaunt an Landolinas Tafel s. Chindemi weiter unten. Platen schmerzgekrümmt auf dem Boden seines Zimmers in der ‚Aretusa' gefunden, s. Brief der Gräfin Platen an Fugger, Ansbach ?/5/1836, zitiert bei Schlösser II 485 (nicht bei Rosenfeld): „Schulz und Landolina wollten es nicht sagen, der arme August war so krank, daß seine Hausleute ihn auf der Erde fanden vor Schmerz, und legten den Schwachen zu Bette"; Schlösser schließt aus dieser Briefstelle, es habe noch ein weiterer Bericht über Platens Ende existiert, der aber verloren gegangen sei. Schulz hat für seinen Bericht 24 Tage nach Platens Tod natürlich schriftliche und vielleicht auch mündliche Mitteilungen aus Syrakus zur Verfügung gehabt, die nicht alle in seinen Brief an die Gräfin haben einfließen müssen, sie aber auf anderem Wege erreicht haben können. Die beiden erhaltenen Berichte über Krankheit, Tod und Beerdigung Platens: Brief von Schulz an die Gräfin Platen, Neapel 29/12/1835, Rosenfeld A 218ff, sowie ‚Relazione necrologica dell'illustre Sig. Conte Augusto de Platen Letterato e Poeta Bavaro scritta da Salvadore Chindemi amico del defunto per comando del Sig. Cav. Landolina Nava' (Bericht über den Tod des erlauchten Herrn Grafen A. v. P., bayerischen Schriftstellers und Poeten, geschrieben von S. C., Freund des Verblichenen, auf Befehl des Herrn Cavaliere L.-N.), undatiert, mit einem Begleitschreiben Landolinas an die Brüder Frizzoni in Bergamo, Syrakus 1/4/1836, Rosenfeld A 228ff. Neben den zwei privaten Berichten über Platens Tod existierte noch ein offizieller des österreichischen Vizekonsuls in Syrakus, Buffardeci, an den Generalkonsul in Palermo, vgl. Schlösser II 485; Österreich vertrat in Sizilien die Interessen Bayerns. Schulz berichtet vom Kampferspiritus, vom Aderlaß, vom Anerbieten Landolinas, den kranken Platen in sein Haus zu nehmen; von ‚Kamillendekokten', die Platen neben dem Kampferspiritus noch eingenommen habe, schreiben Koch in KP I 427 und Schlösser II 484; alle anderen Einzelheiten bei Chindemi, dort auch Platens angebliche letzte Worte an Landolina: „Voi siete un angiolo, voi siete stato il tutto per me; voi disponete di tutto ciò che bisogna e che ordina il medico". Angaben zur Beerdigung Platens nach Chindemi; Schulz, offenbar in dem Bestreben, der Gräfin Platen ein christliches Begräbnis ihres Sohnes vorzuspiegeln, spricht von „Kirchendienern", die den Leichenzug eröffneten; das ist kompletter Unsinn, wo sah man je Kirchendiener, das heißt Küster, reihenweise? Natürlich standen die Männer im Dienst Landolinas. Schulz spricht weiter von „mehreren andern Wagen des Syrakusaner Adels und des Erzbischofs", die dem Zug gefolgt seien; selbst der schönfärberische Chindemi kommt aber nur auf zwei, und vom Erzbischof ist überhaupt nicht die Rede. Was hätte dessen Kutsche auch bei diesem Begräbnis verloren gehabt? Daß Landolina von Platens Veranlagung wußte, geht aus seinem schon zitierten Brief an Giovanni Frizzoni vom 16/5/1837 hervor, in dem es heißt: „..ed anche si divertiva *in famiglia* con i servi". ‚Mir, der ich nur..': Sonett ‚Dieß Land der Mühe..', Erlangen Sommer 1826, KP III 206, zitiert sind die drei letzten Verse, R nach Cotta 2,140. Zu Platens Grabmal im Park Landolina s. dessen Brief an die Gräfin Platen, Syrakus 9/12/1836, Rosenfeld A 233ff: „...acceptez la consolation que j'ai accompli mon devoir en érigeant le monument de marbre dans le lieu où reposent (les cendres de votre fils). Je vous prie de m'excuser du retardement, puisque comme vous savez j'ai été retardé par M. Schulz et Maler (Haller?) qui voulaient à leur dépenses ériger le tombeau; et en effet ils m'envoyèrent de Rome l'esquisse qui en tant soit peu.. different(e) de la mienne, mais puisque je vous avais pris la permission de ma part et j'en avais obtenu le faveur de l'élever, je fis dependre de vous la préference et leur écrivis tout cela; et ils convinrent de mes raisons et me cédèrent l'ouvrage". Leopardis Übertragung einer Platenschen Strophe nach Friepes 63, vgl. Schlösser II 340, das Original KP IV 43. Auch Mussolini übertrug diese Strophe ins Italienische! Zur Erneuerung des Grabmals 1864/68 s. Teuchert 93. Ein Bekannter brachte mir letzte Nachrichten über Platens Grab mit Fotografien im Mai 1985. War Platen schon kränkelnd nach Syrakus gekommen? Diskussion dieser Frage bei Schlösser II 484f, mit negativem Ergebnis. Das erwähnte zwölfte Mercy-Fragment (KP V 57f) ist in den Kapiteln 5 und 44 dieses Buches besprochen. Zur Lieddichtung der letzten Jahre: ich stimme Schlösser (II 519f) nicht zu, der sich für den Fall von Platens Weiterleben eine im Vergleich zur Jugenlyrik spärlichere, doch bessere Reimdichtung versprach; auch teile ich, nach dem vorn Angeführten, nicht Schlössers Vermutung, es möchte Platen, falls er nicht gestorben wäre, „noch etwas den ‚Abbassiden' Gleichwertiges gelungen sein". Zur ‚schwarzen Romantik' sei nochmals auf Mario Praz hingewiesen. „Platen war ein Revolutionär": Hubert Fichte, ‚Deiner Umarmungen süße Sehnsucht', 67.

Platens geistiger Entwicklungsgang in kurzen Zügen

Pagenzeit München 1810 – 1813

Lyrik im Stil der Empfindsamkeit, Einflüsse von Matthisson und dem frühen Schiller. Silberwelt des Zwielichts und ‚Feenpaläste' der eigenen Gedichte. Narzißtische Urszene, Identifikation mit der Mutter (Annahme von Jürgen Link). Schuldgefühle wegen der homosexuellen Veranlagung im Gedicht ‚Der Gottverlassene' 1811. Die Mercy-Fragmente vom Frühjahr 1813 zeigen erste Spuren von Weltschmerz (V), Spiegel-Motiv (XII), Endymion-Motiv (XV). Zuversicht auf künftigen Dichterruhm im Gedicht ‚Wahn der Jugend' (1811) und im Märchen ‚Der neue Dithyrambus' (Herbst 1813). Bei der Lektüre Vorliebe für manieristische Italiener: Tasso, Guarini.

Leutnantszeit München 1814 – März 1818

Phantasieleidenschaft zu Brandenstein, weltschmerzliche Tirade im Tagebuch, Klagelieder vom Sommer 1814. Der junge Platen zeigt nunmehr zwei widersprüchliche Haltungen: die des empfindsamen Moralisten und die des Weltschmerzlers. Erste Manifestation dieser Doppelhaltung im Dialog des (weltschmerzlichen) Pilgers mit dem (moralisierenden) Wegweiser. Ausscheidung spontaner Unregelmäßigkeiten aus der Lyrik, stattdessen konstruierende Arbeitsweise im Bestreben, dem Gedicht durch präzise Regelanwendung einen fixierenden Spiegelcharakter zu verleihen. Napoleon flieht von Elba, erste politische Lyrik des Leutnants Platen. Frankreichfeldzug 1815: ‚Einzelne Betrachtungen' des Moralisten, schwarzromantische Erzählung ‚Die Bergkapelle' des Weltschmerzlers. Erste Liebessonette (an de Ahna). Platen liest ‚An Essay on Man' von Pope; aus dem empfindsamen Moralisten wird durch weitere aufklärerische Lektüre (Hume, Voltaire) ein oberflächlicher Rationalist. 1816 Reise in die Schweiz. Tourismus als lyrisches Sujet entdeckt, erste ‚statische' Reisegedichte; gleichzeitig ‚dynamische' Naturschilderungen à la Jean Paul in der Prosa des Tagebuchs. 1817 Sommeraufenthalt beim Pfarrer von Schliersee: im klassischen Elegie-Fragment fragt der Weltschmerzler nach existentieller Sinngebung durch die Kunst, bleibt jedoch die Antwort schuldig. Zum Jahresende schreibt der Aufklärer die antikatholische Satire ‚Der Sieg der Gläubigen'.

Student in Würzburg, April 1818 – Oktober 1819

Freundschaft mit dem jungen Ignaz Döllinger. Auf ästhetischen Wegen, über die Lektüre Calderóns und die ‚kreuzförmige', quasi-geometrische Philosophie J. J. Wagners nähert sich der Rationalist in Platen wieder dem Christentum. Der Zug wird durch die Leidenschaft zum unbekannten Adrast (Schmidtlein) verstärkt. Neben spanischer Barockliteratur liest der Dichter nunmehr die Anakreonteen und die Griechische Anthologie. Durch Spanier und Griechen angeregt, entstehen die Adrast-Redondilien; deren Produktion endet jedoch, als Platen Schmidtlein kennenlernt. An ihre Stelle tritt im Herbst 1819 erotische offen gleichgeschlechtliche Lyrik im Stil der antiken Vorbilder, 1820 vernichtet. Nach schroffer Zurückweisung durch Schmidtlein verläßt Platen voller Schuldgefühle Würzburg im Oktober 1819.

Student und Dichter in Erlangen, November 1819 bis August 1826

Lektüre von Goethes west-östlichem Divan. Streben nach Reinheit, Ende Oktober 1819 ‚Parsenlied'. Distanzierung von der sinnlich ‚unreinen' Dichtung Shakespeares und Goethes. Beim verzweifelten Bemühen, seinen Trieb zu sublimieren, verfällt Platen in eine wässerig-süßliche Erlösungshaltung, wie vorgeführt in Heydens Schauspiel ‚Renata'. Erster Besuch bei Jean Paul in Bayreuth. Nach seelischer Beruhigung schildert sich der Dichter im Gedicht ‚Dreyleben' (April 1820) als Raupe, Puppe und schließlich als Schmetterling. Bekanntschaft mit Rückert, Beginn persischer Studien. Schelling kommt nach Erlangen und wendet sich Platen väterlich-fürsorglich zu. Das neue Geborgenheitsgefühl ermöglicht diesem, seine disparate Existenz im Gedicht, dem deutsch-persischen Ghasel, mit der darin enthaltenen Poesiewelt zu harmonisieren. Die Mutter übt über einen Freund an den Ghaselen Kritik: von nun an ist Platens Verhältnis, was die eigene Dichtung anlangt, zu ihr gespannt. Eine glückliche platonische Liebesbeziehung (Bülow) steigert die Kreativität, Manierismen verschwinden, Dichter und Freund erscheinen in der dritten Ghaselengruppe entpersönlicht als Hafis und Schenke. Ihr Spiegelcharakter ist offenkundig, doch auch bei den ‚glücklichsten' dieser Ghaselen bleibt der Weltschmerz im Hintergrund stets gegenwärtig. Besuch bei Goethe in Jena. Nachdem Platen im Oktober 1821 erfährt, daß er Bülow nicht wiedersehen werde, bricht er die deutschpersische Ghaselendichtung ab.

Im Frühling 1822 Leidenschaft für Justus Liebig. Platen beginnt wieder, Gedichte zu schreiben, neben Ghaselen auch neue Liebessonette, nun unter dem Einfluß Shakespeares. Tiefe Enttäuschung durch Liebig, offener Weltschmerz in den Gedichten: das Nichts-Ghasel vom August 1822 widerruft den Versuch, durch Übernahme von Rollen Harmonie in einer ‚gespiegelten' Poesiewelt zu erreichen. Platen bricht wegen Cardenio (Hoffmann), der als Ersatz für Liebig fungiert, eine wichtige Reise nach Wien ab und versucht in Altdorf vergeblich, mit Hafis-Übertragungen das Harmoniegefühl von

1821 wieder hervorzurufen. Shakespearisch-manierierte Liebesgedichte an Cardenio (‚Pfeifensonett'). Nach dessen Verschwinden knüpft Liebig von Paris aus brieflich die Freundschaft mit Platen wieder an. Dieser stellt im Frühsommer 1823 fünfzig ‚Neue Ghaselen' zusammen, in denen hauptsächlich die Qualen ausgedrückt sind, die Liebig ihm bereitet hat. Flucht nach vorn, verbaler Exhibitionismus als Folge fortwährender Frustration: ‚Der Orient ist abgethan', in offener Ich-Form und ohne persische Verkleidung, doch mit anakreontischem Gestus bekennt der Dichter nunmehr seine Gleichgeschlechtlichkeit.

Von Schelling angeregt, dichtet Platen zwischen Herbst 1823 und Sommer 1824 die romantischen Schauspiele ‚Der gläserne Pantoffel' und ‚Der Schatz des Rhampsinit'. In ihnen ist seine fragwürdige Stellung in der Gesellschaft des deutschen Biedermeier indirekt abgehandelt; die Figur des Bliomberis, eines Touristen aus Liebesgründen mit weltschmerzlich-dandyhaften Zügen, ist ein unbewußtes Selbstportrait. Durch eine Attacke auf den ‚Urfreund' Knebel verscherzt sich Platen Goethes Gunst für immer.

Reise nach Venedig im Herbst 1824, vermutlich erste sexuelle Erfahrungen des Achtundzwanzigjährigen. Platen schreibt einen Zyklus von poetischen Reisebildern in Sonettform, die ‚prägnante' Eindrücke auf vollendete Weise fixieren. In den venezianischen Sonetten präsentiert sich der Dichter hauptsächlich als Prophet und Priester des ‚Schönen', was vordergründig ‚Kunst' in jeder Form meint, dahinter und eigentlich aber Männerliebe. Auf der Rückreise in München Umgang mit den Neuhumanisten Thiersch und Feuerbach; unter ihrem Einfluß wendet sich Platen wieder der Dichtung in antiken Metren zu, die er seit Schliersee hatte ruhen lassen. Im Sommer 1825 auf Schellings Betreiben einmalige Aufführung des romantisch-lyrischen Dramas ‚Treue um Treue' vor dem Erlanger Universitätspublikum. Platens ‚Ode an Napoleon' eröffnet eine Reihe von Gedichten, in denen der Dichter sich mit dem besungenen Helden gleichsetzt und in dessen Aufstieg und Fall auch sein eigenes Schicksal beklagt. An Stelle des Weltschmerzes tritt eine neuheidnisch- tragische Weltsicht. Diese Haltung bedeutet Abschied vom Christentum, doch nicht vom Glauben an Gott, oder besser: an einen Schelling'schen Weltgeist. Zweite Schweizerreise, eine geplante Verlobung in der Nähe von Thun kommt nicht zustande. Auf dem Rückweg Aufenthalt in Stuttgart, Bekanntschaft mit Gustav Schwab. Zur Thronbesteigung Ludwigs I von Bayern dichtet Platen eine Huldigungsode, die ihm die Gunst des neuen Königs einbringt. Interesse des Verlegers Cotta an Platen. Vergebliche Liebe zum Theologiestudenten German, erneutes Aufbrechen des Weltschmerzes. Die im Frühjahr 1826 entstehende Sonettdichtung bedeutet formal wie inhaltlich einen Rückschritt in den Zustand vor Venedig. Zur gleichen Zeit schreibt der Kunstpriester Platen nach aristophanischem Vorbild das satirische Lesedrama ‚Die verhängnißvolle Gabel', das Cotta durch Schwabs Vermittlung sofort annimmt. In dieser Abrechnung mit den erfolgreichen Trivialdramatikern des Biedermeier rächt Platen sich für die Mißachtung seiner eigenen Schauspiele bei den deutschen Bühnen. Die ‚Verhängnißvolle Gabel' ist für den Verlag Cotta ein Erfolg.

Aufenthalt in Italien September 1826 – Dezember 1835

Mit der Zusage Cottas, ihm zwei Jahre lang je 1000 Gulden für Dichtungen und Pressebeiträge zu zahlen, begibt sich Platen nach Rom. Ehrgeizige Tragödienpläne. Wenig Harmonie mit den deutschrömischen bildenden Künstlern, jedoch Umgang mit Wilhelm Waiblinger. ‚Begrenzte Positivität' (Friedrich Sengle) stellt sich ein. In den römischen Oden ist das poetische Reisebild fortentwickelt: vom Anblick klassischer Trümmer inspiriert, verknüpft Platen Gegenwart und Vergangenheit, um jene mit dichterischen Mitteln neu zu erwecken. Daneben unverhüllte Schilderung erotischer Begegnungen in Odenform. Leibseelischer Zusammenbruch nach der Erkenntnis, daß auch in Rom der erträumte Geliebte nicht zu finden sein wird.

Sommerhalbjahr 1827 in Neapel und Umgebung, wahrscheinlich erstmalige sexuelle Erfüllung; Ergebnis ist die entspannte, sehr anschauliche Idylle ‚Bilder Neapels'. Platen verliebt sich in den schlesischen Dichter Kopisch. Resultat der folgenden Ernüchterung ist die Menschenhaß-Ode, deren Anfänge wahrscheinlich auf die römische Krise vom Frühjahr zurückgehen. In derart negativer Stimmung, zu der noch Geldsorgen kommen, beginnt Platen die Arbeit an seinem zweiten satirischen Lesedrama ‚Der romantische Oedipus': in ihm wird ‚moderne' Formlosigkeit am Beispiel der (Shakespeare nachahmenden) Schauspiele Immermanns gegeißelt. Ende November Rückkehr nach Rom.

Hier lernt Platen Thorvaldsen kennen, der ihm freundlich-verständnisvoll begegnet. Das Resultat ist der Hymnus ‚Abschied von Rom', was bedeutet: Abschied von klassischer (und klassizistischer) bildender Kunst als Quelle der Inspiration, dafür Hinwendung zum lebendigen Neapel, dem die Antike durch Mythos und Geschichte gleichwohl verbunden bleibt. Da Cotta nichts mehr zahlt, lebt Platen mittlerweile von geborgtem Geld. Als er von der hohen Gunst erfährt, in der Heinrich Heine bei Cotta steht, flicht er einige Verse in sein Oedipus-Manuskript, die Heines Judentum verspotten.

Im Frühling 1828 lernt Platen in Florenz den Kunsthistoriker Carl v. Rumohr kennen. Bei Cotta kommen die gesammelten ‚Gedichte' heraus. Auf Schellings Betreiben erhält Platen eine königliche Sinekure mit 500 Gulden Jahresgehalt; zusammen mit der halben Leutnantsgage, die ihm verbleibt, hat er nunmehr ein Jahresfixum von 860 Gulden. In Siena bricht Rumohr einen gemeinsamen Winteraufenthalt mit Platen nach wenigen Tagen ab. Dieser beginnt ein Epos nach Motiven aus 1001 Nacht. Der ‚Romantische Oedipus' erscheint bei Cotta im April 1829, verkauft sich aber schlecht. Im Oktober Platens erste politische Ode ‚Europas Wünsche'.

Im Dezember 1829 in Rom Bekanntschaft mit Leopold Ranke. Zum Jahresende erscheint in Hamburg der dritte Teil von Heines Reisebildern, in dem, als Antwort auf die antijüdischen Verse im ‚Romantischen Oedipus', Platen als Homosexueller bloßgestellt wird. Platen behauptet, Heines Angriff nicht zu kennen, legt sich aber Ende Februar 1830 für zwei Monate ins Bett; noch nicht völlig genesen, verläßt er Rom endgültig. Julirevolution in Paris. Ende 1830 Abschluß des Märchenepos ‚Die Abbassiden'. Zwei zornige Gedichte gegen Hegel und den Zaren leiten die letzte polemischselbstreflektierende Phase in Platens Lyrik ein. Im Frühjahr 1831 schildert Felix Mendelssohn in Neapel den Dichter als ‚kleinen, verschrumpften, goldbebrillten Greis von 35 Jahren'. Mitte Juli dichtet Platen das ‚Trinklied': hier gelingt ihm zum letztenmal das harmoniestiftende ‚Zusammenpiegeln' von Antike und Gegenwart und ihre Fixierung im glücklichen Augenblick.

Kurz darauf entstehen zwei ‚Festgesänge' oder Hymnen: in ihnen entrollt der Kunstpriester geschichtliche Tableaux, quasi als Ersatz für die ausgebliebenen Epen und Tragödien. Im September 1831 Zusammenbruch des polnischen Aufstandes gegen Rußland. Aus diesem Anlaß schreibt Platen eine Reihe aggressiv-politischer ‚Polenlieder'. Hier wie in den Hymnen erscheint obstinat eine nymphomanisch-grausame Frauengestalt (‚Metze'), meist Katharina II von Rußland: in ihr allegorisiert der Dichter unbewußt neu aufgebrochene Schuldgefühle über sein Liebesleben in Italien. Sie sind späte, doch deutliche Konsequenz von Heines öffentlichem Vorwurf.

Nach dem Vorbild Schillers und Rankes entstehen in Prosa die ‚Geschichten Neapels': auch hier geht es um eine nymphomanische Herrscherin und alle ‚Metzelei', die ihr schwaches Regiment verschuldet. Im Frühsommer 1832 dichtet Platen anläßlich einer Liebesbegegnung vierzehn letzte Ghaselen, in denen er seinen poetischen Tod durch Heine mitteilt: ‚Meine Lippe muß verstummen, meine Barke muß versanden.'

Als letzte größere Arbeit entsteht Ende 1832 in München das dramatisch-positive Geschichtstableau ‚Die Liga von Cambrai', das möglicherweise eine ‚literarische Versöhnung' mit der Mutter signalisiert. Im Sommer 1834 begegnet Platen in Neapel Giacomo Leopardi. Die vermehrte Neuauflage der ‚Gedichte' erscheint bei Cotta. Drei toskanische Lieder gelten einer unbekannten Phantasieleidenschaft. Seit März 1835 dichtet Platen sechs letzte Hymnen, fünf davon an Freunde und Fürstlichkeiten. Ihr eigentliches Thema ist Selbstreflektion, vermischt mit lehrhaft historischen Exkursen; daneben enthalten sie Ausfälle gegen Heine, Hegel (den Antipoden des Übervaters Schelling) und Katharina II. Es folgt ein tragisches Hymnenfragment, in dem der Dichter das Scheitern seiner poetischen und privaten Existenz beklagt. Wenige späte Lieder zeugen von erotischen Begegnungen und auch Zurückweisung. Im Dezember 1835 stirbt Platen in Syrakus neununddreißigjährig an einer typhoiden Erkrankung.

August von Platen –
Alphabetisches Quellenverzeichnis

Im Apparat genannte Zeitungsartikel und nur einmal erwähnte Bücher sind hier nicht erneut angeführt.

Anthologia Graeca: 2. verbesserte Auflage, Griechisch-Deutsch ed. Hermann Beckby, 4 Bände (Heimeran) München o. J. (nach 1957)
Aristophanes: Komödien, übersetzt v. Ludwig Seeger, 3 Bde., München o. J.
Bleibtreu-Ehrenberg, G.: Tabu Homosexualität. Die Geschichte eines Vorurteils, Frankfurt 1978
Bornstein, Paul: s. Platen, Briefe
– Der Platen-German-Briefwechsel, in: Blätter der Platen-Gesellschaft, Berlin/Erlangen 5/8/1926
Bruchmann, Franz v.: der Freund J. Chr. Senns und des Grafen A. v. Platen. Eine Selbstbiographie aus dem Wiener Schubertkreise nebst Briefen. Eingeleitet und herausgegeben v. Moriz Enzinger. Veröffentlichungen des Museums Ferdinandeum in Innsbruck, Heft 10 (Jg. 1930) 117ff.
Bunsen: s. Platen, Briefe
Busch, Frank: August Graf von Platen – Thomas Mann: Zeichen und Gefühle, München 1987
Casanova, Giacomo: Geschichte meines Lebens. Nach der französischen Urfassung ins Deutsche übersetzt von Heinz v. Sauter, 12 Bände, Frankfurt/Berlin 1964–67
Corti, Egon Caesar: Ludwig I, König von Bayern, München 1937
Denkler, Horst: s. Platen, Die verhängnißvolle Gabel
Dirrigl, Michael: Ludwig I, König von Bayern 1825–1848, München 1980
Doeberl, Michael: Entwicklungsgeschichte Bayerns II + III, München 1928 + 31
Dove, Richard: The ‚Individualität' of A. v. Platen. Subjectivity and Solipsism at the Close of the Kunstperiode, Frankfurt 1983
Egloffstein, Hermann: Alt-Weimar's Abend. Briefe und Aufzeichnungen aus dem Nachlasse der Gräfinnen Egloffstein, München 1923
Enzinger, Moriz: s. Bruchmann
Fichte, Hubert: ‚Deiner Umarmungen süße Sehnsucht' – Die Geschichte der Empfindungen am Beispiel der französischen Schriften des Grafen August von Platen-Hallermünde, Tübingen 1985
Fricke, Wilhelm: Erinnerungen an den Grafen August von Platen, in: Die Posaune. Norddeutsche Blätter für Literatur, Kunst und Leben, Hannover 24 + 26/1/1840
Friepes, Erna: s. Platenfund
Goethe, Johann Wolfgang v.: Italiänische Reise, Stuttgart/Tübingen 1816/17 u. ö.
– West-östlicher Divan, Stuttgart 1819 u. ö.
Guida d'Italia del Touring Club Italiano in 23 volumi, Milano 1963/80
Häntzschel, Günter: s. Heine
Hay, Gerhard: s. Platen, Briefe
Heine, Heinrich: Begegnungen mit .., Berichte der Zeitgenossen, hsg. v. Michael Werner, 2 Bände, Hamburg 1973
– Briefe, hsg. v. Friedrich Hirth, 6 Bände Mainz 1950/51
– Gespräche mit .., hsg. v. H. Houben, Frankfurt 1926
– Sämtliche Schriften in zwölf Bänden, München 1976, Band 3 + 4, hsg. v. Günter Häntzschel
Helbig: s. Leopardi
Henel, Heinrich: Erlebnisdichtung und Symbolismus, in: Deutsche Vierteljahresschrift für Literatur und Geistesgeschichte, Stuttgart 1958
– Epigonenlyrik, in: Euphorion Bd. 55, Heidelberg 1961
Hirth: s. Heine

Hocke, Gustav René, Manierismus in der Literatur. Sprach. Alchimie und esoterische Kombinationskunst, Hamburg 1959.
Höfler, Konstantin v.: Erinnerungen an August Grafen von Platen, in: Bayerland, München 1891
– Zur Erinnerung an den deutschen Dichter August Grafen von Platen-Hallermünde
  (ungez., Konstantin v. Höfler) in: Bohemia Nr. 357/8 (Beilage), Prag 1885
Houben, H. H.: s. Heine
Immermann, Karl: Der im Irrgarten der Metrik umhertaumelnde Cavalier. Eine literarische Tragödie, Hamburg 1829, Neudr. Stuttgart 1976, in: Platen, Die verhängnißvolle Gabel, s. d.
Kindlers Literaturlexikon in 25 Bänden, München 1974.
Koch, Max: August Graf von Platens Leben und Schaffen (Band I der Sämtlichen Werke, s. d.)
– s. Platen, Sämtliche Werke
Koenig-Warthausen: s. Platen, Briefe
Königer, Hans: s. Waiblinger
Krone und Verfassung. König Max I Joseph und der neue Staat. Beiträge zur bayerischen Geschichte und Kunst 1799–1825. Katalog III 1 + 2 der Ausstellung ‚Wittelsbach in Bayern', München/Zürich 1980.
Leopardi, Giacomo: Canzonen. Übersetzt, eingeleitet und erläutert v. Emerich Schaffran, Bremen 1963
– Canti/Gesänge (zweiprachig), Dialoge und andere Lehrstücke,
  übersetzt v. Hanno Helbling und Alice Vollenweider, München (Winkler) 1978
Link, Jürgen: Artistische Form und ästhetischer Sinn in Platens Lyrik, München 1971
– Typoskript eines noch unveröffentlichten Essays ‚Platen – Heines Antipode'
– s. Platen, Lyrik
Mann, Thomas: August von Platen, Festvortrag 4. Oktober 1930 in Ansbach, Ansbach 1931 u. ö.
Mayer, Hans: Außenseiter. Frankfurt 1976
Mayer, Friedrich: Schatten und Lichter aus dem Leben des Grafen Augusts von Platen-Hallermünde, in: Athenäum für Wissenschaft, Kunst und Leben, Nürnberg, Januar 1839
Mende, Fritz: Heine-Chronik. Daten zu Leben und Werk, München 1975
Minckwitz, Johannes: s. Platen, Werke/Briefe
Moisy, Sigrid v., Von der Aufklärung zur Romantik. Geistige Strömungen in München. Ausstellung in der Bayerischen Staatsbibliothek, Katalog Regensburg 1989.
Noack, Friedrich: Deutsches Leben in Rom 1700–1900, Stuttgart/Berlin 1907
Petzet, Erich: s. Platen, Werke
Platen, August: als Autor der J.G. Cottaschen Buchhandlung. Mit bisher nicht publizierten Briefen, hsg.v. Gerhard Hay, in: Jahrbuch der deutschen Schiller-Gesellschaft, Stuttgart 1967
– Briefe an Eduard Gerhard, hsg. v. Hellmut Sichtermann, Mainz 1979
– Briefe an (Karl Christian Josias Frh. v.) Bunsen, hsg. v. Theodor v. Bunsen, in:
  Deutsche Revue, Leipzig, 3. Band 1879/80
– Einer der letzten Briefe Platens, in: Triester Zeitung 25/10/1858
– Briefe von und an A.v. P 1929–35 aus den Handschriftenabteilungen des/der
  – Bayerischen Staatsbibliothek, München
  – Biblioteka Jagiellonska, Krakau
  – Schiller-Nationalmuseums, Deutsches Literaturarchiv, Marbach
  – Goethe-Museums, Düsseldorf
  – Nationalen Forschungs- und Gedenkstätten der klassischen deutschen Literatur, Weimar
  – Stadtarchivs Erlangen
  – Stadtarchivs Hannover
  – Staatsbibliothek preußischer Kulturbesitz, Berlin-West
  – Staats-und Universitätsbibliothek Hamburg
– Der Briefwechsel 1804–1829, hsg. v. Paul Bornstein, 4 Bände München 1914/31
  (Nachdruck Hildesheim 1973)
– Platen als Autor der J.G. Cottaschen Buchhandlung. Mit bisher nicht publizierten Briefen, hsg. v. Gerhard Hay, in: Jahrbuch der deutschen Schiller-Gesellschaft, Stuttgart 1967
– Platen-Miszellen. Mitgeteilt von Wilhelm Freiherr v. Koenig-Warthausen, in:
  Archiv für das Studium der neuen Sprache und Literatur, Bd. 167, 1935

- Unveröffentlichte Briefe A. v. Platens und seiner Mutter an Freunde in Italien nebst Anhang, hsg. v. Emmy Rosenfeld, in: Istituto Editoriale Cisalpino, Milano/Varese 1965
- Unveröffentlichte Briefe an und von A. v. P. a cura di Emmy Rosenfeld, in:
  Studi germanici, Gruppe I/II, Roma 1966/67
- Die Tagebücher. Aus der Handschrift des Dichters, hsg. v. G. v. Laubmann und L. v. Scheffler, Stuttgart 1896 – 1900, 2 Bde. (Nachdruck Hildesheim 1969)
- Gesammelte Werke in fünf Bänden, Cotta, Stuttgart/Tübingen 1853/54;
  Band 6 + 7: Poetischer und litterarischer Nachlaß
  Platens Briefe, hsg. v. Johannes Minckwitz, Leipzig 1859
- Sämtliche Werke. Historisch-kritische Ausgabe mit Einschluß des handschriftlichen Nachlasses
  hsg. v. Max Koch und Erich Petzet, 12 Bände Leipzig o. J. (1910) (Nachdruck Hildesheim 1969)
- Die verhängnißvolle Gabel. Der romantische Oedipus. Neudruck der Erstausgaben.
  Mit Karl Immermanns ‚Der im Irrgarten der Metrik umhertaumelnde Cavalier',
  hsg. v. Irmgard und Horst Denkler, Stuttgart 1979
- Ein Platenfund in Neapel, von Erna Friepes, in: Platen-Gedächtnisschrift
  der Universitäts-Bibliothek Erlangen zum 100. Jahrestag des Todes A.s v. P., Erlangen 1936
- Lyrik, hsg. u. kommentiert von Jürgen Link, München 1982

Praz, Mario: La carne, la morte e il diavolo nella letteratura romantica, Firenze 1930 u. ö.,
  deutsch: Liebe Tod und Teufel. Die Schwarze Romantik, München 1963

Redenbacher, Fritz: Platen-Bibliographie. 2. bis 1970 ergänzte Auflage, Hildesheim 1972

Reuter, Friedrich: Die Erlanger Burschenschaft 1816 – 1833, Erlangen 1896
- Drei Wanderjahre Platens in Italien. 47. Jahresbericht des historischen Vereins für Mittelfranken, Ansbach 1900

Rosenfeld, Emmy: s. Platen, Briefe

Rumohr, Karl Friedrich v.: Briefe R.s. Eine Auswahl, mitgeteilt v. Friedrich Stock, in:
  Jahrbuch der preußischen Kunstsammlungen, Beiheft zum 64. Band, Berlin 1943

Schaffran, E.: s. Leopardi

Schlösser, Rudolf: August Graf von Platen. Ein Bild seines geistigen Entwicklungsganges
  und dichterischen Schaffens. 2 Bände, München 1910/13

Sengle, Friedrich: Biedermeierzeit. Deutsche Literatur im Spannungsfeld zwischen Restauration
  und Revolution 1815 – 1848, 3 Bände, Stuttgart 1971/80

Sichtermann, Hellmut: s. Platen, Briefe

Teuchert, Hans-Joachim: August Graf v. Platen in Deutschland. Zur Rezeption eines umstrittenen Autors, Bonn 1980

Veit, Friedrich: Graf Platens Nachbildungen aus dem Diwan des Hafis und ihr persisches Original, in:
  Koch's Studien zur vergleichenden Literaturgeschichte, Band 7 + 8, Berlin 1907, 1908

Waiblinger, Wilhelm: Werke und Briefe. Textkritische und kommentierte Ausgabe in 5 Bänden
  hsg. v. Hans Königer, Stuttgart 1980 –
- Chronik 1804 – 1830, in: Marbacher Magazin 14/1979, Sonderheft

Zu den Illustrationen

Sechs Bildnisse des lebenden Platen sind auf uns gekommen. Da ist zunächst das Portrait des Elfjährigen in Kadettenuniform, das verständlich macht, warum der Erwachsene sich vornehmlich im Profil von links abbilden ließ: es zeigt eine auffällige Verdrehung der Blickachse des rechten Auges nach außen. Sie erscheint wieder auf einer anonymen Silberstiftzeichnung, die aus der Studentenzeit in Würzburg stammen dürfte, und die ich für das glaubwürdigste Bildnis des Dichters halte. Um Weihnachten 1824 modellierte Joseph Christen in München ein Reliefportrait des 28-Jährigen im Profil. Es ist verschollen; Schlösser bringt jedoch im ersten Band seiner Platen-Biographie eine mäßige Zeichnung, die nach Christens Medaillon entstanden sein mag (vgl. dort I XV). Der Wirklichkeit durchaus entsprechend scheint mir hingegen eine Profilzeichnung von Theodor Rehbenitz aus Capri vom Herbst 1827. Ein zweifelhaftes Ölportrait en face, möglicherweise nach einer Zeichnung, die Moritz Rugendas Anfang August 1829 in Ancona von Platen machte, ist dem ersten Band von Schlössers Werk vorangestellt; es dürfte kaum Ähnlichkeit mit dem Abgebildeten haben. Ende 1834 modellierte Franz Woltreck in Florenz ein sehr geschmeicheltes Medaillon des Dichters im Profil, offenbar das letzte, doch kaum glaubwürdige Portrait des lebenden Platen. Ich bringe das Kinderbild von Kürzinger, die Zeichnung aus der Studentenzeit sowie das Profil von Rehbenitz.

Von vielen wichtigen Personen aus der Umgebung des Dichters sind keine Bildnisse erhalten; das gilt vor allem für die Eltern und den engsten Freund, Friedrich Graf Fugger. Doch auch von den meisten ‚Phantasieleidenschaften' haben wir kein Portrait, ausgenommen Justus Liebig und Karl Theodor German. Von anderen wiederum fehlen die Bilder aus ihrer Jugend, als sie mit Platen befreundet waren oder Umgang hatten: Ignaz Döllinger, Hermann v. Rotenhan, Friedrich Benedikt Hermann, Ernst Bandel: sie habe ich weggelassen. Von einigen, deren Bilder bis zu 25 Jahren jünger sind als die Zeit, da sie mit Platen verkehrten, habe ich dagegen aufgenommen: Schelling, Karl Theodor German, Georg Friedrich Puchta, Gustav Schwab, Gustav Gündel, König Ludwig I, Karl Immermann, Leopold Ranke.

Es ist bekannt, daß im Leben des Dichters Frauen kaum eine Rolle spielten – mit Ausnahme der Mutter. Das Fehlen ihres Portraits bedauere ich besonders. Dagegen fand ich Bilder zweier hübscher ‚Blaustrümpfe', die Platen 1829/30 in Rom kennenlernte: Julie Gräfin Egloffstein aus dem Goethekreis und die Basler Malerin Emilie Linder, Clemens Brentanos letzte Liebe.

Leider reicht der Platz in diesem Buch nicht aus, um mehr von den Orten zu zeigen, an denen Platen lebte oder die er besuchte: besonders von München und den Städten Italiens zur Biedermeierzeit gibt es Ansichten genug. Das gleiche gilt für Zeichnungen und Akte von jungen Männern und Jünglingen aus dem deutsch-römischen Künstlerkreis 1820-30. Hier mußte ich mich auf das Minimum beschränken.

Abkürzungen

AWA	= Alt-Weimar's Abend	s. Egloffstein
Bo.	= Bornstein	s. Platen, Briefwechsel
Bunsen		s. Platen, Briefe an Bunsen
Cotta		s. Platen, Werke
Denkler		s. Platen, Die verhängnißvolle Gabel, Der romantische Oedipus …
Ge/Si	= Gerhard/Sichtermann	s. Platen, Briefe an E. Gerhard
Guida TCI		s. Guida d'Italia …
Häntzschel		s. Heine, Sämtliche Schriften
He/Vo	= Helbling/Vollenweider	s. Leopardi
Hirth		s. Heine, Briefe
Kindler		s. Kindlers Literaturlexikon
Königer		s. Waiblinger, Werke und Briefe
KP	= Koch/Petzet	s. Platen, Sämtliche Werke
KuV		s. Krone und Verfassung
Link D.	= Link, Dissertation	s. Link, Artistische Form …
Link E.	= Link, Essay	s. Link, Typoskript
Link K.	= Link, Kommentare	s. Platen, Lyrik hsg. v. Link
Mi.	= Minckwitz	s. Platen, Werke/Briefe
MMPl	= Monumenta Monacensia Plateniana	s. Platen, Briefe, Bayerische Staatsbibliothek München
Reuter, Burschenschaft		s. Reuter, Die Erlanger …
Reuter, Wanderjahre		s. Reuter, Drei Wanderjahre …
Rosenfeld A, B, C		s. Platen, Briefe
Veit in KS	= Veit in Koch's Studien	s. Veit, F., Platens Nachbildungen
Tb.		s. Platen, Tagebücher

Namenregister

Vorbemerkung

Von den vielen Namen, die en passant vorkommen, erscheinen hier nur solche von biographischer Bedeutung. Wenn Namen ohne Kommentar oder wörtliche Bezugnahme nur als Quelle im Apparat genannt sind (z. B. Herausgeber), erscheinen sie (bzw. die betreffende Seitenzahl) hier ebenfalls nicht. Dafür stehen sie im Quellenverzeichnis.

Abu Nuwas 279, 303
Adrast s. Schmidtlein
Alexander, Markgraf von Ansbach-Bayreuth 19, 20f., 345
Alexander I, Zar von Rußland 63, 85, 170
Amalie Auguste von Bayern, Herzogin von Leuchtenberg 18, 628f., 635, 681
Anakreon, anakreontisch 99, 184f., 187, 190, 194, 279f., 408f., 489, 528, 553, 638, 689
Anna, Platens Kinderfrau 223, 234, 411,
Ariosto, Ludovico 100, 116, 301, 456
Aristophanes, aristophanisch 167, 315, 343, 390f., 425, 466, 475, 495f., 522, 538, 543, 551f., 554, 557, 664, 667, 689
Arndt, Ernst Moritz 226, 243, 285, 289, 292
Arnim, Achim von 418, 427, 520, 527, 664
Asimont, Jeannot (Spielkamerad) 23, 28, 167
Atterbom, Per Daniel Amadeus 314, 498, 615
Auersperg, Anton Alexander Graf von (Anastasius Grün) 625f., 680
August, Herzog von Sachsen-Gotha 169, 274, 416

Baader, Franz von 235, 250, 260, 667
Bandel, Ernst 446, 454, 456, 458f., 467, 535, 654f.
Bauer, Major 32, 130, 148, 157
Baudelaire, Charles 199, 201, 279, 409
Beauharnais, Eugène Vicomte de, Herzog von Leuchtenberg 18, 44, 127, 158, 165, 356, 597, 628, 629 Fußn.
Beckford, William 345ff., 425, 472, 509, 662
Beer, Michael 465, 543f., 656, 667
Beethoven, Ludwig van 16, 32, 561; 595
Bellermann, Pastor 558, 576, 586
Bellini, Gentile und Giovanni 343f., 350f., 356, 425
Bellman, Carl Michael 314, 322
Berchet, Giovanni 597, 675
Bleibtreu-Ehrenberg, Gisela 169, 172, 413, 652 Fußn.

Boccaccio, Giovanni 101, 278, 280
Boisserée, Sulpiz (Brüder) 173, 381, 445
Boisséson, Euphrasie Marquise de 58f., 93, 170
Börne, Ludwig 561, 591, 604, 676, 683
Bornstein, Paul 11, 116, 164, 173, 229, 411, 415, 424, 427ff., 433, 656f., 665, 675
Bothmer, Graf 316, 420
Brandenstein, Friedrich Freiherr von 66, 71-77, 79ff., 85, 89, 92, 95f, 99-104, 117, 119f., 124, 128, 143, 146, 159, 171, 176, 187, 233, 254, 297f., 357f., 401, 408, 426, 687
Brentano, Clemens 116, 230, 527, 604, 669
Brockhaus, Verlag 181, 267f., 295, 308, 370, 384, 416, 418
Bruchmann, Franz von 257-62, 270ff., 276, 284, 289, 295-98, 301f., 304, 312, 315f., 324, 331, 338, 385, 406, 415-18, 420, 423, 430, 433, 445, 477, 532, 577, 620, 653, 671
Büchner, Georg 335, 423, 528
Bülow, Otto von 268ff., 272-76, 280, 284, 288f., 297, 301, 303, 312, 317, 372, 384, 416, 427, 497, 533, 688
Bunsen, Christian Karl Josias von 515, 534f., 539f., 542, 556-59, 564, 576, 583f., 586, 605, 614, 617, 666-69, 672, 679, 683
Bürger, Gottfried August 56, 94, 631, 675
Busch, Frank 351, 354, 416, 422, 425f., 428, 453, 653f.
Busch, Wilhelm 50, 406 Fußn., 585
Byron, George Gordon Lord 104, 128, 194, 199ff., 204, 274, 279, 319, 348, 409, 425f., 477, 495, 499, 528, 660

Caeiro, Olivio 172, 175, 409
Calderón de la Barca, Pedro 192ff., 203ff., 208, 212, 242, 264, 274, 308, 321f., 387, 688
Camões, Luis Vas de 138, 149, 159ff., 175, 198, 244, 268, 308, 498

Campe, Friedrich 492, 505, 546, 552, 667
Canova, Antonio 479, 658
Capponi, Gino Marchese 623, 625, 679f.
Cardenio s. Hoffmann
Carlenzo, Nena 489f., 506, 541, 559, 666
Caroline von Braunschweig, Prinzessin von Wales, Königin von England 126f., 174f., 283, 510
Casanova de Seingalt, Giacomo Girolamo 444, 461, 653, 655
Cerjat, Mlle. de 376, 379, 430
Cervantes Saavedra, Miguel de 132, 190, 194, 408, 498
Chopin, Frédéric 354, 561
Christen, Joseph 358, 365, 426
Clauren, Heinrich 119, 337, 374, 458, 466, 659
Cornelius, Peter 344, 356, 445f, 456, 595, 667
Correggio, Antonio (Allegri) 438f., 512, 653
Cotta, Johann Friedrich (Vater) 370, 380f., 384f., 398, 401, 403, 405, 430, 432f., 437, 446, 449, 451f., 456, 458f., 461, 468, 472, 477-80, 486, 491f., 496f., 502, 505, 508, 510f., 513, 523, 529f., 532ff., 544f., 552, 559, 563, 573, 577, 598, 603, 653ff., 657-63, 665, 669, 675f., 678, 680, 689f.
Cotta, Johann Georg von (Sohn) 603, 609ff., 626, 676, 680, 691
Craven, Lady 345, 425, 472, 657
Crousaz, Monsieur de 263, 370, 415, 527

Dall'Armi, Leutnant 95, 104, 115, 117, 130, 157, 161f., 236, 273f.
Dante Alighieri 204, 207, 278f., 456
Darwin, Charles 250, 252
Daxenberger, Staatsrat 611ff., 647
de Ahna, Leutnant 119f., 123, 182, 272, 312, 384, 687
Denkler, Horst 396 Fußn., 431, 656, 667
Derks, Paul 169, 416
Döderlein, Ludwig 246f., 256, 259, 263, 267, 332, 368, 377
Döllinger, Ignaz (Sohn, Theologe) 186, 189-93, 198, 202ff., 208f., 211, 215, 237, 240, 262, 309, 311, 316, 320, 533f., 545f., 599, 667f., 676, 688
Döllinger, Ignaz (Vater, Anatom) 182, 186, 262
Dove, Richard 169, 172, 301, 411, 414, 416, 419, 421ff., 426f., 654f., 659, 664, 670-73, 676, 681
Drachenfels von, Leutnant 157, 162, 196

Eckermann, Johann Peter 163, 325f., 329, 332, 359, 403, 422f., 426, 563, 669
Egloffstein, Herr von 326-29
Egloffstein, Julie Gräfin von 540, 559f., 562-65, 650, 669

Eichendorff, Joseph Freiherr von, eichendorffisch 45, 67, 119 Fußn., 164
Elsperger, Christoph 253, 312, 413f., 420
Eltern s. Platen, Luise
Engelhardt, Veit 238, 242, 246, 250, 253f., 256, 258f., 273 Fußn., 276, 312, 314ff., 321, 324, 332, 338, 368, 373, 375, 377, 381, 413-16, 420f., 430, 599
Euripides 189, 191, 538

Federigo s. Brandenstein
Feuerbach, Anselm Ritter von (Jurist, Vater) 50, 169, 172, 356
Feuerbach, Anselm (Archäologe, Sohn) 356, 358, 365, 490, 659, 689
Feuerbach, Ludwig (Philosoph, Sohn) 161, 356, 663
Fichte, Hubert 10, 164, 169, 448, 654, 685
Fichte, Johann Gottlieb 15, 115, 156f., 160f., 165, 176, 193, 206, 226, 243, 285, 289, 292
Florenzi, Mariannina Marchesa 459, 467, 490, 531, 558, 590f., 596
Follen, Karl 226f., 236, 243, 411
Franz I, Kaiser von Österreich (bis 1806 römisch-deutscher Kaiser Franz II) 17f., 41, 44, 575, 581, 593, 626, 637, 671, 680, 682
Franz I, König beider Sizilien 459f., 565, 669
Freud, Sigmund 49f., 53, 90, 174, 194, 233, 514 Fußn., 625, 667
Fricke, Wilhelm 597f., 610, 675f., 678
Friedrich II, König von Preußen 20, 69, 221, 275 Fußn., 325, 375, 583 Fußn.
Friedrich Wilhelm III, König von Preußen 20, 516, 581
Friedrich Wilhelm, Kronprinz von Preußen (später König FW IV) 515f., 521, 529, 535f., 584, 663, 665f., 672
Friepes, Erna 74 Fußn., 171, 564, 669, 679ff., 684
Frizzoni, Brüder (Giovanni und Federigo) 166, 464, 501, 510f., 513f., 516, 534, 539, 555f., 565f., 570, 577, 579ff., 591, 594f., 606, 608, 611, 614, 623ff., 632, 637, 640, 643, 655f., 661, 663, 665f., 668f., 671f., 673f., 677-82, 684
Fugger, Friedrich Graf von 26, 28, 30, 39, 54, 74, 95, 124, 128f., 147f., 167, 172, 176, 185, 228, 233, 238, 243, 259, 261, 268f., 273, 284f., 289, 297, 299, 305, 316, 324, 328, 331, 338, 359, 362, 377, 398, 402, 406, 409, 411ff., 415ff., 419f., 422f., 427, 429, 432, 437, 446ff., 456, 458f., 461, 468, 471, 474ff., 478ff., 482, 484, 486, 488f., 492f., 495f., 498, 502f., 505, 508ff., 515, 525, 529, 537f., 541, 558f., 563, 566, 573 Fußn., 575, 578, 581, 586f., 597ff., 605, 609ff., 614, 616, 622f., 626, 629, 635, 638, 640, 643, 654-66, 668-71, 675-84

NAMENREGISTER

Genth, Wilhelm 294, 599f., 608, 676
Georg IV, König von England (bis 1820 Regent) 16, 20, 84, 126, 127 Fußn., 175, 199, 272
George, Stefan 202, 650
Gerhard, Eduard 541f., 564, 586, 593, 606, 666, 673
German, Karl Theodor 388ff., 398-06, 425, 427, 431ff., 467, 532f., 549 Fußn., 585, 599, 626f., 667f., 680, 689
Gibbon, Edward 160, 176, 558, 566, 633, 668
Gödeke, Karl 163, 326 Fußn., 390, 422
Görres, Joseph 133 Fußn., 545, 553f., 667
Goethe, Johann Wolfgang von 9, 15, 21, 28, 45, 49ff., 62, 79, 93ff., 101, 104, 107f., 117ff., 122, 134, 151, 163, 165, 168, 173, 197, 221f., 226f., 229f., 232, 235, 239, 242, 244, 246ff., 253f., 257, 259f., 262f., 267, 269, 271, 274-77, 279ff., 283f., 289, 291, 302, 305f., 308, 315, 320f., 324ff., 328f., 332f., 338-41, 345, 358, 367, 371, 382, 384f., 403, 406, 410f., 413, 415ff., 419, 421-24, 426, 428, 430, 432, 438, 444, 459-62, 466f., 474, 486, 491f., 496f., 510, 519, 522 Fußn., 525, 532f., 540, 559, 562-66, 576, 587, 599f., 628, 630f., 633f., 653, 655, 657, 660, 669, 671, 675f., 679, 681, 688f.
Gombart, Brüder 105, 109, 111f., 181, 243
Gozzi, Carlo 191, 242, 322
Grabbe, Christian Dietrich 375, 528
Gregorovius, Ferdinand 461, 578, 655
Grillparzer, Franz 94, 157, 208, 302, 394, 466, 494
Grimm, Jakob 163, 274, 320, 326 Fußn., 390, 403, 421f., 610
Gruber, Max von 28, 86, 101, 115, 120, 129, 142, 147f., 150f., 156, 160, 173, 175ff., 182ff., 186, 211, 215, 217, 219, 223, 227f., 230, 232, 234, 236, 238, 240, 259, 262, 269, 274f., 284, 299, 309, 315f., 339, 359, 408, 410ff., 415, 417f., 420, 422, 452, 496, 599
Gründler, Student 233, 236
Gryphius, Andreas 297, 418, 520, 664
Guarini, Giovan Battista 70f., 74, 132, 171, 265, 687
Gündel, Gustav 464f., 467, 471f., 474f., 477, 479, 484, 486ff., 494, 496, 501ff., 506, 510, 514, 516, 540, 558, 565, 580, 624f., 655-61, 666, 672, 680
Gutzkow, Karl 164, 683

Hafis (Hafez) 222, 254, 256, 262 Fußn., 263, 266, 268ff., 273, 276-83, 285, 288, 290f., 294-98, 302f., 306, 312, 317f., 326, 343, 353, 363, 384, 412, 416f., 419f., 496, 498, 553, 610, 613, 638, 678, 688

Haller, Herr 558, 564, 575f., 586, 628, 635, 639f., 643, 645, 647, 682ff.
Hafner, Professor 33, 132, 243, 300
Hammer-Purgstall, Joseph von 206, 222, 241, 254, 261f., 271, 279f., 283, 295f., 302, 312, 409, 411, 420
Harnier, Familie von 60, 62, 76, 93, 115, 124, 147, 171, 182, 216, 259, 273, 291, 294, 431
Hase, Karl August 285, 417, 556
Hay, Gerhard 655, 657, 659, 671, 675
Hegel, Georg Wilhelm Friedrich 201, 465f., 521, 535, 567, 629, 670, 690
Heine, Heinrich 9ff., 15 Fußn., 67, 69, 119, 138, 163ff., 168f., 174, 224, 249, 264, 274, 300, 308ff., 319, 328, 359, 377, 391, 414, 416, 420, 427, 430, 492-96, 498ff., 502, 505, 509f., 512-15, 524, 528, 530, 532 Fußn., 537, 543-57, 559, 561f., 564, 568f., 572ff., 579, 583ff., 587, 589ff., 594, 595, 599, 604, 608, 610, 614, 624, 626, 631, 636f., 640, 648-51, 660-65, 667-71, 678, 683, 690f.
Henel, Heinrich 173, 353, 420f., 426, 547, 667
Herder, Johann Gottfried 128, 171, 174f., 187, 231, 235, 240, 278, 329, 408, 675
Hermann, Friedrich Benedikt Wilhelm 247, 288f., 296, 304, 306, 312, 338, 359, 413, 417, 501, 545, 599, 661, 667, 676
Heyden, Friedrich von 209f., 228-32, 236f., 241, 264, 322, 370, 410ff., 688
Heyder, Carl 222, 258, 277, 289, 295, 331, 423
Hirsch, Bankier 25, 213, 217, 410
Hocke, Gustav René 71, 171, 265, 415
Hoffmann (Cardenio) 297-303, 305ff., 309f., 320, 331, 348, 389, 418f., 620, 688
Hoffmann, E. Th. A. 236, 258
Höfler, Dr. (Bruder von K.) 614, 625, 680
Höfler, Konstantin 610-14, 623ff., 635, 647, 678, 680, 682, 684
Hölderlin, Friedrich 16, 164, 451f., 618, 631, 654, 679
Homer, homerisch 32, 119, 122, 130, 132, 161, 294, 574, 628, 636, 682
Horatius Flaccus, Quintus, horazisch 56, 103, 132, 142, 173, 191, 326, 524, 574, 600, 608
Hornstein, Wilhelm Freiherr von 89, 96-100, 104, 147, 172, 197, 233, 254, 297, 304
Houwald, Christoph Ernst Freiherr von 28, 119, 347, 355, 394, 486, 494, 521, 527, 660
Humboldt, Alexander von 15, 132, 315, 565
Hume, David 125, 132, 149, 687

Immermann, Karl 249, 319, 359, 414, 427, 431, 465, 472, 492-95, 502f., 505, 510, 514, 520ff., 525f., 528, 530, 537f., 543f., 552, 554-57,

569, 576 f., 594, 626, 637, 649, 660, 664, 666 ff., 670, 676, 690
Innocenz, junger Mann aus Senigallia 486 f., 533
Issel, Wilhelm 60-67, 75, 77, 87, 99 f., 133, 137, 148, 170, 172

Jacobs, Gustav 28, 31 f., 45, 68, 74, 92, 120, 148, 168, 170 f., 174
Jahn, Friedrich Ludwig (Turnvater) 106, 227, 229
Jean Paul (Richter) 15, 66, 68 f., 80, 95, 104, 112 f., 136, 170, 173, 190 f., 231, 235, 238, 245 f., 259, 261, 281, 284, 289, 315, 320, 323 f., 327 f., 332, 339, 381, 413, 415, 417, 421, 603, 687 f.
Jerôme Bonaparte, König von Westfalen 111, 274, 341

Kanne, Arnold 238 f., 246, 249, 413
Kant, Immanuel 15, 148, 165, 193
Karl X, König von Frankreich 560, 565, 669
Karl Theodor, Kurfürst von Bayern 17, 37 f., 80
Karoline, Königin von Bayern 17, 30, 35 f., 41, 76 f., 141, 158, 161, 259, 261, 276, 415
Kastner, Carl Wilhelm Gottlob 263, 267, 285 f., 288, 294, 313, 321, 337
Katharina II, Zarin von Rußland 581-4, 588, 637, 672, 677, 682, 691
Keck, Ernst 186, 188, 198, 203, 452
Kempner, Friederike 118 f., 174, 198, 337, 585, 650 Fußn.
Kernell, Peter Ulrich 314, 316, 321 f., 324, 328 f., 332, 367, 371, 376 f., 420, 423, 430, 615
Kessling, Karl von 33, 150 f., 158, 249, 259, 295, 413
Kestner, August 540, 623, 666, 680
Kieser, Dietrich Georg 269, 275, 299, 416
Kleinschrodt, Luise von, geb. Apenburg genannt von Schaden 133 Fußn., 137 f., 155, 157, 299, 356, 370, 374, 387, 404, 429, 431, 433, 492, 598
Kleist, Heinrich von 16, 112, 156, 236, 337, 631
Klenze, Leo (ab 1833 von) 130 Fußn., 158, 274, 355 f., 558, 565, 595 ff., 668
Klopstock, Friedrich Gottlieb 171, 204, 486, 539, 631
Knebel, Karl Ludwig von 21, 274 ff., 324 ff., 328 f., 332 f., 351, 416, 422 f., 426, 527, 533, 689
Knigge, Adolph Freiherr von 80, 122, 133, 139, 161, 192
Knoebel, Student 292 f., 310 f., 320, 406, 419 f.
Krieger, Student 310, 548, 667
Koch, Max 59, 65, 69, 71, 164, 166, 170 ff., 193, 234, 247, 295, 329, 409, 412, 418 f., 423, 430 ff., 594, 631, 638, 656, 666, 668-71, 674, 676, 678, 680 ff., 684
Kopisch, August 467, 469-73, 475, 477 ff., 482, 487, 489, 494, 496 ff., 505 f., 514, 521, 529, 534, 536, 539, 552, 654-62, 664 ff., 690
Körner, Theodor 68 f., 76, 78, 82, 119 Fußn., 170 f., 206, 226
Kotzebue, August von 28, 119, 149, 205 f., 220, 226, 236, 239, 321, 337, 355, 398, 409, 466, 495, 523

Laube, Heinrich 608, 677, 683
Lakenpaur, Pfarrer von Schliersee 131-37, 141 f., 146, 148 f., 152 Fußn., 154, 240, 243, 687
Lamartine, Alphonse de 498, 502, 660
Landolina-Nava, Don Mario di 642-45, 647, 683 f.
Lang, Karl Ritter von 24 f., 36, 112, 166, 168
Larosée, Graf 495, 505, 586, 663
Leo, Heinrich 247, 288 f., 296, 312, 413, 417
Leopardi, Giacomo Conte di 74, 352, 425, 535, 575, 583, 593, 616-23, 627 f., 635, 647, 649 f., 671, 674, 679 f., 684, 691
Lessing, Gotthold Ephraim 45, 243, 392
Lewald, August 33, 36, 167, 374, 385, 422, 429 f., 544, 576, 610, 671, 678
Liebeskind, Adalbert 23, 28, 69, 93, 104, 115, 159, 170, 356
Liebeskind, Frau von (Mutter) 133, 137, 175
Liebig, Justus 286-94, 296 ff., 302 ff., 306, 309-13, 315, 317, 320, 328, 331, 338, 348, 365, 372, 384, 399, 417 f., 420 f., 423, 429, 533, 548, 647, 667, 688 f.
Lindenfels, Freifrau von (Tante Platens) 123, 299, 615
Linder, Emilie 561, 603 f., 606, 669, 676
Link, Jürgen 11, 31, 47, 73 f., 111 Fußn., 118 ff., 148, 163 f., 166-71, 74, 173-76, 185, 249, 257, 263 f., 296, 310, 320, 351, 353, 360, 364, 366, 375, 389, 401 f., 408 f., 411-15, 417-21, 425-33, 448, 484, 526, 528, 532 Fußn., 542, 555, 566, 573, 581, 594, 636, 638, 654, 658, 663-66, 668-74, 681 f., 687
Louis Philippe, König von Frankreich 560, 565, 588, 601
Lüder, Ludwig von 28, 82, 104, 115, 117, 129 f., 141 f., 146 f., 157, 161 f., 175, 228, 292 f., 311, 411, 418
Ludwig I, König von Bayern (bis 1824 Kronprinz) 17, 23, 30, 33, 35, 37 f., 43, 59, 104, 116, 125, 158 f., 168, 176, 215, 220, 248, 263, 295, 309 f., 355, 357, 381 ff., 391, 403, 430 f., 446, 459, 467 f., 474, 479 f., 490, 501, 506, 508, 510, 529, 531, 544 f., 552, 558, 564, 574, 590 ff., 595 f., 599, 611, 628 f., 653, 655-58, 662, 665, 667 f., 673, 689
Ludwig XIV, König von Frankreich 74, 116, 187
Ludwig XVI, König von Frankreich 17, 560, 565
Luigi, Soldat in Parma 439, 512

Luther, Martin, lutherisch 31, 49, 148, 168, 171, 176, 264, 576f., 624
Lyser, Johann Peter 546f., 569, 667, 670

Mann, Thomas 10, 164, 173, 346 Fußn., 361, 427, 552f., 593, 650f., 674
Maria Theresia, römisch-deutsche Kaiserin 183 Fußn., 581, 583 Fußn.
Marie Louise, Kaiserin von Frankreich, Herzogin von Parma 18, 40f., 44, 168, 439, 512, 575
Marino, Giambattista 207, 265, 415
Massenbach, Freiherr von 39, 168, 197, 203, 237, 242
Matthisson, Friedrich von 31, 56, 95, 169, 381, 687
Maximilian, Kronprinz von Bayern (später König Max II) 35, 529, 581, 586f., 590f., 610, 665, 672f.
Maximilian I Joseph, König von Bayern (bis 1806 Kurfürst) 17ff., 21, 30, 32f., 35-38, 43f., 125, 127, 139ff., 150, 158ff., 165, 168, 176, 186, 189, 220, 249, 276, 295, 381, 596, 607
Mayer, Friedrich 166, 332, 366, 411, 423, 428f.
Mayer, Hans 416, 552-55, 568, 667f.
Merck, Peter Christian 192, 208, 240, 260, 294
Mercy d'Argenteau, Graf von 46ff., 50, 56, 61, 66f., 71, 73, 120, 168, 172, 202, 254, 272, 670
Mendelssohn-Bartholdy, Felix 576f., 671, 691
Menzel, Wolfgang 502, 661, 667f., 683
Metternich, Clemens Fürst von 44, 206, 220, 226, 243, 376, 409, 522, 536, 576, 626, 670
Mieg, von, Regierungsdirektor und Frau 182, 186, 203f.
Milton, John 103, 165, 173, 188, 200f.
Minckwitz, Johannes 607, 609, 624f., 638, 640, 643, 677f., 680, 682f.
Monckton-Milnes, Richard und Familie 605, 625, 677, 680
Montgelas, Maximilian Graf von 17f., 30, 45, 125, 129, 174, 183, 226, 595
Mörike, Eduard 188f., 408
Mozart, Wolfgang Amadeus 50, 244, 372, 413, 547, 609
Müller, Johannes von 103, 105, 189
Müllner, Adolf 93-96, 100, 117, 119, 157, 172, 185, 202, 216, 232, 242, 336f., 355, 384f., 391, 394f., 397f., 430, 432, 466, 494, 502, 521f., 527, 533, 543, 656, 660
Murat, Joachim, König von Neapel 126, 460, 633
Mutter s. Platen, Luise Gräfin von

Napoleon Bonaparte, napoleonisch 16-19, 24f., 30, 41, 43ff., 51, 62f., 69, 75f., 78f., 81f., 84f., 89, 94, 126f., 129, 150, 165, 171f., 189, 198, 260f., 274, 317, 344, 358, 375f., 381f., 415, 430, 439, 444, 450, 460, 481, 512, 519, 559, 561, 574f., 581, 585, 596, 628, 656, 672, 687, 689
Nees van Esenbeck, Christian G. D. 192, 259, 261, 291f., 294, 403, 415
Nerly, Friedrich 499, 501, 503ff., 515f., 518, 541, 624, 661, 663, 666, 680
Nero, Claudius Caesar 453, 526, 549, 551f., 654, 668, 673
Nervander, Johan Jakob 615, 671, 679
Niccolini, Giovanni Battista 614, 624, 678
Nietzsche, Friedrich 10, 53, 117, 146, 352, 364, 375, 484
Nikolaus I, Zar von Rußland 536, 566, 574, 576, 581f., 584, 599, 604, 610, 615, 624, 637, 670, 676, 690

Oettingen-Wallerstein, Anselm Prinz von 50f., 56, 61, 66, 71
Osann, Gottfried Wilhelm 238, 246
Overbeck, Friedrich 344, 445f., 456, 485, 531, 665
Ovidius Naso, Publius 56, 130, 132, 190

Palladio, Andrea 339, 346, 355, 365
Paulus, paulinisch 49, 144, 532, 576 Fußn., 651
Pérez de Montalbán, Juan 297, 418, 520
Perglas, Ludwig Freiherr von 39, 58ff., 74-78, 80f., 85-88, 93, 99f., 116f., 123ff., 128f., 138, 150, 157, 161f., 171f., 174, 216, 223, 228, 236ff., 411f.
Petrarca, Francesco, petrarkisch 268, 278f., 280, 384, 410, 528, 574f.
Petzet, Erich 39, 65, 118, 157, 164, 166, 168, 198, 328 Fußn., 418f., 666, 671, 673, 681, 683
Pfaff, Johann A. W. 240, 259, 306, 321, 330, 368, 373, 413
Pfeiffer, Georg Friedrich 246, 250, 289, 312, 391, 413
Pfeuffer, Karl 368, 604, 607, 609
Pieri, Contessa 517, 528, 530, 665
Pindar, pindarisch 388, 480, 482f., 579f., 600, 603, 628, 671
Piron, Alexis 83, 86, 171f., 185, 190, 408
Pius VII, Papst 101 Fußn., 126, 136, 495, 593
Platen, Gräfin von, geb. Münster (Tante in Hannover) 104, 181, 197, 203, 222, 274, 306, 409, 419
Platen, Alexander Graf von (Stiefbruder des Dichters) 23, 89, 300, 339
Platen, Friederike Louise Gräfin von, geb. von Reizenstein (erste Frau von Platens Vater) 21, 25, 166f., 213, 410
Platen, Luise Gräfin von, geb. Eichler von Auritz (Mutter des Dichters, auch Stichwort Eltern) 19-21, 23-28, 32, 39, 45, 47, 53ff., 58, 60, 70, 75, 103f., 112f., 118f., 128, 130, 133ff., 148f., 160, 166ff., 170-177, 181, 185f., 207,

216, 221 f., 233, 259 f., 263, 266 f., 282, 302, 306, 324, 336 f., 345, 354, 356, 359, 370 f., 376, 379, 381 f., 393, 397 f., 408-19, 422 ff., 426 f., 429 ff., 446, 458 472, 479, 497 f., 501, 503, 505 f., 508, 512 f., 526, 528, 530, 537 f., 571 ff., 576 ff., 583, 586, 590, 595, 600 f., 604, 606 f., 611-15, 621, 623, 625, 628, 635, 638 Fußn., 639 ff., 643 f., 648, 655, 657, 659 ff., 664 ff., 668 f., 671-73, 675, 677-84, 687 f., 691

Platen, Philipp August Graf von (Vater des Dichters) 19 ff., 24, 27, 33, 35, 53 ff., 58, 112, 166 f., 169, 213, 222, 254, 274 f., 333, 370, 484, 577, 599, 658

Plato, platonisch 32, 49 f., 80, 91, 121 f., 156, 167, 190, 193, 218, 257, 278, 280, 302, 400, 410, 439, 454, 491, 520, 527, 533, 568, 571, 573, 648, 688

Poissl, Intendant 358, 370 f., 374, 376, 391, 394, 429

Pope, Alexander 91, 123, 188, 687

Praz, Mario 11, 90, 164, 172 f., 409, 672, 677, 685

Puccini, Niccolò Cavaliere 621, 625, 679

Puchta, Georg Friedrich 234, 366 ff., 375, 391, 412, 428, 438, 458, 461, 479, 484, 488, 493, 496 f., 503, 505, 509 f., 512, 521 Fußn., 530-33, 538 f., 555 f., 563, 575 Fußn., 584 f., 590, 596, 598, 655, 657-66, 668, 671 f.

Racine, Jean 56, 74, 103, 171, 173, 360
Raglovich, General von 89, 131, 141, 147
Raffael (Raffaello Santi) 390, 500, 515, 535
Ramler, Karl Wilhelm 275, 325, 333, 416
Ranieri, Antonio Conte di 616, 618, 620-23, 627; 635, 680 f.
Ranke, Leopold 540 ff., 557, 559, 585, 588, 600, 666, 668 f., 676, 690 f.
Raupach, Ernst Benjamin 521, 551, 660
Rehbenitz, Theodor 476, 498
Reuter, Friedrich 206, 222, 224, 227 Fußn., 229, 411, 653, 673
Ringseis, Johann Nepomuk 357 f., 382, 545, 562, 667
Robert (Levin), Ludwig 392 f., 397 f., 431 f., 472, 532 f., 537, 549, 552, 665 f.
Rödiger, Ludwig 249, 255, 413 f., 457
Rosenfeld, Emmy 166, 425, 580, 637, 655, 665, 672, 680 ff.
Rosenzweig-Schwannau, Vincenz von 262, 271, 276, 296, 417
Rotenhan, Hermann Freiherr von 222, 228-34, 236, 238, 240 ff., 247, 259, 262, 264, 269, 298, 303, 310, 338, 372, 384, 411, 413, 415, 424, 533
Rothschild, Karl Mayer Freiherr von 551, 558, 586, 640
Rousseau, Jean-Jacques, rousseauisch 17, 21, 23, 111, 128 f., 164, 166, 173, 175, 181, 190, 336, 439
Rückert, Friedrich 163, 173, 192, 240 f., 246, 254 f., 259-62, 268, 271 f., 277, 285, 289, 295, 302, 305, 315 f., 324 f., 331, 381, 385, 407, 414 ff., 418 f., 422 f., 430, 446, 492, 496, 603, 631, 660, 676, 688
Rugendas, Johann Moritz 502, 505, 529 ff., 565, 665, 669
Ruhl, Sigismund 326 f., 331 f., 370, 422 f., 429, 649
Rumohr, Carl Friedrich Freiherr von 499-506, 508, 510, 512-17, 519, 521, 528 f., 533 f., 539, 541, 614, 624, 636, 661 ff., 664 ff., 682, 690

Sacy, Sylvestre de 254, 256, 279, 492
Sa'di, Abu 'Abdollah Musarraf 222, 276, 278, 285, 302, 419, 492
Salat, Jacob 247, 252, 414, 607, 677
Salvetti, Angelo 604-07, 609, 613, 676
Sand, Karl 205 f., 226, 236 f., 239, 243, 409
Savigny, Carl Friedrich von 465, 496, 523, 606, 655
Schaden, Frau von 23, 26, 32, 133 Fußn., 137 f., 147 f., 155, 157, 159, 166, 182, 299, 356, 385, 387, 404, 430, 433
Scheffler, Ludwig von 166, 168, 176, 408, 429, 526, 664
Schelling, Caroline geb. Michaelis (erste Frau Schellings) 26 f., 175, 252, 368, 500
Schelling, Friedrich Wilhelm Joseph von (und Familie Sch.) 9, 26 f., 30, 167, 169 183, 193, 230, 235, 242 246 ff., 250-60, 262-65, 268 ff., 272, 274, 276, 281, 284 f., 295, 306, 309 f., 312-15, 321, 324, 330-33, 337 f., 352, 364, 367, 372-76, 381, 387, 391, 404 ff., 408, 413 ff., 417, 419 f., 422, 428 ff., 444, 448, 450, 486, 492 f., 496, 508, 513 ff., 517, 563, 573, 577, 579, 596 ff., 603, 607, 609 ff., 624, 629 ff., 645, 647, 649, 662 f., 671, 677, 681 f., 688-91
Schelling, Pauline von, geb. Gotter (zweite Frau Schellings) 27, 260, 268, 276, 355, 368, 500, 610, 661
Schenk, Eduard von 391, 394 f., 403, 431, 433, 480, 501, 507 f., 544 f., 596 f., 610, 661, 675
Schiller, Friedrich von 15, 23, 28, 31, 42, 45, 49, 51, 53, 56, 62, 71, 94, 103, 107, 119, 132, 149, 163, 167 f., 171, 195, 239, 242, 244 f., 278, 337, 345, 355, 372, 385, 391, 425, 458, 467, 486, 506, 510, 587 f., 595, 602, 618, 631, 662, 673, 675, 679, 687, 691
Schlegel, August Wilhelm von 27, 41, 46, 70, 94, 129, 191, 203, 235 f., 291, 307, 353, 426, 483, 660
Schlegel, Friedrich von 27, 116, 230, 235 f., 242, 302, 406, 413, 445, 660

Schlichtegroll, Adolf Heinrich Friedrich (Vater) 61, 112, 115, 261, 268, 295
Schlichtegroll, Nathanael (Sohn) 61f., 68, 87, 93, 95, 100, 103f., 113, 115, 117, 130, 148, 157, 162, 170, 172f., 188, 193, 195, 199, 208, 216, 259, 261, 356, 382, 408ff., 415, 429, 492
Schlosser, Christian 491, 514, 540, 659
Schlösser, Rudolf 10f., 31, 51, 74, 76, 98, 103, 113, 121, 164, 167, 169, 171-76, 238, 240, 251f., 263, 268, 321f., 344, 369, 376, 390, 395, 397, 406, 408-18, 421f., 424-33, 440, 467, 482, 500, 512, 528, 532, 536, 555, 581, 584, 597, 600, 602, 605, 621, 653f., 656, 658-62, 664-77, 659-73, 675ff., 679-82, 684ff.
Schmidtlein, Eduard (Adrast) 169, 186ff., 191, 194f., 197f., 202-20, 227-31, 233f., 236ff., 257, 262, 269, 273, 277, 298, 300, 304, 316, 339, 372, 384, 389, 409-12, 421, 427, 585, 619, 649f., 679, 688
Schnizlein, Friedrich 28, 97, 99, 101f., 124, 137, 141, 147, 157, 161, 175, 191, 216, 316, 356f., 426, 429, 599
Schönbrunn, Johann Nepomuk von 39, 58ff., 81, 87f., 116
Schopenhauer, Arthur 10, 111 Fußn., 146, 228, 233, 281, 291, 352, 411, 428, 445, 484, 617, 625, 649, 663, 679
Schubert, Franz 258, 271, 284, 298, 302, 413, 416-18, 561, 577
Schubert, Gotthilf Heinrich 230, 235-38, 240, 246, 251, 253f., 257, 259, 263ff., 267, 281, 321, 330, 337f., 377, 412-15, 444, 512, 595f., 598, 606, 663, 674, 677
Schulz, Heinrich Wilhelm 616, 635, 642-45, 647, 679, 682, 684
Schütz, Hermann 597, 631, 681
Schwab, Gustav 381-85, 398, 420, 430, 432, 437, 451f., 458, 461, 483, 491, 495, 498 Fußn., 528, 533, 539, 598, 603, 653-56, 659f., 665f., 675, 689
Schwarz, Witwe 59, 74, 77, 84, 93, 149f., 162, 170, 356, 358
Schwenck, Konrad 491, 509f., 532, 538, 555, 598, 662, 665f., 668, 676
Seefried, Sidonie Freifräulein von (Sione) 367, 370, 382, 388, 429f., 603
Selling, Georg Christoph 268, 288, 296, 306, 312, 416, 569, 599
Semler, Friedrich Wilhelm Salomo 465, 467, 471f., 478f., 487, 490f., 494, 498f., 503, 506, 514, 522f., 655-58, 661f.
Sengle, Friedrich 11, 49, 53, 68, 164f., 168-72, 174, 176, 364, 375, 387, 409, 412f., 415, 419f., 424, 428f., 431, 433, 448, 464, 532, 573, 580, 602, 638, 654f., 657, 663, 665, 667, 669-72, 676, 680, 682, 690
Sgricci, Improvisator 440, 452, 499, 655
Shakespeare, William 205, 230, 244, 267f., 273, 276f., 283f., 291, 293, 297, 306, 312, 314, 321f., 324, 335, 359, 363, 392, 411, 416f., 419, 506, 520, 522, 524, 528, 553, 608, 651, 662, 664, 688ff.
Shelley, Percy Bysshe 477, 503, 541, 605, 666
Sichtermann, Hellmut 482, 484, 542, 581, 658f.
Silfverstolpe, Malla Montgomery 376f., 430
Stachelhausen, Herr von 328, 338, 422
Stael, Germaine de 27, 94, 120f., 167, 174, 379
Stahl, Philipp 238, 241f., 244
Streinsberg, Herr von 301f., 306, 310, 419
Stuntz, Marianne, geb. Apenburg, gen. von Schaden 133 Fußn., 137f., 155, 157, 159, 358, 492
Stürler, Familie 379f., 430, 564

Taddei, Rosa 452, 459, 655
Tasso, Torquato 39, 45, 70f., 74, 116, 132, 168, 171, 173, 186, 188, 265, 284, 301, 362, 456, 480, 613, 687
Taxis, Fürst 495, 498, 505, 663
Teuchert, Hans-Joachim 201, 662, 684
Theobald, Oberst von 78, 81f., 84, 89, 92, 104, 115, 124f., 131, 147, 150
Therese, Königin von Bayern (bis 1824 Kronprinzessin) 35, 37, 59, 215
Thiersch, Friedrich 30, 167, 357f., 365, 369, 375, 395, 397, 403, 405, 428f., 431ff., 493, 496, 596, 599, 645, 689
Thöming, Christian Friedrich 640, 683
Thorvaldsen, Bertel 380, 445f., 478f., 482f., 540, 597, 629 Fußn., 632, 658f., 666, 690
Tieck, Ludwig 43, 46, 129, 169, 235, 242f., 320, 322f., 328, 335, 337, 387, 392, 403, 421, 423, 431, 467, 527, 664
Tiziano Vecelli 343, 351, 356, 425, 612
Trentini, Conte 535, 539
Tschamarin, Oberleutnant 77, 79ff., 89

Uhland, Ludwig 45, 381, 383, 385, 452, 626, 631
Umbreit, Friedrich Wilhelm Karl 293, 324, 422

Varnhagen von Ense, Karl August 15 Fußn., 165, 494, 557, 569, 661, 668, 670
Varnhagen von Ense, Rahel (geb. Levin) 392, 532
Veit, Friedrich 268, 278ff., 302f., 413, 416f., 419, 425
Vergilius Maro, Publius 56, 99, 109, 130, 132, 188, 408, 484, 489
Vivarini, Antonio 344, 346, 425
Völderndorff, von, Brüder 134, 137f., 149, 155, 159, 175

Voltaire, voltairisch 81, 101, 123, 138, 149, 188, 190, 198, 205, 210f., 379, 687
Voss, Johann Heinrich 294, 418

Wagner, Johann Jakob 183f., 186, 193, 195, 198, 202, 208f., 216, 223, 228f., 231f., 237f., 258f., 262, 264, 267, 276, 306, 308f., 408f., 411f., 415, 420, 688
Wagner, Richard 341, 363, 404, 427, 477, 566, 580, 668
Waiblinger, Wilhelm 384, 451f., 459, 473 Fußn., 478f., 482, 487, 489f., 495, 506, 514, 530, 532, 541, 642, 654f., 658, 660, 662, 666, 683, 690
Weishaupt, Hauptmann 129f., 133f., 157, 160f.
Weiß, Frau von, und Tochter Sophie Cordey 376, 379f., 429f.
Werneck, Reinhardt Freiherr von 19, 32f., 181f., 426

Werner, Zacharias 93f., 116, 119, 172, 202, 230, 242, 244, 406, 491, 656
Wieland, Christoph Martin 21, 45f., 51, 85, 166, 278
Wilde, Oscar 10, 164, 201f., 277, 345, 397, 672
Winckelmann, Johann Joachim 70, 164, 342, 390, 431, 444, 446, 500, 621 Fußn., 653
Wippert, Dr. 328, 332, 371, 379, 429, 457
Wrede, Karl Philipp Fürst von 43, 45, 62, 123, 125, 157, 159, 310

Xylander, Joseph von 29f., 38f., 59, 69, 74, 97, 115, 120, 147, 161, 167f., 170, 181, 356

Zanetti, Familie 498, 531, 540, 564, 614
Zahn, Johann Karl Wilhelm 576, 615, 631, 635, 671, 682
Zschokke, Heinrich 112, 114f.

Werkregister

Vorbemerkung

In Anführungszeichen stehen Gedichtanfänge, falls das Gedicht keinen Titel hat, sonst der Titel, wie bei Koch/Petzet angegeben. In Klammern steht die Form des Gedichts und der Zitatanfang, wenn er nicht als Gedichtanfang schon mitgeteilt ist. Falls die Gedichtform nicht besonders vermerkt ist, handelt es sich um liedartige Verse oder Strophen. Bei anderen Werkarten (Dramen, Epen, Prosatexten) steht der Titel ohne Anführungszeichen, die Art des Werkes nachfolgend in Klammern.

‚Abschied' (Sonett) (Ihr, deren Bosheit ...) 538, 666
‚A despedida' (portugiesische Redondilien) 159, 176, 187, 408
‚Aber du in deiner Kälte ...' (Redondilien, Tagebucheintrag) 196
Abgerissene Gedanken in Bezug auf gesellschaftliche Verhätnisse des Lebens. Zum Anhang der e(inzelnen) B(etrachtungen) gehörig (Aphorismen) 138, 175
‚Abschied von Rom' (Hymnus) (Wer vorbeiziehn ...) 480-84, 486, 632, 648, 658f., 690
‚Abschiedsdruf an den Geliebten' (So hast du's fest ...) 61, 170
‚Acqua Paolina' (Ode) (Kühn ragt ...) 449f., 654
‚Alexius' (Ballade) (ein beklommnes Lebewohl) 599, 676
‚Amalfi' (Ekloge) (Theilnehmend erscheint ...) 476, 658
‚Amerika' (Elegie) (O wer verließe nicht ...) 123, 174
‚Am frühen Morgen des 9. Juni 1811' (Vor meiner Konfirmation) 41 f., 168
‚Am Grabe Peter Ulrich Kernells' 329, 422
‚Amor secreto' (spanische Redondilien) 187 f., 408
‚An ***' (Du willst ein Lied ...) 65, 170
‚An – ' (Was soll der Mensch? ...) 157, 176
‚An August Kopisch' (Ode) (Mir auch schien ...) 536, 666
‚An August Kopisch' (Ode) (Stets, doch immer umsonst ...) 469, 656
‚An Böttiger in Dresden' (polemisches Gedicht) 594, 674
‚An Buonaparte' 78, 171
‚An Bülow' (Tagebucheintrag) (Ich sehe Hügel ...) 272

‚An Canova' (5 Epigramme) 658
‚An Christine, Königin von Schweden' 31, 167
‚Ancona' (Epigramm) (Für schlechtriechende Gassen ...) 531, 665
‚An der Matt' (Hier selbst denk ...) 107 f., 173
‚An die Brüder Frizzoni' (Epigramm)(Ihr, voll seltener Liebe ...) 566, 669
‚An die Brüder Frizzoni' (Hymnus) (Was tröstet die Seele.., Schon schläft ...) 632, 637, 681 f., 691
‚An die Brüder Frizzoni in Bergamo' (Hymnus) (Manchen Vorwurf ...) 579 f., 671 f., 691
‚An die Diana des Niesen' 380, 430
‚An die Einsamkeit' (Dir darf ich's sagen ...) 76, 170
‚An die Freundschaft' (Holde Freundschaft ...) 31, 167
‚An eine deutsche Frau' (3 Epigramm auf Katharina II) 677
‚An eine Geißblattranke' (Zwischen Fichtenbäumen ...) 304, 419
‚An einen deutschen Fürsten' (Es ist von manchem hohen Stamme ...) 584, 672
‚An einen Ferraresen' (3 Epigramme) (Nimm ein Gedicht ...) 536, 666
‚(An einen Römer)' (Ode) (Mag altrömische Kraft ...) 491 f., 659
‚An einen schönen Jüngling' (Epigramm) (Der Hyazinthe ...) 99, 172
‚An Franz den Zweiten' (Ode) (Ohnmacht, Zerstücklung ...) 575, 671
‚An F. v. B(ruchmann' (Sonett) 259, 415
‚An Friedrich von Heyden' (Schon konnte deutscher Dichtung ...) 229 f., 231, 411
‚An Goethe' (Ode) 474, 510, 657
‚An Guido' (Redondilien) (Werden je sich ...) 195, 409

'An Hermann Schütz' (Hymnus) (Erhabenes ist..,
    Erwachs'nen biet' ...) 631f., 681, 691
'An J(ohann) J(akob) W(agner' (Sonett) (Die Kunst
    ist tot ...) 262, 415
'An Joseph von Xylander' (Ohne Sie ...) 32, 167
'An Justus Liebig' (Sonett) (Den Freund ersehnend
    ...) 288, 412
'An Karl den Zehnten' (Ode) (Und König Philipp
    ...) 565, 669
'An König Ludwig' (Ode) (Vom Sarg des Vaters ...)
    381f., 398, 430, 629, 676, 689
'An Marco Sarracini' (Ode) (Sympathie zwar einiget
    ...) 528, 665
'An M(ax von) G(ruber)' (Epistel) (Wohl auch man-
    cher ...) 142, 175
'An Otto von Bülow' (4 Stanzen) 270, 416
'An Schelling' (Sonett) (Gebeut nicht auch ...) 427
'An Schelling' (Sonett) (Wie sah man uns ...) 315,
    420
'Anteros' (Was mich traurig macht ...) 56, 168
'An Tieck' (Sonett) (Laß die Barbaren ...) 387, 431
'Antwort an einen Ramlerianer' (Spornten Sie nicht
    selbst ...) 333, 423
'Antwort an einen Ungenannten im Morgenblatt'
    (Bis zu mir ...) 490, 659
'Antwort' (Lieb nicht ein einz'ges Wesen ...) 236,
    412
'An Wilhelm Genth' (Ode) (Nicht kann ich harm-
    los ...) 600, 608, 676
'An Winckelmann' (Sonett) (Wenn ich der Frömm-
    ler ...) 390, 431
'An X(ylander) 39, 168
'An Xylander' (O Xylander! ...) 38, 168 Aphoris-
    men, besonders über dramatische Kunst 362f.,
    427
'Armes, armes Leben ...' (Tagebucheintrag) 95
Asser und Assad (s. a. Die Abbassiden) 519, 664
'Auf den Tod des Kaisers' (Hymnus) 626, 680, 682,
    691
'Auf der Petersinsel ...' (Freundlich liegst du ...)
    111, 173, 424
'Auf der Habsburg' 113, 173
'Aufruf an die Deutschen' (Eilt, o Söhne Theuts,
    herbei ...) 567, 670, 690
'Aus allen Fesseln wand mein Geist ...' (Ghasel)
    318, 421
Balladen im Stil Schillers 31, 167
'Baukunst' (Epigramm) (Aber ein wirkliches Bau-
    werk ...) 430
Beluzi (Personenverzeichnis) 23, 166
Bemerkungen über den Verfall der deutschen Litera-
    tur (Aufsatz) 125, 174
Bérénice des Racine frei bearbeitet 103, 173
Berengar. Eine Komödie in einem Akt 329, 423
'Berliner Nationallied' (Diesen Kuß ...) 595, 674

'Betrachtung' (Epigramm) 674
'Bilder Neapels' (Ekloge) (Fremdling, komm ...)
    462, 474, 655, 690
'Bist du geboren ...' (Jungfrau-Mutter-Brüste-Gha-
    sel) 265, 415
'Bliebst du getreu ...' (Distichen an Perglas, Tage-
    bucheintrag) 162
Briefwechsel zwischen einem Berliner und einem
    Deutschen 606, 677
'Bruchstück' (Hymnenfragment) (Die Welt ist, o
    Freund, ein Gedicht ...) 635f., 638, 682, 691
Charlotte Corday (dramatisches Fragment) 169,
    239, 413
'Colombos Geist' (Ballade, 2 Fassungen) 189, 317,
    408, 559
'Comment les nommerai-je ...' (Tagebucheintrag)
    96
'Das Ende Polens' (Polenlied) (Ukasenton ...) 582,
    672
'Das Fischermädchen von Burano' (Idylle) (Aber ich
    liebe.., Oft auch rudert ...) 607, 677
'Das Grab im Busento' (Ballade) 231f, 412, 558,
    566, 668
'Das Schöne will ich verehren ...' (Ghasel) 300, 418
'Da kaum ich je an deine Locken ...' (Pfeifen-
    Sonett) 305f., 419, 689
Das Theater als Nationalinstitut betrachtet (Auf-
    satz) 362, 427
'Daß ich ein Recht ...' (Sonett) 431
'Da, wie ich fast ...' (Ghasel) (Haben deiner Treue
    Rosen ...) 317, 418, 420
'Deiner Blicke mildes Licht ... (Redondilien, Tage-
    bucheintrag) 194
'Dem Grafen Friedrich Fugger' (Hymnus) (Deines
    Tonfalls ...) 626, 680, 691
'Dem Kronprinzen von Bayern' (Hymnus) (Oftmals
    begründeten ...) 581, 587, 672, 691
'Der Abend' 31, 167
'Der alte Gondolier' (Ballade) 677
'Der bessere Theil' (Ode) (Thätigkeit löst Räthsel
    ...) 565, 669
'Der Czar in Berlin' (politisches Gedicht, Fragment)
    624, 680
'Der Einzug in Golpolis' (Epistel, zweite Fassung
    v. f.) 173
'Der Einzug in Ingolstadt' (Epistel) (Aber nun wen-
    det ...) 101, 173
'Der Frühling hilft ...' (Ghasel) (Denn lange gab
    ich schon ...) 318, 421
'Der Frühling zieht vorüber ...' 181, 408
Der gläserne Pantoffel. Eine heroische Komödie in
    fünf Akten 321-25, 327ff., 332, 335, 338, 359,
    367, 371, 421ff., 521, 689
'Der Gottverlassene' (Wehe dem ...) 42, 71, 168,
    687

Der grundlose Brunnen (episches Fragment) 242, 413
‚Der Herzogin von Leuchtenberg' (Hymnus) (Ewig soll.., Häßliche Nymphe ...) 630, 681, 691
‚Der Hochzeitsgast' (Dank euch ...) 56, 122, 170, 173, 195, 234
Der Hochzeitsgast (Alearda) (dramatische Fragmente) 100f., 117, 122, 174, 192, 230, 408, 412
‚Der Hoffnung Schaumgebäude ...' (Ghasel) 310, 420, 548, 667
‚Der künftige Held' (Ode) 671
‚Der legitime Monarch (Monolog)' (Polenlied) (Schaufeln lernt ...) 582, 672
‚Der letzte Gast' (Dank, Alter ...) 56, 170, 234, 412
‚Der Mädchen Friedenslieder' 56, 170, 213
Der neue Dithyrambus (Märchen, erste Fassung) 51-55, 169, 254, 370, 687
‚Der Orient ist abgethan ...' (Motto zu den ‚Neuen Ghaselen) 317, 420
Der Pilger und sein Wegweiser (Prosatext) 72f., 171, 687
‚Der Pilgrim von St. Just' (Ballade) (Nacht ist's ...) 223, 232, 411, 532, 662
Der romantische Oedipus. Ein Lustspiel in fünf Akten 472f., 475, 478, 486, 492ff., 501-05, 508, 510f., 513, 517, 520-29, 537f., 543-6, 551f., 555, 563, 569, 573, 583, 585, 598, 624, 637, 660, 662, 666f., 674, 680, 682, 690
‚Der Rubel auf Reisen' 677
Der Schatz des Rhampsinit. Ein Lustspiel in fünf Akten 332-37, 358f., 368, 370f., 374, 382, 385, 391, 423f., 427, 429, 521, 689
Der Sieg der Gläubigen. Ein geistliches Nachspiel 151-57, 161, 176, 213, 240, 247, 277, 391, 544, 687
‚Der Thurm des Nero' (Ode) (Glaubwürdiges Wort ...) 146, 452f., 585, 654
Der Thurm mit sieben Pforten. Ein Lustspiel in einem Akt 359f., 385, 427, 480, 486
‚Der Tod des Carus' (Ballade) 558, 566, 668
‚Der Vesuv im Dezember 1830' (Ode) (Schön und glanzreich ...) 567, 670
‚Der Wahn der Jugend' (Wonnevoll ...) 42, 137, 168, 238, 687
‚Des armen Mädchens Nachruf' 56, 61, 169
‚Deutsche Tiefe' (Wenn die Winde blähn ...) 567, 670, 690
‚Dich erfleht das Land ...' (Ghasel) 589, 638, 673
‚Dich oft zu sehen ...' (Sonett) (Mein Wunsch bei Andern ...) 548, 667
‚Dichterschiksal' (Muß der Sänger Kummer tragen ...) 137f., 175
Die Abbassiden. Ein Gedicht in neun Gesängen 558, 560, 569-73, 576, 583, 585f, 589, 591, 598, 608, 624, 670, 676, 677f., 685, 690

Die Bergkapelle (Erzählung) 90, 92, 172, 687
‚Die Bildhauer' (Gedicht in Distichen) (Wenn ich ein Künstler ...) 365, 428, 482, 659, 632
‚Die Ehrenhalle' (Ode) 565, 669
‚Die Fischer von Capri' (Ekloge) (größeren Wunsch nie ...) 474, 657
‚Die Fülle dieses Lebens ...' (Saul-Ghasel) 301, 419, 590
‚Die Geschenke der Götter' 42, 168
‚Die Grotten von Arcy' (Ballade) 86, 172
‚Die Harfe Mahomets' (1. epischer Entwurf) 84f., 172
‚Die Harfe Mahomets' (2. epischer Entwurf) 100, 103, 112, 117, 172f., 230, 412
Die Hohenstaufen (epische Fragmente) 165, 506, 515, 529, 533, 580, 663, 665
‚Die Last der Lieb' und Ruh' (Klagend muß ich ...) 97f., 111, 172f.
‚Die Legende von den elftausend Jungfrauen' 328 Anm., 422
‚Die letzte Hefe ...' (Sonett) 405f., 431, 433
‚Die Liebe scheint ...' (Sonett) (Nie wird er seine Hand ...) 400, 432
Die Liga von Cambrai. Geschichtliches Drama in drei Akten 600-03, 605, 608, 676, 677, 691
Die neuen Propheten. Ein Schwank in Versen 240, 277, 413
‚Die Nebel, ach ...' 238, 412
‚Die Pyramide des Cestius' (Ode) (Oeder Denkstein ...) 447, 654, 687
‚Diese Bäume, diese Blüten ...' 589. 638, 673
‚Dieser Tag sei laut gepriesen ...' (Ghasel) (Mit dem Liebchen ...) 589, 673, 638
‚Dieß Auf- und Niederwogen ...' 239, 412f.
‚Dieß Labyrinth ...' (Sonett) 349, 425
‚Dieß Land der Mühe ...' (Sonett) (Mir, der ich blos ...) 645, 684
‚Die Sterne scheinen ...' (Ghasel) 283, 417
Die Tochter Kadmus (Drama) 96, 172
Die verhängnißvolle Gabel. Ein Lustspiel in 5 Akten 390-98, 401, 403-06, 414, 431ff., 453, 465f., 490f., 494, 521, 528, 532, 538, 543, 557, 563, 583, 585, 598, 655, 680, 689
‚Die Wiege des Königs von Rom (In Parma)' (Ode) 512, 663
‚Die Zeiten, wo ...' (Ghasel) (Es windet sich der Liebe Geist ...) 318, 421
‚Dir ja nicht allein ...' (Ghasel) 348, 425
‚Dir wuchs aus flacher Rechten ...' (Freund-Ghasel) 417
Distichen, lateinische (an Döllinger) (Tagebucheintrag) 190
‚Dreyleben' (Frey und frölich ...) 234, 412, 688
‚Du bist der wahre Weise mir ...' (Ghasel an Schubert) 257, 415

‚Du blühst umsonst, Natur...' (Ghasel) 682
‚Du denkst an mich so selten...' 622, 638, 680, 691
‚Du fingst im lieblichen Trugnetz...' (Ghasel) 281, 417
‚Du liebst und schweigst...' (Sonett) 550, 667
‚Durch des Leibs Organe wühlen...' (Redondilien, Tagebucheintrag) 207, 410
‚Ehedem' (Epigramm) 674
‚Ein Frühlingsathem...' (Ghasel) 309, 317, 420
Eingang zu einem komischen Epos (Katharina) 677
Einige Worte über Christenthum und Mysticismus (Aufsatz) 181, 408
‚Einladung nach Palmaria. An den Freiherrn von Rumohr' (Idylle) (Oelbäume stehn...) 503, 661
‚Einladung nach Sorrent' (Ode) (Deines Bilds Bild...) 472, 657
‚Einladung zu einer Schweizerreise' 103, 173
‚Einsame Nacht umgiebt mich...' (Tagebucheintrag) 72
Einzelne Betrachtungen über einige moralische Verhältnisse des Lebens. Für Jünglinge. (Aufsatz) 85, 87 f., 90, 138, 172, 687
‚(Elegie-)Fragment' (Schliersee, Fassung 1817) (Säuselnde Nachtluft rauscht...) 132, 144 ff., 175, 185, 248, 453, 687
‚(Elegie-)Fragment' (Würzburg, Fassung 1818) 185, 408
‚Endymion' (Durfte Sehnsucht...) 168, 239, 412
‚Entled'ge dich von jenen Ketten allen...' (Sonett) 267, 416
‚(Entscheidung)' (Erforsche mein Geheimnis nie...) 229, 411
‚Entspringen ließest du...' (Ghasel auf Schellings Trias) 257, 415
Epigramme, 8, gegen die Kritiker 608, 678
Epigramm auf Zacharias Werner (Heiliger Mann...) 244, 413
‚Epilog' (Der mörderische Censor lümmelt...) 608, 678
Epistel an Cardenio (1) (O dürft ich...) 298, 418
Epistel an Cardenio (2) 298, 418
‚Er, dessen Sinn...' (Ghasel) (Mir bleibt das Schöne fern...) 319, 421
‚Ermann, o Herz...' 622, 626, 638, 680, 691
‚Erschiene selbst Suleucha...' (Ghasel) 282, 417
‚Erste Elegie' (erste Fassung) (Mächtig zieht es mich hin...) 130, 175
‚Er tanzt in Moskau...' (Polenlied) 677
‚Es liegt an eines Menschen...' (Nichts-Ghasel) 297, 317, 418, 590, 649, 688
‚Es scheint ein langes, ew'ges Ach...' (Sonett) 428
‚Es sei gesegnet...' (Sonett) 401, 431 f.
‚Es trillert Bülbül...' (Ghasel) 417
Etwas über die neuere deutsche Poesie nach Durchlesung des deutschen Dichterwaldes (Aufsatz) 45, 168
‚Entsprungen ist...' (Ghasel) 174
‚Europas Wünsche' (Ode) (Heil dem Schwert...) 536, 666, 670, 690
‚Fabel. An die Rezensenten)' (Hafis-Nachbildungen) 303, 419
‚Fahre wohl! Kein Dämon räche...' 208, 410
‚Farbenstäubchen auf der Schwinge...' (Ghasel) 673
‚Florenz' (Ode) (Dich hat, Florenz...) 440, 456 Anm., 653
‚Flucht nach Toscana' (Wie flog der Wagen...) 512, 534, 663, 665
Fragmente (An den Grafen Mercy d'Argenteau) 46 ff., 91, 168, 172, 272, 572, 648, 670, 685, 687
‚Freundschaft' 38, 168
‚Früh und viel zu frühe...' (Ghasel) (Kalt und ahnungslos...) 387, 431
‚Gebet am (19.) Geburtstage' (Tagebucheintrag) (Erleuchte mich...) 86
‚Gedanken der Liebe' (Distichen) (Könnt' ich dich...) 99, 172 (Wenn dein Auge...) 233, 412
‚Gelöstes Problem' (Polenlied) (Als Kinder hörten wir...) 582, 672
‚Gesang der Toten' (Dich Wandersmann...) 212 f., 232, 410, 619, 650, 679
Gesang Tristans s. ‚Wer die Schönheit...' Geschichte des unglüklichen Herzogs Hercules von Este, Herzog von Modena, genannt Salvini mit dem großen Maule (Komödienfragment) 39 ff., 168
Geschichten des Königreichs Neapel von 1414 bis 1443: 586 f., 589 f., 594, 598, 601, 603, 608, 673, 676, 691
Geschichtsbilder (Fragmente) 586, 590, 672
‚Gesellig wandern werd' ich nicht mit dir...' 217 f., 410
Gevatter Tod (dramatisches Fragment) 662
‚Ghasele nach Hafis' (Hafis-Nachbildungen) 303, 419
‚Glaube gieb...' (Tagebucheintrag) 155 f.
‚Glaub mir, noch denk' ich...' (Sonett) 214, 218, 410
‚Glaubst du, es wäre...' (Epigramm) 556, 668
‚Glück ohne Theilnahme' (Durch die dichtverwachs'nen...) 79, 171
‚Grabschrift' (Sonett) (Ich war ein Dichter...) 538, 666
‚Harmosan' (Ballade) (Schon langt am Oxus...) 566, 669 f.
‚Herein, ergreift das Kelchglas...' (Ghasel) 318, 320, 421

‚Hier wuchs die Kunst ...' (Sonett) (Wie seid ihr groß ...) 351, 425
‚Himmelsfahrtsfest' (Epigramm) (Oft mit dem Auge ...) 674
‚Hirte und Winzerin' (Ekloge) (Kommt Weihnachten ...) 489, 659
Hinterlassene Papiere einer Nonne (Romanfragment) 100 f., 173
Hornstein-Gedichte, 5 (Tagebucheinträge) 98, 172
‚Hymne der Genien' (Leicht zwar bin ich ...) 148, 176, 624
‚Hymnus aus Sizilien' (Es bangt die Seele ...) 630, 681, 691
‚Ich bebe nicht mehr bange ...' 239, 412
‚Ich bin wie Leib dem Geist ...' (Ghasel) 264 f., 415'
Ich liebe dich, wie jener Formen eine ...' (Sonett) 353, 426
‚Ich möchte gern mich frey bewahren ...' 316, 420
‚Ich möchte, wenn ich sterbe ...' (Sonett) 388 f., 431
‚Ich schleich' umher ...' 412
‚Ich trank des Todes Kelch ...' (Sonett) 420
‚Ihr, deren Gunst ...' (Des Dichters Dank. Epilog zu ,Treue um Treue') 374
‚Ihr Maler führt mich..' (Sonett) (Um Gottes eigne Glorie ...) 351 f., 425
‚Im Leben fühl' ich stets ...' (Ghasel) 319 f., 421
‚Immer hält die Verliebten ...' (Ghasel) (Meine Gesänge ...) 319, 421
‚Im Theater von Taormina' (Elegie) (Hier, Germania, laß ...) 631, 681
‚In alle Räume braust die stolze Welle ...' (Sonett) 267, 416
‚Inbrünstige fromme Gebete ...' 628, 635, 647, 681
‚In der Neujahrsnacht' (Ode) (Seele der Welt ...) 450, 517, 654
‚Indeß ich hier ...' (Sonett) 431
‚In Genua' (Ode) (Ach, wer wiese zurück ...) 508 f., 662
‚In Palermo' (Wohl reizend ist die Stadt Panorm ...) 639, 682
Iphigenie in Aulis (dramatisches Fragment) 662
‚Irrender Ritter' (Ballade) 532, 665
‚Italien im Frühling 1831' (Nicht frommt es ...) 576, 671
‚Ja deine Liebe flammt ...' (Busen-Ghasel) (Und weichlich ruhn ...) 256, 267, 317, 414, 428, 590
‚Ja, ich bin es ...' (Hafis-Nachbildungen) 303, 419
‚Jede Tulpe muß zur Leier ...' (Ghasel) 417
‚Jungfräulich blikkender Jüngling ...' (Anakreon-Übertragung) 188, 408
‚Kasside' (Ghasel) 317, 420
Kaiser Heinrich IV (dramatisches Fragment) 662

‚Kein Verständ'ger ...' (Ghasel) (Etwas ist in meinen Liedern ...) 319, 421
‚Klagen eines Ramlerianers ...' (Chloris, Doris ...) 325, 422 f.
‚Klagen eines Volksstammes' (Polenlied) (Ich hatte manchen ...) 581, 672
‚Klaglied Kaiser Otto des Dritten' (Ballade) 677
‚Kloster Königsfelden' 113, 173
‚Komm und brich ...' (Hyazinthen-Ghasel) 257, 265 f., 415
‚König Odo' (Ballade) 218, 410
‚Körner' (Dürft ich doch ...) 76, 171
Konradin (dramatisches Fragment) 55, 169
Kurze Übersicht der vorzüglichsten Werke des Meßkatalogs von 1833: 604, 676
‚Laßt auch meines Landes Erde ...' (Jeder Deutsche sei ein Luther ...) 76, 170
Lebensregeln (Aphorismen) 138, 175
‚Lebensstimmung' (Menschenhaß-Ode) (Wem dein wachsender Schmerz.., Ob zwey Seelen es giebt ...) 457 f., 471 f., 654, 656 f., 690
‚Lebenswechsel' (Epigramm) (Ehmals litt ich ...) 594, 674
Legitimität (Schimpfrede gegen Zar Nikolaus I) 604, 676
Lehrgedicht über Männerfreundschaft (Skizze und Fragment) (Herüberblikend aus Elysium ...) 122, 174
‚Les adieux de Federigo et de moi ...' 77 f.
‚Levati o popol Sorrentino ...' (Sonett) 563, 669
‚Liebe, Liebreiz ...' (Ode) 488, 659
‚Lieb' und Lieblichkeit umfächeln ...' 638, 682
‚Loos des Lyrikers' (Ode) (Stets am Stoff klebt ...) 574, 671
‚Luca Signorelli' (Ballade) 566, 669
‚Luther' (Fragment in Hexametern) 31, 167
‚Magst mich lieben ...' (Tagebucheintrag) 97
‚Man schilt mich stolz ...' (Sonett) (deine blonde Jugend..) 389, 431, 549, 667
Marats Tod (dramatische Skizze) 239, 277, 413
‚Mehr als des Lenzes ...' (Fackel-Sonett) 305, 419
‚Mehr als Medizis Cythere ...' (Redondilien, Tagebucheintrag) 195
‚Mein Auge ließ ...' (Sonett) 238, 425
‚Mein Herz ist zerrissen ...' (Ghasel) 298, 418
Meleager (Operntext, Fragmente) 678
Mengelstoffe (Aphorismen) 194, 409
Menschliches Loos (Ode) 669
Mercy-Fragmente s. Fragmente ...
‚Mir vor allem schön ...' (Tulpen-Ghasel) 266, 415, 670
‚Morgenklage' (Ode) (Von bebender Wimper ...) 516 f., 663, 682
‚Morgen- und Abendbetrachtungen' (Laß mich ...) 102, 138, 173

‚Muth und Unmuth' 412
Nachbildungen aus dem Diwan des Hafis 302, 419
‚Nach dem Persischen von Saadi' (Hafis-Nachb.n, Vierzeiler) 302, 419
‚Nächtlicher Weichselübergang' (Polenlied) (Verkauft, besiegt.., Wir ziehn ...) 582, 672
‚Nie hat dein spätres ...' (Sonett) (Doch meine schönste Jugend ...) 357, 426
‚Niemand darf ich ...' (Tagebucheintrag) 97
‚Noch diese letzte Gabe nimm ...' (Verse an German) 404, 433
‚Noch im wollustvollen Mai des Lebens ...' 173
‚Nun hab' ich diesen Taumel ...' (Sonett) 350, 425
‚Nur des Zufalls eiteln Grillen ...' (Mein Beruf wenn ...) 68, 170
Ode an Napoleon (Ihr kennt das alte ...) 374, 382, 429, 689
Oden des Horaz in deutsche Prosa übersetzt 103, 173
Odoaker (episches Fragment) 160, 185, 188, 194, 198, 409, 558, 668
‚Oft lebt des Abfalls Engel ...' (politische Ode) 599, 676
‚Oft, wenn wir ...' (Tagebucheintrag) 72
‚O schenke den Schmerz ...' (Tagebucheintrag) 66
‚O schöne Zeit ...' 566, 670
‚O süßer Tod ...' (Sonett) 402, 431 f.
‚O Zeit, in der ich rastete ...' (Ghasel) 422
Pan und Apollo, Komödienplan 405, 440
Parabase zu einer ungeschriebenen Komödie (Euch mangelte die ..., Und die Welt durchmißt) 624, 663, 680
‚Parsenlied' (Hin zur Blume trete ...) 222, 411, 688
‚Preisen willst du mich?..' (Ghasel) (Blühen möcht' ich ...) 318, 421
‚Prolog an Goethe' (Hafis-Nachb.n) (Erhabner Greis ...) 302, 384, 419, 430
‚Prolog' (zu den ‚Neuen Ghaselen') (Was Vernünft'ge ...) 317, 420
‚Qualvolle Stunden ...' (Sonett) 389, 431
Rehabeam (Plan zu einem Operntext) 360, 427
Romanze für den Berliner Musenalmanach 587, 672
Rosensohn (Märchen, spätere Fassung) 55, 169, 418
‚Sang ich einst ...' (Ghasel) 589 f., 638, 640, 648, 673, 682, 691
‚Schatten wirft ...' (Platanen-Ghasel) 266, 415, 417
‚Schenktest du mir, Kind, Vertrauen ...' (Redondilien) 209, 233, 409
‚Schweizergemälde' 116, 174
‚Sehnsucht' (Hauptfassung) (Durchschweif' ich ...) 67, 118, 170
‚Sehnsucht' (Nebenfassung) (Wandl' ich ...) 67, 170
‚Selbst in der Einsamkeit Asyl ...' 216, 410

‚Selbstlob' (Epigamm) (Wie? Mich selbst ...) 609, 678
‚Sieh die Wolke ...' (All-Ghasel) 255, 280, 414, 470
‚Sieh, du schwebst im Reigentanze ...' (Ghasel) 264 f., 415
‚Sieh, ich hab' 'nen guten Degen ...' (Redondilien, Tagebucheintrag) 194
‚Skylla und der Reisende' (Idylle) 632, 681
Sonette, 4, an Rotenhan 247, 413
‚Sonette dichtete ...' (Sonett an Rückert) (Auf diese folg ich ...) 268, 416
‚So fahret wohl ...' (Sonett aus dem ‚Schatz des Rhampsinit') (Doch seit ich euch ...) 335 f., 423
‚Schenktest du mir, Kind, ...' (Redondilien, Tagebucheintrag) 203
‚So schleich ich ...' (Tagebucheintrag) 73
‚So seh' ich wieder dich ...' (Sonett) 357, 426
‚So ward ich ein Ball des Geschicks nur ...' (Ghasel) 283, 417
‚So ist der Schlaf am Morgen ...' 627, 638, 680, 691
‚Sylvesterlied' (Tagebucheintrag) (Wer ist der junge Wicht ...) 249, 414
‚Tage schon entflohn und Wochen ...' (Ghasel) 590, 638, 673
‚Totenverbrennung' (Epigramm) (Heilige Flammen. o kehrt ...) 585, 650, 672
Touristische Verse, erste (In das Fremdenbuch auf dem Rigi) 107, 173
‚Träume, die behende fliegen' (Weil ich eitlem Werth vertraute ...) 198, 409
Treue um Treue. Ein Schauspiel in fünf Akten 368 ff., 372 ff., 381, 404 f., 427, 429, 599, 604, 689
‚Trinklied' (Ode) (Wohl bietet der irdische Tag ...) 578, 589, 637, 648, 671, 691
Tristan (epische Fragmente) 587, 628, 672, 681
Tristan (Tragödienprojekt) 440, 458
(Über die natürliche Religion) (Entwurf eines Lehrgedichts) 151, 176
‚Ungewißheit' (Sonett) (So lang betäubt ...) 123, 174
‚Unter deinem Fensterpfosten ...' (Ghasel) 422
‚Urbanität' (Epigramm) (Nicht mehr ...) 594, 674
Ursprung der Carraresen und ihrer Herrschaft in Padua (Geschichtsbild, Fragment) 677
‚Venedig liegt nur noch ...' (Sonett) 351, 425
‚Veränderte Zeiten' (Epigramm) (Als ich allein ...) 597, 675
‚Verdammen mögen ...' (Ghasel) (Nur daß ich altre ...) 319, 421
‚Vergebt, daß alle meine Lieder klagen ...' 247, 413
‚Vergiß mein nicht' (Romanze) 137, 175
‚Vertheile dich, du schwarz Gewitter ...' 412
‚Während ich mich härm' und quäle ...' (Redondilien, Tagebucheintrg) 197

‚Wäinamöinens Harfe. Finnisches Volkslied …'
  328, 422
‚Warm und hell dämmert …' (Ode) 449, 591, 654, 673
‚Warnung' (spätere Version von ‚Antwort') 412
‚Was habt ihr denn..' (Sonett) 431
‚Was giebt dem Freund …' (Ghasel) Ich fühlte, daß die Schuld.., Es kenne mich die Welt …) 318, 420, 648
‚Was gleißt der Strom …' (Sonett) 293, 418
‚Was ihr faselt und schwätzt …' (Epigramm) 556, 668
‚Was kann die Welt …' (Sonett an Liebig) 288, 412
‚Was kümmerst du dich auch …' (Sonett) 307, 419
‚Was sollt' ich noch …' (Sonett) 431
‚Wer die Schönheit angeschaut mit Augen …' 360 ff., 427, 517, 619, 649 ff.
‚Wer hätte nie …' (Sonett) 418
‚Wer in der Brust …' (Sonett) 418
‚Wer möchte sich um einen Kranz …' (Sonett) 431
‚Wehe, weh mir! Weggekehrt …' (Redondilien, Tagebucheintrag) 195
‚Weil da, wo Schönheit waltet …' (Sonett) 352, 426
‚Weil ich eitelm Werth vertraute …' (Redondilien, Tagebucheintrag) 198
‚Weiß ich, wohin …' (Ghasel) (Ich staune, daß ich …) 319, 421
‚Wenn Auge sich von Auge …' (Ghasel) (Der weiß nicht …) 300, 418
‚Wenn du, Natur …' (Ode auf ein männliches Modell) 654
‚Wenn einen Freund …' (Sonett) (Ich fürchte nur …) 549 Fußn., 599, 667
‚Wenn ich hoch den Becher schwenke …' (Ghasel) 266, 415
‚Wenn Leben Leiden ist …' (Sonett) 270, 416
‚Wenn tiefe Schwermut …' (Sonett) 354, 426, 517, 649 f., 674
Widerruf (Palinodie) auf die Elegie ‚Amerika' 147, 176
‚Wie? Auch nicht …' (Tagebucheintrag) 102
‚Wie, du fragst …' (Ghasel) 313, 420
‚Wie einer, der im Traume liegt …' 220, 410
‚Wiegenlied einer polnischen Mutter' (Polenlied) 679
‚Wie lieblich ist's …' (Sonett) 350, 425
‚Wie rafft' ich mich auf …' 248, 413
‚Wie schwillt das Herz' (Sonett) (O gieb Gewißheit …) 209, 409
‚Wie werden wir umhergetrieben …' 412
‚Wo für Metall …' (Ode) 474, 657
‚Wolan! Wir trauen …' (Anhang zum 5. Tagebuch) 76
‚Zobir' (Ballade) 566, 669
‚Zueignung an Schelling' (des ‚gläsernen Pantoffels') (Doch hat das Herz …) 324, 332, 367, 422, 429
‚Zum Geburtstage' (der Tante des Dichters in Hannover)' 306, 419
‚Zwey edle Herzen schlagen …' (Tagebucheintrag) 96
‚Zweite Elegie' (Fragment) (Oeffnet der freudige Gott …) 132, 175
‚Zwölfzeilen' 586, 672